lonely planet

Andalusia

John Noble,
Susan Forsyth, Vesna Maric

EDT

L'affacinante regione nord di Córdoba p33
La Capitana p153
Sierra de Aracena p181
Mezquita, Córdoba p321
Alájar–Castaño del Robledo–Galaroza p185
Niebla p171
Semana Santa, Siviglia p120
Uccelli e pinete p140
Bobastro p305
Spiagge atlantiche della Costa de la Luz p225
Carnaval, Cadice p193
Sancti Petri e Medina Sidonia p226
Da Alcalá de los Gazules a Ubrique p224
Torrecilla p303
Il paradiso dei surfisti, Tarifa p233
EXTREMADURA
PORTUGAL
HUELVA
SEVILLA
CÓRDOBA
CÁDIZ
MÁLAGA
ATLANTIC OCEAN
MOROCCO
Badajoz
MÉRIDA
Campanário
Olivenza
La Albuera
Cabeza del Buey
Almadén
Castuera
Santa Eufemia
Villanueva de la Fresno
Zafra
Pozobla
Oliva de la Frontera
Peñarroya-Pueblonuevo
Fregenal de la Sierra
Llerena
Azuaga
Fuente Obejuna
Sierra Morena
Monesterio
La Capitana (959m)
Guadalcanal
Parque Natural Sierra de Aracena y Picos de Aroche
Rosal de la Frontera
Jabugo
Aracena
Santa Olalla del Cala
Cazalla de la Sierra
Parque Natural Sierra Norte
Constantina
CÓRDOBA
Medina Azahara
Almodóvar del Río
Minas de Riotinto
Zalamea la Real
Lora del Río
Palma del Río
Itálica
Écija
SEVILLE
Carmona
Cartaya
Lepe
Ayamonte
Isla Cristina
HUELVA
Punta Umbría
Almonte
Coria del Río
Marchena
Estepa
Osuna
Utrera
El Rocío
Morón de la Frontera
Golfo de Cádiz
Matalascañas
Parque Nacional de Doñana
Olvera
Costa de la Luz
Trebujena
Villamartín
Algodonales
Sanlúcar de Barrameda
Jerez de la Frontera
Arcos de la Frontera
El Bosque
El Torreón (1654m)
Grazalema
Ronda
Bobastro
Álora
El Burgo
Chipiona
Ubrique
Torrecilla (1919m)
Coín
Rota
El Puerto de Santa María
CÁDIZ
Puerto Real
Medina Sidonia
Alcalá de los Gazules
Gaucín
San Pedro de Alcántara
Marbella
San Fernando
Sancti Petri
Jimena de la Frontera
Estepona
Parque Natural Los Alcornocales
Costa del Sol
Conil de la Frontera
Vejer de la Frontera
Barbate
Los Caños de Meca
Zahara de los Atunes
Bolonia
Algeciras
San Roque
La Línea de la Concepción
GIBRALTAR (UK)
Tarifa
Strait of Gibraltar
Ceuta (Spain)
Tangier
Cádiz–Santa Cruz de Tenerife
Río Guadiana
Río Guadalquivir
Río Odiel
Río Tinto
Río Genil
Río Guadalete
Río Guadaíra
37°0'N
36°40'N
36°20'N
36°0'N
35°40'N
35°20'N
7°0'W
6°40'W
6°20'W
5°0'W
4°40'

CASTILLA-LA MANCHA
Ciudad Real
Manzanares
Albacete
Ossa de Montiel
Alhambra
Valdepeñas
Alcubillas
Villahermosa
Pozo Cañada
Puertollano
Santa Cruz de Mudela
Villapalacios
Río Guadalmena
Hellín
Parque Natural Sierra de Andújar p356
Fuencaliente
Sierra Morena
Santa Elena
La Carolina
Parque Natural Sierras de Cazorla, Segura y Las Villas p370
Segura de la Sierra
El Yelmo (1809m)
Hornos
Parque Natural de las Sierras de Cazorla, Segura y Las Villas
Revolcadores (2001m)
Bailén
Linares
Villacarrillo
Río Guadalimar
Montoro
Andújar
Torreperogil
Úbeda
El Moral
JAÉN
Mengíbar
Baeza
Cazorla
Empanadas (2107m)
Puebla de Don Fadrique
MURCIA
Jódar
Parque Natural Sierra de Castril
Cabañas (2028m)
Huéscar
Passeggiata nei dintorni di Zuheros p340
Torre del Campo
A316
JAÉN
Martos
Mágina (2167m)
Río Guadiana Menor
Orce p407
Orce
Lorca
Espejo
Montilla
Baena
Alcaudete
Sierra de Cazorla in auto p376
Vélez Rubio
A7
Puerto Lumbreras
Aguilar
Zuheros
Parque Natural Sierras Subbéticas
Priego de Córdoba
Alcalá la Real
Alhambra, Granada p383
Zújar
Baza
A45
ALMERÍA
Lucena
La Tiñosa (1570m)
Moreda
A92N
Santa Bárbara (2271m)
Huércal Overa
N432
A44
Guadix
Sierra de los Filabres
Loja
A92
GRANADA
A7
Mojácar
GRANADA
Veleta (3395m)
San Juan (2786m)
Chullo (2609m)
A92
Sorbas
Alhama de Granada
Parque Nacional Sierra Nevada
Mulhacén (3479m)
Parque Natural Sierra Nevada
Tabernas
Antequera
Níjar
Carboneras
Maroma (2069m)
Cádiar
Alhama de Almería
Morrón (2236m)
Cómpeta
El Lucero (1779m)
Órgiva
ALMERÍA
INIZIO/FINE
Vélez Málaga
MÁLAGA
INIZIO/FINE
Salobreña
El Ejido
A7
El Cabo de Gata
INIZIO/FINE
Torre del Mar
Nerja
Almuñécar
Motril
N340
Adra
San José
Cabo de Gata
Torremolinos
Mijas
Fuengirola
El Lucero p312
Las Alpujarras p412
Almería–Melilla
Almería–Nador
Golfo de Almería
Da Las Negras a Agua Amarga p444
Museo Picasso, Málaga p266
Carretera del Suspiro del Moro p423
ALTITUDINE
2400m
2100m
1800m
1500m
1200m
900m
600m
300m
0
Da non perdere
Altre mete
ITINERARI
1 Le tre grandi
2 Meraviglie dell'est
3 Il meglio dell'ovest
DISTANZE
Málaga - Granada (125km)
Málaga - Córdoba (165km)
Málaga - Siviglia (209km)
Málaga - Cadice (240km)
Granada - Córdoba (160km)
Granada - Siviglia (252km)
Granada - Cadice (296km)
Córdoba - Siviglia (143km)
Córdoba - Cadice (261km)
Siviglia - Cadice (126km)
0 40 km
0 20 miglia
36°20'N
36°0'N
35°40'N
35°20'N
Málaga–Melilla
Almería–Ghazaouet
MEDITERRANEAN SEA
4°20'W
4°0'W
3°40'W
2°20'W
2°0'W
Melilla (Spain)
Al-Hoceima
ALGERIA

Destinazione: Andalusia

Famosa per l'architettura islamica e la scintillante costa del Mediterraneo, questa regione richiama un numero sempre maggiore di visitatori anche nell'entroterra, finora meno conosciuto ma altrettanto affascinante. Dall'aspra Sierra de Cazorla, dove è possibile avvistare molte specie animali, alle verdi colline ondulate della Sierra de Aracena, l'Andalusia offre favolosi angoli da scoprire a piedi, a cavallo o in automobile. In queste zone, un tempo poco attrezzate, i viaggiatori trovano oggigiorno confortevoli alberghi rustici e ristoranti con cucina locale.

Chi già conosce le grandi città andaluse troverà che vi si respira un'aria sempre più cosmopolita e vivace, con numerosi bar, ristoranti e boutique alla moda e un'offerta culturale che spazia dai concerti delle stelle internazionali del rock a quelli delle grandi orchestre, oltre al tradizionale flamenco. I monumenti e gli edifici del passato sono sempre al loro posto: le grandi costruzioni dell'islam medievale – l'Alhambra di Granada, l'Alcázar di Siviglia, la Mezquita di Córdoba – come pure i castelli, le cattedrali e i monasteri eretti nei secoli successivi fanno parte di un patrimonio artistico che incanta i visitatori per l'armonia di linee, forme e colori.

Chi ama il mare sarà contento di sapere che, lontano dalla Costa del Sol, dove la speculazione edilizia ha prodotto molti danni, l'Andalusia conserva ancora spiagge circondate dalla natura e non dal cemento, dove è possibile dedicarsi al windsurf, al kitesurf, alle escursioni in kayak, alle immersioni subacquee o semplicemente all'ozio e all'abbronzatura.

È bene ricordare infine che l'Andalusia offre la calda luce del Sud e l'allegria contagiosa della sua gente. Che siano intenti a *tapear* in uno dei loro chiassosi bar o a fare le ore piccole durante una *fiesta* – che può essere solenne come la Semana Santa o sfrenata come le fiere estive – gli andalusi non sanno fare a meno del movimento, dello spettacolo e della fantasia. Vivono la vita fino in fondo e riescono immancabilmente a coinvolgere chiunque visiti la loro terra.

Scorcio del più suggestivo *pueblo blanco*, Ronda (p294)

DAVID TOMLINSON

Paesaggi incantevoli

DAVID TOMLINSON

Casette imbiancate a calce punteggiano le verdi distese del montuoso entroterra della provincia di Málaga (p263)

PATRICK BEN LUKE SYDER

Arcos de la Frontera (p216), antica cittadina abbarbicata in cima a un crinale

Colline coltivate a olivi vicino a Baeza (p356), provincia di Jaén

OLIVER STREWE

Tesori architettonici

DAMIEN SIMONIS

Un capolavoro che induce alla contemplazione: l'Alhambra (p383) di Granada

Le raffinate decorazioni della Giralda (p103), la torre che sovrasta la Cattedrale di Siviglia

JONATHAN CHESTER

Quiete, armonia e grandi spazi sono le caratteristiche della Mezquita (p321) di Córdoba

BILL WASSMA

Feste e manifestazioni

JENNY JONES

Particolare di una processione della Semana Santa (p120), Siviglia

Maschere e musica al Carnaval (p193) di Cadice

PETER M WILSON

Fra i padiglioni e le bancarelle della Feria de Abril (p122), Siviglia

BRUCE YUAN-YUE BI

Attività all'aperto

ALAN CAMPBELL

L'ebbrezza dei forti venti di Tarifa (p233), nella provincia di Cadice

Escursioni a cavallo nella provincia di Almería (p426)

JON DAVISON

Arrampicata sportiva sulle pareti calcaree della gola di El Chorro (p376), nella provincia di Málaga

ANDERS BLOMQVIST

Sommario

Indice delle cartine

Gli autori

JOHN NOBLE **Autore coordinatore, Cadice, Huelva, Málaga**

A metà degli anni '90 John, inglese originario della Ribble Valley, e sua moglie Susan Forsyth decisero di vivere in un villaggio montano dell'Andalusia: sono ancora lì, insieme ai loro bambini, oggi bilingui, Isabella e Jack. Profondo conoscitore della Spagna e dell'America Latina, John ha esplorato ogni angolo dell'Andalusia, regione di cui ama la musica, la danza, l'architettura, la storia, le tapas, il vino, i labirintici villaggi e la selvaggia e affascinante campagna. John ha scritto con Susan le prime due edizioni di questa guida e ha firmato il capitolo sull'Andalusia della guida Lonely Planet *Walking in Spain*. Per questo volume ha redatto i capitoli introduttivi e finali, eccetto Cibo e bevande, quello dedicato alla provincia di Huelva e parte di quelli sulle province di Cadice e Málaga.

La mia Andalusia

Il mio itinerario ideale attraverso l'Andalusia tocca una serie di piccole località poco note percorrendo, dove possibile, strade secondarie. Partendo da Vélez Blanco (p451), villaggio dominato da un castello nelle remote colline settentrionali della provincia di Almería, mi avventuro nel brullo *altiplano* di Granada per esplorare il favoloso Parque Natural Sierras de Cazorla, Segura y Las Villas (p370). Da qui proseguo in direzione ovest lungo la Sierra Morena per ammirare le fantastiche vedute che regala il Castillo de Miramontes a Santa Eufemia, il villaggio più settentrionale dell'Andalusia (p337), quindi raggiungo la Sierra Norte di Siviglia (p150) per concedermi alcune escursioni a piedi nella zona di Cazalla de la Sierra e di Guadalcanal, e infine mi sposto a ovest nella verdeggiante Sierra de Aracena (p181) con i suoi villaggi senza tempo. Le tappe successive sono il Parque Nacional de Doñana (p166), dove si possono avvistare animali selvatici e respirare un'aria ricca di salsedine, e Cadice (p188): liberale, colta e spregiudicata, è la città andalusa che preferisco. Attraverso infine la bella Sierra de Grazalema (p220) per raggiungere le mie ultime due mete, ovvero gli incantevoli e misteriosi villaggi delle valli chiamate Las Alpujarras (p412) e le montagne della Sierra Nevada (p408), dove si trova la vetta più alta della Spagna continentale.

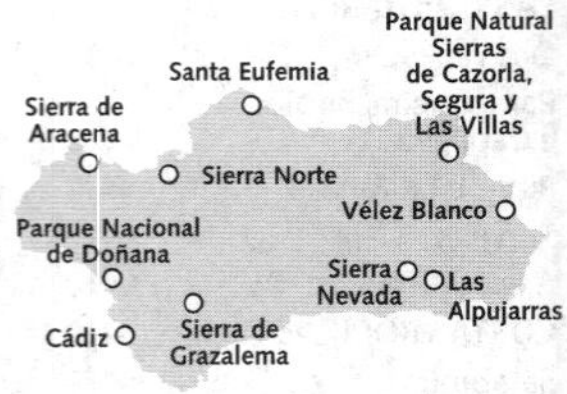

GLI AUTORI LONELY PLANET

Il segreto del successo delle guide Lonely Planet? Semplice: gli autori sono viaggiatori indipendenti e coscienziosi, che non si limitano a compiere ricerche telefoniche o su internet e non accettano sconti o pagamenti in cambio di relazioni positive. Visitano di persona ogni luogo menzionato nelle guide, premurandosi di riportare informazioni accurate e aggiornate. Per saperne di più sugli autori Lonely Planet, visitate il sito www.lonelyplanet.com

SUSAN FORSYTH

Cadice, Gibilterra, Málaga

Nata in Australia, Susan ha trascorso gli ultimi dieci anni dividendosi tra l'Andalusia, dove risiede, e i viaggi in giro per il mondo, facendo ricerche e scrivendo su Spagna, Messico e America Centrale. La sua ispanizzazione prosegue insieme a quella dei suoi due figli, ormai totalmente assorbiti dalla vita locale. Continua a subire il fascino della cultura andalusa e della lingua spagnola: ammira il patrimonio artistico e architettonico dell'Andalusia e adora i suoi paesaggi così vari, trovando molte somiglianze con l'Australia, in particolare nelle spiagge affacciate sul mare e negli immensi cieli azzurri. Oltre ad aver curato le prime due edizioni di *Andalucía* con John Noble, Susan ha scritto importanti capitoli della guida Lonely Planet *Spain*. Per questo volume si è occupata di buona parte dei capitoli dedicati alle province di Cadice e Málaga e del capitolo su Gibilterra.

VESNA MARIC

Almería, Córdoba, Granada, Jaén, Siviglia

L'amore di Vesna per la Spagna risale alla primavera del 2000, quando si recò in Andalusia per la prima volta. Da allora ha girato il paese in lungo e in largo, tornandovi quasi ogni anno e facendo in modo di conoscerlo non solo in primavera ed estate, ma anche nelle altre stagioni. Il fatto di avere parenti a Málaga e nel nord della Spagna le ha consentito di scoprire le abitudini locali, divenendo un'esperta nell'arte di gustare le tapas e di dormire durante le ore riservate alla siesta. Ama scrivere di cucina, passione che al ristorante la spinge a ordinare i migliori piatti del menu. Per questa guida Vesna ha scritto, tra l'altro, il capitolo Cibo e bevande.

Prima di partire

L'Andalusia è grande poco meno dell'Italia settentrionale, perciò vi conviene decidere in anticipo dove e come trascorrere i giorni che avete a disposizione. Tenete conto del tempo necessario per spostarvi da una località all'altra: percorrendo le principali strade statali è possibile attraversare tutta l'Andalusia in sette o otto ore, ma le strade di campagna e quelle costiere sono più lente. Il capitolo Itinerari (p11) suggerisce alcuni percorsi che tengono conto sia del tempo a disposizione sia dei diversi interessi. Non tentate di fare troppo: viaggiare in fretta equivale a sprecare il proprio tempo. Una buona strategia consiste nel pianificare un itinerario di massima, con alcune destinazioni che si vogliono vedere assolutamente e un po' di tempo da dedicare alla scoperta di mete inattese.

L'Andalusia offre sistemazioni e ristoranti in grado di soddisfare qualsiasi esigenza economica, dagli ostelli per la gioventù agli alberghi di grande lusso. Chi parte con un budget medio avrà modo di trovare soluzioni davvero incantevoli. I trasporti pubblici funzionano quasi sempre bene, ma anche il noleggio di un'automobile, operazione semplice e veloce, in genere non comporta una grossa spesa: le strade sono buone e perciò questo è uno dei modi migliori per viaggiare in questa regione.

QUANDO ANDARE

L'Andalusia è godibile in qualunque periodo dell'anno, anche se tra novembre e Pasqua le condizioni atmosferiche sono assai variabili. Dal punto di vista del clima, i mesi ideali per visitare la regione sono maggio, giugno, settembre e ottobre, quando la campagna veste i suoi colori più belli e si può fare affidamento su un tempo eccellente. Alcune fra le località più calde dell'interno, come Siviglia, Córdoba e Ronda, sono al massimo dell'affollamento turistico proprio in primavera e in autunno perché durante l'alta stagione estiva (luglio e agosto) per molti il caldo diventa insopportabile. Maggio, giugno, settembre e ottobre di solito sono anche i mesi più adatti per le attività all'aria aperta, come le escursioni a piedi, le passeggiate a cavallo e il golf (per maggiori informazioni v. p74).

Per maggiori informazioni v. Clima p460.

In luglio e in agosto il termometro può raggiungere temperature davvero molto elevate, fino a 45°C nell'interno. In questo periodo, che per molte località della costa o comunque vicine al mare rappresenta l'alta stagione turistica, le orde di turisti tendono a far salire i prezzi degli alberghi e a volte può essere difficile trovare una camera libera.

NON PARTITE SENZA...

- Un'assicurazione di viaggio adeguata (v. p457)
- Se viaggiate in automobile, il triangolo segnalatore di veicolo fermo e il giubbotto riflettente omologati (v. p488)
- Il frasario *Capire e farsi capire in spagnolo* EDT/Lonely Planet (Torino 2005; collana 'I frasari')
- Uno zainetto
- Un binocolo per scoprire le bellezze naturali e avvistare la fauna
- Un costume da bagno e i vostri occhiali da sole preferiti!
- Abiti adatti a difendervi dal freddo e dalla pioggia tra ottobre e maggio

GUIDE EDT/LONELY PLANET

Se il vostro viaggio prevede, oltre all'Andalusia, altre tappe in Spagna, segnaliamo che nel catalogo EDT, che traduce e pubblica in Italia le guide di viaggio Lonely Planet, sono disponibili le guide *Spagna centrale e meridionale, Spagna settentrionale*, come pure *Isole Canarie*. Se fate tappa a Barcellona o Madrid lungo il tragitto, potranno esservi utili le city guide *Barcellona* e *Madrid*, nonché *Il meglio di Barcellona*, che fornisce informazioni essenziali sulla città in formato tascabile, ed è l'ideale per brevi soggiorni o weekend. Per chi prosegue il viaggio in paesi vicini ricordiamo ancora *Lisbona, Portogallo* e *Marocco*.

Se volete arricchire la vostra esperienza di viaggio, portate con voi il frasario *Capire e farsi capire in spagnolo*: vi aiuterà a stringere relazioni con la gente del posto e a prendere parte alla vita di tutti i giorni.

Nel sito internet della EDT (www.edt.it) troverete il catalogo completo delle guide Lonely Planet in italiano e in lingua e della collana 'I frasari', per capire e farsi capire. Sono inoltre presenti indicazioni relative alle collane di narrativa di viaggio 'Viaggi e Avventura', 'Orme' e 'Aquiloni'.

Da fine ottobre a Pasqua (fatta eccezione per il periodo di Natale e Capodanno) la folla diminuisce e molti alberghi riducono i prezzi. Il clima, però, è imprevedibile e nell'interno può fare davvero freddo.

Il maggior numero delle manifestazioni – feste, fiere, processioni, pellegrinaggi, eventi sportivi, grandi concerti – hanno luogo nei mesi più caldi, tra Pasqua e settembre. In questo periodo ogni città, paese e villaggio ha una propria *feria* (fiera). Lungo la costa le manifestazioni si concentrano soprattutto in luglio e agosto, mentre all'interno si preferiscono i mesi più freschi, subito prima o dopo l'estate. Per maggiori informazioni sulle date e sulle località dove si svolgono le principali feste andaluse v. p464.

COSTI

Tra le destinazioni europee l'Andalusia rappresenta, per la gioia dei viaggiatori, senz'altro una delle mete più economiche. Alloggio, pasti, bevande, trasporti, noleggio auto e divertimenti costano notevolmente meno che nel Regno Unito o in Francia. Tutti i prezzi indicati in questa guida si riferiscono all'alta stagione, quindi partendo in un altro periodo dell'anno potreste addirittura avere la bella sorpresa di trovarli più bassi.

Se siete molto frugali potreste cavarvela con €40 al giorno, pernottando nei posti più economici, frequentando i ristoranti che propongono i menu a prezzo fisso meno cari e facendo attenzione a quanto spendete per musei, divertimenti e bar. Il budget per un soggiorno confortevole di medio livello dovrebbe essere compreso tra €70 e €130. Con questa cifra potrete permettervi di spendere da €30 a €60 per il pernottamento, da €3 a €4 per una prima colazione leggera, da €15 a €30 per un pasto completo e uno più semplice, e da €8 a €15 per i trasporti pubblici, un taxi ogni tanto e i biglietti d'ingresso. Con la cifra rimanente riuscirete a pagarvi uno o due drink, gli spostamenti da una città all'altra e qualche acquisto. Potendo spendere €200 al giorno soggiornerete in alberghi eccellenti e gusterete la migliore cucina che l'Andalusia è in grado di offrire.

Viaggiando in due si spende meno che da soli. In molte località si trovano camere, appartamenti e ville in grado di ospitare fino a sei persone, che spesso risultano la soluzione di gran lunga più conveniente – il rapporto qualità-prezzo è ottimo per le famiglie, specialmente quando c'è la cucina. Risparmierete anche evitando i periodi di alta stagione, quando i prezzi delle camere aumentano quasi ovunque.

Per i bambini, e più di rado anche per gli studenti e gli anziani, il biglietto d'ingresso per molti musei, monumenti e attrattive turistiche è ridotto.

QUANTO COSTA?

Corsa in autobus o in treno di due ore €10

Ingresso ai principali musei e monumenti €6-12

Stanza doppia di media categoria in alta stagione €65-120

Ventaglio decorato €10

Pranzo o cena di tre portate con birra o vino €20-30

Un litro di benzina €1

Un litro e mezzo di acqua in bottiglia €0,50

Una bottiglia di birra San Miguel €1,50

T-shirt ricordo €10

Tapas €1,80

I TOP TEN

Feste e manifestazioni

Gli andalusi amano fare festa e in qualunque periodo dell'anno ci sono eventi o ricorrenze a cui è possibile partecipare. Per ulteriori informazioni sulle feste e le manifestazioni che si tengono in Andalusia, v. p464 e le pagine dedicate alle singole località.

- Carnaval febbraio o marzo; il più sfrenato è quello di Cadice (p193)
- Semana Santa marzo o aprile; la più coinvolgente è quella di Siviglia (p120)
- Feria de Abril (p122) aprile o inizio maggio; Siviglia
- Campeonato del Mundo de Motociclismo (p215) aprile o maggio; Jerez de la Frontera
- Feria del Caballo (p211) inizio maggio; Jerez de la Frontera
- Concurso de Patios Cordobeses (p327) prima metà di maggio; Córdoba
- Romería del Rocío (p169) maggio o giugno; El Rocío
- Festival Internacional de Música y Danza (p396) fine giugno e inizio luglio; Granada
- Feria de Málaga (p271) metà agosto; Málaga
- Bienal de Flamenco (p122) settembre degli anni pari; Siviglia

Avventure all'aria aperta

L'Andalusia offre una miriade di occasioni per provare l'ebbrezza di una scarica di adrenalina – per ulteriori idee e suggerimenti v. il capitolo Attività all'aria aperta (p74).

- Canyoning nella Garganta Verde (p224)
- Arrampicata sulle impegnative pareti della gola di El Chorro (p304)
- Parapendio sulla costa mediterranea a La Herradura (p423)
- Windsurf a Tarifa (p237)
- Kitesurf a Tarifa (p237)
- Osservazione di delfini e balene nello Stretto di Gibilterra (p236)
- Escursioni a piedi nelle Alpujarras (p412) e nella Sierra Nevada (p408)
- Sci nella stazione invernale più meridionale d'Europa situata nella Sierra Nevada (p409)
- Equitazione nelle Alpujarras (p415)
- Osservazione di cervi, stambecchi, cinghiali e mufloni nel verdeggiante Parque Natural Sierras de Cazorla, Segura y las Villas (p370)

Alberghi in antiche dimore

Alcuni fra gli alberghi più affascinanti dell'Andalusia si trovano in eleganti palazzi cittadini o in suggestive case coloniche.

- Las Navezuelas, Cazalla de la Sierra (p152) Fattoria del XVI secolo, azienda vinicola, frantoio
- La Casa Grande, Arcos de la Frontera (p218) Splendida villa affacciata sull'orlo della falesia
- Alquería de Morayma, Cádiar (p418) Casa colonica delle Alpujarras
- Casa de Carmona, Carmona (p144) Palazzo del XVI secolo
- Sierra y Mar, Ferreirola (p417) Casa tipica dei villaggi delle Alpujarras
- Parador de Granada, Granada (p400) Monastero del XVI secolo all'interno dell'Alhambra; antico mausoleo dei Reyes Católicos (Isabella di Castiglia e Ferdinando d'Aragona)
- Hotel Carmen de Santa Inés, Granada (p398) Casa islamica dell'Albayzín
- Las Casas del Rey de Baeza, Siviglia (p125) Complesso di case e patio comunali del XVIII secolo
- Hospedería Las Cortes de Cádiz, Cadice (p195) Elegante villa costruita intorno al 1850
- Hospedería de la Cartuja, Cazalla de la Sierra (p152) Monastero di campagna del XV secolo

Alcuni musei offrono l'ingresso gratuito un giorno alla settimana – vale la pena di ricordarlo se viaggiate con tutta la famiglia.

LETTURE CONSIGLIATE

Sono almeno due secoli che l'Andalusia affascina gli scrittori stranieri, come dimostrano i numerosi libri pubblicati in varie lingue. I testi in inglese citati di seguito o nel corso della guida sono a volte disponibili nelle biblioteche delle principali città italiane. Se siete interessati all'acquisto, potrete facilmente reperirli sui siti di vendita online.

I racconti dell'Alhambra di Washington Irving (1832; Studio Tesi, Pordenone 1988; reperibile in biblioteca) Intorno al 1820 l'americano Washington Irving si stabilì nell'Alhambra di Granada, allora in stato di abbandono, e scrisse una serie di affascinanti racconti sulle persone con cui visse nello storico palazzo, contribuendo a creare uno stereotipo romantico intorno all'Andalusia che perdura tutt'oggi.

Romancero Gitano di Federico García Lorca (1924-27; nel volume *Tutte le poesie* di García Lorca, BUR Rizzoli, Milano 2006) 'È il poema dell'Andalusia', scrisse il più noto poeta andaluso di tutti i tempi (v. p47) a proposito del suo *Romancero Gitano*, raccolta di 18 poesie composte tra il '24 e il '27: leggetele senz'altro, prima e durante il vostro viaggio.

Penisola pentagonale di Mario Praz (1928; EDT, Torino 1992) Nella collana 'Viaggi e Avventura' di EDT, un libro irruente, un'ilare e smagliante 'controguida', che narra di un viaggio nella Spagna degli anni '20, vista nella sua modernità, al di là degli stereotipi dominanti.

A sud di Granada di Gerald Brenan (1957; Neri Pozza, Vicenza, 2006) Negli anni '20 l'inglese Gerald Brenan si stabilì a Yegen, remoto villaggio delle Alpujarras, in provincia di Granada, allo scopo di adottare uno stile di vita libero dai vincoli della tradizione britannica. In questo libro, considerato ormai un classico, Brenan offre un resoconto arguto e umoristico della vita del villaggio, scandita dalle periodiche visite di alcuni membri del circolo di Bloomsbury.

Andalucía: A Portrait of Southern Spain di Nicholas Luard (1984) Un ritratto dell'entroterra di Tarifa e Algeciras fra gli anni '60 e '70 tratteggiato dal naturalista Nicholas Luard.

The Sierras of the South di Alastair Boyd (1992) È sempre istruttivo leggere le storie dei primi stranieri che si stabilirono in Andalusia. Alastair Boyd rievoca la vita nelle colline intorno a Ronda tra gli anni '50 e '60, quando gli stranieri erano ancora una rarità da quelle parti.

Una casa tra i limoni di Chris Stewart (1999; Tea, Milano 2002) Batterista (con un celebre passato nei Genesis), tosatore di pecore nonché scrittore, Chris Stewart è un altro inglese che da qualche anno si è trasferito nelle Alpujarras. Questo volume, divertente e ricco di aneddoti, che racconta come è cambiata la sua vita da quando si è trasferito in una piccola fattoria andalusa, ha riscosso un grande successo.

Il circolo di Granada di Luigi Malerba (2002; Mondadori, Milano 2004) Gli appassionati di storie noir apprezzeranno questo romanzo di Luigi Malerba che narra le vicende di Homero Luís, un merciaio che si reca da Granada al mercato di Murcia, ma viene coinvolto in un misterioso assassinio.

Duende. Viaggio alla ricerca del flamenco di Jason Webster (2002; Neri Pozza, Vicenza 2003) Jason Webster descrive la Spagna magica e leggendaria dell'arte del flamenco; il protagonista è un ragazzo che trova nell'Andalusia e nello studio della chitarra la propria strada.

Rotta d'amore a Sud di Miranda Innes (2003; FBE, Trezzano sul Naviglio 2005) Fra gli innumerevoli scrittori inglesi che hanno dedicato un libro al loro primo anno di vita in una vecchia fattoria del continente, s'inserisce anche questo titolo di Miranda Innes, che però ha il pregio di descrivere anche le difficoltà incontrate durante la realizzazione di un 'sogno' (nel suo caso avveratosi sulle colline della provincia di Málaga). Utile anche come guida alla cucina e alle piante locali.

The Almond Blossom Appreciation Society di Chris Stewart (2006) È il terzo libro che Chris Stewart dedica alla sua strampalata vita nelle Alpujarras (e non solo), questa volta arricchita dall'incontro con un gruppo di immigrati marocchini.

INTERNET

Andalucía te Quiere ('L'Andalusia ti ama'; www.andalucia.org) Sito ufficiale dell'azienda Turismo Andaluz, con informazioni dettagliate su ogni città, paese e villaggio. Dispone inoltre di un centinaio di cartine e di una lunga serie di elenchi di alberghi, ristoranti, locali e sentieri consigliati.

URRIGUERRA

.etta come le ragnatele, le arnie, i cristalli di neve; è perfetta come può essere perfetta .atica dell'istinto infallibile. Ma dalle arnie, dalle ragnatele, dai cristalli di neve, il genio è .nessuno di noi si sognerebbe di classificare tra le opere d'arte quei sublimi artifizi naturali. .golarità geometrica non è più vicina all'ordine di quel che la vita delle api sia vicina alla vita di una collettività umana. Le api non hanno storia: la formula della loro vita è scoperta e codificata per sempre. La loro perfezione è limitata e immobile. Non v'è atto creativo, non v'è fomento e tormento, non v'è imprevisto. Forse per questo la civiltà araba era destinata a sfiorire senza quasi lasciar traccia, e i barbari Europei regnano oggi sui discendenti dei Califfi. Come la miniatura irlandese, l'arte araba nacque perfetta, e si cristallizzò."

Mario Praz, *Penisola Pentagonale*
EDT, Torino 1992; collana 'Viaggi e Avventura'

CAF – Centro Andaluz de Flamenco (http://caf.cica.es/; in spagnolo) Nonostante la grafica antiquata, potete trovare le date e i luoghi delle serate e dei festival di flamenco che si svolgono nelle città andaluse. Con informazioni biografiche, fotografie e gallerie virtuali dedicate alla storia di questa favolosa arte.

Ciudad Hoy (www.ciudadhoy.com; in spagnolo) Uno dei migliori siti spagnoli sulle città del paese. Digitando il nome della città che vi interessa, verrete collegati al sito che la riguarda, dove troverete indirizzi, notizie generali, link agli elenchi telefonici e altro ancora.

EDT (www.edt.it) Su questo sito potrete consultare le 'Destinazioni' Lonely Planet tradotte in italiano. Le sezioni 'Lettere dei viaggiatori' e 'Foto dei lettori' ospitano i contributi più interessanti inviati alla redazione da chi viaggia con le nostre guide, mentre il 'Forum dei viaggiatori' è uno spazio virtuale in cui i viaggiatori comunicano direttamente per scambiare informazioni.

Lonely Planet (www.lonelyplanet.com) Concisi riassunti di viaggi in Andalusia, l'apprezzato forum Thorn Tree, notizie aggiornate sul paese, servizi per i viaggiatori, pagine da scaricare e molto altro ancora.

Renfe (www.renfe.es; in spagnolo) Orari, biglietti e offerte speciali delle Ferrovie di Stato spagnole.

Sevilla Card (www.sevillacard.es; anche in italiano) Sito della carta turistica Sevilla Card, che consente di usufruire di convenzioni per i trasporti, i musei e altri sconti utili per il soggiorno a Siviglia.

Turismo Spagnolo per l'Italia (www.turismospagnolo.it) Sito ufficiale del turismo spagnolo in Italia, dove trovare informazioni per pianificare al meglio il vostro itinerario in Andalusia.

Itinerari

ITINERARI CLASSICI

LE TRE GRANDI — da dieci giorni a due settimane

Per cogliere l'essenza della cultura e della storia dell'Andalusia si devono visitare le tre grandi città che l'UNESCO ha dichiarato Patrimonio dell'Umanità, **Siviglia** (p97), **Córdoba** (p319) e **Granada** (p380). È possibile raggiungere in aereo Siviglia o Granada, ma potete anche prendere un volo di andata e ritorno per Málaga e spostarvi a Siviglia via terra.

Il fiore all'occhiello di Siviglia è lo scintillante **Alcázar** (p105), ma non perdetevi la **cattedrale** (p103) gotica e le splendide chiese barocche. Poco fuori città potete visitare **Itálica** (p140), il più interessante sito romano dell'Andalusia. Da Siviglia proseguite in direzione nord-est verso Córdoba, con la **Mezquita** (p321), capolavoro dell'architettura islamica, e l'**Alcázar de los Reyes Cristianos** (p326). A pochi chilometri dalla città potete visitare il grande palazzo dei califfi di **Medina Azahara** (p325). L'itinerario piega ora a sud-est verso Granada, dominata dalla magnifica **Alhambra** (p383) e dai bellissimi giardini del **Generalife** (p389). Altre sue notevoli attrattive sono l'**Albayzín** (p392), antico quartiere arabo assai ben conservato, e la storica **Capilla Real** (p389), il più importante edificio cristiano della città. L'ultima sezione di questo itinerario percorre un tratto della **Sierra Nevada** (p408), la catena montuosa più alta della Spagna continentale.

Da Siviglia a Granada, passando per Córdoba, ci sono solo 300 km. Concedendovi una notte a Málaga all'inizio o alla fine del viaggio, e mezza giornata per percorrere ciascuna tappa dell'itinerario, potrete vedere moltissime cose trascorrendo quattro notti a Siviglia, due a Córdoba e tre a Granada. Se avete a disposizione altri giorni, tanto meglio.

MERAVIGLIE DELL'EST

tre settimane

La parte orientale dell'Andalusia offre l'opportunità di scoprire le due epoche fondamentali per la storia della regione: gli otto secoli di dominio arabo (711-1492 d.C.) e la successiva Reconquista. Visiterete castelli, fortezze ed eleganti palazzi, e avrete anche il tempo di godervi qualche spiaggia.

Da Málaga, con il monumentale **Castillo de Gibralfaro** (p267), l'incantevole **palazzo dell'Alcazaba** (p267) e l'imponente **cattedrale** (p266), dirigetevi a nord e fate tappa nella splendida **Antequera** (p306), che ospita una trentina di chiese e ha alle spalle una storia di circa 5000 anni, testimoniata dalla presenza di preistorici **dolmen** (p307). Continuando verso nord arrivate a Córdoba, con la sua famosa **Mezquita** (p321). Prendetevi il tempo necessario per visitare gli scenografici castelli costruiti nell'ultimo periodo del dominio islamico sulle alture vicino alla frontiera musulmano-cristiana, come quelli di **Almodóvar del Río** (p336) e **Zuheros** (p339), o il **Castillo de Santa Catalina** a Jaén (p351), situato in posizione fantastica. Attraversando la campagna ondulata incontrerete centri agricoli che un tempo furono prospere cittadine, come **Priego de Córdoba** (p340), e le eccezionali testimonianze rinascimentali di **Úbeda** (p362) e **Baeza** (p356).

Proseguendo verso sud raggiungete Granada, con la sua incantevole **Alhambra** (p383), l'ultima fortezza islamica ad arrendersi alla Reconquista, e quindi Almería, dominata da una delle più belle fortezze dell'Andalusia, l'**Alcazaba** (p429). Prima di ritornare a Málaga trascorrete qualche giorno sulle spiagge incontaminate del magnifico litorale di **Cabo de Gata** (p438).

Tre settimane sono più che sufficienti per seguire questo itinerario. I trasporti pubblici collegano quasi tutte le località, ma gli orari dei mezzi possono limitare gli spostamenti, per cui è meglio noleggiare un'automobile.

Itinerario da sogno attraverso uliveti, l'unico deserto d'Europa e la costa del Mediterraneo che permette di visitare straordinari gioielli architettonici. E per concludere potrete rilassarvi su alcune delle più belle spiagge del paese. Per percorrere questi 850 km, concedendosi anche qualche deviazione non programmata, si impiegano tre settimane.

IL MEGLIO DELL'OVEST

da tre a quattro settimane

Dopo un paio di notti a **Málaga** (p263), città sempre vivace la cui maggiore attrattiva culturale è il **Museo Picasso** (p266), aperto di recente, dirigetevi verso **Ronda** (p294), storica cittadina di grande fascino e poi proseguite in direzione ovest nella provincia di Cadice, fermandovi nel piccolo villaggio di **Grazalema** (p221), base di partenza per alcune splendide passeggiate nella verde e ondulata campagna dei dintorni.

Continuando verso ovest, fate tappa ad **Arcos de la Frontera** (p216), incantevole e antica cittadina appollaiata su un dirupo, prima di raggiungere **Jerez de la Frontera** (p207), patria dello sherry e di bellissimi cavalli, nonché una delle capitali del flamenco. Spostatevi a nord per dedicare alcuni giorni a **Siviglia** (p97), magico capoluogo della regione, e poi tornate a sud fermandovi in un'altra cittadina del cosiddetto triangolo dello sherry, **Sanlúcar de Barrameda** (p204), per gustare l'ottima cucina a base di pesce locale e il manzanilla, un vino simile allo sherry. Da Sanlúcar fate un'escursione nelle vaste paludi del **Parque Nacional de Doñana** (p166) per ammirare la sua interessante fauna, e quindi tuffatevi nello storico porto di **Cadice** (p188), città dall'affascinante atmosfera. A questo punto scendete lungo la Costa de la Luz, dove si trovano le più belle spiagge andaluse affacciate sull'Oceano Atlantico. Le piccole stazioni balneari di **Los Caños de Meca** (p228), **Zahara de los Atunes** (p231) e **Bolonia** (p232) sono ideali per concedersi una pausa rilassante prima di raggiungere l'antica città di **Tarifa** (p233), estrema propaggine meridionale della Spagna, che attira appassionati di windsurf e kitesurf da tutto il mondo.

Sulla via del ritorno verso Málaga, fate tappa in quell'affascinante anomalia storica che è **Gibilterra** (p248) e, se la Costa del Sol solletica la vostra curiosità, a **Marbella** (p286).

Questo itinerario di 800 km tocca le principali mete d'interesse naturalistico e culturale dell'Andalusia occidentale. Tre settimane sono sufficienti, ma con quattro potrete godervi al meglio i magnifici paesaggi, visitare con calma le città e i villaggi, effettuare lunghe degustazioni nelle aziende produttrici di sherry e trascorrere qualche giorno a oziare sulle spiagge.

ITINERARI SU MISURA

PAESAGGI DA SOGNO

L'Andalusia è famosa per la bellezza e la varietà dei suoi paesaggi. Visitate la sconosciuta **Sierra de Aracena** (p181), all'estremità occidentale della Sierra Morena, con le sue foreste di querce e i suoi intatti villaggi, e il vasto **Parque Natural Sierras de Cazorla, Segura y las Villas** (p370), nel nord-est della regione, con magnifiche montagne popolate da cervi, cinghiali, mufloni e stambecchi. Le cime più elevate, compreso il **Mulhacén** (3479 m; p411), la vetta più alta della Spagna continentale, si trovano nella **Sierra Nevada** (p408), regione con fantastici e selvaggi paesaggi d'alta quota e circa 5000 stambecchi. Anche il versante meridionale di questa catena montuosa, nonostante una maggiore presenza umana, è magnifico: nelle valli chiamate **Las Alpujarras** (p412) si incontrano antichi villaggi di case bianche aggrappati a pendii coperti di frutteti o di fitti boschi solcati da torrenti impetuosi.

Le più belle spiagge dell'Andalusia sono quelle del sabbioso litorale atlantico, spettacolare nella zona di **Ensenada de Valdevaqueros** (p236) e **Bolonia** (p232) per la presenza di grandi dune. Risalendo la costa verso nord-ovest s'incontrano le paludi del **Parque Nacional de Doñana** (p166), dove si possono avvistare cervi, cinghiali e molti uccelli.

In corrispondenza della punta sud-orientale dell'Andalusia si estendono invece i poetici paesaggi desolati del **Cabo de Gata** (p438), la zona più secca d'Europa, dove lande semidesertiche si immergono nelle acque turchine del Mediterraneo trasformandosi in bellissime spiagge chiuse fra imponenti promontori a picco sul mare.

L'ANDALUSIA PER I RAGAZZI

I ragazzi di tutte le età si divertiranno sulla Costa del Sol non solo grazie alle numerose spiagge, ma anche con le attrattive situate a ovest di Málaga: l'**Aquapark** (p283) e il **Crocodile Park** (p283) di Torremolinos, il parco dei divertimenti **Tivoli World** (p283), l'acquario **SeaLife** (p283) e il delfinario **Selwo Marina** (p283) di Benalmádena, il **Parque Acuático Mijas** (p283) di Fuengirola e il parco naturale **Selwo Aventura** (p283) vicino a Estepona.

A **Gibilterra** (p248) i più piccoli si entusiasmano per la funivia, le scimmie e le grotte scavate nella parte superiore della Rocca. A Jerez de la Frontera si possono visitare lo **zoo** (p210) e la **Real Escuela Andaluza del Arte Ecuestre** (p210), mentre a Siviglia i ragazzi impazziscono per **Isla Mágica** (p118), un parco dei divertimenti con giochi, giostre e montagne russe da brivido.

Più a ovest, a **Minas de Riotinto** (p175), si possono visitare vecchie miniere e fare un giro su un trenino d'epoca, mentre ad Aracena c'è l'interessante **Gruta de las Maravillas** (p179). Tornando verso est non perdetevi la **Reserva Natural Castillo de las Guardas** (p120) e, a Granada, il **Parque de las Ciencias** (p396), un museo interattivo dedicato alle scienze. Nel deserto a nord di Almería si trova **Mini Hollywood** (p435), dove furono girati molti film western. Prima di rientrare a Málaga visitate il **Parque Ornitológico Loro-Sexi** (p421) di Almuñécar e la spettacolare **Cueva de Nerja** (p316).

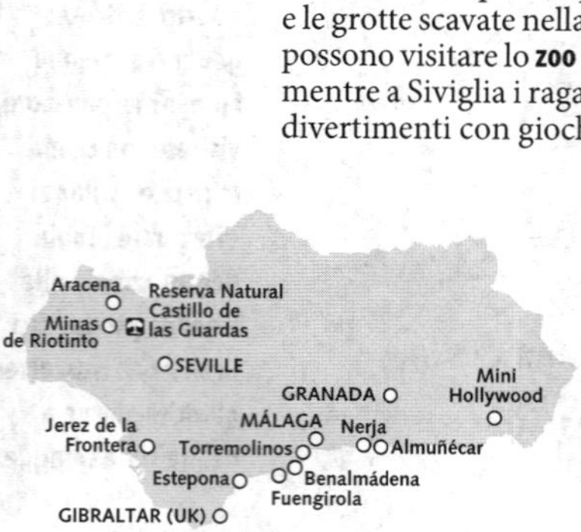

DELIZIE DEL PALATO

A Málaga, dopo una giornata trascorsa in spiaggia, concedetevi una cena al **Café de Paris** (p275) a base di polipo e riso alle barbabietole. Anche la visita dell'Alhambra di Granada può stimolare l'appetito: optate per le favolose specialità di pesce di **Los Diamantes** (p401), le tapas nordafricane di **Om-Khalsum** (p402) o un *tagine* d'agnello al **Restaurante Arrayanes** (p401). Il giorno dopo potete andare a nuotare al Cabo de Gata e quindi raggiungere Almería con il suo **La Encina Restaurante** (p433), famoso per le squisite costolette di cervo con salsa al caramello. Úbeda è conosciuta, oltre che per i suoi gioielli architettonici, per la cucina della **Taberna La Imprenta** (p367) – provate i gamberetti, gli asparagi selvatici e la torta al cioccolato. La ricchezza gastronomica di Córdoba va festeggiata con una tortilla al famoso **Bar Santos** (p332), le tapas della **Taberna San Miguel** (p332) o una indimenticabile cena alla **Bodega Campos** (p333), frequentata dai membri della famiglia reale e da personalità dello spettacolo e della politica. Le migliori tapas di Siviglia si trovano da **Los Coloniales** (p130), dove potrete anche misurarvi con un *churrasco* di dimensioni colossali. Per assaggiare le creazioni di Ferrán Adriá, uno dei cuochi più famosi del mondo, prenotate un tavolo all'**Hacienda Benazuza** (p126). Il migliore ristorante della provincia di Huelva è la **Casa Padrino** (p183) di Alájar, dove le uova strapazzate con erbe aromatiche si sposano divinamente con il vino locale. Cadice è invece la meta ideale se amate il pesce: i cuochi di **El Aljibe** (p196) si divertono a reinventare la tradizione, proponendo un halibut ripieno di frutti di mare in crosta di pasta sfoglia. *¡Buen provecho!*

VITA DA SPIAGGIA

Le più belle spiagge dell'Andalusia si trovano lungo la **Costa de la Luz**, nelle province di Cadice e Huelva. A **Tarifa** (p233) visitate sia la piccola e affollata **Playa Chica** sia la **Playa de los Lances**, una striscia di sabbia bianca lunga 10 km che termina con una fantastica duna. **El Palmar** (p228) è frequentata dai madrileni in cerca di luoghi tranquilli e privi di grandi costruzioni. **Los Caños de Meca** (p228) offre una serie di incantevoli baie sabbiose dominate da una pineta, molto amate dai surfisti e dai bagnanti alla moda. Una delle migliori spiagge lungo questo tratto di costa è quella di **Zahara de los Atunes** (p231), un ex villaggio di pescatori trasformatosi in una famosa località balneare.

La costa della provincia di Huelva è in pratica una spiaggia sabbiosa lunga oltre 100 km, purtroppo minacciata in più punti dalla speculazione edilizia. Dalla periferia di Huelva si susseguono verso sud-est 60 km di spiagge e dune spazzate dal vento orlate da una fitta barriera protettiva di pini. Vale la pena di raggiungere le dune di **Cuesta de Maneli** (p164) alte 100 m e, andando verso il confine portoghese, le superbe spiagge di **Isla Cristina** (p172) e **Punta Umbría** (p172), dove i più avventurosi possono dedicarsi al kitesurf. Chi preferisce oziare disteso al sole troverà perfette le spiagge del **Parque Natural de Cabo de Gata-Níjar** (p438). Piccole e affascinanti insenature come Cala del Barranco, Cala Grande e Cala Chica sono luoghi ideali per trascorrere una giornata esplorando una spiaggia dopo l'altra fermandosi solo per un appetitoso picnic.

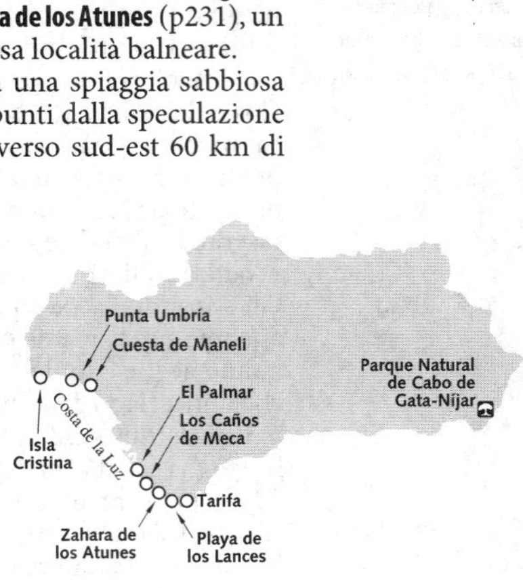

Primo piano

IN BREVE

Superficie: 87.000 kmq (Italia settentrionale: 97.000 kmq)

Popolazione: 7,9 milioni (Spagna: 44 milioni)

Numero di linci: meno di 200 (Spagna: meno di 200)

Cavalli di razza sequestrati a Marbella nel 2006 per lo scandalo delle tangenti: 103

Numero di lupi: tra 60 e 80 (Spagna: tra 2000 e 2500)

Olivi: 80 milioni (Spagna: 120 milioni)

Disoccupati (da liste ufficiali 2006): 14% (Spagna: 9%)

Stipendio medio (2005): €1482 (Spagna: €1682)

Numero di persone che ogni anno visitano l'Alhambra: 2 milioni

Bottiglie di manzanilla bevute a Siviglia durante la Feria de Abril: 800.000

Gli andalusi continuano a godersi il più grande benessere economico che la storia ricordi da quando Cristoforo Colombo scoprì l'America e trasformò Siviglia in una delle città più ricche del pianeta. Grazie a un decennio di crescita nel settore del turismo e dell'edilizia e ai sussidi e ai finanziamenti che l'Unione Europea ha garantito alla Spagna negli ultimi vent'anni, il tasso di disoccupazione in Andalusia è sceso al livello più basso mai registrato (14% nel 2006 – una cifra che non tiene conto del fatto che molti andalusi lavorano pur essendo iscritti nelle liste di collocamento).

Da quando il Partido Socialista Obrero Español (PSOE) ha ripreso la guida del governo nazionale nel 2004, l'Andalusia – la cui amministrazione regionale è anch'essa nelle mani del PSOE – ha potuto rafforzare la cooperazione con Madrid riguardo a numerosi problemi, dalle strategie per salvare la lince iberica (v. p66) alla ridefinizione dello statuto di autonomia regionale che stabilisce la divisione dei poteri fra Madrid e Siviglia (il capoluogo dell'Andalusia).

Anche se con grave ritardo l'Andalusia ha finalmente iniziato a prendere qualche provvedimento per arginare l'edilizia selvaggia che deturpa le sue coste e i fenomeni di corruzione, criminalità organizzata e degrado ambientale a essa collegati. Inoltre, una serie di importanti operazioni di polizia condotte fra il 2005 e il 2006 ha portato a decine di arresti sulla Costa del Sol nell'ambito del riciclaggio di denaro sporco di provenienza internazionale. Nella sola Marbella sono finiti dietro le sbarre più di cinquanta persone, fra cui il sindaco e il vicesindaco, in relazione a uno scandalo di tangenti e licenze edilizie fasulle (v. p31).

L'Andalusia sta anche dimostrando di sapere affrontare nel migliore dei modi uno dei più gravi problemi del nostro secolo, ovvero quello dei flussi migratori che negli ultimi anni hanno raggiunto proporzioni senza precedenti. Oggi la sfida non è più quella di venire incontro alle esigenze dei ricchi vacanzieri dell'Europa settentrionale, bensì quella di dare lavoro agli immigrati provenienti dall'Africa (soprattutto dal vicino Marocco), dall'America Latina e dall'Europa orientale (v. p38). La convivenza pacifica fra comunità di origini diverse è uno degli obiettivi che il governo spagnolo sostiene con grande determinazione e l'Andalusia, da sempre crocevia e luogo d'incontro di più culture, sembra riuscire a mantenere viva la sua tradizione di tolleranza e la sua predisposizione all'integrazione.

Negli ultimi cinquant'anni, ovvero dall'inizio del boom del turismo sulla Costa del Sol, l'Andalusia ha cessato di essere una terra povera e affamata caratterizzata da un'economia rurale e orlata da un litorale arido e brullo, per trasformarsi in una regione sempre più prospera, con città cosmopolite divenute centri di moda e di cultura, alti livelli di consumi, una costa orlata da grandi alberghi e stazioni balneari, buon livello d'istruzione, grandi università e codici di comportamento sociale molto meno rigidi di un tempo. Gli stipendi, l'accesso all'istruzione e i livelli di occupazione rimangono ancora sotto la media spagnola, ma i progressi sono palpabili e gli andalusi hanno acquistato fiducia in se stessi. Vi sono, tuttavia, un paio di nuvole che minacciano di oscurare nell'immediato futuro la crescita economica. A partire dal 2004, infatti, con l'allargamento dell'Unione Europea a 25 paesi, la Spagna è stata chiamata a sostenere il bilancio europeo dopo aver beneficiato per vent'anni di ingenti aiuti economici, e questo proprio mentre il settore dell'edilizia e del mercato immobiliare, dopo decenni di espansione, ha iniziato a stabilizzarsi a cavallo fra il 2005 e il 2006. Allo stesso tempo va sottolineato che in Andalusia, la cui economia si basa soprattutto sull'edilizia e sul turismo, oltre che su un'agricoltura ancora notevolmente diffusa, mancano completamente gli investimenti e la ricerca nei settori industriali più avanzati. Pur essendo abitata dal 18% della popolazione complessiva della Spagna, la regione contribuisce soltanto con il 5,4% al prodotto nazionale generato da industrie tecnologicamente avanzate. La strategia del futuro dovrà pertanto basarsi sulla 'diversificazione'.

Storia

L'Andalusia è situata in corrispondenza della confluenza tra il Mar Mediterraneo e l'Oceano Atlantico, dove l'Europa cede il passo al continente africano. Dalla preistoria al XVII secolo questa posizione di incalcolabile importanza strategica ha avuto un peso non indifferente sugli avvenimenti che hanno caratterizzato la storia non solo della Spagna. In alcuni periodi l'Andalusia è stata infatti teatro di vicende destinate a sconvolgere la storia a livello mondiale. Secoli di abbandono e di scelte economiche sbagliate hanno contribuito a trasformare questa terra in una regione povera e arretrata, condizione dalla quale ha iniziato a risollevarsi solo a partire dagli anni intorno al 1960.

LE ORIGINI

Il frammento osseo rinvenuto nel 1982 nei pressi di Orce (provincia di Granada) potrebbe essere la più antica testimonianza della presenza umana in Europa. È collocabile cronologicamente tra uno e due milioni di anni fa e si ritiene che facesse parte del teschio di un antenato del moderno *Homo sapiens.*

Gli olivi, il vino, l'asino, la scrittura e il tornio furono introdotti in Andalusia dai fenici e dai greci.

Nel paleolitico, l'età compresa tra la fine dell'ultima glaciazione e l'8000 a.C. circa, il clima dell'Andalusia, più mite di quello delle regioni settentrionali, permise alle comunità di cacciatori-raccoglitori di sopravvivere in gruppi discretamente numerosi. Gli autori delle grandi pitture rupestri nella Cueva de Ardales (p304), nella Cueva de la Pileta (p302) vicino a Ronda e in altre località dell'Andalusia dovevano appartenere a queste comunità.

Nel neolitico, intorno al 6000 a.C., dall'Egitto e dalla Mesopotamia furono introdotte in Spagna orientale la tecnica dell'aratura, l'allevamento del bestiame, la ceramica e la tessitura. Nel periodo compreso tra il 3000 a.C. e il 2000 a.C. a Los Millares (p435), vicino ad Almería, si cominciarono a lavorare i metalli. Durante l'età eneolitica, quella della transizione tra il neolitico e l'età del bronzo, furono costruiti tombe e monumenti funerari noti con il nome di dolmen. I più conosciuti dolmen spagnoli si trovano vicino ad Antequera (p307), nella provincia di Málaga.

Il successivo importante passo avanti a livello tecnologico venne compiuto intorno al 1900 a.C., quando la popolazione di El Argar, nella provincia di Almería, imparò a lavorare il bronzo, una lega di rame e stagno con la quale era possibile forgiare oggetti più resistenti di quelli realizzati fino ad allora. El Argar fu probabilmente il primo insediamento dell'età del bronzo nella Penisola Iberica.

I TARTESSI

Verso il 1100 a.C. si sviluppò nella zona occidentale dell'Andalusia una fiorente civiltà, basata sull'agricoltura, l'allevamento del bestiame e la lavorazione dei metalli. I mercanti fenici, provenienti prevalentemente da Tiro e da Sidone, nell'attuale Libano, giunsero nella regione per scambiare profumi, avorio, gioielli, olio, vino e tessuti con l'argento e il bronzo andalusi. I fenici fondarono colonie mercantili stabili sulla costa ad Atra (a ovest di Almería), Almuñécar (chiamata Ex o Sex dai fenici), Málaga (Malaca),

CRONOLOGIA	VIII e VII secolo a.C.	206 a.C.
	Nell'Andalusia occidentale fiorisce la cultura di Tartessos sotto l'influenza fenicia e greca	Itálica, presso la moderna Siviglia, è la prima città romana fondata in Spagna

Cadice (Gadir) e Huelva (Onuba). Nel VII secolo a.C. sbarcarono su queste stesse coste anche i greci, attratti anch'essi dalle prospettive commerciali che avevano già attirato i fenici.

La cultura dell'Andalusia occidentale, che nell'VIII e VII secolo a.C. fu fortemente influenzata da greci e fenici, che vi introdussero i loro dèi e un metodo tecnicamente avanzato di lavorazione dell'oro, è conosciuta come civiltà tartessica dal nome di una città, o forse uno stato o una regione chiamata Tartessos. Anche se la sua esistenza è testimoniata da documenti greci e romani (è citata anche nella Bibbia) come depositaria di ricchezze favolose, la civiltà tartessica è tuttora poco nota: alcuni archeologi pensano che lo stanziamento principale fosse un insediamento commerciale nei dintorni di Huelva, mentre secondo altri studiosi sorgeva nella piana paludosa presso il delta del Guadalquivir.

L'ANDALUSIA CARTAGINESE E ROMANA

Intorno al VII secolo a.C. Cartagine, una ex colonia fenicia situata nell'odierna Tunisia, affermò il proprio predominio commerciale sugli empori fenici e sulle coste del Mediterraneo occidentale. Alla fine del secolo giunse dalle regioni più settentrionali della Spagna il popolo iberico, che fondò in Andalusia diversi piccoli insediamenti autonomi.

I cartaginesi, navigatori coraggiosi e mercanti abilissimi, espansero la propria sfera d'influenza nel Mar Mediterraneo fino a scontrarsi inevitabilmente con Roma. Pur venendo sconfitta nella prima guerra punica (264-241 a.C.), combattuta per contendere ai romani il controllo della Sicilia, Cartagine mantenne l'egemonia sulla parte meridionale della Spagna. La seconda guerra punica (218-201 a.C.) vide le legioni romane misurarsi con i cartaginesi sul suolo spagnolo. La vittoria romana a Ilipa, nei pressi dell'odierna Siviglia, nel 206 a.C., fu decisiva: la prima città romana in Spagna, Itálica (p140), venne fondata poco tempo dopo nelle vicinanze del campo di battaglia.

'L'Andalusia divenne rapidamente una delle aree più civilizzate e benestanti dell'impero romano'

L'Andalusia fu rapidamente romanizzata e divenne una delle regioni più civilizzate e floride dell'impero. Roma importava prodotti andalusi quali il grano, le verdure, l'uva, le olive, il rame, l'argento, il piombo, il pesce e il *garum* (un condimento piccante a base di pesce prodotto in botteghe i cui resti si possono ancora vedere a Bolonia, p232, e Almuñécar, p421). L'Andalusia diede anche i natali a due imperatori, Traiano e Adriano, entrambi originari di Itálica, mentre il genio architettonico dei romani realizzò in questa regione e nel resto della Spagna opere come acquedotti, templi, anfiteatri e terme. La cultura latina influenzò la lingua della Penisola Iberica e pose le basi del suo sistema giuridico; durante la dominazione romana si diffusero inoltre la religione ebraica (molti ebrei si stabilirono nella fascia mediterranea dell'impero romano) e il cristianesimo, che si propagò in Spagna nel corso del III secolo d.C.

L'Andalusia, insieme alle vicine Estremadura meridionale e Castilla-La Mancha sud-occidentale, faceva parte della provincia chiamata Baetica, con capoluogo Corduba (Córdoba).

I VISIGOTI

Quando gli unni arrivarono in Europa dalle steppe asiatiche alla fine del IV secolo d.C., le tribù germaniche furono costrette progressivamente a

VI secolo d.C.
I visigoti, una popolazione cristiana proveniente dalla Germania, prende il controllo della Penisola Iberica

711
I musulmani sbarcano a Gibilterra e in pochi anni invadono la Penisola Iberica

spostarsi verso occidente, e dopo aver attraversato l'impero romano ormai indebolito da una crisi interna iniziarono a invadere la Penisola Iberica a partire dal II secolo d.C. Dopo le incursioni di franchi, alemanni, vandali, svevi e alani, nel 415 fu il turno dei visigoti, che cinque anni prima avevano colpito al cuore l'impero arrivando a saccheggiare Roma.

I visigoti dai lunghi capelli, popolo di modesta cultura e di costumi poco raffinati, non erano più di 200.000 quando si insediarono in Spagna facendo di Toledo la propria capitale. Il tentativo di dominare la società romano-ispanica, di cultura nettamente superiore alla loro, venne ostacolato dalle frequenti lotte intestine che contrapponevano i membri della loro stessa nobiltà. I legami tra la monarchia visigota e gli ispano-romani furono rafforzati nel 587, quando il re Reccaredo si convertì al cristianesimo ariano. Il regno dei visigoti dovette in seguito affrontare la minaccia rappresentata dai bizantini, che riuscirono a stabilire alcuni insediamenti nella Spagna meridionale, senza per altro mettere in discussione la supremazia visigota nella Penisola Iberica, che anzi si rafforzò dopo il crollo del regno degli svevi (585). La pacificazione tra visigoti e ispano-romani venne propiziata dalla Lex Visigothorum, promulgata dal re Recesvindo (649-72), che abolì la dualità dei diritti vigenti fra i due popoli, equiparando i vinti ai vincitori.

Principi, poeti e visir di M. Rosa Menocal (Il Saggiatore, Milano 2003) racconta la storia del regno di Al-Andalus, fondato nel 755 d.C. da Abd al-Rahman dopo essere fuggito da Damasco.

Il consolidamento del regno, tuttavia, non ebbe successo a causa dell'elevato grado di autonomia della nobiltà e dell'alto clero, insofferenti a riconoscere l'autorità regia. Proprio a causa di questa fragilità interna il regno visigoto non fu in grado di opporsi efficacemente all'invasione araba dell'VIII secolo.

AL-ANDALUS: REGNA L'ISLAM

Dopo la morte del profeta Maometto, avvenuta nel 632, gli arabi estesero il loro dominio in Medio Oriente e nell'Africa settentrionale, imponendo nei territori conquistati la nuova religione islamica. La penetrazione degli arabi in Spagna iniziò tra il 710 e il 711. Secondo la leggenda, il loro intervento sarebbe stato sollecitato dal conte Julián, governatore di Ceuta, la cui figlia era stata sedotta e oltraggiata dal re dei visigoti Roderico (Rodrigo). La verità storica sembra però ben diversa: gli arabi poterono dilagare nella Spagna meridionale a causa alle lotte intestine per la successione al trono che avevano indebolito la monarchia visigota.

Nel 711 Tariq ibn Ziyad, governatore musulmano di Tangeri, sbarcò a Gibilterra con un contingente di circa 10.000 uomini, quasi tutti berberi, e grazie all'appoggio di alcuni visigoti rivali di Roderico ottenne una grande vittoria contro l'esercito regio presso il Río Guadalete, nella provincia di Cadice; si pensa che lo stesso sovrano sia annegato mentre tentava la fuga. In pochi anni i musulmani conquistarono tutta la Penisola Iberica, a eccezione di alcune vallate nei monti delle Asturie. I musulmani (chiamati anche mori) mantennero il controllo militare di gran parte della Penisola Iberica per quasi quattro secoli e, anche dopo essere stati sconfitti, una posizione dominante per altri quattro. I mori vennero accolti con favore dalla maggior parte delle popolazioni indigene, stanche dell'opprimente tassazione dei visigoti. La pacificazione della Spagna, resa possibile anche da una diffusa tolleranza religiosa, indusse gli arabi a tentare l'invasione della Francia. Dopo aver valicato i Pirenei, l'esercito dei mori venne però

756-929
L'emirato musulmano di Córdoba governa quasi tutta la Penisola Iberica

929-1031
Califfato di Córdoba, apogeo politico e culturale di Al-Andalus (le regioni spagnole e portoghesi sotto il dominio musulmano)

fermato presso Poitiers dai franchi di Carlo Martello (732). Alla sconfitta in terra francese seguì l'insurrezione dei berberi, che venne repressa con un grande spargimento di sangue. I territori musulmani in Spagna furono chiamati Al-Andalus, espressione che ritroviamo ancora oggi nel nome moderno di quella che fu il cuore della Spagna musulmana, una delle aree più civilizzate dell'Europa medievale.

I confini di Al-Andalus non furono mai stabili perché i cristiani cercarono sempre di recuperare i territori perduti. Questa fase, nota con il nome di Reconquista, durò ben otto secoli. Fino alla metà dell'XI secolo la frontiera tra i territori cristiani e quelli musulmani si estendeva attraverso la Penisola Iberica partendo dalla regione a sud di Barcellona e terminando nell'odierno Portogallo settentrionale. I piccoli stati cristiani che si svilupparono a nord del confine, deboli e sempre in lotta tra di loro, non costituirono all'inizio una seria minaccia per Al-Andalus. Anche i musulmani, del resto, avevano i loro conflitti interni, e in alcune circostanze, per ragioni di puro interesse locale, vennero addirittura stipulate temporanee alleanze trasversali tra cristiani e musulmani.

Inizialmente il centro del potere politico e culturale islamico in Spagna fu Córdoba (756-1031), poi Siviglia (circa 1040-1248) e infine Granada (1248-1492). Nelle principali città i musulmani costruirono splendidi palazzi, moschee e giardini, allestirono vivacissimi *zocos* (mercati), aprirono numerosi bagni pubblici (che la maggior parte della popolazione frequentava almeno una volta alla settimana) e fondarono diverse università.

Nonostante le sanguinose guerre contro i cristiani della Spagna settentrionale, i governanti di Al-Andalus garantirono libertà di culto agli ebrei e ai cristiani che vivevano nel loro territorio. Gli ebrei, in particolare, attraversarono un periodo di grande prosperità, mentre i cristiani (detti mozarabi; *mozárabes* in spagnolo) furono soggetti al pagamento di una tassa speciale: la maggior parte di essi decise perciò di convertirsi all'islam (coloro che fecero questa scelta furono chiamati *muladíes*, o muwallad) oppure di trasferirsi nella parte cristiana della Penisola Iberica.

Il 'Robin Hood andaluso' del IX secolo, Omar ibn Hafsun, sfidò a lungo il potere degli emiri di Córdoba con attacchi improvvisi seguiti da veloci ritirate a Bobastro, il suo inespugnabile covo in cima a una collina.

La classe dirigente musulmana era formata da diversi gruppi di origine araba inclini a suddividersi in fazioni rivali. Sotto di loro stava una base molto più numerosa di berberi, solitamente di rango inferiore, insediati in terre meno ricche. Questa discriminazione fu all'origine di numerose ribellioni, tra cui quella seguita alla battaglia di Poitiers. Ben presto i musulmani e la gente del luogo iniziarono ad amalgamarsi, per cui si può affermare che la maggior parte degli spagnoli odierni siano di origini arabe.

I musulmani hanno lasciato una forte impronta in Andalusia, e non soltanto grazie ai loro splendidi edifici. La predilezione degli abitanti di questa regione per le fontane, i canali con acqua corrente e le piante decorative è un'eredità araba, e anche molti dei cibi consumati quotidianamente sono stati introdotti dai musulmani, così come i nomi di numerosi alimenti – come *arroz* (riso), *naranja* (arancia) e *azúcar* (zucchero). Anche i sistemi di terrazzamento e di irrigazione risalgono al periodo della dominazione islamica.

L'emirato di Córdoba (756-929)

In un primo tempo la Spagna musulmana non fu altro che una provincia dell'emirato del Nord Africa. Nel 750 la dinastia dei califfi omayyadi di

1085
L'esercito del regno di Castiglia espugna Toledo e costringe le autorità di Siviglia a chiedere l'aiuto degli Almoravidi

1212
Battaglia di Las Navas de Tolosa: l'esercito della Spagna settentrionale cristiana sconfigge gli Almohadi di Al-Andalus

Damasco, che esercitava il suo potere su tutto il mondo musulmano, fu rovesciata dal gruppo rivoluzionario degli Abbasidi (che non erano di origine araba), e il califfato venne spostato a Baghdad. Abd ar-Rahman, un omayyade scampato alla carneficina, riuscì dapprima a scappare in Marocco e poi a raggiungere Córdoba, dove nel 756 si fece riconoscere il titolo di emiro e riorganizzò saldamente la regione, sottraendola di fatto all'influenza del califfo di Baghdad. L'emirato di Córdoba dovette affrontare, nei decenni successivi, difficoltà e minacce di ogni genere: agitazioni tra i cattolici convertiti, ribellioni di alcune frange dell'aristocrazia, scorrerie dei normanni e conflitti tra arabi e berberi. La dinastia omayyade di Abd ar-Rahman I riuscì comunque a tenere unito Al-Andalus per 250 anni, nonostante la fazione ribelle di Omar ibn Hafsun, un capo muwallad che si era arroccato sulla collina di Bobastro (provincia di Málaga) e che per un certo periodo controllò il territorio da Cartagena allo Stretto di Gibilterra.

Il califfo di Córdoba Abd ar-Rahman III, vissuto nel X secolo, aveva i capelli rossi e gli occhi azzurri; una delle sue nonne era una principessa basca.

Il califfato di Córdoba (929-1031)

Nel 929 Abd ar-Rahman III (912-61) si arrogò il titolo di califfo (che significava 'inviato di Maometto', e quindi capo supremo del mondo musulmano) per affermare la propria autorità davanti ai Fatimidi, che stavano estendendo il loro dominio nell'Africa del Nord. Abd ar-Rahman III istituì così il califfato di Córdoba, che nel suo momento di massimo splendore arrivò a comprendere quasi tutta la Penisola Iberica a sud del Río Duero, le Isole Baleari e alcune zone del Nord Africa. Córdoba divenne la città più grande, splendida e raffinata dell'Europa occidentale. La sua Mezquita (moschea; p321) è uno dei migliori esempi al mondo di architettura islamica. Alla corte di Abd ar-Rahman III, frequentata da studiosi ebrei, arabi e cristiani, fiorirono l'astronomia, la matematica, la filosofia, e si incentivarono gli studi di storia, di botanica e di medicina.

Storia del Medioevo di S. Claramunt, E. Portela, M. Gonzales e E. Mitre (Bruno Mondadori, Milano 1997) è un testo innovativo che affronta la storia del Medioevo, dal IV al XV secolo, con una visione globale: alla Penisola Iberica è dedicato il capitolo ventesimo dal titolo *Regni cristiani, Taifa e imperi nordafricani.*

Il califfato di Córdoba raggiunse l'apice della propria potenza grazie al generale Al-Mansur (o Almanzor), che durante il califfato di Hisham II (976-1008) seminò il terrore nella parte settentrionale del paese con circa 50 *razzias* (incursioni) in 20 anni. Nel 997 l'esercito arabo si spinse nel nord-ovest della Spagna e distrusse la cattedrale di Santiago de Compostela, sede del culto di Santiago Matamoros (san Giacomo 'l'ammazzamori'), importantissima fonte di ispirazione e di coesione per la causa cristiana. Al-Mansur riuscì anche nell'impresa di conquistare Barcellona. Dopo la morte di Al-Mansur, tuttavia, il califfato precipitò nell'anarchia e si disintegrò in decine di *taifas* (piccoli regni), governati da signori locali non di rado appartenenti all'etnia berbera.

Gli Almoravidi e gli Almohadi

Intorno all'anno 1040 Siviglia, situata nella fiorente valle del basso Guadalquivir, era la *taifa* andalusa più importante. Nel 1078 la dinastia abbaside della città controllava quasi tutto il territorio tra il Portogallo meridionale e la Murcia e aveva ristabilito in Andalusia la pace e la prosperità.

La minaccia degli stati cristiani del nord si fece più seria nel 1085, quando l'esercito del regno di Castiglia espugnò Toledo e costrinse le autorità di Siviglia a chiedere l'aiuto degli Almoravidi, una setta di berberi sahariani di stretta osservanza musulmana che aveva conquistato il Marocco. Gli Almoravidi, guidati da Yusuf ibn Tashufin, sconfissero il re castigliano

1248
Siviglia si arrende a Ferdinando III di Castiglia

1248-1492
L'ultimo stato musulmano sopravvissuto nella Penisola Iberica è l'emirato di Granada

Alfonso VI a Zallaqa (1086) e finirono per assoggettare anche Al-Andalus, esercitando il potere da Marrakesh e scatenando una serie di persecuzioni religiose ai danni delle minoranze ebree e cristiane. Ma il fascino di Al-Andalus contribuì ad attenuare il ferreo controllo del territorio da parte degli Almoravidi, che a partire dal 1143 furono costretti ad affrontare una serie di rivolte autonomiste scoppiate in diverse parti dei loro possedimenti. La dominazione almoravide venne messa in discussione dagli Almohadi, anch'essi di origine berbera, che innescarono una rivolta nell'Alto Atlante e, a partire dal 1146, dilagarono in Spagna. Maiorca, l'ultima roccaforte almoravide, cadde nel 1202.

Alla fine di questo periodo il territorio di Al-Andalus risultò considerevolmente ridotto rispetto a quello del X secolo: la frontiera si estendeva approssimativamente dalla zona a sud di Lisbona a quella a nord di Valencia. Meno intolleranti dei loro predecessori, gli Almohadi fecero di Siviglia la capitale del loro regno e rilanciarono le arti e il sapere. Nel 1195, il re Yusuf Yacub al-Mansur sconfisse l'esercito castigliano-aragonese ad Alarcos, a sud di Toledo, ma l'unico risultato che ottenne fu quello di cementare l'alleanza degli stati cristiani del nord. Nel 1212 le armate congiunte di Castiglia, Aragona e Navarra ebbero la meglio su un agguerrito esercito almohade a Las Navas de Tolosa (p355), nell'Andalusia nord-orientale. Quando, dopo il 1224, lo stato almohade crollò in seguito a un'accesissima disputa dinastica, gli stati cristiani trovarono aperta la via per il sud della penisola.

Spanish History Index (http://vlib.iue.it/hist-spain/index.html) fornisce innumerevoli link a chi vuole approfondire la storia del paese.

I regni di Portogallo, León e Aragona si espansero rispettivamente verso la parte sud-occidentale, centro-occidentale e orientale della Penisola Iberica, mentre Ferdinando III di Castiglia (El Santo) penetrò in Andalusia e si impossessò della città di Baenza nel 1227, di Córdoba nel 1236 e di Siviglia, dopo due anni di assedio, nel 1248.

L'emirato nasride di Granada

L'emirato di Granada corrispondeva al territorio che Mohammed ibn Yusuf ibn Nasr era riuscito a portare sotto il proprio controllo all'epoca dello smembramento del regno almohade. Esso comprendeva le moderne province di Granada, Málaga e Almería, oltre a zone periferiche delle province di Cadice, Siviglia, Córdoba e Jaén. La sua popolazione ammontava a 300.000 abitanti e per quasi 250 anni fu l'ultimo stato musulmano nella Penisola Iberica.

I Nasridi governavano dal lussuoso palazzo dell'Alhambra (p383), nella città di Granada, che fu teatro dell'ultima fioritura della cultura islamica in Spagna. L'emirato raggiunse il massimo splendore nel XIV secolo, sotto Yusuf I e Mohammed V, che donarono all'Alhambra i suoi tesori architettonici più spettacolari. Due furono gli eventi storici che contribuirono in modo determinante al crollo del potere nasride a Granada: il primo fu il rifiuto dell'emiro Abu al-Hasan di pagare nuovi tributi al regno di Castiglia (1476), mentre il secondo fu la riunione in un unico stato dei due più potenti regni cristiani della penisola (Castiglia e Aragona), grazie al matrimonio tra Isabella I di Castiglia e Ferdinando d'Aragona. I tempi dei mori in Spagna erano ormai alla fine. I Reyes Católicos, nome con il quale la coppia è passata alla storia, avviarono la fase decisiva della Reconquista nel 1482.

A causa di gelosie maturate in ambienti vicini alla corte e di faide interne fra i signori di Granada che degenerarono in una guerra civile, i cristiani

1469

Il matrimonio tra Isabella di Castiglia e Ferdinando d'Aragona riunisce i due più potenti stati cristiani della Penisola Iberica

1481

Primo tribunale dell'Inquisizione spagnola con sede a Siviglia riuscirono a penetrare nell'emirato, assediandone le città e devastando le campagne. Málaga cadde nel 1487, e la stessa Granada venne espugnata il 2 gennaio 1492, dopo un assedio durato otto mesi. Gli spagnoli portarono la guerra anche sul suolo africano, conquistando Orano e Bugia e ottenendo la sottomissione di Algeri e di Tunisi.

Notizie di carattere storico sono reperibili nel sito del progetto FAR (Formazione Aperta in Rete; www.far.unito.it/storia) a cura dell'Università di Torino; in particolare, cercate i link con le informazioni dedicate alla Spagna.

Le condizioni della resa concessa a Boabdil (p380), l'ultimo emiro, furono abbastanza generose. Il sovrano sconfitto ottenne a titolo personale le valli delle Alpujarras, a sud di Granada, ma vi rimase solo un anno, prima di partire per l'Africa. Ai musulmani fu promesso il rispetto della loro religione, della loro cultura e delle loro proprietà, ma queste condizioni furono presto disattese.

La pia Isabella e l'astuto Ferdinando riuscirono a unificare la Spagna sotto un'unica corona per la prima volta dai tempi dei visigoti. Entrambi sono sepolti nella Capilla Real a Granada (p389), un segno della grande importanza che entrambi attribuirono alla conquista della città.

L'ANDALUSIA DOPO LA RECONQUISTA

Gran parte della popolazione musulmana fuggita dalle zone conquistate dai cristiani nel XIII secolo si era rifugiata a Granada e nel Nord Africa. Quelli che rimasero furono chiamati *mudejar*. I nuovi governanti cristiani concessero vasti appezzamenti di terra alla nobiltà e agli ordini cavallereschi crociati – come l'Orden de Santiago e l'Orden de Calatrava – che avevano svolto un ruolo di vitale importanza durante la Reconquista. A causa delle incursioni moresche, i piccoli coloni cristiani furono spesso indotti a vendere le loro proprietà all'aristocrazia e agli ordini cavallereschi, che in questo modo ampliarono ulteriormente i loro possedimenti. Ebbero così origine i *latifundia* (latifondi), che nei secoli successivi avrebbero rappresentato un serio problema per l'Andalusia. I proprietari terrieri trasformarono gran parte delle loro tenute in allevamenti di pecore, rovinando un terreno agricolo fino ad allora molto produttivo e provocando la rovina dei contadini. Fu questo il motivo per cui all'inizio del XIV secolo l'Andalusia rurale cristiana si ritrovò a essere quasi completamente spopolata.

La Spagna delle tre culture. Ebrei, cristiani e musulmani tra storia e mito di Alessandro Vanoli (Viella, Roma 2006) non è solo una storia di incontri o scontri tra religioni, ma di come si definirono le identità cristiana, islamica ed ebraica nel lungo periodo (oltre otto secoli, dal 710 al 1492) in cui convissero in Spagna.

Il figlio di Ferdinando III, Alfonso X El Sabio (Il Saggio; 1252-84), fece di Siviglia una delle città più importanti del paese e avviò una sorta di rinascita culturale, raccogliendo intorno a sé eruditi, in particolare ebrei, che conoscevano l'arabo e il latino e potevano tradurre gli antichi testi in lingua volgare. Nel frattempo la nobiltà castigliana, arricchitasi con la produzione della lana – grazie agli enormi pascoli di cui disponeva l'allevamento delle pecore era molto remunerativo – permise che ebrei e stranieri, in special modo genovesi, si impadronissero dei commerci e del sistema finanziario della Castiglia.

La persecuzione degli ebrei

Nel XV secolo, dopo il flagello della peste nera e una serie di cattivi raccolti, lo scontento generale trovò un capro espiatorio negli ebrei, che erano già stati sottoposti a violente persecuzioni nell'ultimo decennio del XIV secolo. In conseguenza di questi fatti alcuni ebrei, che furono chiamati *conversos*, si convertirono al cristianesimo, mentre altri trovarono rifugio nella Granada musulmana. Negli anni intorno al 1480 i *conversos* divennero il principale bersaglio dell'Inquisizione spagnola, fortemente voluta dai Re Cattolici allo scopo di colpire chiunque contravvenisse ai dettami della Chiesa cattolica. Molti *conversos* furono accusati di continuare a praticare il giudaismo in segreto. Si stima che l'Inquisizione causò nel corso di tre secoli la morte di almeno 12.000 persone, 2000 delle quali vennero uccise nel penultimo decennio del Quattrocento.

Nel 1492 Isabella e Ferdinando ordinarono l'espulsione dai loro territori di tutti gli ebrei che avessero rifiutato il battesimo cristiano. Da 50.000 a 100.000 ebrei si convertirono in tutta fretta, ma circa 200.000, conosciuti con il nome di sefarditi (ebrei di origine spagnola), lasciarono la Spagna per trasferirsi in altri paesi del Mediterraneo. La monarchia si impossessò di tutte le proprietà ebree invendute, ma il paese venne privato della sua classe commerciale e imprenditoriale più capace e dinamica.

La rivolta e l'espulsione dei moriscos

Il cardinale Cisneros, confessore di Isabella e supervisore dell'Inquisizione, dopo la conquista dell'emirato di Granada ebbe il compito di organizzare la conversione dei musulmani al cristianesimo. Fece organizzare battesimi di massa, fece bruciare i testi islamici e bandì la lingua araba. Nel 1500 questi provvedimenti, insieme all'esproprio delle terre dei musulmani, provocarono una rivolta che, iniziata nelle valli delle Alpujarras, si diffuse nei territori dell'ex emirato da Ronda ad Almería. In seguito a questa insurrezione i musulmani vennero posti davanti alla scelta tra la conversione e l'abbandono del paese. Quasi tutti, circa 300.000 persone, accettarono il battesimo e rimasero in Spagna. Tuttavia i *moriscos*, come vennero chiamati i musulmani convertiti, non riuscirono mai a integrarsi completamente nella cultura cristiana. Nel 1567, quando il re Filippo II (1556-98), cattolico intransigente, proibì ai *moriscos* di usare la lingua, i nomi e gli abiti tradizionali arabi, scoppiò una nuova rivolta che dalle Alpujarras si diffuse nell'Andalusia meridionale sconvolgendo la regione per oltre due anni. I *moriscos* furono infine deportati dall'Andalusia orientale a quella occidentale e alle regioni più settentrionali della Spagna. Tra gli altri danni provocati da questi avvenimenti vi fu la rovina dell'industria della seta di Granada. Tra il 1609 e il 1614, infine, Filippo III decretò l'espulsione definitiva dei *moriscos* dal territorio spagnolo.

Ghosts of Spain (2006) di Giles Tremlett, giornalista del *Guardian* londinese, va dritto al cuore dei problemi della Spagna contemporanea e alle loro radici nella storia recente. Sebbene non disponibile nella traduzione italiana, è vivamente consigliato.

SIVIGLIA E LE AMERICHE: ESPANSIONE E FALLIMENTO

Nell'aprile del 1492 i Re Cattolici concessero al navigatore ed esploratore genovese Cristoforo Colombo (Cristóbal Colón per gli spagnoli) i fondi necessari ad armare tre caravelle con le quali trovare, navigando nell'Atlantico verso ovest, una rotta più breve per raggiungere le Indie. Colombo, dopo un viaggio lungo poco più di due mesi, approdò invece il 12 ottobre nelle Americhe (v. p162) aprendo incredibili opportunità di guadagno per la Spagna e soprattutto per il porto fluviale di Siviglia.

Durante il regno di Carlo V (1516-56), il primo sovrano della dinastia degli Asburgo, Hernán Cortés e Francisco Pizarro, partiti dalla madrepatria con un manipolo di avventurieri e pochissimi scrupoli, conquistarono e sottomisero il primo l'impero azteco e il secondo quello inca. Altri conquistatori spagnoli occuparono più tardi vasti territori dell'America continentale. Le nuove colonie inviarono in Spagna enormi quantità d'argento, oro e altre ricchezze, un quinto delle quali spettava alla Corona *(el quinto real)*.

XVII secolo
I moriscos (musulmani convertiti al cristianesimo) sono espulsi dalla Spagna (1609-14); depressione economica, epidemie e carestie

1717
Il controllo del commercio con le Americhe è trasferito da Siviglia a Cadice

Siviglia divenne un punto nevralgico dei commerci internazionali, una città cosmopolita sulla quale convergeva in cerca di fortuna gente di ogni tipo. Rimase il principale centro urbano della Spagna fino alla fine del XVII secolo ed era considerata una delle città più importanti della Spagna, offuscando anche Madrid, la cittadina di modeste dimensioni proclamata capitale nel 1561. Siviglia accolse idee e movimenti artistici europei e divenne il punto focale delle arti spagnole durante il Siglo de Oro (il secolo d'oro; p49). A beneficiare della nuova prosperità furono in una certa misura anche Cadice e la regione del basso corso del Guadalquivir, mentre Jaén, Córdoba e Granada risultarono meno coinvolte. Nell'Andalusia rurale, invece, la situazione era molto difficile: un piccolo numero di grandi proprietari continuava a destinare vasti appezzamenti di terreno esclusivamente all'allevamento delle pecore, mentre ai pochi contadini rimasti mancavano i mezzi per migliorare le proprie sorti e la maggior parte degli andalusi non possedeva né terre né altri beni.

'La Spagna non sviluppò mai una strategia di ampio respiro per far fruttare le ricchezze americane, ma le dissipò nelle guerre'

La Spagna non sviluppò mai una strategia di ampio respiro per far fruttare le ricchezze che provenivano dall'America o per trovare rimedio all'inflazione da esse provocata non essendo in grado di sviluppare una strategia di investimento delle ricchezze che venivano usate soltanto per finanziare le guerre in Europa: il paese dissipò fiumi di denaro nelle guerre contro le altre potenze europee, trascurando lo sviluppo interno e pregiudicando ogni futura possibilità di trasformarsi in una potenza industriale. Il governo continuò a importare i cereali necessari al fabbisogno nazionale, mentre i pascoli si diffondevano senza alcuna regolamentazione.

Nel XVII secolo le spedizioni d'argento dalle Americhe diminuirono drasticamente e le epidemie e il susseguirsi di cattivi raccolti causarono, nel 1649, la morte di 300.000 persone, tra cui la metà della popolazione di Siviglia. Il basso corso del Guadalquivir, prezioso canale di comunicazione tra Siviglia e l'Atlantico, andò gradualmente insabbiandosi e, nel 1717, la Casa de Contratación, l'ufficio governativo che controllava i commerci con l'America, fu trasferita nel porto marittimo di Cadice.

I BORBONI

Quando Filippo V salì al trono nel 1701, iniziò il dominio della dinastia dei Borboni, i cui discendenti siedono ancora oggi sul trono spagnolo. Nel XVIII secolo la Spagna conobbe una modesta ripresa economica. La monarchia finanziò le prime industrie, tra cui la manifattura del tabacco di Siviglia (p115). Una nuova strada, la Carretera General de Andalucía, fu costruita per collegare Madrid con Siviglia e Cadice. Finalmente, alcuni appezzamenti di terreno furono destinati alla coltivazione di grano e orzo e gli scambi commerciali attraverso Cadice (che viveva un periodo particolarmente prospero) incrementarono il loro volume. I decreti sul libero scambio del 1765 e del 1778, che privarono Cadice e Siviglia dell'esclusiva sui commerci con le Americhe, stimolarono lo sviluppo di Málaga. I coloni provenienti dalle altre regioni della Spagna fecero crescere la popolazione andalusa che nel 1787 contava circa 1,8 milioni di persone.

L'INVASIONE NAPOLEONICA

Quando il re di Francia Luigi XVI (cugino del monarca spagnolo Carlo IV) fu ghigliottinato nel 1793, la Spagna dichiarò guerra alla Francia. Due anni

1805
La flotta alleata franco-spagnola è battuta da quella inglese, comandata dall'ammiraglio Nelson, al largo di Capo Trafalgar

1810-12
Cortes de Cádiz: il parlamento spagnolo si riunisce a Cadice che resiste all'assedio dei francesi

dopo il paese cambiò però bandiera schierandosi al fianco della repubblica francese in guerra contro l'Inghilterra in cambio del suo ritiro dalla Spagna settentrionale. Nel 1805 la flotta alleata franco-spagnola fu battuta da quella inglese, comandata dall'ammiraglio Nelson, al largo di Capo Trafalgar (a Los Caños de Meca, provincia di Cadice; p228). Questa sconfitta segnò la fine della potenza navale spagnola.

Nel 1807 Francia e Spagna si accordarono per dividersi il Portogallo, alleato degli inglesi. Le forze francesi (comandate da Napoleone Bonaparte) entrarono in Spagna per marciare sul Portogallo ma, di fatto, occuparono militarmente il paese. Nel 1808 sul trono di Spagna fu posto Giuseppe Bonaparte. In seguito a questo avvenimento scoppiò la guerra d'indipendenza spagnola, nota anche con il nome di guerra peninsulare: il popolo insorse e prese le armi organizzando una vera e propria guerriglia. Gli spagnoli, grazie all'aiuto delle forze anglo-portoghesi al comando del duca di Wellington, riuscirono nel 1813 a cacciare i francesi dal suolo della loro patria. La città di Cadice subì un assedio di ben due anni, dal 1810 al 1812, durante il quale un'assemblea nazionale (Cortes) riunitasi in città redasse una nuova Costituzione che proclamava la sovranità del popolo e ridimensionava le prerogative della monarchia, della nobiltà e della Chiesa.

DIVARIO SOCIALE

La Costituzione di Cadice gettò le basi del contrasto, destinato a durare un secolo, tra i liberali spagnoli di orientamento riformista e i conservatori intenzionati a mantenere lo status quo. Il re Ferdinando VII (regno 1814-33) revocò la Costituzione, perseguitò gli oppositori e ristabilì temporaneamente l'autorità dell'Inquisizione. Il suo regno coincise con lo sgretolamento dell'impero d'oltremare, in quanto il Messico e la maggior parte delle colonie spagnole dell'America centrale e meridionale approfittarono della debolezza della madrepatria per ottenere l'indipendenza. Fu un colpo terribile per Cadice, la cui prosperità dipendeva totalmente dal commercio con le colonie.

La Costituzione di Cadice è soprannominata La Pepa perché fu proclamata il 19 marzo 1812, il Día de San José (il giorno dedicato a San Giuseppe). Pepa è la versione femminile di Pepe, diminutivo di José.

La vendita all'asta, tra 1836 e 1855, dei terreni della Chiesa e quelli municipali per ridurre il debito nazionale, incontrò il favore della borghesia, che poté acquisire nuovi latifondi, ma fu disastrosa per i contadini, che si videro sottrarre le terre demaniali destinate al pascolo. L'Andalusia divenne una delle regioni più arretrate d'Europa, con un'enorme disparità fra ricchi e poveri. Al vertice della società si trovavano poche famiglie borghesi e aristocratiche, proprietarie di gran parte dei terreni coltivabili, mentre il livello più basso era occupato dalla moltitudine dei *jornaleros* – braccianti agricoli senza terra e senza lavoro per almeno metà dell'anno. Analfabetismo, malattie e fame crescevano rapidamente.

Nel 1873 un governo liberale proclamò la repubblica, e il territorio spagnolo fu suddiviso in 17 regioni federate tra loro. Purtroppo la 'prima repubblica' non riuscì a sedare i disordini e i conflitti interni che si scatenarono in seguito alla sua nascita, e undici mesi dopo un colpo di stato militare riportava sul trono i Borboni.

Avendo perduto le terre da pascolo e dovendo confrontarsi con la fame e con lavori saltuari miseramente retribuiti, i contadini andalusi cominciarono a organizzare delle rivolte, alle quali l'autorità statale rispose sempre con brutalità. Le idee anarchiche del russo Michail Bakunin trovarono

1891-1918

I braccianti agricoli andalusi, spinti dalla loro insostenibile condizione economica, proclamano una serie di scioperi di matrice anarchica

1910

A Siviglia viene fondata la Confederación Nacional del Trabajo (CNT)

largo seguito soprattutto nella zona del basso corso del Guadalquivir, dove il monopolio dei latifondisti sui terreni coltivabili era quasi totale. Bakunin auspicava l'avvento di una società libera, nella quale le persone avrebbero collaborato spontaneamente al lavoro comunitario, e incoraggiava scioperi, sabotaggi e rivolte allo scopo di provocare una spontanea rivoluzione da parte degli oppressi. Il potente sindacato anarchico, la Confederación Nacional del Trabajo (CNT), fu fondato a Siviglia nel 1910. Nel 1919 la CNT contava 93.000 iscritti nella sola Andalusia.

La fine della repubblica aprì una fase di alternanza pacifica al potere tra il partito conservatore e quello liberale, interrotta dalla disastrosa guerra ispano-americana che costò alla Spagna la perdita di Cuba, di Puerto Rico e delle Filippine. Nel primo Novecento la monarchia operò una svolta in senso autoritario, mentre perduravano gli squilibri sociali e lo sfruttamento dei lavoratori. Nel 1923 il generale Miguel Primo de Rivera, originario di Jerez de la Frontera, organizzò un colpo di stato e instaurò un regime dittatoriale. Egli ottenne l'appoggio del maggiore sindacato del paese, la Unión General de Trabajadores, mentre gli anarchici si diedero alla clandestinità. Primo de Rivera ristabilì una parvenza di ordine, ma lasciò irrisolti i problemi di fondo del paese. Non essendo riuscito a fronteggiare la crisi economica e avendo scontentato gli alti gradi dell'esercito, nel 1930 fu destituito.

LA SECONDA REPUBBLICA

Nell'aprile del 1931 il movimento repubblicano ottenne una vittoria schiacciante nelle elezioni amministrative e il re Alfonso XIII abbandonò il paese e si recò in esilio in Italia. Nel giugno dello stesso anno i repubblicani si aggiudicarono anche le elezioni per le Cortes. Gli anni della seconda repubblica (1931-36) furono un periodo tumultuoso caratterizzato da importanti conquiste sul piano dei diritti civili e delle libertà individuali. La sinistra e le classi meno abbienti salutarono con gioia l'avvento del governo repubblicano, mentre i conservatori ne furono naturalmente spaventati a morte. Le elezioni del 1931 portarono al governo una compagine molto eterogenea formata da socialisti, centristi e repubblicani. Purtroppo il governo progressista non riuscì ad arginare la disoccupazione né ad avviare una riforma agraria efficace.

Su www.anpi.it/guerra_di_spagna.htm), a cura dell'Associazione Nazionali Partigiani d'Italia, troverete articoli, immagini e testimonianze dei superstiti delle Brigate Internazionali che presero parte alla guerra di Spagna.

Le difficoltà dell'economia, la disorganizzazione del movimento anarchico e la mancanza di unione nella sinistra furono i fattori che determinarono la vittoria della destra nelle elezioni del 1933. La sinistra, compreso l'emergente partito comunista, tentò di organizzare una svolta rivoluzionaria, ma le agitazioni e la repressione violenta dell'esercito innescarono una spirale incontrollabile.

Per scongiurare l'instaurazione di un regime di tipo fascista, le forze di sinistra si presentarono unite, sotto le bandiere del Fronte Popolare, alle elezioni del 1936. Anche la CNT appoggiò l'alleanza. I movimenti di destra, invece, diedero vita al Fronte Nazionale. La vittoria arrise ai progressisti, ma la polarizzazione in due schieramenti apertamente contrapposti emerse più forte di prima. Gli anarchici della CNT potevano contare su oltre un milione di iscritti e i contadini iniziarono finalmente a far pesare le loro rivendicazioni. In tutta la Spagna si verificarono occupazioni delle terre da parte dei braccianti e gli scontri tra formazioni paramilitari e organizzazioni operaie divennero sempre più frequenti.

1936-39
Guerra civile: i nazionalisti dal generale Franco si ribellano al governo repubblicano e assumono il controllo del paese

1939-75
La Spagna è sotto la dittatura franchista; alla guerra civile seguono gli 'anni della fame'; sulla Costa del Sol inizia il turismo di massa

FERNANDA LA POTAJA *Susan Forsyth e Antonio Luque*

Come molti andalusi, Fernanda Navas Arroyo è conosciuta con il suo soprannome. Tutti, a Cómpeta, il villaggio in cui vive, la chiamano La Potaja, termine che indica un tipo di stufato di cui il marito era particolarmente goloso. La donna (occhi luminosi, mani da lavoratrice e un sorriso spontaneo) è nata nel 1939, poche settimane dopo la fine della guerra civile.

A partire dagli anni '90 gli abitanti di Cómpeta, che fa parte del comune di Axarquía, nella provincia di Málaga, hanno raggiunto un livello di benessere prima inimmaginabile grazie al massiccio afflusso di stranieri che scelgono di trascorrere le loro vacanze in una casa presa in affitto in questo angolo pittoresco tra le colline. Ma negli *años de hambre* (anni della fame) dopo la guerra civile, Cómpeta era soltanto un povero villaggio isolato tra selvagge alture.

A quell'epoca la famiglia di Fernanda – composta oltre che da Fernanda da sua madre, suo padre e quattro tra fratelli e sorelle – viveva in una sola stanza. I litigi erano all'ordine del giorno, favoriti dalla mancanza di spazio e dalla difficoltà nel trovare cibo con cui sfamarsi. Tra i ricordi infantili di Fernanda c'è quello della Guardia Civil che trascina via in manette il padre accusato di aver rubato alcuni sacchi di farina. Nel 1948 il padre morì. Qualche tempo dopo Fernanda ricorda di essere andata a raccogliere delle patate in un *bancal* (un terreno terrazzato irrigato) vicino al villaggio – 'rubare per mangiare non è certo un reato' è il suo commento a questo episodio. Ma un uomo di guardia al campo la colse sul fatto e la colpì lasciandola ferita a terra.

Le cose andarono meglio quando, nel 1950, il governatore della provincia venne in visita a Cómpeta. In quell'occasione la madre di Fernanda portò i suoi figli, poveramente vestiti e senza scarpe, a incontrarlo. Spinta dal bisogno si attaccò alla sua manica e gli rivolse quest'unica domanda: 'Che ne sarà di noi?'. Il governatore mise allora in mano alla donna 200 pesetas – una vera fortuna a quell'epoca, che permise a tutta la famiglia di mangiare per oltre un mese.

Fernanda fu mandata a vivere con una famiglia che possedeva un gregge di capre e che poteva garantirle un po' di cibo. 'Smisi di soffrire la fame e i miei problemi di salute svanirono. Tutti lavoravano. Io andavo a prendere l'acqua, lavavo i piatti e gli abiti: a casa c'erano sempre tante cose da fare. Non sono mai andata a scuola: non so leggere ma conosco qualche parola'.

A 18 anni lasciò il villaggio e per due estati andò a lavorare in un albergo in Galizia, dove la pagavano bene. Ogni settimana inviava alla madre una busta con 100 pesetas.

Si sposò a 21 anni, dopo cinque anni di fidanzamento, alle sei del mattino (l'ora antelucana fu scelta perché Fernanda non possedeva il classico vestito bianco da sposa). Ebbe subito dei figli: tre vivono ancora, mentre due sono morti. Oggi due di loro lavorano nell'edilizia e la terza è un'insegnate di danza. Fernanda rimase vedova a 35 anni, due mesi dopo aver comprato con il marito una piccola *finca* (proprietà rurale) per 200.000 pesetas. Fu lei a mandarla avanti e nel 1993 riuscì a estinguere il mutuo che aveva sottoscritto. Fernanda ci mostra le sue mani e ci racconta orgogliosa che nel 1999 hanno raccolto sette tonnellate di olive.

Le abbiamo chiesto com'era la vita delle donne nel periodo tra il 1960 e il 1980.

'Le donne subivano delle discriminazioni e avevano poca libertà. Pochi abiti, pochi beni e ancor meno libertà. Non potevamo parlare con gli uomini, e men che meno baciarli, se non volevamo essere definite sgualdrine. E se una donna voleva entrare in un bar? Mai e poi mai!'.

Oggi Fernanda è felice: per i suoi tre figli e per i cinque nipoti, e ancora di più per la sua casa, un appartamento all'ultimo piano da cui può vedere il mare, dove non la smette di parlare di lavoro, di tutto quello che ha fatto nella sua vita, e di felicità.

Il 17 luglio 1936 insorse la guarnigione spagnola di Melilla, in Nord Africa, imitata il giorno successivo da altri presidi sul continente. Il 19 luglio il generale Francisco Franco raggiunse in volo il Marocco dalle Canarie per assumere il comando dei suoi legionari. La guerra civile era cominciata.

1955

La Spagna viene ammessa alle Nazioni Unite

1975

Transizione alla democrazia dopo la morte di Franco; Juan Carlos incoronato re di Spagna

LA GUERRA CIVILE

La guerra civile lacerò in maniera gravissima il tessuto sociale spagnolo dividendo comunità, famiglie e amici. Entrambe le parti si macchiarono di atroci massacri e rappresaglie, soprattutto nelle prime settimane di guerra. I ribelli nazionalisti fucilarono o impiccarono decine di migliaia di sostenitori della repubblica, mentre i repubblicani fecero altrettanto con i simpatizzanti di Franco (tra i morti si contarono anche 7000 preti, monaci e suore). La rivalità politica fu non di rado un pretesto per vendicare sommariamente vecchi torti personali. Durante i tre anni di guerra persero la vita circa 350.000 persone (ma secondo alcune fonti i morti furono 500.000).

Nelle zone repubblicane, anarchici, comunisti e socialisti finirono per avere il controllo di molte città e paesi. In Andalusia fu particolarmente attiva la componente anarchica, che abolì la proprietà privata e saccheggiò numerose chiese e conventi. Alcuni grandi latifondi furono occupati dai contadini, che fondarono un centinaio di comuni agricole. La campagna nazionalista, nel frattempo, assunse rapidamente i toni fanatici di una crociata contro i nemici di Dio.

Le strategie che dovevano guidare il corso della guerra erano già chiare una settimana dopo la rivolta di Melilla. Le città dove le guarnigioni della milizia appoggiavano i ribelli (la maggior parte) caddero quasi subito nelle mani dei nazionalisti: così successe a Cadice, Córdoba e Jerez. Siviglia fu occupata nel giro di tre giorni e Granada resistette poco di più. Si dice che dopo la presa della città i nazionalisti abbiano giustiziato circa 4000 persone a Granada e dintorni, tra le quali il grande poeta Federico García Lorca (v. p47). Anche nelle zone repubblicane si verificarono episodi terribili: circa 2500 persone furono assassinate in pochi mesi nell'anarchica Málaga. La risposta a questi massacri arrivò puntualmente nel febbraio del 1937, quando i nazionalisti, appoggiati da un contingente di fascisti italiani, dopo aver riconquistato la città si abbandonarono a sanguinose rappresaglie per vendicare le atrocità vere o presunte commesse dai nemici. In questa occasione le esecuzioni furono migliaia.

25 Años sin Franco (25 anni senza Franco; www.elmundo.es/nacional/XXV_aniversario) è un supplemento speciale del 2000 del quotidiano *El Mundo* pubblicato online – è in spagnolo, ma le foto e la grafica si commentano da sole.

Dopo la caduta di Málaga la situazione militare in Andalusia non subì particolari cambiamenti fino al termine della guerra. Le province di Almería e di Jaén, la metà orientale di quella di Granada e la parte settentrionale della provincia di Córdoba rimasero tutte in mano repubblicana fino alla resa del Fronte Popolare.

Franco emerse come indiscusso leader nazionalista già nel 1936, autoproclamandosi Generalísimo (generale supremo) e adottando poco tempo dopo anche il titolo di Caudillo (l'equivalente del Führer). Le sorti della guerra furono volte a favore dei nazionalisti dall'appoggio dei nazisti tedeschi e dei fascisti italiani, che inviarono armi, aerei e 92.000 uomini (perlopiù italiani). I repubblicani furono aiutati dall'Unione Sovietica con aerei, carri armati, pezzi d'artiglieria e consiglieri militari; a fianco dei repubblicani combatterono inoltre circa 25.000 francesi che, insieme a quasi altrettanti stranieri, formarono le Brigate Internazionali.

Il governo repubblicano si trasferì da Madrid, assediata, a Valencia alla fine del 1936, e poi a Barcellona nell'autunno del 1937. Nel 1938 Franco puntò verso est, isolando Barcellona da Valencia, mentre l'URSS si ritirava dal conflitto. I nazionalisti presero Barcellona nel gennaio del 1939, e Madrid cadde il 28 marzo. Il 1° aprile Franco poté proclamare la vittoria.

1981

Tentativo militare di colpo di stato: la fermezza del re e la fedeltà dell'esercito alla Corona sventano i piani degli insorti

1982

Grazie al nuovo sistema di autonomia regionale l'Andalusia ottiene un proprio parlamento che sarà guidato, da allora in poi, solo dal PSOE

COSTA DEL CRIME

La Costa del Sol a ovest di Málaga è stata in passato soprannominata la Costa del Crime (Costa del Crimine), visto che molti malviventi inglesi vi trovarono un rifugio sicuro grazie alla mancanza di un efficace trattato di estradizione tra Spagna e Regno Unito. Nel 2001 entrò in vigore un nuovo accordo, molto più restrittivo, ma ciò non scoraggiò l'arrivo sulla Costa del Sol di un altro genere di delinquenti, attratto dalla sicurezza di poter concludere lucrosi affari grazie al boom edilizio legato allo sviluppo turistico. Il punto cruciale del problema sono gli oneri che le amministrazioni locali impongono per il rilascio dei permessi edilizi. Molte città, soprattutto quelle lungo la costa, hanno sviluppato una sorta di 'dipendenza' da questi introiti, che possono anche rappresentare la metà delle loro entrate. Inoltre molte di esse sono inclini a incoraggiare lo sviluppo dell'edilizia perché funge da volano per l'intera economia locale. Naturalmente il tasso di corruzione è estremamente elevato, perché i costruttori farebbero di tutto pur di ottenere le licenze necessarie per incrementare il loro giro d'affari.

Da parte loro le amministrazioni locali hanno spesso concesso permessi edilizi in aperta violazione ai piani regolatori, rendendo edificabili aree rurali protette situate all'interno del territorio comunale, oppure aumentando la densità abitativa ben oltre i limiti stabiliti dalla legge. Le conseguenze di cinquant'anni di un tale sviluppo sono sotto gli occhi di tutti: lunghi tratti della costa andalusa, comprese vaste aree nell'entroterra, sono stati cementificati. Inoltre nel settore pubblico si è sviluppata una capillare 'cultura della corruzione' e la lobby dei costruttori è diventata pressoché onnipotente.

Questa situazione non tardò ad attrarre la criminalità organizzata. La città più turistica della Costa del Sol, Marbella, è diventata sinonimo non solo di ostentazione ma anche di sfruttamento delle risorse, di corruzione di pubblici ufficiali e di attività mafiose. Nel 2005, nel corso di un'operazione denominata Ballena Blanca, 41 persone sono state arrestate in città con l'accusa di far parte della più importante organizzazione europea per il riciclaggio di denaro sporco, con un giro d'affari di oltre 250 milioni di euro. I proventi derivanti dallo spaccio della droga, dagli omicidi su commissione, dai rapimenti, dal traffico d'armi, dalla prostituzione e da altre attività malavitose sono stati 'lavati' e reinvestiti in proprietà immobiliari sulla Costa del Sol grazie al coinvolgimento di uno studio legale di Marbella.

Nella primavera del 2006 il sindaco, il vicesindaco e diversi funzionari municipali di Marbella furono arrestati insieme ad altre 50 persone in seguito alle indagini sulle tangenti pagate per il rilascio di permessi edilizi illegali. Le accuse andavano dalla concussione alla sottrazione di fondi pubblici, dalla collusione alla partecipazione agli utili derivanti dal prezzo gonfiato degli immobili. Tra le proprietà sequestrate dalla polizia (per un valore complessivo di 2,4 miliardi di euro) c'erano 275 opere d'arte, 103 cavalli da corsa, un elicottero e 200 tori da combattimento. Il commissario incaricato di gestire questa grave crisi ha ordinato di mettere immediatamente i sigilli ai cantieri dichiarati illegali dal tribunale. Quasi 30.000 delle 80.000 case di Marbella sono abusive e almeno 5000 potrebbero essere demolite.

Questa situazione di sostanziale illegalità divenne abituale a partire dagli anni '90 con il sindaco Jesús Gil y Gil, morto nel 2004, un magnate dell'edilizia di impostazione populista e di orientamento politico conservatore, che perfezionò l'arte di governare la città a beneficio suo e dei suoi amici.

Marbella è solo il caso più eclatante. L'ex sindaco della vicina Estepona sta scontando una condanna a cinque anni per aver aiutato un narcotrafficante turco a riciclare i guadagni dei suoi traffici. In un'altra operazione di polizia, nel 2005, 28 presunti boss della mafia russa sono stati arrestati in diverse località della Costa del Sol e in altre cittadine mediterranee. Secondo la polizia essi investivano il denaro proveniente dai crimini commessi in patria acquistando in Spagna proprietà immobiliari, ristoranti e bar.

La Junta de Andalucía ha tentato di restituire legalità al mercato immobiliare mettendo a punto, nel 2005 e 2006, una serie di piani regolatori comunali per evitare il ripetersi di casi come quello di Marbella. Presunti illeciti nella concessione di permessi edilizi in altre cittadine andaluse sono al momento al vaglio delle autorità giudiziarie. Inoltre la Junta spera di realizzare l'abbattimento di un albergo costruito sulla Playa Algarrobico, all'interno del parco naturale di Cabo de Gata nella provincia di Almería – un segno che i giorni dello sviluppo incontrollato lungo le coste andaluse sembrano giunti alla fine.

1982-96

Il sivigliano Felipe González, del partito di centrosinistra PSOE, è il primo ministro di Spagna

1986

Entrata della Spagna nella CEE (oggi Unione Europea) a cui segue un boom economico di cinque anni

LA SPAGNA DI FRANCO

La fine della guerra civile non vide l'inizio di un periodo di riconciliazione, ma lo spargimento di sangue e la repressione dei vinti. Francisco Franco instaurò nel paese un regime autoritario, mise fuorilegge i partiti politici a eccezione della Falange, creò un sindacato unico e abolì tutte le prerogative autonomiste delle regioni periferiche. I nazionalisti furono spietati con i repubblicani superstiti: si calcola che dopo la guerra 100.000 spagnoli furono uccisi o morirono in prigione. Alcuni piccoli gruppi di comunisti e di repubblicani continuarono la loro lotta senza speranza organizzando azioni di guerriglia nelle montagne dell'Andalusia e in altre regioni del paese che si esaurirono soltanto al termine degli anni '50.

Tra il 1950 e il 1970 un milione e mezzo di andalusi emigrarono in cerca di lavoro nelle regioni spagnole più ricche o in altri paesi europei.

Franco mantenne la Spagna neutrale nella seconda guerra mondiale, ma il carattere dittatoriale del regime provocò l'isolamento del paese nell'immediato dopoguerra. Il clima della Guerra Fredda, tuttavia, giovò alla Spagna, che nel 1953 ottenne dagli Stati Uniti ingenti aiuti finanziari in cambio della concessione di alcune basi militari, e nel 1955 fu ammessa alle Nazioni Unite. Si chiuse così il triste periodo del boicottaggio commerciale, che trasformò la fine degli anni '40 negli *años de hambre* (anni della fame) – un periodo particolarmente duro soprattutto nelle regioni più povere, quali l'Andalusia, dove i contadini furono talvolta costretti a nutrirsi di radici e bacche selvatiche.

Quella di Franco fu una dittatura assoluta: egli era il comandante in capo delle forze armate e il leader dell'unico partito spagnolo, il Movimiento Nacional. Ogni città di una certa grandezza venne presidiata da guarnigioni della milizia, gli scioperi e il divorzio furono proibiti e il matrimonio religioso divenne obbligatorio.

In Andalusia furono impiantate alcune nuove industrie e, alla fine degli anni '50, fu lanciato il turismo di massa per gli stranieri sulla Costa del Sol – ma negli anni '70 molti villaggi erano ancora privi di energia elettrica, acquedotti e strade asfaltate. Il sistema scolastico aveva carenze talmente gravi che nelle zone rurali dell'Andalusia molti ultracinquantenni sono a tutt'oggi analfabeti.

Storia della Spagna democratica. Da Franco a Zapatero di A. Carmelo e A. Botti (Bruno Mondadori, Milano 2006) ripercorre le vicende storiche della Spagna dalla riorganizzazione dello stato in base alla Costituzione del 1978 all'attuale governo Zapatero.

LA NUOVA DEMOCRAZIA

Il successore designato da Franco, il principe Juan Carlos di Borbone, nipote di Alfonso XIII di Spagna, salì al trono all'età di 37 anni due giorni dopo la morte del Generalísimo, il 20 novembre 1975. Molti dei meriti della transizione indolore del paese alla democrazia vanno al suo giovane re. Fu infatti egli a nominare primo ministro Adolfo Suárez, che fece approvare alle Cortes (il Parlamento spagnolo) un nuovo sistema parlamentare basato su due camere di rappresentanti. Nel 1977 furono legalizzati i partiti politici, i sindacati e il diritto allo sciopero, fu abolito il Movimiento Nacional e il partito centrista di Suárez si aggiudicò quasi la metà dei seggi nelle elezioni per le Cortes. Un ottimo risultato ottenne anche il Partido Socialista Obrero Español (PSOE), guidato da un giovane avvocato di Siviglia, Felipe González.

La Spagna del dopo Franco fu travolta da una serie di provvedimenti in materia di diritti civili. La contraccezione, l'omosessualità, l'adulterio e il divorzio furono depenalizzati e nel paese ebbe inizio un periodo di apertura che ancora oggi caratterizza le sue scelte politiche e sociali.

1992

Expo '92, fiera internazionale di Siviglia; sulla tratta Madrid-Siviglia viene inaugurata la linea ferroviaria ad alta velocità AVE

1996-2004

La Spagna è governata dal partito di centrodestra PP; l'Andalusia gode di un progresso economico alimentato dal boom edilizio

Nel 1982 la Spagna voltò definitivamente pagina e diede fiducia al PSOE, che vinse le elezioni con una significativa maggioranza. Felipe González rimase primo ministro per 14 anni, promuovendo alle più alte cariche dello stato parecchie personalità andaluse. La giovane e colta leadership del partito proveniva da quella generazione che aveva assestato i primi colpi al regime di Franco tra la fine degli anni '60 e i primi anni '70. Il PSOE promosse importanti riforme nel settore scolastico, varò il sistema sanitario nazionale e diede impulso a uno sviluppo economico tale da aprire alla Spagna, nel 1986, le porte della Comunità Europea (oggi Unione Europea).

Il PSOE, talvolta in coalizione con i comunisti di Izquierda Unida (Sinistra Unita), ha anche controllato il governo regionale dell'Andalusia, con sede a Siviglia, sin dalla sua costituzione, nel 1982, come parte di un decentramento amministrativo post-franchista che concedette una limitata autonomia alle 17 regioni spagnole. Manuel Chaves, del PSOE, è a capo dell'esecutivo andaluso, chiamato Junta de Andalucía, fin dal 1990. Negli anni '80 e nei primi anni '90, il governo socialista a livello nazionale e regionale è riuscito a contrastare l'estrema povertà dell'Andalusia con sovvenzioni, progetti di lavoro comunitario e un generoso programma di sussidi. Il sistema scolastico e sanitario sono migliorati notevolmente e il governo del PSOE ha creato in Andalusia la più vasta rete del paese di aree naturali protette (v. p69).

Il sito della Junta de Andalucía è www.juntadeandalucia.es, in spagnolo, mentre quello del governo nazionale è www.la-moncloa.es.

A metà degli anni '90, tuttavia, il PSOE dovette affrontare sul piano nazionale una serie di compromettenti scandali e una grave crisi economica. Il partito perse le elezioni nazionali del 1996, vinte dal Partido Popular (PP), formazione di centrodestra guidata dall'ex ispettore tributario José María Aznar, che diresse per i successivi otto anni il costante progresso economico della Spagna. La disoccupazione in Andalusia rimane ufficialmente la più alta del paese (il 14% nel 2006), ma il tasso si è quasi dimezzato negli anni di governo del PP. L'economia andalusa ha tratto benefici dalla costante crescita dei settori turistico e industriale, dagli incentivi che l'Unione Europea ha stanziato per l'agricoltura (che ancora occupa una persona su otto) e da un decennio di boom edilizio.

L'Andalusia ha anticipato il governo nazionale sulla clonazione terapeutica, approvando un disegno di legge che la regolamenta. Nei prossimi anni la regione potrebbe diventare il principale polo spagnolo nella ricerca sulle cellule staminali a scopi terapeutici.

Gli ultimi anni sono stati testimoni in Andalusia di un importante mutamento nella sua componente demografica. Oggi a trasferirsi in questa regione non sono solamente gli amanti del sole dell'Europa del Nord, ma anche numerosi immigrati (clandestini e no) provenienti dall'America Latina, dal Marocco, dall'Africa subsahariana e dall'Europa dell'Est. Per maggiori particolari su questo fenomeno v. p38.

Il governo di José María Aznar perse l'appoggio della maggioranza degli spagnoli soprattutto a causa delle scelte di politica estera. L'appoggio fornito all'invasione americana dell'Iraq nel 2003 è stato molto impopolare, così come la decisione di inviare 1300 militari spagnoli a unirsi alle forze della coalizione comandata dagli Stati Uniti nell'Iraq post-bellico. L'11 marzo 2004 l'esplosione di alcuni ordigni nella stazione di Atocha, a Madrid, causò la morte di 191 persone e il ferimento di altre 1755. Tre giorni più tardi, nelle elezioni politiche nazionali, il PSOE ribaltò i sondaggi della vigilia, che lo vedevano nettamente sfavorito, e colse una netta affermazione sul PP. La sconfitta del partito di governo è stata attribuita in gran parte alla pessima gestione delle drammatiche fasi successive agli attentati, in cui l'esecutivo ha dato prova di scarsa chiarezza e di una conduzione strumen-

2004

Gli andalusi organizzano marce della pace dopo l'attentato a Madrid; il PSOE vince le elezioni nazionali e quelle regionali andaluse

2005

La Spagna rende legali i matrimoni gay, i cui coniugi godono degli stessi diritti degli eterosessuali (per adozioni ed eredità patrimoniali)

tale dell'emergenza. Una delle promesse elettorali del premier del PSOE José Luis Rodríguez Zapatero, il ritiro delle truppe spagnole dall'Iraq, è stata mantenuta poche settimane dopo l'insediamento del nuovo governo. Nell'aprile del 2006, 29 persone, molte delle quali marocchine, furono accusate di aver preso parte all'attentato terroristico. Le indagini condotte dal giudice Juan del Olmo, durate due anni, hanno portato a stabilire che i responsabili della strage furono gli estremisti islamici ispirati, ma non diretti, da Osama bin Laden.

La vittoria del PSOE nelle elezioni nazionali del 2004 fu salutata positivamente dalla Junta de Andalucía, a maggioranza socialista, che trovò molto più facile la collaborazione con Madrid. Forse incoraggiati da questa favorevole situazione, la Junta e la polizia locale hanno cominciato a compiere qualche passo per regolamentare con maggiore severità lo sfruttamento intensivo delle coste andaluse, nonché per combattere le conseguenze di questo sviluppo indiscriminato, come il degrado ambientale, gli episodi di corruzione e la crescita delle attività criminali (v. p31).

2006

Divieto di fumo in molti locali e spazi pubblici

2006

Il sindaco, il vicesindaco e il capo della polizia di Marbella vengono arrestati per concussione, corruzione e rilascio di licenze edilizie illegali

Cultura

IDENTITÀ REGIONALE

Gli andalusi hanno una grande capacità di divertirsi, ma ciò non significa che non abbiano voglia di lavorare. Come ha detto qualcuno, gli andalusi lavorano, ma non hanno il culto del lavoro. Per loro il lavoro semplicemente convive con altri aspetti non meno importanti della vita, come i rapporti sociali, il divertimento e il relax. Il rispetto degli orari e l'organizzazione del tempo in Andalusia presuppongono un atteggiamento un po' più elastico rispetto a molte altre culture occidentali; tuttavia, le cose che si considerano fondamentali vengono comunque fatte e se prevedono un orario stabilito (come nei caso dei treni, dei film al cinema, dei matrimoni o degli eventi sportivi), questo viene rispettato.

Popolo estremamente socievole, gli andalusi attribuiscono grandissima importanza alla famiglia (i figli sono sempre un ottimo argomento di conversazione). Gli andalusi che vivono lontano da casa – studenti, persone che si trasferiscono in un'altra città per lavoro – tornano frequentemente in famiglia per il weekend e per le numerose fiestas e festività pubbliche. Le fiere locali, le ricorrenze religiose e le feste familiari, come battesimi, prime comunioni e matrimoni, sono tutte importanti occasioni di raduno, sia per la famiglia sia per la comunità, e scandiscono il ritmo delle stagioni e della vita di ognuno. Gli andalusi amano la baldoria, il chiasso, il trambusto, la musica e la compagnia degli altri e ogni pretesto è buono per trasformare un incontro casuale in una festa.

Fatte alcune eccezioni – pensate agli abiti elaborati che i sivigliani indossano durante le fiestas e le corride – gli andalusi sono piuttosto informali per quanto riguarda l'abbigliamento e il galateo, e lo sono sempre di più via via che ci si allontana dalle città. Il fatto che gli andalusi non pronunciano molto spesso la parola 'gracias', non significa che siano dei maleducati. Se è vero che gli andalusi si entusiasmano raramente per i turisti che balbettano qualche parola di spagnolo, è anche vero che accolgono con grande cordialità i milioni di stranieri che ogni anno vengono a trascorre le vacanze e a spendere denaro nella loro terra. Essere invitati a casa di un andaluso rimane comunque qualcosa di speciale.

Con *7 Vírgenes* (2005) il regista sivigliano Alberto Rodríguez ha affrontato un aspetto poco conosciuto della società andalusa. Caratterizzato dal realismo di un documentario, il film narra le selvagge 48 ore di libera uscita di un adolescente che sta scontando una pena in riformatorio. Suggestiva la colonna sonora techno e hip-hop.

Dal punto di vista dell'identità regionale, gli andalusi non aspirano a una vera e propria indipendenza o a ottenere maggiore autonomia dal governo nazionale, come nel caso dei baschi o dei catalani. Consapevoli delle caratteristiche che li contraddistinguono all'interno della più ampia comunità spagnola – l'aver assorbito, per esempio, più di altri gli influssi islamici, arabi e africani legati alla storia della regione e l'essere pertanto forse più portati a comprendere le vicine culture nordafricane, senza dimenticare l'influsso della presenza gitana (rom), così evidente nella musica e nel flamenco – gli andalusi continuano a considerarsi tranquillamente parte della nazione castigliana la cui capitale è Madrid.

STILE DI VITA

Tanto nelle città come nei paesi la maggior parte degli andalusi vive in appartamenti arredati in un modo che si discosta molto dalla tradizione. Le famiglie della classe media in genere abitano in case a schiera o villette situate in periferia o nelle città dormitorio. Per molti andalusi il miglioramento del tenore di vita consiste ancora nel fuggire dal mondo contadino dove sono cresciuti i loro genitori o nonni, anche se poi conservano forti legami con i villaggi o i paesi d'origine, dove spesso posseggono una piccola *finca* (podere) in cui vanno a trascorrere il fine settimana. È soltanto da una decina d'anni che in Spagna ha iniziato a prendere piede l'agriturismo: gli abitanti delle città hanno infatti riscoperto il piacere dell'aria fresca, del verde e degli spazi aperti. Gli andalusi – di norma non grandi viaggiatori – trascorrono quasi sempre il loro periodo di vacanza, in genere una settimana o due, in una località della costa.

Sebbene attribuiscano ancora grande importanza alla famiglia allargata, gli andalusi tendono sempre più a vivere in piccoli nuclei familiari. Negli ultimi 30 anni il tasso di natalità ha subito un drastico calo e nel 2005 oltre 14.000 coppie hanno chiesto e ottenuto il divorzio (che all'epoca di Franco era illegale).

Nel 1975 le donne andaluse mettevano al mondo una media di 3,1 bambini contro gli 1,4 di oggi (un dato di poco superiore alla media nazionale spagnola).

La vita sociale è di vitale importanza per ogni andaluso, ma in modo particolare per gli adolescenti e i ventenni che, di norma, considerano praticamente obbligatorio passare le notti del fine settimana a divertirsi fino alla *madrugada* (alba). I teenager amano riunirsi in grandi gruppi nelle plazas, portando con sé le bevande alcoliche per evitare le restrizioni dovute all'età e gli alti costi dei drink serviti nei bar – fenomeno questo chiamato *botellón* (letteralmente, 'bottiglione').

I ruoli sessuali in Andalusia tendono a essere definiti in modo più tradizionale rispetto ai paesi dell'Europa settentrionale. Anche se sono molte le donne che lavorano fuori casa, le loro paghe raggiungono solo il 70% circa di quelle degli uomini e in genere sono proprio loro ad accollarsi anche la maggior parte dei lavori domestici. Nei villaggi continua a essere una rarità vedere un uomo che va a fare la spesa o una donna seduta al bar.

Per i gay e le lesbiche è più facile vivere allo scoperto nelle grandi città, dove esistono locali e punti di ritrovo per le comunità omosessuali e una mentalità più cosmopolita. Nonostante la forte opposizione della chiesa cattolica, nel 2005 la Spagna ha legalizzato i matrimoni gay, garantendo alle coppie omosessuali gli stessi diritti in materia di adozioni e di eredità di cui godono le coppie eterosessuali.

SOCIETÀ

Con i suoi 7,9 milioni di abitanti l'Andalusia ospita il 18% della popolazione complessiva della Spagna. Le città con il maggior numero di abitanti sono i capoluoghi di provincia: Siviglia (710.000), Málaga (558.000), Córdoba (319.000), Granada (238.000) e Huelva (145.000) sono tutte almeno cinque volte più grandi di qualunque altra città delle rispettive province. Circa un quinto degli andalusi vive in paesi o villaggi.

Per maggiori informazioni sui *gitanos* spagnoli visitate il sito dell'Unión Romaní (www.unionromani.org) scritto in tre lingue (inglese, spagnolo e romani).

Gli antenati degli odierni andalusi furono cacciatori preistorici provenienti dall'Africa, seguiti da fenici, ebrei e arabi dal Medio Oriente, poi da cartaginesi e berberi dall'Africa settentrionale, visigoti dai Balcani, celti dall'Europa centrale, romani e spagnoli del nord discendenti a loro volta da un analogo miscuglio di popoli. Tutte queste influenze erano ormai ben amalgamate nel tardo Medioevo.

I *gitanos* probabilmente raggiunsero la Spagna durante il XV secolo, nel corso delle migrazioni partite dall'India intorno al IX secolo. Oggi in Spagna vivono all'incirca 600.000 *gitanos* – la comunità più grande fra i paesi dell'Europa occidentale – metà dei quali risiede in Andalusia, dove hanno contribuito allo sviluppo della cultura locale, soprattutto attraverso il flamenco.

La fine del XX secolo ha portato con sé il primo grande flusso immigratorio dopo molti secoli: nel 2005 l'Andalusia contava 420.000 stranieri con permesso di soggiorno, circa l'11% della popolazione straniera residente in Spagna (v. lettura p38).

SPORT

Calcio

Ogni fine settimana, da settembre a maggio, milioni di persone seguono con grande interesse il campionato della Primera División (serie A) alla televisione, che dedica largo spazio a ogni partita.

Le migliori squadre dell'Andalusia sono il Siviglia e il Real Betis (entrambe di Siviglia; v. p137), che in genere occupano alla fine del campionato di Primera División le posizioni di metà classifica. Il 2006 è stata un'ottima annata per il Siviglia, che è riuscito ad aggiudicarsi la Coppa UEFA. Sempre nel 2006 il Málaga è retrocesso in Segunda División (serie B), cedendo il posto a un'altra società andalusa, fra l'altro la più antica di Spagna, il Recreativo de Huelva (p160). In Segunda División giocano altre cinque o sei squadre andaluse. Le partite del campionato si disputano quasi sempre la domenica o, in alternativa, il sabato.

Per conoscere il calendario delle partite di calcio potete consultare la stampa locale, giornali sportivi come *AS* o *Marca*, oppure siti internet quali Eurosport (www.eurosport-it.com) e Planet Fútbol (planet futbol.diariosur.es).

Corrida

La *corrida de toros* è uno spettacolo drammatico di lunga tradizione, scandito da tempi e regole precise, e non semplicemente un'orribile alternativa al mattatoio. Il pubblico spagnolo la vive come un evento sportivo e artistico allo stesso tempo, nonché come un'occasione di festa. Molte persone si sentono male alla vista dell'uccisione del toro e i pochi minuti che precedono la sua morte sono indubbiamente una crudele tortura, ma gli aficionados spiegano che i tori da combattimento sono stati allevati espressamente per lottare e fino al giorno fatidico vengono trattati come dei re. Dare una definizione della corrida non è semplice: è un confronto diretto con la morte, è coraggio, abilità, spettacolo e molte altre cose ancora. Ed è talmente radicata nella cultura spagnola che la questione della crudeltà per molti semplicemente non si pone. Tuttavia, una buona parte della popolazione non si interessa affatto alla corrida e sono relativamente pochi, specialmente nella Spagna meridionale, coloro che si battono attivamente per bandirla dalle arene. Il movimento anticorrida è più grande e più influente nel nord del paese: in Catalogna, per esempio, nel 2005 il presidente della regione si è visto recapitare una petizione per la messa al bando delle corride firmata da 549.000 persone. Fra le organizzazioni che si battono per l'abolizione della corrida ci sono la **Asociación para la Defensa de los Derechos del Animal** (ADDA; Associazione per la difesa dei diritti dell'animale; www.addaong.org), con sede a Barcellona, e la **World Society for the Protection of Animals** (www.wspa.org.uk) che invece fa capo a Londra. In Italia, ricordiamo la **L.I.D.A.** (Lega Italiana dei Diritti dell'Animale; www.mclink.it/assoc/lida/corrida.htm) con sede a Torino.

Probabilmente furono i romani a organizzare le prime corride in Spagna. La *lidia*, ovvero l'arte della corrida nella sua forma moderna, combattuta a piedi, nacque nella Spagna del XVIII secolo. I fondamenti della corrida a piedi furono stabiliti dai componenti della famiglia Romero, originaria di Ronda, nella provincia di Málaga. Da allora l'Andalusia è rimasta una delle regioni in cui i combattimenti con i tori si disputano e si seguono con maggiore passione. Prima del Settecento si praticava solo la corrida a cavallo, una sorta di passatempo o allenamento alla pratica delle armi per la piccola nobiltà.

Il calcio approdò in Spagna grazie ad alcuni marinai inglesi che lo introdussero a Huelva, in Andalusia, intorno al 1870; il Recreativo de Huelva (fondato nel 1899) è la più antica società calcistica del paese.

LA LIDIA

Andare a vedere una corrida è senz'altro qualcosa di interessante per chi desidera scoprire i vari aspetti della cultura andalusa; tuttavia non è uno spettacolo adatto a chi si impressiona facilmente e non è affatto detto che uscendo dall'arena si possa sostenere di aver capito che cosa ci trovano di tanto entusiasmante gli spagnoli.

I NUOVI ANDALUSI

Non sono più soltanto inglesi gli stranieri che scelgono di cambiare vita stabilendosi in Andalusia. Nel giro di pochi decenni, infatti, la regione ha assistito a una vera e propria inversione di tendenza per quel che riguarda i flussi migratori. Se negli anni '50 e '60 la miseria spinse 1,5 milioni di andalusi a lasciare la propria terra per andare a cercare lavoro a Madrid, nella Spagna settentrionale e in altri paesi europei, oggi l'Andalusia, con la sua economia in espansione, è meta di persone di ogni religione, lingua e nazionalità che giungono da tutti i continenti con la speranza di una vita migliore. Stando alle cifre ufficiali, nel 2005 l'Andalusia contava 420.000 stranieri residenti. Il dato effettivo potrebbe essere più alto del 50% se non del 100%, ma una cosa è certa: il numero degli stranieri aumenta sempre più rapidamente e il totale registrato nel 2005 risultava essere superiore del 30% a quello del 2004.

Circa un terzo degli stranieri presenti in Andalusia proviene dall'Europa occidentale (soprattutto Gran Bretagna, Germania, Scandinavia, Francia e Italia). Quelli originari del nord, con gli inglesi al primo posto, non sono soltanto pensionati alla ricerca di un tranquillo rifugio al sole vicino al mare. Molti tra i nuovi arrivati sono ventenni, trentenni o quarantenni, spesso famiglie con bambini, in cerca di nuove opportunità in un luogo più soleggiato dove la vita costa meno. In molti casi queste famiglie si stabiliscono in villaggi e paesi dell'entroterra, dove i prezzi degli immobili sono inferiori rispetto alla costa. Per iniziare lavorano, per esempio, come operai edili, negli uffici di agenzie immobiliari oppure avviano piccole attività commerciali o nel campo dei servizi per gli stranieri – negozi, ristoranti, panetterie, imprese di costruzione o di decorazione, agenzie turistiche, immobiliari o di intermediazione per l'affitto di case per le vacanze. Di norma sono accolti bene dalla popolazione spagnola in quanto portano denaro e incrementano l'economia locale, tuttavia l'integrazione non è automatica. I loro figli generalmente frequentano le locali scuole spagnole, parlano un perfetto spagnolo con forte accento andaluso e si integrano più facilmente dei loro genitori. Alcuni villaggi hanno visto aumentare a dismisura il prezzo dei loro immobili a causa del boom edilizio e immobiliare scatenato dall'arrivo di così tanti immigrati provenienti dal nord (ma nelle campagne si sono anche moltiplicati gli esempi di costruzioni antiestetiche e/o abusive).

Naturalmente non tutti riescono a coronare il loro sogno di vivere al sole; dopo uno o due anni molti ritornano a casa, tendenza destinata a crescere di pari passo con il recente rallentamento del mercato immobiliare andaluso.

Allo stesso tempo l'Andalusia attira un numero sempre maggiore di disperati che lasciano i propri paesi spinti da irrisolvibili problemi economici. La maggior parte arriva dal Marocco e dall'Africa subsahariana (è di origine africana un quarto degli stranieri residenti in Andalusia), dall'America Latina (anch'essi un quarto, provenienti soprattutto da Argentina, Bolivia ed Ecuador) e dall'Europa dell'Est (circa il 15%, soprattutto da Romania, Bulgaria, Ucraina e Russia), tutti in cerca di un salario più alto di quello che guadagnerebbero in patria. Queste persone colmano le lacune della manodopera spagnola, accettando impieghi mal pagati in cantieri, nei campi e nei ristoranti.

Non stupitevi dunque se il proprietario della pensione andalusa in cui vi fermerete è uno scozzese, se a fare le pulizie in camera è una ragazza boliviana, se al ristorante vi serve un cameriere argentino, se al mercato locale vedrete bancarelle gestite da bulgari o marocchini e se passando accanto a un cantiere sentirete parlare in arabo o in russo.

In genere la corrida inizia intorno alle 18 e, di norma, prevede il combattimento tra sei tori e tre *matadores* a cui spettano quindi due tori ciascuno. Ogni combattimento dura circa 15 minuti.

Una volta entrato nell'arena, il toro viene fatto girare in circolo da giovani toreri chiamati *peones* che lo incalzano con grandi mantelli. Dopodiché appare il *matador*, nel suo scintillante costume, che esegue una serie di *faenas* (movimenti) intorno al toro. Quanto più il torero si avvicina all'animale, ostentando calma e sicurezza, guidandolo con movimenti lenti e danzando davanti alle sue corna, tanto maggiore è l'approvazione del pubblico. Il *matador* si allontana quindi lasciando il posto prima ai *banderilleros*, che tentano di incitare il toro all'azione conficcandogli un paio di *banderillas* (asticciole munite di punte metalliche) nel garrese, e poi ai *picadores* che indeboliscono il toro affondando le loro lance nei muscoli del collo. Il rientro in pista del torero segna l'inizio della fase finale. Quando il toro appare esausto e sembra aver esaurito ogni sua energia, il *matador* sceglie il momento in cui ucciderlo. Sistematosi di fronte al toro, tenterà di affondargli la spada nel collo con un gesto rapido *(estocada)* che ne provochi la morte immediata.

Se la corrida ha offerto un buono spettacolo e l'uccisione del toro è stata rapida e corretta, il pubblico si alza in piedi e sventola i fazzoletti chiedendo al presidente della corrida di premiare il *matador* con un orecchio dell'animale. Il presidente di solito aspetta un po' per valutare l'entusiasmo della folla prima di sventolare a sua volta un fazzoletto bianco dal suo palco.

Se desiderate assistere a una corrida, vale la pena cercarne una che veda scendere nell'arena i *matadores* più bravi e famosi. Un grande nome non è sempre garanzia di uno spettacolo di alto livello, perché molto dipende anche dai tori, ma è comunque un buon presupposto. Attualmente, i toreri da tenere in considerazione sono: Enrique Ponce, quel che si dice un *matador* di classe, originario di Valencia, Julián 'El Juli' López, nato a Madrid nel 1982 (e diventato torero alla giovane età di 15 anni), David 'El Fandi' Fandila di Granada, che nel 2005 ha conquistato il primo posto nell'*escalafón* (la classifica dei migliori *matadores*) avendo collezionato 210 orecchie di toro, Rivera Ordóñez, figlio e nipote di celebri *matadores*, Manual Díaz 'El Cordobés', figlio di Manuel Benítez 'El Cordobés', un torero che negli anni '60 era conosciuto in tutto il mondo, e infine il macho sex symbol Jesulín de Ubrique.

'A las cinco de la tarde' è il famoso verso con cui si apre il *Lamento in morte di Ignacio Sanchez Mejías*, poesia scritta da Federico García Lorca in onore del grande torero suo amico, morto nell'arena 'alle cinque della sera' dell'11 agosto 1934. In italiano, la trovate nel volume *Alle cinque della sera. Lamento per Ignacio e altre poesie* (Demetra, Colognola ai Colli 2000).

QUANDO E DOVE

La stagione ufficiale delle corride in Andalusia inizia la domenica di Pasqua e dura fino a ottobre. La maggior parte delle corride sono organizzate nell'ambito delle varie fiestas. Alcune arene (fra cui quella di Siviglia) ospitano regolarmente corride durante tutta la stagione.

A inaugurare il periodo delle corride in Andalusia è l'attesissima Feria de Abril (Fiera di aprile; p122) di Siviglia, che prevede combattimenti quasi quotidiani nella settimana della feria e in quella precedente. Sempre a Siviglia la stagione termina con la corrida del 12 ottobre, giorno della festa nazionale spagnola. Ecco il calendario di alcune delle principali corride andaluse:

Feria de Nuestra Señora de la Salud Si svolge a Córdoba ed è un appuntamento imperdibile per tutti gli appassionati della corrida; tra la fine di maggio e l'inizio di giugno (v. p330).
Feria de Corpus Christi A Granada; nel 2007 si terrà all'inizio di giugno, e nel 2008 alla metà di maggio (v. p396).
Stagione delle corride a El Puerto de Santa María Quasi tutte le domeniche da giugno ad agosto.
Fiestas Colombinas A Huelva dal 3 al 9 agosto (v. p159).
Feria de Málaga A Málaga; nove giorni di fiera alla metà di agosto (v. p271).
Feria de la Virgen del Mar Ad Almería nell'ultima settimana di agosto (v. p431).
Corrida Goyesca A Ronda all'inizio settembre (v. p298); alcuni tra i migliori *matadores* combattono indossando costumi simili a quelli ritratti da Goya nelle sue incisioni dedicate alle corride.

Per informazioni aggiornate sul calendario delle corride, biografie di toreri e altro ancora, visitate il sito www.portaltaurino.com.

Riviste sulle corride, quali il settimanale *6 Toros 6* riportano notizie precise sulle località e la date nelle quali si terranno le corride, indicando anche il nome dei toreri che scenderanno nell'arena. Le stesse informazioni sono diffuse anche tramite le locandine che vengono affisse per la strada. Oltre alle corride che vedono protagonisti i *matadores* più famosi, ce ne sono molte di minore importanza che si tengono in varie città, paesi e villaggi. In alcuni casi si tratta di *novilladas*, ossia di corride dove *novilleros* (giovani toreri) si confrontano con *novillos* (giovani tori).

Altri sport

Uno dei maggiori eventi sportivi della Spagna è l'annuale Grand Prix di motociclismo che si disputa nel mese di maggio a Jerez de la Frontera e che richiama una folla di circa 150.000 spettatori (v. p215).

Assai popolare è anche il *baloncesto* (basket). Le migliori squadre andaluse sono l'Unicaja di Málaga e il Caja San Fernando di Siviglia, entrambe impegnate nella Liga ACB, il campionato nazionale di serie A.

Gli ottimi campi da golf dell'Andalusia ospitano ogni anno diversi importanti tornei internazionali. Il Volvo Masters, che negli ultimi anni si è tenuto in novembre a Valderrama, vicino a Sotogrande (a nord-est di Gibilterra), è per tradizione l'ultimo grande torneo della stagione del circuito europeo.

MULTICULTURALISMO

In Andalusia, come in tutta la Spagna, i *gitanos*, discriminati e perseguitati pubblicamente almeno fino al XVIII secolo, vivono da sempre relegati ai margini della società – una posizione che ha contribuito a ispirare quel genere di canto, musica e danza che va sotto il nome di flamenco (v. p41). La maggior parte dei *gitanos*, un tempo instancabili girovaghi, oggi risiede stabilmente nelle città e nei villaggi andalusi, spesso però nei quartieri più poveri e, pur andando abbastanza d'accordo con gli altri spagnoli, tende a isolarsi all'interno delle loro comunità.

'Da qualche anno il numero degli immigrati che arrivano in Andalusia da altri paesi europei e da quelli in via di sviluppo è in rapido aumento'

Da qualche anno il numero degli immigrati che arrivano in Andalusia da altri paesi europei e da quelli in via di sviluppo è in rapido aumento (v. p36 e lettura p38). Fatta eccezione per alcuni sporadici incidenti, la regione ha saputo affrontare con successo le sfide poste dalla recente e massiccia immigrazione. I peggiori episodi di violenza interetnica si sono verificati nel 2000 nella zona di El Ejido, in provincia di Almería, allorché la tensione fra operai marocchini e residenti spagnoli è esplosa in seguito all'uccisione di tre spagnoli da parte di alcuni marocchini. Si calcola che 30.000 immigrati, per la maggior parte maschi nordafricani di età compresa fra i 20 e i 30 anni, lavorino nelle serre della provincia di Almería, spesso in condizioni estremamente disagevoli e per salari che pochi spagnoli sarebbero disposti ad accettare.

Il fenomeno dell'immigrazione è alla base di gravi problemi umanitari. Nel 2005 un provvedimento di amnistia ha permesso di regolarizzare la posizione di circa 500.000 residenti in Spagna non appartenenti all'Unione Europea. Tuttavia la percentuale degli stranieri di nazionalità extraeuropea che tuttora risiede illegalmente nel paese è ancora molto alta, all'incirca al 40%. Molti di questi immigrati affrontano enormi rischi per raggiungere la Spagna: ogni anno decine, talvolta centinaia di persone provenienti dal Marocco tentano di attraversare lo Stretto di Gibilterra su piccole imbarcazioni per entrare clandestinamente in Andalusia o per raggiungere le Isole Canarie. A migliaia vengono intercettati dalla guardia costiera o dalla polizia che li rimanda indietro, ma quasi certamente un numero anche maggiore riesce a evitare la cattura. In Andalusia i punti preferiti per gli sbarchi sono le spiagge della provincia di Cadice, nei pressi di cittadine come Tarifa e Algeciras. Nel 2005 sono state numerose le persone provenienti dalla regione subsahariana ad aver tentato più volte di superare le barriere di recinzione che circondano Ceuta e Melilla, enclavi spagnole sulla costa del Marocco. Molti di coloro che sono riusciti a entrare in territorio spagnolo sono stati deportati nuovamente in Marocco, dove sono stati scortati al confine algerino e rispediti nel deserto del Sahara.

Una volta in Spagna, gli immigrati clandestini sono particolarmente esposti allo sfruttamento da parte delle organizzazioni criminali che li hanno fatti entrare nel paese – ricevono salari infimi, vivono in condizioni misere, molti sono costretti a prostituirsi e a pagare tassi da strozzinaggio quando chiedono denaro in prestito.

RELIGIONE

In epoca medievale l'Andalusia divenne famosa per la tolleranza delle sue tre culture: musulmani, cristiani ed ebrei vivevano infatti in armonia sotto il dominio islamico. Cristiani ed ebrei, in realtà, subirono talvolta delle persecuzioni o delle tassazioni discriminatorie a cui i cristiani si ribellarono in diverse occasioni. Non vi è dubbio, tuttavia, che religioni diverse furono in grado di coesistere e di collaborare fruttuosamente tra loro sotto la guida di sovrani quali Abd ar-Rahman III di Córdoba. Nel XIII secolo il re cristiano Alfonso X mantenne anch'egli un atteggiamento di apertura, mentre i suoi successori sottoposero musulmani ed ebrei a conversioni forzate, a persecuzioni e infine a espulsioni di massa. A partire dal XVII secolo la Spagna ebbe un'unica religione di stato. Anche i movimenti protestanti del XVI secolo furono stroncati sul nascere prima ancora di raggiungere una diffusione significativa.

Oggi il 90% degli andalusi si professa cattolico, ma i praticanti non superano il 20%. In Andalusia esiste anche una radicata tradizione anticlericale. La chiesa era considerata uno dei nemici principali dagli anarchici e da altri gruppi rivoluzionari del XIX secolo. Questa situazione di aperta contrapposizione sfociò in un bagno di sangue durante la guerra civile (1936-39), quando furono uccisi in tutta la Spagna circa 7000 religiosi tra preti, suore e monaci. Nonostante lo scarso numero di praticanti, la grande maggioranza degli andalusi continua a recarsi in chiesa per battesimi, matrimoni e funerali, e le famiglie spendono in media €2000 per gli abiti e i festeggiamenti in occasione della prima comunione dei loro figli. Come disse Miguel de Unamuno, un filosofo del XX secolo: 'Qui in Spagna siamo tutti cattolici, perfino gli atei'.

Il numero dei musulmani che risiedono in Spagna – secondo le stime circa 600.000 persone – è in rapido aumento. Quelli che vivono in Andalusia sono più o meno 100.000 – si tratta soprattutto di lavoratori marocchini immigrati. Escludendo la zona di El Ejido, nella provincia di Almería, dove ci sono molti marocchini che lavorano nell'agricoltura, la comunità musulmana più numerosa è quella di Granada, con circa 20.000 persone.

Gli ebrei, molti dei quali provenienti dal Marocco, sono presenti in Andalusia in qualche migliaia.

Dire il canto. I gitani flamencos dell'Andalusia di Caterina Pasqualino (Meltemi, Roma 2003) descrive in modo particolareggiato i riti e le feste dei gitani, e ricostruisce la storia, l'organizzazione e le credenze religiose di questa popolazione.

ARTI

Flamenco

Il flamenco, un particolare genere di canto, danza e musica, rappresenta uno dei maggiori contributi alla cultura mondiale dati dall'Andalusia. Non è detto che piaccia a tutti, e spesso un ascolto affrettato lascia completamente indifferenti. Tuttavia, un interprete di flamenco che sappia comunicare in modo convincente la sua passione vi terrà inchiodati sulla sedia facendovi dimenticare ogni altra cosa. Il dono di suscitare questo genere di emozioni viene chiamato *duende* (spirito).

Le origini del flamenco possono essere fatte risalire alle canzoni introdotte in Spagna dai *gitanos*, alla musica e ai versi dell'Andalusia musulmana medievale e perfino agli inni bizantini che si cantavano nelle chiese visigote. Come genere a sé nacque tra la fine del XVIII e l'inizio del XIX secolo fra i gitani della valle del basso Guadalquivir, nell'Andalusia occidentale. Ancora oggi il cuore del flamenco continua a pulsare lungo l'asse Siviglia-Jerez de la Frontera-Cadice. Il flamenco delle origini era il *cante jondo* (canto profondo), un lamento malinconico che esprimeva la condizione di isolamento ed emarginazione da sempre vissuta dai gitani. La *jondura* (profondità) viene ancora considerata l'essenza del flamenco.

Il cantante di flamenco si chiama *cantaor* (*cantaora* se è una donna), mentre il ballerino *bailaor (bailaora)*. Quasi sempre canto e danza sono accompagnati da un *tocaor (tocaora)* che suona la chitarra. Le percussioni sono date dal battere dei piedi, delle mani e talvolta delle nacchere. Il flamenco prevede diversi tipi di canzone, dall'angosciosa *soleá* e dalla disperata *siguiriya* alla più vivace *alegría* o alla più ottimistica *bulería*. Il costume tradizionale del flamenco – per le donne scialle, ventaglio e lungo abito a balze detto *bata de cola*, per gli uomini cappelli lisci alla cordovana e pantaloni attillati neri – risale alla moda andalusa della fine del XIX secolo.

Per evitare confusioni precisiamo che la famosa *sevillana* non è una forma di flamenco, bensì una danza popolare caratterizzata da movimenti roteanti delle braccia e suddivisa in quattro tempi che terminano ciascuno con un brusco arresto. Con ogni probabilità la *sevillana* è la versione andalusa di una danza castigliana chiamata *seguidilla*.

Nel 2006 il catalano Óscar Jaenada ha vinto il Premio Goya – il più importante riconoscimento cinematografico spagnolo – come miglior attore per la sua interpretazione del leggendario cantante andaluso El Camarón de la Isla nel film *Camarón* (2005).

LEGGENDE DEL FLAMENCO

I grandi nomi dell'inizio del XX secolo furono La Niña de los Peines di Siviglia e Manuel Torre di Jerez, la cui voce, così narra la leggenda, poteva indurre gli astanti a strapparsi la camicia e a rovesciare i tavoli – quello sì che era *duende*.

La Macarrona, originaria di Jerez, e Pastora Imperio, sivigliana, portarono il flamenco a Parigi e in Sud America. Le loro eredi, La Argentina e La Argentinita, fondarono compagnie di danza trasformando così il flamenco in uno spettacolo teatrale. Lo stile veloce, dinamico e poco femminile nonché la vita ribelle di Carmen Amaya (1913-63), nata a Barcellona, la resero una leggenda della danza gitana di tutti i tempi. Ad accompagnarla abitualmente era Sabicas, il padre della chitarra flamenca solista.

Alla metà del XX secolo sembrava ormai aver preso il sopravvento lo stile leggero e superficiale dei *tablaos* – spettacoli per turisti che enfatizzavano soprattutto il lato sensuale e giocoso della danza – fino a quando, negli anni '70, il flamenco puro fu riportato in vita da cantanti come Terremoto e La Paquera di Jerez, Enrique Morente di Granada e, soprattutto, El Camarón de la Isla, originario di San Fernando vicino a Cadice. L'incredibile estensione vocale di Camarón e il suo carattere imprevedibile ne fecero una leggenda del flamenco ancor prima della sua prematura scomparsa, avvenuta nel 1992.

I MAGNIFICI DIECI

Se ci tenete ad assistere a una serata di flamenco d'alto livello, prestate attenzione alle locandine che annunciano gli spettacoli di uno dei seguenti artisti. Alcuni guidano la compagnia di danza che porta il loro nome, altri si esibiscono da solisti:

- Joaquín Cortés
- Manuela Carrasco
- Cristina Hoyos
- Sara Baras
- Antonio Canales
- Antonio Gades
- Belén Maya
- Eva La Hierbabuena
- Israel Galván
- Javier Baròn

A p119. troverete un'interessante intervista con Sara Baras.

LE ORIGINI DELLA CHITARRA

Nella Córdoba del IX secolo fu il musicista di corte Ziryab ad aggiungere una quinta corda al liuto arabo, che ne aveva quattro, creando così uno strumento che per secoli fu utilizzato in tutta la Spagna. Intorno al 1790 comparve una sesta corda, probabilmente aggiunta da un liutaio di Cadice chiamato Pagés. Negli anni successivi al 1870 Antonio de Torres di Almería diede alla chitarra la sua forma attuale allargando le due convessità della cassa armonica e collocando il ponticello in posizione centrale nella parte bassa dello strumento per conferirgli maggiore potenza acustica.

Paco de Lucía (1947-), di Algeciras, ha trasformato la chitarra, fino ad allora l'elemento minore nella triade del flamenco, in uno strumento di espressione solista abbattendo, in questo modo, i confini del flamenco tradizionale. Ascoltandolo a volte si ha l'impressione che stiano suonando due o tre chitarristi contemporaneamente. L'album doppio *Paco de Lucía Antología* è un'ottima introduzione al suo repertorio. Ha affermato che il suo tour mondiale del 2004 è stato l'ultimo, ma continua ancora a esibirsi.

IL FLAMENCO CONTEMPORANEO

Il flamenco continua a vivere una stagione di grande popolarità, alimentato anche da musicisti innovativi che ne reinterpretano la tradizione in chiave moderna. Accanto ai nomi affermati di cantanti come Enrique Morente, José Menese, Chano Lobato e Carmen Linares (v. p361), sempre sulla cresta dell'onda, stanno emergendo nuove generazioni di artisti che riescono a conquistare l'interesse degli ascoltatori più giovani. Il cantante più famoso del momento è forse José Mercé, di Jerez, i cui album *Del Amanecer* (Dell'alba; 1999), *Aire* (Aria; 2000) e *Lío* (Imbroglio; 2002) hanno venduto migliaia di copie. El Barrio di Cadice, una sorta di poeta urbano del XXI secolo, Estrella Morente di Granada (figlia di Enrique), Arcángel di Huelva e La Tana di Siviglia si sono ritagliati il loro spazio in mezzo ai grandi nomi e trovano un largo seguito fra il pubblico più giovane.

La danza ha raggiunto vette inimmaginabili con Joaquín Cortés, nato a Córdoba nel 1969. Cortés fonde il flamenco con la danza contemporanea, il balletto classico e la danza jazz con un'amplificazione musicale a livello dei concerti rock. Impegnato in frequenti tournée in Spagna e all'estero, Cortés si esibisce in spettacoli di grande impatto visivo, ballando sia solo sia con la sua compagnia di danza. Il giovane talento più promettente della danza è Farruquito di Siviglia (nato nel 1983), nipote di Farruco, leggendario ballerino di flamenco scomparso di recente.

In questo momento i chitarristi più interessanti sono Manolo Sanlúcar di Cadice, Tomatito di Almería (che soleva accompagnare El Camarón de la Isla), Vicente Amigo di Córdoba e Moraíto Chico di Jerez – gli ultimi due accompagnano i migliori cantanti odierni.

Flamenco World (www.flamenco-world.com), Flama (www.guiaflama.com), Centro Andaluz de Flamenco (caf.cica.es, in spagnolo), esflamenco.com (www.esflamenco.com) e Deflamenco.com (www.deflamenco.com, in spagnolo) sono ottime fonti d'informazione sul flamenco. Per notizie sulle sue ultime contaminazioni sintonizzatevi sull'eplosiva Radiochango (www.radiochango.com/italiano).

FLAMENCO FUSION

Negli anni '70 i musicisti hanno iniziato a mescolare il flamenco con il jazz, il rock, il blues, il rap e altri generi ancora, creando il cosiddetto *nuevo flamenco* che ha fatto aumentare l'interesse del pubblico per questa forma d'arte. A spianare la strada della contaminazione fu l'album flamenco-folk-rock dal titolo *Veneno*, inciso nel 1977 dall'omonima band guidata da Kiko Veneno (v. p44) e Raimundo Amador, entrambi di Siviglia. Amador e il fratello Rafael hanno poi fondato il gruppo Pata Negra che ha prodotto quattro begli album flamenco-jazz-blues il più famoso dei quali è *Blues de la Frontera* (1986). Amador ha poi proseguito la sua carriera da solista. I Ketama sono un gruppo che ha tentato di fondere il flamenco con ritmi africani, cubani, brasiliani e non solo. I suoi componenti principali fanno parte della famosa famiglia Montoya di Granada che ha dato origine a tanti talenti del flamenco. Tra i loro album di maggiore successo ricordiamo *Songhai* (1987) e *Songhai 2* (1995).

L'ultimissima generazione è capeggiata da artisti quali Niña Pastori di Cadice, che è comparsa sulla scena alla fine degli anni '90 cantando un flamenco con influenze jazz e latinoamericane. I suoi album, da *Entre dos Puertos* (1997) a *María* (2002) e a *Joyas Prestadas* (2006), hanno avuto tutti un grande successo. Il gruppo Chambao di Málaga è riuscito a fondere il flamenco con la musica elettronica in *Flamenco Chill* (2002), *Endorfinas en la Mente* (2004) e *Pokito a Poko* (2005). Da segnalare, infine, il recente trionfo 'trasversale' dell'album *Lágrimas Negras* (2003), frutto della collaborazione tra il cantante di flamenco Diego El Cigala e l'ottuagenario pianista cubano Bebo Valdés.

SPETTACOLI DI FLAMENCO

La stagione in cui è più facile vedere ballare il flamenco è l'estate, periodo in cui si tengono numerose fiestas che prevedono concerti e spettacoli di danza e alcune rassegne speciali dedicate al flamenco (v. riquadro p45). Durante il resto dell'anno vi sono sporadiche esibizioni di grandi nomi a teatro, occasionali stagioni di concerti e regolari spettacoli di flamenco in alcuni bar e locali notturni – spesso compresi nel prezzo della consumazione. Gli appassionati di flamenco si riuniscono anche in club chiamati *peñas*, dove si svolgono serate con spettacoli dal vivo e dove, nonostante l'atmosfera molto intima, in genere sono benvenuti anche gli stranieri. Siviglia, Jerez de la Frontera, Cadice e Granada sono i centri nevralgici del flamenco, ma spesso è possibile trovare qualche spettacolo anche a Málaga, Córdoba, Almería e, saltuariamente, in altre località.

I *tablaos* sono spettacoli organizzati regolarmente per il pubblico numeroso e non molto esigente dei visitatori stranieri. Di solito hanno prezzi elevati e vengono proposti da tutti gli uffici turistici. Se desiderate assistere a qualcosa di diverso, chiedetelo espressamente.

Per informazioni sui concerti e i festival musicali in programma in Spagna visitate il sito di Indy Rock (www.indyrock.es). Clubbing Spain (www.clubbingspain.com) è la fonte da consultare per conoscere gli appuntamenti house e techno. Per i festival di musica operistica cercate nel grande database di Operabase (www.operabase.com, anche in italiano), seguendo le voci Compagnie d'opera/Festival 2006/Spagna.

Altra musica

In questa terra dove la musica riveste un ruolo di fondamentale importanza, tutte le maggiori città hanno un proprio calendario ricco di eventi musicali. Le proposte sono molto varie, spaziando dalla musica classica al jazz, al rock, al pop e all'elettronica, e ogni fine settimana in genere offre una buona scelta. La musica dal vivo è inoltre un ingrediente essenziale di quasi tutte le fiestas andaluse.

In un modo o nell'altro i musicisti andalusi si sono confrontati quasi tutti con la tradizione del flamenco. Uno dei personaggi più interessanti del panorama musicale contemporaneo è il cantautore Kiko Veneno, che ha trascorso buona parte della sua vita fra Siviglia e Cadice. Pur essendosi cimentato con le sonorità del flamenco fusion (v. p43), Veneno si esprime attualmente nel campo del rock-rhythm and blues, mescolando rock, blues, ritmi africani e flamenco con testi che spaziano dall'umorismo agli spunti tratti dalla vita quotidiana passando per le poesie di García Lorca. Le sue compilation *Puro Veneno* (Puro veleno; 1997) e *Un Ratito de Gloria* (Un momento di gloria; 2001) costituiscono un'ottima introduzione alla sua musica.

Un altro artista ancora alla ribalta dopo vent'anni di carriera è l'iconoclasta Joaquín Sabina di Úbeda (provincia di Jaén), prolifico autore di canzoni di protesta a metà strada fra il rock e il folk. 'Sarò sempre contro quelli che stanno al potere' e 'ogni volta che accendo la televisione mi viene

TOP TEN – FESTIVAL DI MUSICA ANDALUSA

L'Andalusia ospita importanti eventi musicali, specialmente durante l'estate. Ecco alcune tra le migliori manifestazioni che si svolgono ogni anno:

Festival de Jerez (www.festivaldejerez.com) Due settimane di flamenco sfrenato a Jerez de la Frontera tra la fine di febbraio e l'inizio di marzo (p211).

Festival Internacional de Música y Danza Ciudad de Úbeda (www.festivaldeubeda.com) Rassegna di musica soprattutto classica, con concerti nei più bei palazzi storici di Úbeda durante il mese di maggio e la prima metà di giugno (v. p366).

Potaje Gitano (www.potajegitano.com) Grande notte di flamenco che si tiene un sabato di giugno a Utrera, in provincia di Siviglia.

Festival Internacional de la Guitarra (www.guitarracordoba.com) Due settimane a Córdoba per celebrare la chitarra tra la fine di giugno e l'inizio di luglio (v. p330).

Festival Internacional de Música y Danza (www.granadafestival.org) Musica e danza classica sono le protagoniste di questo festival internazionale che si tiene a Granada tra la fine di giugno e l'inizio di luglio per due settimane e mezzo (v. p396).

Caracolá Lebrijana Un'altra grande notte dedicata al flamenco, organizzata a Lebrija, in provincia di Siviglia, un sabato di giugno o luglio.

Noches en los Jardines del Real Alcázar (www.actidea.com) Eclettica stagione di concerti in luglio e agosto, nei bellissimi giardini dell'Alcázar di Siviglia.

Bienal de Flamenco Questo grande festival della durata di un mese – settembre degli anni pari – richiama a Siviglia quasi tutte le grandi star internazionali del flamenco (v. p120).

Festival Internacional de Jazz Si tiene in novembre in varie città dell'Andalusia fra cui Almería, Granada, Jaén e Málaga.

Fiesta Mayor de Verdiales Festa dedicata a un elettrizzante genere di musica popolare tipico della zona di Málaga organizzato il 28 dicembre a Puerto de la Torre (v. p271).

da vomitare' sono due sue tipiche dichiarazioni. L'album *Nos Sobran Los Motivos* (Più ragioni di quante ce ne servano; 2000) è un buon punto di partenza per conoscerlo.

Sul fronte della *canción española*, genere melodico-romantico apprezzato soprattutto dal pubblico meno giovane, l'astro nascente si chiama Pasión Vega e viene da Málaga. La sua voce seducente tende a conquistare anche chi solitamente non è attratto da questo tipo di canzoni. La sua musica rivela gli influssi di molteplici generi, dal flamenco al pop, dal blues al fado portoghese, dal jazz alla bossanova. I suoi due album usciti nel 2005, *Flaca de Amor* e *Pasión Vega en el Maestranza*, quest'ultimo registrato dal vivo, meritano entrambi di essere ascoltati.

Altri nomi andalusi da segnalare sono la rapper La Mala Rodríguez e la combattiva rock band Reincidentes di Siviglia; i Tabletom, gruppo hippy che dagli anni '70 mescola blues, jazz, Frank Zappa e l'edonismo di Málaga; i Lagartija Nick, band technopunk di Granada che è stata definita come una 'tirannica tempesta di suoni'; e i Medina Azahara, immortali heavy rockers di Córdoba.

Nell'ambito della musica classica il migliore compositore spagnolo è stato Manuel de Falla. Nato a Cadice nel 1876 e cresciuto in Andalusia prima di trasferirsi a Madrid e poi a Parigi, De Falla ritornò in Spagna nel 1919 e visse a Granada fino al termine della guerra civile, quando emigrò in Argentina. Le sue tre opere principali, tutte nate come musiche per balletti, hanno profonde radici andaluse: *Noches en los Jardines de España* (Notti nei giardini di Spagna) evoca il passato musulmano e i suoni e le sensazioni di una calda notte andalusa, mentre *El Amor Brujo* (L'amore stregone) ed *El Sombrero de Tres Picos* (Il cappello a tre punte) si ispirano al flamenco. Andrés Segovia, della provincia di Jaén, fu uno dei maggiori chitarristi classici del XX secolo, mentre Carlos Álvarez, di Málaga, si può oggi annoverare tra i migliori baritoni del mondo.

Letteratura

PERIODO ISLAMICO

Nell'Andalusia dell'XI secolo fiorirono la poesia araba e quella ebraica. I poeti arabi, fra cui Ibn Hazm e Ibn Zaydun di Córdoba, e Ibn Ammar e il sovrano Al-Mutamid di Siviglia, scrissero soprattutto versi d'amore. Di Ibn Hazm si può leggere in italiano *Il collare della colomba. Sull'amore e gli amanti* (ES, Milano 1996; reperibile in biblioteca). Fra i poeti ebrei si ricorda Judah Ha-Levi, considerato uno fra i maggiori scrittori di lingua ebraica, che trascorse la sua vita tra Granada, Siviglia, Toledo e Córdoba prima di decidere che l'unica via di salvezza per un sefardita era il ritorno in Palestina.

Il filosofo Averroè o Ibn Rushd (1126-98), nativo di Córdoba, tentò di riconciliare la scienza con la fede religiosa nei suoi commenti alle opere di Aristotele ed ebbe grande influenza sul pensiero dell'Europa cristiana del XIII e XIV secolo. Intelligenza poliedrica, Averroè fu anche giudice, astronomo, matematico nonché medico e consigliere personale di due sovrani almohadi. Per conoscere le diverse personalità di Averroè ('arabo, ebreo, latino', secondo la più recente interpretazione), potete procurarvi *Averroè e l'averroismo* di Maurice-Ruben Hayoun e Alain De Libera (Jaca Book, Milano 2005).

SIGLO DE ORO

In Andalusia il Siglo de Oro (secolo d'oro) della letteratura spagnola, corrispondente più o meno al periodo compreso fra la metà del XVI e la metà del XVII secolo, ebbe inizio con il circolo letterario sivigliano formatosi attorno ad Álvaro Colón, pronipote di Cristoforo Colombo. Ne fecero parte i commediografi Juan de la Cueva e Lope de Rueda.

A Córdoba nacque Luis de Góngora (1561-1627), uno dei maggiori poeti spagnoli dell'età barocca. Autore colto, Góngora creò una lingua ricca di immagini e di metafore, con l'intento di trasformare la poesia in una fonte di piacere sensuale. Alcuni dei suoi versi celebrano gli aspetti più idilliaci della valle del Guadalquivir: tra le raccolte disponibili in italiano ricordiamo i *Sonetti* (Oscar Mondadori, Milano 1997) e *Le solitudini e altre poesie* (Rizzoli, Milano 2001; con testo spagnolo a fronte).

L'ingannatore di Siviglia di Tirso da Molina (Garzanti, Milano 2004; con testo spagnolo a fronte) è l'opera teatrale che inaugura la ricchissima tradizione europea del mito di Don Giovanni, fondendo due leggende popolari, quella del convito macabro e quella del profanatore, per amore, del luogo sacro.

Contemporaneo di Góngora fu Miguel de Cervantes (1547-1616), che in Andalusia trascorse dieci anni della sua vita tribolata in qualità di esattore delle imposte e di procacciatore di olio e frumento per conto della marina spagnola. Lo sfortunato Cervantes fu anche al centro di numerosi processi, soggiornò più volte in carcere e fu perfino scomunicato, tutte esperienze che contribuirono senz'altro a fare di lui quello che oggi viene considerato l'inventore del romanzo. Il suo *Don Quijote* fu pubblicato nel 1605 (fra le edizioni italiane più recenti ricordiamo *Don Chisciotte della Mancia* edito da Einaudi, Torino 2005). Le peripezie del Quijote e del suo fido scudiero Sancho Panza si svolgono soprattutto nelle vaste pianure della Mancha, mentre alcune delle *Novelle esemplari* (Einaudi, Torino 2002) di Cervantes si leggono come la cronaca dei tumultuosi eventi che ebbero luogo a Siviglia nel XVI secolo.

LE GENERAZIONI DEL '98 E DEL '27

Per ritrovare una creatività letteraria propriamente andalusa bisogna attendere la fine del XIX secolo, periodo che ruota intorno alla cosiddetta Generazione del '98, un gruppo di intellettuali accomunati da un profondo disagio rispetto al declino della nazione. Antonio Machado (1875-1939), il più importante poeta del gruppo, nacque a Siviglia e lavorò per qualche anno come insegnante a Baeza, dove ultimò *Campos de Castilla*, malinconica raccolta di poesie che evoca i paesaggi castigliani. Di questo autore potete reperire in biblioteca il volume *Opera poetica* (Le Lettere, Firenze 1994; a cura di Oreste Macrì), che raccoglie tutti i suoi componimenti. Originario di Moguer presso Huelva (v. p163), Juan Ramón Jiménez (1881-1958), premio Nobel per la letteratura nel 1956, descrisse il mondo del suo paese natale in modo spassoso e commovente scrivendo *Platero e io* (Passigli, Firenze 1998), poema in prosa nel quale si rivede bambino a passeggio per Moguer in compagnia del suo confidente, l'asinello Platero. Fra le molte edizioni italiane delle sue opere, ricordiamo *Eternità* e *Pietra e cielo* (entrambe edite da Passigli, Firenze 1989), nonché *La stagione totale* (sempre Passigli, ma 1998), una sorta di antologia ideale della sua opera.

García Lorca. Breve vita di un genio di Ian Gibson (Einaudi, Torino 2002) è un'ottima biografia del celebre poeta andaluso. Gibson ha scritto anche *The Assassination of Federico García Lorca* (1979), in cui ha ricostruito l'oscura uccisione di Lorca avvenuta vicino a Granada durante la guerra civile.

Negli stessi anni scriveva anche Carmen de Burgos 'Colombine' (1867-1932), nata a Almería, la cui produzione, a lungo sottovaluta, conosce oggi un periodo di fortuna. Giornalista, scrittrice, insegnante e attivista politica, Carmen de Burgos è autrice del 'Ciclo di Rodalquilar', una serie di novelle e romanzi che la scrittrice ha dedicato alla sua terra. Tra i romanzi ricordiamo *Pugnale di garofani* (Edizioni Estemporanee, Roma 2005), riscrittura in chiave femminile e femminista di una vicenda che ispirò anche un famoso dramma di Federico García Lorca.

La Generazione del '27 fu l'ultimo movimento importante di scrittori andalusi. Fra i suoi maggiori esponenti vi furono i poeti Rafael Alberti (1902-99), originario di El Puerto de Santa María (v. p200), di cui ricordiamo la raccolta *Canzoni per Altair* (ES, Milano 2003); Vicente Aleixandre (1898-1984), nato a Siviglia, vincitore del premio Nobel per la letteratura nel 1977, autore di lavori come *Ambito* (Liguori, Napoli 2002), in cui è evocato il paesaggio di Málaga; e Luis Cernuda (1902-63), anch'egli originario di Siviglia, di cui citiamo *Como quien espera el alba (1941-1944)*, uscito in

FEDERICO GARCÍA LORCA

Per molti il maggiore scrittore spagnolo dai tempi di Cervantes, Federico García Lorca (1898-1936) fu poeta, commediografo, musicista, pittore, regista teatrale e molto altro ancora. Per quanto affascinante e popolare, Lorca si sentiva un estraneo – a causa della sua omosessualità, della sua militanza politica di sinistra e, probabilmente, del suo stesso talento – nella natia Granada (nelle sue parole 'una terra desolata abitata dalla peggiore borghesia di Spagna') e nella società spagnola in generale, identificandosi piuttosto con i *gitanos* emarginati dell'Andalusia e con le donne soffocate dai rigidi costumi tradizionali. Lorca anelava alla spontaneità e alla vivacità degli zingari, esaltando sia il passato islamico di Granada sia ciò che considerava 'autenticamente' andaluso (che per lui si trovava a Málaga, Córdoba, Cadice – ovunque tranne che a Granada).

Il suo primo grande successo fu *El Romancero Gitano* (nel volume *Tutte le poesie di García Lorca*, BUR Rizzoli, Milano 2006), una suggestiva raccolta di versi pubblicata nel 1928 e ispirata ai temi dell'Andalusia gitana, ricca di sorprendenti metafore ma con la semplicità di un canto flamenco. A questa raccolta fecero seguito, tra il 1933 e il 1936, tre tragedie che consacrarono la fama di Lorca: *Nozze di sangue*, *Yerma* e *La casa di Bernarda Alba* (tutte nella 'Collezione di Teatro' della casa editrice torinese Einaudi) – opere cupe e di forte tensione drammatica dedicate ai temi della costrizione e della liberazione, della passione e della repressione. Lorca morì fucilato dai nazionalisti durante la guerra civile spagnola, ma il suo spirito libero, appassionato e tormentato continua a vivere nelle numerose rappresentazioni dei suoi testi e in opere nuove di cui continua a essere l'ispiratore. Gli ammiratori di Lorca possono visitare la sua casa di campagna a Huerta de San Vicente (p395), la sua casa natale poco fuori Granada (p406) e il luogo dove fu assassinato, alle porte della città, oggi trasformato in un parco intitolato al poeta e dedicato alla memoria delle vittime del franchismo (p406).

italiano per le Edizioni dell'Orso (Alessandria 2005). Vicini alla Generazione del '27 furono anche il pittore Salvador Dalí, il regista Luis Buñuel e il compositore Manuel de Falla, ma la figura di maggiore spicco rimane quella del poeta granadino Federico García Lorca (v. lettura p47).

SCRITTORI CONTEMPORANEI

Uno dei più importanti romanzieri contemporanei spagnoli è Antonio Muñoz Molina, nato a Úbeda, in provincia di Jaén, nel 1956. La critica gli attribuisce doti di profondità, fervida immaginazione, impegno sociale e grande abilità narrativa. Tra i suoi migliori romanzi vanno citati *El Jinete Polaco* (Il fantino polacco; 1991), ambientato a 'Mágina', una Úbeda di fantasia, a metà del XX secolo, e *Sefarad. Un romanzo di romanzi* (Mondadori, Milano 2002; reperibile in biblioteca) nel quale Molina intreccia 17 storie differenti per offrire un'indagine a più facce di temi quali la cacciata degli ebrei dalla Spagna nel XV secolo, i gulag sovietici e lo sterminio nazista. Vi sono molte pubblicazioni di Molina disponibili in edizione italiana: tra queste segnaliamo *Niente dell'altro mondo* (stesso editore 2004), una raccolta di racconti che spaziano nei diversi generi cari all'autore, e *In assenza di Blanca* (Passigli, Firenze 2002), storia d'amore che sfiora i limiti del surreale. Ricordiamo ancora il commovente *L'inverno a Lisbona* (Feltrinelli, Milano 2001) e *Il custode del segreto* (Passigli, Firenze 1998), racconto poliziesco ambientato in una Andalusia inedita, piovosa e quotidiana, lontana dalle atmosfere letterarie più note.

Si ritiene che a scolpire la Virgen de la Macarena, statua cui spetta un posto d'onore durante le processioni della Semana Santa di Siviglia, sia stata una donna, María Luisa detta La Roldana, figlia del celebre scultore Pedro Roldán.

Antonio Soler, nato a Málaga nel 1956, si è affermato come autore capace di costruire personaggi e ambienti in modo efficace nonché di intessere ottime trame. Il suo romanzo *El Camino de los Ingleses* (Il cammino degli inglesi; 2004), recentemente portato sul grande schermo da Antonio Banderas (v. p51), narra l'estate che un gruppo di amici vive come transizione dall'adolescenza all'età adulta. In italiano, trovate di Soler i romanzi *Il nome che ora dico* (Tropea, Milano 2003), storia di un gruppo di soldati repubblicani durante la guerra civile spagnola, e *Gli angeli caduti* (Il Saggiatore, Milano 2000), ambientato in una seducente Barcellona notturna.

Poeta, romanziere e saggista, José Manuel Caballero Bonald è nato a Jerez de la Frontera nel 1926. Il suo *Ágata Ojo de Gato* (Agata occhio di gatto; 1974) è un romanzo ammantato di realismo magico, ambientato in un luogo andaluso mitico, senza tempo e luogo definiti. *Poesie scelte (1952-2005)*, edito da Polistampa di Firenze (2006), raccoglie invece una selezione delle migliori poesie di Caballero. In *Spagna in fiesta* (Jaca Book, Milano 1994), con l'aiuto delle fotografie di Cristina García Rodero, Caballero ritrae il fascino, la complessità, il vigore e la bellezza delle città e della gente di Spagna nei momenti eccezionali ed effimeri delle feste.

Nato a Córdoba nel 1936, Antonio Gala, commediografo, poeta e romanziere di grande successo, ama ambientare le sue opere nel passato utilizzandolo per gettare nuova luce sul presente. *La passione turca* (Rizzoli, Milano 1995) è il suo romanzo più noto.

Chi volesse approfondire temi e personaggi della letteratura andalusa e spagnola in generale troverà in commercio molti ottimi saggi, spesso in edizione economica. Ne citiamo uno per tutti: *Letteratura spagnola* di Iván Fernández Gonzáles (Alpha Test, Milano 2003), che offre un approccio originale e conciso alla letteratura spagnola, con capitoli dedicati ai principali autori.

Pittura e scultura

L'arte andalusa, che affonda le sue radici nell'età della pietra, raggiunse il suo massimo splendore nel corso del XVII secolo.

ARTE PRECRISTIANA

I cacciatori-raccoglitori dell'età della pietra hanno lasciato bellissime pitture rupestri raffiguranti animali, esseri umani e creature mitiche in alcune grotte come la Cueva de la Pileta (p302) e la Cueva de Los Letreros (p451). In seguito gli iberici realizzarono sculture in pietra di animali, divinità e altre figure, nelle quali spesso si notano gli influssi dell'arte cartaginese o greca. I musei archeologici di Siviglia (p115) e di Córdoba (p321) e il Museo Provincial di Jaén (p350) possiedono importanti collezioni di manufatti iberici.

Il retaggio artistico dei romani si trova espresso al meglio nei mosaici e nelle sculture: se ne conservano di splendidi a Itálica (p140), Écija (p145) e Carmona (p142), come pure nel Palacio de la Condesa de Lebrija (p113) di Siviglia e nei musei archeologici di Córdoba e Siviglia.

Le arti decorative raggiunsero in Andalusia nel periodo islamico (711-1492) vette sublimi al servizio dell'architettura – v. p53.

ARTE GOTICA E RINASCIMENTALE

Fin dall'epoca della Reconquista Siviglia è stata il fulcro artistico dell'Andalusia. Il grande retablo (1482) della sua cattedrale, opera dello scultore fiammingo Pieter Dancart, conta più di mille figure bibliche ed è considerato uno dei massimi capolavori della scultura gotica in Spagna (v. p104). Nel corso del XVI secolo Siviglia, che in questo periodo conobbe una rapida espansione, aprì le porte anche alle tendenze umaniste e rinascimentali che giungevano dal resto d'Europa. Alejo Fernández (1470-1545) introdusse il Rinascimento nel campo della pittura, mentre l'italiano Pietro Torrigiano (1472-1528) fece altrettanto in quello della scultura.

Un maestro artigiano del Cinquecento, conosciuto come Maestro Bartolomé, realizzò alcune fra le più belle *rejas* (grate in ferro battuto) di Spagna nella Capilla Real di Granada (p389) e nella cattedrale di Baeza (p357).

SIGLO DE ORO

Al principio del XVIII secolo pittori sivigliani come Francisco Pacheco (1564-1644) e Juan de Roelas (1560-1625) iniziarono a dipingere in uno stile più naturalistico che fu precursore dell'arte barocca. La bottega di Pacheco fu il centro di un circolo umanista che influenzò la maggior parte dei grandi artisti andalusi di quel periodo. Ai suoi allievi Pacheco consigliava di 'andare alla natura per ogni cosa'.

> Picasso trascorse a Málaga le vacanze dal 1891 al 1900; nel 1904 si stabilì definitivamente in Francia e non tornò mai più nella sua città natale.

Diego Velázquez (1599-1660), il maggior pittore spagnolo del tempo, lasciò Siviglia appena ventenne per diventare pittore di corte a Madrid, ma l'Andalusia e Siviglia in particolare continuarono a essere centri vivacissimi dell'arte spagnola del Siglo de Oro. Il Museo de Bellas Artes di Siviglia (p113) possiede una magnifica collezione di quadri risalenti a questo periodo.

L'amico di Velázquez Alonso Cano (1601-77), pittore, scultore e architetto di talento, lasciò alcune delle sue opere migliori nelle cattedrali di Granada e Málaga. Un altro artista importante dell'epoca è Francisco de Zurbarán (1598-1664) che trascorse quasi tutta la vita fra Siviglia e i suoi dintorni. Per la limpidezza e la precisione dei suoi ritratti di santi, prelati e monaci, spesso messa in risalto da forti contrasti di luce e ombra, la sua pittura viene accostata a quella dei contemporanei Caravaggio e José de Ribera che operavano in Italia.

Bartolomé Esteban Murillo (1617-82) e il suo amico Juan de Valdés Leal (1622-94), entrambi nati a Siviglia, furono i primi interpreti dell'arte barocca. Caratterizzato dall'uso di figure facilmente riconoscibili, sia per le grandi dimensioni sia per la vivezza della rappresentazione, il movimento

IL FASCINO DELL'ANDALUSIA

Chris Stewart, autore di *Una casa tra i limoni* (TEA, Milano 2002), non è stato il primo straniero a cui l'Andalusia abbia ispirato opere letterarie di successo. Già nell'Ottocento la suggestiva decadenza delle città andaluse, la musica e il flamenco, il passato ricco di leggende, l'amore della gente per le feste, il divertimento e la corrida, le aspre montagne infestate dai briganti, il caldo torrido, gli occhi neri e i capelli degli andalusi, contribuirono a far nascere un'immagine romantica dell'Andalusia che probabilmente non tramonterà mai.

Una delle prime opere letterarie romantiche ambientate in Andalusia (a Siviglia, per la precisione) fu il *Don Juan*, capolavoro di Lord Byron (cercate in biblioteca *Avventure di Don Giovanni*, edito da Newton & Compton, Roma 1991) che visitò la regione nel 1809 e scrisse questo poema eroicomico poco dopo il 1820. Nel 1826 il visconte francese François-René de Chateaubriand pubblicò una fortunata e malinconica novella, *Le avventure dell'ultimo degli Abenceragi* (Marsilio, Venezia 2004), in cui si narra di un principe musulmano che ritorna a Granada dopo la riconquista cristiana. A consacrare l'Alhambra (p383) quale simbolo per eccellenza di un'Andalusia esotica furono opere come *Les orientales* di Victor Hugo (1828; *Les orientales-le orientali* edito da Schena, Fasano 1997), raccolta di poesie ispirate al gusto dell'oriente e del pittoresco, e *I racconti dell'Alhambra* (1832; Studio Tesi, Pordenone 1988; in biblioteca) dell'americano Washington Irving, che visse nel palazzo per alcuni mesi. Intorno al 1840 il francese Prosper Mérimée scrisse *Carmen* (Marsilio, Venezia 2004; con testo francese a fronte), tragica storia di amore e vendetta ambientata nella Siviglia gitana, che aggiunse al fascino andaluso una sensualità assai marcata.

Anche i compositori furono sedotti dalle immagini andaluse e ne tradussero in musica le suggestioni. La storia di Don Juan (in origine un testo teatrale scritto dallo spagnolo Tirso de Molina nel XVII secolo) ispirò a Mozart il *Don Giovanni*, opera lirica composta nel 1787. Nel 1875 Georges Bizet scrisse *Carmen*, opera che fissò lo stereotipo della donna andalusa quale creatura focosa, scaltra e di conturbante bellezza.

Alexandre Dumas riuscì a riassumere tutte le caratteristiche andaluse descrivendo questa terra come 'gioiosa, incantevole, con le nacchere in mano e una ghirlanda sulla fronte'. Un'immagine non ancora del tutto appassita, nonostante siano trascorsi più di cent'anni.

barocco prese rapidamente piede in Andalusia. In un'epoca di declino economico Murillo fu artista molto apprezzato soprattutto per la scelta dei soggetti: ritratti di bambini e scene religiose che sottolineano l'ottimismo sotteso ad alcuni racconti biblici. Valdés Leal fu capace di esprimere in pittura tanto l'umorismo quanto il pessimismo più amaro. Le sue migliori opere sono esposte accanto a diversi quadri di Murillo nell'Hospital de la Caridad di Siviglia (p112).

Lo scultore sivigliano Juan Martínez Montañés (1568-1649) fu autore di opere in legno di tale realismo e tensione drammatica da meritarsi ancora in vita il soprannome di 'El Dios de la Madera' (il dio del legno). Le sue sculture adornano numerose chiese andaluse e molte delle sue statue compaiono tra quelle portate in processione dalle confraternite durante la Semana Santa di Siviglia. Pedro Roldán (1624-99) fu lo scultore sivigliano più importante della seconda metà del XVII secolo. Alcune fra le sue opere più belle sono custodite nell'Hospital de la Caridad di Siviglia.

XVIII E XIX SECOLO

La Spagna ormai impoverita di questo periodo produsse un unico artista straordinario, il grande Francisco de Goya y Lucientes (1746-1828), nativo dell'Aragona nella Spagna settentrionale. Goya ritrasse le corride andaluse che vide a Ronda e, stando alla tradizione, fu ospite presso il padiglione di caccia reale situato in quello che oggi è il Parque Nacional de Doñana, dove dipinse *La Maja Vestida* e *La Maja Desnuda*, i famosi ritratti della stessa donna riprodotta in posizione identica, vestita nel primo e nuda nel secondo.

Alcune opere di Goya sono visibili in Andalusia e precisamente nella cattedrale di Siviglia e nell'Oratorio de la Santa Cueva a Cadice (p193).

XX SECOLO

Pablo Picasso (1881-1973) nacque a Málaga, ma si trasferì nel nord della Spagna all'età di nove anni. La sua carriera artistica fu segnata dal susseguirsi di fasi creative molto diverse l'una dall'altra. Dopo il 'periodo blu' (1901-04), caratterizzato da toni scuri, e il più allegro 'periodo rosa', Picasso fu, insieme a Georges Braque, pioniere del cubismo. Nel 2003 è stato finalmente inaugurato a Málaga l'importante Museo Picasso (v. p266), che espone una grande collezione di opere dell'artista donate alla città dalla sua famiglia.

Un altro pittore di talento del XX secolo che, come Picasso, si allontanò dall'Andalusia è José Guerrero (1914-91; v. p391), originario di Granada e affermatosi a New York negli anni '50 come espressionista astratto. Il sivigliano Luis Gordillo (nato nel 1934) ha vissuto a Parigi, a Madrid e in altre città diventando il maggiore esponente della pop art in Spagna. Nelle sue ultime opere ha indagato le possibilità di espressione dell'astrattismo postmoderno.

Le scene dell'attacco di Lawrence d'Arabia ad Aqaba furono girate in una città costruita appositamente come set cinematografico sulla costa di Almería, vicino a Carboneras.

Gli artisti più illustri che hanno operato in Andalusia nel XX secolo sono Julio Romero de Torres (1880-1930), autore di cupi e sensuali nudi femminili vissuto a Córdoba (v. p329), e il ritrattista Daniel Vázquez Díaz (1882-1969) che abitò a Huelva.

Cinema

Ricca di talenti ma povera di mezzi, l'industria del cinema spagnolo si concentra soprattutto a Madrid. Ciò nonostante l'Andalusia produce alcuni buoni film, anche se pochi riescono poi a raggiungere il grande pubblico internazionale. Una fra le produzioni andaluse di maggiore successo è il film comico di Pablo Carbonella *Atún y Chocolate* (2004), girato a Barbate (p230), paese di pescatori, la cui trama ruota intorno a matrimoni, pesca al tonno e contrabbando di hashish.

Fra le produzioni non andaluse ma riguardanti l'Andalusia segnaliamo l'affascinante *Al Sur de Granada* (2003) di Fernando Colombo, tratto dall'omonimo libro di Gerald Brenan (v. p419), scrittore che negli anni '20 si stabilì in un villaggio delle Alpujarras. Un altro titolo da segnalare è *Alatriste* (2006; uscita prevista in Italia nel 2007) di Agustín Díaz Yanes, la più costosa produzione cinematografica spagnola di tutti i tempi. Girato in varie località andaluse, il film narra le peripezie del soldato-mercenario Altriste, interpretato da Viggo Mortensen, durante la Spagna imperiale del XVII secolo; l'attore italiano Enrico Lo Verso veste i panni del soldato Malatesta.

Uno nome del cinema andaluso che oggi tutti conoscono è quello di Antonio Banderas. Nato a Málaga nel 1960, il giovane attore si impose all'attenzione del pubblico con alcune parti impegnative in film diretti dal decano del nuovo cinema spagnolo, Pedro Almodóvar – *Légami!* (1990) è il film che lo ha reso noto a livello internazionale – prima di trasferirsi a Hollywood e inanellare una serie di trionfi come *La maschera di Zorro*

FILM IN ITALIANO

Una parte dei titoli cinematografici citati in questo capitolo e nel corso della guida non sono disponibili in versione italiana; di alcuni, però – lasciati in corso di testo in lingua originale – è reperibile la versione originale, sottotitolata in italiano o in inglese. Per l'acquisto o il noleggio, provate sui siti di vendita online o nelle videoteche specializzate, in versione DVD o VHS.

(1998) e *Spy Kids* (2001). Con *Pazzi in Alabama* (1999) Banderas è passato dall'altra parte della macchina da presa dirigendo una commedia di successo interpretata dalla moglie Melanie Griffith. A Málaga e dintorni sono state effettuate numerose riprese del suo secondo film da regista, *El Camino de los Ingleses* (2006; non ancora uscito in Italia), trasposizione per il grande schermo dell'omonimo romanzo di Antonio Soler. Racconto di un passaggio dall'adolescenza all'età adulta, il film ha un cast in gran parte andaluso fra cui spiccano i nomi di Juan Diego e Fran Perea. Fedele alla sua città natale, Banderas sta per inaugurare una scuola di recitazione proprio a Málaga.

La stella nascente del cinema andaluso si chiama Paz Vega, versatile interprete sivigliana che nel 2001 ha vinto a Cannes il premio come miglior attrice esordiente per il suo ruolo in *Lucía y el Sexo* di Julio Medem. Dopo un'incursione sui set hollywoodiani, dove ha recitato in *Spanglish – Quando in famiglia sono in troppi a parlare* (2004), commedia sullo scontro fra la cultura americana e quella messicana, Paz Vega è tornata in Spagna per vestire i panni di Santa Teresa d'Ávila, mistica del Cinquecento, nel film *Teresa, Vida y Muerte* (2006) di Ray Loriga.

Nato a Lebrija, in provincia di Siviglia, il regista Benito Zambrano ha ottenuto una sfilza di riconoscimenti con due film assai diversi tra loro, *Solas* (1999) e *Habana Blues* (2005). Il primo segue le vicende di una donna proveniente dalla campagna che tenta di sopravvivere in città, mentre il secondo è una commedia che parla di amicizia e di esistenze consacrate alla musica, con una strepitosa colonna sonora cubana. Tra il primo e il secondo lungometraggio Zambrano ha diretto *Padre Coraje*, un'ottima miniserie televisiva incentrata sulla figura di un padre (Juan Diego) che cerca di trovare gli assassini di suo figlio avventurandosi fra tossicodipendenti, alcolisti e prostitute nella periferia più squallida di Jerez de la Frontera.

Un grande contributo che l'Andalusia ha dato al cinema mondiale sono gli 'spaghetti western'. Fu all'inizio degli anni '60 che i produttori cinematografici scoprirono i paesaggi desertici intorno a Tabernas, presso Almería, trovandoli ideali per l'ambientazione di film western – per giunta a costi decisamente inferiori rispetto a Hollywood. I film della trilogia diretta da Sergio Leone e interpretata da Clint Eastwood *Per un pugno di dollari* (1964), *Per qualche dollaro in più* (1965) e *Il buono, il brutto e il cattivo* (1966) furono i più celebri delle oltre 150 pellicole girate in dieci anni nella provincia di Almería. Rimangono come attrattiva turistica tre set di città del Far West (v. lettura p435).

Negli anni '60 furono girati in Andalusia, completamente o in parte, altri film di grande successo. Fra i tanti ricordiamo *Lawrence d'Arabia* (1962) nel quale Siviglia, con la sua Casa de Pilatos (p114) e Plaza de España (p115), fu scelta come set per le scene ambientate al Cairo, a Gerusalemme e a Damasco. Il deserto di Tabernas e il promontorio di Cabo de Gata in provincia di Almería hanno fatto da sfondo ad alcune riprese di classici come *Cleopatra* (1963), *Il dottor Zivago* (1965) e, più di recente, *Indiana Jones e l'ultima crociata* (1984).

In Andalusia si organizzano ogni anno varie rassegne cinematografiche la più importante delle quali è il **Festival de Cine Español** (www.festivaldemalaga.com, in spagnolo) che si tiene a Málaga tra la fine di aprile e l'inizio di maggio. Inaugurato nel 1998, il festival di Málaga è un evento che va acquistando di anno in anno sempre più pubblico e prestigio internazionale.

Architettura andalusa

Uno degli aspetti più entusiasmanti di un viaggio in Andalusia è rappresentato dalla possibilità di ammirare un gran numero di edifici davvero spettacolari. Le differenti culture che si sono succedute nella regione hanno prodotto una straordinaria varietà di costruzioni, dall'Alhambra di Granada e dalla Mezquita di Córdoba alle bellissime chiese cristiane, come la Capilla Real di Granada, e alle sgargianti creazioni del XX secolo, come la Plaza de España di Siviglia. Ma altrettanto affascinanti sono alcune manifestazioni dell'architettura andalusa erroneamente ritenute minori, come il groviglio di strade e vicoli che caratterizza molte città, l'incredibile posizione di certi villaggi di montagna dalle case immacolate, l'incanto dei tranquilli e freschi patio che si nascondono dietro le facciate delle case di città, i magnifici giardini ricchi di profumi e fontane, e i castelli con funzione difensiva costruiti sulla sommità della maggior parte delle alture andaluse.

I resti delle più antiche abitazioni rinvenute in questa regione risalgono all'età del rame e sono visibili presso il sito di Los Millares (p435), vicino ad Almería. Ad Antequera (p306), invece, si possono visitare dolmen eretti nel II millennio a.C. Le strutture più imponenti dell'epoca preislamica risalgono alla dominazione romana.

Tra i siti archeologici più interessanti di questo periodo ricordiamo Itálica (p140), vicino a Siviglia, dove sorge uno dei più grandi anfiteatri romani dell'antichità, Baelo Claudia (p232), presso il villaggio di Bolonia, dove si può ammirare un teatro sorprendentemente intatto, e Carmona (p143), una necropoli con tombe grandi quasi come templi. Ai romani va anche attribuita la felice invenzione del patio, un'idea che in seguito sarebbe stata ripresa dai musulmani.

Andalusia. Arte & architettura di Brigitte Hintzen-Bohlen (Konemann, Colonia 2000) è una guida di facile consultazione con una precisa documentazione storico-artistica degli edifici, dei monumenti e delle città andaluse più interessanti.

ARCHITETTURA ISLAMICA

L'Andalusia è sempre stata il cuore di Al-Andalus, come venne chiamato il territorio della Penisola Iberica che cadde sotto il dominio musulmano. I molti secoli di presenza islamica in Spagna (711-1492) hanno lasciato in eredità una serie di incantevoli edifici – palazzi, moschee, minareti e fortezze – che dal punto di vista architettonico rendono questa regione unica in Europa. Dopo la Reconquista (1227-1492) parecchi edifici islamici invece di essere abbattuti vennero utilizzati dai cristiani. È questo il motivo per cui oggi molte chiese andaluse non sono altro che moschee riadattate (l'esempio più famoso si trova a Córdoba), così come parecchi campanili erano in origine minareti; anche le vie strette e tortuose della parte vecchia di molte città (un esempio famoso è il quartiere dell'Albayzín di Granada, p392) sono un retaggio della labirintica pianificazione urbanistica dell'epoca islamica.

GLI OMAYYADI

L'islam – parola che significa 'abbandono' o 'sottomissione' (alla volontà di Allah) – fu fondato dal profeta Maometto (Mohammed) nella città araba della Mecca nel VII secolo d.C. La nuova religione si diffuse rapidamente a nord, est e ovest, e giunse in Spagna nel 711. Nel 750 la dinastia dei califfi Omayyadi, che governava il mondo musulmano da Damasco, fu rovesciata dalla dinastia degli Abbasidi, che aveva la sua

L'ARCO A FERRO DI CAVALLO

L'architettura omayyade in Spagna si arricchì di stili e tecniche appresi dai visigoti cristiani, la popolazione che aveva detenuto il potere nella Penisola Iberica fino alla sconfitta subita per mano degli invasori omayyadi. Uno dei prestiti più importanti, destinato a diventare quasi il tratto distintivo dell'architettura islamica in Spagna, è l'arco a ferro di cavallo, così chiamato perché invece di formare un semplice semicerchio si restringe alla base proprio come un ferro di cavallo.

capitale a Baghdad. Soltanto uno degli Omayyadi, Abu'l-Mutarrif Abd ar-Rahman bin Muawiya, riuscì a mettersi in salvo raggiungendo prima il Marocco e poi la Spagna. Nel 756, a soli vent'anni, fondò a Córdoba un emirato indipendente assumendo il nome di Abd ar-Rahman I e dando così inizio a una dinastia destinata a durare fino al 1009. Situata all'estremità occidentale del mondo islamico, Al-Andalus divenne l'ultimo avamposto della cultura omayyade.

La Mezquita di Córdoba

Il più antico monumento islamico tuttora esistente in Spagna è con tutta probabilità anche il più splendido e il più significativo. La grande Mezquita (moschea; p321) di Córdoba fu fondata da Abd ar-Rahman I nel 785 e sottoposta a notevoli ampliamenti da parte dei suoi successori, Abd ar-Rahman II nella prima metà del IX secolo, Al-Hakim II negli anni tra il 960 e il 970 e Al-Mansur nel decennio successivo.

La moschea fatta costruire da Abd ar-Rahman I era in origine un edificio di forma quadrata suddiviso in due metà rettangolari: una sala di preghiera coperta e un cortile all'aperto riservato alle rituali abluzioni dei fedeli. La sala di preghiera della Mezquita abbandonò lo slancio verticale dei primi importanti edifici islamici, come la Grande Moschea di Damasco e la Cupola della Roccia di Gerusalemme, per creare invece un ampio spazio orizzontale che evocasse sia i cortili delle case costruite nel deserto, ovvero i primissimi luoghi di preghiera, sia i palmeti delle oasi, richiamati dal doppio ordine di arcate a strisce bianche e rosse. La sala di preghiera mantenne però la pianta basilicale tipica di alcune antiche costruzioni islamiche, conservando una navata centrale, delimitata da archi, più ampia di quelle laterali e chiusa dal mihrab, la nicchia che indica la direzione della Mecca (quella verso cui devono rivolgersi i fedeli durante la preghiera), elemento imprescindibile di ogni moschea.

Nel X secolo il tetto della Mezquita di Córdoba era sostenuto da 1293 colonne.

I successivi ampliamenti della Mezquita estesero le file di archi fino a farla diventare una delle moschee più grandi di tutti i tempi. Queste arcate offrono prospettive sempre diverse, vedute a perdita d'occhio e giochi di luce e ritmi che rendono questo edificio un capolavoro senza uguali. L'ampliamento più importante fu quello voluto da Al-Hakim II che intorno al 960 fece costruire un nuovo e stupendo mihrab, decorato con raffinati mosaici bizantini che imitavano quelli della Grande Moschea di Damasco, straordinario edificio omayyade dell'VIII secolo. Di fronte al mihrab Al-Hakim II aggiunse la *maksura*, ovvero un recinto riservato alla preghiera dei califfi. Le arcate multiple all'interno e intorno alla *maksura* e le cupole riccamente decorate che la sormontano erano espressione di un'architettura dai ritmi strutturali fino ad allora sconosciuti in Europa. La *maksura* costituiva una parte del cosiddetto asse trasversale dell'edificio, una navata che corre perpendicolarmente alla parete che contiene il mihrab – chiamata muro della qibla, in quanto indica la direzione della Mecca ('quibla' in arabo). L'asse trasversale e la navata centrale creano così la tipica pianta a T che si ritrova in tante moschee.

La Mezquita di Al-Hakim rappresenta l'apogeo della prima gloriosa fase dell'architettura islamica in Spagna, quella coincidente con il califfato di Córdoba (785-1031). Nel XVI secolo l'edificio realizzato da Al-Hakim II fu snaturato dalla costruzione, proprio nel suo centro, di una cattedrale cristiana. Ciò nonostante, quando si vista la Mezquita, è ancora possibile farsi un'idea dell'aspetto che doveva avere durante le singole fasi della sua evoluzione.

Altri edifici omayyadi

Nel 936 Abd ar-Rahman III si fece costruire una nuova capitale poco a ovest di Córdoba. Medina Azahara (v. lettura p325), così chiamata in onore di Az-Zahra, la consorte prediletta del califfo, fu progettata come residenza reale, palazzo e sede di governo, e costruita lontano dal centro di Córdoba allo stesso modo della città reale abbaside di Samarra, situata a nord di Baghdad. Il capo architetto di Medina Azahara fu il figlio di Abd ar-Rahman III, Al-Hakim II, che in seguito si sarebbe dedicato con grande successo all'abbellimento e all'ampliamento della Mezquita di Córdoba. A differenza dei palazzi del Medio Oriente, la cui tipica sala dei ricevimenti era un *iwan* (sala aperta da un lato oltre il quale si apre un cortile) sormontato da una cupola, le sale dei ricevimenti di Medina Azahara avevano una pianta basilicale, ciascuna con tre o più navate parallele – in pratica simile a quella delle moschee.

Arte islamica nel Mediterraneo. Da Damasco a Granada di Henri Stierlin (White Star, Vercelli 2005) è un volume ricco di illustrazioni che ripercorre le grandi tappe della diffusione dell'arte islamica dalla Turchia all'Egitto, da Baghdad al Marocco e all'Andalusia.

Demolita poco meno di un secolo dopo, all'epoca del crollo del califfato di Córdoba, Medina Azahara è stata oggi almeno in parte ricostruita. Ammirando gli imponenti archi a ferro di cavallo, le squisite decorazioni a stucco e gli ampi e curatissimi giardini, è facile intuire quanto fosse vasta e sontuosa.

Dell'epoca omayyade non rimangono molti altri edifici in Spagna, ma va ancora segnalata la piccola *mezquita* del X secolo nella remota Almonaster la Real (p184), uno dei più incantevoli edifici islamici del paese. Benché più tardi trasformata in chiesa, la moschea si è conservata praticamente intatta: è una versione in miniatura della Mezquita di Córdoba, avendo file di archi che formano cinque navate, con quella centrale chiusa da un mihrab semicircolare.

PALAZZI DELL'XI SECOLO

La maggior parte dei signori che governarono le turbolenti *taifa* (piccoli regni) nel corso dell'XI secolo vivevano in magnifici palazzi dei quali però restano pochi esempi. L'Alcazaba (p267) di Málaga, benché ricostruita in seguito, conserva ancora alcune stanze dell'XI secolo, con archi a ferro di cavallo tipici dello stile in auge all'epoca dei califfi. All'interno dell'Alcazaba di Almería (p429) si trova il Palacio de Almotacín, fatto costruire dal più potente sovrano della locale *taifa*.

MOTIVI DECORATIVI ISLAMICI

I mosaici realizzati nel X secolo intorno al portale del mihrab di Al-Hakim II presentano tutti e tre i tipi di decorazione che l'arte islamica ammette nei luoghi santi: iscrizioni calligrafiche in arabo classico, motivi geometrici e motivi vegetali e floreali stilizzati.

In questa prima fase dell'arte ispano-musulmana piante e fiori risultano ancora rappresentati in modo relativamente naturalistico, mentre in seguito diventano più stilizzati, geometrici e ripetitivi, adottando i modelli ad arabesco ispirati alla matematica. Nel XIV secolo, all'epoca della costruzione dell'Alhambra di Granada, era ormai quasi impossibile distinguere i motivi decorativi vegetali da quelli geometrici.

GLI ALMORAVIDI E GLI ALMOHADI

Il dominio dei berberi almoravidi provenienti dal Marocco, durato dalla fine dell'XI secolo alla metà del XII secolo, lasciò pochi edifici degni di nota in Spagna, mentre la seconda ondata di berberi marocchini partiti alla conquista di Al-Andalus, gli Almohadi, costruì grandi moschee del venerdì in tutte le principali città del suo impero, tra le quali spicca quella di Siviglia. La struttura semplice ed essenziale di queste moschee prevede un'ampia sala di preghiera con pianta a T, sul modello della Mezquita di Córdoba, ma anche l'aggiunta di alcuni nuovi e bellissimi elementi decorativi. Le campate di raccordo tra le navate e il muro della qibla sono sormontate da cupole o *muqarnas* (volte con stalattiti o a nido d'ape, formate da centinaia di migliaia di minuscole nicchie) realizzate in stucco. Nelle pareti furono inseriti grandi pannelli di mattoni con motivi a losanghe intrecciate.

A partire dalla fine del XII secolo fanno la loro comparsa alti minareti a pianta quadrata riccamente decorati. Con i suoi splendidi pannelli in mattoni, la Giralda (p103), il minareto della moschea di Siviglia, è il maggiore capolavoro dell'arte almohade che si sia conservato in Spagna. La sala di preghiera della moschea di Siviglia fu demolita nel XV secolo per fare posto alla cattedrale cittadina, ma della costruzione islamica sono sopravvissuti il Patio de los Naranjos (p105), ovvero l'antico cortile per le abluzioni, e la bella Puerta del Perdón (p105) sul lato settentrionale dell'edificio.

Un'altra moschea almohade sorge all'interno dell'Alcázar (p209) di Jerez de la Frontera. Più che un luogo di culto, si direbbe la cappella di un

I BAGNI PUBBLICI

La pulizia personale e la frequentazione dei bagni pubblici *(hammam)* erano abitudini talmente radicate nella vita quotidiana ai tempi di Al-Andalus – nella sola Córdoba gli *hammam* erano all'incirca una sessantina – che i cristiani giunsero a considerarli con grande sospetto ritenendo che fossero luoghi dove si consumavano orge sfrenate. In segno di protesta alcuni monaci spagnoli presero l'abitudine di indossare la stessa tunica di lana per un anno intero, tanto che l'espressione 'Olor de Santidad' (odore di santità) divenne un eufemismo per indicare il puzzo di un corpo non lavato. In seguito, dopo la Reconquista dell'Andalusia, ai moriscos (musulmani convertiti al cristianesimo) fu proibito di fare il bagno in queste strutture.

Ciò nonostante in alcune città andaluse esistono tuttora bagni pubblici risalenti al Medioevo islamico. In genere dopo uno spogliatoio si susseguono una stanza fredda, una tiepida e una calda. Il riscaldamento è assicurato da un ipocausto, ovvero un'intercapedine posta sotto il pavimento entro la quale veniva immessa aria scaldata da alcuni fuochi. Fra i bellissimi bagni pubblici che possiamo ammirare ancora oggi, con stanze circondate da portici e lucernari a forma di stella, segnaliamo i seguenti:

- Baño de Comares (p388) Alhambra, Granada
- Baños Árabes El Bañuelo (p393) Albayzín, Granada
- Baños Árabes (p209) Alcázar, Jerez de la Frontera
- Baños Árabes (p350) Palacio de Villardompardo, Jaén
- Baños Árabes (p297) Ronda
- Baño Moro (p374) Segura de la Sierra
- Hammam Baños Árabes (p329) Córdoba

Gli storici bagni di Córdoba sono stati restaurati e permettono di godersi la meravigliosa esperienza dell'*hammam*. Negli ultimi anni in diverse città dell'Andalusia sono stati aperti dei bagni pubblici ispirati a quelli medievali dove è possibile rilassarsi per qualche ora (per maggiori informazioni v. p82).

palazzo, trattandosi di un alto e austero edificio in mattoni che poggia su un'inconsueta base ottagonale iscritta in un quadrato.

Molte stanze e patio dell'Alcázar di Siviglia (p105) risalgono all'epoca almohade, ma a conservare tracce evidenti di questo periodo è solo il Patio del Yeso, con il suo superbo e raffinato graticcio formato da archi multipli intrecciati.

I NASRIDI

L'emirato nasride di Granada, così chiamato dal nome del suo fondatore, Mohammed ibn Yusuf ibn Nasr, fu l'ultima roccaforte musulmana nella Penisola Iberica che riuscì a sopravvivere per due secoli e mezzo (1249-1492), dopo che i cristiani ebbero portato a termine la riconquista della Spagna. I sovrani nasridi si dedicarono alla costruzione di un unico grande palazzo fortificato, la fantastica Alhambra, la cui realizzazione fu affidata ai loro migliori artisti e architetti.

L'Alhambra

Il magnifico palazzo fortificato di Granada è l'unico grande complesso medievale islamico a essere giunto fino a noi. L'Alhambra (p383) è un palazzo-città sul modello di Medina Azahara, nonché una fortezza protetta da 2 km di mura, 23 torri e un fortino, l'Alcazaba. All'interno dell'Alhambra c'erano sette distinti palazzi, oltre a moschee, guarnigioni, case, uffici, bagni, una residenza estiva (il Generalife) e stupendi giardini.

Le *muqarnas* ('stalattiti' o volte a nido d'ape) sono di origine siriana o iraniana: nell'occidente islamico compaiono per la prima volta nella moschea almoravide di Tlemcen, in Marocco.

Gli architetti che progettarono l'Alhambra riuscirono a creare un armonico equilibrio fra natura e costruzioni realizzate dall'uomo: gli edifici sono circondati da vasche ornamentali, da canali d'acqua corrente, da cespugli e da alberi potati a regola d'arte; verande e belvedere sono collocati nei punti panoramici più belli e sapienti contrasti tra luce e ombra, tra zone calde e zone fresche aumentano il fascino di questo luogo. Il talento dimostrato nell'accostare le fontane, i laghetti e i giardini alle eleganti sale a cupola per i ricevimenti raggiunse un tale livello di perfezione da suggerire l'idea del paradiso descritto nel Corano. Essendo anche stata concepita come un luogo di piaceri e delizie, una serie di torri difensive in tempo di pace veniva utilizzata per ospitare piccole residenze estive.

Una caratteristica dell'Alhambra è la grande varietà di archi finemente decorati. Gli architetti nasridi elaborarono nuove tecniche ornamentali toccando vertici inediti di raffinatezza, eleganza e armonia. Gli elementi usati a scopo ornamentale erano soprattutto stucco intagliato, pannelli di marmo, sculture e intarsi in legno, epigrafi (che ripetono all'infinito la frase 'Non c'è altro conquistatore all'infuori di Allah') e mattonelle colorate. Gli intrecci di stelle realizzati con mosaici di mattonelle sono un motivo che verrà utilizzato in seguito per abbellire moltissimi edifici del mondo islamico. Il prestigio della Granada nasride raggiunse un tale livello che ancora oggi esercita una profonda influenza artistica nei paesi del Maghreb (l'Africa nord-occidentale).

Le melodie, gli strumenti e le voci si fondono in *Alhambra*, disco new age di Oliver Shanti ispirato ai giardini e alle corti dell'Alhambra, con le sue fontane, gli stagni e le decorazioni a mosaico.

Granada visse il suo periodo di massimo splendore sotto gli emiri Yusuf I (che regnò dal 1333 al 1354) e Mohammed V (sul trono dal 1354 al 1359 e nuovamente dal 1362 al 1391). Nell'Alhambra Yusuf fece costruire il Palacio de Comares e Mohammed V il Palacio de los Leones. Lo scintillante soffitto intarsiato del Salón de Comares, che rappresenta i sette livelli del paradiso islamico ed è sormontato da una cupola che simboleggia il trono di Allah, servì da modello nei secoli successivi per i soffitti arabeggianti delle sale di rappresentanza di numerosi palazzi. Il Palacio de los Leones si sviluppa intorno al famoso Patio de los Leones, cortile circondato da un portico colonnato con al centro una fontana in cui l'acqua zampilla dalle fauci di

FORTIFICAZIONI ISLAMICHE

Le costanti minacce lungo i confini e la presenza di sudditi spesso in rivolta fecero sì che Al-Andalus si dotasse di un eccezionale numero di castelli e fortezze.

Epoca del califfato

Durante il X secolo i sovrani di Al-Andalus fecero costruire numerosi forti nelle regioni di confine, mentre all'interno sorsero diverse guarnigioni fortificate. Queste strutture, prive di una cinta muraria esterna, erano di forma molto semplice, con torri rettangolari piuttosto basse. Tra le fortezze più belle dell'epoca del califfato segnaliamo quella ovale di Baños de la Encina (p355) in provincia di Jaén e l'Alcazaba (p429) che domina Almería dalla cima di una collina.

Periodo delle taifa

L'XI secolo fu un periodo caratterizzato da lotte intestine e pertanto molte città rafforzarono le proprie difese. Niebla (p171), nella provincia di Huelva, magnifico esempio di città fortificata, fu racchiusa da una cinta di mura scandita da massicce torri sia circolari sia rettangolari. Lo stesso avvenne per l'Albayzín di Granada (p392). Le porte di Niebla furono costruite con grande cura e intelligenza, con barbacani (doppie torri a difesa delle porte) e lunghi e tortuosi passaggi adatti a frenare lo slancio degli attaccanti che fossero riusciti a superare il portone d'ingresso.

Fortificazioni almohadi

Nel corso del XII secolo e all'inizio del XIII secolo gli Almohadi rinforzarono le difese di molte città, per esempio quelle di Córdoba, Siviglia e Jerez de la Frontera. La Torre de la Calahorra di Córdoba (p326) e la Torre del Oro di Siviglia (p112) sono due robuste teste di ponte risalenti a quest'epoca.

Fortificazioni nasridi

Per tentare di resistere agli attacchi che gli eserciti cristiani mossero nel XIII, XIV e XV secolo, gli emiri di Granada fecero restaurare numerose fortificazioni – come quelle di Antequera (p306) e Ronda (p296) o il Castillo de Gibralfaro di Málaga (p267). Le grandi e rettangolari torri d'angolo di Málaga e Antequera lasciano supporre un'influenza cristiana. La fortezza più spettacolare di questo periodo – anche se in genere viene definita 'palazzo' – è l'Alhambra di Granada (p383).

dodici leoni di pietra. La Sala de Dos Hermanas (sala delle due sorelle) vanta una favolosa cupola a *muqarnas* con cinquemila alveoli che rappresentano le costellazioni del cielo.

ARCHITETTURA MUDEJAR E MOZARABICA

Il soffitto intarsiato del Salón de Comares dell'Alhambra è formato da oltre ottomila piccoli pannelli di legno.

Mudejar – dall'arabo *mudayan* (addomesticato) – è il termine con il quale furono chiamati i musulmani che scelsero di rimanere nelle terre riconquistate dai cristiani. Artigiani abilissimi, i mudejar furono spesso ingaggiati dai cristiani per la costruzione e la decorazione di edifici che oggi fanno parte a tutti gli effetti del patrimonio islamico della Spagna. In tutta l'Andalusia vedrete chiese e monasteri realizzati, completamente o in parte, in stile mudejar (lo si trova spesso associato al gotico), ma l'esempio più tipico è l'esotico Palacio de Don Pedro (p109), costruito nel XIV secolo all'interno dell'Alcázar di Siviglia per un re cristiano, Pedro I di Castiglia. Mohammed V, emiro di Granada e amico di Pedro, inviò molti dei suoi migliori artigiani a lavorare al nuovo edificio, con il risultato che il Palacio de Don Pedro è in tutto e per tutto un palazzo nasride nonché uno dei più belli del genere – specialmente l'incantevole Patio de las Doncellas che ne costituisce il centro, con il suo giardino incassato e lo splendido portico ornato con piastrelle e decorazioni in stucco.

Caratteristici dello stile mudejar sono i motivi geometrici realizzati in mattoni o stucco, spesso abbelliti da un rivestimento in piastrelle. Tipicamente mudejar sono anche i soffitti in legno finemente intagliati: *artesonado* è il termine usato per descrivere i soffitti a travi incrociate che formano spazi regolari da riempire con inserti decorativi. I veri *artesonados* mudejar in genere usano motivi floreali o semplici elementi geometrici.

Il termine mozarbico, che deriva da *musta'rib* (arabizzato), veniva usato per indicare i cristiani che vivevano o erano vissuti nei territori musulmani della Penisola Iberica. L'architettura mozarabica fu pertanto chiaramente influenzata dagli stili islamici; tra i molti esempi che si possono fare, ricordiamo l'utilizzo dell'arco a ferro di cavallo. La maggior parte degli edifici mozarabici si trova nella Spagna settentrionale. L'unica struttura che rappresenta bene questo stile sopravvissuta in Andalusia – e che merita una visita sia per la posizione panoramica sia per la storia toccante – è la chiesa rupestre di Bobastro (p305).

Il cinquecentesco patio del Castillo de los Fajardo di Vélez Blanco (p451) , un'opera rinascimentale in marmo bianco, fu acquistato da un miliardario americano che lo donò al Metropolitan Museum of Art di New York dove oggi lo si può ammirare.

DOPO LA RECONQUISTA

Benché non abbiano raggiunto la fama dei capolavori dell'architettura islamica, in Andalusia esistono anche magnifici edifici costruiti in epoche successive al dominio musulmano – in particolare le chiese e i monasteri eretti dai cristiani dopo la Reconquista e i palazzi commissionati dalla nobiltà – che rappresentano una parte importante del patrimonio artistico della regione.

GOTICO

Con l'avanzare della Reconquista l'architettura cristiana raggiunse l'Andalusia settentrionale e occidentale durante il XIII secolo. All'epoca era in auge lo stile gotico, caratterizzato da archi a sesto acuto, volte a costoloni, archi rampanti e finestre elegantemente traforate. La vasta cattedrale di Siviglia (p103), per esempio, la più grande di tutta la Spagna, è un edificio a cinque navate costruito quasi interamente in stile gotico. In Andalusia si conservano decine di chiese, castelli e palazzi completamente o in parte gotici. In alcuni edifici il gotico si trova associato al mudejar (v. p58), in altri si combina con generi successivi dando vita a un eclettico miscuglio di stili. Ne sono un esempio le cattedrali di Jerez de la Frontera (gotico, mudejar, barocco e neoclassico; p209) e di Málaga (gotico, rinascimentale e barocco; p266).

L'ultima fioritura del gotico spagnolo fu quella del cosiddetto stile isabellino, risalente all'epoca della regina Isabella la Católica. Gli elementi che

I PIÙ BEI GIARDINI DELL'ANDALUSIA

Alcuni fra i più incantevoli edifici dell'Andalusia devono parte del loro fascino ai magnifici giardini che li circondano, pieni di colori, di tenui fragranze e del rumore sommesso dell'acqua che scorre.

- Giardini del Generalife, Alhambra, Granada (p389)
- Giardini dell'Alcázar, Siviglia (p111)
- Giardini dell'Alcázar de los Reyes Cristianos, Córdoba (p326)
- Parque de María Luisa, Siviglia (p115)
- Giardini del Palacio de Viana, Córdoba (p328)

lo distinguono sono le curve sinuose degli archi, le decorazioni a traforo, le facciate scolpite in bassorilievo (spesso con molti stemmi araldici) e un ornato alquanto elaborato. Tra i più begli esempi di stile gotico isabellino ricordiamo la Capilla Real (p389) di Granada, dove sono sepolti i Re Cattolici, e il Palacio de Jabalquinto (p359) a Baeza.

RINASCIMENTO

In architettura il Rinascimento, stile formatosi in Italia, si espresse attraverso il ritorno ai canoni di armonia e proporzione degli antichi greci e romani e quindi all'uso di colonne e di forme classiche come il quadrato, il cerchio e il triangolo. Caratteristica di molti edifici rinascimentali andalusi è la presenza di eleganti cortili interni circondati dalle arcate rotonde di un ampio portico su due piani.

In Spagna il Rinascimento vide affermarsi tre distinti stili architettonici. Il primo fu il plateresco, così chiamato per la ricchezza e l'esuberanza delle decorazioni che ricordavano l'arte degli argentieri, i *plateros*. Tipici di questo stile sono i portali dagli archi a tutto sesto fiancheggiati da colonne classiche e sculture in pietra.

La Casa de Pilatos e Plaza de España a Siviglia furono utilizzate come set cinematografico per alcune scene del film *Lawrence d'Arabia* (1962). Sempre nella Casa de Pilatos e nell'Alcázar di Siviglia Ridley Scott girò le sequenze ambientate nella Gerusalemme medievale del suo film *Le crociate – Kingdom of Heaven* (2005).

Al plateresco seguì lo stile rinascimentale più purista che trova la sua massima espressione nel Palacio de Carlos V (p388) situato all'interno dell'Alhambra di Granada e opera di Pedro Machuca, architetto spagnolo che aveva studiato a Roma.

L'ultima e più austera fase del Rinascimento fu quella legata al nome di Juan de Herrera (1530-97), ideatore del grandioso palazzo-convento dell'Escorial, vicino a Madrid, e dell'Archivo de Indias di Siviglia (p111).

Elementi di tutti questi stili si ritrovano nell'architettura della provincia di Jaén dove operò il grande maestro Andrés de Vandelvira (1509-75), il quale donò alla città di Úbeda alcuni tra i più begli edifici rinascimentali della Spagna (v. p365). A influenzare l'opera di Vandelvira fu l'architetto Diego de Siloé (1495-1563), nativo di Burgos, ricordato soprattutto come autore delle cattedrali di Granada (p390), Málaga (p266) e Guadix (p406).

Nel Cinquecento anche la piccola nobiltà fu in grado di costruirsi sfarzosi palazzi di città che nascondevano splendidi patio circondati da portici – a Siviglia non perdetevi il Palacio de la Condesa de Lebrija (p114) e la Casa de Pilatos (p114), mentre a Úbeda merita di essere visitato il Palacio de Vázquez de Molina (p364).

BAROCCO

Alla sobrietà dello stile rinascimentale si contrapposero le linee curve, i colori, la tensione e la sontuosità del barocco. L'Andalusia fu una delle regioni in cui lo stile barocco diede i suoi migliori risultati, stimolando evidentemente la fantasia degli architetti locali per raggiungere il suo culmine durante il XVIII secolo.

Di radice classica, il barocco si caratterizzò ben presto per le facciate cariche di elementi decorativi e per gli interni traboccanti di stucchi dorati. Fu in questo periodo che si produssero i retablos – grandi pale d'altare scolpite presenti in molte chiese spagnole, generalmente decorate con immagini di scene bibliche – più elaborati e più belli. La fase più esuberante dello stile barocco si riassume nel termine churrigueresco, derivato dal nome di una famiglia di scultori e architetti di Barcellona, i Churriguera.

La fase di transizione dal Rinascimento al periodo in cui il barocco raggiunse la sua piena forma espressiva è caratterizzata da opere ancora relativamente semplici come la facciata secentesca della cattedrale di Granada (p390) di Alonso Cano.

GEMME NASCOSTE

Per raggiungere questi cinque capolavori architettonici dovrete fare una deviazione che vi porterà a scoprire paesaggi andalusi di insospettata bellezza.

- Mezquita, Almonaster la Real (p184)
- Castillo de La Calahorra (p408)
- Chiese barocche, Priego de Córdoba (p341)
- La Cartuja de Cazalla (p151)
- Castillo de Burgalimar, Baños de la Encina (p355)

La città in cui si costruì il maggior numero di chiese barocche è Siviglia, ma una delle creazioni barocche più fastose di tutta la Spagna è il Monasterio de La Cartuja di Granada (p395), opera di Francisco Hurtado Izquierdo (1669-1728), trionfo di marmi policromi, capitelli dorati e sculture. I seguaci di Hurtado edificarono sette o otto chiese barocche nella minuscola città di Priego de Córdoba (p341).

NEOCLASSICISMO

Verso la metà del XVIII secolo iniziarono ad affermarsi in tutta Europa le linee più pulite e sobrie del neoclassicismo, stile nuovamente ispirato all'antichità classica in accordo con la filosofia illuminista in auge all'epoca. Cadice, che visse il suo apogeo proprio in questo periodo, è la città andalusa con il maggior numero di edifici in questo stile. La struttura neoclassica più importante della regione è però l'Antigua Fábrica de Tabacos di Siviglia (p115), grande edificio di semplicità quasi monastica eretto per ospitare una delle prime industrie finanziate dallo stato.

XIX E XX SECOLO

Durante il XIX secolo si diffuse la tendenza a imitare stili anteriori: in Andalusia fiorirono un movimento neogotico e uno neobarocco, ma ad affermarsi furono soprattutto gli stili neomudéjar e neoislamico in una sorta di slancio nostalgico verso le glorie del passato. Residenze private quali il Palacio de Orleans y Borbón (p205) a Sanlúcar de Barrameda ed edifici pubblici quali la stazione ferroviaria di Siviglia o i mercati di Málaga e Tarifa furono costruiti imitando, spesso con grazia e vivacità, gli stili islamici dei secoli trascorsi. Nel 1929, in occasione dell'Exposición Iberoamericana di Siviglia, sorsero edifici fantasiosi ispirati a quasi tutti gli stili architettonici che avevano trovato espressione in Andalusia – fra i tanti spiccano l'Hotel Alfonso XIII (p123), costruito per alloggiare i capi di stato ospiti, e l'appariscente complesso di edifici di Plaza de España (p115), opera dell'architetto locale Aníbal González.

A partire dagli anni '30 la situazione politica non favorì il fiorire di nuove e originali forme di architettura. Sotto la dittatura di Franco in molte città spuntarono squallidi condomini popolari di ispirazione sovietica ed ebbe inizio la selvaggia espansione edilizia che ha compromesso buona parte delle coste del paese. In Andalusia il boom del turismo, incominciato sotto il franchismo e tuttora in corso, ha prodotto e continua a produrre un'incredibile quantità di edifici. La costruzione di alberghi, ville e condomini per le vacanze avviene purtroppo secondo le regole imposte dalla velocità e dal profitto, quindi spesso a discapito dell'ambiente. Laddove invece si riscontra una maggiore attenzione e cura da parte di architetti e imprenditori edili è nelle opere di restauro di antichi edifici convertiti in alberghi, musei o altre strutture pubbliche. A tale proposito citiamo, per esempio, il Museo Picasso di Málaga (p266) e il Palacio de Villardompardo di Jaén (p350), due palazzi del Cinquecento trasformati entrambi in moderni musei di altissimo livello. Las Casas del Rey de Baeza (p125), è un albergo di Siviglia ricavato da un complesso di case comunali del XVIII secolo, mentre l'Alquería de Morayma di Cádiar (p418) è un incantevole albergo che occupa una bellissima vecchia casa colonica, restaurata con grande gusto e rispetto sia dei valori di un tempo sia delle esigenze contemporanee. Per un elenco dei dieci migliori alberghi andalusi ospitati in edifici storici v. p8.

Negli ultimi vent'anni l'architettura ha ricevuto il suo maggiore impulso dall'Expo '92 di Siviglia, quando venne costruita una moltitudine di padiglioni avveniristici e una serie di spettacolari nuovi ponti sospesi sul Guadalquivir.

Ambiente

TERRITORIO

L'Andalusia comprende quattro zone geografiche principali, tutte estese grossomodo da est a ovest: la Sierra Morena, la valle del Guadalquivir, le montagne e la pianura costiera.

La Sierra Morena, formata da una serie di alture che raramente raggiungono i 1000 m di altitudine, occupa la fascia settentrionale dell'Andalusia. È un territorio di grande bellezza, coperto da boschi di querce sempreverdi, boscaglia e magri pascoli, dove di tanto in tanto si incontrano antichi villaggi di case in pietra.

La fertile valle del Río Guadalquivir, il fiume più lungo dell'Andalusia (660 km), si apre a sud della Sierra Morena. Il Guadalquivir nasce sulle montagne di Cazorla nella provincia di Jaén, scorre verso ovest toccando prima Córdoba e poi Siviglia, e sfocia nell'Atlantico a Sanlúcar de Barrameda. Il basso corso del fiume attraversa un'ampia pianura e, prima di gettarsi nell'oceano, forma un grande delta paludoso chiamato Las Marismas del Guadalquivir, che comprende il Parque Nacional de Doñana. Il Guadalquivir è navigabile dalla foce fino a Siviglia.

Tra la valle del Guadalquivir e la costa mediterranea s'innalza la Cordillera Bética, un'aspra catena montuosa che dall'angolo sud-occidentale dell'Andalusia si estende in direzione est fino a raggiungere un'ampiezza di 125 km circa. La Cordillera Bética prosegue verso oriente nelle regioni di Murcia e Valencia e quindi riemerge dal Mediterraneo per formare Ibiza e Maiorca, nell'arcipelago delle Isole Baleari. Questa catena, innalzatasi a causa dell'enorme pressione esercitata dalla zolla africana sulla sottozolla iberica da 15 a 20 milioni di anni fa, è in gran parte composta di roccia calcarea modellata in mille forme diverse e caratterizzata da bellissimi fenomeni di tipo carsico.

Il nome Guadalquivir deriva dall'arabo Wadi al-Kabir che significa Grande Fiume. I romani lo chiamavano Betis e gli antichi greci Tartessos.

In Andalusia la Cordillera Bética si divide in due sistemi principali: a nord il Sistema Subbético e a sud il Sistema Penibético, separati tra loro da una serie di valli, pianure e bacini. Il Sistema Penibético comprende la Sierra Nevada, catena lunga 75 km che si estende a sud-est di Granada con una serie di picchi superiori a 3000 m d'altezza, tra i quali svetta il Mulhacén (3479 m), la cima più alta della Spagna continentale.

La pianura costiera dell'Andalusia varia in ampiezza dai 50 km dell'estremità occidentale fino quasi a scomparire del tutto in alcune zone delle province di Granada e Almería, dove la Sierra de la Contraviesa e la Sierra de Cabo de Gata si tuffano nel Mediterraneo con alte scogliere.

NATURA

La flora e la fauna dell'Andalusia sono tra le più ricche d'Europa grazie a un territorio assai vario e spesso selvaggio, che ha consentito la sopravvivenza di molte specie che altrove si sono invece estinte.

Fauna

Molti animali hanno abitudini notturne, ma se avete un po' di tempo a disposizione e sapete dove recarvi non tornerete a casa delusi (per un elenco dei siti consigliati v. lettura p65).

MAMMIFERI

In Andalusia si contano circa 15.000 stambecchi *(cabra montés)*, i cui esemplari maschi sono caratterizzati da lunghe corna. Lo stambecco ama trascorrere l'estate vagando in zone selvagge poste in alta quota, mentre durante la stagione invernale scende ad altitudini inferiori. I gruppi più numerosi vivono sulla Sierra Nevada, nel Parque Natural Sierras de Cazorla, Segura y Las Villas, sulle Sierras de Tejeda y Almijara e sulla Sierra de las Nieves.

I lupi *(lobos)*, presenti in Andalusia in un numero compreso fra 60 e 80 esemplari, sopravvivono nella Sierra Morena per la maggior parte all'interno del Parque Natural Sierra de Andújar in provincia di Jaén. Nel 1986 il lupo è stato dichiarato in pericolo di estinzione in Andalusia: nel tentativo di proteggerlo da cacciatori e contadini, il governo regionale ha deciso di assegnare un rimborso a tutti gli allevatori che perdono dei capi di bestiame a causa dei loro attacchi. Ciò nonostante il numero dei lupi ha continuato a calare ed è probabile che siano destinati a scomparire in questa regione. Fortunatamente, nel nord della Spagna se ne contano ancora da 1500 a 2000 esemplari. Un altro mammifero un tempo diffuso in Andalusia e oggi in grave pericolo è la famosa lince iberica – v. lettura p66.

Dal 1990 a oggi in Andalusia i lupi hanno ucciso circa 1500 capi di bestiame; i contadini lamentano il fatto che i risarcimenti del governo regionale sono insufficienti e corrisposti solo dopo molti anni.

Il muflone *(muflón)* è stato introdotto nel Parque Natural Sierras de Cazorla, Segura y Las Villas e in un paio di altre zone per assecondare le richieste dei cacciatori andalusi. Gibilterra è famosa per la sua colonia di bertucce (v. p253), gli unici primati presenti in Europa. Tra gli animali più diffusi (le loro tracce si scorgono frequentemente) e quindi più facili da avvistare figurano:

- il cinghiale *(jabalí)* – animale dalle abitudini prevalentemente notturne; vive nella fitta boscaglia e in zone paludose e il suo cibo preferito sono le radici
- il cervo *(ciervo)*, il capriolo *(corzo)* e il daino *(gamo)* – presenti nei boschi e nelle foreste
- la genetta *(gineta)* – animale notturno simile a un gatto con le zampe corte, un mantello bianco a macchie nere e una lunga coda a strisce; vive nei boschi e nella macchia
- la mangusta *(meloncillo)* – animale anch'esso prevalentemente notturno, che si trova nei boschi, nella macchia e nelle paludi, soprattutto nel sud-ovest dell'Andalusia
- lo scoiattolo rosso *(ardilla)* – avvistabile nelle foreste di montagna
- il tasso *(tejón)* – animale notturno dal pelame grigio con una striscia nera ai due lati della testa bianca presente nelle zone di fitto sottobosco
- la lontra *(nutria)* – comune lungo alcuni fiumi

Birdwatching on Spain's Southern Coast di John R. Butler e *Where to Watch Birds in Southern & Western Spain* di Ernest Garcia e Andrew Paterson sono due preziose guide che descrivono numerose località adatte al birdwatching.

Nella Bahía de Algeciras e nello Stretto di Gibilterra vivono moltissimi delfini (*delfines*; comuni, stenelle e tursiopi), alcune balene *(ballenas)*, globicefali, orche e perfino capodogli – per maggiori informazioni v. p256 e p236.

UCCELLI

L'Andalusia è un vero paradiso per gli appassionati di birdwatching. Foreste, aspre catene montuose e grandi paludi costiere rappresentano un habitat ideale per numerose specie.

Rapaci

In Andalusia ci sono 13 specie di rapaci stanziali, alle quali si uniscono quelle che giungono dall'Africa durante l'estate. In molte zone li vedrete volteggiare descrivendo ampi cerchi sopra le colline.

La Sierra Morena è la dimora del più grande uccello d'Europa, il raro avvoltoio monaco *(buitre negro)*, specie in pericolo d'estinzione che attualmente conta circa 230 coppie distribuite fra la Sierra Pelada vicino a Huelva

TOP TEN – OSSERVAZIONE DEGLI ANIMALI

- Parque Natural Sierras de Cazorla, Segura y Las Villas (p370) – in questo parco vive il maggior numero di grandi mammiferi presenti in Andalusia: cervi, daini, cinghiali, mufloni e stambecchi
- Parque Nacional de Doñana (p166) – cervi, cinghiali e milioni di uccelli
- Gibilterra (p248) – scimmie sulla rocca, delfini nella baia
- Parque Natural Sierra de Grazalema (p220) – spettacolare colonia di grifoni, oltre a stambecchi
- Tarifa (p236) – delfini e balene
- Reserva Natural Laguna de Fuente de Piedra (p309) – splendidi fenicotteri rosa
- Parque Nacional Sierra Nevada (p408) – cinquemila stambecchi
- Dehesa de Abajo (p140) – grande colonia di cicogne bianche
- Paraje Natural Marismas del Odiel (p161) – paludi popolate da uccelli acquatici
- Stretto di Gibilterra (p238) – grandi migrazioni di uccelli in primavera e in autunno

e la Sierra de Andújar nella provincia di Jaén. Il numero di esemplari censito in tutta la Spagna, alcune centinaia di coppie, costituisce probabilmente la popolazione più numerosa del mondo.

Un altro uccello molto raro è l'aquila imperiale spagnola *(águila imperial ibérica)*, simbolo del paese, che si distingue dalle altre aquile imperiali per la striscia bianca alla base delle ali. Grazie al programma di protezione messo in atto a partire dal 2001, il numero di esemplari è aumentato dalle 50 coppie censite negli anni '60 alle attuali duecento. Una cinquantina sono le coppie presenti in Andalusia – la maggior parte vive nella Sierra Morena, ma circa otto coppie sono state segnalate nella zona del Parque Nacional de Doñana. Il più grande pericolo per l'aquila imperiale iberica è rappresentato dalle esche avvelenate che i contadini e i cacciatori disseminano nelle campagne.

In italiano, cercate gli articoli dedicati al territorio andaluso sulla rivista online *Quaderni di birdwatching* curata dall'associazione EBN Italia di Verona (www.ebnitalia.it).

Nel Parque Natural Sierras de Cazorla, Segura y Las Villas è attivo un centro per la riproduzione in cattività del gipeto *(quebrantahuesos)*, maestoso rapace con un'apertura alare di oltre 2 m che era scomparso da queste montagne ufficialmente nel 1986 (gli ultimi esemplari avvistati in Spagna si sono infatti rifugiati sulle cime più isolate dei Pirenei). Questa lodevole iniziativa è stata coronata da successo, e tre giovani gipeti sono stati liberati nel parco di Cazorla nel 2006.

Tra gli altri grandi rapaci che vivono in territorio andaluso ricordiamo diverse specie di aquila, tra cui l'aquila reale *(águila real)*, il grifone *(buitre leonado)* e il capovaccaio *(alimoche)*, tutti presenti nelle regioni montuose.

Cicogne

La grande e sgraziata cicogna bianca *(cigüeña blanca)*, il cui mantello è in realtà bianco e nero, nidifica nell'Andalusia occidentale dalla primavera all'estate – sui pali della luce, sugli alberi e sui comignoli delle case, a volte addirittura nel centro delle città e dei paesi. Questi uccelli attireranno senz'altro la vostra attenzione con il forte e continuo schiocco dei loro becchi – un verso inconfondibile. Sempre nell'Andalusia occidentale si può osservare, in particolare sulle cenge delle pareti rocciose, anche qualche coppia dell'assai più rara cicogna nera *(cigüeña negra)*, il cui mantello è effettivamente completamente nero. In primavera queste due specie di cicogne migrano in Spagna dall'Africa attraversando lo Stretto di Gibilterra (v. p238).

È ESTINTA LA LINCE?

La lince iberica o pardina (*lince ibérico* in spagnolo, *Lynx pardina* secondo la terminologia scientifica) è uno splendido felino che vive esclusivamente nella Penisola Iberica. Grande il doppio di un gatto domestico, la lince iberica ha un mantello marrone a macchie nere, una coda corta dalla punta nera e orecchie che terminano con caratteristici ciuffetti neri a punta. Può vivere circa 15 anni e si nutre quasi esclusivamente di conigli che cattura con grande agilità e incredibile velocità. Il suo habitat è costituito dalle fitte foreste mediterranee, interrotte da macchie di boscaglia e da ampie radure. Purtroppo la lince rischia di diventare il primo felino estinto dopo la tigre dai denti a sciabola.

Fino al 1966 la lince era ancora così diffusa da essere cacciata legalmente, ma già alla fine degli anni '80 il loro numero si era ridotto a un migliaio. Attualmente, secondo la maggior parte delle stime, ne sopravvivono meno di 200. Le uniche due zone in cui è certificata la presenza della specie si trovano in Andalusia: una è la parte orientale della Sierra Morena, dove sembra si contino un centinaio di linci, e l'altra è il Parque Nacional de Doñana e l'adiacente Parque Natural de Doñana, dove il loro numero oscilla fra i 30 e i 50 esemplari.

Le ragioni di questo triste declino sono molteplici:

- le epidemie che hanno decimato i conigli
- la restrizione dell'habitat dovuta alla creazione di nuove coltivazioni, strade, dighe e piantagioni di pini ed eucalipti
- le trappole illegali collocate per altri animali
- le automobili che investono gli animali

Ci volle molto tempo prima che i politici spagnoli si rendessero conto che era necessario fare qualcosa. Le ricerche, i convegni e le proposte per scongiurare l'estinzione della specie furono innumerevoli, ma alla fine le iniziative concrete furono poche e mal coordinate. Dal 1996 al 2004 il Ministero Nazionale per l'Ambiente a Madrid e il Dipartimento Andaluso per l'Ambiente a Siviglia non sono stati in grado di collaborare tra loro perché i loro responsabili facevano parte di due partiti politici in aperta competizione – rispettivamente il Partido Popular (PP) e il Partido Socialista Obrero Español (PSOE).

A El Acebuche, nel Parque Nacional de Doñana, nel 1992 fu costruito un centro per la riproduzione delle linci in cattività, ma solo nel 2003 si giunse alla firma dell'accordo tra Siviglia e Madrid che lo rendeva operativo. La decisione, peraltro, giunse solamente dopo l'allarme lanciato da Nicolás Guzmán, coordinatore della Strategia Nazionale per la Tutela della Lince, il quale annunciava che il numero di questi felini, secondo studi recenti, era ormai ridotto a 160 esemplari.

A metà del 2006 nel centro di riproduzione di El Acebuche sono nati nove cuccioli di lince, sei dei quali sono sopravvissuti – quattro messi al mondo da una lince della Sierra Morena di nome Saliega e due da una lince di Doñana chiamata Esperanza. Il padre è un robusto esemplare della Sierra Morena di nome Garfio (Uncino). Su uno schermo presso il centro visitatori di El Acebuche, nel Parque Nacional de Doñana (p167), vengono trasmesse le immagini dal vivo dei sei cuccioli – il centro di riproduzione è invece chiuso al pubblico.

Nel frattempo gli sforzi per incrementare la popolazione delle linci proseguono anche altrove. Siccome la maggior parte di esse vive su terreni di proprietà privata, il governo nazionale, l'amministrazione regionale e alcune organizzazioni ambientaliste hanno sottoscritto oltre cento accordi con i proprietari dei terreni per migliorare l'habitat della specie favorendo l'aumento del numero dei conigli. Sono senz'altro buone notizie gli avvistamenti di linci avvenuti nel 2005 e 2006 in quattro zone della Spagna dove la specie era considerata estinta: la Sierra Norte (provincia di Siviglia) e la Sierra de Aracena (provincia di Huelva) in Andalusia, e i Montes de Toledo e la Comunidad de Madrid nella Spagna centrale.

Il programma di riproduzione della lince si prefigge di far nascere fino a 80 esemplari in cattività, che saranno liberati a partire dal 2010. Gli esperti si dicono comunque preoccupati per l'elevato numero di morti non naturali che si continua a registrare fra le linci selvatiche – specie a causa di incidenti stradali nella zona di Doñana, dove almeno 30 esemplari sono stati investiti negli ultimi dieci anni. Se è vero che il parco di Doñana costituisce indubbiamente un habitat ideale per la lince, è anche vero, fanno notare gli esperti che, visti i rischi, converrebbe iniziare a reintrodurre la specie anche in altre zone.

Uccelli acquatici

In Andalusia trovano un ambiente favorevole alla sopravvivenza un'infinità di uccelli acquatici grazie soprattutto alle vaste paludi che si estendono lungo la costa atlantica, come quelle formate dal delta del Guadalquivir e dall'estuario dell'Odiel. Centinaia di migliaia di uccelli migratori, tra i quali l'80% (secondo le stime) delle anatre selvatiche dell'Europa occidentale, svernano nelle paludi di Doñana presso la foce del Guadalquivir, e molti altri fanno tappa in questa zona durante le migrazioni primaverili e autunnali.

La Laguna de Fuente de Piedra, vicino ad Antequera, è la principale area di nidificazione in Europa dei fenicotteri *(flamencos)*. Si è calcolato che sono almeno 20.000 le coppie che allevano i piccoli fra la primavera e l'estate in questa laguna. Questo bellissimo uccello dalle piume rosa può essere osservato anche in altre zone, tra cui Cabo de Gata, il Parque Nacional de Doñana e le Marismas del Odiel.

Gli appassionati di birdwatching troveranno utile anche un volume di consultazione come la *Collins Field Guide: Birds of Britain and Europe* di Roger Tory Peterson, Guy Mountfort e P.A.D. Hollom, o la più agile *Collins Pocket Guide: Birds of Britain & Europe*.

Altri uccelli

Tra le specie più comuni e facili da avvistare in Andalusia vi sono il rigogolo *(oropéndola)*, che d'estate vive nei frutteti e nei boschi decidui (il maschio ha un'inconfondibile livrea colore giallo brillante), l'upupa *(abubilla)*, di colore arancio e nero, con la caratteristica cresta, presente nelle zone boschive, sui terreni coltivati e sui campi da golf, e il gruccione *(abejaruco)*, dal mantello dorato, marrone e turchese, che nidifica d'estate sulle rive sabbiose.

Un'ottima fonte di aggiornate informazioni sulla flora e la fauna dell'Andalusia è il sito Iberianature (www.iberianature.com, in inglese).

Flora

La varietà della flora andalusa è davvero straordinaria, come potrà notare chiunque assista all'eccezionale fioritura di specie selvatiche che ha luogo nella stagione primaverile e all'inizio di quella estiva. Nella regione si contano circa cinquemila specie di piante, di cui 150 endemiche – un'abbondanza in massima parte dovuta al fatto che durante l'ultima glaciazione a questa latitudine riuscirono a sopravvivere molte specie vegetali che invece scomparvero più a nord.

PIANTE D'ALTA QUOTA

A sud-est di Granada la Sierra Nevada, con vette che superano i 3000 m di altitudine, ospita 2100 specie di piante, di cui circa 60 sono endemiche. Sulle montagne del Parque Natural Sierras de Cazorla, Segura y Las Villas, nell'Andalusia nord-orientale, crescono 2300 specie di piante, di cui 24 endemiche. Quando la neve si scioglie, le zone alpine e subalpine al di sopra del limite della vegetazione arborea si ammantano di piccole piante che spuntano a ridosso delle rocce, mentre gli alti pascoli si ricoprono di genziane, orchidee, crochi e narcisi.

Il sughero della *Quercus suber* è raccolto da sempre in maniera sostenibile. Questa importante fonte di reddito per le comunità rurali andaluse è oggi minacciata dal sempre maggiore utilizzo dei tappi di plastica.

FORESTE E BOSCHI

Molti pendii montuosi sono rivestiti da foreste di pini, spesso sfruttate a fini commerciali. L'alto pino nero *(pino laricio)*, con rami che si estendono orizzontalmente infittendosi verso la punta, predilige i terreni sopra i 1300 m di altitudine. Il pino marittimo *(pino resinero* o *pino marítimo)*, dalla caratteristica chioma arrotondata, cresce fino a 1500 m di quota, mentre il pino d'Aleppo *(pino carrasco)*, dalla chioma con rami separati e spesso spogli, si osserva sotto i 1000 m. L'incantevole pino da pinoli *(pino piñonero)*, con un'ampia chioma a ombrello e semi commestibili, è più comune in pianura e lungo le coste – è caratteristico, per esempio, della zona di Doñana.

La vegetazione tipica dei pendii situati a quote più basse e delle colline ondulate è quella del bosco mediterraneo, con alberi adattati a un clima caldo e piuttosto secco come l'olivo selvatico *(acebuche)*, il carrubo *(algarrobo)*, il leccio *(encina)*, la quercia da sughero *(alcornoque)* e la quercia lusitanica *(quejigo)*. Rispetto alle alte querce che crescono nelle regioni più temperate, quelle andaluse sono più basse, nodose e hanno foglie più piccole e spinose. I luoghi migliori per osservare il tipico bosco mediterraneo sono i parchi naturali della Sierra de Grazalema e di Los Alcornocales nella provincia di Cadice. Vasti boschi situati in queste zone e nella Sierra Morena sono stati trasformati, nel corso dei secoli, in pascoli boschivi chiamati *dehesas*, che costituiscono un ottimo esempio di simbiosi sostenibile fra esseri umani, piante e animali. La spessa corteccia esterna della quercia da sughero viene rimossa ogni nove estati per ricavarne il sughero – gli alberi appena decorticati si riconoscono per il tronco color terracotta. I lecci possono essere sfrondati ogni quattro anni circa e dai rami tagliati si ricava la carbonella. Nel frattempo il bestiame è libero di pascolare e in autunno i maiali sono portati a fare scorpacciate di ghiande, una dieta indispensabile per produrre prosciutti particolarmente pregiati.

Gli appassionati di fiori dovrebbero procurarsi *A Selection of Wildflowers of Southern Spain* di Betty Molesworth Allen e, se possibile, il classico *Flowers of South-West Europe* di Oleg Polunin e B.E. Smythies.

Il raro abete spagnolo *(pinsapo)*, un bell'albero di colore verde scuro tipico delle grandi foreste che ricoprivano l'area del Mediterraneo nell'era terziaria (terminata all'incirca 2,5 milioni di anni fa), si trova in quantità significative soltanto nella Sierra de Grazalema, nella Sierra de las Nieves e nella Sierra Bermeja (tutte nell'Andalusia sud-occidentale) e nel nord del Marocco. L'abete spagnolo predilige i pendii esposti a nord fino alla quota di 1800 m. Può vivere anche 500 anni e crescere fino a raggiungere i 30 m d'altezza.

In autunno nei boschi dell'Andalusia spuntano circa 2000 specie di funghi *(setas)*. Molti sono commestibili e compaiono sui mercati di tutta la regione e nei menu dei ristoranti, ma non mancano le specie velenose – se raccogliete dei funghi chiedete sempre il parere di qualche esperto locale prima di cucinarli.

In alcune zone la caratteristica dominante del paesaggio – specie nelle province di Jaén e di Córdoba – sono i filari di olivi *(olivos)* coltivati che si estendono a perdita d'occhio. L'Andalusia produce il 20% circa di tutto l'olio d'oliva del mondo (v. p351). Altri alberi da frutto presenti in molte zone della regione sono il mandorlo *(almendro)*, con la bella fioritura rosa invernale, e il castagno *(castaño)*, con i suoi incredibili amenti a forma di stella che fioriscono in piena estate. Nei mesi più caldi attirano lo sguardo anche gli inconfondibili fiori rosa dei cespugli di oleandro *(adelfa)* che crescono lungo molti corsi d'acqua. Largamente coltivato per ricavarne il legname era l'eucalipto *(eucalipto)*, oggi però meno diffuso in quanto si tratta di un albero che esige grandi quantità d'acqua.

Spain di Teresa Farino e Mike Lockwood (collana Travellers' Nature Guides) è un'eccellente guida pratica che descrive 200 località interessanti per l'osservazione della flora e della fauna, con belle fotografie, disegni e informazioni sulle varie specie.

MACCHIA E STEPPA

Dove non ci sono boschi e campi coltivati spesso il terreno è coperto dalla macchia *(matorral)* oppure dalla steppa *(estepa)*. Piante tipiche della macchia sono il ginestrone *(tojo)*, il ginepro *(enebro)*, gli arbusti della famiglia del cisto *(jara)* ed erbe quali la lavanda *(lavanda)*, il rosmarino *(romero)*, il finocchio *(hinojo)* e il timo *(tomillo)*. Sotto questi cespugli talvolta fioriscono orchidee, gladioli e iris.

La steppa si forma in seguito all'eccessivo sfruttamento dei pascoli oppure si sviluppa naturalmente nelle zone calde e molto secche, come per esempio nel sud-est della provincia di Almería. Qui la flora è rada, spesso costituita soprattutto da cactus, ma dopo l'arrivo della pioggia talvolta si riesce ad assistere a incredibili fioriture.

PARCHI E ALTRE AREE PROTETTE

Dal punto di vista naturale gran parte dell'Andalusia è tuttora allo stato selvaggio, poco o per nulla trasformata dall'uomo, oppure è costituita da una campagna coltivata con metodi tradizionali e sostenibili. La bellezza del paesaggio non cessa mai di sorprendere e quasi tutte le aree più suggestive e importanti sotto il profilo ambientale sono oggi ufficialmente protette.

L'Andalusia vanta il più capillare programma di tutela ambientale di tutta la Spagna: possiede più di 90 aree protette per una superficie complessiva di circa 17.000 kmq che corrispondono al 20% del territorio regionale e a oltre il 60% del territorio spagnolo sottoposto a vincolo ambientale.

I MIGLIORI PARCHI E AREE PROTETTE DELL'ANDALUSIA

Parco	Caratteristiche	Attività	Periodo consigliato	Pagina
Parque Nacional de Doñana	paludi, dune, spiagge, boschi; uccelli e mammiferi	gite in fuoristrada e birdwatching	tutto l'anno	p166
Parque Natural de Doñana	zona cuscinetto del Parque Nacional de Doñana con habitat e animali simili	osservazione di animali, gite in fuoristrada, passeggiate a piedi e a cavallo	tutto l'anno	p166
Parque Nacional Sierra Nevada	paesaggi spettacolari d'alta montagna con stambecchi e piante endemiche	passeggiate	luglio-inizio settembre	p408
Parque Natural Sierra Nevada	pendici inferiori della Sierra Nevada; antichi villaggi e torrenti impetuosi	passeggiate a piedi e a cavallo, mountain bike, sci e arrampicate	in base all'attività	p408, p412
Parque Natural Cabo de Gata-Níjar	spiagge sabbiose, rocce vulcaniche, fenicotteri e vegetazione semidesertica	nuoto, birdwatching, passeggiate a piedi e a cavallo, immersioni e snorkelling	tutto l'anno	p438
Parque Natural Los Alcornocales	colline ondulate ricoperte da foreste di querce da sughero	passeggiate	aprile-ottobre	p242
Parque Natural Sierra de Aracena y Picos de Aroche	verdi colline della Sierra Morena con antichi villaggi in pietra	passeggiate a piedi e a cavallo	aprile-ottobre	p181
Parque Natural Sierra de Grazalema	splendida zona di colline e paludi con avvoltoi, macchia mediterranea e abeti spagnoli	passeggiate, fauna, arrampicate, speleologia, canyoning e parapendio	ottobre-giugno	p220
Parque Natural Sierra de las Nieves	regione montuosa con valli profonde, stambecchi, abeti spagnoli e panorami spettacolari	passeggiate	aprile-giugno, settembre-novembre	p303
Parque Natural Sierra Norte	campagna ondulata della Sierra Morena, antichi villaggi, vasti panorami e splendidi fiori selvatici in primavera	passeggiate a piedi e a cavallo	marzo-ottobre	p150
Parque Natural Sierras de Cazorla, Segura y Las Villas	aspre montagne, valli profonde, fitte foreste e abbondante fauna da osservare	passeggiate a piedi e a cavallo, gite in fuoristrada	marzo-novembre	p370
Paraje Natural Torcal de Antequera	montagne ricoperte da belle formazioni calcaree	passeggiate e arrampicate	marzo-novembre	p309
Reserva Natural Laguna de Fuente de Piedra	lago poco profondo con la più grande colonia di fenicotteri di tutta la Spagna	birdwatching	febbraio-agosto	p309

PARCHI E ALTRE AREE PROTETTE

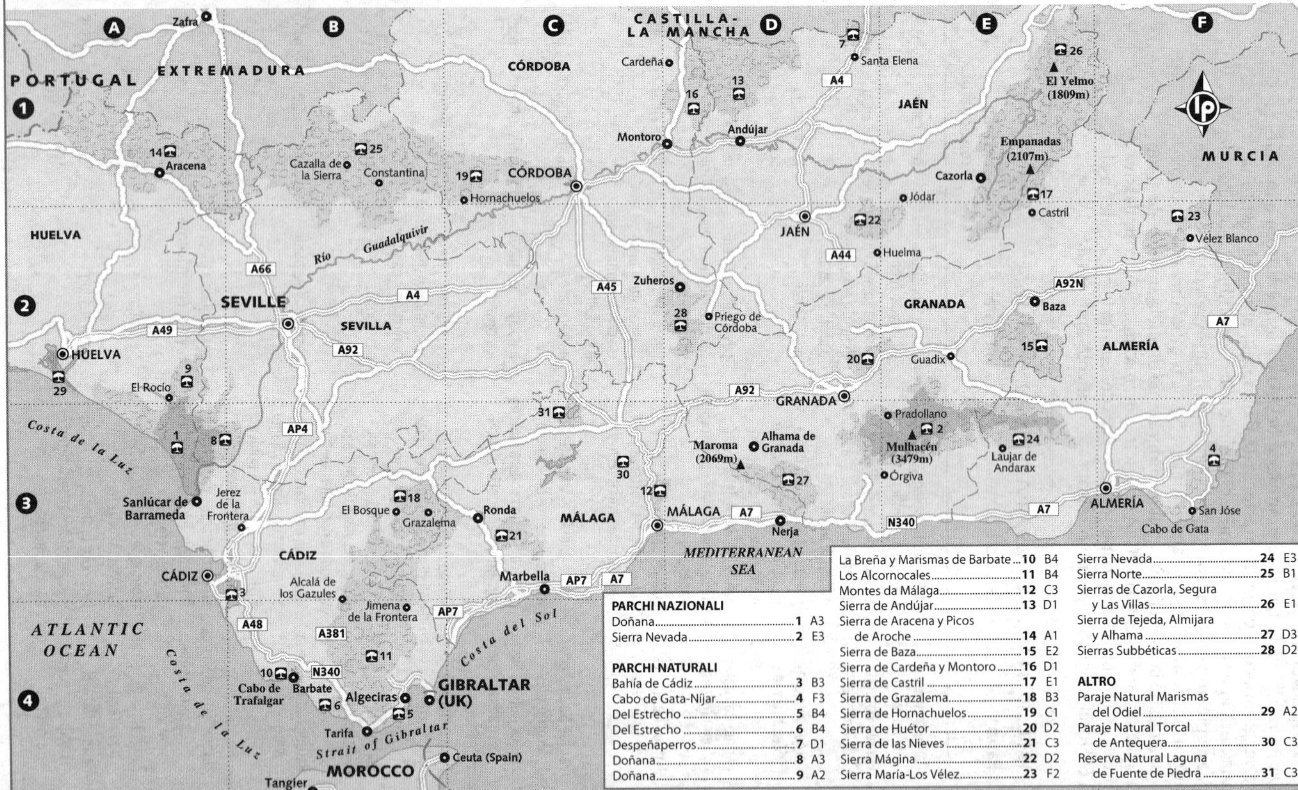

Parallelamente alla tutela del territorio (merito in massima parte dell'impegno profuso dalla Junta de Andalucía, ovvero il governo regionale, a partire dagli anni '80) sono migliorati sia il livello delle informazioni e delle offerte rivolte al pubblico sia la possibilità di accedere alle aree più impervie e isolate – sono aumentati i centri visitatori e i punti d'informazione, sono state pubblicate cartine più chiare e precise, tracciati sentieri, costruite numerose e confortevoli sistemazioni rurali e create agenzie turistiche che propongono escursioni a piedi e a cavallo, osservazione della fauna, arrampicate, speleologia, canyoning e altro ancora.

In Spagna la responsabilità della tutela della natura è affidata principalmente alle 17 amministrazioni regionali, come per esempio la Junta de Andalucía. Al momento esistono almeno 17 diverse categorie di aree protette, tutte visitabili, anche se con differenti modalità d'accesso. Di fatto varia anche il grado della tutela: alcuni parchi non hanno ancora una struttura amministrativa legalmente riconosciuta, sicché gli ambientalisti e gli addetti ai lavori più impegnati si ritrovano a condurre interminabili battaglie contro l'edilizia abusiva, l'estrazione illecita di minerali e la caccia di frodo.

Per informazioni ufficiali sulle aree protette, potete visitare i siti internet del Ministerio de Medio Ambiente (www.mma.es) o del Dipartimento per l'Ambiente della Junta de Andalucía (www.juntadeandalucia.es/medioambiente/site/web), entrambi in spagnolo.

I *parques nacionales*, istituiti dal governo nazionale ma gestiti dalle amministrazioni regionali (dal 2004), sono aree di eccezionale importanza per la loro fauna, flora, geomorfologia e paesaggio, la cui tutela è considerata di interesse nazionale. Si tratta pertanto delle aree naturali sottoposte a maggiore vincolo e controllo ambientale. In genere i parchi nazionali recano poche o nessuna traccia di interventi umani e possono comprendere riserve chiuse al pubblico o visitabili solo con un permesso. Alcuni operatori turistici poco professionali si ostinano a chiamare 'parco nazionale' la piccola riserva naturale che hanno dietro casa. Non date loro retta: la Spagna possiede esattamente 13 *parques nacionales* (saranno 14 nel 2007 con l'istituzione del parco del Monfragüe, in Estremadura), due dei quali – Doñana e Sierra Nevada – si trovano in Andalusia.

I *parques naturales* sono istituiti e amministrati dai governi regionali. In Andalusia ce ne sono 24 e comprendono la maggior parte del territorio protetto e quasi tutte le aree naturali più spettacolari. Con i parchi naturali s'intende salvaguardare tanto la natura quanto il patrimonio culturale, promuovendo anche uno sviluppo economico compatibile con l'azione di tutela. Molti di essi possiedono strade, reti di sentieri, villaggi e perfino piccole cittadine; spesso inoltre prevedono strutture ricettive all'interno del parco. Come nei parchi nazionali, anche in quelli naturali possono esserci zone visitabili solo con un permesso.

Entro il 2015 l'Andalusia cercherà di produrre il 15% del suo fabbisogno di energia elettrica da fonti rinnovabili. Per raggiungere questo obiettivo è prevista la costruzione di migliaia di nuovi impianti eolici nella regione.

Fra le altre categorie di aree protette presenti in Andalusia figurano i *parajes naturales* (in totale 31) e le *reservas naturales* (29). In genere si tratta di aree meno estese e poco abitate che hanno tuttavia le stesse finalità dei parchi naturali. Vi sono poi 37 *monumentos naturales* che proteggono luoghi specifici come cascate, foreste o dune. Alcune zone disabitate della Spagna – in Andalusia circa 900 kmq – sono *reservas nacionales de caza*. Benché severamente regolamentata, la caccia è un'attività profondamente radicata nella vita degli spagnoli. Le riserve di caccia sono spesso situate all'interno di aree protette come i *parques naturales*, e pertanto potreste trovarvi ad attraversarne una a piedi o in automobile senza nemmeno rendervene conto. Se sentite degli spari, state attenti!

TUTELA DELL'AMBIENTE

Il numero relativamente scarso di industrie e, fino a poco tempo fa, i metodi agricoli ancora piuttosto tradizionali hanno contribuito a mantenere sufficientemente pulito l'ambiente dell'Andalusia. In questa regione, come peraltro in tutta la Spagna, la consapevolezza ambientale è notevolmente cresciuta negli anni '80 per merito del governo socialista che affidò alle amministrazioni regionali la responsabilità di quasi tutte le questioni ambientali. Nel 1981 in Spagna esistevano soltanto 35 aree protette per una superficie complessiva di 2200 kmq, mentre oggi sono più di 400 e coprono oltre 25.000 kmq, con l'Andalusia al primo posto (v. p69).

Le difficoltà tuttavia non mancano. Quella principale è rappresentata dalla siccità che ha colpito la regione soprattutto negli anni '50, '60 e all'inizio degli anni '90 – il problema minaccia di riacutizzarsi anche nei prossimi anni – nonostante i massicci investimenti per la realizzazione di bacini idrici (che in Spagna coprono una percentuale di territorio superiore a quella di tutti gli altri paesi del mondo). Se da un lato il boom edilizio lungo la costa e la proliferazione di campi da golf hanno fatto aumentare la domanda d'acqua, dall'altro non si riescono a evitare gli sprechi dovuti a sistemi d'irrigazione poco efficienti e al prezzo molto basso dell'acqua.

Sul sito Blue Flag (www.blueflag.org) troverete l'elenco delle spiagge su cui sventola la bandiera azzurra, mentre il gruppo Ecologistas en Acción (www.ecologistasenaccion.org, in spagnolo) ha stilato una lista delle spiagge più sporche a cui ha assegnato la bandiera nera.

Come in molte altre zone del mondo, anche in Andalusia lo sviluppo dell'edilizia e del settore immobiliare rappresenta una grave minaccia per l'ambiente. La situazione è particolarmente delicata lungo le coste, dove il turismo moltiplica il valore della terra e della proprietà. La mancanza di controlli in questo ambito e una diffusa corruzione a livello comunale hanno permesso le realizzazione di antiestetici e sovraffollati complessi residenziali con la conseguente distruzione di boschi, paludi e altri ecosistemi costieri, provocando un collasso delle riserve d'acqua e un aumento dell'inquinamento del mare. Attualmente il 59% del litorale andaluso risulta urbanizzato. L'edilizia selvaggia che ha imperversato sulla Costa del Sol a partire dagli anni '60 ne rappresenta l'esempio peggiore, ma non certo l'unico. Aree naturali di vitale importanza come il Parque Nacional de Doñana e il Parque Natural Cabo de Gata-Níjar sono costantemente minacciate da nuovi progetti urbanistici legati al turismo. Le autorità comunali e le onnipotenti imprese di costruzione e società immobiliari affermano, a ragione, che edilizia e turismo creano nuovi posti di lavoro, ma gli ambientalisti e la Junta de Andalucía obiettano che ogni sviluppo deve aver luogo in modo controllato e sostenibile. Dopo tanto parlare La Junta è finalmente passata all'azione: nel 2005, per esempio, ha destituito i vertici dell'amministrazione comunale di Marbella (v. p31), coinvolti in un grosso scandalo di tangenti, e nel 2006 ha fatto demolire un albergo che sorgeva su una spiaggia all'interno del Parque Natural Cabo de Gata-Níjar, vicino a Carboneras.

Le condizioni delle spiagge andaluse – decisive per l'industria turistica – non sono uguali lungo tutto il litorale della regione. Nel 2005 ben 62 località marine hanno esposto con orgoglio la bandiera azzurra della Foundation for Environmental Education, un ente internazionale che premia ogni anno con questo riconoscimento le spiagge che soddisfano un certo numero di criteri riguardanti la qualità dell'acqua, la sicurezza e i servizi, come pure il fatto che 'la zona della spiaggia non sia interessata da rifiuti industriali o urbani'. D'altro canto 34 spiagge andaluse, soprattutto nelle province di Almería e di Cadice, hanno ricevuto le *banderas negras* (bandiere nere) dal gruppo ambientalista spagnolo Ecologistas en Acción, soprattutto per l'inquinamento del mare causato dalle acque nere non trattate o per l'antiecologico e indiscriminato sviluppo edilizio lungo le coste. Stando a quanto afferma Ecologistas en Acción, per esempio, nei comuni di Algeciras, Tarifa, Barbate, Vejer de la Frontera e Chipiona, tutti nella provincia di Cadice, i liquami vengono scaricati direttamente in mare perché in zona non esistono impianti di depurazione.

L'inquinamento dell'aria a causa dell'industria petrolchimica è un problema che affligge la zona intorno a Huelva. Nell'arida provincia di Almería (v. p439) la coltivazione intensiva di ortaggi all'interno di immense serre di brutta plastica (per complessivi 300 kmq circa) oltre a prosciugare le falde idriche produce enormi quantità di rifiuti non biodegradabili. Inoltre l'uso massiccio di pesticidi ha avvelenato centinaia di lavoratori che hanno dovuto essere ricoverati in ospedale.

Il più importante e attivo movimento ambientalista dell'Andalusia è **Ecologistas en Acción** (www.ecologistasenaccion.org, in spagnolo). Anche la **SEO/BirdLife** (www.seo.org, in spagnolo), l'associazione ornitologica spagnola, è molto impegnata nel campo della conservazione. Fra le organizzazioni internazionali presenti in Andalusia ricordiamo **Greenpeace** (www.greenpeace.org) e il **WWF** (www.panda.org).

Attività all'aperto

La varietà del territorio e la lunghezza delle coste richiamano gli amanti delle attività all'aperto con la promessa di esperienze davvero entusiasmanti. Questo capitolo offre una panoramica delle attività più diffuse e divertenti che si possono praticare nella regione. Troverete inoltre un nostro elenco delle dieci proposte più avventurose (p8) e ulteriori informazioni nei capitoli dedicati alle singole località.

ESCURSIONI A PIEDI IN ANDALUSIA

Le migliaia di chilometri di piste e sentieri che attraversano le valli verdeggianti e le aspre colline dell'Andalusia consentono meravigliose escursioni a piedi della lunghezza e della difficoltà che si desidera. In alcune zone è possibile unire due o più escursioni in giornata in modo da formare un trekking di più giorni, pernottando in alberghi, *hostales* (pensioni), campeggi o, più raramente, in rifugi di montagna – anche il campeggio rappresenta sempre un'alternativa possibile. Più o meno per sei mesi l'anno il clima è piacevolissimo: in quasi tutta la regione, comunque, i mesi migliori per le escursioni a piedi sono maggio, giugno, settembre e ottobre. Benché l'escursionismo sia un'attività sempre più praticata in Andalusia, tanto dagli spagnoli quanto dagli stranieri (e un crescente numero di agenzie specializzate del Nord Europa offre vacanze a piedi in questa regione), non capita mai di incontrare molte persone lungo il cammino.

Walking in Andalucía di Guy Hunter-Watts è un volume ricco di cartine che descrive in modo particolareggiato 34 belle escursioni a piedi da effettuare in giornata.

La segnaletica dei sentieri cambia parecchio da un posto all'altro: su alcuni la sigla del sentiero è indicata frequentemente in modo visibile, mentre su altri solo un tratto di vernice rossa vi confermerà che state andando nella direzione giusta. Inoltre non mancano i percorsi dove occorre affidarsi unicamente alle proprie capacità. Se lo desiderate, avrete molte occasioni per mettere alla prova il vostro senso dell'orientamento!

In Spagna esistono due principali categorie di itinerari escursionistici segnalati (non sempre bene): i *senderos de gran recorrido* (GR, sentieri di lungo percorso) e i *senderos de pequeño recorrido* (PR, sentieri di breve percorso, ovvero di alcune ore o al massimo di uno o due giorni di cammino). Il sentiero GR-7 che attraversa la Spagna per tutta la sua lunghezza da Andorra (a nord) a Tarifa (a sud), fa parte dell'itinerario europeo E-4 che va dalla Grecia fino all'Andalusia. La sezione andalusa inizia presso Almaciles, nella parte nord-orientale della provincia di Granada, e quindi si biforca a Puebla de Don Fadrique: una diramazione attraversa le province di Jaén e Córdoba, l'altra invece le Alpujarras, a sud-est di Granada; i sentieri si ricongiungono vicino ad Antequera, nella provincia di Málaga. In Andalusia la segnalazione del GR-7/E-4 è tuttora in corso. Esistono inoltre molti altri sentieri che non appartengono né alla categoria dei GR né a quella dei PR.

Troverete ulteriori informazioni sui percorsi escursionistici nei capitoli dedicati alle singole province. Gli uffici turistici e i centri visitatori sono spesso in grado di fornire buone informazioni sui vari itinerari e sulle condizioni dei percorsi. Le ottime guide ai sentieri dell'Andalusia della collana **Discovery Walking Guides** (www.walking.demon.co.uk), che finora ha pubblicato tre volumi in lingua inglese – Las Alpujarras, Sierra de Aracena e La Axarquía – oltre a essere dettagliatissime, sono anche di piacevole lettura. Le prime due sono corredate da eccellenti cartine che si possono acquistare anche separatamente. Infine, tenete presente che le guide ai sentieri di un'area specifica sono spesso reperibili sul posto. Per informazioni sulle cartine che potrebbero esservi utili v. p459.

La Axarquía

Alcuni villaggi in collina, come Cómpeta, Canillas de Albaida, Canillas de Aceituno e Alfarnate, nella parte orientale della provincia di Málaga chiamata La Axarquía (p310), sono il punto di partenza di numerosi sentieri e di parecchie piste percorribili a piedi. Potete scegliere fra passeggiate in dolci valli vicino ai villaggi e scalate in montagna per raggiungere splendide vette panoramiche.

Località d'accesso: Málaga (p263), Vélez Málaga (p310), Cómpeta (p311), Nerja (p313).

Las Alpujarras

Gruppo di valli estese per 70 km lungo il versante meridionale della Sierra Nevada a cavallo fra le province di Granada e Almería, Las Alpujarras (p412) sono uno degli angoli più caratteristici e pittoreschi di tutta l'Andalusia. Aride colline separate da profondi burroni si alternano a bianchi villaggi circondati da orti, frutteti, torrenti e boschi. Antichi tratturi attraversano un paesaggio che cambia continuamente, scandito da labirintici paesini che ricordano i villaggi berberi. In molti dei piccoli centri abitati ci sono alberghi, *hostales* e campeggi che consentono di programmare un itinerario di più giorni o di effettuare diverse escursioni in giornata partendo da un'unica base.

Località d'accesso: Granada (p380), Órgiva (p414), Laujar de Andarax (p437).

Se amate il trekking consultate i siti delle librerie italiane specializzate in materia (www.escursionista.it oppure www.libreria lamontagna.it) dove troverete guide escursionistiche (anche in inglese e spagnolo) su ogni regione spagnola.

Parque Natural Cabo de Gata-Níjar

La zona del promontorio di Cabo de Gata (p438), a sud-est di Almería, è caratterizzata da un paesaggio di imponente e desolata bellezza, famoso per le scogliere vulcaniche che si tuffano nelle acque azzurre del Mediterraneo e per l'asciutto clima di tipo desertico. Tra le scogliere e i promontori si stendono alcune tra le spiagge più belle e meno affollate della Spagna. Grazie alla presenza di sentieri, strade sterrate e qualche breve tratto asfaltato, è possibile percorrere a piedi i 60 km di costa in tre o quattro giorni. Lungo il tragitto s'incontrano diverse possibilità d'alloggio fra cui quattro campeggi. Settembre e ottobre sono i mesi più adatti alle escursioni in questa zona: non c'è il caldo torrido di luglio e agosto, ma il mare è ancora tiepido (l'acqua è più calda in ottobre che in giugno).

Località d'accesso: Almería (p426).

Parque Natural Sierras de Cazorla, Segura y Las Villas

Il Parque Natural Sierras de Cazorla, Segura y Las Villas (p370), l'area protetta più vasta della Spagna (2143 kmq), è un'aspra regione montuosa caratterizzata da catene scoscese – prive di vette particolarmente elevate, ma di straordinaria bellezza – divise da altopiani e profonde valli fluviali. Buona parte del parco è ammantata da fitte foreste abitate da un gran numero di animali selvatici facili da avvistare. Il modo ideale per visitarlo è procurarsi un mezzo per raggiungere una zona remota attraversata da un sentiero percorribile in giornata. Dato che alberghi e campeggi si concentrano solo in determinate zone e non essendo consentito il campeggio libero, è praticamente impossibile organizzare trekking di più giorni.

Principale località d'accesso: Cazorla (p368).

Parque Natural Sierra de Aracena y Picos de Aroche

Situata all'estremità nord-occidentale dell'Andalusia, nella provincia di Huelva, questa regione molto varia (p181) – a tratti ricoperta da prati, talvolta da una vegetazione lussureggiante e in certi casi assai spoglia – possiede numerosi antichi villaggi in pietra e un'estesa rete di sentieri ben tracciati. È una zona in cui è davvero piacevole trascorrere almeno un paio di giorni. Poiché molti villaggi offrono possibilità d'alloggio, è possibile creare itinerari di più giorni. La cucina locale gode di ottima e meritata fama.

Principale località d'accesso: Aracena (p178).

Parque Natural Sierra de Grazalema

'Le colline del Parque Natural Sierra de Grazalema racchiudono una varietà di paesaggi di grande fascino'

Le colline del Parque Natural Sierra de Grazalema (p220), nella provincia di Cadice, racchiudono una varietà di paesaggi di grande fascino, dalle bucoliche valli fluviali e dai fitti boschi mediterranei alle cime rocciose e alle gole scoscese. Alcune delle escursioni più belle sono quelle che si possono fare all'interno di una riserva per la quale è necessario richiedere un permesso o farsi accompagnare da una guida (occorre organizzarsi con qualche giorno d'anticipo). Nei villaggi vicini non mancano le possibilità d'alloggio.

Località d'accesso: Grazalema (p221), El Bosque (p220), Zahara de la Sierra (p223), Villaluenga del Rosario (p225).

Parque Natural Sierra de las Nieves

A sud-est di Ronda, antica cittadina di grande interesse, s'innalza la Sierra de las Nieves (p303) che comprende la vetta più alta dell'Andalusia occidentale, la Torrecilla (1919 m), scalabile in giornata partendo da Ronda. Alle altitudini più basse si trovano estesi boschi di sempreverdi.

Località d'accesso: Ronda (p294), Yunquera (p303), El Burgo (p303).

Parque Natural Sierra Norte

Il paesaggio ondulato della Sierra Morena (p150), nella parte settentrionale della provincia di Siviglia, presenta elementi assai diversi tra loro: valli e colline verdeggianti, boschi, fiumi e antichi paesi o villaggi ricchi d'atmosfera. In primavera la fioritura dei campi è spettacolare. Nel parco sono segnati vari sentieri percorribili in mezza o una giornata ma, data la presenza di belle possibilità di sistemazione, è assai piacevole trascorrere alcuni giorni in questa zona.

Località d'accesso: Cazalla de la Sierra (p151), Constantina (p154), El Pedroso (p151).

Sierra Nevada

A sud-est di Granada si estende questa importante catena montuosa innevata in cui spiccano il Mulhacén (3479 m), la vetta più alta della Spagna continentale, e molte altre cime che superano la quota di 3000 m. La Sierra Nevada (p408) offre escursioni entusiasmanti e impegnative sia per l'altitudine e le condizioni climatiche sia per il suo aspetto a tratti inospitale: spesso si incontrano, infatti, zone aspre e selvagge caratterizzate da colate di pietre e rocce nere, con innumerevoli ripidi pendii e dirupi frastagliati. In luglio, agosto e all'inizio di settembre – i mesi migliori per il trekking in questa regione, anche se in quota le condizioni meteorologiche sono sempre imprevedibili – il parco nazionale istituisce un servizio d'autobus che trasporta gli escursionisti in alta quota sia dal versante settentrionale sia da quello meridionale. Con un'escursione in giornata si possono raggiungere facilmente la cima del Mulhacén o della Veleta (3395 m), la seconda vetta più alta della catena. È possibile inoltre scegliere fra molti altri itinerari e, per chi volesse pernottare lungo il cammino, ci sono alcuni rifugi in quota. Il campeggio è consentito fino a 1600 m di altitudine, ma solo rispettando determinate condizioni (v. p411).

Principali località d'accesso: Granada (p380), Estación de Esquí Sierra Nevada (p409), Capileira (p415), Trevélez (p417).

SPORT ACQUATICI

Windsurf

Paradiso dei surfisti sullo Stretto di Gibilterra (v. lettura p237), Tarifa è una delle principali mete europee per chi pratica questo sport, grazie alle forti brezze che soffiano quasi tutto l'anno attraverso lo stretto. Un ulteriore motivo di richiamo è costituito dalle lunghe spiagge sabbiose e dalla vivace comunità di appassionati che arrivano da tutta Europa per sfidare le onde con tavola e vela. Per il noleggio dell'attrezzatura e della muta si spendono circa €35 l'ora o €75 al giorno, mentre sei ore di corso per principianti costano intorno a €120.

Kitesurf

I kitesurfer (chiamati anche flysurfer o kiteboarder) volano sull'acqua servendosi di una tavola da surf e di un parapendio provvisto di lunghe corde e di un'imbragatura. È possibile praticare questo sport, che sta godendo di una crescente popolarità, anche con venti più leggeri di quelli necessari al windsurf. I kitesurfer più esperti riescono a raggiungere velocità molto elevate e a eseguire incredibili evoluzioni sospesi nell'aria. Tarifa, il principale centro (v. lettura p237) per la pratica del kitesurf, offre lezioni e punti di noleggio e vendita dell'attrezzatura – i prezzi sono un po' più elevati rispetto a quelli del windsurf. I principianti hanno assolutamente bisogno di seguire un corso, perché se perdono il controllo del parapendio possono diventare pericolosi per sé e per gli altri. Un corso di sei ore per avvicinarsi a questo sport dovrebbe costare €120 circa. Un'altra località dove non manca mai il vento è Punta Umbría (p172). Lungo la costa del Mediterraneo è possibile praticare il kitesurf a Marbella (p288) e a La Herradura (p423).

Surf

Le onde dell'Andalusia non possono rivaleggiare con quelle del nord della Spagna, tuttavia d'inverno, lungo la costa atlantica della provincia di Cadice, si può praticare del buon surf soprattutto a El Palmar (p228), dove

NON SOLO TARIFA: ALTRE 10 LOCALITÀ IDEALI PER PRATICARE WINDSURF IN ANDALUSIA

I venti della costa atlantica sono particolarmente favorevoli per i surfisti nelle seguenti località:

- Bolonia (p232)
- Los Caños de Meca (p228)
- Sancti Petri (p226)
- El Puerto de Santa María (p198)
- Punta Umbría (p172)
- Isla Cristina (p173)

Lungo la costa del Mediterraneo, i venti tendono a essere più leggeri e quindi più adatti ai principianti. Lungo la Costa del Sol e anche più a est non mancano resort e strutture attrezzate per chi desidera praticare questo sport:

- La Herradura (p423)
- Almerimar (p438)
- Almería (p431)
- Mojácar (p445)

le onde raggiungono anche i 3 m, e a Los Caños de Meca (p228). Alcune spiagge del Mediterraneo sono adatte anche ai principianti. Il bodyboard (o boogieboard) è praticato lungo tutte le coste andaluse e le tavole si trovano in vendita ovunque.

Immersioni e snorkelling

Le coste dell'Andalusia non offrono i fondali spettacolari dei mari tropicali, tuttavia anche qui si possono fare immersioni interessanti e non mancano scuole di sub e negozi specializzati a disposizione di chi desidera praticare quest'attività. La maggior parte dei centri d'immersione opera sotto l'egida di organizzazioni internazionali quali **PADI** (www.padi.com) e **NAUI** (www.nauiww.org), offrendo immersioni con vari gradi di difficoltà, da quelle per principianti a quelle per sub esperti. La singola immersione con il noleggio di tutta l'attrezzatura costa intorno a €40, mentre per un 'battesimo' introduttivo e i corsi 'discover scuba diving' che durano fino a tre ore si spendono in media da €35 a €75. Il corso open-water di cinque giorni per il conseguimento del brevetto PADI costa €400 circa.

I siti Andalucía (www.andalucia.org) e Buceo XXI (www.buceo21.com, in spagnolo) elencano entrambi oltre venti centri d'immersione.

Di seguito indichiamo, da ovest a est, le migliori località dell'Andalusia per le immersioni:

Tarifa (p236) Relitti e ricca fauna marina, ma basse temperature e alcune forti correnti – località adatta a sub esperti.
Gibilterra (p257) Eccellente per l'esplorazione di relitti.
Costa della provincia di Granada In particolare La Herradura/Marina del Este (p423) e la zona intorno a Calahonda e Castell de Ferro (p419); ripide scogliere, acque profonde e alcune grotte.
Cabo de Gata (p442) Fondali coperti d'erba di mare, sabbia e rocce, spesso con grotte, fenditure e cunicoli; in certe zone si vedono cernie e gronghi o murene.

I punti migliori per lo snorkelling sono i tratti più rocciosi della costa mediterranea – fra Nerja e Adra e da Cabo de Gata a Mojácar.

Vela

Fra porticcioli e moli d'attracco sono circa una quarantina gli approdi distribuiti lungo la costa andalusa, da Ayamonte sul confine portoghese a Garrucha in provincia di Almería. Le rotte più frequentate seguono la costa del Mediterraneo per attraversare lo Stretto di Gibilterra e raggiungere la Costa de la Luz o il Portogallo, ma frequenti sono pure le traversate fino al Marocco. I maggiori porti turistici sono gli esclusivi Puerto Banús (p292) e Benalmádena (p279) sulla Costa del Sol, e Almerimar presso Almería, ciascuno con oltre 900 posti barca, ma non mancano molti altri porticcioli più piccoli e tranquilli, come San José (p441) a Cabo de Gata, Marina del Este (p422) vicino a La Herradura e Mazagón (p164) presso Huelva. Informazioni su porti, attracchi e club velici sono reperibili in rete tramite il sito turistico ufficiale dell'Andalusia, **Andalucía te Quiere** (www.andalucia.org), e quello della **Federación Andaluza de Vela** (www.fav.es, in spagnolo). In molti porti è possibile noleggiare delle barche. Se siete interessati a un servizio di charter, potete rivolgervi alle agenzie **Costa del Sol Charter** (www.costadelsolcharter.com), **Yachting Sotogrande** (www.yachtingsotogrande.com) o **Viento y Mar** (www.vientoymar.com, in spagnolo).

C'è anche la possibilità di partecipare a corsi per principianti, per esempio a Isla Cristina (p173). L'agenzia Yachting Sotogrande, con sede a Sotogrande fra Estepona e Gibilterra, come pure l'**Allabroad Sailing Academy** (www.sailing.gi) e l'**Alfer Sea School** (www.alferseaschool.com), entrambe a Gibilterra, offrono corsi di cinque giorni approvati dalla britannica Royal Yachting Association. Un corso 'competent crew', 'day skipper' o 'coastal skipper' costa intorno a €700 o £500.

Canoa e kayak

Tanto le acque costiere quanto i laghi artificiali dell'interno sono percorribili in canoa e kayak. Per alcuni indirizzi di agenzie consigliate, v. le pagine dedicate a Zahara de la Sierra (p223) e Isla Cristina (p173) nell'Andalusia occidentale, oppure quelle su La Herradura (p423), il Parque Natural Sierras de Cazorla, Segura y Las Villas (p375), Almería (p431) e Mojácar (p445) nell'Andalusia orientale.

EQUITAZIONE

L'Andalusia vanta una lunga tradizione equestre, giacché da tempo immemorabile il cavallo fa parte della vita rurale di questa regione, patria fra l'altro dell'elegante cartujano o andaluso, razza spagnola apprezzata a livello internazionale. Innumerevoli piste ben tracciate attraversano i meravigliosi paesaggi andalusi e un numero sempre maggiore di *picaderos* (maneggi) offre sia escursioni a cavallo di varia durata (da un'ora a una settimana) sia lezioni di equitazione. Molti cavalli appartengono alla razza andalusa o arabo-andalusa e sono di altezza media, intelligenti, solitamente facili da cavalcare e ben saldi sulle gambe.

Le selle andaluse sono più grandi di quelle inglesi, con gli arcioni alti, sia l'anteriore sia il posteriore, e una pelle di pecora stesa nel mezzo per sedere comodamente; nelle staffe, pesanti e triangolari, è possibile appoggiare l'intera suola degli stivali.

Di norma il prezzo per una cavalcata o una lezione di un'ora va da €25 a €30, per mezza giornata da €60 a €70 e per un giorno intero si aggira su €100. La maggior parte dei maneggi organizza attività in grado di soddisfare le esigenze di tutti i clienti, dai corsi per principianti e per bambini fino alle escursioni per chi è già esperto. I mesi ideali per andare a cavallo in Andalusia sono maggio, giugno, settembre e ottobre, quando il clima è quasi sempre piacevole e non fa troppo caldo.

Le province di Siviglia e Cadice dispongono forse del maggior numero di cavalli e di maneggi, ma ovunque è possibile fare escursioni a cavallo. Sul sito **Andalucía te Quiere** (www.andalucia.org) troverete un elenco con oltre cento maneggi e altre strutture dedicate all'equitazione.

Due dei migliori itinerari andalusi da percorrere a cavallo si trovano nelle Alpujarras (p415) e nella Sierra Nevada (p409), mentre se amate cavalcare lungo la spiaggia o fra le dune vi consigliamo la zona di Tarifa sulla Costa de la Luz, in provincia di Cadice (p236). In questa guida i maneggi a nostro avviso più affidabili sono indicati nelle sezioni dedicate ad Alájar (p182), Aracena (p179), Arcos de la Frontera (p217), Castaño del Robledo (p183), Cazalla de la Sierra (p152), Cómpeta (p311), El Rocío (p170), Galaroza (p184), il Parque Natural de las Sierras de Cazorla, Segura y Las Villas (p375 e p375), il Parque Natural Sierra de Hornachuelos (p338), Ronda (p297) e San José (p442).

Nella prima parte del *Candide* di Voltaire (Einaudi, Torino 2006) si legge di come Candido, Cunegonda e una vecchia fuggirono a Cadice di gran carriera su tre cavalli andalusi.

Tutti gli appassionati di cavalli dovrebbero far sì che il loro itinerario di viaggio preveda una tappa a Jerez de la Frontera (p207), località che ospita ogni anno diverse belle manifestazioni equestri – da segnalare, in particolare, la Feria del Caballo nel mese di maggio – e che merita di essere visitata in ogni periodo dell'anno per la famosa Real Escuela Andaluza del Arte Ecuestre e per il vicino allevamento di Yeguada de la Cartuja – Hierro del Bocado (p216).

ARRAMPICATE

Le montagne dell'Andalusia sono costellate di dirupi, pareti e falesie che invitano all'*escalada* (arrampicata), uno sport ormai praticato in Spagna da molti appassionati. Grazie al clima mediterraneo, in Andalusia è possibile arrampicare quasi tutto l'anno, anche in pieno inverno, mentre i mesi meno favorevoli sono luglio e agosto, quando in alcune zone le temperature risultano troppo elevate. La maggior parte delle vie, aperte su roccia calcarea, sono più adatte ai free climber che agli arrampicatori classici.

Ad attirare gli appassionati sono soprattutto le ripide pareti della gola di El Chorro (p304), una delle splendide falesie nel nord della provincia di Málaga, con circa 600 vie di ogni livello di difficoltà. El Chorro offre una grande varietà di scalate sia classiche sia sportive, con percorsi attrezzati su piccole strutture rocciose e su alte pareti a strapiombo. Nella stessa zona, troverete molte altre falesie dove potrete mettere alla prova le vostre capacità. Nell'area di El Chorro ci sono possibilità di sistemazione in grado di soddisfare ogni esigenza. Presso la stazione ferroviaria va segnalato il Bar Isabel, punto di ritrovo di molti arrampicatori. La guida *Costa Blanca, Mallorca & El Chorro*, pubblicata dall'editore inglese Rockfax, è ormai fuori catalogo (capita di trovarne ancora qualche copia in giro per le librerie), ma le pagine dedicate a El Chorro sono disponibili online sul sito www.rockfax.com.

Benché pubblicata nel 1992, *Andalusian Rock Climbs* di Chris Craggs è ancora una guida utilissima. In italiano procuratevi il n° 22 di ALP Wall (2006), rivista edita da CDA & Vivalda di Torino (www.cdavivalda.it), con un articolo di David Munilla sull'arrampicata in Andalusia.

Ecco un elenco degli altri siti d'arrampicata andalusi più interessanti:

El Torcal (p309; provincia di Málaga) Duecento vie di tipo classico e sportivo dal V all'8c+ in un bizzarro paesaggio calcareo; il periodo migliore va dalla primavera all'autunno.

La Cueva de Archidona (Archidona, parte settentrionale della provincia di Málaga) Superbe arrampicate sportive fino al 9a+; periodi consigliati primavera e autunno.

Loja (provincia di Granada) Centosettantacinque vie soprattutto sportive fino all'8a+, ideali in autunno e in primavera.

Los Cahorros (p412; vicino a Monachil, provincia di Granada) Oltre 250 vie di tipo classico e sportivo, dal V all'8b percorribili tutto l'anno.

Mijas (p285; provincia di Málaga) Circa 80 vie dal V al 7c+ percorribili anche d'inverno.

Parque Natural Sierra de Grazalema (p221; provincia di Cadice) Belle arrampicate classiche sulle pareti del Peñón Grande; dalla primavera all'autunno.

San Bartolo (p232; vicino a Bolonia, provincia di Cadice) Sull'arenaria di questa falesia sono state aperte 280 vie dal III all'8a; si arrampica anche d'inverno.

Villanueva del Rosario (provincia di Málaga) I migliori boulder di tutta l'Andalusia, ma anche itinerari classici e sportivi.

Brevi corsi per principianti sono offerti a Tarifa da **Finca La Campana** (p304; www.el-chorro.com) e **Girasol Outdoor Company** (p236; www.girasol-adventure.com). L'attrezzatura da arrampicata si trova in vendita nei negozi sportivi di quasi tutte le città principali; provate, per esempio, da **Deportes La Trucha** (cartina p268; ☎ 952 21 22 03; Calle Carretería 100) a Málaga.

Desnivel (www.escuelasdeescalada.com, in spagnolo) riporta esaurienti elenchi delle località andaluse dove si possono effettuare arrampicate, con molte informazioni in spagnolo automaticamente tradotte in inglese.

SCI E SNOWBOARD

L'unica stazione sciistica dell'Andalusia è la frequentatissima Estación de Esquí Sierra Nevada (p409), situata 33 km a sud-est di Granada. È il centro di sport invernali più meridionale dell'Europa, con piste e servizi di primissima qualità. La stagione di norma va da dicembre ad aprile, periodo in cui nei fine settimana, fra Natale e Capodanno e intorno al Día de Andalucía (Festa dell'Andalusia, 28 febbraio) generalmente si trova un grande affollamento (e un'animata vita notturna).

La stazione offre oltre 70 piste di discesa di varia difficoltà, per un totale di oltre 80 km, ma anche piste da fondo e un'area riservata allo snowboard. Alcune piste iniziano quasi in cima alla Veleta (3395 m), la seconda vetta più alta della Sierra Nevada.

Per un pass giornaliero più il noleggio di sci, scarponi e racchette, o dello snowboard e degli scarponi, si spendono fra €50 e €65, a seconda del periodo. Sei ore di lezione di sci, in gruppo, costano €63.

Numerose sono le possibilità d'alloggio, ma è sempre buona norma prenotare con un certo margine d'anticipo. Il prezzo delle camere doppie parte da €80 circa. Le condizioni migliori si ottengono optando per un pacchetto tutto compreso prenotabile tramite il sito web della stazione invernale o per telefono; le tariffe partono da €150 circa per due giorni e due notti con mezza pensione e skipass.

BICICLETTA E MOUNTAIN BIKE

La presenza in Andalusia di pianure, colline ondulate e catene montuose consente di praticare ogni tipo di ciclismo, dai viaggi lungo i *carriles de cicloturismo* (strade trasformate in piste ciclabili) nelle pianure che circondano il Parque Nacional de Doñana (per maggiori informazioni sul Carril de Cicloturismo Pinares de Aznalcázar-La Puebla v. p140) agli ardui percorsi fuoristrada in montagna. In Spagna il ciclismo su strada è sempre stato molto praticato, ma oggi si contano sempre più appassionati di mountain bike. Migliaia di chilometri di piste sterrate attendono i ciclisti più allenati, mentre le strade di campagna, relativamente poco trafficate, offrono splendidi itinerari per i cicloturisti. Le stagioni migliori per usare la bicicletta, viste le temperature moderate, sono la primavera e l'autunno.

Su Wild Spain (www.wild-spain.com) troverete numerosi articoli ed elenchi di guide e agenzie specializzate in attività all'aria aperta.

Molti uffici turistici sono in grado di fornire informazioni sui percorsi ciclabili e il sito di **Andalucía te Quiere** (www.andalucia.org) illustra 15 itinerari per mountain bike, completi di cartine, per ciascuna delle otto province andaluse. Gli stessi percorsi sono descritti nell'opuscolo *Mountain Bike* in vendita presso gli uffici turistici della Junta de Andalucía.

Numerosi sono i posti che noleggiano mountain bike per €10 o €12 al giorno e, in alcuni casi, organizzano anche escursioni di gruppo guidate.

Troverete noleggi affidabili e buone agenzie a Monachil (p412), sulla Sierra Nevada (p409), nelle Alpujarras (p415) e a La Herradura (p423) nella provincia di Granada, a Vejer de la Frontera (p226) e a Tarifa (p236) nella provincia di Cadice, a Ronda (p297), a Marbella (p288) e a El Chorro (p304) nella provincia di Málaga, e a San José (p442) nella provincia di Almería.

GOLF

Sono oltre 700.000 le persone che ogni anno raggiungono l'Andalusia soprattutto per giocare a golf, sport a cui si dedica anche un numero sempre crescente di andalusi. La regione conta 84 campi da golf (ce ne sono altri in costruzione), metà dei quali si trova lungo la Costa del Sol, fra Málaga e Gibilterra. L'ottimo clima e i campi ben tenuti – progettati dai migliori designer del mondo – sono i principali motivi di richiamo per gli appassionati di questo sport. A Marbella è possibile giocare perfino di notte, su un campo illuminato a giorno (fortunatamente senza difficoltà insormontabili) chiamato La Dama de Noche. I terreni piani sono piuttosto rari in Andalusia, perciò quasi tutti i campi prevedono tratti in pendenza. I green fee, paragonabili a quelli dei club inglesi, in genere oscillano fra €50 e €75, ma i campi migliori della Costa del Sol, come quelli di Valderrama (dove sono fieri di aver ospitato la Ryder Cup nel 1997), Sotogrande o Las Brisas e Aloha a Marbella, sono più cari (da €260 a €290 a Valderrama, il più costoso). Quasi tutti i campi offrono corsi con insegnanti professionisti (in media da €25 a €30 l'ora) e noleggiano mazze (da €15 a €20 a percorso), trolley (circa €5, oppure da €10 a €15 per quello elettrico) e buggy (€30 circa).

Due titoli vi aiuteranno a organizzare nel migliore dei modi la vostra vacanza sui campi da golf: *The Pocket Guide to Golf Courses: Spain and Portugal* e *Spain: Over 100 Courses and Facilities* di David J. Whyte.

Utili fonti d'informazione sono i siti **Andalucía te Quiere** (www.andalucia.org) e la **Federación Andaluza de Golf** (www.fga.org), entrambi con elenchi dei campi della regione, come pure il giornale gratuito *Andalucía Costa del Golf*, reperibile in alcuni uffici turistici. Molti golfisti provenienti dall'estero optano per le formule a pacchetto, che permettono loro di prenotare in anticipo vitto, alloggio, campi e tutto quello che serve per trascorrere una magnifica vacanza all'insegna del golf – naturalmente potete anche organizzarvi per conto vostro. **Golf Service** (www.golf-service.com) offre green fee scontati e prenotazione dei campi.

SVAGO

Se decidete di concedervi qualche piccola attenzione al termine di una giornata impegnativa o perché lo ritenete un obbligo almeno in vacanza, potete immergervi nell'atmosfera dell'Andalusia medievale facendo una puntata ai Baños Árabes (bagni arabi) di Granada (p396, Córdoba p329), Jerez de la Frontera (p212) o Málaga (p270). Le strutture sono moderne, ma riproducono fedelmente gli ambienti tipici di quella che nell'Andalusia islamica era una vera e propria istituzione (in epoca medievale nella sola Córdoba esistevano 60 bagni pubblici). Mentre vi spostate fra le piscine con differenti temperature dell'acqua sentirete aleggiare nell'aria il profumo degli oli aromatici e le note di un'eterea musica di sottofondo. Per il resoconto di una visita ai bagni di Jerez v. lettura p212.

ALTRE ATTIVITÀ

L'aspra natura calcarea che caratterizza buona parte del territorio andaluso rende possibile interessanti esplorazioni speleologiche, soprattutto nell'area di Ronda/Grazalema e precisamente intorno a Villaluenga del Rosario (p225), Grazalema (p221), Zahara de la Sierra (p224) e Ronda (p297). Gli amanti del canyoning potranno fare esperienze elettrizzanti nella Garganta Verde (p224 e p221) e fra le colline alle spalle di La Herradura (p423). Da Zahara de la Sierra (p224), Valle de Abdalajís (p304) e La Herradura (p423) è possibile lanciarsi con il parapendio e gli sci ai piedi. Tennis, pesca e paintball (guerra simulata, con proiettili di vernice) sono alcuni degli altri sport praticabili in Andalusia. Per informazioni introduttive alle numerose attività offerte dalla regione conviene visitare qualche sito internet, come **Andalucía te Quiere** (www.andalucia.org) e **Galería Marbella** (www.galeriamarbella.com, selezionate 'Sports'). La regione è di grande interesse anche per chi desidera osservare gli uccelli e gli altri animali – per informazioni sulla fauna e l'avvistamento delle varie specie in Andalusia v. p63.

Cibo e bevande

Fra le grandi attrattive dell'Andalusia figurano indubbiamente la sua cucina e i suoi vini. Il pranzo e la cena sono momenti sacri in tutta la Spagna, ma al sud quella di sedersi a tavola è una consuetudine che gode del massimo rispetto da parte di tutti. Il cibo diventa così pretesto per stare insieme e non esiste maniera migliore per farlo del *tapear*, ovvero l'andare per tapas. Questa tradizione incarna l'arte del mangiare elevata a piacere puro: non c'è nulla di meglio del gustare un piatto dopo l'altro in compagnia andando in visibilio per un particolare sapore, evitando quelli sgraditi e raccontando agli amici quanto siano ineguagliabili le ricette della propria mamma. A Granada, Jaén e Almería resiste ancora l'antica tradizione di servire tapas gratuite a chi ordina da bere, e gli abitanti di queste città sono orgogliosi di questa usanza, sentendosi superiori in quanto assai più generosi degli spagnoli di Siviglia, Cadice o Córdoba, dove invece si paga ogni singola tapa.

La cucina andalusa riflette numerose influenze, tra cui quella romana, ebraica, *gitano* (rom) e del Nuovo Mondo, ma come succede per la storia, l'architettura e l'arte di questa regione l'elemento preponderante è quello nordafricano. Essa si caratterizza per l'utilizzo di frutta e verdura locali, come arance, limoni, albicocche, melanzane e spinaci, mescolati a fagioli, altri legumi e cereali; molti piatti prevedono l'uso di spezie come la cannella e il cumino, e di erbe aromatiche come la menta e il coriandolo. Un bicchiere di sherry *fino* ghiacciato o una *caña* (birra) fresca potranno essere accompagnati da cibi semplici come *jamón y pan* (pane e prosciutto) o *almendras con pimentón* (mandorle tostate con paprica), oppure da piatti più elaborati come *garbanzos con espinacas* (ceci con spinaci) aromatizzati con curcuma e cumino. Come si può immaginare, c'è una grande abbondanza di pesce e frutti di mare, cucinati perlopiù in modo semplice, come nel caso delle sardine alla griglia condite solamente con sale marino o dei gamberetti fritti, pietanze che fanno venire l'acquolina in bocca al solo sentirle nominare.

World Food Spain di Richard Sterling, pubblicato dalla Lonely Planet (non disponibile in italiano), è un viaggio nella cucina spagnola che passa in rassegna l'intero ricettario del paese, dalle tapas ai *postres* (dessert). Il volume è inoltre corredato da un ampio glossario gastronomico.

Come la cultura, anche la cucina spagnola possiede due poli opposti, quello ancorato alla tradizione e quello proiettato verso il futuro. Negli ultimi dieci anni si è andata affermando la nuova tendenza della 'cucina contemporanea', capeggiata da chef geniali come il catalano Ferrán Adrià o i baschi Martín Berasategui e Juan Mari Arzak. Questi cuochi partono dalla cucina tradizionale per scomporla in mille pezzi e riassemblarla in modo nuovo, realizzando così un'autentica rivoluzione della gastronomia spagnola. Benché l'Andalusia abbia aderito tardi a questa svolta in campo culinario, oggi sono sempre più numerosi i ristoranti che offrono un menu a base di ingredienti della tradizione proposti in modi innovativi. Ferrán Adrià ha onorato l'Andalusia aprendo l'Hacienda Benazuza (p126) vicino a Siviglia e proponendo in uno dei tre ristoranti di questo complesso un menu con piatti sperimentali semplicemente entusiasmanti. Il famoso ristorante elBulli si è già aggiudicato due stelle Michelin, ma chi fosse curioso di assaggiare le leggendarie creazioni di Adrià sappia che per le prenotazioni ci sono interminabili liste d'attesa. La nuova tendenza della cucina contemporanea ha contagiato anche locali come il Restaurante Tragabuches (p301) e il Café de Paris (p275), entrambi nella provincia di Málaga, che oggi propongono piatti regionali radicalmente rivisitati.

SPECIALITÀ

Gli ingredienti della cucina andalusa sono essenzialmente i prodotti di tutte le regioni affacciate sul Mediterraneo: un denso e fragrante olio d'oliva, aglio e cipolla dal sapore intenso, pomodori carnosi e vari tipi di peperoni, accompagnati da ceci, fagioli e riso. Da secoli gli spagnoli si nutrono di questi alimenti, che vengono tuttora cucinati e serviti nei bar e nei ristoranti tradizionali e che continuano a comparire su tutte le tavole delle famiglie andaluse. Vi sono poi quattro ingredienti senza i quali non sarebbe possibile parlare di cucina locale: *jamón,* chorizo, *queso* e *pan* – rispettivamente prosciutto, un tipo di salsiccia piccante, formaggio e pane. Nelle regioni montagnose dell'entroterra si possono gustare saporiti piatti di selvaggina e stufati di carne, mentre lungo le coste predomina la cucina a base di pesce.

Formaggio

Il più famoso formaggio della Spagna proviene dalla Mancha, la regione situata al centro del paese, e si chiama non a caso Manchego. Prodotto tradizionalmente con latte di pecora, è un formaggio saporito che viene spesso servito come tapa. Da fresco il Manchego ha una consistenza cremosa e un sapore delicato, mentre quando è semistagionato è più duro e ha un gusto più deciso. Infine, dopo tre mesi di stagionatura, assume il caratteristico sapore piccante. Tra i formaggi andalusi ricordiamo il Grazalema, un pecorino simile al Manchego prodotto sulle montagne di Cadice, il Málaga, un caprino conservato in olio d'oliva, e il Cádiz, un caprino forte e fresco che proviene dalle campagne intorno a Cadice. Un altro formaggio che si trova in tutta la Spagna è il Burgos, un pecorino molto dolce, squisito come dessert con miele, noci e frutta.

Uno dei primi riferimenti scritti al cuscus viene dall'anonimo autore di un libro di cucina dell'Andalusia musulmana del XIII secolo. Il testo riferisce che l'alimento era 'ben noto in tutto il mondo'.

Frutta e verdura

Grazie al suo ottimo clima l'Andalusia produce probabilmente la migliore frutta e verdura di tutta la Spagna. Gli andalusi acquistano in genere solo prodotti freschi di stagione recandosi di buon mattino nei mercati rionali.

Lungo la pianura costiera subtropicale crescono *plátanos* (banane), *aguacates* (avocadi), *mangos* (manghi) e perfino *caña de azúcar* (canna da zucchero). La provincia di Almería, a est di Málaga, è il giardino d'inverno dell'Europa, con chilometri e chilometri di serre coperte da teli di plastica dove le verdure sono coltivate in modo intensivo. Alberi da frutto e mandorli crescono sui pendii inferiori delle sierras, insieme alle famose *naranjas* (arance) amare – usate esclusivamente per produrre marmellata – introdotte in Spagna dagli arabi. In estate e all'inizio dell'autunno abbondano *higos* (fichi) e *granadas* (melograni – ottima fonte di antiossidanti!).

La provincia di Córdoba è rinomata per i suoi piatti unici a base di verdure, per esempio *alcachofas con almejas* (carciofi con vongole), *revueltos de esparragos trigueros* (uova strapazzate con asparagi selvatici) e per le numerose specialità con le *berenjenas* (melanzane).

Jamón e altri salumi

Non c'è nulla che faccia venire l'acquolina in bocca come qualche fetta di succulento *jamón* tagliata sottile. Quando in Spagna si parla di prosciutto quasi sempre ci si riferisce allo *jamón serrano* (prosciutto stagionato in montagna) che diventa *jamón ibérico* o *pata negra* (zampa nera) quando è prodotto con le cosce dei maiali neri di razza iberica. Il sopraffino *jamón ibérico de bellota* si ottiene da maiali nutriti con *bellotas* (ghiande). Il migliore di tutti è considerato il *jamón ibérico* di Jabugo, una località andalusa situata in provincia di Huelva (v. p184), ottenuto da maiali che scorrazzano liberi nelle foreste di querce della Sierra Morena. I prosciutti di Jabugo sono classificati in base al numero di *jotas* (J), da una a cinque, e quelli con *cinco jotas* (JJJJJ) sono cosce di maiali che hanno mangiato solo ed esclusivamente ghiande.

I prosciutti appena citati non vanno confusi con il *jamón York*, non stagionato, mediocre quanto un prosciutto acquistato al supermercato.

La *morcilla* è un sanguinaccio preparato con riso o cipolle, che in genere si cucina velocemente alla griglia. Un altro salume tipico della Spagna è il chorizo, una salsiccia di maiale resa piccante dall'aggiunta di paprica, che esiste in versione fresca (da usare come ingrediente di zuppe, stufati e altri piatti) e stagionata (da affettare come un salame).

Minestre

Uno dei piatti più famosi dell'Andalusia è il gazpacho, una minestra fredda ormai conosciuta in tutto il mondo che si prepara frullando pomodori, peperoni, cetrioli, aglio, pane raffermo, succo di limone e olio d'oliva. I suoi ingredienti principali sono un retaggio della scoperta dell'America, quando Cristoforo Colombo tornò in Spagna portando con sé pomodori e peperoni. A volte il gazpacho viene servito in caraffa con cubetti di ghiaccio e, a parte, verdure crude come cetrioli e cipolle tagliate a pezzetti. Il gazpacho nacque in Andalusia nell'ambiente dei *jornaleros*, i braccianti agricoli che per pranzo ricevevano razioni di pane e olio: mettendo il pane a bagno nell'acqua si creava la base per una minestra alla quale venivano aggiunti l'olio, l'aglio e le verdure fresche disponibili. Tutti gli ingredienti venivano amalgamati usando mortaio e pestello. In questo modo si otteneva un piatto rinfrescante e nutriente dal sapore irresistibile.

Una versione più densa del gazpacho è il *salmorejo cordobés*, tipico di Córdoba, servita con cubetti di *jamón* e uova sode tagliate a pezzetti. L'*ajo blanco* è un gazpacho bianco di origine nordafricana, che al posto dei pomodori utilizza mandorle tritate, aglio e chicchi d'uva. Un'altra minestra molto gustosa è la *sopa de ajo* (zuppa d'aglio).

Olio d'oliva

L'introduzione dell'olivo in Spagna si deve ai romani, ma furono i musulmani ad avviare in seguito la produzione dell'olio, *aceite* in spagnolo, dall'arabo *az-zait* (succo d'oliva). Gli sterminati oliveti delle province di Córdoba, Jaén e Siviglia contribuiscono a fare della Spagna il maggior produttore di olio d'oliva del mondo. Ancora oggi le olive e l'olio che se ne ricava costituiscono due ingredienti fondamentali della cucina andalusa. Quanto al controllo di qualità, attualmente in Spagna vi sono sei etichette che possono fregiarsi del marchio Denominación de Origen (DO; a garanzia dell'origine geografica, dei processi di produzione e della qualità del prodotto) e quattro di esse si trovano in Andalusia: Baena e Priego de Córdoba nella provincia di Córdoba, e Sierra de Segura e Sierra Mágina nella provincia di Jaén. I migliori di questi oli, come il Núñez de Prado (v. p339), hanno un tasso di acidità vicino allo zero.

La Spagna è il maggiore produttore al mondo di olio d'oliva.

Paella e altri piatti a base di riso

Fra gli ingredienti fondamentali della dispensa spagnola figura l'*arroz* (riso), portato anch'esso dagli arabi come l'olio d'oliva e diffusosi rapidamente fino a diventare la base del più rinomato piatto spagnolo, la paella. Pur non essendo una specialità regionale (la sua patria d'origine è Valencia), la paella è una pietanza che almeno la domenica è presente sul menu di quasi tutti i ristoranti andalusi.

La paella si prepara nella *paellera*, un'ampia padella di metallo provvista di due manici, e riesce particolarmente bene se cucinata su un fuoco di legna all'aperto. Il riso assorbe via via i sapori del *sofrito* – fatto con cipolla, aglio e peperoni – e dei succhi delle carni e dei pesci aggiunti, assumendo così un sapore composito e inconfondibile. Il colore giallo in genere è dato dallo zafferano che tuttavia a volte è sostituito dal più economico *pimentón* (paprica). Le versioni andaluse della paella spesso prevedono l'aggiunta di frutti di mare e/o pollo. Sulla Costa del Sol, invece, è diffusa la combinazione di piselli, vongole, cozze, gamberetti e, come guarnizione, striscioline di peperoni rossi e fettine di limone. Nelle province di Siviglia e di Cadice a volte si aggiungono gamberi e aragoste.

Una buona paella si riconosce solo assaggiandola, ma già i tempi di preparazione possono far capire se viene fatta o meno sul momento: se il cameriere ve la porta dopo cinque minuti si tratta di una pietanza riscaldata e probabilmente non sarà indimenticabile, mentre se l'attesa si prolunga per tre quarti d'ora, periodo durante il quale è consuetudine bere qualche bicchiere di vino, ci sono i presupposti per un banchetto memorabile.

www.spaingourmetour.com è il sito più autorevole ed esauriente sulla cucina spagnola.

Altri piatti tipici a base di riso sono l'*arroz a la Sevillana*, un riso ai frutti di mare con granchio, salsiccia e prosciutto, l'*arroz con almejas* (riso alle vongole) e l'*arroz negro* (riso al nero di seppia).

Pane

Come in Italia, anche sulla tavola spagnola non manca mai il *pan*. In ogni quartiere c'è almeno una *panadería* che ogni giorno sforna pane di tutte le forme e dimensioni. Per la prima colazione si consumano *bollos* (brioche), *molletes* (panini morbidi) o *tostadas* (fette di pane tostato) condite, per esempio, con pomodoro tagliato a cubetti, olio d'oliva, *jamón* o foie gras. Il semplice pane campagnolo, *pan de campo,* è l'ideale per accompagnare ogni pasto. Quello avanzato viene usato per preparare zuppe casalinghe o per addensare le salse.

Pesce e frutti di mare

La varietà di pesce, molluschi e crostacei che si trova nelle città di mare andaluse è davvero impressionante. Non abbiate mai timore di chiedere il nome di un pesce e approfittate delle tapas per familiarizzare con i sapori nuovi, senza correre il rischio di ordinare piatti sconosciuti al ristorante, che magari poi non sono di vostro gradimento. I pesci più comuni sono i *boquerones* (acciughe), che vengono serviti fritti *(fritos)* o marinati in aglio, olio d'oliva e aceto. Le sardine si cucinano alla griglia *(a la plancha)*, mentre *gambas* (gamberi) e *langostinos* (gamberoni) possono essere serviti fritti, alla griglia oppure freddi, accompagnati da maionese preparata sul momento. Le *gambas* si ritrovano anche nella paella e in varie zuppe. I *camarones* sono minuscoli gamberetti che nei mercati si vendono ancora vivi – li vedrete agitarsi in grandi secchi – utilizzati per preparare la *tortilla de camarones*, una deliziosa frittata croccante ripiena per l'appunto di questi piccoli crostacei. Un'altra passione andalusa è quella per i *chipirones* o *chopitos* (calamaretti), a cui gli abitanti di Málaga aggiungono anche quella per i *chanquetes* (simili ai bianchetti e serviti fritti in olio abbondante). A Cadice e dintorni, infine, si trovano molte *ostras* (ostriche).

I sovrani musulmani amavano farsi preparare dei sorbetti con la neve che i servitori andavano a prendere in montagna e riportavano a valle in grandi panieri percorrendo a dorso d'asino sentieri assai accidentati.

Stufati

In passato il *cocido,* piatto unico a base di carne, salsicce, fagioli e verdure, era uno dei pilastri della cucina andalusa. Con il tempo, soprattutto nelle città, si è persa l'abitudine di prepararlo frequentemente, in quanto questo piatto richiede lunghi tempi di cottura. Tuttavia il profumo del *cocido* aleggia ancora tra le viuzze dei piccoli villaggi andalusi. Il *cocido* della tradizione può dare origine a un pasto di tre portate: prima si serve il brodo, poi le verdure e infine la carne.

OGGI SI MANGIA IL GAZPACHO

Ideale in un'afosa giornata estiva, il gazpacho è un piatto dalla preparazione semplice e veloce. Ecco la ricetta:

Dosi per 4 persone
3 spicchi d'aglio
1 kg di pomodori maturi tagliati a cubetti
1 peperone verde senza semi tagliato a fette
1 cetriolo sbucciato e tagliato a fette
1 cucchiaio di cipolla tagliata finissima
2 cucchiai di pane raffermo sbriciolato (solo la mollica)
un goccio abbondante di aceto di vino rosso o di sherry, il migliore che riuscite a trovare
2 cucchiai d'olio d'oliva
un pizzico di sale marino e pepe macinato sul momento

In un mortaio pestate gli spicchi d'aglio con una presa di sale fino a ottenere una pasta liscia e omogenea. Frullate le verdure e il pane (o pestatele nel mortaio se è sufficientemente grande) riducendoli in crema. Unite la pasta d'aglio, l'aceto, l'olio d'oliva, il sale e il pepe. Mescolate e aggiungete qualche cubetto di ghiaccio per diluire la minestra. Mettete in frigo per un paio d'ore. Prima di servire, assaggiate e aggiustate eventualmente i condimenti. Il gazpacho va servito ben freddo, ma non al punto da fare venire i brividi.

Oggigiorno è più diffuso uno stufato dalla preparazione più semplice, il *guiso*, che prevede tre versioni tradizionali: *las berzas*, con verza e carne di manzo o maiale, *el puchero*, con brodo di pollo, pancetta, rape e menta, e *los potajes*, con fagioli secchi e chorizo. Due specialità di Granada sono le *habas con jamón* (fave al prosciutto) e l'onnipresente *rabo de toro* (coda di toro o di bue in umido).

BEVANDE

Vino

La produzione di vino in Andalusia fu avviata dai fenici, probabilmente già a partire dal 1100 a.C. Oggi quasi tutti i villaggi di questa regione hanno un proprio vino locale, molto schietto, chiamato comunemente *mosto*. In otto aree geografiche si producono e si possono assaggiare vini tipici, che sono buoni anche se non classificati come DO. Sono Aljarafe e Los Palacios (provincia di Siviglia), Bailén, Lopera e Torreperogil (provincia di Jaén), Costa Albondón (provincia di Granada), Laujar de Andarax (provincia di Almería) e Villaviciosa (provincia di Córdoba).

La regione DO Montilla-Moriles, nella parte meridionale della provincia di Córdoba, produce un vino molto simile allo sherry che però, a differenza di quest'ultimo, non viene irrobustito con l'aggiunta di brandy – la varietà più apprezzata è quella chiamata *fino*. Dalla seconda DO andalusa, situata nella provincia di Málaga, proviene il dolce e vellutato Málaga Dulce che per lunghi secoli ha deliziato i palati di personaggi illustri, da Virgilio alle dame dell'Inghilterra vittoriana. Purtroppo questo vitigno fu decimato da un fungo parassita all'inizio del XX secolo e attualmente la zona Málaga DO è la più piccola area vinicola andalusa. È possibile assaggiare il vino di Málaga in alcuni dei tanti bar della città, dove viene spillato direttamente dalle botti.

Ben documentata e ricca di illustrazioni, *A Traveller's Wine Guide to Spain* di Desmond Begg (1998) è un'ottima guida ai vini spagnoli. In italiano consultate il sito www.vinidispagna.com, a cura del CPAV (Centro di promozione dei prodotti alimentari e vini di Spagna).

Il vino, oltre a essere bevuto durante i pasti, è largamente consumato anche nei bar visto il prezzo più che abbordabile. Una bottiglia discreta costa €5 al supermercato e €12 al ristorante. Il *vino de mesa* (vino da tavola) nei negozi si trova anche a meno di €1,50 al litro. Al bar e al ristorante potete ordinare il vino a *copa* (bicchiere): un calice di *vino de la casa* spillato direttamente dalla botte in genere non costa più di €1.

Sherry

Lo sherry (jerez in spagnolo), il famoso vino liquoroso andaluso, si produce a Jerez de la Frontera, El Puerto de Santa María e Sanlúcar de Barrameda, cittadine che formano cosiddetto 'triangolo dello sherry' della provincia di Cadice (v. p198). All'origine di questo vino unico c'è una combinazione di clima, terreno gessoso che assorbe il calore del sole senza perdere l'umidità e uno speciale processo di invecchiamento chiamato *solera* (v. p211).

Il sito www.sherry.org offre una buona introduzione a questo vino pregiato e alle aziende che lo producono.

Esistono molti tipi di sherry, ma la distinzione principale è tra *fino* (secco e di colore paglierino) e *oloroso* (dolce e di colore scuro, con un bouquet deciso). L'*amontillado* è un *fino* moderatamente secco, di colore ambrato, con un sentore di noce e una gradazione alcolica più elevata. L'*oloroso* mescolato con un vino dolce dà il cosiddetto cream sherry. Il *manzanilla* – che ufficialmente non è uno sherry – è un *fino* color camomilla, non irrobustito con brandy, prodotto a Sanlúcar de Barrameda: dicono che il suo aroma delicato sia dovuto alle brezze marine che penetrano nelle bodegas (cantine) della zona.

Birra

Per ordinare una *cerveza* (birra) alla spina in Spagna si chiede una *caña* (250 ml), ovvero una birra piccola, oppure un *tubo* (circa 300 ml), una birra grande servita in un bicchiere senza manico. Se ordinate semplicemente una *cerveza* di solito vi portano una birra in bottiglia che di norma costa più di quella alla spina. Una bottiglia piccola (250 ml) è chiamata *botellín* o *quinto*, mentre una più grande (330 ml) è un *tercio*. San Miguel, Cruzcampo e Victoria sono tre aziende andaluse che producono birre più che discrete.

Caffè

In Andalusia il caffè è buono e forte, simile a quello italiano. Come accade nel nostro paese, il caffè può essere servito in vari modi diversi. Un *café con leche* è un caffellatte ottenuto mescolando latte e caffè in parti uguali. Ordinatelo *grande* o *doble* se ne volete un tazzone, *en vaso* se lo preferite in un bicchiere e *sombra* o *manchado* se lo desiderate con molto latte. Un *café cortado* è un caffè macchiato, mentre un *café solo* è un espresso ristretto e nero.

Cioccolata calda (con churros!)

D'accordo, non sarà il cibo più salutare del mondo, ma nella vita esistono poche gioie più dolci di una prima colazione a base di *churros* (frittelle lunghe e sottili) appena preparate da intingere in una densa e fumante tazza di *chocolate hecho* (cioccolata calda). Queste frittelle sono una vera istituzione in Spagna, e non c'è paese o villaggio che non abbia almeno una bancarella di *churros* presso la quale la gente chiacchiera e scherza in attesa del proprio turno.

Gli spagnoli importarono il cioccolato dal Messico a metà del XVI secolo e subito lo adottarono con entusiasmo. È una passione ben viva ancora oggi, dal momento che in alcuni ristoranti si può perfino trovare la cioccolata calda sul menu alla voce *postres* (dessert).

FESTE

Quando si tratta di far festa gli spagnoli sono imbattibili e, non a caso, la parola *fiesta* è entrata a far parte del vocabolario di molte lingue (un po' come l'espressione la *vida loca*, sull'onda del successo di Ricky Martin).

Quella di organizzare feste è diventata quasi un'arte nazionale e, di fatto, ogni occasione è buona per stare in compagnia, divertirsi e mangiare insieme. Oltre alle feste di famiglia, ci sono numerose occasioni in cui parenti vicini e lontani si riuniscono prendendo spunto da una ricorrenza religiosa, come per esempio la festa del santo patrono, o da celebrazioni più importanti, come la Semana Santa o il Natale. Ed è in questi casi che la cucina assume un ruolo di primo piano.

A Pasqua si mangiano le *monas de Pascua* (figurine di cioccolato), le *torrijas* (fette di pane passate nell'uovo e nel latte prima di essere fritte) e la *torta pascualina* (torta di spinaci e uova). Per il giorno di Ognissanti si preparano gli *huesos de santo* ('ossa di santi', fatte con pane dolce), mentre a Natale ogni bambino divora un *roscón de Reyes* (ciambella decorata con frutta secca e zucchero), al cui interno è nascosto un piccolo dono. Natale è la festa più importante dell'anno anche dal punto di vista gastronomico: per questa ricorrenza vengono preparati il famoso *turrón* (torrone fatto con mandorle, miele e chiare d'uovo) e una lunga sfilza di altri *pasteles* (dolci o torte). La sera della Vigilia la tavola è un trionfo di pietanze a base di pesce, seguite da specialità di carne asada (arrosto) come *cordero* (agnello), *cochinillo* (maialino da latte) o *cabrito* (capretto), ma c'è anche chi preferisce festeggiare solo all'insegna del pesce, continuando con *merluza* (nasello), *bacalao* (baccalà) o *besugo* (pagello).

RISTORANTI E BAR

Se volete imitare lo stile di vita andaluso, dovrete passare molto tempo nei bar e nei caffè. In Spagna esistono bar e locali di ogni genere, *bodegas* (cantine), *cervecerías* (birrerie), *tascas* (bar specializzati in tapas), *tabernas* (taverne) e perfino *pub*. Molti di questi locali servono tapas al banco, ma hanno anche un *comedor* (sala da pranzo) per chi vuole ordinare un pasto vero e proprio (o consumare le tapas) seduto al tavolo. Mangiando al banco spesso si risparmia tra il 10% e il 20%.

Collegatevi al sito www.vegetarianguides.co.uk per ordinare *The New Spain: Vegan and Vegetarian Restaurants*, una guida a oltre cento ristoranti vegetariani sparsi in tutta la Spagna.

I *restaurantes* in genere sono locali più formali, dove sedersi a un tavolo è la norma. Il *mesón* è un ristorante senza pretese che propone cucina casalinga solitamente annesso a un bar. La *venta* è (o forse dovremmo piuttosto dire era) una locanda lungo la strada, dove spesso si mangia bene spendendo poco. La *marisquería* è un ristorante di pesce, mentre il *chiringuito* è un piccolo bar o chiosco all'aperto, ma talvolta anche un ristorante sulla spiaggia.

VEGETARIANI E VEGANI

In Andalusia si trova dell'ottima frutta e verdura fresca durante tutto l'arco dell'anno, ma purtroppo non esistono molti ristoranti dichiaratamente vegetariani. Tenete presente che i piatti di 'verdura' spesso e volentieri contengono anche ingredienti che non sono vegetali (per esempio, pezzetti di prosciutto per insaporire una pietanza a base di fagioli). I vegetariani scopriranno che le insalate sono buone quasi ovunque, come pure il gazpacho e l'*ajo blanco*. Un altro piatto sicuro è il *pisto* (simile alla ratatouille) che ha anche un ottimo sugo in cui intingere il pane; anche gli *espárragos trigueros* (asparagi selvatici) cucinati alla griglia o con *revueltos* (uova strapazzate) e deliziose fettine d'aglio fritto sono buonissimi. Fra le tapas senza carne figurano *pimientos asados* (peperoni rossi arrostiti), *alcachofas* (carciofi), *garbanzos con espinacas* (ceci con spinaci) e, naturalmente, i formaggi.

A TAVOLA CON I BAMBINI

I vostri figli si divertiranno sicuramente nei ristoranti spagnoli, dove i bambini sono abituati a giocare, a correre fra i tavoli e a fare amicizia con i

TAPAS, CHE PASSIONE!

Conosciute ormai in tutti i paesi del mondo, le tapas sono parte integrante dello stile di vita spagnolo nonché un'abitudine contagiosa per tutti gli amanti della buona tavola. Letteralmente 'tapa' significa 'coperchio'. Si ritiene che nacquero nel XIX secolo nella provincia di Cadice, quando i proprietari dei bar presero l'abitudine di coprire i bicchieri di sherry con una fetta di pane per tenere lontano le mosche. Da qui sarebbe poi nata la consuetudine di coprire il bicchiere con un piattino contenente uno stuzzichino, come un'oliva, qualche mandorla, un pezzetto di chorizo o di *jamón*.

Con il passare degli anni le tapas sono diventate una vera e propria specialità culinaria. Tra quelle più semplici figurano olive, formaggio, tortillas e *charcutería* (salumi), mentre passando a quelle più elaborate si può scegliere tra *garbanzos con espinacas* (ceci con spinaci), *solomillo* (filetto) o *lomo* (lonza) di maiale con contorno, *pinchos morunos* (piccoli spiedini di carne), *flamenquines* (carne di vitello o prosciutto impanati e fritti) o *boquerones* (acciughe) marinati nell'aceto oppure fritti. Accompagnate le vostre tapas con una birra fresca o un bicchiere di sherry *fino*. Quanto alla scelta, ogni regione prevede varianti e specialità locali: a Siviglia, per esempio, si possono gustare zucchine con formaggio Roquefort o cuori di carciofo ripieni di funghi, mentre a Granada si trovano tapas nordafricane a base di tagine o *feijoada* brasiliana (stufato di fagioli e riso).

Le tapas a base di pesce – marinato, crudo o fritto – sono forse il fiore all'occhiello della gastronomia andalusa. Nella provincia di Cadice, e più precisamente nel cosiddetto triangolo dello sherry (v. p198), si possono assaggiare i migliori frutti di mare dell'Andalusia, dalle *conchas finas* dell'Atlantico (vongole cipree o giganti) ai *cangrejos* (piccoli granchi cucinati interi) e ai *búsanos* (buccini o lumache di mare). Una vera delizia per il palato sono i *langostinos a la plancha*, succulenti gamberoni alla griglia cosparsi di sale grosso.

Merita assaggiare anche le tapas a base di frattaglie quali *sesos* (cervella), *callos* (trippe), *criadillas* (testicoli di toro o di montone), *riñones* (rognoni) e *hígado* (fegato), che di solito vengono servite in piattini di terracotta accompagnate da una salsa di pomodoro o da un ricco sugo di carne. Sapori più consueti sono quelli delle insalate, anch'esse proposte come tapas, per esempio la *pipirrana* (a base di pomodori e peperoni rossi crudi tagliati a cubetti), il *salpicón* (come la precedente ma con l'aggiunta di pezzetti di pesce), l'*ensaladilla rusa* (insalata russa) e l'*aliño* (qualunque tipo di insalata condita con olio e aceto).

Nei bar le tapas possono essere esposte sul bancone oppure elencate su un menu o scritte con un gessetto un una piccola lavagna. In caso contrario, chiedete quali sono le tapas disponibili – quasi tutti i locali ne hanno una lunga scelta.

coetanei presenti in sala, mentre i genitori si godono la serata mangiando e bevendo in allegria, senza doversi preoccupare dei loro marmocchi. Pochi sono i ristoranti che offrono un menu appositamente studiato per i bambini, ma in compenso non ci sono difficoltà a ottenere mezze porzioni *(medio plato)*. In molti ristoranti troverete i seggioloni, tuttavia è meglio chiedere in anticipo o, se possibile, arrivare già attrezzati.

ABITUDINI A TAVOLA

In Andalusia gli orari dei pasti sono ancora più posticipati rispetto al resto della Spagna, pertanto vi consigliamo di regolare il vostro appetito in modo tale da non essere costretti, per esempio, a soffrire la fame perché i locali sono ancora tutti chiusi. Come la maggior parte degli spagnoli, gli andalusi sono soliti iniziare la giornata con un *desayuno* (prima colazione) leggero, che in genere consiste in un caffè con una *tostada* o in una porzione di *churros con chocolate*. Se avete molta fame, potete ordinare una *tortilla* (omelette), ma gli *huevos* (uova) possono essere anche *revueltos* (strapazzati), *fritos* (fritti) o *cocidos* (bolliti). Un ottimo spuntino è il *bocadillo*, sfilatino di pane ripieno di formaggio, *jamón*, *tortilla* o altro, ma altrettanto buoni sono il *montadito* e il *serranito*, tartine di pane tostato ricoperte di carne, peperoni, *jamón* o qualunque cosa si desideri.

La *comida* o *almuerzo* (pranzo), di norma il pasto principale, viene consumata fra le 14 e le 16. Si possono ordinare una serie di tapas o un pasto di più portate che inizia con una zuppa o un'insalata, prosegue con un piatto a base di carne o di pesce con contorno di verdure seguito da riso o da uno stufato di fagioli e, per finire, da un dessert. Oltre che *à la carte,* si può quasi sempre ordinare il *menú del día* (pasto di tre portate a prezzo fisso). Il *plato combinado* è un piatto unico che prevede, per esempio, una pietanza a base di uova, chorizo, seppie o altro, con uno o più contorni. Ricordate che i prezzi del pesce e dei frutti di mare a volte sono indicati a peso e possono risultare quindi fuorvianti. I dessert sono tendenzialmente semplici e poco fantasiosi – spesso si può scegliere solo tra *helado* (gelato), *arroz con leche* (budino di riso) e *flan* (crème caramel).

La cena può consistere semplicemente di una serie di tapas accompagnate da uno o più bicchieri di vino. Gli spagnoli sono abituati a cenare tardi, anche intorno alle 22 o alle 23, e spesso amano andare al ristorante – ricordate però che prima delle 21 sono frequentati solamente dai turisti.

Il negozio di quartiere e il mercato rionale conservano in Spagna un posto rilevante per l'acquisto di frutta e verdura: secondo un rapporto del Censis-Confcommercio su 'I consumi in Italia e in Europa 2006', si tratta del canale preferito dal 42,5% delle famiglie spagnole.

CORSI DI CUCINA

I corsi di cucina riscuotono ormai lo stesso successo dei corsi di lingua o di flamenco e rappresentano un ottimo modo per approfondire la conoscenza dell'Andalusia. Ecco i migliori cinque che siamo riusciti a individuare:

All Ways Spain (☎ 958 22 37 66; www.allwaysspain.com) Perfetto per chi si accontenta di ricevere poche nozioni basilari. Si tratta di un corso intensivo di cucina spagnola della durata di mezza giornata, all'interno di un fine settimana di tre giorni che prevede vari tipi di attività.

Andalucian Adventure (www.andalucian-adventures.co.uk) Agenzia con sede nel Regno Unito che organizza corsi di cucina – con buona reputazione – nella magnifica cornice della Sierra Nevada.

Finca Buen Vino (☎ 959 12 40 34; www.fincabuenvino.com) Una bellissima cucina calda e accogliente nonché un corso di ottimo livello nella fantastica campagna del Parque Natural Sierra de Aracena y Picos de Aroche (v. p183).

On the Menu (www.holidayonthemenu.com) Corsi di cucina a Siviglia riservati a coloro che alloggiano presso l'elegante Las Casas de la Judería Hotel (p123) per una settimana o anche meno. Oltre alle lezioni, si effettuano molte degustazioni di vini e si mangia in modo eccellente.

Turismo Rural Hidalgo (☎ 954 88 35 81; www.turismoruralhidalgo.com) Volete cimentarvi seriamente con la nuova cucina creativa spagnola? Iscrivetevi a questo corso della durata di una settimana che si svolge nell'antica cittadina di Cazalla de la Sierra (v. p152).

PAROLE A TAVOLA

L'Andalusia ha una tale varietà di cibi e di nomi per indicarli che, anche tornando a visitarla ogni anno, continuereste a trovare parole sconosciute sui menu. L'elenco che segue dovrebbe aiutarvi a decifrare i nomi delle pietanze.

Frasi utili

Un tavolo per ..., per favore.
Una mesa para ..., por favor.

Posso vedere il menu, per favore?
¿Puedo ver el menú, por favor?

Avete un menu in italiano?
¿Tienen un menú en italiano?

Sono vegetariano/a.
Soy vegetariano/a.

Che cosa consiglia?
¿Qué recomienda?

Qual è la vostra specialità?
¿Cuál es la especialidad de este restaurante?

Vorrei il pranzo a prezzo fisso, per favore.
Quisiera el menú del día, por favor.
Il conto, per favore.
La cuenta, por favor.
Accettate carte di credito?
¿Aceptan tarjetas de crédito?

Glossario gastronomico

PAROLE ESSENZIALI E SPECIALITÀ

arroz	riso
bocadillo	panino imbottito
bollo	brioche; anche *mollete*
gazpacho	minestra fredda a base di pomodori frullati, peperoni, cetrioli, aglio, pane raffermo, limone e olio d'oliva
huevo	uovo
media-ración	mezza porzione
menú del día	menu a prezzo fisso
mollete	panino morbido; anche *bollo*
montadito	tramezzino aperto
paella	piatto di riso con frutti di mare, pollo e verdure
pan	pane
plato combinado	'piatto unico'; pesce, omelette o carne, con contorni
queso	formaggio
ración	tapa molto abbondante (porzione intera)
revueltos	uova strapazzate
rosquilla	panino tostato
tapas	stuzzichini leggeri, di solito accompagnati da una bevanda
tortilla	omelette
tostada	pane tostato, spesso condito con ingredienti quali pomodoro e olio d'oliva

CARNE

cabra	capra
cabrito	capretto; anche *choto*
carne de monte	'carne di montagna'; selvaggina locale
carne de vaca	manzo
caza	cacciagione
charcutería	salumi
choto	capretto; anche *cabrito*
chorizo	salsiccia di maiale piccante
codorniz	quaglia
conejo	coniglio
cordero	agnello
hígado	fegato
jamón	prosciutto
jamón ibérico	prosciutto di maiale nero di razza iberica
jamón ibérico de bellota	prosciutto di maiale di razza iberica nutrito con ghiande
jamón serrano	prosciutto di montagna stagionato
jamón York	prosciutto non stagionato
liebre	lepre
pato	anatra
pavo	tacchino
pollo	pollo
riñón, riñones (pl)	rognone

solomillo	filetto di manzo o maiale
ternera	vitello

FRUTAS Y VERDURAS (FRUTTA E VERDURA)

aceituna	oliva
aguacate	avocado
ajo	aglio
alcachofa	carciofo
apio	sedano
berenjena	melanzana
calabacín	zucchina
calabaza	zucca
cebolla	cipolla
cereza	ciliegia
frambuesa	lampone
fresa	fragola
lima	limetta
limón	limone
manzana	mela
manzanilla	camomilla
melocotón	pesca
naranja	arancia
piña	ananas
plátano	banana
sandía	anguria
uva	uva

PESCADOS Y MARISCOS (PESCE E FRUTTI DI MARE)

almeja	vongola
anchoa	acciuga; anche *boquerón*
atún	tonno
bacalao	baccalà
bogavante	aragosta; anche *langosta*
boquerón	acciuga; anche *anchoa*
caballa	sgombro
cangrejo	granchio
chipirón, chipirones (pl)	calamaretto; anche *chopito*
chopito	calamaretto; anche *chipirón*
gamba	gambero
langosta	aragosta; anche *bogavante*
langostino	gamberone
mejillón, mejillones (pl)	cozza
merluza	nasello
ostra	ostrica
sardina	sardina
trucha	trota

TARTAS Y POSTRES (TORTE E DESSERT)

arroz con leche	budino di riso
churro	lunga frittella ricoperta di zucchero
flan	crème caramel
helado	gelato
pastel	torta o pasticcino
torta	torta
turrón	torrone

TÉCNICAS (TECNICHE DI COTTURA)

a la brasa	alla brace o alla griglia
a la parrilla	alla brace o alla griglia
a la plancha	alla piastra
ahumado/a	affumicato/a
al carbón	cucinato sulla carbonella
asado	arrostito
cocido	cotto o bollito; anche stufato
crudo	crudo
frito/a	fritto
guiso	spezzatino
rebozado/a	passato in pastella e fritto
relleno/a	ripieno
salado/a	salato
seco/a	secco, essiccato

Glossario delle bevande

BEVANDE ANALCOLICHE

agua de grifo	acqua di rubinetto
agua mineral	acqua minerale
agua potable	acqua potabile
café con leche	50% caffè e 50% latte caldo
café cortado	caffè ristretto con poco latte
café solo	caffè ristretto
chocolate hecho	cioccolata calda
con gas	frizzante (acqua in bottiglia)
refresco	bibita analcolica
sin gas	naturale, non frizzante (acqua in bottiglia)
té	tè
zumo	succo di frutta

CERVEZA (BIRRA)

botellín	birra in bottiglia (250 ml); anche *quinto*
caña	birra alla spina (250 ml) servita in un bicchiere
quinto	birra in bottiglia (250 ml); anche *botellín*
tercio	birra in bottiglia (330 ml)
tubo	birra alla spina (300 ml) servita in un bicchiere cilindrico

VINO

blanco	bianco
rosado	rosé
tinto	rosso
vino de la casa	vino della casa
vino de la mesa	vino da tavola

ALTRE BEVANDE ALCOLICHE

aguardiente	distillato simile alla grappa
anís	liquore all'anice
coñac	cognac, brandy
sangría	cocktail di vino rosso e frutta

Provincia di Siviglia

Siviglia (Sevilla in spagnolo), capoluogo della provincia e quarta città del paese in ordine di grandezza, è il luogo di cui si innamorano quasi tutti i turisti che visitano l'Andalusia. E non c'è da meravigliarsi, dal momento che la città emana fascino e romanticismo. Siviglia vanta incantevoli tesori architettonici, locali che offrono tapas appetitose, spettacoli di flamenco scanditi dal ritmo della folla che batte la mani, emozionanti corride, una scatenata *marcha* (vita notturna) e coinvolgenti celebrazioni della Semana Santa (Settimana Santa) e della Feria de Abril. Effettivamente, con una città come questa nel cuore della regione, di che altro c'è bisogno? Va detto però che oltre alla città, anche la provincia di Siviglia riserva molte piacevoli sorprese.

Questa fertile valle percorsa dal Río Guadalquivir è famosa per la sua cultura e ricchezza fin dai tempi dell'antica civiltà di Tartessos. A est della provincia si estende la pianura intensamente coltivata di La Campiña, con le affascinanti cittadine di Carmona, Écija e Osuna che risalgono al periodo barocco e rinascimentale spagnolo. Grazie al ricco patrimonio architettonico di queste tre località, la provincia vanta alcuni degli alberghi più eleganti di tutta la Spagna.

Se tuttavia preferite allontanarvi dai centri abitati per ascoltare il canto degli uccelli (interrotto solamente dal rumore di qualche trattore), quello che fa per voi è lo spettacolo sempre vario e sorprendente offerto dai paesaggi della Sierra Morena, ad appena due ore da Siviglia dove, inebriati dal profumo dei fiori, potrete fare belle passeggiate fra le colline, dedicarvi al birdwatching ed esplorare antiche e pittoresche cittadine e ridenti villaggi di campagna.

DA NON PERDERE

- L'incantevole **Alcázar** (p105), palazzo che fece da sfondo a innumerevoli intrighi di corte
- L'immensa **cattedrale** (p103) e il panorama che si gode dalla cima della splendida **Giralda** (p105)
- Gli innumerevoli **tapas bar** (p127) di Siviglia, dove potrete cimentarvi nell'arte di *tapear*
- Le processioni notturne della **Semana Santa** (p120) e le celebrazioni della **Feria de Abril** (p122)
- Gli spettacoli di **flamenco** (p136) e la famosa **Bienal de Flamenco** (p122)
- Le passeggiate, il birdwatching, i prati fioriti e l'incantevole panorama collinare del **Parque Natural Sierra Norte** (p150)
- Il fascino di **Itálica** (p140), fondata dai romani, e le tre cittadine di **Carmona** (p142), **Écija** (p145) e **Osuna** (p148), anticamente abitate dall'aristocrazia della regione detta La Campiña

■ POPOLAZIONE: 1,78 MILIONI	■ MESE PIÙ FREDDO E PIÙ CALDO A SIVIGLIA: GEN/AGO 15°C/36°C	■ ALTITUDINE: 0 m-959 m

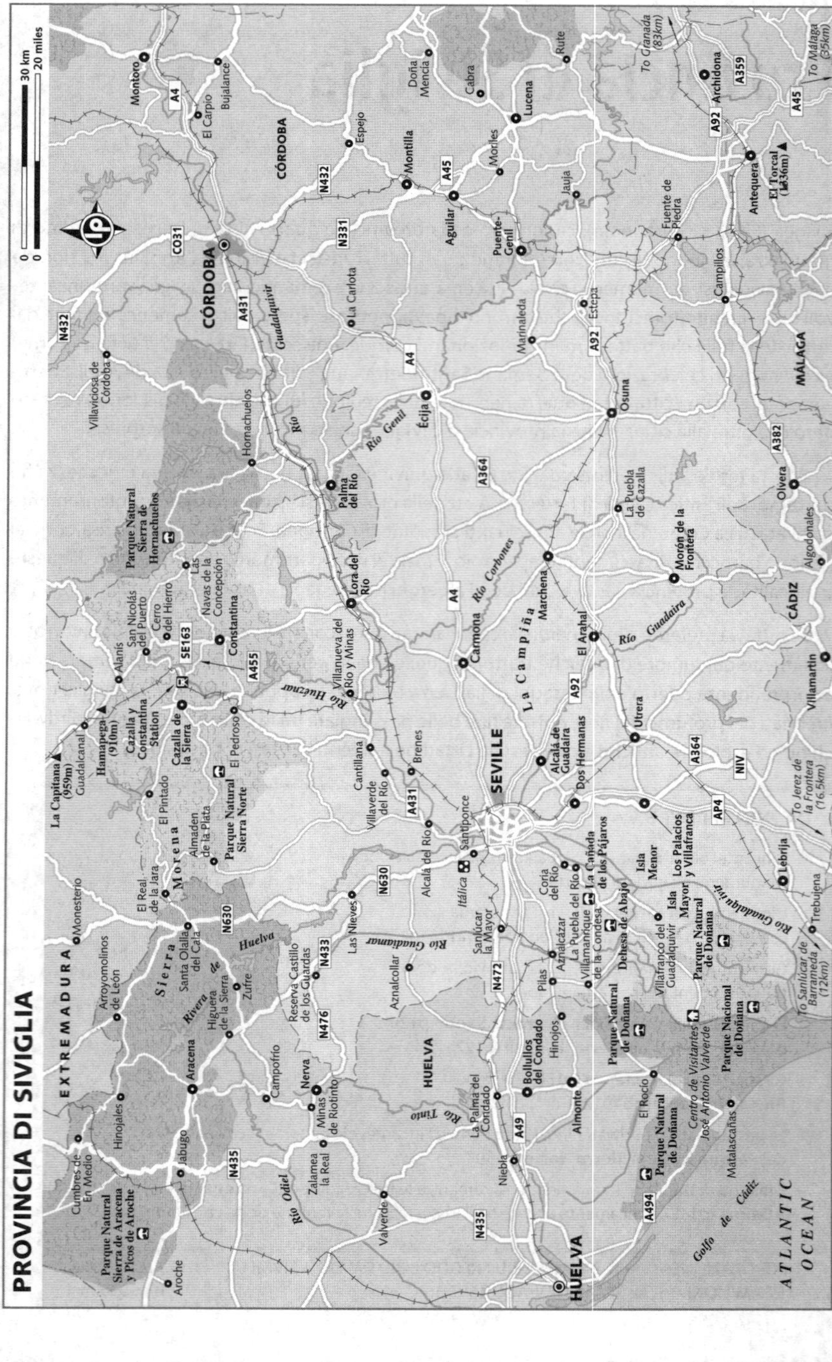
PROVINCIA DI SIVIGLIA
0 30 km
0 20 miles
EXTREMADURA
CÓRDOBA
HUELVA
CÁDIZ
MÁLAGA
SEVILLE
CÓRDOBA
HUELVA
Sierra Morena
La Campiña
ATLANTIC OCEAN
Golfo de Cádiz
Parque Natural Sierra de Aracena y Picos de Aroche
Parque Natural Sierra Norte
Parque Natural Sierra de Hornachuelos
Parque Natural de Doñana
Parque Nacional de Doñana
Centro de Visitantes José Antonio Valverde
Reserva Castillo de los Guardas
Dehesa de Abajo
Isla Menor
Isla Mayor
Cazalla y Constantina Station
La Capitana (959m)
Hamapega (910m)
El Torcal (1336m)
Río Guadalquivir
Río Genil
Río Corbones
Río Guadaira
Río Huéznar
Río Guadiamar
Río Tinto
Río Odiel
Rivera de Huelva
Aroche
Cumbres de En Medio
Hinojales
Jabugo
Aracena
Arroyomolinos de León
Monesterio
Santa Olalla del Cala
Higuera de la Sierra
Zufre
Campofrío
Nerva
Minas de Riotinto
Zalamea la Real
Valverde
Niebla
La Palma del Condado
Bollullos del Condado
Almonte
El Rocío
Matalascañas
Hinojos
Pilas
Villamanrique de la Condesa
Aznalcázar
La Puebla del Río
Coria del Río
La Cañada de los Pájaros
Villafranco del Guadalquivir
Aznalcóllar
Sanlúcar la Mayor
Itálica
Santiponce
Las Nieves
El Real de la Jara
Almadén de la Plata
El Pintado
Guadalcanal
Cazalla de la Sierra
El Pedroso
Alanís
San Nicolás del Puerto
Cerro del Hierro
Las Navas de la Concepción
Constantina
Villanueva del Río y Minas
Alcalá del Río
Villaverde del Río
Cantillana
Brenes
Lora del Río
Palma del Río
Hornachuelos
Villaviciosa de Córdoba
Carmona
Alcalá de Guadaíra
Dos Hermanas
Los Palacios y Villafranca
Lebrija
Trebujena
Utrera
El Arahal
Marchena
Morón de la Frontera
La Puebla de Cazalla
Villamartín
Algodonales
Olvera
Osuna
Écija
Estepa
Marinaleda
Campillos
La Carlota
Fuente de Piedra
Puente-Genil
Aguilar
Jauja
Moriles
Lucena
Antequera
Archidona
Montilla
Espejo
Cabra
Doña Mencía
Rute
El Carpio
Bujalance
Montoro
To Granada (83km)
To Málaga (35km)
To Jerez de la Frontera (16.5km)
To Sanlúcar de Barrameda (12km)
N435
N433
N476
N630
A49
N472
A494
A431
A4
A92
A364
AP4
NIV
A382
A45
A359
A455
SE163
N432
N331
CO31

SIVIGLIA

Pop. 704.000 / alt. 30 m

Siviglia è forse una delle città più affascinanti del mondo. In essa convergono tutte le tradizioni più tipicamente spagnole, avvolte da un intenso profumo di fiori d'arancio: la gloriosa e cruenta corrida, il coinvolgente ritmo del flamenco, le solenni e spettacolari celebrazioni della Semana Santa (Settimana Santa) e lo sfogo liberatorio della Feria de Abril. Qui gli uomini sono l'immagine dello stereotipo spagnolo, con capelli neri impomatati e pettinati all'indietro. In tutta la città ci sono centinaia di tapas bar con *jamones* (prosciutti) appesi al soffitto e camerieri con baffi che sembrano disegnati. Siviglia è la città in cui la focosa Carmen arrotolava sigari sulle cosce amando un torero, in cui molto tempo fa Don Juan si abbandonava all'ebbrezza della sua dannazione, e in cui Cervantes e Colombo sedevano nei locali a bere sherry. Ma soprattutto, Siviglia è l'emblema del più grande cliché comunemente abbinato all'Andalusia: la '*pasión*', che qui sembra essere proprio di casa.

Il periodo in cui Siviglia si rivela in tutto il suo splendore è quello della Semana Santa, che viene celebrata in uno strano connubio di devozione e piacere, durante la quale una visita alla città è praticamente d'obbligo. Anche l'atmosfera di festa che si respira a Siviglia durante l'annuale *feria* (fiera), la più importante della regione, è indimenticabile. Inoltre, il suo ricco patrimonio artistico e architettonico – romano, islamico, gotico, rinascimentale, barocco – non ha rivali nella Spagna meridionale.

Il vero spirito di Siviglia è quello che anima le strade, e i suoi abitanti sono letteralmente innamorati della loro città (oltre che di loro stessi). Per un autentico *sevillano* qualsiasi località sulla terra al di fuori della sua città ha scarso significato. Alla fine di una corrida svoltasi a La Coruña, località situata all'estremità nord-occidentale della Spagna, il matador Rafael Guerra (1862-1941) manifestò il desiderio di tornare a Siviglia la sera stessa. 'Maestro', gli fu risposto, 'Siviglia è molto lontana', al che Guerra replicò: 'Siviglia lontana? Questo posto è lontano, Siviglia si trova esattamente dove è giusto che sia'.

Tuttavia occorre sottolineare l'esistenza di un paio di inconvenienti. Siviglia è una città cara; qui infatti può capitare di dover pagare €80 per una camera che altrove non costa più di €50. Inoltre i prezzi tendono a salire nel periodo della Semana Santa e della Feria de Abril (Fiera di Aprile). Non dimenticate poi che nei mesi di luglio e agosto fa molto caldo; la stagione ideale per visitarla (sia per la temperatura sia per l'atmosfera) è la primavera (tra la fine di marzo e l'inizio di giugno).

STORIA

La Siviglia romana, chiamata Hispalis, era un importante porto fluviale sul Río Guadalquivir – a quel tempo navigabile per 100 km fino all'Oceano Atlantico – superato poi in importanza da Córdoba. In seguito, sotto i visigoti, Hispalis si fece conoscere come centro culturale di grande rilevanza, soprattutto all'epoca di sant'Isidoro (565-636 d.C.), il maggiore studioso della Spagna visigota.

I musulmani cambiarono il nome della città in Ishbiliya e al crollo del califfato di Córdoba, nel 1031, Siviglia divenne la più potente delle *taifas* (piccoli regni) nelle quali la Spagna islamica finì per frammentarsi. I sovrani Al-Mutadid (regno 1042-69) e Al-Mutamid (regno 1069-91) erano entrambi poeti. Al-Mutamid, una delle prime persone che abbia lasciato una traccia scritta del suo grande amore per Siviglia, governava dall'Alcázar su una corte inetta e dedita ai piaceri. Egli si trovò quindi obbligato, nel 1085, a rivolgersi agli Almoravidi, sovrani musulmani fondamentalisti del Marocco, per essere aiutato a far fronte alla crescente minaccia costituita dalla Reconquista cristiana. Gli Almoravidi si assicurarono in tal modo il controllo su tutta la Spagna islamica, ma nel XII secolo furono sostituiti da un'altra dinastia berbera di stretta osservanza islamica proveniente dall'Africa settentrionale, gli Almohadi. Il califfo Yacub Yusuf elesse la città a capitale dell'intero regno almohade e fece erigere una grande moschea nel punto in cui oggi sorge la cattedrale di Siviglia, cui il suo successore Yusuf Yacub al-Mansur aggiunse la torre della Giralda. Ma in seguito alla disastrosa sconfitta inflittagli dai cristiani nel 1212 a Las Navas de Tolosa, il potere degli Almohadi incominciò a declinare, dando a Fernando III (El Santo) di Castiglia la possibilità di impossessarsi definitivamente di Siviglia nel 1248.

Con l'insediamento di 24.000 coloni, Fernando consentì alla città di svilupparsi tanto da diventare, alla fine del XIV secolo, il più importante centro urbano della Castiglia. Per Siviglia l'evento di maggiore significato fu sicuramente la scoperta delle Americhe, nel 1492, che le consentì, nel 1503, di ottenere il monopolio ufficiale del commercio spagnolo con il nuovo continente. Ben presto Siviglia divenne una delle più grandi, ricche e cosmopolite città del mondo, vero e proprio polo di attrazione per ogni genere di personaggi, da mendicanti e *pícaros* (persone che sbarcano il lunario imbrogliando la gente con giochi di carte e di dadi) a mercanti italiani, da grandi artisti a esponenti di oltre cento ordini religiosi. Siviglia si guadagnò in tal modo il nome di *puerto y puerta de Indias* (porto e porta delle Indie), di Babilonia spagnola e persino di nuova Roma. In tutta la città sorsero sontuosi edifici rinascimentali e barocchi e la sua popolazione passò in pochissimo tempo dalle 40.000 persone del 1500 alle 150.000 del 1600.

Tuttavia la peste del 1649 causò la morte di metà degli abitanti di Siviglia, mentre nel corso del XVII secolo il Río Guadalquivir andava progressivamente insabbiandosi rendendo sempre più difficoltosa la navigazione delle grandi navi, molte delle quali si arenavano contro la barriera di sabbia accumulatasi alla foce del fiume, nei pressi di Sanlúcar de Barrameda. Nel 1717 la Casa de la Contratación (l'ente governativo che sovrintendeva al commercio con le Americhe) fu trasferita a Cadice. Nel 1800 un'altra epidemia di peste uccise 13.000 sivigliani. Nel 1810 le truppe napoleoniche occuparono la città e se ne andarono due anni dopo, nel 1812, trafugando, a quel che si dice, 999 opere d'arte.

Una certa prosperità fece nuovamente la sua comparsa, almeno per alcuni, verso la metà del XIX secolo con l'inizio dello sviluppo industriale. Nel 1852 fu costruito il primo ponte sul Guadalquivir, il Puente de Triana (o Puente de Isabel II), mentre nel 1869 l'abbattimento delle antiche mura almohadi consentiva alla città di espandersi verso l'esterno. Tuttavia queste opere non portarono il benessere sperato dalla maggior parte della popolazione di Siviglia e da coloro che vivevano nelle campagne circostanti. Nel 1936, allo scoppio della guerra civile, Siviglia cadde quasi subito nelle mani dei nazionalisti nonostante la strenua resistenza opposta dai quartieri operai (soggetti in seguito a durissime rappresaglie).

Per la città le cose cominciarono ad andare meglio negli anni '80, quando Siviglia venne nominata capoluogo della nuova provincia autonoma dell'Andalucía nell'ambito di un processo di riorganizzazione della Spagna democratica avviato dal Partido Socialista Obrero Español (PSOE) guidato dal sivigliano Felipe González, che nel 1982 assunse la guida del governo. L'esposizione internazionale Expo '92, destinata a celebrare il quinto centenario della scoperta dell'America, ha portato a Siviglia milioni di visitatori e le ha fatto dono di otto nuovi ponti sul Guadalquivir, della linea ferroviaria AVE (Alta Velocidad Española) che la collega a Madrid, di un nuovo teatro dell'opera e di migliaia di camere d'albergo. Nonostante le ingenti spese per l'Expo abbiano avuto negli anni successivi serie ripercussioni sul bilancio comunale, l'economia di Siviglia, che si fonda su un mix di turismo, commercio, tecnologia e industria, si dimostra oggi in continua e stabile ripresa.

ORIENTAMENTO

Siviglia si estende su entrambi i lati del Río Guadalquivir, ma la maggior parte dei luoghi d'interesse turistico è situata sulla sponda orientale del fiume. Con la sola eccezione della Plaza Nueva e dell'ampia e diritta Avenida de la Constitución, la zona centrale della città è costituita per lo più da un dedalo di viuzze strette e tortuose e piccole piazze. Dalla Plaza Nueva l'*avenida* corre verso sud in direzione della Puerta de Jerez, un punto di incrocio molto trafficato che delimita l'estremità meridionale del centro cittadino. Subito a est dell'Avenida de la Constitución si trovano i monumenti più significativi della città: la cattedrale, la torre della Giralda e il palazzo-fortezza dell'Alcázar. Nel pittoresco Barrio de Santa Cruz, a est della cattedrale e dell'Alcázar, si concentrano diversi alberghi e ristoranti molto frequentati dai turisti. Ma il vero cuore di Siviglia, El Centro, è situato leggermente più a nord, nella zona di Plaza de San Francisco e Plaza Salvador, mentre l'area tra Avenida de la Constitución e il Río Guadalquivir è conosciuta con il nome di El Arenal.

La stazione degli autobus e quella ferroviaria si trovano ai margini della zona centrale e sono entrambe raggiunte dai trasporti pubblici che servono il centro (v. p138): l'autostazione di Prado de San Sebastián si trova in Plaza San Sebastián, 650 m a sud-est della cattedrale a breve distanza dal Barrio de Santa Cruz, mentre quella di Plaza de Armas è situata 900 m a nord-ovest della cattedrale ed è raggiungibile a piedi da El Arenal; la stazione ferroviaria Santa Justa si trova 1,5 km a nord-est della cattedrale, in Avenida Kansas City.

INFORMAZIONI

Accessi a internet

Ciber Alcázar (cartina pp106-7; ☎ 954 21 04 01; Calle San Fernando 35; €1,80 l'ora; ⏲ 10.15-22.30 da lunedì a venerdì, 12-22.30 sabato e domenica)

First Center (cartina pp106-7; Avenida de la Constitución 34; €2 l'ora; ⏲ 9-22 da lunedì a venerdì, 10-21.30 sabato, 12-21 domenica)

Internetia (cartina pp106-7; Avenida Menéndez y Pelayo 46; €2 l'ora; ⏲ 10.30-1.30 da lunedì a venerdì, 12-1.30 sabato e domenica)

Interpublic (cartina pp106-7; Calle O'Donnell 3; €1,80 l'ora; ⏲ 10-23 da lunedì a venerdì, 10-15 e 17-23 sabato, 17-23 domenica)

Seville Internet Center (cartina pp106-7; ☎ 954 50 02 75; Calle Almirantazgo 2; €0,05 al minuto; ⏲ 9-22 da lunedì a venerdì, 10-22 sabato e domenica)

Assistenza sanitaria

Centro de Salud El Porvenir (cartina pp106-7; ☎ 955 03 78 17; all'angolo tra Avenida Menéndez Pelayo e Avenida de Cádiz) Ambulatorio pubblico con servizio di pronto soccorso.

Hospital Virgen del Rocío (cartina pp100-5; ☎ 955 01 20 00; Avenida de Manuel Siurot s/n) Principale ospedale generale della città situato 1 km a sud del Parque de María Luisa.

Banche

In centro non mancano banche e bancomat. Sportelli bancomat sono presenti anche nella stazione ferroviaria di Santa Justa, all'aeroporto e in entrambe le autostazioni. Trovate uffici di cambio in Avenida de la Constitución e nella stazione ferroviaria Santa Justa.

American Express (cartina pp106-7; ☎ 954 21 16 17; Plaza Nueva 8; ⏲ 9.30-13.30 e 16.30-19.30 da lunedì a venerdì, 10-13 sabato)

Emergenze

Ambulanza (☎ 061)
Policía Local (polizia locale; ☎ 092)
Policía Nacional (polizia nazionale; ☎ 091)
Vigili del fuoco (☎ 085)

Informazioni turistiche

Infhor (cartina pp100-5; ☎ 954 54 19 52; Estación Santa Justa; ⏲ 8-22 da lunedì a venerdì, 8-14 e 16-22 sabato, 8-14 e 18-22 domenica e festivi) Agenzia turistica indipendente situata all'interno della stazione ferroviaria Santa Justa.

Turismo Sevilla (cartina pp106-7; ☎ 954 21 00 05; Plaza del Triunfo 1; ⏲ 10.30-19 da lunedì a venerdì) Informazioni su tutta la provincia di Siviglia.

Ufficio turistico municipale (cartina pp106-7; ☎ 954 22 17 14; barranco.turismo@sevilla.org; Calle de Arjona 28; ⏲ 9-21 da lunedì a venerdì, 9-14 sabato e domenica) Orario ridotto durante la Semana Santa e la Feria de Abril.

Ufficio turistico regionale Aeroporto (☎ 954 44 91 28; ⏲ 9-20.30 da lunedì a venerdì, 10-18 sabato, 10-14 domenica, chiuso nei giorni festivi); **Constitución** (cartina pp106-7; ☎ 954 22 14 04; otsevilla@andalucia.org; Avenida de la Constitución 21; ⏲ 9-19 da lunedì a venerdì, 10-14 e 15-19 sabato, 10-14 domenica, chiuso nei giorni festivi); **Estación Santa Justa** (cartina pp100-5; ☎ 954 53 76 26; Santa Justa; ⏲ 9-20 da lunedì a venerdì, 10-14 sabato e domenica, chiuso nei giorni festivi) Il personale dell'agenzia di Constitución è ben informato, ma spesso molto occupato.

Internet

Discover Sevilla (www.discoversevilla.com) Realizzato da un gruppo di giovani americani e sivigliani, è un sito pieno di utili consigli sugli spettacoli e i divertimenti offerti da Siviglia.

Explore Seville (www.exploreseville.com) Sito esauriente e ben realizzato.

Sevilla Online (www.sol.com) Luoghi d'interesse turistico, scuole di lingua, possibilità di pernottamento, feste e manifestazioni.

Seville Tourism (www.turismo.sevilla.org) Sito ufficiale della città di Siviglia; alberghi, ristoranti, musei, ecc. con indicazioni di accessibilità per i disabili sono elencati in 'Accessible Guide'.

Turismo de la Provincia (www.turismosevilla.org) Esauriente sito ufficiale di informazioni turistiche per la provincia di Siviglia.

Lavanderie

I prezzi indicati di seguito si riferiscono alla riconsegna, di solito nello spazio di mezza giornata, degli indumenti lavati, asciugati e piegati.

Auto-Servicio de Lavandería Sevilla (cartina pp106-7; ☎ 954 21 05 35; Calle Castelar 2C; €6 per carico; ⏲ 9.30-13.30 e 17-20.30 da lunedì a venerdì, 9-14 sabato)

La Segunda Vera (cartina pp106-7; ☎ 954 54 11 48; Calle Alejo Fernández 3; €8 per carico; ⏲ 9.30-13.30 e 17-20 da lunedì a venerdì, 10-13.30 sabato)

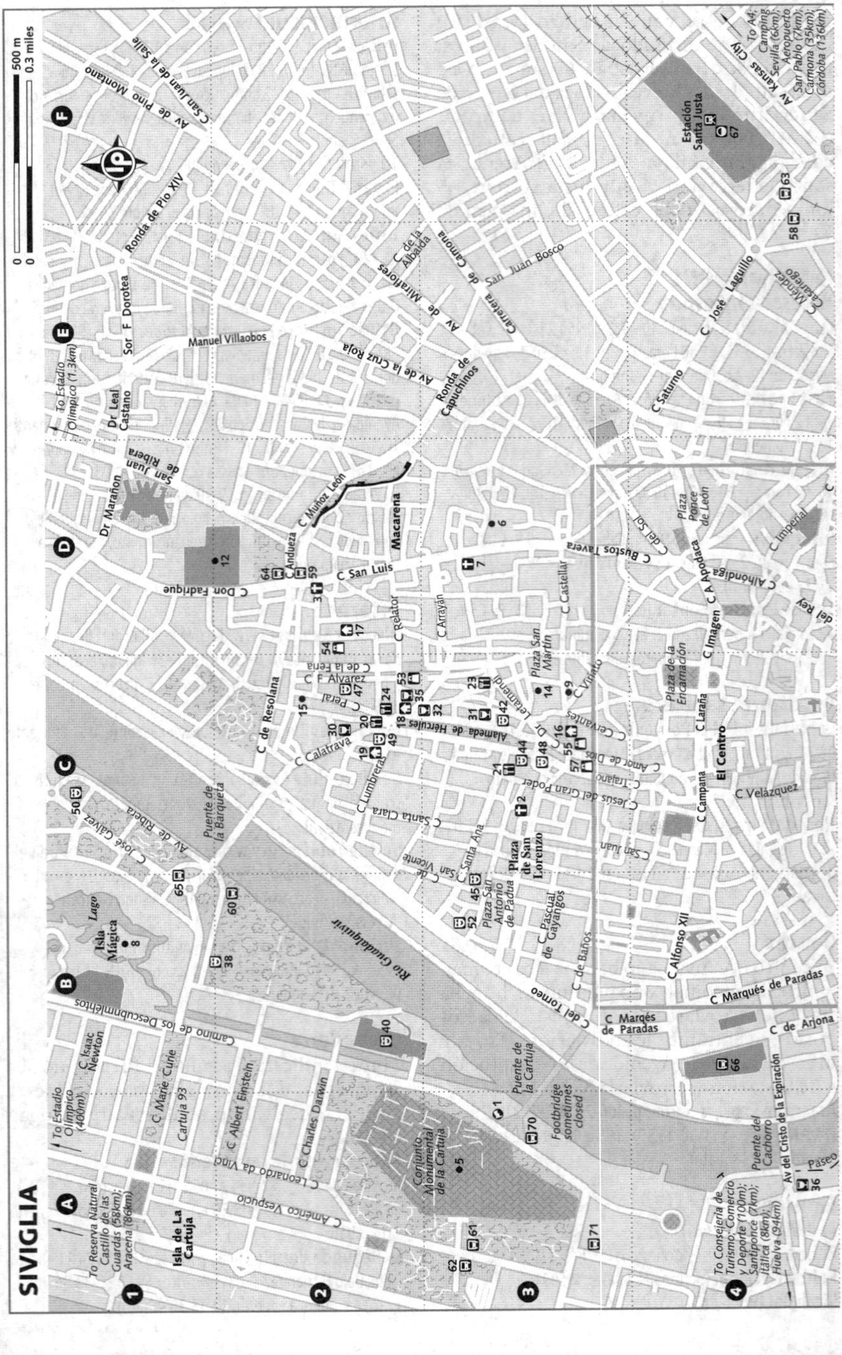
SIVIGLIA
Isla de La Cartuja
Isla Mágica
Lago
Río Guadalquivir
Puente de la Barqueta
Puente de la Cartuja
Puente del Cachorro
Footbridge sometimes closed
Conjunto Monumental de la Cartuja
Macarena
El Centro
Plaza de San Lorenzo
Plaza San Antonio de Padua
Plaza San Martín
Plaza de la Encarnación
Plaza Ponce de León
Estación Santa Justa
To Reserva Natural Castillo de las Guardas (58km); Aracena (86km)
To Estadio Olímpico (400m)
To Estadio Olímpico (1.3km)
To Consejería de Turismo, Comercio y Deporte (100m); Santiponce (7km); Itálica (8km); Huelva (94km)
To A4; Camping Sevilla (6km); Aeropuerto San Pablo (7km); Carmona (35km); Córdoba (136km)
Camino de los Descubrimientos
C Isaac Newton
C Marie Curie
Cartuja 93
C Albert Einstein
C Charles Darwin
C Leonardo da Vinci
C Américo Vespucio
Av de Ribera
C José Gálvez
C de Resolana
C Calatrava
C Lumbreras
C Peral
C F Álvarez
C de la Feria
Alameda de Hércules
C Relator
C Arrayán
C San Luis
C Don Fadrique
C Andueza
C Muñoz León
Ronda de Capuchinos
Av de la Cruz Roja
Av de Miraflores
C de la Albadía
Carretera de Carmona
San Juan Bosco
Manuel Villalobos
Sor F Dorotea
Ronda de Pío XII
Av de Pino Montano
C San Juan de la Salle
Dr Marañón
San Juan de Ribera
Dr Leal Castaño
C Santa Clara
C Santa Ana
C San Vicente
C Pascual de Gayangos
C de Baños
C del Torneo
C Marqués de Paradas
C de Arjona
Av del Cristo de la Expiración
Paseo
C Alfonso XII
C San Juan
C Jesús del Gran Poder
C Trajano
C Amor de Dios
C Cervantes
C Viriato
Leganitos
C Castellar
C Bustos Tavera
C del Sol
C A Apodaca
C Imagen
C Laraña
C Campana
C Velázquez
C Alhóndiga
C del Rey
C Imperial
C Saturno
C José Laguillo
C Méndez Casariego
Av Kansas City
0 500 m
0 0.3 miles

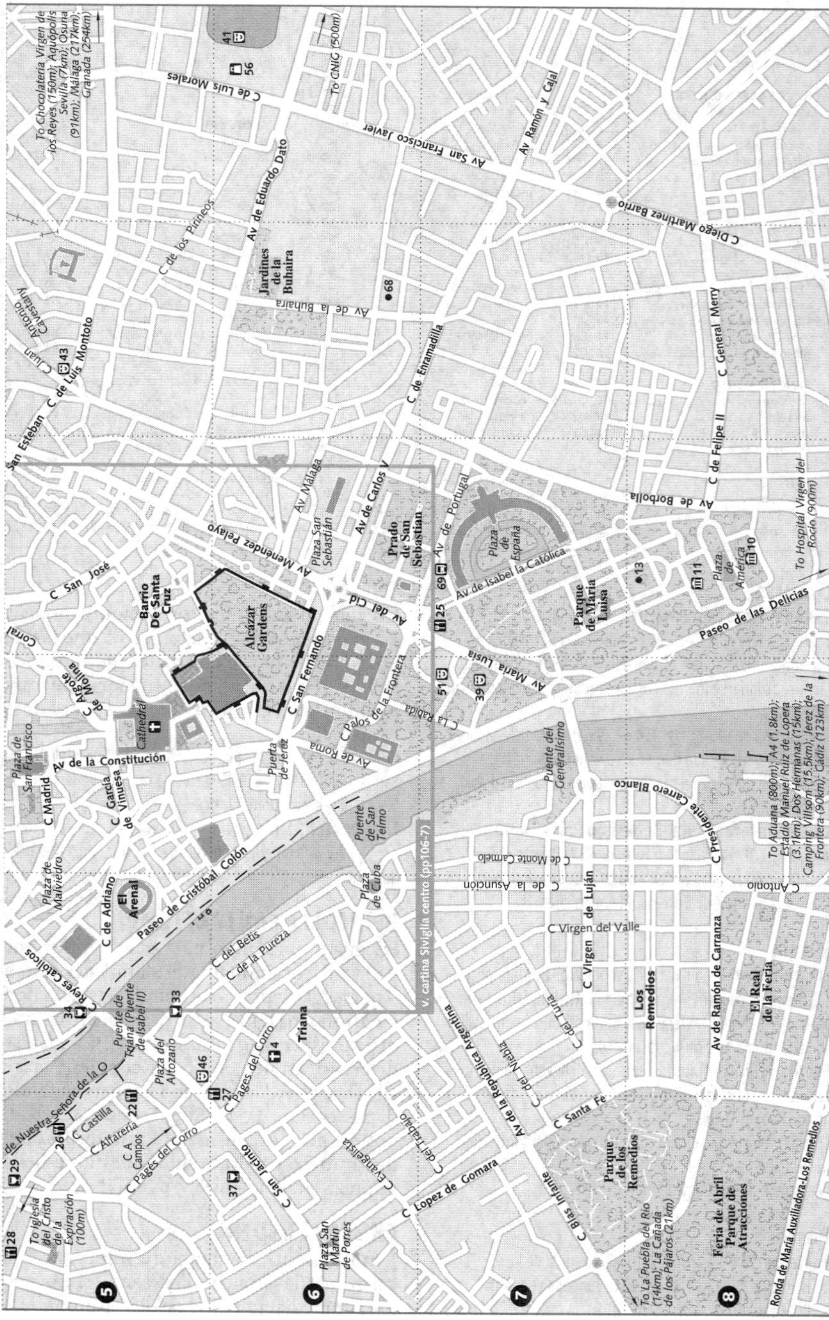
To Chocolatería Virgen de los Reyes (150m); Aquópolis Sevilla (7km); Osuna (91km); Málaga (217km); Granada (254km)
To CNIC (500m)
C de Luis Morales
Av San Francisco Javier
Av Ramón y Cajal
C Diego Martínez Barrio
Av de Eduardo Dato
C de los Pirineos
Jardines de la Buhaira
Av de la Buhaira
C de Enramadilla
C General Merry
C de Felipe II
Av de Borbolla
To Hospital Virgen del Rocío (900m)
Paseo de las Delicias
Plaza de América
Parque de María Luisa
Av de Isabel la Católica
Plaza de España
Av de Portugal
Prado de San Sebastián
Av de Carlos V
Av Málaga
Plaza San Sebastián
Av Menéndez Pelayo
Av del Cid
Alcázar Gardens
C San Fernando
Barrio De Santa Cruz
C San José
C San Esteban
C de Luis Montoto
C Juan Antonio Cavestany
C Corral
C Agote
C de Molina
Cathedral
Plaza de San Francisco
Av de la Constitución
C Madrid
C García de Vinuesa
Plaza de Malviedro
C de Adriano
El Arenal
Paseo de Cristóbal Colón
C Reyes Católicos
Puerta de Jerez
C Palos de la Frontera
Av de Roma
C La Rábida
Av María Luisa
Puente del Generalísimo
Puente de San Telmo
Plaza de Cuba
v. cartina Siviglia centro (pp106-7)
C Presidente Carrero Blanco
To Aduana (800m); A4 (1.8km); Estadio Manuel Ruiz de Lopera (3.1km); Dos Hermanas (15.5km); Camping Villsom (15.5km); Jerez de la Frontera (90km); Cádiz (123km)
C Antonio
C de Monte Carmelo
C de la Asunción
C Virgen de Luján
C Virgen del Valle
Los Remedios
Av de Ramón de Carranza
El Real de la Feria
C del Betis
C de la Pureza
Puente de Triana (Puente de Isabel II)
Triana
C Pagés del Corro
Plaza del Altozano
C de Nuestra Señora de la O
C Castilla
C Alfarería
C A Campos
C San Jacinto
C Evangelista
C del Trabajo
C del Niebla
C del Tuna
Av de la República Argentina
C Santa Fe
C Lopez de Gomara
Plaza San Martín de Porres
To Iglesia del Cristo de la Expiración (100m)
C Blas Infante
Parque de los Remedios
To La Puebla del Río (14km); La Cañada de los Pájaros (21km)
Feria de Abril Parque de Atracciones
Ronda de María Auxiliadora-Los Remedios
5
6
7
8

INFORMAZIONI

Infhor	(v. 66)	
Consolato marocchino	1	A3

CHE COSA VEDERE E FARE

Basílica de Jesús del Gran Poder	2	C3
Basílica de La Macarena	3	D2
Capilla del Rocío	4	B6
Conjunto Monumental de la Cartuja	5	A3
Espacio Meteora	6	D3
Iglesia de San Luis	7	D3
Isla Magica	8	B1
Lenguaviva	9	C3
Museo Arqueológico	10	D8
Museo de Artes y Costumbres Populares	11	D8
Parlamento de Andalucía	12	D2
Parque de Maria Luisa	13	D8
Sevilla Dance Centre	14	C3
Taller Flamenco	15	C2

PERNOTTAMENTO

Hotel Corregidor	16	C3
Hotel San Gil	17	D2
Patio de la Alameda	18	C2
Patio de la Cartuja	19	C2

PASTI

Badaluque	20	C2
Bar-Restaurante Las Columnas	21	C3
Casa Cuesta	22	A5
La Ilustre Víctima	23	C3
La Piola	24	C2
La Raza	25	D7
La Triana	26	A5
Mariscos Emilio	27	A6
Sol y Sombra	28	A5

LOCALI

Anibal Café	29	A5
Bar Ego	30	C2
Bulebar Café	31	C3
Café Central	32	C3
Café de la Prensa	33	B5
El Capote	34	B5
Fun Club	(v. 42)	
Habanilla	35	C2
La Otra Orilla	36	A4
Shiva	37	A6

DIVERTIMENTI

Almacén	(v. 45)	
Antique Teatro	38	B2
Apandau	39	C7
Auditorio de la Cartuja	40	B2
Cine Nervión Plaza	(v. 56)	
Estadio Sánchez Pizjuán	41	F6
Fun Club	42	C3
Jazz Corner	43	E5
La Buena Estrella	44	C3
La Imperdible	45	B3
La Sonanta	46	B5
Lisboa Music Club	47	C2
Naima Café Jazz	48	C3
Teatro Alameda	49	C2
Teatro Central	50	C1
Teatro Lope de Vega	51	C7
Weekend	52	B3

SHOPPING

Mercadillo del Jueves	53	C2
Mercadillo del Jueves	54	D2
Green UFOs	55	C3
Nervión Plaza	56	F6
Record Sevilla	57	C3

TRASPORTI

Fermata autobus nn. C1 e 32	58	F4
Fermata autobus nn. C1 e C3	59	D2
Fermata autobus n. C1	60	B2
Fermata autobus n. C1	61	A3
Fermata autobus n. C2	62	A3
Fermata autobus nn. C2 e 32	63	F4
Fermata autobus nn. C2 e C4	64	D2
Fermata autobus n. C2	65	B1
Estación de Autobuses Plaza de Armas	66	B4
Estación Santa Justa	67	F4
Iberia Office	68	E6
Fermata autobus Sevilla Tour e Tour Por Sevilla	69	D7
Fermata autobus Sevilla Tour e Tour Por Sevilla	(v. 60)	
Fermata autobus Sevilla Tour	70	A3
Fermata autobus Tour Por Sevilla	71	A3

Librerie

Casa del Libro (cartina pp106-7; ☎ 954 50 29 50; Calle Velázquez 8; 🕑 9.30-21.30 da lunedì a sabato) Ottimo assortimento di guide e romanzi in varie lingue, nonché di cartine, dizionari e manuali di apprendimento della lingua spagnola.

LTC (cartina pp106-7; ☎ 954 42 59 64; Avenida Menéndez y Pelayo 42-44; 🕑 da domenica a venerdì) Si tratta, senza alcun dubbio, del migliore negozio di cartine di tutta l'Andalusia.

Vértice International Bookshop (cartina pp106-7; ☎ 954 21 16 54; Calle San Fernando 33) Questa libreria, situata vicino ai giardini dell'Alcázar, dispone di romanzi in diverse lingue e di alcune guide turistiche.

Media

El Giraldillo Questa rivista, che riporta gli avvenimenti e le manifestazioni in programma in tutta l'Andalusia e in particolare a Siviglia, viene distribuita gratuitamente dalle agenzie turistiche e da alcuni alberghi.

Sevilladc Rivista gratuita dedicata agli avvenimenti culturali pubblicata e distribuita dall'*ayuntamiento* (municipio) di Siviglia.

Tourist Rivista gratuita per i turisti con utili informazioni su cosa vedere e fare.

Welcome & Olé Come la precedente.

Posta

Posta centrale (cartina pp106-7; Avenida de la Constitución 32; 🕑 8.30-20.30 da lunedì a venerdì, 9.30-14 sabato)

Telefono

In centro ci sono numerosi telefoni a monete. I seguenti centralini telefonici offrono tariffe economiche per le chiamate internazionali (€0,20 o meno al minuto per l'Europa occidentale, gli Stati Uniti, il Canada e l'Australia):

Ciber Alcázar (cartina pp106-7; ☎ 954 21 04 01; Calle San Fernando 35; 🕑 10.15-22.30 da lunedì a venerdì, 12-22.30 sabato e domenica)

First Center (cartina pp106-7; Avenida de la Constitución 34; 🕑 9-22 da lunedì a venerdì, 10-21.30 sabato, 12-21 domenica)

PERICOLI E CONTRATTEMPI

Siviglia è purtroppo nota per la diffusione della microcriminalità ai danni dei turisti – borseggi, scippi e reati simili. In realtà non si corrono maggiori rischi di rimanere vittime di furti rispetto a qualsiasi altra città andalusa di grandi dimensioni, ma conviene stare all'erta e guardarsi attorno, magari evitando di passeggiare da soli lungo strade deserte di notte e nelle ore di *siesta*. Per informazioni di carattere generale sulla questione della sicurezza in Andalusia v. p467.

CHE COSA VEDERE

I monumenti di maggiore interesse – la cattedrale, la Giralda e l'Alcázar – si trovano tutti immediatamente a est dell'Avenida de la

Constitución e a sud del vero e proprio centro di Siviglia (El Centro). Ma c'è molto da vedere anche nei rioni del Centro e del confinante El Arenal, oltre che nella zona meridionale, settentrionale e occidentale della città.

Cattedrale e Giralda

L'immensa **cattedrale** (cartina pp106-7; ☎ 954 21 49 71; www.catedralsevilla.org, in spagnolo; interi/minori di 12 anni/disabili/studenti/anziani €7,50/gratuito/gratuito/2/2, domenica ingresso libero; 🕑 11-17 da lunedì a sabato, 14.30-18 domenica da settembre a giugno, 9.30-16 da lunedì a sabato, 14.30-18 domenica luglio e agosto, chiuso 1° e 6 gennaio, Domenica delle Palme, Corpus Domini, 15 agosto, 8 e 25 dicembre) di Siviglia, una delle più grandi chiese del mondo, sorge nel luogo in cui nel XII secolo si trovava la grande moschea almohade. Accanto alla cattedrale si erge in tutta la sua altezza la torre della Giralda, l'antico minareto della moschea. Dopo la caduta di Siviglia nelle mani dei cristiani nel 1248, la moschea fu utilizzata come chiesa fino al 1401, ma in seguito, viste le condizioni di grave degrado in cui la costruzione versava, le autorità ecclesiastiche decisero di abbatterla e di ricostruirla interamente. La leggenda dice che il clero spagnolo si mise al lavoro con il seguente obiettivo: 'Dobbiamo creare un edificio guardando il quale le generazioni future penseranno a noi come a dei pazzi'. La chiesa che venne eretta è sicuramente di proporzioni notevoli – 126 m di lunghezza per 83 m di larghezza. La costruzione, interamente in stile gotico, fu completata nel 1507, mentre le opere realizzate in seguito al crollo della cupola avvenuto nel 1511 si rifanno in gran parte alle linee rinascimentali.

Le dimensioni gigantesche di questa chiesa a cinque spaziose navate sono dissimulate dall'opulenza delle strutture e delle decorazioni interne tipiche delle cattedrali spagnole, ma quella di Siviglia è davvero una delle chiese più imponenti della Spagna.

Le norme e gli orari che regolano l'accesso alla cattedrale di Siviglia cambiano frequentemente; quelle attuali sono esposte all'esterno in maniera abbastanza chiara.

ESTERNO

Vista da vicino, la massiccia costruzione esterna della cattedrale non rivela granché delle enormi ricchezze che nasconde al suo interno, ma prima di entrare date un'occhiata alla **Puerta del Perdón** in Calle Alemanes (retaggio dell'antica moschea) e ai due imponenti **portali** gotici quattrocenteschi in Avenida de la Constitución, decorati con bassorilievi in terracotta e statue eseguite da Lorenzo Mercadante de Bretaña e Pedro Millán.

La **Giralda**, la torre in mattoni alta 90 m che si erge sul lato nord-orientale della cattedrale, fu costruita tra il 1184 e il 1198, all'apice del potere della dinastia almohade, come minareto dell'antica moschea. Le splendide proporzioni, i delicati motivi ornamentali in mattoni e il colore che tende a variare con l'intensità della luce ne fanno l'edificio di epoca islamica forse più perfetto di tutta la Spagna. I livelli superiori della Giralda – dalla cella campanaria in su – vennero aggiunti nel XVI secolo, quando i cristiani spagnoli si dedicarono a 'migliorare' ciò che rimaneva delle costruzioni del periodo islamico. Sulla cima della torre sventola **El Giraldillo**, una banderuola in bronzo del XVI secolo che rappresenta la Fede e che è diventata il simbolo di Siviglia (alla Giralda si accede dall'interno della cattedrale – v. p105).

SALA DEL PABELLÓN

In questa sala, la prima che si incontra superata la biglietteria, è esposta una raccolta dei più significativi tesori della cattedrale. La maggior parte di queste opere, come d'altronde quasi tutte quelle visibili nel resto della chiesa, sono attribuite a grandi maestri del XVII secolo, l'età dell'oro dell'arte sivigliana.

CAPPELLE DEL LATO MERIDIONALE E DEL LATO SETTENTRIONALE

Le cappelle che si allineano lungo i lati meridionale e settentrionale della cattedrale sono arricchite da un numero cospicuo di sculture e dipinti di grande valore artistico. Vicino all'angolo nord-occidentale della cattedrale si trova la **Capilla de San Antonio**, con una grande tela eseguita da Murillo nel 1666 che raffigura la visione di sant'Antonio da Padova; l'immagine del santo inginocchiato, tagliata e trafugata dai ladri nel 1874, fu in seguito ritrovata a New York e risistemata nel luogo originario.

VOLTA E VETRATE ISTORIATE

Visitando la cattedrale non dimenticate di alzare lo sguardo in alto per ammirare la splendida volta gotica e le vetrate riccamente istoriate. Tra queste ultime le più antiche, caratterizzate da una grande varietà di colori, furono realizzate tra il 1478 e il 1483 da un artista tedesco conosciuto come Enrique Alemán. A lui sono attribuite le vetrate che sovrastano le cinque cappelle più occidentali su entrambi i lati della navata centrale e quelle in corrispondenza delle quattro campate più occidentali su ciascun lato della galleria superiore della navata.

TOMBA DI CRISTOFORO COLOMBO

All'interno della **Puerta de los Príncipes** si può ammirare la monumentale tomba di Cristoforo Colombo (Cristóbal Colón in spagnolo), che per lungo tempo si pensò contenesse le spoglie del grande esploratore, traslate da Cuba nel 1899. Il monumento funebre, realizzato nel 1902, è sostenuto da quattro araldi che raffigurano i quattro regni spagnoli all'epoca del famoso viaggio di Colombo nel 1492: Castiglia (che regge Granada sulla punta della lancia), León, Aragona e Navarra. Per maggiori informazioni sui quattro viaggi di Colombo v. p162.

Colombo morì nel 1506 a Valladolid (nella Spagna settentrionale), povero e probabilmente ancora convinto di avere scoperto una nuova rotta per raggiungere le Indie. Fu sepolto presso il monastero di La Cartuja a Siviglia, ma nel 1536 le sue spoglie furono trasportate a Hispaniola. Per lungo tempo si pensò che la salma custodita nella cattedrale di Siviglia fosse in realtà quella del figlio Diego (che ebbe una prima sepoltura a Hispaniola, nella Repubblica Dominicana, assieme a suo padre), ma alcuni recenti test basati sul DNA hanno dimostrato che questi misteriosi resti sono effettivamente quelli di Cristoforo Colombo. Alcuni ricercatori sono riusciti a convincere le autorità della Repubblica Dominicana – secondo cui il corpo del grande navigatore si troverebbe a Santo Domingo – ad aprire il monumento funebre che si trova sull'isola in modo da poter effettuare delle ulteriori ricerche. I risultati di tutte queste investigazioni hanno finito per complicare la situazione in quanto pare che entrambe le spoglie, sia quelle di Siviglia sia quelle di Santo Domingo, potrebbero appartenere al navigatore genovese – cosa non inverosimile visto che il suo corpo fu spostato numerose volte dopo la morte. A quanto pare il grande esploratore non ha saputo resistere al desiderio di viaggiare nemmeno dopo la sua sepoltura.

CORO

Al centro della cattedrale si erge il grande **coro**, formato da 117 stalli scolpiti in stile gotico-mudejar. Quelli del livello inferiore sono decorati con tarsie raffiguranti la Giralda, mentre sulle misericordie (mensole utilizzate come appoggio quando la celebrazione richiedeva di stare a lungo in piedi) sono rappresentati vizi e peccati.

CAPILLA MAYOR

A est del coro si trova la **Capilla Mayor** (Cappella Maggiore), il cui retablo gotico è sicuramente l'opera di maggiore pregio della cattedrale e forse la più grande pala d'altare esistente al mondo. Iniziata nel 1482 dallo scultore fiammingo Pieter Dancart e portata a termine da altri artisti nel 1564, questa immensa struttura in legno dorato e policromo finemente scolpito raffigura oltre un migliaio di personaggi biblici. Al centro del livello più basso si nota la piccola immagine in legno di cedro placcato in argento della Virgen de la Sede (XIII secolo), patrona della cattedrale.

CAPPELLE DEL LATO ORIENTALE

Lungo la parete orientale della cattedrale, a est della Capilla Mayor, si allineano alcune altre cappelle purtroppo quasi sempre chiuse al pubblico. Tra queste occorre menzionare quella centrale, la **Capilla Real** (Cappella Reale), in cui si trovano le tombe di due grandi re di Spagna – Fernando III e Alfonso X.

SACRISTÍA DE LOS CÁLICES

A sud della Capilla Mayor ci sono alcune sale in cui è raccolta una parte dei tesori d'arte più preziosi della cattedrale. Quella più a ovest è la sacrestia dei calici, sopra il cui altare è appeso un quadro di Francisco de Goya che ritrae le due martiri cristiane di Siviglia, *Santas Justa y Rufina* (1817). Si tratta di due vasaie che nel 287 d.C. subirono il martirio per mano dei romani – accanto a una delle sante è raffigurato un leone intento a leccarle i piedi.

SACRISTÍA MAYOR

La grande sala finemente scolpita con soffitto a cupola situata a est della Sacristía de los Cálices è una creazione in stile plateresco (un sontuoso genere decorativo che presenta effetti simili alla lavorazione artistica dell'argento) risalente agli anni 1528-47; l'architrave del portale è decorato con sculture che raffigurano i diversi alimenti in uso nel XVI secolo. Il *Descendimiento* (Deposizione della Croce) dipinto da Pedro de Campaña nel 1547 visibile sopra l'altare centrale all'estremità meridionale della sacristía e la *Santa Teresa* di Francisco de Zurbarán alla sua destra sono due dei maggiori capolavori di arte pittorica conservati nella cattedrale. L'opera più importante della sala è la **Custodia de Juan de Arfe**, un gigantesco ostensorio del peso di 475 kg realizzato in argento intorno al 1580 dal famoso argentiere rinascimentale Juan de Arfe. Tra le altre opere degne di nota ricordiamo la statua di *San Fernando* (Fernando III) eseguita nel 1671 da Pedro Roldán e *La Inmaculada* di Alonso Martínez del 1657; entrambe queste statue vengono portate in processione in occasione delle celebrazioni sivigliane del Corpus Domini. In una bacheca di vetro sono custodite le chiavi della città consegnate a Fernando III nel 1248 al momento del suo vittorioso ingresso a Siviglia.

CABILDO

La splendida sala capitolare con volta a cupola nell'angolo sud-orientale della cattedrale fu costruita tra il 1558 e il 1592 per ospitare le riunioni delle alte gerarchie ecclesiastiche. Il progetto è di Hernán Ruiz, cui si deve anche la torre campanaria della Giralda. In alto, al di sopra del trono arcivescovile all'estremità sud della sala, si può ammirare il capolavoro di Murillo *La Inmaculada*. Alla medesima altezza intorno alla cupola sono disposte otto figure di santi, anch'esse opera di Murillo.

GIRALDA

Nell'angolo nord-orientale della cattedrale troverete il passaggio che porta alla cella campanaria della Giralda. Si sale senza difficoltà attraverso una serie di rampe – realizzate in modo da consentire alle guardie dell'epoca di salire anche a cavallo – che portano fino in cima. Lungo il percorso la vista spazia sulla selva di archi rampanti e pinnacoli che circonda la cattedrale, oltre che sulla città e sui dintorni.

PATIO DE LOS NARANJOS

All'esterno del lato settentrionale della cattedrale, dove ora c'è un patio con 66 *naranjos* (alberi di arancio) e al centro una fontana di epoca visigota, un tempo si trovava il cortile della moschea. Dal soffitto all'angolo sud-orientale del patio pende un coccodrillo imbalsamato – non è più l'originale, ma una copia di quello donato ad Alfonso X dal sultano dell'Egitto. Sul lato nord del patio si vede un bel portale islamico conosciuto come Puerta del Perdón.

Alcázar

A sud della cattedrale, sul lato opposto di Plaza del Triunfo, si erge la splendida costruzione dell'**Alcázar** (cartina pp106-7; ☎ 954 50 23 23; www.patronato-alcazarsevilla.es; interi/minori di 16 anni/studenti/anziani/disabili €7/gratuito/gratuito/gratuito/gratuito; 🕑 9.30-20 da martedì a sabato, 9.30-18 domenica e festivi da aprile a settembre, 9.30-18 da martedì a sabato, 9.30-14.30 domenica e festivi da ottobre a marzo), un monumento dichiarato Patrimonio dell'Umanità che sembra l'Alhambra di Granada in scala ridotta (ma altrettanto affascinante) e che tutti i turisti dovrebbero attentamente visitare.

Costruito nel 913 come fortezza per i governatori cordoviani di Siviglia, l'Alcázar fu in seguito teatro delle vite e degli amori di diversi regnanti illustri, tra i quali lo straordinario re cristiano Pedro I di Castiglia (regno 1350-69), conosciuto come Pedro el Cruel (il Crudele) o Pedro el Justiciero (il Dispensatore di Giustizia) a seconda dei punti di vista.

Ampliato e ricostruito diverse volte nel corso degli undici secoli della sua esistenza, l'Alcázar è un edificio piuttosto difficile da capire (cosa che tuttavia contribuisce ad accrescere il suo fascino). Nell'XI secolo i potenti signori musulmani della *taifa* di Siviglia ampliarono la fortezza originale con l'aggiunta di un palazzo chiamato Al-Muwarak (il Benedetto) in corrispondenza di quello che è oggi il lato occidentale dell'Alcázar. Nel XII secolo i sovrani almohadi ordinarono la costruzione di un altro edificio a est di quest'ultimo, intorno all'attuale Patio del Crucero. Dopo aver conquistato Siviglia nel 1248, Fernando III fece il suo ingresso all'Alcázar e diversi re cristiani dopo di lui seguirono il suo esempio eleggendo il palazzo a loro residenza principale. Il figlio di Fernando, Alfonso X, sostituì gran parte della struttura almohade con un edificio in stile gotico, mentre tra il 1364 e il 1366 Pedro I creò, in parte nel luogo in cui sorgeva l'antico Al-Muwarak, il gioiello dell'Alcázar, ossia il sontuoso **Palacio de Don Pedro** dalle linee tipicamente mudejar. Intorno al 1480 i re cattolici Fernando e Isabella trasferirono la loro corte in questa

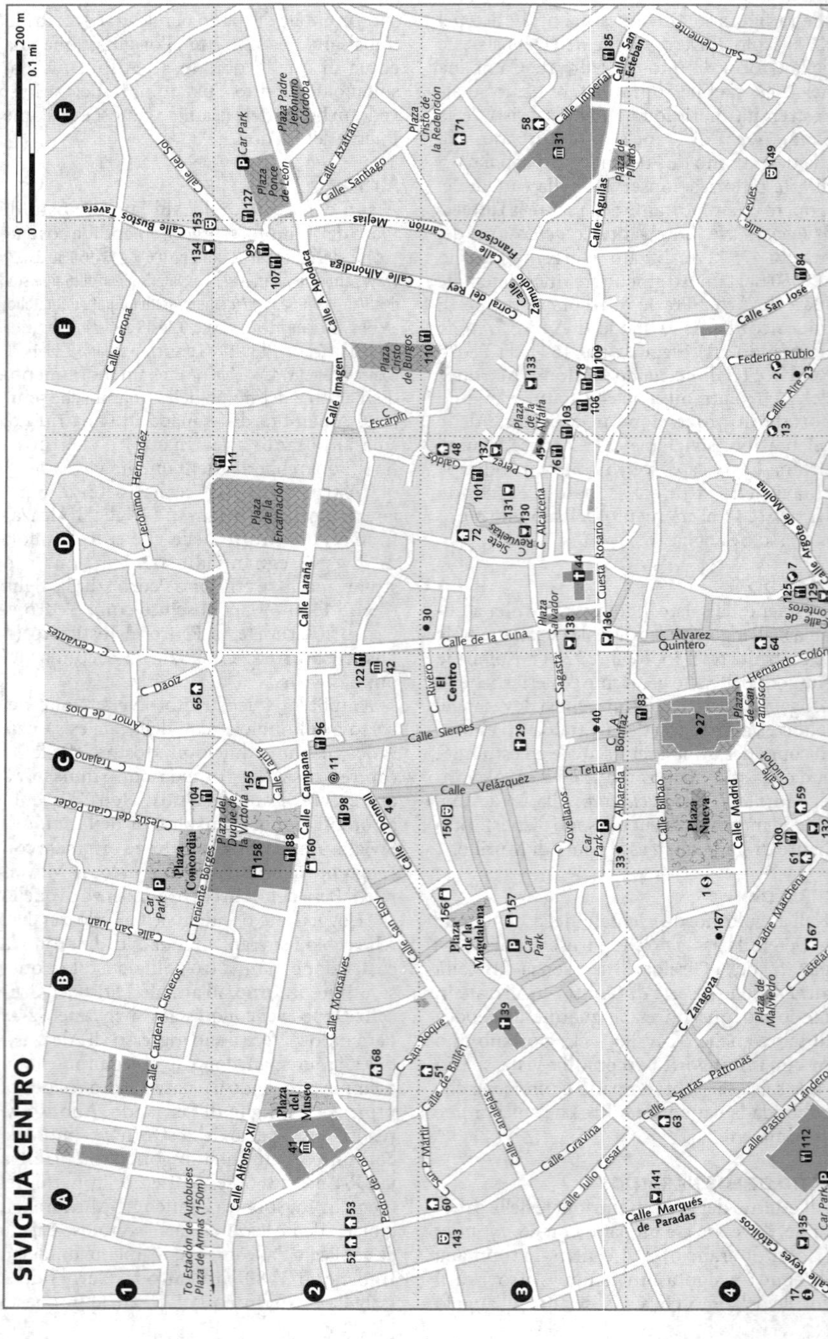

SIVIGLIA CENTRO
0 200 m
0 0.1 mi
To Estación de Autobuses Plaza de Armas (150m)
Calle Alfonso XII
Calle Cardenal Cisneros
Calle San Juan
C Teniente Borges
Plaza Concordia
Car Park
Plaza del Duque de la Victoria
C Jesús del Gran Poder
C Trajano
C Amor de Dios
C Daoíz
C Cervantes
C Jerónimo Hernández
Calle Gerona
Calle Bustos Tavera
Calle del Sol
Car Park
Plaza Ponce de León
Plaza Padre Jerónimo Córdoba
Calle Azafrán
Calle Santiago
Plaza Cristo de la Redención
Calle Imperial
Calle San Esteban
C San Clemente
Plaza de Pilatos
Calle Águilas
Calle Levíes
Calle San José
C Federico Rubio
Calle Aire
Calle Argote de Molina
Calle de Conteros
C Álvarez Quintero
C Hernando Colón
Plaza de San Francisco
Calle Carrión Mejías
Calle Alhóndiga
Calle Francisco
Corral del Rey
Calle Zamudio
Calle A Apodaca
Calle Imagen
Plaza Cristo de Burgos
C Escarpín
Plaza de la Alfalfa
C Pérez Galdós
C Alcaicería
Siete Revueltas
Cuesta Rosario
Plaza de la Encarnación
Calle Laraña
Calle de la Cuna
Plaza Salvador
C Rivero
El Centro
C Sagasta
Calle Sierpes
Calle Campana
Calle Velázquez
C Tetuán
C A Bonifaz
C Albareda
C Jovellanos
Car Park
Calle Bilbao
Plaza Nueva
Calle Madrid
Calle J Cuchot
Calle O'Donnell
Calle San Eloy
Calle Monsalves
Plaza del Museo
Plaza de la Magdalena
Car Park
C San Roque
Calle de Bailén
C San P Mártir
C Pedro del Toro
Calle Canalejas
Calle Gravina
Calle Julio César
Calle Marqués de Paradas
Calle Santas Patronas
C Zaragoza
C Padre Marchena
Plaza de Molviedro
C Castelar
Calle Pastor y Landero
Calle Reyes Católicos
Car Park
A B C D E F
1 2 3 4

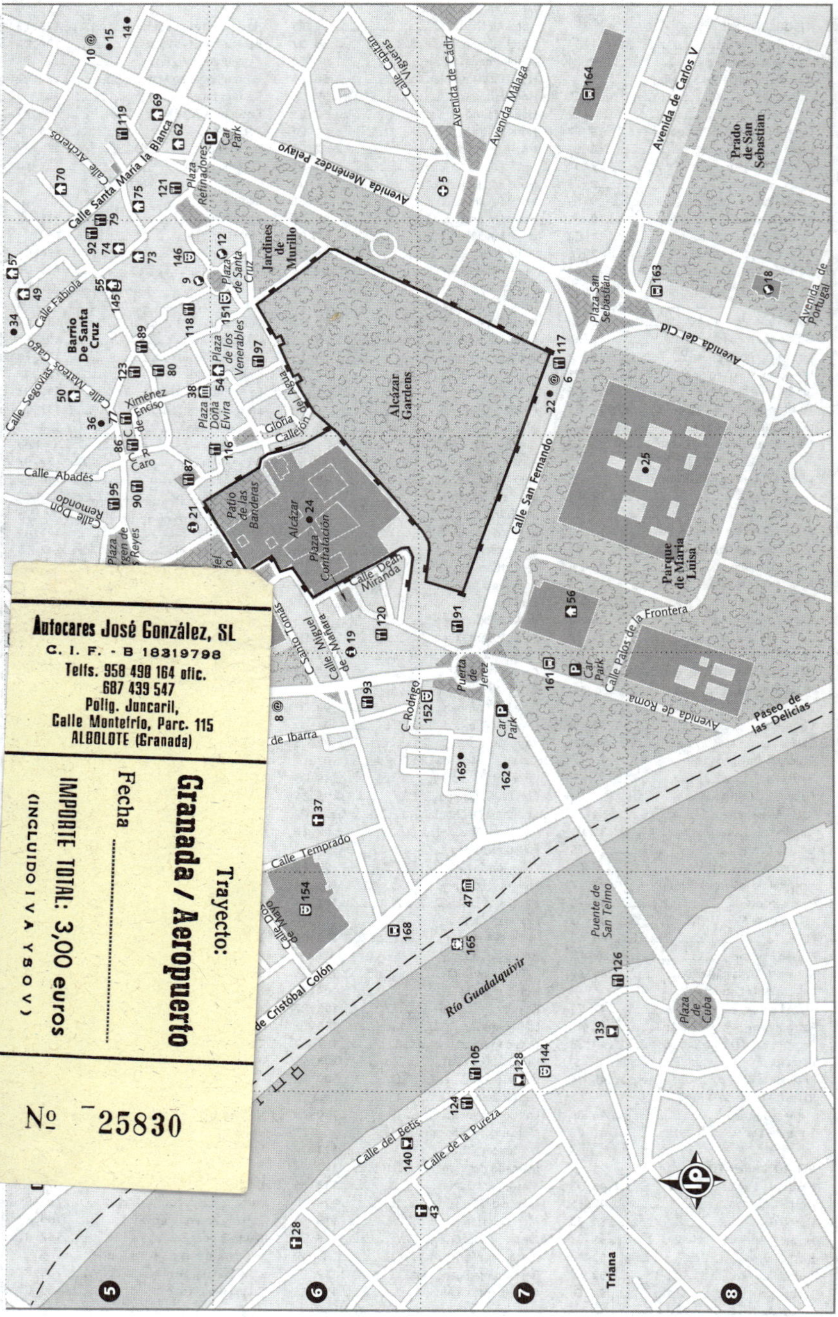
Barrio De Santa Cruz
Jardines de Murillo
Alcázar Gardens
Patio de las Banderas
Alcázar
Plaza Contratación
Avenida Menéndez Pelayo
Calle San Fernando
Parque de María Luisa
Prado de San Sebastian
Plaza San Sebastián
Avenida de Carlos V
Avenida del Cid
Avenida de Portugal
Avenida de Roma
Paseo de las Delicias
Puerta de Jerez
Puente de San Telmo
Plaza de Cuba
Río Guadalquivir
Calle del Betis
Calle de la Pureza
Calle Temprado
Triana
Autocares José González, SL
C. I. F. - B 18319798
Telfs. 958 490 164 ofic.
687 439 547
Polig. Juncaril,
Calle Montefrío, Parc. 115
ALBOLOTE (Granada)
Trayecto:
Granada / Aeropuerto
Fecha
IMPORTE TOTAL: 3,00 euros
(INCLUIDO I V A Y S O V)
Nº 25830

INFORMAZIONI

American Express **1** B4
Consolato australiano **2** E4
Auto-Servicio de Lavandería Sevilla **3** C5
Casa del Libro **4** C2
Centro de Salud El Porvenir **5** F7
Ciber Alcázar **6** E7
Consolato olandese **7** D4
First Center **8** C6
Consolato francese **9** E5
Internetia **10** F5
Interpublic **11** C2
Consolato irlandese **12** E6
Consolato italiano **13** E4
La Segunda Vera **14** F5
LTC **15** F5
Posta centrale **16** C6
Ufficio turistico municipale **17** A4
Consolato portoghese **18** E8
Ufficio turistico regionale **19** D6
Seville Internet Center **20** C5
Turismo Sevilla **21** D5
USA Consular Agency (v. 1)
Vértice International Bookshop **22** E7

CHE COSA VEDERE E FARE

Aire de Sevilla **23** E4
Alcázar **24** D6
Antigua Fábrica de Tabacos (Universidad de Sevilla) **25** D8
Archivo de Indias **26** D6
Ayuntamiento **27** C4
Baños Árabes (v. 23)
Capilla de los Marineros **28** A6
Capilla de San José **29** C3
Carpe Diem **30** D3
Casa de la Memoria de Al-Andalus (v. 55)
Casa de Pilatos **31** F3
Cattedrale **32** D5
CLIC **33** C3
Cruceros Turísticos Torre del Oro (v. 47)
Fundación Cristina Heeren de Arte Flamenco **34** E5
Giralda **35** D5
Giralda Center **36** E5
Hospital de la Caridad **37** C6
Hospital de los Venerables Sacerdotes **38** E5
Iglesia de la Magdalena **39** B3
LINC **40** C3
Museo Marittimo (v. 47)
Museo de Bellas Artes **41** A2
Palacio de la Condesa de Lebrija **42** C2
Parroquia de Santa Ana **43** A7
Parroquia del Divino Salvador **44** D3
Petmarket (v. 45)
Plaza de la Alfalfa **45** D3
Plaza de Toros de la Real Maestranza **46** B5
Torre del Oro **47** B7

PERNOTTAMENTO

Casa Sol y Luna **48** D3
Hostal Córdoba **49** E5
Hostal Goya **50** E5
Hostal Residencia Naranjo **51** B3
Hostal Roma **52** A2
Hostal Romero **53** A2
Hostería del Laurel **54** E6
Hotel Alcántara **55** E5
Hotel Alfonso XIII **56** D7
Hotel Amadeus **57** E5
Hotel Casa Imperial **58** F3
Hotel Europa **59** C4
Hotel Madrid **60** A3
Hotel Maestranza **61** C4
Hotel Puerta de Sevilla **62** F5
Hotel Puerta de Triana **63** A4
Hotel San Francisco **64** D4
Hotel Sevilla **65** C1
Hotel Simón **66** C5
Hotel Vincci La Rábida **67** B4
Hotel Zaida **68** B2
Huéspedes Dulces Sueños **69** F5
Las Casas de la Judería **70** F5
Las Casas del Rey de Baeza **71** F3
Oasis Backpackers Hostel **72** D3
Pensión Cruces **73** E5
Pensión San Pancracio **74** E5
Un Patio en Santa Cruz **75** F5

PASTI

Alfalfa 10 **76** D3
Altamira Bar-Café (v. 92)
Alvaro Peregil **77** E5
Bar Alfalfa **78** E3
Bar Casa Fernando **79** F5
Bar Entrecalles **80** E5
Bar Gloria Bendita **81** B5
Bar Horacio **82** B5
Bar Laredo **83** C4
Bar Levíes **84** E4
Bar Pepe-Hillo (v. 81)
Bodega Extremeña **85** F3
Bodega Santa Cruz **86** D5
Cafe Alianza **87** D5
Café Bar Duque **88** C2
Café Bar Las Teresas **89** E5
Café-Bar Campanario **90** D5
Café-Bar Puerta de Jerez **91** D7
Carmela **92** E5
Casa de la Moneda **93** C6
Casa Robles **94** D5
Cervecería Giralda **95** D5
Confitería La Campana **96** C2
Corral del Agua **97** E6
El Patio San Eloy **98** C2
El Rinconcillo **99** E2
Enrique Becerra **100** C4
Habanita **101** D3
Horno de San Buenaventura **102** C5
Horno de San Buenaventura **103** E3
Horno del Duque **104** C1
Kiosco de las Flores **105** B7
La Bodega **106** E3
La Giganta **107** E2
La Tienda de Eva **108** C5
La Trastienda **109** E3
Los Alcazarés (v. 111)
Los Coloniales **110** E3
Mercado de la Encarnación (mercato) **111** D2
Mercado del Arenal (mercato) **112** A4
Mesón Cinco Jotas **113** B5
Mesón de la Infanta **114** B6
Mesón Serranito **115** B5
Restaurant La Cueva **116** D6
Restaurant San Fernando (v. 56)
Restaurante Egaña Oriza **117** E7
Restaurante La Albahaca **118** E5
Restaurante La Judería **119** F5
Restaurante Las Lapas **120** D6
Restaurante Modesto **121** F5
Restaurante San Marco **122** C2
Restaurante San Marco **123** E5
Ristorante Cosa Nostra **124** A7
Robles Placentines **125** D4
Río Grande **126** B7
Taberna Los Terceros **127** F2

LOCALI

Alambique **128** B7
Antigüedades **129** D4
Bar Europa **130** D3
Bare Nostrum **131** D3
Big Ben (v. 128)
Cabo Loco (v. 131)
Cerveceria International **132** C4
El Garlochi **133** E3
El Perro Andaluz **134** E1
Isbiliyya Café **135** A4
La Antigua Bodeguita **136** D3
La Rebótica **137** D3
La Saportales **138** D3
La Subasta (v. 129)
Madigan's **139** B7
Maya Soul **140** A6
Mú d'Aquí (v. 128)
Nao (v. 131)
Nu Yor Café **141** A4
P Flaherty Irish Pub **142** C5
Sirocca (v. 128)

DIVERTIMENTI

Avenida 5 Cines **143** A3
Boss **144** B7
Casa de la Memoria de Al-Andalus **145** E5
El Tamboril **146** E5
Elefunk **147** B5
Empresa Pagés **148** B5
La Carbonería **149** F4
La Teatral **150** C3
Los Gallos **151** E6
Plaza de Toros de la Real Maestranza (v. 46)
Sala La Fundición **152** C7
Sol Café Cantante **153** E1
Teatro de la Maestranza **154** B6

SHOPPING

El Corte Inglés **155** C2
El Corte Inglés **156** B3
El Corte Inglés **157** B3
El Corte Inglés **158** B2
El Postigo **159** C5
Sevilla Rock **160** C2

TRASPORTI

Fermata autobus per l'aeroporto **161** C7
ATA Rent A Car **162** C7
Fermata autobus n. C2 **163** E8
Cruceros Turísticos Torre de Oro (v. 165)
Estación de Autobuses Prado de San Sebastián **164** F7
Good Rent A Car (v. 169)
Jetty **165** B7
Parking Paseo de Colón **166** A5
Renfe Office **167** B4
Fermata autobus Sevilla Tour e Tour Por Sevilla **168** B6
Triana Rent A Car **169** C7

fortezza per prepararsi alla conquista di Granada, mentre ai loro successori si deve la realizzazione degli incantevoli giardini dell'Alcázar.

PATIO DEL LEÓN

Dalla biglietteria situata appena all'interno della **Puerta del León** si esce nel Patio del León, un tempo piazza della guarnigione dell'antico palazzo Al-Muwarak. Da qui si accede alla **Sala de la Justicia**, caratterizzata da splendidi stucchi mudejar e da un magnifico *artesonado* (soffitto in legno costituito da un intreccio di travi arricchite da decorazioni ornamentali). Questa sala fu realizzata intorno al 1340 dal re cristiano Alfonso XI per accoglierví una delle sue favorite, Leonor de Guzmán, a quanto si dice la più bella donna spagnola dell'epoca. A causa delle molteplici avventure amorose del padre, l'erede legittimo, Pedro I, si ritrovò a dover affrontare le pretese di cinque fratellastri illegittimi e a combattere un'accanita lotta per conservare il potere. Pare che Pedro, disposto a tutto per il trono, abbia fatto assassinare una dozzina di persone tra parenti e amici. Uno di questi, il fratellastro Don Fadrique, fu ucciso proprio nella Sala de la Justicia.

La sala si affaccia sul grazioso **Patio del Yeso**, ricostruzione ottocentesca di un'ala del palazzo almohade del XII secolo.

PATIO DE LA MONTERÍA

Le stanze situate lungo il lato occidentale del Patio della Montería facevano parte della Casa de la Contratación (Casa della Contrattazione), fondata nel 1503 dai re cattolici Fernando e Isabella per controllare i commerci con le Americhe. Nel **Salón del Almirante** (Salone dell'Ammiraglio) sono raccolti dipinti del XIX e XX secolo raffiguranti avvenimenti e personaggi storici collegati alla città di Siviglia; nella sala cui si accede dall'estremità nord del Salone dell'Ammiraglio è esposta una straordinaria collezione di bellissimi ventagli decorati provenienti da tutto il mondo. La **Sala de Audiencias** (Sale delle Udienze) è decorata con una teppezzeria che riproduce gli stemmi degli ammiragli spagnoli e con il quadro della *Virgen de los Mareantes* (Vergine dei marinai) di Alejo Fernández, eseguito intorno al 1530 – si tratta, quindi, del più antico dipinto di cui si abbia notizia dedicato alla scoperta dell'America. Sotto il suo mantello la Vergine dà rifugio a Cristoforo Colombo, a Fernando El Católico, a Carlos I, ad Amerigo Vespucci e ai nativi americani. La sala ospita anche un modello di una delle caravelle di Colombo, la *Santa María*.

CUARTO REAL ALTO

L'Alcázar ha tuttora la funzione di palazzo reale. Nel 1995, dopo la cerimonia nella cattedrale di Siviglia, vi si svolsero i festeggiamenti per le nozze dell'infanta Elena, figlia del re Juan Carlos I. Il Cuarto Real Alto (Quartieri Reali Superiori), le camere utilizzate dalla famiglia reale spagnola in occasione dei loro soggiorni a Siviglia, è aperto ogni giorno per circa una dozzina di visite guidate di mezz'ora (€3), alcune in spagnolo, altre in inglese. Questi tour sono limitati a un massimo di 15 persone; chi fosse interessato farebbe bene a prenotare telefonando con un certo anticipo al ☎ 954 56 00 40. I biglietti che non vengono prenotati possono essere acquistati presso la biglietteria principale dell'Alcázar. Le visite partono dall'angolo sud-occidentale del Patio de la Montería: tra le attrattive di maggiore interesse segnaliamo il trecentesco Salón de Audiencias, ancora oggi sala delle udienze del re, e la camera da letto di Pedro I, stupendamente decorata con stucchi e piastrelle.

PALACIO DE DON PEDRO

Di qualsiasi delitto Pedro I si sia macchiato, gli si deve comunque riconoscere il grande merito di aver fatto edificare questo palazzo (chiamato anche Palacio Mudéjar), di una tale magnificenza da poter competere a pieno titolo con l'Alhambra di Granada (p383). A differenza di quest'ultima, il Palacio de Don Pedro conserva ancora vividi i colori utilizzati per decorare i bassorilievi che adornano le pareti, il che permette di farsi un'idea molto precisa dell'incredibile ricchezza delle decorazioni che originariamente impreziosivano gli interni non solo dell'Alcázar ma anche dell'Alhambra.

Essendo in pessimi rapporti con molti dei suoi pari cristiani, Pedro stabilì una lunga alleanza con l'emiro musulmano di Granada, Maometto V, ideatore di gran parte delle meraviglie dell'Alhambra. Fu quindi naturale che nel 1364, quando Pedro prese la decisione di costruire un nuovo palazzo all'interno dell'Alcázar, l'emiro gli inviasse i suoi migliori artigiani, cui si unirono numerosi artisti locali e di Toledo. Il risultato della loro opera, ispirata alle tradizioni artistiche degli almohadi e del califfato di Córdoba, è una sintesi perfetta e impareggiabile dell'arte araba iberica.

Le iscrizioni incise sulla **facciata** che dà sul Patio de la Montería testimoniano l'insolito carattere di questo palazzo. Se da una parte si afferma in lingua spagnola che l'artefice di tanta grandiosità è 'l'altissimo e nobile conquistatore Don Pedro, per grazia di Dio re di Castiglia e León', dall'altra si proclama in arabo che 'non esiste altro conquistatore al di fuori di Allah'.

Al centro del palazzo è situato il sublime **Patio de las Doncellas** (Patio delle Fanciulle), delimitato da elegantissime arcate e ornato con stucchi e piastrelle di squisita fattura. Le porte in legno alle due estremità sono tra le più raffinate mai realizzate dagli artigiani di Toledo. Il giardino incassato nel centro, nascosto sotto una copertura in marmo del XVI secolo, è stato scoperto dagli archeologi nel 2004.

La **Cámara Regia** (Appartamento Reale), che si affaccia sul lato nord del patio, presenta splendidi soffitti e magnifiche decorazioni in stucco e piastrelle. La stanza sul retro era probabilmente la camera da letto estiva del re.

Da qui, dirigendosi verso ovest, si raggiunge il piccolo **Patio de las Muñecas** (Patio delle Bambole), il cuore degli appartamenti privati del palazzo, abbellito da delicati elementi in stile granadino; gli stucchi, che provengono dall'Alhambra, furono aggiunti nel XIX secolo, quando vennero realizzate la galleria centrale e quella superiore per la regina Isabella II. Il **Cuarto del Príncipe** (Appartamento del Principe), a nord del patio, presenta una meravigliosa cupola in legno su cui è raffigurato un cielo notturno illuminato dalle stelle; questa stanza era probabilmente la camera da letto della regina.

Lo spettacolare **Salón de Embajadores** (Salone degli Ambasciatori), all'estremità ovest del Patio de las Doncellas, era la sala del trono di Pedro I – funzione che aveva già svolto in tempi precedenti all'epoca del palazzo Al-Muwarak (del quale Pedro mantenne le porte a ferro di cavallo). La favolosa cupola in legno decorata con una molteplicità di motivi a stella che simboleggiano l'universo fu aggiunta nel 1427; a causa della sua forma questa sala veniva chiamata Sala de la Media Naranja (Sala della Mezza Arancia). Magnifici gli stucchi ornamentali policromi. In questa stanza Pedro tese una trappola al cosiddetto Re Rosso, che aveva temporaneamente deposto dal trono il suo amico Maometto V di Granada. Durante un banchetto alcuni uomini armati saltarono improvvisamente fuori da un nascondiglio e catturarono il Re Rosso e il suo seguito di 37 persone, tutte poi giustiziate alcuni giorni più tardi fuori delle mura di Siviglia.

Tramite lo splendido **Arco de Pavones** (così chiamato per i pavoni con cui è decorato), che si apre sul lato occidentale del Salón de Embajadores, si accede al **Salón del Techo de Felipe II**, con il suo bel soffitto rinascimentale (1589-91). Un altro soffitto degno di nota è quello della **Capilla**, risalente al 1540 circa, che s'incontra percorrendo il lato meridionale del Patio de las Doncellas.

SALONES DE CARLOS V

Queste sale, raggiungibili tramite una scala che parte dall'angolo sud-orientale del Patio de las Doncellas, appartenevano alla residenza duecentesca in stile gotico fatta costruire da Alfonso X – ma sono state più volte rimaneggiate. Qui erano soliti radunarsi gli intellettuali della corte di Alfonso, mentre Pedro I, un secolo più tardi, le utilizzò per alloggiarvi una sua favorita, María de Padilla. Le stanze portano ora il nome del re Carlos I, vissuto nel XVI secolo, il quale assunse tuttavia il nome di Carlos V e il titolo di imperatore del Sacro Romano Impero. In queste sale si svolsero l'11 marzo 1526 i festeggiamenti per le sue nozze e la **Sala de las Bóvedas** (Sala della Volta) testimonia questo evento con la bella decorazione a piastrelle commissionata dal figlio Felipe II intorno al 1570 e realizzata da Cristóbal de Augusta.

PATIO DEL CRUCERO

Questo patio, su cui si affacciano i Salones de Carlos V, era in origine il piano superiore del patio del palazzo almohade del XII secolo. A quell'epoca il patio era formato unicamente da marciapiedi rialzati che correvano lungo i suoi quattro lati e da due altri marciapiedi che s'incrociavano nel centro. Al piano inferiore crescevano degli alberi di aranci sistemati a un'altezza tale che i loro frutti potessero essere comodamente staccati dai rami da chi passeggiava nel patio. Nel XVIII secolo, in seguito ai danni provocati da un terremoto, il piano inferiore venne interamente ricostruito.

GIARDINI E USCITA

Dai Salones de Carlos V si esce nei vasti e tranquilli giardini dell'Alcázar. La disposizione attuale, sia di questi giardini sia di quelli del Palacio de Don Pedro, risale al XVI e XVII secolo. Immediatamente di fronte agli edifici è disposta una serie di giardinetti comunicanti fra di loro, alcuni abbelliti con vasche, altri con fontane. Da uno di questi, il **Jardín de las Danzas** (Giardino delle Danze), parte un passaggio che si snoda sotto i Salones de Carlos V e raggiunge i **Baños de Doña María de Padilla** (Bagni di María de Padilla), costituiti dalle volte sottostanti il Patio del Crucero – in origine il livello inferiore del patio stesso – e comprendenti una grotta realizzata in sostituzione della vasca che un tempo decorava il patio.

I giardini sul lato est, situati al di là di un lungo muro, sono stati realizzati nel XX secolo. Si esce tramite l'**Apeadero**, un salone d'ingresso secentesco, e il **Patio de las Banderas** (Patio delle Bandiere).

Archivo de Indias

Situato sul lato ovest di Plaza del Triunfo, l'**Archivo de Indias** (Archivio delle Indie; cartina pp106-7; ☎ 954 21 12 34; Calle Santo Tomás), dichiarato Patrimonio dell'Umanità, costituisce dal 1785 il più importante archivio dell'impero spagnolo in America. L'edificio cinquecentesco, progettato da Juan de Herrera, ospitava originariamente la Lonja (cambio) di Siviglia per il commercio con le Americhe. I suoi 8 km di scaffali custodiscono 80 milioni di pagine di documenti che spaziano dal 1492 alla fine dell'impero nel XIX secolo. L'archivio organizza spesso interessanti esposizioni temporanee di carte geografiche e documenti, tra cui manoscritti di personaggi come Colombo, Cervantes, Cortés e Pizarro. L'ufficio turistico saprà fornirvi un calendario aggiornato delle mostre in programma.

Barrio de Santa Cruz

Il Barrio de Santa Cruz (cartina pp106-7), ossia la vecchia *judería* (ghetto ebraico) della città, è abbellito da decine di incantevoli piazze ombreggiate da alberi di arancio che con i loro bellissimi fiori e frutti inondano di profumo le strade circostanti. Per quanto sia ormai diventata una zona molto turistica, questa è ancora una parte vitale della città che si presta benissimo a una tranquilla e piacevole passeggiata.

Il *barrio* (quartiere), che si estende a est della cattedrale e dell'Alcázar in un labirinto di viuzze tortuose e deliziose piazzette, offre numerose possibilità di pernottamento e vari ristoranti, oltre a una miriade di negozi di souvenir. Dopo la conquista cristiana di Siviglia del 1248 in quest'area della città venne istituita la *judería*, che raggiunse l'apice della sua prosperità sotto il regno di Pedro I; molti finanziatori ed esattori delle tasse della sua corte erano infatti ebrei nati nel *barrio*. Tuttavia i conflitti razziali finirono, nel 1391, per sfociare in un sanguinoso pogrom che allontanò dalla *judería* la maggior parte dei suoi abitanti.

Attraverso una serie di viuzze che partono da Plaza del Triunfo si raggiunge la piazza più caratteristica del quartiere, **Plaza Doña Elvira**, con le sue belle panchine rivestite di *azulejos* su cui potrete riposarvi all'ombra degli alberi d'arancio. Procedendo di pochi passi verso est s'incontra Plaza de los Venerables e il secentesco **Hospital de los Venerables Sacerdotes** (cartina pp106-7; ☎ 954 56 26 96; interi/minori di 12 anni/studenti/anziani €5/gratuito/2,50/2,50, domenica pomeriggio gratuito; 🕑 10-14 e 16-20). Questo edificio, utilizzato fino agli anni '60 come residenza per preti anziani, ha un bellissimo cortile interno e diverse sale espositive, una delle quali ospita una collezione di stampe di Siviglia. Da notare la chiesa decorata da affreschi di Juan de Valdés Leal e da pregevoli sculture di Pedro Roldán.

Continuando lungo un paio di stradine in direzione est si raggiunge la tranquilla **Plaza de Santa Cruz**, con al centro la croce realizzata nel 1692 che dà il nome al *barrio*. La croce costituisce uno degli esempi più significativi di lavorazione del ferro battuto che sia dato vedere a Siviglia. Proseguendo brevemente verso nord s'incontra la **Casa de la Memoria de Al-Andalus** (cartina pp106-7; ☎ 954 56 06 70; Calle Ximénez de Enciso 28; 🕑 9-14 e 18-19.30), una residenza eretta nel XVIII secolo nel luogo in cui originariamente esisteva una casa medievale ebraica, che vanta uno dei più graziosi patio della città in cui vengono anche allestiti bellissimi spettacoli di flamenco.

El Arenal

Da Avenida de la Constitución con una breve passeggiata si raggiunge il Río Guadalquivir, lungo la cui sponda si snoda un piacevole tratto pedonale. Il quartiere di El Arenal (cartina pp106-7) vanta la presenza di alcune delle principali attrattive turistiche di Siviglia.

TORRE DEL ORO

Situata proprio sul lungofiume, questa torre di vedetta almohade del XIII secolo in passato sovrastava un angolo delle mura cittadine che dall'Alcázar arrivava fino a qui; la leggenda narra che, all'epoca, la sua cupola era ricoperta di tegole dorate. All'interno è allestito un piccolo **Museo Marittimo** (☎ 954 22 24 19; ingresso €1; 🕑 10-14 da martedì a venerdì, 11-14 sabato e domenica, chiuso in agosto) che espone, tra l'altro, una bella collezione di modellini di navi famose.

HOSPITAL DE LA CARIDAD

Un isolato a est del fiume sorge la chiesa dell'**Hospital de la Caridad** (Ospedale degli Anziani; cartina pp106-7; ☎ 954 22 32 32; Calle Temprado 3; ingresso €4, gratuito domenica e festivi; 🕑 9-13.30 e 15.30-19.30 da lunedì a sabato, 9-13 domenica e festivi) in cui è possibile ammirare una splendida testimonianza dell'età dell'oro di Siviglia. L'ospedale, che fungeva essenzialmente da casa di riposo, fu fondato da Miguel de Mañara, secondo la leggenda noto libertino che decise di cambiare vita in seguito a una visione del suo stesso funerale. Intorno al 1670 Mañara commissionò per la chiesa dell'ospedale una serie di opere sul tema della morte e della redenzione a tre dei principali artisti dell'epoca, Bartolomé Esteban Murillo, Juan de Valdés Leal e Pedro Roldán. L'accostamento dei quadri di Murillo, ispirati alla compassione e alla speranza, alle sculture di Roldán, famose per la raffigurazione realistica delle sofferenze umane e alle tele di Valdés Leal, dominate da una visione che non ammette perdono, crea contrasti assai affascinanti.

I due capolavori di Valdés Leal, che raffigurano in maniera agghiacciante la futilità della gloria terrena, si trovano all'estremità occidentale della chiesa: *Finis Gloriae Mundi* (La fine della gloria terrena) è visibile sopra la porta d'ingresso, mentre *In Ictu Oculi* (In un batter d'occhio) si trova sulla parete opposta. Sempre sul lato nord della chiesa sono esposte le tele di Murillo *San Juan de Dios* (San Giovanni di Dio), *Anunciación* (Annunciazione) e *Moises Haciendo Brotar el Agua de la Roca* (Mosè che fa sgorgare l'acqua dalla roccia). Sotto quest'ultima si può ammirare un'incantevole rappresentazione di Gesù Bambino di Murillo (proprio di fronte a un'altrettanto graziosa immagine di san Giovanni Battista raffigurato da piccolo sulla parete opposta).

La scultura sull'altare maggiore, caratterizzato da elaborate decorazioni in stile barocco, rappresenta l'atto estremo della compassione – la sepoltura dei morti (in questo caso di Cristo). L'opera, mirabile per il modo in cui comunica il senso del movimento, è il capolavoro di Pedro Roldán. A sinistra dell'altare maggiore c'è una scala che scende nella cripta in cui è sepolto Miguel de Mañara.

Lungo il lato meridionale della chiesa un'altra bella scultura di Roldán, che raffigura Cristo in preghiera prima di essere crocifisso, è sistemata tra due opere di Murillo, *La Multiplicación de Panes y Peces* (La moltiplicazione dei pani e dei pesci) e *Santa Isabel de Húngria* (Santa Elisabetta di Ungheria). Le quattro grandi opere di Murillo fanno parte di una serie di otto tele, dipinte dall'artista appositamente per questa chiesa, sul tema della compassione e della pietà come vie per trascendere la morte. Purtroppo le altre quattro furono trafugate dalle truppe napoleoniche all'inizio del XIX secolo.

PLAZA DE TOROS DE LA REAL MAESTRANZA

L'**arena** (☎ 954 22 45 77; www.realmaestranza.com; Paseo de Cristóbal Colón 12; visite guidate interi/anziani €4/3,20; 🕑 ogni mezz'ora 9.30-18.30, 9.30-15 nei giorni di corrida) di Siviglia è una delle più belle e importanti di tutta la Spagna e probabilmente anche la più antica (i lavori di costruzione iniziarono nel 1758). È in quest'arena, e in quella di Ronda, che nel XVIII secolo vennero combattute le prime corride a piedi. Le interessanti visite guidate, in inglese e in spagnolo, che comprendono l'arena e il museo, consentono di dare un'occhiata alla piccola infermeria sopra la cui porta è appesa l'immagine di una Vergine Maria dall'espressione preoccupata che prega per la salute dei toreri. Per maggiori informazioni sulle corride a Siviglia v. p136; per informazioni di carattere generale sulle corride v. p37.

IGLESIA DE LA MAGDALENA

L'**Iglesia de la Magdalena** (cartina pp106-7; Calle San Pablo 12; 🕑 orario delle messe generalmente 8-11.30 e 18.30-21), gioiello dell'arte barocca sivigliana, fu edificata tra il 1691 e il 1709. Nella Capilla Sacramental (la prima sulla destra entrando nella chiesa) si possono ammirare due tele di Zurbarán, mentre nella cappella sulla destra dell'altare maggiore si trova una bella scultura del 1612 di Francisco de Ocampo, *El Cristo del Calvario*, che raffigura la Crocifissione.

La chiesa è sede della confraternita Quinta Angustia cui appartiene un dipinto secentesco che ha come oggetto il *Descendimiento* (Deposizione) di Gesù dalla croce. Durante la Semana Santa il quadro viene portato in processione per le strade di Siviglia. L'opera, attribuita a Pedro Roldán, è normalmente esposta in una cappella sulla sinistra entrando nella chiesa.

MUSEO DE BELLAS ARTES

Situato nel bellissimo edificio dell'ex Convento de la Merced, il **Museo de Bellas Artes** (cartina pp106-7; ☎ 954 22 07 90; Plaza del Museo 9; ingresso €1,50, cittadini EU gratuito; 🕑 14.30-20.30 martedì, 9-20.30 da mercoledì a sabato, 9-14.30 domenica; ♿) rende pienamente giustizia al ruolo di primo piano svolto da Siviglia nel XVII secolo, il cosiddetto Siglo de Oro dell'arte spagnola.

La sala I è dedicata agli inizi della scuola sivigliana del XV secolo; degne di nota sono soprattutto le sculture in terracotta di Pedro Millán, che mostrano un realismo difficilmente osservabile nell'arte spagnola dell'epoca.

Nella sala II, un tempo adibita a refettorio del convento, sono esposte opere rinascimentali di artisti locali e di altra provenienza, tra cui quelle di Pietro Torrigiano, uno scultore italiano giunto a Siviglia nel 1522 che divenne il più noto esponente artistico del periodo del primo Rinascimento locale.

La sala III espone retablos rinascimentali e dipinti dell'inizio del XVII secolo di scuola sivigliana. Qui l'attenzione del visitatore è attratta in particolare dal ritratto penetrante di Don Cristóbal Suárez de Ribera eseguito dal giovane Velázquez, oltre che dallo straordinario *Las Ánimas del Purgatorio* di Alonso Cano situato nell'angolo tra le sale III e IV.

Nella sala IV, dedicata soprattutto al manierismo (periodo artistico di transizione tra il rinascimento e il barocco), spicca la grande *Sagrada Cena* (Ultima Cena) di Alonso Vázquez. Le deliziose statuette raffiguranti Gesù e san Giovanni Battista da bambini, opere di artisti ignoti, contrastano in maniera davvero stridente con la testa terrificante del san Giovanni Battista (1591) di Gaspar Núñez Delgado situata al centro della sala. Da qui, attraverso l'incantevole chiostro, si accede alla sala V, la chiesa del convento in cui sono esposte le opere dei grandi maestri del barocco sivigliano, primo fra tutti Murillo. La sua *Inmaculada Concepción Grande*, nella parte anteriore della chiesa, è un trionfo di linee curve e sinuose che costituiscono la caratteristica dominante dell'arte barocca.

Al piano superiore segnaliamo soprattutto nella sala VI il *Santiago Apóstol* (san Giacomo apostolo) di cui si notano le fattezze tipicamente spagnole, di José de Ribera, e il cupo *Cristo Crucificado* (Cristo crocifisso) di Zurbarán. La sala VII è dedicata a Murillo e ai sui allievi, la VIII a Valdés Leal e la IX all'arte barocca europea.

Nella sala X, oltre ad alcune sculture di Juan Martínez Montañés e Juan de Mesa, sono raccolte essenzialmente le opere di Zurbarán, tra le quali spicca la *Visita de San Bruno a Urbano II* per il contrasto rappresentato in maniera straordinaria tra l'atteggiamento mondano del papa Urbano II e l'aspetto ascetico di san Bruno.

Nella sala XI, costituita dalla galleria chiusa che corre tutt'intorno al piano più alto del chiostro, sono esposti dipinti di artisti spagnoli del XVIII secolo, epoca di minore fervore artistico rispetto alla precedente, ma che mette tuttavia in luce opere interessanti per la ricerca del particolare, come le scene del carnevale di Siviglia di Domingo Martínez. Le sale dalla XII alla XIV raccolgono i lavori di pittori soprattutto sivigliani del XIX e XX secolo, nonché il ritratto di Don José Duaso eseguito da Goya nel 1824. Tra le opere di artisti sivigliani segnaliamo i ritratti del pittore di epoca romantica Antonio María Esquivel (1806-57), le prime scene di flamenco di Manuel Cabral Bejarano (1827-91) e l'eclettica produzione di Gonzalo Bilbao (1860-1938), un artista chiaramente influenzato dall'impressionismo.

El Centro

Il centro di Siviglia, situato a nord della cattedrale, è costituito da una zona di piccole viuzze e piazze dove si concentrano bar e ristoranti di ottima qualità.

PLAZA DE SAN FRANCISCO E CALLE SIERPES

Sede di mercato in epoca musulmana e più tardi dei roghi dell'Inquisizione, Plaza de San Francisco è fin dal XVI secolo la piazza principale della città, quella che ha ospitato tutti i principali avvenimenti pubblici. L'**ayuntamiento** (municipio; cartina pp106-7), sul lato occidentale della piazza, è un edificio dalle caratteristiche sicuramente contrastanti: l'ala sud è ricca di splendide decorazioni rinascimentali realizzate tra il 1520 e il 1530, mentre quella nord, un ampliamento del XIX secolo, è decisamente spoglia.

La zona dei negozi più elegante di Siviglia è formata da Calle Sierpes, una via pedonale che dalla piazza si dirige verso nord, e dalla parallela Calle Tetuán/Velázquez. Tra le due strade, in Calle Jovellanos, si trova la **Capilla de San José** (cartina pp106-7; 8-12.30 e 18.30-20.30), una piccola cappella fatta costruire nel XVIII secolo dalla corporazione cittadina dei falegnami che è un autentico tripudio di sfolgorante arte barocca.

Il **Palacio de la Condesa de Lebrija** (cartina pp106-7; 954 22 78 02; www.palaciodelebrija.com; Calle de la Cuna 8; ingresso solo piano terra €4, intero edificio €7; 10.30-13.30 e 16.30-19 da lunedì a venerdì, 10-13 sabato da ottobre ad aprile, 10.30-13.30 e 17-19.30 da lunedì a venerdì, 10-13 sabato da maggio a settembre), un isolato a est di Calle Sierpes, è una sontuosa residenza signorile del XVI secolo in cui è allestita una ricca collezione di opere d'arte e artigianato locale; non tralasciate di vedere il bellissimo cortile rinascimentale in stile mudejar. Per salire al piano superiore del palazzo bisogna attendere la visita guidata, ma ne vale senz'altro la pena. La defunta contessa di Lebrija, di professione archeologa, nel 1914 fece restaurare l'edificio riempiendo gran parte delle sale con i tesori collezionati nel corso dei suoi viaggi. Poiché la sua grande passione era l'antica Roma, la biblioteca è un tripudio di libri sull'argomento e nel palazzo non mancano i reperti provenienti dalla vicina città romana di Itálica (p140), tra cui alcuni meravigliosi mosaici – da notare in particolare quello grande nel patio principale. Le sale al piano superiore sono dedicate all'arte araba, barocca e spagnola, mentre la scalinata a tre rampe, che sfoggia rivestimenti in piastrelle sivigliane del XVI e XVII secolo, è sovrastata da un soffitto a cassettoni trasferito qui da un palazzo di Marchena ormai demolito.

PLAZA SALVADOR

Proseguendo da Plaza de San Francisco per un paio di isolati in direzione nord-est si incontra quello che in epoca romana era il foro principale di Hispalis. Oggi la piazza è dominata dalla **Parroquia del Divino Salvador**, una chiesa barocca di notevoli dimensioni edificata tra il 1674 e il 1712 in seguito alla demolizione della grande moschea di Muslim Ishbiliya. In precedenza in questo luogo si trovavano alcune antiche chiese cristiane erette sulle rovine di un tempio romano. Attualmente sono in corso delle ricerche archeologiche destinate a stabilire con certezza la data di costruzione dell'antica moschea. Per permettere al pubblico di visitare gli scavi è stata avviata l'installazione di una serie di passerelle. Tra i primi rinvenimenti archeologici, avvenuti nel 2003, sono da segnalare centinaia di sepolture del XVIII secolo ritrovate immediatamente al di sotto del pavimento della chiesa. Il piccolo **patio** della moschea, con alberi di aranci, una fontana e alcune colonne romane semisepolte, è ancora al suo posto sul lato nord della moschea. Per visitare la chiesa è necessario prendere appuntamento telefonicamente (954 59 54 05, dalle 10 alle 14 dal lunedì al venerdì). Il patio è aperto al pubblico tutti i giorni dalle 10 alle 14 e dalle 17 alle 19.

CASA DE PILATOS

La **Casa de Pilatos** (954 22 52 98; ingresso solo piano terra €5, intero edificio €8, cittadini EU gratuito 13-17 martedì; 9-19 da marzo a settembre, 9-18 da ottobre a febbraio) è un'altra bella residenza nobiliare sivigliana tuttora abitata dalla famiglia dei duchi di Medinacelis. L'edificio mescola elementi architettonici e ornamentali di diverso genere, dal mudejar al gotico e al rinascimentale, ingentiliti da splendide decorazioni a piastrelle e soffitti *artesonado*; l'effetto complessivo non è dissimile da quello dell'Alcázar.

L'origine del nome di questo palazzo, costruito nel corso del XVI secolo, è piuttosto incerta. Secondo alcuni Don Fadrique Enríquez de Ribera volle realizzare un edificio simile al palazzo di Ponzio Pilato a Gerusalemme, città presso la quale si era recato in pellegrinaggio; altri sostengono invece che la casa fosse utilizzata come prima stazione della Via Crucis (che rappresenta il momento in cui Cristo viene condotto davanti a Ponzio Pilato).

Il **Patio Principal** è decorato con magnifiche piastrelle del XVI secolo e complessi motivi ornamentali in stucco in stile mudejar. La statua di Atena priva di braccia è di epoca greca, mentre quelle negli angoli del patio risalgono al periodo romano. Lungo le pareti si allineano busti di personaggi storici e mitologici romani, oltre a quello del re Carlos I di Spagna.

I nomi delle sale attigue al Patio Principal si rifanno al presunto legame della casa con il palazzo di Ponzio Pilato. Il **Descanso de los Jueces** (Riposo dei Giudici), il **Salón Pretorio** (Sala Pretoria) e il **Gabinete de Pilatos** (Studio di Pilato) sono tutti arricchiti da preziosi soffitti *artesonado*. Dal Salón Pretorio si accede allo **Zaquizami**, un corridoio con sculture e iscrizioni romane, mentre dal Gabinete de Pilatos si raggiunge il **Jardín Grande**, nel quale si nota un magnifico loggiato all'italiana.

La **scala** che porta al piano superiore, decorata con le più belle piastrelle di tutto l'edificio, è sormontata da una grandiosa cupola *artesonado* dorata. Le visite al **piano superiore**, tuttora in parte abitato dai duchi di Medinacelis, sono unicamente guidate. Di particolare interesse sono i ritratti dei componenti della famiglia che nel corso dei secoli hanno vissuto nel palazzo e un piccolo quadro di Goya sul tema della corrida.

A sud del centro

ANTIGUA FÁBRICA DE TABACOS

L'**Antigua Fábrica de Tabacos** (cartina pp106-7; Calle San Fernando; ⌚ 8-21.30 da lunedì a venerdì, 8-14 sabato), l'imponente edificio di 250 m per 180 m scelto da Bizet per ambientarvi alcune scene della *Carmen*, fu costruita nel XVIII secolo e rimase in funzione fino alla metà del XX secolo. Per lunghi anni lo stabilimento costituì un pilastro fondamentale dell'economia cittadina. Esso comprendeva una prigione, stalle per 400 muli, 21 fontane, 24 patio e persino un asilo per i bambini delle donne addette alla lavorazione del tabacco, che rappresentavano la maggior parte della manodopera impiegata nella fabbrica.

L'edificio, in stile neoclassico, è una costruzione massiccia e piuttosto cupa. Sul portone principale sono scolpite scene ispirate alla scoperta delle Americhe, luogo d'origine del tabacco. Tra i personaggi rappresentati si notano Colombo, Cortés (conquistatore dell'impero azteco) e due nativi americani, uno dei quali fuma la pipa. Il portale è sormontato da un'immagine della Fama che suona la tromba.

L'antica manifattura dei tabacchi, che fa parte dell'Universidad de Sevilla, è aperta al pubblico.

PARQUE DE MARÍA LUISA E PLAZA DE ESPAÑA

In occasione della Exposición Iberoamericana del 1929 una vasta area a sud della fabbrica di tabacco venne radicalmente trasformata con la costruzione di una serie di splendidi e fantasiosi edifici, molti dei quali ispirati alle linee architettoniche in auge nelle ex colonie spagnole. Al centro di questa zona si trova il bellissimo **Parque de María Luisa** (cartina pp100-5; ⌚ 8-22 da settembre a giugno, 8-24 luglio e agosto), un'oasi verdeggiante attraversata da un labirinto di sentieri e abbellita da aiuole fiorite, fontane, prati e da 3500 magnifiche piante. Si tratta di un luogo gradevole e rilassante, ideale per sfuggire al traffico e alla confusione del centro. Naturalmente, questo parco è la meta prediletta dai *sevillanos* durante i fine settimana.

Plaza de España, che si apre su Avenida de Isabel la Católica di fronte al lato nordorientale del parco, è un luogo tranquillo e piuttosto isolato abbellito da fontane e piccoli canali d'acqua. La piazza, che è caratterizzata da una pianta semicircolare, è delimitata dalla più grandiosa delle costruzioni realizzate per l'Exposición Iberoamericana del 1929, un edificio in mattoni e piastrelle che celebra la tradizione sivigliana dell'azulejo nelle sue forme più appariscenti, con la raffigurazione della cartina e di un importante evento storico per ciascuna delle province spagnole – il tutto progettato dall'architetto capo dell'Exposición Iberoamericana, il sivigliano Aníbal González.

In **Plaza de América**, all'estremità sud del parco, oltre a un grande stormo di colombi bianchi (se volete dargli da mangiare potete acquistare dai venditori ambulanti un sacchetto di semi per €1,50) si trovano due musei degni di attenzione. Il grande **Museo Arqueológico** (cartina pp100-5; ☎ 954 23 24 01; ingresso €1,50, cittadini EU gratuito; ⌚ 15-20 martedì, 9-20 da mercoledì a sabato, 9-14 domenica e festivi) comprende una collezione di gioielli in oro provenienti dalla misteriosa civiltà di Tartessos, incantevoli raccolte di statuette iberiche raffiguranti animali e meravigliosi mosaici romani. Tra i numerosi reperti di epoca romana figurano le statue dei due imperatori nativi di Itálica, nei pressi di Siviglia – Adriano e Traiano, quest'ultimo privo della metà superiore del capo.

Il **Museo de Artes y Costumbres Populares** (cartina pp100-5; ☎ 954 23 25 76; ingresso €1,50, cittadini EU gratuito; ⌚ 15-20 martedì, 9-20 da mercoledì a sabato, 9-14 domenica e festivi) è diventato famoso per essere stato utilizzato come set in alcune scene del film *Lawrence d'Arabia*. Il museo, allestito in quello che all'epoca dell'esposizione del 1929 era il padiglione mudejar, ospita alcune ricostruzioni di laboratori artigianali locali e una serie di splendidi costumi d'epoca da cerimonia.

Triana

Il leggendario barrio di Triana, sulla sponda opposta del Río Guadalquivir rispetto al centro della città, in passato il quartiere dei *gitanos* (rom), è stato una delle culle del flamenco. Il suo nome è citato, spesso in tono nostalgico, nelle canzoni di flamenco da diverse generazioni. Nonostante il fatto che tra il 1960 e il 1980 i *gitanos* siano stati trasferiti in nuovi quartiere periferici, i giovani di Triana si siedono ancora sulle sponde del fiume a suonare flamenco.

Questo barrio è famoso anche per la lavorazione artigianale della **ceramica** e per la produzione di **azulejos**. Attualmente ci sono una dozzina di negozi e laboratori dove è possibile acquistare ceramiche di squisita fattura nei pressi dell'incrocio tra Calles Alfarería e Antillano Campos (cartina pp100-5). Triana vanta inoltre parecchie chiese importanti e diverse cappelle di un certo interesse. Tra tutte spicca l'**Iglesia del Cristo de la Expiración** (cartina pp100-5; ☎ 954 33 33 41; Calle Castilla 182; 🕒 10.30-13.30 e 18-21.30 da martedì a sabato, 10.30-13.30 domenica), in cui è conservata una statua di Cristo morto, datata 1682, molto amata dai sivigliani, che le riservano un posto d'onore nelle processioni della Semana Santa. La statua è conosciuta con il nome di El Cachorro (il Cucciolo), in quanto lo scultore Antonio Ruiz Gijón trasse ispirazione per la sua opera dal corpo agonizzante di un cantante *gitano* chiamato per l'appunto El Cachorro, morto in questa stessa strada in seguito a una lite. Nella zona sud del quartiere si trova la **Capilla del Rocío** (cartina pp100-5; Calle Evangelista 23), sede della Hermandad del Rocío de Triana. La partenza della processione di questa confraternita, con tanto di cavalli e carri coperti, alla volta di El Rocío (v. lettura p169), il giovedì che precede la Pentecoste, è uno degli eventi più pittoreschi e appassionanti del calendario sivigliano.

Nella **Capilla de los Marineros** (cartina pp106-7; ☎ 954 33 26 45; Calle de la Pureza 53; 🕒 9-13 e 17.30-19 da lunedì a sabato) troverete la statua stupendamente adornata della Virgen de la Esperanza, molto amata dai sivigliani, patrona dei marinai di Triana, una delle più venerate in occasione delle processioni della Semana Santa. La **Parroquia de Santa Ana** (cartina pp106-7; Calle de la Pureza 80), costruita nel 1280, custodisce una ricchissima raccolta di antichi oggetti d'arte sacra. Secondo una bizzarra leggenda ogni donna che calpesti la pietra tombale chiamata 'El Negro', risalente al XVI secolo, il cui motivo ornamentale a piastrelle colorate raffigura un cavaliere sdraiato, troverà marito. Nonostante le transenne, non mancano le donne che non resistono alla tentazione di passeggiare su questa preziosa opera d'arte.

Isla de la Cartuja

La parte settentrionale dell'isola delimitata dai due rami del Guadalquivir, a nord di Triana, è stata la sede dell'Expo '92. Oggi vi si trovano il parco a tema Isla Mágica (p118), il parco tecnologico Cartuja 93 e l'antico monastero di La Cartuja. Gli autobus nn. C1 e C2 (p139) fanno servizio per l'Isla de la Cartuja.

CONJUNTO MONUMENTAL DE LA CARTUJA

Fondato nel 1399, il **Conjunto Monumental de la Cartuja** (Complesso monumentale della Certosa; cartina pp100-5; ☎ 955 03 70 70; ingresso con/senza visita alle mostre temporanee €3/1,80, cittadini EU gratuito martedì; 🕒 10-21 da lunedì a venerdì, 11-21 sabato, 10-15 domenica, fino alle 20 da lunedì a venerdì da ottobre a marzo, ultimo ingresso un'ora prima della chiusura) ospitò Cristoforo Colombo, il re Filippo II e altri importanti personaggi storici in occasione della loro permanenza a Siviglia. Le spoglie di Colombo vi riposarono tra il 1509 e il 1536. Nel corso dei secoli diversi benefattori fecero dono alla Cartuja di preziosi oggetti di arte sivigliana. Nel 1836 la monarchia decise di mettere all'asta la proprietà e i monaci furono cacciati dal convento. Nel 1839 il complesso fu acquistato da Charles Pickman, un imprenditore di Liverpool che lo trasformò in una fabbrica di porcellane facendo costruire le cinque alte fornaci a forma di bottiglia che si ergono, in modo del tutto irragionevole, di fianco al monastero. Lo stabilimento rimase in funzione fino al 1982.

L'intero complesso fu restaurato in occasione dell'Expo '92. L'ingresso è situato sul lato occidentale, in Calle Américo Vespucio. Fanno parte del monastero una **chiesa** quattrocentesca piuttosto spoglia, un grazioso **chiostro** mudejar della stessa epoca e la **Capilla de Santa Ana**, costruita per ospitare la tomba di famiglia di Cristoforo Colombo. Degno di nota è anche il **Capítulo de Monjes** (Sala del Capitolo), pieno di statue funerarie cinquecentesche raffiguranti in maniera assai realistica vari membri della famiglia Ribera (che furono tra i principali benefattori del monastero). Nel complesso ha sede anche il **Centro Andaluz de Arte Contemporáneo**, che ospita una ricca collezione di arte moderna andalusa e frequenti esposizioni temporanee di artisti contemporanei locali.

CARTUJA 93

Molti dei fantasiosi padiglioni dell'Expo fanno ora parte del **parco scientifico e tecnologico Cartuja 93**, che ospita quasi 200 aziende e istituti di ricerca con circa 9000 dipendenti. Gran parte dei padiglioni conserva un aspetto piuttosto esotico, ma in alcuni di essi si iniziano a notare i primi segni di decadimento. Durante il giorno si è liberi di circolare all'interno del parco, ma spesso gli unici cancelli aperti sono quelli sul lato occidentale, in Calle Américo Vespucio (cartina pp100-5).

Alameda de Hércules e dintorni

Il quartiere proletario di Alameda de Hércules e la zona a nord di Calle Alfonso XII e di Plaza Ponce de León presentano un'atmosfera assai diversa da quella che si respira nel centro della città; oltre alla presenza di numerosi locali notturni, in questa parte di Siviglia si concentra la vita 'alternativa' della città, con aspetti pittoreschi e angoli caratteristici, caffè frequentati da una clientela bohémienne e uno dei migliori mercati di Siviglia (in Calle de la Feria, giovedì mattina – v. p137).

BASÍLICA DE JESÚS DEL GRAN PODER

Nascosta dietro un grande portale barocco al fondo di Plaza de San Lorenzo, la **Basílica de Jesús del Gran Poder** (cartina pp100-5; ☎ 954 91 56 72; Plaza de San Lorenzo 13; ⌚ 8-13.30 e 18-21 da sabato a giovedì, 7.30-22 venerdì), costruita negli anni intorno al 1960, custodisce una famosa e ben più antica statua di Cristo che porta la croce (da cui il nome della chiesa). La figura sofferente del Cristo, scolpita nel 1620 da Juan de Mesa, è oggetto di grande devozione da parte degli abitanti di Siviglia, che le assegnano un posto d'onore durante le processioni della Semana Santa e in particolare durante quella che si svolge la mattina del Venerdì Santo. Ai lati dell'altare si notano un san Giovanni Evangelista, attribuito sempre a Juan de Mesa, e una scultura di artista ignoto del XVIII secolo o precedente raffigurante la *Virgen del Mayor Dolor* (Vergine del grande dolore).

ALAMEDA DE HÉRCULES

L'Alameda de Hércules, un tempo zona frequentata da prostitute, protettori e altri tipi poco raccomandabili, è un polveroso viale alberato lungo 350 m che si è reinventato un ruolo diventando l'unica 'zona alternativa' di Siviglia, dove si trovano bar alla moda, negozi eleganti, una piccola comunità omosessuale e il famoso **Teatro Alameda** (v. p135). In effetti *la marcha* (la vita notturna) in questa zona della città è davvero scatenata e nei fine settimana le strade sono piene di gente che chiacchiera e beve fino a quando il sole non sorge sopra le cime degli *álamo* (pioppi), cui il viale deve il nome. Sebbene l'Alameda de Hércules abbia perso gran parte della cattiva fama che lo circondava, vi risiedono e lavorano tuttora delle prostitute e alcune delle vie del quartiere sono poco raccomandabili, specialmente di notte, quindi le donne farebbero bene a non percorrerle da sole quando è buio.

L'Alameda fu creato verso il 1570 grazie al prosciugamento di un acquitrino. Alla sua estremità meridionale furono innalzate due colonne provenienti dalle rovine di un tempio romano; sulla prima fu sistemata una statua di Ercole, mentre sulla seconda quella di Giulio Cesare, entrambe opera di Diego de Pesquera. Nel XVII secolo questo viale era un luogo di ritrovo elegante e raffinato, ma nel corso del tempo decadde a zona abbandonata e malfamata fino agli anni '90, quando si trasformò nel cuore della vita notturna di Siviglia.

BASÍLICA DE LA MACARENA

La **Basílica de la Macarena** (cartina pp100-5; ☎ 954 90 18 00; Calle Bécquer 1; ⌚ 9-14 e 17-21), situata in una traversa di Calle San Luis, è la chiesa in cui è custodita l'immagine sacra più amata dai sivigliani. È qui che bisogna venire per riuscire a farsi un'idea del fervore che pervade la città durante la Semana Santa. La *Virgen de la Esperanza Macarena* è sistemata in tutto il suo splendore dietro l'altare maggiore, adornata da una corona d'oro, abiti sontuosi e cinque spille di diamanti donatele da un celebre matador del XX secolo, Joselito El Gallo. Si ritiene che questa statua, conosciuta da tutti semplicemente come La Macarena, sia stata scolpita intorno alla metà del XVII secolo da María Luisa Roldán ('La Roldana'). Essa è venerata come patrona dei toreri nonché suprema rappresentazione dell'immenso dolore, non tuttavia privo di speranza, della madre di Cristo. Le manifestazioni di devozione a questa delicata e bellissima statua sono particolarmente intense nelle prime ore del *madrugá* (Venerdì Santo), durante la processione della Semana Santa. Al suo passaggio vengono fatti cadere petali di rosa e i sivigliani gridano con trasporto: '*¡Macarena, guapa!*' (bellissima Macarena!). Durante le processioni viene inoltre cantata una *saeta* (canzone sacra andalusa) che elogia la bellezza della Vergine.

In una cappella sul lato sinistro della chiesa si può ammirare una bella statua raffigurante *El Cristo de la Sentencia*, eseguita da Felipe Morales nel 1654. Insieme alla Macarena questa immagine viene trasportata fuori dalla chiesa allo scoccare della mezzanotte che dà inizio al Venerdì Santo. La processione che accompagna le due statue attraverso le vie della città costituisce il momento culminante delle celebrazioni della Semana Santa di Siviglia. Il loro rientro in chiesa, verso le 13.30 del sabato, è di solito seguito da imponenti folle di fedeli.

Nel **museo** (interi/studenti/anziani €3/1,50/1,50; 🕓 9.30-14 e 17-20) della chiesa sono esposte alcune delle ricchissime vesti della Macarena, oltre a costumi da torero donati da famosi matador e ai *pasos* (piattaforme) su cui le statue vengono trasportate durante le processioni della Semana Santa. Sul *paso* di *El Cristo de la Sentencia* è raffigurata la scena di Ponzio Pilato che si lava le mani mentre viene pronunciata la sentenza che ordina la Crocifissione di Cristo.

Gli autobus nn. C1, C2, C3 e C4 (v. p139) fermano in Calle Andueza, nei pressi della Basílica de la Macarena. L'edificio sul lato opposto della strada è il **Parlamento de Andalucía**, sede del parlamento regionale andaluso (generalmente non aperto al pubblico). A est della chiesa si estende il tratto più lungo, abbastanza ben conservato, delle **mura almohadi** che cingevano Siviglia nel XII secolo.

IGLESIA DE SAN LUIS

L'**Iglesia de San Luis** (cartina pp100-5; ☎ 954 55 02 07; Calle San Luis s/n; ingresso libero; 🕓 9-14 da martedì a giovedì, 9-14 e 17-20 venerdì e sabato, chiusa in agosto), una delle chiese più grandiose di Siviglia, è situata 500 m a sud della Basílica de la Macarena. Realizzata per i gesuiti da Leonardo de Figueroa nel 1731 nello stile barocco dell'epoca, San Luis presenta un'insolita pianta a croce greca, 16 colonne tortili in pietra e una superba cupola svettante. Alcune statue di Pedro de Mena raffiguranti santi e virtù sono sistemate in maniera piuttosto precaria sui loro piedistalli intorno alla base della cupola; una di queste, *Religio* (Religione), sembra sul punto di cadere a testa in giù e di schiantarsi al suolo. Utilizzata come chiesa solo per alcuni decenni, San Luis fu trasformata per un certo periodo di tempo in ospizio prima di essere definitivamente abbandonata nel 1877. Recentemente è stata restaurata e ora è accessibile al pubblico.

ATTIVITÀ

Isla Mágica

Con un milione di visitatori l'anno, il parco a tema **Isla Mágica** (cartina pp100-5; ☎ 902 16 17 16; www.islamagica.es; adulti giorno/notte alta stagione €23,50/16,50, minori di 13 anni giorno/notte alta stagione €16,50/12,50; 🕓 11-23 da metà giugno a metà settembre, 11-19 da aprile a metà giugno e da metà settembre a ottobre, chiuso da novembre a marzo) è un luogo di grande divertimento per i bambini e per chiunque ami il brivido delle montagne russe e di giostre simili. Gli orari di apertura sono soggetti a variazioni da un anno all'altro e tra i giorni feriali e il fine settimana, quindi è consigliabile informarsi prima di recarsi sul posto. Sono disponibili anche biglietti per mezza giornata e serali; per maggiori informazioni v. il sito web.

Il tema del parco sono le vicende dell'impero coloniale spagnolo nel XVI secolo. Le attrazioni principali sono l'ottovolante sospeso **El Jaguar**, che effettua a folle velocità il giro della morte, e l'**Anaconda**, un canale d'acqua artificiale da percorrere seduti in grandi tronchi di legno che scendono lungo una serie di cascate spettacolari. Nei periodi di maggiore afflusso si fanno code anche di 45 minuti. Il parco propone inoltre rappresentazioni con pirati, percorsi e gare sportive virtuali, mostre di rapaci e teatro di strada, oltre naturalmente a una quantità di ristoranti e bar.

Baños Árabes

Se dopo la visita di Siviglia avete bisogno di rilassare i muscoli, concedetevi un bagno e un massaggio all'**Aire de Sevilla** (cartina pp100-5; ☎ 955

01 00 25; www.airedesevilla.com; Calle Aire 15; bagno/bagno e massaggio €18/26; ogni 2 ore dalle 10 alle 2). Ci sono due piscine calde e una fredda, nonché un locale dove effettuare un bagno di vapore.

CORSI

Flamenco e danza

A Siviglia ci sono molte scuole di danza e di flamenco. Ecco alcuni indirizzi:

Espacio Meteora (cartina pp100-5; ☎ 954 90 14 83; www.espaciometeora.com; Calle Duque Cornejo 16A) Centro artistico di tipo innovativo in cui spesso si tengono corsi di flamenco e di altri generi di danza.

Fundación Cristina Heeren de Arte Flamenco (cartina pp106-7; ☎ 954 21 70 58; www.flamencoheeren.com; Calle Fabiola 1) Corsi di lunga durata per tutte le forme artistiche legate al flamenco; anche corsi intensivi di un mese in estate.

Sevilla Dance Centre (cartina pp100-5; ☎ 954 38 39 02; Calle Conde de Torrejón 19) Salsa, flamenco, danza classica, hip-hop, contemporanea.

Taller Flamenco (cartina pp100-5; ☎ 954 56 42 34; www.tallerflamenco.com; Calle Peral 49) Corsi di flamenco – danza e chitarra – e di lingua spagnola.

Per ulteriori informazioni rivolgetevi agli uffici turistici e consultate la rivista *El Giraldillo* (p102).

Lingua

Insieme a Granada, Siviglia è una delle due città andaluse più frequentate dagli stranieri che desiderano studiare lo spagnolo. Quelle indicate di seguito sono alcune tra le migliori scuole di lingua della città; tutte propongono corsi a diversi livelli e di varia durata e programmi che prevedono anche attività per il tempo libero di tipo turistico e sociale.

Carpe Diem (cartina pp106-7; ☎ 954 21 85 15; www.carpediemsevilla.com; Calle de la Cuna 13) Piccola scuola molto accogliente che tiene anche corsi in materie artistiche, culturali, di traduzione e di spagnolo commerciale.

CLIC (cartina pp106-7; ☎ 954 50 21 31; www.clic.es; Calle Albareda 19) Centro linguistico che gode da tempo di ottima reputazione; corsi di spagnolo commerciale e di studi ispanici.

Giralda Center (cartina pp106-7; ☎ 954 21 31 65; www.giraldacenter.com; Calle Mateos Gago 17) Questa scuola, famosa per l'ottima qualità dell'insegnamento, offre un ambiente piacevole, escursioni e visite a volontà.

Lenguaviva (cartina pp100-5; ☎ 954 90 51 31; www.

SUI PASSI DI SARA

Dopo qualche tentativo fallito di imparare il flamenco, seguito dagli insulti dei vicini del piano di sotto, avevo deciso di smettere definitivamente. Poi però un mio amico mi disse: 'Ti serve un modello da seguire, qualcuno il cui successo ti possa fare da guida. Qualcuno come Sara Baras'. Così decisi di trovare questa donna che iniziò a ballare all'età di otto anni, solo per parlarle e capire cosa l'ha spinta a cominciare e cosa continua a spronarla.

Sara è una donna giovane e affascinante, piccola giù dal palco e con un sorriso dolce al posto dell'espressione seria che assume quando balla il flamenco. Non le dico che sto cercando di imparare questa difficile arte, bensì le chiedo cosa l'abbia spinta a danzare. 'Devo tutto a mia madre, in quanto persona e in quanto artista. Lei è quel tipo di donna che si innamora delle cose in modo contagioso. Sono stata molto fortunata a poterla seguire sin da bambina in tutte le rappresentazioni e in tutte le scuole in cui è stata. Me ne stavo sempre a guardare i ballerini che danzavano'. La mamma di Sara è Concha Baras, direttrice di una famosa scuola dell'Andalusia da cui sono usciti i più grandi artisti del flamenco. 'Da piccola ho avuto la fortuna di conoscere il numero uno del flamenco: Camarón de la Isla. Suo fratello maggiore, Manuel, cantava nella scuola di mia madre. Ricordo che quando vidi per la prima volta Camarón rimasi molto colpita, perché era estremamente timido. Sembrava che non avesse voce, che non fosse affatto nato con il dono della musica dentro di sé'. Chiesi a Sara quale fosse il suo primo ricordo del flamenco come danza. Rispose con un lieve imbarazzo: 'Risale a quando mia madre diede avvio alla scuola. C'erano tantissimi ragazzi e io mi vergognano di ballare davanti a loro'. Il ricordo di Sara è molto più piacevole del mio, ma lasciamo stare.

Mi chiedo se Sara qualche volta si annoi in tournée, perché in fondo il suo mestiere è un po' ripetitivo. 'Quando ballo non penso a niente. Ballo e basta. Durante i nostri spettacoli ci sono lunghi momenti di silenzio, ma anche quando in teatro il silenzio è assoluto, mi sembra di continuare a sentire una musica. Dicono che sia impossibile, ma io ho l'impressione di avvertire il respiro della gente. È come un ritmo, una parte della danza'.

Guardare Sara che balla sul palco è affascinante e divertente. Ho deciso di continuare con il flamenco, almeno ancora una lezione.

lenguaviva.es; Calle Viriato 24) Interessanti programmi di attività per il tempo libero, come tour tra i locali di tapas e serate trascorse a bere in compagnia; disponibili anche corsi di spagnolo commerciale.

LINC (cartina pp106-7; ☎ 954 50 04 59; www.linc.tv; Calle General Polavieja 13) Scuola piccola ma molto frequentata, con una buona scelta di attività culturali e turistiche.

SIVIGLIA PER I BAMBINI

Le sponde del **Guadalquivir** e il **Parque de María Luisa** (p115) sono posti ideali dove portare i bambini a correre e giocare nel verde; i vostri piccoli saranno felici di dare da mangiare ai colombi nel Parque de María Luisa. Una giornata all'**Isla Mágica** (p118) si rivelerà una gioia per i bambini di tutte le età: in particolare quelli dai 10 anni in su si divertiranno un mondo sull'ottovolante. Un'altra possibilità è rappresentata dalla **visita della città** a bordo di un autobus a due piani con tetto aperto o di una carrozza trainata da cavalli (p120). La domenica mattina potete portare i ragazzi a visitare il **mercato degli animali domestici** in **Plaza de la Alfalfa** (cartina pp106-7).

Il **Teatro Alameda** (p135) e altri luoghi di ritrovo hanno regolarmente in cartellone spettacoli per bambini.

Raccomandiamo inoltre:

Aquópolis Sevilla (cartina pp100-5; ☎ 954 40 66 22; www.aquopolis.es, in spagnolo; Avenida del Deporte s/n; adulti/minori di 11 anni €16/10,50; 🕑 11-19 o 20 all'incirca dalla fine di maggio all'inizio di settembre) Scivoli e piscine con onde artificiali; Barrio Las Delicias, a est del centro (uscendo dalla A92 direzione Málaga).

Reserva Natural Castillo de las Guardas (cartina pp100-5; ☎ 955 95 25 68; Finca Herrerías Bajas s/n, Carretera A476 Km 6,82; adulti/minori di 13 anni €15/11; 🕑 10.30-18 da martedì a domenica, ultimo ingresso 16.30) In questa riserva naturale si aggirano in stato di semilibertà circa mille animali provenienti da tutto il pianeta, che possono essere osservati dalla propria automobile o dal trenino del parco. Vengono anche effettuati spettacoli con uccelli da preda. Il parco si trova 58 km a nord-ovest di Siviglia nel paese di El Castillo de las Guardas, uscendo dalla N433 direzione Aracena.

VISITE GUIDATE

Cruceros Turísticos Torre del Oro (cartina pp106-7; ☎ 954 56 16 92; maggiori di/minori di 14 anni €12/gratuito) Minicrociere sul fiume di un'ora con partenza ogni mezz'ora dal lungofiume nei pressi della Torre del Oro; spiegazioni con altoparlante in spagnolo, inglese e tedesco. La prima partenza avviene alle 11, mentre l'orario dell'ultima varia dalle 18 in inverno alle 22 in estate. Da maggio a settembre il sabato e la domenica vengono inoltre effettuate crociere di andata e ritorno a Sanlúcar de Barrameda, località situata 100 km a valle di Siviglia (interi/minori di 14 anni/anziani €27/15/21). Il percorso dura 4 ore e mezzo in ciascuna direzione. Anche la sosta per visitare la città dura normalmente 4 ore e mezzo.

Discover Sevilla (☎ 954 22 66 42; www.discoversevilla.com) Escursioni fuori città; i programmi comprendono cavalcate sulle spiagge di Doñana e osservazione di balene e delfini nello Stretto di Gibilterra; prezzi da €25 a €75.

Carrozze trainate da cavalli Sono parcheggiate in attesa di clienti nei pressi della cattedrale, in Plaza de España e alla Puerta de Jerez; il prezzo è di €30 per un massimo di quattro persone per un percorso al trotto di un'ora comprendente il Barrio de Santa Cruz e il Parque de María Luisa. I prezzi sono esposti su appositi cartelli in prossimità dei punti di partenza.

Sevilla Tour (☎ 902 10 10 81; www.citysightseeing-spain.com) Visite della città della durata di un'ora in autobus a due piani con tetto aperto e vecchi tram con spiegazioni in auricolare in diverse lingue. Il biglietto, che costa €11 ed è valido 48 ore, consente di scendere e risalire a proprio piacimento da autobus e tram alle fermate di Paseo de Cristóbal Colón (cartina pp106-7; vicino alla Torre del Oro), Avenida de Portugal dietro Plaza de España (cartina pp100-5), e Isla de la Cartuja (cartina pp100-5). Le partenze avvengono di solito ogni 30 minuti dalle 7 alle 20.

Sevilla Walking Tours (☎ 902 15 82 26; www.sevillawalkingtours.com) Visite a piedi con spiegazioni in inglese dei principali luoghi di interesse turistico della durata di 1 ora e mezzo circa, tutti i giorni alle 9.30 e alle 11.30. La stessa agenzia propone inoltre visite della cattedrale e dell'Alcázar.

Tour por Sevilla/Guide Friday (☎ 954 56 06 93; sevirama.cjb.net) Stesso programma di Sevilla Tour, ma la partenza della prima visita avviene alle 10.

Walking in Seville with Carmen Itinerario della durata di 90 minuti che unisce la visita a piedi con rappresentazioni di teatro di strada e lezioni di storia tenute in inglese da una ragazza simpatica e divertente. Il programma viene effettuato diverse volte la settimana da marzo a ottobre (luglio escluso). Procuratevi uno dei dépliant con gli orari e i luoghi di incontro che Carmen lascia in giro per il Barrio de Santa Cruz. L'offerta è libera.

FESTE E MANIFESTAZIONI

Semana Santa

Se vi trovate a Siviglia durante la Semana Santa, avrete la fortuna di assistere a uno spettacolo davvero indimenticabile. I lunghi preparativi in vista dell'evento, che iniziano diverse settimane prima nelle strade di tutta la città, sfociano in una celebrazione così intensa e profonda da non avere uguali in nessun'altra città del paese. Assistendo

DENTRO LA SEMANA SANTA

Se programmate il vostro viaggio a Siviglia durante la Pasqua, non avrete di che annoiarvi per l'intera settimana, in quanto potrete assistere alle solenni processioni che si tengono per l'occasione in questa città e vedere i sivigliani sfoggiare abiti bellissimi.

Le processioni vengono organizzate da oltre 50 diverse *hermandades* o *cofradías* (confraternite, di alcune delle quali fanno parte anche le donne). Entrare in una *hermandad* è considerato un vero e proprio onore, cui ambiscono persino le persone che raramente si recano a messa. Ogni confraternita, che trasporta generalmente due *pasos* (piattaforme) riccamente decorati, si distingue per i colori e gli stemmi dei mantelli dei suoi appartenenti. Sul primo *paso* viene collocata una statua di Cristo raffigurato crocifisso o mentre porta la croce, oppure un dipinto con una scena della Passione, mentre sul secondo viene posta una statua della Vergine. Le piattaforme sono trasportate a spalle da squadre di circa 40 uomini, chiamati *costaleros*, che si alternano durante il percorso della Passione. I *pasos* sono pesanti – ogni *costalero* porta normalmente sulle spalle circa 50 kg – e avanzano con un movimento ondeggiante al ritmo della musica suonata dalle bande di ottoni e tamburi che li accompagnano e al comando del loro *capataz* o *patrón* (capo). Guardare i *costaleros* fermarsi per darsi il cambio, e poi riprendere la marcia sollevando con grande sforzo il pesante *paso*, rincuorati dal *capataz* che pronuncia ad alta voce parole di incoraggiamento, è un'esperienza indimenticabile. Ogni coppia di *pasos* è seguita da gruppi di fedeli in costume, detti *nazarenos*, composti talvolta anche da 2500 persone. Molti *nazarenos* indossano alti cappucci a punta che coprono interamente il capo e il volto e che rendono impossibile il loro riconoscimento. I più devoti marciano a piedi scalzi e portano la croce.

Ogni giorno dalla Domenica delle Palme al Venerdì Santo, nel pomeriggio o nelle prime ore della sera, sette o otto *hermandades* lasciano le rispettive chiese per seguire la *carrera oficial* (percorso ufficiale), che snodandosi lungo Calle Sierpes, Plaza San Francisco e Avenida de la Constitución raggiunge la cattedrale.

Il momento culminante della settimana è rappresentato dalla *madrugá* (notte/alba) del Venerdì Santo, quando le *hermandades* più note e rispettate sfilano per le vie della città, cominciando con El Silencio, la confraternita più antica, che marcia in silenzio assoluto, seguita da quella di **Jesús del Gran Poder** (p117) e da quella della **Macarena** (p117). È poi la volta di El Calvario, proveniente dalla Iglesia de la Magdalena, e dell'Esperanza de Triana, mentre a concludere la processione, verso l'alba, è la confraternita dei Los Gitanos (rom). Il sabato sera solo quattro *hermandades* raggiungono la cattedrale, mentre per ultima, il mattino della Domenica di Pasqua, sfila la Hermandad de la Resurrección.

I membri delle confraternite del centro cittadino, per esempio quelli di El Silencio, sono per tradizione di estrazione borghese. Le loro sfilate hanno un che di austero e i loro esponenti indossano semplici tuniche nere generalmente senza mantello. Le *hermandades* appartenenti ai quartieri periferici più popolari (come La Macarena) trasportano invece *pasos* decorati in maniera vistosa e sono accompagnate dalla banda. I loro *nazarenos* indossano tuniche colorate e mantelli con il cappuccio, generalmente di raso, velluto o lana. Per alcune di queste confraternite provenienti da quartieri lontani la processione può durare anche più di 12 ore.

alla Semana Santa di Siviglia avrete modo di scoprire alcuni aspetti del cattolicesimo spagnolo e di capire quanto sia grande e straordinaria la forza che la tradizione esercita su questa città.

Ogni giorno della settimana, dalla Domenica delle Palme alla Domenica di Pasqua, dalle chiese di tutta la città vengono trasportate fino alla cattedrale grandi immagini sfarzosamente decorate e tavole dipinte a grandezza naturale raffiguranti le scene della Passione di Cristo. Le accompagnano lunghe e solenni processioni cui assistono folle enormi di fedeli e di curiosi. La sfilata dura talvolta anche più di un'ora. Pur risalendo al XIV secolo, questi riti assunsero la forma attuale nel XVII secolo, quando fu creata la maggior parte delle immagini sacre – alcune delle quali autentici capolavori d'arte – portate ancora oggi in processione.

I programmi con l'orario e il percorso di ogni processione vengono diffusi e largamente pubblicizzati prima e durante la Semana Santa. Il giornale *El País* pubblica un opuscolo su cui sono riportati gli itinerari delle processioni di tutti i giorni della settimana, mentre nel giornale *ABC* trovate cartine dove sono indicate tutte le chiese, i punti di osservazione consigliati e altri utili e interessanti particolari. Il sito **Semana-Santa.org** (www.semana-santa.org) è dedicato alla Semana Santa di Siviglia. La sua consultazione consente di scoprire senza particolari difficoltà l'orario e il luogo in cui si svolge una determinata processione in modo da potervi assistere mentre sfila nel suo barrio o quando lascia la sua chiesa o vi fa ritorno – due momenti sempre particolarmente emozionanti. La folla che si accalca lungo gran parte della *carrera oficial* (percorso ufficiale) nel centro della città non consente di vedere granché. Per ovviare a questo problema conviene cercare di procurarsi un posto a sedere. Questi sono in vendita in una biglietteria della zona a un prezzo che varia da €10 per un posto in Plaza Virgen de los Reyes dietro la cattedrale a €25 o più per uno in Calle Sierpes la mattina del Venerdì Santo. Ma se nel tardo pomeriggio riuscite ad assicurarvi per tempo un posto il più vicino possibile alla cattedrale riuscirete a godervi gratuitamente buona parte dello spettacolo.

Feria de Abril

La Fiera di Aprile, che si tiene a Siviglia nella seconda metà di questo mese (ma talvolta include anche i primi giorni del mese di maggio), rappresenta una sorta di sfogo liberatorio dopo le austere celebrazioni della Semana Santa.

La più pittoresca e importante delle *ferias* andaluse si svolge in un luogo molto più circoscritto (ma in modo decisamente più esuberante) rispetto alle celebrazioni della Pasqua, chiamato El Real de la Feria, nella zona di Los Remedios a ovest del Guadalquivir. Per l'occasione, gran parte di questa zona è occupata da associazioni e club privati, da famiglie e gruppi di amici, ma ci sono anche aree aperte al pubblico altrettanto animate e divertenti. Con la cerimonia dell'illuminazione del comprensorio fieristico il lunedì sera prendono il via sei notti di festeggiamenti in cui si mangia, si beve, si chiacchiera, si indossano bellissimi abiti e si balla fino all'alba.

Nel pomeriggio, a partire all'incirca dalle 13, chi possiede cavalli e carrozze sfila in pompa magna (anche i cavalli vengono spesso agghindati a festa) nella zona della fiera e per le vie della città. A Siviglia, durante la *feria*, si svolgono inoltre le corride più importanti dell'anno.

Altre feste e manifestazioni

Tra le altre principali manifestazioni di Siviglia segnaliamo:

Bienal de Flamenco (www.bienal-flamenco.org)
A questo importante festival, organizzato a settembre negli anni pari, partecipano i grandi nomi del flamenco; per tutto il mese sono in programma spettacoli ogni sera all'Alcázar e nei teatri cittadini.

Corpus Domini (7 giugno 2007 e 22 maggio 2008)
Di primo mattino con una grande cerimonia che parte dalla cattedrale, viene portata in processione la Custodia de Juan de Arfe accompagnata da altre immagini sacre.

PERNOTTAMENTO

Nel bel Barrio de Santa Cruz, situato in comoda posizione vicino alla cattedrale, all'Alcázar e all'autostazione del Prado de San Sebastián, si concentrano numerosi alberghi di diversa categoria che offrono una grande varietà di tariffe. Anche i quartieri di El Arenal (a ovest di Santa Cruz andando verso il fiume, vicino all'autostazione di Plaza de Armas) e di El Centro (l'effettivo centro della città a nord di Santa Cruz) offrono sistemazioni di tutti i tipi.

Le tariffe delle camere indicate di seguito si riferiscono all'alta stagione – che per la maggior parte degli alberghi (ma non per tutti) va all'incirca da marzo a giugno e da settembre a ottobre – e di solito non comprendono la prima colazione. In bassa stagione i prezzi scendono di almeno €10 per camera. Gli *hostales* (alberghi a prezzi economici) mantengono le stesse tariffe per gran parte dell'anno. Occorre però tenere presente che a Siviglia, durante la Semana Santa e la Feria de Abril, alle normali tariffe di alta stagione viene applicato un supplemento che va dal 30% al 60%, e in alcuni casi i prezzi vengono addirittura raddoppiati. Alcuni alberghi tendono a estendere la *temporada extra* (altissima stagione) a un mese intero, dall'inizio della Semana Santa alla fine della *feria*. Se avete in programma un soggiorno a Siviglia in questo periodo, è indispensabile prenotare, ma anche negli altri periodi dell'anno è sempre meglio telefonare in anticipo. Sappiate che alcuni alberghi richiedono il pagamento con carta di credito e addebitano subito il costo della prima notte.

Barrio de Santa Cruz

PREZZI ECONOMICI

Pensión Cruces (cartina pp106-7; ☎ 954 22 60 41; Plaza de las Cruces 10; singole/doppie/triple €35/50/60; doppie con bagno in comune €40) Questa graziosa casa antica provvista di patio offre camere distribuite su tre piani decorate in modo sobrio e dipinte nei colori bianco e turchese; i letti però non sono molto comodi e le stanza, pur essendo state rimodernate nel 2005, hanno ancora un aspetto dimesso.

Huéspedes Dulces Sueños (cartina pp106-7; ☎ 954 41 93 93; Calle Santa María La Blanca 21; singole/doppie €40/50, con bagno in comune €20/40; ❄) 'Dolci sogni' è un piccolo e accogliente *hostal* con sette camere pulitissime. Quelle che danno sulla strada sono belle e luminose. Le doppie sono dotate di aria condizionata, ma non le singole.

Pensión San Pancracio (cartina pp106-7; ☎ /fax 954 41 31 04; Plaza de las Cruces 9; doppie €45, singole/doppie con bagno in comune €20/30) I graziosi arredi sono in realtà vecchi quasi quanto la casa in cui è ospitata questa pensione, dove però tutto è perfettamente pulito e accogliente. Il coprifuoco scatta alle 1.30, quando la pensione chiude per la notte (ma non durante la Semana Santa e la Feria de Abril).

PREZZI MEDI

Hostal Córdoba (cartina pp106-7; ☎ 954 22 74 98; Calle Farnesio 12; singole/doppie €50/70, con bagno in comune €40/60; ❄) Dodici stanze luminose e pulitissime disposte intorno a un atrio altro tre piani pieno di piante. Il Córdoba, gestito da una simpatica coppia di anziani, è situato in una tranquilla via pedonale.

Hostal Goya (cartina pp106-7; ☎ 954 21 11 70; hgoya@hostalgoya.e.telefonica.net; Calle Mateos Gago 31; singole/doppie €50/80; ❄) Da quando è stato rimodernato nel 2005, questo sfavillante *hostal* è diventato più popolare che mai. Le camere sono semplici ed eleganti e i bagni annessi sembrano risplendere. C'è anche un ascensore. Prenotate in anticipo.

Un Patio en Santa Cruz (cartina pp106-7; ☎ 954 53 94 13; www.patiosantacruz.com; Calle Doncellas 15; singole/doppie €58/68; ❄ 💻) Albergo sottovalutato che sfida la tradizione andalusa delle ricche decorazioni. Ha camere semplici ed eleganti e una terrazza sul tetto con vista sulla Giralda.

Hotel Alcántara (cartina pp106-7; ☎ 954 50 05 95; www.hotelalcantara.net; Calle Ximénez de Enciso 28; singole/doppie €66/84; ascensore; ❄ ♿) Situato in posizione un po' nascosta vicino alla Casa de la Memoria de Al-Andalus, l'Alcántara è un albergo bellissimo e luminoso. Le camere, indondate di luce, presentano delicati colori crema e motivi autunnali sulle tende. Tutti i bagni sono provvisti di vasca e lussuosi lavandini in marmo.

> ### LA SCELTA DELL'AUTORE
>
> **Hotel Amadeus** (☎ 954 50 14 43; www.hotelamadeussevilla.com; Calle Farnesio 6; singole/doppie €70/85; P ❄ 💻) Un'intraprendente famiglia di musicisti ha trasformato la sua residenza del XVIII secolo in questo albergo unico nel suo genere che si rivolge in particolar modo a chi ama la musica. Ciascuna delle 14 camere, tutte molto eleganti e arredate con gusto impeccabile, porta il nome di un compositore. Se desiderate esercitarvi al pianoforte o con il violino, in quest'albergo troverete gli strumenti per farlo nonché un paio di sale insonorizzate. Un ascensore con le pareti di vetro vi porterà al vostro piano o alla terrazza sul tetto, dove potrete consumare la prima colazione ammirando una magnifica vista sulla Giralda. Insomma, all'Amadues non troverete soltanto un ambiente straordinariamente elegante, ma anche la possibilità di ascoltare della buona musica.

Hotel Puerta de Sevilla (cartina pp106-7; ☎ 954 98 72 70; www.hotelpuertadesevilla.com; Calle Santa María la Blanca 36; singole/doppie €65/85; P ❄ 💻) Il Puerta de Sevilla, un piccolo albergo inaugurato di recente situato in ottima posizione, ha tappeti e tende a motivi floreali, letti in ferro battuto e carta da parati nei colori pastello. Le camere, molto accoglienti, sono dotate di TV al plasma e scrivania. L'albergo dispone anche di ascensore.

Hostería del Laurel (cartina pp106-7; ☎ 954 22 02 95; www.hosteriadellaurel.com, in spagnolo; Plaza de los Venerables 5; singole/doppie con prima colazione €72/104; ❄) Secondo la leggenda il commediografo José Zorrilla, in occasione di un soggiorno a Siviglia nel 1844, trasse ispirazione per il suo *Don Juan Tenorio* (una versione molto popolare della storia di Don Giovanni) proprio da questo albergo. Per questa ragione a ogni camera è stato dato il nome di un personaggio della commedia. Le stanze, molto semplici, sono però grandi e luminose, e hanno freschi pavimenti in marmo e bagni piuttosto spaziosi. Sono previsti lavori di rinnovo per alcune delle camere.

PREZZI ELEVATI

Las Casas de la Judería (cartina pp106-7; ☎ 954 41 51 50; www.casasypalacios.com; Callejón de Dos Hermanas 7;

singole/doppie a partire da €108/167; (P) (❄) Un tempo questo affascinante albergo, formato da un gruppo di case antiche restaurate disposte intorno a una serie di graziosi patio e fontane, occupava un intero isolato della *judería*. La maggior parte delle 116 confortevoli stanze e suite è arredata in stile tradizionale con letti a baldacchino, bagno e doccia, scrivania, TV via cavo, telefono, cassaforte e un'incredibile rassegna di opere d'arte alle pareti.

Hotel Alfonso XIII (cartina pp106-7; ☎ 954 91 70 00; www.westin.com/hotelalfonso; Calle San Fernando 2; singole/doppie €371/487; (P) ⊠ ❄ 💻 🏊) Gloria e vanto dei sivigliani più anziani, questo albergo caratterizzato da una profusione di mogano, marmo e *azulejos*, continua a mandare in visibilio tutti gli abitanti della città. Costruito per ospitare i capi di stato in occasione dell'Exposición Iberoamericana del 1929, vanta 147 camere e suite estremamente eleganti dotate di tutti i lussi e le comodità immaginabili, piscina all'aperto, un ottimo ristorante e un bar raffinato con una terrazza abbellita da lussureggianti piante tropicali.

El Arenal

PREZZI ECONOMICI

Hostal Residencia Naranjo (cartina pp106-7; ☎ 954 22 58 40; fax 954 21 69 43; Calle San Roque 11; singole/doppie €35/50; ❄) Copriletti a vivaci colori e mobili in legno di pino contribuiscono a fare di questo *hostal*, situato quasi di fronte all'Hotel Zaida, un luogo piacevole e accogliente. Le 27 camere sono tutte dotate di TV e telefono.

Hotel Zaida (cartina pp106-7; ☎ 954 21 11 38; www.hotelzaida.com; Calle San Roque 26; singole/doppie €37/55; ❄) Questa casa settecentesca, che si distingue per il suo splendido patio centrale in stile mudejar, offre 27 camere semplici e di qualità discreta, tutte provviste di telefono e luci per la lettura. Il piano superiore è raggiungibile tramite un ascensore. La zona attorno all'albergo è tranquilla, ma le camere del piano terra danno direttamente sull'atrio.

Hotel Madrid (cartina pp106-7; ☎ 954 21 43 07; www.hotelmadridsevilla.com; Calle San Pedro Mártir 22; singole/doppie €40/55; (P) ❄) Situato in fondo a una via molto tranquilla, l'Hotel Madrid è un piccolo e accogliente albergo a gestione familiare dotato di 21 stanze con comodi letti, bei bagni piastrellati in azzurro e piccoli balconi che danno su vie fiancheggiate da alberi di arancio.

Hostal Roma (cartina pp106-7; ☎ 954 50 13 00; www.hostales-sp.com; Calle Gravina 34; singole/doppie €48/56; (P) ❄) Accogliente *hostal* con 17 camere e un ascensore di collegamento tra i tre piani. Tutte le stanze sono provviste di telefono, scrivania, stampe alle pareti e doppi vetri alle finestre. Agli stessi proprietari appartengono altri tre *hostales* nei paraggi.

Raccomandiamo inoltre:

Hostal Romero (cartina pp106-7; ☎ 954 21 13 53; Calle Gravina 21; doppie €40, singole/doppie con bagno in comune €20/30) Simpatico albergo a prezzi convenienti; le camere dell'attico con bagno in comune sembrano uscite da *La Bohème*.

PREZZI MEDI

Hotel Simón (cartina pp106-7; ☎ 954 22 66 60; www.hotelsimonsevilla.com; Calle García de Vinuesa 19; singole €45-60, doppie €70-95; ❄) L'incantevole Hotel Simón è un piccolo albergo ospitato in una splendida casa del XVIII secolo. È molto conosciuto, quindi si consiglia di prenotare con largo anticipo. Al centro dell'edificio c'è un bellissimo patio con una fontana e i corridoi, le sale e l'ampio scalone sono arredati con mobili antichi e meravigliose decorazioni con piastrelle tipiche di Siviglia. Gli stessi motivi ornamentali abbelliscono anche alcune delle 29 camere, tutte spaziose, pulitissime, confortevoli e dotate di telefono e scrivania.

Hotel Maestranza (cartina pp106-7; ☎ 954 56 10 70; www.hotelmaestranza.es; Calle Gamazo 12; singole/doppie €49/87; ❄ 💻) Come dimostrano le numerose fotografie esposte alla reception, quest'albergo prende il nome dalla Plaza de Toros de la Real Maestranza. Si tratta di una struttura piccola e accogliente situata in una via abbastanza tranquilla. Dispone di 18 camere pulitissime ma piuttosto anonime, tutte dotate di telefono, cassaforte e piccoli lampadari. La reception è abbellita da luccicanti poltrone e sofà dorati. Le singole sono piccole, ma hanno letti queen-size.

Hotel Puerta de Triana (cartina pp106-7; ☎ 954 21 54 04; www.hotelpuertadetriana.com; Calle Reyes Católicos 5; singole/doppie €70/96; ❄) Il Puerta de Triana, situato a pochi passi dal ponte di Triana, è comodo perché è abbastanza vicino sia a El Centro sia al quartiere El Arenal. È un bell'albergo di 65 camere che si caratterizza per la presenza di servizi e arredi di tipo tradizionale, ma anche di tutte le comodità moderne. Le camere, accoglienti e sufficientemente spaziose, hanno pavimenti in marmo, scrivania e telefono; tutte le finestre danno sulla strada o sui patio interni. La prima colazione è compresa nel prezzo.

Raccomandiamo inoltre:

Hotel Europa (cartina pp106-7; ☎ 954 21 43 05; www.hoteleuropasevilla.com; Calle Jimios 5; singole/doppie €77/95; P) Arredi classici e in stile coloniale; camere confortevoli con pavimento in marmo all'interno di un bell'edificio settecentesco.

PREZZI ELEVATI

Hotel Vincci La Rábida (cartina pp106-7; ☎ 954 50 12 80; www.vinccihoteles.com; Calle Castelar 24; singole/doppie €154/182; P) Appena entrati in questo palazzo settecentesco trasformato in elegante albergo a quattro stelle vi troverete in un grandioso atrio con colonne alto quattro piani. Il Vincci La Rábida offre 81 camere estremamente confortevoli, con pavimenti in marmo e cotto e belle stampe alle pareti. Sul tetto c'è anche un bellissimo bar-caffetteria dal quale si gode una magnifica vista sulla cattedrale. Il servizio è professionale, cordiale e raffinato.

El Centro

PREZZI ECONOMICI

Oasis Backpackers Hostel (cartina pp106-7; ☎ 954 29 37 77; www.oasissevilla.com; Calle Don Alonso el Sabio 1A; letti in camerata €18 a persona, doppie con prima colazione €40;) Questo ostello, bello ed elegante, gemellato con il popolarissimo Oasis di Granada, è un posto unico in città nel suo genere. Nella graziosa lounge è disponibile l'accesso a internet gratuito 24 ore su 24 e la prima colazione è servita nella cucina situata al piano superiore o sulla terrazza sul tetto racchiusa da pareti di vetro. Ciascun letto delle camerate ha un armadietto privato, l'atmosfera che vi si respira è molto piacevole e i proprietari organizzano varie forme di intrattenimento come tour per i locali di tapas e corsi di spagnolo.

Casa Sol y Luna (cartina pp106-7; ☎ 954 21 06 82; www.casasolyluna1.com; Calle Pérez Galdós 1A; doppie €45, singole/doppie/triple con bagno in comune €22/38/60) Si tratta di un *hostal* di alto livello situato in una grande casa antica decorata con gusto e con eleganti pavimenti che scricchiolano; tutte le camere sono arredate con mobili antichi e sfoggiano lenzuola bianche ricamate che rendono l'ambiente estremamente confortevole. I bagni in comune (nessuno dei quali condiviso da più di due camere) sono i più grandi e belli di qualsiasi *hostal* dell'Andalusia. Non si accettano pagamenti con carte di credito, inoltre sappiate che è necessario confermare la prenotazione 24 ore prima dell'arrivo.

PREZZI MEDI

Hotel San Francisco (cartina pp106-7; ☎/fax 954 50 15 41; Calle Álvarez Quintero 38; singole/doppie €55/68;) L'accogliente e conveniente Hotel San Francisco, situato in una via pedonale che collega El Centro con il Barrio de Santa Cruz, è una residenza settecentesca recentemente trasformata in albergo. Quasi tutte le 16 stanze, ampie, con pavimenti in marmo, TV e riscaldamento, danno sulla strada o sul patio interno.

PREZZI ELEVATI

Las Casas del Rey de Baeza (cartina pp106-7; ☎ 954 56 14 96; www.hospes.es; Plaza Jesús de la Redención 2; singole/doppie €163/189; P) Questo albergo, tranquillo e gestito in modo professionale, è stato progettato in modo davvero splendido

APPARTAMENTI PER TURISTI A SIVIGLIA

A Siviglia un gruppo di quattro persone può trovare da affittare un appartamento pulito, confortevole, arredato con gusto, in comoda posizione e completamente attrezzato per meno di €100 a notte. Due persone pagano di solito tra €30 e €70. Questo genere di sistemazione regge generalmente bene il confronto con il trattamento offerto da un albergo o da un *hostal* (semplice guesthouse o pensione che offre una sistemazione di tipo alberghiero).

Descrizioni e particolari sugli appartamenti in affitto a Siviglia sono reperibili consultando alcuni siti internet; questi tuttavia non offrono la possibilità di prenotare direttamente online, ma indicano come fare per ottenere informazioni sulla disponibilità di alloggi e ricevere conferma via e-mail. Ecco alcuni indirizzi:

Apartamentos Embrujo de Sevilla (☎ 625 060 937; www.embrujodesevilla.com)
Sevilla5.com (☎ 637 011 091; www.sevilla5.com)
Sol (www.sol.com)

Per ulteriori informazioni consultate **Explore Seville** (www.exploreseville.com).

LA SCELTA DELL'AUTORE

Hacienda Benazuza (☎ 955 70 33 44; www.elbullihotel.com; Sanlúcar la Mayor; camere a partire da €350; menu degustazione a partire da €110;) Questa *hacienda*, situata 22 km a ovest di Siviglia, è l'incarnazione del lusso oltre ogni immaginazione. Aperto da Ferrán Adrià, lo chef più famoso e creativo di Spagna, e forse anche di tutto il mondo, questo complesso comprende non soltanto immensi giardini in stile andaluso, camere che sembrano templi consacrati allo sfarzo e ampie e tranquille piscine, ma anche tre ristoranti, uno dei quali, La Alquería, gemellato con l'elBulli (il ristorante che Adrià gestisce a Cala Montjoi, 160 km a est di Barcellona, considerato da molti il migliore del mondo), è stato premiato con due stelle Michelin. Non avrete quindi che da assaporare le delizie della cucina sperimentale di Adrià alloggiati nell'albergo più lussuoso dell'Andalusia, e non dimenticate di scriverci i vostri commenti!

sull'area di quelli che nel XVIII secolo erano i patio di un complesso di case comunali. All'esterno presenta tende avvolgibili in stile tipicamente andaluso fatte in *esparto* (pianta erbacea con foglie dure e resistenti, caratteristica delle zone mediterranee). Le 41 camere, tutte spaziose e realizzate nei toni del blu, del bianco, dell'arancio e del rosso, sono arredate in un elegante stile moderno, sfoggiano opere d'arte contemporanea e dispongono di lettore CD e DVD e di connessione alla rete wi-fi. Tra le zone comuni si segnalano un salone e una sala lettura estremamente confortevoli e una splendida piscina.

Hotel Casa Imperial (cartina pp106-7; ☎ 954 50 03 00; www.casaimperial.com; Calle Imperial 29; singole/doppie €235/257; P) Palazzo del XVI secolo trasformato in uno degli alberghi più lussuosi e suggestivi di Siviglia, con tre splendidi patio pieni di piante – uno di questi, con una fontana, è rallegrato talvolta dalla presenza di un suonatore di chitarra. L'arredamento è sontuoso; le 24 suite di lusso, non tutte comunque di grandi dimensioni, sono caratterizzate da colori piuttosto accesi e dotate di una piccola cucina e di un salottino. Il ristorante è di buona qualità e dalla terrazza sul tetto si può ammirare una magnifica vista sulla città.

Alameda de Hércules

PREZZI ECONOMICI

Hotel Sevilla (cartina pp106-7; ☎ 954 38 41 61; www.hotel-sevilla.com; Calle Daoíz 5; singole/doppie €35/55;) Questo albergo recentemente restaurato, situato in una piccola piazza tranquilla, offre nel complesso un buon rapporto qualità-prezzo. Le 30 camere di medie dimensioni dipinte nei colori del rosa e del verde sono dotate di bei bagni, grandi specchi, scrivania, lampade per lettura e telefono. Dal grande atrio dell'albergo si accede a un grazioso piccolo patio pieno di piante.

PREZZI MEDI

Hotel Corregidor (cartina pp100-5; ☎ 954 38 51 11, fax 954 38 42 38; Calle Morgado 17; singole/doppie €78/97; P) Il Corregidor, situato in una stradina silenziosa che sale verso l'Alameda de Hércules, è un confortevole albergo dotato di 77 camere, tutte molto graziose e provviste di telefono, TV e bei quadri alle pareti. Anche le singole sono di dimensioni accettabili. Al piano terra ci sono grandi spazi comuni e un piccolo patio a cielo aperto.

Patio de la Cartuja (cartina pp100-5; ☎ 954 90 02 00; www.patiosdesevilla.com; Calle Lumbreras 8-10; singole/doppie €69/98; P) Soluzione molto conveniente per chi desidera prepararsi da solo i pasti. Si tratta di un residence situato nei pressi dell'estremità settentrionale dell'Alameda de Hércules nel luogo in cui in passato sorgeva un *corral* – un complesso di alloggi distribuito su tre piani intorno a un patio, tipica struttura abitativa della classe medio-borghese sivigliana. Ciascuno dei 30 appartamenti di cui si compone è dotato di una camera doppia, una cucina e un salotto con divano letto a due posti.

Patio de la Alameda (cartina pp100-5; ☎ 954 90 49 99; www.patiodelaalameda.com; Alameda de Hércules 56; singole/doppie €69/90; P) Altro meraviglioso residence ricavato da un ex *corral*, recentemente restaurato e con una nuova gestione. Pur trovandosi nel cuore della vita notturna di Alameda, riesce a mantenere un'atmosfera tranquilla anche nei momenti più critici. Gli appartamenti, abbastanza ampi da potere ospitare comodamente un gruppo di quattro persone, hanno pareti dai colori accesi, arredi in stile moderno, cucina e salotto.

PREZZI ELEVATI

Hotel San Gil (cartina pp100-5; ☎ 954 90 68 11; www.fp-hoteles.com; Calle Parras 28; singole/doppie €126/158;

(P) (aria condizionata) (piscina)) Il San Gil, che troverete proprio dietro l'angolo della Basílica de la Macarena, è uno dei tesori nascosti della città. L'edificio, che risale all'inizio del XX secolo, è stato restaurato di recente; affacciato su un grazioso giardino-cortile, è una sapiente e riuscita combinazione di eleganti linee moderne, di splendide decorazioni ad azulejos e di altri elementi tipici della tradizione locale. Le 61 camere e suite, accoglienti e arredate con gusto, hanno bagni rivestiti in marmo e piastrelle, mentre gli spazi comuni comprendono un ristorante, un bar e una piscina.

PASTI

Le centinaia di tapas bar presenti a Siviglia sono un vero e proprio vanto per il settore gastronomico della città. Tuttavia non mancano i locali dove potrete gustare autentici sapori spagnoli e andalusi come il gazpacho, le sardine alla griglia o i ceci in salsa di pomodoro e spinaci. A Siviglia *tapear* (mangiare tapas) sta diventando un vero e proprio stile di vita, ed è probabile che anche voi, alla fine del vostro viaggio, non ne potrete più fare a meno. Ricordate che per mangiare le tapas, oltre alla compagnia di qualche amico, ci vuole molto appetito, la disponibilità ad alzarsi da tavola per servirsi e la curiosità per assaggiare qualsiasi cosa. Se avete bisogno di qualche aiuto per decifrare il menu, v. p91.

A Siviglia troverete però anche ristoranti più eleganti e moderni che propongono deliziose specialità locali rivisitate alla luce dell'*alta cocina* (alta cucina), il tutto presentato in modo raffinato e impeccabile e offerto a prezzi ovviamente molto elevati.

Barrio de Santa Cruz e dintorni

CAFFÈ

Cervecería Giralda (cartina pp106-7; ☎ 954 22 74 35; Calle Mateos Gago 1; prima colazione €3-5) L'eccellente prima colazione di questo locale contribuirà a mitigare gli effetti di una notte brava. Sgranocchiando le vostre *tostadas* (pane tostato; da €1,50 a €4,50) guardatevi intorno cercando di immaginare quale potesse essere l'aspetto originario di questo luogo – un antico bagno arabo. Si servono anche tapas (v. p127).

Cafe Alianza (cartina pp106-7; Plaza de la Alianza; tapas €2-2,50) Antichi lampioni stradali, una fontana zampillante e molte piante fiorite fanno di questa graziosa piazzetta il posto ideale dove rilassarsi sorseggiando un caffè in questo bellissimo locale; buone anche le tapas.

TAPAS

Oltre a essere molto bella, Calle Mateos Gago è una zona piena di bar con piatti e vini di buona qualità.

Bodega Santa Cruz (cartina pp106-7; ☎ 954 21 32 46; Calle Mateos Gago; tapas €1,50-2) Questa splendida *bodega* tradizionale non è cambiata nel corso degli anni nonostante la vicinanza alla zona estremamente turistica della Giralda. Offre un meraviglioso assortimento di tapas da gustare sul posto e da accompagnare preferibilmente con un bicchiere di fresca *manzanilla* chiacchierando con la vivace clientela che si accalca anche fuori dal locale.

Álvaro Peregil (cartina pp106-7; 20 Calle Mateos Gago; tapas €1,50-2) Situato un po' più avanti della Bodega Santa Cruz, questo piccolo bar offre un ambiente molto semplice caratterizzato da qualche treccia di aglio appesa al soffitto e da un paio di alti tavoli all'aperto su cui appoggiare i piatti di tapas – ma il cibo è così buono che non avrete bisogno di nient'altro. Particolarmente gustoso il *salmorejo* (una versione più densa del gazpacho), servito con striscioline di *jamón*; provate il vino all'arancia, fatto con le famose (e onnipresenti) arance di Siviglia.

Cervecería Giralda (cartina pp106-7; ☎ 954 22 74 35; Calle Mateos Gago 1; tapas €1,50-2,50) In questo locale del centro le ricette esotiche si mescolano con specialità locali come la *pechuga bechamel* (petto di pollo con besciamella).

Café-Bar Campanario (cartina pp106-7; ☎ 954 56 41 89; Calle Mateos Gago 8; tapas €2-2,50) Propone una scelta delle tapas più tipiche e gradite della Spagna, come la *tortilla de patata* (omelette alla spagnola), le melanzane con formaggio e le fantastiche crocchette con prosciutto e besciamella. A differenza di molti locali di questo genere, offre un ambiente piacevole e arioso.

Café Bar Las Teresas (cartina pp106-7; ☎ 954 21 30 69; Calle Santa Teresa 2; tapas €2-4, media-raciones €6-8) Bar pieno d'atmosfera con file di *jamones* che pendono dal soffitto, deliziose piastrelle in stile andaluso e un bel bancone di legno rosso circondato da una vivace clientela. È un posto ideale per assaporare le autentiche tapas della tradizione sivigliana.

RISTORANTI

Nonostante le orde di turisti che inevitabilmente si accalcano intorno alla Giralda, nel Barrio de Santa Cruz si trovano ottimi ristoranti di autentica cucina spagnola. Questi si concentrano soprattutto nel labirinto di viuzze e piazzette immediatamente a est dell'Alcázar. Anche l'anonima Calle Santa María La Blanca è costellata di locali con moltissimi tavoli all'aperto sempre affollati all'inverosimile.

Restaurante San Marco (cartina pp106-7; ☎ 954 21 43 90; Calle Mesón del Moro 6; portate principali €6-9; 🕑 chiuso lunedì) In passato il San Marco era rinomato per i suoi piatti di pasta e per la pizza, mentre oggi non è molto dissimile dai numerosi locali italiani disseminati in tutta la città. Bellissimo comunque il suo ambiente, ricavato da un antico bagno arabo restaurato. Vi consigliamo le penne all'arrabbiata da accompagnare con un bicchiere di vino bianco.

Carmela (cartina pp106-7; Calle Santa María La Blanca 6; menu €7) I camerieri vestiti con foulard e grembiali accentuano l'atmosfera rustica di questo locale che propone piatti genuini, in particolare saporite e nutrienti quiche Lorraine (€6).

Bar Casa Fernando (cartina pp106-7; Calle Santa María La Blanca; menu €7) Locale perennemente affollato di avventori attirati dalla particolare convenienza dell'appetitoso menu del giorno. Le proposte sono diverse, ma non vi sbaglierete optando per una piccola porzione di paella seguita da pesce fritto e da una deliziosa crème caramel.

Altamira Bar-Café (cartina pp106-7; ☎ 954 42 50 30; Calle Santa María La Blanca 4; raciones €7-8) Dotato di una graziosa terrazza (ideale per un pranzo o una cena all'aperto) e con un continuo via vai di camerieri che svolgono il proprio mestiere in modo professionale, l'Altamira rappresenta tutto sommato una buona scelta per *raciones* (porzioni di tapas rapportabili a un pranzo completo) a base di frutti di mare.

Restaurante Las Lapas (cartina pp106-7; ☎ 954 21 11 04; Calle San Gregorio 6; menu €9; 🕑 chiuso domenica) Situato in una strada percorsa incessantemente da carrozze trainate da cavalli e da quella che sembra essere l'intera popolazione studentesca di Siviglia, il Las Lapas può risultare un po' rumoroso sia all'esterno sia all'interno. Vi consigliamo tuttavia di accomodarvi a uno dei tavoli e godervi la confusione assaporando un piatto di *chorizo* con patate (€7,50).

Restaurant La Cueva (cartina pp106-7; ☎ 954 21 31 43; Calle Rodrigo Caro 18; portate principali €11-24) Passeggiando in Plaza Doña Elvira sarete colpiti dagli aromi contrastanti di fiori d'arancio e frittura di pesce, quest'ultimo proveniente da questo conosciuto ristorante di frutti di mare. Le specialità del La Cueva sono un fantastico pesce in casseruola (€24 per due persone) e, per chi preferisce la carne, una sostanziosa *caldereta* (stufato di vitello; €11).

Corral del Agua (cartina pp106-7; ☎ 954 22 07 14; Callejón del Agua 6; portate principali €12-18, menu €23; 🕑 12-16 e 20-24 da lunedì a sabato) Se in fatto di cibo vi sentite in vena di qualcosa di fantasioso e la giornata è decisamente afosa, prenotate un tavolo al Corral del Agua, che ha un fresco cortile pieno di piante dove potrete assaggiare gustosi stufati della cucina tradizionale seguiti da deliziosi dessert ispirati a quella araba (come il dolce a base di arance, carote e cannella).

Restaurante La Albahaca (cartina pp106-7; ☎ 954 22 07 14; Plaza de Santa Cruz 12; portate principali €18-22, menu €27) Questo raffinato ristorante è famoso per le sue invenzioni gastronomiche. Vi consigliamo di provare gli zampetti di maiale con funghi, aglio e mousse di piselli, una versione davvero raffinata del purè di piselli.

Restaurante Modesto (cartina pp106-7; ☎ 954 41 68 11; www.grupomodesto.com; Calle Cano y Cueto 5; portate principali €7,50-43) Questo ristorante propone un vasto assortimento di piatti a base di pesce a una raffinata clientela che affolla costantemente la sua terrazza – provate, per esempio, il merluzzo alla sivigliana (€12,60). Gemellato con il Modesto, il **Restaurante La Judería** (cartina pp106-7; ☎ 954 41 20 52; Calle Cano y Cueto 13A; menu circa €28), caratterizzato da un ambiente diverso, offre più o meno gli stessi piatti.

A nord della cattedrale troverete molti ristoranti con insegne luminosissime che mirano ad attirare i numerosi turisti presenti in questa zona. Fra i tanti vi consigliamo il **Casa Robles** (cartina pp106-7; ☎ 954 21 31 50; Calle Álvarez Quintero 58; portate principali circa €20), un elegante ristorante che va orgoglioso della sua cucina genuina e del suo ambiente raffinato. Le sue numerose specialità, che spaziano dalla coda di bue brasata a insalate di stagione, sono presentate in modo meraviglioso.

El Arenal

TAPAS

Bar Pepe-Hillo (cartina pp106-7; ☎ 954 21 53 90; Calle Adriano 24; tapas €1,50-2) Locale senza pretese che serve tapas di ottima qualità.

Mesón de la Infanta (cartina pp106-7; Calle Dos de Mayo 26; tapas €2-3) Se desiderate arricchire le vostre tapas con un tocco di classe e un buon bicchiere di sherry, optate per i piatti innovativi e ben presentati di questo locale tra i più conosciuti di Siviglia.

La Tienda de Eva (cartina pp106-7; Calle Arfe; tapas circa €2) Locale un po' diverso dagli altri, simile piuttosto a una bottega di pesce. Sedetevi a un tavolo con una birra e qualche fettina di *chorizo* (€2,50) e godetevi la vista delle file di cibo in scatola e degli squisiti prosciutti appesi alle pareti.

Bar Horacio (cartina pp106-7; Calle Antonia Díaz; tapas €2, portate principali €10-14) Questo bar, molto frequentato dalla gente del posto, propone un'ampia scelta di tapas servite da gentili camerieri con papillon.

Mesón Cinco Jotas (cartina pp106-7; ☎ 954 21 05 21; Calle Castelar 1; tapas €3, media-raciones €7) Per un'aziende che produce prosciutti essere premiata con 'Cinco Jotas' (cinque J) per un suo *jamón* è un po' come ricevere un Oscar. Il proprietario di questo locale, Sánchez Romero Carvajal, è il maggiore produttore di prosciutto Jabugo. Nella sua *mesón* ce ne sono di tutti i tipi; la cosa migliore è assaggiarne parecchi in modo da affinare, in fatto di *jamón*, il proprio palato, ma sappiate che i prezzi sono elevati.

RISTORANTI

Mesón Serranito (cartina pp106-7; ☎ 954 21 12 43; Calle Antonia Díaz 11; serranito €3) Questo ristorante è il migliore di Siviglia per quanto riguarda il *serranito*, una semplice ma squisita specialità spagnola che consiste in una fetta di pane tostato farcita con filetto di maiale, peperoni alla griglia, un bel pezzo di *jamón* e aglio. L'ambiente è caratterizzato da un gran numero di teste di toro imbalsamate e alle pareti sono esposte alcune fotografie di Hemingway mentre assiste a una corrida.

Bar Gloria Bendita (cartina pp106-7; Calle de Adriano 24; platos combinados circa €8) Locale dall'intenso aroma di caffè e formaggio, entrambi offerti in abbondanza. Potete condividere l'intima atmosfera del suo interno con un paio di clienti del luogo o prendervi un *bocadillo* (panino; €3,50) e gustarvelo a uno dei tavoli all'esterno.

Enrique Becerra (cartina pp106-7; ☎ 954 21 30 49; Calle Gamazo 2; portate principali €15-21; 🕒 chiuso domenica) Questo ristorante, che aggiunge un pizzico di classe al quartiere di El Arenal, propone abbondanti porzioni di prelibate specialità andaluse. L'agnello in salsa al miele farcito con spinaci e pinoli (€18) non è che una delle tante delizie che vi attendono all'Enrique Becerra.

El Centro

DOVE FARE LA SPESA

Il **Mercado del Arenal** (cartina pp106-7; Calle Pastor y Landero) e il **Mercado de la Encarnación** (cartina pp106-7; Plaza de la Encarnación) sono due mercati alimentari situati nel centro di Siviglia. L'Encarnación, che vende soprattutto frutta, verdura e pesce, attende di essere trasferito dall'attuale collocazione 'provvisoria' in quella definitiva sin dal 1973!

El Corte Inglés (cartina pp106-7; Plaza del Duque de la Victoria) ha nel seminterrato un supermercato alimentare molto ben fornito.

CAFFÈ

Confitería La Campana (cartina pp106-7; all'angolo tra Calles Sierpes e Martín Villa) La Campana, la panetteria più famosa di Siviglia, sforna deliziose torte e pasticcini sin dal 1885 e richiama una numerosa ed eterogenea clientela con specialità come lo *yema* (un biscotto morbido e friabile avvolto in una cartina come se fosse una caramella), la squisita *nata* (torta alla crema) e i morbidi muffin, ottimi da intingere in un *café con leche* (caffellatte; €1,50 o €1 al banco). Il servizio ai tavolini sistemati all'esterno del locale talvolta è piuttosto lento.

Bar Laredo (cartina pp106-7; all'angolo tra Calle Sierpes e Plaza de San Francisco) Questo locale, molto frequentato per la prima colazione, propone una grande varietà di *bocadillos* (€3).

Alfalfa 10 (cartina pp106-7; ☎ 954 21 38 41; Plaza de la Alfalfa 10) Chi è particolarmente attento alla genuinità del cibo che mangia sarà tentato dalla prima colazione multivitaminica (€5) e dallo yogurt naturale con miele (€1,50) proposti da questo locale, entrambi squisiti.

Horno de San Buenaventura (cartina pp106-7; Plaza de la Alfalfa 10) La catena di panetterie Buenaventura gode di un'ottima fama a Siviglia, e infatti i prodotti da forno che offre sono ottimi, tutti esposti come se fossero dei gioielli preziosi dietro vetrine scintillanti. Si servono anche prime colazioni: un caffè con una *tostada* di *jamón serrano* costa €3. Una filiale si trova all'angolo tra Calle Pagés del Corro e Calle Covadonga.

Café Bar Duque (cartina pp106-7; Plaza del Duque de la Victoria; €2) Caffè ideale per i *churros con chocolate* (v. p88) da gustare a colazione o nel pomeriggio.

di prima qualità, Plaza de la Al- e proprio punto di riferimento per quel che riguarda i locali di tapas.

Iniziate da **La Trastienda** (cartina pp106-7; Calle Alfalfa; tapas €1,50-3), che si ispira a temi marinari e si trova nei pressi dell'estremità orientale della piazza, per poi passare a **La Bodega** (Calle Alfalfa; tapas €1,50-2), dove viene servito soprattutto *jamón* e sherry.

El Patio San Eloy (cartina pp106-7; Calle San Eloy 9; tapas €1,50-2) *Bocadillo* è la parola d'ordine in questo locale, dove ci si siede su panche piastrellate disposte su livelli decrescenti a mo' di teatro che permettono a tutti quanti di vedere cosa succede nel bar mangiando dal piatto appoggiato sulle proprie ginocchia. Ottimo il *pringá*, un succulento panino fatto con purè di fagioli.

La Giganta (cartina pp106-7; ☎ 954 21 09 75; Calle Alhóndiga 6; tapas €2) Sulla stessa strada di El Rinconcillo (v. p130) si trova La Giganta, che nonostante sia molto più recente ha sviluppato un talento nella preparazione delle tapas da fargli concorrenza. Dalla Giganta potrete inoltre osservare le erbacce che spuntano dal tetto della vecchia chiesa di Santa Catalina, situata nelle vicinanze.

Bodega Extremeña (cartina pp106-7; ☎ 954 41 70 60; Calle San Esteban 17; tapas €1,50-2) Arredata in stile rustico, la Bodega Extremeña è specializzata in piatti a base di carne e in particolare nel prelibato *solomillo ibérico* (lombo di maiale iberico).

Robles Placentines (cartina pp106-7; ☎ 954 21 31 62; Calle Placentines 2; tapas circa €2) Arredata come una cantina di Jerez, questa osteria molto conosciuta propone stuzzicanti specialità – provate gli asparagi bianchi della Sierra de Córdoba.

Taberna los Terceros (cartina pp106-7; Calle del Sol; tapas €2,50-3) Tapas eccellenti e una clientela dall'aria giovane e dinamica.

Bar Levíes (cartina pp106-7; ☎ 954 215 308; Calle San José 15; tapas €1,50-4) Tapas bar per eccellenza tra la popolazione studentesca di Siviglia, il Levíes è perennemente affollato di giovani che amano tapas grandi a prezzi contenuti e che vengono qui quando tutti gli altri locali sono chiusi, o per la siesta o durante la notte. In effetti una tapa di *solomillo al whiskey* servita al Levíes è grande quanto una *ración* offerta da molti altri ristoranti e basta a saziare una persona. E poi la birra viene servita in bicchieri grandi.

Bar Alfalfa (cartina pp106-7; all'angolo tra Calle Alfalfa e Calle Candilejo; tapas €2-3) Si tratta di uno dei più affascinanti tapas bar della città, dove si servono generose porzioni di ottimo *jamón*. Il locale è così piccolo che con dieci persone sembra già affollato, ma se riuscirete ad accaparrarvi un posto a un tavolo o a una botte, potrete gustarvi il piacevole ambiente, caratterizzato da piante rigogliose e pareti piastrellate, sorseggiando un buon bicchiere di *fino*.

El Rinconcillo (cartina pp106-7; ☎ 954 22 31 83; Calle Gerona 40; tapas €1,50-4) La più antica osteria di Siviglia, fondata intorno al 1670, è sempre uno dei locali più frequentati della città. Serve semplici tapas, come pollo con ceci, spinaci o aglio, fino a mezzanotte. Uno dei piatti più richiesti sono i *revueltos* (uova strapazzate) con *jamón* (€4).

LA SCELTA DELL'AUTORE

Los Coloniales (cartina pp106-7; all'angolo tra Calle Dormitorio e Plaza Cristo de Burgos; tapas €1,50-3,50) Los Coloniales richiama un numero talmente alto di clienti che per riuscire a mangiare a uno dei tavoli sistemati nella sua terrazza bisogna essere disposti a una lunga attesa. Se questo inconveniente non vi crea alcun problema, scrivete il vostro nome sulla lavagna, altrimenti potete sempre ordinare le vostre tapas al bar e accomodarvi nel *comedor* (sala da pranzo) sul retro. Ciò che importa è che ci veniate almeno una volta, per gustare le enormi tapas (provate il *churrasco*) offerte a prezzi davvero economici.

RISTORANTI

Los Alcazares (cartina pp106-7; Plaza de la Encarnación; tapas €2-3, raciones a partire da €5) Tipica vecchia osteria in cui mangiare qualcosa dopo una visita al vicino mercato.

Habanita (cartina pp106-7; ☎ 606-716456; Calle Golfo 3; raciones €6-9, media-ración €4, tapas a partire da €1,50; 🕑 12.30-16.30 e 20-0.30 da lunedì a sabato, 12.30-16.30 domenica) Ristorante di gran classe che propone un fantastico assortimento di specialità cubane. Assaggiate le polpette di banano in salsa di pomodoro, oppure optate per il *plato variado*, che offre una combinazione di piatti come fagioli bianchi e neri, croccante frittura di banano, *ropa vieja* (letteralmente 'vestiti vecchi', una specialità a base di maiale) e morbida iucca con aglio.

Horno del Duque (cartina pp106-7; ☎ 954 21 77 33; Plaza del Duque de la Victoria; portate principali circa €7-11) Il perennemente affollato Horno del Duque offre porzioni normali di paella alla valenciana con pollo (€10,50) a una clientela composta prevalentemente da gente carica di borse che si affanna in giro per i negozi.

Alameda de Hércules

TAPAS

Bar-Restaurante Las Columnas (cartina pp100-5; Alameda de Hércules; tapas €1,50-2) Tapas dai sapori forti attirano in questo locale senza troppe pretese una clientela per lo più maschile che predilige le gustose e semplici *albóndigas* (polpette di carne).

La Ilustre Víctima (cartina pp100-5; Calle Doctor Letamendi 35; tapas €2,50, raciones €7) Locale alternativo molto apprezzato con pareti abbellite da murales piuttosto bizzarri. Le famose tapas vegetariane, tra cui segnaliamo le *calabacines al roque* (zucchine al formaggio Roquefort; €2,50) sono decisamente all'altezza della fama del locale. Terminate il pasto con un tè alla menta (€1,50).

RISTORANTI

La Piola (cartina pp100-5; all'angolo tra Alameda de Hércules e Calle Relator; portate principali circa €4-7) Un paio di occhiali vistosi ed eccentrici, del tipo che portano i divi del cinema e i giornalisti in televisione, si adatterebbero meravigliosamente a questo confortevole locale di tendenza. Condite la vostra insalata mista (€4) con un po' di succo d'arancia appena spremuto e vi sentirete subito in tono con l'atmosfera del ristorante.

Badaluque (cartina pp100-5; all'angolo tra Calle Calatrava e Calle Pacheco y Núñez de Prado; prima colazione €2-4, pizza €7-9,50) Il Badaluque, che appartiene a un argentino, è un ristorante sempre affollato che serve prime colazioni a prezzi convenienti e pizza a cena. Un caffè accompagnato da una *tostada* con prosciutto e formaggio costa €2,50.

A sud del centro

Café-Bar Puerta de Jerez (cartina pp106-7; Puerta de Jerez; tapas circa €1,80) Da questo locale potrete osservare il divertente spettacolo di automobili e cavalli che sfrecciano a tutta velocità intorno alla fontana della Puerta de Jerez sorseggiando una buona tazza di caffè (€1,50).

Restaurant San Fernando (cartina pp106-7; ☎ 954 91 70 00; Calle San Fernando 2; portate principali €14-27; 🕑 7-11, 13-16 e 20.30-23.30) Ristorante elegante e un po' snob situato all'interno dell'Hotel Alfonso XIII, con pietanze raffinate per una clientela esigente. I piatti, come faraona con purè di patate e funghi saltati in padella (€20), sono presentati in modo impeccabile, ma quel che conta è che sono tutti deliziosi.

Restaurante Egaña Oriza (cartina pp106-7; ☎ 954 22 72 11; Calle San Fernando 41; portate principali €15-40; 🕑 chiuso sabato a pranzo e domenica) L'Egaña Oriza, la cui fama di migliore ristorante di Siviglia è senz'altro meritata, mette in tavola una superba cucina di ispirazione basco-andalusa e specialità di carne come la bistecca alla tartara (€24). L'unico appunto che si può fare a questo ristorante peraltro eccellente è la sua posizione in una zona caratterizzata da un forte inquinamento atmosferico.

La Raza (cartina pp100-5; ☎ 954 23 20 24, 954 23 38 30; Avenida de Isabel la Católica 2; portate principali €10-17) Locale ideale per concedersi una pausa durante le visite nei dintorni di Plaza de España. Ha tavoli all'ombra dei grandi alberi del Parque de María Luisa ed è indicato anche per un caffè di primo mattino.

Triana

TAPAS

Sol y Sombra (cartina pp100-5; Calle Castilla 151; tapas €2; media-raciones €5) L'intero soffitto di questo locale è coperto da *jamones* appesi e ogni centimetro quadrato delle pareti è tappezzato da vecchi manifesti che annunciano corride, alcuni risalenti al 1933. I camerieri, che indossano maglie color marrone scuro e sfoderano ampi sorrisi, servono eccellenti tapas come fagiolini e pomodori, *gambas al ajillo* (gamberi all'aglio) e altri piatti tradizionali.

Mariscos Emilio (cartina pp100-5; ☎ 954 33 25 42; Calle San Jacinto 39; www.mariscos-emilio.com, in spagnolo; tapas circa €2) Ristorante specializzato in pesce. La scelta è molto ampia e la cottura, al vapore, alla griglia e in frittura, soddisferà qualsiasi palato. Alcuni locali appartenenti alla stessa catena sono presenti in altre zone della città.

RISTORANTI

Ristorante Cosa Nostra (cartina pp106-7; ☎ 954 27 07 52; Calle del Betis 52; pizza €5,50-7,50; 🕑 da martedì a domenica) In questa via ci sono diversi ristoranti italiani, ma Cosa Nostra ha un carattere intimo e particolare che agli altri manca. Ottimi i tortellini al gorgonzola (€6,50).

Kiosco de las Flores (cartina pp106-7; ☎ 954 27 45 76; Calle del Betis; media-raciones circa €5, raciones circa €9, portate principali €15-40; ⏰ da martedì a domenica pomeriggio) L'edificio che ospita questo ristorante, che 70 anni fa era un triste capannone, è stato trasformato in una splendida serra (date un'occhiata alle fotografie esposte nel locale). Squisito il suo *pescadíto frito* (frittura di pesce).

Casa Cuesta (cartina pp100-5; ☎ 954 33 33 37; Calle de Castilla 3-5; portate principali circa €9-10) Il bancone in legno splendidamente lucidato e gli scintillanti apparecchi per la birra alla spina lasciano intuire quanto i proprietari vadano orgogliosi del loro locale. In effetti, vista l'ottima qualità della cucina e la scelta dei vini, possiamo dire che Casa Cuesta si è rivelato una piacevolissima sorpresa.

La Triana (cartina pp100-5; ☎ 954 33 38 19; Calle de Castilla 36; menu €10, portate principali €10-16) Gestione gentile e raffinata, arredamento minimalista, ma cucina sostanziosa. Il menu del giorno comprende *pisto* (ratatouille) e una portata principale a base di carne. Sul retro del locale i tavoli sono disposti all'aperto lungo un tranquillo tratto del lungofiume.

Río Grande (cartina pp106-7; ☎ 954 27 39 56, 954 27 83 71; Calle del Betis; portate principali a base di pesce €15-29) A questo ristorante dovrebbe essere attribuito un riconoscimento ufficiale per la splendida posizione e la vista incantevole sulla Torre del Oro. Quando riuscirete a distogliere gli occhi dal panorama per dare un'occhiata al menu, optate per le seppie (€10).

LOCALI

Durante la settimana i bar aprono di solito tra le 16 e le 2 del mattino, mentre nel fine settimana tra le 20 e le 4. Il venerdì e il sabato (ma tutti i giorni durante la stagione più calda) i locali notturni iniziano a prendere vita intorno a mezzanotte e la baldoria prosegue fino all'alba.

Un buon bicchiere di *cerveza* (birra) per gli spagnoli è importante quasi quanto il rito delle tapas; in mancanza di indicazioni precise in genere i camerieri servono una *cañas* (equivalente più o meno a una birra piccola). Nelle *bodegas* è possibile ordinare un bicchiere di sherry (p88), che si accompagna perfettamente alle tapas.

D'estate, lungo entrambi i lati del fiume, troverete decine di *terrazas de verano* (terrazze estive; bar all'aperto in funzione nei mesi più caldi fino a tarda ora). In molte di queste terrazze, che propongono musica dal vivo, c'è spazio per ballare. Ricordate che la maggior parte di questi locali cambia nome e ubicazione da un anno all'altro.

Barrio de Santa Cruz e dintorni

P Flaherty Irish Pub (cartina pp106-7; ☎ 954 21 04 15; Calle Alemanes 7) Benché non abbia nulla di tipicamente andaluso o sivigliano, grazie alla sua posizione (vicinissimo alla cattedrale) il Paddy Flaherty è uno dei bar più animati della zona. Guinness e calcio sono le principali attrattive di questo locale, e quando vengono trasmessi incontri sportivi l'atmosfera si fa molto divertente.

Antigüedades (cartina pp106-7; Calle Argote de Molina 40) Locale bizzarro ma piacevole, dal cui soffitto pendono strani oggetti che sembrano parti di manichini e grandi pagnotte infilate in lunghi spiedi. Passando da queste parti non potrete fare a meno di entrare, attirati anche dalla bella musica.

La Subasta (Calle Argote de Molina 36; ⏰ 20-3) L'arredamento tradizionale conferisce a La Subasta un aspetto piuttosto conservatore, che ben si addice alla raffinata clientela di sivigliani che lo frequenta.

Casa de la Moneda (cartina pp106-7; Calle Adolfo Jurado) Questo locale, caratterizzato da un fascino d'altri tempi, fa parte di un complesso di vecchi edifici. Vi troverete tapas (da €2 a €2,50) e partite di calcio in televisione.

La **Bodega Santa Cruz** (p127) e il **Café Bar Las Teresas** (p127), nel cuore del Barrio de Santa Cruz, sono popolarissimi luoghi di ritrovo per gli amanti della birra (e delle tapas).

El Arenal

El Capote (cartina pp100-5; Calle Arjona) Situato nei pressi del Puente de Triana, El Capote è un locale con tavolini all'aperto da sempre molto frequentato nei mesi estivi, ideale per bere qualcosa sia durante il giorno sia la sera. Offre bella musica dal vivo e una clientela giovane e attraente che viene a bere cocktail e birra o a sorseggiare un cappuccino.

Isbiliyya Café (cartina pp106-7; ☎ 954 21 04 60; Paseo de Cristóbal Colón 2) Questo animato music bar, frequentato da un pubblico gay, organizza il giovedì e la domenica sera stravaganti spettacoli con drag-queen.

Nu Yor Café (cartina pp106-7; ☎ 954 212 889; Calle Marqués de Paradas 30) Cocktail lounge che il giovedì, dopo le 22.30, si ravviva con balli e musica salsa suonata da un gruppo di cubani.

LA SCELTA DELL'AUTORE

El Garlochi (cartina pp106-7; Calle Boteros 4) Interamente dedicato alle immagini, ai suoni e agli odori della Semana Santa, El Garlochi è un locale talmente pacchiano che finisce per diventare attraente. Salendo le scale sarete avvolti da una nube di incenso e i volti di Gesù Bambino e della Vergine vi daranno il benvenuto nella sala tappezzata di velluto, piena di immagini sacre. Le immagini delle solenni celebrazioni della Pasqua rendono l'ambiente ancora più suggestivo. Ordinate uno dei suoi cocktail, come il Sangre de Cristo o l'Agua de Sevilla, a base di vodka, whisky e granatina, ma fate attenzione perché sono estremamente alcolici.

Di tanto in tanto ci sono anche serate dedicate al flamenco.

El Centro

Le zone migliori dove andare a bere qualcosa all'aperto sono Plaza Alfalfa e Plaza del Salvador, che da metà serata fino verso l'una sono affollate di gente che si ritrova per bere soprattutto Cruzcampo (la birra locale). In Plaza del Salvador vi consigliamo **La Antigua Bodeguita** (cartina pp106-7; ☎ 954 56 18 33) o il vicino **La Saportales** e di sedervi con il vostro bicchiere sugli scalini della Parroquia del Salvador.

El Perro Andalúz (cartina pp106-7; Calle Bustos Tavera 11) Bar dedicato all'omonimo film surrealista di Buñuel e Dalí, con bizzarre decorazioni come lampade a forma di fon e sedie con l'immagine di un grande occhio al centro (che però, per fortuna, non viene asportato con un rasoio come nel film). Il locale offre musica dal vivo quasi tutte le sere – informatevi su che cosa prevede il programma.

Bar Europa (cartina pp106-7; ☎ 954 22 13 54; Calle Siete Revueltas 35) Il Bar Europa, rivestito con piastrelle colorate, è ideale per una bibita fresca e una chiacchierata in tutta tranquillità. Se desiderate una pausa da alcol e tapas, trovate anche tè (€0,90) e croissant (€1,10).

Cervecería International (cartina pp106-7; ☎ 954 21 17 17; Calle Gamazo 3) Questo locale offre più varietà di birra in bottiglia (quella alla spina costa €1,50) di quante sia possibile assaggiare nel corso di un'intera vita – non deve quindi stupire il suo consolidato successo. Spesso è affollato da stranieri.

In Calle Pérez Galdós, una traversa di Plaza de Alfalfa, ci sono alcuni bar interessanti: **Bare Nostrum** (cartina pp106-7; Calle Pérez Galdós 26), **Cabo Loco** (cartina pp106-7; Calle Pérez Galdós 26), **Nao** (cartina pp106-7; Calle Pérez Galdós 28) e **La Rebótica** (cartina pp106-7; Calle Pérez Galdós 11). Se cercate un locale nel quale divertirvi, uno di questi farà senz'altro al caso vostro.

Alameda de Hércules

Se siete a caccia di locali trendy e alla moda, La Alameda è il posto che fa per voi. L'aspetto piuttosto trasandato del quartiere non fa che accentuare il suo carattere molto particolare e tenere lontani i *sevillanos* più snob, così la zona resta territorio quasi esclusivo dei soggetti più alternativi e bohémien della città.

Café Central (cartina pp100-5; ☎ 954 38 73 12; Alameda de Hércules 64) Tra quelli di questa strada il Café Central è uno dei bar più frequentati benché sia stato tra i primi ad aver aperto. L'ambiente è caratterizzato da vistose luci gialle, sedie in legno tipo quelle che si trovano nei mercatini delle pulci e una numerosa clientela che, soprattutto nei fine settimana, ama accomodarsi ai tavolini all'aperto.

Habanilla (cartina pp100-5; ☎ 954 90 27 18; Alameda de Hércules 63) Situato proprio di fronte al Café Central e altrettanto affollato, l'Habanilla si distingue per l'incantevole lampadario a forma di bottiglia che domina la sala. Le pareti sono decorate con piastrelle in stile andaluso e la zona dietro al bar è abbellita da un'incredibile collezione di macchine per il caffè.

Bar Ego (cartina pp100-5; Calle Calatrava s/n) Questo locale, una strana combinazione di DJ bar, ristorante, negozio di vestiti e galleria d'arte, offre qualcosa di diverso dal solito senza però tradire la tradizione sivigliana. È stato aperto di recente ma ha già riscosso un grande successo per la sua originalità – da parte nostra gli auguriamo che possa sopravvivere a lungo.

Bulebar Café (cartina pp100-5; ☎ 954 90 19 54; Alameda de Hércules 83; 🕑 16-fino a tardi) Sul tardi questo bar si riempie all'inverosimile di giovani scalmanati, ma nelle prime ore della sera l'atmosfera è piacevolmente rilassata. Potete prendere posto nei vecchi ma comodi divani o sedervi al fresco nel cortile anteriore.

Triana

Se avete in mente una serata speciale vi proponiamo di dirigervi verso Triana e di bere qualcosa in riva al Guadalquivir, dove il muretto che costeggia Calle del Betis si trasforma ogni sera in un fantastico bar improvvisato. Acquistate da bere in uno dei bar della zona (Alambique, Big Ben, Sirocca o Mú d'Aquí) e sedetevi all'aperto. Tutti questi locali si trovano in Calle del Betis 54 (cartina pp100-5) e aprono alle 21.

Maya Soul (cartina pp106-7; Calle del Betis 41-42) Vecchi e comodi divani di pelle e suadente musica house inducono a rilassanti e sonnolente soste pomeridiane. Di sera l'atmosfera si fa più viva.

Café de la Prensa (cartina pp100-5; Calle del Betis 8) Ogni cosa in questo caffè riguarda la stampa (che in spagnolo si dice *prensa*), a partire dai vecchi giornali ingialliti che ne tappezzano le pareti e che creano un'atmosfera calda (e facilmente infiammabile). L'ambiente è rilassato e la gente ci viene per bere una birra e fare una partita a carte.

La Otra Orilla (cartina pp100-5; Paseo de Nuestra Señora de la 0) Dopo aver attraversato un paio di passaggi pedonali si sbuca sul lungofiume, dove si incontra questo affollato music bar dotato di una splendida terrazza all'aperto.

Madigan's (cartina pp106-7; ☎ 954 27 49 66; Plaza de Cuba 2; ⏲ a partire dalle 12) Questo chiassoso Irish pub, il migliore bar di Plaza de Cuba, è diventato un locale alla moda frequentato da folle di giovani sivigliani.

Shiva (cartina pp100-5; Calle San Jacinto 68) In questo locale, dove i barman sembrano tutti dei modelli, grazie alla luce delle candele e all'odore dell'incenso (e forse anche a causa dell'alcol) potreste perdere il controllo senza neppure accorgervene.

A nord di Calle del Betis, in Calle de Castilla, troverete diversi bar di buona qualità che nei fine settimana si riempiono di sivigliani di ogni tipo; tra tutti segnaliamo il **Casa Cuesta** (cartina pp100-5; Calle de Castilla 3-5) e l'**Aníbal Café** (cartina pp100-5; Calle de Castilla 98).

DIVERTIMENTI

Locali notturni

Siviglia è famosa in tutta la Spagna per la sua vita notturna, o *marcha*, come è generalmente conosciuta. Quest'ultima consiste essenzialmente nell'andare in giro per i bar, bere e chiacchierare a voce altissima per farsi sentire tra la confusione, proseguire poi alla volta dei locali notturni che tengono aperto fino a tardi, recarsi a vedere una rappresentazione di teatro sperimentale o provare a improvvisare qualche passo di flamenco. Le offerte di musica dal vivo di ogni tipo sono numerose quasi tutti i giorni, e alcuni bar hanno una zona per ballare. Tutte le sere ci sono DJ che propongono ogni genere musicale, ma quelli attualmente più richiesti sono la musica house e il funk.

L'onnipresente *botellón* è diventato uno stile di vita in tutta la Spagna. Con questo termine si indica l'abitudine dei giovani di ritrovarsi a bere intorno a gruppi di macchine e scooter carichi di bottiglie ascoltando musica *reggaeton* – un mix di hip-hop, musica giamaicana (soca e calypso) e latinoamericana.

I locali notturni di Siviglia nascono e muoiono con una rapidità sorprendente, ma alcuni di essi hanno resistito alla prova del tempo. Nelle serate del fine settimana si animano tra le 2 e le 4 del mattino, quindi se avete intenzione di trascorrere una notte brava concedetevi una lunga siesta.

Se vi capita fra le mani un volantino che reclamizza un determinato locale notturno non buttatelo via – potrebbe servirvi per entrare gratuitamente. Nelle sere del fine settimana vestitevi bene (niente abbigliamento sportivo) perché questi locali stanno diventando molto esigenti nei confronti dei clienti e per chi non si adegua ai loro requisiti il prezzo del biglietto d'ingresso tende a salire vertiginosamente.

Se desiderate conoscere le ultime novità per quel che riguarda la vita notturna a Siviglia, procuratevi *Welcome & Olé* o *¿Qué Hacer?* (due riviste mensili gratuite distribuite dagli uffici turistici) o visitate i siti www.discoversevilla.com (ottima fonte d'informazioni) o www.exploreseville.com. Per un elenco degli spettacoli di flamenco collegatevi al sito www.tallerflamenco.com.

Boss (cartina pp106-7; Calle del Betis 67; ingresso libero su presentazione del volantino; ⏲ 20-7 da martedì a domenica) Se riuscite a superare i due scorbutici buttafuori piazzati davanti alla porta d'ingresso scoprirete che il Boss è un locale fantastico per ballare. La musica è un mix dei generi più disparati, ma si direbbe che ai numerosi clienti vada bene così.

Weekend (cartina pp100-5; ☎ 954 37 88 73; Calle del Torneo 43; ingresso circa €7; ⏲ 23-8 da giovedì a sabato) Questa discoteca, situata sul lato opposto della strada rispetto al Guadalquivir, è uno dei migliori locali di Siviglia per la musica dal vivo con DJ.

Lisboa Music Club (cartina pp100-5; Calle Faustino Álvarez 27; ingresso €6; ⌚ 24-6 da mercoledì a sabato) LMC, nei pressi dell'Alameda de Hércules, è un locale alla moda con un repertorio di musica house e techno. Sofisticato arredamento ispirato agli anni '60 con tocchi di modernità; molto trendy.

Fun Club (cartina pp100-5; ☎ 95 825 02 49; Alameda de Hércules 86; ingresso nelle serate di musica dal vivo €3-6, nelle altre serate gratuito; ⌚ circa 23.30-fino a tardi da giovedì a domenica, a partire dalle 21.30 quando c'è musica dal vivo) Quando non vi si esibiscono gruppi che suonano dal vivo, ci sono DJ che propongono ogni genere di musica, dall'indie al rock, dal pop al funk; c'è anche molto spazio per ballare.

Antique Teatro (cartina pp100-5; ☎ 954 46 22 07; Matemáticos Rey Pastor y Castro s/n; ingresso variabile; ⌚ da giovedì a sabato 23-7) L'Antique Teatro ha la brutta fama di non accettare gli stranieri, ma pettinando i capelli all'indietro come un vero sivigliano (se siete uomini) o presentandovi vestite in modo super attraente (se siete donne) potreste riuscire ad entrare in questo bellissimo locale notturno situato presso l'Expo '92 Olympic Pavillion. D'estate ci sono un giardino illuminato dalle torce e cocktail sotto le stelle.

Apandau (cartina pp100-5; Avenida de María Luisa s/n; ingresso variabile; ⌚ 20-fino a tardi sabato e domenica estivi) Più simile a una gigantesca serra che a una discoteca, l'Apandau dispone di tre piste da ballo su cui ci si scatena fino al mattino al ritmo della salsa.

Aduana (☎ 954 23 85 82; www.aduana.net; Avenida de la Raza s/n; ingresso variabile; ⌚ 24-fino a tardi giovedì, venerdì e sabato) Questa colossale discoteca, situata 1 km a sud del Parque de María Luisa, propone musica da ballo non stop per i fanatici delle feste.

Elefunk (cartina pp106-7; Calle de Adriano 10; ingresso libero; ⌚ 20-fino a tardi) Locale frequentato da moltissimi ragazzi che amano divertirsi al ritmo della musica funk.

Musica dal vivo

I biglietti per i concerti di maggiore richiamo sono in vendita nel negozio di articoli musicali **Sevilla Rock** (cartina pp106-7; Calle Alfonso XII 1). Per informazioni sugli spettacoli di flamenco, v. lettura p136.

Fun Club (cartina pp100-5; ☎ 95 825 02 49; Alameda de Hércules 86; ingresso serate con gruppi di musica dal vivo €3-6, altre serate gratuito; ⌚ circa 23.30-fino a tardi da giovedì a domenica, dalle 21.30 nelle serate di musica dal vivo) Quando si tratta di musica questo piccolo locale fa veramente sul serio. Il palcoscenico è animato da gruppi di musica funk, latino-americana, hip-hop e jazz e non sorprende che questo sia uno dei locali preferiti dagli amanti della musica live. I gruppi di esibiscono normalmente nelle sere di venerdì e/o sabato.

Naima Café Jazz (cartina pp100-5; ☎ 954 38 24 85; Calle Trajano 47; ingresso libero; ⌚ spettacoli dal vivo a partire dalle 22) Locale intimo che predilige i toni del jazz soft, proposto durante il fine settimana. Informatevi presso il gentile personale del bar sul calendario dei concerti.

La Buena Estrella (cartina pp100-5; Calle Trajano 51; ⌚ spettacoli dal vivo a partire dalle 22) Di sera jazz session una volta alla settimana, di giorno un angolo rilassante in cui bere una tazza di tè in tutta tranquillità.

Jazz Corner (cartina pp100-5; Calle Juan Antonio Cavestany; ⌚ 19-fino a tardi da martedì a sabato, 17-fino a tardi domenica) Uno dei principali ritrovi degli appassionati di jazz.

La Imperdible (cartina pp100-5; ☎ 954 38 82 19; sala@imperdible.org; Plaza San Antonio de Padua 9; ingresso €5-6) Situata qualche isolato a ovest dell'Alameda de Hércules, La Imperdible è il centro dell'arte sperimentale sivigliana. Si tratta di un piccolo teatro che mette in scena una quantità di spettacoli di danza contemporanea e qualche rappresentazione teatrale e musicale con inizio, di solito, alle 21. Nel bar annesso, l'**Almacén** (☎ 954 90 04 34; ingresso libero), da giovedì a sabato dalle 23 in poi hanno luogo eventi musicali di diverso tipo – dall'esibizione di gruppi soul e blues a quelli punk psichedelici e ai DJ che mixano ogni possibile genere musicale, dalla house all'industrial breakbeat.

Teatro

Le manifestazioni culturali a Siviglia hanno un grande seguito, che si tratti di teatro classico o di danza contemporanea, di flamenco o di world music. La maggior parte degli spettacoli si svolge nelle seguenti sale:

Auditorio de la Cartuja (cartina pp100-5; ☎ 954 50 56 56; Isla de La Cartuja) Immensa sala che ospita i grandi nomi della musica e del teatro.

Teatro Central (cartina pp100-5; ☎ 95 503 72 00; Calle José Gálvez s/n) Spettacoli di flamenco di prima qualità, commedie e danza contemporanea.

Teatro de la Maestranza (cartina pp106-7; ☎ 954 22 65 73; Paseo de Cristóbal Colón 22) Opera e concerti di musica classica.

I LUOGHI DEL FLAMENCO A SIVIGLIA

Casa de la Memoria de Al-Andalus (cartina pp106-7; ☎ 954 56 06 70; Calle Ximénez de Enciso 28; interi/bambini/ridotti €11/5/9; 🕑 21 tutti i giorni) Spettacolo di qualità ambientato in un patio molto scenografico.

Sol Café Cantante (cartina pp106-7; ☎ 954 22 51 65; Calle Sol 5; interi/ridotti €18/11) I ballerini e i chitarristi di flamenco agli esordi della carriera si esibiscono in questo caffè, che gode di grande popolarità, nelle serate di mercoledì, giovedì, venerdì e sabato alle 21.

Los Gallos (cartina pp106-7; ☎ 954 21 69 81; www.tablaolosgallos.com; Plaza de Santa Cruz 11) *Tablao* superiore alla media. Su questo palcoscenico hanno infatti mosso i primi passi della loro carriera artistica alcuni tra i massimi interpreti del flamenco. Ogni sera sono previsti due spettacoli, alle 21 e alle 23.30; il prezzo del biglietto è di €27, compresa una bevanda.

La Carbonería (cartina pp106-7; ☎ 954 21 44 60; Calle Levíes 18; ingresso libero; 🕑 circa 20-4) Ex deposito di carbone nel Barrio de Santa Cruz con due grandi sale, ciascuna con il suo bar; presenta spettacoli di flamenco di vario livello.

La Sonanta (cartina pp100-5; ☎ 954 34 48 54; Calle San Jacinto 31; ingresso libero; 🕑 22 giovedì) Bar di Triana che organizza spettacoli di flamenco tutti i giovedì.

El Tamboril (cartina pp106-7; Plaza de Santa Cruz; ingresso libero; 🕑 a partire dalle 22) Fatevi spazio tra la ressa per guardare i sivigliani che ballano il flamenco fino alle ore piccole.

Teatro Lope de Vega (cartina pp100-5; ☎ 954 59 08 53/54; Avenida de María Luisa s/n) Questo splendido teatro vi conquisterà per l'eleganza della sua struttura esterna e per la grande varietà di spettacoli in cartellone.

Ci sono inoltre alcuni teatri sperimentali gestiti dal comune:

Sala La Fundición (cartina pp106-7; ☎ 954 22 58 44; Calle Matienzo s/n) Spettacoli di tipo alternativo.

Teatro Alameda (cartina pp100-5; ☎ 954 90 01 64; Calle Crédito 13) Situato nelle immediate vicinanze dell'Alameda de Hércules.

Cinema

Avenida 5 Cines (cartina pp106-7; ☎ 954 29 30 25; Calle Marqués de Paradas 15 s/n; ingresso €5) Il migliore cinema della città per film in *versión original* con possibilità di scelta tra circa 14 pellicole e tre spettacoli giornalieri.

Cine Nervión Plaza (cartina pp100-5; ☎ 954 42 61 93; Avenida de Luis Morales s/n; biglietti €3,90 da lunedì a venerdì, €5 sabato e domenica) Imponente sala con venti schermi all'interno del centro commerciale Nervión Plaza. Da tre a sei spettacoli al giorno.

Sport

Il moderno Estadio Olímpico (cartina pp100-5), capace di accogliere 60.000 spettatori, si trova all'estremità nord della Isla de la Cartuja. Le sue attuali caratteristiche non gli hanno consentito di proporsi come sede dei giochi olimpici del 2012, ma con qualche modifica può sempre sperare in quelli del 2016.

La Teatral (cartina pp106-7; ☎ 954 22 82 29; Calle Velázquez 12) Biglietteria nel quartiere El Centro che vende biglietti per corride, partite di calcio e alcuni concerti applicando un supplemento di qualche euro. Per le manifestazioni più popolari occorre prenotare con largo anticipo.

CORRIDE

Alla **Plaza de Toros de la Real Maestranza** (cartina pp106-7; Paseo de Cristóbal Colón 12; www.realmaestranza.com) si formano interminabili code di persone che desiderano acquistare un biglietto per la stagione delle corride già diverse settimane prima del suo inizio, che precede di poco la Feria de Abril. Queste file, lunghe diverse centinaia di metri, sono la dimostrazione della popolarità e del prestigio di cui gode quest'arena a livello mondiale. Benché sia relativamente piccola (può ospitare 14.000 spettatori), l'arena della Maestranza è una delle più antiche ed eleganti del paese. Le sue corride, nelle quali spesso si esibiscono i più grandi matador del mondo, sono tra le più rinomate di Spagna. I sivigliani sono grandi appassionati di corride e, a quanto si dice, i più esigenti e difficili da accontentare. La stagione va dalla Domenica di Pasqua all'inizio di ottobre e prevede spettacoli ogni domenica, in genere alle 19, e ogni giorno durante la Feria de Abril e la settimana precedente.

Quasi tutte le corride che si tengono tra l'inizio della stagione e la fine giugno/inizio luglio vedono protagonisti matador di primo piano (tutti i più famosi toreri scendono almeno una volta nell'arena della Maestranza in questo periodo). Si tratta di corride in *abono* (abbonamento), per le quali la gente del luogo cerca di assicurarsi i posti migliori tramite l'acquisto di abbonamenti stagionali. Chi non è abbonato può assistere a queste corride di grande richiamo solo nei cosiddetti posti *sol* (esposti al sole all'inizio della corrida). I posti più economici costano almeno €25; per i più cari, sempre che si riescano a trovare, si arriva a spendere anche €110. Per buona parte del resto della stagione si svolgono i *novilladas* (combattimenti di novizi), cui partecipano tori giovani e matador alle prime armi; in questo caso i prezzi variano tra €9 e €42. I biglietti sono disponibili in prevendita presso **Empresa Pagés** (cartina pp106-7; ☎ 954 50 13 82; Calle de Adriano 37) e, nei giorni di corrida, a partire dalle 16.30 alle *taquillas* (biglietterie) dell'arena.

Per maggiori informazioni sulla Plaza de Toros de la Real Maestranza v. p112.

CALCIO

Dicono che l'unica cosa che divide i sivigliani, a parte il Guadalquivir, è la rivalità tra i tifosi delle due squadre di calcio della città: il **Real Betis** (www.realbetisbalompie.es) e il **Sevilla** (www.sevillafc.es). Entrambe le squadre sono tra le migliori formazioni della Primera Liga e nel 2006 il Sevilla ha vinto la Coppa UEFA. Tra i giocatori del Betis figura lo spagnolo Joaquín, centrocampista di fama mondiale.

Il Betis gioca nell'Estadio Manuel Ruiz de Lopera (cartina pp100-5), lungo l'Avenida de Jerez (la strada per Cadice), 1,5 km a sud del Parque de María Luisa (per raggiungerlo prendete l'autobus n. 34 diretto a sud dalla fermata di fronte all'ufficio turistico principale). Il Sevilla invece disputa i propri incontri all'**Estadio Sánchez Pizjuán** (cartina pp100-5; Calle de Luis Morales), a est del centro.

I biglietti, a eccezione di quelli per le partite più importanti – contro il Real Madrid o il Barcellona o per il derby cittadino – costano tra €25 e €60 e possono essere acquistati direttamente alla biglietteria dello stadio.

SHOPPING

Lo shopping è il passatempo preferito dai sivigliani, in particolare quando si tratta di vestiti. Inoltre la città vanta, per gli amanti dello shopping, una delle più attraenti zone perdonali di tutta Europa.

Le calles Sierpes, Velázquez/Tetuán e de la Cuna (tutte riportate nella cartina a pp106-7) hanno conservato il loro fascino originale grazie alla presenza di numerosi negozietti e botteghe che vendono di tutto, dai *trajes de flamenca* (vestiti di flamenco) a pois alle moderne scarpe Camper, dagli anelli di diamanti ai ventagli antichi. La maggior parte dei negozi apre dalle 9 alle 21, ma chiude tra le 14 e le 17 per la siesta.

In Calle Amor de Dios e in Calle Doctor Letamendi, nei pressi dell'Alameda de Hércules (cartina pp100-5), trovate invece negozi alternativi che vendono, per esempio, dischi rari e vestiti di seconda mano.

I numerosi negozi di artigianato sparsi per il Barrio de Santa Cruz (cartina pp106-7), a est dell'Alcázar, si rivolgono soprattutto ai turisti. Molti di essi vendono piastrelle e ceramiche di produzione locale decorate con motivi islamici o scene di antica vita rurale, oltre, ovviamente, a un'infinità di T-shirt colorate, talvolta anche un po' pacchiane.

El Postigo (cartina pp106-7; all'angolo tra Calle Arfe e Calle Dos de Mayo) Mercato coperto di cui fanno parte alcune botteghe di artigianato che vendono una grande varietà di prodotti, come ceramiche, tessuti e argenteria.

Green UFOs (cartina pp100-5; ☎ 954 37 63 14; Calle Amor de Dios 42) Splendido negozio indipendente con un vasto assortimento di CD di musica elettronica, breakbeat, pop e rock di artisti internazionali. Green UFOs ha anche un proprio marchio di registrazione e sponsorizza il South Pop Music Festival.

Record Sevilla (cartina pp100-5; Calle Amor de Dios 27) Vi interessa un mix di flamenco e house music? Lo troverete in questo negozio, dove il personale è peraltro molto informato su tutto ciò che riguarda la musica.

Nervión Plaza (cartina pp100-5; ☎ 954 98 91 41; Avenida Luis de Morales s/n) Grande centro commerciale situato circa 1,5 km a est del Barrio de Santa Cruz, in una traversa di Avenida de Eduardo Dato.

Il grande magazzino El Corte Inglés (cartina pp106-7), dove si trova praticamente di tutto, occupa quattro edifici distinti nel centro di Siviglia, due in Plaza de la Magdalena e due in Plaza del Duque de la Victoria. Una grande filiale è situata in Calle Montoto.

Mercati

Il più pittoresco tra i mercati di Siviglia è il **Mercadillo del Jueves** (cartina pp100-5; Calle de la Feria;

giovedì), a est dell'Alameda de Hércules, dove si trova di tutto, dagli attaccapanni ai vecchi apparecchi casalinghi. Il mercato interesserà sia chi ama osservare la gente sia chi ha occhio per i buoni affari. Altrimenti dirigetevi verso i **mercati** (da giovedì a sabato) di Plaza del Duque de la Victoria e di Plaza de la Magdalena, entrambi specializzati in capi in pelle e stravaganti articoli di bigiotteria.

PER/DA SIVIGLIA

Aereo

L'**Aeropuerto San Pablo** (cartina pp100-5; ☎ 954 44 90 00) di Siviglia è servito da un buon numero di voli internazionali e nazionali (v. p476).

Autobus

A Siviglia ci sono due autostazioni. Gli autobus che fanno servizio per/dalla zona settentrionale della provincia di Siviglia, la provincia di Huelva, il Portogallo, Madrid, l'Estremadura e la Spagna nord-occidentale fanno capolinea alla **Estación de Autobuses Plaza de Armas** (cartina pp100-5; ☎ 954 90 80 40, 954 90 77 37), nelle vicinanze del Puente del Cachorro. Altri autobus hanno invece il proprio capolinea alla **Estación de Autobuses Prado de San Sebastián** (cartina pp106-7; ☎ 954 41 71 11; Plaza San Sebastián), immediatamente a sud-est del Barrio de Santa Cruz.

Da Plaza de Armas partono autobus per le seguenti località:

Destinazione	Prezzo	Durata	Frequenza giornaliera
Aracena	€6	1¼ ore	2
Ayamonte	€10,50	2 ore	4-6
Cáceres	€15	4 ore	6 o più
El Rocío	€5	1½ ore	3-5
Huelva	€6,50	1¼ ore	18 o più
Isla Cristina	€9	2 ore	1-3
Madrid	€16	6 ore	14
Matalascañas	€6	2 ore	3-5
Mérida	€11	3 ore	12
Minas de Riotinto	€4	1 ore	3

Per informazioni sugli autobus per/dal Portogallo v. p484. In Plaza de Armas fanno anche capolinea gli autobus per Santiponce (€0,80, 30 minuti) e per il Parque Natural Sierra Norte (p150) nella provincia di Siviglia.

Tra le località raggiunte dai mezzi in partenza dal Prado de San Sebastián si segnalano:

Destinazione	Prezzo	Durata	Frequenza giornaliera
Algeciras	€14-15	3½ ore	4
Antequera	€10	2 ore	6
Arcos de la Frontera	€7	2 ore	2
Cadice	€10,50	1¾ ore	10 o più
Carmona	€2	45 min	
Córdoba	€9,50	1¾ ore	10 o più
Écija	€5,50	1¼ ore	
El Puerto de Santa María	€8	1½ ore	5
Granada	€18	3 ore	10 o più
Jaén	€16	3 ore	3-5
Jerez de la Frontera	€6,50	1¼ ore	10 o più
Málaga	€15	2½ ore	10 o più
Osuna	€6	1¼ ore	
Ronda	€9	2½ ore	5 o più
Sanlúcar de Barrameda	€8	1½ ore	5 o più
Tarifa	€15	3 ore	4
Vejer de la Frontera	€11,50	3 ore	5

Altri autobus servono varie località della costa mediterranea tra la Costa del Sol e Barcellona. Inoltre c'è anche una corsa alle 17.30 da lunedì a venerdì per Conil (€10, 2 ore), Los Caños de Meca (€13, 2 ore e mezzo), Barbate (€13, 3 ore) e Zahara de los Atunes (€14, 3 ore e mezzo).

Automobile e motocicletta

I prezzi praticati da alcune agenzie locali di autonoleggio risultano più favorevoli rispetto a quelli delle grandi società internazionali; tuttavia la soluzione più conveniente sembra essere quella di prenotare un'automobile prima di arrivare sul posto (v. p488). Le agenzie locali, concentrate per lo più in Calle Almirante Lobo, nei pressi della Puerta de Jerez, oltre che nei normali orari di ufficio da lunedì a sabato, sono spesso aperte anche la domenica mattina:

ATA Rent A Car (cartina pp106-7; ☎ 954 22 17 77; Calle Almirante Lobo 2)
Good Rent A Car (cartina pp106-7; ☎ 954 21 03 44; Calle Almirante Lobo 11)
Triana Rent A Car (cartina pp106-7; ☎ 954 56 44 39; Calle Almirante Lobo 7)

Le grandi società hanno un ufficio nelle stazioni e all'aeroporto:

Atesa (☎ 954 41 26 40; aeroporto)
Avis aeroporto (☎ 954 44 91 21); **Estación Santa Justa** (cartina pp100-5; ☎ 954 53 78 61)

Europcar aeroporto (☎ 954 25 42 98); Estación Santa Justa (☎ 954 53 39 14)
Hertz (☎ 954 51 47 20; aeroporto)

Treno

Granada	€20	3 ore	4
Huelva	€7-16	1½ ore	4
Jaén	€16	3 ore	1
Jerez de la Frontera	€6-16	1-1¼ ore	9 o più
Málaga	€16	2½ ore	5
Mérida	€12	3¾ ore	1

Per Ronda e Algeciras prendete un treno per Málaga e cambiate a Bobadilla. Per Lisbona (€51, seconda classe, 16 ore) si è costretti a cambiare a Madrid nel cuore della notte.

TRASPORTI URBANI

Per/dall'aeroporto

L'aeroporto di Siviglia si trova circa 7 km a est del centro, sulla A4 per Córdoba. Gli autobus della **Amarillos Tour** (☎ 902 21 03 17) fanno servizio dal lunedì al venerdì tra la Puerta de Jerez e l'aeroporto (€2,50, da 30 a 40 minuti) ogni 30 minuti dalle 6.15 alle 14.45 e dalle 16.30 alle 23; dall'aeroporto (terminal arrivi) partono per la Puerta de Jerez 30 minuti più tardi. Il sabato, la domenica e nei giorni festivi le corse sono ridotte a 15 al giorno in ciascuna direzione. Lungo il percorso gli autobus fermano alla stazione ferroviaria di Santa Justa.

Una corsa di taxi costa €15 (€18 dalle 22 alle 6 e il sabato, la domenica e i festivi).

Autobus

Gli autobus nn. C1, C2, C3 e C4 seguono utili percorsi circolari tra le autostazioni, la stazione ferroviaria e il centro della città. Il C1, che dalla stazione di Santa Justa si dirige verso est, compie un tragitto in senso orario lungo Avenida de Carlos V (passando vicino all'autostazione di Prado de San Sebastián), Avenida de María Luisa, Triana, Isla de la Cartuja (compresa Isla Mágica) e Calle de Resolana. Il C2 percorre lo stesso itinerario in senso inverso, mentre il n. 32, partendo dalla stessa fermata del C2 davanti alla stazione di Santa Justa, fa servizio per/da Plaza de la Encarnación nella zona nord del centro. L'autobus n. C3 viaggia in senso orario da Avenida Menéndez Pelayo (vicino all'autostazione di Prado de San Sebastián) alla Puerta de Jerez, Triana, l'autostazione di Plaza de Armas, Calle del Torneo, Calle de Resolana e Calle de Recaredo. Il n. C4 segue lo stesso itinerario in senso antiorario, ma dall'autostazione di Plaza de Armas si dirige verso sud lungo Calle de Arjona e Paseo de Cristóbal Colón.

La corsa singola costa €1. Vi consigliamo di procurarvi la *Guía del Transporte Urbano de Sevilla*, reperibile negli uffici turistici o nei chioschi delle informazioni situati in corrispondenza delle fermate principali, tra cui quelle di Plaza Nueva, Plaza de la Encarnación e Avenida de Carlos V.

Automobile e motocicletta

Le numerose vie pedonali e quelle a senso unico causano parecchie difficoltà ai turisti. Gli alberghi chiedono di solito da €10 a €15 al giorno per il parcheggio. La tariffa applicata dalla maggior parte dei parcheggi sotterranei è di circa €16 per 24 ore – per l'ubicazione v. le cartine Siviglia (pp100-5) e Siviglia centro (pp106-7). Il **Parking Paseo de Colón** (cartina pp106-7; all'angolo tra Paseo de Colón e Calle Adriano; fino a 10 ore €1,50 l'ora, 10-24 ore €12) è leggermente meno caro.

Taxi

Dal lunedì al venerdì, dalle 6 alle 22, una corsa in taxi costa €1 più €0,65 al chilometro. In altri orari e nei giorni festivi la tariffa sale a €1 più €0,80 al chilometro.

DINTORNI DI SIVIGLIA

SANTIPONCE

Pop. 7560 / alt. 20 m

La cittadina di Santiponce, circa 8 km a nord-ovest di Siviglia, è il luogo in cui sorgono Itálica, il sito archeologico di epoca romana più importante dell'Andalusia, e l'antico Monasterio de San Isidoro del Campo, una costruzione estremamente interessante dal punto di vista artistico. Sul posto, accanto al teatro romano, c'è un **ufficio turistico** (☎ 955 99 80 28; Calle La Feria s/n; 9-16 da martedì a venerdì e domenica).

Itálica (☎ 955 99 65 83; Avenida de Extremadura 2; ingresso €1,50, cittadini UE gratuito; 8.30-20.30 da martedì a sabato, 9-15 domenica e festivi da aprile a settembre, 9-17.30 da martedì a sabato, 10-16 domenica e festivi da ottobre a marzo, chiuso 1° e 6 gennaio, 28 febbraio, Venerdì Santo, 1° maggio, 15 agosto, 1° novembre, 25 dicembre), prima città fondata dai romani in Spagna, sorse nel 206 a.C. per dare rifugio ai soldati feriti nella battaglia combattuta nei pressi della vicina Ilipa. In quell'occasione Scipione l'Africano, alla testa del suo esercito, riuscì a fermare l'avanzata cartaginese nella Penisola Iberica. Nel II secolo d.C. Itálica diede i natali all'imperatore Traiano

DEVIAZIONE: UCCELLI E PINETE

Sulla strada per El Rocío (p166) una deviazione verso le propaggini nord-orientali del Parque Nacional de Doñana (p169), o un'escursione in giornata da Siviglia, costituisce senza dubbio un graditissimo intermezzo per gli amanti della natura, i quali avranno la possibilità di osservare da vicino una considerevole varietà di uccelli di grandi dimensioni – fenicotteri, cicogne, aquile, falchi, aironi – senza neppure scendere dalla macchina.

Uscendo da Siviglia dirigetevi verso sud-ovest lungo Avenida de la República Argentina e lungo la A3122 per Coria del Río e La Puebla del Río. Se desiderate maggiori particolari sulla zona di Doñana fermatevi a fare quattro chiacchiere con i simpatici e informati funzionari del **Punto de Información Puebla del Río** (☎ 955 77 20 03; www.rutasdedonana.com; Avenida Pozo Concejo s/n; 9-14 e 17-19.30), che troverete a La Puebla del Río, 15 km dal centro di Siviglia, a lato della A3122. Proseguendo lungo la stessa strada, dopo 7 km s'incontra **La Cañada de los Pájaros** (☎ 955 77 21 84; www.canadadelospajaros.com; Carretera Puebla del Río-Isla Mayor Km 8; interi/minori di 5 anni/minori di 13 anni/studenti/anziani €6/gratuito/€4/5/5; 10-tramonto), una riserva naturale che ospita migliaia di uccelli avvistabili con molta facilità appartenenti a oltre 150 specie, tra cui fenicotteri e molti altri volatili che vivono anche nel Parque Natural de Doñana.

Un certo languorino? **Venta El Cruce** (☎ 955 77 01 19; Carretera Puebla del Río-Isla Mayor Km 9,5; raciones €10), 1,75 km oltre La Cañada de los Pájaros all'altezza della deviazione per Villafranco del Guadalquivir, mette in tavola una serie di piatti tipici a base di pesce o carne, ma la vera specialità, in quest'area di risaie e di selvaggina di penna, è il *pato con arroz* (anatra con il riso), un piatto che viene cucinato il sabato e la domenica. Se preferite un picnic all'aperto proseguite oltre l'incrocio di Villafranco e dopo 600 m svoltate a destra lungo la strada contrassegnata dal nome 'Carril de Cicloturismo Pinares de Aznalcázar-La Puebla'. Questa carrozzabile, che si snoda attraverso una splendida pineta in direzione del villaggio di Aznalcázar, è stata trasformata in una *vía paisajística* (strada panoramica); è dotata di dissuasori per ridurre la velocità dei veicoli a motore a non più di 40 km/h e di particolari riflettori sui lati che servono a segnalare di notte alla fauna selvatica il passaggio delle automobili. Dopo circa 6 km troverete l'**Área Recreativa Pozo del Conejo**, attrezzata con tavoli da picnic all'ombra degli alberi.

Ripercorrete i 6 km fino alla strada principale e svoltate a destra (sud-ovest). Dopo 4 km troverete sulla vostra destra la **Dehesa de Abajo**, una riserva naturale di 1,5 kmq attraversata da sentieri che portano ad alcuni punti di osservazione dai quali si possono ammirare la più grande colonia europea di nidificazione di cicogne bianche (400 coppie) e un lago. Anche diverse specie di rapaci nidificano in questo luogo. Per proseguire verso El Rocío, dalla Dehesa de Abajo continuate verso sud-ovest in direzione della strada rialzata di Vado de Don Simón che attraversa la secca del Río Guadiamar. Al fondo della strada rialzata prendete a destra (verso nord) per Villamanrique de la Condesa, da dove si può raggiungere El Rocío percorrendo 20 km di strada sterrata in direzione sud-ovest o 43 km di strada asfaltata via Pilas, Hinojos e Almonte.

e probabilmente anche a suo figlio adottivo e successore Adriano.

La maggior parte della *vetus urbs* (città vecchia) romana giace sotto l'abitato di Santiponce, mentre la *nova urbs* (città nuova), fatta costruire da Adriano alla periferia settentrionale della *vetus urbs*, è il sito dove hanno lavorato gli archeologi. Qui si possono ammirare ampie strade pavimentate, uno dei più grandi anfiteatri romani esistenti al mondo (in grado di ospitare 20.000 spettatori) e resti di diverse case costruite intorno a patio decorati con splendidi mosaici. Tra gli edifici di maggiore interesse segnaliamo la **Casa del Planetario**, con un bel mosaico raffigurante gli dèi ai quali erano dedicati i sette giorni della settimana, e la **Casa de los Pájaros** (Casa degli Uccelli).

A sud, nell'area della città vecchia, è possibile visitare un **teatro romano** restaurato dove ogni anno, nel mese di aprile o maggio, si svolge un festival europeo del teatro grecolatino durante il quale vengono messi in scena spettacoli tratti dalle opere più famose degli autori classici. Nel corso dei secoli Itálica è stata gravemente saccheggiata. Parte dei reperti sottratti alla città romana è stata utilizzata per la costruzione di Santiponce, di Siviglia e di altre località dei dintorni. Una serie di statue e mosaici provenienti da Itálica è visibile a Siviglia nel Palacio de la Condesa de Lebrija (p113) e nel Museo Arqueológico (p115).

Il **Monasterio de San Isidoro del Campo** (☎ 955 99 69 20; ingresso €2; ⌚ 10-14 e 17.30-20.30 venerdì e sabato da aprile a settembre, 10-14 e 16-19 venerdì e sabato da ottobre a marzo, 10-15 domenica e festivi) si trova alla periferia sud di Santiponce, a 1,5 km dall'ingresso agli scavi di Itálica. Il monastero fu fondato nel 1301 da Guzmán El Bueno, eroe della difesa di Tarifa nel 1294 (v. p233). Nel XV secolo i monaci che vi abitavano, appartenenti all'ordine eremitico geronimiano, decorarono il Patio de Evangelistas e il chiostro centrale con una splendida serie di affreschi con figure di santi e motivi geometrici e floreali in stile mudejar. Alla fine del XVI secolo il monastero possedeva ormai una delle più importanti biblioteche spagnole. Fu uno dei suoi monaci, Casiodoro de Reina, a effettuare la prima traduzione della Bibbia in lingua spagnola (pubblicata nel 1559). Tuttavia Reina e un certo numero di suoi confratelli dimostrarono, secondo il parere dell'Inquisizione, un'eccessiva inclinazione per le idee di Lutero. Per questo motivo la comunità protestante che stava nascendo fu messa al bando: molti monaci vennero imprigionati e giustiziati, e furono pochi quelli che riuscirono a sopravvivere fuggendo in esilio.

Nel 1568 il monastero fu occupato da un diverso ordine di monaci geronimiani (non eremiti), per i quali Juan Martínez Montañés, scultore secentesco di Siviglia, realizzò uno dei suoi massimi capolavori – il retablo per la più grande delle due chiese gemelle del monastero – oltre alle effigi di Guzmán El Bueno e della moglie María Alonso Coronel che si trovano nelle nicchie murali su entrambi i lati del retablo, sopra le rispettive tombe.

Nel XIX secolo i monaci furono nuovamente espulsi e l'edificio venne prima adibito a carcere femminile e poi a fabbrica di birra e di tabacco. Solo recentemente, dopo un restauro durato 12 anni voluto dalla Junta de Andalucía, il monastero è stato aperto al pubblico.

A Santiponce non mancano i locali in cui mangiare un boccone. **Casa Venancio/Gran Venta Itálica** (☎ 955 99 67 06; Avenida Extremadura 9; portate principali €6-13), di fronte all'ingresso del sito di Itálica, propone piatti come coniglio o pernice con il riso (€17 per due persone). Per chi invece preferisce il pesce o altre specialità a base di riso c'è **La Caseta de Antonio** (☎ 955 99 63 06; Calle Rocío Vega 10; portate principali €10-18; ⌚ chiuso domenica sera, lunedì e agosto), un locale leggermente più elegante pochi passi a sud di Casa Venancio – basta un minuto a piedi lungo una strada secondaria per raggiungerla.

Da Siviglia gli autobus fanno servizio per Santiponce (€1, 30 minuti) partendo dall'autostazione di Plaza de Armas almeno ogni mezz'ora dalle 6.30 alle 23 dal lunedì al venerdì, con minor frequenza il sabato e la domenica. A Santiponce fermano vicino al monastero e terminano il percorso presso la stazione di rifornimento situata fuori dal sito di Itálica.

LA CAMPIÑA

Con il nome di La Campiña si definisce la pianura dolcemente ondulata che si estende a est di Siviglia e a sud del Río Guadalquivir, attraversata dalla A4 per Córdoba e dalla A92 per Granada e Málaga. Si tratta di un territorio tuttora dominato dalla presenza di immensi latifondi appartenenti a pochi grandi proprietari terrieri e disseminato qua e là di cittadine e villaggi. L'antica storia di questa terra è testimoniata dalle tracce ancora visibili lasciate da molti popoli e da diverse civiltà nel corso dei secoli: tartessiani, iberici, cartaginesi, romani, primi cristiani, visigoti, musulmani e molti altri ancora. Tre cittadine di questa zona – Carmona ed Écija sulla A4 e Osuna sulla A92 – meritano in particolare di essere visitate per la bellezza dei monumenti e delle opere d'arte che custodiscono, oltre che per la loro antica e interessantissima storia.

CARMONA

Pop. 27.000 / alt. 250 m

Carmona, situata nelle immediate vicinanze della A4, 38 km a est di Siviglia, è un'incantevole cittadina storica famosa per i suoi antichi edifici e gli splendidi monumenti. Dalla collina su cui sorge domina una meravigliosa *vega* (valle) dove, nei mesi più caldi, il tempo è estremamente afoso. A Carmona troverete diverse possibilità di alloggio di ottimo livello, nonché uno degli alberghi tra i più belli di tutta l'Andalusia.

La posizione dell'attuale cittadina era ritenuta strategicamente importante già dai cartaginesi, mentre i romani realizzarono un progetto urbanistico di cui ancora oggi rimangono tracce nella pianificazione della città: la Via Augusta, che collegava Roma con Cadice, entrava a Carmona da est tramite la Puerta de Córdoba e ne usciva da ovest attraverso la Puerta de Sevilla. Le robuste mura difensive erette dai musulmani intorno a Carmona non resistettero all'assalto sferrato alla città nel 1247 dalle truppe di Fernando III. Nei secoli successivi la città venne abbellita con la costruzione di splendide chiese, conventi e palazzi decorati da maestri artigiani cristiani e mudejar.

Orientamento e informazioni

Il centro storico di Carmona occupa la sommità della collina situata all'estremità orientale della città moderna e la Puerta de Sevilla ne segna l'ingresso. L'efficiente **ufficio turistico** (☎ 954 19 09 55; www.turismo.carmona.org; 10-18 da lunedì a sabato, 10-15 domenica e festivi) si trova all'in-

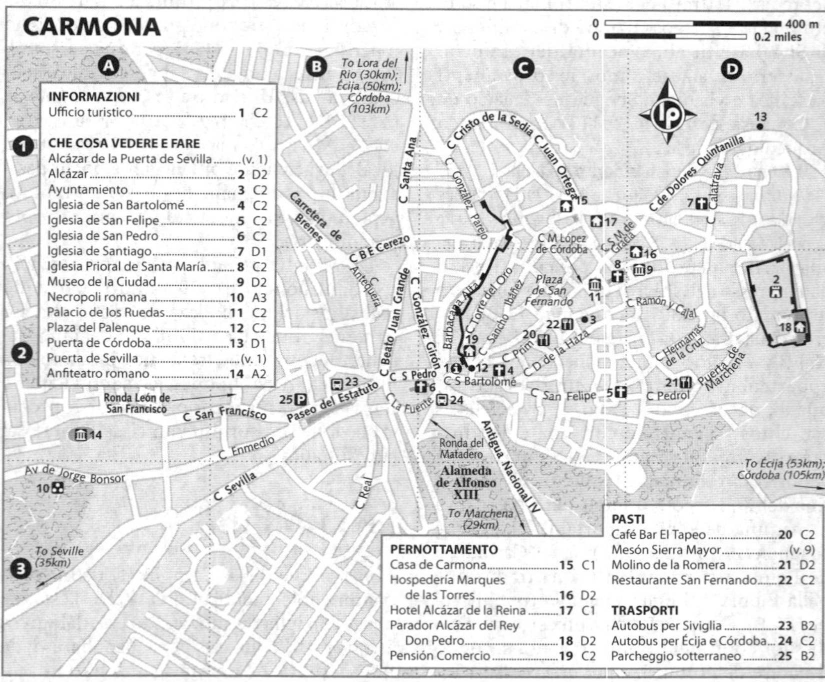

terno della Puerta de Sevilla. Trovate diverse banche con sportelli bancomat lungo il Paseo del Estatuto e Calle San Pedro, a ovest della Puerta de Sevilla, e in Plaza de San Fernando, la piazza principale della città vecchia.

Che cosa vedere

NECROPOLI ROMANA

Dalla Puerta de Sevilla proseguendo in direzione sud-ovest per poco più di 1 km si raggiunge l'affascinante **necropoli romana** (cartina p142; ☎ 954 14 08 11; Avenida de Jorge Bonsor s/n; ingresso libero; 🕑 9-14 da martedì a sabato dal 15 giugno al 14 settembre, 9-17 da martedì a venerdì, 10-14 sabato e domenica il resto dell'anno, chiuso nei giorni festivi). È possibile visitare una decina di tombe scavate nella roccia nel I e II secolo d.C., alcune delle quali riccamente decorate e suddivise in diverse camere (una torcia può rivelarsi utile). A quel tempo la maggior parte dei defunti veniva cremata, e le urne cinerarie in pietra venivano poste nelle nicchie tuttora visibili lungo i muri.

Particolarmente interessanti sono la **Tumba de Servilia**, una costruzione grande come un tempio (si tratta del mausoleo di un'importante famiglia ispano-romana) e la **Tumba del Elefante**, riconoscibile dalla piccola statua raffigurante un pachiderma.

Sul lato opposto della strada potrete ammirare dall'alto un **anfiteatro romano** del I secolo a.C.

PUERTA DE SEVILLA E DINTORNI

La porta principale della città vecchia, assai imponente, si erge a difesa di Carmona da oltre 2000 anni. Oggi ospita l'ufficio turistico, dove si possono acquistare i biglietti per visitare gli interessanti piani superiori dell'**Alcázar de la Puerta de Sevilla** (interi/bambini/studenti/anziani €2/1/1/1; 🕑 10-18 da lunedì a sabato, 10-15 domenica e festivi), da cui si gode un magnifico panorama. La visita comprende l'accesso a un patio di epoca almohade che conserva le tracce di un tempio romano. Con l'aiuto di un opuscolo informativo riuscirete a individuare i diversi momenti della costruzione dell'Alcázar – si va dal periodo cartaginese a quello romano, islamico e cristiano.

Dalla Puerta de Sevilla si dipartono lunghi tratti delle antiche **mura** della città. La **Iglesia de San Pedro** (☎ 954 14 12 77; Calle San Pedro; ingresso €1,20; 🕑 11-14 da giovedì a lunedì), a ovest della Puerta de Sevilla, merita un'occhiata per le splendide decorazioni barocche all'interno – se la torre vi risulta familiare è perché si tratta di un'imitazione della Giralda di Siviglia (p105).

ITINERARIO A PIEDI DELLA CITTÀ VECCHIA

Carmona è facilmente visitabile a piedi con una tranquilla passeggiata (cartina p144) che parte dalla Puerta de Sevilla. Incamminatevi lungo Calle Prim e raggiungete Plaza de San Fernando (o Plaza Mayor), caratterizzata dalla presenza di diversi edifici cinquecenteschi dipinti in vari colori. Subito dopo la piazza s'incontra il palazzo dell'**ayuntamiento (1)** (☎ 954 14 00 11; Calle El Salvador; ingresso libero; 🕑 8-15 da lunedì a venerdì, 16-18 martedì e giovedì), una costruzione del XVII secolo con un patio contenente un grande e bellissimo mosaico romano raffigurante la gorgone Medusa.

Uscendo da Plaza de San Fernando imboccate Calle Martín López de Córdoba, che si dirige verso nord-est, supera il raffinato **Palacio de los Ruedas (2)** e raggiunge la splendida **Iglesia Prioral de Santa María (3)** (☎ 954 19 14 82; ingresso €3; 🕑 9-14 e 17.30-19.30 da lunedì a venerdì, 9-14 sabato dal 1° aprile al 20 agosto, 9-14 e 17-19 da lunedì a venerdì, 9-14 sabato dal 22 settembre al 31 marzo, chiusa dal 21 agosto al 21 settembre). Santa María fu costruita nel XV e XVI secolo nello stile tipico di Carmona, che abbinava il mattone alla pietra, nel luogo in cui precedentemente sorgeva la principale moschea della città. In uno dei pilastri del Patio de los Naranjos, tramite il quale si accede alla chiesa (in epoca araba il cortile per le abluzioni), è scolpito un calendario visigoto del VI secolo. All'interno le principali attrattive sono le belle colonne gotiche, le decorazioni del soffitto e il retablo centrale di gusto plateresco.

Dietro la chiesa di Santa María si trova il **Museo de la Ciudad (4)** (Museo Storico della Città; ☎ 954 14 01 28; www.museociudad.carmona.org; Calle San Ildefonso 1; interi/bambini/studenti/anziani €2/1/1/1, martedì gratuito; 🕑 10-14 e 16.30-21.30 da mercoledì a lunedì, 10-14 martedì dal 16 giugno al 31 agosto, 11-19 da mercoledì a lunedì, 11-14 martedì il resto dell'anno). I reperti archeologici e storici di questo museo, che ha sede in un interessante palazzo costruito tra il XVI e il XVIII secolo, forniscono un utile supporto alla visita di Carmona. Di particolare interesse sono le sezioni dedicate al periodo romano e alla civiltà di Tartessos – la collezione di grandi vasi in terracotta decorati con motivi tipicamente mediorientali appartenenti a questa misteriosa civiltà è straordinaria.

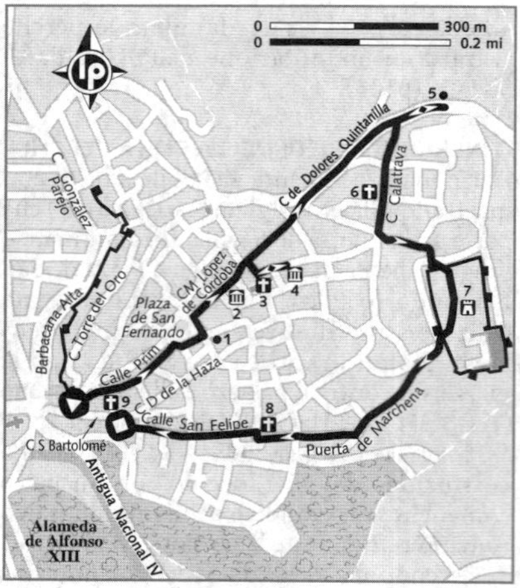

Dalla Iglesia de Santa María, Calle Santa María de Gracia e Calle de Dolores Quintanilla proseguono verso la **Puerta de Córdoba (5)**, in origine di epoca romana, da cui si gode un bellissimo panorama in direzione orientale.

Ritornando sui propri passi si risale la collina per poi svoltare verso sud-ovest lungo Calle Calatrava e proseguire fino alla **Iglesia de Santiago (6)**, riconoscibile dalla bella torre in stile mudejar. Procedendo verso sud si raggiungono le rovine della fortezza dell'**Alcázar (7)** e il lussuoso *parador* (albergo a gestione statale) costruito all'interno del complesso negli anni '70. A Pedro I si deve la trasformazione dell'antico forte almohade in un'elegante residenza di campagna in stile mudejar, simile all'ala da lui aggiunta nel XIV secolo all'Alcázar di Siviglia. I regnanti cattolici abbellirono ulteriormente il palazzo, che fu tuttavia seriamente danneggiato da due terremoti nel 1504 e nel 1755. La splendida vista e l'incantevole patio del *parador* invitano a una piacevole sosta per bere o mangiare qualcosa assieme agli abitanti del luogo.

Prendete la via del ritorno imboccando Puerta de Marchena, che segna il limite meridionale della città vecchia, quindi immergetevi nel labirinto di viuzze che portano alla trecentesca **Iglesia de San Felipe (8)**, caratterizzata da una bella torre mudejar in mattoni e da una facciata rinascimentale, e infine alla **Iglesia de San Bartolomé (9)**, costruita tra il XV e il XVIII secolo.

Pernottamento

In tutti gli alberghi indicati di seguito, a eccezione del *parador*, calcolate un supplemento di un terzo o del 50% durante il periodo della Semana Santa e della Feria de Abril di Siviglia, e prezzi più contenuti in bassa stagione (che comprende anche luglio).

Hospedería Marques de las Torres (☎ 954 19 62 48; www.hospederiamarquesdelastorres.com; Calle Fermin Molpeceres 2; letti in camerata €23; camere €60;) Strana combinazione di camerate tipo ostello e camere d'albergo sistemate all'interno di un *palacio* con un giardino al sole dotato di una splendida piscina dall'acqua turchese circondata da pareti in terracotta. Le camerate sono piccole (possono ospitare da due a quattro persone per modulo) e hanno il bagno in comune. I moduli ricordano un po' gli scompartimenti dei treni e sono separati da divisori fissi che non raggiungono il soffitto. Le camere, dotate di splendidi letti molto grandi, sono confortevoli.

Pensión Comercio (☎/fax 954 14 00 18; Calle Torre del Oro 56; singole/doppie €32/45;) Questo delizioso antico edificio decorato con piastrelle, dotato di un bel patio e di un arco d'ingresso in stile

LA SCELTA DELL'AUTORE

Casa de Carmona (☎ 954 14 41 51; www.casadecarmona.com; Plaza de Lasso 1; camere con prima colazione a partire da €160; P) Il Casa de Carmona innalza il concetto di lusso a una dimensione inaspettata. Si tratta di uno splendido palazzo del XVI secolo che conserva l'autentica atmosfera della residenza aristocratica che era un tempo. Le camere sono arredate secondo uno stile da villa di campagna, i letti in legno sfoggiano morbidi cuscini in pizzo bianco e i bagni, separati dai servizi igienici, si segnalano per la bella rubinetteria rétro. Tutte le camere sono arredate con gusto, tanto che ci si dimentica presto di essere in un albergo. La zona lettura nella suite è dotata di pesanti tappeti e di divani leggermente consumati e alle finestre, tutte molto grandi e alte, sono appese delle lunghe tende che lasciano filtrare la luce. In quest'albergo ogni singolo dettaglio trasmette un senso di benessere e tranquillità, inoltre c'è anche un'elegante biblioteca piena di libri e riviste. La piscina, dall'aspetto quasi tropicale, è di una bellezza decadente che s'intona perfettamente con le altre parti del palazzo.

mudejar; dispone di 14 camere accoglienti e pulite.

Hotel Alcázar de la Reina (☎ 954 19 62 00; www.alcazar-reina.es; Plaza de Lasso 2; singole/doppie con prima colazione €100/126; P) Questo albergo moderno e lussuoso, ma privo di carattere, che dispone di 68 camere, è stato costruito in quello che un tempo era il giardino di un monastero del centro storico. Buon ristorante e due patio, di cui uno con piscina.

Parador Alcázar del Rey Don Pedro (☎ 954 14 10 10; www.parador.es; Alcázar s/n; singole/doppie €100/128; P) Costruito tra le rovine dell'Alcázar di Pedro I in uno stile da palazzo-fortezza medievale che mescola elementi islamici e cristiani, il *parador* di Carmona trasuda fascino e storia. Sia le 63 spaziose camere sia gli spazi comuni sono sontuosamente arredati con mobili antichi, il ristorante è eccellente e poche piscine dell'Andalusia possono vantare una posizione altrettanto spettacolare.

Pasti

Molti dei bar e caffè che si trovano in Plaza de San Fernando o nelle immediate vicinanze servono *raciones* e tapas; tra tutti segnaliamo il **Café Bar El Tapeo** (☎ 954 14 43 21; Calle Prim 9; tapas/raciones €1,50/5, menu €9), un locale accogliente, semplice e molto frequentato.

Mesón Sierra Mayor (☎ 954 14 44 04; Calle San Ildefonso 1; tapas €1,30-2,30) Ottime tapas e *raciones*, a base soprattutto di prosciutto e carne di maiale, servite in un piccolo patio all'interno dell'edificio del Museo de la Ciudad. Le specialità del locale sono i prosciutti e i formaggi tipici delle colline di Huelva.

Restaurante San Fernando (☎ 954 14 35 56; Calle Sacramento 3; portate principali €12-15, menu €25; 13.30-16 da martedì a domenica, 21-24 da martedì a sabato) Il menu di questo elegante ristorante, che si affaccia su Plaza de San Fernando, prevede l'assaggio di cinque o più piatti – si può iniziare, per esempio, con una crema di mela verde seguita da pasticcio di salmone per terminare con pere al vino rosso. Tra una portata e l'altra vengono proposti altri assaggi.

Casa de Carmona (☎ 954 14 41 51; www.casadecarmona.com; Plaza de Lasso 1; portate principali €16-22, menu €24-48) Il raffinato ristorante di questo albergo di lusso propone cucina francese d'alta classe arricchita con alcuni elementi della tipica tradizione culinaria andalusa. La lista dei vini è eccellente.

Molino de la Romera (☎ 954 14 20 00; Calle Sor Ángela de la Cruz 8; menu di 4 portate e 2 bevande €18; chiuso domenica sera) Buona e sostanziosa cucina andalusa preparata con cura e servita in un locale ricavato da un affascinante frantoio del XV secolo. Se preferite qualcosa di più leggero potete rivolgervi al bar-caffetteria; c'è anche una graziosa terrazza con vista sulla valle.

Parador Alcázar del Rey Don Pedro (☎ 954 14 10 10; www.parador.es; Alcázar s/n; menu €27) Il ristorante di questo *parador*, allestito in una sala da pranzo simile a un refettorio, è uno dei migliori della città. Provate le specialità della casa: *espinacas de Carmona* (spinaci alle spezie) e *cartuja de perdiz* (pernice con verdure).

Per/da Carmona

Casal (☎ 954 41 06 58) gestisce un servizio di autobus per Carmona con partenza dall'autostazione Prado de San Sebastián di Siviglia (€2, 45 minuti, 20 corse al giorno dal lunedì al venerdì, 10 sabato, 7 domenica). A Carmona gli autobus di questa linea fermano in Paseo del Estatuto, 300 m a ovest della Puerta de Sevilla. Gli autobus della società **Alsina Graells** (☎ 954 41 86 11) fanno servizio per Écija (€3,70, 45 minuti) e Córdoba (€7,50, 2 ore) con partenza alle 8 e alle 14.30 da un'area di parcheggio vuota fuori della Puerta de Sevilla.

In Paseo del Estatuto c'è un parcheggio sotterraneo aperto 24 ore su 24 (3/6/10/24 ore €2/4,50/7,50/12).

ÉCIJA

Pop. 38.900 / alt. 110 m

Di tutte le città della Campiña, Écija, 53 km a est di Carmona lungo la A4, è forse la meno visitata. Negli ultimi anni, tuttavia, la presenza di turisti in questa località è aumentata, e con essa il numero di monumenti e musei aperti al pubblico. Inoltre è stata lanciata una campagna volta a rendere il centro cittadino sempre più attraente e accogliente. Le chiese della città in stile gotico-mudéjar (alcune delle quali ancora fatiscenti) e gli imponenti palazzi barocchi sono dei veri e propri gioielli e offrono riparo dalla calura. Écija è conosciuta sia come *la ciudad de las torres* (la città delle torri), per i numerosi campanili delle chiese gotiche decorati con lucenti piastrelle multicolori, sia come *la sartén de Andalucía* (la padella dell'Andalusia), per le torride temperature che in certi casi hanno raggiunto i 50°C.

Tra le ingenti opere di restauro in corso in città si segnalano i lavori nel Palacio de Peñaflor, l'edificio più bello di Écija, e in Plaza de España, la caotica piazza principale, la quale, a parte gli affascinanti ritrovamenti archeologici effettuati durante la costruzione di un parcheggio sotterraneo, non ha molto da offrire. La maggior parte dei gioielli architettonici di Écija risale al XVIII secolo, quando la piccola nobiltà locale, arricchitasi con la produzione di frumento e olio, iniziò a commissionare grandiosi palazzi e a far ricostruire i campanili delle chiese distrutti dal terremoto del 1757. La lunga e affascinante storia dell'antica Écija è oggetto di continue scoperte da parte degli archeologi che stanno tuttora portando avanti importanti lavori di scavo.

Informazioni

L'efficiente **ufficio turistico** (☎ 955 90 29 33; www.ecija.es; Plaza de España 1; 🕑 9.30-15 da lunedì a venerdì, fino alle 14 luglio e agosto, 10.30-13.30 sabato, domenica e festivi), situato nella piazza centrale di fronte all'*ayuntamiento*, distribuisce un'ottima cartina turistica che vi sarà molto utile nella visita alla città.

Che cosa vedere

I recenti lavori effettuati in **Plaza de España** (chiamata anche El Salón) hanno portato alla luce reperti di grandissimo interesse. Durante la realizzazione di un parcheggio sotterraneo è stato infatti scoperto nella parte occidentale della piazza (in corrispondenza dell'*ayuntamiento*) un *makbara* (cimitero musulmano) con 4000 sepolture risalenti a un periodo compreso tra il IX e il XII secolo. All'estremità orientale sono state invece rinvenute delle terme romane, con una piscina e un'area per le attività fisiche piene di frammenti di sculture nascoste in questo luogo fin dal III secolo d.C. Al momento della stesura di questa guida erano ancora in corso degli scavi sia nel sito delle terme romane sia in quello del cimitero musulmano – naturalmente la costruzione del parcheggio sotterraneo è stata sospesa.

Nel palazzo dell'**ayuntamiento** (Plaza de España 1; 🕑 9.30-15 da lunedì a venerdì da settembre a giugno, 9.30-14 luglio e agosto, 10.30-13.30 sabato, domenica e festivi) c'è un bel mosaico raffigurante la regina Dirce legata per punizione alle corna di un toro. Per vedere il mosaico rivolgetevi all'ufficio turistico che vi farà accompagnare da un suo impiegato il quale, oltre al mosaico, vi mostrerà, se possibile, anche i tesori artistici custoditi nell'ottocentesca Sala Capitular (Sala Capitolare). Il personale dell'ufficio turistico gestisce inoltre una **cámara oscura** (ingresso €2,50; 🕑 10.30-13.30) che proietta su uno schermo immagini in movimento della città – un panorama completo e unico del grandioso patrimonio di guglie, campanili, palazzi e della sottostante Plaza de España.

La famosa **Iglesia de Santa María** (Plaza Santa María), nelle immediate vicinanze di Plaza de España, vanta uno dei più bei campanili della città. Da Plaza de España, proseguendo per un isolato verso sud lungo Calle Cintería, si arriva all'interessantissimo **Museo Histórico Municipal** (☎ 955 90 29 19; Plaza de la Constitución; ingresso libero; 🕑 9-14 da martedì a domenica da giugno a settembre, 9.30-13.30 e 16.30-18.30 da martedì a venerdì, 9-14 sabato, domenica e festivi da ottobre a maggio), ospitato nel bell'edificio settecentesco del Palacio de Benamejís. Le sue principali attrattive sono costituite dagli importanti reperti di epoca romana portati alla luce dagli scavi in Plaza de España, tra cui la statua di un'amazzone a grandezza naturale, il busto di un atleta e una testa maschile in marmo raffigurante forse Marte. Gli altri reperti del museo offrono una panoramica completa della storia di Écija, con particolare riferimento al periodo iberico e a quello romano.

Un paio di isolati a est del museo si erge l'imponente **Palacio de Peñaflor** (Calle Emilio Castelar 26; ingresso libero; 🕑 9-13.30 da lunedì a venerdì da giugno a settembre, 10-13 e 16.30-19.30 da lunedì a venerdì, 11-13 sabato e domenica da ottobre a maggio), o 'palazzo dei lunghi balconi', un edificio del XVIII secolo che presto verrà restaurato. La sua bella facciata curvilinea è coperta di affreschi, sopra i quali sono visibili i balconi. Entrate per dare un'occhiata al grandioso scalone e al grazioso patio a due piani, che ospita la biblioteca comunale e due sale espositive.

All'angolo opposto della strada si vede la splendida facciata rinascimentale del **Palacio de Valhermoso**. Da qui svoltate in Calle Cadenas, di fronte al Palacio de Valhermoso, e dirigetevi verso l'elegante campanile della **Iglesia de San Gil** (Calle San Antonio). Superata la chiesa, sulla destra troverete la **Plaza de Armas**, dove proseguono gli scavi archeologici che stanno riportando alla luce l'Alcazaba (fortezza) islamica del XII secolo e, da livelli sottostanti, reperti di epoca romana e della civiltà di Tartessos. Oltre a belle ceramiche

L'AMAZZONE DI ÉCIJA

La superba statua marmorea dell'amazzone di Écija, alta 2,11 m, conserva ancora oggi tracce del colore rosso con cui era originariamente dipinta. Si ritiene che la statua, le cui fattezze non sono per nulla bellicose, ma anzi appaiono estremamente delicate, sia stata trasportata in Spagna da Roma, dove esistevano molte sculture simili, tutte copie realizzate partendo dall'originale greco del V secolo a.C. Quest'ultimo, opera dello scultore Policleto, adornava il tempio di Artemide a Efeso, nell'attuale Turchia, ritenuto una delle sette meraviglie del mondo antico. Per motivi rimasti sconosciuti, una delle copie romane fu portata nel I secolo d.C. a Colonia Augusta Firma Astigi, come Écija era allora chiamata. Nel III secolo d.C., quando i primi cristiani cominciarono a distruggere in modo sistematico le immagini degli idoli pagani, venne occultata insieme ad altre sculture di pregio nella piscina delle terme della città. Il nascondiglio risultò sicuro al punto che l'amazzone di Écija dovette attendere il 7 febbraio 2002 per rivedere la luce del sole, giornata nella quale gli archeologi rimossero con grande emozione l'ultimo strato di terra che ricopriva la vasca.

Altre copie dell'originale di Policleto, rinvenute a Roma nel XVII e XIX secolo, si trovano ora nei musei di Berlino, Copenhagen e New York.

fenice è stato rinvenuto un mosaico particolarmente importante in quanto pare che sia il solo al mondo dove è raffigurato Annus, il dio romano a cui era dedicato l'anno solare. Questo sito è destinato in futuro a diventare un museo.

Ritornate sui vostri passi fino al Palacio de Valhermoso per vedere i campanili della **Iglesia de San Juan** (Plaza San Juan) e del **Convento de San Pablo y Santo Domingo** (Plazuela de Santo Domingo) – quest'ultimo decorato con un gigantesco rosario – e raggiungere infine la **Parroquia Mayor de Santa Cruz** (Plazuela de Nuestra Señora del Valle; ingresso libero; 🕑 9-13 e 18-21 da lunedì a sabato, 10-13 e 18-21.30 domenica da giugno a settembre, 9-13 e 17-21 da lunedì a sabato, 10-13 e 18-20 domenica da ottobre a maggio). Santa Cruz, ora chiesa parrocchiale di Écija, era un tempo la principale moschea della città, come si evince ancora oggi da alcuni elementi architettonici islamici e da qualche iscrizioni in arabo. Le arcate, le fontane e i patio, ora scoperti, che delimitano l'edificio su tre lati conferiscono al complesso un'atmosfera decisamente romantica. L'altare maggiore è costituito da uno splendido sarcofago paleocristiano del V secolo su cui si possono osservare alcune iscrizioni in lingua greca e le figure di Abramo, Isacco, Cristo il Buon Pastore e Daniele. Sul lato opposto della strada si trova il **Palacio de los Palma** (☎ 955 90 20 82; Calle Espíritu Santo 10; ingresso €3; 🕑 10-14), eretto tra il XVI e il XVIII secolo, caratterizzato da un patio con portici e da belle sale sontuosamente decorate con *artesonados* in stile mudejar. Da questo palazzo per tornare in Plaza de España bisogna effettuare una passeggiata di quattro isolati in direzione sud.

Pernottamento e pasti

Hostal Santiago (☎ 954 831 626; Av Del Genil 18; singole/doppie €17/32) Al momento della stesura di questa guida l'Hostal Santiago rappresentava l'unica offerta a prezzi veramente economici dalla città – ma è da tenere in considerazione soltanto in caso di ristrettissime disponibilità economiche. Tuttavia questo *hostal*, che si trova sopra una stazione di rifornimento a 15 minuti di cammino dal centro, non è poi così brutto come sembra visto dall'esterno. Le camere, assai modeste e poco attraenti, sono infatti pulite, e vanno benissimo per una notte. Ma, ribadiamo, solo in caso di vera necessità.

Hotel Platería (☎ 955 90 27 54; www.hotelplateria.net; Calle Platería 4; singole/doppie €38/64; ❄) Situato un isolato a est di Plaza de España, questo albergo offre un ottimo rapporto qualità-prezzo. La maggior parte delle 18 stanze, sufficientemente spaziose, decorate in tonalità crema e con letti molto grandi, si affaccia su un piacevole cortile centrale. Il ristorante, aperto dalla colazione alla cena, offre ottimi piatti a prezzi contenuti (menu del giorno €7).

Hotel Palacio de los Granados (☎ 955 90 10 50; www.palaciogranados.com; Calle Emilio Castelar 42; camere/suite con prima colazione €120/160; ❄ 💻 🏊) Il migliore albergo della città si trova in un'incantevole via piena di case signorili. È ospitato all'interno di un palazzo settecentesco con due patio e offre 11 sontuose camere e suite, ciascuna arredata con estrema cura da uno dei proprietari in un bellissimo mix di tradizione e modernità. Alle pareti sono esposte molte opere d'arte contemporanea.

Su richiesta è possibile farsi servire la cena. Inoltre il personale dell'albergo è disponibile a organizzare visite agli scavi archeologici, alle chiese e ai centri di allevamento di cavalli di Écija.

Las Ninfas (☎ 955 90 45 92; Calle Elvira; menu di 3 portate €9; ⏰ chiuso lunedì; ❄) Accogliente ristorante dietro l'angolo del Museo Histórico Municipal decorato con tesori d'arte locale. Offre un'eccellente cucina andalusa e specialità del luogo.

Bisturí (☎ 954 83 10 66; Plaza de España 23; menu €10 e €15; ❄) Il Bisturí, proprio sulla piazza centrale, propone una grande varietà di piatti a prezzi ragionevoli. Si può mangiare sulla *terraza* all'aperto o nella sala interna dotata di aria condizionata.

Bodegón del Gallego (☎ 954 83 26 18; Calle Arcipreste Juan Aparicio 3; portate principali €10-13) Questo locale molto animato, con un bel soffitto con travi di legno a vista, propone eccellenti specialità a base di pesce.

Per/da Écija

Le autolinee **Linesur** (☎ 954 83 02 39) garantiscono fino a 11 corse giornaliere per/da Siviglia (Prado de San Sebastián; €6, 1 ora e 15 minuti), mentre Alsina Graells effettua tre o più collegamenti con Córdoba (€4, 1 ora e 15 minuti) e uno con Carmona (€4, 45 minuti). La fermata degli autobus si trova vicino al campo di calcio in Avenida de Andalucía, sei isolati a sud di Plaza de España.

OSUNA

Pop. 17.430 / alt. 330 m

Osuna è la cittadina più graziosa della Campiña. Ospita palazzi barocchi meravigliosamente conservati e un imponente monastero ispanico-rinascimentale. Diversi tra i più grandiosi edifici della città furono commissionati dai duchi di Osuna, a partire dal XVI secolo una delle famiglie più ricche e potenti di Spagna, che imposero il loro nome a questa cittadina.

Osuna è situata 91 km a sud-est di Siviglia lungo la A92 che collega Granada a Siviglia.

Informazioni

L'**Oficina Municipal de Turismo** (☎ 954 81 57 32; www.ayto-osuna.es; ⏰ 9-14 da lunedì a sabato) e l'**Asociación Turístico Cultural Ossuna** (☎ 954 81 28 52; ⏰ 10-14 e 17-20 da lunedì a venerdì, 10-14 sabato e domenica), entrambi nella centrale Plaza Mayor, forniscono informazioni e distribuiscono opuscoli con utili notizie sui monumenti della città in diverse lingue. L'Asociación Turístico è inoltre in grado di fornire guide che accompagnino i visitatori fornendo spiegazioni in inglese, francese o spagnolo al prezzo di €50/100 per mezza/una giornata.

Che cosa vedere

Calle Carrera, a nord di Plaza Mayor, è la via in cui si concentra il maggior numero di alberghi. Il museo, il monastero, la chiesa e l'università si trovano l'uno vicino all'altro subito a est di Plaza Mayor, sul ripido pendio di una collina. La zona a ovest di questa piazza, racchiusa in un triangolo formato da Calle Carrera, Calle de Alfonso XII e Carretería Antequera, piena di palazzi e chiese, è attraversata da graziose viuzze, da passaggi pedonali e da Calle Sevilla, che la divide in due e che da Plaza Mayor si allontana in direzione ovest. La stazione degli autobus si trova a sud-est della piazza principale, in Avenida de la Constitución.

PLAZA MAYOR

Su un lato di questa piazza alberata si affaccia il cinquecentesco edificio dell'**ayuntamiento**, in parte restaurato, sul lato opposto un grande **mercato coperto** e, al fondo, la chiesa del **Convento de la Concepción**, del XVI secolo. Sulle panchine della piazza vedrete molti abitanti della città masticare *pipas* (semi).

PALAZZI BAROCCHI

La maggior parte dei grandi palazzi di Osuna non è visitabile, ma le facciate di alcune di queste imponenti residenze meritano di essere viste. Una di esse è quella del **Palacio de los Cepeda** (Calle de la Huerta), dietro il municipio, caratterizzata da file di colonne in stile churrigueresco sormontate da alabardieri in pietra che sorreggono lo stemma della famiglia Cepeda. L'edificio è ora adibito a tribunale. Il portone del 1737 del **Palacio de Puente Hermoso** (Palacio de Govantes y Herdara; Calle Sevilla 44), un paio di isolati a ovest di Plaza Mayor, è reso importante dalla presenza di colonne tortili ornate da grappoli d'uva e foglie di vite.

Dirigendosi verso nord da Plaza Mayor lungo Calle Carrera, prima di arrivare all'angolo di Calle San Pedro s'incontra l'**Iglesia de Santo Domingo** (1531). La **Cilla del Cabildo Colegial** (Calle San Pedro 16) è decorata con una bella rappresentazione scultorea della Giralda di

Siviglia affiancata dalle figure delle martiri sivigliane Santa Justa e Santa Rufina. Più a nord si trova il **Palacio del Marqués de La Gomera** (Calle San Pedro 20), riconoscibile dagli elaborati pilastri a fascio e dallo stemma della famiglia in cima alla facciata. Oggi questo edificio è adibito ad albergo (v. p150) – vi consigliamo di entrare a bere qualcosa.

MUSEO ARQUEOLÓGICO

La Torre del Agua, una torre di epoca almohade del XII secolo che s'incontra salendo verso est a pochi passi da Plaza Mayor, ospita il **Museo Arqueológico** (☎ 954 81 12 07; Plaza de la Duquesa; ingresso €1,50; 🕑 11.30-13.30 e 16.30-18.30 da martedì a domenica da ottobre ad aprile, 11.30-13.30 e 17-19 da martedì a domenica da maggio a settembre, chiuso domenica pomeriggio luglio e agosto) di Osuna. La collezione del museo, comprendente soprattutto reperti e manufatti iberici e romani rinvenuti nelle vicinanze, merita senz'altro di essere vista. Tra i pezzi più interessanti segnaliamo le copie del famoso Toro de Osuna di epoca iberica e di oggetti in bronzo risalenti alla dominazione romana i cui originali si trovano oggi al Louvre di Parigi e nel Museo Archeologico Nazionale di Madrid.

COLEGIATA E DINTORNI

I monumenti più imponenti di Osuna dominano il centro della cittadina dall'alto della collina situata dietro al Museo Arqueológico. La **Colegiata de Santa María de la Asunción** (☎ 954 81 04 44; Plaza de la Encarnación; ingresso solo con visita guidata €2; 🕑 10-13.30 e 15.30-18.30 da martedì a domenica da ottobre ad aprile, 10-13.30 e 16-19 da martedì a domenica da maggio a settembre, chiusa domenica pomeriggio luglio e agosto), una grande ex collegiata del XVI secolo, custodisce splendide opere d'arte raccolte dai Duques de Osuna, discendenti del fondatore della chiesa Juan Téllez Girón, Conde de Ureña.

Nel corpo principale della collegiata si possono ammirare il *Cristo de la Expiración* di José de Ribera, un magnifico esempio dell'uso del contrasto tra luce e ombra di cui questo pittore secentesco sapeva avvalersi con grande maestria, un retablo barocco caratterizzato da ricche decorazioni, un retablo trecentesco di linee completamente diverse nella Capilla de la Virgen de los Reyes e, nella Capilla de la Inmaculada, la scultura di una Crocifissione eseguita nel 1623 da Juan de Mesa. Nella sacrestia sono esposte altre quattro opere di Riberas. La visita guidata comprende anche il lugubre Sepulcro Ducal sotterraneo, realizzato nel 1548, cioè la cappella funeraria della famiglia Osuna, le cui tombe sono situate in alcune nicchie scavate nelle pareti.

Il **Monasterio de la Encarnación** (☎ 954 81 11 21; Plaza de la Encarnación; ingresso €2; 🕑 stesso orario della Colegiata), di fronte alla Colegiata e attualmente sede del museo di arte sacra di Osuna, merita senz'altro una visita. Le splendide decorazioni in piastrelle settecentesche del chiostro, raffiguranti i cinque sensi, le stagioni, l'Alameda de Hércules di Siviglia e numerose scene bibliche, monastiche, di caccia e di corride, sono tra le più belle che si possano vedere nella regione, mentre la chiesa del monastero è una pregevole testimonianza di arte e scultura barocca. In una camera al piano superiore è esposta una collezione di graziosissimi Gesù Bambini del XVIII secolo.

Sulla cima della collina, proprio sopra la Colegiata, si trova la **Universidad de Osuna**, una costruzione a pianta quadrata con torri appuntite e un grandioso patio rinascimentale, fondata nel 1548 dal Conde de Ureña allo scopo di combattere il protestantesimo. Oggi l'edificio è una sede distaccata dell'Università di Siviglia in cui si tengono corsi per infermieri e di amministrazione aziendale. Più in basso, dietro il Monasterio de la Encarnación, si scorge la secentesca **Iglesia de la Merced** (Cuesta Marruecos), con un bel portale e un elegante campanile barocco.

Pernottamento e pasti

Hostal 5 Puertas (☎ 954 81 12 43; Calle Carrera 79; singole/doppie €25/40; ❄) Le 14 camere, tutte piuttosto piccole ma nel complesso discrete, sono dotate di TV, telefono e riscaldamento autonomo. Alcune sono prese in affitto dagli studenti universitari per il periodo dei corsi.

Hostal Esmeralda (☎ 955 82 10 73; www.hostal-esmeralda.com; Calle Tesorero 7; singole/doppie €25,50/42; ❄ 💻) L'Esmeralda, un *hostal* molto pulito, accogliente e a gestione familiare, si trova circa 200 m a sud di Plaza Mayor. Le camere, semplici ma abbastanza grandi e dotate di TV, si affacciano su corridoi piastrellati che conducono a un piccolo patio a cielo aperto.

Hostal Caballo Blanco (☎ 954 81 01 84; Calle Granada 1; singole/doppie €30/50; P ❄) Ricavata da una vecchia stazione di posta all'angolo di

Calle Carrera, 350 m a nord di Plaza Mayor, la simpatica 'Locanda del Cavallo Bianco' dispone di un cortile con parcheggio e di 13 confortevoli camere nei toni del rosso o del blu con luci di lettura e piacevoli stampe alle pareti. Il ristorante dell'albergo è aperto dal lunedì al sabato.

Hotel Palacio Marqués de la Gomera (☎ 954 81 22 23; www.hotelpalaciodelmarques.com; Calle San Pedro 20; singole/doppie €77/96; P ✱ 💻) Hotel di lusso ospitato all'interno di uno dei più bei palazzi barocchi di Osuna. È dotato di una cappella privata e in tutto l'edificio sono esposte diverse immagini religiose. L'albergo offre 20 camere e suite, grandi e graziose, situate intorno a un bellissimo patio centrale a due piani decorato da arcate. Il suo raffinato ristorante, **La Casa del Marqués** (portate principali €9-18), propone un invitante menu di caratteristici piatti andalusi e spagnoli, mentre l'**Asador de Osuna** è specializzato in carne alla griglia.

Restaurante Doña Guadalupe (☎ 954 81 05 58; Plaza Guadalupe 6; menu di 4 portate €12,30, portate principali €11-16; 🕒 chiuso martedì e dal 1° al 15 agosto; ✱) Nascosto in una piazzetta tra Calle Quijada e Calle Gordillo (entrambe traverse di Calle Carrera), il Restaurante Doña Guadalupe offre cucina andalusa di prima qualità, dalla pernice con riso agli asparagi selvatici in casseruola. Interessante anche la lista dei vini nazionali.

El Mesón del Duque (☎ 954 81 28 45; Plaza de la Duquesa 2; raciones €8-11) Godetevi le appetitose specialità andaluse sulla terrazza di questo ristorante situato di fronte al Museo Arqueológico che offre la vista sulla Colegiata.

Per/da Osuna

La **stazione degli autobus** (☎ 954 81 01 46; Avenida de la Constitución) si trova 500 m a sud-est di Plaza Mayor. Tutti i giorni ci sono circa 11 autobus tra Osuna e Siviglia (Prado de San Sebastián; €6,50, 1 ora e 15 minuti). Quattro al giorno partono per Fuente de Piedra (€4,50, 45 minuti) e per Antequera (€5, 1 ora e 15 minuti), due per Málaga (€8, 2 ore e mezzo) e due per Granada (€11,50, 3 ore e 15 minuti).

Per quanto riguarda i collegamenti ferroviari, ci sono sei treni al giorno per/da Siviglia (da €6 a €6,50, 1 ora) e tre rispettivamente per/da Antequera (€5,50, 1 ora), Granada (€12, 2 ore e mezzo) e Málaga (€8, 1 ora e mezzo). La **stazione ferroviaria** (Avenida de la Estación) è situata 1 km a sud-ovest del centro.

PARQUE NATURAL SIERRA NORTE

Questo parco naturale di 1648 kmq occupa il settore settentrionale della provincia di Siviglia, cioè il vasto territorio dolcemente ondulato della bella e per lo più selvaggia Sierra Morena. Il paesaggio, molto vario, abbraccia colline e vallate verdeggianti, aree boschive, fiumi e pittoreschi e antichi centri abitati con fortezze e castelli di epoca islamica, chiese in parte ispirate allo stile mudejar e strette e tortuose viuzze bianche. L'aspetto più bello di questo paradiso naturale è che per ora è ancora poco frequentato dai turisti. I fiori che in primavera tappezzano i prati di questa regione sono tra i più belli che sia dato vedere in Andalusia. Inoltre, spesso è possibile osservare dei tori e il simpatico *cerdo ibérico*, il maiale nero da cui proviene il delizioso *jamón*.

Nel parco si trovano cartelli che indicano almeno 14 itinerari a piedi di qualche ora ciascuno. I percorsi sono riportati sulla cartina in scala 1:100.000 *Parque Natural Sierra Norte* pubblicata dall'IGN/Junta de Andalucía e descritti in spagnolo nell'opuscolo *Cuaderno de Senderos*, reperibile presso il Centro de Interpretación El Robledo (p154).

I due centri abitati più importanti, Cazalla de la Sierra e Constantina, distanti tra loro 20 km, sono situati nel cuore del parco.

PER/DAL PARQUE NATURAL SIERRA NORTE E TRASPORTI LOCALI

Autobus

Gli autobus della compagnia **Linesur** (☎ 954 98 82 20) partono da Siviglia (Plaza de Armas) tre volte al giorno (solo due sabato e domenica) per Cazalla de la Sierra (€6, da 1 ora e 45 minuti a 2 ore e 15 minuti) e Guadalcanal (€7,50, 2 ore e 45 minuti), e da tre a sei volte al giorno per El Pedroso (€5, 1 ora e 15 minuti) e Constantina (€5, 1 ora e 45 minuti).

Treno

La stazione di Cazalla y Constantina è situata lungo la strada A455 Cazalla-Constantina, a 7 km da Cazalla e a 12 km da Constantina. Ci sono due treni al giorno per/da Siviglia (€5, 1 ora e 45 minuti). Lungo il percorso fermano a El Pedroso, proseguendo poi per/da Guadalcanal. Uno di essi fa servizio anche per/dalle località dell'Estremadura Zafra, Mérida e Cáceres. Il treno delle 16.30 da Siviglia arriva alla stazione di Cazalla y Constantina alle 18.22 – in tempo per consentire di prendere l'autobus Constantina-Cazalla che passa dalla stazione ferroviaria intorno alle 19.30 dal lunedì al venerdì – vi consigliamo comunque di controllare sempre gli orari.

EL PEDROSO

Pop. 2290 / alt. 415 m

El Pedroso, un grazioso villaggio attraversato da ampie strade acciottolate, si trova sulla A432 proveniente da Siviglia 16 km a sud di Cazalla de la Sierra. In centro si erge la quattrocentesca **Iglesia de Nuestra Señora de la Consolación**, che custodisce (nella cappella a destra guardando l'altare maggiore) una *Inmaculada* eseguita nel 1608 dal grande scultore Juan Martínez Montañés. Il **Sendero del Arroyo de las Cañas**, un percorso segnato di 10 km che si snoda nel territorio piuttosto piatto a ovest di El Pedroso e che inizia di fronte al Bar Triana nella parte occidentale della città, è una delle più belle passeggiate che si possono fare nel parco. Il sentiero attraversa un paesaggio disseminato di massi e, in primavera, di splendidi fiori selvatici.

Hotel Casa Montehuéznar (☎ 954 88 90 00; www.montehueznar.com; Avenida de la Estación 15; singole/doppie con prima colazione €35/55; ⊠) Albergo dotato di otto confortevoli camere con bei mobili in legno, disposte intorno al piano più alto di un patio molto grazioso. Si trova nella via che sale al centro del villaggio (500 m più avanti), di fronte alla stazione ferroviaria. Il suo ottimo ristorante è normalmente aperto solo dal venerdì alla domenica; negli altri giorni troverete nel **Bar-Restaurante Serranía** (☎ 954 88 96 03; Avenida de la Estación 30; platos combinados €5-8), in fondo alla strada, un'accettabile alternativa.

Restaurante Los Álamos (☎ 954 88 96 11; Carretera Cantillana Km 29,5; raciones di carne €6) Situato sulla A432, subito a sud di El Pedroso, è un locale consigliabile per il pranzo. Si mangia all'aperto in un'ampia veranda che dà su un giardino pieno di uccelli. La carne è la specialità del ristorante e il *queso Manchego* (formaggio Manchego) è squisito.

CAZALLA DE LA SIERRA

Pop. 5000 / alt. 600 m

Graziosa cittadina adagiata sulla cima di una collina 85 km a nord-est di Siviglia con un'ottima scelta di alberghi e piacevoli sentieri nel bosco. Sede di un castello islamico, Cazalla fu riconquistata da Fernando III nel 1247. Nel XVI e XVII secolo questa località era famosa per i suoi vini e liquori, che venivano esportati fino nelle Americhe.

Informazioni

Il nuovo **ufficio turistico** (☎ 954 883 562; ⏰ 8-17) si trova in Plaza Mayor, accanto alla Iglesia de la Consolación. Per informazioni turistiche ci si può rivolgere anche all'**ayuntamiento** (☎ 954 88 42 36; Plaza Doctor Nosea s/n; ⏰ 8-15 da lunedì a venerdì). In Calle La Plazuela, una via pedonale del centro, e nella vicina Calle Llana, la strada principale che attraversa la cittadina, troverete diverse banche con sportelli bancomat.

Che cosa vedere

Dal dedalo di antiche stradine che s'intersecano nel centro storico emerge la sagoma simile a una fortezza della **Iglesia de Nuestra Señora de la Consolación** (Plaza Mayor; ⏰ messe 19.30 da martedì a sabato, 12 domenica), una costruzione risalente per la maggior parte al XIV e XV secolo realizzata con i materiali tipici della regione, mattoni rossi e pietra gialla. Gravemente danneggiata all'epoca della guerra civile spagnola, la chiesa risulta attualmente più interessante all'esterno che all'interno.

La Cartuja de Cazalla (☎ 954 88 45 16; interi/bambini €3/1; ⏰ 9-14 e 16-20) è una grande certosa quattrocentesca nascosta in un angolo splendido e appartato della Sierra Morena, a 4 km da Cazalla (seguite al A455 per Constantina per 2,5 km e poi prendete la deviazione indicata dal cartello). Costruito nel luogo in cui in epoca islamica sorgevano un mulino e una moschea, nel XIX secolo il monastero fu abbandonato e lasciato cadere in rovina. Nel 1977 fu acquistato da una grande appassionata d'arte, Carmen Ladrón de Guevara, che lo sta restaurando con estrema cura per adibirlo in parte a centro artistico e culturale (oggi infatti ospita un laboratorio per la produzione di ceramiche e una galleria d'arte), mentre la chiesa è diventata una sala da concerto.

Attività

ESCURSIONI A PIEDI

Ci sono due sentieri che scendono da Cazalla verso la valle del Río Huéznar. Unendo i due tragitti si può effettuare una piacevole passeggiata di circa 9 km tra andata e ritorno.

I percorsi si snodano attraverso il paesaggio tipico della Sierra Norte, fatto di boschi di querce sempreverdi, oliveti e piccoli appezzamenti coltivati, inframezzati di tanto in tanto da macchie di ippocastani e vigneti.

Uno dei due tracciati, il **Sendero de las Laderas**, parte in corrispondenza della fontana di El Chorrillo, situata al margine orientale di Cazalla, in fondo a Calle Parras. Un cartello con la scritta 'Sendero Las Laderas 900 m' in Paseo El Moro, appena oltre la Posada del Moro, di dirige verso il punto di partenza dell'itinerario. Il sentiero scende fino al Puente de los Tres Ojos sul Río Huéznar, da dove risale per un breve tratto lungo la sponda occidentale, per poi dirigersi verso ovest sotto il ponte ferroviario Puente del Castillejo (volendo è possibile effettuare una sosta nell'area per picnic sulla sponda opposta del fiume) e fare ritorno a Cazalla attraverso il **Camino Viejo de la Estación** (strada vecchia della stazione). Si può raggiungere questo itinerario anche dalla stazione di Cazalla y Constantina seguendo il sentiero del 'Molino del Corcho' che scende lungo il Río Huéznar per 1 km fino al Puente del Castillejo.

EQUITAZIONE

Ángel Conde, esperto cavallerizzo locale, gestisce le note scuderie **Cuadras Al Paso** (☎ 689-944451; Plaza JM López-Cepero 3; ora/giorno/settimana €18/100/600), dove vengono allevati cavalli selezionati incrociando purosangue andalusi, arabi e inglesi.

Corsi

Turismo Rural Hidalgo (☎/fax 954 88 35 81; www.turismoruralhidalgo.com; Calle Virgen del Monte 19; corsi con sistemazione in hostal a settimana €260-310), gestito da una simpatica coppia olandese residente a Cazalla, organizza quasi tutto l'anno corsi della durata compresa tra una e tre settimane di flamenco (danza e chitarra), danza *sevillana*, pittura, ceramica, cucina andalusa e lingua spagnola, compresi alcuni corsi specifici per bambini.

Pernottamento e pasti

Posada del Moro (☎/fax 954 88 48 58; www.laposadadelmoro.com; Paseo El Moro s/n; singole/doppie con prima colazione €40/60; ❄ ♿) Quasi fosse un tributo al passato islamico dell'Andalusia, quest'albergo ha un interno decorato in stile marocchino. La lunga e stretta fontana situata nel grande giardino è dotata di una bella vasca che fa da sfondo a varie feste a tema marocchino. Le camere sono grandi, spaziose e confortevoli, con pavimenti in marmo rosso, bei mobili rivestiti di sughero e vista sul giardino. Il ristorante (portate principali da €10 a €15) serve specialità locali come asparagi selvatici e selvaggina.

Hospedería de la Cartuja (☎ 954 88 45 16; www.cartujadecazalla.com; singole/doppie con prima colazione €60/95, cena €22; P ❄ ♿) La pensione della bella Cartuja de Cazalla (p151) dispone di otto stanze arredate in modo moderno alle cui pareti sono appese le opere degli artisti che hanno soggiornato nella certosa, oltre ad alcune suite e a casette familiari. Il complesso alberghiero comprende due belle piscine e scuderie con cavalli (passeggiata a cavallo/lezione di un'ora €20/15). Gran parte degli ingredienti utilizzati nella cucina dell'antico ostello per pellegrini della certosa per la preparazione di eccellenti pietanze è coltivata sul

LA SCELTA DELL'AUTORE

Las Navezuelas (☎ 954 88 47 64; www.lasnavezuelas.com; singole/doppie con prima colazione €46/64, appartamenti per 4 persone €118; 🕒 chiuso dall'inizio di gennaio alla fine di febbraio; P ♿) Nel XVI secolo questo *cortijo* (fattoria) dava alloggio agli esausti operai che avevano lavorato tutto il giorno presso il frantoio. Oggi questo splendido albergo, situato su una collina che sovrasta una bella zona di prati e alberi, accoglie stanchi turisti che hanno trascorso tutto il giorno passeggiando sulle colline circostanti. Luca, il proprietario italiano, trasformò il vecchio *cortijo* in questo semplice ma elegante albergo più di 20 anni fa. Le camere e gli appartamenti, caratterizzati da uno stile rustico, sono arredati con gusto. Inoltre ci sono molti spazi comuni con caminetti per scaldarsi d'inverno e una grande piscina per abbronzarsi d'estate. Vengono serviti ottimi pasti a base di ingredienti coltivati sul posto. Da qui partono diversi sentieri per piacevoli passeggiate. Per chi lo desidera, il simpatico proprietario organizza interessanti attività all'aria aperta, tra cui birdwatching ed equitazione. Questo è senz'altro uno dei migliori alberghi di tutta l'Andalusia. Provenendo da Cazalla, proseguite 2 km verso sud in direzione di Siviglia, poi svoltate verso est e seguite per 1 km la strada sterrata (indicata da un cartello).

DEVIAZIONE: LA CAPITANA

Se siete in viaggio verso nord in direzione dell'Estremadura, o se avete in mente una semplice gita in giornata da Cazalla o da Constantina, mettete senz'altro in programma un'escursione alla vetta più alta della provincia di Siviglia, in realtà una collina conosciuta come La Capitana (959 m) da cui si gode però un panorama straordinario.

Prendete la A432 da Cazalla o la SE163 da Constantina e dirigetevi verso nord, superate Alanís e proseguite per 11 km lungo la A432 fino a Guadalcanal. Giunti all'incrocio situato all'ingresso di questo villaggio seguite la direzione indicata dal cartello 'Sendero de la Capitana' imboccando lo svincolo sulla destra. Dopo 1,5 km, ormai sopra il villaggio, svoltate a sinistra lungo una strada secondaria, poi quasi subito a destra in una sterrata indicata da un altro cartello sempre con l'indicazione 'Sendero de la Capitana'. Questo tracciato, sebbene segnalato come *sendero* (sentiero), è perfettamente percorribile da qualsiasi automobile. Seguite l'itinerario, che sale per lo più in direzione nord-ovest lungo la Sierra del Viento, imboccando a ogni bivio sempre il tracciato principale. Il panorama si apre gradualmente dopo aver superato un osservatorio astronomico sulla sinistra dopo circa 1,6 km e due ripetitori televisivi sulla destra situati rispettivamente dopo 2,1 km e 4,3 km. Scrutate il cielo per avvistare avvoltoi e altri uccelli da preda che sorvolano la zona utilizzando le correnti ascensionali che si creano intorno a questa cresta spazzata dal vento. Circa 500 m dopo il secondo ripetitore televisivo si attraversa un cancello. Parcheggiate subito dopo e seguite l'indicazione del cartello 'Mirador de la Sierra del Viento 300 m' fino alla cima della cresta di fronte a voi. Vi trovate sulla vetta della Capitana, da cui la vista, quando le condizioni meteorologiche sono favorevoli, può spaziare in ogni direzione. A sud si snodano le diverse catene della Sierra Norte, mentre a nord si estendono le sterminate pianure dell'Estremadura. Con un po' di fortuna avrete la cima della montagna tutta per voi e gli unici suoni che sentirete saranno quelli emessi dal vento, dagli uccelli e dalle pecore.

Al ritorno seguite lo stesso itinerario dell'andata.

posto. Le tariffe diminuiscono per i soggiorni superiori a una notte.

Palacio de San Benito (☎ 954 88 33 36; www.palaciodesanbenito.com; Paseo El Moro; camere €139-235; Ⓟ ❄) Boutique hotel di grande lusso pieno di oggetti d'antiquariato ricavato da una costruzione quattrocentesca all'epoca utilizzata come eremo e ostello per pellegrini – del complesso originale si è salvata solo la chiesa in stile mudejar. Ciascuna delle dieci comodissime camere è arredata in maniera diversa. Il ristorante (portate principali da €14 a €20), aperto tutto il giorno anche a chi non è cliente dell'albergo, dal mattino per la prima colazione alla sera per la cena, propone una cucina molto varia ma attenta ai piatti locali a base di cacciagione, pernice e salmone.

Raccomandiamo inoltre:

Hostal Castro Martínez (☎ 954 88 40 39; Calle Virgen del Monte 36; camere €29-35; ❄) Sistemazione di tipo decisamente economico nel centro di Cazalla forse un po' troppo rumorosa.

Shopping

Potete acquistare i famosi *anisados* (liquori all'anice) di Cazalla nel negozio di prodotti artigianali **La Artesa** (Calle La Plazuela 1) o presso **La Destilería** (Calle Llana 1). La variante chiamata *guinda* (ciliegia selvatica) è un liquore alcolico e corroborante dall'aroma particolarmente gradevole.

VALLE DELLO HUÉZNAR

Il Río Huéznar (o Huesna) scorre da nord a sud in aperta campagna a circa metà strada tra Cazalla de la Sierra e Constantina. La A455 Cazalla-Constantina attraversa il fiume immediatamente a est della stazione ferroviaria di Cazalla y Constantina. Da questo punto una carrozzabile lunga 1 km porta verso valle fino al ponte ferroviario Puente del Castillejo e all'Área Recreativa Molino del Corcho (p151). Verso monte il fiume scorre parallelo alla SE168; seguendo questa strada per circa 13 km si arriva al villaggio di San Nicolás del Puerto. L'**area per picnic Isla Margarita** è raggiungibile risalendo il fiume dalla stazione per circa 1 km. Da Isla Margarita un sentiero sale lungo il lato orientale della valle fluviale fino a San Nicolás del Puerto incrociando, dopo circa 4 km, i binari di una ferrovia ormai in disuso che portava a San Nicolás e alle antiche miniere del Cerro del Hierro – se preferite potete camminare lungo la linea ferroviaria invece di seguire il sentiero. Due chilometri prima di San Nicolás incontrerete una serie di imponenti cascate, le **Cascadas del Huesna**.

Lungo questo tratto di fiume ci sono tre campeggi:

Camping Batán de las Monjas (☎ 955 88 65 48; Carretera SE168 Km 7; campeggio per persona/tenda/auto €3/3/2,50; Ⓟ) Area di campeggio con 20 piazzole sul terreno di una fattoria a est del fiume; accesso dalla SE168 tramite una sterrata lunga 1 km che attraversa la secca del fiume.

Área de Acampada El Martinete (☎ 955 88 65 83; Carretera SE168 Km 12; campeggio per persona/tenda/auto €3/3,50/gratuito; Ⓟ) Campeggio ombreggiato a 2 km da San Nicolás da cui partono brevi sentieri che conducono alle Cascadas del Huesna e al buon Restaurante El Martinete (*raciones* €7).

Camping La Fundición (☎ 955 95 41 17; Carretera SE168 Km 2; campeggio per persona/tenda/auto €3,50/2,50/1,50; Ⓟ) Grande campeggio con molta vegetazione sulla sponda occidentale del fiume, a 1 km da Isla Margarita; dispone anche di un ristorante, una piscina e un bar.

CONSTANTINA

Pop. 7000 / alt. 555 m

Constantina, considerata la 'capitale' della Sierra Norte, ha l'aspetto di un vero e proprio paese di montagna dove, a parte le attività all'aperto, non c'è molto da vedere e da fare. Il centro visitatori del Parque Natural Sierra Norte, il **Centro de Interpretación El Robledo** (☎ 955 88 15 97; Carretera Constantina-El Pedroso Km 1; 10-14 da martedì a giovedì e domenica, 18-20 venerdì, 10-14 e 18-20 sabato da ottobre a giugno, 11-13 martedì e giovedì, 18-20 venerdì, 10-14 e 18-20 sabato e domenica da luglio a settembre, chiuso 1° e 6 gennaio, orario supplementare in alcuni giorni festivi), si trova 1 km in direzione ovest dalla periferia meridionale di Constantina lungo la A452 per El Pedroso. Qui potrete osservare un'interessante esposizione sulla storia, sulla flora e sulla fauna del parco e un giardino botanico con le piante tipiche dell'Andalusia indicate in modo estremamente chiaro; in primavera il giardino è un vero incanto e passeggiare al suo interno per una mezz'oretta è veramente piacevole. Nel giardino ci sono inoltre alcune voliere dove vengono alloggiati gli uccelli da preda ritenuti non idonei a vivere allo stato selvatico.

Gli autobus fermano al **Bar Gregorio** (☎ 955 88 10 43; Calle El Peso 9), nel centro di Constantina. Lungo la pedonale Calle Mesones, la via principale, troverete diverse banche con sportello bancomat.

Che cosa vedere e fare

La zona occidentale di Constantina è dominata dalle rovine di un **forte islamico** di epoca almoravide – la splendida vista che si gode dalle rovine è il giusto premio per la faticosa salita che bisogna affrontare per arrivare quassù. Dall'alto si vedono le viuzze medievali e i palazzi settecenteschi del **Barrio de la Morería**. In centro sorge l'**Iglesia de Santa María de la Encarnación** (Plaza Llano del Sol), una chiesa in stile mudejar con un portale plateresco del XVI secolo e un campanile (dove delle cicogne hanno fatto il nido) aggiunto nel 1567 da Hernán Ruiz, l'architetto cui si deve anche la Giralda di Siviglia.

Il **Sendero Los Castañares**, un itinerario segnato di 7 km che inizia all'estremità nord del Paseo de la Alameda, nella zona settentrionale della cittadina, si snoda attraverso fitti boschi di castagni fino a un punto panoramico sulla cima di una collina per poi ridiscendere a Constantina sotto il forte (circa due ore in totale).

Pernottamento e pasti

Hotel San Blas (☎ 955 88 00 77; www.fp-hoteles.com; Calle Miraflores 4; singole/doppie €46/64 agosto, Semana Santa e sabato tutto l'anno, €33/48 negli altri periodi;) Benché poco attraenti e prive di carattere, le discrete e spaziose camere di questo accogliente albergo sono dotate di grandi bagni e offrono la vista sul castello o sulla piscina. Il San Blas si trova a 200 m dalla strada principale proveniente da Cazalla ed è chiaramente segnalato da cartelli.

Hotel Casa Rural Las Erillas (☎ 955 88 17 90; http://laserillas.com; singole/doppie con prima colazione €60/80; Ⓟ) Questa confortevole fattoria, situata lungo il Sendero Los Castañares a circa 500 m dal suo inizio, è circondata da un grazioso giardino con piscina. Gli eccellenti pasti sono preparati con ingredienti coltivati sul posto.

Bodeguita Tomás (Calle El Peso 1; tapas/media-raciones €2/3,50) Sfiziose tapas di cacciagione e patatine fritte con Roquefort sono le specialità di questo locale situato accanto alla fermata degli autobus.

Mesón de la Abuela Carmen (☎ 955 88 00 95; Paseo de la Alameda 39; raciones €7-11; 9.30-fino a tardi da martedì a domenica) Questo grande ristorante situato nella periferia nord di Constantina, caratterizzato da un'atmosfera rustica e sempre pieno di gente del luogo, è specializzato in carne alla griglia. I vegetariani potranno scegliere tra insalate e piatti di pesce.

Provincia di Huelva

Situata all'estremità occidentale dell'Andalusia, la provincia di Huelva è attraversata soprattutto da viaggiatori diretti dalla Spagna in Portogallo, o viceversa. La sola eccezione sono quei turisti attratti dal parco nazionale di Doñana, con le sue vaste paludi e la fauna selvatica. Tuttavia, appena usciti dall'autostrada per l'Algarve, scoprirete una terra dai molteplici piaceri.

La costa di Huelva – l'estremità occidentale della Costa de la Luz (Costa della Luce) – è formata da 110 km di ampie spiagge atlantiche interrotte qua e là da estuari e paludi, tra le quali spiccano quelle di Doñana, che offrono infinite opportunità di ammirare splendidi paesaggi. Gli insediamenti che sorgono lungo la costa variano da attraenti porti e località balneari, come Isla Cristina e Punta Umbría, a impianti industriali e anonimi complessi turistici.

A nord della costa si estende una zona rurale scarsamente popolata, con tranquilli villaggi e alcune vivaci città sede di mercati. La zona mineraria intorno a Minas de Riotinto, sfruttata da tempo immemore e dall'aspetto lunare, offre eccellenti attrattive turistiche che ne fanno rivivere il passato, dall'epoca dei fenici alla rinascita industriale gestita dagli inglesi nel XIX e XX secolo.

A nord di Huelva si innalza la Sierra Morena, che con il suo paesaggio verde e ondulato rappresenta una delle più affascinanti sorprese della provincia. Decine di villaggi di pietra dove il tempo sembra essersi fermato sono collegati da antichi sentieri che si snodano lungo valli e boschi smeraldini, un paradiso in parte inesplorato ideale per fare escursioni a piedi o in bicicletta.

DA NON PERDERE

- I sentieri che serpeggiano tra i boschi e i villaggi senza tempo della **Sierra de Aracena** (p181), a ovest di Aracena
- La fauna selvatica e le vaste pianure alluvionali del **Parque Nacional de Doñana** (p166)
- L'itinerario che ripercorre il peregrinare di Cristoforo Colombo nei **Lugares Colombinos** (p161)
- Il paesaggio e i piatti di pesce fresco offerti dalle meravigliose spiagge atlantiche della **Costa de la Luz** (p164 e p171)
- La millenaria ed entusiasmante storia delle **Minas de Riotinto** (p175)

POPOLAZIONE: 484.000	MESE PIÙ FREDDO E PIÙ CALDO A HUELVA: GEN/AGO 12°C/24°C	ALTITUDINE: 0 m-960 m

PROVINCIA DI HUELVA

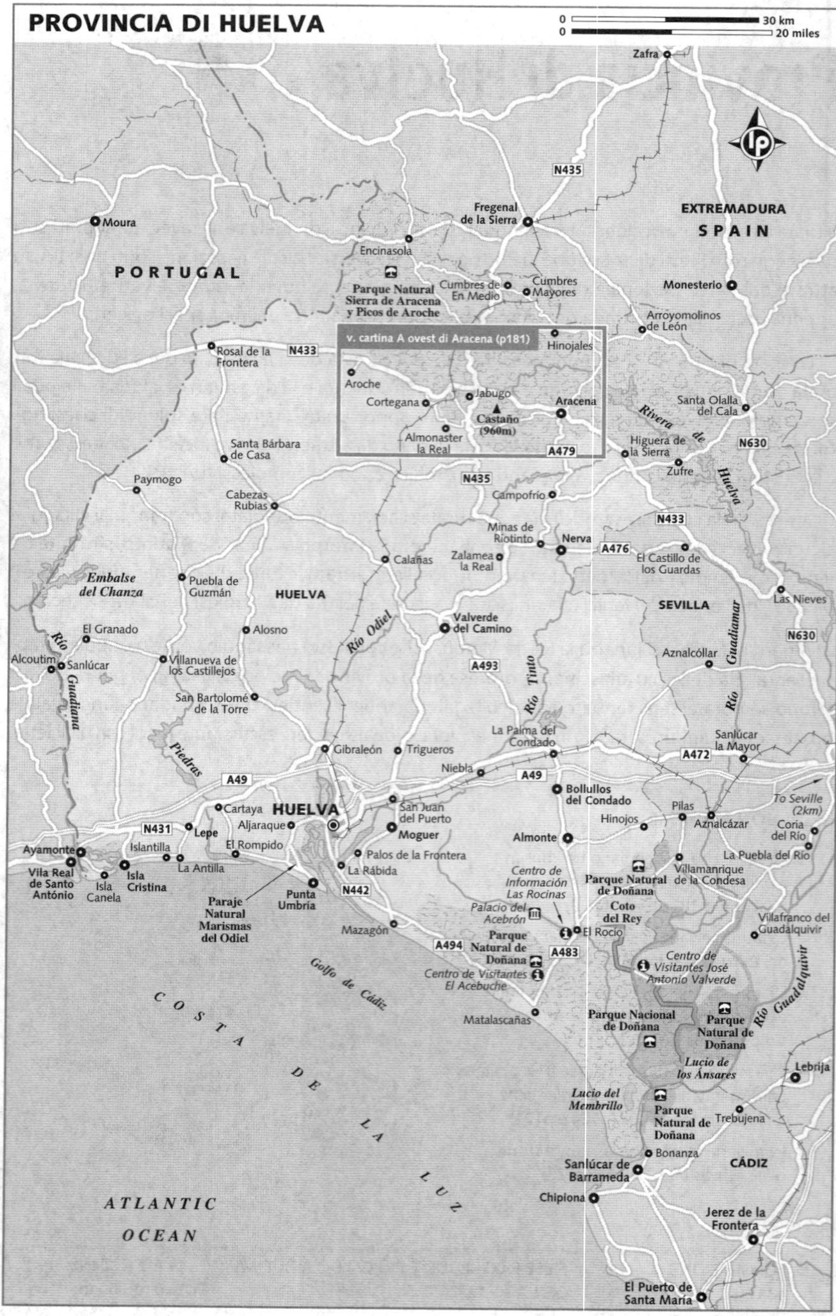

HUELVA

Pop. 145.000

Capoluogo della provincia omonima, Huelva è una moderna e laboriosa località portuale e industriale situata tra gli estuari dei fiumi Odiel e Tinto. A un primo sguardo la città non sembra molto attraente, ma il suo centro si rivela un luogo piacevole e vivace e i suoi abitanti sono estremamente cordiali e ospitali. Sebbene le testimonianze del passato siano piuttosto scarse, la storia di Huelva risale a ben 3000 anni fa, quando in quest'area sorgeva la città fenicia di Onuba, la cui posizione all'estuario dei due fiumi ne faceva una base ideale per l'esportazione verso i paesi del bacino del Mediterraneo dei minerali provenienti dall'interno. Onuba è una delle località nelle quali si presume che si sia sviluppata la leggendaria civiltà di Tartessos (v. p18). Successivamente fu occupata dai romani che la ampliarono notevolmente. Huelva fu devastata dal terremoto che rase al suolo Lisbona nel 1755, ma in seguito si sviluppò rapidamente trasformandosi in un importante centro portuale, commerciale e amministrativo dopo che la società inglese Rio Tinto Company ebbe avviato lo sfruttamento delle miniere tra il 1870 e il 1880. Oggi Huelva è sede di una notevole flotta peschereccia e di un'imponente industria petrolchimica impossibile da non notare arrivando da sud-est.

ORIENTAMENTO

Il centro di Huelva occupa un'area di circa 1 kmq, delimitata sul lato occidentale dalla stazione degli autobus in Calle Doctor Rubio e su quello meridionale dalla stazione ferroviaria in Avenida de Italia. La via principale è Avenida Martín Alonso Pinzón (chiamata anche Gran Vía). Un isolato più a sud, parallela ad Avenida Pinzón, inizia una lunga e stretta strada pedonale piena di negozi, che cambia più volte nome, da Calle Concepción a Calle Berdigón.

INFORMAZIONI

Ci sono banche e bancomat in tutto il centro cittadino. Troverete bancomat anche presso la stazione degli autobus e quella ferroviaria.

Chiosco municipale di informazioni turistiche (☎ 959 25 12 18; Plaza de las Monjas; 🕓 10-14.30 e 15.30-20.30 da lunedì a venerdì, 10-14 e 16.30-18.30 sabato)

Ciber@lameda (Calle Luis Braille s/n; internet €1,30 l'ora; 🕓 10-14 e 17-21 da lunedì a sabato, 17-21 domenica)

English Bookshop (☎ 959 28 10 94; Calle San Cristóbal 11; 🕓 10-13.30 e 17.15-20.15 da lunedì a venerdì, 10-13.30 sabato) Vende opere di narrativa di successo, guide turistiche e libri per bambini.

Hospital Juan Ramón Jiménez (☎ 959 01 60 00; Ronda Exterior Norte) Il più importante ospedale della città, situato 4 km a nord del centro.

Policía Local (polizia municipale; ☎ 959 21 02 21; Plaza de la Constitución 1) È dislocata nell'*ayuntamiento* (municipio).

Pronto soccorso (☎ 959 49 40 09)

Ufficio postale (Avenida Tomás Domínguez 1; 🕓 8.30-20.30 da lunedì a venerdì, 9.30-14 sabato)

Ufficio turistico regionale (☎ 959 65 02 00/02; othuelva@andalucia.org; Plaza Alcalde Coto Mora 2; 🕓 9-19.30 da lunedì a venerdì, 10-14 sabato e domenica) Offre molte informazioni e il personale è disponibile.

PERICOLI E CONTRATTEMPI

Come quasi tutte le città portuali Huelva può apparire un po' rude e inospitale, ma la maggior parte degli abitanti è invece aperta e cordiale. Certamente capita di incrociare personaggi poco raccomandabili, perciò non perdete di vista i vostri averi e non lasciate nulla all'interno dell'automobile quando parcheggiate.

CHE COSA VEDERE

Nonostante l'antico e glorioso passato, le attrattive storiche e artistiche di Huelva non sono numerose. Il principale museo cittadino, il **Museo Provincial** (☎ 959 25 93 00; Alameda Sundheim 13; ingresso libero; 🕓 14.30-20.30 martedì, 9-20.30 da mercoledì a sabato, 9-14.30 domenica), bene organizzato, è dedicato principalmente al periodo preistorico con particolare riguardo alla storia mineraria della regione (v. p175). Il reperto di maggiore interesse è la ruota idraulica romana che veniva utilizzata per drenare le miniere nei pressi di Minas de Riotinto. Potrete anche vedere la ricostruzione di un carro funerario fenicio in oro e legno. Le didascalie sono in spagnolo.

Un incredibile retaggio della storia mineraria di Huelva è il **Muelle Rio Tinto**, un imponente pontile in ferro che si protende all'interno dell'estuario dell'Odiel, circa 500 m a sud del porto. Il molo fu costruito per la Rio Tinto Company negli anni intorno al 1870 da George Barclay Bruce, un ingegnere inglese grande ammiratore di Gustave Eiffel.

Due chilometri a nord del centro cittadino, nei pressi dell'Avenida de Manuel Siurot, si trova il **Santuario de Nuestra Señora de la Cinta** (☎ 959 15 51 22; ingresso libero; ⌚ 9-13 e 16-19), la cappella in cui, secondo la leggenda, Cristoforo Colombo pregò nel 1492 prima della partenza per il suo viaggio alla ricerca di una nuova rotta per le Indie. L'episodio è stato raffigurato con una decorazione in piastrelle dell'artista Daniel Zuloaga. Dal santuario, situato sulla cima di una bassa collina, si gode un magnifico panorama sull'estuario dell'Odiel e sulle paludose pianure occidentali. Il santuario è raggiungibile con l'autobus urbano n. 6 (€0,80) che parte dal capolinea davanti alla stazione degli autobus.

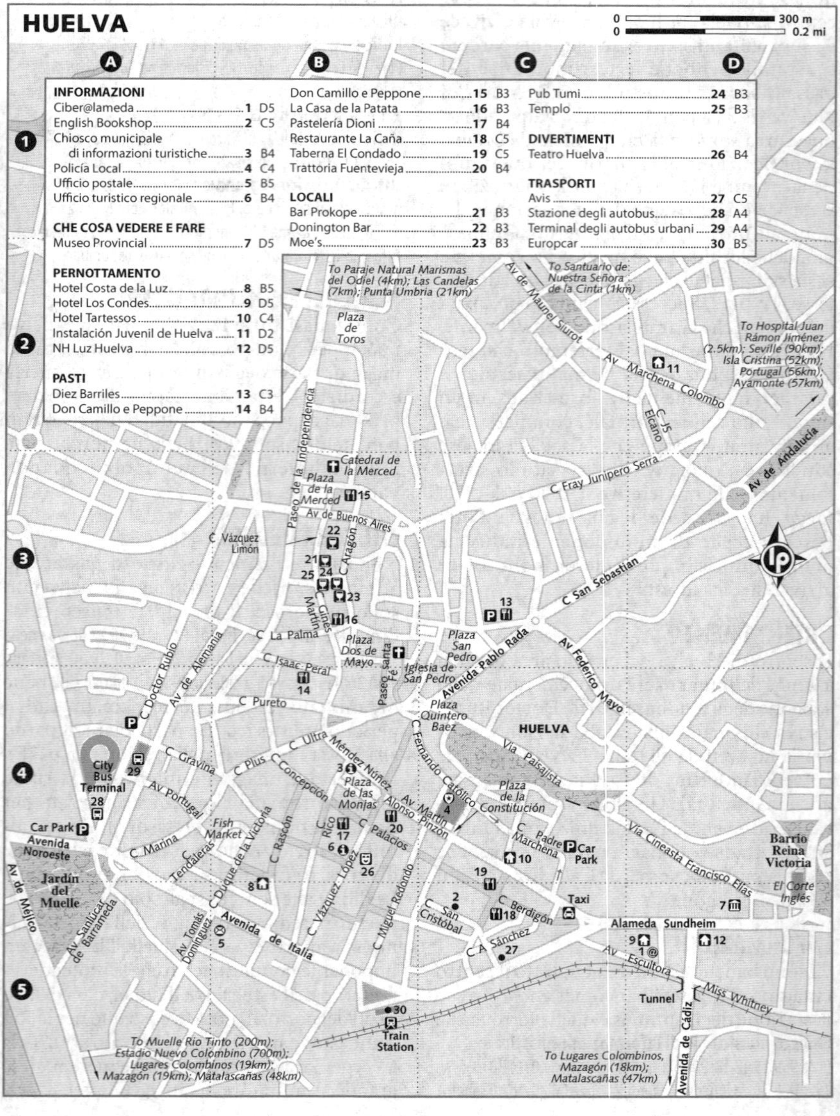

FESTE E MANIFESTAZIONI

Ogni anno dal 29 luglio al 3 agosto Huelva commemora la partenza di Cristoforo Colombo per le Americhe (3 agosto 1492) con le **Fiestas Colombinas**, sei giorni dedicati alla musica, alla danza e a eventi culturali, ma anche con luna park e corride.

PERNOTTAMENTO

I pochi alberghi di Huelva si rivolgono per lo più a una clientela che frequenta la città per affari.

Instalación Juvenil de Huelva (☎ 959 65 00 10; www.inturjoven.com; Avenida Marchena Colombo 14; a persona con prima colazione minori di 26 anni €13-15, maggiori di 26 anni €17-19; ♿) Un moderno ostello della gioventù con sistemazioni di buon livello: le camere possono ospitare da due a quattro persone e tutte hanno il bagno. Si trova 2 km a nord dell'autostazione: l'autobus n. 6 (€0,80) che parte da questo capolinea ferma in Calle JS Elcano, proprio dietro l'angolo dell'ostello.

Hotel Costa de la Luz (☎/fax 959 25 64 22; Calle José María Amo 8; singole/doppie €28/50; ❄) Nonostante la vicinanza al mercato del pesce, il Costa de la Luz è un posto discreto e confortevole, con arredamento in stile anni '70.

Hotel Los Condes (☎ 959 28 24 00; www.hotelloscondes.com, in spagnolo; Alameda Sundheim 14; singole/doppie con prima colazione €40/59; P ❄ 💻) Quasi accanto al lussuoso NH Luz Huelva, Los Condes dispone di 54 camere con aria condizionata che costano circa la metà rispetto a quelle del NH Luz Huelva. Le stanze, con grandi bagni scintillanti, sono ampie, luminose e moderne. Il personale alla reception è cordiale, l'accesso a internet gratuito e c'è anche un discreto ristorante. È sicuramente l'albergo con il migliore rapporto qualità-prezzo della città.

NH Luz Huelva (☎ 959 25 00 11; www.nh-hotels.com; Alameda Sundheim 26; singole/doppie €100/105; P ❄ 💻) Si tratta della sistemazione più accogliente di Huelva, con belle camere molto confortevoli all'interno di un brutto edificio di cemento con i balconi a forma di conchiglia. Viene servita solo la prima colazione. Vale la pena consultare il sito internet per informazioni sulle offerte e telefonare in anticipo per prenotare un parcheggio.

Hotel Tartessos (☎ 959 28 27 11; www.hotel-tartessos.com, in spagnolo; Avenida Martín Alonso Pinzón 13; singole/doppie €106/116; P ❄ 💻) Questo albergo grande e moderno dispone di 100 camere con tutti i comfort che un viaggiatore d'affari potrebbe aspettarsi, oltre a due ristoranti e a un piano bar. Le tariffe scendono a €63/74 da ottobre a giugno.

PASTI

I ristoranti e i bar specializzati in tapas sono concentrati in Avenida Martín Alonso Pinzón, Avenida Pablo Rada, nelle strade a sud della cattedrale e nell'area circostante.

Taberna El Condado (☎ 959 26 11 23; Calle Sor Ángela de la Cruz 3; tapas €1,50, raciones €10-15; 🕑 chiuso domenica) *Taberna* molto suggestiva costituita da due piccole stanze dominate dall'imponente bancone dei prosciutti, specializzata in gustosi piatti locali a base di carne. I tavoli e le sedie da regista sistemati nella via pedonale sono l'ideale per gustare la sera una birra fresca.

Diez Barriles (Calle Jesús de la Pasión s/n; tapas €2; 🕑 13-23 o 24) Questo bar specializzato in tapas, molto frequentato ed elegante, è ampio e modernamente minimalista nel design, pur offrendo un classico menu a base di carne e pesce.

Pastelería Dioni (☎ 959 24 06 32; Calle Palacios 3; bevanda e spuntino €2-3; 🕑 9-21 da lunedì a sabato, 10-21 domenica) Magnifica panetteria con una sala da tè in stile inglese al piano superiore. Si tratta di un ottimo posto per un tè o un caffè da accompagnare con un'ampia scelta di deliziose torte, paste e panini.

Trattoria Fuentevieja (Avenida Martín Alonso Pinzón s/n; portate principali €6-11; 🕑 chiuso domenica sera) Questo locale italiano, discretamente elegante e molto frequentato, serve una buona varietà di insalate, pizze, piatti di pasta e di carne con un tocco artistico vagamente classico tra arredi di buon gusto nei toni dell'azzurro e del giallo limone.

Las Candelas (☎ 959 31 84 33; Avenida Huelva s/n, Aljaraque; portate principali €10-15; 🕑 chiuso domenica) Il più conosciuto ristorante di Huelva si trova in realtà nel villaggio di Aljaraque, 7 km a ovest della città. Veniteci per gustare del delizioso pesce fresco e *carnes a la brasa* (carne alla brace) in un ambiente molto tradizionale. Dopo aver lasciato la A497 Punta Umbría in corrispondenza del cartello Aljaraque, vedrete il ristorante entrando in città.

Raccomandiamo inoltre:

La Casa de la Patata (☎ 959 28 25 75; Calle Ginés Martín s/n; patate al forno €1,30-3,50; 🕑 chiuso domenica) Questo locale, pulito ed elegante, serve ottime patate cotte al forno.

Don Camillo e Peppone Aragón (☎ 959 28 01 59; Calle Aragón 43; pasta e pizza €5-7; ⏲ chiuso martedì); **Peral** (☎ 959 28 18 06; Calle Isaac Peral 3; pasta e pizza €5-7; ⏲ chiuso mercoledì) Prepara autentiche e appetitose pizze e piatti di pasta. Entrambi i locali sono molto affollati nel fine settimana.

Restaurante La Caña (☎ 959 54 16 75; Calle Garcí Fernández 5; portate principali €10-18; ⏲ chiuso domenica sera e lunedì) Locale elegante che serve ottimi piatti a base di pesce, pur offrendo anche un'ampia varietà di carne.

LOCALI

Dopo le 21 alcuni bar specializzati in tapas, come la Taberna El Condado e Diez Barriles (v. p159), incominciano ad animarsi. Più tardi la gente si accalca nei bar e nelle terrazze di Avenida Pablo Rada e nei bar per studenti a sud di Plaza de la Merced, che aprono a partire dalle 23 o 24, come il **Moe's** (Calle Aragón), tempio dei Simpson, il **Donington Bar** (Calle Aragón), simile a un pub, il **Pub Tumi** (Calle Jacobo del Barco 4), un buon posto per una partita a biliardo, il **Templo** (Calle Jacobo del Barco) dall'arredamento spettrale, e lo spoglio **Bar Prokope** (Calle Vázquez Limón 8), rivestito di piastrelle.

PROVINCIA DI HUELVA

DIVERTIMENTI

Il **Teatro Huelva** (☎ 959 21 02 57; www.huelvacultura.com, in spagnolo; Calle Vázquez López 13; ⏲ biglietteria 11-13 e 19-21) mette in scena un nutrito programma di spettacoli teatrali e musicali. Il **Recreativo de Huelva** (☎ 959 27 02 08; www.recreativohuelva.com; Estadio Nuevo Colombino, Avenida del Decano), soprannominato El Decano, è la più antica società di calcio spagnola, fondata nel 1889 dai dipendenti inglesi della Rio Tinto Company (un club analogo sorse a Minas de Riotinto prima di quello di Huelva, ma non fu mai registrato ufficialmente). Il 'Recre' sta vivendo i suoi anni migliori, avendo raggiunto nel 2003 la finale della coppa di Spagna e la promozione in serie A nel 2006. I biglietti per assistere alle partite costano generalmente tra €20 e €50.

PER/DA HUELVA E TRASPORTI LOCALI

Autobus

Quasi tutti gli autobus che partono dall'**autostazione** (Calle Doctor Rubio s/n) sono gestiti dalla società **Damas** (☎ 959 25 69 00; www.damas-sa.es), con corse in tutta la provincia di Huelva, per Siviglia e per Faro e Lagos nella regione portoghese dell'Algarve. La frequenza delle corse verso la maggior parte delle destinazioni nella provincia di Huelva viene ridotta il sabato, la domenica e nelle festività. Tra le destinazioni raggiunte dagli autobus della Damas ricordiamo le seguenti:

Aracena (€6, 2 ore e 15 minuti) Una o due corse tutti i giorni.
Ayamonte (€4,50, 1 ora) Fino a 10 corse tutti i giorni.
Isla Cristina (€3,80, 1 ora) Quattordici corse tutti i giorni da lunedì a venerdì, cinque corse sabato e domenica.
Lagos (€13, 4 ore) Due corse tutti i giorni tranne sabato, domenica e festivi da ottobre a maggio.
Matalascañas (€3,90, 50 minuti) Due corse tutti i giorni da lunedì a venerdì.
Mazagón (€1,80, 35 minuti) Tredici corse tutti i giorni da lunedì a venerdì, tre sabato e domenica.
Minas de Riotinto (€5,50, 1 ora e 15 minuti) Fino a sei corse tutti i giorni.
Niebla (€2,40, 30 minuti) Fino a nove corse tutti i giorni.
Punta Umbría (€1,90, 30 minuti) Quattordici corse tutti i giorni.
Siviglia (€7, 1 ora e 15 minuti) Diciotto o più corse tutti i giorni.

Socibus (☎ 902 22 92 92) ha autobus per Madrid (€21, 7 ore, quattro corse tutti i giorni). Per ulteriori informazioni sugli autobus diretti in Portogallo v. p484.

Automobile e motocicletta

Guidare a Huelva è estremamente difficoltoso per via dell'intricato sistema di strade a senso unico e della scarsa segnaletica. È possibile parcheggiare nelle vie attorno alla stazione ferroviaria e in Avenida Escultora Miss Whitney (parallela di Alameda Sundheim), e nei parcheggi multipiano o sotterranei in Calle Doctor Rubio accanto alla stazione degli autobus, in Calle Padre Marchena nei pressi di Avenida Martín Alonso Pinzón e in Calle Jesús de la Pasión.

Per noleggiare un'automobile potete scegliere tra **Avis** (☎ 959 28 38 36; Avenida de Italia 107), **National/Atesa** (☎ 959 28 17 12) o **Europcar** (☎ 959 28 53 35), tutte e tre presenti nell'atrio della stazione ferroviaria.

Treno

Dalla **stazione ferroviaria** (☎ 959 24 56 14, 902 24 02 02; www.renfe.com; Avenida de Italia) partono tutti i giorni quattro convogli per Siviglia (da €7 a €17, 1 ora e mezzo) e un treno Altaria pomeridiano per Córdoba (€31, 2 ore e mezzo) e Madrid (€59, 5 ore). Tutti i giorni partono inoltre due treni diretti a nord per Almonaster-Cortegana (€5,50, 2 ore e mezzo) e Jabugo-Galaroza (€6, 2 ore e 45 minuti) sulla linea per l'Estremadura.

DINTORNI DI HUELVA

PARAJE NATURAL MARISMAS DEL ODIEL

Questa riserva occupa una superficie di 72 kmq di terreno paludoso sul lato opposto dell'estuario dell'Odiel rispetto a Huelva. Ospita una popolazione aviaria consistente e variegata che d'inverno si arricchisce di almeno 1000 grandi fenicotteri. Si contano inoltre circa 4000 coppie di spatole, oltre a falchi pescatori, aironi grigi e rossi e a molti altri uccelli acquatici. Una strada lunga una ventina di chilometri che percorre l'intero perimetro delle paludi permette di avvistare facilmente alcune specie.

Le paludi sono comodamente raggiungibili in macchina seguendo la A497 Punta Umbría a ovest di Huelva. Attraversate uno dei numerosi ponti sul Río Odiel, poi seguite l'indicazione 'PN Marismas del Odiel' per raggiungere il **Centro de Visitantes Anastasio Senra** (☎ 959 50 90 11; ⏰ 10-14 e 18-20 da martedì a domenica da aprile a settembre, 10-14 e 16-18 da martedì a domenica da ottobre a marzo). Diversi sentieri, che iniziano più a sud direttamente dalla strada, conducono a buoni punti per l'osservazione dell'avifauna – ma alcuni sono aperti solo ai gruppi delle visite guidate. Rivolgetevi al centro visitatori per maggiori informazioni.

LUGARES COLOMBINOS

L'itinerario dei Lugares Colombinos (luoghi di Colombo) comprende le tre municipalità di La Rábida, Palos de la Frontera e Moguer, situate lungo la sponda orientale dell'estuario del Río Tinto. Tutte e tre le cittadine hanno giocato un ruolo chiave nella scoperta delle Americhe e possono essere visitate con una piacevole escursione in giornata di circa 40 km tra andata e ritorno da Huelva. La prima e più importante tappa è il monastero di La Rábida, in cui Colombo si rifugiò in seguito al rifiuto da parte del re portoghese João II di finanziare i suoi grandiosi progetti. Fu in questo luogo che egli incontrò l'abate Juan Pérez (in precedenza confessore della regina Isabella), che prese a cuore la sua causa e lo aiutò a trovare sostegno non solo nella corte spagnola ma anche presso i marinai di Palos e Moguer.

Per/dai Lugares Colombinos e dintorni

Dal lunedì al venerdì tutti i giorni 28 autobus partono da Huelva per La Rábida (€1, 20 minuti), la metà dei quali prosegue fino a Palos de la Frontera (€1, 25 minuti) e Moguer (€1,10, 30 minuti). Gli altri arrivano invece fino a Mazagón. Sabato, domenica e nei giorni festivi, il numero di autobus in servizio si riduce di oltre la metà.

La Rábida

Pop. 400

Di fondamentale importanza per la riuscita dell'impresa di Colombo fu il ruolo dei monaci francescani del **Monasterio de la Rábida** (☎ 959 35 04 11; ingresso compreso noleggio audioguida in inglese, francese, tedesco, portoghese o spagnolo €3; ⏰ 10-13 e 16-19 da martedì a sabato da aprile a luglio e settembre, 10-13 e 16-18.15 da martedì a sabato da ottobre a marzo, 10-13 e 16.45-20 da martedì a sabato agosto, 10.45-13 domenica tutto l'anno). Qui Colombo trovò sostegno ai suoi arditi progetti e gran parte della spedizione fu concordata e pianificata all'interno di queste mura.

Circondato da una pineta, questo monastero del XIV secolo in stile mudejar è un'oasi di pace dedicata alla conservazione del mito di Colombo. Tra gli elementi di maggiore rilievo ricordiamo gli affreschi dedicati al tema di Cristoforo Colombo eseguiti negli anni intorno al 1930 dal pittore locale Daniel Vázquez Díaz; la chiesa, che conserva le spoglie di Martín Alonso Pinzón, capitano della *Pinta*; una cappella con una statua in alabastro della Vergine del XIII secolo davanti alla quale Colombo si inginocchiava a pregare; e il tranquillo chiostro del XV secolo. Al piano superiore si trova la **Sala Capitular** (Sala Capitolare) dove Cristoforo Colombo, frate Pérez (abate di La Rábida) e i fratelli Pinzón di Palos de la Frontera, i capitani delle altre due caravelle, misero a punto gli ultimi dettagli del viaggio.

Una visita dei siti colombiani non sarebbe completa senza una passeggiata verso il mare, nel luogo in cui si trova il **Muelle de las Carabelas** (Molo delle Caravelle; ☎ 959 53 05 97; ingresso €3,20; ⏰ 10-14 e 17-21 da martedì a venerdì, 11-21 sabato, domenica e festivi da giugno a settembre, 10-19 da martedì a domenica da ottobre a maggio), dove le copie a grandezza naturale delle tre caravelle, curate fin nei minimi particolari, dondolano sull'acqua attraccate a una ricostruzione di una banchina quattrocentesca. È possibile salire a bordo delle tre caravelle, la *Niña*, la *Pinta* e la *Santa María*. Le loro dimensioni sorprendentemente piccole (nessuna di esse supera i 30 m di lunghezza) lasciano immaginare le durissime condizioni della vita a bordo e danno un'idea della straordinarietà dell'impresa. Tuttavia è impossibile rimanere seri di fronte all'indubbia comicità dei manichini che dovrebbero dare vivacità la ricostruzione storica, tra i quali si notano anche alcuni nativi americani dall'aria triste completamente nudi.

Un paio di caffè nei dintorni del monastero e del Muelle de las Carabelas servono bevande e spuntini.

Palos de la Frontera

Pop. 7000

La cittadina di Palos de la Frontera, 4 km a nord-est di La Rábida, è il porto da cui salpò Cristoforo Colombo, e che fornì alla spedizione due navi, due capitani (i fratelli Pinzón, Martín Alonso Pinzón e Vicente Yañez Pinzón) e oltre la metà dell'equipaggio. Palos è giustamente orgogliosa del ruolo ricoperto nella scoperta delle Americhe, anche se l'antico canale d'accesso all'estuario del Río Tinto è ormai completamente insabbiato e oggi questa cittadina è importante soprattutto in quanto centro della famosa industria delle fragole di Huelva. In tutta la campagna circostante in inverno e in primavera si vedono enormi appezzamenti di terreno ricoperti da teli di plastica sotto ai quali maturano le fragole, soprattutto lungo la strada che porta a Mazagón – non stupitevi, quindi, se incontrerete alcuni delle migliaia di lavoratori stagionali giunti dall'Europa orientale e dall'Africa per raccoglierle.

Dalla piazza centrale dirigendosi verso nord-est lungo Calle Cristóbal Colón si raggiunge velocemente la **Casa Museo Martín Alonso Pinzón** (☎ 618 570983; Calle Cristóbal Colón 24; ingresso libero; 🕑 10-14 e 17-19 da martedì a domenica), un tempo la residenza del capitano della *Pinta*, personalità di spicco della comunità marittima di Palos che organizzò gli uomini e le navi che salparono con Colombo. Al suo

I QUATTRO VIAGGI DI CRISTOFORO COLOMBO

Nell'aprile del 1492 Cristoforo Colombo (o Cristóbal Colón come lo chiamano gli spagnoli) riuscì finalmente a ottenere l'appoggio della corona spagnola per tentare di raggiungere le Indie e i suoi favolosi mercati di spezie navigando verso ovest. Colombo effettuò quattro viaggi che donarono alla Spagna un periodo di straordinaria prosperità, una vera e propria età dell'oro.

Il 3 agosto 1492 Colombo salpò da Palos de la Frontera con 100 uomini e tre navi. L'ammiraglia, la *Santa María,* era comandata dal suo proprietario, Juan de la Cosa di El Puerto de Santa María (nella provincia di Cadice), mentre la *Niña* e la *Pinta* erano capitanate dai fratelli Pinzón di Palos de la Frontera. Dopo aver dovuto sedare un tentativo di ammutinamento, finalmente il 12 ottobre, quando la speranza di trovare terra sembrava ormai svanita, Colombo raggiunse Guanahaní, un'isola delle Bahamas, che battezzò San Salvador. La spedizione proseguì la sua navigazione scoprendo le isole di Cuba e Hispaniola (Santo Domingo), dove la *Santa María* affondò. Il legno della nave fu utilizzato per costruire un forte, Fuerte Navidad, dove trovarono riparo 33 spagnoli. La *Niña* e la *Pinta* fecero ritorno a Palos il 15 marzo. Cristoforo Colombo, con animali e piante esotiche, ornamenti d'oro e sei nativi caraibici (così assurdamente raffigurati al Muelle de las Carabelas, p161), fu acclamato come un eroe per aver raggiunto, secondo quella che era la convinzione comune, le favolose Indie Orientali (anche se i suoi calcoli erano sbagliati di circa 16.000 km).

Colombo effettuò due altri viaggi nel 1493 e nel 1498, che lo portarono a scoprire la Giamaica, Trinidad e la foce del fiume Orinoco. Egli si rivelò tuttavia un pessimo amministratore delle nuove terre, riducendo le popolazioni indigene in schiavitù e provocando l'ostilità dei colonizzatori spagnoli. Alla fine il suo malgoverno generò una rivolta sull'isola di Hispaniola. Prima di riuscire a risolvere la situazione fu arrestato da un emissario reale e rispedito in Spagna in catene. Nel tentativo di trovare finalmente una via per le Indie, Colombo riprese il mare per il suo quarto e ultimo viaggio nell'aprile del 1502. Questa volta raggiunse l'Honduras e Panama, ma la perdita delle navi lo costrinse a interrompere le sue esplorazioni e a fermarsi in Giamaica per un anno intero.

Colombo morì nel 1506 a Valladolid, nel nord della Spagna – in miseria e apparentemente ancora convinto di avere raggiunto le Indie. Le sue spoglie furono portate ai Caraibi, assecondando quello che era stato il suo desiderio, per essere poi traslate nella cattedrale di Siviglia nel 1899. Ma non è affatto detto che i resti riportati in Spagna siano veramente quelli del grande esploratore. La storia dei viaggi delle spoglie di Colombo presenta infatti, ancora oggi, molti lati oscuri – v. p104.

interno si tengono mostre temporanee su Palos e Colombo.

Proseguendo in discesa lungo la stessa strada s'incontra la quattrocentesca **Iglesia de San Jorge** (Calle Cristóbal Colón; 10-12 e 19-20 da martedì a domenica). Prima di salpare le ancore il 3 agosto 1492, Colombo e i suoi uomini fecero la comunione in questa chiesa e uscirono dal portale mudejar che si affaccia sulla piccola piazza. Su un monumento sono incisi i nomi dei 35 uomini di Palos che si imbarcarono con il navigatore genovese.

Un po' più avanti, all'interno di un piccolo parco, si trova **La Fontanilla**, un pozzo di mattoni da cui Colombo e il suo equipaggio attinsero l'acqua necessaria per il viaggio. Su una terrazza di osservazione è affissa una targa che indica il punto in cui si trovava il molo da cui salparono le tre caravelle.

Appena fuori dalla piazza centrale, percorrendo un breve tratto della via principale, si raggiunge l'**Hotel La Pinta** (959 35 05 11; www.hotellapinta.com, in spagnolo; Calle Rábida 79; singole/doppie €42/68;), che offre camere ordinate e ben tenute con pavimenti di marmo (a un prezzo un po' troppo elevato) e un buon ristorante in stile tradizionale che serve piatti a base di pesce locale e di carne (portate principali da €14 a €22). **El Bodegón** (959 53 11 05; Calle Rábida 46; portate principali €8-20; chiuso martedì), è un ristorante affollato, rumoroso e pieno d'atmosfera che cucina pesce e carne alla griglia su un fuoco a legna e prepara piatti a base di ottimi formaggi e *jamón serrano* (prosciutto di montagna).

Moguer

Pop. 13.000

Come Palos, anche Moguer è un bel villaggio con case imbiancate a calce. La *Niña* fu costruita in questa località, dalla quale proveniva, oltre a un terzo dei marinai imbarcati con Colombo, anche Juan Niño, il proprietario di questa caravella. Moguer ha un suo fascino particolare, cui contribuisce l'inconfondibile barocco andaluso. La sua bellezza solare è stata celebrata dal poeta locale, Juan Ramón Jiménez (1881-1958), vincitore nel 1956 del premio Nobel per la letteratura. Le vie sono disseminate di targhe con citazioni tratte dal suo poema *Platero y Yo* (Platero e io), che narra dei vagabondaggi del poeta fanciullo per le strade di Moguer in compagnia dell'asino Platero, il suo confidente. La sua casa è stata trasformata in un museo.

ORIENTAMENTO E INFORMAZIONI

Arrivando in macchina cercate le indicazioni 'Centro' e 'Oficina de Turismo', che vi condurranno al parcheggio situato all'esterno del castello in Calle Castillo. La centralissima Plaza del Cabildo dista da qui un isolato e mezzo. L'efficiente **ufficio turistico** (959 37 18 98; www.aytomoguer.es, in spagnolo; Calle Castillo s/n; 9-14 e 16.30-19 da lunedì a sabato, 10-15 domenica e festivi) si trova all'interno del castello.

CHE COSA VEDERE

Il **Castillo** (ingresso libero; 9-14 e 16.30-19 da lunedì a sabato, 10-15 domenica e festivi) è una nuda cinta muraria di origine almohade, ampliata nel XIV secolo. L'ufficio turistico, che occupa un edificio anticamente adibito a magazzino all'interno del castello, ospita mostre sul vino locale e sui rapporti tra Moguer e le Americhe.

Anche una semplice passeggiata mattutina per le animate vie di Moguer si rivela un vero piacere. Dovunque si vedono begli edifici, tra i quali si nota il settecentesco palazzo dell'**ayuntamiento** (municipio; Plaza del Cabildo; 10-14 da lunedì a venerdì), caratterizzato da una facciata neoclassica a due piani con un portico di gusto italiano. Date un'occhiata all'interno per ammirare il bellissimo patio.

Nelle vicinanze troverete il trecentesco **Monasterio de Santa Clara** (959 37 01 07; Plaza de las Monjas; visite guidate €2; 11-13 e 17-19 da martedì a sabato), dove Cristoforo Colombo vegliò tutta la notte in preghiera al ritorno dal suo primo viaggio per rispettare un voto fatto durante una terribile tempesta al largo delle Azzorre. Potrete visitare l'incantevole chiostro mudejar, alcune delle antiche celle, i dormitori delle suore e una notevole collezione d'arte sacra rinascimentale.

Da Plaza del Cabildo bastano cinque minuti a piedi per raggiungere la **Casa Museo Zenobia y Juan Ramón Jiménez** (959 37 21 48; www.fundacion-jrj.es, in spagnolo; Calle Juan Ramón Jiménez 10; ingresso €2,50; 10.15-13.15 e 17.15-19.15 da martedì a sabato, 10.15-13.15 domenica), la vecchia casa di Juan Ramón Jiménez e di sua moglie, Zenobia Camprubí, dove sono custoditi i loro cimeli. La casa è aperta al pubblico per visite guidate di un'ora. Al momento della stesura di questa guida era però chiusa per lavori di restauro e gli oggetti esposti al suo interno erano stati temporaneamente trasferiti nella casa natale di Jiménez in Calle Ribera 2, dove vengono applicate le stesse modalità di visita.

Il campanile dell'**Iglesia de Nuestra Señora de la Granada**, la chiesa barocca del XVIII secolo situata due isolati a sud-est di Plaza del Cabildo, fu immortalato da Jiménez che lo paragonò, vedendolo da lontano, alla torre della Giralda di Siviglia.

PERNOTTAMENTO E PASTI

Hostal Pedro Alonso Niño (☎ 959 37 23 92; Calle Pedro Alonso Niño 13; singole/doppie €15/25; ❄) Situato accanto al Convento de Santa Clara in fondo a Calle Monjas, questo accogliente *hostal* (piccolo ed economico, ma non dissimile da un vero albergo) ha un grazioso patio con pitture, vasellame e piante, e camere confortevoli con piccoli bagni.

Hostal Platero (☎ 959 37 21 59; Calle Aceña 4; singole/doppie €18/30; ❄) È situato proprio dietro l'angolo dell'Hostal Pedro Alonso Niño. Si tratta di un altro piccolo e sobrio *hostal* vecchio stile, semplice e pulitissimo.

Mesón El Lobito (☎ 959 37 06 60; Calle Rábida 31; raciones €7-10; 🕑 chiuso mercoledì) Questo allegro ristorante sorge nei locali di una vecchia cantina un paio di isolati a ovest di Plaza del Cabildo e, a prescindere dal cibo, è un luogo pieno di fascino. Le botti di vino sono ammassate dovunque, curiosi manufatti adornano le pareti e, di tanto in tanto, qualcuno entra a vendere frutta e verdura. Il pesce e la carne *a la brasa* sono squisite e il vino della casa è economico.

Mesón La Parrala (☎ 959 37 04 52; Plaza de las Monjas 22; raciones €6,50-9; portate principali €10-16; 🕑 10-23 da martedì a domenica) Questo ristorante a gestione familiare, situato di fronte al convento di Santa Clara, prepara squisite grigliate e pesce fresco da assaporare in due diverse sale – una assomiglia a una cantina mentre l'altra, un po' più formale, è decorata con oggetti artistici.

Bodeguita Los Raposo (☎ 959 37 12 81; Calle Fuente 60; tapas €1-3) In questo ottimo locale, dove le pietanze vengono servite in capienti vassoi, è possibile scegliere tra oltre 40 piatti di pesce, carne e insalata. Anche la carta dei vini locali è molto ampia. Provate il 'Licor de Viagra', preparato con un vino dolce locale; secondo il sorridente oste, funziona a meraviglia.

A SUD-EST DI HUELVA

Un'ampia spiaggia sabbiosa si estende lungo la Costa de la Luz per 60 km in direzione sud-est tra la periferia di Huelva e la foce del Río Guadalquivir. Il clima è buono per la maggior parte del tempo (sebbene sia spesso ventoso) e presenta molte delle caratteristiche tipiche delle più famose spiagge della provincia di Cadice: fine sabbia bianca, dune spazzate dal vento e fitte pinete che fungono da barriera protettiva. Frequentate soprattutto da turisti spagnoli, le località costiere di Mazagón e Matalascañas sono tranquille stazioni balneari prive di particolari attrattive. A est di Mazagón la spiaggia si estende all'interno del parco nazionale di Doñana, che è il principale motivo di richiamo di questa regione, una sterminata pianura paludosa dove trovano rifugio milioni di uccelli e altri mammiferi che affascineranno gli amanti della natura.

MAZAGÓN

Pop. 3000

Gli edifici bassi di Mazagón, a soli 18 km da Huelva, non sono particolarmente interessanti, ma in estate la cittadina si trasforma in un allegro e animato centro balneare. Avenida Conquistadores corre per 1 km dalla A494 alla spiaggia, quindi prosegue per 3 km a est formando il lungomare della zona residenziale di Mazagón. C'è un **ufficio turistico** (☎ 959 37 63 00; Edificio Mancomunidad, Avenida Conquistadores; 🕑 10-14 da lunedì a venerdì) a metà della strada che porta alla spiaggia: cercate le bandiere. Per quanto riguarda i servizi per i turisti, li troverete nel centro della città. All'estremità occidentale della spiaggia è stato realizzato un grande porticciolo turistico e nelle serate estive il lungomare brulica di vita.

Al di là del tratto di **spiaggia** a est di Mazagón si trovano basse scogliere di arenaria. L'ampia spiaggia sabbiosa è facilmente raggiungibile in corrispondenza del Parador de Mazagón, a 3 km dalla città. A **Cuesta de Maneli**, 9 km più avanti, una passerella di legno di 1,2 km, che inizia dal parcheggio, permette di raggiungere la spiaggia attraversando una splendida macchia di pini e ginepri e dune alte anche 100 m. Sulla spiaggia di Cuesta de Maneli c'è una zona riservata ai nudisti.

Pernottamento

Camping Mazagón (☎ 959 37 62 08; Cuesta de la Barca s/n; adulti/tenda/automobile €5,50/5,50/5,50; P ♿) Immensa area adibita a campeggio a un paio di minuti a piedi dall'estremità orientale della spiaggia. Il campeggio è ben alberato, anche se gran parte dello spazio è occupato da caravan e tende fisse.

Hostal Hilaria (☎/fax 959 37 62 06; Calle Hilaria 20; camere €60; ⌚ chiuso da metà dicembre a inizio gennaio; ❄) Questo luminoso e allegro *hostal* si trova immediatamente a nord dell'ufficio turistico. Tutte le stanze hanno una terrazza o un balcone, anche se alcune si trovano sopra un bar e d'estate sono un po' rumorose. Esclusi i mesi di luglio e agosto le tariffe si riducono dal 25% al 50%.

Hotel Albaida (☎ 959 37 60 29; www.hotelalbaida.com; Carretera Huelva-Matalascañas; singole €44-65, doppie €67-102; P ❄) Questo elegante albergo, ospitato in una villa di aspetto classico, offre camere confortevoli, spaziose e arredate con gusto con piacevoli pezzi artistici. I prezzi di tutte le camere comprendono la prima colazione. Il personale è molto disponibile e amichevole. Si trova 600 m a est del centro cittadino in mezzo a una pineta subito fuori dalla superstrada.

Parador de Mazagón (☎ 959 53 63 00; www.parador.es; Playa de Mazagón; singole/doppie €120/150; P ❄ 💻 🏊) Questo tipico edificio degli anni '70, basso e ricoperto di edera, si trova 3 km a est di Mazagón. È una via di mezzo tra un lussuoso bungalow da spiaggia californiana e una fattoria per l'allevamento dei cavalli, con ampie verande, bagni con i pavimenti di marmo, arte moderna di buon gusto e prati e siepi curate alla perfezione. Le camere lussuose hanno tutte la vista sul mare. Facile accesso alla spiaggia che si apre sotto i giardini rocciosi situati sulla scogliera.

Pasti

Las Dunas (☎ 959 37 62 59; Avenida Conquistadores 178; portate principali €8-15) Situato all'estremità occidentale del lungomare, questo grande e luminoso ristorante offre eccellente pesce fresco da gustare ammirando la vista dell'oceano e del porto turistico.

El Remo (☎ 959 53 61 38; Avenida Conquistadores 123; portate principali €10-20; ⌚ 13-18 e 20-23, chiuso domenica sera) Questo ristorante di pesce ben gestito ha un'ampia terrazza che si affaccia sulla spiaggia. Rimanete sul classico e ordinate semplice pesce fritto o grigliato, come il *merluza* (nasello) o la succulenta *dorada* (abramide). Anche la *carne a la brasa* è ottima.

Se desiderate tapas o *raciones* di frutti di mare (porzioni di tapas equivalenti a un pasto) dirigetevi verso i quattro o cinque bar che si trovano lungo Avenida Fuentepiña, che si diparte dal tratto interno di Avenida Conquistadores.

Per/da Mazagón

Ci sono autobus che da Huelva raggiungono Mazagón (€1,80, 35 minuti, 13 corse al giorno da lunedì a venerdì, 3 corse al giorno sabato e domenica) passando per La Rábida e Palos de la Frontera.

MATALASCAÑAS

Pop. 1100

La vista di questa stazione balneare costruita su misura per le esigenze dei turisti, un agglomerato di ville dozzinali, brutti condomini e moltissimi grandi alberghi quasi tutti dipinti in una triste tonalità di marrone, contrasta in maniera stridente con la bellezza selvaggia del vicino parco nazionale di Doñana e degli altri parchi naturali. Ma a rendere Matalascañas uno dei luoghi di villeggiatura preferiti dalle famiglie di Siviglia sono la vicinanza con Doñana, la bellissima spiaggia e l'abbondanza di strutture turistiche.

Orientamento e informazioni

Matalascañas, un villaggio costruito su una lunga spiaggia, è situato 4 km a sud-est dell'incrocio tra la A494 proveniente da Mazagón e la A483 che arriva da El Rocío. Dall'incrocio, Avenida de las Adelfas va dritta verso sud fino alla spiaggia passando accanto all'**ufficio turistico** (☎ 959 43 00 86; Edificio Parque Dunar, Avenida de las Adelfas s/n; ⌚ 10-14) dopo il quale si trova la fermata degli autobus. Il lato orientale di Avenida de las Adelfas, che si estende per un paio di isolati verso l'interno, è occupato da una serie di negozi, ristoranti e bar.

Che cosa vedere e fare

Una delle principali attrattive di Matalascañas, oltre al golf, alla spiaggia e alle attività acquatiche, è il **Parque Dunar** (☎ 959 44 80 86; www.parquedunar.com; Avenida de las Adelfas; ⌚ 9.30-18.30), una distesa di 1,3 kmq di alte dune ricoperte di pini all'estremità occidentale della città disseminata di itinerari da percorrere a piedi o in bicicletta. All'interno di questo parco di dune si trova l'interessante **Museo del Mundo Marítimo** (☎ 959 43 00 19; interi/minori di 15 anni €5/3; ⌚ 11-14.30 e 18-21.30 da martedì a sabato, 11-14.30 domenica da metà giugno a metà settembre, 10-14 e 15.30-18 da martedì a sabato, 10-14 domenica da metà settembre a metà giugno) con quattro sale tematiche dedicate alle coste e ai mari della regione di Doñana, alle balene e agli altri cetacei che vivono nello Stretto di Gibilterra (compresi scheletri e ricostruzioni a grandezza naturale lunghe fino a 20 m), e all'industria ittica e cantieristica.

Il tratto migliore di spiaggia si trova all'estremità orientale della città, dove inizia anche un sentiero circolare lungo 1,5 km da percorrere a piedi, che si snoda tra le dune del Parco Nazionale di Doñana.

Pernottamento

Hotel Doñana Blues (☎ 959 44 98 17; www.donanablues.com; Sector I, Parcela 129; camere €102-134;) Il Doñana Blues, l'unica sistemazione in città con una certa personalità, è un piccolo albergo piacevolmente rustico ma confortevole. Ogni camera offre arredi e stili differenti e tutte hanno la terrazza o il balcone. Ci sono anche una piscina, un caffè che serve la prima colazione e la possibilità di noleggiare biciclette a €6 al giorno. Al di fuori dell'alta stagione, le tariffe scendono del 30%. Conviene prenotare in anticipo.

Hotel Tierra Mar Golf (☎ 959 44 03 00; www.vimehoteles.com; singole €81-117, doppie €102-146; P) Questo moderno albergo frontemare ben attrezzato offre un'invitante piscina proprio sopra la spiaggia. Per soggiorni inferiori ai sette giorni viene applicato un supplemento del 25% nel periodo che va dal 10 luglio al 10 settembre, mentre tra ottobre e Pasqua le tariffe possono scendere del 50%. I prezzi di tutte le camere comprendono la prima colazione.

Altre opzioni discrete sono:

Casa Miguel (☎ 959 44 84 72; Avenida Las Adelfas; camere €50) Piccolo e gradevole *hostal* con ristorante situato in comoda posizione immediatamente a nord dell'ufficio turistico.

Hotel Flamero (☎ 902 50 52 00, 959 02 64 00; Ronda Maestro Alonso; www.hotelflamero.es; doppie €56-92; P) Grande albergo frontemare; mezza pensione (€115 per due persone) obbligatoria da metà luglio a metà settembre.

Pasti e locali

Restaurante Bajo Guía (☎ 959 44 00 37; Paseo Marítimo, Sector N; portate principali €9-15) Questo ristorante specializzato in piatti di pesce e di riso ha grandi portefinestre affacciate sull'oceano. Si trova di fronte al mare a est dell'Hotel Tierra Mar Golf.

Taberna Tío Paco (☎ 959 44 81 94; Plaza de las Begonias; tapas/raciones €2/8,50, portate principali €10-20; chiuso mercoledì) 'Zio Paco', situato a poca distanza dal lato orientale di Avenida de las Adelfas, è un locale eccellente per gustare tapas, *raciones* e carne alla griglia. Sulla *terraza* grosse botti di sherry sono utilizzate come tavolini.

Per/da Matalascañas

Gli autobus da Huelva (€3,90, 50 minuti, due corse al giorno) a Matalascañas, via Mazagón, sono generalmente in servizio solo dal lunedì al venerdì. In estate possono esserci delle corse aggiuntive. Da Matalascañas ci sono collegamenti per El Rocío e Siviglia (v. p171).

PARQUE NACIONAL DE DOÑANA

La più famosa e da molti punti di vista la più importante riserva naturale della Spagna, il Parque Nacional de Doñana, è una delle ultime grandi aree paludose ancora presenti in Europa, nonché un luogo di grande bellezza e suggestione romantica. Tenuta di caccia dei duchi di Medina Sidonia nel XVI secolo, il parco porta il nome della moglie del settimo duca, Dona Aña, che si ritirò dalla vita di corte trovando rifugio in questa regione in un palazzo costruito appositamente per lei. Secondo la leggenda lo spirito di Dona Aña continua ad aggirarsi nella macchia e negli acquitrini del delta del Guadalquivir. Si sostiene inoltre che questo fosse il luogo in cui sorgeva la favolosa Tartessos (v. p18). Il parco può contare sulla protezione di Nuestra Señora del Rocío (v. p169), una statua della Vergine che ogni anno attira centinaia di migliaia di pellegrini nel villaggio di El Rocío, ai margini nord-occidentali del parco.

Il parco nazionale, che occupa una superficie di 542 kmq, si affaccia sulla costa atlantica – o sulle sue immediate vicinanze – per un tratto lungo 32 km. Da qui si spinge verso l'interno per 25 km, delimitato a sud-est dal Río Guadalquivir e da vari suoi affluenti e a ovest dalla A483 Matalascañas-El Rocío. El Rocío (p169) e Matalascañas (p165) sono le località più comode dalle quali partire per effettuarne la visita. Gran parte del suo perimetro confina con il Parque Natural de Doñana, un ente separato soggetto a una protezione meno rigida formato da quattro diverse zone per una superficie totale di 540 kmq, creato per garantire maggiore protezione al parco nazionale. I due parchi, che offrono rifugio a diverse specie faunistiche a rischio di estinzione, come la lince pardina (con una popolazione stimata tra 30 e 50 esemplari) e l'aquila imperiale spagnola (circa otto coppie in età riproduttiva), rappresentano un habitat ideale per milioni di uccelli migratori. Sono circa sei milioni quelli che trascorrono una parte dell'anno nel parco nazionale, dove sono state avvistate circa 350 specie.

Fin dalla data della sua istituzione, nel 1969, il parco ha dovuto combattere contro il pericolo rappresentato dal turismo, dall'agricoltura, dai cacciatori e dalla speculazione edilizia. Molti abitanti della zona ritengono che gli interessi del parco vengano tenuti in eccessiva considerazione rispetto alle loro priorità, la maggiore delle quali è la mancanza di lavoro. Gli ecologisti sostengono invece che il parco nazionale di Doñana è gravemente minacciato dal turismo, dall'agricoltura, dalla costruzione di nuove strade e infrastrutture, che rischiano di esaurirne le risorse idriche e di impedire un eventuale allargamento dei suoi confini. Circa 30 linci sono state investite sulle strade che circondano i confini del parco nazionale negli ultimi dieci anni. Nel 1998 il precario equilibrio tra sviluppo industriale e tutela ambientale venne meno in seguito al cedimento di un bacino utilizzato da una miniera di metalli pesanti situata a Los Frailes, una piccola località nei pressi di Aznalcóllar, 50 km a nord del parco. L'immediata costruzione di alti terrapieni impedì alla marea velenosa uscita dal bacino di raggiungere, se non in minima parte, il parco nazionale. Tuttavia non meno di 100 kmq di acquitrini situati nella sua zona nord-orientale risultarono alla fine contaminati. I pericoli che minacciano il parco sono comunque numerosi anche oggigiorno, dai cacciatori di frodo che abbattono i cervi e dalle organizzazioni malavitose che utilizzano le sue spiagge per sbarcare droga all'assurda proposta di costruire una strada sul litorale sabbioso che si estende da Matalascañas a Sanlúcar de Barrameda.

Informazioni

Il centro visitatori principale del parco nazionale è il **Centro de Visitantes El Acebuche** (☎ 959 44 87 11; Carretera A483 Km 26; 🕑 8-21 da maggio a settembre, 8-19 da ottobre ad aprile), poco distante dalla A483 Matalascañas-El Rocío. Per raggiungerlo procedete da Matalascañas verso nord per 4 km, o da El Rocío verso sud per 12 km, quindi proseguite per 1,6 km verso ovest lungo la strada d'accesso. All'interno del centro si trovano un'esposizione interattiva sul parco, un caffè e un negozio con un grande schermo dove si possono vedere filmati (dal vivo o registrati) sulle linci pardine nate grazie al programma di riproduzione in cattività avviato dal centro (la zona adibita a questo programma – v. p66 – non è però aperta ai visitatori). Da El Acebuche partono dei sentieri (1,5 km e 3,5 km tra andata e ritorno) che raggiungono dei capanni per l'osservazione degli uccelli affacciati sulla vicina laguna.

IL CICLO VITALE DEL PARQUE NACIONAL DE DOÑANA

I numerosi ecosistemi che caratterizzano il Parque Nacional de Doñana permettono la sopravvivenza di una quantità davvero straordinaria di specie floreali e faunistiche. Circa la metà del parco è formata da paludi, che da luglio a ottobre sono praticamente asciutte, mentre in autunno iniziano a riempirsi d'acqua che, a parte qualche isoletta qua e là, sommerge ogni cosa. Centinaia di migliaia di uccelli acquatici, tra cui si calcola l'80% delle anatre selvatiche dell'Europa occidentale, arrivano fin qui dal nord per svernare. In primavera, a mano a mano che le acque si ritirano, sopraggiungono altre specie, fenicotteri rosa, spatole, cicogne, aironi, avocette, upupe, gruccioni e trampolieri, che si fermano per i mesi estivi, molti per nidificare. I giovani che hanno appena lasciato il nido si radunano intorno ai *lucios* (stagni) e in luglio, quando le acque si sono quasi completamente ritirate, aironi, cicogne e nibbi si danno convegno per banchettare con i pesci persici rimasti intrappolati nel fondo degli stagni.

Le paludi e la spiaggia, lunga 28 km, sono separate da una fascia di dune mobili che il vento spinge verso l'entroterra – in certi anni si sono spostate anche di 6 m. Nelle basse valli che si formano tra le dune, chiamate *corrales,* crescono pini e altri alberi che offrono un ambiente ideale alla nidificazione dei rapaci. Quando la sabbia di una duna raggiunge il terreno acquitrinoso, la corrente la riporta verso il mare, il quale a sua volta la riversa sulla spiaggia in un ciclo naturale che non ha mai fine.

In alcuni settori del parco si estendono delle zone sabbiose stabili che hanno consentito la formazione di 144 kmq di *coto,* termine che indica una distesa ricoperta da brughiera e boscaglia. Il *coto* è l'habitat ideale per numerosi uccelli nidificanti e per molti dei mammiferi che vivono nel parco – 33 specie diverse tra cui cervi, daini, cinghiali, manguste e genette.

Sul lato occidentale del parco nazionale ci sono altri due centri visitatori anch'essi con sentieri che conducono alle vicine lagune. Nel **Centro de Información Las Rocinas** (☎ 959 44 23 40; 🕑 9-15 e 16-19, fino alle 20 o alle 21 da aprile ad agosto), accanto alla A483 1 km a sud di El Rocío, c'è una mostra sulla storia del pellegrinaggio a El Rocío, mentre nel **Palacio del Acebrón** (🕑 9-15 e 16-19, fino alle 20 o alle 21 da aprile ad agosto), 6 km a ovest di Las Rocinas, raggiungibile grazie a una strada lastricata, si può visitare una mostra etnografica sul parco.

La cartina *Doñana* (in scala 1:75.000), pubblicata nel 2004 dalla Junta de Andalucía, copre sia il parco nazionale sia quello naturale. È in vendita a €8 a El Acebuche.

Attività

Gli appassionati di birdwatching possono utilizzare i sentieri che partono dai tre centri visitatori situati sul lato occidentale del parco, anche se di norma le specie e il numero di uccelli avvistati sono inferiori rispetto a quelli che si possono scorgere nel corso delle visite guidate. Il **sentiero Charco de la Boca** a Las Rocinas, un percorso circolare di 3,5 km con quattro capanni di osservazione, solitamente è il migliore, soprattutto la sera.

Il **Centro de Visitantes José Antonio Valverde** (🕑 10-19, fino alle 20 o alle 21 da aprile ad agosto) sul lato settentrionale del parco è un ottimo punto di osservazione dell'avifauna essendo affacciato su un *lucio* (laghetto). Anche il canale navigabile Caño de Rosalimán, a ovest dal centro, garantisce buoni avvistamenti. La via più facile per raggiungere il centro di Valverde è una visita guidata autorizzata da El Rocío (v. p169); l'alternativa è guidare su strade sterrate da Villamanrique de la Condesa o da La Puebla del Río a nord-est del parco.

I periodi delle migrazioni degli uccelli, tra marzo e maggio e tra settembre e novembre, sono i migliori per gli appassionati di birdwatching.

Visite guidate

L'accesso al parco nazionale è limitato. È consentito percorrere a piedi qualsiasi tratto dei 28 km di spiaggia lungo l'Atlantico tra Matalascañas e la foce del Río Guadalquivir (attraversabile in barca da Sanlúcar de Barrameda nella provincia di Cadice), ammesso che non si sconfini nell'entroterra. Per visitare l'interno bisogna prenotare una visita guidata. Queste partono o dal centro visitatori di El Acebuche o da Sanlúcar de Barrameda (v. p205). La visita guidata da El Acebuche, in fuoristada per gruppi di venti persone, è gestita dalla **Cooperativa Marismas del Rocío** (☎ 959 43 04 32/51; €23 a persona; 🕑 8.30 da martedì a domenica tutto l'anno, 15 da ottobre ad aprile, 17 da maggio a settembre). È indispensabile prenotare in anticipo per telefono – in primavera, estate e nei periodi festivi i gruppi sono talvolta completi già un mese prima della data desiderata. Portatevi un binocolo e, d'estate, una buona scorta d'acqua da bere; inoltre, a eccezione dei mesi invernali, vi sarà necessario un repellente per le zanzare. L'escursione ha una durata di quattro ore e la maggior parte delle guide parla soltanto lo spagnolo. Il percorso, di circa 70-80 km, all'inizio si snoda lungo la spiaggia fino alla foce del Río Guadalquivir, quindi prosegue con andamento circolare nel settore meridionale del parco, caratterizzato dalla presenza di dune mobili, paludi e macchia mediterranea, dove riuscirete sicuramente ad avvistare cervi e cinghiali. Gli appassionati di ornitologia rimarranno forse delusi per via delle poche soste dedicate al birdwatching.

Per ovviare a questo problema gli ornitologi, dai semplici appassionati ai veri esperti, possono partecipare alle visite guidate lungo il margine settentrionale del parco nazionale che partono da El Rocío e terminano al Centro de Visitantes José Antonio Valverde. Queste escursioni, che normalmente si svolgono sia nel parco nazionale sia in quello naturale, attraversano pinete, querceti e paludi dove sarà possibile avvistare moltissime specie di uccelli e con ogni probabilità anche cervi e cinghiali. I seguenti operatori usano veicoli in grado di trasportare otto o nove persone al massimo:

Discovering Doñana (☎ 959 44 24 66, 620 964369; www.discoveringdonana.com; Calle Águila Imperial 150, El Rocío; escursione di 6 ore 1-3 persone €110, per ogni persona in più €28, escursione di 12 ore 1-3 persone €160, per ogni persona in più €45) Le guide, molto esperte, parlano inglese; la maggior parte delle escursioni sono generiche, ma è possibile organizzarne anche di personalizzate; l'uso dei binocoli, dei cannocchiali e dei libretti informativi forniti dall'organizzazione è compreso nel prezzo.

Doñana Bird Tours (☎ 95 575 5460, 637 922688; www.donanabirdtours.com; escursioni di 9 ore 1-3 persone €110, per ogni persona in più €30) Eccellenti visite guidate per l'avvistamento dell'avifauna condotte dall'ornitologo e scrittore inglese John Butler; organizza anche lunghi soggiorni per i veri appassionati di birdwatching.

Doñana Nature (☎ 959 44 21 60, 630 978216; www.donana-nature.com; Calle Las Carretas 10, El Rocío; escursioni di 3 ore e mezzo a persona €23) Visite generiche di mezza giornata, tutti i giorni alle 8 e alle 15.30, che però non raggiungono il centro di Valverde; sono anche disponibili escursioni ornitologiche e fotografiche e guide che parlano inglese e francese.

Per/dal Parque Nacional de Doñana

Gli autobus in servizio tra El Rocío e Matalascañas (v. p171) fermano al bivio per El Acebuche sulla A483. Da El Rocío il primo autobus, che parte alle 7 (7.45 sabato e domenica), vi porterà a El Acebuche (€1, 15 minuti) in tempo per l'inizio della visita guidata al parco nazionale delle 8.30. Da Matalascañas l'autobus delle 7.45 diretto a nord, in servizio dal lunedì al venerdì, dovrebbe permettervi di prendere parte all'escursione. Consultate gli orari in vigore prima di mettervi in viaggio.

EL ROCÍO

Pop. 1200

Lo straordinario villaggio di El Rocío sorge ai margini di un pittoresco tratto di *marismas* (paludi) nell'angolo nord-occidentale del Parque Nacional de Doñana. Entrando in città la strada asfaltata si perde in ampie vie dal fondo sabbioso che si intersecano ad angolo retto delimitando file di case stile ranch americano silenziose e sinistre. Impronte di zoccoli, pali a cui legare i cavalli e individui con larghi cappelli contribuiscono a creare una bizzarra e caratteristica atmosfera da 'mezzogiorno di fuoco'. Tuttavia, nonostante le apparenze, la città non è una finzione, ma un autentico pezzo di Far West dell'Andalusia. Le case con ampie verande sono ben tenute anche se quasi tutte disabitate. Esse appartengono a oltre 90 *hermandades* (confraternite) di pellegrini che ogni anno, a Pentecoste, si riuniscono per partecipare alla Romería del Rocío (v. p169).

Informazioni

L'**ufficio turistico** (☎ 959 44 38 08; www.turismodedonana.com; Avenida de la Canaliega s/n; 🕑 9.30-13.30 e 15-17 da lunedì a venerdì) si trova accanto alla strada principale (A483) all'estremità occidentale del villaggio. Fornisce informazioni

PROVINCIA DI HUELVA

ROMERÍA DEL ROCÍO

In occasione della Romería del Rocío, il più grande pellegrinaggio di tutta la Spagna, centinaia di migliaia di pellegrini convergono a El Rocío nel fine settimana di Pentecoste per venerare la statua della Nuestra Señora del Rocío.

Come molte delle immagini sacre spagnole, anche quella della Nuestra Señora del Rocío – chiamata anche La Blanca Paloma (la Bianca Colomba) – ha origini leggendarie. Nel XIII secolo un cacciatore del villaggio di Almonte trovò su un albero cresciuto nella palude una statua della Vergine. Dopo averla recuperata se la caricò in spalla e si avviò verso casa. Ma quando si fermò per riprendere fiato, la Vergine come per magia tornò sull'albero. Poco tempo dopo, nel punto in cui cresceva l'albero (El Rocío) venne eretta una cappella che divenne meta di pellegrinaggi. A partire dal XVII secolo nelle città vicine iniziarono a formarsi delle *hermandades* (confraternite) allo scopo di organizzare pellegrinaggi a El Rocío per la festività di Pentecoste, la settima domenica dopo Pasqua. Oggi, la **Romería del Rocío** (pellegrinaggio a El Rocío) è una ricorrenza che richiama fedeli da tutta la Spagna. Le *hermandades* sono attualmente più di 90, alcune delle quali annoverano diverse migliaia di membri, uomini e donne, che ancora oggi si recano a El Rocío a piedi, a cavallo o su carri coperti decorati con fiori e ghirlande colorate.

Si tratta di un evento tipicamente andaluso nel quale è bandita ogni forma di solennità. L'atmosfera è simile a quella che si respira a Siviglia in occasione della Feria de Abril (p122), i partecipanti indossano i costumi tradizionali e durante il percorso verso El Rocío cantano, ballano, bevono, ridono e si corteggiano. Durante il fine settimana di Pentecoste il villaggio arriva talvolta a essere invaso da circa un milione di persone.

I festeggiamenti raggiungono il culmine nelle prime ore del mattino di lunedì, quando i membri della *hermandad* di Almonte, che rivendicano la proprietà dalla statua della Vergine, fanno irruzione in chiesa e si impossessano di questo sacro simbolo. La statua viene quindi caricata su un carro e portata fuori. Seguono violenti scontri con le altre confraternite che si battono contro quella di Almonte per avere l'onore di trasportare La Blanca Paloma. La ressa e la confusione sono inimmaginabili e la Vergine rientra in chiesa nel pomeriggio solo dopo aver fatto il giro di tutte le sedi delle *hermandades*.

sulla zona e può effettuare prenotazioni per le visite guidate nel parco nazionale e nella riserva naturale di Doñana. In diversi punti della città ci sono dei bancomat.

Che cosa vedere e fare

Nella grande piazza sabbiosa al centro del villaggio si erge l'**Ermita del Rocío** (☎ 959 44 24 25; ingresso libero; 🕒 8-21), un'antica chiesa completamente rifatta nel 1964. Qui è custodita la venerata immagina di **Nuestra Señora del Rocío**, una piccola scultura lignea della Vergine rivestita con una lunga veste ricoperta di pietre preziose, normalmente collocata sopra l'altare maggiore. La chiesa è visitata tutto l'anno, ma in modo particolare nei fine settimana, quando le confraternite di pellegrini di El Rocío si riuniscono dando vita a pittoresche celebrazioni.

Nelle **paludi** di fronte a El Rocío, che sono rifornite d'acqua tutto l'anno grazie al Río Madre de las Marismas che attraversa la regione, è possibile avvistare uccelli e altri animali. Cervi e cavalli pascolano nelle secche, e con un po' di fortuna vi potrà capitare di vedere stormi di fenicotteri librarsi in cielo simili a una grande nuvola rosa. Il ponte sul fiume, che si incontra 1 km a sud del villaggio percorrendo la A483, è un altro buon punto di osservazione. Subito dopo si trova il Centro de Información Las Rocinas (v. p168), da cui partono brevi sentieri che raggiungono alcuni capanni ideali per il birdwatching.

Per effettuare una passeggiata più lunga da El Rocío bisogna attraversare il Puente del Ajolí, al limite nord-orientale del villaggio, e seguire la pista che s'inoltra all'interno del bosco. Questo sentiero, chiamato **Raya Real**, è utilizzato dai pellegrini per raggiungere El Rocío. Il sentiero attraversa il **Coto del Rey**, un'ampia zona boschiva dove potrete avvistare cervi e cinghiali al mattino presto o alla sera tardi.

El Rocío è famosa per l'allevamento dei cavalli. **Doñana Ecuestre** (☎ 959 44 24 74; Avenida de la Canaliega s/n; per 1 ora/2 ore/mezza giornata €17/23/41; 🕒 ufficio 8-20), sul lato occidentale della A483, offre piacevoli escursioni guidate a cavallo attraverso i boschi situati a ovest della piccola cittadina.

Pernottamento e pasti

Nel periodo della Romería le sistemazioni, offerte a prezzi elevatissimi, spesso vengono prenotate con un anno di anticipo.

Camping La Aldea (☎ 959 44 26 77; www.campinglaaldea.com; Carretera El Rocío Km 25; adulti/tenda/automobile €5,50/5,50/5,50, chalet o bungalow per 2/4-5 persone €62/100-134; 🕒 chiuso dal 25 dicembre al 5 gennaio; P) Campeggio moderno e ben attrezzato all'estremità settentrionale del villaggio, La Aldea offre un'ampia scelta di graziosi bungalow e chalet di legno o di mattoni con il tetto di paglia, con aria condizionata, bagno privato e TV, oltre a 250 piazzole per tende. Dopo il mese di agosto le tariffe si abbassano anche di un terzo.

Pensión Cristina (☎ 959 44 24 13; Calle El Real 58; singole/doppie €30/36) Situata immediatamente a est della Ermita, la Pensión Cristina è uno dei pochi *hostales* economici di El Rocío. Le camere sono nel complesso accettabili e c'è un ristorante discreto e molto frequentato che serve paella, carne di cervo, piatti di pesce e molto altro ancora (portate principali da €6 a €9).

Pensión Isidro (☎ 959 44 22 42; Avenida de los Ánsares 59; singole/doppie €24/48) *Hostal* leggermente più confortevole del precedente, con aria condizionata, riscaldamento e vasca da bagno, situato 400 m a nord dell'Ermita. Le camere esterne hanno piccoli balconi. In genere è più tranquillo del Cristina.

Hotel & Restaurante Toruño (☎ 959 44 23 23; fax 959 44 23 38; Plaza Acebuchal 22; singole/doppie con prima colazione €57/81; P) Questa attraente villa affacciata sulle *marismas,* a soli 200 m dalla chiesa, offre 30 camere ben arredate. Quelle dispari dalla 101 alla 115 e dalla 207 alla 225 hanno la vista sulle paludi. Il ristorante, dall'altra parte della piazza sabbiosa, è uno dei migliori della città e serve abbondanti porzioni di piatti di terra e di mare ben cucinati – agnello, cervo e manzo provenienti dal parco nazionale, ma anche pesce, frutti di mare, formaggi e spinaci selvatici. Le portate principali costano tra €12 e €22.

El Cortijo de los Mimbrales (☎ 959 42 22 37; www.cortijomimbrales.com; Carretera A483 Km 30; camere €134-156, cottage da 2/4 persone €311/364; P) Quattro chilometri a sud di El Rocío sulla strada per Matalascañas si trova questa incantevole sistemazione in stile hacienda. Offre la possibilità di alloggiare in camere doppie o cottage (i prezzi di tutte le stanze comprendono la prima colazione) dipinte con colori vivaci e arredate con curiosi mobili antichi a formare un'originale combinazione moderna. L'eccellente ristorante merita il viaggio anche se non siete ospiti del complesso – le portate principali vanno da €9 a €18. C'è una bella piscina in stile arabo e la possibilità di effettuare passeggiate a cavallo o in mountain bike all'interno della proprietà che si estende per 10 kmq. L'unico aspetto negativo è il soggiorno minimo di sette giorni dal 1° luglio al 15 settembre e durante le principali festività. Da marzo a giugno e dal 15 settembre al 31 ottobre (periodo in cui si applicano i prezzi indicati) il soggiorno minimo è di tre notti.

Hotel La Malvasía (☎ 959 44 38 70; www.lamalvasiahotel.com; Calle Sanlúcar 38; singole/doppie con prima colazione €129/204; ❄ ♿) Questo nuovo albergo con 18 stanze è il più lussuoso della città. Le camere sono arredate con stile, l'atmosfera è di classe e c'è un buon ristorante *'nuevo andaluz'* (aperto da martedì a domenica pomeriggio, portate principali da €15 a €20) con una carta dei vini con 160 proposte. Anche se si trova quasi sul limite delle paludi, la maggior parte delle camere non è affacciata sulle *marismas*.

Aires de Doñana (☎ 959 44 27 19; Avenida de la Canaliega 1; portate principali €15-19; ⏲ sabato e domenica) Quasi tutti i locali di El Rocío puntano a soddisfare l'appetito dei clienti affamati trascurando ogni altra cosa. L'Aires de Doñana, nonostante assomigli a un rustico fienile, rappresenta un'ottima alternativa con le grandi portefinestre affacciate sulle *marismas*, il servizio accurato e il menu pieno di fantasia.

Per/da El Rocío

Damas ha degli autobus tra Siviglia ed El Rocío (€5,50, 1 ora e mezzo, da tre a cinque al giorno) che proseguono poi fino a Matalascañas (€6, 1 ora e 45 minuti). Uno o due di quelli in servizio lungo la A483 tra Almonte e Matalascañas fermano a El Rocío. Tutti questi mezzi fermano (quasi sempre su richiesta) anche fuori dal centro visitatori di El Acebuche.

Per raggiungere El Rocío da Huelva, prendete un autobus Damas per Almonte (€3,90, 45 minuti, sei al giorno da lunedì a venerdì, corse ridotte nel fine settimana), e poi un altro autobus per El Rocío (€1,20, 20 minuti, da quattro a sette al giorno). Dovrete partire da Huelva entro le 18 per non perdere la coincidenza.

A OVEST DI HUELVA

Il tratto di costa tra Huelva e il confine portoghese, 53 km in direzione ovest, è costituito quasi interamente da un'ampia spiaggia sabbiosa interrotta qua e là da estuari e paludi. Alle sue spalle in molte zone si innalzano alte dune e crescono numerosi alberi. Gli

DEVIAZIONE: NIEBLA

Venticinque chilometri a est di Huelva sulla vecchia A472 proveniente da Siviglia, e 4 km a nord della moderna A49, sorge l'antica cittadina di Niebla (popolazione: 4000), racchiusa da 2 km di mura color ocra di epoca islamica che presentano ancora le 50 torri e le cinque porte originarie. Si tratta di una delle città medievali meglio conservate dell'Andalusia. Entrando a Niebla da est si attraversa il Río Tinto su un bel ponte romano, distrutto durante la guerra civile, ma ricostruito in seguito con estrema cura.

All'interno delle mura si snoda un labirinto di strade e di vicoli piacevolissimo da esplorare. Il monumento principale è il gigantesco **Castillo de los Guzmán** (☎ 959 36 22 70; www.castillodeniebla.com; ingresso €4; ⏲ 10-18, fino alle 22 dal 1° luglio a metà settembre, fino alle 20 sabato e domenica da metà marzo al 30 giugno), del XV secolo, costruito intorno a due grandi cortili interni. La vista dei terribili strumenti di tortura conservati nelle prigioni sotterranee è davvero impressionante. L'**ufficio turistico** (☎ 959 36 22 70; ⏲ 10-18, fino alle 22 dal 1° luglio a metà settembre, fino alle 20 sabato e domenica da metà marzo al 30 giugno) si trova all'ingresso del castello. Per terminare la giornata in modo veramente romantico assistete a uno degli spettacoli teatrali o di danza che in luglio e agosto vengono messi in scena di sera al castello.

Nel cuore della città vecchia la bizzarra **Iglesia de Nuestra Señora de la Granada** (Plaza Santa María) presenta elementi architettonici sia islamici sia cristiani. La moschea che venne costruita in questo sito nel IX secolo fu infatti trasformata in una chiesa gotico-mudejar nel XV secolo. Se desiderate visitarla chiedete la chiave alla Casa de la Cultura che si trova anch'essa nella piazza. Notate gli archi a ferro di cavallo e quelli multilobati nel patio d'ingresso, il mihrab (nicchia di preghiera) nella parete meridionale, il campanile, che era in origine un minareto, il traforo gotico all'estremità orientale del tetto e la cattedra in pietra del vescovo di epoca visigota posta dietro l'altare.

insediamenti costieri tradiscono la loro vocazione turistica, anche se molti mantengono le loro prerogative di porti fluviali o marittimi, come Isla Cristina, con la sua grande flotta di pescherecci. La spiaggia è indubbiamente superba – soprattutto fuori dalla stagione turistica (luglio e agosto), quando le folle scompaiono e i prezzi scendono.

PUNTA UMBRÍA

Pop. 13.000

Fondata nel 1880 dalla Rio Tinto Company come località per le vacanze dei suoi dipendenti, che erano soliti raggiungerla a bordo di un vaporetto a ruota da Huelva, Punta Umbría continua a rimanere una delle cittadine balneari preferite dagli abitanti di Huelva e nei mesi di luglio e agosto è molto animata.

Nonostante uno sviluppo urbanistico non particolarmente attraente, Punta Umbría, situata in bella posizione tra la costa atlantica e le paludi peninsulari del Paraje Natural Marismas del Odiel (v. p161), è caratterizzata da un'atmosfera assai cordiale. In città si trova un **ufficio turistico** (☎ 959 49 51 60; www.puntaumbria.es; Avenida Ciudad de Huelva; 8-15 e 16.30-19.30 da lunedì a venerdì, 10-13 sabato e domenica da giugno a settembre, 8-15 da lunedì a venerdì, 10-13 sabato da ottobre a maggio) con personale disponibile.

Tredici chilometri di **spiagge** sabbiose si estendono lungo l'oceano in direzione ovest. Il windsurf e il kitesurf sono molto praticati, soprattutto poco distante dalla spiaggia cittadina nei pressi dell'estuario del Río Odiel.

Pernottamento e pasti

Punta Umbría offre un'ampia scelta di sistemazioni, che però nei mesi di luglio e agosto sono spesso tutte prenotate.

Camping Playa La Bota (☎ 959 31 45 37; www.playalabota.com; Carretera Huelva-Punta Umbría Km 11; adulti/tenda/automobile €5,50/5/4,50; P) Situato tra le strade che conducono a Huelva ed El Rompido, 6 km fuori città, questo campeggio ben tenuto e vicino alle spiagge dispone di bungalow di pino in grado di ospitare quattro persone.

Hotel Real (☎ 959 31 04 56; hotelrealpuntaumbria@hotmail.com; Calle Falucho 2; singole €36-60, doppie €50-85;) La migliore tra le molte sistemazioni economiche nei pressi del lato orientale di Calle Ancha, la principale strada pedonale sul lato della città vicino all'estuario. Tutte le camere sono spaziose e confortevoli, anche se quelle rimodernate sono più eleganti, dipinte in blu e verde e con la TV a schermo piatto. Le tariffe, riferite ai mesi di luglio e agosto, scendono negli altri periodi dell'anno dal 25% al 50%.

Hotel Barceló Punta Umbría (☎ 959 49 54 00; www.barcelo.com; Avenida Océano s/n; singole/doppie con prima colazione €132/165; P) Questo grande e moderno complesso in stile Alhambra è affacciato direttamente sulla spiaggia. Offre tutti i servizi di un albergo di alto livello, compresa una grande piscina a forma di fagiolo.

Chiringuito Camarón (☎ 959 65 90 38; Avenida Océano; portate principali €9-15; da lunedì a domenica pomeriggio) I locali migliori in cui mangiare a Punta Umbría sono i ristoranti e i *chiringuitos* (ristoranti all'aperto) che si incontrano lungo la spiaggia. Il Camarón, situato quasi di fronte all'Hotel Barceló, serve squisite pietanze di pesce, proveniente dalla costa di Huelva, *a la plancha* (alla piastra) o fritto, oltre a una buona paella. Gli attenti camerieri, le grandi finestre con vista sull'oceano e una bella terrazza rendono piacevolissimo mangiare in questo locale, che resta aperto tutto l'anno.

Raccomandiamo inoltre:

Hotel Ayamontino (☎ 959 31 14 50; hotelayamontino@hotmail.com; Avenida Andalucía 35; singole/doppie €52/81;) Affidabile albergo a prezzi medi con ristorante e caffè, situato in posizione centrale di fronte all'ufficio turistico.

Restaurant Miramar (☎ 959 31 12 43; Calle Miramar 1; portate principali €8-16; chiuso lunedì) Altro ottimo ristorante sulla spiaggia aperto tutto l'anno.

Per/da Punta Umbría

Da Huelva ci sono autobus per Punta Umbría (€1,90, 30 minuti) ogni ora dalle 7.15 alle 20.15 e alle 21. In estate i traghetti (€2) partono ogni ora dal Muelle de Levante presso il porto di Huelva.

ISLA CRISTINA

Pop. 19.000

Trenta chilometri a ovest di Punta Umbría lungo la stessa splendida spiaggia (interrotta solo dall'estuario del Río Piedras a El Rompido), Isla Cristina non è solo una località balneare, sovraffollata in agosto (quando i prezzi salgono alle stelle), ma anche un animato porto di pesca con una flotta di 250 pescherecci. Uscendo dalla città e proseguendo verso est lungo la spiaggia, alle cui spalle sono situate belle dune e pinete, si incontrano le località balneari di Islantilla e La Antilla, con piccoli condomini abbastanza piacevoli che in bassa stagione sono però semideserti.

Orientamento e informazioni

Isla Cristina si trova all'estremità occidentale di un basso promontorio, bagnato a nord dall'estuario del Río Carreras e a sud dall'Oceano Atlantico. Il centro cittadino, la stazione degli autobus e il porto di pesca sono tutti nell'angolo nord-occidentale del promontorio. Dal centro, la Gran Vía Román Pérez si dirige verso sud per 1 km in direzione del margine occidentale della spiaggia di Isla Cristina, insignita della bandiera blu dalle associazioni ambientaliste, mentre gli alberghi sono sparsi in prossimità della spiaggia a est del centro dal quale i più lontani distano 2 km. L'**ufficio turistico** (☎ 959 33 26 94; Calle San Francisco 12; ⌚ 10-14 tutti i giorni, più 17.30-19.30 da lunedì a venerdì da marzo a ottobre), moderno e con personale disponibile, si trova dietro il porto in un dedalo di antiche e strette stradine.

Che cosa vedere e fare

Al piano superiore dell'edificio dell'ufficio turistico si trova il **Museo de Carnaval** (Museo del Carnevale; ☎ 959 33 26 94; ingresso libero; ⌚ 10-14 tutti i giorni, più 17.30-19.30 da lunedì a venerdì da marzo a ottobre) che espone una interessante collezione di costumi, maschere e manifesti del carnevale che ogni anno si tiene a Isla Cristina, uno dei più grandi dell'Andalusia.

Il **Puerto Pesquero** (porto peschereccio; Muelle Martínez Catena; ⌚ aste 11 e 16 circa da lunedì a venerdì) offre un animato spettacolo al mattino e alla sera quando le barche attraccano con il loro carico e il pesce viene messo all'asta prima di essere trasportato ai mercati di Siviglia, Córdoba e Madrid.

A Isla Cristina e Islantilla è possibile praticare qualsiasi sport acquatico. Presso l'**Estación Naútica Isla Cristina** (☎ 902 07 64 77; www.en-islacristina.com) potrete trovare informazioni sugli operatori che organizzano corsi di windsurf, canoa, vela, sci d'acqua e immersioni.

Pernottamento e pasti

Camping Giralda (☎ 959 34 33 18; www.campinggiralda.com; Carretera Isla Cristina-La Antilla Km 1,5; adulti/tenda/automobile €5,50/5/4,50, bungalow per 4 persone €49-91; P) Immerso tra i pini al margine orientale della città, questo campeggio è in grado di ospitare oltre 2000 persone. La vicina Playa Central, alle cui spalle si innalzano le dune, organizza molte attività acquatiche e di altro genere.

Hotel El Paraíso Playa (☎ 959 33 02 35; www.hotelparaisoplaya.com; Avenida de la Playa; singole/doppie €65/129; P) Questo accogliente albergo a due piani, con ristorante e bar, a pochi passi dalla Playa Central, offre il migliore rapporto qualità-prezzo di tutta Isla Cristina. In particolare fuori dall'alta stagione i prezzi scendono a €49/97 in giugno e settembre e a €33/59 da ottobre a maggio.

Hotel Oasis Isla Cristina (☎ 959 48 64 22; www.hotelesoasis.com; Avenida Parque 62; camere con prima colazione €161-225; P) Se siete alla ricerca dei comfort di un grande albergo di prima categoria non avrete che l'imbarazzo della scelta in quanto a Isla Cristina ce ne sono tre appena inaugurati – ricordate, però, che in inverno potrebbero essere chiusi. Il lussuoso Oasis, situato in mezzo a una pineta a pochi passi dalla spiaggia, dispone di una grande e incantevole piscina e di un club per bambini con una piscina più piccola. I prezzi calano drasticamente dopo luglio e agosto.

Casa Rufino (☎ 959 33 08 10; Avenida de la Playa; portate principali €13-26; ⌚ pranzo e cena dal 15 luglio al 31 ottobre, pranzo dal 16 febbraio al 14 luglio e dal 1° novembre al 21 dicembre, chiuso dal 22 dicembre al 15 febbraio) Il più famoso ristorante di Isla Cristina, vicinissimo alla Playa Central, è facilmente riconoscibile dallo sgargiante rivestimento di piastrelle gialle e verdi. La sua specialità è il *tonteo*, un piatto che propone otto qualità di pesce accompagnate da altrettante salse (€24 a persona; minimo due persone).

Si può mangiare dell'eccellente pesce fresco anche nei ristoranti situati nella piazza posta appena fuori dal porto di pesca. La modesta sala da pranzo al piano superiore del **Restaurante Hermanos Moreno** (☎ 959 34 35 71; Avenida Padre Mirabent 39; portate principali e raciones €8-20; ⌚ pranzo) e il più grande **Restaurante El Pescador** (☎ 959 34 36 35; Avenida Padre Mirabent 19; portate principali e raciones €7-13; ⌚ 6.30-21 o più tardi) servono gustosi piatti a base di pesce fritto o alla *plancha*.

Locali

Alcuni bar nelle vie più vecchie vicino alla centrale Plaza Flores rimangono aperti fino a tardi e sono animati dalla presenza di numerosi giovani. **Pipirigaña** (Calle Pérez Pascual 12) è un locale attraente, con un cortile dove a volte si suona musica dal vivo.

Per/da Isla Cristina

Damas (☎ 959 33 16 52; Calle Manuel Siurot) ha autobus per Huelva (€3,80, 1 ora, 14 al giorno da lunedì a venerdì, cinque al giorno sabato e domenica), Ayamonte (€1,40, 25 minuti, da tre a cinque al giorno) e Siviglia (€10, 2 ore, da uno a tre al giorno).

AYAMONTE

Pop. 17.000

Nonostante oggi sia possibile entrare in Portogallo senza dover subire controlli doganali percorrendo lo splendido Puente del Guadiana sul grande Río Guadiana a nord della città, ad Ayamonte si respira ancora l'atmosfera effervescente della città di frontiera. Per i più romantici è comunque tuttora in servizio il traghetto che collega Ayamonte e Vila Real de Santo António attraverso il Río Guadiana.

Orientamento e informazioni

Il centro della città è costituito da Plaza de la Coronación e dall'adiacente Paseo de la Ribera, di fronte al quale si snoda, parallela al porto turistico, Avenida Vila Real de Santo Antonio. Il *muelle transbordador* (il molo dei traghetti) si trova 300 m a ovest da qui, in Avenida Muelle de Portugal, che si snoda sulla sponda del Río Guadiana. La stazione degli autobus è situata 700 m a est di Plaza de la Coronación.

L'**ufficio turistico** (☎ 959 32 07 37; Calle Huelva 27; 🕑 10-14 e 17-19 da lunedì a venerdì da ottobre a giugno, 10-14 e 18-21 da lunedì a venerdì da luglio a settembre, 11-13.30 sabato), situato un paio di isolati dietro Plaza de la Coronación, offre utili informazioni su come trascorrere il tempo in città.

Che cosa vedere e fare

La città vecchia, tra Paseo de la Ribera e il molo dei traghetti, percorsa da strette vie quasi tutte pedonali, offre la possibilità di effettuare una piacevole passeggiata. Qui troverete belle piazze e vecchie chiese, oltre a moltissimi bar, caffè, negozi e ristoranti. La **Casa Grande** (Calle Huelva 37; ingresso libero; 🕑 10-13 e 17-20.30 da lunedì a venerdì), una bella casa del XVIII secolo con una facciata intagliata in pietra rosa e un patio interno con colonnato, è la sede della Casa de la Cultura di Ayamonte, all'interno della quale vengono ospitate mostre d'arte e altri eventi.

Se volete effettuare una bella escursione sul Río Guadiana, uno dei fiumi più lunghi e grandi della Spagna, la **Cruceros del Guadiana** (☎ 959 64 10 02; www.crucerosdelguadiana.com) organizza crociere giornaliere nella zona dell'estuario (€8, 70 minuti) o fino al villaggio portoghese di Alcoutim (€42 compreso il pranzo, 7 ore e mezzo) risalendo il fiume per 35 km. Gli orari di partenza possono essere verificati presso i chioschi della compagnia situati sul molo dei traghetti, dove potrete anche acquistare i biglietti.

Pernottamento e pasti

Hotel Marqués de Ayamonte (☎ 959 32 01 26; Calle Trajano 14; singole/doppie €28/45) Il Marqués de Ayamonte offre camere semplici ma spaziose dotate di TV, telefono e riscaldamento. La sua caratteristica migliore è la posizione centrale, nelle immediate vicinanze del Paseo de la Ribera.

Hotel Luz del Guadiana (☎ 959 32 20 02; Avenida de Andalucía 119; singole/doppie con prima colazione €45/70; ❄ ♿) Situato in un moderno edificio immediatamente a ovest della stazione degli autobus, questo albergo dispone di camere abbastanza gradevoli con TV e aria condizionata. Rivolgetevi al vicino Bar Los Robles se nessuno dovesse venire ad aprirvi la porta.

Hotel Don Diego (☎ 959 47 02 50; www.hoteldondiegoayamonte.com; Avenida Ramón y Cajal 2; camere con prima colazione senza/con aria condizionata €76/89; 🕑 chiuso da metà ottobre alla Settimana Santa; P ❄ ♿) Questo albergo color rosa confetto si trova a sud-est del porto turistico. Le camere sono dotate di TV e di luminosi bagni dove il colore predominante è un rosso acceso.

Parador de Ayamonte (☎ 959 32 07 00; www.parador.es; Avenida de la Constitución; singole/doppie €103/129; P ❄ 🏊 ♿) Moderno parador affacciato sul Río Guadiana situato su una collina 1,5 km a nord del centro. È ben arredato e decorato con piacevoli tonalità pesca e vede menta, ma nel complesso risulta piuttosto anonimo.

Casa Luciano (Calle Palma del Condado 1; portate principali €10-17; 🕑 chiuso domenica) L'ottimo pesce e l'ambiente piacevole rendono questo semplice locale un luogo ideale in cui fermarsi a mangiare. Il pesce è freschissimo e cotto al momento. Chi desidera qualcosa di diverso può optare per l'agnello o l'*asparagus revuelto* (un piatto a base di uova strapazzate).

Casa Barberi (☎ 959 47 01 37; Paseo de la Ribera 12; portate principali €7-16) e **Mesón La Casona** (☎ 959 32 10 25; Calle Lusitania 2; portate principali e raciones €6-15), due locali molto frequentati, servono un'ampia varietà di piatti di pesce e di carne.

Per/da Ayamonte e trasporti locali

Coloro che attraversano il confine tra la Spagna e il Portogallo, sia in automobile sia in traghetto, non subiscono alcun controllo da parte degli uffici doganali e dell'immigrazione di entrambi i paesi.

AUTOBUS

Gli autobus della **Damas** (☎ 959 32 11 71; Avenida de Andalucía) effettuano corse per Huelva (€4,50, 1 ora, da sei a 10 al giorno), Siviglia (€10,50, 2 ore, quattro o cinque al giorno) e Isla Cristina (€1,40, 25 minuti, da tre a cinque al giorno). La Damas offre anche due servizi giornalieri (tranne sabato, domenica e festività da ottobre a maggio) per Faro (€5,50, 1 ora e 45 minuti) e Lagos (€10, 3 ore e mezzo), due località portoghesi situate nella regione dell'Algarve. Gli autobus per Isla Canela (€0,90, 15 minuti) partono ogni mezz'ora dalle 9 alle 20 da giugno a settembre – nel resto dell'anno ci sono solo quattro corse al giorno dal lunedì al venerdì.

IMBARCAZIONI

I traghetti della **Transportes Fluvial del Guadiana** (☎ 959 47 06 17) attraversano il Río Guadiana per/da Vila Real de Santo António ogni 40 minuti dalle 9.40 alle 20 dal lunedì al sabato, e ogni ora dalle 10.30 alle 18.30 la domenica e i giorni festivi comuni a Spagna e Portogallo. Da luglio a settembre ci sono corse ogni mezz'ora dalle 9.30 alle 21. Il biglietto di sola andata costa €4 per automobile e autista e €1,30 per passeggero adulto. Treni e autobus abbastanza frequenti collegano Vila Real de Santo António con altre località dell'Algarve.

IL NORD

Viaggiando dalle pianure che circondano Huelva verso nord si assiste a un rapido cambiamento del panorama. Le dritte e veloci superstrade cedono il posto a zigzaganti strade secondarie che si arrampicano fino a una quota di 960 m in una zona più temperata caratterizzata da un clima estivo più sopportabile e piovoso rispetto agli standard andalusi. Le colline ondulate di questa parte della Sierra Morena, separate da sinuose valli percorse da incantevoli corsi d'acqua, sono ricoperte da fitte foreste di querce da sughero, castagni e pini. Il panorama è magnifico, con impressionanti pareti rocciose, antichi e incantevoli villaggi di pietra e mattonelle e affollate città sede di mercato come Aracena, la 'capitale' della zona. Si tratta di un meraviglioso mondo rurale, in parte ancora inesplorato, attraversato da piacevoli sentieri per escursioni a piedi e in bicicletta, che vanta una ricca cucina di campagna a base di cacciagione, formaggi locali e ortaggi freschi, famosa soprattutto per il migliore *jamón serrano* di tutta la Spagna. Gran parte del territorio collinare si trova all'interno del **Parque Natural Sierra de Aracena y Picos de Aroche**, che si estende per 1840 kmq ed è la seconda area protetta più grande dell'Andalusia.

MINAS DE RIOTINTO

Pop. 4500 / alt. 420 m

Sul versante meridionale della Sierra Morena si trovano alcuni dei più antichi distretti minerari del mondo. Anche se oggi l'attività estrattiva è stata sospesa, questi luoghi non hanno perso il loro fascino grazie a un paesaggio molto caratteristico, segnato da grandi erosioni e affascinanti formazioni rocciose, a una storia avvincente, a un museo minerario e alla possibilità di visitare le vecchie miniere utilizzando il treno che le collegava. La località più importante di questa zona è Minas de Riotinto. Il Río Tinto, che nasce qualche chilometro a nord-est della città, deve il suo nome (fiume colorato) agli ossidi di rame e ferro disciolti nelle sue acque.

Secondo la leggenda queste miniere sarebbero quelle di re Salomone. In realtà i reperti che testimoniano l'estrazione del rame in questa regione sono molto più antichi in quanto risalgono al 3000 a.C. Nel IV secolo d.C. i romani sfruttavano in modo sistematico le miniere estraendone enormi quantità d'argento, vere e proprie montagne descritte dal poeta romano Rufio Festo Avieno, che le vide con i propri occhi scintillare al sole. Dopo la dominazione romana le miniere furono in gran parte abbandonate fino al 1873, quando un gruppo di investitori inglesi fondò la Rio Tinto Company per acquistarle dal governo spagnolo. La società trasformò questa zona in uno dei principali centri mondiali di estrazione del rame, deviando il corso di alcuni fiumi, spianando un'intera collina ricca di giacimenti metalliferi (Cerro Colorado) e fondando la città di Minas de Riotinto in sostituzione di un villaggio che venne demolito. Col tempo si formò un'enclave britannica, quasi una specie di distretto coloniale, dove la vita scorreva secondo le regole in vigore nel Regno Unito – tra le altre cose gli inglesi fondarono anche un football club, il primo in Spagna. Nel 1913 la Rio Tinto Company aveva alle sue dipendenze oltre 14.000 lavoratori, ma alla metà del XX secolo vendette le miniere alla Spagna. Seguì un periodo di crescita che portò la Rio Tinto a diventare una delle più grandi società minerarie del mondo. Tuttavia l'attività mineraria nel distretto di Minas de Riotinto, proprio dove la compagnia era nata, andò progressivamente scemando fino a cessare del tutto nel 2001.

Orientamento

Minas de Riotinto si trova sulla A461, 6 km a est della N435 Huelva-Jabugo. Per raggiungere il Museo Minero alla prima rotonda subito dopo essere entrati nel villaggio bisogna girare a destra e percorrere per circa 400 m una strada in salita. Gli autobus fermano in Plaza de El Minero, poco dopo la rotonda.

Che cosa vedere

I luoghi di interesse turistico sono gestiti dal **Parque Minero de Riotinto** (☎ 959 59 00 25; http://parqueminero deriotinto.sigadel.com; Plaza Ernest Lluch; ⌚ 10.30-15 e 16-19), con sede presso il ben segnalato Museo Minero, che vende i biglietti per il museo, la casa vittoriana, la Peña de Hierro e il Ferrocarril Turístico-Minero. Acquistando un biglietto cumulativo per queste quattro attrattive avrete diritto a un piccolo sconto. Per quanto riguarda gli orari conviene chiedere conferma in anticipo per telefono, soprattutto se si è interessati all'escursione in treno e alla Peña de Hierro.

L'affascinante **Museo Minero** (Plaza Ernest Lluch; interi/minori di 13 anni €4/3; ⌚ 10.30-15 e 16-19) offre l'opportunità di ripercorrere l'avvincente storia della regione del Riotinto, partendo dalle tombe megalitiche del III millennio a.C. e arrivando, attraverso il periodo della dominazione romana e della colonizzazione inglese, fino alla chiusura delle miniere avvenuta nel 2001. Le didascalie sono in inglese e spagnolo. Particolarmente affascinante è la ricostruzione di una miniera romana lunga 200 m con le ruote idrauliche utilizzate per drenare l'acqua. Camminare nelle strette gallerie procura una sgradevole sensazione di claustrofobia. I pannelli esplicativi situati lungo il percorso narrano la storia di un mondo da incubo in cui gli schiavi lavoravano in gallerie larghe appena un metro alla fievole luce delle lampade a olio. Tra questi disgraziati erano molti quelli che morivano nel giro di poche settimane a causa delle spaventose condizioni di lavoro. Nel museo è inoltre esposto un grande plastico della rete ferroviaria che collegava le varie miniere. Nel periodo di maggiore produzione ben 143 locomotive a vapore, quasi tutte di produzione britannica, correvano sbuffando su questi binari. Un posto d'onore è riservato al **Vagón del Maharajah**, una lussuosa carrozza ferroviaria costruita nel 1892 in occasione di un viaggio in India della regina Vittoria e, in seguito, utilizzata dal re Alfonso XIII per visitare le miniere.

Il biglietto del museo permette di entrare anche in una **casa vittoriana** nel **Barrio de Bella Vista**, un sobborgo costruito nel XIX secolo per alloggiare il personale inglese della Rio Tinto Company, dove si trovano una chiesa protestante e un 'English Club' in stile coloniale. La casa (Bella Vista 21) è accuratamente arredata con mobili e oggetti decorativi tipicamente coloniali. Il sobborgo, oggi abitato da spagnoli, situato accanto alla A461 di fronte al bivio per il centro, è visitabile anche se non si è acquistato il biglietto per entrare nella casa vittoriana al n. 21. L'English Club, che esiste ancora oggi, continua a essere assai esclusivo sebbene i suoi membri siano ormai in gran parte spagnoli. Dal 2001 sono state ammesse anche le donne.

Il modo più facile e piacevole per visitare le miniere (soprattutto se si viaggia con dei bambini) è quello di utilizzare il **Ferrocarril Turístico-Minero** (interi/bambini €10/9; ⌚ 13.30 dal 1° giugno al 15 luglio, 13.30 e 17 dal 16 luglio al 30 settembre, 16 sabato, domenica e festivi da ottobre a febbraio, 13 da lunedì a venerdì, 16 sabato, domenica e festivi da marzo a maggio). Si tratta di una linea ferroviaria lunga 22 km (andata e ritorno), che attraversa un paesaggio surreale, sulla quale sono in servizio carrozze ferroviarie dell'inizio del XX secolo accuratamente restaurate. Il viaggio parte dai Talleres Minas, le vecchie officine di riparazione delle locomotive situate 2,5 km a est di Minas de Riotinto, nelle immediate vicinanze della strada per Nerva. Il treno è trainato da una locomotiva diesel, tranne in alcune domeniche dell'anno quando è in servizio una vecchia locomotiva a vapore. È indispensabile prenotare in anticipo. Inoltre gli orari possono variare, soprattutto in inverno. Dovrete recarvi alla stazione con i vostri mezzi: per informazioni sui taxi rivolgetevi al museo.

L'altra visita organizzata dal Parque Minero è quella alle vecchie miniere di rame e zolfo di **Peña de Hierro** (interi/bambini €8/7). Queste miniere, circondate da uno stupefacente paesaggio collinare e boschivo, si trovano 4 km a nord di Nerva e 9 km a est di Minas de Riotinto. Durante l'escursione vedrete la sorgente del Río Tinto, una miniera a cielo aperto profonda 85 m, una galleria sotterranea lunga 200 m e il sito del progetto Marte (v. lettura in questa pagina). Queste visite possono essere effettuate tutti giorni con orari variabili ed è indispensabile prenotare.

Attualmente il Parque Minero non organizza visite alla **Corta Atalaya**, una delle più grandi miniere a cielo aperto del mondo, 1 km a ovest della città. Potrete comunque dare un'occhiata a questo impressionante buco nel terreno, lungo 1,2 km e profondo 335 m che ricorda un grande anfiteatro, se seguite il cartello 'Corta Atalaya' a sinistra entrando a Minas de Riotinto da sud-ovest.

L'ultima miniera a cessare l'attività fu la **Corta Cerro Colorado**, anch'essa a cielo aperto, circa 1 km a nord di Minas de Riotinto. C'è una piattaforma di osservazione sulla strada per Aracena, il Mirador Cerro Colorado, dove si può meditare sul fatto che nel 1968 il Cerro Colorado era ancora una collina.

IL PROGETTO MARTE

Durante le escursioni al Peña de Hierro vi sarà indicata l'area in cui, dal 2003, gli scienziati della NASA e del Centro de Astrobiología di Madrid stanno lavorando a un programma di ricerca noto come Marte (Mars Analog Research & Technology Experiment) avviato per cercare di capire se su Marte possano esserci forme di vita. Si pensa che l'elevata acidità riscontrata in questa zona, responsabile del colore del Río Tinto (l'ambiente acido favorisce i processi di ossidazione dei minerali ferrosi) sia dovuta alla presenza di microrganismi sotterranei paragonabili a quelli che secondo gli scienziati potrebbero essere presenti nelle viscere di Marte. Gli esperimenti volti a localizzare questi microrganismi fino a una profondità di 150 m servono anche per sviluppare tecniche e strumenti che saranno utili alla ricerca di simili forme di vita sotterranea sul pianeta rosso.

Pernottamento e pasti

A Minas de Riotinto c'è solo un *hostal*, ma a Nerva, un'altra ex città mineraria 5 km a est, si trovano buone possibilità di sistemazione.

La Estación (☎ 959 58 00 34; www.cnlaestacion.com; Carretera Nerva-Riotinto s/n, Nerva; letti in camerata con prima colazione minori/maggiori di 26 anni €12/15; P) Questo accogliente e pulitissimo ostello è situato nell'edificio del XIX secolo occupato in precedenza dalla stazione ferroviaria di Nerva. Fornisce molte informazioni di carattere locale.

Hostal Galán (☎ 959 59 08 40; www.hostalrestaurantegalan.com; Avenida La Esquila 10; singole/doppie €27/39; ❄) Situato dietro l'angolo del Museo Minero, il Galán offre camere semplici ma discrete e un comodo ristorante con un *menú* (menu a prezzo fisso) a pranzo o a cena a €8,50.

Hotel Vázquez Díaz (☎/fax 959 58 09 27; http://personal.telefonica.terra.es/web/hotelvazquezdiaz/; Calle Cañadilla 51, Nerva; singole/doppie €26/43; ❄) Questo albergo di Nerva, accogliente e ben gestito, offre camere discrete e un buon ristorante (*menú* €10).

Cafetería Época (☎ 959 59 20 76; Paseo de los Caracoles 6; portate principali €7/20; 🕑 8-23) Situato sulla strada che dalla A461 porta a Minas de Riotinto, questo locale moderno e luminoso ha un comodo caffè che offre un'ampia scelta di tapas e *raciones*, e un ristorante sul retro tappezzato di foto storiche.

Per/da Minas de Riotinto

Gli autobus della Damas collegano tutti i giorni Huelva a Minas de Riotinto (€5,50, 1 ora e mezzo, fino a sei al giorno) e alla vicina Nerva (€6, 1 ora e 45 minuti, fino a cinque al giorno), e viceversa. **Casal** (☎ 954 99 92 62 a Siviglia) ha tre autobus giornalieri da Siviglia (Plaza de Armas) a Nerva (€4, 1 ora e mezzo) e Minas de Riotinto (€4,50, 1 ora e 45 minuti).

Gli autobus della Damas partono da Minas de Riotinto diretti ad Aracena (€2,30, 1 ora) alle 16.35 (alle 11.05 la domenica) e alle 15.05 da lunedì a venerdì. Quest'ultima corsa passa per Nerva. Un autobus della Casal va da Nerva ad Aracena via Minas de Riotinto con partenza alle 5.45 da lunedì a sabato. Al ritorno, l'autobus della Casal lascia Aracena alle 17.15, mentre gli autobus della Damas partono da Aracena per Minas de Riotinto (ma non raggiungono Nerva) alle 7.45 (alle 18 la domenica) e alle 7 da lunedì a venerdì.

ARACENA

Pop. 7000 / alt. 730 m

Nel cuore della sierra sorge l'antica e prospera città di Aracena, sede di un famoso mercato, in splendida posizione ai piedi di un'altura su cui si ergono una chiesa medievale e un castello diroccato. Si tratta di una località ideale da cui partire per esplorare l'incantevole regione circostante.

Orientamento

La città è delimitata a sud dal Cerro del Castillo, la collina del castello, e a nord e a est dalla strada N433 che collega Siviglia con il Portogallo. Dalla piazza centrale, Plaza del Marqués de Aracena, la via principale, Avenida de los Infantes Don Carlos y Doña Luisa (nota più semplicemente come Gran Vía) si dirige verso ovest. La stazione degli autobus si trova in direzione sud-est, in Avenida de Sevilla.

Informazioni

Centro de Salud (☎ 959 12 62 56; Calle Zulema s/n) Consultorio medico situato di fronte alla stazione degli autobus.

Centro de Visitantes Cabildo Viejo (☎ 959 12 88 25; Plaza Alta 5; 🕑 10-14 e 16-18 da martedì a domenica da settembre a giugno, 10-14 e 18-20 da martedì a domenica luglio e agosto) Il principale centro di informazioni del Parque Natural Sierra de Aracena y Picos de Aroche.

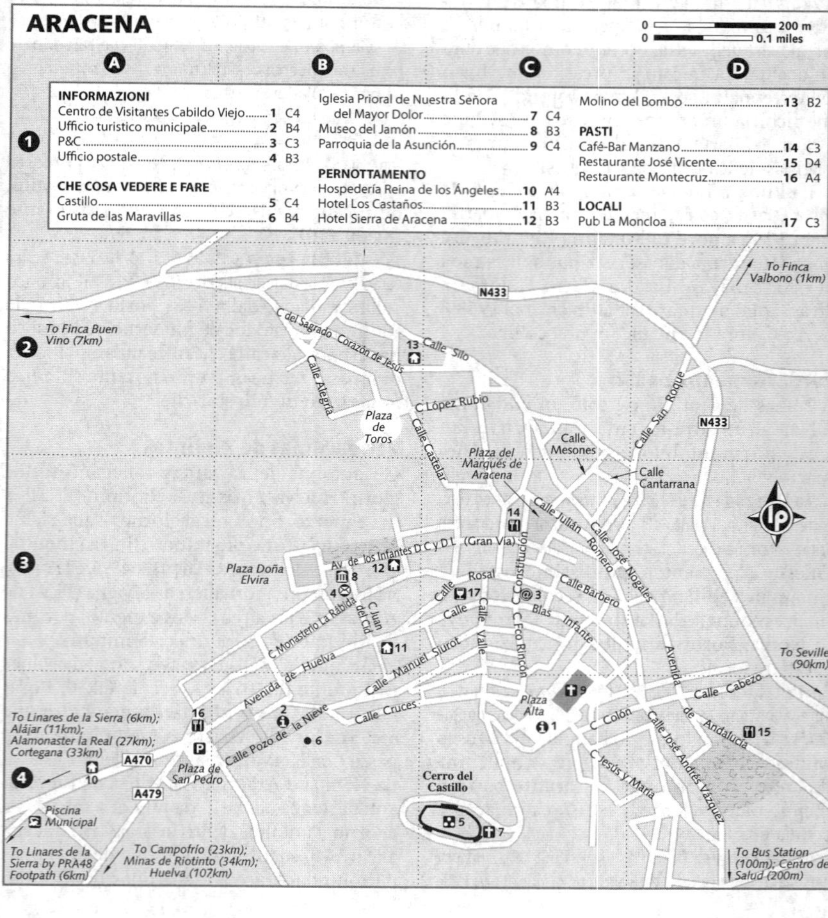

P&C (☎ 959 12 63 96; Calle Constitución 9; internet €2 l'ora; ⏲ 10-14 e 17-20.30 da lunedì a venerdì, 11-14 sabato)
Ufficio postale (☎ 959 12 81 52; Calle Juan del Cid 6; ⏲ 8.30-20.30 da lunedì a venerdì, 9.30-13 sabato)
Ufficio turistico municipale (☎ 959 12 82 06; Calle Pozo de la Nieve; ⏲ 10-14 e 16-18.30) Di fronte all'ingresso della Gruta de las Maravillas; vende alcune cartine della zona.

Che cosa vedere

Le rovine del **castillo**, un'antica fortezza situata in suggestiva posizione sulla cima di una scoscesa collina, dominano superbamente la cittadina. Il castello fu costruito dai portoghesi nel XIII secolo e ricostruito, probabilmente dai Cavalieri di Santiago, intorno al 1300. Subito accanto si erge l'**Iglesia Prioral de Nuestra Señora del Mayor Dolor** (ingresso libero; ⏲ 10.30-18), anch'essa realizzata intorno al 1300. La chiesa è una costruzione in stile gotico-mudejar con un interno caratterizzato da volte nervate e un gradevole esterno decorato con motivi ornamentali in mattoni. Il castello è raggiungibile tramite una ripida strada che parte dalla Plaza Alta, una bella piazza acciottolata un tempo centro della città, che inizialmente si sviluppò sotto il castello sulle pendici della collina. Nella piazza si trova il quattrocentesco **Cabildo Viejo** (vecchio municipio) che ospita il centro visitatori del parco naturale (v. p178). Di fronte è situata una gigantesca chiesa rinascimentale non terminata, la **Parroquia de la Asunción** (⏲ 7.30-20.30 da lunedì a sabato, 12-13 domenica).

Un labirinto di grotte e gallerie piene di stalattiti e stalagmiti occupa le viscere della collina del castello. La **Gruta de las Maravillas** (Grotta delle Meraviglie; ☎ 959 12 83 55; Calle Pozo de la Nieve; visita guidata interi/minori di 19 anni €8/5,50; ⏲ 10.30-13.30 e 15-18 solo visite guidate ogni ora da lunedì a venerdì, ogni mezz'ora sabato, domenica e festivi), che richiama circa 150.000 visitatori l'anno, è di fatto la principale attrattiva turistica di Aracena. Nel tratto di 1 km aperto al pubblico, utilizzato per girare alcune scene del film *Viaggio al centro della terra* (1959), si possono ammirare 12 sale, sei laghi e un'infinità di bizzarre e incredibili formazioni rocciose. Le luci colorate e la musica di sottofondo danno l'impressione di trovarsi sul set di un film spettrale. Si tratta di effetti un po' kitsch, che però contribuiscono ad aumentare il pathos di questo luogo. La visita (spiegazioni solo in spagnolo) si anima in modo particolare, con commenti piccanti e risatine, quando i gruppi entrano in quella che è stata giustamente battezzata la **Sala de los Culos**. Il numero dei partecipanti alle visite guidate è limitato a 35 persone per volta e i biglietti possono andare esauriti al pomeriggio e durante il fine settimana quando gli autobus scaricano in città centinaia di turisti.

Il *jamón ibérico* (prosciutto iberico) per il quale la Sierra de Aracena è famosa, ha ottenuto il giusto riconoscimento con la creazione di un nuovo **Museo del Jamón** (Museo del Prosciutto; ☎ 959 12 79 95; Gran Vía; visite guidate interi/minori di 19 anni €3/2; ⏲ visite guidate ogni 40 minuti 11.10-17.10; ♿). Il museo è accessibile solo con una visita guidata, perciò a meno che non conosciate lo spagnolo, vi conviene chiedere se c'è la possibilità di prendere parte a una visita guidata in un'altra lingua. Vi sarà spiegato perché i maiali iberici, nutriti a ghiande, producano una carne tanto saporita e perché le *dehesas* (pascoli di querce native) in cui vengono allevati siano così importanti. Inoltre vengono fornite notizie sui metodi moderni e tradizionali di macellazione dei maiali e sulla conservazione dei prosciutti. Il museo ha anche una sala dedicata ai *setas* (funghi selvatici), un'altra prelibatezza locale.

Attività

EQUITAZIONE

Per un'escursione a cavallo nell'incantevole campagna locale dirigetevi alle scuderie di **Finca Valbono** (☎ 959 12 77 11; www.fincavalbono.com; Carretera Carboneras Km 1; escursioni guidate €10 l'ora), 1 km a nord-est della città.

ESCURSIONI A PIEDI

Da Aracena partono molti **itinerari a piedi**. Un bel percorso circolare di circa 12 km è quello che inizia nella periferia occidentale di Aracena, esattamente tra la Piscina Municipal (piscina comunale) e la strada A470. Questo sentiero (v. cartina p181), il PRA48, che attraversa una serie di colline verdeggianti, raggiunge Linares de la Sierra (p182). Per ritornare si può utilizzare il PRA39, un sentiero meno impegnativo; dopo aver attraversato il ponticello in pietra che supera il fiume a valle di Linares, il sentiero prosegue intorno al Cerro de la Molinilla, supera le vecchie miniere di ferro per poi risalire verso Aracena con un percorso sassoso che sbuca sulla A479, nella zona sud-occidentale della città.

È possibile prolungare l'itinerario proseguendo per 4 km verso ovest lungo il sentiero

PRA38 che collega Linares con Alájar, passando per il paesino di Los Madroñeros. Su questo tratto si possono ammirare splendidi panorami. Per tornare ad Aracena da Alájar potete prendere l'autobus pomeridiano, in servizio tutti i giorni tranne la domenica (v. p181).

Feste e manifestazioni

La più importante manifestazione di Aracena è la **Feria del Jamón y del Cerdo Ibérico** (Fiera del prosciutto e del maiale iberico), che si tiene in un'area a sud del Cerro del Castillo per quattro giorni intorno al 20 di ottobre.

Pernottamento

Hospedería Reina de los Ángeles (☎ 959 12 83 67; www.hospederiareinadelosangeles; Avenida Reina de los Ángeles s/n; singole/doppie €23/38; 💻) Questa ex residenza per studenti fuori sede, trasformata in albergo nel 2005, offre 90 camere pulite e luminose con telefono, bagno, TV e un buon rapporto qualità-prezzo. C'è anche un caffè.

Molino del Bombo (☎ 959 12 84 78; www.molinodelbombo.com, in spagnolo; Calle Ancha 4; singole/doppie €23/45; ❄ 💻) Questo nuovo e accogliente *hostal* arredato con gusto in stile rustico, molto confortevole, sorge nei pressi della parte più alta della città. Caratterizzato da interni attraenti e da un'area soggiorno all'esterno, offre belle camere luminose decorate con piccoli affreschi, pietre e mattoni a vista. È disponibile la prima colazione.

Hotel Los Castaños (☎ 959 12 63 00; www.loscastanoshotel.com; Avenida de Huelva 5; singole/doppie €39/58; ❄) Anche se privo di particolari attrattive, questo albergo offre 33 camere spaziose, confortevoli e pulite, con TV e vasca da bagno e un buon rapporto qualità-prezzo. È disponibile anche la prima colazione.

Hotel Sierra de Aracena (☎ 959 12 61 75; www.hsierraaracena.es; Gran Vía 21; singole/doppie €43/59; ❄) Albergo affidabile restaurato da poco tempo. Le camere, molto spaziose, sono arredate con chintz, oggetti artistici e stampe floreali. Otto di esse godono della vista sul castello. Le più recenti, situate nell'attico e con il soffitto con travi a vista, sono molto graziose, ma costano da €10 a €15 in più.

Finca Valbono (☎ 959 12 77 11; www.fincavalbono.com; Carretera Carboneras Km 1; singole/doppie €73/89, appartamenti per 4 persone €150; P ❄ 💻 ♨ ♿) Questa ex fattoria situata 1 km a nord-est della città è senza dubbio l'albergo più attraete di Aracena. Le camere in stile rustico sono arredate con gusto e tutti gli appartamenti hanno il caminetto. Tra i servizi a disposizione dei clienti ci sono un bar, una piscina, scuderie e un buon ristorante a prezzi abbordabili (portate principali da €8 a €15) che propone piatti a base di funghi locali, specialità di carne ma anche pasta e pietanze vegetariane.

Pasti

Café-Bar Manzano (☎ 959 12 63 37; Plaza del Marqués de Aracena; tapas €1,80-3,50, raciones €9-18; 🕑 8-20 o più tardi da mercoledì a sabato e lunedì, 10-20 domenica) Caffè con terrazza in Plaza del Marqués de Aracena perfetto per godersi il viavai della gente gustando tapas di ogni tipo e *raciones,* tra cui molte a base di funghi selvatici.

Restaurante José Vicente (☎ 959 12 84 55; Avenida de Andalucía 53; menu di 3 portate €18; 🕑 13-16 e 21-23, chiuso domenica sera, l'ultima settimana di giugno e la prima di luglio) Questo ristorante, il migliore di Aracena, è il posto giusto in cui assaggiare le famose specialità della regione – il *jamón ibérico,* i funghi e le lumache. Il proprietario, esperto nella cucina della sierra, propone un *menú* a prezzo fisso (che include una bevanda) davvero eccellente. Il locale è piccolo, e quindi è consigliabile la prenotazione.

Restaurante Montecruz (☎ 959 12 60 13; Plaza de San Pedro; raciones €9-15, menú €15) Ci sono molti ristoranti e bar per turisti in Plaza de San Pedro e Calle Pozo de la Nieve nei pressi della Gruta de las Maravillas. Il Montecruz, decorato con teste di cervo e trecce d'aglio, offre piatti saporiti tipici della zona. State attenti ai camerieri che cercheranno di farvi scegliere i piatti più costosi.

Anche nella Gran Vía o in Avenida de Andalucía ci sono parecchi bar specializzati in tapas.

Locali

In Calle Rosal, una buia strada laterale tra la Gran Vía e Avenida de Huelva, ci sono alcuni bar che aprono intorno alle 22.30 e chiudono molto tardi. Chi desidera bere qualcosa in compagnia può dirigersi verso il simpatico Pub La Moncloa. In un angolo del locale c'è un bel pozzo del XVI secolo. D'estate resta aperto quasi tutte le sere fino alle 4 del mattino, mentre fuori stagione chiude intorno all'una e talvolta non apre affatto.

Per/da Aracena

Due autobus della **Casal** (☎ 954 99 92 62 a Siviglia) fanno servizio per/dalla stazione degli autobus di Siviglia Plaza de Armas tutti i giorni (€6, 1 ora e 15 minuti). Gli autobus della **Damas** (☎ 959 25 69 00 a Huelva) effettuano collegamenti per/da Huelva (€6, 2 ore e 15 minuti, uno o due al giorno). Da Aracena ci sono anche autobus per Minas de Riotinto (v. p177) e per i villaggi situati nella parte settentrionale della provincia di Huelva (p181); inoltre un autobus al giorno della Casal parte alle 10.30 per Rosal de la Frontera, appena prima del confine portoghese, da dove è possibile proseguire con autobus portoghesi (il viaggio da Aracena a Lisbona dura circa 9 ore e costa €16).

A OVEST DI ARACENA

A ovest di Aracena si apre inaspettatamente una delle regioni più belle dell'Andalusia, un paesaggio collinare a tratti severo a tratti rigoglioso di vegetazione, disseminato di antichi villaggi di pietra in cui il tempo sembra essersi fermato. Le valli sono per lo più ricoperte di boschi, ma sono presenti anche distese di *dehesa* – macchie di querce sempreverdi le cui ghiande servono da nutrimento per i famosi maiali neri tipici di questa zona. Una vasta rete di sentieri ben tenuti, che salgono e scendono dolcemente, offre l'opportunità di ammirare panorami sempre nuovi e di effettuare alcune delle passeggiate più belle dell'Andalusia. Quasi tutti i villaggi sono raggiunti da un servizio di autobus e in molti di essi si possono trovare sistemazioni e discreti ristoranti, ciò che rende agevole organizzare escursioni in giornata oppure itinerari di diversi giorni. È sempre consigliabile telefonare in anticipo per prenotare le camere.

Molti itinerari a piedi attraversano l'intero **Parque Natural Sierra de Aracena y Picos de Aroche**, in particolare nel tratto tra Aracena e Cortegana. Alcuni villaggi molto attraenti, come Alájar, Castaño del Robledo, Galaroza e Almonaster la Real sono buone basi dalle quali partire per esplorare il parco.

Cartine e guide

I sentieri non sono sempre adeguatamente segnati, perciò avrete bisogno di un'ottima cartina e di una buona guida escursionistica. In lingua inglese, la guida *Sierra de Aracena* e la cartina *Sierra de Aracena Tour & Trail Map* della Discovery Walking Guides sono indispensabili. Vengono vendute nella Posada di Alájar e nella Posada del Castaño di Castaño del Robledo, anche se sarebbe meglio acquistarle prima del vostro arrivo. Altre cartine discrete sono *Parque Natural Sierra de Aracena y Picos de Aroche* (in scala 1:75.000), edita dalla Junta de Andalucía, e quelle in scala 1:25.000 917-I *Galaroza*, 917-II *Cortelazor*, 917-III *Cortegana* e 917-IV *Aracena* edite da IGN. Vale anche la pena di procurarsi la cartoguida in spagnolo *Mapa Guía Sierra de Aracena y Picos de Aroche*.

Per/dalla regione a ovest di Aracena e trasporti locali

AUTOBUS

Gli autobus della **Casal** (☎ 954 99 92 62 a Siviglia) in partenza da Siviglia (Plaza de Armas)

raggiungono molti dei villaggi della zona via Aracena. Due autobus al giorno seguono la N433 per Galaroza (€1,40, 25 minuti da Aracena), Jabugo (€2, 35 minuti), Cortegana (€2,60, 50 minuti) e Aroche (€3,50, 1 ora e 15 minuti), mentre uno (solo da lunedì a sabato) percorre la A470 meridionale fino a Cortegana passando per Linares de la Sierra (€0,90, 15 minuti), Alájar (€1, 30 minuti) e Almonaster la Real (€1,90, 50 minuti). Inoltre due autobus al giorno (uno la domenica) viaggiano da Aracena a Cortegana lungo la N433 (uno prosegue fino ad Aroche tranne il sabato), e uno (solo da lunedì a sabato) va da Aracena a Cortegana e Aroche lungo la strada meridionale. Tutti questi autobus compiono anche il tragitto inverso per cui è possibile viaggiare a ovest e a est la mattina e il tardo pomeriggio di tutti i giorni sulla via settentrionale, mentre sulla strada meridionale si può andare verso ovest all'ora di pranzo e nel tardo pomeriggio e verso est la mattina presto e a metà pomeriggio (tranne domenica in nessuna delle due direzioni).

La **Damas** (☎ 959 25 69 00 a Huelva) ha un autobus che viaggia in entrambe le direzioni da lunedì a venerdì tra Huelva e Aroche (€7,50, 3 ore) via Almonaster la Real (€6,50, 2 ore e mezzo) e Cortegana (€7, 2 ore e 45 minuti), e un altro tra Huelva e Jabugo (€7, 2 ore e 45 minuti) e Galaroza (€7, 2 ore e 45 minuti). Quest'ultimo va anche a nord (ma non a sud) la domenica.

AUTOMOBILE E MOTOCICLETTA

La N433 che collega Aracena al Portogallo passa per Galaroza e Cortegana e nei pressi di Jabugo. Una strada più lenta ma più panoramica è la stretta e tortuosa A470, che attraversa Santa Ana la Real e Almonaster la Real (passando vicino a Linares de la Sierra e Alájar). Diverse strade e sentieri attraversano le colline della regione collegandole a queste due strade.

TRENO

Tutti i giorni ci sono due treni che viaggiano nelle due direzioni tra Huelva e le stazioni di Almonaster-Cortegana (€5,50, 2 ore e mezzo) e Jabugo-Galaroza (€6, 2 ore e 45 minuti). Entrambi terminano il loro tragitto più a nord, in Estremadura. La stazione di Almonaster-Cortegana si trova a 1 km dalla strada Almonaster-Cortegana, più o meno a metà strada tra i due villaggi. Quella di Jabugo-Galaroza è situata a El Repilado, sulla N433, 4 km a ovest di Jabugo

Linares de la Sierra

Pop. 300 / alt. 500 m

Nascosta al fondo di una valle fluviale 7 km a ovest di Aracena lungo la A470, Linares sembra appartenere a un'altra epoca. Strade acciottolate, una minuscola piazza con fondo in terra battuta in cui si svolgono le corride, uomini taciturni vestiti di nero, vicoli ciechi e un silenzio opprimente che sembra riempire le minuscole stradine, e tutt'intorno una vallata verdeggiante. A Linares non ci sono possibilità di pernottamento, ma c'è un ristorante famoso per la buona cucina, il **Restaurant Los Arrieros** (☎ 959 46 37 17; Calle Arrieros 2; portate principali €9-15; 🕑 pranzo, chiuso lunedì e da metà giugno a metà luglio), con una bella terrazza affacciata sulla valle d'estate e un piacevole camino acceso d'inverno. Serve piatti innovativi a base di maiale e funghi selvatici locali, come funghi caramellati nello sherry dolce. È il posto ideale in cui interrompere l'escursione a piedi da Aracena ad Alájar (v. p179), ma non dimenticate di prenotare un tavolo.

Alájar

Pop. 750 / alt. 570 m

Cinque chilometri a ovest di Linares de la Sierra si trova il villaggio più pittoresco della regione, Alájar. Più grande di Linares, conserva la fisionomia di un borgo antico grazie alle viuzze acciottolate e alle vecchie case in pietra raccolte intorno a una bella chiesa barocca. Dalla **Peña de Arias Montano**, la rocca che sovrasta il paese, si gode un magico panorama sul villaggio e i dintorni. Per raggiungerla seguite per 1 km la strada per Fuenteheridos. La cappella cinquecentesca situata sulla *peña*, l'**Ermita de Nuestra Señora Reina de los Ángeles** (🕑 11-tramonto), custodisce una statua della Vergine del XIII secolo considerata la patrona di tutta la Sierra de Aracena. La cappella è al centro della più importante festa religiosa della regione, la Romería de la Reina de los Ángeles (8 settembre), in occasione della quale fedeli provenienti da ogni parte della sierra e non solo la raggiungono per rendere omaggio alla Vergine.

La Peña de Arias Montano deve il suo nome a Benito Arias Montano, famoso erudita e umanista del XVI secolo che disegnò una delle prime mappe al mondo, imparò 11 lingue e fu confessore, consigliere e bi-

LA SCELTA DELL'AUTORE

Casa Padrino (☎ 959 12 56 01; Plaza Miguel Moya 2; portate principali €8-12; pranzo sabato e domenica, cena venerdì e sabato) Ex fattoria appartenente ad Arias Montano, Casa Padrino, subito dietro la chiesa di Alájar, serve eccellenti piatti che si ispirano alle vecchie ricette di questo villaggio all'interno di quella che era la cappella del complesso. Provate il *revuelto de hiervas del campo* (uova strapazzate con erbe selvatiche) o il *solomillo al romero* (lombo di maiale al rosmarino) – e non mancate di dare un'occhiata alla favolosa lista di vini spagnoli. Nel bar sul davanti potete anche gustare tapas.

bliotecario del potente re spagnolo Felipe II. In seguito Montano divenne parroco della vicina Castaño del Robledo. Sono numerose le persone che si fermano in questo luogo per riposare e meditare, sicuramente ispirati dalla vista magnifica. Si dice che Felipe II abbia visitato la *peña* e pregato nella grotta che si apre subito sotto il parcheggio. Fuori dalla cappella ci sono delle bancarelle che vendono formaggi locali, nonché l'**Arco de los Novios**, risalente al VI o al VII secolo. Secondo la leggenda le coppie che passano sotto questo 'arco dei fidanzati' sono destinate a sposarsi.

C'è una graziosa locanda, **La Posada** (☎ 959 12 57 12; laposadadealajar.com; Calle Médico Emilio González 2; singole/doppie con prima colazione €45/55), a breve distanza dalla centrale Plaza de España. Ha solo otto camere, una piccola ma fornita biblioteca di libri di viaggio e un ristorantino aperto solo per gli ospiti. La gentile coppia spagnolo-britannica che la gestisce ama camminare ed è disponibile a fornire qualsiasi informazione sulla zona. Su richiesta è anche in grado di organizzare escursioni guidate a piedi e passeggiate a cavallo.

In fondo a una bella valle, 1,5 km a ovest del villaggio, si trova l'eccellente **Molino Río Alájar** (☎ 959 13 13 08; www.molinorioalajar.com; Finca Cabeza del Molino; cottage per 2/4 persone a partire da €88/118; P). Si tratta di un gruppo di cottage per le vacanze in pietra, mattoni e mattonelle, accoglienti e confortevoli, gestito da olandesi. Ci sono anche una spaziosa area comune e una piscina, si possono noleggiare asini e il personale può fornire molte informazioni sui percorsi a piedi. Il periodo di soggiorno minimo in alta stagione è di sette notti, mentre negli altri periodi dell'anno di due.

L'ex cinema di Alájar è stato trasformato nella **Mesón El Corcho** (☎ 959 12 57 79; Plaza de España 3; portate principali €12-15), un vero e proprio tempio dedicato ai prodotti della sierra, in particolare ai formaggi locali e al cosciotto d'agnello stufato. Il design è estremamente curato, dal pavimento di pietra a mosaico alle stupefacenti sculture di sughero sul soffitto del bar.

Castaño del Robledo

Pop. 200 / alt. 740 m

Il piccolo villaggio di Castaño del Robledo, a nord di Alájar su una strada secondaria che corre tra Fuenteheridos e Jabugo, sta vivendo un periodo di rinascita grazie ai sivigliani che hanno deciso di acquistarvi una casa dove trascorrere il fine settimana. Il villaggio conserva un fascino quasi medievale, con le abitazioni dai tetti coperti di tegole che formano intricati disegni disposte intorno a due grandi chiese ciascuna delle quali potrebbe contenere l'intera popolazione del villaggio. Il nome dell'**Iglesia Inacabada** (Chiesa Incompleta), caratterizzata da una cupola di ferro, è di per sé esplicativo (i fondi terminarono nel 1793), mentre la turrita **Iglesia de Santiago El Mayor**, dove le cicogne locali amano fare il

LA SCELTA DELL'AUTORE

Uscendo dalla N433 subito a ovest del piccolo villaggio di Los Marines, a 7 km da Aracena, si incontra la **Finca Buen Vino** (☎ 959 12 40 34; www.fincabuenvino.com; Carretera N433 Km 95; a persona con prima colazione da ottobre ad aprile €60, da maggio a settembre €70, cottage a settimana bassa/alta stagione €500/1000; P), una via di mezzo tra una fattoria e una casa di campagna inglese, deliziosamente confortevole e accogliente. È un'ottima base per escursioni a piedi e per gustare cibo e vino di ottima qualità. La proprietaria della *finca*, l'eccellente chef Jeannie Chesterton, organizza corsi di cucina della durata di una settimana nei quali vi svelerà tutti i segreti per preparare una serie di piatti andalusi, mediterranei e marocchini. Le lezioni sono alternate a visite a caseifici e a salumifici locali, a negozi di alimentari, *bodegas* di sherry e ristoranti. I corsi, che si tengono tra ottobre e aprile, costano €1200 per sei notti tutto compreso.

nido, fondata da Arias Montano (v. p182) nel XVI secolo, fu ricostruita dopo il terremoto del 1755 che rase al suolo Lisbona con aggiunte barocche.

Castaño, situata in magnifica posizione, è attraversata da alcuni dei migliori percorsi a piedi della Sierra de Aracena (v. lettura p185). Agli escursionisti farà piacere sapere che in questo villaggio si trova la **Posada del Castaño** (☎ 959 46 55 02; www.posadadelcastano.com; Calle José Sánchez Calvo 33; singole/doppie con prima colazione €35/49), una vecchia casa trasformata in pensione rivolta soprattutto a chi ama camminare. I giovani proprietari inglesi (con una grande esperienza in fatto di viaggi internazionali) potranno fornire moltissime informazioni e consigli. Inoltre organizzano vacanze indipendenti per gli appassionati dell'escursionismo e dei trekking a cavallo (prenotabili sul loro sito internet).

Nell'ombreggiata Plaza del Álamo, dietro l'Iglesia de Santiago El Mayor, ci sono un paio di bar che servono da mangiare.

Galaroza

Pop. 1600 / alt. 550 m

Situata sulla N433, appena 1 km a nord-est di Jabugo, Galaroza è un grazioso villaggio raccolto intorno alla sua chiesa secentesca, l'**Iglesia de la Purísima Concepción**. È famosa per l'abbondanza d'acqua dei dintorni – noterete dappertutto sorgenti, fontane e canali – celebrata dagli abitanti del paese il 6 settembre in occasione della **Fiesta del Jarrito**, quando si gettano addosso secchi d'acqua.

Hostal Restaurante Toribio (☎ 959 12 30 73; www.hostaltoribio.com; Calle Iglesia 1; camere €42; ❄ 💻), subito dietro la chiesa, è stato da poco rinnovato e offre camere luminose e accoglienti decorate con piccoli e graziosi murales floreali. C'è anche un incantevole ristorante (portate principali da €6 a €15). **Finca La Suerte** (☎ 959 12 30 10; www.fincalasuerte.com; Carril Cuesta Palero) offre l'opportunità di montare bellissimi cavalli arabi accompagnati da guide accreditate dalla British Horse Society lungo i bei sentieri dei dintorni. Le escursioni vanno da un'ora a parecchi giorni.

Jabugo

Pop. 2500 / alt. 650 m

La cittadina di Jabugo è famosa in tutta la Spagna per il suo *jamón ibérico* e per il suo esclusivo sistema di classificazione dei prosciutti, cui conferisce da uno a cinque *jotas* (la lettera J) a seconda della qualità. Quelli con cinque J pare siano prodotti con carni di maiali nutriti esclusivamente con ghiande della sierra. Il centro abitato, circondato da moltissime fabbriche di prosciutti, non offre particolari attrattive, ma in fin dei conti la visita a Jabugo non ha obiettivi culturali o artistici, ma solo quello di assaggiare i prodotti tipici del luogo.

Una fila di bar e ristoranti in Carretera San Juan del Puerto, nella parte orientale del villaggio, accoglie i visitatori venuti per degustare il migliore *jamón* di tutta la Spagna. Alla **Mesón Cinco Jotas** (☎ 959 12 10 71; Carretera San Juan del Puerto; 🕑 9-21 da martedì a sabato, 9-16 domenica e lunedì), locale gestito dal produttore più importante della regione, Sánchez Romero Carvajal, una tapa con il prosciutto più pregiato, il *cinco jotas* (5 J), vi costerà €2,50, una *ración* €16, mentre un piatto di uova fritte con *cinco jotas* €10. Nei negozi come **de Jabugo la Cañada** (☎ 959 12 12 07; Carretera San Juan del Puerto 2) potrete acquistare salumi di qualsiasi tipo. La migliore qualità di *jamón* affettato costa circa €5 per 100 g, mentre per un intero prosciutto da 7 kg si paga da €150 a €250.

Almonaster la Real

Pop. 1800 / alt. 610 m

Almonaster la Real è una bella cittadina che ospita una delle gemme più preziose dell'architettura islamica, una piccola **mezquita** (ingresso libero; 🕑 circa 8.30-19) sulla cima di una collina raggiungibile dalla piazza principale con una passeggiata di cinque minuti. Questa moschea, costruita nel X secolo come versione in miniatura della grande moschea di Córdoba, è rimasta pressoché inalterata nel corso del tempo. Cristianizzata nel XIII secolo, conserva quasi tutte le caratteristiche e gli ornamentali originali: gli archi a ferro di cavallo, il mihrab semicircolare, la fontana per le abluzioni e diverse iscrizioni in arabo. I cristiani vi aggiunsero un'abside romanica all'estremità settentrionale, dove si trova un altare di epoca visigota decorato con bassorilievi raffiguranti una colomba e ali di angeli. Ancora più antichi – risalgono infatti al periodo romano – sono i capitelli delle colonne più vicine al mihrab. Il minareto originale, una torre a pianta quadrata, si erge accanto all'edificio principale. Si può salire fino alla camere superiore per dare un'occhiata all'**arena** del XIX secolo, dove nel mese di agosto si tiene una corrida – ma

DEVIAZIONE: ALÁJAR–CASTAÑO DEL ROBLEDO–GALAROZA

Questa bella escursione di un giorno, che rappresenta un'ottima introduzione alla Sierra de Aracena, collega tre dei più affascinanti villaggi della zona con un percorso a forma di otto che permette di modificare l'itinerario iniziando da uno qualunque dei tre villaggi oppure di percorrerlo solo in parte. L'escursione si svolge nella boscaglia, ma avrete anche la possibilità di godere della vista di splendidi panorami, dei meravigliosi fiori selvatici in primavera e della spettacolare Peña de Arias Montano. L'itinerario completo è percorribile in circa 5 ore e mezzo senza contare le eventuali fermate. I tratti più ripidi sono in discesa e ogni escursionista dotato di una modesta attrezzatura sarà in grado di affrontarli.

Lasciate Alájar (p182) imboccando il sentiero, segnalato sulla A470 all'estremità occidentale del villaggio, che porta a El Calabacino. Questo paese è una colonia internazionale di artisti hippy, e alcuni creativi cartelli realizzati dai suoi abitanti vi saranno utili durante il tragitto. Dopo avere attraversato un ruscello sopra un ponte di legno troverete una chiesetta a pianta quadrata di pietra e mattoni alla vostra destra; da qui il percorso inizia a salire in una foresta di querce da sughero, dove probabilmente sentirete i grugniti dei maiali iberici in cerca di ghiande. A dieci minuti dalla chiesetta il sentiero si biforca: andate a destra seguendo l'indicazione 'El Castaño'. Dopo altri 10 minuti attraversate il letto di un piccolo ruscello e seguite un sentiero segnato da un bollo di vernice gialla. Trascorsi altri 10 minuti il sentiero si trasforma in una carrareccia. Procedete per 15 minuti fino a giungere a un incrocio; continuate diritto e dopo tre minuti raggiungerete la sommità di una cresta da cui si vede Castaño del Robledo. Dopo 200 m imboccate il sentiero ombreggiato che va verso sinistra, indicato ancora una volta da bolli di vernice gialla. Trascorsi altri 10-15 minuti la strada inizia a scendere a sinistra e, passando tra alte querce da sughero, raggiunge Castaño del Robledo (p183).

Dopo esservi rinfrescati e avere visitato il villaggio, imboccate il sentiero che attraversa l'Área Recreativa Capilla del Cristo, sul lato nord della HV5211, la strada situata nella parte settentrionale di Castaño del Robledo. A sinistra vedrete ben presto Cortegana e Jabugo, poco prima di raggiungere la biforcazione a destra nei pressi di un albero dipinto con strisce gialle e bianche, a 15 minuti dall'*área recreativa*. Il sentiero inizia a scendere zigzagando. All'incrocio che incontrerete dopo 10 minuti continuate diritto. Alla successiva biforcazione, un minuto dopo, girate a destra (in cima al sentiero di sinistra si scorge un edificio di pietra in rovina). Dopo 10 minuti vedrete Galaroza, dalla quale vi separano alcune *fincas* (proprietà rurali) alla periferia del villaggio. Attraversate un fiumiciattolo passando sopra a un ponte pedonale e in tre minuti vi ritroverete sulla N433. Procedete a sinistra ed entrate a Galaroza (v. p184). Il sentiero da prendere per lasciare il villaggio (dopo esservi rinfrescati e avere dato un'occhiata in giro) si trova 700 m a ovest lungo la N433, segnato dal cartello 'Sendero Ribera del Jabugo'.

Un minuto dopo il cartello imboccate la strada a destra, quindi svoltate a sinistra dopo quattro o cinque minuti scendendo su un ponte pedonale che attraversa un piccolo fiume. Il sentiero ben presto inizia a risalire zigzagando nella valle del Río Jabugo, una zona molto suggestiva. Mezz'ora dopo aver attraversato il ponte pedonale raggiungerete una carrareccia segnalata dal cartello 'Camino de Jabugo a Galaroza'. Dirigetevi a destra, passando accanto a un paio di *cortijos* (proprietà rurali), e attraversate un fiume su un basso ponte. Svoltate a sinistra 50 m dopo il ponte, poi di nuovo a sinistra a un incrocio 30 m più avanti. Il percorso attraversa di nuovo il fiume per poi allontanarsene gradualmente. Dieci minuti dopo girate a sinistra nei pressi di una casa dal tetto di tegole rosse (Monte Blanco) e trascorsi altri 15 minuti (per lo più in salita) entrerete nuovamente a Castaño del Robledo, questa volta da ovest.

Per lasciare il villaggio ripercorrete il tragitto che avete compiuto arrivando da Alájar – Plaza del Álamoin, Calle Arias Montano, a destra nel primo vicolo acciottolato, nel querceto fino alla cresta e poi giù fino all'incrocio (30 minuti da Castaño del Robledo). Da qui svoltate a sinistra e attraversate il versante sud-occidentale del Castaño (960 m, la cima più alta della Sierra de Aracena). Il sentiero curva bruscamente a sinistra dopo 12-15 minuti. Dopo altri 300 m girate a destra in un sentiero che fiancheggia un muro di pietra, segnato con vernice gialla. Dopo 10 minuti di cammino a un nuovo bivio prendete il sentiero più piccolo che scende a destra, e dopo altri 20 minuti raggiungerete la Peña de Arias Montano (p182). Imboccate la strada lastricata che scende dalla collina, ma dopo 50 m girate a destra proseguendo, sempre in discesa, lungo un sentiero acciottolato. Dopo 10 minuti vi troverete su una strada: seguitela per 25 m, e poi svoltate a destra in un sentiero situato al di là di un varco nel muro. Un minuto o due più tardi incrocerete la A470 da dove potrete proseguire verso il centro di Alájar.

fate attenzione a non sporgervi dalle finestre prive di protezione.

L'**Iglesia de San Martín** (Placeta de San Cristóbal) è una chiesa mudejar con un portale cinquecentesco in stile manuelino portoghese di cui non esistono altri esempi nella regione.

Dalla cima del **Cerro de San Cristóbal** (915 m), raggiungibile da Almonaster percorrendo in automobile una strada in salita lunga 4 km, si apre un incantevole panorama che spazia in ogni direzione. Al tramonto è un luogo davvero magnifico.

Il primo fine settimana di maggio il villaggio ospita un festival chiamato **Cruz de Mayo**, un'occasione per vedere all'opera ballerini locali di fandango e per ammirare favolosi costumi tradizionali.

Hotel Casa García (☎ 959 14 31 09; www.hotelcasagarcia.com; Avenida San Martín 2; singole/doppie €37/53; P ❄) Piccolo albergo molto elegante con una grande terrazza ombreggiata situato all'ingresso del villaggio. Le camere sembrano uscire direttamente da una patinata rivista d'arredamento e alcune sono dotate di balconi. L'eccellente ristorante gode di un'ottima reputazione (portate principali da €8 a €14) grazie soprattutto alle specialità locali a base di carne (ma ci sono anche dei piatti vegetariani).

Pensión La Cruz (☎ 959 14 31 35; Plaza El Llano 8; singole/doppie €20/30) Questa *pensión*, situata in una graziosa piazzetta, dispone di alcune camere senza grosse pretese – sono però pulite e hanno la vasca da bagno – e di un bar-ristorante economico (*raciones* da €5 a €7).

Altri villaggi

Cortegana, 6 km a nord-ovest di Almonaster, produce gran parte dell'*anís* (liquore all'anice) consumato durante la fiesta di Almonaster. È dominata da un **castillo** (ingresso €1,30; 🕑 11-14 e 18-20 da martedì a domenica) del XIII secolo, che ospita un museo locale. Il momento migliore per visitare questo villaggio è in occasione delle **Jornadas Medievales**, una gigantesca fiesta che si svolge a metà di agosto durante la quale gli abitanti indossano costumi medievali, si abbandonano a grandi libagioni e baldorie, organizzano un mercato medievale, eseguono rappresentazioni di tornei, esibizioni di falconeria e gare di tiro con l'arco.

Aroche, 15 km a ovest di Cortegana, dista solo 30 km dal confine portoghese. È una grossa borgata molto accogliente attraversata da numerose stradine selciate. Il **castillo** (ingresso libero; 🕑 10-19 da venerdì a domenica) del XII secolo venne trasformato in un'arena nel XIX secolo. Sotto il castello si erge la grande **Iglesia de la Asunción** in cui si trovano alcune magnifiche opere della Roldana, la figlia del famoso scultore Pedro Roldán, e di Alonso Cano. L'altra grande attrattiva di Aroche è il **Museo del Santo Rosario** (Paseo Ordóñez Valdéz), dove è esposta una collezione formata da oltre mille rosari provenienti da tutto il mondo, alcuni donati da personaggi illustri come Madre Teresa, l'ex presidente degli Stati Uniti Richard Nixon e il generale Francisco Franco. Per visitare la chiesa, il museo e il castello fuori dell'orario di apertura, rivolgetevi alla **Casa Consistorial** (municipio; ☎ 959 14 02 01; Plaza Juan Carlos I; 🕑 9.30-13 da lunedì a venerdì). Nel **Centro Cultural Las Peñas** (Calle Real; tapas €1,20-1,60, raciones €8-11), affollato di uomini intenti a sorseggiare l'*anís*, si respira l'atmosfera tipica dei villaggi della Sierra de Aracena. Serve gustose tapas e *raciones*.

Provincia di Cadice

Viaggiando nella regione più meridionale della Spagna continentale, si ha l'impressione di essere stati catapultati in una terra remota e sconosciuta. È infatti difficile spiegare come sia possibile che un'area estesa per poco più di 100 km da nord a sud o da est a ovest possa vantare paesaggi così diversi. Tra le città Cadice (Cádiz in spagnolo), cosmopolita, colta e amante del divertimento, può sembrare un mondo a parte rispetto alla vicina Jerez de la Frontera, con i suoi quartieri eleganti e aristocratici, gli spettacoli di cavalli e le bodegas dello sherry, ma anche con i suoi rioni poveri e degradati, fucine dei più grandi artisti del flamenco; e nessuna di queste due città pare avere nulla in comune con Algeciras, concreta località portuale e industriale.

Altri straordinari contrasti sono quelli tra le affollate e pittoresche città del 'triangolo dello sherry' e le lunghe spiagge sabbiose della costa atlantica dove sorge Tarifa, la capitale internazionale del surf. Nell'entroterra salendo di quota le estese foreste di querce da sughero di Los Alcornocales cedono il posto alle selvagge montagne e ai piccoli villaggi imbiancati a calce della Sierra de Grazalema. Questa regione offre i posti migliori in Europa per il windsurf, magnifiche arrampicate, escursioni a cavallo e la possibilità di osservare alcuni degli uccelli più interessanti della Spagna. Anche le vestigia dell'affascinante passato della provincia, tra cui numerosi castelli costruiti sulle cime delle colline, magnifiche chiese, moschee medievali e molto altro ancora, offrono al viaggiatore stimoli sempre nuovi.

DA NON PERDERE

- Le fantastiche onde e la bella spiaggia di **Tarifa** (p233), ideale per il windsurf e il kitesurf
- L'antica città portuale di **Cadice** (p188), ricca di storia e di cultura, dove si svolge il più sfrenato **Carnaval** (p193) di tutta la Spagna
- **Jerez de la Frontera** (p207), patria dello sherry, dei cavalli, del flamenco e delle feste
- I bianchi villaggi, le aspre montagne e le gole popolate dagli avvoltoi del **Parque Natural Sierra de Grazalema** (p220)
- La **Costa de la Luz** (p225), con le sue lunghe spiagge di sabbia e i tranquilli villaggi costieri
- Le strade tortuose e i palazzi rinascimentali di **Arcos de la Frontera** (p216), appollaiata su un alto crinale

POPOLAZIONE: 1,18 MILIONI	MESE PIÙ FREDDO E PIÙ CALDO A CADICE: GEN/AGO 15°C/30°C	ALTITUDINE: 0 m-1654 m

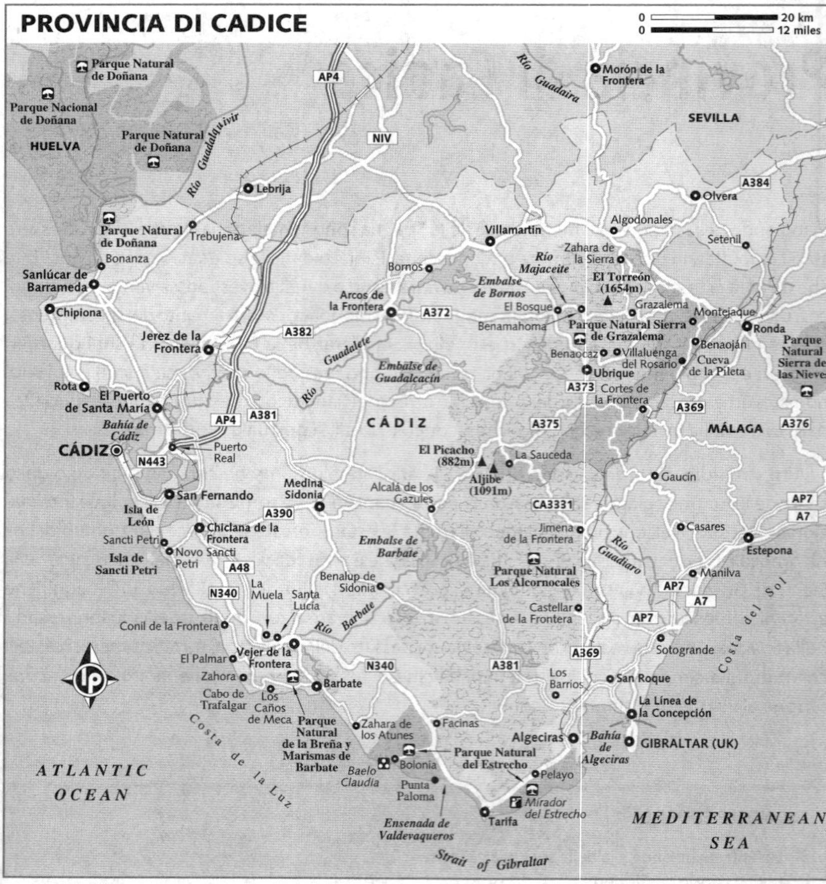

CADICE

Pop. 132.000

La città più densamente popolata della Spagna è raccolta all'estremità di un lungo promontorio simile a un'enorme nave affollata che naviga nell'oceano circondata dal mare e dall'odore dell'aria salmastra. Dopo aver superato le paludi costiere e la periferia industriale, si entra in un'elegante città portuale che risale in gran parte al XVIII e XIX secolo. Cadice, che vanta una storia lunga e affascinante, è ricca di interessanti monumenti e musei, ma offre anche bar eccezionali, alcuni ristoranti indimenticabili e una vivace vita notturna. Ciò che la rende davvero speciale sono però i suoi abitanti, chiamati *gaditanos*. Calorosi, estroversi, colti e dalla mentalità indipendente, hanno come primo pensiero quello di godersi la vita, cosa che sanno fare sia quotidianamente, quando bevono qualcosa in compagnia degli amici o prendono il fresco della notte nei torridi mesi estivi, sia nelle occasioni speciali, come durante il carnevale, uno dei più scatenati di tutta la Spagna.

STORIA

Cadice è forse la più antica città d'Europa. Fu fondata dai fenici, che la battezzarono Gadir, giunti su questa costa per barattare ambra baltica e stagno provieniente dall'Inghilterra con argento estratto in Spagna. Le testimonianze archeologiche dimostrano che Gadir esisteva sicuramente almeno a partire dall'VIII secolo a.C. In seguito divenne una base navale dei romani, che ne decantarono la cucina, i piaceri sensuali e la musica.

In epoca moderna, Cadice iniziò a fiorire con la scoperta dell'America nel 1492. Fu infatti da questo porto che Cristoforo Colombo salpò per il suo secondo e il suo quarto viaggio, dai quali ritornò carico di metalli preziosi e di tesori. La città attirava però anche i nemici della Spagna: nel 1587 l'inglese sir Francis Drake 'bruciò la barba al re di Spagna' con un'incursione nel porto che ritardò l'imminente partenza dell'Invencible Armada. Nel 1596 la città fu quasi interamente distrutta dalle fiamme durante un attacco anglo-olandese.

L'età dell'oro per Cadice giunse nel corso del XVIII secolo, quando si trovò a gestire il 75% del commercio spagnolo con le Americhe. Divenne la città più ricca e cosmopolita di tutta la Spagna e diede origine a una classe borghese progressista e liberale.

Durante la guerra d'indipendenza spagnola (nell'ambito delle guerre napoleoniche) Cadice fu sottoposta a un duro assedio da parte dell'esercito francese, al quale resistette per due anni. In città si costituì un parlamento nazionale, chiamato Cortes de Cádiz, formato da uomini di tendenze liberali, che nel 1812 avrebbe dato vita alla prima costituzione spagnola (nota come La Pepa), proclamando la sovranità del popolo.

La perdita delle colonie americane nel XIX secolo fece precipitare la città in una fase di profondo declino da cui sembra si stia risollevando solo oggi. La sua popolazione si è ridotta di 25.000 unità dal 1991, in parte a causa della disoccupazione dovuta alla crisi dei cantieri navali e della pesca e in parte al fatto che non vi sono più terreni edificabili. Il turismo gioca un ruolo importante nel programma varato dall'amministrazione locale per rilanciare la città, che prevede l'apertura al pubblico di un maggior numero di monumenti e interessanti progetti di restauro per restituire alla città vecchia il suo antico splendore.

ORIENTAMENTO

Il dedalo delle strette vie che formano la città vecchia è interrotto da numerose piazze. Le quattro più importanti ai fini dell'orientamento sono Plaza San Juan de Dios, Plaza de la Catedral e Plaza de Topete disposte ad arco verso sud-est, e Plaza de Mina a nord. Calle San Francisco è una via pedonale che copre quasi tutta la distanza tra Plaza San Juan de Dios e Plaza de Mina.

La stazione ferroviaria è situata a est della città vecchia, non lontano da Plaza de Sevilla, mentre l'autostazione principale (che serve gli autobus della linea Comes) si trova 900 m a nord in Plaza de la Hispanidad. Il porto più importante è collocato tra le due stazioni.

La Puerta de Tierra, che risale al XVIII secolo, segna il confine orientale della città. La Cadice moderna si estende lungo la penisola alle spalle di quella vecchia in direzione della città di San Fernando.

INFORMAZIONI

Troverete numerose banche e sportelli bancomat lungo Calle San Francisco e la parallela Avenida Ramón de Carranza.

Accesso a internet

Enred@2 (all'angolo tra Calle Isabel La Católica e Calle Antonio López; internet €1,50 l'ora; ⌚ 11-14, 17-22)
Lu@r (☎ 956 21 42 05; Plaza de Mina 4; internet €1,50 l'ora; ⌚ 10-23.30) Ci sono anche cabine telefoniche.

Emergenze

Ambulanze (☎ 061)
Hospital Puerta del Mar (☎ 956 00 21 00; Avenida Ana de Viya 21) L'ospedale principale, grande e moderno, è situato 2,25 km a sud-est della Puerta de Tierra.
Policía Nacional (Polizia nazionale; ☎ 091, 956 28 61 11; Avenida de Andalucía 28) Si trova 500 m a sud-est della Puerta de Tierra.

Informazioni turistiche

Ufficio turistico municipale ufficio principale (☎ 956 24 10 01; Plaza San Juan de Dios 11; ⌚ 9-14 e 16-19 da lunedì a venerdì da metà settembre a metà giugno, 9-14 e 17-20 da lunedì a venerdì da metà giugno a metà settembre); **chiosco informazioni** (Plaza San Juan de Dios; ⌚ 10-13.30 e 16-18.30 sabato, domenica e festivi da metà settembre a metà giugno, 10-14 e 17-19.30 sabato, domenica e festivi da metà giugno a metà settembre)
Ufficio turistico regionale (☎ 956 25 86 46; Avenida Ramón de Carranza s/n; ⌚ 9-19.30 da lunedì a venerdì, 10-14 sabato, domenica e festivi)

Librerie

QiQ (☎ 956 20 57 66; Calle San Francisco 31; ⌚ 9.30-14.30 e 17.30-21 da lunedì a venerdì, 10-14 e 17.30-21 sabato) Vende guide in diverse lingue e libri di interesse locale.

CADICE

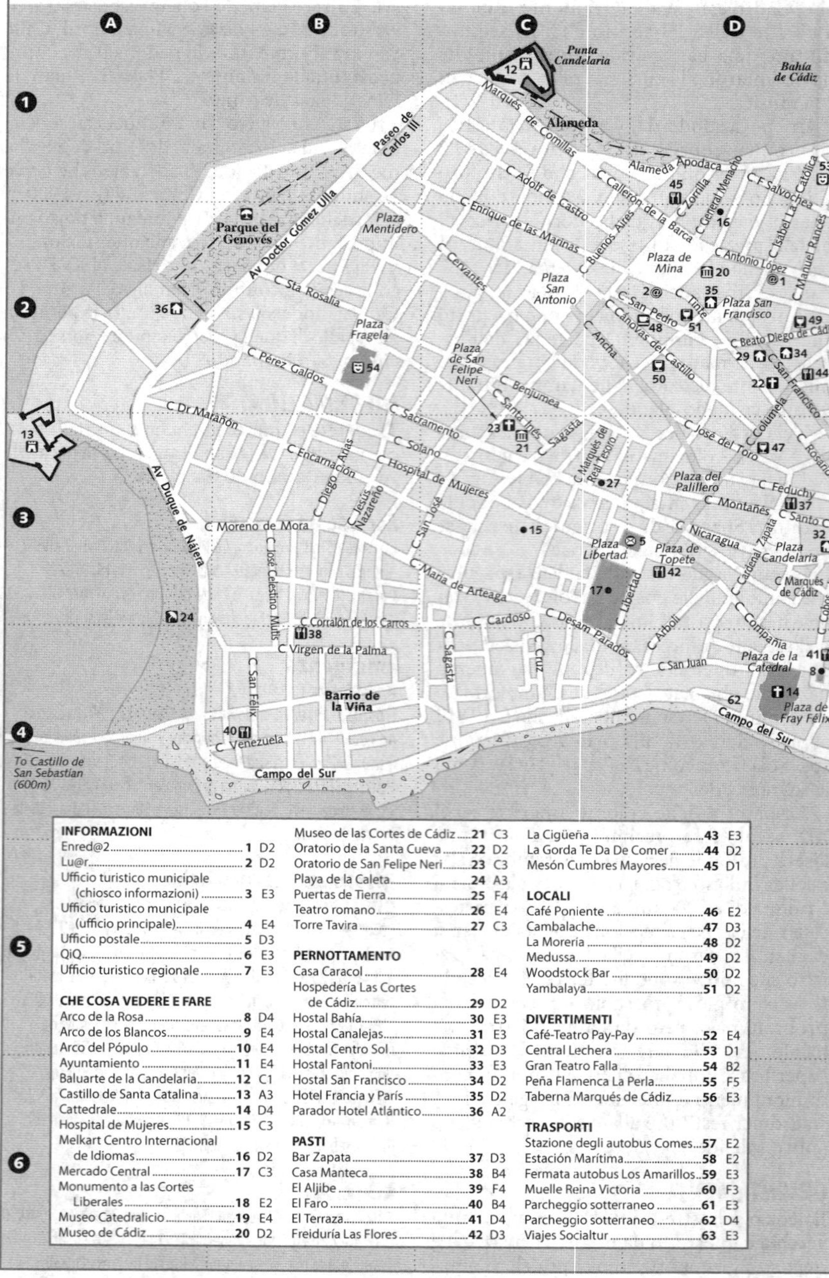

INFORMAZIONI
- Enred@2 — 1 D2
- Lu@r — 2 D2
- Ufficio turistico municipale (chiosco informazioni) — 3 E3
- Ufficio turistico municipale (ufficio principale) — 4 E4
- Ufficio postale — 5 D3
- QiQ — 6 E3
- Ufficio turistico regionale — 7 E3

CHE COSA VEDERE E FARE
- Arco de la Rosa — 8 D4
- Arco de los Blancos — 9 E4
- Arco del Pópulo — 10 E4
- Ayuntamiento — 11 E4
- Baluarte de la Candelaria — 12 C1
- Castillo de Santa Catalina — 13 A3
- Cattedrale — 14 D4
- Hospital de Mujeres — 15 C3
- Melkart Centro Internacional de Idiomas — 16 D2
- Mercado Central — 17 C3
- Monumento a las Cortes Liberales — 18 E2
- Museo Catedralicio — 19 E4
- Museo de Cádiz — 20 D2
- Museo de las Cortes de Cádiz — 21 C3
- Oratorio de la Santa Cueva — 22 D2
- Oratorio de San Felipe Neri — 23 C3
- Playa de la Caleta — 24 A3
- Puertas de Tierra — 25 F4
- Teatro romano — 26 E4
- Torre Tavira — 27 C3

PERNOTTAMENTO
- Casa Caracol — 28 E4
- Hospedería Las Cortes de Cádiz — 29 D2
- Hostal Bahía — 30 E3
- Hostal Canalejas — 31 E3
- Hostal Centro Sol — 32 D3
- Hostal Fantoni — 33 E3
- Hostal San Francisco — 34 D2
- Hotel Francia y París — 35 D2
- Parador Hotel Atlántico — 36 A2

PASTI
- Bar Zapata — 37 D3
- Casa Manteca — 38 B4
- El Aljibe — 39 F4
- El Faro — 40 B4
- El Terraza — 41 D4
- Freiduría Las Flores — 42 D3
- La Cigüeña — 43 E3
- La Gorda Te Da De Comer — 44 D2
- Mesón Cumbres Mayores — 45 D1

LOCALI
- Café Poniente — 46 E2
- Cambalache — 47 D3
- La Morería — 48 D2
- Medussa — 49 D2
- Woodstock Bar — 50 D2
- Yambalaya — 51 D2

DIVERTIMENTI
- Café-Teatro Pay-Pay — 52 E4
- Central Lechera — 53 D1
- Gran Teatro Falla — 54 B2
- Peña Flamenca La Perla — 55 F5
- Taberna Marqués de Cádiz — 56 E3

TRASPORTI
- Stazione degli autobus Comes — 57 E2
- Estación Marítima — 58 E2
- Fermata autobus Los Amarillos — 59 E3
- Muelle Reina Victoria — 60 F3
- Parcheggio sotterraneo — 61 E3
- Parcheggio sotterraneo — 62 D4
- Viajes Socialtur — 63 E3

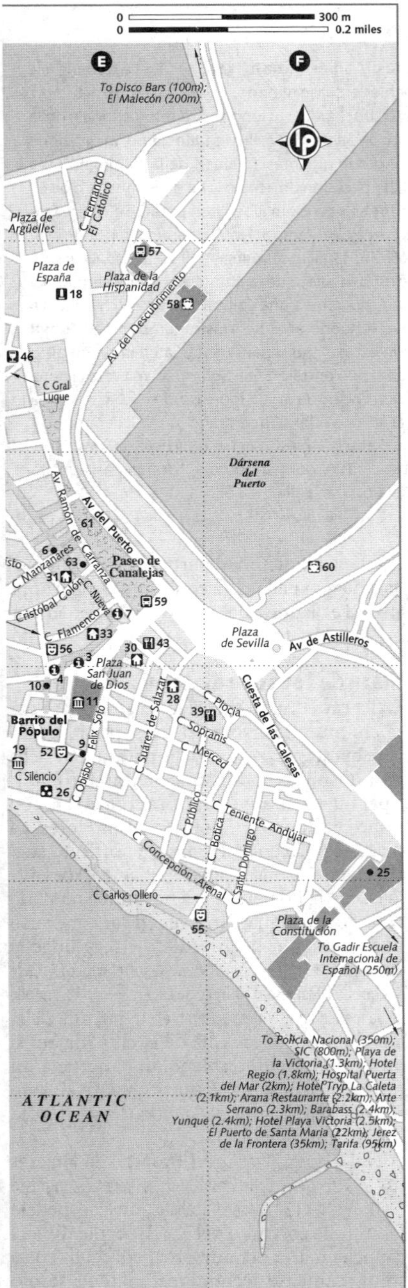

Posta

Ufficio postale (Plaza de Topete; ⏰ 8.30-20.30 da lunedì a venerdì, 9.30-14 sabato)

CHE COSA VEDERE

Le attrattive turistiche di Cadice sono sparse per la città vecchia. Le quattro piazze principali – Plaza San Juan de Dios, Plaza de la Catedral, Plaza de Topete e Plaza de Mina – sono dei punti di riferimento dai quali partire per esplorare la città.

Plaza San Juan de Dios e Barrio del Pópulo

L'ampia Plaza San Juan de Dios, circondata da caffè, è dominata dall'imponente costruzione neoclassica dell'**ayuntamiento** (municipio), realizzato intorno al 1800. Dietro l'*ayuntamiento* si estende il Barrio del Pópulo, un quartiere fortificato che costituiva il nucleo della Cadice medievale e che fu distrutto durante l'attacco anglo-olandese del 1596. I suoi confini sono ancora contrassegnati da tre porte d'ingresso ad arco del XIII secolo, l'**Arco de los Blancos**, l'**Arco de la Rosa** e l'**Arco del Pópulo**. Fino a poco tempo fa il Barrio del Pópulo era un quartiere degradato, ma recentemente è stato inserito nel programma volto a valorizzare la città: le sue vie, ripulite e pedonalizzate, sono oggi caratterizzate dalla presenza di numerosi negozi d'artigianato, gallerie d'arte e bar specializzati in tapas.

All'estremità del Barrio del Pópulo rivolta verso il mare si trovano gli scavi del **Teatro romano** (☎ 956 21 22 81; Campo del Sur s/n; ingresso libero; ⏰ 10-14), dove è possibile camminare lungo la galleria situata sotto le gradinate dei posti a sedere. I resti del palcoscenico sono ancora sepolti sotto gli edifici adiacenti.

Cattedrale e dintorni

La **cattedrale** (☎ 956 28 61 54; Plaza de la Catedral; interi/bambini €4/2,50; ⏰ 10-13.30 e 16.30-18.30 da martedì a venerdì, 10-13 sabato), riconoscibile per la sua cupola gialla, sorge su una bella e ampia piazza fiancheggiata da palme. La decisione di costruire una grande cattedrale fu presa nel 1716, quando venne ufficializzato il trasferimento da Siviglia a Cadice della Casa de la Contratación, che controllava il commercio spagnolo con le Americhe. Ci vollero però più di cento anni per completarla, e quando venne inaugurata, nel 1838, l'originario progetto barocco dell'architetto Vicente Acero era stato contaminato da numerosi

ITINERARIO A PIEDI SUL LUNGOMARE

Questo itinerario, che percorre un tratto del lungomare di Cadice, inizia in Plaza de Mina e termina alla cattedrale. Si tratta di una passeggiata di 4,5 km che richiede, come minimo, 1 ora e 15 minuti di tempo. Da Plaza de Mina dirigetevi verso nord. Dopo un isolato sbucherete sul lungomare settentrionale della città, dove la vista spazia dalla Bahía de Cádiz a El Puerto de Santa María. Proseguite quindi in direzione nord-ovest lungo i giardini dell'**Alameda** (dove ci sono due giganteschi alberi della gomma) fino a incontrare il bastione di **Baluarte de la Candelaria** (che occasionalmente ospita delle mostre d'arte). Da qui piegate verso sud-ovest fino al **Parque del Genovés**, con i suoi alberi ben potati. Se volete fare una sosta ristoratrice, nell'angolo sud-occidentale del parco c'è il Parador Hotel Atlántico (p195). Proseguite quindi fino al **Castillo de Santa Catalina** (☎ 956 22 63 33; ingresso libero; 🕑 10.30-18, fino alle 20 circa da maggio ad agosto), una fortezza a forma di stella costruita in difesa della città dopo il saccheggio del 1596 da parte delle truppe inglesi e olandesi. Al suo interno, oltre a una collezione storica che rievoca i legami tra Cadice e il mare, si trova una galleria dove vengono allestite mostre temporanee. **Playa de la Caleta** è una spiaggia di sabbia (affollatissima in estate) che separa Santa Catalina da un altro forte, il **Castillo de San Sebastián** del XVIII secolo. Non si può entrare a San Sebastián, ma vale la pena effettuare la passeggiata di 750 m lungo la strada rialzata che porta al suo ingresso. Se c'è bassa marea potete esplorare alcune delle pozze che si formano tra le rocce che si incontrano lungo il cammino. A questo punto piegate verso l'interno e dirigetevi al Barrio de la Viña, il vecchio quartiere dei pescatori, per gustare le tapas di El Faro (p196) o di Casa Manteca (p196) prima di seguire l'ampia passeggiata verso est lungo **Campo del Sur** fino alla cattedrale dalla cupola gialla.

elementi neoclassici (tra cui la cupola, le torri e la facciata principale). Inoltre la mancanza di fondi comportò un ridimensionamento delle dimensioni e della qualità della costruzione. La cattedrale rimane comunque un edificio bello e imponente, di grande effetto soprattutto di sera, quando è illuminato. Al suo interno l'elemento più insolito è la grande cripta circolare sotterranea costruita con pietre estratte dal fondo del mare. Tra i personaggi che vi sono sepolti c'è il compositore Manuel de Falla, originario di Cadice.

Dall'ingresso in Plaza de la Catedral si può salire sulla **Torre de Poniente** (Torre occidentale; ☎ 956 25 17 88; interi/bambini/anziani €3,50/2,50/2,50; 🕑 10-18, fino alle 20 dal 15 giugno al 15 settembre), che offre una vista straordinaria sulla città vecchia. Notate le numerose torri di guardia, erette nel XVIII secolo per permettere ai cittadini di controllare i movimenti delle navi senza dover uscire dai loro palazzi. All'epoca a Cadice c'erano almeno 160 torri di guardia, 127 delle quali sono ancora in piedi. Parecchie, trasformate in esclusive abitazione, sono state acquistate da ricchi sivigliani che si trasferiscono a Cadice per il fine settimana.

Con il biglietto della cattedrale di può visitare anche al vicino **Museo Catedralicio** (Museo della Cattedrale; ☎ 956 25 98 12; Plaza Fray Félix; 🕑 10-13.30 e 16.30-19 da martedì a venerdì, 10-13 sabato), dove è possibile osservare un tratto di una strada medievale, alcuni reperti che risalgono al saccheggio della città compiuto dalle truppe inglesi e olandesi nel 1596 e vari oggetti d'arte e d'artigianato.

Plaza de Topete e dintorni

Dalla cattedrale è sufficiente camminare per pochi minuti verso nord-ovest per raggiungere questa piazza, una delle più animate della città. Ospita coloratissime bancarelle di fiori e per questo motivo è tuttora conosciuta con il suo vecchio nome di Plaza de las Flores. La piazza è adiacente al grande e trafficato **Mercado Central** (Mercato centrale; 🕑 9.30-14 da lunedì a sabato), costruito nel 1837, il più antico mercato coperto di Spagna. Proseguendo ancora verso nord-ovest per pochi isolati si raggiunge la **Torre Tavira** (☎ 956 21 29 10; www.torretavira.com; Calle Marqués del Real Tesoro 10; ingresso €3,50; 🕑 10-18, fino alle 20 da metà giugno a metà settembre), la più alta delle antiche torri di guardia della città, da cui si può ammirare uno splendido panorama. In una camera oscura sono proiettate su uno schermo immagini della città (lo spettacolo inizia ogni mezz'ora).

Nei paraggi sorge l'**Hospital de Mujeres** (☎ 956 2236 47; Calle Hospital de Mujeres 26; ingresso €0,80; 🕑 10-13.30 da lunedì a sabato), un ex ospedale femminile costruito nel XVIII secolo. La sua cappella è uno dei numerosi edifici di culto sontuosamente decorati realizzati nel secolo d'oro di Cadice; al suo interno è conservato il dipinto di El Greco *Extasis de San Francisco* (San Francesco in estasi).

Leggermente a nord-ovest si trova il **Museo de las Cortes de Cádiz** (☎ 956 22 17 88; Calle Santa Inés 9; ingresso libero; 🕑 9-13 e 16-19 da martedì a venerdì da ottobre a maggio, 9-13 e 17-19 da martedì a venerdì da giugno a settembre, 9-13 sabato e domenica), ricchissimo di reperti relativi al parlamento di Cadice del 1812. Particolarmente interessante è il grande e particolareggiato plastico della città, realizzato in mogano e avorio per Carlo III tra il 1770 e il 1780. All'interno del museo si può visitare – gli orari di apertura sono gli stessi – il **Cádiz Virtual Siglo XVIII** (Cadice virtuale XVIII secolo; ☎ 956 27 20 62; www.cadiz-virtual.com; ingresso €6) dove, indossando un elmetto 'stereoscopico 3D', è possibile effettuare una visita guidata nella Cadice del XVIII secolo, esperienza artificiosa ma molto divertente. Proseguendo lungo Calle Santa Inés si sbuca in Plaza de San Felipe Neri, dove sorge la chiesa barocca in cui si riuniva il parlamento, l'**Oratorio de San Felipe Neri** (☎ 956 21 16 12; Plaza de San Felipe Neri; ingresso €2; 🕑 10-13.30 da lunedì a sabato). La chiesa ha un'insolita cupola ovale. Nel retablo dell'altare maggiore si può ammirare l'*Inmaculada*, un capolavoro dipinto da Murillo nel 1680.

Plaza de Mina e dintorni

Plaza de Mina, una delle piazze più grandi e ricche di verde di Cadice, ospita il museo più importante della città, il **Museo de Cádiz** (☎ 956 21 22 81; ingresso €1,50, cittadini UE gratuito; 🕑 14.30-20.30 martedì, 9-20.30 da mercoledì a sabato, 9.30-14.30 domenica). Le didascalie sono solo in spagnolo, ma esistono alcuni opuscoli in altre lingue. Le principali attrattive della sezione archeologica, situata al pianterreno, sono due sarcofagi fenici in marmo dalle sembianze umane. Notevoli sono anche alcuni stupendi gioielli, sempre di epoca fenicia, e reperti romani tra i quali spiccano oggetti in vetro e numerose statue prive di testa. Particolarmente interessante è la statua dell'imperatore Traiano, completa di testa, proveniente dalle rovine di Baelo Claudia (v. p232). La bella collezione d'arte al piano superiore comprende 18 superbe tele raffiguranti santi, angeli e monaci, realizzate da Francisco de Zurbarán quasi tutte tra il 1638 e il 1639 per la Cartuja (certosa) de Jerez. Il museo ospita inoltre la pala d'altare che costò la vita a Murillo. Nel 1682 questo famoso artista morì, infatti, per le ferite riportate cadendo da un'impalcatura mentre stava portando a termine quest'opera nella cappella del Convento de Capuchinas di Cadice.

L'**Oratorio de la Santa Cueva** (☎ 956 22 22 62; Calle Rosario 10; ingresso €2,50; 🕑 10-13 e 16.30-19.30 da martedì a venerdì da metà settembre a metà giugno, 10-13 e 17-20 da martedì a venerdì da metà giugno a metà settembre, 10-13 sabato e domenica), che sorge a breve distanza da Plaza de Mina, è una chiesa neoclassica che risale agli anni tra il 1780 e il 1790. La Capilla Alta (Cappella Alta), di forma slanciata e riccamente decorata, contiene tre eccezionali dipinti dell'inimitabile Francisco de Goya.

Spiagge

Nella parte vecchia della città c'è una piccola spiaggia, Playa de la Caleta (v. lettura p192), mentre davanti alla parte moderna di Cadice si stende **Playa de la Victoria**, una stupenda e ampia spiaggia di finissima sabbia lunga pressapoco 4 km che inizia circa 1,5 km dopo la Puerta de Tierra. La spiaggia ha conquistato la bandiera blu per la limpidezza delle acque e per i servizi offerti, e nei fine settimana estivi sembra che tutta Cadice si ritrovi qui. Dove termina la città, la spiaggia prosegue con il nome di **Playa de la Cortadura**, anch'essa insignita della bandiera blu. Potete raggiungere entrambe le spiagge con l'autobus n. 1 'Plaza España-Cortadura' in partenza da Plaza de España (€0,90).

CORSI

Grazie alle sue attrattive turistiche Cadice è sempre più spesso scelta da quanti desiderano studiare la lingua e la cultura spagnole. Tra le scuole che offrono questo tipo di corsi segnaliamo le seguenti:

Gadir Escuela Internacional de Español (☎ /fax 956 26 05 57; www.gadir.net; Calle Pérgolas 5) Scuola molto conosciuta situata un paio di isolati a sud-est della Puerta de Tierra.

Melkart Centro Internacional de Idiomas (☎ /fax 956 22 22 13; www.centromelkart.com; Calle General Menacho 7) Nella città vecchia.

SIC (☎ 956 25 27 24; www.spanishincadiz.com; Calle Condesa Villafuente Bermeja 7) Circa 1 km a sud-est della Puerta de Tierra, vicino alla spiaggia.

FESTE E MANIFESTAZIONI

Nessun'altra città spagnola celebra il **Carnaval** (www.carnavaldecadiz.com, in spagnolo) con la vivacità, la passione e l'umorismo di Cadice, dove si canta, si beve e si balla per dieci giorni di seguito. I festeggiamenti durano da un fine settimana all'altro (nel 2008 dal 31 gennaio al 10 febbraio). Per le strade si vedono moltissime maschere e il divertimento, favorito da un elevato consumo di alcol, è contagioso. Gruppi in costume chiamati *murgas* sfilano per le vie della città a piedi o su carri allegorici, eseguendo canzoncine satiriche o esibendosi in scenette comiche (purtroppo solo chi parla molto bene lo spagnolo sarà in grado di comprendere le battute al vetriolo per cui questi gruppi sono famosi). Oltre ai circa 300 *murgas* ufficialmente riconosciuti e giudicati da una giuria del Gran Teatro Falla, ci sono anche gli *ilegales* – praticamente qualsiasi gruppo che decida di scendere in strada proponendo canzoni o altre forme di spettacolo.

Le zone più animate sono il Barrio de la Viña, un quartiere operaio situato tra il Mercado Central e la Playa de la Caleta, e i dintorni di Calle Ancha e di Plaza de Topete, dove di solito si radunano gli *ilegales*. Vi consigliamo di indossare scarpe robuste, in quanto le strade sono disseminate di bottiglie in frantumi.

Chi desidera pernottare in città durante il periodo di Carnevale deve prenotare con mesi di anticipo. Una soluzione è dormire in una località non troppo distante da Cadice e raggiungere la città in serata, come fanno molte persone.

PERNOTTAMENTO

I prezzi riportati di seguito possono raddoppiare nel periodo di Carnevale. In alcuni posti le tariffe salgono anche in agosto, per poi ridiscendere, del 20-25%, dopo la conclusione della stagione estiva.

Prezzi economici

Parecchie sistemazioni economiche sono situate nella città vecchia.

Casa Caracol (☎ 956 26 11 66; www.caracolcasa.com; Calle Suárez de Salazar 4; letti in camerata/doppie con prima colazione €15/28; 💻) Questo accogliente e affollato ostello frequentato soprattutto da viaggiatori zaino in spalla è la scelta migliore per tutti coloro che dispongono di mezzi economici limitati. Offre camerate con letti a castello in grado di ospitare da quattro a otto persone, una cucina comune, accesso a internet gratuito e una terrazza sul tetto con alcune amache dove è possibile dormire sotto le stelle (€10). Non ci sono insegne all'esterno: cercate la porta blu.

Hostal San Francisco (☎ 956 22 18 42; Calle San Francisco 12; doppie €49, singole/doppie con bagno in comune €24/38) In ottima posizione quasi nel cuore della città vecchia, il San Francisco offre camere ben tenute anche se non molto grandi arredate con mobili di pino. Alcune hanno scarsa luce naturale. Si possono anche noleggiare biciclette a €10 al giorno.

Hostal Centro Sol (☎/fax 956 28 31 03; www.hostalcentrosolcadiz.com; Calle Manzanares 7; singole/doppie €45/54) Questo *hostal* accogliente e ben tenuto, situato in un'elegante casa del XIX secolo, offre piccole camere piuttosto semplici. Le stanze, dotate di TV, sono arredate con mobili di legno di periodi diversi. È possibile consumare la prima colazione e i proprietari parlano francese.

Hostal Fantoni (☎ 956 28 27 04; www.hostalfantoni.net; Calle Flamenco 5; singole/doppie €45/60, con bagno in comune €35/40; ❄) Accogliente pensione da poco rimodernata sistemata in una casa del XVIII secolo. Dispone di una decina di camere, molto pulite, decorate nei toni dell'azzurro e del bianco. La terrazza sul tetto, dove in estate è possibile prendere il fresco, offre una vista fantastica.

Prezzi medi

Hostal Canalejas (☎/fax 956 26 41 13; Calle Cristóbal Colón 5; singole/doppie €48/66; ❄) Questo nuovo *hostal*, situato nella città vecchia, è eccellente. Offre camere accoglienti e confortevoli, con uno o due letti, arredate con mobili di pino. Nei bagni c'è una piccola vasca.

Hostal Bahía (☎ 956 25 90 61; hostalbahia@terra.es; Calle Plocia 5; singole/doppie €56/70; ❄) Situato in comoda posizione a due passi da Plaza San Juan de Dios, l'Hostal Bahía dispone di 21 camere, tutte con vista sulla città, ordinate e pulitissime, dotate di telefono e TV. Offre il migliore rapporto qualità-prezzo tra gli alberghi della sua categoria, pertanto conviene prenotare in anticipo per avere la certezza di trovare posto.

Hotel Francia y París (☎ 956 21 23 19; www.hotelfrancia.com, in spagnolo; Plaza San Francisco 6; singole/doppie €66/82; ❄ 💻) Situato in ottima posizione in una piazza della città vecchia, questo albergo è un po' più grande del precedente (57 camere), ma le sue stanze, seppure abbastanza confortevoli, sono piuttosto anonime e prive d'atmosfera. È possibile consumare la prima colazione.

Hotel Regio (☎ 956 27 93 31; www.hotelregiocadiz.com, in spagnolo; Avenida Ana de Viya 11; singole/doppie con prima colazione €59/97; P ❄ 💻) Raggiungibile da Playa de la Victoria con una camminata di pochi minuti, l'Hotel Regio offre camere con balcone accoglienti e confortevoli e un discreto caffè.

Hospedería Las Cortes de Cádiz (☎ 956 21 26 68; www.hotellascortes.com, in spagnolo; Calle San Francisco 9; singole/doppie con prima colazione €70/102; P ❄ 💻 ♿) Questo eccellente albergo situato nella città vecchia occupa una residenza costruita tra il 1850 e il 1860, completamente ristrutturata, caratterizzata da un elegante cortile interno sul quale si affacciano i ballatoi che danno accesso ai suoi quattro piani. Dispone di 36 camere molto raffinate, ciascuna delle quali porta il nome di un personaggio o di un luogo collegato alle Cortes de Cádiz, arredate con pregevoli mobili d'epoca e dotate di tutti i moderni comfort. Tre singole sono attrezzate per i disabili. Inoltre c'è una terrazza sul tetto, una palestra e una vasca idromassaggio Jacuzzi.

Prezzi elevati

Parador Hotel Atlántico (☎ 956 22 69 05; www.parador.es; Avenida Duque de Nájera 9; singole/doppie €103/129; P ❄ 💻 🏊 ♿) Il parador di Cadice è ospitato in un orribile edificio di cemento color marrone. Le comodità, gli spazi e i servizi sono però all'altezza di quelli offerti dagli alberghi delle catene di lusso. Tutte le camere hanno una terrazza privata con vista sul mare (le migliori sono quelle situate nella parte anteriore). La piscina, circondata dall'erba, è affacciata sull'oceano.

Hotel Tryp La Caleta (☎ 956 27 94 11; www.solmelia.com; Avenida Amílcar Barca 47; camere €144; P ❄ 💻) Questo albergo, che dispone di 143 camere di lusso metà delle quali con vista su Playa de la Victoria, è situato a 2,2 km dalla Puerta de Tierra. Chiedete informazioni sui pacchetti per i weekend.

Hotel Playa Victoria (☎ 956 20 51 00; www.palafoxhoteles.com; Glorieta Ingeniero La Cierva 4; singole/doppie a partire da €125/156, con vista sull'oceano a partire da €145/176; P ❄ 💻 🏊) Questo albergo di classe, che dista 2,6 km dalla Puerta de Tierra, è il migliore tra quelli costruiti su Playa Victoria. Le sue 188 camere, molto eleganti, hanno balconi che assomigliano a onde dell'oceano. Chiedete una stanza con vista sull'Atlantico se non volete finire in una di quelle rivolte verso la città. In bassa stagione vengono talvolta offerti pacchetti scontati per il fine settimana.

PASTI

Nella parte vecchia di Cadice si trova forse la più grande concentrazione di bar di tapas di tutta la Spagna: in ogni isolato pare ve ne sia almeno un paio. Chi ama cenare comodamente seduto può scegliere tra diversi buoni ristoranti, il cui numero è in continuo aumento.

Dintorni di Plaza San Juan de Dios

La Cigüeña (☎ 956 25 01 79; Calle Plocia 2; portate principali €13-16; 🕑 chiuso domenica) Situato a due passi da Plaza San Juan de Dios, 'La cicogna' ha uno chef olandese che prepara specialità eccellenti e fantasiose. Il personale è cordiale e l'atmosfera rilassata.

Dintorni di Plaza de Mina e Plaza San Antonio

La Gorda Te Da De Comer (Calle General Luque 1; tapas €1,60, raciones €5; 🕑 21-23.30 lunedì, 13.30-16 e 21-23.30 da martedì a sabato) Serve piatti incredibilmente gustosi a prezzi incredibilmente bassi in un ambiente che si ispira alla pop art. Non c'è da meravigliarsi se i clienti si contendono i pochi tavoli a disposizione: arrivate 10 minuti prima dell'apertura per evitare di dovere attendere a lungo. Provate le listarelle di pollo al curry con salsa Marie-Rose, le melanzane fritte con miele e un'altra decina di prelibate e fantasiose specialità.

Mesón Cumbres Mayores (☎ 956 21 32 70; Calle Zorrilla 4; tapas €1,50-2, portate principali €7-17) Questo locale sempre affollato, dal cui soffitto pendono prosciutti e trecce d'aglio, dispone di un eccellente bar di tapas sul davanti e di un ristorantino sul retro. Entrambi servono piatti deliziosi a prezzi ragionevoli. Al bar scegliete gli ottimi *montaditos* (panini) con prosciutto e formaggio, davvero imbattibili. Il ristorante offre grandiose insalate, piatti di pesce, carne alla griglia e *guisos* (stufati).

Dintorni di Plaza de Topete e Plaza de la Catedral

Freiduría Las Flores (☎ 956 22 61 12; Plaza de Topete 4; porzione di pesce da 250 g €2,50-8) Gli abitanti di Cadice hanno una passione smodata per il pesce fritto e Las Flores, una specie di dignitosa friggitoria, è uno dei posti migliori in cui gustarlo. Si ordina a peso. Se volete provare un assortimento di vari pesci, chiedete un *surtido* (fritto misto).

Bar Zapata (Plaza Candelaria; montaditos €1,50-2, raciones €6-10) In questo bar di tapas, molto frequentato ma piuttosto angusto, situato all'angolo della strada, la coda spesso arriva fin sulla porta e oltre. Gli squisiti *montaditos* sono la specialità della casa, e la musica jazz/rock/blues in sottofondo contribuisce a rendere l'atmosfera ancora più piacevole.

El Terraza (Bar Pelayo; ☎ 956 28 26 05; Plaza de la Catedral 3; raciones €8-18) Questo locale, il più vecchio della piazza, continua a essere il migliore. Serve eccellenti piatti di pesce e di carne proveniente dalle colline dell'Andalusia.

Barrio de la Viña

Casa Manteca (☎ 956 21 36 03; Calle Corralón de los Carros 66; tapas €1,20-1,60; chiuso domenica sera e lunedì) Situato nella zona del quartiere dove i festeggiamenti per il carnevale sono più sfrenati, Casa Manteca, le cui pareti sono tappezzate di oggetti legati al flamenco, alla corrida e al carnevale, è inevitabilmente il bar più animato del barrio. Chiedete al cordiale personale una tapa con *chicharrones*, maiale pressato condito con una spruzzata di limone, incredibilmente appetitoso, servito su un tovagliolo di carta.

El Faro (☎ 956 22 99 16; Calle San Félix 15; raciones e portate principali €6-22) Situato nel vecchio quartiere di pescatori di La Viña, vicino a Playa de la Caleta, El Faro è il più famoso ristorante di pesce di Cadice. Potete sedervi al ristorante, decorato con graziose ceramiche, oppure cercare posto nell'adiacente bar di tapas, frequentato soprattutto dagli abitanti della città Si mangia benissimo sia al ristorante sia al bar, ma in quest'ultimo i prezzi sono più abbordabili.

PROVINCIA DI CADICE

LA SCELTA DELL'AUTORE

El Aljibe (☎ 956 26 66 56; www.pablogrosso.com; Calle Plocia 25; tapas €2,50-4, portate principali €10-15) Questo locale, che ospita un raffinato ristorante al piano superiore e un confortevole bar specializzato in tapas al pianterreno, è uno dei migliori della città, qualunque cosa desideriate mangiare. Il menu, studiato dallo chef *gaditano* Pablo Grosso, è una gustosa combinazione di tradizione e innovazione – *solomillo ibérico* (lombata di maiale iberico) con formaggio Emmentaler, prosciutto e peperoni piccanti, cuscus con uvetta e vino, e halibut ripieno di frutti di mare avvolto nella pasta sfoglia sono alcune delle appetitose pietanze tra le quali scegliere.

Playa de la Victoria

Lungo Paseo Marítimo, di fronte alla spiaggia, ci sono moltissimi ristoranti. I due citati di seguito, entrambi ottimi, con *terrazas* sul davanti, si trovano tra gli alberghi Playa Victoria e Tryp La Caleta.

Arana Restaurante (☎ 956 20 50 90; Paseo Marítimo 1; portate principali €9-16) Specialità andaluse a base di carne e pesce (come entrecôte al Pedro Ximénez, un vino dolce, o rana pescatrice in salsa al vino bianco) servite in un ambiente elegante e moderno.

Arte Serrano (☎ 956 27 72 58; Paseo Marítimo 2; portate principali €9-18) È specializzato in piatti di carne proveniente dalle colline dell'Andalusia.

LOCALI

A Cadice troverete bar affascinanti praticamente a ogni angolo, dai vecchi locali con le pareti rivestite di piastrelle dove qualche abitante del luogo siede a chiacchierare davanti a un bicchiere di *vino tinto* (vino rosso) ai raffinati music bar frequentati da una clientela giovane e alla moda. Plaza San Francisco, Plaza de España e Plaza de Mina sono il cuore della vita notturna. Quasi tutti i locali si animano a partire dalle 23 o dalla mezzanotte, ma la situazione è in genere abbastanza tranquilla nei primi giorni della settimana.

Medussa (all'angolo tra Calle Manuel Rancés e Calle Beato Diego de Cádiz) È il numero uno tra i locali notturni frequentati dagli studenti e da coloro che prediligono posti alternativi. Le pareti dipinte di rosso e i neon che emettono una luce fluorescente verde limone donano al locale un'atmosfera particolare. Il compito di animare le serate è affidato a diversi DJ e talvolta a gruppi che suonano musica dal vivo – garage, rock-groove, punk, ska e reggae.

Cambalache (Calle José del Toro 20; chiuso domenica) Questo bar lungo e buio, dove si ascolta jazz e blues, spesso organizza il giovedì verso le 22.30 concerti di musica dal vivo.

Woodstock Bar (☎ 956 21 21 63; all'angolo tra Calle Sagasta e Calle Cánovas del Castillo) Il Woodstock offre una buona selezione di birre straniere alla spina e in bottiglia e molta musica rock alla TV.

Café Poniente (☎ 956 21 26 97; Calle Beato Diego de Cádiz 18; chiuso domenica e lunedì) Bar dalla clientela eterogenea (gay e non) che propone house-music, cameriere in canottiera (o in topless) e spettacoli di travestiti il giovedì.

Yambalaya (Calle Sagasta 3; 🕐 8-24 da lunedì a venerdì, 16-24 sabato e domenica) Bar-caffetteria dagli alti soffitti decorato con un vasto assortimento di manufatti etnici. Si tratta di un locale grazioso dove è possibile fermarsi a bere a qualsiasi ora della giornata. Offre il collegamento a internet a €1 per 25 minuti.

La Morería (Calle San Pedro 5; 🕐 16-24 da domenica a giovedì, 16-3 venerdì e sabato) Se amate il tè, recatevi in questa fantastica sala marocchina che ne serve infinite varianti in teiere d'argento.

D'estate la vita notturna si sposta vicino alla spiaggia nella zona attorno all'Hotel Playa Victoria. Lungo Paseo Marítimo e nei pressi di Calle General Muñoz Arenillas si trovano animati music bar. I due più alla moda sono **Barabass** (☎ 856 07 90 26; www.barabasscadiz.com; Calle General Muñoz Arenillas 4-6; ingresso con consumazione €8; 🕐 16-6), con una scintillante lounge e DJ che cambiano ogni sera, e **Yunque** (Calle General Muñoz Arenillas 5; 🕐 22-fino a tardi), luogo di ritrovo della *'gente guapa'* (bella gente). Una corsa in taxi dalla città vecchia costa €5.

DIVERTIMENTI

Cadice offre numerose opportunità di divertimento. Negli uffici turistici vengono distribuiti opuscoli che aiutano a decidere cosa fare.

Peña Flamenca La Perla (☎ 956 25 91 01; Calle Carlos Ollero s/n; ingresso libero) A Cadice è possibile assistere a esibizioni di autentico flamenco. Questo locale notturno simile a una grotta, molto ricco d'atmosfera, organizza affascinanti spettacoli quasi tutti i venerdì alle 22 in primavera ed estate.

Gran Teatro Falla (☎ 956 22 08 34; Plaza de Falla) Il principale teatro della città, situato in un edificio di mattoni rosa in stile neoarabo, mette in scena un ricco programma di spettacoli di prosa, danza e musica.

Central Lechera (☎ 956 22 06 28; Plaza de Argüelles) Il Central Lechera, un po' più piccolo del teatro precedente, propone spettacoli di musica, danza e prosa decisamente più sperimentali.

Café-Teatro Pay-Pay (☎ 956 25 25 43; Calle Silencio 1; ingresso libero; 🕐 22.30 o 23 da mercoledì a sabato) Bar-caffetteria nel Barrio del Pópulo che ospita spettacoli di flamenco, cantautori, cantastorie e altre esibizioni.

Taberna Marqués de Cádiz (☎ 956 25 42 88; Calle Marqués de Cádiz 3; ingresso libero) Questa grotta dalle pareti di pietra ospita spettacoli di flamenco a partire dalle 22 tutti i venerdì.

Se volete ballare dirigetevi verso la Punta de San Felipe (nota anche come La Punta) sul lato settentrionale del porto. Qui ci sono parecchi locali che dal giovedì al sabato chiudono tra le 3 e le 6 circa (ma in alcuni si balla dal venerdì alla domenica). Se volete cimentarvi nella salsa raggiungete **El Malecón** (☎ 956 22 45 51; www.elmalecon.net; Paseo Pascual Pery; 🕐 24-6 da giovedì a sabato), in fondo alla fila dei disco bar – il sabato sera non andatevene troppo presto perché verso le 3 l'atmosfera si scalda al suono di brani più commerciali.

PER/DA CADICE

Autobus

La maggior parte degli autobus sono gestiti da **Comes** (☎ 956 80 70 59, 902 19 92 08; Plaza de la Hispanidad). Tra le destinazioni servite vi sono le seguenti:

Destinazione	Prezzo	Durata	Frequenza giornaliera
Algeciras	€10	2¼ ore	10
Arcos de la Frontera	€5,50	1¼ ore	6
Barbate	€5,50	1½-2 ore	14
Córdoba	€20	4 ore	1-2
El Puerto de Santa María	€1,70	30-40 min	23
Granada	€28	5 ore	4
Jerez de la Frontera	€2,70	40 min	20
Los Caños de Meca via El Palmar	€5	1¼ ore	2 al giorno lun-ven
Málaga via Marbella	€20	4 ore	6
Ronda	€13	3 ore	3
Siviglia	€10,50	1¾ ore	12
Tarifa	€8	2 ore	5
Vejer de la Frontera	€4,50	1 ora	8
Zahara de los Atunes	€6,50	2 ore	2-3

Alcune destinazioni sono servite con minore frequenza il sabato e la domenica.

Anche Los Amarillos ha autobus che partono dalla sua fermata all'estremità meridionale di Avenida Ramón de Carranza. Biglietti e informazioni sono disponibili presso **Viajes Socialtur** (☎ 956 28 58 52; Avenida Ramón de Carranza 31). Le località raggiunte da questa compagnia sono le seguenti:

Arcos de la Frontera (€4,50, 1 ora e 15 minuti) Quattro corse al giorno da lunedì a venerdì, due sabato e domenica.

El Bosque (€7, 2 ore) Quattro corse al giorno da lunedì a venerdì, due sabato e domenica.

El Puerto de Santa María (€1,70, 40 minuti) Undici corse al giorno da lunedì a venerdì, cinque sabato e domenica.

PROVINCIA DI CADICE

Sanlúcar de Barrameda (€3, 1 ora e 15 minuti) Undici corse al giorno da lunedì a venerdì, cinque sabato e domenica.
Ubrique (€8, 2 ore e mezzo) Quattro corse al giorno da lunedì a venerdì, due sabato e domenica.

Gli autobus M050 e M051, gestiti dal **Consorcio de Transportes Bahía de Cádiz** (☎ 956 01 21 00; www.cmtbc.com), effettuano numerose corse dall'aeroporto di Jerez de la Frontera alla stazione degli autobus di Cadice (€2,60, da 1 ora a 1 ora e 15 minuti). Gli automezzi, in servizio 12 volte al giorno dal lunedì al venerdì e sei il sabato, la domenica e nei festivi, transitano dal centro di Jerez e da El Puerto de Santa María.

Automobile e motocicletta

Sull'autostrada AP4, che collega Siviglia a Puerto Real, bisogna pagare un pedaggio di €5,50 nel tratto che costeggia il lato orientale della Bahía de Cádiz. Da Puerto Real un ponte lungo circa 1 km attraversa la parte più stretta della baia per congiungersi con la A48/N340 che entra a Cadice da sud.

Imbarcazioni

Il catamarano che permette di traghettare da Cadice a El Puerto de Santa María parte dal Muelle (molo) Reina Victoria vicino alla stazione ferroviaria; il meno frequente *El Vapor* salpa dall'Estación Marítima accanto alla stazione degli autobus Comes. V. p203 per orari e tariffe.

Treno

Dalla **stazione ferroviaria** (☎ 956 25 43 01; Plaza de Sevilla) di Cadice partono tutti i giorni fino a 37 treni per/da El Puerto de Santa María (biglietti a partire da €2,70, da 30 a 35 minuti) e Jerez de la Frontera (biglietti a partire da €3,40, da 35 a 50 minuti), 11 o più sulla tratta per/da Siviglia (da €9 a €30, 2 ore), e due o tre sulla tratta per/da Córdoba (da €33 a €52, 3 ore).

TRASPORTI URBANI

È sicuramente preferibile esplorare le strette e tortuose stradine della città vecchia a piedi piuttosto che in automobile. Se avete un veicolo al seguito vi conviene senz'altro lasciarlo in un parcheggio. Tra quelli nella città vecchia aperti 24 ore su 24 segnaliamo:
Parcheggio sotterraneo (Campo del Sur; €12 per 24 ore)
Parcheggio sotterraneo (Paseo de Canalejas; €8 per 24 ore)

IL TRIANGOLO DELLO SHERRY

Le città di Jerez de la Frontera, Sanlúcar de Barrameda e El Puerto de Santa María, situate a nord di Cadice, sono famose come patria dello sherry, il tipico vino andaluso. Ma vi sono molte altre buone ragioni per visitare il 'triangolo dello sherry': spiagge, musica, cavalli, escursioni nel Parque Nacional de Doñana e una storia affascinante.

EL PUERTO DE SANTA MARÍA

Pop. 82.000

El Puerto, 10 km a nord-est di Cadice sull'altra sponda della Bahía de Cádiz (ma a 22 km via terra), è facilmente e piacevolmente raggiungibile con un traghetto – il modo più adatto per arrivare in una città con una ricca storia marinara. Cristoforo Columbo, che fu ospite dei cavalieri di El Puerto dal 1483 al 1486, incontrò in questa località Juan de la Cosa, proprietario della nave ammiraglia nella spedizione del 1492, la *Santa María*. Dal XVI al XVIII secolo El Puerto fu la base della flotta reale spagnola. Conobbe il periodo di massimo splendore nel XVIII secolo, quando fiorì grazie soprattutto al commercio con l'America, guadagnandosi il nome di 'Ciudad de los Cien Palacios' (città dei cento palazzi). Oggi le spiagge, le bodegas di sherry, i ristoranti, i bar di tapas e la vibrante vita notturna ne fanno la meta preferita di *gaditanos*, *jerezanos* e altri turisti alla ricerca di nuovi divertimenti. D'estate è una cittadina molto animata.

Orientamento e informazioni

Il cuore della città si trova sulla riva nord-occidentale del Río Guadalete, appena a monte della foce, mentre i nuovi quartieri si stanno estendendo lungo le spiagge a est e a ovest dell'estuario del fiume. Il traghetto *El Vapor*, che ragiunge il centro di El Puerto, attracca al Muelle del Vapor in Plaza de las Galeras Reales. Dalla piazza Calle Luna, una delle vie principali, si dirige in linea retta verso l'entroterra. La stazione ferroviaria, situata a nord-est del centro vicino alla strada per Jerez, è raggiungibile a piedi in 10 minuti. Alcuni autobus fermano alla stazione ferroviaria, altri in Plaza de Toros (arena), cinque isolati a sud di Calle Luna.

EL PUERTO DE SANTA MARÍA

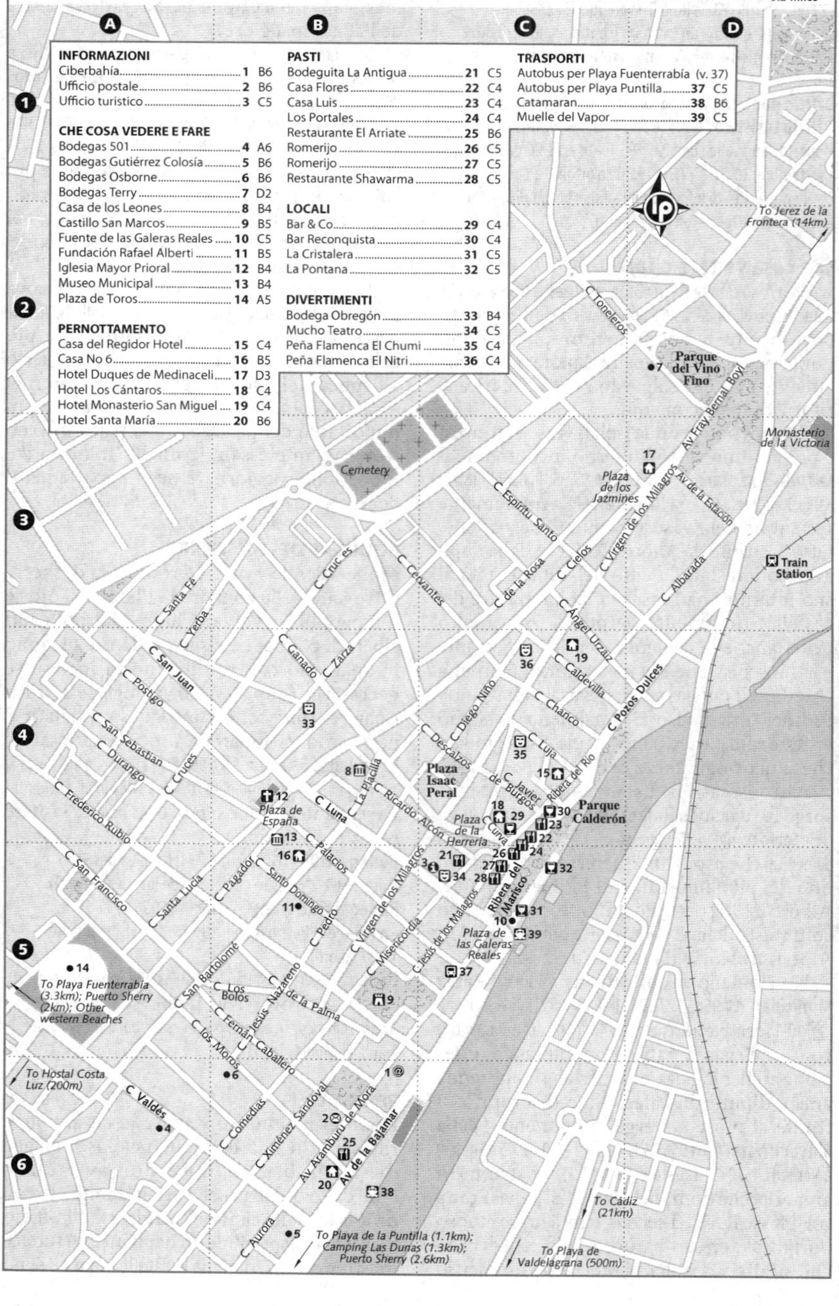

INFORMAZIONI
- Ciberbahía 1 B6
- Ufficio postale 2 B6
- Ufficio turistico 3 C5

CHE COSA VEDERE E FARE
- Bodegas 501 4 A6
- Bodegas Gutiérrez Colosía 5 B6
- Bodegas Osborne 6 B6
- Bodegas Terry 7 D2
- Casa de los Leones 8 B4
- Castillo San Marcos 9 B5
- Fuente de las Galeras Reales 10 C5
- Fundación Rafael Alberti 11 B5
- Iglesia Mayor Prioral 12 B4
- Museo Municipal 13 B4
- Plaza de Toros 14 A5

PERNOTTAMENTO
- Casa del Regidor Hotel 15 C4
- Casa No 6 16 B5
- Hotel Duques de Medinaceli 17 D3
- Hotel Los Cántaros 18 C4
- Hotel Monasterio San Miguel 19 C4
- Hotel Santa María 20 B6

PASTI
- Bodeguita La Antigua 21 C5
- Casa Flores 22 C4
- Casa Luis 23 C4
- Los Portales 24 C4
- Restaurante El Arriate 25 B6
- Romerijo 26 C5
- Romerijo 27 C5
- Restaurante Shawarma 28 C5

LOCALI
- Bar & Co 29 C4
- Bar Reconquista 30 C4
- La Cristalera 31 C5
- La Pontana 32 C5

DIVERTIMENTI
- Bodega Obregón 33 B4
- Mucho Teatro 34 C5
- Peña Flamenca El Chumi 35 C4
- Peña Flamenca El Nitri 36 C4

TRASPORTI
- Autobus per Playa Fuenterrabía (v. 37)
- Autobus per Playa Puntilla 37 C5
- Catamaran 38 B6
- Muelle del Vapor 39 C5

Ciberbahía (Avenida Aramburu de Mora 21; internet €2 l'ora; 11-23 da lunedì a venerdì, 15-22 sabato e domenica) C'è anche un *locutorio* (centro telefonico) dove si possono effettuare chiamate in tutto il mondo a prezzi economici.

Ufficio postale (Avenida Aramburu de Mora)

Ufficio turistico (956 54 24 13; www.turismoelpuerto.com; Calle Luna 22; 10-14 e 18-20 da maggio a settembre, 10-14 e 17.30-19.30 da ottobre ad aprile) Eccellente e ricco di informazioni su sport acquatici, visite alle bodegas e spettacoli di flamenco.

Che cosa vedere e fare

La storica **Fuente de las Galeras Reales** (Fontana delle Galee Reali; Plaza de las Galeras Reales), dalle quattro bocche, situata sul lungofiume, è un buon punto per iniziare la vostra esplorazione della città. Le navi che salpavano per l'America si rifornivano d'acqua qui.

Procedendo per due isolati verso sud-ovest e poi per uno verso l'interno incontrerete il **Castillo San Marcos** (627 56 93 35; Plaza Alfonso El Sabio 3; ingresso €2; 10-14 martedì). Ampiamente restaurato nel XX secolo, questo bel castello, fatto costruire da Alfonso X di Castiglia dopo aver conquistato la città nel 1260, ospita al suo interno una moschea. Le merlature del castello, riccamente decorate, sono molto belle, anche se l'elemento più interessante è la moschea, che è stata trasformata in una chiesa. All'epoca della stesura della guida l'edificio era chiuso; normalmente lo si può visitare solo partecipando a una visita guidata che si tiene ogni mezz'ora.

A tre isolati di distanza verso l'interno sorge la **Fundación Rafael Alberti** (956 85 07 11; Calle Santo Domingo 25; ingresso €3; 11-16 da martedì a domenica) che ospita un'interessante mostra su uno dei più famosi figli di El Puerto, Rafael Alberti (1902-99). Poeta, pittore e politico comunista della Generazione del '27 (v. p46), Alberti trascorse l'infanzia in questa casa.

Non lontano da qui si trova il piccolo **Museo Municipal** (956 54 27 05; Calle Pagador 1; ingresso libero; 10-14 da martedì a venerdì, 10.45-14 sabato e domenica), con un elegante patio e un'interessante sezione archeologica e artistica che comprende anche dipinti di Rafael Alberti. Proprio di fronte al museo si erge l'imponente **Iglesia Mayor Prioral** (956 85 17 16; 8.30-12.45 da lunedì a venerdì, 8.30-12 sabato e domenica), costruita in arenaria, che domina Plaza de España. Eretta tra il XV e il XVIII secolo, vanta un sontuoso portale plateresco-barocco, la Puerta del Sol, che si affaccia sulla piazza, e un immenso retablo d'argento del XVII secolo di fattura messicana nella Capilla del Sagrario (a destra dell'altare maggiore).

Quattro isolati a sud-ovest della Plaza de España si trova la grande **Plaza de Toros** (Plaza Elías Ahuja; ingresso libero; 11-13.30 e 18-19.30 da martedì a domenica da maggio a settembre, 11-13.30 e 17.30-19 da martedì a domenica da ottobre ad aprile). Costruita nel XIX secolo, è una delle arene più belle e importanti dell'Andalusia, in grado di accogliere 15.000 spettatori. È chiusa nei giorni che precedono e seguono le corride. L'ingresso è in Calle Valdes.

A pochi passi da Plaza de España si trova la **Casa de los Leones** (956 87 52 77; Calle La Placilla 2; ingresso libero; 10-14 e 18-20), una delle più belle dimore barocche costruite a El Puerto all'epoca del suo maggiore splendore nel XVIII secolo. La facciata è l'elemento più importante del palazzo, e nel patio interno troverete interessanti pannelli informativi. È possibile soggiornare negli appartamenti per le vacanze.

BODEGAS DELLO SHERRY

Molte aziende vinicole produttrici di sherry si trovano nella zona tra la Plaza de Toros e il lungofiume. Vantano ampi giardini e alti alberi di palma. Le visite guidate si tengono in spagnolo con traduzione in inglese se necessario (oppure solo in inglese se tutti i partecipanti conoscono questa lingua). È necessario telefonare in anticipo per visitare le **Bodegas Osborne** (956 86 91 00; Calle los Moros 7; ingresso €5; visite guidate 10.30 e 13 da lunedì a venerdì). Le seguenti aziende si possono invece visitare senza prenotazione:

Bodegas 501 (956 85 55 11; Calle Valdés 9; ingresso €4; visite guidate 12 da lunedì a venerdì)

Bodegas Gutiérrez Colosía (956 85 28 52; Avenida de la Bajamar; ingresso €3; visite guidate 13.30 sabato)

Bodegas Terry (956 85 77 00; Calle Toneleros s/n; visite guidate €6,50; 10 e 12 da lunedì a venerdì) Ospita spettacoli in estate, tra cui esibizioni ippiche e altre manifestazioni (v. p203).

SPIAGGE

Dopo aver finito di visitare la città, potete rilassarvi in una delle sue favolose spiagge di sabbia bianca, dove non avrete che l'imbarazzo della scelta tra le molte attività proposte, dalla canoa al windsurf (all'ufficio turistico è disponibile un depliant con tutte le informazioni). In piena estate le spiagge sono

TORI ALL'ORIZZONTE

Percorrendo le strade statali della Spagna, di tanto in tanto avrete modo di scorgere la figura di un enorme toro nero che si staglia all'orizzonte. Avvicinandosi ci si rende conto che si tratta di una sagoma in metallo sostenuta da un'impalcatura. Si tratta dei *toros de Osborne*, silenziosa immagine pubblicitaria dello sherry Osborne e dell'azienda vinicola di El Puerto de Santa María. All'ultimo conteggio questi enormi tori, che pesano fino a quattro tonnellate l'uno, risultavano essere 92.

affollatissime; se volete trovare un minimo di tranquillità recatevi in una di quelle più lontane dal centro.

La spiaggia più vicina alla città è **Playa de la Puntilla**, fiancheggiata da una pineta, che dista mezz'ora di cammino dal centro in direzione sud-ovest (potete anche prendere l'autobus n. 26, €0,80, diretto a sud-ovest con fermata in Avenida Aramburu de Mora). Un paio di chilometri più a ovest si trova un elegante porto turistico, chiamato naturalmente **Puerto Sherry**, con un albergo, uno yacht club e alcuni ristoranti, bar e caffè. Oltre Puerto Sherry si incontra prima la pittoresca **Playa de la Muralla**, e poi **Playa de Santa Catalina**, che si estende per 3 km, con bar sulla spiaggia aperti in estate. I surfisti vanno in cerca delle onde alla Playa de la Muralla e nel tratto di mare a metà strada tra Playa de Santa Catalina e **Playa las Redes**.

L'autobus n. 35 (€0,80) in partenza dal centro effettua corse fino alla **Playa Fuenterrabía**, all'estremità di Playa de Santa Catalina, con fermate nelle aree residenziali e in alcune delle spiagge che sorgono lungo il tragitto. Se disponete di un veicolo privato, seguite le strade 'Rota' e 'Playas' a ovest della rotonda, all'estremità nord-occidentale di Calle Valdés.

Sul lato orientale del Río Guadelete si trova la **Playa de Valdelagrana**, una bella spiaggia, alle spalle della quale sorgono alti edifici che ospitano alberghi e appartamenti e una fila di bar e ristoranti. L'autobus n. 35 (€0,80) ferma anche qui.

Visite guidate

Vengono effettuate visite guidate gratuite della città con partenza davanti all'ufficio turistico ogni sabato alle 11 (e il martedì da luglio a settembre; in spagnolo e inglese). **El Vapor** (☎ 629 46 80 14; www.vapordeelpuerto.com) effettua crociere serali di un'ora e mezzo (€6) nella baia con partenza alle 21.45 il martedì, il giovedì e il sabato dal 1° luglio al 9 settembre.

Feste e manifestazioni

Feria de Primavera y Fiestas del Vino Fino (Fiera di primavera) Questa fiesta, della durata di quattro giorni, è profondamente influenzata dallo sherry, come dimostrano le 200.000 mezze bottiglie bevute per l'occasione; si svolge da fine aprile a inizio maggio.

Campeonato del Mundo de Motociclismo de Jerez Durante il weekend del Gran Premio di Motociclismo di Jerez (v. p215) all'inizio di maggio si svolge nel centro di El Puerto una fiera motociclistica non ufficiale che richiama moltissimi appassionati.

Festividad Virgen del Carmen Il popolo di pescatori di tutta l'Andalusia rende omaggio alla sua patrona la sera del 16 luglio; a El Puerto de Santa María la statua della vergine viene portata in processione lungo il Río Guadalete seguita da una flotilla.

Pernottamento

El Puerto offre un'ampia scelta in grado di soddisfare chiunque, anche se le migliori possibilità sono quelle nella fascia medio-alta. In luglio e agosto è necessario prenotare in anticipo. I prezzi scendono notevolmente fuori stagione.

Camping Las Dunas (☎ 956 87 22 10; www.lasdunascamping.com; adulti/tende/automobili €4,50/4,50/3,90, bungalow per 2 persone con 1 veicolo €55-84; Ⓟ 💻 🏊) Questo campeggio ombreggiato e ben attrezzato, in grado di ospitare 1200 persone, si trova proprio dietro Playa de la Puntilla.

Hostal Costa Luz (☎ 956 05 47 01; www.hostalcostaluz.com; Calle Niño del Matadero 2; singole/doppie €40/63; Ⓟ ✖ 💻) I cordiali e giovani proprietari spagnoli (che parlano inglese) hanno progettato e attrezzato con grande cura questo moderno *hostal* situato nelle vicinanze di Plaza de Toros. Le 11 camere, tutte abbastanza grandi, hanno attraenti mobili di legno e bei bagni. È possibile consumare la prima colazione nell'accogliente sala da pranzo e ci si può rilassare nella terrazza sul tetto.

Casa No 6 (☎ 956 87 70 84; www.casano6.com; Calle San Bartolomé 14; camere/camere per famiglie con prima colazione €70/120, appartamenti per 4 persone €130; Ⓟ) Questa casa dell'inizio del XIX secolo, splendidamente restaurata dai simpatici proprietari anglo-spagnoli, offre incantevoli camere spaziose e immacolate con alti soffitti e travi di legno, letti confortevoli e pavimenti di piastrelle vecchio stile. Si trova in posizione molto centrale e le stanze sono disposte intorno a un patio colonnato a cielo aperto.

Casa del Regidor Hotel (☎ 956 87 73 33; www.hotelcasadelregidor.com; Ribera del Río 30; singole/doppie €64/91; P ❄ 💻 ♿) Palazzo del XVII secolo su due piani con un patio originale. Le eccellenti camere sono dotate di tutti i moderni comfort: due hanno una terrazza privata e tre offrono un bel panorama. L'acqua è riscaldata da pannelli solari. A disposizione di coloro che si muovono in sedia a rotelle c'è una stanza appositamente attrezzata servita da un ascensore.

Hotel Santa María (☎ 956 87 32 11; www.hotelsantamaria.es; Avenida de la Bajamar s/n; singole/doppie €87/106; P ❄ 🚭) Albergo molto confortevole situato in posizione dominante sul Río Guadalete. Ha 100 camere e dalla piscina sul tetto si gode una splendida vista panoramica – probabilmente è questo il migliore motivo per decidere di soggiornarvi.

Hotel Los Cántaros (☎ 956 54 02 40; www.hotelloscantaros.com; Calle Curva 6; singole/doppie €98/115; P ❄ 💻 ♿) Albergo raffinato che deve il suo nome alle brocche per l'acqua del XVII secolo che un gruppo di archeologi ha rinvenuto sotto l'edificio. Dispone di 39 camere confortevoli e ben attrezzate, tutte con arredi nuovi e alcune con balcone. Il ristorante dà su un piccolo giardino.

Hotel Monasterio San Miguel (☎ 956 54 04 40; www.jale.com/monasterio; Calle Virgen de los Milagros 27; singole/doppie a partire da €140/184; P ❄ 🚭 ♿) Questo elegante e lussuoso albergo situato in un convento restaurato del XVIII secolo ospita un giardino tropicale, una piscina, preziose opere d'arte e un ristorante da intenditori.

Hotel Duques de Medinaceli (☎ 956 86 07 77; www.jale.com/dmedinaceli; Plaza de los Jazmines 2; singole/doppie €165/206; P ❄ 🚭) Questo elegante albergo, che occupa una residenza ristrutturata del XVIII secolo, dispone di 28 bellissime camere dotate di tutti i moderni comfort. Alcune hanno anche il letto a baldacchino. Fino a qualche tempo fa è stata l'abitazione della famiglia irlandese che produce lo sherry Terry. Splendidi giardini ben curati separano l'albergo dall'azienda vinicola di famiglia.

Per informazioni sugli alberghi e gli appartamenti vicino alla spiaggia, consultate il sito internet dell'ufficio turistico.

Pasti

El Puerto è meritatamente famosa per l'eccellente pesce, i buoni ristoranti e gli splendidi bar di tapas. Provate la specialità locale, la *urta roteña* (occhione cucinato con vino bianco, pomodori, peperoni e timo), e non dimenticate i vini locali!

Romerijo (☎ 956 54 12 54; Ribera del Marisco s/n; porzione di pesce da 250 g €4) È una grande istituzione di El Puerto. I suoi due ristoranti, situati uno di fronte all'altro, sono infatti perennemente affollati. In uno dei locali si serve pesce bollito, nell'altro fritto. I cartocci di pesce si possono portare via o consumare a uno dei tanti tavoli. È possibile scegliere tra 18 tipi di pesce fresco: basta indicare cosa si desidera e ordinare una porzione da 250 g – per esempio, i bocconcini di *cazón* (pescecane) fritto costano €4, un fritto misto pesce/molluschi €12, mentre per i gamberi bolliti di vario genere i prezzi vanno da €6 a €13.

Restaurante Shawarma (☎ 956 87 64 23; Ribera del Marisco 11; panino con falafel €3,50, portate principali €9; V) Ai vegetariani piacerà moltissimo questo ristorante piccolo e semplice, situato accanto al grande complesso del Romerijo. Le sue autentiche specialità greco-libanesi offrono un'insolita e gradita alternativa ai cibi più consueti. Il falafel è imbattibile, insieme ai piccoli tortini di pasta fillo ripieni di spinaci e feta. I piatti di carne includono kebab e moussaka.

Bodeguita La Antigua (☎ 956 67 68 56; Calle Misericordia 8; tapas €3, media-raciones a partire da €4) In Calle Misericordia si trova una mezza dozzina di bar di tapas dove si possono ordinare alcune delle specialità più gustose di tutta la regione. La Antigua fortunatamente fornisce il menu delle tapas scritto anche in inglese e in francese. Il *serranito,* un panino con carne di maiale e peperoni verdi fritti servito con patatine fritte (€3), è ottimo.

Casa Luis (☎ 956 87 20 09; Ribera del Marisco s/n; tapas/raciones €3/8; 🕑 13.30-16 e 21-23 da martedì a sabato, 13.30-16 domenica) È un localino sempre gremito con pochi tavoli all'interno e all'aperto e un bar dove potete farvi avanti solo a gomitate. I clienti lo frequentano soprattutto per le fantasiose tapas di Luis, come il *paté de cabracho* (pâté di scorfano) o le *hojaldres* (sfoglie) ripiene di scampi o di formaggio e acciughe.

Restaurante El Arriate (☎ 956 85 28 33; Calle los Moros 4; portate principali €9-15; 🕑 chiuso lunedì) I proprietari tedesco-spagnoli di questo locale,

PROVINCIA DI CADICE

uno dei preferiti dalla gente del posto, propongono un'ampia scelta di pietanze della cucina mediterranea. Piatti insoliti (per la Spagna) sono le lasagne al salmone, la sogliola con succo d'arancia e le patate *au gratin*.

Los Portales (☎ 956 54 21 16; Ribera del Río 13; portate principali €15-18) Se volete mangiare pesce alla griglia o frutti di mare non potete sbagliare. Tra le specialità vi sono *lenguado al crema de langosto* (sogliola in salsa cremosa con scampi) e *parrillada de pescado y mariscos* (un vassoio per due persone di pesce alla griglia e frutti di mare).

Casa Flores (☎ 956 54 35 12; Ribera del Río 9; raciones €7,50-12, portate principali €13-34) Il Casa Flores, uno dei locali preferiti dalla gente del posto e dai turisti, offre un'allettante scelta di antipasti tra cui gustosi cocktail di molluschi. I piatti a base di pesce sono serviti con varie salse – provate, per esempio, il nasello con funghi e l'occhione con frutti di mare e prosciutto. Chi preferisce la carne potrà scegliere l'agnello arrosto (€26).

Locali

In centro e a Playa de Valdelagrana, nella zona orientale della città, ci sono parecchi bar frequentati dai più giovani dove è possibile ascoltare musica.

La Pontana (Parque Calderón; 🕑 a partire dalle 15.30) Bar galleggiante sul Río Guadalete dall'autentica atmosfera marinara situato subito a nord di Plaza de las Galeras Reales. Il locale si anima in tarda serata.

La Cristalera (Plaza de las Galeras s/n; 🕑 a partire dalle 16.30) Locale luminoso dalle grandi vetrate che offre una bella vista sul fiume. Potete sorseggiare un tè o qualcosa di più forte, all'interno o all'esterno.

Bar Reconquista (Calle Javier de Burgos 2) Gli eccentrici arredi medievali di questo locale sono ispirati a temi arabi e cristiani.

Bar & Co (Plaza de la Herrería; 🕑 a partire dalle 21.30) Uno dei locali preferiti dalla gente del posto, ospitato in un edificio del XVI secolo dove i marinai un tempo pagavano i tributi.

Divertimenti

El Puerto de Santa María offre una vibrante vita notturna grazie a una serie di moderni locali a tema. Uno dei migliori è **Mucho Teatro** (www.muchoteatro.com; Calle Misericordia 12; 🕑 chiuso lunedì), vistosa ricostruzione di un cinema d'altri tempi, con pista da ballo e spesso musica dal vivo.

Ci sono spettacoli di flamenco almeno tutti i venerdì alle 21.30 al **Peña Flamenca El Nitri** (☎ 956 54 32 37; Calle Diego Niño 1) e al **Peña Flamenca El Chumi** (☎ 956 54 00 03; Calle Luja 15). La **Bodega Obregón** (Calle Zarza 51), il bar più vecchio della città, propone coinvolgenti esibizioni tutte le domeniche dalle 12.30 alle 15.30. In luglio e agosto le offerte di spettacoli di flamenco sono decisamente più numerose.

I più grandi toreri combattono tutte le domeniche di luglio e agosto nella **Plaza de Toros** (☎ 956 54 15 78; www.justo-ojeda.com; Plaza Elías Ahuja; posti al sole €15-25, posti all'ombra €21-60). I biglietti si possono acquistare nell'arena.

La **Bodegas Terry** (v. p200) organizza spettacoli equestri, esibizioni di flamenco e degustazioni di tapas durante l'estate.

Per/da El Puerto de Santa María

AUTOBUS

Ci sono regolari servizi di autobus che collegano El Puerto de Santa María alle seguenti destinazioni:

Cadice (€1,70, da 30 a 40 minuti) Gli autobus partono dalla Plaza de Toros all'incirca ogni mezz'ora dal lunedì al venerdì tra le 6.45 e le 22. Dalla stazione ferroviaria ci sono almeno sette corse. Nel fine settimana il numero dei servizi è quasi dimezzato.

Chipiona (€2,30, 30 minuti) Da cinque a 11 autobus al giorno in partenza dalla Plaza de Toros.

Jerez de la Frontera (€1, 20 minuti) Da nove a 16 autobus al giorno in partenza dalla stazione ferroviaria e 11 dalla Plaza de Toros dal lunedì al venerdì (ma solo due sabato e domenica).

Sanlúcar de Barrameda (€1,60, 30 minuti) Da cinque a 11 autobus al giorno in partenza dalla Plaza de Toros.

Siviglia (€8,50, 1 ora e mezzo) Tre autobus al giorno in partenza dalla stazione ferroviaria.

IMBARCAZIONI

Il piccolo traghetto passeggeri *Adriano III*, meglio noto come *El Vapor* o **El Vaporcito** (Il Vaporetto; ☎ 956 85 59 06; www.vapordeelpuerto.com, in spagnolo), salpa per El Puerto (€3, 40 minuti) dalla Estación Marítima di Cadice alle 10.15, 12.15, 14.15, 16.45 e 18.45 tutti i giorni dal 3 febbraio al 9 dicembre (tranne i lunedì non festivi dal 1° ottobre al 30 maggio), con una partenza aggiuntiva alle 20.45 dal 1° giugno al 30 settembre. Le corse da El Puerto per Cadice avvengono un'ora prima degli orari citati dal Muelle del Vapor. L'*Adriano III* e i vaporetti che lo hanno preceduto, l'*Adriano I* e l'*Adriano II*, offrono questo vitale collegamento tra le due località fin dal 1929.

Il catamarano (€1,80, 25 minuti) gestito dall'azienda pubblica **Línea Metropolitana/Consorcio de Transportes Bahía de Cádiz** (☎ 956 01 21 00; www.cmtbc.com), più veloce del vaporetto, salpa da Cadice per El Puerto 13 volte al giorno dal lunedì al venerdì, sei volte al giorno sabato e tre volte domenica. L'imbarcazione attracca di fronte all'Hotel Santa María.

TRENO

Ci sono fino a 37 convogli al giorno per/da Jerez de la Frontera (a partire da €1,30, 12 minuti) e Cadice (a partire da €2,20, da 30 a 35 minuti), e 10 o più treni al giorno per/da Siviglia (da €6 a €18, da 1 ora a 1 ora e mezzo).

Trasporti urbani

In centro il traffico è molto intenso. Lungo il fiume ci sono numerosi parcheggi, soprattutto a sud di Plaza de las Galeras Reales. Sono tutti gratuiti a eccezione di quello custodito vicino alla piazza, che costa €1,60 per 24 ore. Potete parcheggiare gratuitamente fuori dalla Plaza de Toros.

SANLÚCAR DE BARRAMEDA

Pop. 63.000

Punta settentrionale del triangolo dello sherry e fiorente località di villeggiatura estiva, Sanlúcar è situata 23 km a nord-ovest di El Puerto de Santa María. La città, nella quale si respira una piacevole atmosfera, sorge in bella posizione sull'estuario del Guadalquivir sulla riva opposta del Parque Nacional de Doñana. In questo punto le acque dell'Atlantico sono famose per la prelibatezza dei loro frutti di mare – gli scampi sono però molto costosi. Le bodegas della città producono un particolare vino simile allo sherry, il manzanilla, che rappresenta l'accompagnamento ideale per i piatti a base di pesce. Sanlúcar è anche conosciuta per le corse di cavalli che si tengono in agosto, quando meravigliosi puledri, guidati da fantini che indossano giubbe dai colori sgargianti, gareggiano sul tratta di spiaggia vicino all'estuario – uno spettacolo insolito e affascinante.

La storia marinara di Sanlúcar è segnata da episodi gloriosi. Cristoforo Colombo partì nel 1498 per il suo terzo viaggio ai Caraibi, mentre il portoghese Ferdinando Magellano salpò nel 1519 alla ricerca, come il grande navigatore genovese, di una rotta occidentale per le isole asiatiche ricche di spezie. Egli riuscì a trovare un passaggio a sud del continente sudamericano che gli permise di navigare dall'Oceano Atlantico al Pacifico, ma fu ucciso nelle Filippine durante una battaglia. A completare la prima circumnavigazione del globo fu il basco Juan Sebastián Elcano, che assunse il comando dopo la morte di Magellano, facendo ritorno a Sanlúcar con una sola delle cinque navi che erano partite dalla Spagna, la *Victoria*.

Orientamento e informazioni

Sanlúcar si estende lungo la riva sud-orientale dell'estuario del Guadalquivir. Calzada del Ejército (spesso detta solo La Calzada), che corre per 600 m verso l'entroterra dal lungomare Paseo Marítimo, è la via principale. Qui troverete un comodo parcheggio sotterraneo. Un isolato oltre l'estremità della Calzada verso l'entroterra si trova Plaza del Cabildo, la piazza centrale. La città vecchia si estende attorno a quest'area risalendo il fianco della collina. La stazione degli autobus è situata in Avenida de la Estación, 100 m a sud-ovest del tratto centrale di Calzada del Ejército.

Nel vecchio quartiere dei pescatori, Bajo de Guía, situato 750 m a nord-est della Calzada lungo il fiume, si trovano i migliori ristoranti di Sanlúcar e il molo da cui partono i battelli per Doñana. Vi sono delle banche in Calle San Juan, la strada che corre in direzione sud-ovest da Plaza del Cabildo.

Centro de Visitantes Bajo de Guía (☎ 956 38 09 22; Bajo de Guía s/n; 🕑 10-14 da martedì a domenica e 16-18 festivi e da ottobre a maggio, 10-14 e 18-20 da martedì a domenica e da giugno a settembre) Gestito dalla Junta de Andalucía, questo centro visitatori fornisce informazioni sul Parque Natural de Doñana (da non confondersi con il Parque Nacional – per la differenza v. p166) e altre aree protette dell'Andalusia.

Centro de Visitantes Fábrica de Hielo (☎ 956 38 16 35; www.parquenacionaldonana.es; Bajo de Guía s/n; 🕑 9-19 o 20) Questo centro visitatori, gestito direttamene dall'amministrazione dei parchi nazionali, oltre a fornire utili informazioni dispone di interessante materiale espositivo sul Parque Nacional de Doñana e su numerosi argomenti di carattere ambientale.

CyberGuadalquivir (Calle Infanta Beatriz 11; internet €2 l'ora; 🕑 10-23.30 da lunedì a sabato, 12-23.30 domenica)

Ufficio turistico (☎ 956 36 61 10; www.turismosanlucar.com; Calzada del Ejército s/n; 🕑 10-14 e 16-18 da lunedì a sabato da novembre a marzo, 10-14 e 17-19 da lunedì a sabato aprile, maggio e ottobre, 10-14 e 18-20 da lunedì a sabato da giugno a settembre) Personale disponibile e moltissimi opuscoli informativi.

Che cosa vedere e fare

Le attrattive turistiche della città vecchia sono raggruppate sulla collina che sovrasta Plaza del Cabildo. Iniziate la visita ammirando l'elaborata facciata gotica delle **Las Covachas** (Cuesta de Belén), un gruppo di cantine del XV secolo situate in un muro esterno del Palacio de los Duques de Medina Sidonia (v. p205). Il **Palacio de Orleans y Borbon** (all'angolo tra Cuesta de Belén e Calle Caballero; ingresso libero; 🕙 10-13.30 da lunedì a venerdì), dipinto a colori vivaci, è uno splendido palazzo in stile neomudejar costruito nel XIX secolo come residenza estiva per la famiglia aristocratica dei Montpensier. La realizzazione di questo edificio diede l'avvio allo sviluppo di Sanlúcar come località di villeggiatura. Oggi il palazzo è sede dell'*ayuntamiento* (municipio). Al suo interno si trova un patio lussuosamente restaurato con un soffitto di vetro.

Superato il municipio lungo Calle Caballero si incontra la quattrocentesca **Iglesia de Nuestra Señora de la O** (Plaza de la Paz; 🕙 messa 19.30 da lunedì a venerdì e domenica, 9 e 12 domenica), dalla facciata e dal soffitto mudejar. Proprio accanto si erge il **Palacio de los Duques de Medina Sidonia** (☎ 956 36 01 61; www.fcmedinasidonia.com; Plaza Condes de Niebla 1; ingresso €3; 🕙 visite guidate 11 e 12 domenica su appuntamento), una vasta e grandiosa dimora a pianta irregolare che affonda le sue origini nel XIII secolo, al tempo del capostipite dei Duques de Medina Sidonia, Guzmán El Bueno (v. p235 per maggiori informazioni su questo personaggio). Questa potente famiglia aristocratica possedeva un tempo i più estesi latifondi di tutta la Spagna. L'attuale discendente, Luisa Isabel Álvarez de Toledo, ha dovuto lottare a lungo e duramente per conservare il possesso dell'inestimabile archivio Medina Sidonia di Sanlúcar. Il palazzo è zeppo di mobili antichi, dipinti di famosi artisti spagnoli, tra cui Goya e Zurbarán, e magnifiche decorazioni. Per immergervi in un'atmosfera d'altri tempi entrate nel suo elegante caffè (p206) per una tazza di tè o un caffè pomeridiano, o, meglio ancora, fermatevi per una notte all'insegna del lusso nella sua esclusiva *hospedería* (p206).

Lungo la via si incontra il **Castillo de Santiago** (Plaza del Castillo), del XV secolo, che sorge tra gli edifici della Barbadillo, la più grande azienda produttrice di sherry di Sanlúcar. Dopo lunghi anni di restauro, il castello è stato riaperto al pubblico nell'estate 2006. La vista che si può ammirare dalle sue torri è davvero straordinaria. È prevista anche l'apertura di un centro culturale, di una sala per concerti, di un ristorante e di alcuni negozi.

SPIAGGIA

La bella spiaggia sabbiosa di Sanlúcar costeggia il fiume e prosegue poi per parecchi chilometri in direzione sud-ovest.

BODEGAS

Delle sei bodegas presenti in città sono tre quelle che offrono visite guidate per le quali non è necessario prenotare in anticipo. Generalmente si svolgono in spagnolo, ma facendone richiesta è possibile ottenere guide che parlano altre lingue.

Barbadillo (☎ 956 38 55 00; Calle Luis de Eguilaz 11; visite guidate €3, museo ingresso libero; 🕙 visite guidate 12 e 13 da lunedì a sabato, in inglese 11 da martedì a sabato, Museo de Manzanilla 11-15 da lunedì a sabato) Il museo, situato in un edificio del XIX secolo, ripercorre i 200 anni di storia della manzanilla, un vino prodotto unicamente a Sanlúcar, e della famiglia Barbadillo, la prima a commercializzarlo. Nel museo viene inoltre illustrato l'intero processo produttivo.

Bodegas Hidalgo-La Gitana (☎ 956 38 53 04; Calle Banda Playa; visite guidate €5; 🕙 visite guidate 12 mercoledì, venerdì e sabato)

La Cigarrera (☎ 956 38 12 85; Plaza Madre de Dios; visite guidate €2,50; 🕙 10-14 da lunedì a sabato)

Escursioni

Entrambe le escursioni al Parque Nacional de Doñana partono dal Bajo de Guía. Portatevi un repellente per insetti (tranne d'inverno).

Real Fernando (Centro de Visitantes Fábrica de Hielo; ☎ 956 36 38 13; www.visitasdonana.com; escursioni di 3 ore e mezzo interi/minori di 15 anni/minori di 13 anni €15,50/11,20/7,80; 🕙 10 da novembre e febbraio, 10 e 16 da marzo a maggio e ottobre, 10 e 17 da giugno a settembre) Queste piacevoli escursioni in battello sul Guadalquivir lungo i confini dei parchi di Doñana non sono adatte, nonostante le soste nel parco nazionale e in quello naturale, ai veri appassionati della natura. D'estate e nei periodi di vacanza bisogna prenotare con una settimana o più d'anticipo, mentre in bassa stagione bastano un giorno o due.

Viajes Doñana (☎ 956 36 25 40; Calle San Juan 20; escursioni di 3 ore e mezzo €36 a persona; 🕙 8.30 e 16.30 martedì e venerdì da maggio a metà settembre, 8.30 e 14.30 martedì e venerdì da metà settembre ad aprile) Queste divertenti escursioni in fuoristrada, che possono trasportare circa 20 persone, si inoltrano nel cuore del parco nazionale. Dopo aver attraversato il fiume, si prosegue visitando gli stessi posti delle escursioni organizzate da El Acebuche (v. p167). Ideali per i bambini. Prenotate con un certo anticipo.

Feste e manifestazioni

Feria de la Manzanilla L'estate di Sanlúcar prende il via tra la fine di maggio e l'inizio di giugno con una grande festa dedicata al prodotto tipico della città, la manzanilla.

Romería del Rocío (Pentecoste) Anche se il cuore di questa festa è El Rocío, all'estremità del Parque Nacional de Doñana (v. p169), Sanlúcar è comunque coinvolta, in quanto molti pellegrini e carri coperti partono per El Rocío da qui. Si tiene il settimo fine settimana dopo la Pasqua.

Festival musicali A luglio e agosto si svolgono festival di flamenco, di musica jazz e classica, nonché singoli concerti di importanti gruppi spagnoli. Consultate il sito www.turismo sanlucar.com, dove troverete informazioni aggiornate sui festival in programma.

Carreras de Caballos (www.carrerassanlucar.com) In agosto, in due periodi di tre-quattro giorni, vengono organizzate corse di cavalli sulla spiaggia vicino all'estuario del Guadalquivir. Questa manifestazione, a parte poche interruzioni, si svolge ininterrottamente dal 1845.

Pernottamento

Prenotate con un buon anticipo se volete trovare una camera nel periodo delle vacanze. Le sistemazioni a prezzo economico sono limitate.

Hostal Blanca Paloma (☎ 956 36 36 44; hostal blancapaloma@msn.co; Plaza San Roque 15; singole/doppie/triple €18/30/45) In questo *hostal* i prezzi rimangono invariati tutto l'anno. È una buona alternativa nei mesi più caldi. La migliore delle 10 camere, semplici ma pulite, è una tripla con una portefinestra che dà accesso a un piccolo balcone.

Hostal La Bohemia (☎ 956 36 95 99; Calle Don Claudio 5; singole/doppie €25/40) Nei corridoi di questo piccolo *hostal*, in una strada tranquilla nei pressi di Calle Ancha, 300 m a nord-est di Plaza del Cabildo, sono sistemate graziose sedie dipinte. Le camere sono ordinate e pulite e il servizio è cordiale.

Hotel Los Helechos (956 36 13 49; www.hotelos helechos.com; Plaza Madre de Dios 9; singole/doppie €47/62; P ❄) Los Helechos, nei pressi di Calle San Juan nella parte bassa della città vecchia, è un'attraente dimora rimodernata con camere allegramente decorate, gran parte delle quali sono disposte intorno a due patio con fontane pieni di piante.

Hospedería Duques de Medina Sidonia (☎ 956 36 01 61; www.ruralduquemedinasidonia.com; Plaza Condes de Niebla 1; camere €65-105; P ❄) Questo albergo, ospitato nel palazzo di una famiglia aristocratica (v. p205) nella parte alta della città vecchia, offre una sistemazione lussuosa e una splendida vista. Qui ritroverete un'atmosfera d'altri tempi: l'edificio, che ha 800 anni, è zeppo di eleganti mobili e decorazioni.

Hotel Guadalquivir (☎ 956 36 07 42; www.hotel guadalquivir.com, in spagnolo; Calzada del Ejército 20; singole/doppie con prima colazione €82/103; P ❄) Situato di fronte all'ufficio turistico, questo moderno albergo di 12 piani rinnovato da poco dispone di ampi spazi comuni, compreso un bar all'ultimo piano con vista panoramica. In inverno i prezzi si dimezzano.

Hotel Posada de Palacio (☎ 956 36 48 40; www. posadadepalacio.com; Calle Caballeros 11; singole/doppie/quadruple €85/105/149; P ❄) Appollaiato nella parte alta della città vecchia, questa dimora del XVIII secolo è una delle sistemazioni più incantevoli di Sanlúcar. Ha 27 camere, alcuni graziosi patio e una terrazza sul tetto. Le camere sono arredate con pesanti mobili vecchio stile. È un albergo lussuoso, poco adatto ai bambini.

Hotel Tartaneros (☎ 956 36 20 44; hoteltartaneros@ telefonica.net; Calle Tartaneros 8; singole/doppie €104/128, suite €300-360; P ❄) Il Tartaneros, situato all'estremità verso l'entroterra di Calzada del Ejército, all'inizio del XX secolo era la residenza di un industriale. Offre camere confortevoli, ma i prezzi sono un po' cari rispetto alla qualità.

Pasti

I ristoranti di pesce che si susseguono sul lungofiume nel Bajo de Guía sono una ragione più che sufficiente per visitare Sanlúcar. È un'esperienza molto romantica ammirare il sole che tramonta sul Guadalquivir davanti a un succulento piatto di pesce fresco accompagnato da un bicchiere di manzanilla, ma anche pranzare è un'esperienza fantastica! Basta passare in rassegna i vari ristoranti e scegliere quello più adatto alle proprie finanze. Attorno alla brulicante Plaza del Cabildo ci sono numerosi caffè, bar e ristoranti, molti dei quali servono la manzanilla spillandola direttamente dalla botte.

Casa Balbino (Plaza del Cabildo 11; tapas/raciones €1,50/9) Sedetevi a un tavolo e gustatevi una delle specialità del locale, come le *tortillas de camarones* (croccanti frittelle di gamberetti). La gente del posto in genere ordina il *coctel de bogavante* (cocktail di aragosta, €6).

Palacio de los Duques de Medina Sidonia (☎ 956 36 01 61; www.ruralduquemedinasidonia.com; Plaza Condes de Niebla 1; 🕒 9-14 e 15.30-22, chiuso sabato mattina) In questo aristocratico locale troverete arredi lussuosi, musica classica, caffè, tè e torte.

Casa Bigote (☎ 956 36 26 96; Bajo de Guía; portate principali di pesce €7-14; ⌚ chiuso domenica) Questo ristorante, che ha ottenuto ottimi giudizi da chiunque l'abbia provato, è solitamente molto affollato, perfino la sala nel seminterrato priva di vista. L'entrata si trova in fondo a un vicoletto verso la fine del Bajo de Guía. Provate la specialità della casa – *hamburguesas de bacalao con salsa* (hamburger di merluzzo con salsa, €8,50).

Restaurante Virgen del Carmen (☎ 956 38 22 72; Bajo de Guía; pesce €9-36, menú €15) Ristorante con una grande terrazza buono senza essere troppo costoso. Potete scegliere tra il pesce alla *plancha* (griglia) o *frito* (fritto), e non perdetevi gli antipasti: i *langostinos* (gamberoni) e i gustosi *coquines al ajillo* (molluschi all'aglio) costano entrambi €9, mentre una mezza bottiglia di manzanilla €6.

Bar Joselito Huertas (☎ 956 36 26 94; Bajo de Guía; pesce fritto €10, pesce fresco intero €13-36) In questo ristorante, situato in fondo alla strada, potete cenare all'aperto all'aria fresca osservando i pescherecci che fanno ritorno in porto con Doñana sullo sfondo. I camerieri vi aiuteranno a scegliere tra le proposte del menu – è possibile ordinare sia una *ración* sia una *media-ración*.

Locali

Due ottimi locali in cui rilassarsi davanti a un tè o un caffè dopo avere ammirato le bellezze della città sono l'Hotel Tartaneros (v. p206) e il Palacio de los Duques de Medina Sidonia (p206).

Divertimenti

In Calzada del Ejército, Plaza del Cabildo e nei loro dintorni ci sono dei vivaci bar con musica che nei mesi estivi organizzano numerosi concerti. Sul sito internet dell'ufficio turistico, www.turismosanlucar.com, troverete informazioni aggiornate sugli eventi in programma.

Bodegón de Arte (☎ 653 07 10 99; Calle San Miguel 5) Durante tutto l'anno il venerdì e il sabato, con inizio intorno alle 23.30, è possibile assistere a spettacoli di flamenco o di flamenco jazz. Il costo del biglietto va da €6 a €12 a seconda dell'evento in programma.

Per/da Sanlúcar de Barrameda

AUTOBUS

Tutti gli autobus partono dalla stazione in Avenida de la Estación. **Los Amarillos** (☎ 956 38 50 60) effettua fino a 10 corse al giorno per/da El Puerto de Santa María (€1,60, 30 minuti) e Cadice (€3, 1 ora e 15 minuti) e da 6 a 12 corse per/da Siviglia (€7, 1 ora e mezzo). **Linesur** (☎ 956 34 10 63) offre fino a 15 autobus al giorno per/da Jerez de la Frontera (€1,60, 30 minuti). Per andare ad Arcos de la Frontera e a El Bosque bisogna cambiare a Jerez.

IMBARCAZIONI

È possibile visitare Sanlúcar con un'escursione in barca di un giorno da Siviglia (v. p120), ma non si può utilizzare il battello fluviale per un tragitto di sola andata da Sanlúcar a Siviglia.

JEREZ DE LA FRONTERA

Pop. 196.000 / alt. 55 m

Jerez vi incanterà con le sue tre principali attrattive – lo sherry, i cavalli e il flamenco. La città, situata su una bassa altura al centro di una campagna ondulata, 36 km a nord-est di Cadice, è famosa in tutto il mondo per lo sherry, vinificato con le pregiate uve che crescono nel territorio gessoso che circonda la città. Molti viaggiatori vengono per visitare le bodegas, ma Jerez è anche la capitale andalusa dei cavalli, nonché uno dei centri più vivaci del flamenco, grazie alla presenza di una comunità gitana integrata abbastanza bene nella comunità locale.

Gli arabi chiamarono la città 'Scheris', e da questo nome derivano sia 'Jerez' sia 'sherry'. 'De la Frontera', un suffisso comune nella provincia di Cadice, risale all'epoca della Reconquista, quando l'intera regione era una *frontera* dei territori cristiani.

Lo sherry era già famoso in Inghilterra ai tempi di Shakespeare e fu grazie al denaro inglese che, a partire dal 1830 circa, si svilupparono un certo numero di aziende vinicole. Oggi, l'alta società di Jerez è un misto di andaluso e di britannico, come conseguenza di 150 anni di matrimoni tra le famiglie dei produttori di vino. A partire dagli anni intorno al 1980 la maggior parte delle aziende vinicole, fino ad allora controllate da una quindicina di famiglie, sono state acquistate da potenti multinazionali.

Jerez è una città ricca, con negozi eleganti, abitanti agiati e, nella città vecchia, antiche dimore e bellissime chiese molte delle quali attualmente in fase di restauro. La città organizza fantastiche fiestas con splendidi cavalli, bella gente e spettacoli di flamenco.

Orientamento e informazioni

Il centro di Jerez si trova tra Alameda Cristina e Plaza del Arenal, collegate in direzione nord-sud da Calle Larga e Calle Lancería (entrambe vie pedonali). La città vecchia è situata a ovest e a sud-est di Calle Larga.

Lungo Calle Larga e dintorni ci sono molte banche e bancomat.

Ciberjerez (Calle Santa María 3, internet €2 l'ora; 10-23 da lunedì a sabato, 12-23 domenica) Offre anche tariffe economiche per telefonare in tutto il mondo.

Dyno Informática (Calle Bodegas s/n; internet €1,75 l'ora; 10-14 e 17-21 da lunedì a giovedì, 10-22 venerdì e sabato, 15-22 domenica)

Ufficio postale (902 19 71 97; all'angolo tra Calle Cerrón e Calle Medina)

JEREZ DE LA FRONTERA

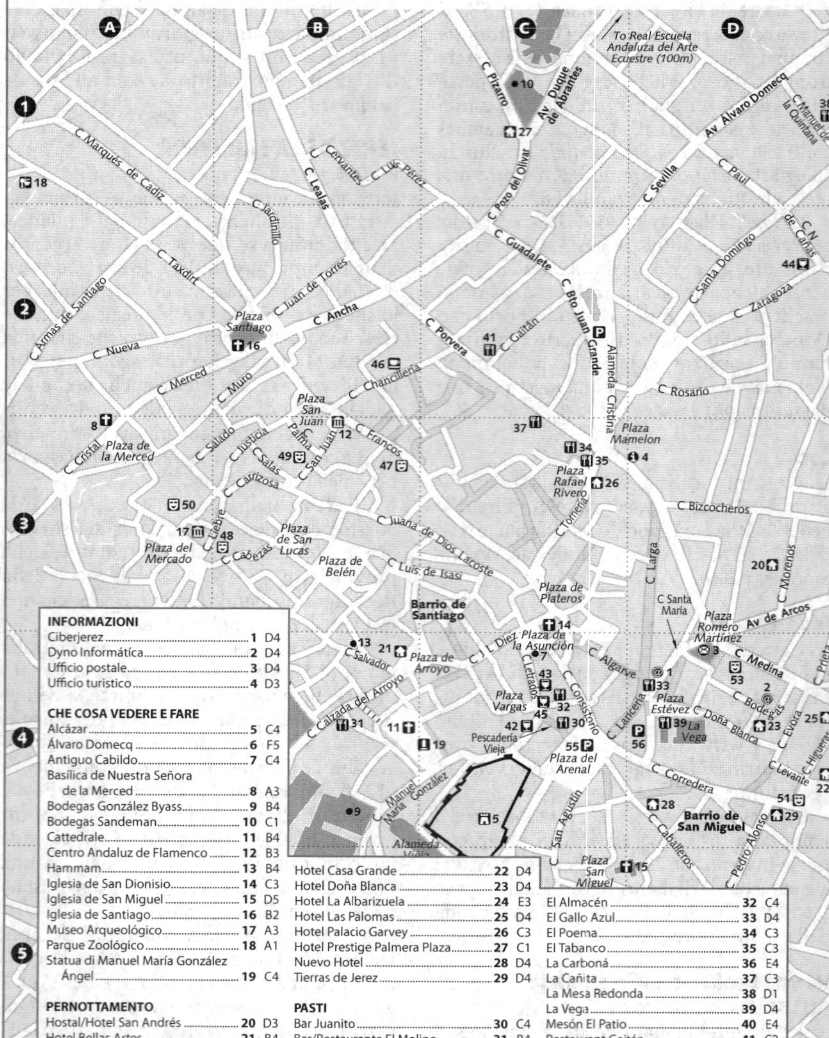

INFORMAZIONI
Ciberjerez 1 D4
Dyno Informática 2 D4
Ufficio postale 3 D4
Ufficio turistico 4 D3

CHE COSA VEDERE E FARE
Alcázar 5 C4
Álvaro Domecq 6 F5
Antiguo Cabildo 7 C4
Basílica de Nuestra Señora de la Merced 8 A3
Bodegas González Byass 9 B4
Bodegas Sandeman 10 C1
Cattedrale 11 B4
Centro Andaluz de Flamenco 12 B3
Hammam 13 B4
Iglesia de San Dionisio 14 C3
Iglesia de San Miguel 15 D5
Iglesia de Santiago 16 B2
Museo Arqueológico 17 A3
Parque Zoológico 18 A1
Statua di Manuel María González Ángel 19 C4

PERNOTTAMENTO
Hostal/Hotel San Andrés 20 D3
Hotel Bellas Artes 21 B4
Hotel Casa Grande 22 D4
Hotel Doña Blanca 23 D4
Hotel La Albarizuela 24 E3
Hotel Las Palomas 25 D4
Hotel Palacio Garvey 26 C3
Hotel Prestige Palmera Plaza 27 C1
Nuevo Hotel 28 D4
Tierras de Jerez 29 D4

PASTI
Bar Juanito 30 C4
Bar/Restaurante El Molino 31 B4
El Almacén 32 C4
El Gallo Azul 33 D4
El Poema 34 C3
El Tabanco 35 C3
La Carboná 36 E4
La Cañita 37 C3
La Mesa Redonda 38 D1
La Vega 39 D4
Mesón El Patio 40 E4
Restaurant Gaitán 41 C2

Ufficio turistico (☎ 956 32 47 47; www.turismojerez.com; Alameda Cristina; 🕑 10-15 e 17-19 da lunedì a venerdì, 10-14.30 sabato e domenica da metà giugno a metà settembre, 9.30-15 e 16.30-18.30 da lunedì a venerdì, 9.30-14.30 sabato e domenica da metà settembre a metà giugno) Dispone di personale molto efficiente in grado di parlare diverse lingue e di fornire utili informazioni su un'infinità di argomenti.

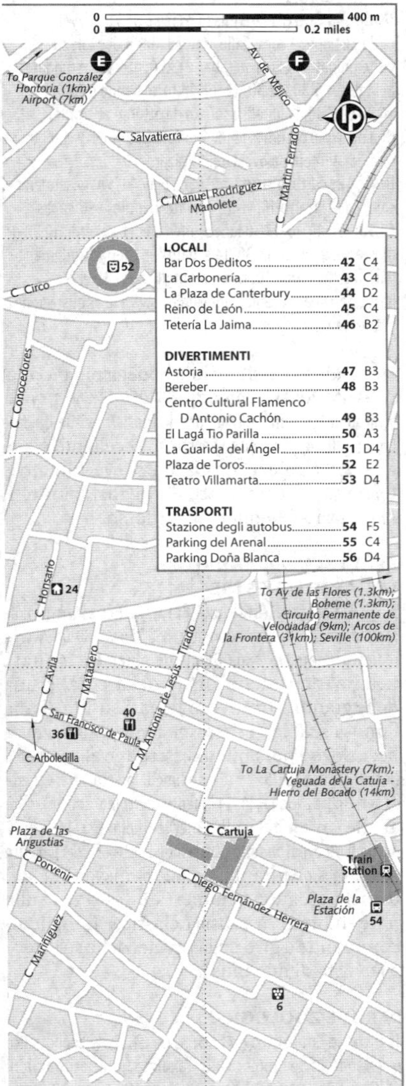

Che cosa vedere e fare

CITTÀ VECCHIA

Il posto più ovvio da cui iniziare il giro della città vecchia, della quale rimangono ancora in parte le mura, è l'**Alcázar** (☎ 956 32 69 23; Alameda Vieja; ingresso incluso/esclusa camera obscura €5,40/3; 🕑 10-20 da lunedì a sabato, 10-15 domenica da maggio a metà settembre, 10-18 da lunedì a sabato, 10-14.30 domenica da metà settembre ad aprile), la fortezza musulmana dell'XI e XII secolo situata a sud-ovest di Plaza del Arenal. Al suo interno si trovano la bellissima **mezquita** (moschea), trasformata in cappella da Alfonso X nel 1264, gli imponenti **Baños Árabes** (bagni arabi) e il **Palacio Villavicencio**, costruito nel XVIII secolo sulle rovine del vecchio palazzo arabo. Non mancate di visitare i giardini, che con le loro aiuole dai disegni geometrici e le fontane gorgoglianti ricreano perfettamente l'atmosfera della dominazione islamica. Completate la visita con una panoramica su Jerez: la **camera obscura** nella torre del palazzo offre un affascinante documentario sulla città accompagnato da un interessante commento di 15 minuti in spagnolo, inglese, francese e tedesco. Le proiezioni avvengono ogni 30 minuti fino a mezz'ora prima della chiusura.

La passeggiata che circonda l'Alcázar offre una splendida vista sulla parte occidentale della città. In primo piano si può osservare la grande statua di **Manuel María González Ángel** (1812-87), fondatore delle Bodegas González Byass (p210). Fu suo zio, José Ángel, che diede il nome al famoso sherry secco della González Byass, il Tio Pepe (*tío* significa zio e Pepe era il soprannome di José). Dietro la statua del Señor González sorge la **cattedrale** (ingresso libero; 🕑 11-13 da lunedì a venerdì, messa 19.30 tutti i giorni) di Jerez, costruita in gran parte nel corso del XVIII secolo sul sito della principale moschea musulmana della città. Lo stile presenta elementi gotici, barocchi e neoclassici. Leggermente discosto dalla chiesa c'è la bella cella campanaria mudejar-gotico del XV secolo.

Un paio di isolati a nord-est della cattedrale si incontra Plaza de la Asunción, con l'**Antiguo Cabildo** (vecchio municipio), un bell'edificio del XVI secolo, e l'incantevole **Iglesia de San Dionisio**, una chiesa mudejar costruita nel XV secolo dedicata al santo patrono della città – Jerez fu presa dai cristiani il 9 ottobre 1264, giorno della festa di San Dionisio.

A nord e a ovest di questa piazza si estende il **Barrio de Santiago**, un quartiere abitato soprattutto da *gitanos*, uno dei luoghi dove nacque e si sviluppò il flamenco. Qui si trova anche l'eccellente **Museo Arqueológico** (☎ 956 32 63 36; www.museoarqueologico.webjerez.com; Plaza del Mercado; ingresso €3; 🕑 10-14.30 da martedì a domenica da metà giugno ad agosto, 10-14 e 16-19 da martedì a venerdì, 10-14.30 sabato, domenica e festivi da settembre a metà giugno). La principale attrattiva della sua collezione è un elmo greco del VII secolo a.C. rinvenuto nel Río Guadalete. Degni di nota sono anche due idoli di forma cilindrica con grandi occhi tondi e linee tatuate sul viso, che risalgono forse al culto della dea terra nell'età del rame. Il museo è stato chiuso per restauri nel 2006.

In questa zona si trova anche il **Centro Andaluz de Flamenco** (☎ 956 34 92 65; http://caf.cica.es; Plaza de San Juan 1; 🕑 9-14 da lunedì a venerdì). Se questa espressione artistica ha avuto origine tra Siviglia e Cadice, Jerez ne è da sempre la vera capitale. Il centro, che comprende un museo e una scuola, si occupa della conservazione e della promozione del flamenco grazie anche a biblioteche e archivi musicali che raccolgono migliaia di opere. Ogni mattina durante l'orario di apertura vengono proiettati video relativi a questa forma d'arte.

L'ambizioso progetto di dare vita a una Ciudad de Flamenco, con l'intento di rivitalizzare il vecchio quartiere e di promuovere il flamenco, è in fase di realizzazione. Plaza de Belén, scelta per ospitare la *ciudad*, tra il Barrio de Santiago e il Barrio de San Miguel, era il cuore della Jerez araba. La 'città' avrà un auditorium, una biblioteca, una scuola di flamenco e un museo.

A sud-est di Plaza del Arenal si trova una delle più belle chiese di Jerez, l'**Iglesia de San Miguel** (Plaza San Miguel; 🕑 messa 20 da lunedì a sabato, 9, 12 e 20 domenica), costruita nel XVI secolo in stile gotico-isabellino, ma con la facciata principale barocca. Presenta straordinarie sculture in pietra, bellissime vetrate istoriate e un elaborato retablo di Juan Martínez Montañés. Il campanile si distingue per le sue piastrelle bianche e blu.

BODEGAS DELLO SHERRY

A Jerez si trovano almeno 20 produttori di sherry, tra cui nomi famosi come González Byass, Williams & Humbert, Sandeman, Pedro Domecq, Garvey e Harveys. La maggior parte delle bodegas è visitabile solo dopo aver prenotato, ma alcune aprono le porte anche ai turisti senza prenotazione. È però consigliabile confermare in anticipo gli orari e gli accordi presi con le aziende produttrici o con gli uffici turistici, che forniscono l'elenco completo delle bodegas aperte al pubblico. Le visite sono in spagnolo e in inglese, spesso in tedesco e talvolta anche in francese.

Tra le aziende vinicole visitabili senza prenotazione ci sono:

Bodegas González Byass (☎ 956 35 70 16; www.bodegastiopepe.com; Calle Manuel María González 12; visite guidate €8,50, con tapas €13,50; 🕑 visite guidate in inglese 11.30, 12.30, 13.30, 14 tutto l'anno e 15.30, 16.30 e 17.30 da lunedì a sabato da ottobre ad aprile) Una delle più grandi aziende produttrici di sherry, situata immediatamente a ovest dell'Alcázar.

Bodegas Sandeman (☎ 956 15 17 11; www.sandeman.com; Calle Pizarro 10; visite guidate in inglese €6, tapas €5,50; 🕑 11.30-13.30 lunedì, mercoledì e venerdì, 10.30-14 martedì e giovedì, 11.30-14 sabato) Gli sherry Sandeman hanno come logo il 'Don' dal mantello nero. Le visite includono una presentazione audiovisiva e la degustazione di tre sherry.

Se desiderate visitare una bodega più piccola, provate **Álvaro Domecq** (☎ 956 33 96 34; www.alvarodomecq.com; Calle Madre de Dios s/n; visite guidate €6; 🕑 10-14 da lunedì a venerdì). L'eccellente visita guidata è interrotta da un breve filmato e termina con una piccola degustazione. È necessario telefonare in anticipo.

REAL ESCUELA ANDALUZA DEL ARTE ECUESTRE

La **Real Escuela Andaluza del Arte Ecuestre** (Scuola reale andalusa di arte equestre; ☎ 956 31 80 08; www.realescuela.org; Avenida Duque de Abrantes), situata nella parte settentrionale della città, è una delle grandi attrattive di Jerez. Si tratta di una famosa scuola di dressage per cavalli e cavalieri, dove è possibile assistere agli **allenamenti** (interi/bambini €8/5; 🕑 11-14 lunedì, mercoledì e venerdì da settembre a luglio, 11-14 lunedì e mercoledì agosto). C'è anche un **espectáculo** (interi/bambini €23/14; 🕑 12 martedì e giovedì da settembre a luglio, 12 martedì, giovedì e venerdì agosto) durante il quale bellissimi cavalli bianchi eseguono numeri di destrezza sulle note di brani di musica classica. Il biglietto comprende il giro della tenuta, delle strutture e la visita di due musei.

PARQUE ZOOLÓGICO

Il **Parque Zoológico** (☎ 956 15 31 64; www.zoobotanicojerez.com, in spagnolo; Calle Taxdirt s/n; interi/bambini €6,50/4,50; 🕑 10-20 da giugno a settembre, 10-18 da

IL PROCESSO SOLERA

Il processo di affinamento dello sherry è estremamente affascinante. Dopo la vendemmia e la pigiatura dell'uva, il mosto che se ne ricava viene lasciato fermentare. Trascorso qualche mese la superficie del mosto si vela di una spuma schiumosa chiamata *flor* (lievito). A questo punto il vino viene trasferito nelle bodegas (aziende vinicole) in grandi botti di rovere americano.

Il processo chiamato *solera* inizia dopo un anno di invecchiamento. Le botti, piene all'incirca per cinque sesti, sono disposte in modo da formare lunghe file sovrapposte. Quelle che si trovano a contatto con il pavimento, chiamato *solera* (da *suelo*, che significa suolo), contengono il vino più vecchio. Da queste botti, circa tre volte all'anno, viene spillato il 10% del vino, quantità che è reintegrata prendendo il vino dalle botti della fila superiore, che a sua volta è sostituito con quello delle botti poste ancora più in alto. I vini sono lasciati invecchiare da tre a sette anni. Prima dell'imbottigliamento viene aggiunta una piccola quantità di brandy per stabilizzare il vino, portando la gradazione alcolica a 16-18 gradi e provocando in questo modo l'arresto della fermentazione.

Una visita guidata in una bodega vi porterà nelle cantine dove il vino è immagazzinato e fatto invecchiare, vi fornirà informazioni circa il processo e la storia dei produttori e vi offrirà l'opportunità di assaggiarlo. Nelle bodegas potrete inoltre acquistare lo sherry, che si trova comunque in vendita anche in tutti i supermercati.

V. p88 per informazioni sui vari tipi di sherry. Il *coñac* (brandy) di Jerez, bevuto in tutta la Spagna, è un altro prodotto locale che garantisce ottimi profitti – ogni anno ne vengono prodotte 63 milioni di bottiglie.

martedì a domenica da ottobre a maggio) ospita più di 1300 animali, giardini curati e un centro per il recupero degli animali selvatici. Inoltre è stato avviato un programma per la riproduzione della lince iberica.

Feste e manifestazioni

Festival de Jerez (www.festivaldejerez.com) Due settimane tra la fine di febbraio e l'inizio di marzo. Dedicato alla musica e alla danza, in particolare al flamenco, rappresenta una buona occasione per vedere in azione i grandi nomi di questa affascinante arte. La sede principale è il Teatro Villamarta (p214).

Feria del Caballo Una settimana nella prima metà del mese di maggio. È una delle più importanti manifestazioni andaluse, con musica, danze e corride, oltre a ogni genere di competizione equestre. Pittoresche sfilate di cavalli attraversano la zona fieristica del Parque González Hontoria nella parte settentrionale della città: i cavalieri dall'aspetto aristocratico indossano cappelli a calotta piatta, camicie bianche ornate da jabot, pantaloni neri e gambali di cuoio, mentre le loro compagne, che cavalcano all'amazzone sulle *cruperas* (selle leggere da donna), vestono lunghi abiti a pois con balze arricciate. Il Gran Premio di Motociclismo di Jerez (v. p215) talvolta coincide con la Feria del Caballo.

Fiestas de Otoño Le 'feste d'autunno', che a settembre celebrano per circa due settimane il periodo della vendemmia, comprendono manifestazioni che vanno dagli spettacoli di flamenco alle esibizioni di cavalli e alla tradizionale pigiatura dei primi grappoli in Plaza de la Asunción. I festeggiamenti si concludono con un'importante parata di cavalli, cavalieri e carrozze.

Pernottamento

Jerez offre moltissime opportunità di sistemazione, ma i prezzi salgono alle stelle durante la Feria del Caballo, quando occorre prenotare con molto anticipo.

Quasi tutte le sistemazioni economiche e a prezzi medi sono concentrate nella zona orientale del centro. I migliori alberghi di Jerez si trovano invece nella parte settentrionale della città, lungo Avenida Álvaro Domecq e la parallela Avenida Duque de Abrantes, un'ottima soluzione per chi vuole partecipare alla fiera dei cavalli. Alcune sistemazioni di lusso stanno sorgendo nella zona centrale.

Hostal/Hotel San Andrés (☎ 956 34 09 83; www.hotelsanandres.org; Calle Morenos 12; singole/doppie €24/38, con bagno in comune €20/28; ❄ 💻) All'ingresso di questo accogliente albergo c'è un patio pieno di piante decorato con piastrelle, uno dei più belli e tradizionali di Jerez. Le camere pulite e abbastanza confortevoli sono riscaldate d'inverno e dotate di TV. Le 18 stanze dell'*hostal* sono più spartane, anche se dotate di riscaldamento.

Hostal Las Palomas (☎ 956 34 37 73; www.hostal-las-palomas.com; Calle Higueras 17; singole/doppie €30/45, con bagno in comune €25/40) Grazie ai nuovi e giovani gestori, all'allegro colore giallo delle pareti, ai pavimenti rifatti e alle variopinte piastrelle decorative andaluse quello che era un anonimo *hostal* è stato trasformato in

HAMMAM DI JEREZ

Se volete sentirvi per qualche ora un sultano o una principessa araba recatevi nel nuovo **hammam** (☎ 956 34 90 66; www.hammamandalusi.com; Calle Salvador 6; bagni €15, più 15 minuti di massaggi €25, più massaggio completo €40) o *baños árabes* di Jerez. Potete rilassarvi in una delle tre piscine – calda, tiepida o fredda – spostarvi dall'una all'altra o concedervi un massaggio e/o una serie di trattamenti di bellezza (2 ore e mezzo, €70-80). Qualunque soluzione scegliate, la sensuale esperienza dell'hammam è un perfetto complemento al vostro viaggio. Sono ammesse solo 15 persone per volta, perciò ricordatevi di prenotare in anticipo.

Il design e gli arredi dell'hammam intendono ricreare l'atmosfera di Al-Andalus (la parte della Penisola Iberica caduta nel Medioevo sotto il dominio islamico). Non appena attraverserete la porta di legno che immette nel foyer sarete accolti dall'inebriante aroma creato dalla mescolanza di oli essenziali e incenso. Il personale vi spiegherà i vari percorsi e vi consegnerà un morbido asciugamano, ciabatte di gomma (per ragioni igieniche) e un costume da bagno a chi lo ha dimenticato.

A questo punto potrete incamminarvi verso gli spogliatoi e le docce. Vi saranno offerti un gel doccia marocchino all'uva e uno shampoo naturale, utile soprattutto alla fine del trattamento se avrete scelto di sottoporvi a un massaggio per il quale viene utilizzato l'olio marocchino di argane (simile all'olio di oliva). Gli spogliatoi, con docce annesse, sono attrezzati con armadietti e asciugacapelli.

Da qui si passa in una zona illuminata da luci soffuse con a destra una piscina di forma quadrata con acqua abbastanza bassa e tiepida, di fronte una piscina rettangolare con acqua calda e a sinistra una piscina con acqua fredda, piccola ma profonda, utilizzata in pieno inverno soltanto da persone di robusta costituzione o animate da una vena di follia.

Potete immergervi nelle piscine per 1 ora e 15 minuti, rilassandovi al suono della musica islamica che si diffonde tra le arcate arabeggianti e le pareti ricoperte di piastrelle decorative, mentre le luci si muovono lentamente sott'acqua e sugli alti soffitti rifrangendosi nei colori dell'arcobaleno.

Quando sta per scadere il tempo a vostra disposizione vi sarà portata una teiera con tè alle erbe dolcificato. Successivamente, se avete scelto di sottoporvi a un massaggio o a uno dei trattamenti di bellezza, sarete condotti in un'altra stanza. Il massaggio di 15 minuti interessa spalle, schiena e gambe. Per la parte anteriore del corpo, il viso, le braccia e i piedi dovrete scegliere il massaggio di 30 minuti. Altre opportunità sono il trattamento esfoliante, il bagno di fango o di aloe vera.

Alla fine, perfettamente rinvigoriti, raggiungerete nuovamente gli spogliatoi pronti ad affrontare il mondo con un sorriso.

un'attraente sistemazione economica. Molte camere sono disposte attorno a un patio dal soffitto di vetro. Inoltre, dalla terrazza sul tetto si gode un ampio panorama.

Hotel La Albarizuela (☎ 956 34 68 62; www.hotelalbarizuela.com; Calle Honsario 6; camere €66; P ❄) Moderno albergo situato pochi passi a est del centro. Le finiture in celeste e grigio accompagnano nel migliore dei modi gli arredi dalle linee pulite. Cinque delle 17 camere, tutte molto spaziose, hanno un patio privato, anche se non offrono alcuna vista. C'è una caffetteria con prima colazione a buffet (€7). Il giovane personale alla reception fornisce informazioni sulla vita notturna di Jerez.

Nuevo Hotel (☎ 956 33 16 00; www.nuevohotel.com; Calle Caballeros 23; singole/doppie €45/74; ❄ ♿) Situato in una vecchia residenza del XIX secolo rimodernata, questo popolare albergo a gestione familiare offre 27 camere (nove singole e 18 spaziose doppie) tutte con TV e riscaldamento. Finita l'alta stagione i prezzi si dimezzano. Nella luminosa sala da pranzo viene servita la prima colazione a buffet (€6). È indispensabile prenotare.

Tierras de Jerez (☎ 956 34 64 00; www.intergrouphoteles.com; Calle Corredera 58; singole/doppie €62/96; P ❄ 💻) Albergo dai prezzi medi assai raccomandabile, anche se un po' anonimo. È in grado di soddisfare qualsiasi necessità e, inoltre, è situato a pochi passi da negozi, ristoranti e locali notturni. Le 30 camere sono arredate abbastanza bene, anche se le singole sono in genere piuttosto piccole. Esiste un parcheggio (€12 al giorno) a cui si accede tramite una rampa particolarmente ripida.

Hotel Casa Grande (☎ 956 34 50 70; www.casagrande.com.es; Plaza de las Angustias 3; singole/doppie €70/91, suite €164; P ❄ 💻 ♿) Questo splendido albergo occupa una dimora costruita intorno al 1920 accuratamente restaurata. Le camere su tre piani sono disposte attorno a un patio, o accanto alla terrazza ricavata sulla sommità dell'edificio, dalla quale la vista spazia sui bei tetti delle case di Jerez e sugli alberi di palma che crescono davanti all'albergo. La supervisione del Casa Grande è affidata alla simpatica Monika Schroeder che è una miniera di informazioni su Jerez.

Hotel Doña Blanca (☎ 956 34 87 61; www.hoteldonablanca.com, in spagnolo; Calle Bodegas 11; singole/doppie €77/96; P ✤ 💻) Il Doña Blanca, situato in una tranquilla via secondaria, è un eccellente albergo di 30 camere con pavimenti in legno, pareti di una riposante tonalità azzurra, bagni discreti con originali piastrelle, TV satellitare e cassette di sicurezza. Il personale è cordiale ed efficiente.

Hotel Bellas Artes (☎ 956 34 84 30; www.hotelbellasartes.com; Plaza de Arroyo 45; singole/doppie €107/128, suite a partire da €160; P ✤ 💻) Sistemato in uno splendido palazzo rimodernato, il Bellas Artes offre la vista della cattedrale di Jerez dalla terrazza principale e dalle suite. Una colonna angolare di pietra squisitamente intagliata adorna l'esterno neoclassico color sabbia. Le forti tonalità degli interni contrastano con i pavimenti di marmo bianco. Le vasche da bagno non incassate contribuiscono a creare un'atmosfera d'altri tempi, anche se le camere sono dotate di tutti i moderni confort.

Hotel Prestige Palmera Plaza (☎ 956 03 15 00; www.palmeraplaza.com; Calle Pizarro 1; singole/doppie a partire da €215/246; P ✤ 💻 ♿) Questo albergo di gran lusso comprende gli edifici e i vasti giardini di una bodega del XIX secolo. Gli spazi sono ampi e luminosi e il design elegante si accompagna a raffinati mobili moderni. Le sontuose suite sono dotate di vasche idromassaggio e il ristorante gode di ottima fama. Agli appassionati di fitness l'albergo mette a disposizione numerose attrezzature.

Hotel Palacio Garvey (☎ 956 32 67 00; www.sferahoteles-net; Calle Tornería 24; singole/doppie €226/292; P ✤ 💻 ♿) Il Garvey è ospitato in un magnifico palazzo neoclassico del XIX secolo. Parte delle antiche mura cittadine è visitabile dall'ascensore e soprattutto dai giardini. Nelle aree comuni stampe raffiguranti animali, vivaci dipinti e ciotole di ispirazione giapponese disposte su bassi tavoli sospesi contribuiscono a creare un caldo ambiente. Le 16 camere, ciascuna con uno stile differente, presentano colori tenui e lussuosi oggetti di pelle. L'eccellente ristorante è arredato con sedie laccate di rosso.

Pasti

La cucina di Jerez è stata influenzata dalla tradizione araba, dalla vicinanza del mare, dalla cucina inglese e da quella francese. Non sorprende che lo sherry venga spesso usato per insaporire molti piatti locali come il *riñones al jerez* (rognone brasato nello sherry) e il *rabo de toro* (stufato di coda di bue). Non perdetevi il mercato centrale di Jerez, che offre una fantastica scelta di carne, pesce e frutti di mare, frutta, verdura ed erbe aromatiche fresche.

RISTORANTI E CAFFÈ

Bar/Restaurante El Molino (☎ 956 33 71 86; Plaza Domecq 16; portate principali €7-10, menú €7; 🕐 chiuso domenica sera) Ristorante di quartiere che prepara piatti locali, con tavolini all'aperto vicino alla strada sotto la cattedrale e una sala interna. Le melanzane ripiene con besciamella sono un'ottima scelta. In alternativa provate la specialità della casa, *revueltos* (uova strapazzate) con salmone e gamberoni.

La Vega (Plaza Estévez s/n; portate principali €7,50-12) Bar molto animato dove potete farvi un'idea di come viva la gente del posto. Situato accanto al mercato, è un buon posto per la prima colazione o una pausa durante la giornata, anche se un po' rumoroso. La scelta è molto ampia, e spazia dai *churros* (lunghe ciambelle sottili zuccherate) da intingere in un caffè o in una cioccolata calda, ai soliti piatti di carne e pesce e a un'ampia scelta di paste e torte.

Mesón El Patio (☎ 956 34 07 36; Calle San Francisco de Paula 7; raciones di pesce €6-10, carne €5-18; 🕐 chiuso domenica sera e lunedì) La Mesón El Patio abbina la cordialità locale con un tocco di classe. Ha soffitti alti, colori caldi, sedie di legno intagliato, piastrelle in stile arabo e una collezione di vecchie radio. Ma soprattutto la cucina è eccellente e la scelta vastissima.

Restaurant Gaitán (☎ 956 34 58 59; Calle Gaitán 3; antipasti €10-21, portate principali €14-17; 🕐 chiuso domenica sera) Caratterizzato da originali decorazioni, con trofei di caccia e fotografie di vecchi clienti, il Gaitán offre piatti appetitosi come *rape mozárabe con pasas de corinto* (rana pescatrice in stile mozarabico in salsa con uva passa) e *cordero con miel y coñac* (agnello in salsa di miele e brandy). Il *menú turístico* a €16 è una buona alternativa per chi non vuole spendere molto.

La Mesa Redonda (☎ 956 34 00 69; Calle Manuel de la Quintana 3; portate principali €12-19) Ristorante piccolo e dall'atmosfera tranquilla situato al pianterreno di un condominio simile a un palazzone sovietico. L'arredamento e le uniformi dei camerieri sono un po' datati, c'è musica rilassante in sottofondo e la cucina serve ottimi piatti ricchi d'inventiva, anche se le porzioni sono piccole.

La Carboná (☎ 956 34 74 75; Calle San Francisco de Paula 2; portate principali €9-28; ⏰ chiuso martedì; Ⓥ) Questo immenso e popolare ristorante dal menu eccentrico è situato in una vecchia bodega. D'inverno vi consigliamo di sedervi accanto al caminetto. Tra le sue specialità ci sono carni alla griglia e pesce fresco; più insolite le quaglie con foie gras e petali di rosa. Le acciughe della Cantabria arricchiscono la *ensalada de siempre* (insalata di tutti i giorni).

BAR DI TAPAS

El Gallo Azul (Calle Larga 2; tapas €1,80) Questo bell'edificio storico a pianta circolare ospita un bar al pianterreno e un ristorante al primo piano. I tavolini a livello della strada sono perfetti per osservare il viavai della gente, bere un *fino* e gustare innovative tapas preparate con ingredienti locali. Il *timbal de huevo relleno con langostino* (timballo di uova ripiene con gamberoni) è un capolavoro.

Bar Juanito (☎ 956 33 48 38; www.bar-juanito.com; Pescadería Vieja 8-10; tapas €2, media-raciones €4-6) Ottimo locale per gustare tapas e sherry. Potete farlo al bar (in piedi o seduti), oppure accomodarvi ai tavoli all'aperto o nella semplice sala da pranzo situata sul retro e ordinare porzioni più grandi. Pescadería Vieja, un piccolo vicolo che parte da Plaza del Arenal, offre una piacevole brezza nelle giornate più calde.

El Almacén (Calle Ferros 8; tapas €2-3,50) Scegliete un tavolo nella sala sul retro, simile a una bodega, fatevi portare una *tabla* (assortimento di tapas) di pâtés e formaggi o prosciutto e salsicce e immergetevi nell'atmosfera del locale. Le *patatas bravas* (patate fritte speziate) sono imperdibili.

La Cañita (Calle Porvera 11; tapas €1-2) Il migliore tra i locali di tapas situati a pochi passi da Plaza Rafael Rivero. I *montaditos* (piccoli panini aperti) sono deliziosi: provate quello al brie e acciughe.

Altri splendidi bar di tapas con tavoli all'aperto circondano la piccola e tranquilla Plaza Rafael Rivero, circa 500 m a nord di Plaza del Arenal. Veniteci dopo le 21.30 o la domenica in tarda mattinata e non perdetevi i *montaditos* o i *panes* (panini aperti più grandi; da €1,80 a €5) di El Poema, che propone abbinamenti deliziosi. Poi spostatevi ai tavoli di El Tabanco per assaggiare il suo prosciutto.

Locali

Tetería La Jaima (Calle Chancillería 10; tè €2-3; ⏰ 16.30-22.30 da lunedì a venerdì, 16.30-2 sabato e domenica) Locale frequentato da giovani amanti del tè arredato in stile marocchino con tappeti e cuscini sul pavimento e tavolini di varie altezze rivestite di piastrelle. Offre una straordinaria scelta di miscele di tè.

Alcuni bar situati nelle strette vie a nord di Plaza del Arenal si animano la sera tardi grazie a una clientela di ventenni: provate il **Bar Dos Deditos** (Plaza Vargas 1), il **Reino de León** (Calle Ferros) o **La Carbonería** (Calle Letrados 7). A nord-est del centro c'è **La Plaza de Canterbury** (Calle N de Cañas), con parecchi bar disposti intorno a un cortile centrale, anch'essi frequentati da una clientela molto giovane.

Per i music bar e le discoteche dovete spostarvi nella parte settentrionale di Jarez nella zona di Avenida de Méjico, dove ci sono molti locali frequentati da una clientela giovane, ma non come le centinaia di teenager che preferiscono bere in strada e bazzicare da queste parti dopo la mezzanotte.

Un paio di chilometri a est del centro, nei dintorni di Avenida de las Flores (€4 in taxi), si trova una serie di nuovi locali. **Boheme** (Avenida de las Flores 13) è uno dei numerosi bar-caffetteria con pista da ballo al piano superiore.

Divertimenti

Per sapere cosa c'è in programma a Jerez visitate il sito www.turismojerez.com, controllate i manifesti pubblicitari e procuratevi i giornali *Diarío de Jerez* e *Jerez Información*.

TEATRO

Il vivace **Teatro Villamarta** (☎ 956 32 71 00; www.villamarta.com; Plaza Romero Martínez) pubblica un opuscolo con il programma della stagione.

MUSICA DAL VIVO

Uno dei locali alla moda dove si può ascoltare musica dal vivo (latina o d'altro genere) è **La Guarida del Ángel** (☎ 956 34 96 98; Calle Porvenir 1; ⏰ 20-fino a tardi). Spettacoli musicali di vario genere vengono organizzati all'**Astoria** (Calle

Francos), un'area per concerti all'aperto. Anche nella Plaza de Toros si tengono talvolta esibizioni musicali.

LOCALI NOTTURNI

Bereber (☎ 956 34 00 16; Calle Cabezas 10; ⌚ dalle 16.30-fino a tardi), ospitato in uno strabiliante palazzo rimodernato nel Barrio de Santiago, sembra un locale più marocchino – come suggerisce il suo nome (berbero) – che spagnolo, anche grazie alle piante esotiche sistemate di fronte ai resti delle mura della città vecchia. I murales in stile romano richiamano un'altra epoca. Il locale, per buona parte all'aperto, si rivolge a una clientela di tutte le età, anche se la discoteca situata al centro è frequentata prevalentemente da giovani scatenati che vogliono fare le ore piccole.

FLAMENCO

Soprattutto nel Barrio de Santiago, ma anche altrove, troverete parecchi *peñas flamencas* (club di flamenco) molto attivi. Di solito i visitatori veramente interessati sono ben accolti: informatevi su cosa c'è in programma presso l'ufficio turistico (dove si trova un elenco di 16 *peñas flamencas*).

Centro Cultural Flamenco D Antonio Cachón (☎ 956 34 74 72; Calle Salas 12) Il centro ospita serate di autentico flamenco. È spesso aperto nel fine settimana, quando potreste essere abbastanza fortunati da assistere a spettacoli di flamenco improvvisati.

El Lagá Tio Parrilla (☎ 956 33 83 34; Plaza del Mercado; ingresso €18) Propone esibizioni di flamenco alle 22.30 e alle 0.30 dal lunedì al sabato; gli spettacoli, rivolti prevalentemente ai turisti, sono comunque affascinanti.

La stagione dei Viernes Flamencos prevede spettacoli di flamenco all'aperto tutti i venerdì sera nel mese di agosto all'Astoria (p214). Tuttavia la manifestazione estiva più importante è la Fiesta de la Bulería, che si svolge in un sabato di settembre nella Plaza de Toros con canti e balli di flamenco.

SPORT

Il **Circuito Permanente de Velocidad** (☎ 956 15 11 00; www.circuitodejerez.com; Carretera de Arcos Km 10) di Jerez, sulla A382 10 km a est della città, ospita durante l'anno parecchie gare automobilistiche e motociclistiche, fra cui – in marzo, aprile o maggio – un gran premio del **Campionato mondiale di motociclismo**. Questo gran premio, che si svolge a Jerez dal 1987, è uno degli avvenimenti sportivi più importanti di Spagna richiamando circa 150.000 spettatori. Durante il weekend Jerez e le altre cittadine nei dintorni sono prese d'assalto dagli appassionati che giungono da tutta l'Europa a bordo delle loro motociclette.

Per/da Jerez de la Frontera

AEREO

L'**aeroporto** (☎ 956 15 00 00; www.aena.es) di Jerez, l'unico nella provincia di Cadice, si trova 7 km a nord-est della città sulla NIV. La compagnia lowcost **Ryanair** (☎ 956 15 01 52; www.ryanair.com) effettua almeno due voli al giorno dal London Stansted Airport. **Thomas Cook Airlines Belgium** (www.thomascookairlines.com) ha voli da Bruxelles, mente sono diverse le compagnie aeree che effettuano voli dai maggiori aeroporti tedeschi, tra cui **Hapagfly** (☎ 902 48 05 00; www.hapagfly.com) e **Air-Berlin** (☎ 956 15 01 20; www.airberlin.com) – per maggiori particolari v. p479. **Iberia** (☎ 956 15 00 10; www.iberia.com) effettua almeno due voli diretti al giorno per/da Madrid e un volo al giorno per/da Barcellona.

AUTOBUS

La **stazione degli autobus** (☎ 956 33 96 66; Plaza de la Estación) si trova 1,3 km a sud-est del centro. **Comes** (☎ 956 34 21 74) ha autobus per le seguenti destinazioni:

Destinazione	Prezzo	Durata	Frequenza
Algeciras	€8,50	2½ ore	1 al giorno
Arcos de la Frontera	€2,30	45 min	non disp.
Barbate	€7	2 ore	1 al giorno lun-ven
Cadice	€2,60	40 min	11-21 al giorno
El Puerto de Santa María	€1	20 min	fino a 25 al giorno
Los Caños de Meca	€7	1¾ ore	solo giu-sett
Ronda	€10	3 ore	fino a 7 al giorno
Siviglia	€7	1¼ ore	fino a 9 al giorno
Tarifa	€8,50	2 ore	1 al giorno

Linesur (☎ 956 34 10 63) ha numerosi autobus per Siviglia (€7, 1 ora e 15 minuti), e almeno sette al giorno per Sanlúcar de Barrameda (€1,60-2,20, 30 minuti) e Algeciras (€8,50, 2 ore e mezzo). Ci sono due autobus al giorno per Málaga (€16; 4 ore).

Los Amarillos (☎ 956 32 93 47) ha corse più frequenti per Arcos e offre inoltre da due a sei autobus al giorno per El Bosque (€5,50,

1 ora e mezzo) e Ubrique (€7,50, 1 ora e 45 minuti).

TRENO

La **stazione ferroviaria** (☎ 956 34 23 19; Plaza de la Estación) si trova accanto alla stazione degli autobus (la corsa in taxi dal centro costa €3). Jerez è situata sulla linea Cadice-El Puerto de Santa María-Siviglia, con treni per Siviglia (da €6,50 a €21, da 1 ora a 1 ora e 15 minuti, fino a 15 al giorno), El Puerto de Santa María (da €1,50 a €15, 12 minuti, fino a 37 al giorno) e Cadice (da €3,40, da 40 a 50 minuti, fino a 37 al giorno).

Trasporti urbani

PER/DALL'AEROPORTO

Una corsa in taxi costa €12,50. La sera tardi e il fine settimana le tariffe aumentano. Gli autobus urbani per l'aeroporto M050 e M051 (€0,90, 30 minuti) effettuano 12 corse al giorno dal lunedì al venerdì e 6 corse al giorno nel fine settimana, approssimativamente tra le 6 e le 22 (fino alle 20 o 21 nel fine settimana). Da Jerez questo servizio prosegue per El Puerto de Santa María e Cadice.

AUTOMOBILE

Non è difficile girare per Jerez in automobile ma, per evitare il traffico congestionato del centro, è meglio parcheggiare e muoversi a piedi, oppure prendere l'autobus per raggiungere i luoghi un po' più distanti.

I parcheggi sotterranei più centrali sono il **Parking Doña Blanca** (all'angolo tra Plaza Estévez e Calle Doña Blanca; €13 per 24 ore), e il Parking Plaza del Arenal, sotto Plaza del Arenal.

DINTORNI DI JEREZ DE LA FRONTERA

Gli splendidi purosangue spagnoli, chiamati cartujani o andaluz, sono particolarmente apprezzati per la grazia, la forza e l'indole docile. Questi cavalli, conosciuti già in epoca cartaginese, si possono ammirare nelle principali manifestazioni di Jerez essendo un simbolo della città insieme allo sherry e al flamenco. Due luoghi legati a questi splendidi animali, che vale la pena visitare, si trovano a sud-est di Jerez sulla A381 in direzione di Medina Sidonia e nelle immediate vicinanze.

Il **monastero La Cartuja** (☎ 956 15 64 65; Carretera Jerez-Algeciras; 🕑 giardini 9.30-11.15 e 12.45-18.30 da lunedì a sabato, messa 8 martedì e sabato, 17.30 lunedì), fondato nel XV secolo, è un gioiello architettonico circondato da incantevoli giardini lungo la strada A381, a 9 km dal centro di Jerez. Si dice che i primi monaci allevassero il cartujano all'epoca in cui la popolarità di questo cavallo era diminuita. Potete fare un giro nei giardini e ammirare l'imponente facciata barocca della chiesa, ma non è possibile visitare l'interno durante le funzioni religiose.

Yeguada de la Cartuja – Hierro del Bocado (☎ 956 16 28 09; www.yeguadacartuja.com; Finca Fuente del Suero; interi/bambini €15/9; 🕑 11-13 sabato) è un centro di allevamento e riproduzione della razza cartujana situato su un terreno un tempo di proprietà del monastero La Cartuja. Potete dare un'occhiata in giro ammirando i puledri liberi di scorrazzare a loro piacimento, le cavalle in allenamento e le esibizioni di dressage. È meglio prenotare in anticipo. Per raggiungere le scuderie, uscite dalla A381 in corrispondenza del cartello 'La Yeguada', 5 km dopo La Cartuja, e proseguite per questa strada secondaria per 1,6 km fino all'ingresso.

ARCOS E SIERRA DE GRAZALEMA

La Sierra de Grazalema, che si estende nella parte nord-orientale della provincia di Cadice, è una delle aree montane più verdi e affascinanti dell'Andalusia, ideale per chi ama dedicarsi ad attività come il canyoning, la speleologia e l'escursionismo. Lungo la strada che dalla costa raggiunge le montagne si incontra la magnifica e antica città di Arcos de la Frontera.

ARCOS DE LA FRONTERA

Pop. 29.000 / alt. 185 m

Trenta chilometri a est di Jerez, dopo aver superato campi di grano e girasoli, vigneti e frutteti, sorge Arcos. La città vecchia si trova in una posizione straordinaria: sorge infatti su un alto crinale che precipita a picco su entrambi i lati. Grazie alla sua posizione strategica, Arcos è da tempo immemore una città molto contesa. Al tempo degli arabi, nell'XI secolo, era un regno indipendente. Successivamente venne dapprima assorbita da Siviglia e poi conquistata dal re cristiano Alfonso X nel 1255. Quando l'ultimo Duque de Arcos morì nel 1780 senza lasciare eredi, le sue terre passarono alla cugina, la Duquesa de Benavente, per iniziativa della quale i pascoli delle pecore furono trasformati in parte in terreni coltivati a cereali, olivi e viti, e in parte utilizzati per l'allevamento dei cavalli, attività decisamente più redditizie.

Arcos è una città davvero affascinante, grazie al suo labirinto di stradine, ai palazzi di epoca rinascimentale, alle belle chiese gotiche, alle case imbiancate a calce e alla splendida posizione.

Orientamento e informazioni

Le zone più recenti di Arcos si estendono verso ovest, nord-ovest e sud-est dalla base dell'alto crinale dai fianchi scoscesi su cui sorge la città vecchia. Dalla stazione degli autobus, in Calle Corregidores, bisogna camminare in salita per 1,5 km in direzione est per raggiungere la città vecchia, percorrendo l'alberato Paseo de Andalucía. Da questo viale Paseo de los Boliches e Calle Debajo del Corral (che diventa poi Calle Corredera) si dirigono entrambe verso la piazza principale della città vecchia, Plaza del Cabildo. In queste due strade si trovano molte banche e sportelli bancomat.

Chiosco informazioni turistiche (Paseo de Andalucía; 🕑 10.30-13.30 e 17-19 da lunedì a venerdì, 10-14 sabato)

Ufficio postale (Paseo de los Boliches 24; 🕑 8.30-14.30 da lunedì a venerdì, 9.30-13 sabato)

Ufficio turistico (☎ 956 70 22 64; Plaza del Cabildo; 🕑 10-14 e 16-20 da lunedì a sabato da metà marzo a metà ottobre, 10-14 e 15.30-19.30 da lunedì a sabato da metà ottobre a metà marzo) Ufficio con personale disponibile sulla piazza principale.

Che cosa vedere e fare

Plaza del Cabildo è circondata da incantevoli edifici antichi e ha un vertiginoso **mirador** (belvedere) che offre una splendida vista sul fiume e sulla campagna. Sul lato occidentale della piazza sorge il maestoso **Castillo de los Duques**, dalle imponenti fortificazioni, risalente almeno all'XI secolo, di proprietà privata del Marqués de Tamarón e chiuso al pubblico. Sul lato settentrionale si erge la **Basílica-Parroquia de Santa María** (ingresso €1,50; 🕑 10-13 e 15.30-18.30 da lunedì a venerdì, 10-14 sabato) iniziata nel XIII secolo sul sito di un'antica moschea, ma completata solo nel XVIII se-

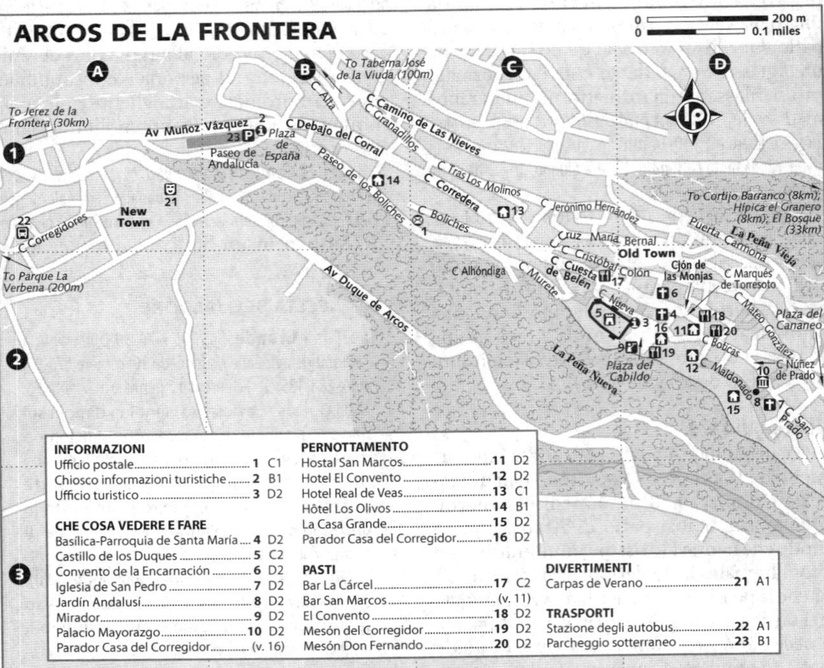

colo. La facciata occidentale è in stile gotico, ma il campanile, costruito successivamente, è barocco. All'interno si possono ammirare i 1731 stalli in pietra e in legno pregiato del coro finemente scolpiti e l'incantevole traforo isabellino del soffitto. Sul lato orientale della piazza c'è il **Parador Casa del Corregidor**, una ricostruzione realizzata intorno al 1960 della casa di un magistrato del XVI secolo. Veniteci per bere qualcosa e ammirare la splendida vista dalla terrazza oppure per trascorrervi una notte all'insegna del lusso (p219).

Proseguendo verso est si passa accanto a incantevoli edifici quali il **Convento de la Encarnación** (Calle Marqués de Torresoto), che risale all'inizio del XVI secolo e presenta una facciata gotica, e l'**Iglesia de San Pedro** (Calle Núñez de Prado; ingresso €1; 10-13 e 16-19 da lunedì a sabato, 10-13.30 domenica), una costruzione in stile gotico del XV secolo, che presenta però un'imponente facciata e un campanile in stile barocco realizzati nel XVIII secolo. Poco distante sorge il **Palacio Mayorazgo** (Calle Núñez de Prado; ingresso libero; 10-14 e 17-20 da lunedì a sabato, 11-14 domenica), del XVII secolo, attualmente di proprietà comunale, caratterizzato da una bella facciata rinascimentale e graziosi patio. Quello sul retro, al quale si accede da un ingresso indipendente, è stato trasformato in un rilassante giardinetto in stile arabo-medievale, il **Jardín Andalusí** (Calle Tallista Morales; ingresso libero; 10-14 tutti i giorni, più 17-20 da lunedì a venerdì da metà settembre a metà giugno, 20-23 da metà giugno a metà settembre).

Hípica El Granero (607 374160; www.caballosandaluces.net; Cortijo Barranco; escursioni a cavallo di 1/2/4 ore €20/35/60, lezioni €35 l'ora) offre escursioni a cavallo nell'incantevole campagna, lezioni di equitazione e perfino corsi che durano fino a una settimana. Si trova a 8 km da Arcos in una fattoria che dispone di eccellenti sistemazioni – v. Cortijo Barranco (p219).

PROVINCIA DI CADICE

Visite guidate

Le visite guidate a piedi (€5, 1 ora) ai monumenti della città vecchia partono dall'ufficio turistico alle 10.30 dal lunedì al venerdì. Quelle ai graziosi patio di Arcos, l'unico modo che hanno i turisti per ammirarli, sono programmate alle 12 dal lunedì al venerdì. C'è anche la possibilità di effettuare visite guidate nel tardo pomeriggio e il sabato mattina, ma è necessario prenotare in anticipo. Le guide parlano spagnolo e inglese.

Feste e manifestazioni

Semana Santa (Settimana Santa) Suggestive processioni pasquali sfilano per le strette vie della città in marzo o aprile; la domenica di Pasqua si svolge un'entusiasmante corsa di tori.

Feria de San Miguel Arcos celebra il suo santo patrono con una fiera di quattro giorni. Si tiene intorno al 29 settembre.

Pernottamento

Arcos offre alcune incantevoli sistemazioni nelle categorie dei prezzi medi ed elevati, mentre nella città vecchia gli alloggi economici scarseggiano.

Hotel Real de Veas (956 71 73 70; www.hotelrealdeveas.com; Calle Corredera 12; singole €45, doppie €55-65;) Casa tradizionale trasformata in albergo situata all'estremità della città vecchia e gestita da persone cordiali. Ha un patio chiuso da vetrate e una terrazza sul tetto con vista panoramica in tutte le direzioni. Le graziose camere sono arredate con mobili rustici di legno, finiture in ferro battuto e colori tenui. È possibile consumare la prima colazione.

Hotel Los Olivos (956 70 08 11; http://losolivos.profesionales.org; Paseo de los Boliches 30; singole/doppie con prima colazione €45/70; P) Questo accogliente e piccolo albergo è uno dei migliori della città. Il personale è disponibile, le camere ordinate e accoglienti e gli spazi comuni, assai ampi, comprendono un grazioso patio.

Hotel El Convento (956 70 23 33; www.webdearcos.com/elconvento; Calle Maldonado 2; singole/doppie €55/70, doppie con terrazza €85; chiuso 7-21 gennaio;) Situato in un bel convento del XVII

LA SCELTA DELL'AUTORE

La Casa Grande (956 70 39 30; www.lacasagrande.net; Calle Maldonado 10; camere €75-95, suite €88-135; chiuso dal 7 gennaio al 6 febbraio;) Questa spaziosa e splendida dimora sul fianco del crinale su cui sorge Arcos un tempo apparteneva al grande ballerino di flamenco Antonio Ruiz Soler. Ciascuna delle sette camere è arredata con molto buon gusto in uno stile diverso – l'impressione è quella di soggiornare nel rifugio di un artista. Vengono servite delle ottime prime colazioni (€8,50), c'è una fornita biblioteca e la terrazza sul tetto sembra sospesa in cielo. Sono disponibili anche massaggi e yoga.

secolo immediatamente a est di Plaza del Cabildo, l'accogliente El Convento ha 13 camere diverse tra loro arredate con buon gusto con pavimenti di marmo, stampe d'epoca e sculture. Tutte le stanze tranne una godono di una bella vista, sei hanno una terrazza privata e sul bordo del crinale c'è una grande terrazza comune.

Cortijo Barranco (☎ 956 23 14 02; www.cortijobarranco.com; Carretera Arcos-El Bosque Km 5,7; singole/doppie €57/75, appartamento o casita €95-140; P) Immerso nella campagna incontaminata a 8 km da Arcos, Cortijo Barranco è anche una proprietà agricola che si estende per 4,5 kmq. Le graziose camere sono in stile rustico, disposte attorno a un incantevole cortile con colonnato, con una sala da pranzo e un salone ricchi d'atmosfera situati in un frantoio del XVIII secolo lungo uno dei lati. C'è una bella e grande piscina nei giardini. Cinque appartamenti e *casitas* possono ospitare fino a sei persone. Sono disponibili la prima colazione (€4,50), il pranzo e la cena (€27). Nel complesso c'è anche l'Hípica El Granero (p218) che offre escursioni a cavallo. Per raggiungere il Cortijo Barranco prendete la A372 El Bosque da Arcos fino al Km 5,7, dove un cartello indica l'inizio del vialetto di accesso lungo 3 km.

Parador Casa del Corregidor (☎ 956 70 05 00; www.parador.es; Plaza del Cabildo; singole/doppie €116/145) Lussuosa ricostruzione della casa di un magistrato del XVI secolo situata in splendida posizione sul fianco del crinale sul quale sorge Arcos. Otto delle 24 camere hanno balconi con vista sulla falesia.

Raccomandiamo inoltre:

Hostal San Marcos (☎ 956 70 07 21; Calle Marqués de Torresoto 6; singole/doppie/triple €25/35/45) Semplice *hostal* situato nella città vecchia con quattro camere piccole e graziose e una terrazza sul tetto.

Pasti e locali

I ristoranti dove si mangia bene sono pochi, ma non mancano ottimi bar di tapas.

Bar San Marcos (☎ 956 70 07 21; Calle Marqués de Torresoto 6; tapas e montaditos €1,50-2,50, platos combinados €3,50-6) Il San Marcos è un localino simpatico e affidabile nella città vecchia. Le tapas con carote sono originali e i *platos combinados* (piatti misti) offrono un buon rapporto qualità-prezzo. Il proprietario è un amante del flamenco.

Bar La Cárcel (☎ 956 70 04 10; Calle Deán Espinosa 18; tapas e montaditos €2, raciones €7-12; 8-12 lunedì, 8-fino a tardi da martedì a domenica) Piacevole locale nella città vecchia che prepara sensazionali *pinchitos de langostino con béicon* (gamberoni avvolti nella pancetta)!

Taberna José de la Viuda (☎ 956 70 12 09; Plaza Rafael Pérez del Álamo 13; tapas/raciones €2/8; 11.30-fino a tardi) Avventuratevi nella parte nuova della città per cercare questo tempio di tutto ciò che è *típico andaluz*. Animata dal ritmo del flamenco la taberna, dal cui soffitto pendono prosciutti e salsicce, è ingombra di vini e formaggi. Qualunque cosa scegliate nell'ampio menu di tapas, Alfonso, il cordiale proprietario, probabilmente vi suggerirà di prendere qualcos'altro, come il formaggio di capra locale o lo speziato *pincho moruno* (kebab d'agnello giovane). Seguite il suo consiglio.

El Convento (☎ 956 70 32 22; Calle Marqués de Torresoto 7; portate principali €8-15, menú €24; chiuso 7-21 gennaio) Nel patio a colonne di un palazzo del XVII secolo, il migliore ristorante di Arcos serve specialità di campagna come agnello alle erbe e pernice in salsa di mandorle.

Mesón Don Fernando (☎ 956 71 73 26; Calle Botica 5; raciones €6-15, portate principali €9-20; chiuso lunedì) Il migliore di una serie di bar-ristoranti lungo Calle Botica, nella città vecchia, il Don Fernando ha un'atmosfera vivace e musica di flamenco in sottofondo. Nel bar dal soffitto a volta vengono serviti buoni *montaditos* e *raciones*, mentre il ristorantino è specializzato in piatti a base di carne e invitanti dessert.

Nei dintorni del vivace Paseo de Andalucía ci sono molti altri locali in cui gustare uno spuntino e una bibita.

Divertimenti

In luglio e agosto è possibile assistere a moltissimi spettacoli musicali. Le Jueves Flamencos sono una serie di esibizioni di flamenco che si tengono il giovedì sera alle 22.30 per due mesi in vari luoghi della città vecchia, tra cui la piccola e suggestiva Plaza del Cananeo. Sempre in luglio e agosto vengono organizzati nel Parque La Verbena, a ovest della stazione degli autobus, spettacoli gratuiti di world music e jazz. Al Carpas de Verano, un'area divertimenti all'aperto in Avenida Duque de Arcos, si può ascoltare pop, salsa, rock e altri generi musicali.

Per/da Arcos de la Frontera

Dalla **stazione degli autobus** (☎ 956 70 49 77) di Arcos ci sono numerosi servizi gestiti dalle compagnie Los Amarillos e/o Comes che raggiungono, tra l'altro, le seguenti destinazioni:

Destinazione	Prezzo	Durata	Frequenza giornaliera
Cadice	€4,50-5,50	1¼ ore	15
El Bosque	€2,50	1 ora	11
Jerez	€2,30	45 min	18
Málaga	€14	4 ore	1
Ronda	€7,50	2 ore	4
Siviglia	€7	2 ore	2

Nei weekend le corse sono meno frequenti su alcune tratte.

Trasporti locali

È possibile parcheggiare in Plaza del Cabildo nella città vecchia e nel parcheggio sotterraneo situato sotto il Paseo de Andalucía. Un minibus locale (€0,90) fa la spola tra la stazione degli autobus in Paseo de Andalucía e Plaza del Cabildo ogni mezz'ora tra le 7.45 e le 21.45 dal lunedì al venerdì e tra le 9.15 e le 21.15 il sabato.

PARQUE NATURAL SIERRA DE GRAZALEMA

La Cordillera Bética – la catena di frastagliate montagne che si estende per gran parte dell'Andalusia – inizia con bellissime cime nella Sierra de Grazalema nella zona nord-orientale della provincia di Cadice. Questa area, una delle più verdi dell'Andalusia (il villaggio di Grazalema è il più piovoso di tutta la Spagna con una media annua di precipitazioni pari a 2153 mm), è caratterizzata da splendidi paesaggi, con valli fluviali dove si pratica la pastorizia punteggiate da bianchi villaggi, gole selvagge e vette rocciose. Gran parte del territorio è ricoperto da una bellissima vegetazione mediterranea e verso la fine dell'inverno non è insolito vedere le montagne coperte di neve.

Tutta la zona è perfetta per le escursioni a piedi (v. lettura p222), ma si presta anche a molte altre attività avventurose, come il canyoning, la speleologia, l'arrampicata su roccia, il parapendio, il kayak e il bungee jumping. Affidabili agenzie turistiche specializzate in queste attività si trovano a Grazalema e a Zahara de la Sierra.

Il Parque Natural Sierra de Grazalema, che copre una superficie di 517 kmq, da quest'angolo della provincia di Cadice si estende fino alla parte nord-occidentale della provincia di Málaga, includendo nel suo territorio la Cueva de la Pileta (p302). Il parco si trova a poca distanza da Ronda (p294).

Per/dal Parque Natural Sierra de Grazalema

Los Amarillos (☎ 902 21 03 17) ha autobus per El Bosque, nella zona occidentale del parco, da Jerez (€5,50, 2 ore, sei al giorno), Cadice (€7, 2 ore, quattro al giorno), Arcos de la Frontera (€2,50, 1 ora, 11 al giorno) e Siviglia (stazione degli autobus di Prado de San Sebastián; €7, 2 ore e 15 minuti, due al giorno). Sabato e domenica le corse su alcune tratte sono ridotte. Da El Bosque ci sono autobus che partono per Grazalema (€2, 30 minuti) alle 15.30 dal lunedì al sabato. Quelli che viaggiano lungo la tratta Grazalema-El Bosque partono alle 5.30 dal lunedì al venerdì e alle 19 il sabato.

Gli autobus Los Amarillos effettuano inoltre due corse al giorno da Málaga a Ronda, Grazalema, Villaluenga del Rosario, Benaocaz e Ubrique, e viceversa. Grazalema si trova a 45 minuti da Ronda (€2,10) e a 2 ore e 45 minuti da Málaga (€10). A Ronda ci sono coincidenze per Siviglia, Jerez e Cadice.

Comes (☎ 902 19 92 08) gestisce due autobus al giorno in ciascuna direzione dal lunedì al venerdì tra Ronda e Zahara de la Sierra (€3,50, 1 ora), via Algodonales. Le partenze da Ronda avvengono alle 7 e alle 13. Non ci sono collegamenti in autobus tra Zahara e Grazalema.

El Bosque

Pop. 2000 / alt. 385 m

El Bosque, situato in graziosa posizione alle pendici della boscosa Sierra de Albarracin, 33 km a est di Arcos, si raggiunge attraversando una zona assai panoramica di dolci colline. In paese si trovano l'ufficio informazioni principale del parco di Grazalema e una discreta scelta di sistemazioni per la notte.

INFORMAZIONI

Il **Centro de Visitantes El Bosque** (☎ 956 72 70 29; Avenida de la Diputación s/n; 🕑 10-14 e 18-20 da lunedì a venerdì, 9-14 e 18-20 sabato, 9-14 domenica da aprile a settembre, 10-14 e 16-18 da lunedì a venerdì, 9-14 e 16-18 sabato, 9-14 domenica da ottobre a marzo) del parco naturale di Grazalema distribuisce limitato materiale illustrativo e informativo sul parco; si trova a poca distanza dalla A372 all'estremità occidentale della cittadina (svoltate di fronte all'Hotel Las Truchas).

CHE COSA VEDERE E FARE

Il **Jardín Botánico El Castillejo** (☎ 956 71 61 34; Avenida El Castillejo s/n; ingresso libero; 🕒 10-14 e 18-21 da giugno ad agosto, 10-14 e 17-20 aprile, maggio, settembre e ottobre, 10-14 e 15.30-18.30 da novembre a marzo) contiene una notevole varietà di alberi, piante, erbe e fiori della regione, compreso un *pinsapar* in miniatura (foresta di abeti spagnoli). Una visita al giardino botanico richiede circa mezz'ora.

Un bel percorso per una passeggiata da El Bosque è quello che risale il corso del Río Majaceite (chiamato anche Río El Bosque) per 4 km fino a Benamahoma (v. p222) partendo dal ponte nei pressi dell'ostello della gioventù di El Bosque.

PERNOTTAMENTO E PASTI

Instalación Juvenil El Bosque (☎ 956 71 62 12; Molino de Enmedio s/n; a persona con prima colazione minori di 26 anni €9,50-15, maggiori di 26 anni €13-19; 🍽 ♿) L'ostello della gioventù di El Bosque, rimodernato di recente, è situato in piacevole posizione in un'area boscosa presso il Río Majaceite. Ha 131 posti letto, in doppie, triple e quadruple, quasi tutte con bagno privato.

Hotel Enrique Calvillo (☎ 956 71 61 05; Avenida Diputación 5; singole/doppie €25/45; ❄ 💻) L'Hotel Enrique Calvillo, vicino all'ufficio informazioni del parco, dispone di 19 accoglienti camere con soffitti di travi in legno, mobili in legno dipinto e graziosi bagni piastrellati; c'è anche una comoda sala comune con accesso a internet.

Hotel El Tabanco (☎ 956 71 60 81; Calle La Fuente 3; singole/doppie con prima colazione €30/50; 🕒 chiuso 7-12 gennaio e seconda metà di giugno; ❄) Situato nel centro del paese, questo albergo inaugurato da poco propone camere immacolate con mobili in legno di notevole gusto, comodi letti, pavimenti piastrellati e bagni con vasca. Si trova di fianco al Mesón El Tabanco, il migliore ristorante della città.

Hotel Las Truchas (☎ 956 71 60 61; www.tugasa.com/index2.htm; Avenida Diputación s/n; singole/doppie €36/59; P ❄ 🍽) L'Hotel Las Truchas, il più grande di El Bosque (27 camere), inaugurato nel 1970 e quindi dallo stile ormai un po' datato, offre camere ancora comode e ben accessoriate, aree comuni spaziose e una piscina scoperta. È anche possibile consumare i pasti per una cifra compresa fra €8 e €15.

Mesón El Tabanco (☎ 956 71 60 81; Calle Huelva 1; portate principali €9-15; 🕒 9.30-13.30 da lunedì a venerdì, 10.30-13.30 sabato, domenica e giorni festivi, chiuso 7-12 gennaio e seconda metà di giugno) El Tabanco serve ottimi piatti a base di carne e *revueltos* nelle due sale da pranzo illuminate da un lucernario. Non perdetevi l'insalata *queso fresco*, con lo squisito formaggio locale di capra fresco. Nel suo frequentatissimo bar si gustano buone tapas.

Grazalema

Pop. 2200 / alt. 825 m

Grazalema, spesso utilizzata come base da chi visita la sierra, è un villaggio da cartolina con i tetti rossi raccolto in una bellissima zona di montagna sulla quale incombe il Peñón Grande, una cima rocciosa frequentata da numerosi arrampicatori. Vi troverete un'ampia scelta di alloggi e alcuni ristoranti di qualità. Tra i prodotti locali si segnalano le coperte e i tappeti di pura lana realizzati secondo una tradizione antica di secoli.

INFORMAZIONI

Il centro del paese è rappresentato dalla graziosa Plaza de España, dove si trova l'**ufficio turistico** (☎ 956 13 20 73; 🕒 10-14 e 16-21), con un negozio al piano superiore che vende manufatti in lana di produzione locale e altri articoli artigianali (coperte e tappeti partono da circa €55). In questa piazza ci sono anche due banche con sportello bancomat.

CHE COSA VEDERE E FARE

Il panorama montano e la possibilità di esplorare le ripide stradine acciottolate sono le due principali attrattive di Grazalema – ammirate le solide case imbiancate con le inferriate nere, i davanzali fioriti e i portali in pietra scolpiti che incorniciano robusti portoni rinforzati da borchie. Da Grazalema si possono effettuare due belle escursioni chiamate rispettivamente **Salto del Cabrero** e **Casa del Dornajo** (v. p222); altre passeggiate sono riportate nel volume di R.E. Bradshaw *Eight Walks from Grazalema*.

Horizon (☎ /fax 956 13 23 63; www.horizonaventura.com; Calle Corrales Terceros 29), a un isolato da Plaza de España, è un'agenzia di provata esperienza che propone attività all'insegna dell'avventura, come arrampicata su roccia, bungee jumping, speleologia, canyoning, parapendio e trekking, tutte con guide che parlano inglese. I prezzi a persona vanno da

ESCURSIONI NELLA ZONA DI GRAZALEMA

Lo spettacolare scenario della Sierra de Grazalema offre l'opportunità di fare delle splendide escursioni a piedi, soprattutto in maggio, giugno, settembre e ottobre, quando le condizioni climatiche sono ideali. Procuratevi una buona guida, come *Walking in Andalucía* di Guy Hunter-Watts o *Eight Walks from Grazalema* di R.E. Bradshaw, e la migliore cartina a disposizione, la *Sierra de Grazalema* (1:25.000) dell'Editorial Alpina, con una piccola guida alle escursioni a piedi in inglese e spagnolo. Alcune di queste pubblicazioni sono in vendita nelle località della zona, ma è meglio procurarsele prima di partire.

Nei 38 kmq del Parque Natural Sierra de Grazalema si svolgono i tre trekking più belli – El Torreón, El Pinsapar e La Garganta Verde. Per percorrerli bisogna avere un permesso che viene rilasciato gratuitamente dal centro visitatori del parco a El Bosque (p220). Per ottenerlo telefonate o andate di persona a El Bosque fino a 15 giorni prima dell'escursione. Potete anche prendere accordi per ritirare il permesso presso l'ufficio informazioni di Zahara de la Sierra o l'ufficio turistico di Grazalema. In questi due uffici potrebbero però esserci persone che parlano solo spagnolo. Di solito è necessario prenotare con un anticipo di 10 o 15 giorni solo se si intende effettuare l'escursione nel weekend o in un giorno festivo; altrimenti è sufficiente prendere accordi lo stesso giorno o il giorno precedente. Per l'escursione che attraversa il Pinsapar è obbligatorio nei mesi di luglio, agosto e settembre, quando il rischio di incendi è alto, essere accompagnati da una guida di un'agenzia del luogo autorizzata come Horizon (p221), Al-qutun (p224) o Zahara Catur (p224). Il percorso El Torreón è chiuso durante questi mesi.

El Torreón

El Torreón (1654 m) è la vetta più alta della provincia di Cadice. Nelle giornate molto limpide dalla cima si scorgono Gibilterra, la Sierra Nevada e la catena montuosa del Rif in Marocco. Il percorso più semplice inizia 100 m a est della pietra miliare che indica il Km 40 della strada Grazalema-Benamahoma, a circa 8 km da Grazalema. Ci vogliono circa due ore e mezzo in salita e un'ora e mezzo in discesa.

El Pinsapar

L'abete spagnolo (*pinsapo* in spagnolo), di colore verde scuro, era comune nelle foreste mediterranee di abeti del periodo terziario. Oggi si trova in quantità considerevoli solo in zone isolate dell'Andalusia sud-occidentale e nel nord del Marocco. La più grande area dell'Andalusia (circa 3 kmq) dove cresce questa pianta, El Pinsapar, è situata sulle pendici settentrionali della Sierra del Pinar tra Grazalema e Benamahoma. Per percorrere i 14 km tra i due villaggi passando per El Pinsapar ci vogliono circa sei ore: da Grazalema dopo circa 40 minuti si raggiunge un punto sulla strada per Zahara da dove parte un sentiero verso ovest. Dopo un'ascesa di 300 m, il sentiero si mantiene a un'altitudine di 1300 m.

La Garganta Verde

Il sentiero che conduce in questa magnifica gola dalla vegetazione lussureggiante, profonda più di 100 m, inizia a 3,5 km da Zahara de la Sierra sulla strada per Grazalema. Passa accanto a un punto panoramico da cui è possibile osservare una grande colonia di grifoni e poi scende per 300 m fino in fondo alla gola. È una bella passeggiata che richiede da tre a quattro ore se arrivate in auto all'inizio del sentiero.

Altre escursioni

Queste bellissime passeggiate si svolgono fuori dal parco, per cui non è necessario ottenere il permesso. Avrete bisogno di una guida (in carne e ossa oppure stampata) per il Salto del Cabrero e la Casa del Dornajo, che possono essere unite in un unico circuito di un giorno con partenza da Grazalema.

Casa del Dornajo Casa colonica in rovina in una bella valle a circa due ore di cammino a sud-ovest di Grazalema, o a un'ora e mezzo da Benaocaz in direzione nord. Ci sono buone probabilità di avvistare lo stambecco.

Llanos del Republicano Percorso di 4 km (in ciascuna direzione) che parte dalla A374 a Villaluenga del Rosario. Il sentiero attraversa foreste di querce native e scende verso le solitarie pianure di Llanos del Republicano dove si trova l'entrata della Sima del Republicano, una delle grotte più profonde dell'Andalusia.

Salto del Cabrero A circa due ore di cammino da Grazalema verso sud-ovest, o a un'ora e un quarto da Benaocaz verso nord, il 'Salto del Capraio' è una grandiosa spaccatura nella superficie terrestre profonda 100 m e lunga 500 m.

circa €14 per un'escursione a piedi di mezza giornata a oltre €60 – che comprendono però l'utilizzo di una muta – per percorrere i 4 km di gallerie che collegano la Cueva del Hundidero, vicino a Montejaque, alla Cueva del Gato, nei pressi di Benaoján. Per alcune attività è richiesto un numero minimo di partecipanti.

FESTE E MANIFESTAZIONI

Le **Fiestas del Carmen** di Grazalema si svolgono per diversi giorni e notti a metà luglio. Oltre a spettacoli di musica e danza in tarda serata, viene organizzata una corsa di tori per le vie del villaggio il lunedì che conclude questa manifestazione.

PERNOTTAMENTO

Camping Tajo Rodillo (☎ 956 13 24 18, 651 91 09 72; www.campingtajorodillo.com, in spagnolo; Carretera El Bosque-Grazalema Km 47; adulti/tende €4,50/4,50, bungalow per 4 persone €95; chiuso dicembre e gennaio; P) Anche se piccolo, questo campeggio nella parte alta del villaggio è ben attrezzato. Dispone di un ristorante, una piscina e confortevoli bungalow con cucina, bagno e TV.

Casa de las Piedras (☎ /fax 956 13 20 14; www.casadelaspiedras.net; Calle Las Piedras 32; singole/doppie €37/45, con bagno in comune €10/20) Accogliente *hostal* con un buon rapporto qualità-prezzo. Occupa una bella casa antica con un paio di graziosi patio e un bel caminetto acceso in inverno. Le 32 camere variano molto quanto a dimensioni e dotazioni, ma tutte hanno il riscaldamento nella stagione invernale. Il ristorante serve pasti sostanziosi (da €6 a €11). L'*hostal* gestisce anche dei comodi appartamenti nelle vicinanze.

Hotel Peñón Grande (☎ 956 13 24 34; www.hotelgrazalema.com; Plaza Pequeña 7; singole/doppie €36/53) Piccolo e accogliente albergo in grazioso stile rustico a poca distanza da Plaza de España che dispone di camere comode, ampie e ben attrezzate. È sicuramente una delle alternative migliori di Grazalema.

La Mejorana (☎ 956 13 23 27, 649 61 32 72; www.lamejorana.net; Calle Santa Clara 6; camere con prima colazione €50) In una casa incantevole situata nella parte alta del villaggio, l'accogliente La Mejorana offre solo cinque stanze con bellissimi letti in ferro battuto, una grande sala e una cucina in stile rustico, e un giardino ombreggiato nel quale c'è una piscina. Un'ottima scoperta!

Hotel Puerta de la Villa (☎ 956 13 23 76; www.grazalemahotel.com, in spagnolo; Plaza Pequeña 8; singole/doppie €103/129; P) Albergo di lusso in posizione centrale con spaziose camere arredate con gusto e una palestra, un negozio di artigianato e un ristorante raffinato (piatti principali da €10 a €16). I prezzi scendono notevolmente fuori dall'alta stagione, che va da metà luglio a metà settembre e dai primi di dicembre ai primi di gennaio.

PASTI

Mesón El Simancón (☎ 956 13 24 21; Plaza Asomaderos; portate principali €7-12, menú €13; chiuso martedì) Si trova nelle vicinanze del parcheggio principale ed è uno dei migliori ristoranti della città. Propone piatti locali preparati con cura: prosciutto, manzo, quaglie, cervo, cinghiale e *revueltos* vengono serviti ai tavoli all'aperto o nella sala da pranzo decorata con trofei e teste di cervi.

Sulla pedonale Calle Agua, tra Plaza de España e il parcheggio principale, si incontrano vari locali in cui mangiare o bere qualcosa:

Bar La Posadilla (☎ 956 13 20 51; Calle Agua 19; platos combinados €2-6; chiuso giovedì) Ristorante economico con un ottimo rapporto qualità-prezzo.

Restaurant El Torreón (☎ 956 13 23 13; Calle Agua 44; portate principali €7-11; chiuso venerdì) Buon ristorante con un menu molto ricco; salite al primo piano per trovarlo.

Zahara de la Sierra

Pop. 1500 / alt. 550 m

Fra tutti i villaggi della Sierra de Grazalema Zahara, abbarbicato alle pendici di un dirupo sormontato dalle rovine di un castello, è quello che gode della posizione più straordinaria, in particolare quando lo si ammira da nord, dall'altro lato dell'Embalse de Zahara, un bacino artificiale. I 18 km che lo separano da Grazalema passando per il vertiginoso Puerto de los Palomas (Passo delle Colombe, anche se si vedono volteggiare in cielo più avvoltoi che colombe) sono ancora più spettacolari, e l'atmosfera è davvero magica quando la strada è immersa nella nebbia. Zahara è una località piacevole nella quale fermarsi per una notte o due, nonché un'ottima base per effettuare l'escursione nella Garganta Verde.

ORIENTAMENTO E INFORMAZIONI

Il centro del villaggio è Calle San Juan, che ha una chiesa a ciascuna estremità. Alla fine

DEVIAZIONE: DA ALCALÁ DE LOS GAZULES A UBRIQUE

Itinerario poco frequentato nella Sierra de Grazalema che attraversa le splendide foreste della zona settentrionale del Parque Natural Los Alcornocales, situato a sud del Parque Natural Sierra de Grazalema. All'inizio dell'estate lungo il ciglio della strada crescono meravigliosi fiori selvatici. Chi è interessato può effettuare (burocrazia permettendo) la salita di una delle cime più alte del parco, El Picacho (882 m) o l'Aljibe (1091 m).

Raggiungete innanzitutto la località di Alcalá de los Gazules, appena fuori della A381, al centro della provincia di Cadice. In Plaza San Jorge, nella parte alta della cittadina, si trova l'ufficio della **Consejería de Medio Ambiente** (☎ 956 41 33 07; fax 956 42 05 11; 🕑 8-14.30 da lunedì a venerdì), che rilascia i permessi necessari per scalare l'Aljibe o El Picacho. I regolamenti relativi ai permessi cambiano periodicamente, pertanto è necessario contattare telefonicamente l'ufficio almeno 10 giorni prima per avere informazioni sulle norme in vigore.

Lasciate Alcalá lungo la A375 in direzione nord-est. Dopo circa 8 km davanti a voi apparirà l'inconfondibile sagoma in arenaria del El Picacho, mentre a 11 km da Alcalá partono i sentieri per **El Picacho** e l'**Aljibe**, di fronte all'ingresso dell'area per picnic chiamata Área Recreativa El Picacho. Il sentiero per El Picacho (circa 3 km in ciascuna direzione; dislivello di 500 m) richiede più o meno una camminata di cinque ore tra salita e discesa. Per l'Aljibe (6 km in ciascuna direzione; dislivello di 700 m) si impiegano circa sette ore tra andata e ritorno.

Proseguite in automobile lungo la A375 verso Ubrique, ignorando le svolte per altre località. La strada si snoda in salita e in discesa attraverso fitti boschi di querce da sughero, olivi selvatici e altri alberi autoctoni, offrendo di tanto in tanto splendide vedute in tutte le direzioni. Dopo 30 km, al passo Puerto de Mogón de la Víbora, svoltate a sinistra sulla A373 e percorrete gli ultimi 9 km che portano a **Ubrique**, una chiazza bianca che si staglia contro lo sfondo spettacolare della Sierra de Grazalema. Se volete acquistare articoli in pelle, come borse, valigette, portafogli, giacche o cinture di qualsiasi colore e foggia, fate una passeggiate lungo al via principale, Avenida Solís Pascual, dove ci sono molti negozi che vendono manufatti di produzione locale.

Da Ubrique ci sono altri 26 km per il villaggio di Grazalema, passando per Benaocaz e Villaluenga del Rosario (p225).

della via c'è l'utile **Punto de Información Zahara de la Sierra** (☎ /fax 956 12 31 14; Plaza del Rey 3; 🕑 9-14 e 16-19), con materiale informativo sul parco e prodotti locali in vendita, fra cui formaggio e miele. Risalendo la collina per altri 150 m si raggiunge un parcheggio.

CHE COSA VEDERE E FARE

Le ripide e tortuose stradine di Zahara invitano a esplorare il villaggio per ammirare gli scorci panoramici incorniciati da alte palme, buganvillee rosa intenso o aranci carichi di frutti. Per salire alle rovine del **castello** del XIII secolo, costruito dai musulmani, imboccate il sentiero che parte quasi di fronte all'ingresso dell'Hotel Arco de la Villa: lo raggiungerete con una salita di 15-20 minuti a passo sostenuto. Il castello tornò in mano cristiana nel 1407, ma nel 1481 con un'audace incursione notturna Abu al-Hasan di Granada ne riottenne, anche se per poco, il controllo. L'azione innescò l'ultima fase della Reconquista cristiana dell'Andalusía, terminata con la caduta di Granada nel 1492.

L'agenzia turistica **Al-qutun** (☎ 956 13 78 82; www.al-qutun.com), ad Algodonales, 7 km a nord di Zahara, è specializzata in attività all'insegna dell'avventura, come canyoning nella Garganta Verde, escursioni guidate nelle aree riservate del parco naturale, uscite in kayak nel bacino artificiale di Zahara, parapendio, speleologia, arrampicata e bungee jumping, anche per principianti. Per il programma contattate l'agenzia. **Zahara Catur** (☎ 956 12 31 14; www.zaharacatur.com; Plaza del Rey 3), presso l'ufficio informazioni di Zahara, noleggia canoe da due persone a €10/18 per una/due ore e offre escursioni a piedi guidate, canyoning e attività speleologiche per gruppi da sei a dieci persone.

FESTE E MANIFESTAZIONI

Per celebrare la festa del **Corpus Domini** Zahara de la Sierra addobba ogni anno le vie principali con una profusione di verde, piante, fiori ed erbe aromatiche. La processione religiosa vanta una lunga tradizione in quanto risale al periodo della Reconquista.

PERNOTTAMENTO E PASTI

Hostal Marqués de Zahara (☎/fax 956 12 30 61; www.marquesdezahara.com; Calle San Juan 3; singole/doppie €32/42; ❄) Questa residenza restaurata nel centro del villaggio dispone di 10 camere confortevoli con riscaldamento nella stagione invernale, un ristorante e uno scaffale pieno di libri di interesse locale. Il personale è molto disponibile. Le stanze con il balcone costano qualche euro in più.

Hotel Arco de la Villa (☎ 956 12 32 30; www.tugasa.com/index2.htm; Paseo Nazarí s/n; singole/doppie €36/59; P ❄) L'Arco de la Villa è un albergo moderno pulitissimo che vanta una posizione spettacolare in cima alla falesia, di fronte all'inizio del sentiero per il castello. Tutte le 17 camere e la sala da pranzo offrono magnifici panorami.

Restaurante Los Naranjos (☎ 956 12 33 14; Calle San Juan 15; portate principali €7-12; 🕒 9-23) Calle San Juan è piena di bar che in genere preparano anche del cibo, ma la scelta migliore è il ristorante Los Naranjos, che serve abbondanti piatti della saporita cucina locale sia all'interno sia all'aperto sotto alberi di arance.

Villaluenga del Rosario

Pop. 450 / alt. 900 m

Villaluenga è raccolta ai piedi delle falesie della Sierra del Caillo, 13 km a sud di Grazalema. Il villaggio è una destinazione molto apprezzata dagli appassionati di speleologia, grazie alla vicinanza di alcuni dei sistemi di grotte più profondi e lunghi dell'Andalusia. Chi non vuole scendere sottoterra può facilmente raggiungere l'ingresso della **Sima de Villaluenga**, lunga 250 m, percorrendo un sentiero pedonale delimitato da una balaustra che attraversa i campi ai piedi del villaggio. Un'altra piacevole escursione, che inizia presso l'abbandonato Hostal Villaluenga sulla A374, porta all'ingresso della **Sima del Republicano**, una grotta profonda 222 m; v. p222.

Il piccolo ma accogliente **Hotel La Posada** (☎ 956 12 61 19; www.tugasa.com/index2.htm; Calle Torre 1; singole/doppie €36/59; ❄), ospitato in un edificio del XVIII secolo dalle spesse mura, dispone di letti in ferro battuto, bagni con vasca e di un ristorante di buon livello che serve piatti della cucina locale come carne, selvaggina e uova (portate principali da €6 a €12). Piatti simili anche per qualità si gustano da **La Cancela** (☎ 956 46 37 79; Calle Doctor Vázquez 24; portate principali €7-12), sorprendentemente elegante, con un balcone affacciato sulla valle.

COSTA DE LA LUZ

I 90 km di costa fra Cadice e Tarifa sono talvolta molto ventosi. Le acque dell'Atlantico sono più fredde rispetto a quelle del Mediterraneo, ma si tratta di un prezzo esiguo da pagare in cambio di una costa incontaminata e a tratti selvaggia, con lunghe spiagge pulite di sabbia bianca e qualche sporadica cittadina o villaggio – questo tratto di costa è stato ribattezzato Costa de la Luz (Costa della Luce) per la sua luminosità dovuta al riflesso della luce sulla sabbia bianca. Ben consci della bellezza del luogo, gli andalusi vi affluiscono a migliaia in luglio e agosto, creando un'atmosfera festosa e vivace nelle località costiere solitamente tranquille. In questi mesi è necessario prenotare con un certo anticipo.

Dall'epoca preromana fino all'avvento del turismo nel XX secolo, la principale attività di questa costa è stata la pesca al tonno: ancora oggi banchi di grossi tonni, alcuni anche di 300 kg, vengono intrappolati dalle *almadraba* (reti) lunghe anche vari chilometri quando, in primavera, si spostano dall'Atlantico al Mediterraneo per raggiungere i luoghi in cui depongono le uova, e di nuovo in luglio e agosto quando tornano nell'oceano. Attualmente è Barbate ad avere la più grande flotta di pescherecci per la pesca al tonno.

VEJER DE LA FRONTERA

Pop. 12.000 / alt. 190 m

Questa bianca cittadina, un po' vecchio stile, che si staglia con aria di mistero sulla cima di un'altura rocciosa da cui domina la trafficata A48, 50 km a sud-est di Cadice, merita senz'altro una deviazione. Come in molte altre località della Costa de la Luz, anche a Vejer si avverte una forte presenza straniera, con un numero sempre crescente di boutique alla moda e alloggi molto curati. Vejer è da tempo una delle località preferite dagli artisti e dagli spagnoli alternativi, quindi non stupitevi per la vivacità della sua scena artistica e artigianale; la cittadina è anche un'ottima base dalla quale partire per varie attività.

Orientamento

La zona più antica della città, ancora in parte cinta da mura e percorsa da strette vie tortuose che ne testimoniano chiaramente le origini islamiche, occupa la sommità della collina. Poco sotto si apre la piccola Plazuela, il cuore di Vejer, dove si trova l'Hotel Convento de San Francisco. Con una passeggiata di 10 minuti lungo Calle Marqués de Tamarón si raggiunge Plaza de España, circa 800 m a est dalla Plazuela, intorno alla quale si concentrano vari ristoranti e alberghi.

Informazioni

Bookend English Bookshop (☎ 625 870255; Avenida Juan Relinque 45) Libri nuovi e di seconda mano in inglese; fra quelli usati anche qualche titolo in tedesco.

Ufficio postale (Calle Juan Bueno 10)

Ufficio turistico (☎ 956 45 17 36; www.turismovejer.com; Avenida de los Remedios; 🕑 10-14 da lunedì a sabato da metà settembre a maggio, 10-14 e 18-21 da lunedì a sabato, 11-14 domenica da giugno a metà settembre) Organizza visite guidate in città.

Che cosa vedere e fare

Delle mura di Vejer, risalenti al XV secolo, rimangono quattro porte e tre torri. Nell'area di 40.000 mq entro la cinta muraria visitate l'**Iglesia del Divino Salvador** (☎ 956 45 00 56; 🕑 11-13 tutti i giorni, più 17-19 lunedì, mercoledì, venerdì e sabato), con l'interno mudejar dal lato dell'altare maggiore e gotico nella parte opposta. Il **castello** (🕑 10-14 e 17.30-20.30 luglio e agosto), più volte rimaneggiato, offre una splendida vista dai bastioni e un piccolo museo in cui si conserva uno dei tipici mantelli neri che le donne di Vejer indossavano fino a vent'anni fa, e che coprivano tutto il corpo tranne gli occhi. Non perdetevi la graziosa **Plaza de España** piena di palme, con una bella fontana di piastrelle di Siviglia; sul lato meridionale si affaccia il municipio.

Potete noleggiare delle buone mountain bike (€12 al giorno) presso **Nature Explorer** (☎ 956 45 14 19; www.naturexplorer.com; Avenida de los Remedios 43), di fronte alla fermata dell'autobus; sempre qui potete prenotare escursioni a piedi e in mountain bike o immersioni (da €25 a €55 a persona) che l'agenzia organizza nella bella zona circostante per gruppi di quattro o più persone.

DEVIAZIONE: SANCTI PETRI E MEDINA SIDONIA

Se state percorrendo la A48 tra Cadice e Vejer de la Frontera e avete a disposizione una mezza giornata, potete compiere due deviazioni diverse ma ugualmente interessanti una volta arrivati all'incrocio tra la A48 e la A390 a Chiclana de la Frontera, 22 km a sud-est di Cadice.

Sancti Petri

Dall'incrocio tra la A48 e la A390 dirigetevi a ovest verso il litorale sulla strada che costeggia la periferia meridionale di Chiclana. Seguite le indicazioni per il 'Puerto Deportivo' e arriverete a Sancti Petri, un piccolo villaggio di pescatori dalla storia affascinante. Ormai è disabitato, però ci sono ancora i pescherecci e un porticciolo turistico, oltre a un centro nautico e di sport acquatici. È anche un bel posto per fare windsurf. Al largo si staglia un'isola, l'Isla de Sancti Petri, con le rovine di un **castello** del XIX secolo. Sotto al castello ci sono i resti di un tempio romano dedicato a Ercole. Potete visitare l'isola tutti i giorni dal 1° luglio al 15 settembre con la **Cruceros Sancti Petri** (☎ 617 378894; Playa de Sancti Petri; crociera di 1 ora €10 a persona).

Medina Sidonia

Viaggiando lungo la A390 in direzione est, dopo 19 km si arriva a Medina Sidonia, un'interessante cittadina in cima a un colle, la cui storia lunga e turbolenta risale almeno all'epoca fenicia. Dopo essere stata assoggettata da invasori molto diversi tra loro, tra cui bizantini e normanni, fu riconquistata dai cristiani nel 1264 e successivamente divenne il pomo della discordia tra la monarchia di Castiglia e la potente famiglia Guzmán (v. p233). Dopo un periodo di lotte per il potere, nel 1445 il re Giovanni II la cedette a Juan Alfonso Guzmán III, che divenne così Duque de Medina Sidonia, il capostipite di una potente dinastia aristocratica.

Arrivati in città salite fino in cima alla collina dove si trova l'**ufficio turistico** (☎ 956 41 24 04; Plaza de la Iglesia Mayor; 🕑 10-14 e 17-18 da settembre a luglio, 10-14 e 17-21 da luglio a settembre), poi andate a visitare i monumenti principali che si trovano nei dintorni – i resti del **castello** (costruito tra il XII e il XV secolo), la cinquecentesca **Iglesia de Santa María La Coronada** e il **Conjunto Romano** (che comprende i resti ben conservati di strade e fognature romane).

Feste e manifestazioni

Domenica di Pasqua A mezzogiorno e alle 16 si tiene un Toro Embolao (corsa dei tori con le corna fasciate).

Feria Musica e danza ogni sera in Plaza de España, con una serata dedicata al flamenco; dal 10 al 24 agosto.

Pernottamento

Camping Los Molinos (☎ 956 45 09 88; www.campinglosmolinosvejer.com; Pago de Santa Lucía; adulti/tende/automobili €5,50/5/4; Ⓟ) Questo campeggio immerso nel verde offre buone strutture e un supermercato; si trova pochi chilometri a nord di Vejer.

Hostal La Janda (☎ 956 45 01 42; Calle Machado s/n; singole/doppie €25/50; Ⓟ) Albergo estremamente accogliente nella parte opposta della città rispetto all'antico nucleo fortificato. Le 36 camere sono ospitate in un edificio molto grande: alcune si affacciano su un patio interno, mentre altre offrono la vista sulla città. L'arredo è semplice ma grazioso.

Hotel Convento de San Francisco (☎ 956 45 10 01; www.tugasa.com/index2/htm; Plazuela s/n; singole/doppie €48/70; Ⓟ) Convento del XVII secolo completamente restaurato con 25 camere semplici ma di grande atmosfera; il personale alla reception è molto disponibile e il caffè annesso, essendo in posizione centrale, è assai frequentato.

Hostal la Botica (☎ 902 07 51 30; www.laboticadevejer.com; Calle Canalejas 15; singole/doppie con prima colazione a partire da €55/65;) L'Hostal la Botica, che un tempo era una farmacia, offre camere molto piacevoli disposte intorno a un patio dove viene servita la prima colazione. Dalla terrazza sul tetto si ammira la campagna circostante.

Hotel La Casa del Califa (☎ 956 44 77 30; www.grupocalifa.com; Plaza de España 16; singole con prima colazione €63-94, doppie con prima colazione €69-112;) Questo accogliente albergo affacciato su Plaza de España occupa vari piani di quelle che un tempo erano cinque case diverse. I corridoi tortuosi e le piccole rampe di scale raggiungono camere tranquille e confortevoli, diverse tra loro sia come dimensioni sia come arredamento, anche se la componente araba predomina in tutte. C'è anche una terrazza dove è possibile prendere il sole.

No 1 Tripería (☎ 956 44 77 30; www.grupocalifa.com; Calle Tripería 1; camere €99-150; Ⓟ) Lussuoso albergo di grande fascino in stile islamico sistemato in una grande dimora nei pressi di Plaza de España. Si tratta dell'unico albergo di Vejer dotato di piscina e l'impianto di riscaldamento posto sotto ai pavimenti lo rende molto accogliente anche d'inverno. Da quasi tutte le camere si ammirano bei panorami sulla città e sulla campagna circostante.

Pasti e locali

Per quel che riguarda i pasti avrete l'imbarazzo della scelta non solo a Vejer, ma anche nei villaggi situati nella regione circostante, nota come La Janda – dirigetevi a Santa Lucía e a La Muela, entrambe a nord della A48, o spingetevi ancora più all'interno per provare qualche *ventas* (locande lungo la strada).

Pastelería Galvin (Calle Altozano 1; torte €2) Bellissimo locale dove consumare tè, caffè e torte, appena dietro l'angolo rispetto alla Plazuela.

La Bodeguita (☎ 956 45 15 82; Calle Marqués de Tamarón 9; tapas e montaditos €1; dalle 16.30) La Bodeguita, un bar semplice ma arredato con gusto, offre una piacevole atmosfera, un'ottima scelta musicale e squisite tapas e altri spuntini; durante l'estate vi si può consumare anche la prima colazione. Si trova proprio accanto all'Arco de la Segur.

Bar Joplin (Calle Marqués de Tamarón; birra €2,50) Bar informale di fronte alla Bodeguita all'altezza del proprio nome. Il momento migliore per andarci è la sera tardi nei fine settimana.

Restaurante Trafalgar (☎ 956 44 76 38; Plaza de España 31; portate principali €10-19) Ristorante piuttosto elegante affacciato sulla vivace piazza della città. Piatti a base di pesce, di frutti di mare e di carne tipici della provincia di Cadice preparati con estro.

El Jardín del Califa (☎ 956 44 77 30; Plaza de España 16; portate principali €7,50-18; chiuso martedì mattina da novembre a Pasqua; Ⓥ) Il ristorante dell'Hotel La Casa del Califa, in parte sistemato nel giardino, è il migliore di Vejer. Il cibo e l'arredamento sono tipicamente arabi: tavoli rivestiti di piastrelle marocchine sotto gli alberi, profumo di gelsomino e antiche pareti in mattoni creano la giusta atmosfera. Si sceglie fra cuscus di carne o di verdure, tagine e, la sera, carni e pesce alla griglia.

Per/da Vejer de la Frontera

Il piccolo ufficio della compagnia **Comes** (☎ 902 19 92 08; Plazuela) fornisce informazioni sugli orari degli autobus e vende i biglietti, acquistabili però anche a bordo. Gli autobus per/da Cadice (€4,50, 50 minuti) e Barbate (€1,10, 10 minuti) fermano lungo Avenida de los Remedios, la strada che dalla A48 sale la collina, circa 500 m sotto la Plazuela; esiste una decina di corse al giorno. Altri autobus per le stesse destinazioni, e anche per Tarifa (€3,80, 50 minuti, circa 10 corse al giorno), La Línea de la Concepción (€7, da 1 ora e mezzo a 2 ore, sette corse al giorno), Málaga (€16, 2 ore e 45 minuti, due corse al giorno) e Siviglia (€14, 3 ore, cinque corse al giorno) fermano a La Barca de Vejer, sulla A48 in fondo alla collina. In automobile da La Barca al centro di Vejer bisogna percorrere 4 km in salita; a piedi utilizzate la scorciatoia ben segnalata che abbrevia il percorso di 15 minuti.

EL PALMAR

Pop. 850

La sonnolenta El Palmar, 10 km a sud-ovest di Vejer de la Frontera, vanta una bella spiaggia di sabbia bianca lunga 4,8 km, ideale da ottobre a maggio per praticare sia il body surf sia il surf normale. Il villaggio è circondato da verdi campi coltivati e mucche al pascolo; purtroppo questo ambiente idilliaco è destinato a scomparire, visti i progetti di sviluppo che comprendono anche due nuovi alberghi all'estremità della spiaggia chiamata Conil.

A El Palmar ci sono due scuole di surf, ma anche molti privati si propongono per lezioni individuali. La **El Palmar Surf School** (☎ 956 23 21 37; www.elpalmarsurf.com; Dehesa El Palmar 43; noleggio surf per ora/mezza giornata/tutto il giorno €10/25/30, corso di 5 ore per principianti €100) è la scelta migliore: noleggia le tavole e ha istruttori che parlano spagnolo o inglese.

Camping El Palmar (☎ 956 23 21 61; www.pogoland.com/elpalmar; adulti/tende/automobili €5,50/4,50/3,80;) Campeggio con buone strutture situato a 900 m dalla spiaggia lungo un sentiero sterrato.

Di fronte alla spiaggia si incontrano molti *hostales* che in genere chiudono durante l'inverno. **Hostal Casa Francisco** (☎ 956 23 22 49; doppie con prima colazione €90, con vista mare €120) ha camere dignitose anche se spoglie, e un buon ristorante (*menú* €20). Fuori stagione i prezzi scendono di almeno un terzo.

La Chanca (☎ 659 977420; portate principali €14-20; chiuso da febbraio a metà marzo) Occupa una vecchia fabbrica per la lavorazione del tonno, all'estremità sud-orientale della spiaggia. Ha un'area ristorante esterna situata nel giardino affacciato sull'oceano; la cucina è molto apprezzata per la carne appetitosa e i piatti di pesce fresco.

Cortijo El Cartero (☎ 956 23 26 24) Questo bar-ristorante, inconfondibile per il colore porpora e arancio e il tetto di paglia, è una tappa obbligata per coloro che seguono la scena musicale di Cadice. Ospita tutto l'anno band e musicisti nelle sere del fine settimana.

Per/da Cadice esistono due corse al giorno dal lunedì al venerdì (€4,50, 1 ora).

LOS CAÑOS DE MECA

Pop. 300

Los Caños, un tempo ritrovo hippy, si estende disordinatamente lungo una serie di splendide baie di sabbia sotto una collina coperta di pini, circa 7 km a sud-est di El Palmar e 12 km a ovest di Barbate. Il posto conserva ancora la sua atmosfera tranquilla e anticonformista anche in piena estate, quando diventa molto animato. Gli edifici sono costruiti secondo uno stile architettonico informale chi fonde elementi marocchini, andalusi, marini e alternativi.

Orientamento e informazioni

Provenendo da El Palmar o da Vejer, si passa per il villaggio di Zahora, a un paio di chilometri da Los Caños. La strada da Barbate sbuca sulla via principale di Los Caños, Avenida Trafalgar, verso l'estremità orientale della città. L'ufficio turistico di Barbate (p230) è in grado di fornire informazioni sull'intera area. Sulla via principale davanti al campeggio di Zahora si trova un bancomat.

Che cosa vedere e fare

All'estremità occidentale di Los Caños una via secondaria conduce al famoso **Cabo de Trafalgar**, dove su una bassa lingua di terra si erge un faro. Al largo di questo promontorio il 21 ottobre 1805 la potenza navale spagnola fu annientata in poche ore dalla flotta britannica comandata dall'ammiraglio Nelson. In occasione del bicentenario della battaglia è stata posta una targa che commemora i marinai caduti in quell'occasione.

Su entrambi i lati del Cabo de Trafalgar si stendono bellissime **spiagge**. È allo studio un progetto, che al momento sta suscitando forti opposizioni, per la costruzione di una centrale elettrica marina alimentata a energia eolica 18 km al largo del Cabo de Trafalgar.

La spiaggia principale si trova esattamente di fronte all'incrocio fra Avenida Trafalgar e la strada per Barbate. I naturisti possono dirigersi verso il piccolo promontorio all'estremità orientale, dove esistono spiagge più isolate, fra cui Playa de las Cortinas. L'estremità occidentale è la più adatta al windsurf, ma in inverno si formano onde che richiamano molti appassionati di surf.

La costa tra Los Caños e Barbate è caratterizzata quasi interamente da scogliere alte anche 100 m. La strada che collega le due località corre nell'entroterra attraverso una bella foresta di pini marittimi. Le scogliere e la pineta, insieme alle paludi a est e a nord di Barbate, formano il **Parque Natural de la Breña y Marismas de Barbate**. Dalla strada si stacca un sentiero pedonale che porta alla **Torre del Tajo**, una torre di vedetta risalente al XVI secolo, costruita in cima a una scogliera. Questa stessa strada conduce a una seconda torre, **Torre de Meca**, del XVIII secolo, sulla collina alle spalle di Los Caños, raggiungibile anche partendo direttamente da questo villaggio.

È possibile organizzare attività a Los Caños e dintorni, come passeggiate a cavallo, surf ed escursioni in mountain bike, rivolgendosi all'Hostal Madreselva.

Pernottamento

In molte sistemazioni i prezzi si riducono notevolmente in bassa stagione.

Camping Camaleón (☎ 956 43 71 54; Avenida Trafalgar s/n; adulti/tende/automobili €5,50/5,50/5,50; ⏲ da aprile a settembre) A Los Caños ci sono tre campeggi di medie dimensioni, che in piena estate in genere diventano piuttosto affollati e chiassosi. Il Camaleón ha piazzole in ombra ed è quello più vicino al centro, essendo situato 1 km a ovest dell'incrocio con la strada per Barbate.

Hostal Minigolf (☎ 956 43 70 83; Avenida de Trafalgar 251; singole/doppie €45/50; P ❄) Sistemazione piccola e carina di fronte alla strada per Cabo de Trafalgar adatta anche ai budget più ridotti. Offre camere pulite e fresche con TV e riscaldamento nei mesi invernali, tutte disposte intorno a un patio molto spagnolo. Nel ristorante situato proprio accanto servono abbondanti prime colazioni.

Hostal Mar de Frente (☎ 956 43 70 25; www.hotelmardefrente.com; Avenida Trafalgar 3; singole/doppie con prima colazione €48/77, camere con vista mare €102; ⏲ chiuso da dicembre a febbraio; P ❄) L'incantevole Mar de Frente è disposto su vari livelli proprio sul bordo della scogliera sopra l'estremità orientale della spiaggia principale. È diretto da un giovane manager e dispone di camere luminose e confortevoli con TV satellitare e di una terrazza.

Sajoramibeach (☎ 956 43 74 24; www.sajoramibeach.com; camere €80) Se cercate una posizione esclusiva sulla spiaggia e un'architettura unica, provare questa sistemazione a Playa Zahora.

Hostal Madreselva (☎ 956 43 72 55; www.madreselvahotel.com/canos; Avenida Trafalgar 102; singole/doppie con prima colazione €68/84, suite €155; ⏲ 27 marzo-30 settembre; P 🏊) Questo *hostal* è stato trasformato qualche anno fa con grande bravura dallo stesso proprietario dell'Hurricane Hotel, vicino a Tarifa. Le 18 stanze, disposte intorno a un patio pieno di piante, hanno un piccolo giardino sul retro e un design piuttosto esotico. È possibile organizzare escursioni in mountain bike e a cavallo, oppure praticare il surf.

Casa Meca (☎ 639 613402; www.casameca.com; Avenida Trafalgar s/n; doppie in monolocale a settimana €475, appartamenti da 2 camere a settimana €660; P) Situata 100 m a est dell'incrocio per Cabo de Trafalgar, Casa Meca è una bella residenza immersa in un grazioso giardino. Offre tre luminosi appartamenti con cucina, lounge, vista, e zone all'aperto dove è possibile

PROVINCIA DI CADICE

LA SCELTA DELL'AUTORE

Casas Karen (☎ 956 43 70 67, prenotazioni last-minute 649 780834; www.casaskaren.com; Fuente del Madroño 6; camere €92-99, quadruple €118-132, capanno tradizionale per due persone €555 a settimana; P) Questo eccentrico gioiello è di proprietà dell'espansiva e appassionata Karen Abrahams, che si è stabilita qui circa 20 anni fa. La grande proprietà ricoperta di mimose è composta approssimativamente da sette edifici eclettici, tutti con cucina, bagno, lounge e zone per sedersi all'aperto. La scelta va da una ex fattoria a esotici *chozas* (capanni tradizionali) dal tetto di paglia, costruiti con materiali locali. Gli arredi sono in stile andaluso-marocchino con un attento uso del colore. Sono disponibili massaggi. Casas Karen è raggiungibile dalla strada principale, 500 m a est dell'incrocio per il Cabo de Trafalgar. Svoltate in corrispondenza del muro sulle cui piastrelle è scritto 'Apartamentos y Bungalows' e proseguite per 500 m. Dopo aver girato a destra al cartello 'Fuente de Madroño' vi apparirà la staccionata di legno in stile ranch di Casas Karen.

sedersi. È una buona soluzione anche d'inverno grazie ai doppi vetri e al riscaldamento centralizzato.

Pasti

Bar Saboy (Carril de Mangueta, Zahora; tagine €9, menú €10) Sedetevi sotto una yucca a osservare i tori che pascolano nei campi di fronte, mentre gli uccellini cinguettano sugli alberi vicini. Il Saboy, situato a 200 m dalla strada principale, con il tetto in fibra vegetale e il caminetto, offre ottimi pasti e spuntini, compresa una deliziosa zuppa di lenticchie marocchina lievemente speziata.

Bar-Restaurante El Caña (☎ 956 43 73 98; Avenida Trafalgar s/n; portate principali €13; 🕑 da aprile a settembre) La posizione è spettacolare, sulla sommità di una piccola scogliera sopra la spiaggia, a poca distanza dall'incrocio con la strada per Barbate situato a est. Molto frequentato in estate.

Restaurante Trafalgar (☎ 956 43 71 21; Avenida Trafalgar 86; www.eltrafalgar.com; portate principali €12-17,50; menú €12; 🕑 da aprile a settembre) Ottimo ristorante con patio aperto in estate che propone una cucina mediterranea assai creativa. Aspettatevi qualche sapore insolito e ingredienti freschissimi; vi raccomandiamo l'*arroz marinero* (riso ai frutti di mare). Sul retro c'è la possibilità di navigare in internet.

Altri ristoranti di buona qualità:

Sajorami (☎ 956 43 70 72; Playa Zahora; portate principali €10-16; Ⓥ) Vista sul mare impareggiabile, architettura di classe e ottima cucina spagnola con apporti internazionali, vegetariani e marocchini.

El Jazmín (Avenida Trafalgar s/n; portate principali €9-20; Ⓥ) Pesce, frutti di mare e piatti marocchini e messicani.

Locali e divertimenti

Las Dunas (Carril El Faro; 🕑 10.30-fino a tardi) Locale sistemato in un bell'edificio in pietra con il tetto in stile *choza* (capanna tradizionale) e uno stupefacente caminetto anch'esso in pietra. Potete venirci anche solo per uno spuntino, un succo di frutta fresca o una prima colazione in tarda mattinata, ma in realtà è un locale dove è piacevole fare le ore piccole. Dispone di un tavolo da biliardo.

La Pequeña Lulu (www.lapequenalulu.com; Avenida Trafalgar s/n; 🕑 aperto tutti i giorni dell'anno) Grazioso caffè/bar gestito da un francese all'estremità orientale del villaggio con la parte posteriore rivolta verso il parco naturale. Ha un arredo originale e spesso offre musica dal vivo, comprese esibizioni improvvisate.

Bar Saboy (Carril de Mangueta, Zahora) Anche questo bar ospita regolarmente spettacoli di musica dal vivo (v. p230).

Nella stagione turistica i bar si moltiplicano: tra i migliori citiamo il Los Castillejos, molto alla moda, all'estremità orientale del villaggio, e il Café-Bar Ketama, dal lato opposto della strada rispetto a El Pirata.

Per/da Los Caños de Meca

Dal lunedì al venerdì ci sono tre autobus al giorno per/da Barbate (€1, 15 minuti) e due per/da Cadice (€5, 1 ora e 15 minuti). Da metà giugno ai primi di settembre vengono attivate corse aggiuntive da Siviglia o da Cadice.

BARBATE

Pop. 22.000

Barbate, dedita alla pesca e all'industria dell'inscatolamento, con una lunga spiaggia di sabbia e un porto di grandi dimensioni, è una cittadina piuttosto anonima. Tuttavia d'estate si trasforma in una vivace località balneare e sembra che con il tempo stia diventando una destinazione sempre più esclusiva. La città si trasforma completamente dal 12 al 16 luglio, durante la fiera annuale che culmina con la processione marittima in onore della Virgen del Carmen.

Orientamento e informazioni

La stazione degli autobus Comes è situata a più di 1 km dalla spiaggia, verso l'interno, all'estremità settentrionale della lunga via principale, Avenida del Generalísimo, dove questa incontra Avenida José Antonio. L'**ufficio turistico** (☎ 956 43 39 62; www.barbate.es; Avenida José Antonio 23; 🕑 8-14.30 e 16.30-19.30 da lunedì a venerdì, 10-14 sabato) di Barbate, l'unico esistente nella zona compresa tra Los Caños, Barbate e Zahara, si trova in Avenida José Antonio a 1,5 km dalla stazione degli autobus, in direzione della spiaggia. Le banche sono tutte in Avenida del Generalísimo.

Pernottamento

Hotel Nuro (☎ 956 43 02 54; Avenida José Antonio s/n; doppie €35-55; Ⓟ ❄ ♿) Albergo semplice ma confortevole, con riscaldamento durante l'inverno e camere dotate di TV a 100 m dalla stazione degli autobus. Recentemente sono stati sostituiti i letti e aperta una caffetteria.

Hotel Galia (☎ 956 43 33 76; Calle Doctor Valencia 5; singole/doppie €45/70; 🕑 da aprile a settembre; Ⓟ ❄)

PROVINCIA DI CADICE

A qualche isolato dalla stazione degli autobus, verso il mare, si incontra questo accogliente albergo con camere discrete.

Hotel Chili (☎ 956 45 40 33, 696 281760; www.elchilihotel.com; all'angolo tra Calle Real e Avenida José Antonio; singole con prima colazione €69, doppie con prima colazione €80-95; P) Aperto dagli stessi proprietari dell'Hurricane Hotel di Tarifa, il Chili è poi passato in mano a un austriaco che ha vissuto parecchio tempo a Cuba. Le camere sono eleganti nella loro semplicità e arredate in colori tenui. Dista 1 km dalla stazione degli autobus.

Pasti e locali

Raggiungete l'ottimo mercato di Avenida de Andalucía e il porto per ammirare la pesca del giorno. In Paseo Maritimo si incontrano molti ristoranti che preparano specialità a base di pesce.

Café-Bar Estrella Polar (Avenida del Generalísimo 106; insalate a partire da €4,50, portate principali €9-14) Caffé-bar a circa 50 m dalla spiaggia che serve porzioni abbondanti a prezzi ragionevoli. Provate il pesce spada o le appetitose *chocos* (seppie) e i *calamares*.

El Capitán (Puerto de la Albufera; tapas €1,30-2, raciones e portate principali €7-17) Piacevole edificio a due piani in legno con ampie verande che si affacciano sul porto. Al pianterreno c'è un caffé-bar con tavoli sistemati intorno a un'enorme vasca piena di crostacei, mentre al piano superiore si cena in modo più formale. La cucina proposta è quella regionale, con qualche tocco creativo.

El Campero (☎ 956 43 23 00; Avenida de la Constitución 5C; portate principali €14-21) Se siete in vena di spese pazze, il famoso El Campero è il locale che fa per voi. Il pesce è la specialità della casa; provate l'*urta a la roteña* (pagello al vino bianco con pomodori, peperoni e timo) o il gustoso piatto locale *atún encebollado* (tonno in umido con cipolla e pomodori).

Per/da Barbate

Alla **stazione degli autobus Comes** (☎ 956 43 05 94; Avenida del Generalísimo) si fermano gli autobus per/dalle seguenti destinazioni:

Algeciras (€6, 1 ora e 15 minuti) Una corsa al giorno.
Cadice (€5,50, 1 ora) Fino a 13 corse al giorno.
La Barca de Vejer (€1,10, 10 minuti) Vicino a Vejer de la Frontera; v. p227.
Tarifa (€4,50, 50 minuti) Una corsa al giorno.
Vejer de la Frontera (€1,10, 10 minuti) Fino a 10 corse al giorno.
Zahara de los Atunes (€1, 15 minuti) Due o tre corse al giorno.

ZAHARA DE LOS ATUNES

Pop. 1000

Zahara, un villaggio in mezzo al nulla se non fosse per un'ampia spiaggia di sabbia lunga 12 km rivolta verso ovest, è un luogo primordiale. In centro si ergono le mura in rovina dell'antica Almadraba, in passato deposito e rifugio per i pescatori di tonni, che avevano la fama di essere gente rozza e poco raccomandabile. Miguel de Cervantes nella sua *La Ilustre Fregona* (Panozzo Editore, Rimini 2001) scrisse che nessuno meritava il nome di *pícaro* (canaglia, furfante) se non aveva trascorso almeno due stagioni a Zahara andando a pesca di tonni. Dai documenti si è appreso che nel 1541 non meno di 140.000 tonni vennero immagazzinati nell'Almadraba di Zahara; oggi questa industria è scomparsa, e il villaggio si sta trasformando in una località balneare quasi alla moda, sempre più frequentata dagli spagnoli. Con il suo piccolo nucleo di vie, è il posto ideale per apprezzare il sole, il mare, il vento e, nei mesi estivi, anche una vivace vita notturna.

Gli amanti della natura rimarranno estasiati per via delle spiagge incontaminate e dei sentieri escursionistici che si inoltrano nella Sierra de la Plata fra Zahara e Bolonia. Per raggiungerla bisogna attraversare il complesso turistico di Atlanterra a sud di Zahara.

Informazioni

Sulla spiaggia vicino l'Almadraba nei mesi di luglio e agosto è in funzione un chiosco di informazioni turistiche. In Calle María Luisa, di fronte a Plaza de Tamarón, ci sono alcuni bancomat.

Pernottamento

Camping Bahía de la Plata (☎ 956 43 90 40; Avenida de las Palmeras; adulti/tende/automobili €6,50/5,50/4, bungalow per 4 persone €95) Bel campeggio alberato proprio di fronte alla spiaggia all'estremità meridionale di Zahara.

Hostal Monte Mar (☎ 956 43 90 47; Calle Bullón 17; singole/doppie €33/53; P) Piacevole sistemazione sulla spiaggia all'estremità settentrionale di Zahara. Forse non dispone dei migliori letti del villaggio, ma è probabile che possiate trovare una stanza libera anche in luglio e agosto, quando tutti gli altri alberghi e le pensioni sono al completo.

Hotel Almadraba (☎ 956 43 92 74; www.hotelesalmadraba.com; Calle María Luisa 13; singole/doppie €45/73; chiuso novembre; P) Albergo simpatico e accogliente con appena 11 camere, semplici ma graziose, dotate di TV, bagno e riscaldamento durante l'inverno. C'è anche un ristorante molto frequentato.

Hotel Gran Sol (☎ 956 43 93 09; www.gransolhotel.com; Avenida de la Playa s/n; singole/doppie con prima colazione €102/116, doppie vista mare con prima colazione €121; P) Il Gran Sol vanta la migliore posizione tra gli alberghi della città. È situato sulla spiaggia ed è rivolto da un lato verso le mura dell'antica Almadraba e dall'altro verso l'oceano. Le ampie e comode camere sono dotate di tutti i comfort e il ristorante sulla terrazza offre una vista stupenda.

Hotel Doña Lola (☎ 956 43 90 09; Plaza Thompson 1; singole €100, doppie €130-150; P) Vicino all'ingresso di Zahara, ma a soli due minuti dalla spiaggia, questo albergo moderno circondato da un bellissimo e ampio giardino propone delle piacevoli camere arredate in un grazioso stile retro.

Pasti

La maggior parte dei ristoranti si trova sul lungomare oppure vicino a Plaza de Tamarón, dietro l'Hotel Doña Lola. In genere i loro menu sono identici, con piatti a base di pesce, crostacei, insalate, carne e talvolta pizza, ma stanno emergendo anche nuove opportunità.

Casa Juanita (Calle Sagasta; piatti di pesce €9,50-11; chiuso in gennaio) A pochi passi dalla via principale, in una piccola traversa pedonalizzata di fronte a Plaza de Tamarón, si trova questo locale di buona qualità con una lunga lista di tapas, tra cui molte a base di pesce. Gli scampi all'aglio e gli spiedini di pesce angelo sono fra le opzioni più sostanziose.

Restaurante Ropiti (☎ 956 43 94 01; Calle María Luisa 6; portate principali a partire da €12; chiuso da dicembre a febbraio) Il Ropiti è molto apprezzato dalla gente del posto per la varietà di piatti di pesce e di crostacei, tutti preparati con cura.

Restaurante La Jabega (☎ 956 43 04 92; Calle Tomollo 7; raciones €7-8, portate principali €12-25) Proprio di fronte alla spiaggia, il Jabega è rinomato per le polpette di pesce con riso accompagnate da scampi giganti *carabineros*, ma anche per piatti a base di pesce e frutti di mare più fantasiosi.

Hotel Gran Sol (Avenida de la Playa s/n; portate principali €10-36) Dalla terrazza di questo ristorante potete ammirare la vista del mare e dell'antica Almadraba assaporando un esotico antipasto di pesce o di verdure freschissime. Come secondo ordinate la paella (€25 per due) o un pesce al forno in crosta di sale.

Locali e divertimenti

Nei mesi di luglio e agosto sulla spiaggia a sud dell'Almadraba si allineano tende e baracche provvisorie dove vengono allestiti bar, discoteche e *teterías* (sale da tè in stile arabo). Il divertimento inizia dopo la mezzanotte, soprattutto nei locali dove si balla o si ascolta musica.

Per/da Zahara de los Atunes

La Comes gestisce fino a cinque autobus al giorno per/da Barbate (€1, 15 minuti) e fino a quattro per/da Cadice (€6,50, 2 ore) via Barbate; inoltre c'è una corsa al giorno dal lunedì al venerdì per/da Tarifa (€3,50, 45 minuti). Il servizio è più frequente da metà giugno a settembre.

BOLONIA

Pop. 125

Questo minuscolo villaggio, situato sulla costa a 10 km da Zahara de los Atunes e circa 20 km a nord-ovest di Tarifa, vanta una splendida spiaggia di sabbia bianca con un mare adatto al windsurf, vari ristoranti e piccoli *hostales*, moltissimi galletti e le imponenti rovine della romana **Baelo Claudia** (☎ 956 68 85 30; ingresso €1,50, cittadini UE gratuito; 10-19 da martedì a sabato da marzo a maggio e ottobre, 10-20 da martedì a sabato da giugno a settembre, 10-18 da martedì a sabato da novembre a febbraio, 10-14 domenica tutto l'anno). Il sito comprende buona parte di un teatro, un foro lastricato circondato da resti di templi e dei laboratori dove venivano realizzati i prodotti che resero famosa Baelo Claudia nel mondo romano: pesce sotto sale e *garum* (un condimento piccante a base di pesce). La località conobbe il suo massimo splendore al tempo dell'imperatore Claudio (dal 41 al 54 d.C.), ma cadde in declino in seguito a un terremoto nel II secolo.

Verso ovest, oltre le rovine, si trova una grande duna su cui ci si può arrampicare e numerosi sentieri per belle passeggiate (v. p233). Il pinnacolo di arenaria detto San Bartolo (o San Bartolomé) che si erge appena a est di Bolonia richiama moltissimi free climber.

Un paio di anni fa Bolonia iniziò a fare vedere qualche timido segno di ripresa economica – la via principale venne parzialmente asfaltata, furono installati dei lampioni e piantata qualche palma, ma da allora è cambiato ben poco.

Pernottamento

A Bolonia esistono 13 strutture dove pernottare, alcune delle quali solo stagionali. I seguenti alberghi sono aperti tutto l'anno.

Hostal Lola (☎ 956 68 85 36; www.hostallola.com; El Lentiscal 26; camere con bagno in comune/privato €45/55; Ⓟ) L'affabile Lola dispone di 16 camere semplici ma graziose e ben tenute. Le pareti sono dipinte a colori vivaci; c'è anche un salottino d'ispirazione marocchina e un bel giardino pieno di fiori. Nei bagni in comune sono stati installati lavandini di design. Per raggiungere l'Hostal Lola seguite le indicazioni riportate sulle tavole da surf giganti dietro l'Hostal Miramar.

Apartamentos Ana (☎ 956 68 85 50; appartamenti per 2-6 persone €60-70; Ⓟ) Ana propone appartamenti nuovi da uno o due letti, tutti ottimamente accessoriati e con un buon rapporto qualità-prezzo, anche se non sono rivolti verso l'oceano. Cercate la piccola via chiusa oltre l'incrocio per l'Hostal Lola.

Apartamentos Isabel (☎ 956 68 85 69; El Lentiscal 5; appartamenti €75; Ⓟ) Appartamenti simili a quelli di Ana, ma situati proprio sulla spiaggia.

La Hormiga Voladora (☎ 956 68 85 62; El Lentiscal 15; doppie €57-69, appartamenti per 2/3/4 persone €85/95/105; Ⓟ) La 'formica volante', complesso che si estende dal lungomare verso l'interno, è un labirinto di camere e appartamenti comodi e arredati con cura disposti intorno a vari cortili.

Pasti

Durante l'estate ci sono cinque o più ristoranti all'aperto sulla spiaggia, soprattutto verso la sua estremità orientale, e un numero maggiore nella zona delle rovine romane. L'eccellente **Los Caracoles** (☎ 654 096251; El Lentiscal 1; paella €8, pesce alla griglia e piatto di frutti di mare €18), al fondo della spiaggia dal lato orientale, è aperto tutto l'anno almeno a pranzo, tempo permettendo. La musica dal vivo in estate e la paella cotta su un focolare meritano una visita. Sulla via principale del villaggio provate il **Restaurante Marisma** (portate principali €6-12; ⏲ tutti i giorni dalla Semana Santa a ottobre, fine settimana tutto l'anno), specializzato in frutti di mare e con tavoli all'aperto, o il più elegante **Bar Restaurante Las Rejas** (insalata €6, paella €11; ⏲ tutto l'anno), dove camerieri molto premurosi vi suggeriranno le proposte del giorno più appetitose.

Per/da Bolonia

L'unica strada carrozzabile per Bolonia è quella che si dirama verso ovest dalla N340 15 km a nord di Tarifa. Nei mesi di luglio e agosto in genere ci sono alcuni autobus in servizio fra Tarifa e Bolonia (v. p242 per i particolari). Negli altri periodi, se non si dispone di un proprio mezzo di trasporto, bisogna percorrere a piedi i 7 km in salita che separano la N340 da Bolonia. Altrimenti si può partire da Ensenada de Valdevaqueros (p236) e camminando lungo la costa per 8 km raggiungere Bolonia dopo aver superato Punta Paloma, oppure da Atlanterra, a sud di Zahara de los Atunes, continuare per Torre de Cabo de Gracia e quindi raggiungere Bolonia seguendo un sentiero che attraversa i boschi della Sierra de la Plata.

TARIFA

Pop. 17.000

Tarifa è una cittadina graziosa e tranquilla anche durante il periodo estivo. Purtroppo le cose sembrano destinate a cambiare in fretta visto l'inarrestabile sviluppo edilizio e l'apertura di numerosi negozi alla moda. Quasi sconosciuta fino a una ventina di anni fa, Tarifa oggi è frequentata da moltissimi appassionati di windsurf e kitesurf, circostanza che ha contribuito a trasformarla in una località alla moda di livello internazionale. L'arrivo dei surfisti da ogni parte del mondo ha stimolato la nascita di ristoranti, bar, alberghi e negozi di tutti i tipi. La città offre anche un vivace panorama artistico, alimentato dalla bellezza del paesaggio e dall'eccentricità dei suoi abitanti.

Probabilmente Tarifa è antica quanto la fenicia Cadice, e sicuramente è stata un insediamento romano, ma deve il suo nome a Tarif ibn Malik, che guidò un'incursione musulmana nel 710 d.C., l'anno che precedette la grande invasione islamica della Penisola Iberica. La graziosa parte vecchia ha strade strette, un castello spettacolare, case imbiancate a calce con cascate di fiori ai davanzali

TARIFA

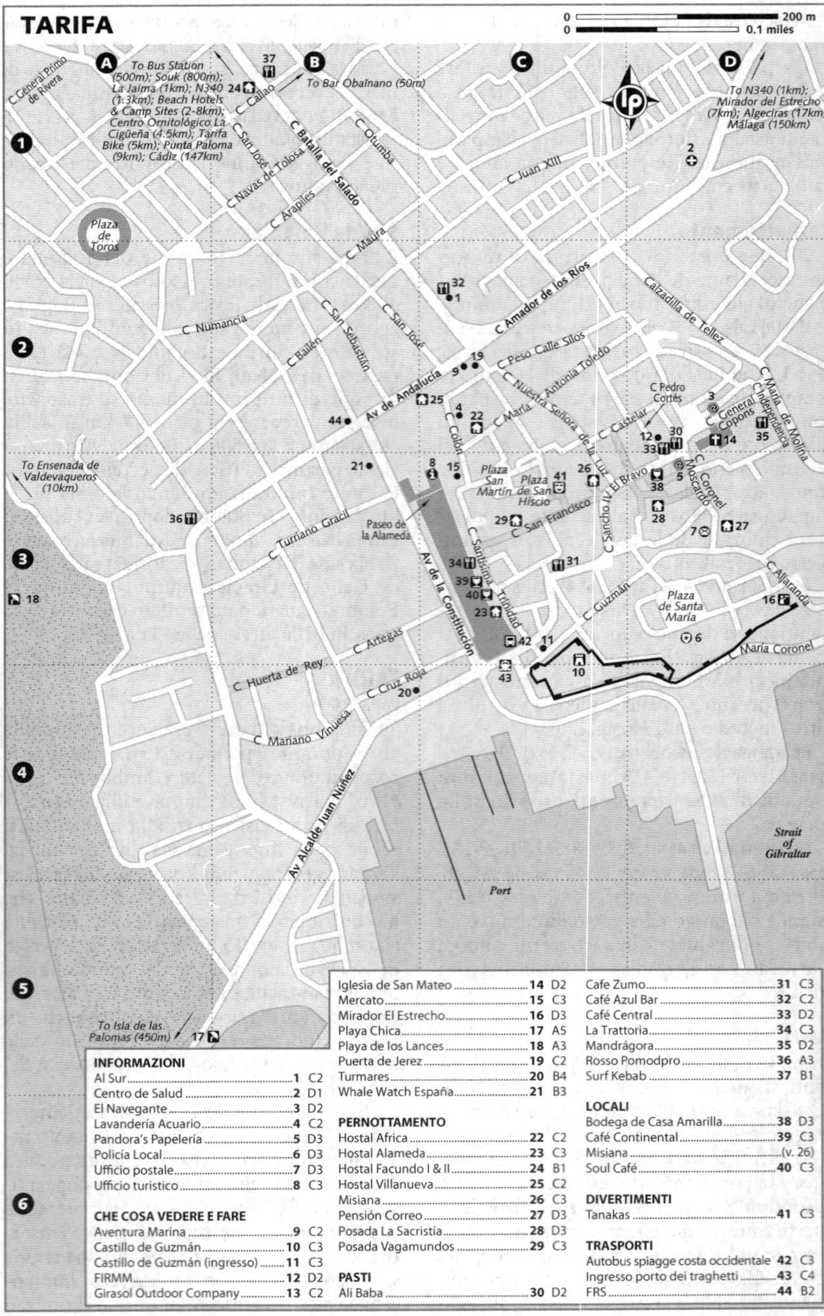

INFORMAZIONI

Al Sur 1 C2
Centro de Salud 2 D1
El Navegante 3 D2
Lavandería Acuario 4 C2
Pandora's Papelería 5 D3
Policía Local 6 D3
Ufficio postale 7 D3
Ufficio turistico 8 C3

CHE COSA VEDERE E FARE

Aventura Marina 9 C2
Castillo de Guzmán 10 C3
Castillo de Guzmán (ingresso) 11 C3
FIRMM 12 D2
Girasol Outdoor Company 13 C2
Iglesia de San Mateo 14 D2
Mercato 15 C3
Mirador El Estrecho 16 D3
Playa Chica 17 A5
Playa de los Lances 18 A3
Puerta de Jerez 19 C2
Turmares 20 B4
Whale Watch España 21 B3

PERNOTTAMENTO

Hostal Africa 22 C2
Hostal Alameda 23 C3
Hostal Facundo I & II 24 B1
Hostal Villanueva 25 C2
Misiana 26 C3
Pensión Correo 27 D3
Posada La Sacristía 28 D3
Posada Vagamundos 29 C3

PASTI

Ali Baba 30 D2
Cafe Zumo 31 C3
Café Azul Bar 32 C2
Café Central 33 D2
La Trattoria 34 C3
Mandrágora 35 D2
Rosso Pomodpro 36 A3
Surf Kebab 37 B1

LOCALI

Bodega de Casa Amarilla 38 D3
Café Continental 39 C3
Misiana .... (v. 26)
Soul Café 40 C3

DIVERTIMENTI

Tanakas 41 C3

TRASPORTI

Autobus spiagge costa occidentale 42 C3
Ingresso porto dei traghetti 43 C4
FRS 44 B2

dalle ringhiere in ferro battuto. Le spiagge offrono sabbia bianca e pulita e ottime onde. L'ondulata campagna dell'entroterra è assai verde, ma il clima può essere freddo e piovoso durante l'inverno.

L'unico aspetto negativo – ma non certo per i surfisti o per le centinaia di torri sparse nell'entroterra che producono energia eolica – è il vento su cui si basa la nuova prosperità di Tarifa. Per buona parte dell'anno soffiano il *levante* o il *poniente*, che rendono impossibile rilassarsi in spiaggia. Negli ultimi due anni i famosi venti di Tarifa sembrano però essersi attenuati. I mulini a vento fanno parte di un esperimento, originariamente finanziato dall'Unione Europea ma adesso ampliato da capitali privati, inteso a fornire energia elettrica alla rete nazionale spagnola.

Ulteriori cambiamenti al paesaggio saranno apportati dall'imminente costruzione del tratto locale della nuova *autovía* A48, che per il momento inizia appena a nord di Chiclana de la Frontera e finisce a Vejer de la Frontera.

Orientamento

Due strade conducono a Tarifa dalla N340. Quella proveniente da nord-ovest prende il nome di Calle Batalla del Salado prima di immettersi in Avenida de Andalucía, un viale che corre sull'asse est-ovest raggiungendo la città vecchia tramite la Puerta de Jerez; la seconda strada, che proviene da est, diventa a Tarifa Calle Amador de los Ríos e converge in Avenida de Andalucía presso la Puerta de Jerez.

La via principale della città vecchia è Calle Sancho IV El Bravo, alla cui estremità orientale sorge l'Iglesia de San Mateo.

A sud-ovest della città si allunga nell'oceano Isla de las Palomas, un promontorio occupato da un presidio militare che rappresenta il punto più meridionale dell'Europa continentale, con lo Stretto di Gibilterra a sud e l'Oceano Atlantico a ovest. L'Africa, al di là dello stretto, dista solo 14 km.

Informazioni

In Calle Sancho IV El Bravo e in Calle Batalla del Salado, la via principale dello shopping, ci sono numerose banche e bancomat. I siti www.tarifa.net e www.tarifacostasur.com riportano utili notizie, mentre sulla rivista patinata *Vida* si possono leggere interessanti articoli di cultura locale.

Al Sur (Calle Batalla del Salado) Quotidiani internazionali e una buona scelta di riviste specialistiche su surf e snowboard in spagnolo e inglese.

Centro de Salud (☎ 956 68 15 15/35; Calle Amador de los Ríos)

El Navegante (Calle General Copons 1; internet €2 l'ora) Possibilità di effettuare telefonate a tariffe economiche.

Lavandería Acuario (Calle Colón 14; lavaggio 4 kg €4, lavaggio, asciugatura e piegatura 4 kg €7-8; 🕐 10.30-14 e 18-20 da lunedì a venerdì, 9.30-15 sabato)

Pandora's Papelería (Calle Sancho IV El Bravo; internet €3 l'ora; 🕐 10-14 e 17-21)

Policía Local (☎ 956 61 41 86; Plaza de Santa María)

Ufficio postale (☎ 956 68 42 37; Calle Coronel Moscardó 9)

Ufficio turistico (☎ 956 68 09 93; www.tarifaweb.com, in spagnolo; 🕐 10.30-14 e 16-18 da metà settembre a maggio, 10.30-14 e 18-20 da giugno a metà settembre) Al termine di Paseo de la Alameda, bel viale ornato da palme.

Che cosa vedere e fare

È facile apprezzare Tarifa. Basta passeggiare nelle stradine della città vecchia fino alle mura del castello, visitarlo, fermarsi al porto per osservare le navi e concedersi una sosta in spiaggia.

La **Puerta de Jerez**, in stile mudejar, fu costruita dopo la Reconquista. Prima di addentrarvi nel cuore della città vecchia date un'occhiata al **mercato** (Calle Colón) in stile neomudejar, e poi dirigetevi verso l'**Iglesia de San Mateo**, costruita in gran parte nel XV secolo. Le vie a sud della chiesa sono cambiate ben poco dai tempi degli arabi. Salite le scale in fondo a Calle Coronel Moscardó e voltate a sinistra in Calle Aljaranda per raggiungere il **Mirador El Estrecho**, un punto panoramico in cima alle mura del castello da cui si gode una vista spettacolare in direzione dell'Africa.

Proseguendo verso ovest si raggiunge il **Castillo de Guzmán** (Calle Guzmán), il cui ingresso è situato però dalla parte opposta, in Calle Guzmán. Al momento della stesura di questa guida era chiuso per lavori di restauro (la sua riapertura era prevista per il giugno 2007; per informazioni rivolgetevi all'ufficio turistico). Vale comunque la pena effettuare una passeggiata intorno al perimetro esterno di questa imponente fortezza, costruita nel 960 d.C. dal califfo di Córdoba Abd ar-Rahman III, che voleva una fortezza per proteggersi dalle incursioni dei vichinghi e dei predoni provenienti dall'Africa. Nel 1292 i cristiani occuparono Tarifa, ma ne ottennero il pieno controllo solo dopo la presa di Algeciras nel

1344. Il castello deve il suo nome all'eroe della Reconquista, Guzmán El Bueno: nel 1294 i Merenidi provenienti dal Marocco assediarono il castello e rapirono il figlio di Guzmán minacciando di ucciderlo se non si fosse arreso. Guzmán non solo rifiutò ogni trattativa, ma gettò loro in segno di sfida il suo pugnale affinché lo usassero per assassinare il figlio. I discendenti di Guzmán divennero i duchi di Medina Sidonia, che per molto tempo governarono gran parte della provincia di Cadice come un feudo privato.

È possibile camminare lungo i bastioni del castello e fermarsi in cima alla duecentesca Torre de Guzmán El Bueno (che ospita il museo della città), dalla quale la vista spazia in tutte le direzioni.

SPIAGGE

La frequentata spiaggia cittadina è la riparata e piccola **Playa Chica**, sull'istmo che porta a Isla de las Palomas. Da qui si estende per 10 km verso nord-ovest **Playa de los Lances**, fino all'enorme duna di sabbia di **Ensenada de Valdevaqueros**. Lungo parte di Playa de los Lances è stata costruita una nuova passeggiata che raggiunge la periferia della città, dove la catena alberghiera Marriot sta realizzando un complesso di gran lusso.

IMMERSIONI

Per informazioni sulle immersioni in Andalusia v. p78. Generalmente vengono effettuate intorno a Isla de las Palomas, dove si ammirano relitti, coralli, delfini, polipi e altre creature marine. A Tarifa ci sono alcune agenzie dedicate a questa attività – provate **Aventura Marina** (☎ 956 05 46 26; www.aventuramarina.com, in spagnolo; Avenida de Andalucía 1), che propone corsi Discover Scuba Diving (€72, 3 ore). Un'immersione con una bombola, incluso il noleggio dell'attrezzatura e l'istruttore, costa €50.

EQUITAZIONE

I maneggi citati di seguito, entrambi situati fuori città presso due alberghi di Playa de los Lances, affittano cavalli e dispongono di ottimi istruttori che parlano inglese. Una gita di un'ora lungo la spiaggia costa €30, mentre una cavalcata di tre ore, lungo la spiaggia o nell'entroterra, circa €70.

Aventura Ecuestre (☎ 956 23 66 32; www.aventuraecuestre.com) Presso l'Hotel Dos Mares (p239).

Club Hípica (☎ 956 68 90 92) All'Hurricane Hotel (p240).

OSSERVAZIONE DELLE BALENE

Si tratta di un'esperienza molto divertente. Almeno tre agenzie diverse organizzano escursioni in barca di due-tre ore circa, guidate da un biologo, per avvistare e osservare delfini e balene. Le escursioni in genere costano circa €30/20/10 per adulti/minori di 14 anni/minori di 6 anni. Preparatevi a bagnarvi se il mare è agitato, a meno di non utilizzare la barca della Turmares.

FIRMM (Fondazione per la conoscenza e lo studio dei mammiferi marini; ☎ 956 62 70 08, 619 459441; www.firmm.org; Calle Pedro Cortés 4) Raccoglie dati durante ogni uscita.

Turmares (☎ 956 68 07 41, 696 448349; www.turmares.com; Avenida Alcalde Juan Núñez 3; escursioni per osservare delfini e balene adulti/minori di 14 anni €27/14, per osservare le orche €40/20) Dispone di una grande barca con il fondo in vetro.

Whale Watch España (☎ 956 62 70 18, 639 476544; www.whalewatchtarifa.org, in spagnolo; Avenida de la Constitución 6)

ARRAMPICATA SU ROCCIA, TREKKING E MOUNTAIN BIKE

Girasol Outdoor Company (☎ 615 456506; www.girasol-adventure.com; Calle Colón 12; arrampicata su roccia €29, trekking di 6 ore €38, escursioni in mountain bike €25-42) Propone arrampicate introduttive, corsi di ogni livello e scalate sul San Bartolo, vicino a Bolonia.

Tarifa Bike (☎ 696 973656; Apartamentos Las Flores, Carretera N340 Km 77,1; 2 ore/tutto il giorno €9/18) Noleggia buone mountain bike e organizza escursioni guidate (in inglese).

Feste e manifestazioni

Reggae Festival Musicisti reggae provenienti da tutto il mondo si esibiscono una sera d'agosto nella piccola arena di Tarifa.

Feria de la Virgen de la Luz Viene organizzata una grande processione con canti e balli, nella quale sfilano i bellissimi cavalli della zona. Non mancano però bancarelle che vendono cibo e giostre. Si tiene la prima settimana di settembre.

Pernottamento

Nella città vecchia si può trovare alloggio in Calle Batalla del Salado e nei suoi dintorni. Molti altri alberghi sono disseminati lungo la spiaggia e per 10 km sulla N340 che si inoltra nell'entroterra a nord-ovest di Tarifa, ma nessuno è particolarmente economico. Le camere scarseggiano nei fine settimana più lunghi, a Pasqua, da maggio a settembre e in occasione delle gare di windsurf e kitesurf. I

IL PARADISO DEI SURFISTI

Non c'è modo migliore per iniziare la giornata che indossare la muta, prendere la tavola e andare a cavalcare le onde. Si tratta di sport praticabili a qualsiasi età, anche se in genere si pensa che siano riservati a giovani atleti molto preparati fisicamente.

La costa atlantica della provincia di Cadice offre le migliori condizioni per il windsurf e il kitesurf di tutta la Spagna, e forse anche d'Europa. Sotto questo profilo Tarifa, ormai conosciuta a livello internazionale, è la destinazione più frequentata, ma ci sono anche altre località che si prestano ottimamente alla pratica di queste attività.

Windsurf

Il tratto di costa più popolare per questo sport è quello tra Tarifa e Punta Paloma, 10 km a nord-ovest. I punti migliori cambiano a seconda del vento e della marea. Uno dei più apprezzati è El Porro, nella baia Ensenada de Valdevaqueros, perché qui è facile trovare parcheggio e c'è molto spazio per sistemarsi sulla spiaggia. Altri punti da cui partono molti surfisti sono Río Jara, circa 3 km a nord-ovest di Tarifa, e i tratti di spiaggia di fronte agli alberghi Arte-Vida, Hurricane, e Hostal Valdevaqueros, tutti situati fuori città sulla N340 (v. p239).

La specialità più diffusa tra gli amanti del windsurf è lo slalom, ma quando soffia il *poniente* (un forte vento occidentale), soprattutto in primavera e autunno e nelle fasi di luna piena, è possibile sfrecciare sulle onde a folle velocità. Le migliori onde in assoluto si incontrano a Los Caños de Meca (p228), anche se in questa località i venti non sono sempre costanti.

Potete acquistare tutta l'attrezzatura da windsurf, sia nuova sia di seconda mano, nei negozi specializzati che si incontrano in Calle Batalla del Salado. Per noleggiare tavole o frequentare corsi cercate lungo la costa il **Club Mistral** (☎ 956 68 90 90, presso Hostal Valdevaqueros 619 340913; www.clubmistral.com) o lo **Spin Out** (☎ 956 23 63 52; www.tarifaspinout.com), situato sulla spiaggia davanti all'ex Camping Torre de la Peña II, vicino a El Porro. Allo Spin Out il noleggio di tavola, vela e muta costa €35/73 ora/giorno, mentre un corso di sei ore per principianti €150.

Le gare di windsurf si tengono tutto l'anno; per informazioni su altre località dove le condizioni sono particolarmente favorevoli per la pratica di questo sport, v. p77.

Kitesurf

Questa eccitante attività ha conquistato rapidamente la costa di Tarifa, ma quando i venti rinforzano i kite cedono il passo alle vele. Il noleggio delle attrezzature per il kitesurf è disponibile negli stessi posti indicati per il windsurf. Si tratta di uno sport in cui i principianti devono assolutamente rivolgersi a un istruttore: Spin Out chiede €50 per una lezione introduttiva di due ore e €150 per tre lezioni di due ore ciascuna. Tarifa ha ospitato alcune gare internazionali di kitesurf, le ultime nel settembre 2006.

Surf

A Tarifa viene praticato anche il surf e soprattutto il bodyboard. Da ottobre a maggio ci sono onde discrete a Los Caños de Meca p228), anche se quelle di El Palmar (p228) sono in genere migliori.

Per informazioni introduttive su questi sport, v. p77.

prezzi citati di seguito sono relativi al mese di agosto; nel resto dell'anno quasi tutte le sistemazioni applicano una riduzione che va dal 25% al 40%. Se cercate una villa o un appartamento consultate il sito www.tarifadirect.com.

IN CITTÀ

Pensión Correo (☎ 956 68 02 06; Calle Coronel Moscardó 8; a persona €20) Buona pensione economica, situata nel vecchio ufficio postale, gestita da simpatici italo-spagnoli. La lobby è nuova, mentre le camere dipinte a colori vivaci, alcune con bagno, non vengono rinnovate da tempo – sono comunque confortevoli anche se piuttosto semplici. La doppia all'ultimo piano vanta un piccolo terrazzo da cui si godono magnifici panorami.

Hostal Villanueva (☎ 956 68 41 49; Avenida de Andalucía 11; singole/doppie €28/45) Situato all'interno delle mura della città vecchia, alcune porte a ovest rispetto alla Puerta de Jerez, questo *hostal* dispone di camere senza fronzoli alcune con TV e altre con vista sul castello. C'è anche una terrazza, e il cordiale proprietario parla francese.

Hostal Africa (☎ 956 68 02 20, 606 914294; hostal_africa@hotmail.com; Calle María Antonia Toledo 12; singole/doppie €40/60, con bagno in comune €30/40) Questa vecchia casa ristrutturata vicino al mercato, situata in ottima posizione, è gestita da persone ospitali che hanno viaggiato molto e che conoscono bene le esigenze dei loro clienti. Le camere sono carine e luminose; c'è anche un'ampia terrazza sul tetto con un esotico capanno, da cui si ammira la costa africana. È possibile lasciare in custodia tavole da surf e biciclette.

Hostal Facundo I & II (☎ 956 68 42 98; hotelfacundo@terra.es; Calle Batalla del Salado 47; letti in camerata €10, camere con bagno privato/in comune €70/58; P) Attualmente sono in corso lavori di ammodernamento. Da tempo è uno degli alberghi di Tarifa più frequentato dagli appassionati di windsurf grazie al deposito per le tavole e ai prezzi che scendono notevolmente appena si chiude l'alta stagione. Le 52 camere sono di vario tipo – chiedete una di quelle affacciate sulla strada. C'è anche una cucina comune e una sala con TV. Le camerate ospitano otto letti.

Hostal Alameda (☎ 956 68 11 81; www.hostalalameda.com; Paseo de la Alameda 4; singole/doppie €60/70; ❄) *Hostal* con un buon rapporto qualità-prezzo situato al margine della città vecchia, davanti al porto. Le camere sono abbastanza confortevoli, con il riscaldamento durante l'inverno e la TV satellitare, ma i letti potrebbero essere più comodi. Alcune stanze hanno la vista sul mare, altre sull'Alameda o sui tetti di Tarifa.

Posada Vagamundos (☎ 956 68 13 13; www.posadavagamundos.com; Calle San Francisco 18; singole/doppie con prima colazione €60/80, suite €85; 💻) Nuova *posada* situata proprio in centro in un edificio antico ristrutturato con grande cura. Le 11 camere doppie, bene illuminate dalla luce naturale, dispongono di bagni funzionali e di finestre con doppi vetri; le vecchie piastrelle di produzione locale si sposano ottimamente con i mobili e l'arredo etnico, proveniente da Marocco, Indonesia e Messico. C'è una caffetteria attigua.

Misiana (☎ 956 62 70 83; www.misiana.com, in spagnolo; Calle Sancho IV El Bravo; singole/doppie con prima colazione €97/112) Albergo confortevole, con design moderno e quasi futuristico e colori e dettagli bizzarri. Le camere di un piano sono dipinte in lilla e argento, quelle dell'altro in rosso e turchese. Da alcune è possibile ammirare bei panorami e tutte sono dotate di ventilatore e TV satellitare.

Posada La Sacristía (☎ 956 68 17 59; www.lasacristia.net; San Donato 8; camere con prima colazione €115-135) La sistemazione più elegante e centrale di Tarifa è ospitata in una dimora del XVI secolo splendidamente restaurata con terrazza sul tetto da cui ammirare il panorama. Impeccabile la cura dei dettagli; le otto camere, disposte su vari livelli intorno a un cortile centrale,

UCCELLI IN VOLO SULLO STRETTO DI GIBILTERRA

Lo Stretto di Gibilterra, punto di passaggio cruciale degli uccelli migratori in viaggio tra l'Africa e l'Europa, è una tappa obbligata per gli appassionati di birdwatching. In genere le migrazioni verso nord avvengono tra la metà di febbraio e l'inizio di giugno, mentre quelle verso sud hanno luogo tra la fine di luglio e l'inizio di novembre. Quando soffia il vento di ponente, la stessa Gibilterra è di solito una buona postazione per avvistare gli uccelli. In assenza di vento o con vento da levante è migliore la zona di Tarifa (incluso il Mirador del Estrecho, 7 km a est della città). Potete visitare anche il **Centro Ornitológico Cigüeña** (☎ 639 859350; http://cocn.tarifainfo.com; N340 Km 78,5; 🕐 17-19 da martedì a sabato, 10-14 domenica), a 4 km da Tarifa, dove un gruppo di volontari raccoglie dati e realizza depliant informativi sul birdwatching.

Gli uccelli che volano ad alta quota, come le cicogne bianche e nere e gli avvoltoi, attraversano lo Stretto di Gibilterra perché possono approfittare delle correnti ascensionali di aria calda che si formano in questa zona a causa dell'esigua larghezza del braccio di mare che separa i due continenti. Le cicogne bianche a volte si radunano in stormi, che comprendono anche 5000 esemplari, per sorvolare lo stretto (in gennaio e febbraio volano verso nord, in luglio e agosto verso sud). Esistono solo due luoghi che permettono agli uccelli di migrare tra l'Africa e l'Europa volando in questo modo: uno, come detto, è lo Stretto di Gibilterra, l'altro il Bosforo (lo stretto che collega il Mar Nero con il Mare di Marmara).

sono fresche, imbiancate a calce e con mobili in toni neutri. I letti sono spaziosi.

LUNGO LA COSTA

Sulla spiaggia che si estende tra Tarifa e Punta Paloma, 10 km a nord-ovest della città, sono situati cinque **campeggi** (www.campingsdetarifa.com) aperti tutto l'anno che possono ospitare fino a 4000 persone. Per raggiungerli basta seguire la N340. La tariffa si aggira intorno a €20 per due persone con tenda e auto al seguito; quattro campeggi dispongono anche di bungalow. Il Camping Tarifa e il Camping Torre de la Peña I sono i più moderni.

Tutte le sistemazioni elencate di seguito si trovano sulla N340, a nord-ovest di Tarifa, o poco distanti. I proprietari dell'Hurricane Hotel hanno avviato la ristrutturazione di parecchi degli alberghi che si incontrano lungo questa strada.

OTB (☎ 661 030446; www.otb-tarifa.com; N340 Km 81; letti in camerata €12, camere a persona €15; da marzo a novembre; P) Sistemazione gestita da italiani pensata appositamente per viaggiatori zaino in spalla. Dispone di camerate, camere doppie o quadruple e uso di cucina, TV e lavanderia. Si trova a 2 km dalla città, verso Cadice.

Hostal Oasis (☎ 956 68 50 65; singole/doppie €35/40, bungalow per 2/4 persone €60/100; P) L'Oasis si trova immerso in un grande giardino a circa 8 km da Tarifa. I suoi 11 bungalow, molto puliti e disposti intorno a un grande prato, dotati di cucine bene accessoriate, sono migliori delle camere ospitate nell'edificio principale.

Molino El Mastral (☎ 679 193503; www.mastral.com; Carretera Sanctuario de la Luz; appartamenti con camere doppie/quadruple €70/90, piccola casa con camere quadruple €120; P) Se volete allontanarvi dalla folla senza privarvi della possibilità di raggiungere facilmente la spiaggia e Tarifa, questo rifugio rurale è quello che fa per voi. Si tratta di una fattoria con allevamento di cavalli e bovini, i cui edifici sono stati trasformati in appartamenti arredati in maniera graziosa. Grandi spazi e molta ombra, specialmente nella zona della piscina. È possibile praticare l'equitazione.

Hotel Tres Mares (☎ 956 68 06 65; www.tresmareshotel.com, in spagnolo; N340 Km 76; doppie con prima colazione €107; da marzo a novembre; P) I proprietari sono gli stessi dell'Hotel Dos Mares, ma il Tres Mares si trova a qualche chilometro da Tarifa. Le camere arredate con mobili di design, con vista sul mare, sono disposte su due livelli in un edificio degli anni '70 verniciato di marrone. La caratteristica principale di questo albergo è però l'immenso giardino con mobili in legno di stile orientale, un elefante anch'esso in legno, una tenda marocchina, amache e un bar-ristorante. Non mancano gli spazi per rilassarsi all'aperto.

LA SCELTA DELL'AUTORE

Hostal Valdevaqueros (☎ 956 23 67 05; www.hotelhurricane.com; N340, Km 75; camere con prima colazione €107, appartamenti per 3-4 persone con prima colazione €134; da marzo a novembre; P) Questa vecchia, ma attraente fattoria, situata a 20 m dalla spiaggia di Valdevaqueros, è gestita dalla stessa proprietà dell'Hurricane Hotel, che l'ha restaurata in modo accurato e creativo utilizzando esclusivamente materiali naturali. C'è un bellissimo giardino e l'area adibita a bar, decorata con mosaici, prosegue all'esterno in una serie di aree coperte piene di piante e di lampade marocchine. Per arrivarci cercate l'insegna metallica con un cavallo e una testa di mucca che forma un arco sopra il sentiero che conduce all'*hostal* dalla N340, di fronte al 100% Fun.

Hotel Arte-Vida (☎ 956 68 52 46; www.artevidahotel.com; N340 Km 79,3; singole/doppie con prima colazione €110/130; P) L'Arte-Vida, a 5 km dal centro di Tarifa, ha un giardino con un prato che si apre sulla spiaggia, un ottimo ristorante con splendida vista e camere graziose di media grandezza. L'arredamento segue lo stile minimalista orientale, con molto bianco, giunchi e bambù – ma recentemente sono state aggiunte note sul rosso, blu e nero da parte di un pittore russo.

Hotel Dos Mares (☎ 956 68 40 35; www.dosmareshotel.com, in spagnolo; doppie con prima colazione a partire da €141, bungalow da 2 persone con prima colazione a partire da €135; P) Ottima sistemazione sulla spiaggia a circa 4,5 km da Tarifa. Nell'architettura eclettica prevale il tema islamico. Potete soggiornare nell'edificio principale (sette camere) oppure in uno dei 29 bungalow nei giardini o sul mare. Il bar, dal quale si gode una magnifica vista sull'Africa, è un punto d'incontro molto frequentato. L'albergo ha anche un proprio maneggio ben gestito (v. p236).

Hotel Punta Sur (☎ 956 68 43 26; www.puntasurhotel.com; N340 Km 77; singole/doppie €117/166; P) Il Punta Sur, facilmente identificabile grazie alla sagoma di un surfista che cavalca l'onda, situato vicino alla farmacia sulla N340, è un altro progetto dell'Hurricane Hotel. Il risultato finale è eccezionale, considerando che il punto di partenza era un banalissimo albergo sulla strada. Il ristorante, la reception e il tavolo da biliardo si trovano in un ampio spazio aperto che è stato arredato con grande fantasia mescolando influenze moderne, futuriste e marocchine insieme a particolari alla Gaudì. Le camere, comode e dagli arredi eccentrici, sono immerse in un grande giardino con campo da tennis. Recentemente la facciata dell'albergo e il giardino sono stati completamente ridisegnati.

Hurricane Hotel (☎ 956 68 49 19; www.hotelhurricane.com; camere con prima colazione lato entroterra/oceano €149/166; P) Moderno albergo in stile marocchino situato a 6 km da Tarifa. Immerso in un giardino semitropicale che dà sulla spiaggia, dispone di circa 30 camere rimesse a nuovo, spaziose e accoglienti, due piscine, due ristoranti e un centro benessere. Ospita anche la famosa scuola di windsurf e kitesurf Club Mistral, dove è possibile noleggiare le tavole, e il Club Hípica, una scuola di equitazione (v. p236). Il buffet per la prima colazione propone molte golosità fatte in casa.

Pasti

Tarifa è piena di ristoranti. La presenza di turisti provenienti da ogni parte del mondo garantisce una grande varietà di cucine e sapori.

IN CITTÀ

In Calle Sancho IV El Bravo troverete molti locali con servizio da asporto. Per le tapas spostatevi nelle vie circostanti.

LA SCELTA DELL'AUTORE

Café Azul Bar (Calle Batalla del Salado; prima colazione €3,50-5; 9-21, chiuso mercoledì in inverno) Questo eccentrico locale con arredi vistosi è stato rivitalizzato dai suoi nuovi proprietari italiani, che preparano le migliori prime colazioni della città. Non perdetevi le abbondanti porzioni di muesli, la macedonia di frutta e lo yogurt. Vengono anche serviti un buon caffè, eccellenti succhi di frutta, *bocadillos* (panini), torte salutari e qualche sera piatti thailandesi o italiani.

Ali Baba (Calle Sancho IV El Bravo; falafel €3, kebab €3,50) Il frequentatissimo Ali Baba, con panche e tavoli all'esterno, serve piatti arabi gustosi e abbondanti, tutti preparati con ingredienti freschi, a prezzi estremamente economici. I vegetariani apprezzeranno gli ottimi falafel, mentre chi ama la carne potrà scegliere i saporiti kebab.

Surf Kebab (Calle Batalla de Salado 40; falafel €3, kebab €3,50) In questo locale il menu è quasi identico a quello di Ali Baba – manca solo qualche insalata. È molto comodo se state facendo un po' di shopping.

Café Central (Calle Sancho IV El Bravo 8; prima colazione €2,80-4,50) Questo caffè è il locale migliore della città per osservare il viavai della gente. I *churros con chocolate* (ciambelle allungate fritte da inzuppare in una tazza di cioccolata calda) sono deliziosi e la scelta di tè è molto ampia. Ottimo per la prima colazione.

Cafe Zumo (Calle Sancho IV El Bravo; panini €2,50-5; 9-21) Piccolo locale molto accogliente non lontano dal castello apprezzato per i succhi, le zuppe e i pranzi leggeri – ma la clientela lo frequenta anche per le riviste e i libri.

La Trattoria (☎ 956 68 22 25; Paseo de la Alameda; pasta e pizza €6,50-10, portate principali €10,50-15) I ristoranti italiani stanno aumentando di giorno in giorno. Uno dei migliori resta La Trattoria: la posizione è comoda, il cibo in genere ottimo e il servizio sempre accurato.

Rosso Pomodoro (☎ 956 68 20 30; Avenida de Andalucía 24; pizza e pasta €6-7, portate principali con pesce €10-15) Rosso Pomodoro, grazie all'autenticità della sua cucina, è uno dei più apprezzati ristoranti italiani di Tarifa.

Souk (☎ 956 62 70 65; Calle Mar Tirreno 46; antipasti €4-6, portate principali €10-14; V) Nonostante si sia spostato nella periferia di Tarifa in una sede più grande, il Souk ha mantenuto la sua ricca e autentica ambientazione marocchina. Anche il cibo, d'ispirazione marocchina e asiatica, non ha perso nulla della sua bontà. Le *Thai amarillor de verduras* (verdure alla thailandese con cocco) si sposano perfettamente alla *hojaldre de espinacas* (torta salata piccante di spinaci e feta). Ovviamente non mancano tagine e cuscus.

Mandrágora (☎ 956 68 12 91; Calle Independencia 3; portate principali €9-16; solo cena, chiuso domenica e 2 settimane in febbraio; V) La Mandrágora, situata dietro l'Iglesia San Mateo, è un tranquillo ristorantino che propone una cucina d'ispirazione araba e andalusa. Fra le opzioni più gustose citiamo l'agnello con prugne e mandorle e gli scampi in salsa di *nora* (peperone dolce dell'Andalusia).

LUNGO LA COSTA

Quasi tutti gli alberghi e gli *hostales* hanno un proprio ristorante.

Chiringuito Tangana (portate principali €4-7,50; 🕑 10.30-21.30) Situato sulla spiaggia accanto a Spin Out, questo locale serve sformati, lasagne, paste salate e *bocadillos* (panini). Rilassatevi sul prato o sui tappeti marocchini che rivestono il pavimento del patio chiuso da vetrate.

Terrace Restaurant (☎ 956 68 49 19; www.hotelhurricane.com; portate principali a pranzo €8; succhi freschi €2,50) Ristorante informale sul lungomare presso l'Hurricane Hotel ideale per un pranzo economico (numerose insalate, hamburger, pollo, pesce locale e bistecche). Nelle sere estive il ristorante all'interno dell'albergo, con i tavoli a lume di candela intorno alla piscina, prepara piatti creativi, fra cui ottime insalate (da €6 a €8; provate quella italiana), e gustose cotolette di agnello con aglio e rosmarino (€12).

Hostal Valdevaqueros (☎ 956 23 67 05; www.hurricanehotel.com; portate principali €8-11; 🕑 da marzo a novembre) Simile all'Hotel Hurricane, questo ristorante sazia gli appassionati di windsurf con abbondanti porzioni di pollo, hamburger, insalate esotiche, pane e numerose salse.

Miramar (☎ 956 68 52 46; www.artevidahotel.com; N340 Km 79,3; portate principali €8-17) Il ristorante dell'Hotel Arte-Vida fa onore al suo nome offrendo magnifici panorami sull'oceano e sulla costa africana. La cucina propone una vasta scelta di piatti di pasta e qualche pietanza internazionale a base di carne o di pesce e frutti di mare locali. Provate la pasta Miramar, con frutti di mare, prezzemolo e peperoncino.

Locali

Soul Café (Calle Santísima Trinidad 9) Bar alla moda, molto frequentato, gestito da italiani che amano viaggiare. Spesso ospita DJ milanesi che propongono i loro pezzi preferiti. Veniteci dopo le 23, ma non d'inverno quando i proprietari partono per i loro viaggi.

Bodega de Casa Amarilla (Calle Sancho IV El Bravo 9) *Típico* bar-ristorante dall'atmosfera vivace gestito dal Café Central.

Bar Obaïnano (Calle Braille 27) Questo bar, che prima si trovava nella città vecchia, continua a servire succhi di frutta fresca e cocktail esotici al ritmo dell'allegra musica di sottofondo. Molto frequentato dai viaggiatori francesi.

Misiana (☎ 956 62 70 83; Calle Sancho IV El Bravo; 21-2) Questo locale, che fa parte dell'omonimo albergo, è uno dei posti di Tarifa assolutamente da frequentare per sentirsi alla moda. L'arredamento non passa mai inosservato: attualmente il bar è nei toni arancio, nero e oro, mentre la sala è rosa shocking. Succhi, cocktail, frappé e tapas creative.

Café Continental (Paseo de la Alameda) Il Continental, grazie alla sua splendida posizione centrale su Paseo de Alameda, è una sosta molto apprezzata da chi desidera ordinare un caffè, una bibita o una buona tapa.

Divertimenti

Tanakas (Plaza de San Hiscio) Discoteca in posizione centrale che tiene svegli per tutta la notte gli abitanti del quartiere. La clientela meno giovane preferisce affollare il bar di tapas al piano superiore.

La Jaima (Playa de los Lances) Durante i mesi estivi viene montata sulla spiaggia vicino alla periferia della città questa tenda marocchina che dalle 19 alle 22 è una sala da tè in stile arabo, ma dopo la mezzanotte si trasforma in una discoteca.

Per/da Tarifa

AUTOBUS

La **Comes** (☎ 902 19 92 08, 956 68 40 38; Calle Batalla del Salado), con sede vicino al distributore all'estremità settentrionale di Calle Batalla del Salado, gestisce cinque o più corse al giorno per le seguenti destinazioni:

Destinazione	Prezzo	Durata	Frequenza giornaliera
Algeciras	€1,70	30 min	7-13
Barbate	€4	50 min	1
Cadice	€8	1¾ ore	fino a 7
Jerez de la Frontera	€8,50	2½ ore	1
La Línea de la Concepción	€3,50	45 min	8
Málaga	€12,50	2 ore	2
Siviglia	€15	3 ore	3
Zahara de los Atunes	€3,50	45 min	1 (lun-ven)

AUTOMOBILE E MOTOCICLETTA

Fermatevi al Mirador del Estrecho, a circa 7 km da Tarifa sulla N340 in direzione

Algeciras, per ammirare il magnifico panorama offerto dallo Stretto di Gibilterra, dal Mediterraneo, dall'Atlantico, dall'Africa e dall'Europa. Nella zona di Pelayo, pochi chilometri più a est, il limite di velocità è 50 km/h, quindi fate attenzione ai frequenti controlli da parte della polizia.

IMBARCAZIONI

FRS (☎ 956 68 18 30; www.frs.es; Avenida de Andalucía) gestisce un traghetto veloce che collega Tarifa a Tangeri, in Marocco (€27/75/25 per passeggero/automobile/motocicletta, 35 minuti sola andata), fino a cinque volte al giorno, o con maggiore frequenza nei mesi di luglio e agosto. Da Tarifa si salpa alle 9, alle 12, alle 15, alle 16 e alle 21 (ora spagnola), mentre da Tangeri alle 9.30, 12.30, 15.30, 18.30 e 21.30 (ora marocchina). Per informazioni particolareggiate rivolgetevi al porto o direttamente alla compagnia. È necessario il passaporto per tutti i passeggeri.

Trasporti locali

Tutti i giorni in luglio e agosto partono da Tarifa ogni 90 minuti degli autobus locali per Punta Paloma, sulla costa a ovest della città, alcuni dei quali proseguono fino a Bolonia. C'è una fermata in fondo a Paseo de la Alameda, e una alla stazione degli autobus, dove dovrebbero essere affissi gli orari e i prezzi. I taxi parcheggiano in Avenida de Andalucía nei pressi della Puerta de Jerez. Se intendete noleggiare una bicicletta v. p236.

IL SUD-EST

PARQUE NATURAL LOS ALCORNOCALES

Questo grande (1700 kmq) e splendido parco naturale si estende per 75 km verso nord dai pressi dello Stretto di Gibilterra fino al Parque Natural Sierra de Grazalema. Il territorio, che alterna basse e dolci colline ad altre più alte e selvagge, è in gran parte coperto da *alcornocales*, la più vasta foresta di querce da sughero della Spagna.

Los Alcornocales è un parco ricco di interessanti siti archeologici, storici e naturali, ma non rientra negli itinerari più battuti ed è scarsamente popolato. Offre innumerevoli possibilità per fare passeggiate e dedicarsi ad altre attività, ma per poterle sfruttare al meglio occorre essere muniti di un mezzo di trasporto (v. lettura p224). Il parco dispone di numerosi centri visitatori e uffici informazioni, fra cui ricordiamo i seguenti:

Centro de Visitantes Cortes de la Frontera (☎ 952 15 45 99; Avenida de la Democracia s/n, Cortes de la Frontera; ⏰ 10-14 giovedì tutto l'anno, 10-14 e 18-20 da venerdì a domenica da aprile a settembre, 10-14 e 16-18 da venerdì a domenica da ottobre a marzo)

Centro de Visitantes Huerta Grande (☎ 956 67 91 61; N340 Km 96, Pelayo; ⏰ 10-14 giovedì tutto l'anno, 10-14 e 18-20 da venerdì a domenica da aprile a settembre, 10-14 e 16-18 da venerdì a domenica da ottobre a marzo) Sulla strada Tarifa-Algeciras.

Punto de Información Castillo de Castellar (☎ 956 23 66 24; Taraguilla, Castellar de la Frontera; ⏰ 11.30-14 e 17-19.30 da mercoledì a domenica da maggio a settembre, 10-14 e 15-17 da mercoledì a domenica da ottobre ad aprile)

Punto de Información Jimena de la Frontera (☎ 956 23 68 82; Calle Misericordia s/n, Jimena de la Frontera; ⏰ 10-14 e 16-20 da lunedì a venerdì, 10-14 sabato e domenica)

Un buon punto di partenza è **Jimena de la Frontera**, una piccola cittadina situata sulla strada A369 che collega Algeciras a Ronda, sul confine orientale del parco. Jimena è dominata da un bel castello arabo, offre qualche albergo e *hostal* oltre a molte *casas rurales* (case di campagna in affitto) ed è servita dai treni e dagli autobus provenienti da Algeciras e Ronda.

La CA3331 in direzione nord-ovest porta a **La Sauceda**, un paese abbandonato che oggi ospita un'area ricreativa e un centro educativo. La zona di La Sauceda è immersa in un paesaggio molto suggestivo; un tempo era un rifugio di contrabbandieri e banditi, e perfino di guerriglieri durante la guerra civile spagnola (quando il villaggio fu bombardato dall'aviazione di Francisco Franco). Da La Sauceda parte un itinerario poco frequentato per scalare l'Aljibe, la vetta più alta del parco (v. p224).

ALGECIRAS

Pop. 111.000

Algeciras, il porto principale fra Spagna e Africa, è anche una città industriale, un importante porto peschereccio e un centro per il contrabbando della droga. Pur essendo inquinata e tutt'altro che bella, non è priva di qualche interesse. La vicinanza all'Africa conferisce al porto un'atmosfera particolare ed è piacevole passeggiare nel centro, che spesso è sottoposto a interventi di riqualificazione. Si sono conservati alcuni graziosi edifici antichi con i balconi in ferro battuto, e non mancano alcuni buoni ristoranti ed eleganti negozi. Durante l'estate il porto si anima grazie alle centinaia di migliaia di lavoratori marocchini che dall'Europa tornano a casa per le ferie estive.

Algeciras fu un porto romano di rilievo. Alfonso XI di Castiglia la liberò dai Merenidi del Marocco nel 1344, ma in seguito fu rasa al suolo da Mohammed V di Granada, per essere ripopolata nel 1704 dai numerosi abitanti di Gibilterra che lasciarono la città dopo l'arrivo degli inglesi. Durante l'epoca franchista Algeciras conobbe un'importante fase di sviluppo.

Orientamento

Algeciras si trova sul lato occidentale della Bahía de Algeciras, di fronte a Gibilterra. Avenida Virgen del Carmen, che corre da nord a sud parallela al lungomare, diventa Avenida de la Marina all'altezza dell'ingresso al porto. Da qui Calle Juan de la Cierva (in seguito Calle San Bernardo) si diparte verso l'interno costeggiando dei vecchi binari in disuso, e raggiunge la stazione degli autobus (350 m) e la stazione ferroviaria (400 m). La piazza centrale, Plaza Alta, si trova a un paio di isolati verso l'interno rispetto ad Avenida Virgen del Carmen. Plaza Palma, occupata da un vivace mercato (tutti i giorni tranne la domenica), è situata un isolato a ovest di Avenida de la Marina.

Informazioni

I tassi di cambio per l'acquisto dei dirham (la valuta marocchina) sono più convenienti nelle banche piuttosto che nelle agenzie di viaggi. Banche e sportelli bancomat si trovano in Avenida Virgen del Carmen e in Plaza Alta, ma ci sono un paio di bancomat anche all'interno del porto.

Il deposito bagagli nel porto (€3) è aperto dalle 7 alle 21.30. Se avete oggetti di valore, nelle vicinanze troverete degli armadietti chiusi a chiave (€3). Anche presso la stazione degli autobus c'è un deposito bagagli.

Hospital Punta de Europa (☎ 956 02 50 50; Carretera de Getares s/n) Si trova 3 km a ovest del centro.

Policía Nacional (☎ 956 66 04 00; Avenida de las Fuerzas Armadas 6) Accanto al Parque de María Cristina, a nord-ovest del centro.

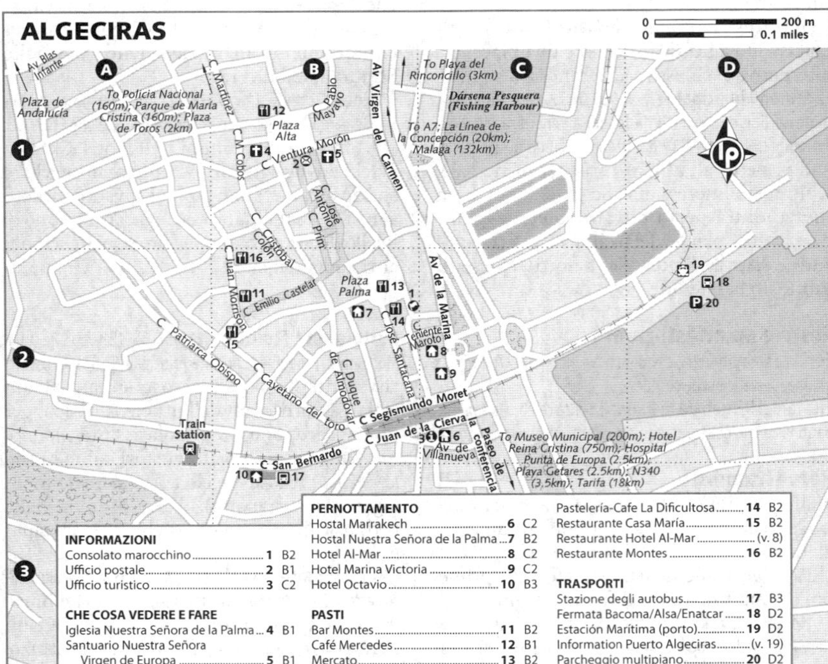

Ufficio postale (☎ 956 58 74 05; Calle José Antonio) Appena a sud di Plaza Alta.
Ufficio turistico (☎ 956 57 26 36; Calle Juan de la Cierva s/n; 10-14 da lunedì a sabato, più 15.30-19 da martedì a venerdì) Un isolato verso l'interno da Avenida de la Marina. Personale disponibile che parla inglese.

Pericoli e contrattempi

Di sera è consigliabile fare attenzione quando si gironzola nel porto, nei pressi della stazione degli autobus e nel mercato. Se viaggiate in automobile la cosa migliore è lasciarla nel parcheggio multipiano situato all'interno del porto (€15 per 24 ore).

Che cosa vedere e fare

Raggiungete Plaza Alta, circondata da palme, con una graziosa fontana rivestita di piastrelle. Sul suo lato occidentale sorge la settecentesca **Iglesia Nuestra Señora de la Palma**, mentre su quello orientale si può ammirare il **Santuario Nuestra Señora Virgen de Europa**, costruito nel XVII secolo, entrambi meritevoli di una visita. Alcune delle case che si trovano nelle vie intorno alla piazza, pur avendo un'aria trascurata, non mancano di un certo fascino.

Il verdissimo **Parque de María Cristina**, qualche isolato a nord, costituisce una piacevole alternativa al chiasso e alla frenesia del porto. Il **Museo Municipal** (☎ 956 57 06 72; Calle Nicaragua; ingresso libero; 9-14 da lunedì a venerdì da luglio a settembre, 9-15 e 17-19 da ottobre a giugno), poco a sud rispetto all'ufficio turistico principale, è piuttosto interessante. Se siete dotati di un mezzo di trasporto privato potete raggiungere le due spiagge della città, **Playa Getares** (a sud) e **Playa del Rinconcillo** (a nord), che sono piuttosto ben tenute.

Feste e manifestazioni

Feria La fiera cittadina, che dura nove giorni dal 17 al 25 giugno, prevede anche corride.
Fiesta del Virgen de la Palma La città celebra la santa patrona con un pellegrinaggio sul mare il 15 agosto.

Pernottamento

Nelle vie dietro Avenida de la Marina si trovano numerose sistemazioni economiche, alcune delle quali di infimo livello, ma il chiasso proveniente dal mercato nelle prime ore del mattino rende difficile dormire.

Hostal Marrakech (☎ 956 57 34 74; Calle Juan de la Cierva 5; singole/doppie €20/30) Sistemazione sicura e pulita gestita da una famiglia marocchina estremamente disponibile. Offre camere arredate con cura e una sala comune con TV molto esotica.

Hostal Nuestra Señora de la Palma (☎ 956 63 24 81; Plaza Palma 12; singole/doppie €25/35;) Accogliente *hostal* di fronte al mercato con 26 camere confortevoli con TV. Vista la confusione che regna in questa zona è meglio utilizzare tappi per le orecchie se si vuole dormire.

Hotel Marina Victoria (☎ 956 63 28 65; Avenida de la Marina 7; singole/doppie €32/50;) Buona scelta, con camere discrete in un alto edificio che offre un'ottima vista sul porto.

Hotel Al-Mar (☎ 956 65 46 61; Avenida de la Marina 2-3; singole/doppie €51/100; P) Due enormi lampade marocchine decorano la lobby di questo confortevole albergo di media categoria situato in comoda posizione rispetto al porto. Offre 192 camere, alcune con vista sul mare, e un buon ristorante.

Hotel Reina Cristina (☎ 956 60 26 22; www.reinacristina.com, in spagnolo; Paseo de la Conferencia s/n; singole/doppie €72/107; P) Albergo in stile coloniale appena a sud del porto con 188 camere e piscine immerse in un giardino tropicale. Circolano voci, molto intriganti, che durante la seconda guerra mondiale fosse un covo di spie – in effetti da qui si osserva comodamente il traffico delle navi nello Stretto di Gibilterra.

Hotel Octavio (☎ 956 65 27 00; www.husa.es; Calle San Bernardo 1; singole/doppie con prima colazione €107/123; P) Le aree comuni dell'Hotel Octavio avrebbero bisogno di una rinfrescata, ma le 74 spaziose camere con tappeti, vivaci copriletti a fiori, TV satellitare e asciugacapelli, sono di livello decisamente superiore rispetto a molti altri alloggi in città.

Pasti

Restaurante Montes (☎ 956 65 42 07; Calle Juan Morrison 27; menú €8, portate principali €8-18) Questo ristorante un po' chiassoso situato alcuni isolati a nord-ovest dell'ufficio turistico, per pranzo propone un popolarissimo *menú* e una lunga lista di piatti gustosi come *rape a la cazuela* (pesce angelo cotto al forno in un tegame di terracotta). Il Bar Montes, nella pedonale Calle Emilio Castelar, prepara tapas eccellenti.

Restaurante Casa María (☎ 956 65 47 02; Calle Emilio Castelar 53; menú €8, portate principali €10-18) A breve distanza dal Bar Montes, il Casa María è un altro ristorante molto frequentato a pranzo. I piatti di pesce *à la carte* sono accompa-

PROVINCIA DI CADICE

gnati da varie salse, ma è possibile ordinare anche bistecche. Il *menú* è particolarmente appetitoso.

Restaurante Hotel Al-Mar (☎ 956 65 46 61; Avenida de la Marina 2-3; prima colazione a buffet/pranzo €6/11, portate principali €14-22) Il ristorante dell'Hotel Al-Mar, situato all'ultimo piano dell'edificio, è circondato da enormi vetrate che regalano un magnifico panorama sul porto. Si tratta di un locale abbastanza raffinato, che offre specialità del giorno e piatti regionali, ma dove è possibile ordinare anche solo un caffè da accompagnare con uno dei numerosi dolci.

Il **mercato** (Plaza Palma) cittadino offre un magnifico assortimento di prosciutti, formaggi, frutta e verdura fresche in un ambiente molto allegro. Nelle vicinanze, la **Pastelería-Cafe La Dificultosa** (Calle José Santacana; prima colazione €8) è un buon locale per la prima colazione. Anche in Plaza Alta si trovano un paio di caffè e ristoranti con i tavolini sui marciapiedi. Provate il **Café Mercedes** (Plaza Alta; tapas €1,20) sul lato settentrionale della piazza.

Divertimenti

In estate si tengono al Parque de María Cristina e nella Plaza de Toros concerti di musica classica, rock e flamenco. L'elenco delle manifestazioni è reperibile all'ufficio informazioni.

Per/da Algeciras

Il quotidiano *Europa Sur* pubblica l'orario aggiornato degli arrivi e delle partenze dei mezzi di trasporto.

AUTOBUS

Quasi tutti gli autobus partono dall'autostazione situata in Calle San Bernardo. Le corse della **Comes** (☎ 956 65 34 56) raggiungono La Línea (€1,80, 30 minuti) ogni mezz'ora (ogni 45 minuti nei fine settimana) dalle 8.45 alle 23.15. Fra le altre destinazioni servite tutti i giorni ricordiamo:

Cadice (€9,80, 2 ore e mezzo) Fino a 10 corse al giorno.

Barbate (€5,50, 1 ora e 15 minuti) Una corsa al giorno da lunedì a venerdì.

Jimena de la Frontera (€3,60, 30 minuti) Tre corse al giorno da lunedì a venerdì, una al giorno domenica.

Ronda (€9, 1 ora e mezzo) Una corsa al giorno da lunedì a venerdì.

Siviglia (€15, 3 ore e mezzo) Fino a quattro corse al giorno.

Tarifa (€1,70, 30 minuti) Fino a 13 corse al giorno.

Zahara de los Atunes (€5, 1 ora) Una corsa al giorno da lunedì a venerdì.

Daibus (☎ 956 65 34 56; www.daibus.es, in spagnolo) gestisce quattro corse al giorno per Madrid (€26, da 8 a 9 ore) con partenza dal porto e fermata intermedia all'autostazione della compagnia Comes.

Portillo (☎ 902 14 31 44; www.ctsa.portillo.com) ha almeno 11 corse dirette al giorno per Málaga (€10, 1 ora e 45 minuti), quattro per Granada (€19, 3 ore e mezzo) e due per Jaén (€25, 5 ore). Diversi autobus per Málaga (€10,50, 3 ore) effettuano fermate intermedie.

Bacoma/Alsa/Enatcar (☎ 902 42 22 42; www.alsa.es), all'interno del porto, offre cinque corse al giorno per Murcia, Alicante, Valencia e Barcellona. Questa compagnia ha anche corse giornaliere per il Portogallo e tre autobus ogni settimana diretti in Francia, Germania e Olanda.

IMBARCAZIONI

Il piccolo ufficio **Information Puerto Algeciras** (☎ 956 58 54 63), all'interno del porto, fornisce informazioni sul traffico marittimo.

Trasmediterránea (☎ 956 58 75 06, 902 45 46 45; www.trasmediterranea.es), **EuroFerrys** (☎ 956 65 23 24; www.euroferrys.com) e altre compagnie effettuano frequenti servizi con traghetti per passeggeri e veicoli per/da Tangeri e Ceuta, l'enclave spagnola sulla costa del Marocco. Di solito sono previste almeno 14 traversate al giorno per ciascuna destinazione. Dalla metà di giugno a settembre i traghetti effettuano servizio quasi 24 ore su 24 a causa dell'elevato numero di lavoratori marocchini diretti in patria per le vacanze estive – le code per l'imbarco superano anche le tre ore. Acquistate il biglietto al porto oppure nelle agenzie in Avenida de la Marina; i prezzi sono ovunque gli stessi.

Per Tangeri, su un traghetto che impiega 2 ore e mezzo, le tariffe di sola andata per passeggeri/automobili/motociclette oltre 500 cc sono €27/91/34; con il traghetto veloce (1 ora e 15 minuti) le stesse tariffe ammontano rispettivamente a €32/89/31.

Il traghetto veloce per Ceuta impiega 35 minuti e le tariffe di sola andata per passeggeri/automobili/motociclette oltre 500 cc sono €25/81/19. Anche **Buquebus** (☎ 902 41 42 42) copre la tratta Algeciras-Ceuta in 35 minuti più o meno agli stessi prezzi; pagano qualcosa di più solo le motociclette.

TRENO

Dalla **stazione** (☎ 956 63 02 02), adiacente a Calle San Bernardo, partono e arrivano tutti i giorni due treni diretti per/da Madrid (da €38 a €57, 6 o 11 ore) e tre per/da Granada (€17, 4 ore e mezzo). Tutti i treni passano per Ronda (da €6,50 a €17, 1 ora e 45 minuti) e Bobadilla (da €10,50 a €21, 2 ore e 45 minuti) attraversando paesaggi spettacolari. A Bobadilla si può cambiare per Málaga, Córdoba e Siviglia, o per Granada e Madrid.

TRASPORTI LOCALI

Se arrivate ad Algeciras in automobile vi conviene seguire le indicazioni per il porto, parcheggiare e poi proseguire a piedi per raggiungere i luoghi di interesse nella città vecchia e nei dintorni del porto.

LA LÍNEA DE LA CONCEPCIÓN

Pop. 63.000

La Línea, 20 km a est Algeciras sul lato opposto della baia, è il passaggio obbligato per raggiungere Gibilterra. La città fu costruita nel 1870 in risposta all'espansione britannica intorno alla rocca. Grazie alla graduale pedonalizzazione, gironzolare in centro è diventato molto piacevole.

Orientamento e informazioni

Girando a sinistra uscendo dalla stazione degli autobus di La Línea vi ritroverete in Avenida 20 de Abril, che copre i 300 m fra la piazza principale della città, Plaza de la Constitución, e il confine con Gibilterra.

Ufficio turistico municipale (☎ 956 17 19 98; Avenida Príncipe Felipe s/n; ⏰ 8-20 da lunedì a venerdì, 9-14 sabato) Di fronte al confine.

Ufficio turistico regionale (☎ 956 76 99 50; ⏰ 9-15 e 16-19.30 da lunedì a venerdì, 10-14 sabato e domenica) Sull'angolo di Plaza de la Constitución.

Che cosa vedere e fare

Nel centro della città ci sono un paio di musei che meritano una visita. Il **Museo del Istmo** (Plaza de la Constitución; ingresso libero; ⏰ 10-14 da martedì a sabato, più 17-21 da martedì a venerdì) espone reperti archeologici, dipinti e sculture, e ospita mostre permanenti. Al **Museo Cruz Herrera** (Calle Doctor Villar; ingresso libero; ⏰ 10-14 da martedì a sabato, 17-21 da martedì a venerdì), sulla Plaza Fariñas fiancheggiata da palme, si possono ammirare le opere di José Cruz Herrera, un pittore di successo di La Línea dei primi del XX secolo. Fra i suoi soggetti figurano spesso bellissime donne andaluse, ma i suoi quadri riflettono anche l'influsso del periodo trascorso in Marocco.

Si possono vistare anche i **bunker della seconda guerra mondiale** di fronte a Gibilterra, verso il confine a est e a sud di Plaza de la Constitución; all'ufficio turistico trovate gli opuscoli che illustrano l'itinerario.

Pernottamento e pasti

La Línea offre circa quattro sistemazioni di livello medio ed elevato. Le soluzioni più economiche si trovano intorno a Plaza de la Constitución.

Hostal La Campana (☎ 956 17 30 59; Calle Carboneros 3; singole/doppie €42/48) Questo *hostal* estremamente accogliente, situato in una traversa dal lato occidentale di Plaza de la Constitución, dispone di camere decorose con ventilatore e TV. Il ristorante ha un *menú* di tre portate (€7,50).

Hostal Carlos II (☎ 956 76 13 03; Calle Méndez Núñez 12; singole/doppie €42/48; ❄) Altro *hostal* con camere dignitose, stavolta con TV satellitare. Per raggiungerlo, dalla piazza principale proseguite nella pedonale Calle Real fino a quando incrocia Plaza L'Iglesia: Calle Méndez Núñez si trova a poca distanza dall'angolo sud-occidentale di questa piazza.

AC La Linea (☎ 956 17 55 66; www.ac-hoteles.com; Calle Los Cairoles 2; camere con vista sulla piscina €77; P ❄ 💻 🏊) Se cercate una sistemazione più lussuosa delle precedenti, fermatevi in questo elegante albergo a un isolato di distanza dal lungomare e dalla via principale, circa 1 km prima del centro della città.

La Pesquera (☎ 956 69 21 20; Avenida 20 de Abril; insalate €4,50, portate principali circa €9) Sedetevi a guardare Gibilterra, con le palme e le fontane del ristorante sullo sfondo. La scelta migliore fra le tante voci del creativo menu è il salmone grigliato, che viene servito su un letto di gustose verdure. Il locale dà il meglio di sé nelle tranquille serate dei giorni feriali.

Bar La Parada (☎ 956 12 16 69; Calle Duque 2; raciones €10) La Parada è il locale giusto se volete delle tapas e delle raciones a base di pesce fritto. Con il bel tempo potete sedervi all'aperto a godervi l'ombra delle vecchie querce.

La sera andate a passeggiare in Plaza del Pintor Cruz Herrera, con la bella fontana piastrellata, gli alberi di arance e i locali dove fermarsi a bere.

Per/da La Línea de la Concepción

AUTOBUS

Comes (☎ 956 17 00 93), oltre ad avere autobus ogni mezz'ora circa (ogni 45 minuti nei fine settimana) dalle 7.45 alle 23.15 per/da Algeciras (€1,80, 30 minuti), serve anche le seguenti destinazioni:

Destinazione	Prezzo	Durata	Frequenza giornaliera
Cadice	€12	2½ ore	4
Granada	€19	5 ore	2
Siviglia	€19	4 ore	4
Tarifa	€3,50	45 min	8

Anche gli autobus Portillo raggiungono Málaga (€10,50, 2 ore e mezzo, da 3 a 5 al giorno) ed Estepona (€3,50, 1 ora e 20 minuti, 8 al giorno).

AUTOMOBILE E MOTOCICLETTA

Per evitare di dovere stare in coda per lungo tempo in attesa di superare il confine con Gibilterra, molti visitatori preferiscono lasciare l'automobile a La Línea e attraversare la frontiera a piedi. Il parcheggio a La Línea costa €1 per un'ora o €5 per sei ore, mentre non si paga nulla dalle 20 alle 9 dal lunedì al venerdì e dalle 14 del sabato fino alle 9 del lunedì. In Avenida Príncipe Felipe, proprio di fronte alla frontiera, ci sono molti posti macchina. Nel parcheggio sotterraneo Parking Fo Cona, non lontano da Avenida 20 de Abril, si spende €1,90/14 l'ora/giorno. A La Línea si può anche parcheggiare lungo le strade, ma non lasciate oggetti in vista.

Gibilterra

Avvicinandosi alla colonia inglese di Gibilterra via terra si ha l'opportunità di scorgere, già da molto lontano, un gigante della mitologia. La Rocca, insieme alla montagna costiera di Jebel Musa, in Marocco, rappresentava infatti le Colonne d'Ercole, per gli antichi greci e romani il limite estremo del mondo conosciuto. Può sembrare alquanto bizzarro il fatto che non si incontrino indicazioni stradali per la Rocca fino all'ultimo momento, ma questo fatto serve a ricordare che la Spagna non ha ancora rinunciato a rivendicarla. Gibilterra da tempo immemorabile è infatti contesa per la sua posizione strategica all'entrata del Mediterraneo.

Questo vasto promontorio di pietra calcarea, lungo 5 km e largo 1,6 km, si erge fino a 426 m sul livello del mare con rocce a strapiombo sui suoi versanti settentrionale e orientale. Ai piedi del lato occidentale sorge una città di 30.000 abitanti, che costituisce un interessante cocktail culturale di elementi britannici, ebraici, genovesi, nordafricani, portoghesi, spagnoli, maltesi e indiani. Ed è proprio grazie a questa mescolanza di genti diverse che Gibilterra è riuscita a sviluppare una fiorente economia.

Gibilterra ha molto da offrire a qualsiasi viaggiatore. La natura è fantastica grazie agli animali, alle piante e alle grotte della Rocca e ai delfini e alle altre creature che vivono nel mare che la circonda; si possono visitare le installazioni militari dai nomi evocativi o andare alla ricerca degli angoli nascosti della sua pittoresca capitale, con le rosse cassette delle lettere e le caratteristiche cabine telefoniche. E per finire, si può gustare una birra in uno dei suoi originali pub.

DA NON PERDERE

- Uno spuntino e l'atmosfera mediterranea trasferiti in una realtà quasi inglese in uno dei caffè di Grand Casemates Sq a **Gibilterra città** (p258)
- Lo Stretto di Gibilterra, il Marocco e la Bahía de Algeciras dalla cima della Rocca raggiunta in **funicolare** (p253)
- L'incontro con gli abitanti più insoliti di Gibilterra all'**Apes' Den** (p253)
- La visita delle installazioni militari dell'**Upper Rock Nature Reserve** (p253), uno dei migliori sistemi difensivi al mondo
- L'osservazione dei **delfini** (p256) e delle balene nella Bahía de Algeciras
- Le **immersioni** (p257) tra i relitti marini alla scoperta dell'affascinante mondo subacqueo della Rocca

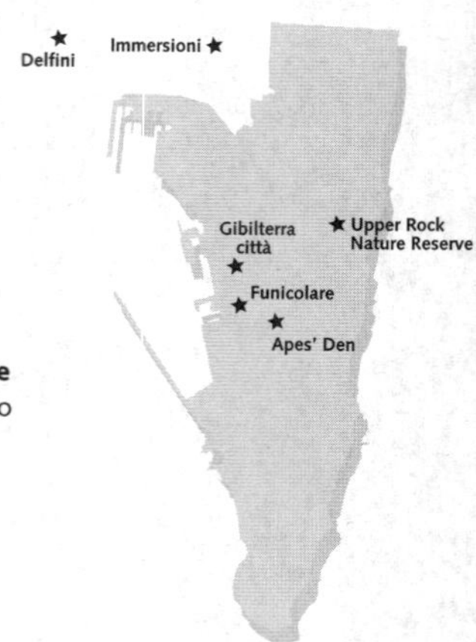

POPOLAZIONE: 29.000	MESE PIÙ FREDDO E PIÙ CALDO A GIBILTERRA: GEN/AGO 15°C/24°C	ALTITUDINE: 0 m-426 m

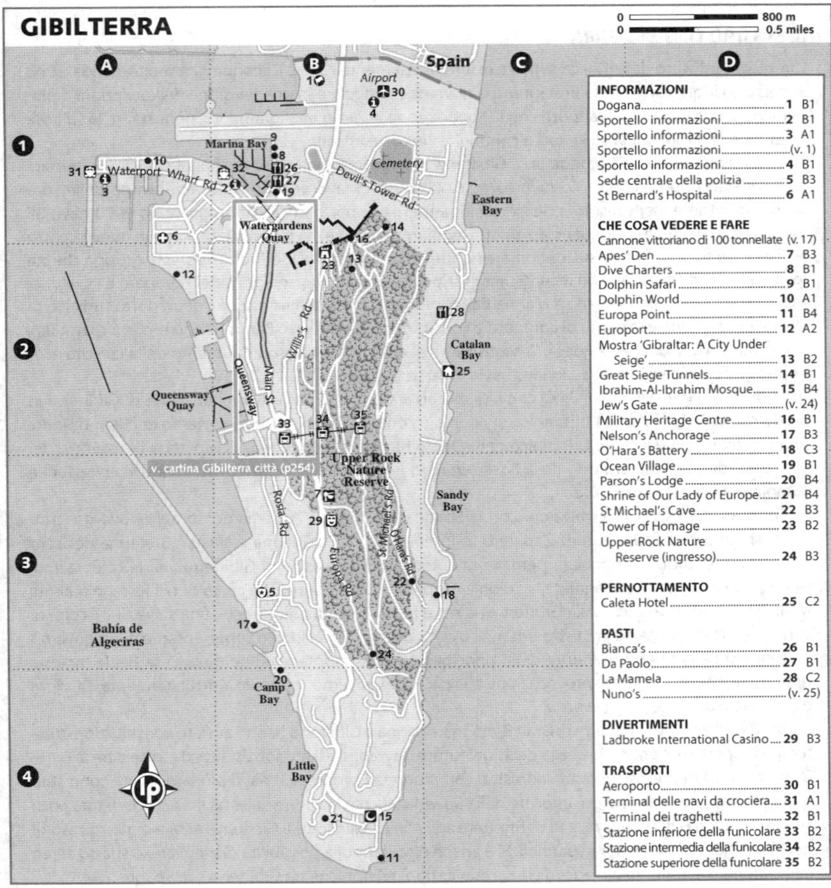

STORIA

Come dimostrano i teschi ritrovati nel 1848 e nel 1928, quasi ogni metro quadrato di Gibilterra offre delle testimonianze che risalgono al periodo degli ultimi uomini di Neanderthal. Il teschio rinvenuto nel 1848 era quello di una donna; tale ritrovamento precedette di circa otto anni la scoperta di un teschio maschile nella valle tedesca di Neander (da cui deriva il termine antropologico di 'Uomo di Neanderthal', anche se sarebbe stato più corretto utilizzare quello di 'Donna di Gibilterra').

Grazie alla sua posizione strategica la Rocca ha sempre rappresentato un obiettivo irrinunciabile fin dai tempi dei fenici. Sia questa misteriosa popolazione sia i greci lasciarono tracce della loro presenza, ma Gibilterra entrò realmente nei libri di storia solo nel 711 d.C., quando Tariq ibn Ziyad, governatore musulmano di Tangeri, ne fece la testa di ponte per l'invasione araba della Penisola Iberica, sbarcandovi con un esercito di circa 10.000 uomini. Il nome di Gibilterra (Gibraltar) deriva da Jebel Tariq (montagna di Tariq).

Nel 1159 la dinastia musulmana degli Almohadi fondò una città ai piedi della Rocca che venne conquistata dai castigliani nel 1462. Nel 1704 una flotta anglo-olandese si impossessò di Gibilterra durante la guerra di successione spagnola. La Spagna cedette il promontorio alla Gran Bretagna in virtù del Trattato di Utrecht del 1713. In seguito tentò più volte di riprenderselo con le armi

IL FUTURO DI GIBILTERRA

L'immediato futuro della Rocca sembra essere decisamente roseo. L'economia è molto florida, sono in corso colloqui con la Gran Bretagna che dovrebbero sfociare in una revisione delle relazioni diplomatiche con la Corona, e i rapporti con la Spagna sono in netto miglioramento, nonostante la spinosa questione della sovranità sulla Rocca continui a rimanere irrisolta.

Negli ultimi due anni l'economia di Gibilterra ha registrato una crescita annuale dell'8% in termini reali. Questo boom economico ha creato 16.000 posti di lavoro, soprattutto nel campo delle spedizioni marittime, del turismo e dei servizi finanziari. Nel porto attraccano ogni anno 9000 navi. Gli investimenti stranieri continuano ad affluire regolarmente ed è in via di realizzazione un nuovo centro residenziale e commerciale sul lungomare occidentale, l'Ocean Village; inoltre lo stesso gruppo che sta realizzando l'Ocean Village ha recentemente stipulato un accordo che prevede il ricupero e la valorizzazione dell'intera area intorno a Marina Bay. Il progetto prevede la creazione di un porto turistico di livello internazionale in grado di competere con Sotogrande e Puerto Banús (lungo la costa spagnola), il rifacimento del look della Rocca, la costruzione di abitazioni di lusso e l'aumento della crescita economica. Insomma, una nuova Monaco in via di realizzazione!

In merito alle relazioni con la Corona, si sta cercando di aggiornare la costituzione di Gibilterra in modo che la Rocca rimanga britannica ma non più con lo status di Territorio esterno del Regno Unito. A livello pratico, il Ministero britannico della Difesa ha ceduto al governo di Gibilterra oltre il 40% dei suoi possedimenti sul territorio della Rocca, in modo che fosse possibile costruire nuove abitazioni e stimolare la ripresa economica.

Per quel che riguarda le relazioni con la Spagna, poco dopo l'insediamento del nuovo governo socialista di José Luis Rodríguez Zapatero all'inizio del 2004, la Spagna e la Gran Bretagna decisero di comune accordo di congelare per un po' di tempo la questione di Gibilterra; ma le celebrazioni dell'agosto 2004 per i 300 anni della colonia ruppero questa tregua. Nel corso di tali festeggiamenti, a Gibilterra venne sparata dalla *Grafton,* una nave australiana di Sua Maestà, una salva di 21 colpi di cannone alla presenza del ministro britannico della difesa, Geoff Hoon (rappresentante di un governo impegnato nella guerra in Iraq) e della principessa Anna (rappresentante della Casa Reale inglese, quindi 'l'invasore'): una vera provocazione agli occhi del governo spagnolo. Fortunatamente da allora è stato fatto qualche passo avanti.

Nel dicembre 2005 i governi di Gran Bretagna, Spagna e Gibilterra hanno avviato consultazioni trilaterali in rispetto del principio che le decisioni future dovranno essere sottoscritte da tutte e tre le parti. Durante i loro numerosi incontri sono stati compiuti reali progressi: i passi più importanti sono stati quelli di revocare le limitazioni imposte dalla Spagna alla navigazione delle navi da crociera tra i porti spagnoli e quello di Gibilterra, e di permettere agli aerei civili diretti a Gibilterra di fare scalo, in caso di necessità, nei vicini aeroporti spagnoli. Si è anche discusso sulla possibilità di ampliare lo spazio aereo di Gibilterra e di rendere più agevoli le comunicazioni telefoniche tra Gibilterra e la Spagna.

Restano comunque altre delicate questioni in sospeso, come quella che riguarda le installazioni militari, i sistemi radar e i sottomarini che la Gran Bretagna mantiene a Gibilterra, o quella per la quale l'aeroporto di Gibilterra e altre zone attorno alla Rocca sono addirittura considerate proprietà del Ministero della Difesa inglese. La Spagna continua a rivendicare la totale sovranità sulla Rocca, ma gli abitanti di Gibilterra sono determinati nel volere mantenere la cittadinanza britannica. Per il momento la possibilità di arrivare a una sovranità bilaterale anglo-spagnola sembra essere ancora molto lontana.

C'è comunque chi prevede un cambiamento dello status quo in quanto le consultazioni trilaterali stanno cercando di portare alla luce e di risolvere alcuni dei problemi pratici che finora hanno generato tra le parti coinvolte le maggiori tensioni.

fino al fallimento del grande assedio durato dal 1779 al 1783. Dopo l'occupazione inglese della Rocca la maggior parte della popolazione spagnola fuggì per trasferirsi in quello che viene oggi chiamato Campo de Gibraltar, ossia l'area intorno alla Bahía de Algeciras (o Baia di Gibilterra), che comprende città quali San Roque, Algeciras e La Línea de la Concepción.

Nel XVIII secolo gli inglesi trasferirono a Gibilterra operai genovesi da impiegare nei cantieri navali. Successivamente la Gran Bretagna trasformò Gibilterra in un'importante base navale che durante la seconda guerra mondiale divenne il punto di partenza per gli sbarchi alleati in Africa settentrionale. Anche se la guarnigione britannica fu ritirata all'inizio degli anni '90, la marina inglese continua a servirsi delle infrastrutture portuali di Gibilterra. I frequenti collegamenti marittimi e la condizione di porto franco hanno contribuito a rafforzare i rapporti fra la popolazione locale e la Gran Bretagna, ma la Rocca prospera soprattutto grazie all'afflusso di ingenti capitali stranieri.

Nel 1969 Francisco Franco fece chiudere il confine tra Gibilterra e la Spagna. Il *generalísimo* era furente perché gli abitanti di Gibilterra, chiamati a votare con un referendum, si erano espressi a favore della sovranità inglese con 12.138 voti contro soli 44 voti a favore di quella spagnola. Il risultato fu l'inasprimento delle regole che riguardavano l'attraversamento del confine e la cessazione, sia a Gibilterra sia in Spagna, di ogni forma di dialogo. Lo stesso anno fu approvata una nuova costituzione che impegnava gli inglesi a rispettare le richieste di autogoverno avanzate dalla popolazione e conferiva a Gibilterra un'amministrazione autonoma istituendo un parlamento locale, la House of Assembly. Nel 1985, poco prima dell'ingresso della Spagna nella CEE (oggi UE) avvenuto nel 1986, il confine fu riaperto, dopo 16 lunghi anni, portando così una ventata di aria fresca nel conteso territorio della Rocca.

Oggigiorno il turismo, l'attività portuale e i servizi finanziari rappresentano i principali sostegni dell'economia locale. La popolazione civile di Gibilterra è formata per il 77% da gibilterriani, per il 14% da britannici e per il 9% da persone di altre nazionalità. La minoranza etnica più rilevante è quella marocchina, e molti dei suoi componenti hanno contratti di lavoro a tempo determinato.

ORDINAMENTO AMMINISTRATIVO E POLITICA

Gibilterra è stata governata per sei anni dal partito socialdemocratico di centrodestra guidato da Peter Caruana. La principale forza politica di opposizione è il partito socialista laburista, di Joe Bossano. Caruana si è dichiarato disposto a discutere con la Spagna circa il futuro di Gibilterra, ma è anche fermamente contrario a qualunque concessione per quel che riguarda la sovranità.

Nel corso degli anni passati la Spagna ha spesso esercitato delle pressioni sul governo di Gibilterra. Generalmente si è servita di metodi quali una maggiore severità nei controlli doganali e nelle procedure d'immigrazione, con conseguenti lunghe attese al confine. La Spagna ha recentemente proposto un periodo di sovranità congiunta anglo-spagnola al termine della quale Gibilterra dovrebbe diventare la diciottesima regione spagnola, pur godendo di un'autonomia maggiore rispetto alle altre.

I vari governi britannici che si sono susseguiti si sono sempre rifiutati di mettere in discussione la sovranità inglese su Gibilterra. Tuttavia, nel marzo del 2002 Spagna e Gran Bretagna hanno siglato un accordo per creare una nuova sovranità anglo-spagnola. Questa intesa è stata avallata dai 15 stati membri dell'Unione Europea, senza coinvolgere nelle trattative il governo di Gibilterra; l'amministrazione della Rocca ha reagito in modo irritato contro il sostegno da parte di tutta l'Europa a un patto che considerava non valido, presumibilmente stipulato dal primo ministro britannico Tony Blair e dal suo collega José María Aznar, che all'epoca erano molto amici.

Come reazione a tutto ciò, circa 20.000 abitanti di Gibilterra scesero in piazza il 18 marzo 2002 per manifestare in modo pacifico ma irremovibile la loro volontà a conservare la nazionalità britannica. Il 7 novembre 2002 il governo di Gibilterra indisse un referendum che chiedeva alla popolazione se era favorevole a una sovranità mista anglo-spagnola. I gibilterriani votarono compatti contro questa proposta. Sia Gran Bretagna sia Spagna dissero che non riconoscevano la validità del referendum. Il governo britannico ribadì però la sua storica posizione: non avrebbe cambiato lo status di Gibilterra contro il volere degli abitanti.

Nel 2004 Gibilterra ha celebrato i 300 anni di dominio britannico, anche se sembra ormai ovvio che la maggior parte della sua popolazione non veda più l'Inghilterra come la madrepatria, per quanto a tutt'oggi ne adori il caratteristico stile di vita.

LINGUA

Gli abitanti di Gibilterra parlano inglese, spagnolo e un curioso miscuglio delle due lingue, con strani accenti, e spesso passano repentinamente da una lingua all'altra, talvolta nel bel mezzo di una frase. Insegne e cartelli sono scritti in inglese.

VISTI E DOCUMENTI

Per entrare a Gibilterra è sufficiente esibire il passaporto o, se siete cittadini dell'Unione Europea, la carta d'identità. I cittadini dell'Unione Europea, di Australia, Canada, Israele, Nuova Zelanda, Singapore, Sudafrica e Stati Uniti in possesso di passaporto, non hanno bisogno del visto d'ingresso. Per ulteriori informazioni potete contattare l'**Immigration Department** (cartina p254; ☎ 51725; Joshua Hassan House, Secretary's Lane) di Gibilterra che ha un ufficio anche presso la **sede centrale della polizia** (cartina p249;; ☎ 46411; rgpimm@gibgibtelecom.net; New Mole House, Rosia Rd).

Chi è già in possesso di un visto d'ingresso multiplo per il Regno Unito (valido per almeno un anno) ha la possibilità di recarsi a Gibilterra senza visto. Chi intende entrare in Spagna da Gibilterra, deve esibire il visto previsto dagli accordi di Schengen.

ORIENTAMENTO

Per raggiungere Gibilterra via terra dovrete superare la frontiera spagnola nella cittadina di La Línea de la Concepción (p246). Immediatamente a sud del confine, la strada attraversa la pista dell'aeroporto di Gibilterra, che si estende da est a ovest in corrispondenza della strozzatura della penisola. La città e il suo trafficato porto si trovano lungo il versante occidentale della Rocca, quello meno scosceso, di fronte alla Bahía de Algeciras. Da Grand Casemates Sq, dove sfocia la Grand Casemates Gate (Market Place), Main St con tutti i suoi negozi, si estende verso sud per circa 1 km.

INFORMAZIONI

Accesso a internet

PC Clinic & Computer Centre (cartina p254; ☎ 49991; all'angolo tra Convent Pl e Governor's St; £3 l'ora; 🕑 9.30-18.30 da lunedì a venerdì)

Assistenza sanitaria

Primary Care Centre (cartina p254; ☎ 72355; ICI Bldg, Grand Casemates Sq)

St Bernard's Hospital (cartina p249; ☎ 79700; Europort) Offre servizio di pronto soccorso attivo 24 ore su 24.

Cambio

A Gibilterra si usano due valute intercambiabili, la sterlina di Gibilterra e quella inglese. Si possono anche utilizzare gli euro (tranne che nei telefoni pubblici e negli uffici postali), ma sarà molto più conveniente cambiarli in sterline. I tassi di cambio per l'acquisto di euro sono un po' più favorevoli che in Spagna. La sterlina di Gibilterra ha validità solo nel territorio della Rocca, pertanto ricordatevi di cambiare quello che non avete speso in valuta inglese prima di ripartire.

Le banche sono aperte dalle 9 alle 15.30 dal lunedì al venerdì. Ve ne sono un buon numero (con bancomat) lungo Main St. Esistono anche degli uffici di cambio, che rimangono aperti più a lungo.

Consolati stranieri

Quattordici paesi, per lo più europei, hanno il proprio consolato a Gibilterra. Gli uffici turistici sono in grado di fornirvene gli elenchi.

Elettricità

La corrente elettrica è, come in Gran Bretagna, sia a 220V sia a 240V, con spine a tre spinotti piatti.

Emergenze

I poliziotti in servizio indossano uniformi britanniche.

Emergenze (☎ 199) Per la polizia o le ambulanze.

Sede centrale della polizia (cartina p249; ☎ 72500; Rosia Rd) Nella parte meridionale della città a New Mole House.

Stazione di polizia (cartina p254; ☎ 72500; 120 Irish Town)

Informazioni turistiche

Gibraltar Tourist Board (cartina p254; ☎ 45000, 74950; www.gibraltar.gov.gi; Duke of Kent House, Cathedral Sq; 🕑 9-17.30 da lunedì a venerdì) Di grande aiuto e ben fornito di volantini e opuscoli gratuiti.

Sportelli informazioni aeroporto (cartina p249; ☎ 73026; 🕑 da lunedì a venerdì, solo al mattino); **parcheggio degli autobus** (cartina p249; ☎ 78198; Waterport Wharf Rd; 🕑 9-16.30 da lunedì a venerdì, 10-13 sabato); **terminal delle navi da crociera** (cartina p249; ☎ 47670; 🕑 solo quando una nave di linea entra in porto); **dogana** (cartina p249; ☎ 50762; Frontier; 🕑 9-16.30 da lunedì a venerdì e 10-13 sabato)

Ufficio turistico (cartina p254; ☎ 74982; Grand Casemates Sq; 🕑 9-17.30 da lunedì a venerdì, 10-15 sabato, 10-13 domenica e festivi)

Internet

Di seguito riportiamo due siti web specifici su Gibilterra:

www.gibraltar.gi
www.gibraltar.gov.uk Gestito dal governo di Gibilterra.

Librerie

Tra le librerie ben fornite di testi in lingua inglese vi sono le seguenti:

Bell Books (cartina p254; ☎ 76707; 11 Bell Lane)
Gibraltar Bookshop (cartina p254; ☎ 71894; 300 Main St)

Posta

Posta centrale (cartina p254; 104 Main St; 🕑 9-14.15 da lunedì a venerdì e 10-13 sabato da metà giugno a metà settembre, 9-16.30 da lunedì a venerdì e 10-13 sabato da metà settembre a metà giugno).

Telefono

Per telefonare a Gibilterra dalla Spagna si deve comporre il prefisso ☎ 9567 prima del numero desiderato che è di cinque cifre; se telefonate da altri paesi digitate il prefisso internazionale, poi il ☎ 350 (prefisso di Gibilterra) e quindi il numero locale. Per telefonare a Gibilterra da un qualsiasi telefono di rete fissa in Spagna il costo è di €0,11 di scatto alla risposta più €0,12 al minuto. Chiamare dalle cabine costa il 50% in più. I numeri dei telefoni cellulari sono tutti di otto cifre e cominciano con ☎ 5.

Dai telefoni pubblici di Gibilterra si possono effettuare chiamate sia locali sia internazionali. Per telefonare in Spagna è sufficiente comporre il numero spagnolo di nove cifre. Le telefonate in Spagna da un telefono di rete fissa costano 15p al minuto tra le 8 e le 20, 11p al minuto fra le 20 e le 8 e nei fine settimana e nei giorni festivi. Chiamare in Spagna dalle cabine costa 25p al minuto.

FESTIVITÀ PUBBLICHE

Capodanno 1° gennaio
Commonwealth Day marzo (secondo lunedì)
Venerdì Santo 21 marzo 2008
Lunedì dell'Angelo 24 marzo 2008
Festa del Lavoro 1° maggio
Spring Bank Holiday maggio (ultimo lunedì)
Queen's Birthday giugno (lunedì dopo il secondo sabato)
Late Summer Bank Holiday agosto (ultimo lunedì)
Gibraltar National Day 10 settembre
Natale 25 dicembre
Santo Stefano 26 dicembre

Per telefonare in qualsiasi altro paese, si deve comporre il prefisso internazionale (☎ 00), seguito dal prefisso del paese, da quello di zona e infine dal numero.

CHE COSA VEDERE

La maggior parte delle attrattive turistiche si trova sulla Rocca o a Gibilterra città lungo il litorale del lato occidentale della penisola.

Rocca di Gibilterra

Il principale motivo d'interesse di Gibilterra è, naturalmente, la Rocca, un enorme promontorio di pietra calcarea che presenta versanti molto scoscesi e che raggiunge i 426 m d'altezza. Quasi tutta la parte superiore della Rocca è una riserva naturale che offre splendide vedute. Il biglietto per l'**Upper Rock Nature Reserve** (interi/bambini/automobili £8/4/1,50, pedoni escluse le attrattive £1; 🕑 9.30-19, ultima visita 18.45) comprende l'ingresso alla St Michael's Cave, all'Apes' Den, ai Great Siege Tunnels, al Military Heritage Centre, alla Tower of Homage e alla mostra 'Gibraltar: A City Under Siege'. La parte superiore della Rocca ospita 600 specie di piante ed è un luogo ideale per osservare le migrazioni degli uccelli tra l'Europa e l'Africa (v. lettura p238).

Gli abitanti più famosi della Rocca sono le bertucce di Gibilterra, una specie di macaco senza coda, gli unici primati che vivono allo stato selvatico in Europa. Alcuni dei 240 esemplari bazzicano attorno alla **Apes' Den** (covo delle scimmie) vicino alla stazione intermedia della funicolare, ma spesso se ne vedono anche alla stazione di arrivo e ai Great Siege Tunnels. La leggenda dice che quando le scimmie (forse introdotte dall'Africa settentrionale nel XVIII secolo) scompariranno da Gibilterra, lo stesso accadrà anche agli inglesi. Quando il loro numero diminuì durante la seconda guerra mondiale, gli inglesi ne fecero arrivare degli esemplari dall'Africa. Oggi la loro popolazione è invece in rapida crescita; per cercare di tenerla sotto controllo sono state adottate una serie di misure, che vanno dall'impiego di metodi contraccettivi al trasferimento di un certo numero di esemplari in alcuni zoo dell'Europa. L'estate è il periodo migliore per osservare le bertucce appena nate, ma non avvicinatevi troppo: sono dotate di denti aguzzi e sono famose per i loro bruschi sbalzi di umore. Chi ha paura degli animali e chi viaggia con bambini molto piccoli farebbe

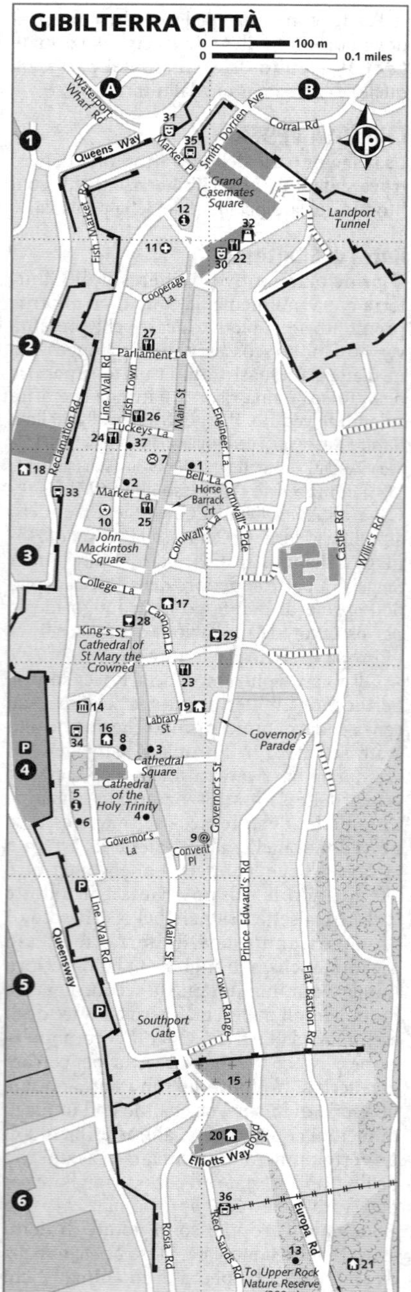

bene a valutare l'idea di partecipare a una visita guidata, dal momento che le guide ufficiali conoscono il carattere e le abitudini di questi primati. L'**Ornithological & Natural History Society** (☎ 72639) di Gibilterra è lieta di fornire informazioni circa il comportamento delle bertucce.

Per raggiungere l'Apes' Den e la parte superiore della Rocca prendete la **funicolare** (v. p260). Alla stazione di arrivo si può godere di un panorama mozzafiato sulla Bahía de Algeciras e sullo Stretto di Gibilterra; nelle giornate limpide la vista spazia fino alla costa del Marocco. Guardando lungo i precipizi del ripidissimo versante orientale della Rocca è possibile scorgere il più grande dei vecchi bacini di raccolta dell'acqua piovana, da dove veniva convogliata in cisterne sotterranee.

INFORMAZIONI

Bell Books	1	A3
Bland Travel	2	A3
Exchange Travel	3	A4
Gibraltar Bookshop	4	A4
Gibraltar Tourist Board	5	A4
Immigration Department	6	A4
Posta centrale	7	A3
Parodytur	8	A4
PC Clinic & Computer Centre	9	A4
Stazione di polizia	10	A3
Primary Care Centre	11	A2
Ufficio turistico	12	A1

CHE COSA VEDERE E FARE

Alameda Botanical Gardens	13	B6
Gibraltar Museum	14	A4
Trafalgar Cemetery	15	B5

PERNOTTAMENTO

Bristol Hotel	16	A4
Cannon Hotel	17	A3
Herald Travel Lettings	18	A3
O'Callaghan Eliott Hotel	19	A4
Queen's Hotel	20	B6
Rock Hotel	21	B6

PASTI

Café Solo	22	B2
Cannon Bar	23	A4
Clipper	24	A2
Figaro	25	A3
House of Sacarello	26	A2
Star Bar	27	A2

LOCALI

Get Joost Smoothie Bar	28	A3
Three Roses Bar	29	B3

DIVERTIMENTI

Lord Nelson's	30	B2
UnderGround	31	A1

SHOPPING

Gibraltar Crystal	32	B1

TRASPORTI

Autobus n. 10	33	A3
Autobus n. 3	34	A4
Autobus n. 9	35	A1
Stazione inferiore della funicolare	36	B6
Turner & Co	37	A2

A un quarto d'ora di cammino circa dalla stazione superiore della funivia lungo St Michael's Rd in direzione sud s'incontra O'Hara's Rd, una strada che sale a sinistra e raggiunge **O'Hara's Battery**, postazione di grandi cannoni in cima alla Rocca. Procedendo ancora per qualche minuto lungo St Michael's Rd (o camminando in salita per 20 minuti se provenite dall'Apes' Den) arriverete alla straordinaria **St Michael's Cave** (St Michael's Rd; ingresso £2; 9.30-19), un'immensa grotta con molte stalagmiti e stalattiti. Nel passato si pensava che potesse essere collegata addirittura all'Africa; inutile dire che le sue dimensioni sono imponenti. Oggi la grotta, oltre ad attrarre folle di turisti, viene utilizzata per concerti, rappresentazioni teatrali e persino per sfilate di moda. Per una visita più approfondita potete unirvi al **Lower St Michael's Cave Tour** (£5; mercoledì dopo le 18, sabato dopo le 14.30), un'avventura guidata di tre ore all'interno delle grotte più profonde, che termina con la visita di un lago sotterraneo. Il cammino comporta piccole arrampicate legati in cordata, perciò occorre che siate in discreta forma fisica; un altro requisito essenziale è quello di indossare calzature adatte al tipo di terreno che si deve affrontare. Il percorso non è attrezzato, ma la grotta è completamente illuminata. Sono ammessi i bambini che abbiano compiuto 10 anni. Se intendete prenotare la visita (p252) contattate l'ufficio turistico.

A circa mezz'ora di cammino in direzione nord discendendo dalla stazione della funicolare si trova Princess Caroline's Battery, che ospita il **Military Heritage Centre**. Continuando in discesa si raggiunge la Princess Royal Battery – altra postazione di cannoni – mentre un'altra strada sale ai **Great Siege Tunnels** (o Upper Galleries), un complicato sistema difensivo scavato nella roccia dagli inglesi durante l'assedio del 1779-83 per poter rifornire le postazioni dei cannoni. Queste gallerie costituiscono solo una piccola parte degli oltre 70 km di tunnel scavati nella Rocca, per la maggior parte chiusi al pubblico.

Da qualche tempo, grazie alla collaborazione del Ministero della Difesa, vengono effettuare delle visite guidate nelle grotte della seconda guerra mondiale (£2) dove venne pianificata l'invasione del Nord Africa da parte delle truppe alleate. Per ulteriori particolari contattate l'ufficio turistico.

In Willis' Rd, la via che scende in città da Princess Caroline's Battery, si trova il

LA BAIA DEI CONTRABBANDIERI

Un tempo rifugio dei contrabbandieri che rifornivano di armi i banditi che vivevano sulle montagne intorno a Ronda, Gibilterra continua a essere anche nel XXI secolo, secondo le autorità spagnole, un centro del contrabbando e del riciclaggio di denaro di dubbia provenienza che finisce per essere investito proprio in Spagna.

Non esistendo a Gibilterra alcun tipo di IVA, merci quali articoli di elettronica, cioccolato e sigarette costano molto meno che in Spagna. Tuttavia la richiesta di merci di contrabbando è in calo in quanto il mercato spagnolo garantisce una disponibilità e possibilità di scelta estremamente maggiore. Gibilterra ha inflitto un duro colpo al contrabbando di sigarette proibendo la navigazione nelle sue acque ai motoscafi veloci, quelli normalmente utilizzati dei contrabbandieri. Sempre allo scopo di combattere il redditizio commercio illegale di sigarette, i controlli al confine con la Spagna sono sovente molto accurati – per questo motivo alla frontiera si formano spesso lunghe code. Inoltre gli uomini in servizio alla dogana vengono continuamente cambiati nel tentativo di scoraggiare e contrastare qualsiasi traffico poco pulito.

La Spagna protesta spesso presso il governo britannico anche a causa del problema rappresentato dal riciclaggio del denaro – come avvenne nel caso dell'operazione Ballena Blanca (balena bianca), che nel 2005 portò all'arresto di 40 persone, presumibilmente collegate al crimine organizzato che faceva capo a Marbella. Le autorità di Gibilterra rispondono che, nonostante le agevolazioni fiscali di cui hanno beneficiato vari istituti finanziari che operano nella Rocca, il suo sistema di controllo è sufficientemente rigoroso da prevenire il riciclaggio del denaro. Nel 2002 Gibilterra si è impegnata a rendere più trasparenti e incisive le sue misure di controllo per cui, sebbene la Rocca presenti tutte le caratteristiche di un paradiso fiscale, non compare nella lista redatta dall'Organizzazione per la Cooperazione e lo Sviluppo Economico (OECD). Le norme che permettono a Gibilterra di operare in questo regime decadranno, in ogni caso, entro il 2010.

primo edificio che gli inglesi costruirono sulla Rocca (in origine un deposito di munizioni). Oggi ospita la **mostra 'Gibraltar: A City Under Siege'** (Gibilterra: una città assediata). Continuando a scendere si raggiunge la **Tower of Homage**, i resti del castello di Gibilterra costruito dagli arabi nel 1333. La torre è attualmente in fase di restauro; i lavori dovrebbero durare un paio d'anni e al momento di stesura di questa guida non era stata fissata una data per la sua riapertura (controllare presso l'ufficio turistico per avere informazioni aggiornate).

Gibilterra città

A metà mattina la città è in piena attività e l'atmosfera che si respira è tipicamente mediterranea, sebbene i negozi, i pub e i ristoranti su entrambi i lati della pedonale Main St abbiano un sapore rigorosamente britannico. Il diffuso utilizzo della lingua spagnola e la presenza piuttosto frequente di marocchini che indossano abiti tradizionali ricordano che questo piccolo lembo di Inghilterra è ancora Europa mediterranea e che è stato una roccaforte musulmana per oltre sette secoli e poi un avamposto spagnolo per 240 anni.

A ricordare i 300 anni di occupazione militare e di amministrazione burocratica britannica rimangono le fortificazioni, i camminamenti e le postazioni dei cannoni inglesi. Per chi voglia approfondire gli aspetti della dominazione britannica esiste un'ottima pubblicazione in lingua inglese, *Guided Tour of Gibraltar* di T.J. Finlayson, reperibile presso il Gibraltar Museum a £2.

Per familiarizzare con la mescolanza di culture che caratterizza Gibilterra e con gli innumerevoli eventi della sua storia, potete visitare il **Gibraltar Museum** (cartina p254; ☎ 74289; Bomb House Lane; interi/minori di 12 anni £2/1; ⌚ 10-18 da lunedì a venerdì, 10-14 sabato), al cui interno si trova una ricca collezione, molto eterogenea, dedicata alla storia, all'architettura e alla vita militare di Gibilterra con oggetti che risalgono anche al periodo preistorico. Tra i pezzi più pregiati vi sono un bagno arabo ben conservato del XIV secolo e una copia del teschio di donna risalente a 100.000 anni fa che fu ritrovato nel 1848 a Forbes Quarry sul versante settentrionale della Rocca (l'originale è attualmente esposto al Natural History Museum di Londra).

Una pagina di storia, decisamente più toccante, è quella che si sfoglia visitando il **Trafalgar Cemetery** (cartina p254; Prince Edward's Rd; ⌚ 9-19), situato immediatamente a sud di Southport Gate, che accoglie le tombe dei marinai inglesi morti durante la battaglia di Trafalgar (1805). Più a sud, il **Nelson's Anchorage** (cartina p249; Rosia Rd; ingresso £1; ⌚ 9.30-18.15 da lunedì a sabato) indica il punto preciso in cui il corpo di Nelson fu riportato a riva dalla nave da guerra di Sua Maestà *Victory* – secondo la leggenda in un barile di rum. Nel sito si trova un **cannone vittoriano di 100 tonnellate**, costruito in Gran Bretagna nel 1870. Poco più a sud si incontra **Parson's Lodge** (cartina p249; Rosia Rd; interi/bambini £2/1; ⌚ 10-17 da martedì a domenica), una postazione di cannoni situata in cima a una scogliera alta 40 m. Sotto la batteria si apre un labirinto di gallerie che in passato fungevano sia da deposito di munizioni sia da alloggio per i militari.

Finita la visita delle attrattive storiche, vale la pena fare un giro negli **Alameda Botanical Gardens** (cartina p254; Europa Rd; ingresso libero; ⌚ 8-tramonto). In questi meravigliosi giardini, caratterizzati da una vegetazione rigogliosa, James Joyce ambientò la famosa scena dell'*Ulisse* nella quale Molly Bloom perde la verginità.

Europa Point

L'estremità meridionale di Gibilterra è conosciuta come **Europa Point**. Questo sito, dove fu costruito il primo faro della Rocca, venne saccheggiato dal Barbarossa, un corsaro piuttosto crudele. Qui si trova anche un santuario cristiano chiamato **Shrine of Our Lady of Europe** (cartina p249; ☎ 71230; ⌚ 10-13 e 14-19 da lunedì a venerdì, 11-13 e 14-19 sabato e domenica), famoso perché custodisce una statua della Vergine con il Bambino, risalente al XV secolo, che rimase miracolosamente intatta nel corso del devastante attacco del pirata. Accanto, a simboleggiare la simbiosi di razze e religioni del passato di Gibilterra, e in qualche misura del suo presente, sorge la **Moschea Ibrahim-Al-Ibrahim**, inaugurata nel 1997. La sua costruzione, finanziata dal re saudita Fahd, regalò ai marocchini che lavoravano sulla Rocca un luogo in cui pregare. Si dice che sia la più grande moschea in un paese non islamico.

ATTIVITÀ

Osservazione dei delfini

Nella Bahía de Algeciras si possono osservare i delfini tutto l'anno. Sono almeno tre le compagnie che propongono questa piacevole escursione. All'incirca da aprile a settembre, ciascuna di loro organizza due o più viaggi al giorno; negli altri periodi dell'anno c'è almeno una barca in servizio al giorno, a seconda delle condizioni meteorologiche e del numero di persone che desiderano effettuare l'escursione. La maggior parte delle imbarcazioni salpa dal Watergardens Quay o dalla vicina Marina Bay, a nord-ovest del centro cittadino. Le escursioni durano da un'ora e mezzo a due ore e mazzo e costano circa £20 per gli adulti e la metà per i bambini. In genere non c'è nessun problema ad avvicinarsi ai delfini, ma talvolta si ha la fortuna di avvistare addirittura qualche balena! Per questo tipo di escursione potete rivolgervi a **Dolphin World** (cartina p249; ☎ 54481000; www.dolphinsafari.gi; Ferry Terminal, Waterport; interi/minori di 12 anni £20/10) e a **Dolphin Safari** (cartina p249; ☎ 71914; Marina Bay; interi/minori di 12 anni £20/15) – occorre prenotare in anticipo.

Immersioni subacquee

La zona della Rocca offre l'opportunità di compiere straordinarie immersioni subacquee (a prezzi ragionevoli). I fondali e la vita marina sono unici, grazie anche ai relitti di numerose imbarcazioni. Per questo tipo di attività ci si può rivolgere alla **Dive Charters** (cartina p249; ☎ 45649; www.divegib.gi; 4 Admiral's Walk, Marina Bay), che propone vari tipi di immersioni, da £30 a £50, più £10 per il noleggio dell'equipaggiamento, tra cui emozionanti immersioni notturne.

Spiagge

Se volete allontanarvi dalla città e raggiungere un posto dove sia possibile distendersi al sole, prendete l'autobus n. 4 da Line Wall Rd (ogni 15 minuti) fino a **Catalan Bay**, un minuscolo villaggio di pescatori situato sul lato occidentale della Rocca. I suoi primi abitanti erano genovesi e si suppone che avessero i capelli rossi.

VISITE GUIDATE

I taxi effettuano un 'Official Rock Tour' di un'ora e mezzo, che tocca i punti di maggiore interesse di Gibilterra, al prezzo di £16 per persona (minimo quattro persone) più il costo del biglietto d'ingresso all'Upper Rock Nature Reserve. La maggior parte dei tassisti è in grado di fornire molte informazioni interessanti. Numerose agenzie di viaggi organizzano visite guidate più o meno simili, al costo di £12,50.

Bland Travel (cartina p254; ☎ 77012; 81 Irish Town), **Parodytur** (cartina p254; ☎ 76070; Cathedral Sq) e **Exchange Travel** (cartina p254; ☎ 76151; 241 Main St) propongono gite guidate di un giorno a Tangeri per £45 pranzo incluso.

PERNOTTAMENTO

Cannon Hotel (cartina p254; ☎ 51711; www.cannonhotel.gi; 9 Cannon Lane; singole/doppie con bagno in comune e prima colazione £25,50/37,50, doppie con bagno privato e prima colazione £46) Si tratta di un alberghetto molto attraente con 18 camere proprio nel principale centro commerciale di Gibilterra città. Le camere sono discretamente attrezzate con mobili di legno di pino e alcune si affacciano su un bel patio. Si trova in splendida posizione a una distanza percorribile a piedi da tutti i principali siti di interesse turistico. Offre, inoltre, un ottimo rapporto qualità-prezzo.

Herald Travel Lettings (cartina p254; ☎ 712350; www.gibraltar.gi/herald; Suite No 1E Ocean Heights; appartamenti £40-75;) Dispone di appartamenti di varie dimensioni, dai monolocali a quelli con due camere da letto, in un edificio situato ad appena un minuto o due da Grand Casemates Sq. Le tariffe sono più convenienti per affitti di una settimana o di un mese; una volta alla settimana viene effettuato il servizio di pulizia. Le tariffe includono anche l'accesso alla piscina. Il residence non dispone di una rimessa per le automobili dei clienti, ma in genere è facile parcheggiare non a pagamento in una delle strade adiacenti.

Queen's Hotel (cartina p254; ☎ 74000; www.queenshotel.gi; 1 Boyd St; singole/doppie con prima colazione £50/65; P) Il Queen's Hotel, una grande e moderna mostruosità architettonica di colore rosa, non è esattamente la visione più bella della Rocca. In ogni caso, le camere sono state abbellite di recente e vengono offerti sconti davvero interessanti del 20% a studenti e viaggiatori con meno di 25 anni.

Bristol Hotel (cartina p254; ☎ 76800; www.gibraltar.gi/bristolhotel; 10 Cathedral Sq; singole/doppie senza vista mare £49/64, singole/doppie con vista mare £62/79; P) Questo albergo, con un grazioso giardino cinto da mura e una piscina, si trova in posizione centrale. Molte delle 60 camere, recentemente rimesse a nuovo, offrono un'incantevole vista mare. È possibile usufruire del parcheggio, ma occorre farne richiesta al momento della prenotazione.

Caleta Hotel (cartina p249; ☎ 76501; www.caletahotel.gi; Sir Herbert Miles Rd; doppie con/senza vista mare £140/125; P) Si tratta del migliore albergo a quattro stelle di Gibilterra, situato in splendida posizione sulla Catalan Bay (a cinque minuti dalla città). I suoi edifici terrazzati, costruiti su un affioramento roccioso, scendono sulla baia e offrono una suggestiva vista del mare; questa caratteristica, unita ai vari servizi, tra cui palestra e centro termale, rendono l'albergo un posto di grande lusso. Effettua anche promozioni sulle tariffe.

Rock Hotel (cartina p254; ☎ 73000; www.rockhotelgibraltar.com; 3 Europa Rd; doppie con/senza balcone £180/175; P) Costruito dal marchese di Bute nel 1932, quest'albergo è una vera istituzione – ha ospitato personaggi quali Winston Churchill e Noel Coward. Il Rock Hotel è stato recentemente rimodernato e tra i servizi offerti ci sono gli accappatoi, il lettore CD e il parcheggio gratuito.

O'Callaghan Eliott Hotel (cartina p254; ☎ 70500; www.ocallaghanhotels.com; 2 Governor's Parade; doppie £230-260, suite £300-600; P) Situato in una bella piazza alberata, l'O'Callaghan Eliott dispone di camere sontuose attrezzate e arredate molto bene. Inoltre offre una gamma di servizi molto ampia, tra cui palestra, piscina sulla terrazza all'ultimo piano con accanto un elegante ristorante. La sua nuova entrata in stile hollywoodiano, i balconi e il ristorante sono il risultato di un recente investimento da parte di una società irlandese.

Se i prezzi di Gibilterra città vi spaventano, potete trovare opzioni più economiche a La Línea de la Concepción (p246), la città spagnola situata proprio al confine con Gibilterra.

PASTI

Nella maggior parte dei numerosi pub cittadini si mangia la cucina inglese tipica di questi locali, ma vi sono anche molti posti in cui gustare piatti di altro tipo, a cominciare dai caffè e ristoranti costruiti un po' più in basso rispetto alle caserme che circondano la piazza principale, Grand Casemates Sq.

Clipper (cartina p254; ☎ 79791; 78B Irish Town; portate principali £3,50-6, arrosto £4) Pub in legno verniciato, tra i migliori e più affollati di Gibilterra, frequentato soprattutto da appassionati di calcio. La domenica viene proposto un ottimo arrosto. I vegetariani potrebbero assaggiare la gustosissima insalata greca. Il servizio è molto cordiale.

Figaro (cartina p254; 9 Market Lane; portate principali £4-8) Chiamato comunemente 'The Tea Room' (la sala da tè), questo bel caffè-ristorante serve i tradizionali 'scone' (paste da tè) con panna e marmellata. A pranzo potete ordinare uno dei suoi ottimi piatti del giorno.

Café Solo (cartina p254; ☎ 44449; Grand Casemates Sq 3; piatti di pasta £6-9) Questo ristorante dispone di tavoli sia all'interno sia all'aperto, in Grand Casemates Sq, una piazza sempre molto affollata. È un buon locale dove fermarsi a prendere un caffè, ma potete anche ordinare uno dei suoi piatti di pasta conditi con sughi molto invitanti.

Cannon Bar (cartina p254; ☎ 77288; 27 Cannon Lane; portate principali £5,50-9,50, fish & chips £5,50) È famoso per il suo fish and chips, tra i migliori in città, che serve in porzioni generose. Propone inoltre un pasticcio di manzo e rognone e insalate.

Star Bar (cartina p254; ☎ 75924; 12 Parliament Lane; prima colazione £3,50-5, portate principali £5-11; 24 ore su 24) Stando alla sua pubblicità, si tratta del bar più vecchio di Gibilterra. In ogni caso lo Star Bar è anche uno dei migliori locali della città, avendo vinto il premio Golden Egg (uovo d'oro) per cinque anni consecutivi. Le portate principali sono sostanziose e prevedono braciole di agnello, filetto irlandese e nasello in salsa verde alla spagnola.

House of Sacarello (cartina p254; ☎ 70625; 57 Irish Town; piatto del giorno £7-11,50; chiuso domenica; V) Questo elegante ristorante ricavato da un magazzino di caffè offre un buon assortimento di piatti vegetariani e di gustose zuppe preparate in modo casalingo. Potete venirci anche per il tè del pomeriggio (£3,50) che viene servito tra le 15 e le 19.30. Ospita regolarmente delle mostre.

La Mamela (cartina p249; ☎ 72373; Catalan Bay; portate principali £5,50-13,50) Si tratta di un eccellente ristorante di pesce ricco d'atmosfera situato proprio nella Catalan Bay, all'estremità meridionale della spiaggia. Dopo esservi scrollati la sabbia dai piedi accomodatevi davanti al ricco assortimento di piatti – dall'abbondante paella allo stufato di pesce. Se la carne vi piace particolarmente, potete ordinare una bistecca al pepe.

Nuno's (cartina p249; ☎ 76501; Caleta Hotel, Sir Herbert Miles Rd; portate principali £11-15) Nuno's, il magnifico ristorante italiano del Caleta Hotel, dispone di una favolosa terrazza con vista. Alla ricca carta dei vini si accompagnano deliziosi piatti di pasta fatti in casa e risotti, o tenere cosce di agnello fatte arrostire per sette ore. È ideale se desiderate cenare in un ambiente romantico e di alta classe.

A Marina Bay, un po' fuori dal centro, c'è una lunga fila di piacevoli caffè e ristoranti tra cui il **Bianca's** (cartina p249; ☎ 73379; 6-7 Admiral's Walk, Marina Bay; portate principali £9-12), che propone piatti dal sapore decisamente esotico ed è uno dei locali preferiti dai residenti per un drink prima di cena. Vicino al Bianca's si trova **Da Paolo** (cartina p249; ☎ 76799; Unit B, The Tower, Admiral's Walk; portate principali £12; ⏲ chiuso domenica), leggermente più formale, che serve con molta eleganza piatti internazionali come zuppa di crostacei, tortine vegetariane e crespelle ai frutti di mare.

Altri ristoranti sono situati sul lungomare a Queensway Quay.

LOCALI

Nella zona inferiore della Rocca si trovano alcuni locali molto piacevoli. Tuttavia, ce ne sono un paio che reputiamo speciali.

Get Joost Smoothie Bar (cartina p254; 240 Main St; £3,50) Gestito da australiani, serve succhi freschi e bevande energetiche con favolose combinazioni di frutta e verdura. Questo bar è noto per la gentilezza del personale e l'obiettivo è quello di farsi conoscere in tutta l'Europa.

Three Roses Bar (cartina p254; ☎ 51614; 60 Governor's St; ⏲ 11-fino a tardi) Serve specialità scozzesi e per questo motivo è considerato, sia pure in via non ufficiale, l'ambasciata scozzese di Gibilterra.

DIVERTIMENTI

In numerosi pub di Gibilterra si suona musica dal vivo che spazia dal pop al rock e dal jazz al folk. Grand Casemates Sq è il vero centro dei divertimenti, con le sue caffetterie che di sera si trasformano in bar. Da **Lord Nelson's** (cartina p254; ☎ 50009; Grand Casemates Sq 10), uno dei locali che chiude più tardi, la musica dal vivo inizia alle 2 del mattino. Appena fuori dalla piazza, vicino alle mura della città, si trova l'**UnderGround** (cartina p254; ☎ 40651; 8 West Place of Arms) che dispone di due piste da ballo e di una terrazza all'aperto.

Nel suggestivo sito della **St Michael's Cave** (cartina p249; St Michael's Rd) si tengono concerti e altri spettacoli; per ulteriori particolari informatevi presso gli uffici turistici. Al **Ladbroke International Casino** (cartina p249; ☎ 76666; 7 Europa Rd) è possibile giocare sia ai tavoli sia alle slot machine; oltre a offrire spettacoli dal vivo, c'è anche una discoteca e un ristorante. Per entrare non è necessario esibire il passaporto o la tessera di socio ed è sufficiente indossare un abbigliamento casual purché decoroso.

SHOPPING

A Gibilterra ci sono numerosi punti vendita di catene inglesi di grande nome, compreso un supermercato Morrison (nel complesso urbano Europort, all'estremità settentrionale del porto principale). **Gibraltar Crystal** (cartina p254; ☎ 50136; Grand Casemates Sq) produce articoli di vetro molto belli e offre dimostrazioni gratuite. I negozi sono generalmente aperti dalle 9 alle 19.30 dal lunedì al venerdì e fino alle 13 il sabato.

PER/DA GIBILTERRA

Il confine è aperto tutti i giorni 24 ore su 24. Partite con un largo anticipo se state uscendo da Gibilterra per prendere un autobus in partenza da La Línea. I veicoli e i pedoni possono spesso accumulare ritardi quando devono attraversare la pista dell'aeroporto: cinque minuti come minimo per ogni aereo che decolla o atterra – ci sono da due a tre voli al giorno. Potreste subire ritardi anche nell'attraversamento della dogana spagnola, dove l'ispezione dei bagagli richiede, di solito, molto tempo.

Aereo

Al momento della stesura di questa guida, gli unici voli per/da Gibilterra (☎ 73026) facevano capo al Regno Unito. **GB Airways** (☎ 79300; www.gbairways.com; Gibraltar Airport) opera voli giornalieri per/dagli aeroporti londinesi di Gatwick e Heathrow. **Monarch Airlines** (☎ 47477; www.flymonarch.com; Gibraltar Airport) offre voli giornalieri per/dall'aeroporto londinese di Luton e Manchester.

Autobus

Gli autobus provenienti dalla Spagna non entrano a Gibilterra. Dall'autostazione di La Línea de la Concepción (p246) bisogna percorrere a piedi un breve tratto fino al confine, dove frequenti autobus raggiungono il centro di Gibilterra (v. cartina p260).

Imbarcazioni

Vi è un solo traghetto la settimana (adulti andata/andata e ritorno £23/41, bambini andata/andata e ritorno £11,50/20, automobili andata/andata e ritorno £46/92, 70 minuti) fra Gibilterra e Tangeri (Marocco); la partenza da Gibilterra è prevista alle 18 del venerdì. Il traghetto parte dal terminal situato di fronte al parcheggio degli autobus. A Gibilterra è possibile acquistare i biglietti per il traghetto presso la **Turner & Co** (cartina p254; ☎ 78305; turner@gibnynex.gi; 67 Irish Town). È consigliabile prenotare con anticipo. I traghetti per/da Tangeri sono più frequenti da Algeciras (p245).

Per informazioni sui traghetti Gibilterra-Tangeri e Algeciras-Tangeri, consultare il sito www.frs.es.

TRASPORTI LOCALI

Il chilometro e mezzo che separa il confine dal centro città costituisce una passeggiata piacevole e originale, non fosse altro perché attraversa la pista dell'aeroporto. Prendendo a sinistra (in direzione sud) una laterale di Corral Rd s'imbocca il Landport Tunnel, esclusivamente pedonale (un tempo l'unico passaggio via terra che attraversasse le mura di Gibilterra), che conduce in Grand Casemates Sq e poi in Main St.

Ogni zona di Gibilterra è raggiungibile a piedi e in molti casi (per esempio la sommità della Rocca) anche in automobile o in motocicletta, ma vale la pena prendere in considerazione altre possibilità. Le rampe di gradini – risalenti al XVIII secolo – della scalinata del Mediterraneo, che collegano una serie di stradine che conducono fino alla O'Hara's Battery, il punto più elevato della Rocca, sono state chiuse perché dichiarate pericolose. Il sentiero della scalinata del Mediterraneo iniziava al Jew's Gate (Porta dell'Ebreo), l'ingresso della Upper Rock Nature Reserve.

Automobile e motocicletta

Le strade di Gibilterra sono congestionate e trovare un parcheggio può essere difficoltoso. Le code di veicoli al confine spesso rendono più conveniente e rapido parcheggiare a La Línea, e attraversare il confine a piedi. Per raggiungere Gibilterra in automobile sono necessari certificato di assicurazione, libretto di circolazione, targa con la nazionalità e patente di guida in corso di validità. Non esiste nessuna tassa d'ingresso – ricordatevene perché molti turisti sono stati alleggeriti di una dozzina di euro da artisti della truffa che hanno fatto loro credere che era necessario pagare per portare il veicolo al di là del confine. A Gibilterra si guida a destra, come in Spagna. Troverete parcheggi lungo Line Wall Rd, Reclamation Rd (cartina p249), e all'Airport Car Park di Winston Churchill Ave; il costo di questi parcheggi è di 80p l'ora.

Autobus

Gli autobus n. 3, 9 e 10 fanno la spola tra il confine e la città ogni 15 minuti circa nei giorni infrasettimanali e ogni 30 minuti il sabato e la domenica. L'autobus n. 9, che raggiunge Market Place (Grand Casemates Gate), fa servizio tra le 7 e le 21 dal lunedì al sabato e dalle 9 alle 21 la domenica. L'autobus n. 3 porta a Cathedral Sq e alla stazione inferiore della funicolare, e quindi prosegue fino a Europa Point. Effettua servizio dalle 6.25 alle 21 dal lunedì al sabato e dalle 8 alle 21 la domenica. L'autobus n. 10 va dal confine a Europort (con una fermata presso il supermercato Morrisons), quindi percorre Queens Way e arriva a Reclamation Rd, nei pressi del centro cittadino. L'autobus n. 4 collega Catalan Bay, sul lato orientale della Rocca, con il centro ed Europort. Il costo di ogni corsa in autobus è di 60/40/30p rispettivamente per adulti/bambini/anziani.

Funicolare

Uno dei modi più comodi per visitare Gibilterra è quello di utilizzare la **funicolare** (cartina p249; ☎ 77826; Red Sands Rd; adulti andata/andata e ritorno £6,50/8, bambini andata/andata e ritorno £4/4,50; 🕑 9.30-17 da lunedì a sabato). Il biglietto non include l'ingresso alle attrattive nella parte superiore della Rocca (v. p253). Per l'Apes' Den, bisogna scendere alla stazione intermedia, ma chi lo desidera può riprendere la funicolare e salire fino alla stazione di arrivo. Durante i periodi di maltempo, specialmente se il vento soffia particolarmente forte, le corse della funicolare possono essere sospese. Le partenze si susseguono a intervalli di pochi minuti – l'ultima cabina scende alle 16.45.

Provincia di Málaga

Sebbene sia più nota per i resort della Costa del Sol e per la città di Málaga, questa provincia è incredibilmente affascinante dal punto di vista naturale, grazie alle sue aspre montagne e alla bellissima costa, dove le scogliere scendono a picco su graziose insenature e baie, e all'entroterra, dove in inverno i mandorli si ricoprono di fiori bianchi e le grosse olive brillano nella rugiada mattutina. Questo paesaggio meraviglioso permette di dedicarsi a qualsiasi tipo di attività, dalle escursioni a piedi alla canoa, dalla discesa a corda doppia all'equitazione. Inoltre, questa provincia vanta lo straordinario retaggio culturale di eleganti città antiche come Ronda e Antequera e di pittoreschi villaggi di case imbiancate a calce nell'entroterra.

Málaga, la seconda metropoli dell'Andalusia per grandezza, è una città dalla vibrante vita culturale, grazie anche alla recente apertura del Museo Picasso, nonché un luogo perfetto per uscire e divertirsi nei numerosi e caratteristici bar del centro storico che sono aperti fino a tardi.

Lungo la costa si estende una specie di babele di cemento e rumore ma, se amate le feste, divertirvi sulla spiaggia o i parchi tematici, la Costa del Sol è probabilmente la migliore scelta di tutta l'Andalusia. Troverete inoltre questo stesso spirito gioioso anche nelle numerose e colorite fiestas che si svolgono in molte località della provincia.

DA NON PERDERE

- La vita vibrante che anima le strade di Málaga e le manifestazioni della Costa del Sol, tra cui la **Feria de Málaga** (p271), la **Feria de San Bernabé** (p289) a Marbella e il **Día de la Virgen del Carmen** (p284) a Fuengirola
- La sorprendente collezione di opere di Picasso esposte nel nuovo **Museo Picasso** (p266) di Málaga o, facendo un salto indietro nel tempo, il **Castillo de Gibralfaro** (p267)
- La storia della corrida presentata nella **Feria de Pedro Romero** (p298) che si svolge nella bellissima Ronda
- Le spettacolari pareti di roccia calcarea nella **Gola di El Chorro** (p304)
- Lo straordinario entroterra di Ronda, soprattutto il **Parque Natural Sierra de las Nieves** (p303)

POPOLAZIONE: 1,45 MILIONI	MESE PIÙ FREDDO E PIÙ CALDO A MÁLAGA: GEN/AGO 13°C/26°C	ALTITUDINE: 0 m-2069 m

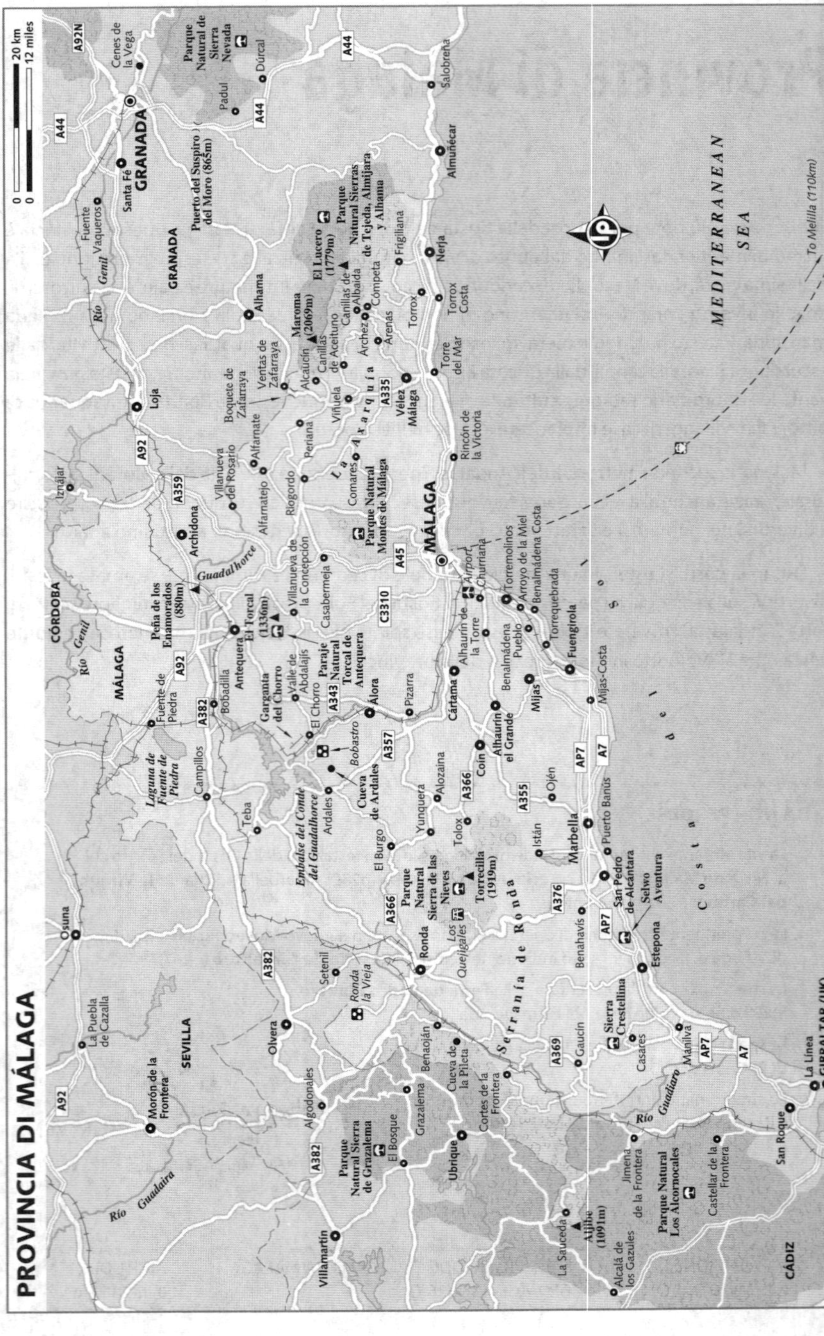
PROVINCIA DI MÁLAGA
0 20 km
0 12 miles
MEDITERRANEAN SEA
Costa del Sol
To Melilla (110km)
GRANADA
Santa Fé
Cenes de la Vega
Parque Natural de Sierra Nevada
Dúrcal
Padul
Puerto del Suspiro del Moro (865m)
Fuente Vaqueros
Río Genil
Loja
Alhama
Salobreña
Almuñécar
Nerja
Frigiliana
Parque Natural Sierras de Tejeda, Almijara y Alhama
El Lucero (1779m)
Cómpeta
Canillas de Albaida
Árchez
Arenas
Torrox
Torrox Costa
Torre del Mar
Maroma (2069m)
Canillas de Aceituno
Alcaucín
Ventas de Zafarraya
Boquete de Zafarraya
Viñuela
La Axarquía
Vélez Málaga
Periana
Alfarnate
Alfarnatejo
Villanueva del Rosario
Riogordo
Comares
Parque Natural Montes de Málaga
Rincón de la Victoria
MÁLAGA
Airport
Churriana
Torremolinos
Arroyo de la Miel
Benalmádena Costa
Benalmádena Pueblo
Torrequebrada
Fuengirola
Mijas
Mijas-Costa
Alhaurín de la Torre
Alhaurín el Grande
Cártama
Coín
Ojén
Marbella
Puerto Banús
San Pedro de Alcántara
Selwo Aventura
Estepona
Istán
Benahavís
Iznájar
Archidona
Guadalhorce
Villanueva de la Concepción
Casabermeja
CÓRDOBA
MÁLAGA
Río Genil
Peña de los Enamorados (880m)
Antequera
El Torcal (1336m)
Paraje Natural Torcal de Antequera
Valle de Abdalajís
Garganta del Chorro
El Chorro
Bobadilla
Fuente de Piedra
Laguna de Fuente de Piedra
Campillos
Bobastro
Álora
Pizarra
Cueva de Ardales
Ardales
Embalse del Conde del Guadalhorce
Teba
Alozaina
Yunquera
Tolox
El Burgo
Parque Natural Sierra de las Nieves
Torrecilla (1919m)
Los Quejigales
Serranía de Ronda
Ronda
Ronda la Vieja
Setenil
Osuna
SEVILLA
La Puebla de Cazalla
Morón de la Frontera
Olvera
Algodonales
Benaoján
Cueva de la Pileta
Cortes de la Frontera
Grazalema
Parque Natural Sierra de Grazalema
El Bosque
Ubrique
Villamartín
Río Guadaira
Gaucín
Sierra Crestellina
Casares
Manilva
Río Guadiaro
Jimena de la Frontera
Castellar de la Frontera
San Roque
La Línea
GIBRALTAR (UK)
Parque Natural Los Alcornocales
La Sauceda
Aljibe (1091m)
Alcalá de los Gazules
CÁDIZ
A92N
A44
A92
A359
A45
C3310
A343
A357
A366
A355
A376
AP7
A7
A369
A382
A335

MÁLAGA

Pop. 558.000

Se paragonata alla vicina Costa del Sol, Málaga appare come un mondo a sé. È una città vivace e moderna e insieme un luogo di una certa importanza storica, che conserva ancora l'atmosfera spavalda di un porto mediterraneo.

Dimenticate il cemento e la banalità delle sue periferie e vi accorgerete che il suo centro pulsa di una vita intensa e vivace: con l'azzurro del Mar Mediterraneo sullo sfondo, Málaga offre un gradevole insieme di ampi viali alberati, monumenti degni di nota e un affascinante centro storico. Salendo sulla collina del Gibralfaro rimarrete piacevolmente colpiti dal magnifico panorama che si apre sotto di voi.

Málaga ha iniziato piuttosto tardi l'opera di valorizzazione necessaria per attirare i turisti, ma le cose stanno velocemente cambiando. Ora in centro c'è una bella zona pedonale dove sono state piantate alte e frondose palme. Nel 2003 è stato inaugurato un importante museo dedicato a Pablo Picasso (nativo di Málaga), oltre a un nuovo museo di arte contemporanea. Altri progetti ancora in fase di realizzazione sono l'apertura di un museo di belle arti, che sarà ospitato nell'imponente palazzo dell'Aduana (dogana), e i lavori per il recupero del porto che verrà trasformato in una zona di svago e divertimenti. Impalcature e cantieri sono sparsi un po' dappertutto nel centro anche in vista della possibile elezione di Málaga a capitale europea della cultura nel 2016.

I *malagueños* (gli abitanti di Málaga) sono persone aperte e socievoli che amano fare festa – di conseguenza la città rimane sveglia fino a tardi e in genere la serata non inizia prima delle 24.

ORIENTAMENTO

La parte orientale e quella occidentale della città sono nettamente divise l'una dall'altra dal Río Guadalmedina. L'asse centrale di Málaga, che percorre la città da ovest a est, è Avenida de Andalucía, che diventa Alameda Principal e infine il curatissimo Paseo del Parque (che termina nell'esclusivo quartiere di La Malagueta). Da La Malagueta, Avenida Pries conduce, cambiando nome diverse volte, alle spiagge orientali di El Pedregalejo e di El Palo.

La città è dominata dall'Alcazaba e dal Castillo de Gibralfaro, che si ergono sopra il tratto più orientale di Paseo del Parque, e si affacciano sul *casco antiguo* (la città vecchia) con le sue vie strette e tortuose. Le strade principali della città vecchia dirette a nord sono Calle Marqués de Larios, che termina in Plaza de la Constitución, e Calle Molina Lario.

Il moderno quartiere commerciale si estende tra Calles Marqués de Larios e Puerta del Mar.

L'aeroporto dista 9 km dal centro della città – per i particolari sui collegamenti fra l'aeroporto e il centro v. p278.

INFORMAZIONI

Accessi a internet

Ciberquetzal (cartina p268; Calle Carretería 67; €1,20 l'ora; 🕑 10.30-22.30 da lunedì a venerdì, 17-22 sabato e domenica)

Meeting Point (cartina p268; Plaza de la Merced 20; €1-2 l'ora; 🕑 10-13 da lunedì a sabato, 11-23 domenica) Dispone di un gran numero di computer e di personale molto simpatico.

Assistenza sanitaria

Farmacia Caffarena (cartina p268; ☎ 952 21 28 58; Alameda Principal 2) La Farmacia Caffarena, situata in posizione centrale, è aperta 24 ore su 24.

Hospital Carlos Haya (☎ 951 03 01 00; Avenida de Carlos Haya) È il principale ospedale cittadino e si trova 2 km a ovest del centro.

Banche

Troverete numerose banche provviste di bancomat lungo Calle Puerta del Mar e Calle Marqués de Larios, nonché nell'area degli arrivi in aeroporto.

Deposito bagagli

Nella **stazione degli autobus** (cartina p264; Paseo de los Tilos) e nella **stazione ferroviaria** (cartina p264; Explanada de la Estación) ci sono armadietti per il deposito bagagli che costano da €2,40 a €4,50 al giorno.

Emergenze

Policía Local (polizia municipale; cartina p264; ☎ 952 12 65 00; Avenida de la Rosaleda 19)

Policía Nacional (polizia nazionale; ☎ 952 04 62 00; Plaza de Manuel Azaña) La stazione centrale della polizia si trova 3 km a ovest del centro.

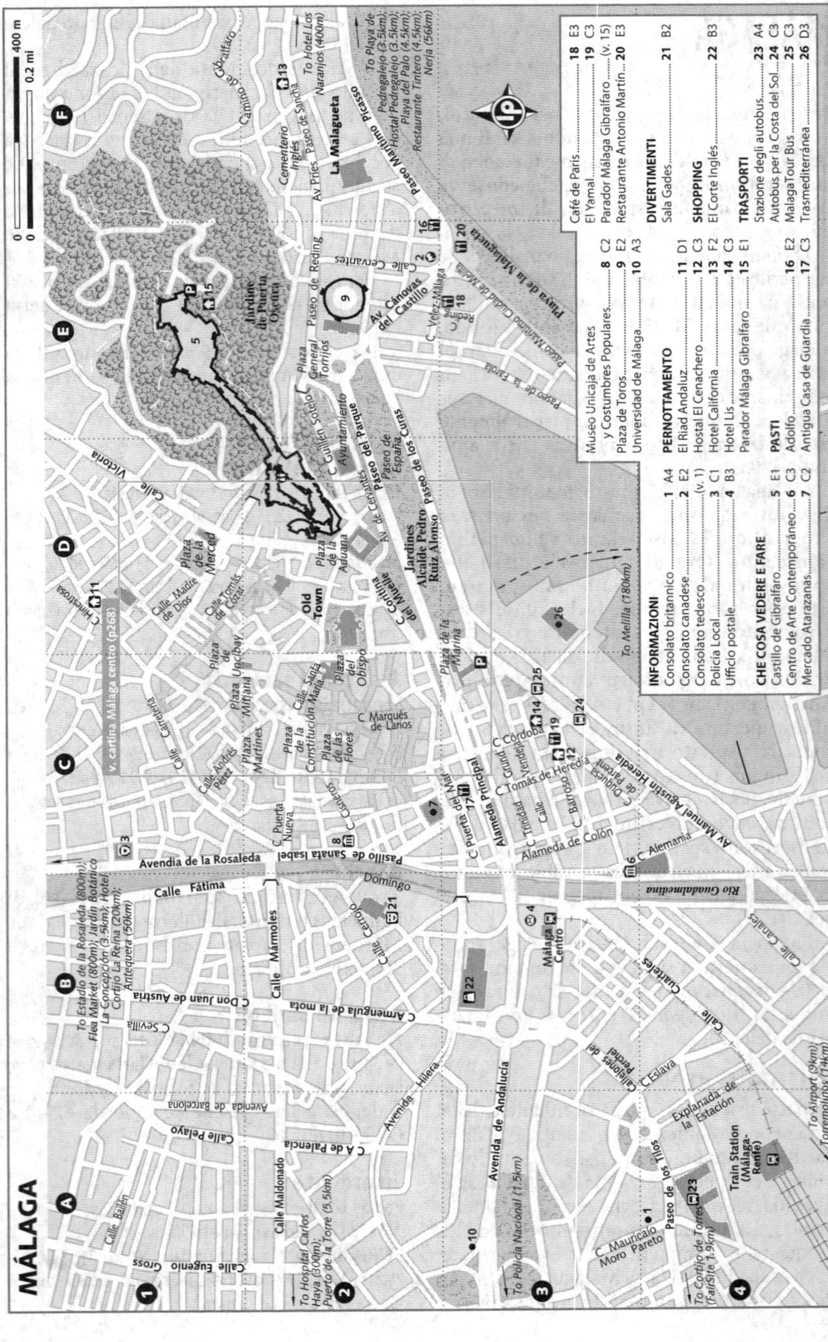
MÁLAGA
INFORMAZIONI
Consolato britannico 1 A4
Consolato canadese 2 E2
Consolato tedesco (v. 1)
Polizia Local 3 C1
Ufficio postale 4 B3
CHE COSA VEDERE E FARE
Castillo de Gibralfaro 5 E1
Centro de Arte Contemporáneo 6 C3
Mercado Atarazanas 7 C2
Museo Unicaja de Artes y Costumbres Populares 8 C2
Plaza de Toros 9 E2
Universidad de Málaga 10 A3
PERNOTTAMENTO
El Riad Andaluz 11 D1
Hostal El Cenachero 12 C3
Hotel California 13 F2
Hotel Lis 14 C3
Parador Málaga Gibralfaro 15 E1
PASTI
Adolfo 16 E2
Antigua Casa de Guardia 17 C2
Café de Paris 18 E3
El Yamal 19 C3
Parador Málaga Gibralfaro (v. 15)
Restaurante Antonio Martín 20 E3
DIVERTIMENTI
Sala Gades 21 B2
SHOPPING
El Corte Inglés 22 B3
TRASPORTI
Stazione degli autobus 23 A4
Autobus per la Costa del Sol 24 C3
MalagaTour Bus 25 C3
Trasmediterránea 26 D3

Informazioni turistiche

Ufficio turistico municipale (cartina p268; ☎ 952 12 20 20; Plaza de la Marina; www.malagaturismo.com, in spagnolo; ⏲ 9-19 da lunedì a venerdì da aprile a ottobre, 9-18 da lunedì a venerdì da novembre a marzo, 10-18 sabato e domenica tutto l'anno) Dispone di un assortimento di cartine della città e opuscoli, oltre alla pubblicazione mensile *¿Qué Hacer?*, che offre un calendario degli avvenimenti che si svolgono nella provincia giorno per giorno. L'ufficio gestisce anche un altro ufficio che si trova nella **Casita del Jardinero** (cartina p264; ☎ 952 13 47 31; Avenida de Cervantes 1; ⏲ 9-19 da lunedì a venerdì da aprile a ottobre, 9-18 da lunedì a venerdì da novembre a marzo, 10-18 sabato e domenica tutto l'anno) e anche diversi chioschi di informazioni turistiche in Plaza de la Aduana, all'interno della stazione degli autobus, in Plaza de la Merced, di fronte al principale ufficio postale e anche sulle spiagge orientali.

Ufficio turistico regionale (cartina p268; ☎ 951 30 89 11; www.andalucia.org; Pasaje de Chinitas 4; ⏲ 9-19.30 da lunedì a venerdì, 10-19 sabato, 10-14 domenica) Si trova in un vicolo che si diparte da Plaza de la Constitución. Offre una buona gamma di informazioni oltre alle cartine dei capoluoghi di provincia. Il personale parla diverse lingue e gestisce un secondo ufficio all'aeroporto.

Librerie

Librería Luce (cartina p268; Alameda Principal 16) Una delle più grandi librerie di Málaga. Dispone di titoli in inglese e francese, oltre ad avere un'ottima sezione di libri dedicati ai viaggi.

Media

Le località turistiche della Costa del Sol sono letteralmente invase da riviste in lingua inglese, distribuite gratuitamente, che pubblicano una serie infinita di annunci immobiliari. In generale, il titolo che merita maggiore attenzione è *Sur in English*, settimanale in inglese che esce gratuitamente con il *Sur*, il quotidiano di Málaga. Se vi sintonizzate in modulazione di frequenza (FM), all'incirca fra 97MHz e 105MHz, troverete nella provincia di Málaga almeno sei stazioni radiofoniche in lingua inglese con sede sulla costa.

Posta

Ufficio postale (cartina p264; Avenida de Andalucía 1; ⏲ 8.30-20.30 da lunedì a venerdì, 9.30-14 sabato)

Telefono

È possibile telefonare dalle cabine sparse in tutta la città con una tessera telefonica acquistabile nelle tabaccherie e nelle edicole.

PERICOLI E CONTRATTEMPI

Non perdete di vista i vostri oggetti di valore e i bagagli, specialmente quando vi trovate nella stazione degli autobus o quando sedete sulle *terrazas* dei caffè all'aperto, soprattutto in Plaza de la Merced, dove si aggirano alcune bande di scippatori senza scrupoli. Di notte Málaga è generalmente sicura, ma evitate le strade secondarie più buie. I giovani che hanno l'abitudine di bere all'aperto si concentrano soprattutto in luoghi come Plaza de la Merced. L'aspetto negativo è che all'alba, dopo una notte di allegria, la sporcizia regna sovrana. Quando lasciate l'automobile in sosta di notte, togliete tutti gli oggetti di valore e, se possibile, usate i parcheggi custoditi della zona del centro.

Truffe

Fate attenzione quando uscite dall'aeroporto di Málaga in automobile. Pare che uno degli stratagemmi utilizzati più di frequente dai ladri sia il seguente: dopo aver bucato un pneumatico di una vettura in sosta, i malviventi seguono la vittima offrendole il loro aiuto quando si ferma per cambiare la ruota. E mentre il malcapitato viene distratto durante la sostituzione da un abile attore, i complici rubano tutto ciò che trovano all'interno dell'automobile. Se pensate di avere una ruota bucata e state uscendo dall'aeroporto, rimanete in vettura e chiamate il numero per le emergenze ☎ 112. Se non avete un cellulare, cercate di segnalare la vostra presenza quando vedete passare una macchina della polizia.

CHE COSA VEDERE

I principali siti d'interesse culturale sono concentrati nell'affascinante città vecchia e nelle sue vicinanze, ossia sotto l'Alcazaba e il Castillo de Gibralfaro. Tuttavia, molti visitatori dedicano a Málaga uno o due giorni in più per trascorrere qualche tempo sulle spiagge dell'estremità orientale della città.

Città vecchia

Málaga è essenzialmente una città rinascimentale con grandi viali alberati e palazzi dalle imponenti facciate finemente decorate, risultato delle ambiziose trasformazioni che i re cattolici, Ferdinando e Isabella, introdussero nell'Andalusia islamica quando, nel XV secolo, unificarono la Spagna sotto la stessa corona.

CATTEDRALE

La **cattedrale** (cartina p268; ☎ 952 21 59 17; Calle Molino Lario; ingresso cattedrale e museo €3,50; ⏰ 10-18 da lunedì a sabato, chiusa giorni festivi) di Málaga, la cui costruzione durò due secoli, fu vittima di un eccesso di ambizione – il progetto iniziale prevedeva infatti la realizzazione di una cattedrale completamente nuova. Invece, una serie di architetti (cinque in tutto) iniziò a trasformare l'antica moschea – di questa non rimane che il **Patio de los Naranjos**, un piccolo cortile con alberi di profumate arance dove un tempo c'era la fontana per le abluzioni.

Una volta all'interno, è facile capire perché il colossale progetto richiese così tanto tempo. Il meraviglioso soffitto a cupola raggiunge un'altezza di 40 m, mentre la vasta navata delineata da colonne ospita un gigantesco coro di legno di cedro. Dalle navate laterali si accede a 15 cappelle che hanno magnifiche pale d'altare e che custodiscono interessanti esempi dell'arte religiosa del XVIII secolo. Il costo del progetto era così elevato che nel 1782 si decise di fermare i lavori di costruzione. Una delle torri campanarie fu lasciata incompleta e ciò diede origine all'azzeccato soprannome della cattedrale *La Manquita* (la signora con un braccio solo). L'entrata della cattedrale si trova su Calle Císter. Il museo della cattedrale offre una collezione di reperti religiosi che copre un periodo di cinque secoli. Fra questi vi sono pitture e sculture a tema sacro, ornamenti liturgici e pezzi di pregio in oro, argento e avorio.

PALACIO EPISCOPAL

La cattedrale è prospiciente alla sontuosa Plaza del Obispo, dove sorge il **Palacio Episcopal** (cartina p268; ingresso libero; ⏰ 10-14 e 18-21 da martedì a domenica), di colore rosso sangue, oggi utilizzato come sala espositiva. Di recente, la piazza è stata il set per alcune riprese del film *Il ponte di San Luis Rey* (2004), un film di Mary McGuckian con Robert de Niro – in effetti la piazza si è rivelata perfetta per ricreare l'atmosfera dei roghi dell'Inquisizione.

OMAGGIO A PICASSO

Dalla cattedrale, percorrendo un breve tratto a piedi fino a Calle San Agustín, si raggiunge il nuovo santuario laico della Málaga turistica, il **Museo Picasso** (cartina p268; ☎ 902 44 33 77; www.museopicassomalaga.org; Palacio de Buenavista, Calle San Agustín 8; collezione permanente €6, mostre temporanee €4,50, biglietto cumulativo €8, riduzione del 50% per giovani fra 11 e 16 anni accompagnati da un adulto, per studenti sotto i 26 anni e per anziani; ⏰ 10-20 da martedì a

IL RITORNO DELL'ARTISTA

Picasso era convinto – forse a causa dell'intensità della luce di Málaga o delle forme severe e spigolose dei *pueblos* (villaggi) sparsi a decine nella provincia – che per essere cubista fosse necessario essere nati a Málaga. Bandito dalla Spagna dal generale Francisco Franco a causa della sua arte 'degenere', l'artista trascorse gran parte della sua vita in Francia, dichiarando che non sarebbe tornato in Spagna fin tanto che Franco fosse rimasto al potere. Tuttavia il suo attaccamento a Málaga non venne mai meno. Quando, nel 1954, venne per la prima volta avanzata l'idea di aprire un museo dedicato a Picasso, il consiglio comunale chiese all'artista di inviare alcuni dipinti da Parigi. Picasso dichiarò: 'Non vi manderò uno o due quadri. Vi manderò dei camion carichi di quadri!'. Così, 50 anni dopo, con la spettacolare apertura del Museo Picasso, circa 200 tra quadri, disegni, sculture, ceramiche e incisioni, sono stati finalmente esposti. Queste opere ripercorrono praticamente tutte le fasi della carriera dell'artista, dal cubismo al modernismo.

Per capire l'opera di Picasso è necessario analizzare il ruolo che le figure femminili ebbero nella sua vita: la madre, le sorelle, la nonna, le zie e tutta una serie di bellissime muse, fra cui le più famose sono Olga Kokhlova, Dora Maar, Françoise Gilot e Jacqueline Roque. Sono dunque le donne a costituire il tema del nuovo museo che custodisce quadri famosi come *Olga Kokhlova con mantilla* (1917), *Donna con le braccia alzate* (1939) e *Jacqueline seduta* (1954), in ciascuno dei quali l'artista dà una rappresentazione diversa della figura femminile.

Come sempre, nei quadri compaiono anche delle colombe. Si dice che questi uccelli ricordassero all'artista la sua prima infanzia, quando garrivano sul davanzale in Plaza de la Merced a Málaga. Se desiderate leggere una biografia di Picasso vi suggeriamo *Picasso* di Gertrude Stein (Adelphi, Milano 1998), *Mio nonno Picasso* di Marina Picasso (Archinto, Milano 2001) e *Picasso* di Richard Patrick Russ (Patrick O'Brien) (Longanesi, Milano 1989).

giovedì e domenica, 10-21 venerdì e sabato). Si tratta di una magnifica collezione di 204 opere, 155 delle quali donate e 49 prestate da Christine Ruiz-Picasso (moglie di Paul, il primo figlio dell'artista) e da Bernard Ruiz-Picasso (un nipote). La collezione è completata da altre mostre con temi che riguardano aspetti della vita e dell'opera di questo grande pittore.

L'amministrazione regionale dell'Andalusia ha inoltre investito qualcosa come 66 milioni di euro nel favoloso restauro del cinquecentesco Palacio de los Condes de Buenavista che ospita il museo. Da non perdere assolutamente sono i resti archeologici di origine fenicia, romana, araba, nonché quelli, più recenti, di epoca rinascimentale, conservati negli ambienti del seminterrato del museo dove la temperatura viene controllata e mantenuta costante, e il fantastico Café Museo Picasso (v. p274). Naturalmente, proprio com'era stato previsto, l'apertura del museo ha incentivato la rinascita culturale ed economica di Málaga.

Se volete avere ulteriori notizie su questo artista, visitate la **Casa Natal de Picasso** (cartina p268; ☎ 952 06 02 15; Plaza de la Merced 15; ingresso libero; ⌚ 10-20 da lunedì a sabato, 10-14 domenica, chiusa i giorni festivi), nella quale nacque nel 1881, oggi sede di una fondazione che si occupa di approfondire temi legati alla sua vita e alla sua opera. All'interno della casa è stato ricostruito il suo primo studio e c'è anche una piccola mostra di cimeli appartenuti non solo a Picasso ma anche alla sua famiglia. Per ironia della sorte, la famiglia dell'artista dovette lasciare questa casa, troppo costosa, per andare ad abitare nell'abitazione più economica al numero civico 17.

Complesso del castello

CASTILLO DE GIBRALFARO

Tra i resti del passato arabo di Málaga spiccano gli scoscesi bastioni del **Castillo de Gibralfaro** (cartina p264; ☎ 952 22 72 30; ingresso €2, Alcazaba e Castillo de Gibralfaro €3,20; ⌚ 9-20 da aprile a settembre, 9-18 da ottobre a marzo), in una straordinaria posizione in cima alla collina che si affaccia sulla città. Eretto sotto Abd ar-Rahman I, emiro di Córdoba nell'VIII secolo, l'edificio è stato poi ricostruito nel XIV secolo, quando Málaga era il porto principale dell'emirato di Granada. Il castello aveva in origine la funzione di torre di segnalazione (il suo nome significa infatti 'collina del faro') e di caserma militare.

Le testimonianze all'interno del castello sono piuttosto scarse, ma in compenso l'arioso percorso sulle mura regala le migliori vedute di Málaga. Vi è anche un **museo militare**, che contiene un modellino in scala ridotta dell'intero complesso del castello e del palazzo dell'Alcazaba situato più in basso. Il plastico mostra chiaramente il muro divisorio, risalente al XIV secolo, che collegava il castello alla residenza e che è attualmente in fase di restauro. Dal momento che la salita al castello e il giro dei bastioni richiedono un'intera mattinata, conviene pranzare o bere qualcosa sulla terrazza panoramica del vicino Parador Málaga Gibralfaro (p275).

La soluzione migliore per raggiungere il castello è percorrere a piedi il suggestivo Paseo Don Juan de Temboury, a sud dell'Alcazaba. Da lì, un sentiero abbastanza ripido ma altrettanto piacevole si snoda attraverso terrazze piene di vegetazione rigogliosa, con vari punti panoramici sulla città. In alternativa, potete raggiungere in automobile il Camino de Gibralfaro o prendere l'autobus n. 35 da Avenida de Cervantes.

ALCAZABA

All'ombra del Gibralfaro sorge l'**Alcazaba** (cartina p268; ☎ 952 22 51 06; Calle Alcazabilla; ingresso €2, Alcazaba e Castillo de Gibralfaro €3,20; ⌚ 9.30-20 da martedì a domenica da aprile a settembre, 8.30-19 da martedì a domenica da ottobre a marzo; ♿), il sontuoso palazzo-fortezza dei governatori musulmani di Málaga portato a termine nell'XI secolo. All'interno di questa eclettica costruzione vi sono corsi d'acqua serpeggianti e terrazze frondose, che offrono sempre nuovi panorami a mano a mano che si sale, piacevoli soprattutto nella calura estiva. Proprio sotto al palazzo si incontra un piccolo **teatro romano** (cartina p268), che ospita manifestazioni all'aperto.

Per accedere direttamente all'Alcazaba da Calle Guillén Sotelo (dietro all'ufficio turistico municipale), prendete l'ascensore che sale nel cuore della fortezza.

Dintorni dell'Alameda Principal

L'Alameda Principal, che oggi è un'arteria molto trafficata, fu tracciata verso la fine del XVIII secolo come viale sopra quelli che erano allora i banchi sabbiosi dell'estuario del Río Guadalmedina. È fiancheggiata da vecchi alberi importati dalle Americhe e da edifici che risalgono al XVIII e XIX secolo.

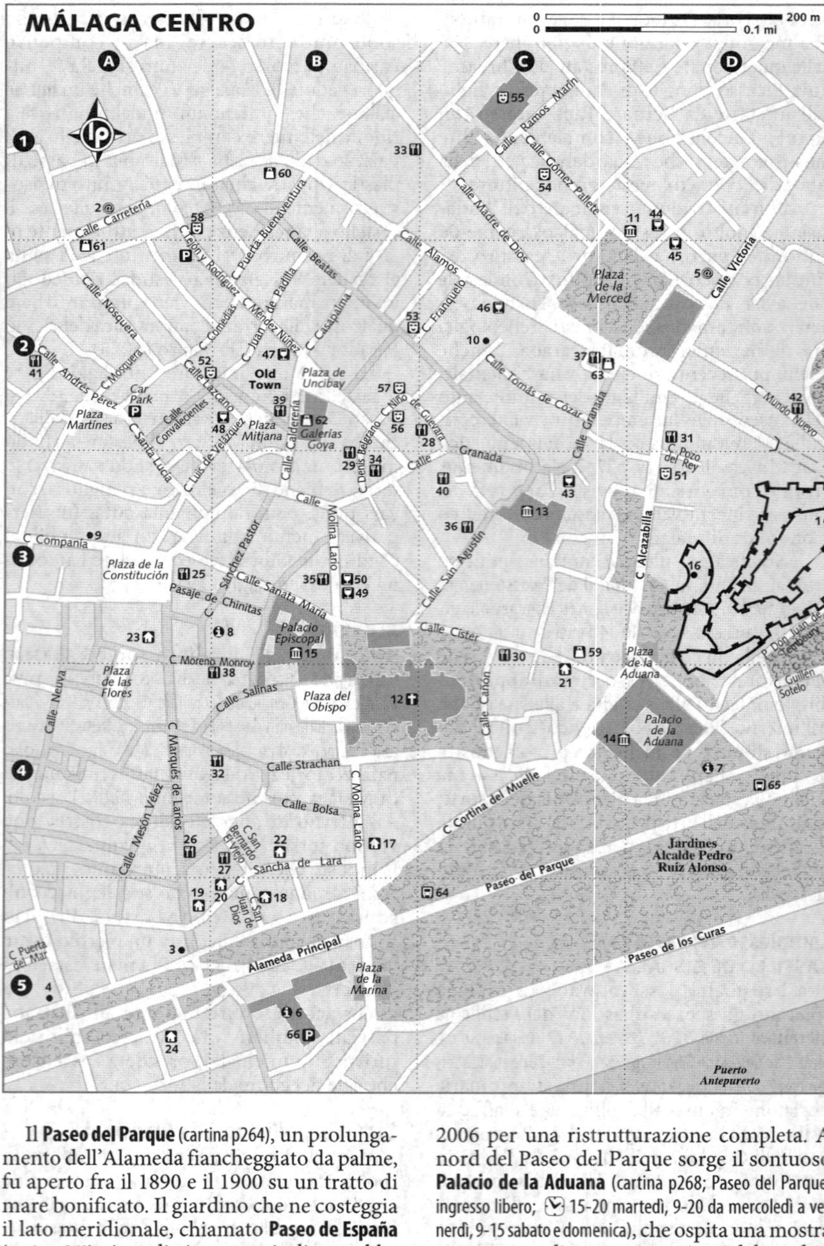

Il **Paseo del Parque** (cartina p264), un prolungamento dell'Alameda fiancheggiato da palme, fu aperto fra il 1890 e il 1900 su un tratto di mare bonificato. Il giardino che ne costeggia il lato meridionale, chiamato **Paseo de España** (cartina p268), ricco di piante tropicali, potrebbe essere un piacevole rifugio per sfuggire al caos cittadino, ma purtroppo è stato chiuso nel 2006 per una ristrutturazione completa. A nord del Paseo del Parque sorge il sontuoso **Palacio de la Aduana** (cartina p268; Paseo del Parque; ingresso libero; 15-20 martedì, 9-20 da mercoledì a venerdì, 9-15 sabato e domenica), che ospita una mostra temporanea di opere provenienti dal vecchio **Museo de Málaga** (prima esposte nel Museo Picasso). Il palazzo dell'Aduana è destinato

INFORMAZIONI
Alcazaba 1 D3
Ciberquetzal 2 A1
Farmacia Caffarena 3 A5
Librería Luce 4 A5
Meeting Point 5 D2
Ufficio turistico municipale 6 B5
Ufficio turistico municipale 7 D4
Ufficio turistico regionale 8 B3
Turizmo Andaluz 9 A3

CHE COSA VEDERE E FARE
Baños Árabes 10 C2
Casa Natal de Picasso 11 D1
Cattedrale 12 B4
Museo Picasso 13 C3
Palacio de la Aduana 14 C4
Palacio Episcopal 15 B3
Teatro romano 16 D3

PERNOTTAMENTO
AC Málaga Palacio 17 B4
Hostal Derby 18 B5
Hostal Larios 19 A5
Hostal Victoria 20 B5
Hotel Carlos V 21 C4
Hotel Don Curro 22 B4
Hotel Larios 23 A3
Hotel Venecia 24 A5

PASTI
Café Central 25 A3
Café Lepanto 26 A4
Café Moka 27 B4
Café Museo Picasso .... (v. 13)
Clandestino 28 C2
Comoloco 29 B3
El Jardín 30 C3
El Vegetariano de la Alcazabilla 31 D2
Gorki 32 B4
La Casa del Ángel 33 B1
La Posada Antonio 34 B3
La Rebana 35 B3
La Tetería 36 C3
Lechuga 37 C2
Mesón El Chinitas 38 B4
Pepa y Pepe 39 B2
Rojo 40 C3
Tetería El Harén 41 A2
Zenart 42 D2

LOCALI
Bodegas El Pimpi 43 C3
Calle de Bruselas 44 D1
Flor de Lis 45 D2
La Botellita 46 C2
Mondo Tiki 47 B2
O'Neill's 48 B2
Puerto Oscura 49 B3
Sala Tantra Buddha Bar 50 B3

DIVERTIMENTI
Albéniz Multicines 51 D3
Asúcar 52 A2
Liceo 53 B2
Onda Pasadena 54 C1
Teatro Cervantes 55 C1
Warhol 56 B2
White 57 B2
ZZ Pub 58 A1

SHOPPING
Alfajar 59 C3
Deportes La Trucha 60 B1
El Yeti 61 A2
Flamenka 62 B2
Ultramarinos Zoillo 63 C2

TRASPORTI
Autobus per l'aeroporto 64 C5
Autobus per El Palo, El Pedragalejo, Castillo de Gibralfaro 65 D4
Parcheggio 66 B5

a diventare la sede permanente del nuovo Museo de Málaga. La collezione comprende splendide opere di grandi artisti quali Francisco de Zurbarán, Bartolomé Esteban Murillo, José de Ribera e Pedro de Mena.

A nord dell'Alameda, in quello che oggi è il quartiere commerciale, troverete il **Mercado Atarazanas** (cartina p264; Calle Atarazanas), in stile neoarabo, cui si accede attraverso il suo gigantesco arco a forma di ferro di cavallo. Aperto tutti i giorni, il mercato è piacevolmente animato e rumoroso e offre un'incredibile varietà di cibi, tra cui prosciutti interi, chilometri di salsicce, forme di formaggio, pile di frutta, pesce e dolci di ogni tipo. Nelle vicinanze si trovano numerosi caffè, specialmente lungo la pedonale Calle Herredería del Rey.

Dirigendovi a sud dell'Alameda incontrerete un nuovo museo, l'originale **Centro de Arte Contemporáneo** (cartina p264; ☎ 952 12 00 55; Calle Alemania; ingresso libero; 🕒 10-20 dal 25 settembre al 19 giugno, 10-14 e 17-19 dal 20 giugno al 24 settembre, dal martedì alla domenica), ospitato in un mercato all'ingrosso risalente agli anni intorno al 1930 abilmente ristrutturato, situato proprio sull'estuario del fiume. Si è mantenuta la bizzarra pianta triangolare dell'edificio, con le sue linee e le forme cubiste – un vero inno all'arte moderna. Interamente dipinto di bianco, comprese le finestre, il museo espone opere di celebri artisti e collezionisti del XX secolo quali Roy Lichtenstein, Gerhard Richter e Miquel Barceló. Per apprezzare pienamente il museo, chiedete di partecipare alla visita guidata gratuita della durata di mezz'ora.

La Malagueta e le spiagge

In fondo al Paseo del Parque sorge il quartiere di La Malagueta, una zona residenziale piuttosto esclusiva. Situato su un istmo di terra che si protende nel mare, questo quartiere offre degli appartamenti che godono di splendide viste, oltre ad alcuni fra i migliori ristoranti di Málaga, che potrete trovare nei pressi di **Playa de la Malagueta** (la spiaggia più vicina al centro della città). Fate una passeggiata lungo la spiaggia e poi concedetevi una scorpacciata di pesce da Adolfo (p274), oppure visitate il museo della **Plaza de Toros** (cartina p264; Paseo de Reding; ingresso €1,80; 🕒 10-13 e 17-20 da lunedì a venerdì), l'arena più attiva della costa (v. p277). Il museo è interessante soprattutto per chi è appassionato di corride – ma quello di Ronda (p297) è decisamente migliore.

A est di Playa de la Malagueta continua la fila di spiagge sabbiose che costeggia il lungomare per parecchi chilometri. Dopo Playa de la Malagueta ci sono due spiagge artificiali, **Playa de Pedregalejo** e **Playa del Palo** – nelle vicinanze di El Palo, nucleo originario della città, è possibile pescare senza pretese. Queste due spiagge sono ideali per i bambini, ed è piacevole trascorrervi un pomeriggio gustando una birra accompagnata da un fantastico vassoio di pesce sfrigolante, soprattutto ora che l'amministrazione della città ha ripulito sia le spiagge sia il tratto di mare antistante. Per raggiungerle prendete l'autobus n. 11 da Paseo del Parque.

Jardín Botánico La Concepción

Quattro chilometri a nord del centro della città sorge il grande **Jardín Botánico La Concepción** (☎ 952 25 21 48; interi/bambini €3,10/1,60; 🕑 9.30-20.30 da aprile a settembre, 9.30-17.30 da ottobre a marzo, chiuso lunedì, il 25 dicembre e il 1° gennaio), formato in gran parte da specie tropicali. Questo giardino, risalente alla metà del XIX secolo, fu realizzato da una coppia di aristocratici locali, Amalia Heredia Livermore e Jorge Loring Oyarzabal, i quali decisero di ricreare una foresta tropicale lungo le rive del Mediterraneo. È famoso anche per i suoi glicini purpurei; se volete ammirarli nel pieno della loro fioritura veniteci in primavera.

È possibile effettuare la visita per conto proprio o partecipare a quella guidata della durata di 90 minuti, il cui percorso consente di osservare alcune delle 5000 piante tropicali e di ammirare i laghi e le cascate che abbelliscono i giardini.

Chi si sposta in automobile deve imboccare la A45 in direzione nord, verso Antequera, dalla circonvallazione di Málaga (A7), continuare fino al Km 166, da dove basta seguire le indicazioni per il 'Jardín Botánico'. In alternativa, l'autobus MalagaTour (p270) ferma ai giardini.

ATTIVITÀ

Una delle ultime e più apprezzate novità di Málaga è l'apertura dei **Baños Árabes** (cartina p268; ☎ 952 21 23 27; www.elhammam.com; Calle Tomás de Cózar 13; bagno con/senza lavaggio turco €32/23, massaggi €34-80; 🕑 10-22), un luogo perfetto dove rilassarsi nella semioscurità circondati da vapori profumati e dal suono di una musica suadente. Ricordate che, al contrario di altri bagni arabi in Andalusia, qui non ci sono piscine dove è consentito immergersi. Inoltre, è consigliabile prenotare in anticipo, anche perché i massaggi specifici, come i trattamenti ayurvedici o di aromaterapia, vengono effettuati solo su appuntamento.

CORSI

L'**Universidad de Málaga** (cartina p264; ☎ 952 27 82 11; www.uma.es/estudios/extranj/extranjeros.htm; Avenida de Andalucía 24, 29007 Málaga) gestisce dei corsi di lingua per stranieri molto apprezzati e frequentati. Un corso intensivo di spagnolo della durata di quattro settimane costa a partire da €442. Per ulteriori informazioni visitate il sito web e contattate la Directorá de Cursos de Español para Extranjeros.

A Málaga ci sono almeno 16 scuole private di lingua; presso i principali uffici turistici trovate gli elenchi con i numeri telefonici.

MÁLAGA PER I BAMBINI

La Málaga adatta ai bambini non è poi così diversa da quella per gli adulti, ma questo non significa che la città non sia accogliente nei confronti dei più piccoli. Il suo centro, molto raccolto, è facile da girare, vi è un notevole numero di ristoranti che accolgono volentieri i bambini e infine sono a disposizione chilometri di splendide spiagge.

Fra tutti i siti turistici, i bambini apprezzeranno in modo particolare gli scoscesi bastioni del Castillo de Gibralfaro (p267) – un ottimo divertimento per la mattinata.

Il museo più indicato per i piccoli è il **Museo Unicaja de Artes y Costumbres Populares** (cartina p264; ☎ 952 21 71 37; www.museoartespopulares.com; Pasillo de Santa Isabel 10; interi/bambini €2/gratuito; 🕑 10-13.30 e 16-19 da lunedì a venerdì, 10-13.30 sabato), che pone in primo piano la quotidianità della vita rurale e comprende attrezzi e strumenti legati all'agricoltura e alla pesca. Da non perdere le bacheche di vetro con le statuette in argilla dipinta *(barros)* raffiguranti personaggi della tradizione locale.

Essendo più economica delle località balneari della Costa del Sol, Málaga è anche un'ottima base per approfittare dei divertimenti che questa costa offre senza spendere cifre troppo elevate per il soggiorno. Esiste un efficiente servizio di autobus (v. p278) con corse frequenti che collegano il capoluogo alle località sul Mediterraneo, grazie al quale è possibile raggiungere in giornata i grandi parchi di divertimento e gli acquari (v. p283).

VISITE GUIDATE

In Avenida Manuel Agustín Heredia o all'estremità orientale del Paseo del Parque è possibile salire su uno degli autobus turistici scoperti della **MalagaTour** (cartina p264; ☎ 902 10 10 81; www.malaga-tour.com; interi/bambini €15/7,50; 🕑 9.30-19 ogni 30 minuti). Questi autobus, dai quali potete salire e scendere a vostro piacimento, effettua un giro completo della città con fermate presso tutti i principali siti di interesse turistico. È l'ideale per vedere Málaga, specialmente per chi viaggia con bambini piccoli. Nel costo del biglietto (valido 24 ore) è inclusa un'audioguida in diverse lingue, tra cui l'italiano.

FESTE E MANIFESTAZIONI

La provincia di Málaga offre una grande scelta di manifestazioni, che si svolgono nell'arco di tutto l'anno. Presso l'ufficio turistico municipale potete trovare la pubblicazione mensile *¿Qué Hacer?*, con un resoconto particolareggiato di tutti gli avvenimenti in programma. Di seguito riportiamo le principali manifestazioni cittadine:

Semana Santa (Settimana Santa) Tutte le sere dalla Domenica delle Palme al Venerdì Santo sei o sette *cofradías* (confraternite) sfilano per ore lungo le vie della città sotto gli occhi di grandi folle esponendo le loro immagini sacre. Un buon punto di osservazione è l'Alameda Principal.

Feria de Málaga Questa *feria* (fiera), la più importante di Málaga, dura nove giorni. Il venerdì dell'inaugurazione, in genere a metà agosto, è previsto uno spettacolo di fuochi artificiali davvero impressionante e, tra le *ferias* estive dell'Andalusia, è sicuramente la più esuberante. Durante il giorno il centro della città è animato da musica e danze: se volete essere nel cuore delle manifestazioni, andate in Plaza Uncibay, Plaza de la Constitución, Plaza Mitjana o Calle Marqués de Larios. La sera i festeggiamenti si spostano nel grande spiazzo per il luna park, il Cortijo de Torres, 4 km a sud-ovest del centro, dove si svolgono spettacoli di musica rock e di flamenco. In occasione della Feria de Málaga, sono in servizio autobus speciali che partono da ogni punto della città.

Fiesta Mayor de Verdiales Il 28 dicembre migliaia di persone si riuniscono a Puerto de La Torre per assistere al grande raduno dei gruppi di *verdiales*, che si esibiscono in esilaranti spettacoli di musica e danza tipici della zona di Málaga. L'autobus n. 21, che parte dall'Alameda Principal, raggiunge Puerto de la Torre.

PERNOTTAMENTO

Sono recentemente comparsi dei nuovi alberghi a Málaga, ma non c'è molta scelta nella fascia economica. La maggior parte di quelli di categoria elevata propongono delle offerte particolari e le tariffe variano notevolmente fra i giorni feriali e il fine settimana – nel secondo caso sono decisamente più basse.

Prezzi economici

Hotel Lis (cartina p264; ☎ 952 22 73 00; www.costadelsol.spa.es/hotel/hotelis; Calle Córdoba 7; singole/doppie €34/43; P) Se non vi importa di trovarvi a sud dell'Alameda Principal, l'Hotel Lis è un'ottima scelta perché offre un buon rapporto qualità-prezzo. Per le comodità di cui dispongono, le camere sono davvero economiche, anche se le doppie non sono molto spaziose. L'ambiente è vivace e c'è un caffè bar. È possibile affittare degli appartamenti.

Hostal El Cenachero (cartina p264; ☎ 952 22 40 88; terzo piano, Calle Barroso 5; singole €32, doppie €47-55) Modesto *hostal* a gestione familiare nei pressi del porto. Prende il nome da un pescivendolo che fa parte del folklore locale. Caratterizzato da un'atmosfera allegra e simpatica, offre 14 piacevoli camere arredate con semplicità, con pavimenti ricoperti da tappeti e docce.

Hostal Derby (cartina p268; ☎ 952 22 13 01; quarto piano, Calle San Juan de Dios 1; singole/doppie €36/48) Questo *hostal*, con un ottimo rapporto qualità-prezzo, dispone di camere spaziose con grandi finestre alcune delle quali affacciate sul porto. L'ambiente è piuttosto antiquato, ma i bagni sono stati ammodernati. L'*hostal* si trova in un palazzo dove hanno sede diversi uffici.

Hostal Larios (cartina p268; ☎ 952 22 54 90; www.hostallarios.com; Calle Marqués de Larios 9; singole/doppie €40/50, con bagno in comune €32/42;) Il Larios, un *hostal* situato in centro, rispetto a quelli che rientrano nella fascia economica è di livello decisamente superiore. Le 12 camere, rimodernate da poco, sono molto allegre grazie alle pareti dipinte in albicocca e azzurro. Tutte dispongono di finestre affacciate sulla via principale e quattro di loro anche di bagno privato.

Hostal Pedregalejo (☎ 952 29 32 18; www.hoteleshijano.com; Calle Conde de las Navas 9; singole/doppie €41/61;) Situato vicino alla spiaggia, 4 km a est del centro, questo *hostal* a gestione familiare offre delle belle camere e una piccola torrefazione dove si può comprare tutto ciò che serve per la prima colazione. L'unico aspetto negativo è il lungo tratto da percorrere a piedi per andare in centro.

Prezzi medi

Hotel Carlos V (cartina p268; ☎ 952 21 51 20; carlosv@spa.es; Calle Císter 10; singole €32-50, doppie €67;) Grazie alla sua posizione, nascosto dietro alla cattedrale in un'antica stradina tortuosa, e ai buoni prezzi offerti, l'Hotel Carlos V non smette di ricevere consensi. Nonostante le camere possano apparire un po' logore, sono pulite e funzionali, con docce dotate di un getto d'acqua vigoroso. Basta poco tempo per cedere al suo fascino.

Hostal Victoria (cartina p268; ☎ 952 22 42 24; hostal victoria@hostalvictoria.net; Calle Sancha de Lara 3; singole/doppie €52/75; ❄) Questo albergo è sempre molto apprezzato, soprattutto grazie alla sua posizione centrale e al suo personale simpatico. Le camere, pulite e confortevoli, lo fanno preferire a molti altri *hostales*, anche perché sono dotate di TV satellitare e di bagni con vasca. Prenotate con anticipo.

Hotel California (cartina p264; ☎ 952 21 51 65; www.costadelsolspa.es/hotelcalifornia; Paseo de Sancha 17; singole/doppie €53/80; P ❄) L'Hotel California, 1 km a est del centro della città, si trova vicino alla spiaggia. Oltre all'incantevole ingresso ornato di fiori, ci sono 28 camere piuttosto spaziose. È possibile avere la prima colazione.

El Riad Andaluz (cartina p264; ☎ 952 21 36 40; www.elriadandaluz.com; Calle Hinestrosa 24; singole/doppie 70/90; ❄) Finalmente una sistemazione di Málaga caratteristica, leggermente esotica. Si tratta di una pensione a gestione francese, vicino al Teatro Cervantes, dotata di otto camere affacciate su un cortile interno chiamato *riad* in Marocco. Gli arredi sono in stile marocchino, ma ogni camera è diversa dalle altre, come anche i bagni rivestiti di piastrelle vivaci. È possibile avere la prima colazione.

Hotel Venecia (cartina p268; ☎ 952 21 36 36; www.hotelveneciamalaga.com; Alameda Principal 9; singole/doppie €70/90; P ❄ 💻) Situato sul lato meridionale dell'Alameda Principal, l'Hotel Venecia ha 40 camere confortevoli che sono state appena ammodernate. Il personale, che parla inglese, è molto gentile. Gli arredi mescolano antico e moderno: ci sono delle originali poltrone turchesi nella zona della reception e i letti nelle camere hanno belle testiere di metallo.

Hotel Don Curro (cartina p268; ☎ 952 22 72 00; www.hoteldoncurro.com; Calle Sancha de Lara 7; singole/doppie €74/104; P ❄) Il Don Curro, molto apprezzato nonostante l'atmosfera aziendale, soprattutto da coloro che viaggiano per affari, è un albergo efficiente e confortevole. Inoltre è situato in posizione comoda per entrare e uscire dal centro della città. Le camere sono spaziose, molto curate e dotate di bagni con rifiniture in marmo maculato.

Hotel Los Naranjos (☎ 952 22 43 16 17; www.hotel-losnaranjos.com; Paseo de Sancha 35; singole/doppie €75/118; P ❄) Situato a est rispetto all'arena, lungo la strada che porta alla spiaggia e poco dopo l'Hotel California, il Los Naranjos occupa una costruzione dipinta in una vivace tonalità di arancio. Le camere sono invece in colori neutri. Quelle affacciate sulla parte anteriore hanno dei piccoli balconi da alcuni dei quali si può scorgere il mare.

Prezzi elevati

AC Málaga Palacio (cartina p268; ☎ 952 21 51 85; www.ac-hotels.com; Calle Cortina del Muelle 1; doppie €137; P ❄ 🏊) Albergo di 15 piani con straordinarie vedute sull'animato lungomare. Il design elegante e moderno e le eccellenti strutture ne fanno la migliore scelta tra gli alberghi di lusso di Málaga. Dispone di una piscina sul tetto e di una palestra completamente attrezzata.

Hotel Cortijo La Reina (☎ 951 01 40 00; www.hotelcortijolareina.com; Carretera Málaga-Colmenar; singole/doppie €116/150; P ❄ 🏊 ♿) Questo *cortijo* (tenuta di campagna) in tipico stile andaluso a nord di Málaga è raggiungibile in automobile in circa 30 minuti. Essendo situato a 800 m di altitudine, permette di godere di splendide vedute sulle vallate circostanti. Le camere sono arredate in modo sontuoso, con letti a baldacchino e tessuti preziosi. L'albergo rappresenta un'ottima base per chi voglia visitare il Parque Natural Montes de Málaga.

Parador Málaga Gibralfaro (cartina p264; ☎ 952 22 19 02; www.parador.es; singole/doppie €128/162; P ❄ 🏊) Grazie alla sua magnifica posizione – immerso in una pineta sulla sommità del Gibralfaro – questo *parador* in pietra è una delle sistemazioni più richieste. La maggior parte delle camere hanno ampi balconi con vedute spettacolari e si può cenare nell'ottimo ristorante sulla terrazza (p275) anche se non si alloggia in albergo.

Hotel Larios (cartina p268; ☎ 952 22 22 00; www.hotel-larios.com; Calle Marqués de Larios 2; doppie €192; ❄ 💻) Questo eccentrico albergo in stile art déco occupa un vasto angolo di Plaza de la Constitución. Grazie alla profusione di tonalità viola intenso, rosso scuro e marrone, il Larios ha un'aria piacevolmente decadente, ma a volte il servizio è piuttosto sgarbato. Visitate il sito web per le offerte speciali.

PASTI

Una specialità di Málaga è il pesce fritto rapidamente in olio d'oliva. La *fritura malagueño* è un fritto misto di piccoli pesci, calamari, alici, salmone e merluzzo. Molto diffuse, soprattutto d'estate, sono le zuppe fredde: a parte il gazpacho (minestra fredda a base di pomodori passati, peperoni, cetrioli, aglio, pangrattato, limone e olio) e la *sopa de ajo* (zuppa d'aglio), provate la *sopa de almendra con uvas* (zuppa di mandorle e uva). Il prosciutto è l'ingrediente base della maggior parte delle tapas. I ristoranti di Málaga, grazie al fatto che la clientela è composta soprattutto da gente del posto, sono di buon livello e praticano prezzi abbastanza economici.

Prezzi economici

Café Moka (cartina p268; ☎ 952 21 40 02; Calle San Bernardo El Viejo 2; prima colazione €3,50) Questo piccolo caffè affollato e dall'aria retro, situato immediatamente a lato della strada principale nascosto dietro l'Hotel Don Curro, richiama una clientela per lo più spagnola. È un'ottima scelta, ma tenete presente che si riempie in fretta sia per la prima colazione (intorno alle 10) sia per il pranzo servito piuttosto tardi (15).

La Tetería (cartina p268; Calle San Agustín 9; tè particolari €2,50, prima colazione €2,30-5; 9-24) Serve moltissimi tè aromatici e classici, tisane, caffè e succhi di frutta freschi, con una varietà di tè che spazia da quello alla menta a quello *'antidepresivo'*. Per la prima colazione si può ordinare succhi di frutta freschi e *bocadillos* (panini farciti), mentre le crêpes sono disponibili a partire dalle 14. Ci si può sedere all'aperto e ammirare la chiesa di fronte oppure sistemarsi all'interno circondati dal profumo d'incenso e dalla musica di sottofondo.

Café Lepanto (cartina p268; Calle Marqués de Larios 7; gelati €3,70-4,20) Locale rumoroso frequentato soprattutto dalla gente del posto, situato nella pedonale Calle Marqués de Larios, la Regent Street di Málaga. Essendo la *confitería* (pasticceria) più elegante della città, il Lepanto serve ai *malagueños* con manicure una straordinaria scelta di deliziosi *pasteles* (pasticcini e torte), gelati, dolci, cioccolata, caffè, tè e altre bevande.

Comoloco (cartina p268; Calle Denis Belgrano 17; insalate e pita €4,50-5; 13-1) Questo locale con enormi finestre che guardano su una stradina è sem-

IL GIRO DELLE TAPAS

I piaceri che offre Málaga sono essenzialmente leggeri, poco impegnativi, facili da organizzare ed economici. Uno dei più apprezzati è un lento giro dei numerosi bar di tapas e delle vecchie bodegas (tradizionali cantine, enoteche o wine bar). Durante l'estate questi locali sono praticamente sempre aperti, dalla tarda mattinata fino a dopo mezzanotte.

Antigua Casa de Guardia (cartina p264; ☎ 952 21 46 80; Alameda Principal 18; raciones €4,50, vino al bicchiere €1) Questa piacevole vecchia osteria serve i vini dolci da dessert tipici di Málaga fin dal 1840. Provate il *seco* (secco), simile allo sherry, di colore bruno intenso, o il vino dal nome romantico di Lágrima Trasañejo (lacrima antichissima), accompagnato da un vassoio di squisiti gamberetti, ostriche o cozze.

Gorki (cartina p268; ☎ 952 22 14 66; Calle Strachan 6; piatti €6-16) Si tratta di un frequentato ed esclusivo bar di tapas con tavoli sia all'aperto sia all'interno – questi ultimi hanno la forma di piccole botti di vino e sgabelli al posto delle sedie. Serve una ricca lista di vini spagnoli e di formaggi dall'odore penetrante. Provate l'appetitoso *alubias con cordoniz* (stufato di fagioli bianchi e pernice).

La Rebana (cartina p268; Calle Molina Lario 5; tapas €3, raciones €5-8,50) Si tratta di un fantastico, rumoroso e centrale bar di tapas. L'interno in legno scuro (con il suo loggione in ferro battuto) crea un ambiente suggestivo. Tra i vari piatti ci sono il formaggio di capra con le ciliegie, il fois gras e il prosciutto crudo.

La Posada Antonio (cartina p268; Calle Granada 33; tapas €1,80, portate principali €10-17) Si tratta di un posto molto frequentato dalla gente del luogo, dove si fa fatica a trovare un tavolo libero dopo le 23, nonostante le sue proporzioni siano simili a quelle di un granaio. È davvero eccezionale per la carne, servita in porzioni enormi; una sostanziosa *paletilla cordero* (spalla d'agnello) vi costerà €17.

Pepa y Pepe (cartina p268; Calle Calderería; tapas €1,30-1,50, raciones €3,60-5,50) Accogliente bar gremito di giovani commensali che masticano rumorosamente i loro *calamares fritos* (calamari fritti) e i peperoni verdi fritti.

Lechuga (cartina p268; Plaza de la Merced 1; tapas €2,50-3,60, raciones €8; V) In questo locale le verdure sono l'ingrediente principale e lo chef le cucina in modo meraviglioso. La strada è rumorosa, ma l'interno ha un'atmosfera tranquilla grazie alla calda tonalità arancione delle pareti, alla fila di lanterne giapponesi e ai mobili rustici. La scelta, molto ampia, comprende, tra l'altro, piatti di salse cremose, taco, enchilada e tramezzini.

pre al completo all'ora di pranzo. Il segreto del suo successo risiede nella bontà della cucina, nei prezzi ragionevoli e nell'ambiente tranquillo. Ciascuno sceglie da sé le salse e i condimenti che preferisce.

Restaurante Tintero (☎ 607 607586; Carretera Almería 99, El Palo; piatti €7; 🕑 12.30-1) Ristorante di vecchia data e dall'atmosfera divertente situato sul lungomare dove i clienti, seduti ai tavoli all'aperto, ordinano piatti di pesce gridando al volo ai camerieri che passano senza fermarsi. Gridate forte, se volete che il piatto vi arrivi fumante.

Café Central (cartina p268; Plaza de la Constitución; portate principali €5-11,50) Si tratta di un popolarissimo caffè situato nella più importante piazza pedonale della città. A pranzo è d'obbligo ordinare una birra fredda insieme a un vassoio di *rosada frita* (nasello fritto). Scegliete il tavolo con attenzione (preferibilmente in mezzo alla sala) se non volete essere assillati dai musicisti che eseguono serenate, una sgradevole caratteristica dei locali del centro con tavoli all'aperto.

Prezzi medi

El Vegetariano de la Alcazabilla (cartina p268; ☎ 952 21 48 58; Calle Pozo del Rey 5; portate principali €9-10,50; 🕑 13.30-16 e 21-23 da lunedì a sabato; Ⓥ) Questo locale con personale simpatico, ottima cucina e un ambiente tranquillo serve piatti dalle porzioni abbondanti per vegetariani, vegani e per chi non può bere latte. Lasciate il segno del vostro passaggio aggiungendo un graffito personale sulle pareti.

Café Museo Picasso (cartina p268; ☎ 952 22 50 43; Palacio de Buenavista, Calle San Agustín 8; caffè €1,50, pasticcini €6, bicchiere di vino €3-5, pasti leggeri €12) Locale davvero ottimo, dove si serve il migliore e più aromatico caffè nero della città. È stato avviato dallo chef più bravo di Málaga, José Carlos García (del Café de Paris), che però non vi lavora più. Vale comunque la pena di venirci anche solo per vedere il bellissimo patio nascosto, che si trova sul retro del museo.

El Jardín (cartina p268; ☎ 952 22 04 19; Calle Cañón 1; portate principali €12,50; 🕑 9-24 da lunedì a giovedì, 9-14 e 17-24 da venerdì a sabato, 17-24 domenica) Situato accanto ai giardini pieni di palme della cattedrale, questo frequentato caffè in stile viennese si riempie in fretta durante il fine settimana (per via degli spettacoli di musica dal vivo). È decorato con foglie laminate in oro e arredato con mobili raffinati. La cucina non è niente di speciale, ma l'atmosfera all'interno del locale, la veduta della cattedrale e i giardini all'esterno meritano una visita.

Clandestino (cartina p268; ☎ 952 21 93 90; Calle Niño de Guevara 3; portate principali €9-17; 🕑 13-1) È un locale alla moda situato in una via secondaria che serve pasti di alto livello a una clientela molto esigente (nelle pietanze si possono sentire influenze provenienti dal Nord Europa e dai paesi del Mediterraneo: insalate croccanti, pasta, lasagne e piatti a base di carne). I buongustai non avranno che l'imbarazzo della scelta quando dovranno ordinare il dessert.

Rojo (cartina p268; ☎ 952 22 74 86; Calle Granada 44; portate principali €10-17, menú €13; 🕑 14-16 da martedì a venerdì, 20.30-0.30 da martedì a sabato) Situato proprio nel cuore della città vecchia, il Rojo è uno degli ultimi arrivati sulla scena della ristorazione di Málaga. Divanetti rossi si allineano lungo le pareti, in netto contrasto con le tovaglie bianche dei tavoli. Con il suo semplice ma eccellente menu, il Rojo richiama una clientela di giovani professionisti.

El Yamal (cartina p264; ☎ 952 21 20 46; Calle Blasco de Garay 7; portate principali €11-16; 🕑 13-17 e 18-24, chiuso domenica) Serve ottimi piatti della cucina marocchina nei tradizionali tagine (piatti fondi di terracotta con coperchi a punta). Potete scegliere tra pesce, pollo o cuscus con verdure e immergervi nella rilassante atmosfera del locale. Per finire il pasto, ordinate un tè alla menta con una goccia di essenza di fiore d'arancio *(azahar)*.

Mesón El Chinitas (cartina p268; ☎ 952 21 09 72; Calle Moreno Monroy 4-6; portate principali €7-17,50; 🕑 13-16 e 20-24) Attira una clientela che non fa caso al fatto di essere circondata da brutti ritratti. La cucina è *malagueño* e le specialità della casa sono piatti di riso e pesce intero al forno in crosta di sale.

Zenart (cartina p268; ☎ 952 06 00 79; Calle Mundo Nuevo 4; insalate e tempura €8-9, sushi €19; 🕑 21-24) Locale apprezzato dagli abitanti di Málaga sia per lo straordinario panorama sull'Alcazaba sia per la cucina giapponese dai sapori così diversi da quelli europei. La presentazione dei piatti è certamente degna della buona reputazione di questo ristorante e i tempura sono particolarmente gustosi.

Prezzi elevati

Adolfo (cartina p264; ☎ 952 60 19 14; Paseo Marítimo Picasso 12; antipasti €7-8, portate principali €12-22; 🕑 13.30-17 e 20.30-1 da lunedì a sabato) Si tratta di

LA SCELTA DELL'AUTORE

Café de Paris (cartina p264; ☎ 952 22 50 43; Calle Velez-Málaga 8; portate principali €12-36; ⏲ 13.30-17 e 20.30-0.30 da martedì a sabato) Questo eccellente locale è da molto tempo uno dei preferiti dagli abitanti dell'esclusivo quartiere La Malagueta. Il proprietario José Carlos García è riuscito a ottenere una stella dalla guida Michelin. Il pesante arredo parigino *fin-de-siècle* favorisce lunghi pranzi sonnolenti. La cucina propone raffinati piatti andalusi: tra le creazioni più insolite raccomandiamo le sardine marinate in una particolare varietà di cotognata e l'aragosta fritta servita con una cremosa salsa di lattuga e aglio. È necessario prenotare.

un locale di grande classe ed eleganza situato nell'esclusivo quartiere La Malagueta. Adolfo prepara una gamma di fantasiosi piatti mediterranei a base di pesce, compresi gustosi antipasti vegetariani con formaggio di capra, insalata di aragosta e capretto con miele di rosmarino.

Restaurante Antonio Martín (cartina p264; ☎ 952 22 73 98; Playa de la Malagueta; portate principali €13-24; ⏲ 13-17 e 21-0.30, chiuso domenica e da novembre ad aprile) Direttamente affacciato sulla spiaggia, con una spaziosa terrazza con vista mare, l'Antonio Martín è uno dei ristoranti più vecchi di Málaga, in grado di preparare rapidamente i migliori piatti a base di pesce della città, nonché degli ottimi dessert. Si dice che tra la sua clientela abituale vi siano personaggi famosi e numerosi matador. Si consiglia di prenotare.

Parador Málaga Gibralfaro (cartina p264; ☎ 952 22 19 02; www.parador.es; menú €28) Nascosto fra i pini e affacciato sull'Alcazaba, sul porto e sulla baia, il ristorante sulla terrazza dell'omonimo albergo costituisce una fantastica esperienza culinaria – di sera, poi, è un locale molto romantico. Il menu, la cui specialità è la popolare *fritura de pescaítos a la malagueña* (pesciolini fritti di Málaga), è un tour-de-force della gastronomia andalusa. All'interno, la sala da pranzo è piuttosto formale con i soffitti con travi a vista, le sedie con lo schienale alto e le pesanti tovaglie.

La Casa del Ángel (cartina p268; ☎ 952 60 87 50; Calle Madre de Dios 29; antipasti €9-10, portate principali €14-23; ⏲ 13.30-16 e 20-fino a tardi; chiuso lunedì) È un ristorante straordinario, arricchito dalla considerevole collezione d'arte dei proprietari. Nato da un'idea di Ángel Garó, ospita all'interno una serie di elementi insoliti: archi rinascimentali, soffitti di travi, affreschi, pavimenti con piastrelle antiche e pareti in tonalità arancio e ocra. La cucina è altrettanto ricca, nella sua fusione di gusti andalusi, arabi e internazionali. Nell'intimo Salón Cervantes, con le pesanti tende rosse e le portefinestre che si affacciano sul Teatro Cervantes, vengono serviti i pasti. È necessario prenotare.

LOCALI

Se cercate dei bar dovete recarvi nella zona compresa tra Plaza de la Merced a nord-est e Calle Carretería a nord-ovest, in Plaza Mitjana (il cui nome ufficiale è Plaza del Marqués Vado Maestre) e in Plaza de Uncibay. Di venerdì e sabato, soprattutto dopo la mezzanotte, Plaza Mitjana è affollata all'inverosimile.

Tetería El Harén (cartina p264; Calle Andrés Pérez 3; succo di frutta fresco €2,70; ⏲ 16.30-fino a tardi) Sala da tè aperta recentemente che occupa diversi piani, caratterizzata da nicchie e angoli appartati. Provate il tè alla menta, i succhi di frutta freschi e il *mojito* (cocktail a base di rum). Dal giovedì al sabato c'è spesso musica dal vivo.

Bodegas El Pimpi (cartina p268; ☎ 952 22 89 90; Calle Granada 62; ⏲ 19-2) A Málaga è una vera istituzione, con il suo dedalo di salette e piccoli patio. Le enormi botti di vino sono firmate da personaggi famosi (perfino Tony Blair!) e sulle pareti spiccano le fotografie di alcune celebrità e i manifesti delle corride. Il locale richiama una clientela che ama in modo particolare il suo vino dolce e la musica martellante.

Puerto Oscura (cartina p268; Calle Molina Lario 5; cocktail €4; ⏲ 18-fino a tardi) Si tratta di un intimo ed elegante cocktail lounge con lussuose poltrone in velluto e tranquille nicchie appartate – un ottimo locale adatto per iniziare la serata. Durante la stagione estiva rimane aperto fino alle 5 del mattino e qualche volta ospita spettacoli di musica dal vivo. Di norma è preferibile indossare abiti piuttosto eleganti.

Calle de Bruselas (cartina p268; ☎ 952 60 39 48; Plaza de la Merced 16; ⏲ 9-2) Locale dal gusto retro, di gestione belga, che attira soprattutto clienti bohémien. Durante il giorno funge da caffè con i suoi tavoli all'aperto nella piazza, mentre la sera si trasforma in un piccolo e buio bar molto animato.

O'Neill's (cartina p268; ☎ 952 60 14 60; Calle Luis de Velázquez 3; 🕑 12-fino a tardi) Locale senza pretese che ama dimostrare quanto sia irlandese proponendo in continuazione brani degli U2. È sempre affollato, con una rumorosa clientela mista di spagnoli, residenti stranieri e turisti. Il personale del bar è molto simpatico.

Sala Tantra Buddha Bar (cartina p268; Calle Molino Lario 7; 🕑 21-fino a tardi) La Sala Tantra Buddha Bar merita anche solo una visita per tutti gli elementi decorativi relativi a Buddha: statuette, paraventi di seta, ecc. In realtà lo stile degli interni, oggi assai di moda in tutta la Spagna, si ispira al famoso Buddha Bar di Parigi. C'è anche una piccola pista da ballo sulla quale ci si può scatenare.

La Botellita (cartina p268; Calle Álamos 36; 🕑 23-4 da giovedì a sabato) Questo locale, a breve distanza da Plaza de la Merced, è pieno all'inverosimile di bottigliette mignon di liquore. La musica spagnola attira una clientela prevalentemente giovane che alla fine della serata è immancabilmente ubriaca.

DIVERTIMENTI

Chi è in vacanza e ama divertirsi generalmente ignora Málaga e si dirige verso la costa, il che significa che i bar e le discoteche della città sono frequentati dalla gente del luogo, che sa scegliere con maggiore oculatezza. Le ultime pagine del giornale *Sur* e il suo supplemento del venerdì sono utili per essere informati su quello che succede in città. Anche la pubblicazione mensile *¿Qué*

COSTA GAY *Joy Lucas*

Lo stile di vita rilassato unito alla presenza di turisti che arrivano da tutte le parti del mondo fanno della Costa del Sol un punto di incontro ideale per gli omosessuali. Da parecchio tempo l'atteggiamento nei loro confronti è radicalmente cambiato e il concetto di ristoranti, locali notturni e alberghi riservati esclusivamente a una clientela omosessuale è considerato ormai superato.

Per quanto riguarda i locali aperti sia agli omosessuali sia agli eterosessuali, chi ha voglia di rilassarsi e chiacchierare o di bere qualcosa e ballare non avrà che l'imbarazzo della scelta nel centro di Málaga e intorno a Plaza de la Merced. Calle de Bruselas (p275) e **Flor de Lis** (cartina p264; Plaza de la Merced; 11-fino a tardi) sono ideali per le tapas, un caffè pomeridiano oppure un aperitivo a inizio serata. I nottambuli potranno recarsi nella discoteca Warhol p277) o rilassarsi ascoltando la musica suadente di **Mondo Tiki** (cartina p268; Calle Méndez Núñez 3).

Se invece cercate musica martellante e un ambiente più animato, provate i pink party organizzati dalle principali discoteche e dai locali per gay di Torremolinos (p282). Avete capito bene, la gente 'di tendenza' oggi va a divertirsi a Torremolinos! Questa città, caduta nel dimenticatoio dopo il suo periodo d'oro, negli anni '50 e '60, ha recentemente iniziato a recuperare terreno. Sono apparsi nuovi bar e hanno aperto i battenti ristoranti e locali notturni, motivo per cui Torremolinos sta diventando una tra le destinazioni spagnole più gettonate dai turisti omosessuali. La Nogalera (nei pressi della stazione ferroviaria di Torremolinos) è il fulcro del turismo BLGT – bisessuale, lesbico, gay e transgender – della provincia: i bar, i pub, i locali notturni e le discoteche dove è possibile scatenarsi sono infatti numerosissimi. Date un'occhiata a **El Gato Lounge** (La Nogalera; 🕑 16-fino a tardi), nuovo locale alla moda dove i ragazzi si rilassano davanti a una birra e a un piatto di stuzzichini, oppure provate l'**Ánfora** (La Nogalera 522; 🕑 18-alba), un bar dalla clientela locale prevalentemente femminile e musica pop ad alto volume.

I fine settimana sono particolarmente caldi al **Passion** (Avenida Palma de Mallorca 18; ingresso e una bevanda €16; 🕑 23-6) e al **Palladium** (Avenida Palma de Mallorca 36; ingresso e una bevanda €16; 🕑 23-6), le due discoteche più in voga, che dispongono di due piste da ballo, tre ambienti diversi per appartarsi, DJ di fama internazionale, spettacoli dal vivo, piscina, ballerine e cantanti che si esibiscono sul cubo.

Ai primi di agosto si tiene il Freedom Festival della Costa del Sol, il festival gay più importante dell'Europa meridionale. Per conoscere il programma, con musica elettronica, balli e spettacoli, visitate il sito web www.freedom-spain.com.

Se tutto ciò che è stato descritto non vi sembra abbastanza alla moda o sufficientemente costoso, potete recarvi nel Dreamers (p293) a Puerto Banús, la mecca della house music sulla Costa del Sol, con i migliori DJ del mondo, tra i quali Roger Sánchez! Oppure provate il Glam (p293), sempre a Puerto Banús, frequentato da numerosi personaggi famosi.

Hacer? (disponibile gratuitamente presso gli uffici turistici) può essere utile, mentre la bimestrale *Youthing* riporta tutti i locali più alla moda.

Locali notturni

Nei fine settimana della stagione più calda le vecchie e contorte viuzze a nord di Plaza de la Constitución sono affollate di nottambuli, mentre nei giorni feriali appaiono piuttosto tranquille.

Asúcar (cartina p268; all'angolo tra Calle Convalecientes e Calle Lazcano; 🕑 21-fino a tardi) Locale adatto soprattutto agli appassionati di musica salsa. Dal mercoledì al sabato, dalle 23 in poi, si possono anche seguire lezioni di salsa, merengue, ecc.

Liceo (cartina p268; Calle Beatas 21; 🕑 19-3 da giovedì a sabato) Si tratta di un'antica e grandiosa residenza signorile trasformata in music bar, che dopo la mezzanotte di affolla di studenti. Se salite le scale tortuose troverete molte altre sale.

Warhol (cartina p268; Calle Niño de Guevara; 🕑 23-fino a tardi da giovedì a sabato) Il Warhol è un ritrovo elegante per una clientela esigente, formata soprattutto da gay che vogliono scatenarsi ai ritmi della musica house mixata da DJ con acconciature rasta.

White (cartina p268; Niño de Guevara; 🕑 23.30-fino a tardi) Locale frequentato soprattutto da studenti nordeuropei che vogliono ballare musica hip-hop o funky.

Quelli che seguono sono due locali situati in centro che propongono musica dal vivo, soprattutto, ma non solo, di genere rock. **Onda Pasadena** (cartina p268; Calle Gómez Pallete 5) offre anche jazz il martedì e flamenco il giovedì, mentre **ZZ-Pub** (cartina p268; Calle Tejón y Rodríguez 6) ha una famosa serata rock il giovedì.

Teatro

Teatro Cervantes (cartina p268; ☎ 952 22 41 00; www.teatrocervantes.com; Calle Ramos Marín s/n) Situato in un edificio molto elegante, questo teatro offre un buon cartellone di musica, danza e prosa. A Málaga vi sono anche altri teatri con numerosi spettacoli in programma, fra cui la Sala Gades dell'Accademia di danza (cartina p264), che si trova in Calle Cerrojo.

Cinema

I cartelloni pubblicitari e il quotidiano *Sur* forniscono l'elenco dei film in programmazione nei cinema di Málaga.

Albéniz Multicines (cartina p268; ☎ 952 21 58 98; Calle Alcazabilla 4) È la sede della grande Cinemateca Municipal, che quasi ogni sera alle 22 organizza proiezioni di film di livello internazionale sottotitolati in spagnolo.

Corrida

Il periodo più importante della stagione delle corride organizzate dall'arena di Málaga (p269) coincide con la Feria de Málaga, in agosto, una manifestazione che dura 11 giorni – si tratta della *feria* più lunga in tutta la provincia. I biglietti per gli spettacoli, a seconda di dove ci si siede, possono costare da €14 a €112.

SHOPPING

Calle Marqués de Larios e le strade limitrofe, nella zona centrale della città, sono piene di sfavillanti boutique e negozi di scarpe, in genere ospitati in edifici meravigliosamente ristrutturati.

El Corte Inglés (cartina p264; Avenida de Andalucía) La filiale di Málaga di questo grande magazzino vende articoli di ogni tipo, dal cioccolato agli abiti eleganti fatti su misura.

Se cercate delle ceramiche andaluse fatte a mano, andate da **Alfajar** (cartina p268; Calle Císter 3), mentre per qualche gustosa specialità *malagueña* (e per ritemprarvi dopo le fatiche dello shopping) puntante senz'altro sulla gastronomia **Ultramarinos Zoillo** (cartina p268; Calle Granada 65). La domenica mattina si tiene un **mercato delle pulci** (cartina p264; Paseo de los Martiricos) vicino all'Estadio de la Rosaleda. Per gli appassionati di flamenco, il negozio ideale è **Flamenka** (p268; ☎ 952 22 59 65; www.flamenka.com; Galerías Goya, Calle Calderería 6), dove si può acquistare tutto ciò che ha una qualche attinenza a questa forma d'arte.

Se avete bisogno di attrezzatura da campeggio, **El Yeti** (cartina p268; Calle Carretería 66) e **Deportes La Trucha** (cartina p268; Calle Carretería 100) hanno un vasto assortimento di articoli non solo per quest'attività ma anche per l'arrampicata.

PER/DA MÁLAGA

Aereo

Il trafficato **aeroporto** (☎ 952 04 88 38) di Málaga, il principale scalo internazionale dell'Andalusia, situato 9 km a sud-ovest del centro della città, è servito da parecchie compagnie a basso costo. Quasi tutti gli uffici delle compagnie aeree si trovano all'aeroporto.

Per informazioni sui voli v. p476.

Autobus

La **stazione degli autobus** (cartina p264; ☎ 952 35 00 61; Paseo de los Tilos) si trova 1 km a sud-ovest del centro. Fra le varie destinazioni ci sono:

Destinazione	Prezzo	Durata	Frequenza giornaliera
Antequera	€5	50 min	9 o più
Cadice	€20	4 ore	3
Córdoba	€12	2½ ore	5
Granada	€9	1½ ore	17
Ronda	€7,50-9,50	2½ ore	9 o più
Siviglia	€14,50	2½ ore	10-12

Fra le altre destinazioni ci sono Madrid (€20, 6 ore, nove corse al giorno), Barcellona, la Francia, la Germania, il Portogallo e il Marocco. Nella stazione troverete un caffè piuttosto spartano e un internet point.

Si può raggiungere la Costa del Sol con gli autobus di linea che partono da Avenida Manuel Agustín Heredia (cartina p264) diretti a Torremolinos (€1,20, 30 minuti), Benalmádena Costa (€1,60) e Fuengirola (€2,50, 1 ora).

Automobile

Numerose agenzie internazionali (tra cui Avis ed Hertz) e locali hanno uno sportello all'aeroporto. Li troverete in fondo a una rampa nella sala dove scorrono i nastri trasportatori dei bagagli e fuori dall'area degli arrivi.

Imbarcazioni

Trasmediterránea (cartina p264; ☎ 952 06 12 18, 902 45 46 45; www.trasmediterranea.com; Estación Marítima, Local E1) gestisce corse giornaliere tutto l'anno su traghetti veloci (€55, 4 ore) e su traghetti più lenti (€36, 7 ore e mezzo) per/da Melilla (€139 per automobile su entrambi i traghetti).

Treno

La **stazione ferroviaria Málaga-Renfe** (cartina p264; ☎ 952 36 02 02; www.renfe.es; Explanada de la Estación) si trova appena girato l'angolo della stazione degli autobus. Diversi treni di linea ogni giorno fanno la spola per/da Córdoba (da €16 a €21, 2 ore e mezzo, 10 al giorno) e Siviglia (€16, 2 ore e mezzo, cinque al giorno). Per Granada (€19, 2 ore e mezzo) non ci sono treni diretti, ma è possibile raggiungerla cambiando a Bobadilla. Anche per Ronda (€8,20, da 1 ora e mezzo a 2 ore), di solito si cambia a Bobadilla.

Sono in servizio diversi Talgo 200 per/da Madrid (da €52 a €87, 4 ore e mezzo, sei al giorno), e c'è anche un Intercity più lento ed economico che parte nella tarda mattinata (€35, 6 ore e mezzo). Esistono anche treni per Valencia (€48, da 8 ore e mezzo a 9 ore e mezzo, due al giorno) e per Barcellona (da €54 a €141, 13 ore, due al giorno).

TRASPORTI URBANI

Per/dall'aeroporto

La corsa in taxi dall'aeroporto al centro della città costa da €15 a €16.

L'autobus n. 19 diretto in centro (€1,10, 20 minuti) parte dalla fermata 'City Bus' situata davanti all'area degli arrivi all'incirca ogni 20-30 minuti dalle 6.35 alle 23.45 ed effettua fermate nelle principali stazioni dei treni e degli autobus. Dalla città all'aeroporto gli autobus partono invece all'estremità occidentale di Paseo del Parque, e di fronte alle stazioni all'incirca ogni mezz'ora dalle 6.30 alle 23.30.

La stazione ferroviaria Aeropuerto, sulla linea Málaga-Fuengirola, dista circa cinque minuti a piedi dal terminal dell'aeroporto: seguite le indicazioni dell'area delle partenze. I treni passano all'incirca ogni mezz'ora dalle 7 alle 23.45 diretti alla stazione Málaga-Renfe (€1,20, 11 minuti) e alla stazione Málaga-Centro, a breve distanza dalla sponda occidentale del Río Guadalmedina. Le partenze dalla città verso l'aeroporto avvengono ogni mezz'ora dalle 5.45 alle 22.30.

Autobus

Le linee degli autobus urbani più comode e utili per i turisti (€1,10 per tutti gli spostamenti in centro) sono la n. 11 per El Palo, la n. 34 per El Pedregalejo ed El Palo e la n. 35 per il Castillo de Gibralfaro, che hanno tutte e tre il capolinea in Avenida de Cervantes (v. cartina p268). Un'altra comoda soluzione è utilizzare gli autobus scoperti della Malaga-Tour (p270).

Automobile

I parcheggi più comodi, come quelli di Plaza de la Marina (cartina p264), sono piuttosto cari (€1,50/1 ora €24/24 ore). Anche nelle strade secondarie, per esempio quelle nei pressi dal lato meridionale dell'Alameda Principal, la sosta è regolamentata da parchimetri (€1,60 per 90 minuti). I parcheggi liberi sono molto più economici (€1 al sorvegliante).

Taxi

Il prezzo di una corsa in taxi in genere varia da €3 a €4 per tragitti da 2 km a 3 km. Una corsa in centro, che comprenda la stazione ferroviaria, la stazione degli autobus e il Castillo de Gibralfaro, si aggira normalmente intorno a €6.

COSTA DEL SOL

La Costa del Sol, che si estende tra Málaga e Gibilterra, deve il suo successo alla certezza di trovare quasi in ogni periodo dell'anno sole splendente, spiagge comode, mare caldo, soggiorni organizzati a prezzi economici e vita notturna e divertimenti in notevole quantità. Fino agli anni '50 le località balneari erano villaggi di pescatori le cui tracce sono oggi praticamente scomparse. Rilanciata dal regime franchista come soluzione alla povertà dell'Andalusia, la Costa del Sol è un esempio lampante di come si possano riempire tutti gli spazi esistenti di edifici e turisti spendaccioni. Vi sono circa 40 campi da golf, numerosi porticcioli turistici sempre affollati, molte scuole di equitazione, una quantità di spiagge che offrono la possibilità di praticare ogni tipo di sport acquatico immaginabile e numerosi locali che garantiscono una vita notturna movimentata. Grazie a tutto questo, la costa del Sol attira un numero sempre crescente di amanti del divertimento che continuano, anno dopo anno, a spingere in alto l'economia locale.

Per/dalla Costa del Sol e trasporti locali

Un comodo servizio ferroviario collega Málaga e il suo aeroporto con Torremolinos, Arroyo de la Miel e Fuengirola. Un gran numero di autobus fa servizio fra le cittadine della costa e Málaga.

La AP7 Autopista del Sol, che evita Fuengirola, Marbella, San Pedro de Alcántara ed Estepona, rende la viabilità lungo la Costa del Sol molto più scorrevole per coloro che sono disposti a pagare il pedaggio (€5,50 Málaga-Marbella da giugno a settembre, €3,40 da ottobre a maggio; €6,50 Marbella-Estepona da giugno a settembre, €3,90 da ottobre a maggio).

Un'alternativa senza pedaggio è la A7/N340, che corre parallela alla AP7 più vicino alla costa attraversando numerosi centri abitati. Molte località usano il numero dei chilometri (calcolato dal punto di inizio della statale) per segnalare con esattezza la loro posizione. I numeri crescono da ovest a est. Lungo la A7/N340, Estepona si trova al Km 155, mentre il centro di Marbella è al Km 181. A parte gli indicatori chilometrici, i segnali indubbiamente più utili sulla A7/N340 sono i cartelli 'Cambio de Sentido', che indicano i punti in cui è consentito invertire la marcia e ritornare allo svincolo che magari ci è sfuggito a causa di un attimo di disattenzione. Non sentitevi obbligati ad aumentare la velocità quando siete tallonati da guidatori impazienti e fate molta attenzione ai pedoni ubriachi!

In tutte le località turistiche troverete autonoleggi che praticano prezzi contenuti (da €130 a €150 la settimana, tutto compreso).

TORREMOLINOS E BENALMÁDENA

Molte località di villeggiatura sul mare ucciderebbe per avere il bel tempo delle due capitali della Costa del Sol. Questa giungla di palazzoni di cemento, che inizia 5 km a sud-ovest dell'aeroporto di Málaga, è stata progettata per accogliere il maggior numero di turisti nel minor spazio possibile. Anche in inverno il traffico dei pedoni intasa le strette stradine attigue alle spiagge principali, con i vacanzieri intenti a fare shopping nei negozi di souvenir e a girare per le agenzie immobiliari in cerca di un appartamento da affittare o da comprare.

Dopo aver primeggiato negli anni tra il 1950 e il 1960, nel pieno boom turistico della Costa del Sol, Torremolinos (Torrie) ha perso terreno a favore di altre località, ma sta cercando di riconquistare il suo antico prestigio. La piacevole passeggiata in riva al mare, il Paseo Marítimo, che si estende per quasi 7 km, è la principale caratteristica della cittadina, nonché il suo punto di incontro.

A sud-ovest di Torremolinos vi è la più tranquilla Benalmádena, divisa in tre zone distinte: Benalmádena Costa lungo la costa, Benalmádena Pueblo sulla collina, e Arroyo de la Miel, un animato quartiere periferico di ristoranti e negozi. A un livello decisamente superiore rispetto a Torremolinos, Benalmádena Pueblo conserva ancora un attraente centro storico di viuzze in acciottolato con balconi fioriti tutt'intorno alla bella piazza centrale, Plaza de España. Grazie alla sua posizione sul versante della collina a ridosso della costa, questo paese regala fantastiche vedute del litorale e di solito in estate è leggermente più fresco. Lungo la Benalmádena Costa, il Puerto Deportivo (porticciolo turistico) si sta rapidamente trasformando nel luogo di vita notturna più animato della zona, con alcuni bar e ristoranti di classe.

Orientamento

Calle Hoyo, la strada principale di Torremolinos, entra in città da nord-est (cioè dalla direzione dell'aeroporto di Málaga). Dopo aver attraversato Plaza Costa del Sol, Calle Hoyo diventa Avenida Palma de Mallorca. Calle San Miguel corre per più di 500 m da Plaza Costa del Sol alla Playa del Bajondillo. La stazione degli autobus si trova in Calle Hoyo, mentre quella ferroviaria in Avenida Jesús Santos Rein, una via pedonale che interseca Calle San Miguel a 200 m da Plaza Costa del Sol. A sud-ovest di Playa del Bajondillo, subito dopo aver superato un piccolo promontorio, si incontra Playa de la Carihuela, in passato un quartiere di pescatori, con alle spalle una serie di edifici piuttosto bassi.

L'estremità sud-occidentale di Torremolinos si unisce con Benalmádena Costa, la parte di Benalmádena distesa lungo il litorale del Mediterraneo. Se ci si allontana dalla costa, risalendo la collina per circa 2 km, si raggiunge la zona di Benalmádena chiamata Arroyo de la Miel, con il villaggio Benalmádena Pueblo a circa 4 km a ovest.

Informazioni

ACCESSI A INTERNET

Cyber Café (Avenida Los Manantiales 4, Torremolinos; €2 l'ora; 🕒 9-22)

Miramar (☎ 952 57 75 75; Avenida del Puerto, Benalmádena Costa; €2 l'ora; 🕒 11-23)

ASSISTENZA SANITARIA

Pronto soccorso della Croce Rossa (☎ 952 37 37 27; Calle María Barrabino 16, Torremolinos)

Sanatorio Marítimo (☎ 951 03 20 00; Calle del Sanatorio 5, Torremolinos) Il principale ospedale di Torremolinos.

BANCHE

In ogni località balneare troverete delle banche con bancomat, raggruppate generalmente nelle principali vie pedonali dei negozi.

EMERGENZE

Policía Local (☎ 952 38 14 22; Calle Rafael Quintana 28, Torremolinos)

Policía Nacional (☎ 952 38 99 95; Calle Skal 12, Torremolinos) La stazione centrale di polizia.

INFORMAZIONI TURISTICHE

Ufficio turistico di Benalmádena (☎ 952 44 24 94; www.benalmadena.com, in spagnolo; Avenida Antonio Machado 10, Torremolinos; 🕒 9-20.30 da lunedì a venerdì, 10-16.30 sabato) Situato sulla strada principale arrivando da Torremolinos. Ha uffici sul lungomare di Benalmádena Costa e lungo la strada che dalla AP7 raggiunge Benalmádena.

Ufficio turistico di Torremolinos (☎ 952 37 95 12; www.ayto-torremolinos.org; Plaza Pablo Picasso; 🕒 9-13.30 da lunedì a venerdì) La sede centrale si trova all'interno del municipio, ma ha altri uffici a Playa Bajondillo (☎ 952 37 19 09) e Playa Carihuela (☎ 952 37 29 56) che seguono gli stessi orari di apertura. Dispone di numerosi dépliant sui parchi dei divertimenti che circondano la zona, oltre a informazioni sulle manifestazioni che si svolgono ogni mese.

LIBRERIE

Secondhand Bookshop (Calle San Miguel 26, Torremolinos) È una libreria ben fornita di libri tascabili di seconda mano, perfetti se siete reduci da bagordi notturni e non potete scendere in spiaggia.

POSTA

Ufficio postale **Benalmádena** (Avenida Antonio Machado 20; 🕒 8.30-20.30 da lunedì a venerdì, 8.30-14 sabato); **Torremolinos** (Avenida Palma de Mallorca 23; 🕒 8.30-20.30 da lunedì a venerdì, 9.30-13 sabato)

Che cosa vedere e fare

Bar e spiagge: questo dice tutto. 'Torrie' è ancora una località dove la gente viene per darsi alla pazza gioia lungo **Calle San Miguel**, illuminata dalle insegne al neon, e per approfittare di tutto il sole possibile sulle ampie spiagge sabbiose. Fatta eccezione per la solitaria **Torre de los Molinos** (Torre dei Mulini), una torre d'osservazione araba del XIV secolo, vi è assai poco da vedere. Torrie è un posto dove si viene 'a fare' e non 'a visitare', e proprio come le altre località della Costa del Sol è specializzato in **parchi a tema** (v. p283) e **sport acquatici**. Inoltre organizza numerosi **festival** di musica e danza che si svolgono nel corso dei mesi estivi (per i particolari, controllate presso l'ufficio turistico).

Tuttavia, sembra che i visitatori non si stanchino mai della vecchia e bella passeggiata sul lungomare, che nel caso di Torremolinos si snoda per diversi chilometri a ovest di **Playa de Bajondillo** fino a raggiungere l'esclusiva località di **La Carihuela**, l'originario villaggio di pescatori che riforniva Málaga di pesce e che conserva ancora qualche traccia del suo umile passato – tra queste si possono annoverare alcuni ottimi ristoranti di pesce. Un'avvertenza per chi viaggia in automobile: non esistono strade costiere che colleghino le due spiagge.

Spostandosi più a ovest e risalendo la collina, si incontra Benalmádena Pueblo, più grazioso e meno turistico delle località precedenti. Con i suoi terrazzini ricoperti di gerani e le strette viuzze, costituisce un'apprezzata tregua all'irrefrenabile atmosfera festaiola della costa. Il suo museo, il **Museo Benalmádena** (☎ 952 44 85 93; Avenida Juan Peralta 49; ingresso libero; ⌚ 10-14 e 16-19 da lunedì a venerdì), è diviso in due sezioni: in una sono esposti reperti archeologici locali, mentre nell'altra si può ammirare una sorprendente collezione di manufatti provenienti dal Messico e dall'America centro-meridionale. Inoltre, si può ammirare una vista magnifica del litorale dalla minuscola **chiesa** situata nella parte più altra del villaggio.

A Benalmádena Costa c'è una **funivia** (☎ 952 19 04 82; www.teleferico.com, in spagnolo; Esplanade Tívoli s/n; interi/bambini andata e ritorno €12/8,50; ⌚ 10.30-fino a tardi da aprile a ottobre) di proprietà della società Selwo che consente di salire sulla collina, da dove si può discendere a piedi lungo due percorsi segnati. Sulla sommità della collina è possibile effettuare numerose attività, come brevi giri a dorso d'asino, visite a mostre di uccelli rapaci o a esposizioni sull'equitazione e passeggiate su sentieri battuti. Le **crociere in battello** per Fuengirola (€12, tre o quattro al giorno, 2 ore andata e ritorno) partono dal Puerto Deportivo di Benalmádena. Per prenotare i biglietti contattate **Costasol Cruceros** (☎ 952 44 48 81; www.costasolcruceros.com), che organizza anche uscite per osservare i delfini (interi/bambini €20/10, quattro al giorno, 2 ore andata e ritorno).

Feste e manifestazioni

Torremolinos ospita moltissime manifestazioni, tra cui il **Campionato di balli da sala**, il **Carnevale**, il festival dei **Verdiales** (danze folkloristiche), la **Settimana Santa**, le **Croci di maggio** e la **Giornata del turista** (!). Tuttavia, l'avvenimento più importante è la **Romería de San Miguel** (29 settembre). Si tratta di una pittoresca sfilata di carovane *gitane*, di cavalli andalusi e di ballerini di flamenco che percorre le strade di Torremolinos fino al bosco alle spalle della città, dove la manifestazione si conclude con una serata a base di grigliate, bevute e balli.

Pernottamento

Troverete un gran numero di camere che coprono tutte le fasce di prezzo. In ogni caso, per evitare di trascinarvi da un cartello *completo* all'altro, vi consigliamo vivamente di prenotare con anticipo in alta stagione, ossia nei mesi di luglio, agosto e, in alcuni alberghi, settembre. Al di fuori di questo periodo, le tariffe delle camere spesso scendono drasticamente. Inoltre, ci sono diversi campeggi nella zona (per maggiori particolari, informatevi presso gli uffici turistici).

Hostal Flor Blanco (☎ 952 38 20 71; Pasaje de la Carihuela 4, Torremolinos; doppie €44) A pochi metri da Playa de la Carihuela (circa 1,5 km a sud-ovest del centro di Torremolinos), il piccolo e accogliente Flor Blanco offre camere con vista mare e balconi. Poiché dispone solamente di 12 camere, è consigliabile prenotare con anticipo.

Hotel Miami (☎ 952 38 52 55; www.residencia-miami.com; Calle Aladino 14, Torremolinos; singole/doppie €38/59; ❄ 🏊) È situato in un'incantevole villa in stile andaluso, costruita negli anni intorno al 1950 da Manolo Blascos (cugino di Picasso) per la ballerina di flamenco Lola Medina. A soli 100 m dalla spiaggia La Carihuela, questo piccolo albergo ha camere arredate con gusto e tutt'intorno un giardino tropicale dove si trova una bellissima piscina.

Hotel El Pozo (☎ 952 38 06 22; www.world-traveler.com/spain/pozo/htm; Calle Casablanca 2, Torremolinos; singole/doppie €34/65; ❄) Reso famoso dall'edizione 2002 dello show televisivo inglese *Eastenders*, l'Hotel El Pozo, che dispone di 28 camere spaziose, è situato a pochi passi dalla pedonale Calle San Miguel, nel centro di Torremolinos.

Red Parrot (☎ 952 37 54 45; www.theredparrot.net; Avenida Los Manantiales 4, Torremolinos; singole/doppie €60/65; ❄ 🏊) Questo albergo, che è stato rimesso completamente a nuovo un paio di anni fa, si trova in posizione centrale e offre confortevoli camere con balcone disposte intorno un cortile interno. Particolarmente invitante è la zona della piscina.

Hotel Tarik (☎ 952 38 23 00; www.hoteltarik.com; Paseo Marítimo 49, Torremolinos; singole/doppie €60/91; P ❄ 🏊) Si tratta di un albergo di grandi dimensioni in stile andaluso, proprio sul lungomare, alle spalle di una spiaggia sabbiosa. Le parti comuni sono finemente rifinite secondo l'arte marocchina dello *zellij*, le mattonelle tagliate a mano, e vi è una grande piscina appartata. Le camere, leggermente più anonime delle zone comuni, sono estremamente comode e dotate di tutti i moderni comfort.

La Fonda Benalmádena (☎/fax 952 56 82 73; www.123casa.com/hotels/benalmadendahotellafonda.htm; Calle Santo Domingo 7, Benalmádena Pueblo; singole/doppie con prima colazione €60/86; P) La Fonda è un posto incantevole con grandi camere costruite intorno a dei patio in stile arabo nei quali gorgogliano delle fontane. I proprietari posseggono anche un altro albergo nel villaggio, oltre a diversi appartamenti.

Pasti

La cucina di tipo inglese, quella per intenderci delle tavole calde nelle stazioni di servizio, è ormai diffusa ovunque. Tuttavia, un gran numero di ristorantini di pesce si allinea lungo Playa del Bajondillo, fiancheggiata da palme, a Torremolinos. I migliori ristoranti di questo tipo, nonché cocktail bar sulla spiaggia, si trovano però a Playa de la Carihuela e a Benalmádena Costa.

Bodega Quitapeñas (Cuesta del Tajo, Torremolinos; raciones €4,50-9) In posizione defilata in cima alla scalinata che unisce Calle San Miguel alla spiaggia, questo affollato bar di tapas con una piccola terrazza è frequentato in modo particolare dagli spagnoli per il suo delizioso assortimento di tapas e *raciones* (porzioni di tapas che sostituiscono un pasto) di pesce.

Bar Mesón Pepe (☎ 952 56 86 14; Calle Santo Domingo 2, Benalmádena Pueblo; portate principali €7-8) Locale con tavoli all'aperto nella piazza vicino alla chiesa, affollatissimo praticamente tutte le sere, frequentato soprattutto dalla gente del posto. Non è un caso che sia così apprezzato, considerata la qualità del cibo, l'abbondanza delle porzioni e i prezzi convenienti. Sono particolarmente consigliabili i piatti di pesce: la *brocheta de pescado* (kebab di pesce), per esempio, è assolutamente da non perdere!

La Paella (☎ 952 37 50 55; Paseo Marítimo, Torremolinos; paella per 2 persone €16, pesce intero per 2 persone €29 al chilo) Ristorantino di pesce a Playa Bajondillo davvero ottimo. Offre un vasto assortimento di pesce e frutti di mare, ma ha anche piatti a base di carne.

Casa Juan (☎ 952 38 41 06; Calle San Gine's 20, Torremolinos; portate principali €8-18, pesce intero e fantasia di frutti di mare costo variabile) Questo ristorante, uno dei migliori di La Carihuela, prepara dei fantastici piatti di pesce e di frutti di mare cucinati alla *malagueña*. Ordinate un antipasto d'insalata di avocado e gamberetti seguito da una grossa aragosta. Casa Juan non ha la vista mare, ma in compenso è distribuito in più locali.

Restaurant La Fonda (☎/fax 952 56 82 73; www.123casa.com/hotels/benalmadendahotellafonda.htm; Calle Santo Domingo 7, Benalmádena Pueblo; portate principali €10-17) L'ottimo ristorante dell'albergo La Fonda è dotato di una fantastica terrazza dove si fanno grigliate e d'estate si può cenare all'aperto. Ci sono tavoli, sempre all'aperto, davanti al ristorante e all'interno in una stanza, con voluminosi tendaggi drappeggiati, illuminata da lampade marocchine. Il pesce al forno è imbattibile.

Restaurant El Roqueo (☎ 952 38 49 46; Calle Carmen 35, Torremolinos; portate principali €13-20) Con la sua ampia terrazza, El Roqueo assomiglia ai tipici locali stile tavola calda situati sulla spiaggia. In realtà si tratta di un'impressione sbagliata, in quanto il ristorante è piuttosto elegante. L'atmosfera è animata e accogliente e la *dorada a la plancha* (orata alla griglia), cucinata in modo molto semplice, è deliziosa.

Locali e divertimenti

I locali notturni di Torremolinos sono tornati di moda, nonostante la forte concorrenza da parte del Puerto Deportivo (porticciolo turistico) di Benalmádena Costa, dove sono sorti diversi bar eleganti per turisti. Torrie ha anche alcuni grandi luoghi di ritrovo, così come un'animata scena gay (v. p276).

Playa Miguel (www.playa-miguel.com; Playa de la Carihuela) Ottimo bar sulla spiaggia con musica e cocktail eccellenti. Accomodatevi su una sedia di bambù e godetevi la serata.

Atrévete (Avenida Salvador Allende, La Carihuela; 20-5) Si tratta di un locale famoso per la musica salsa, che dispone di due piccole piste da ballo dove la clientela può esibirsi.

Fun Beach (☎ 952 05 23 97; Avenida Palma de Mallorca 7, Torremolinos; 20-6) Giustamente famoso come il più grande locale notturno d'Europa, il Fun Beach dispone di parecchie piste da ballo, sempre affollatissime, nelle quali potreste addirittura perdervi. La musica è pop, house e garage.

Palladium (☎ 952 38 42 89; Avenida Palma de Mallorca 36, Torremolinos; ingresso €8; 22-7 da metà marzo a metà ottobre) Gigantesco locale molto frequentato, con una fantastica piscina e due piste da ballo, che propone musica a ritmi martellanti.

Disco Kiu (Plaza Sol y Mar, Benalmádena Costa; 23-4 da giovedì a sabato) Enorme discoteca assai cono-

LA COSTA PER I BAMBINI DI OGNI ETÀ

Lungo la costa c'è un numero sempre crescente di attrazioni rivolte ai bambini di ogni età. Il parco dei divertimenti più grande, nonché il primo a essere stato inaugurato, è il **Tivoli World** (☎ 952 57 70 16; www.tivolicostadelsol.com; Avenida de Tivoli, Arroyo de la Miel; ingresso €6; 12-20 domenica da ottobre ad aprile, 13-21 maggio, 16-23 giugno, 18-2 da luglio a settembre). Oltre ai vari tipi di giostre e scivoli (per i quali si paga un supplemento rispetto al biglietto d'ingresso), vi si svolgono ogni giorno spettacoli musicali e di danza, e sono previsti programmi d'intrattenimento per i bambini. Il parco si trova a cinque minuti di cammino dalla stazione ferroviaria di Benalmádena-Arroyo de la Miel. Esiste un conveniente biglietto per bambini, il 'Supertivolino' a €10, che comprende l'ingresso più l'uso illimitato di oltre 30 giostre.

In alternativa, non lontano dalla A7 a Torremolinos trovate il rinomato **Aquapark** (☎ 952 38 88 88; Calle Cuba 10; adulti/bambini €19/14; 10-18 maggio, giugno e settembre, 10-19 luglio e agosto), con vari scivoli d'acqua, e l'analogo, ma più economico, **Parque Acuático Mijas** (☎ 952 46 04 04; www.aquamijas.com; adulti/bambini €15/10; 10.30-17.30 maggio, 10-18 giugno e settembre, 10-19 luglio e agosto), vicino alla circonvallazione di Fuengirola sulla A7, che comprende anche un miniparco separato per i bambini che iniziano a muovere i primi passi.

Altra attrattiva acquatica interessante è l'attrezzato **SeaLife** (☎ 952 56 01 50; www.sealifeeurope.com, in spagnolo; Puerto Deportivo; adulti/bambini €10,85/9,25; 10-22 giugno, 10-24 da luglio a settembre, 10-18 maggio) di Benalmádena, con campo da minigolf, giochi organizzati e vasche dove è possibile dare da mangiare agli squali. È stata inaugurata anche una sezione amazzonica con serpenti d'acqua. In aperta concorrenza c'è il più recente **Selwo Marina** (☎ 902 19 04 82; www.selwomarina.com; Parque de la Paloma, Benalmádena; 10-18, o fino alle 20, 21 o 24 a seconda del programma, chiuso per la maggior parte del periodo da novembre a febbraio; adulti/bambini €15/11, nuotata con i leoni marini €49), il gemello di Selwo Aventura a Estepona. Oltre a un delfinario, un pinguinario e una voliera per uccelli amazzonici, offre la meravigliosa opportunità di nuotare con i leoni marini. La Selwo propone dei pacchetti scontati che comprendono gli ingressi a entrambi i parchi Selwo e la funivia di Benalmádena.

Quando il tempo è brutto una buona soluzione potrebbe essere quella di recarvi al **Crocodile Park** (☎ 952 05 17 82; www.crocodile-park.com; Calle Cuba 14, Torremolinos; 10-18; adulti/bambini €9/6,50), dove delle guide molto esperte vi mostreranno e vi illustreranno le varie specie di coccodrillo.

sciuta che organizza scatenate feste a base di schiuma per aumentare il divertimento. Il codice di abbigliamento non è particolarmente rigido, ma gli uomini di solito indossano la camicia.

Per/da Torremolinos e Benalmádena

Dalla **stazione degli autobus** (☎ 952 38 24 19; Calle Hoyo) di Torremolinos partono gli autobus Portillo che collegano questa località con Benalmádena Costa (€1,10, 15 minuti, ogni quarto d'ora), Málaga (€1,20, 30 minuti, ogni quarto d'ora), Benalmádena Pueblo (€1,10, 40 minuti, ogni mezz'ora) e Fuengirola (€1,20, 30 minuti, ogni mezz'ora). Anche gli autobus diretti a Ronda, Estepona, Algeciras, Tarifa, Cadice e Granada effettuano partenze dalla stazione degli autobus, mentre quelli per Marbella (€3,60, 1 ora, 14 corse al giorno) partono dalla fermata in Avenida Palma de Mallorca, vicino all'ufficio postale.

I treni fanno servizio per Torremolinos circa ogni mezz'ora dalle 5.30 alle 22.30 da Málaga (€1,30, 20 minuti) e dall'aeroporto (€1,10, 10 minuti), quindi proseguono per Benalmádena-Arroyo de la Miel e Fuengirola (€1,30, 20 minuti).

FUENGIROLA

Pop. 63.000

Fuengirola, altra località balneare situata sulla costa a 18 km da Torremolinos e separata da quest'ultima da Benalmádena Costa e Torrequebrada, è frequentata soprattutto da famiglie in vacanza – se possibile il numero dei turisti è superiore a quello di Torremolinos. I suoi palazzoni, a tratti grigiastri, sono stati costruiti immediatamente a ridosso della spiaggia, la quale è inaspettatamente piacevole.

Orientamento e informazioni

Le viuzze situate nei pochi isolati compresi fra la spiaggia e Avenida Matías Sáenz de Tejada (il viale dove si trova la stazione degli autobus) sono ciò che resta della città vecchia cresciuta intorno a Plaza de la Constitución. La stazione ferroviaria è situata un isolato verso l'interno rispetto a quella degli autobus, in Avenida Jesús Santos Rein.

L'**ufficio turistico** (☎ 952 46 74 57; Avenida Jesús Santos Rein 6; 🕑 9.30-14 e 17-19 da lunedì a venerdì, 10-13 sabato) si trova nei pressi della stazione ferroviaria.

Che cosa vedere e fare

Tra le attrattive assolutamente da non perdere c'è l'**Hipódromo Costa del Sol** (☎ 952 59 27 00; www.carreraentertainment.com; ingresso giorni di gara €7, altrimenti gratuito; 🕑 22-2 sabato da luglio a settembre, 11.30-16 domenica da ottobre a giugno), il principale ippodromo dell'Andalusia. È situato a Urbanización El Chaparral, a lato della A7, all'estremità sud-occidentale di Fuengirola. Vale la pena inoltre di dedicare una giornata al **mercatino di strada** (Avenida Jesús Santos Rein) di Fuengirola, che si tiene nello spiazzo per il luna park ogni martedì – si tratta del più grande mercato della Costa del Sol. Infine, nello stesso spiazzo si tiene anche un *rastro* (mercatino delle pulci) il sabato, mentre la domenica c'è un mercato al porto.

Feste e manifestazioni

La festa più importante di Fuengirola è il **Día de la Virgen del Carmen** (16 luglio) durante la quale per due ore 120 fedeli portano in processione dalla chiesa di Los Boliches fino al mare una pesante struttura sulla quale è posata una statua della Vergine. Inoltre, nel periodo che va da luglio a settembre ci sono diversi spettacoli di musica e danza nel **Castillo Sohail**, un castello arabo che in agosto ospita anche un mercato medievale.

Pernottamento

A Fuengirola troverete decine di alberghi. Quelli che seguono sono solo alcuni tra i più consigliabili.

Hostal Italia (☎ 952 47 41 93; fax 952 46 19 09; Calle de la Cruz 1; singole/doppie €40/64; ❄) Buona soluzione di categoria economica caratterizzata da un'atmosfera accogliente. Si trova in Calle de la Cruz, una via pedonale in pieno centro, a un paio di isolati dalla spiaggia. Le camere sono tutte pulite e confortevoli.

Las Islas (☎ 952 47 55 98; Calle Canela 12, Torreblanca del Sol; doppie con prima colazione €67; ❄ 🏊) Situato immediatamente a est di Fuengirola, Las Islas è un angolo di quiete e buon gusto, gestito dai cordialissimi Ghislaine e Hardy Honig. Dispone di 12 comode camere sparse tra i rigogliosi giardini tropicali, e di un eccellente ristorante che propone piatti internazionali e vegetariani.

Hotel El Puerto (☎ 952 47 01 00; www.hotel-elpuerto.com; singole con prima colazione €75-104, doppie con prima colazione €88-134; Calle Marbella 34; ❄ 🏊) Imponente albergo a tre stelle situato sulla spiaggia di Fuengirola. Dai balconi si ammira una splendida vista sul mare e c'è una fantastica piscina ovale nella terrazza sul tetto.

Pasti

In Calle Moncayo e Calle de la Cruz, a un isolato dal Paseo Marítimo, potrete scegliere tra parecchi locali, piuttosto ordinari, specializzati in cucina internazionale. Sul Paseo Marítimo e al Puerto Deportivo (porticciolo turistico) si trova una serie di ristoranti economici.

Cafetería Costa del Sol (☎ 952 47 17 09; Calle Marbella 3; rosquillas €3,60) Allegro locale caratterizzato da una tenda da sole a strisce ideale per la prima colazione. Prepara delle gustose *rosquillas* calde (panini tostati) con prosciutto e formaggio e deliziosi succhi di frutta freschi (€2,60).

Lizzaran (☎ 952 47 38 29; Avenida Jesús Santos Rein 1; raciones €4,50-11,50, portate principali a pranzo €6) Apprezzata oasi tutta spagnola che contrasta con i numerosi locali di Fuengirola che propongono cucina cinese e italiana. Fate una scorpacciata di *pinxos*, pane guarnito con sardine salate o prosciutto.

Mo Mo (☎ 952 19 73 21; Calle Marbella 8; portate principali €8-9,50; 🕑 chiuso domenica e lunedì sera; Ⓥ) Mo Mo è una galleria d'arte con ristorante vegetariano che propone deliziosi piatti di moussaka, bruschette di tofu e torte salate di spinaci.

Restaurante Portofino (☎ 952 47 06 43; Paseo Marítimo 29; portate principali €12-17; 🕑 chiuso lunedì) Questo ristorante, che figura tra i migliori locali di Fuengirola, propone un menu internazionale che comprende una grande quantità di piatti classici a base di pesce. Tra le specialità ricordiamo il fritto di pesce, la sogliola con spinaci e panna ed eccellenti crostacei.

Taberna del Pintxo (Calle Hermsnos Pinzón 2; pintxos €2) Locale aperto recentemente specializzato in *pintxos* (termine basco per tapas).

Locali e divertimenti

Numerosi e vistosi disco-pub sono allineati lungo il Paseo Marítimo, mentre di fronte al Puerto Deportivo (porticciolo turistico) si notano le insegne di alcuni music bar e discoteche. Infine esistono bar alla moda sparsi per la città.

Habana Club (Avenida Condes San Isidro 9) Bar che propone musica spagnola e latina. La domenica e il venerdì è possibile partecipare alle lezioni di salsa che iniziano alle 22.

L'**Irish Times** (⌚ 12-24) e la **Cafetería La Plaza** (⌚ 9-24) sono due bar situati alle opposte estremità di Plaza de la Constitución. La sera sono affollati da una numerosa e animata clientela per lo più spagnola. Il patio dell'Irish Times è straordinario soprattutto nelle caldi notte estive. Agli appassionati di musica rock si consiglia il **Sal's Paradise** (Paseo Marítimo, Parque Doña Sofía), che propone spettacoli di musica dal vivo almeno il sabato sera.

Per/da Fuengirola

Dalla **stazione degli autobus** (☎ 902 14 31 44) partono frequenti corse per Torremolinos (€1,50, 30 minuti), Málaga (€2,50, 1 ora), Marbella (€2,44, 1 ora) e Mijas (€1, 25 minuti).

Fuengirola è servita dagli stessi treni che vanno a Torremolinos: il biglietto costa €2,30 da Málaga e dall'aeroporto.

MIJAS

Pop. 57.000 / alt. 428 m

La storia di Mijas non è diversa da quella che ha provocato la trasformazione della Costa del Sol. Mentre in origine era un umile villaggio, Mijas è oggi la cittadina più ricca della provincia. Dai tempi in cui, negli anni tra il 1950 e il 1960 vi si stabilirono artisti e scrittori dall'aria bohémienne, la cittadina ha conosciuto un'espansione che ha raggiunto anche le colline circostanti e la costa – ma bisogna riconoscere che l'originale fascino del pittoresco villaggio non è andato completamente perso. Non diversamente da quanto accade a Capri, la bellezza dell'ambiente è in parte rovinata dai troppi turisti che la visitano in giornata durante l'estate. In inverno però Mijas è un posto felicemente tranquillo, soprattutto le vie secondarie, che sono affascinanti in qualsiasi periodo dell'anno. Mijas ha almeno il 40% di abitanti stranieri e il suo territorio comunale comprende anche Mijas Costa, lungo la costa a ovest di Fuengirola. Vi sono numerosi campi da golf.

Informazioni

Per informazioni sui principali siti d'interesse turistico, sulle attività e sulle manifestazioni di Mijas, rivolgetevi all'utile **ufficio turistico** (☎ 958 58 90 34; www.mijas.es; Plaza Virgen de la Peña s/n; ⌚ 9-19 da lunedì a venerdì da ottobre a marzo, 9-20 da lunedì a venerdì da aprile a settembre, 10-15 sabato tutto l'anno).

Che cosa vedere e fare

Mijas ospita il più interessante fra i musei di tradizione popolare della Costa del Sol, la **Casa Museo de Mijas** (☎ 952 59 03 80; Calle Málaga; ingresso libero; ⌚ 10-14 e 16-19 da settembre a marzo, 10-14 e 17-20 da aprile a giugno, 10-14 e 18-21 da luglio ad agosto). Fu creato da Carmen Escalona, che ancora lo dirige, una signora specializzata nell'artigianato a tema folkloristico. I modellini, che mostrano con esattezza lo stile di vita di 40 anni fa, sono disseminati in tutto il museo; a completare l'esposizione ci sono molti manufatti e didascalie, purtroppo tutte in spagnolo. È un posto ideale per i bambini che apprezzeranno soprattutto gli asinelli riprodotti in sparto (graminacea). Il museo si trova in cima alla collina che domina Plaza de la Constitución, la seconda piazza più importante di Mijas.

In città c'è anche una **Plaza de Toros** (☎ 952 48 52 48; corrida €45-85; ⌚ 10-20) dalla forma insolita. Vi è inoltre un'interessante grotta chiamata **Virgen de la Peña**, dove si dice che nel 1586 la Vergine sia apparsa a due pastori. Situato sul pendio di un dirupo in un giardino ornamentale, questo luogo offre splendide vedute. Inoltre, da qui parte un **sentiero panoramico** che si snoda lungo il crinale che incombe sulla cittadina. L'8 di settembre si svolge l'annuale processione del villaggio, durante la quale viene trasportata una statua della Vergine per 2 km fino alla **Ermita del Calvario**, una minuscola cappella costruita dai frati carmelitani. Una serie di croci di ferro segna un breve percorso a piedi che, attraverso la foresta, conduce fino all'eremo. In alternativa potete raggiungere la cima a dorso d'asino (€8 dal centro della cittadina).

Quella di Mijas è una zona famosa per l'**arrampicata su roccia** (soprattutto in inverno), con circa un centinaio di vie completamente attrezzate con difficoltà comprese tra il 5a e l'8a+.

Pernottamento

Hostal La Posada (☎ 952 48 53 10; Calle Coin 47; singole/doppie €25/35, appartamenti con camera doppia €45; ⛶) Sistemazione molto accogliente e dai prezzi contenuti, particolarmente indicata per chi viaggia con un budget ristretto. La Posada offre camere e appartamenti spaziosi e puliti disposti intorno a un piacevole patio con giardino.

Casa El Escudo de Mijas (☎ 952 59 11 00; www.el-escudo.com; Calle Trocha de los Pescadores 7; singole/doppie €70/80) Accogliente albergo dai prezzi medi, con pareti colorate in tinte vivaci, mobili in ferro battuto e bagni piastrellati.

TRH Mijas/Hotel Mijas (☎ 952 48 58 00; www.trhhoteles.com; Plaza de la Constitución; singole/doppie €102/125; Ⓟ) Sontuoso albergo in stile andaluso che offre strutture eccellenti, fra cui l'idromassaggio, la possibilità di fare equitazione e giocare a tennis.

Inoltre ci sono due ottimi B&B: **Casa Kay** (☎/fax 952 48 57 91; www.anit.es/casakay; Urbanización Las Lomas de Mijas; singole/doppie €35/70; Ⓟ) e **Finca Blake** (☎/fax 952 59 04 01; www.fincablake.com; Carretera de Mijas Km 2; doppie €78-90). Per i particolari su come raggiungerli, consultati i relativi siti web. Un altro albergo di categoria elevata è l'elegante **Beach House** (☎/fax 952 49 45 40; www.beachhouse.nu; Urbanización El Chaparral, Mijas Costa; singole/doppie €125/140, doppie con vista mare €175; Ⓟ).

Pasti

El Mirlo Blanco (☎ 952 48 57 00; Paseo Marítimo 29, Mijas Costa; portate principali €16-35; chiuso martedì da settembre a giugno) Realizzato in stile basco, El Mirlo Blanco è uno dei migliori ristoranti di Mijas. Il menu cambia di stagione in stagione, ma l'agnello e il nasello arrosto in salsa verde sono entrambi degli ottimi piatti. Si consiglia di completare il pasto con il soufflé al Grand Marnier.

El Padrastro (☎ 952 48 50 00; Paseo del Compás; portate principali €12-27; ♿) Questo ristorante, appollaiato su un dirupo che sovrasta Plaza Virgen de la Peña, offre vedute davvero spettacolari. Potete evitare la faticosa scalinata che lo raggiunge utilizzando il comodo ascensore. Tra le specialità della casa ci sono le torte salate con ripieno di porri, il riso con i frutti di mare e una vasta scelta di piatti a base di pesce.

Se volete gustare tapas e specialità locali recatevi da **El Alarcón** (☎ 952 48 52 45; Calle Lasta 1), un locale piuttosto animato, mentre **The Lemon Tree** (☎ 952 48 64 74; Plaza Virgen de la Peña; pranzi €4,50; chiuso sabato), è un caffè all'inglese dalle pareti dipinte di giallo, che serve piatti molto appetitosi.

Per/da Mijas

Ci sono autobus con corse frequenti che partono da Fuengirola (€1, 25 minuti).

MARBELLA

Pop. 124.000

Marbella è a pieno diritto la località più celebre della Costa del Sol sia per l'atmosfera alla moda e i personaggi famosi che la frequentano, sia per l'elevato tasso di corruzione e crimine che spesso accompagnano il lusso più sfrenato. Con tanto *dinero* in giro, sarebbe sorprendente se nessuno non ne approfittasse. Per maggiori particolari sugli scandali politico-finanziari di Marbella v. p31, anche se fortunatamente questo non impedisce ai viaggiatori normali di continuare a frequentarla per puro divertimento.

Nel 2005 è morto il più famoso cittadino onorario di Marbella, il re saudita Fahd, che possedeva in questa località un favoloso palazzo privato ed era solito spendere durante le sue visite svariati milioni di euro. Tuttavia il denaro continua ad affluire, basti guardare la quantità di vetture di lusso che sfilano ogni sera nel porticciolo del vicino Puerto Banús.

Marbella è conosciuta non solo per il suo centro affollato con le boutique alla moda, le belle piazze, i bar informali, i ristoranti di livello più o meno elevato e le spiagge discrete, ma anche per la Milla de Oro (il Miglio d'Oro), un tratto di 5 km che si estende a ovest della cittadina tra Marbella e Puerto Banús caratterizzato da alberghi di lusso e da palazzi circondati da enormi parchi di proprietà di vari multimiliardari. Inoltre Marbella è anche l'insieme di costruzioni in cemento sorte disordinatamente un po' ovunque, dai nomi improbabili come Costa Azalea e Brisa del Golf, che ospitano soprattutto le villette e gli appartamenti frutto della speculazione edilizia che ha ridotto gran parte della Costa del Sol a quello spettacolo desolante che oggi è sotto gli occhi di tutti.

In ogni caso questi grandi contrasti rendono Marbella una delle capitali del divertimento, nonché una meta visitata ogni anno da una miriade di turisti. Sebbene i prezzi siano fra i più elevati dell'Andalusia, anche con un budget ridotto ci si può divertire sulle sue spiagge, nei bar, nei ristoranti, nei negozi e nelle discoteche. Per quanto riguarda il suo aspetto alla moda, oggigiorno la maggior parte dei personaggi famosi che la frequen-

MARBELLA

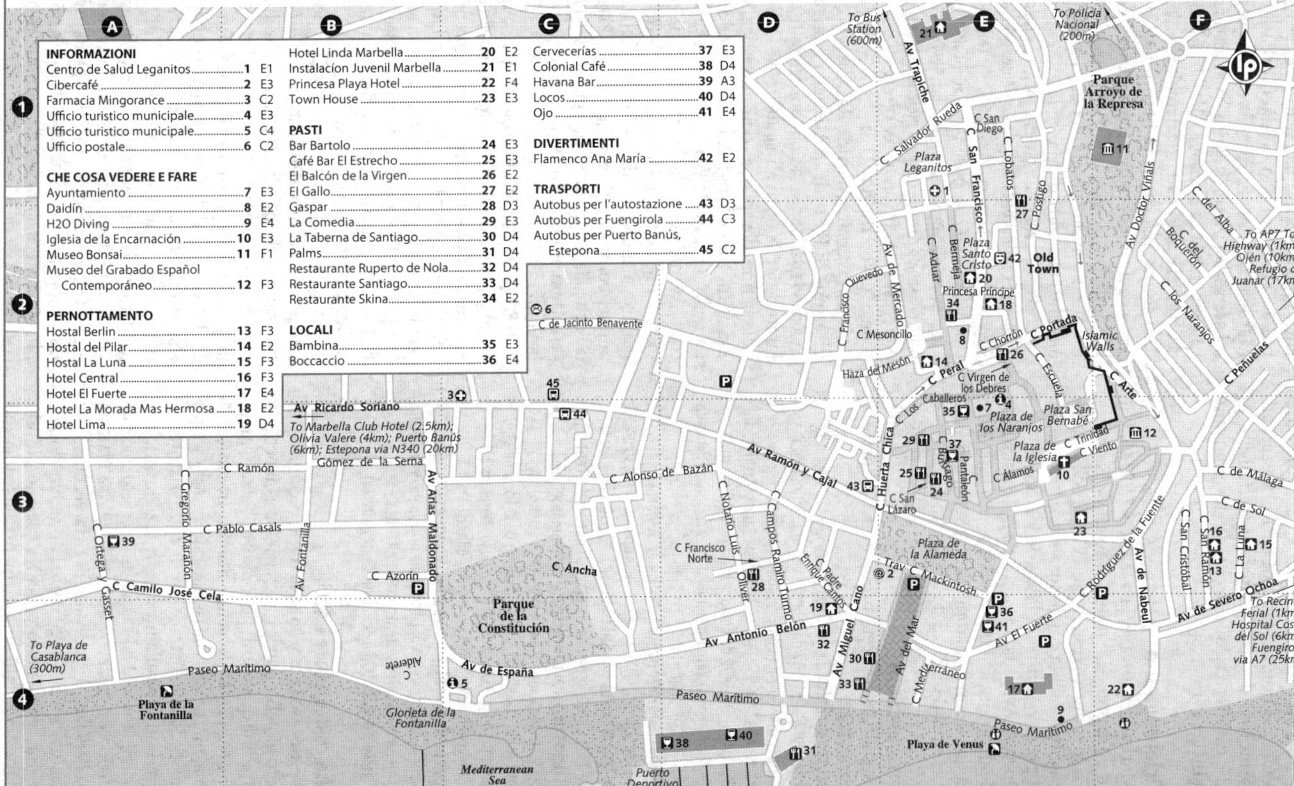
0 200 m
0 0.1 miles
INFORMAZIONI
Centro de Salud Leganitos 1 E1
Cibercafé 2 E3
Farmacia Mingorance 3 C2
Ufficio turistico municipale 4 E3
Ufficio turistico municipale 5 C4
Ufficio postale 6 C2
CHE COSA VEDERE E FARE
Ayuntamiento 7 E3
Daidín 8 E2
H2O Diving 9 E4
Iglesia de la Encarnación 10 E3
Museo Bonsai 11 F1
Museo del Grabado Español Contemporáneo 12 F3
PERNOTTAMENTO
Hostal Berlin 13 F3
Hostal del Pilar 14 E2
Hostal La Luna 15 F3
Hotel Central 16 F3
Hotel El Fuerte 17 E4
Hotel La Morada Mas Hermosa 18 E2
Hotel Lima 19 D4
Hotel Linda Marbella 20 E2
Instalacíon Juvenil Marbella 21 E1
Princesa Playa Hotel 22 F4
Town House 23 E3
PASTI
Bar Bartolo 24 E3
Café Bar El Estrecho 25 E3
El Balcón de la Virgen 26 E2
El Gallo 27 E2
Gaspar 28 D3
La Comedia 29 E3
La Taberna de Santiago 30 D4
Palms 31 D4
Restaurante Ruperto de Nola 32 D4
Restaurante Santiago 33 D4
Restaurante Skina 34 E2
LOCALI
Bambina 35 E3
Boccaccio 36 E4
Cervecerías 37 E3
Colonial Café 38 D4
Havana Bar 39 A3
Locos 40 D4
Ojo 41 E4
DIVERTIMENTI
Flamenco Ana María 42 E2
TRASPORTI
Autobus per l'autostazione 43 D3
Autobus per Fuengirola 44 C3
Autobus per Puerto Banús, Estepona 45 C2
To Bus Station (600m)
To Policía Nacional (200m)
Parque Arroyo de la Represa
Av Trapiche
C Salvador Rueda
C San Diego
Plaza Leganitos
C San Francisco
C Lobatos
C Postigo
Av Doctor Viñals
C del Alba
C del Boquerón
To AP7 Toll Highway (1km); Ojén (10km); Refugio de Juanar (17km)
C los Naranjos
C Peñuelas
C Aduar
C Bermeja
Plaza Santo Cristo
Old Town
Princesa Príncipe
Av de Mercado
C Francisco Quevedo
C Mesoncillo
C de Jacinto Benavente
C Chorrón
C Portada
Islamic Walls
C Escuela
C Arte
Haza del Mesón
C Peral
C Virgen de los Debres
C Los Caballeros
Plaza de los Naranjos
Plaza San Bernabé
C Trinidad
C Viento
Plaza de la Iglesia
C Álamos
C Pantaleón
C Buitrago
C Huerta Chica
C San Lázaro
Av Ramón y Cajal
C Alonso de Bazán
C de Málaga
C de Sol
Av Ricardo Soriano
To Marbella Club Hotel (2.5km); Olivia Valere (4km); Puerto Banús (6km); Estepona via N340 (20km)
Gómez de la Serna
C Ramón
Av Arias Maldonado
C Gregorio Marañón
C Pablo Casals
Av Fontanilla
C Ortega y Gasset
C Camilo José Cela
C Azorín
C Ancha
Parque de la Constitución
C Notario Luis Oliver
C Campos Ramiro Turmo
C Francisco Norte
C Padre Enrique Cantos
Trav C Mackintosh
Plaza de la Alameda
C Rodríguez de la Fuente
Av de Nabeul
C San Cristóbal
C San Ramón
C La Luna
Av de Severo Ochoa
To Recinto Ferial (1km); Hospital Costa del Sol (6km); Fuengirola via A7 (25km)
Av Antonio Belón
Av Miguel Cano
Av del Mar
Av El Fuerte
C Mediterráneo
To Playa de Casablanca (300m)
Paseo Marítimo
C Alderete
Av de España
Playa de la Fontanilla
Glorieta de la Fontanilla
Mediterranean Sea
Puerto Deportivo
Playa de Venus

tano sono al massimo dei comprimari, anche se non passano di certo inosservati. Se non vi disturba il giro di traffici illeciti che caratterizza questa cittadina, venite pure a divertirvi.

Orientamento

Marbella è attraversata dalla A7/N340, che in città prende il nome di Avenida Ramón y Cajal e, più a ovest, Avenida Ricardo Soriano. La città vecchia con le sue viuzze tortuose ha il proprio centro in Plaza de los Naranjos, a nord di Avenida Ramón y Cajal. La stazione degli autobus si trova sul lato settentrionale della circonvallazione di Marbella, circa 1,2 km a nord di Plaza de los Naranjos.

Informazioni

In centro troverete molte banche dotate di bancomat.

Centro de Salud Leganitos (☎ 952 77 21 84; Plaza Leganitos 5; ⏲ 8-17 da lunedì a venerdì, 9-17 sabato) Fornisce assistenza medica di pronto soccorso.

Cibercafé (☎ 952 86 42 62; Travesía Carlos Mackintosh; €3,50 l'ora; ⏲ 9-22 da lunedì a venerdì, 9-20 sabato, 10-22 domenica) Vero e proprio internet café, a metà strada tra il centro e la spiaggia.

Farmacia Mingorance (☎ 952 77 50 86; Avenida Ricardo Soriano 44) Grande farmacia aperta 24 ore su 24.

Hospital Costa del Sol (☎ 952 82 82 50; Carretera N340 Km 187) Questo ospedale è situato 6 km a est del centro.

Ufficio turistico municipale (www.marbella.es; ⏲ 9.30-21 da lunedì a venerdì, 10-14 sabato); **Fontanilla** (☎ 952 77 14 42; Glorieta de la Fontanilla); **Naranjos** (☎ 952 82 35 50; Plaza de los Naranjos 1) L'ufficio di Fontanilla è il principale della città.

Policía Nacional (polizia nazionale; ☎ 952 76 26 00; Avenida Arias de Velasco) La stazione principale della polizia è situata nella parte settentrionale della città.

Ufficio postale (Calle de Jacinto Benavente 14)

Che cosa vedere e fare

Il pittoresco **Casco Antiguo** (città vecchia) è un vero gioiello, con le originarie case bianche, le stradine quasi tutti pedonali, e i balconi pieni di gerani. Potete senza dubbio trascorrervi una mattinata rilassante esplorando i suoi vicoli deliziosi stracolmi di caffè, ristoranti, bar, boutique alla moda e negozi di antichità e artigianato. Nel cuore di questo piacevole intrico di viuzze si apre la graziosa **Plaza de los Naranjos**, il centro della città vecchia, che risale al 1485. Lungo il suo lato settentrionale si erge l'**ayuntamiento**, del XVI secolo, sfondo di molti intrighi politici, mentre la **fontana** sul lato opposto della piazza fu fatta costruire nel 1504 dal primo sindaco cristiano di Marbella. Nei pressi sorge la solida **Iglesia de la Encarnación** (Plaza de la Iglesia; ⏲ orari delle funzioni 8.30, 20 e 21 da lunedì a sabato, 8, 10, 11, 12.30, 20.30 e 22 domenica), la cui costruzione ebbe inizio nel XVI secolo, ma che fu poi terminata in stile barocco. Immediatamente a nord di Plaza de la Iglesia, lungo alcune vie tra cui Calle Arte e Calle Portada, potete vedere i resti delle antiche **mura arabe** di Marbella.

Poco più a est della chiesa sorge il **Museo del Grabado Español Contemporáneo** (Museo delle Stampe Spagnole Contemporanee; ☎ 952 76 57 41; Calle Hospital Bazán s/n; ingresso €2,50; ⏲ 10-14 e 17.30-20.30 da martedì a sabato da metà settembre a metà giugno, 10-14 e 19-21 da martedì a sabato da metà giugno a metà settembre), dove sono esposte, fra le altre, opere di Picasso, Joan Miró e Salvador Dalí.

Se attraversate Avenida Ramón y Cajal in direzione di Plaza de la Alameda giungerete in **Avenida del Mar**, strada pedonale in marmo famosa per le surreali sculture di Dalí. Seguitela fino alle spiagge, delimitate dal Paseo Marítimo, una lunghissima via pedonale. La centrale **Playa de Venus**, immediatamente sotto Avenida del Mar, è una spiaggia piuttosto comune fra quelle della Costa del Sol. Per trovare distese di sabbia più lunghe e ampie, conviene dirigersi a ovest a **Playa de la Fontanilla**, lunga 800 m, oppure a **Playa de Casablanca**, lunga 2 km, situata oltre Playa de la Fontanilla.

Il **Parque Arroyo de la Represa**, un parco ricco d'acqua situato nella zona nord-est della città vecchia, ha una bella area per i giochi dei bambini più piccoli. Ospita inoltre l'incantevole **Museo Bonsai** (☎ 952 86 29 26; interi/bambini €3/1,50; ⏲ 10-13.30 e 16-19 da settembre a giugno, 10.30-13.30 e 17-20 da luglio ad agosto), dedicato a questa millenaria arte giapponese.

Per qualsiasi attività acquatica potete rivolgervi al centro **H2O Diving** (☎ 952 77 82 49; Paseo Marítimo) che offre immersioni della durata di due o tre ore per tutti i livelli (€28) e corsi di quattro o sei giorni per il conseguimento del brevetto PADI, e altri sport come lo sci d'acqua e il divertente kitesurf (sempre che ci sia il vento giusto). Nei periodi al di fuori della normale stagione estiva, che va da aprile a settembre, è necessario chiamare prima per organizzare le diverse attività. **Fly Blue** (☎ 952 92 36 33; www.fly-blue.com; interi/bambini al giorno €65/35, uscita di 3 ore €35/20) noleggia catamarani per l'osservazione dei delfini.

Per attività a terra **Daidín** (☎ 952 82 05 79; www.daidin.com; Calle Ancha 17) propone, con l'accompagnamento di esperte guide, passeggiate a cavallo, in mountain bike e a piedi, birdwatching ed escursioni in fuoristrada sugli altopiani dell'interno e nei parchi naturali.

Feste e manifestazioni

La **Feria de San Bernabé**, che commemora il santo patrono di Marbella, è una delle principali *ferias* della costa andalusa. Nella settimana che termina l'11 di giugno, di giorno i festeggiamenti si svolgono nella città vecchia, mentre di notte si concentrano nel Recinto Ferial in Avenida Arroyo Primero, a est della città, dove oltre a divertirsi in un grande luna park, è possibile assistere a concerti e partecipare a feste e balli.

Pernottamento

Nella città vecchia si incontrano pochi alberghetti graziosi ma moltissimi *hostales* spartani. Gli alberghi di lusso (ci sono circa 28 alberghi a quattro e cinque stelle nel centro e nei dintorni di Marbella) sono sparsi sul lungomare e lungo la A7/N340 per diversi chilometri in entrambe le direzioni rispetto al centro (ma soprattutto verso ovest).

PREZZI ECONOMICI

Instalación Juvenil Marbella (☎ 952 27 03 01; www.inturjoven.com; Avenida Trapiche 2; a persona con prima colazione minori di 26 anni €9,50-14,50, maggiori di 26 anni €13-19;) Il luminoso e moderno ostello di Marbella dispone di 158 posti letto in camere che ospitano da una a quattro persone (di cui la metà con bagno privato). È di gran lunga il posto più economico della città e si trova in posizione abbastanza centrale.

Hostal del Pilar (☎ 952 82 99 36; www.hostel-marbella.com; Calle Mesoncillo 4; singole/doppie/triple con bagno in comune €25/35/50) Ostello molto frequentato e accogliente, gestito da inglesi, nei pressi di Calle Peral. Dispone di un bar con biliardo e di una terrazza per prendere il sole. È possibile avere la prima colazione.

Hostal La Luna (☎ 952 82 57 78; Calle La Luna 7; camere €55;) Calle La Luna è una delle quattro vie pedonali che si incontrano immediatamente a est del centro, vicino alla spiaggia. È piena di piccoli *hostales* che offrono una sistemazione economica di livello più che accettabile. Il delizioso Hostal La Luna ha camere dotate di terrazzini che danno su un patio interno.

Hostal Berlin (☎ 952 82 13 10; www.hostalberlin.com; Calle San Ramón 21; singole/doppie/triple €40/60/70; P) *Hostal* molto accogliente e con ottimi servizi situato in una strada tranquilla parallela a Calle La Luna. Propone la prima colazione a €2,50, e inoltre si può trattare per avere uno sconto per permanenze di più giorni.

PREZZI MEDI

Hotel Lima (☎ 952 77 05 00; www.hotellimamarbella.com; Avenida Antonio Belón 2; singole/doppie €56/70, agosto €72/90;) Si tratta di un albergo piuttosto anonimo, situato però in posizione ideale per raggiungere velocemente la spiaggia. Le camere, in un edificio di otto piani, sono spaziose e hanno balconi che si affacciano su viali alberati.

Hotel Linda Marbella (☎ 952 85 71 71; www.hotellindamarbella.com; Calle Ancha 21; singole/doppie €55/75;) Piccolo albergo affidabile, situato in posizione centrale, che dispone di camere essenziali, alcune delle quali hanno terrazzini che danno sull'attraente città vecchia.

Hotel Central (☎ 952 90 24 42; www.hotelcentralmarbella.com; Calle San Ramón 15; camere €78;) Di categoria superiore rispetto agli *hostales* nei dintorni, il Central vanta la stessa posizione tranquilla ma offre 15 ampie camere, rifinite con gusto e dotate di bagni piastrellati con vasca. È possibile consumare la prima colazione.

Hotel La Morada Mas Hermosa (☎ 952 92 44 67; www.lamoradamashermosa.com; Calle Montenebros 16A; singole/doppie €73/92;) Piccolo albergo con molto carattere situato in una strada della città vecchia silenziosa e piena di fiori. È arredato in modo originale con letti in ferro battuto e candide lenzuola; le sue cinque doppie e l'unica suite (tutte per non fumatori) sono molto richieste, quindi è consigliabile prenotare con anticipo.

PREZZI ELEVATI

Town House (☎ 952 90 17 91; www.townhouse.nu; Calle Alderete 7; singole/doppie con prima colazione €115/130;) Magnifico albergo di piccole dimensioni e dall'atmosfera tranquilla che occupa una tradizionale residenza cittadina. Ha nove camere tutte per non fumatori distribuite nei quattro piani del palazzo. I raffinati arredi sono minimalisti e c'è anche una terrazza sul tetto perfetta per rilassarsi. È consigliabile prenotare con anticipo, se cercate lo stile al giusto prezzo.

Princesa Playa Hotel (☎ 952 82 09 44; www.princesaplaya.com; Avenida Duque de Ahumada s/n; singole €113-129, doppie €132-150; P) Questo moderno albergo con vista sul Mediterraneo dispone di appartamenti che vantano un ottimo rapporto qualità-prezzo se si pensa che è situato sul lungomare.

Hotel El Fuerte (☎ 952 86 15 00; www.hotel-elfuerte.es; Avenida El Fuerte s/n; singole/doppie a partire da €136/198; P) Enorme complesso di 263 camere situato in Paseo Marítimo. Offre svariati servizi tra cui palestra, piscina riscaldata, giardini e spa. Molte camere hanno la vista sul mare, ma per godere di questo privilegio bisogna pagare un extra.

Marbella Club Hotel (☎ 952 82 22 11; www.marbellaclub.com; Carretera de Cádiz 178; singole/doppie €425/450; P) Costruito intorno al 1950 dall'aristocratico austro-messicano Alfonso von Hohenlohe, il Marbella Club Hotel è stato uno dei primi alberghi di grande lusso e di eccezionale discrezione a lanciare Marbella come località turistica di livello eccezionalmente elevato. Circondato da magnifici giardini semitropicali che si estendono per 2 km sul lungomare del Miglio d'Oro, l'albergo offre tutti i servizi che ci si aspetta da una struttura della sua categoria, oltre a uno splendido campo da golf raggiungibile in 20 minuti di automobile.

Pasti

Mangiare a Marbella non significa necessariamente ambienti pretenziosi e porzioni minuscole a prezzi gonfiati. Vi sono alcuni autentici bar di tapas e qualche ristorante alla moda che serve una cucina deliziosa con un ottimo rapporto qualità-prezzo. Il lato del Paseo Marítimo rivolto verso la spiaggia è pieno di ristoranti e bar, come anche Playa de Venus, dove diversi locali si trovano direttamente sulla spiaggia.

El Gallo (☎ 952 82 79 98; Calle Lobatos 44; portate principali €4,50-9; chiuso giovedì) Situato nella parte alta della città, questo ristorante pulito e a prezzi accettabili cucina in modo casalingo tipici piatti andalusi. Assaggiate in particolare le portate di pesce.

La Taberna de Santiago (☎ 952 77 00 78; Avenida del Mar 20; tapas €1,50-2, raciones €5-14; chiuso novembre) Questo raffinato bar che serve tapas è caratterizzato dalla decorazione in piastrelle blu e dalla vista che si gode dalla sua *terraza* sul mare azzurro e sulle surreali sculture di Dalí collocate nella pedonale Avenida del Mar.

LA SCELTA DELL'AUTORE

La Comedia (☎ 952 77 64 78; Calle San Lázaro; portate principali €15-25; 19-1 da martedì a domenica) Originale ristorante situato al primo piano gestito da due svedesi che creano pietanze insolite utilizzando ingredienti provenienti da ogni parte del mondo – imperdibili le cozze in salsa al vino bianco, dopo le quali si può ordinare petto d'anatra con composta di frutta, curry di pollo dolce oppure una crêpe di cuscus vegetariana. Si cena a lume di candela ma l'atmosfera è vivace, con opere d'arte alle pareti e alcuni tavoli sul balcone affacciato sulla piccola Plaza Victoria.

Provate gli ottimi piatti di vongole, le sardine fritte, il *jamón serrano* (prosciutto crudo di montagna) o le lumache in salsa di timo.

El Balcón de la Virgen (☎ 952 77 60 52; Calle Virgen de los Dolores; portate principali €8-16; chiuso domenica) Questo ristorante, uno dei più belli nella zona intorno a Plaza de los Naranjos, offre una *terraza* apprezzata soprattutto d'estate su cui domina una statua della Vergine Addolorata di 300 anni e la più grande pianta di bougainvillea che abbiate mai visto. Il menu propone una discreta scelta fra carne, pesce e insalate.

Gaspar (☎ 952 77 00 78; Calle Notario Luis Oliver 19; portate principali €20; chiuso domenica sera) Ristorante a conduzione familiare situato proprio di fronte al mare con un buon rapporto qualità-prezzo. È possibile ordinare *raciones* o pasti completi di tre portate. Dispone di una piccola biblioteca e di una lunga lista di vini.

Restaurante Santiago (☎ 952 77 00 78; Paseo Marítimo 5; portate principali €18-25; chiuso novembre) Il Santiago, situato proprio sul lungomare, è uno dei ristoranti più conosciuti e affidabili tra quelli di qualità elevata. Propone piatti di pesce da buongustai in un ambiente elegante. Sedetevi sulla terrazza e contemplate le palme di Playa de Venus.

Restaurante Skina (☎ 952 76 52 77; Calle Aduar 12; portate principali €20-27; 7-23.30 da lunedì a sabato) Se volete qualcosa di diverso, Skina è il locale che fa per voi, grazie soprattutto ai tavoli all'aperto dove è possibile cenare nelle serate estive. Ordinate la sogliola con lime e zenzero o la porchetta con pomodori caramellati.

Restaurante Ruperto de Nola (☎ 952 76 55 50; Avenida Antonio Belón 3; portate principali €24-30; chiuso da metà gennaio a metà febbraio) Ristorante di grande eleganza che propone ricette originali, da veri buongustai, a base sia di carne sia di pesce in un ambiente di classe.

Se non vi disturba mangiare circondati dai corpi abbronzati dei clienti in costume da bagno, andate al **Palms** (Playa de Venus; insalate, pesce e frutti di mare €6-12; ⌚ pranzo). Anche il **Café Bar El Estrecho** (☎ 952 77 00 04; Calle San Lázaro; tapas €1,20) e il **Bar Bartolo** (☎ 952 82 69 50; Calle San Lázaro; tapas €1,80) sono dei buoni locali che servono tapas di tutti i tipi e caffè forte. Quando sono affollati, dovete essere pronti a sgomitare per arrivare al banco.

Locali

Il Puerto Deportivo di Marbella, una zona della città per lungo tempo poco raccomandabile, è stato riaperto dopo aver subito importanti lavori di riqualificazione. I suoi locali sono oggi al centro di una vivace vita notturna.

Colonial Café (☎ 649 08 41 72; ⌚ 18-3 o più tardi) Disco-pub alla moda con musica funky-house o reggae-dub e una *terraza* affacciata sul porto.

Locos (⌚ 13.30-4 o più tardi) Locale alternativo alle spalle del Puerto Deportivo con un'atmosfera animata. Alcune sere propone gruppi che suonano dal vivo.

Bambina (Calle Pasaje 5) Locale nella città vecchia dal design raffinato che offre cocktail e musica house.

In Calle Pantaleón c'è una lunga fila di *cervecerías* (birrerie). I bevitori abituali dovrebbero fare un giro nella parte ovest in Calle Camilo José Cela e nelle vie circostanti, dove si trova l'**Havana Bar** (☎ 952 86 36 41; Calle Pablo Casals 17), un lounge-bar alla moda che alcune sere propone musica latina dal vivo. Il **Boccaccio** (Calle Puerto del Mar 7) e il vicino **Ojo** (Calle Puerto del Mar 9), particolarmente apprezzati dalla clientela gay, sono aperti dalle 22 o dalle 23 fino all'incirca alle 6 di mattina.

Divertimenti

I migliori e più conosciuti locali notturni di Marbella si concentrano intorno al Miglio d'Oro e in quella fiera delle vanità che è Puerto Banús.

Flamenco Ana María (☎ 952 77 11 17; Plaza Santo Cristo 5; ingresso e una bevanda €20; ⌚ spettacoli 23.30 da mercoledì a sabato) A differenza di quanto avviene normalmente sulla Costa del Sol, l'Ana María offre spettacoli autentici, con un discreto rapporto qualità-prezzo. È necessario prenotare.

Shopping

Le tortuose vie della città vecchia sono affollate di boutique stracolme di abiti firmati, di seducenti negozi d'artigianato e di eleganti botteghe antiquarie. Un'altra zona con boutique esclusive è quella a sud di Avenida Ramón y Cajal e a ovest di Avenida Miguel Cano. Il lunedì mattina si tiene un vivace mercato intorno al **Recinto Ferial** (Avenida Albarizas), a est della città vecchia.

Per/da Marbella

Gli autobus per Fuengirola (€2,50, 1 ora), Puerto Banús (€1, 20 minuti) ed Estepona (€2,40, 1 ora) partono ogni 30 minuti da Avenida Ricardo Soriano. Quelli in servizio dalla **stazione degli autobus** (☎ 952 76 44 00; Avenida Trapiche) raggiungono, tra le altre, le seguenti destinazioni:

Destinazione	Tariffa	Durata	Frequenza giornaliera
Algeciras	€6	1½ ore	20
Cadice	€16	2½ ore	3
Córdoba	€16	5 ore	1 o 2
Granada	€14	2¾ ore	7
Málaga	€4,70	1¼ ore	fino a 27
Málaga (aeroporto)	€4	1 ora	10 o più
Ojén	€1	30 min	9 (lun-sab)
Ronda	€4,70	1½ ore	7
Siviglia	€15	3¾ ore	2 o 3

Trasporti locali

Dalla stazione degli autobus il n. 7 (€1) fa servizio ogni 20 minuti (dalle 6.30 alle 23.10) per la fermata Fuengirola/Estepona di Avenida Ricardo Soriano, nei pressi del centro. Per ritornare alla stazione degli autobus, prendete il n. 2 da Avenida Ramón y Cajal (all'angolo con Calle Huerta Chica). Per andare a piedi dalla stazione degli autobus al centro, percorrete il ponte che attraversa la circonvallazione e proseguite dritto per Avenida Trapiche.

Le vie di Marbella sono molto trafficate e il sistema dei sensi unici è talvolta complicato. Per fortuna ci sono diversi parcheggi a pagamento sparsi per la città dove potrete lasciare la vostra automobile: le tariffe orarie variano da €1 a €1,20 l'ora, mentre quelle giornaliere oscillano tra €10 e €12.

DINTORNI DI MARBELLA

Ojén e dintorni

Nove chilometri a nord di Marbella, tra boschi di eucalipti e di cedri sorge il villaggio di Ojén, il posto ideale da cui partire per esplorare la regione collinare della Sierra Blanca che si innalza alle spalle della costa. Al **Museo del Vino Málaga** (☎ 952 88 14 53; Calle Carrera 39; ingresso libero; 🕑 11-15 e 18-22 da luglio a ottobre, 11-20 da novembre a giugno) di Ojén potete assaggiare e acquistare i famosi vini di Málaga. Un festival di flamenco, nel quale si esibiscono gli artisti più noti del paese, viene organizzato presso il **Castillo de Cante** la sera del primo o del secondo sabato di agosto.

Oltre a un paio di semplici ristorantini, a Ojén trovate anche il **Refugio de Juanar** (☎ 952 88 10 00; www.juanar.com; Sierra Blanca s/n; singole/doppie €79/102; Ⓟ), un albergo in una graziosa casa di campagna situata sul versante di una collina a circa 7 km dal paese. C'è anche un ristorante specializzato in piatti di selvaggina. Dal Refugio de Juanar partono alcuni sentieri ben tracciati di cui l'albergo potrà fornirvi una cartina. Con un'escursione di 2 km che sale dolcemente si arriva a un **mirador**, un punto panoramico da cui si può ammirare tutta la costa e, nelle giornate limpide, addirittura il litorale africano. Sulla cima della collina, mezzo chilometro a ovest del *mirador*, si trova la Cruz de Juanar (Croce di Juanar) da cui si godono vedute anche migliori. Gli escursionisti più allenati possono ripercorrere lo stesso sentiero per fare ritorno a Ojén o a Marbella, oppure proseguire in direzione ovest fino al villaggio di Istán.

LA REGINA DEL BALLO

Olivia Valere (☎ 952 82 88 61; www.oliviavalere.com; Carretera de Istán Km 0,8; ingresso da settembre a luglio €20-30, agosto €50; 🕑 24-6 da giovedì a sabato, di sera in agosto) Se esiste un locale notturno nel quale Marbella si può riconoscere, questo è sicuramente l'Olivia Valere, a meno di 1 km di distanza dal centro lungo Carretera de Istán, nelle immediate vicinanze del Miglio d'Oro. Costruito sul modello dell'Alhambra di Granada, questo locale sembra uscito dalle pagine della *Mille e una notte*, con ampi cortili collegati tra loro trasformati in piste da ballo, fontane zampillanti, colonne d'oro e splendidi bar un po' bui. Il suo ristorante è l'esclusivo Babilonia (aperto dalle 20.30 alle 3), che propone squisiti piatti internazionali (portate principali da €18 a €30). Venire in questo locale è un'esperienza che chiunque visiti Marbella dovrebbe fare.

Puerto Banús

Pop. 15.000

Lungo la costa a ovest di Marbella, a soli 7 km di distanza, si incontra Puerto Banús, uno dei primi porti turistici della Spagna sviluppatisi intorno a un villaggio, attualmente il più esclusivo della Costa del Sol. Qui, sotto la torre di guardia all'estremità occidentale del porto, attraccano immensi yacht che assomigliano a palazzi galleggianti. A Puerto Banús la filosofia di Marbella di 'spendere, essere notati, divertirsi' è elevata alla massima potenza e si traduce in una costante sfilata di personaggi famosi, in procinto di diventarlo e persone normali che passano davanti alle lussuose boutique e ai ristoranti affollati del lungomare. I locali notturni più frequentati di tutta Marbella sono nascosti nei vicoli a due passi dal porto turistico, mentre, in posizione ancora più arretrata, si trovano un paio di centri commerciali. Inoltre, sia a est sia a ovest del porto turistico, ci sono belle e ampie spiagge di sabbia.

È senz'altro una cittadina divertente e se volete arrivarci in maniera diversa dal solito contattate **Cruceros Turísticos Marbella** (☎ 676 000099), che ogni ora dalle 10 alle 18 effettua collegamenti via mare tra il Puerto Deportivo di Marbella a quello di Banús (sola andata/andata e ritorno €5/8, 30 minuti).

Volete rifocillarvi? La scelta è tra la cucina greca del **Red Pepper** (☎ 952 81 21 48; portate principali €17-25), quella italiana di **Don Leone** (☎ 952 81 17 16; pizza e pasta €9-12) e **Picasso** (☎ 952 81 36 69; pizza e pasta €9-10), oppure quella americana di **Jacks** (☎ 952 81 36 25; hamburger €10-16), tutti sul lungomare in Calle de Ribera.

Fra i locali più frequentati di Puerto Banús ricordiamo il **Salduba Pub** (☎ 952 81 10 92; 🕑 12-2) e il Sinatra Bar, entrambi all'estremità occidentale di Calle de Ribera. A est di questi ultimi, il **Taco Loco** (☎ 952 81 14 38; 🕑 12-2) ha un'atmosfera particolarmente festaiola. Inoltre, nella via parallela a Calle de Ribera, anche detta *segunda línea*, ci sono parecchi altri bar affollati, tra cui un certo numero di pub irlandesi.

Le danze si aprono all'1 del mattino o più tardi ancora. I principali locali della *segunda línea* sono:

Comedia (⌚ 23-alba) Locale alla moda con musica dance internazionale.

Heaven Café (☎ 952 90 85 29; ⌚ 21-4) DJ locali che propongono musica house.

Terra Blues (☎ 686 908016; ⌚ 23-alba da mercoledì a sabato) A seconda della serata, i DJ propongono vari tipi di musica, dal funk all'acid jazz, dall'hip-hop al rock, nonché serate di musica reggae.

Al di là della rotonda presso l'ingresso occidentale del porto si trova il celebre **Glam** (☎ 952 81 78 20; Edificio Gray d'Albion; ⌚ a partire dalle 24 venerdì e sabato), dove potreste scorgere qualche personaggio famoso, mentre il **Dreamer's** (☎ 952 81 20 80; www.dreamers-disco.com; N340 Km 175, Río Verde; ingresso e una bevanda €20; ⌚ 00.30-6 da lunedì a sabato), nella periferia est di Puerto Banús, rappresenta per gli amanti della musica house e garage un luogo da sogno. Con un programma che prevede DJ sempre diversi, un calendario fitto di importanti eventi e una sala che può accogliere fino a 1400 persone, non avrete certo la tentazione di cercare un luogo migliore di questo dove scatenarvi a ballare.

Estepona

Pop. 55.000

Estepona è riuscita abbastanza bene a tenere sotto controllo il proprio sviluppo urbanistico e rimane quindi una cittadina piuttosto piacevole, con la sua lunga passeggiata a ridosso dell'ampia distesa sabbiosa di **Playa de la Rada**. Questa bella spiaggia, oltre ad avere acque pulite e un'atmosfera rilassante, dispone di una fantastica area per i giochi dei bambini che la rende un'ottima soluzione per le famiglie. La zona dei giochi è situata sul lato opposto di Avenida San Lorenzo, dove si trova l'**ufficio turistico** (☎ 952 80 20 02; www.estepona.es; Avenida San Lorenzo 1; ⌚ 9-20 da lunedì a venerdì, 10-13.30 sabato). Le spiagge nei dintorni di Estepona sono particolarmente adatte ai surfisti alle prime armi.

CHE COSA VEDERE E FARE

Il parco safari **Selwo Aventura** (☎ 902 19 04 82; www.selwo.es; Carretera A7 Km 162,5; adulti/minori di 8 anni €22/15; ⌚ 10-18 da settembre a giugno, 10-20 da luglio ad agosto, chiuso dai primi di dicembre ai primi di gennaio), situato 6 km a est di Estepona, ospita oltre 200 specie di animali esotici. Si può visitare sia in fuoristrada sia a piedi e provare le varie attività. Un autobus diretto fa servizio da Málaga via Torremolinos, Fuengirola e Marbella (per informazioni telefonate alla Selwo), ma il modo migliore per raggiungerlo è quello di utilizzare un taxi (€10).

Chi desidera praticare qualche attività sportiva può rivolgersi all'**Happy Divers Club** (☎ 952 88 90 00; www.happy-divers-marbella.com; Atalaya Park Hotel, Carretera de Cádiz Km 168,5), situato 11 km a est di Estepona, che organizza immersioni e svariate escursioni.

Se ci si allontana dalla spiaggia, il punto centrale di Estepona è **Plaza de las Flores**, una piazza molto graziosa dove convergono tutte le viuzze della parte più vecchia della cittadina, che ricorda il *casco antiguo* di Marbella.

Oltre il faro, all'estremità occidentale della città, sorge il porto suddiviso in una zona dove attraccano le imbarcazioni da diporto e in un'altra, piuttosto grande, per la flotta di pescherecci. Ogni mattina vi si tiene un animato **mercato del pesce** – andateci presto perché di solito chiude verso le 7.

PERNOTTAMENTO E PASTI

Estepona non offre molte possibilità di pernottamento. La maggior parte sono di fascia media o bassa, ma lungo la costa che si estende verso est si incontrano alcuni alberghi a quattro e a cinque stelle.

Hostal La Malagueña (☎ 952 80 00 11; www.hlmestepona.com; Calle Castillo 1; singole/doppie €25/49; Ⓟ) Appena girato l'angolo della piazza centrale, Plaza de las Flores, ci si imbatte in questo *hostal* che dispone di camere semplici ma confortevoli dotate di ventilatori.

Hostal El Pilar (☎ 952 80 00 18; www.telefonica.net/web2/hostalelpilar; Plaza de las Flores 10; singole/doppie €28/50; ❄) *Hostal* vecchio stile, molto accogliente, situato in ottima posizione in un edificio costruito 250 anni fa in Plaza de las Flores.

Hotel Aguamarina (☎ 952 80 61 55; www.hotelaguamarina.com; Avenida San Lorenzo 32, singole/doppie con prima colazione €58/82; ❄) L'Aguamarina offre camere confortevoli e moderne, alcune delle quali hanno il balcone con vista sul mare. Al piano terra c'è anche un comodo caffè-ristorante.

Plaza de las Flores, dove si ritrovano soprattutto gli studenti, ospita alcuni bar di tapas e qualche ristorante. La maggior parte dei locali si concentra nel Puerto Deportivo: provate il **Maharajah's** (☎ 952 80 14 52; piatti €7-10; ⌚ 19-23.30), frequentato da una clientela elegante, per un buon biryani (risotto d'agnello) e specialità del Punjab o di Goa, oppure dirigetevi al **Ristorante Rosatti** (☎ 952 79 66 06; portate principali €12-20, menú €26; 🕒 19-24) per una serata romantica al lume di candela con dell'ottimo cibo. Sempre in questa zona, si trovano anche numerosi bar molto frequentati che rimangono aperti fino a tardi.

PER/DA ESTEPONA

La **stazione degli autobus** (☎ 952 80 02 49; Avenida de España) si trova sul lungomare 400 m a ovest dell'ufficio turistico. Gli autobus, che partono ogni mezz'ora dalle 6.40 alle 22.40, fanno servizio per Marbella (€2,40, 1 ora) e per Málaga (€7, 2 ore, 10 corse al giorno). Inoltre, collegano Estepona a La Línea de la Concepción (€3,50, 1 ora, otto corse al giorno), Algeciras (€3,60, 1 ora, nove corse al giorno) e Cadice (€13, 3 ore e mezzo, due corse al giorno).

L'ENTROTERRA

L'entroterra montagnoso della provincia di Málaga, una regione dove la natura è ancora incontaminata, è punteggiato da romantici *pueblos blancos* (villaggi bianchi) sparpagliati su terreni scoscesi. Oltre le montagne, la campagna verdeggiante si apre in una vasta e variegata scacchiera di pianure alluvionali. Niente a che vedere con il turismo di massa che soffoca la Costa del Sol.

RONDA

Pop. 36.000 / alt. 744 m

La posizione in cui sorge Ronda, rispetto a quella degli altri *pueblos blancos*, è sicuramente la più suggestiva, abbarbicata com'è su un altopiano nell'entroterra spaccato dalla fenditura della gola di El Tajo, profonda 100 m. Ronda deriva il suo nome, che significa 'circondata dai monti' dalla bellissima Serranía de Ronda che la cinge. Fondata nel IX secolo a.C., Ronda è anche una delle più antiche città della Spagna. Il suo centro storico, La Ciudad (la città), risale in gran parte al periodo della dominazione araba, quando era un importante centro culturale pieno di moschee e palazzi. La ricchezza derivatale dall'essere un centro commerciale ne fece un obiettivo allettante per banditi e speculatori, e la città, grazie al suo passato avvincente e romantico, ha un posto importante nel folklore spagnolo.

Ronda era uno dei luoghi preferiti dagli scrittori romantici del tardo XIX secolo, ed è stata visitata da una serie di artisti provenienti da varie parti del mondo, come David Wilkie, Alexandre Dumas e Rainer Maria Rilke, nonché da importanti figure del XX secolo, tra cui Ernest Hemingway e Orson Welles. Oggi Ronda ha ancora tutte le carte in regola per non venire meno a tale fama, e siccome dista solo un'ora dalla Costa del Sol, attrae folle di turisti che la visitano con un'escursione in giornata – durante la stagione estiva la popolazione della città in pratica raddoppia. Il momento migliore per godere delle meraviglie di questa città con una relativa tranquillità è la sera, quando è avvolta da una luce dolcissima, oppure fuori dalla stagione turistica all'inizio della primavera e alla fine dell'autunno.

Orientamento

La Ciudad sorge sul lato meridionale della gola di El Tajo. Dopo la Reconquista nel 1485, La Ciudad fu gravata da nuove imposte che costrinsero i residenti a spostarsi a nord della gola e a fondare una nuova città, El Mercadillo (il mercato). Tre ponti attraversano la gola, il più importante dei quali, il Puente Nuevo, collega Plaza de España a Calle de Armiñán. Entrambe le parti della città, quella vecchia e quella nuova, terminano bruscamente a occidente con dirupi che sprofondano nella valle, molto più in basso, del Río Guadalevín. I luoghi di interesse turistico sono concentrati soprattutto nella Ciudad, mentre quasi tutti gli alberghi e i ristoranti, oltre alla stazione ferroviaria e a quella degli autobus, si trovano a El Mercadillo.

Informazioni

ACCESSI A INTERNET

Central Corner Cibercafé (☎ 952 87 98 39; Calle Los Remedios 26; €2,70 l'ora; 🕒 16-fino a tardi) Frequentato bar che funge anche da internet caffè grazie a computer a connessione rapida.

ASSISTENZA SANITARIA

Hospital General Básico (☎ 952 87 15 41; El Burgo Rd) L'ospedale di Ronda dista dal centro 1 km.

BANCHE

Banche e bancomat si trovano principalmente lungo Calle Virgen de la Paz (di fronte all'arena) e in Plaza Carmen Abela.

RONDA

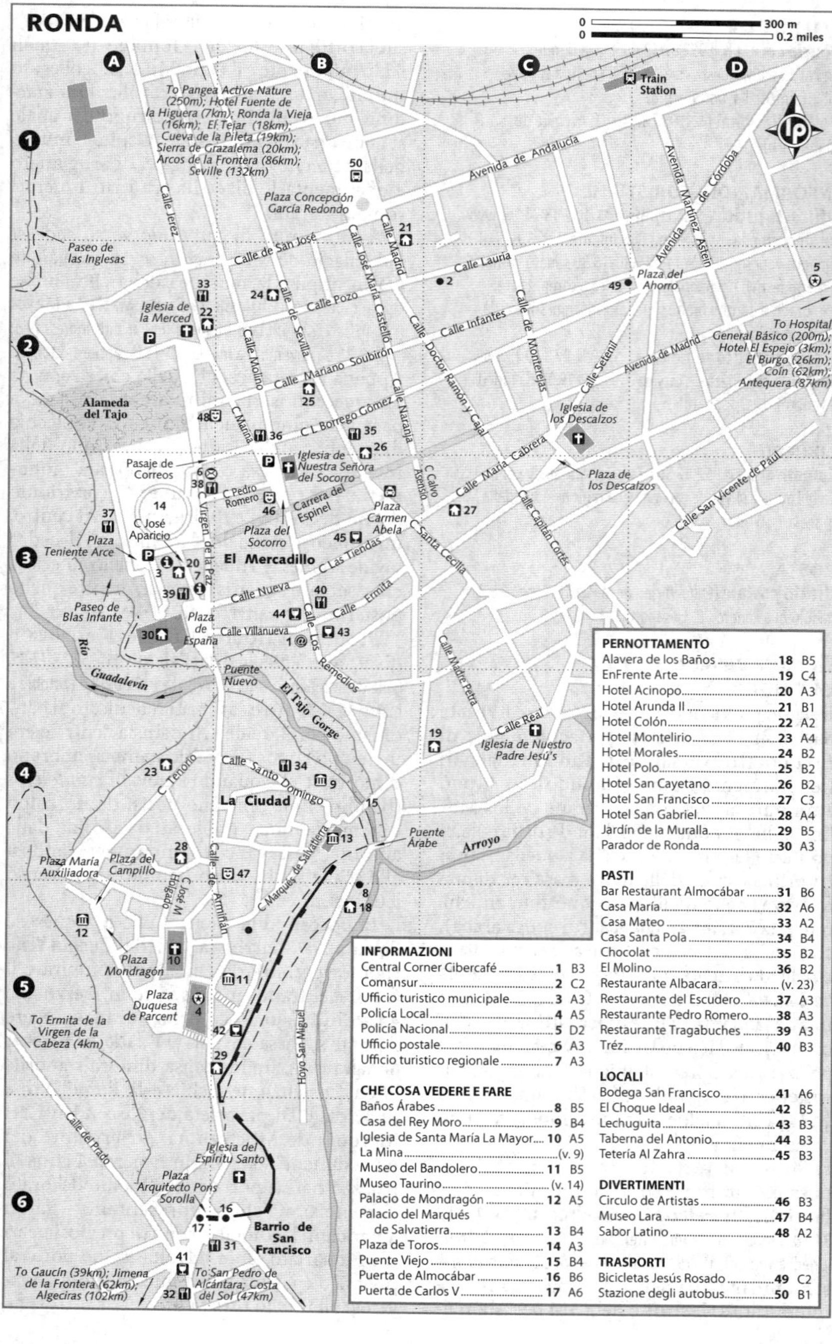

PERNOTTAMENTO

Alavera de los Baños	18	B5
EnFrente Arte	19	C4
Hotel Acinopo	20	A3
Hotel Arunda II	21	B1
Hotel Colón	22	A2
Hotel Montelirio	23	A4
Hotel Morales	24	B2
Hotel Polo	25	B2
Hotel San Cayetano	26	B2
Hotel San Francisco	27	C3
Hotel San Gabriel	28	A4
Jardín de la Muralla	29	B5
Parador de Ronda	30	A3

PASTI

Bar Restaurant Almocábar	31	B6
Casa María	32	A6
Casa Mateo	33	A2
Casa Santa Pola	34	B4
Chocolat	35	B2
El Molino	36	B2
Restaurante Albacara	(v. 23)	
Restaurante del Escudero	37	A3
Restaurante Pedro Romero	38	A3
Restaurante Tragabuches	39	A3
Tréz	40	B3

LOCALI

Bodega San Francisco	41	A6
El Choque Ideal	42	B5
Lechuguita	43	B3
Taberna del Antonio	44	B3
Tetería Al Zahra	45	B3

DIVERTIMENTI

Circulo de Artistas	46	B3
Museo Lara	47	B4
Sabor Latino	48	A2

TRASPORTI

Bicicletas Jesús Rosado	49	C2
Stazione degli autobus	50	B1

INFORMAZIONI

Central Corner Cibercafé	1	B3
Comansur	2	C2
Ufficio turistico municipale	3	A3
Policía Local	4	A5
Policía Nacional	5	D2
Ufficio postale	6	A3
Ufficio turistico regionale	7	A3

CHE COSA VEDERE E FARE

Baños Árabes	8	B5
Casa del Rey Moro	9	B4
Iglesia de Santa María La Mayor	10	A5
La Mina	(v. 9)	
Museo del Bandolero	11	B5
Museo Taurino	(v. 14)	
Palacio de Mondragón	12	A5
Palacio del Marqués de Salvatierra	13	B4
Plaza de Toros	14	A3
Puente Viejo	15	B4
Puerta de Almocábar	16	B6
Puerta de Carlos V	17	A6

EMERGENZE

Policía Local (☎ 952 87 13 69; Plaza Duquesa de Parcent s/n) Questa stazione della polizia si trova all'interno dell'*ayuntamiento*.

Policía Nacional (☎ 952 87 10 01; Avenida de Madrid s/n)

INFORMAZIONI TURISTICHE

Ufficio turistico municipale (☎ 952 18 71 19; www.turismoderonda.es; Paseo de Blas Infante; ⏲ 10-19.30 da lunedì a venerdì, 10.15-14 e 15.30-18.30 sabato, domenica e giorni festivi) Il personale, simpatico e competente, è in grado di fornire moltissime informazioni sulla città e sulla regione.

Ufficio turistico regionale (☎ 952 87 12 72; www.andalucia.org; Plaza de España 1; ⏲ 9-19.30 da lunedì a venerdì, 10-14 sabato)

LIBRERIE

Comansur (☎ 952 87 86 67; www.comansur.com; Calle Lauria 33) Vende cartine della regione edite dalla SGE in scala 1:50.000.

POSTA

Ufficio postale (Calle Virgen de la Paz 18-20; ⏲ 9-20 da lunedì a venerdì, 9-14 sabato)

Che cosa vedere

LA CIUDAD

Il segno più riconoscibile di Ronda è il **Puente Nuevo**, che sovrasta la spettacolare gola di El Tajo attraversando il Río Guadalevín (letteralmente fiume profondo); lo si può ammirare al meglio dal Camino de los Molinos, che si snoda lungo il fondo della gola. Il ponte collega la città vecchia a quella nuova. La prima è cinta dalle mura massicce di una fortezza, nelle quali si aprono due antiche porte: la **Puerta de Almocábar** (di epoca araba), che nel XIII secolo costituiva l'accesso principale al castello, e la cinquecentesca **Puerta de Carlos V**. All'interno, La Ciudad conserva intatta la pianta di una tipica città araba, con un intricato dedalo di stretti vicoli, mentre i palazzi delle potenti famiglie, i cui esponenti sostennero Fernando el Católico quando, nel 1485, la città cadde in mano al monarca, sono rinascimentali.

Su quasi tutte le dimore signorili si possono ammirare gli stemmi delle varie famiglie. Il **Palacio de Mondragón** (☎ 952 87 84 50; Plaza Mondragón; interi/ridotti €2/1; ⏲ 10-18 da lunedì a venerdì, 10-15 sabato, domenica e giorni festivi) è sicuramente una delle residenze più belle e interessanti. Costruito nel 1314 per Abomelic, signore di Ronda, il palazzo conserva i suoi cortili interni con le fontane, tra i quali il più imponente è il Patio Mudéjar, collegato tramite un arco a ferro di cavallo a un giardino situato in cima a un dirupo dal quale si gode una splendida vista. Ospita il museo della città che espone oggetti di artigianato e documenta le diversità tra i riti funerari romani e arabi.

A un minuto di cammino verso sud-est dal Palacio de Mondragón sorge quella che era in origine la moschea della città, e che oggi è la ricca **Iglesia de Santa María La Mayor** (☎ 952 87 22 46; Plaza Duquesa de Parcent; ingresso €3; ⏲ 10-18 da novembre a marzo, 10-19 da aprile a ottobre). Appena varcata la soglia della chiesa si nota un arco con iscrizioni in arabo, che faceva parte del mihrab (nelle moschee, la nicchia di preghiera che indica la direzione della Mecca). La chiesa è stata dichiarata monumento nazionale, e il suo interno è un trionfo di stili decorativi e di ornamenti. Al centro, un immenso stallo del coro in legno di cedro divide la chiesa in due settori: quello anteriore era riservato agli aristocratici, mentre quello posteriore agli altri fedeli.

Proprio di fronte alla chiesa si trova il divertente **Museo del Bandolero** (☎ 952 87 77 85; Calle de Armiñán 65; ingresso €3; ⏲ 10.30-18 da ottobre a marzo, 10.30-19 da aprile a settembre), dedicato al banditismo per il quale l'Andalusia centrale era un tempo famosa. Vecchie stampe sembrano dimostrare che quando i giovani *bandoleros* (banditi) non venivano uccisi da un colpo di arma da fuoco, impiccati o garrotati dalle autorità, passavano il tempo pugnalandosi alle spalle sia in senso figurato sia in senso letterale.

Imboccando la stretta Calle Marqués de Salvatierra si arriva al piccolo **Puente Viejo** (ponte vecchio), da cui si può ammirare il fiume nel tratto in cui scorre in mezzo alla gola di El Tajo. Poco prima di raggiungere il ponte si passa davanti al **Palacio del Marqués de Salvatierra**, un'immensa dimora signorile la cui costruzione richiese la demolizione di 42 case. Di proprietà dei discendenti del Marqués de Moctezuma, governatore dei possedimenti spagnoli in America Latina, il palazzo ha un portale riccamente decorato con incisioni che rappresentano i nativi americani. L'edificio, pieno di preziosi pezzi d'antiquariato, apre talvolta le sue porte al pubblico (per maggiori informazioni rivolgetevi all'ufficio turistico).

Per vedute ancora più spettacolari del fiume e della gola di El Tajo, lasciate il Puente Viejo e ripercorrete Calle Marqués de Salvatierra, svoltando a destra in Calle Santo Domingo fino alla **Casa del Rey Moro** (☎ 952 18 72 00; Calle Santo Domingo 17; interi/bambini €4/2; 🕑 10-19), i cui giardini terrazzati conducono a **La Mina**, una scala d'epoca araba di oltre 300 gradini scavati nella roccia che raggiunge il fiume al fondo della gola. Questi gradini consentirono a Ronda di garantirsi anche sotto assedio i rifornimenti d'acqua. Fu però in questo punto che le truppe cristiane si aprirono una breccia quando nel 1485 conquistarono Ronda. I gradini, poco illuminati, in certi punti sono ripidi e bagnati: fate attenzione quando li percorrete, anche se siete in perfetta forma fisica. Un'altra costruzione dalla cui parte posteriore si può ammirare il fiume è quella dei **Baños Árabes** (☎ 656 950937; Hoyo San Miguel; ingresso €2, domenica ingresso gratuito; 🕑 10-19 da lunedì a venerdì, 10-15 sabato e domenica), i suggestivi bagni quasi intatti costruiti nel corso del XIII e del XIV secolo.

Per scendere nella gola di El Tajo (un'escursione a piedi a cui dedicare un'intera mattinata), prendete il sentiero che parte da Plaza María Auxiliadora. È lungo e ripido ma i vostri sforzi saranno premiati: in primavera la vallata sottostante si ricopre di fiori. Più lontano si incontra la deliziosa cappella **Ermita de la Virgen de la Cabeza**.

EL MERCADILLO

Proprio in corrispondenza dell'estremità settentrionale del Puente Nuevo si apre la piazza più importante di El Mercadillo, **Plaza de España**, resa famosa da Hemingway nel suo romanzo *Per chi suona la campana*. Nel decimo capitolo l'autore narra di come all'inizio della guerra civile i fascisti di una cittadina furono radunati nell'*ayuntamiento* (municipio), pestati e poi costretti a passare sotto le forche caudine di due file di cittadini prima di essere gettati nella profonda gola. L'episodio si basa su un fatto realmente accaduto in Plaza de España. L'*ayuntamiento* di allora è oggi uno degli alberghi più lussuosi di Ronda.

Nelle vicinanze si trova l'arena di Ronda, l'elegante **Plaza de Toros** (☎ 952 87 41 32; Calle Virgen de la Paz s/n; ingresso €5; 🕑 10-18 da ottobre a marzo, 10-20 da aprile a settembre), dove si radunano gli appassionati delle corride. Inaugurata circa 200 anni fa, è una delle più antiche e conosciute arene di Spagna. Qui si sono svolti alcuni dei principali avvenimenti della storia della corrida (v. lettura p298). Realizzata da Martín Aldehuela, l'arena è universalmente apprezzata per le tinte tenui dell'arenaria utilizzata per la sua costruzione e per le sue tribune ad arcate. Con i suoi 66 m di diametro, quest'arena è anche la più grande e, di conseguenza, la più pericolosa di tutta la Spagna, benché abbia soltanto 5000 posti a sedere – un numero davvero contenuto se paragonato all'immensa arena da 50.000 posti costruita a Città del Messico. Nel mese di luglio la pista è utilizzata per una serie di favolosi concerti e per l'opera lirica.

Al suo interno il **Museo Taurino** è stracolmo di interessanti cimeli, come i costumi macchiati di sangue indossati da Pedro Romero e da Jesulín de Ubrique, quest'ultimo uno dei migliori matador tra il 1990 e il 2000. Vi sono custodite anche le fotografie di celebri appassionati, quali Orson Welles ed Ernest Hemingway, il cui romanzo *Morte nel pomeriggio* fornisce una profonda chiave di lettura per comprendere la paura e la tensione dell'arena.

Una splendida vista della sommità della rocca si ha dal **Paseo de Blas Infante**, dietro la Plaza de Toros, e dal verde parco **Alameda del Tajo** situato nelle vicinanze. Nel parco c'è un'ottima area dove i bambini più piccoli possono divertirsi a giocare.

BARRIO DE SAN FRANCISCO

Fuori dalla cinta muraria della Ciudad si trova il **Barrio de San Francisco**, che sorge sul sito del cimitero musulmano della città. Questo quartiere nacque da un piccolo mercato, istituito nel corso del XV secolo quando i mercanti si rifiutarono di entrare in città per non dover pagare pesanti tasse. Intorno al mercato vennero costruite locande e taverne che diedero vita al nuovo quartiere. Nel barrio ci sono ancora dei bar di tapas economici.

Attività

Ronda è un importante centro per le attività all'aperto; molte ville in campagna, trasformate in sistemazioni per turisti, offrono infinite opportunità in questo senso (v. lettura p302). Nella città vera e propria, la compagnia **Pangea Active Nature** (☎ 952 87 34 96; www.pangeacentral.com; Calle Dolores Ibarruri 4) offre la possibilità di praticare svariate attività, che

I ROMERO, TORERI DI RONDA

Ronda può giustamente vantarsi di essere la capitale della corrida. È ben fiera di ospitare la scuola equestre della Real Maestranza de Ronda, fondata nel 1572 per allenare generazioni di nobili spagnoli all'arte del combattimento a cavallo. Questo esercizio avveniva sfidando i tori in un'arena, e fu così che nacque la prima corrida.

La leggenda narra che, durante uno di questi combattimenti, un nobile caduto da cavallo fosse sul punto di essere trafitto dalle corna del toro. Senza la minima esitazione, l'eroe locale Francisco Romero (nato nel 1698), balzò nell'arena e attirò l'attenzione del toro sventolando il cappello. Successivamente, il figlio di Francisco Romero, Juan, aggiunse la *cuadrilla* (la squadra di assistenti del matador), che era composta da due o tre *banderilleros* (che agivano a terra) e da due o tre *picador* (uomini a cavallo armati di picca). Queste importanti innovazioni ebbero il merito di riunire in un solo spettacolo le due anime del combattimento con i tori: quella degli aristocratici (che combattevano a cavallo) e quella della gente comune, che sfidava le corna dei tori durante le fiestas nella piazza principale di ogni città spagnola.

Il figlio di Juan, Pedro Romero (1754-1839), che durante la sua lunga carriera pare abbia ucciso più di cinquemila tori, inventò i movimenti simili a quelli di un balletto e le regole della moderna corrida, in particolare l'uso della *muleta*, un drappo rosso che serve per attirare l'attenzione del toro (una variante del cappello utilizzato da suo nonno Francisco).

Nel 1932 Ronda diede i natali al più grande torero di Spagna del XX secolo, il carismatico Antonio Ordóñez, che fu reso immortale da Hemingway nel romanzo *Un'estate pericolosa*.

Fu la famiglia Ordóñez a inaugurare la *Corrida Goyesca*, che si tiene ogni anno ai primi di settembre in onore di Pedro Romero, e che richiama i migliori matador di tutta la Spagna. Durante il combattimento, il matador indossa un costume rigido molto elaborato, messo a punto nel XIX secolo, che Goya dipinse nei suoi quadri raffiguranti Romero. La più importante corrida tra quelle che si svolgono in questi tre giorni è quella del sabato, per assistere alla quale è necessario prenotare con almeno due mesi di anticipo. Il prezzo del biglietto varia da circa €65 per un posto al *sol* (al sole) a €110 per un posto alla *sombra* (all'ombra). I biglietti sono in vendita presso l'arena di Ronda a partire dal 1° luglio, o si possono acquistare contattando **Tazdevil** (☎ 954 50 37 94, 607 909345).

vanno dalle gite speleologiche di un giorno (€69 a persona) alle escursioni a piedi o in moutain bike di più giorni.

Per escursioni guidate a cavallo contattate l'**Hotel El Espejo** (☎ 952 11 40 11; www.serraniaderonda.org, in spagnolo; Camino del Cuco), che si trova vicino alla strada Arriate, a circa 3 km da Ronda. Il costo è di €15 l'ora, ma la tariffa minima è di €60, cioè un'uscita di quattro ore per una persona oppure due uscite di due ore ciascuna per due persone.

Ronda è da sempre un sicuro rifugio per gli artisti, e questa tradizione non è venuta meno neppure in questi ultimi anni. Per ulteriori informazioni sulla scena artistica locale, visitate il sito web www.artgaucin.com.

Visite guidate

Se siete interessati a una visita guidata di Ronda gestita in modo simpatico e vivace, potete contattare la spumeggiante **Teresa Montero Verdú** (☎ 952 87 21 02, 609 879406), nativa del posto e piena di entusiasmo nel fornire informazioni.

Feste e manifestazioni

Corpus Domini Il giovedì che segue la Festa della Santissima Trinità si svolgono corride e festeggiamenti dopo che una croce del peso di 900 kg è stata trasportata per 6 km attraverso la città.

Feria de Pedro Romero Nelle prime due settimane di settembre si susseguono numerose feste, tra cui l'importante manifestazione di flamenco che prende il nome di Festival de Cante Grande. Culmina con le Corridas Goyesca (corride in onore del leggendario torero Pedro Romero – v. lettura in questa pagina).

Pernottamento

Trovare una sistemazione a Ronda non è un'impresa affatto facile, neanche nei fine settimana in bassa stagione. Ricordatevi che in pratica è obbligatorio prenotare con largo anticipo nella prima metà di maggio e da luglio a settembre.

PREZZI ECONOMICI

A Ronda troverete soluzioni che sono tra le migliori dell'intera provincia quanto ad atmosfera e al rapporto qualità-prezzo.

Hotel Morales (☎ 952 87 15 38; fax 952 18 70 24; Calle de Sevilla 51; singole/doppie €25/42; ❄) Piccolo e accogliente albergo con 18 camere. Le sue pareti sono decorate con cartine della zona, c'è un locale per le biciclette e il personale è in grado di fornire moltissime informazioni sulla città e sui parchi naturali delle vicinanze.

Hotel Arunda II (☎ 952 87 25 19; www.hotelesarunda.com; Calle José María Castelló Madrid 10; singole/doppie con prima colazione €27/44; P ❄) Comodo sia per la stazione degli autobus sia per quella ferroviaria, l'Arunda offre ottime camere e l'ulteriore vantaggio di poter parcheggiare nel garage privato dell'albergo.

Hotel Colón (☎ 952 87 02 18; hotelcolon@ronda.net; Calle Pozo; singole/doppie €27/44; ❄) È una buona soluzione di categoria economica con 10 camere impeccabili. Chiedetene una con accesso alla terrazza sul tetto: da qui potrete godere la veduta sulla cinquecentesca Iglesia de la Merced.

Hotel San Francisco (☎ 952 87 32 99; www.hotelsanfranciscoronda.com; Calle María Cabrera 18; singole/doppie con prima colazione €38/59; ❄ ♿) È forse la migliore sistemazione di categoria economica a Ronda. L'*hostal*, che offre una calda accoglienza, è stato ammodernato di recente e trasformato in un albergo con servizi adeguati. I tessuti con vivaci fantasie floreali e le pareti dipinte di giallo rendono l'ambiente allegro.

PREZZI MEDI

Hotel San Cayetano (☎ 952 16 16 72; www.hotelsancayetano.com; Calle de Sevilla 16; singole €35, doppie €55-80) Gestito da una giovane e saggia manager che ha completamente ristrutturato e rimesso a nuovo un palazzo d'epoca, questo albergo offre camere belle e confortevoli e c'è anche un soggiorno in comune con la TV.

Alavera de los Baños (☎ 952 87 91 43; www.andalucia.com/alavera; Hoyo San Miguel s/n; singole/doppie con prima colazione €50/85; ❄ 🍽) Prendendo spunto dai bagni arabi situati proprio accanto, l'Alavera de los Baños prosegue la tematica ispanoislamica di tutti i suoi locali, con arredamento orientale e una gustosa cucina nordafricana (in larga misura vegetariana). Chiedete una delle camere sulla terrazza, perché si affacciano su un piccolo giardino lussureggiante.

Jardín de la Muralla (☎ 952 87 27 64; www.jardindelmuralla.com; Calle Espiritu Santo 13; doppie con prima colazione €87; ❄ 💻 🍽) Albergo aperto da poco con un giardino a terrazze che si prolunga direttamente nella campagna circostante. È situato a soli cinque minuti di cammino dal centro di Ronda, in una zona affollata di palazzi storici. L'elegante arredamento è un po' vecchio stile, con specchi ricercati e vasi di fiori freschi.

Hotel Polo (☎ 952 87 24 47; www.hotelpolo.net; Calle Mariano Soubirón 8; singole/doppie con prima colazione €74/92; P ❄ 💻) È un incantevole albergo a conduzione familiare che occupa un grazioso edificio del XIX secolo. All'interno c'è molta luce e le camere sono eleganti e con i soffitti alti. Molte hanno portefinestre che si aprono su piccoli terrazzi e le aree comuni presentano begli arredi in stile coloniale. Inoltre, l'albergo è dotato di parcheggio privato.

Hotel San Gabriel (☎ 952 19 03 92; www.hotelsangabriel.com; Calle José M Holgado 19; singole/doppie €73/96; ❄) Si tratta di un albergo storico davvero incantevole, pieno di oggetti antichi e di fotografie che offrono una chiave di lettura per capire la storia di Ronda – corride, celebrità locali, ecc. Felci ornano l'immensa scala in mogano, c'è una sala da biliardo, un accogliente soggiorno stracolmo di libri e una fantastica sala cinematografica con 10 poltrone di velluto salvate dal teatro di Ronda.

LA SCELTA DELL'AUTORE

EnFrente Arte (☎ 952 87 90 88; www.enfrentearte.com; Calle Real 40; camere con prima colazione e bevande €82-106; ❄ 💻 🍽) Situato in una via acciottolata della città vecchia, questo albergo a gestione belga offre una vasta gamma di servizi ed è caratterizzato da un originale arredamento moderno d'ispirazione orientale. Tra le comodità ci sono un bar, una stanza per i passatempi, una piscina, un patio fiorito con piante di bambù nero, una sauna, un cinema e un panorama mozzafiato sulla Sierra de la Nieves. Inoltre, nel prezzo delle camere sono comprese tutte le bevande – ci si serve da soli – e un'abbondante prima colazione a buffet che viene preparata da due cuochi.

PREZZI ELEVATI

Hotel Montelirio (☎ 952 87 38 55; www.hotelmontelirio.com; Calle Tenorio 8; singole/doppie €100/150; ❄ 🍽) Affacciato sulla gola di El Tajo, il nuovo Montelirio offre vedute meravigliose. Il *palacio* trasformato in albergo, che è stato rimesso a nuovo con grande attenzione, è dotato di magnifiche suite. La sala comune, che ha conservato il suo splendido soffitto mudejar, si apre su una terrazza con tanto di piscina e trampolino per i tuffi. Vi è inoltre un fantastico ristorante (v. p300).

Parador de Ronda (☎ 952 87 75 00; www.parador.es; Plaza de España s/n; singole/doppie €129/161; P ✖ ▣ ◙) Questo *parador*, situato nei pressi della gola in posizione leggermente arretrata dietro un'ampia terrazza, è un'altra sistemazione di lusso con camere ben arredate e servizi eccellenti.

Se siete appassionati da tutto ciò che è ultramoderno, provate il nuovissimo **Hotel Acinopo** (☎ 952 16 10 02; www.acinopo.com; Calle José Aparicio 7; camere a partire da €104).

Pasti

I piatti tipici di Ronda appartengono alla tradizione montanara, con abbondanza di stufati (che si chiamano *cocido, estofado* o *cazuela*), *trucha* (trota), e selvaggina come *conejo* (coniglio), *perdiz* (pernice), *codorniz* (quaglia) e *toro* (coda di bue). Ma, come dappertutto, ci sono sempre chef ispirati che inventano nuove ricette.

Chocolat (Calle de Sevilla 18; colazione a partire da €2,20) Sofisticato caffè situato accanto all'Hotel San Cayetano con una vasta selezione di tè, caffè e vari tipi di prima colazione, nonché un'impressionante scelta di torte e pasticcini. Inoltre, la musica di sottofondo è piuttosto orecchiabile.

El Molino (☎ 952 87 52 49; Calle Molino 6; pizza €7, menú €9) Locale molto frequentato per le pizze, i prezzi onesti e la comoda posizione in Plaza del Soccorro. I piatti, anche se preparati un po' frettolosamente, sono più che discreti. Una cena a base di pizza e insalata vi sazierà per ore.

Casa Mateo (☎ 952 87 46 42; Calle Jerez 6; raciones €10) Potrete riconoscere questo nuovo ed elegante ristorante, situato nei pressi dell'Iglesia de la Merced, dalla sua muratura in stile arabo. Offre deliziose *raciones* di carne e di pesce e insolite insalate a base esclusivamente di prodotti locali.

Tréz (☎ 952 87 72 07; Calle Los Remedios 27; portate principali €6-10,50; 🕒 13-16 e dalle 19 alle 24 da martedì a sabato; V) Chiamato Relax dalla precedente gestione, questo ristorante è ora guidato da una giovane coppia olandese che ha mantenuto il menu per lo più vegetariano e l'atmosfera da caffè, aggiungendo però la propria impronta personale. Ci sono anche un paio di piatti a base di carne e di pesce, ma le vere specialità sono le torte salate con spinaci e feta oppure quelle con funghi, e le lasagne vegetariane.

Bar Restaurant Almocábar (☎ 952 87 59 77; Calle Ruedo Alameda 5; tapas €1,50, portate principali €10-14; 🕒 13.30-17 e 20-1 da mercoledì a lunedì) Situato nel Barrio San Francisco, l'Almocábar è un autentico bar di tapas, davvero eccellente, non troppo frequentato dalle comitive dei turisti che affollano la parte alta della città. La sera avrete qualche difficoltà a entrare, tale è la sua reputazione per le tapas. Se volete mangiare nel ristorante è consigliabile prenotare.

Restaurante Pedro Romero (☎ 952 87 11 10; Calle Virgen de la Paz 18; menú €16, portate principali €15-18) Questo locale, situato di fronte all'arena, è ovviamente dedicato al mito della corrida. I piatti appartengono alla classica cucina *rondeña* (piatti tipici di Ronda). È il posto ideale per provare il *rabo de toro* (stufato di coda di bue), mentre i vegetariani potranno assaggiare l'antipasto di formaggio di capra fritto servito con salsa di mele.

Restaurante Albacara (☎ 952 16 11 84; Calle Tenorio 8; portate principali €14,50-19) Senz'altro uno dei ristoranti migliori di Ronda, l'Albacara occupa le vecchie scuderie del palazzo di Montelirio (ora trasformato nell'omonimo hotel), quasi in bilico sulla cresta della gola. Serve un menu fantasioso e ha una ricca lista di vini. Assolutamente da provare il merluzzo in salsa di porri piccante.

Restaurante del Escudero (☎ 952 87 13 67; Paseo de Blas Infante 1; menú €17, portate principali €17-21; 🕒 13.30-15.30 da martedì a domenica, 20-22.30 da martedì a sabato) Questo ristorante, gemellato con il Tragabuches, è situato in un incantevole giardino vicino a Plaza de Toros. Il menu è ottimo e i prezzi più economici rispetto a quelli del Tragabuches. Grazie al giardino è molto frequentato in estate.

Casa Santa Pola (☎ 952 87 92 08; Calle Santo Domingo 3; antipasti €10-12, portate principali €17-22) Ristorante affascinante disposto sui tre piani di un'antica residenza aristocratica. La sera, in ogni sala da pranzo si cena a lume di candela, il che rende l'atmosfera intima, mentre di giorno si possono ammirare belle vedute sul El Tajo. È d'obbligo ordinare le cotolette d'agnello arrosto o l'arrosto di maiale.

Casa María (☎ 952 87 62 12; Calle Ruedo Alameda 27; pasto di 2 portate €20-25; 🕒 13-17 e 19.30-1 da giovedì a lunedì) Anche se non attira le folle come il vicino Almocábar, Casa María merita la fatica di spostarsi nel Barrio de San Francisco.

I frutti di mare freschi hanno un eccellente rapporto qualità-prezzo e quando la serata decolla si crea una bellissima atmosfera molto amichevole. Lo chef, che è anche il proprietario, ha una notevole collezione di vini e si fa mandare i migliori tagli di carne da tutta la Spagna.

Restaurante Tragabuches (☎ 952 19 02 91; Calle José Aparicio 1; portate principali €26-29; 🕑 13.30-15.30 e 20-22.30 da martedì a sabato) Se cercate qualcosa di diverso dagli immancabili ristoranti 'rustici', il Tragabuches è quello che fa per voi – moderno, elegante e con un menu innovativo. Lo chef Daniel García, che ha ottenuto nel 1998 una stella dalla guida Michelin, continua a proporre la sua *cocina creativa*.

Locali

Tetería Al Zahra (Calle Las Tiendas 17; 🕑 16.30-24) In questo locale potrete ordinare ottime tisane con erbe marocchine o pachistane, e svariati tipi di tè, tutti serviti in graziosi servizi in ceramica marocchina.

El Choque Ideal (☎ 952 16 19 18; www.elchoqueideal.com; Espíritu Santo 9; 🕑 9.30-3 da febbraio a ottobre, 13-1 da novembre a gennaio) Questo fantastico caffè decorato con notevoli mosaici, da cui si possono ammirare splendide vedute, ha una studio di registrazione nel seminterrato. Propone una quantità di eventi, dai film proiettati in terrazza agli spettacoli di gruppi musicali dal vivo.

L'unica zona di Ronda caratterizzata da una modesta vita notturna è quella intorno a Calle Los Remedios. Qui troverete bar di tapas molto frequentati, come la **Taberna del Antonio** (Calle Los Remedios 22; 🕑 11-24), che propone più di 60 tipi di tapas, e la **Lechuguita** (Calle Los Remedios 25; 🕑 11-24). Nel Barrio San Francisco provate a infilarvi nell'affollata **Bodega San Francisco** (Calle Ruedo Alameda; 🕑 11-24).

Divertimenti

Per spettacoli di flamenco provate il **Círculo de Artistas** (Plaza del Socorro; 🕑 da lunedì a mercoledì) e il **Museo Lara** (Calle de Armiñán 29; 🕑 da giovedì a sabato): si inizia alle 22 e il biglietto d'ingresso costa €23. Gli appassionati di salsa e merengue potranno scatenarsi al **Sabor Latino** (Calle Mariano Soubirón; 🕑 dalle 21).

Per/da Ronda

AUTOBUS

La stazione degli autobus è situata in Plaza Concepción García Redondo 2. L'autolinea **Comes** (☎ 952 87 19 92) gestisce gli aut[...] retti ad Arcos de la Frontera (€7,50, 2[...] Jerez de la Frontera (€10, 3 ore) e Cadice (€[...] 2 ore), che effettuano fino a cinque corse al giorno; altri autobus sempre della stessa compagnia vanno a Gaucín, Jimena de la Frontera e Algeciras (€8, 1 ora e mezzo, una corsa al giorno dal lunedì al venerdì). Gli autobus di **Los Amarillos** (☎ 952 18 70 61) raggiungono Siviglia (€10, 2 ore e mezzo, da tre a sei corse al giorno) via Algodonales, Grazalema (€2,30, 35 minuti, due corse al giorno), e Málaga (€8,50, 2 ore, da quattro a 10 corse al giorno) via Ardales. L'autolinea **Portillo** (☎ 952 87 22 62) effettua servizio per Málaga (€9,50, 1 ora e mezzo, almeno tre corse al giorno) via San Pedro de Alcántara e Marbella.

TRENO

La **stazione ferroviaria** (☎ 952 87 16 73; Avenida de Andalucía) di Ronda si trova sulla panoramica linea che unisce Bobadilla ad Algeciras. Ci sono treni che effettuano corse per Algeciras (da €6,50 a €16, 1 ora e 45 minuti, sei corse al giorno) via Gaucín e Jimena de la Frontera. Questo tragitto è straordinariamente suggestivo e merita di essere percorso anche soltanto per ammirarne le vedute. Altri treni partono per Granada (€11,50, 2 ore e mezzo, tre corse al giorno) via Antequera, Málaga (€5,50, da 1 ora e mezzo a 2 ore, una corsa al giorno dal lunedì al sabato), Córdoba (da €18 a €22, 2 ore e mezzo, due corse al giorno), e Madrid (di giorno €53, 4 ore e mezzo; di notte €34, 9 ore). Per Siviglia bisogna cambiare a Bobadilla o ad Antequera.

Trasporti urbani

AUTOBUS

La stazione degli autobus dista meno di 1 km da quella ferroviaria e dalla maggior parte degli alberghi. Circa ogni 30 minuti un minibus cittadino parte da Avenida Martínez Astein (di fronte alla stazione ferroviaria) e arriva in Plaza de España, ma il servizio non è molto puntuale. Il centro della città, che non è lontano da questa piazza, è facilmente raggiungibile a piedi, ma se avete dei bagagli è consigliabile prendere un taxi (€4).

AUTOMOBILE E MOTOCICLETTA

Parcheggiare a Ronda è piuttosto difficile. I parcheggi sotterranei sono numerosi e alcuni alberghi hanno offerte speciali per i loro clienti. Il costo è normalmente di €2,50 per

1-24 ore. I taxi sostano in la.

ado (☎/fax 95 287 02 21, 637 a.net; 87 Plaza del Ahorro 1; €10 al giorno) noleggia mountain bike di buon livello.

DINTORNI DI RONDA

Serranía de Ronda

I rilievi della catena montuosa che si estende a sud e sud-est di Ronda, chiamata **Serranía de Ronda**, non sono forse tra i più alti o i più spettacolari dell'Andalusia, ma sono certamente fra i più belli. Qualunque strada prendiate da Ronda in direzione della parte meridionale della provincia di Cadice, verso Gibilterra o la Costa del Sol, sarà sempre un percorso suggestivo. **Cortés de la Frontera**, che domina la valle del Río Guadiaro, e **Gaucín**, che dalla valle del Río Genal guarda la Sierra Crestellina, sono tra le località più belle dove fermarsi.

A ovest e a sud-ovest di Ronda si estende la Sierra de Grazalema (p220), più selvaggia, e i parchi naturali chiamati Los Alcornocales (p242). Tutte queste aree offrono moltissime opportunità per escursioni a piedi e in bicicletta. L'ufficio turistico di Ronda è in grado di fornire, oltre alle cartine, ogni informazione per poterle affrontare in sicurezza.

Ronda la Vieja

A nord di Ronda, vicino alla A376, sorge nei pressi di **Ronda la Vieja** (☎ 630 429949; ingresso libero; 9-15 da martedì a sabato, 8-14 domenica) il sito romano relativamente poco frequentato di **Acinipo**, dove si può ammirare un teatro parzialmente ricostruito. Per quanto il sito sia totalmente in rovina, fatta eccezione per il teatro, si tratta di un posto molto bello e selvaggio che regala splendide vedute della campagna circostante; potrete tranquillamente visitarlo per ore aggirandovi tra i massi caduti per cercare di indovinare quale fosse la posizione delle terme e dei fori.

Cueva de la Pileta

Venti chilometri a sud-ovest di Ronda la Vieja sorgono alcune fra le grotte più antiche dell'Andalusia, chiamate **Cueva de la Pileta** (☎ 952 16 73 43; interi/bambini/studenti €6,50/2,50/3; visite guidate ogni ora 10-13 e 16-18, telefonate per i particolari). La visita guidata, che si svolge nel buio ventre della grotta alla luce delle candele, permette di osservare pitture paleolitiche di cavalli, capre e pesci risalenti a 20.000-25.000 anni

---

SOGGIORNI RURALI A RONDA

La splendida campagna che circonda Ronda ha attirato molte persone intraprendenti che hanno trasformato le case tradizionali in magnifiche sistemazioni rurali. Se avete a disposizione un'automobile, la migliore soluzione per pernottare è certamente costituita da questi *cortijos* (fattorie), che spesso offrono numerosi extra quali passeggiate guidate e corsi di cucina tradizionale e di *haute cuisine*. Per maggiori informazioni sui soggiorni rurali, rivolgetevi all'ufficio turistico municipale di Ronda, oppure visitate il sito web della regione www.serraniaronda.org, o www.rusticblue.com. Tra le sistemazioni raccomandabili ricordiamo le seguenti:

Primo fra tutti l'albergo preferito della pubblicazione *Condé Nast Traveller*, l'**Hotel Fuente de la Higuera** (☎ 952 11 43 55; www.hotellafuente.com; Partido de los Frontones, Ronda; doppie/suite deluxe €135/260; P), un'elegante villa coloniale con interni contemporanei immersa in vasti oliveti.

Gli appassionati di escursioni a piedi dovrebbero pernottare a **El Tejar** (☎ 952 18 40 53; eltejar@mercuryin.es; Calle Nacimiento 38, Montecorto; da ottobre a metà maggio doppie €65, da metà maggio a settembre l'intera tenuta a settimana €1000; P). Guy Hunter-Watts, camminatore esperto nonché autore di *Walking in Andalucía*, vi accompagnerà con competenza attraverso la campagna circostante. Nel periodo estivo è necessario prenotare l'intera tenuta.

Se desiderate viziarvi in un'atmosfera cosmopolita, lontano dal mondo, allora optate per **El Nobo** (☎ 952 15 13 03; www.elnobo.co.uk; Apartado 46, Gaucín; doppie €125, villa per 4 persone a settimana €1150-1700; P) o per l'**Hotel Casablanca** (☎ 952 15 10 19; fax 952 15 14 05; Calle Llana 12, Gaucín; camere con prima colazione €140-200; chiuso da novembre a marzo; P).

Potrete concedervi delle vere e proprie delizie da buongustai presso l'accogliente **La Almuña Cottage** (☎ 952 15 12 00; www.i-escape.com; Apartado 20, Gaucín; doppie €91, cottage per 4 persone a settimana €710; P), che serve cibi unicamente di produzione locale (cena €44).

DEVIAZIONE: TORRECILLA

L'escursione più gratificante che si possa fare nella Sierra de las Nieves è la scalata della **Torrecilla** (1919 m), la vetta più alta dell'Andalusia occidentale. Potete partire dall'Área Recreativa Los Quejigales, raggiungibile percorrendo una strada non asfaltata lunga 10 km che si stacca dall'A376 Ronda-San Pedro de Alcántara in direzione est. Il bivio, a 12 km da Ronda, è indicato dai cartelli del 'Parque Natural Sierra de las Nieves'. Salendo a piedi da Los Quejigales dovrete compiere un'ascesa piuttosto ripida di 470 m di dislivello dalla **gola di Cañada de los Cuernos**, nella quiete dei boschi di abeti spagnoli, fino al passo di **Puerto de los Pilones**. Da qui la salita diventa per un tratto meno impegnativa, ma poi gli ultimi 230 m sono di nuovo molto ripidi – fatica che sarà ricompensata dalla splendida vista che si può ammirare dalla cima. L'escursione può durare dalle cinque alle sei ore in tutto. Sulla cartina *Parque Natural Sierra de las Nieves* (1:50.000), pubblicata da IGN/Junta de Andalucía, sono indicati i sentieri principali e altre escursioni.

fa, oltre naturalmente a bellissime stalattiti e stalagmiti. Vi farà da guida un componente della famiglia Bullón che sa parlare un po' d'inglese: fu proprio un membro di questa famiglia a scoprire le pitture nel 1905. Ogni gruppo della visita guidata non può superare i 25 partecipanti per cui, se vi presentate in un giorno di grande affluenza, potreste dover aspettare per prendervi parte.

La località più vicina alla Cueva de la Pileta raggiungibile con i mezzi pubblici è il villaggio di **Benaoján**. Giunti qui potrete pernottare nel bellissimo **Molino del Santo** (☎ 952 16 71 51; www.molinodelsanto.com; Barriada Estación s/n; doppie B&B/mezza pensione €67/90; 🕑 metà febbraio-metà novembre), un mulino ad acqua ristrutturato e convertito in albergo che propone un fantastico menu per il pranzo.

Le grotte si trovano 4 km a sud di Benaoján in un punto lontano 250 m dalla strada Benaoján-Cortes de la Frontera – non ci sono mezzi di trasporto per le grotte, ma solo un autobus per Benaoján, quindi avrete bisogno di un'automobile. Al bivio troverete le indicazioni per le grotte. Benaoján è servita da due autobus Los Amarillos (dal lunedì al venerdì) e da treni che effettuano fino a quattro corse al giorno da/per Ronda. Sentieri percorribili a piedi collegano Benaoján ai villaggi situati nella valle del Río Guadiaro.

Parque Natural Sierra de las Nieves

A sud-est di Ronda si trova il **Parque Natural Sierra de las Nieves**, che si estende su una superficie di 180 kmq, ed è interessante per la presenza del raro abete spagnolo, il *pinsapo*, e per la fauna, che comprende circa 1000 stambecchi e varie specie di aquila. La *nieve* (neve) che dà il nome a queste montagne di solito cade tra gennaio e marzo. **El Burgo**, un villaggio isolato e piacevole che si trova 10 km a nord di **Yunquera** sulla A366, costituisce un'ottima base da cui partire per effettuare escursioni nelle zone orientali e nord-orientali del parco. Potrete avere informazioni a Yunquera presso l'**ufficio turistico** (☎ 952 48 28 01; Calle del Pozo 17; 🕑 8-15 da martedì a venerdì), oppure presso l'**ayuntamiento** (☎ 952 16 00 02) di El Burgo.

Il **Camping Conejeras** (☎ 619 180012; bungalow €48, campeggio adulti/tende/automobili €2,50/2,50/2,40; 🕑 da ottobre a giugno), 800 m a lato della A376 sulla strada per Los Quejigales, e il **Camping Pinsapo Azul** (☎ 952 48 27 54; Yunquera; adulti/tende/automobili €4/4/3,50; 🕑 ogni giorno dal 15 maggio al 15 ottobre, solo nei fine settimana dal 16 ottobre al 14 maggio) a Yunquera sono due campeggi entrambi gradevoli. A El Burgo il delizioso **Hotel La Casa Grande** (☎ 952 16 02 32; www.hotel-lacasagrande.com; Calle Mesones 1; doppie €66; ✖ 💻) offre camere spaziose e ben arredate, ha un'accogliente sala da pranzo e anche un ristorante.

Se siete in cerca del vostro equilibrio spirituale, potete soggiornare in una splendida cornice presso il mulino ristrutturato **Molino del Rey** (☎ 952 48 00 09; www.molinodelrey.com; Valle de Jorox, Alozaina; corso di 1 settimana a persona €710; P ✖), dove gli insegnanti, a eccezione di uno dei proprietari, vengono dall'estero. Inoltre, questi corsi sono frequentati anche da alcuni gruppi di hatha e ashtanga yoga della celebre scuola Triyoga di Londra. Il mulino, che domina il parco della Sierra de las Nieves, offre una sala per lo yoga, alcune grotte per la meditazione e un ottimo ristorante vegetariano.

Gli autobus che collegano Málaga e Ronda (€8,50, 2 ore e mezzo, due corse al giorno) via Yunquera ed El Burgo sono gestiti da **Sierra de las Nieves** (☎ 952 87 54 35).

ARDALES E EL CHORRO

Cinquanta chilometri a nord-ovest di Málaga, il Río Guadalhorce si è scavato il corso nella spaventosa Garganta del Chorro (Gola di El Chorro). Questa gola, chiamata anche Desfiladero de los Gaitanes, è lunga 4 km, profonda più di 400 m e in certi punti larga appena 10 m. Le sue pareti a picco e le altre rocce calcaree dei dintorni rappresentano un'irresistibile attrattiva per gli arrampicatori di tutta la Spagna, con centinaia di vie di ogni difficoltà perfettamente attrezzate a spit.

Lungo la gola passa la principale ferrovia per Málaga (con 12 gallerie e sei ponti), oltre a un sentiero che prede il nome di Camino (o Caminito) del Rey (sentiero del re), così chiamato perché fu percorso da Alfonso XIII quando nel 1921 inaugurò la diga idroelettrica di Guadalhorce. Per lunghi tratti il sentiero è una passerella di cemento abbarbicata alle pareti della gola a 100 m di altezza sul fiume. È stato chiuso ufficialmente dal 1992, anche perché dei pericolosi fori nella sua base in cemento che lo hanno reso impraticabile a chiunque non sia un esporto arrampicatore. Si riesce invece a vedere gran parte della gola e del sentiero camminando lungo la ferrovia.

La piacevole e tranquilla cittadina di Ardales, il principale centro della zona, è un'ottima base per compiere escursioni ancora più lontano. Tuttavia, la maggior parte delle persone che raggiunge questa zona vuole pernottare a El Chorro, la mecca degli scalatori, il villaggio immerso in un bellissimo paesaggio surreale caratterizzato da altissime pareti di rocce calcaree.

Che cosa vedere e fare

All'entrata della cittadina di Ardales è situato il **Museo de Ardales** (☎ 952 45 80 46; Avenida de Málaga 1; ingresso €1; 🕒 10-14 e 14-18 da lunedì a sabato, 10-14 domenica da metà giugno a metà settembre, 9-14 e 16-18 da martedì a sabato, 9-14 domenica da metà settembre a metà giugno), un nuovo museo etnografico e archeologico che si occupa soprattutto della **Cueva de Ardales**, un complesso di grotte del paleolitico simile a quello della Cueva de la Pileta. Per partecipare alla visita guidata di due ore (4 km dal museo; martedì, giovedì, sabato e domenica tutto l'anno; €5) contattate il museo con due o tre settimane di anticipo. Le grotte contengono 60 pitture paleolitiche e incisioni raffiguranti degli animali, che risalgono all'incirca al periodo compreso tra il 18.000 e il 14.000 a.C. Vi sono anche tracce di occupazioni successive e di sepolture datate all'incirca al periodo che va dall'8000 a.C. a dopo il 3000 a.C. Il museo contiene copie delle pitture rupestri e delle incisioni

ATTIVITÀ AD ALTO TASSO DI ADRENALINA

La **Finca La Campana** (☎/fax 952 11 20 19; www.el-chorro.com; letti in camerata €10, doppie €24, appartamenti per 2-8 persone €38-88;), appena sopra El Chorro, è qualcosa di più di un fantastico luogo per soggiornare: è un club per maniaci dell'adrenalina. È gestita da Jean-Bernard e Christine Hofer, esperti arrampicatori, e la sua clientela è formata per lo più da appassionati di sport pericolosi.

La Finca offre una vasta gamma di attività, ma soprattutto corsi di arrampicata a tutti i livelli, dai principianti agli esperti (€90 a persona in gruppi di quattro). Il percorso effettuato in gruppo lungo il Camino del Rey è un'esperienza davvero indimenticabile. La passerella in grave stato di degrado può essere raggiunta solo in discesa a corda doppia; la scalata, che segue quindi il fiume fino a El Chorro, regala continuamente vedute spettacolari. Il tutto richiede circa cinque ore e vale letteralmente ogni centesimo dei €90 (per un gruppo composto da una a tre persone) che avete speso.

Appena fuori da El Chorro, vi è il complesso di grotte sotterranee di Águilas, che fornisce un'ulteriore opportunità per mettere alla prova il proprio sangue freddo. Con una discesa in corda doppia di 70 m raggiungerete una bellissima rete di gallerie ricche di sorprendenti formazioni rocciose. L'impegnativa escursione, che dura una giornata intera, comprende il superamento di due sifoni pieni d'acqua (€80 a persona).

Se, giunti a questo punto, volete rilassarvi, potete noleggiare una mountain bike per un prezzo tra €12 e €18 (compreso il casco, l'attrezzatura per eventuali riparazioni e una cartina) ed esplorare uno dei paesaggi rurali più incantevoli della zona. O ancora, potreste sempre rilassarvi ai bordi della piscina!

Per raggiungere la Finca, seguite le indicazioni che trovate sulla parte posteriore degli Apartamentos La Garganta a El Chorro. Durante la stagione adatta alle arrampicate (da ottobre a marzo) la Finca è molto affollata, quindi è bene prenotare in anticipo.

DEVIAZIONE: BOBASTRO

Nel IX secolo l'isolata zona di El Chorro era il regno del Robin Hood andaluso, Omar ibn Hafsun, che resistette all'esercito di Córdoba per quasi 40 anni combattendo dalla fortezza di **Bobastro**, situata in cima a una collina. Per un certo periodo controllò tutto il territorio compreso tra Cartagena e lo Stretto di Gibilterra.

Secondo la leggenda, Ibn Hafsun dopo essersi convertito al cristianesimo (divenendo così mozarabo) fece costruire l'**Iglesia Mozárabe** a Bobastro, dove fu sepolto nel 917. Quando, nel 927, Bobastro fu infine conquistata da Córdoba, le spoglie di Ibn Hafsun furono esumate per consentirne la crocifissione davanti alla *mezquita* (moschea) di Córdoba.

Sebbene questa chiesetta non sia ormai nient'altro che una rovina, il percorso, in automobile o a piedi, per raggiungerla è piacevolissimo. Da El Chorro seguite la strada che risale la valle dal lato occidentale della diga, e dopo 3 km prendete la svolta per Bobastro segnalata da un cartello. Circa 3 km dopo il bivio, la scritta 'Iglesia Mozárabe' indica il sentiero lungo 500 m che porta ai resti della chiesa. La vista è stupenda.

preistoriche, oltre a manufatti di epoca romana e araba.

Sei chilometri dopo Ardales si trova il pittoresco **Embalse del Conde del Guadalhorce** – un enorme bacino artificiale che domina il paesaggio, famoso per la pesca della carpa.

Quasi tutte le attività praticabili nella zona sono concentrate nel fiorente villaggio di El Chorro, circondato da paesaggi spettacolari. **Tienda Aventura El Chorro** (☎ 649 249444), vicino alla stazione ferroviaria, organizza escursioni guidate – a piedi e in mountain bike (dovete avere la bicicletta) e arrampicate – adatte sia ai principianti sia agli esperti. Il posto migliore dove rivolgersi per attività organizzate di qualsiasi tipo è la **Finca La Campana** (v. lettura p304).

Nove chilometri a est di El Chorro si apre la Valle de Abdalajís, la capitale del parapendio in Andalusia. Si possono prendere lezioni al **Club-Escuela de Parapente** (☎ 952 48 91 80; Calle Sevilla 4, Valle de Abdalajís).

Pernottamento e pasti

Albergue-Camping El Chorro (☎/fax 952 49 52 44; www.alberguecampingelchorro.com; campeggio adulti/tende/automobili €4/4/gratuito, ostello a persona €10, bungalow per 2/4/6 persone €42/58/70; P) Questo campeggio, immerso tra piante di eucalipti a 350 m dal villaggio di El Chorro verso la gola, può ospitare 150 persone. Esistono dei bungalow, ma bisogna portarsi sacco a pelo e asciugamani. L'*albergue* (ostello) ha camere pulite ed eleganti con 60 posti letto. Inoltre, dispone anche di un bar e di un supermercato.

Pensión Estación (☎ 952 49 50 04; camere con bagno in comune €25) Situata nella stazione di El Chorro, questa pensione, che ha il pregio di essere stata inaugurata da poco, dispone di due camere semplici e pulite. Al suo interno, il Bar Isabel, famoso luogo di ritrovo degli arrampicatori, serve *platos combinados* a circa €5.

Hostal El Cruce (☎ 952 45 90 12; www.elcruceardales.com; Carretera Alora-Campillos, Ardales; singole/doppie €20/38) Situato ai piedi di Ardales, questo *hostal* ha camere soddisfacenti e offre un *menú* per il pranzo a €15.

La Posada del Conde (☎ 952 11 24 11; Pantano del Chorro 16-18; singole/doppie €45/68, doppie superior €78, suite €118) Situato sul lato opposto della diga rispetto ad Ardales, La Posada offre camere graziose che si affacciano sul bacino artificiale. Dispone anche di un ottimo ristorante che offre svariati tipi di squisite carni alla griglia a €15. Le specialità della casa sono la spalla d'agnello e la porchetta.

Apartamentos La Garganta (☎ 952 49 50 00; www.lagarganta.com; appartamenti per 2-4 persone €60/90; P) Attualmente la migliore sistemazione di El Chorro, questo mulino convertito in albergo offre appartamenti arredati con gusto e un ottimo ristorante (portate principali €10).

El Refugio Alamut Hotel (☎ 952 48 94 00; Carretera Antequera-Valle de Abdalajís Km 26,9; singole/doppie €30/40;) Si trova a lato della strada per Antequera, la A343, immediatamente a nord della Valle de Abdalajís, ed è frequentato soprattutto dagli appassionati delle attività all'aria aperta, come il parapendio, perché è situato ai piedi di uno dei principali punti utilizzati per decollare. Ha camere attraenti e un enorme ristorante dalla forma esagonale (chiuso il lunedì da ottobre a maggio) con un caminetto al centro e delle finestre gigantesche. Il ristorante offre un *menú* a €7.

Ad Ardales si può mangiare in alcuni bar situati nella piazza principale e nell'Hostal El Cruce, mentre nei pressi del bacino artificiale ci sono diversi ristoranti molto frequentati nel fine settimana, tra cui La Posada del Conde.

A El Chorro potrete mangiare nella struttura nella quale alloggiate e da **El Pilar** (portate principali €5-12), che si trova appena prima del villaggio lungo la strada che vi giunge dal bacino di Ardales. Si tratta di un nuovo locale, a gestione argentina, con una piccola veranda affacciata su palme di banane. Propone la tipica cucina andalusa, a eccezione di qualche specialità argentina.

Per/da Ardales e El Chorro

Gli autobus Los Amarillos collegano Málaga a Ronda (€8,50, 2 ore, da quattro a 10 corse al giorno) passando da Ardales, ma non fanno servizio fino a El Chorro.

I treni raggiungono El Chorro da Málaga (€3,40, 45 minuti, due al giorno) eccetto la domenica e i festivi. Potete anche recarvi a El Chorro da Ronda (€5,50, 70 minuti, uno al giorno, eccetto la domenica e i festivi) o da Siviglia (€13,50, 2 ore, un treno al giorno).

Arrivando in automobile da Málaga, per raggiungere El Chorro bisogna uscire dalla A357, la strada Málaga-Ardales, all'altezza di Pizarra e prendere la A343 per Antequera. Circa 4 km a nord di Pizarra, svoltate a sinistra per Álora ed El Chorro. La strada si restringe tra le case, e alla fine incontrerete un tratto pieno di buche che vi porterà a El Chorro. Un altro modo per arrivare da Málaga è proseguire sulla A357 fino all'incrocio di Ardales. Girate a destra e percorrete la MA444 tenendo il bacino alla vostra sinistra, quindi, dopo circa 5 km, svoltate a destra al bivio con l'indicazione per El Chorro. Da Ardales parte una strada semiasfaltata che percorre per 20 km in direzione sud-ovest la remota valle di Turón e arriva a El Burgo.

ANTEQUERA

Pop. 43.000 / alt. 577 m

La sonnolenta cittadina di Antequera, caratterizzata da un ammasso di tetti di tegole rosse intervallati da una trentina di campanili di chiese, cela uno dei più ricchi retaggi storici dell'Andalusia. Oltre alle alte chiese, la cittadina è punteggiata da diverse cappelle.

Gli abitanti del periodo neolitico e dell'età del bronzo, dal 2500 a.C. al 1800 a.C. circa, eressero in questa zona alcuni tra i più grandi e antichi dolmen (tombe costruite con enormi lastre di pietra). Da allora, grazie alla sua posizione strategica, Antequera ha avuto un'illustre e lunga storia che ha abbracciato le tre civiltà che hanno esercitato le maggiori influenze nella regione: quella romana, quella araba e quella spagnola. I lasciti di ciascuna di queste civiltà sono sparsi nella cittadina, anche se ciò che la caratterizza maggiormente sono gli edifici nell'opulento stile barocco spagnolo. Nel corso del XVI e XVII secolo la città godette di uno slancio commerciale particolarmente favorevole, che contribuì ad accrescere la sua importanza anche culturale – Antequera divenne, infatti, un centro dell'Umanesimo spagnolo. Oggi le autorità cittadine sono impegnate per cercare di salvaguardare e promuovere l'affascinante storia di Antequera.

Orientamento

La città è dominata dai considerevoli resti dell'Alcazaba, un castello arabo posto in cima alla collina. In basso, verso nord-ovest, si apre Plaza de San Sebastián, dalla quale parte la via principale, Calle Infante Don Fernando, diretta verso nord-ovest.

Informazioni

Trovate molte banche e sportelli bancomat lungo la Calle Infante Don Fernando.

Cyber-Locutorio Las Americas (Calle Encarnación 15; €2 l'ora; ⌚ 10.30-14 e 16.30-23 da lunedì a venerdì, 11-15 e 16.30-23 sabato, 4.30-23 domenica) Offre il collegamento a internet e telefonate a basso costo.

Hospital Comarcal de Antequera (☎ 952 84 62 63)

Policía Local (☎ 952 70 81 04; Avenida la Legión s/n)

Policía Nacional (☎ 952 84 34 94; Calle Carrera 14)

Ufficio postale (Calle Nájera 26; ⌚ 9-20 da lunedì a venerdì, 9-14 sabato)

Ufficio turistico municipale (☎ 952 70 25 05; www.antequera.es; Plaza de San Sebastián 7; ⌚ 11-14 e 17-20 da lunedì a sabato da giugno al 15 ottobre, 10.30-13.30 e 16-19 da lunedì a sabato dal 16 ottobre a maggio, 11-14 domenica tutto l'anno) Personale simpatico che saprà offrirvi molte informazioni utili.

Che cosa vedere

Località preferita dagli emiri di Granada durante la dominazione araba, Antequera è dominata da una **Alcazaba** da cui si possono ammirare le più belle vedute della città. Il modo migliore per accedervi, raggiungendo la sommità della collina, è partire da Plaza de San Sebastián, salire la gradinata di Cuesta de San Judas e passare quindi sotto un imponente porticato, l'**Arco de los Gigantes**, costruito nel 1585, nel quale sono incorporate pietre con iscrizioni romane. Non rimane molto dell'Alcazaba, ma il sito è stato trasformato in un giardino a terrazze dove l'aria profuma di pino e dove potrete visitare la **Torre del Homenaje** (ingresso libero), chiusa al momento della stesura di questa guida (chiedete all'ufficio turistico notizie sulla sua riapertura). La vista è bellissima da questa altezza, soprattutto verso nord-est e in direzione della **Peña de los Enamorados** (rocca degli innamorati), sulla quale ci sono molte leggende.

Proprio sotto l'Alcazaba si trova la cinquecentesca **Colegiata de Santa María la Mayor** (Plaza Santa María; ingresso libero; 🕓 10-14 e 16.30-20 da martedì a venerdì, 10.30-14 sabato, 11.30-14 e 16.30-18.30 domenica da settembre a metà giugno, 10.30-14 martedì, mercoledì, venerdì e sabato e 20-22.30 mercoledì e venerdì, 11.30-14 domenica da metà giugno a settembre). Questa chiesa con seminario annesso, che nel XVI secolo svolse un ruolo importante nella storia dell'Umanesimo andaluso, vanta una bellissima facciata rinascimentale e, all'interno, piacevoli colonne in pietra scanalate e un *artesonado* mudejar (un soffitto di travi con inserti decorativi). La chiesa ospita inoltre delle eccellenti manifestazioni musicali.

Nella città bassa, l'orgoglio del **Museo Municipal** (Plaza del Coso Viejo; visite guidate ogni ora €3; 🕓 10-13.30 e 16.30-18.30 da martedì a venerdì, 10-13.30 sabato, 11-13.30 domenica da ottobre a metà giugno, 20-22.30 mercoledì e venerdì da metà giugno a settembre) è la superba statua di bronzo, alta 1,4 m, di un *Efebo* elegante e atletico. È forse la più bella statua romana ritrovata in Spagna. Fu scoperta in una fattoria vicino ad Antequera negli anni intorno al 1950. Il museo espone anche altri reperti rinvenuti in una villa romana di Antequera, dove nel 1998 sono stati trovati degli splendidi mosaici. Sono anche esposti moltissimi oggetti religiosi in argento che possono essere ammirati solamente partecipando a una visita guidata che parte a intervalli di mezz'ora.

Il **Museo Conventual de las Descalzas** (Plaza de las Descalzas; visite guidate obbligatorie €3; 🕓 10.30-13.30 e 17-18.30 da martedì a venerdì, 10-12 e 17-18.30 sabato, 10-12 domenica), all'interno del secentesco convento delle Carmelitas Descalzas (Carmelitane Scalze), circa 150 m a est del Museo Municipal, raccoglie interessanti oggetti sacri della ricca tradizione dell'arte religiosa di Antequera. Tra le principali opere, tutte di straordinaria bellezza, ricordiamo il dipinto di Lucas Giordano raffigurante Santa Teresa d'Avila (che nel XVI secolo fondò l'ordine delle Carmelitane Scalze), un busto della Mater Dolorosa di Pedro de Mena e la *Virgen de Belén*, una scultura opera della Roldana.

Non si può non rimanere affascinati dalla **Iglesia del Carmen** (Plaza del Carmen; ingresso €1,50; 🕓 10-14) e dal suo meraviglioso retablo churrigueresco del XVIII secolo. Scolpito in legno di pino rosso (non dipinto) da Antonio Primo, nativo di Antequera, è stato poi arricchito con statue di angeli da Diego Márquez y Vega, e di santi, papi e vescovi da José de Medina.

Il **Dolmen de Menga** e il **Dolmen de Viera** (Avenida Málaga 1; ingresso libero; 🕓 9-18 da martedì a sabato, 9.30-14.30 domenica), risalenti entrambi all'incirca al 2500 a.C., si trovano a 1 km dal centro della città all'interno di un piccolo parco boscoso, a lato della strada che procedendo in direzione nord-est raggiunge la A45. Dalla centrale Plaza de San Sebastián imboccate Calle Encarnación e poi proseguite seguendo le indicazioni. Le popolazioni preistoriche dell'età del rame trasportarono decine di enormi lastre dalle vicine colline per costruire queste tombe. I massi di pietra furono poi coperti con tumuli di terra. Le difficoltà tecniche che queste popolazioni dovettero superare per tagliare e trasportare le pietre utilizzate per la costruzione dei dolmen furono enormi. Menga, il più grande, lungo 25 m e altro 4, è formato da 32 lastre di pietra, la maggiore delle quali pesa 180 tonnellate. Durante il solstizio d'estate, il sole che sorge dietro la Peña de los Enamorados, situata a nord-est rispetto al dolmen, illumina direttamente l'imboccatura della camera mortuaria. È in corso di costruzione un centro informazioni.

Una terza tomba, il **Dolmen del Romeral** (Cerro Romeral; ingresso libero; 🕓 9-18 da martedì a sabato, 9.30-14.30 domenica), si trova un po' più lontano dalla città. È una costruzione di epoca posteriore (risale al 1800 a.C. circa) e presenta mura costruite facendo uso di pietre più piccole. Per raggiungerla continuate dal Dolmen de Menga e dal Dolmen de Viera per 2,5 km attraversando una zona industriale, quindi svoltate a sinistra seguendo le indicazioni 'Córdoba, Siviglia'. Dopo 500 m, girate ancora a sinistra alla rotatoria e proseguite per altri 200 m facendo attenzione ai cartelli 'Dólmen del Romeral'.

Feste e manifestazioni

Semana Santa (Settimana Santa) La Settimana Santa di Antequera, una delle più tradizionali di tutta l'Andalusia, si celebra dalla domenica delle Palme alla domenica di Pasqua. Per le processioni religiose vengono utilizzati gli oggetti in argento che fanno parte del tesoro ritrovato proprio ad Antequera (di solito sono esposti nel Museo Municipal).

Real Feria de Agosto Questa fiera a metà agosto viene organizzata per celebrare il raccolto con corride, balli e sfilate nelle strade.

Pernottamento

Gli alberghi di Antequera hanno prezzi piacevolmente moderati.

Hospedería Coso San Francisco (☎ 952 84 00 14; Calle Calzada 27-29; singole/doppie €22/35; P) Palazzo secentesco completamente ristrutturato e ammodernato situato 400 m a nord-est di Plaza de San Sebastián. Offre 10 camere arredate in modo semplice, che tuttavia conservano alcuni interessanti particolari dell'edificio originale. C'è anche un buon ristorante – v. p308.

Hotel Colón (☎ 952 84 00 10; www.castelcolon.com; Calle Infante Don Fernando 29; singole/doppie €25/40; P) Occupa una struttura irregolare dove le camere piuttosto tradizionali sono disposte intorno a un cortile interno pieno di fiori. I prezzi aumentano in agosto, a Pasqua e a Natale. Il parcheggio costa €7.

Hotel Castilla (☎ 952 84 30 90; www.castillahotel.com, in spagnolo; Calle Infante Don Fernando 40; singole/doppie €31/42; P) L'Hotel Castilla propone camere accoglienti e pulite dotate di TV. I gestori sono simpatici e al piano terra c'è un bar-ristorante molto frequentato.

Hotel San Sebastián (☎/fax 952 84 42 39; Plaza de San Sebastián 5; singole/doppie €27/43;) Elegante albergo recentemente ristrutturato situato in comoda posizione centrale. Ha alcuni murales molto originali e un bar-ristorante piuttosto eccentrico al piano terra (in stile rustico ma con giochi elettronici e musica pop in continuazione) che serve dell'ottimo pesce, oltre a specialità locali.

Hotel Coso Viejo (☎ 952 70 50 45; Calle Encarnación 9; www.hotelcosoviejo.es; singole/doppie con prima colazione €47/70; P) Si tratta di un palazzo neoclassico del XVII secolo che è stato convertito in albergo. Si trova proprio nel cuore di Antequera, di fronte a Plaza Coso Viejo, dove si affaccia anche il superbo museo cittadino. Le sue camere confortevoli e raffinate sono disposte intorno a un bel patio con fontana. Ci sono anche una caffetteria e un ristorante. I proprietari sono gli stessi dell'Hotel Castilla.

Parador de Antequera (☎ 952 84 02 61; www.parador.es; Paseo García del Olmo s/n; singole/doppie €95/118; P) Il Parador de Antequera si trova in una tranquilla zona verde a nord dell'arena vicino alla stazione degli autobus. È arredato in modo molto confortevole ed è circondato da un piacevole giardino dal quale si può ammirare un magnifico panorama, specialmente al tramonto. L'esterno appare un po' deteriorato, ma si pensa di ristrutturarlo quanto prima.

La Posada del Torcal (☎ 952 03 11 77; www.laposadadeltorcal.com; Villanueva de la Concepción; camere €180; P) Situato fuori da Antequera vicino a El Torcal, questo fantastico *cortijo* in cima a una collina offre magnifiche vedute panoramiche. Dispone di camere di lusso e tra le strutture a disposizione dei clienti ci sono campi da tennis, piste per andare a cavallo e una piscina con vista.

Pasti

Le specialità di Antequera, che troverete praticamente in ogni menu, sono la *porra antequerana*, una minestra fredda simile a un gazpacho non diluito con acqua, la *bienmesabe* (letteralmente 'mi piace'), un dessert con una specie di pan di Spagna e l'*angelorum*, un altro dessert a base di meringa, rosso d'uovo e pan di Spagna. Antequera è anche una delle capitali mondiali del *mollete*, un panino morbido servito per la prima colazione.

Taberna de Santa María (Calle Encarción 8; tapas €1, raciones €4, insalate €5-6) Si trova a qualche porta di distanza dall'ufficio turistico ed è frequentato soprattutto dai giovani locali che sono attratti dalla sua cucina creativa.

Bar Castilla (☎ 952 84 30 90; Calle Infante Don Fernando 40; platos combinados €8-9) Questo bar-ristorante, aperto 100 anni fa, è molto frequentato grazie alle sue tapas e ai suoi pasti con un ottimo rapporto qualità-prezzo. Le generose porzioni di pollo o maiale sono servite con contorno di patatine fritte.

Restaurante Coso San Francisco (☎ 952 84 00 14; Calle Calzada 27-29; portate principali €7-13) La simpatica proprietaria di questo *hostal*-ristorante ha un orto da cui prende gli ingredienti freschi per preparare i suoi piatti – carne, pesce, specialità di Antequera, ricette tradizionali spagnole a base di uova e fresche insalate. Il giovedì e il venerdì sera si suona musica classica dal vivo.

Restaurante La Espuela (☎ 952 70 30 31; Calle San Agustín 1; 13-16 e 20-23 da martedì a domenica; portate principali €12-18) Situato in un bellissimo vicolo cieco a lato di Calle Infante Don Fernando, questo elegante ristorante propone un sottofondo di musica jazz, nonché una grande varietà di specialità di Antequera e di cucina internazionale, tra cui anche piatti di pasta. Dalla cucina escono profumi particolarmente appetitosi.

Restaurante Plaza de Toros (☎ 952 84 46 62; Paseo María Cristina s/n; portate principali €12-22; chiuso domenica sera) Da sempre il ristorante situato all'interno dell'arena, all'estremità nord-occidentale di Calle Infante Don Fernando, è uno dei più frequentati di Antequera. Offre piatti di cucina tradizionale andalusa interpretati in maniera fantasiosa e insolite ricette locali.

Per/da Antequera e trasporti locali

La **stazione degli autobus** (Paseo Garcí de Olmo s/n) si trova 1 km a nord del centro. La compagnia **Automóviles Casado** (☎ 952 84 19 57) gestisce degli autobus per Málaga (€6, 50 minuti, da 9 a 12 corse al giorno). L'autolinea **Alsina Graells** (☎ 952 84 13 65) effettua il servizio per Siviglia (Prado de San Sebastián; €10,50, 2 ore, cinque corse al giorno), Granada (€7, 1 ora e mezzo, quattro corse al giorno), Córdoba (€8, 1 ora e mezzo, due corse al giorno), Almería (€18, 4 ore e mezzo, due corse al giorno) e Málaga (€6, 50 minuti, tre corse al giorno).

La **stazione ferroviaria** (☎ 952 84 32 26; Avenida de la Estación) si trova 1,5 km a nord del centro. Da due a quattro treni al giorno fanno servizio per/da Granada (da €6,50 a €7,50, 1 ora e mezzo, sei treni al giorno), Siviglia (€12, 1 ora e 45 minuti, quattro treni al giorno) e Ronda (€5,50, 80 minuti, tre treni al giorno). Per Málaga o Córdoba bisogna cambiare a Bobadilla (€1,50, 15 minuti, tre treni al giorno).

Antequera può trasformarsi in un incubo a causa del traffico, nonostante l'impegno di numerosi vigili che cercano di tenere la situazione sotto controllo. I vigili vendono anche i biglietti per parcheggiare nelle apposite aree ai lati della strada (per un'ora €1). C'è un parcheggio sotterraneo in Calle Diego Ponce a nord di Plaza de San Sebastián (per un'ora €1, da 12 a 24 ore €12). Troverete il parcheggio dei taxi (da €3 a €4 per un tragitto compreso tra 2 km e 3 km) a metà di Calle Infante Don Fernando, oppure telefonate al ☎ 952 84 55 30.

DINTORNI DI ANTEQUERA

Paraje Natural Torcal de Antequera

A sud di Antequera sorgono le splendide e misteriose formazioni rocciose del **Paraje Natural Torcal de Antequera**. Si tratta di un'area di 12 kmq di strati di pietra calcarea aspra e irregolare che 150 milioni di anni fa era un fondale marino. La vetta più importante è El Torcal, una montagna alta 1336 m. È una zona straordinaria, dove l'aria è fresca e pulita. Durante la stesura di questa guida era in costruzione un gigantesco centro informazioni. Sono due i sentieri segnati che iniziano e finiscono vicino a questo centro: il primo, chiamato 'Ruta Verde' (percorso verde), è lungo 1,5 km, mentre il secondo, chiamato 'Ruta Amarilla' (percorso giallo), misura 3 km. In realtà esiste anche la 'Ruta Roja' (percorso rosso), sicuramente il sentiero più panoramico, percorribile solo con l'accompagnamento di una guida – al momento le escursioni guidate sono sospese, pare fino a quando il centro informazioni non verrà ultimato. Per notizie aggiornate contattate l'ufficio turistico di Antequera, e ricordate di indossare durante le escursioni scarpe adatte ai sentieri rocciosi.

Per raggiungere El Torcal è necessario disporre di un'automobile o prendere un taxi. Da Antequera percorrete Calle Picadero che si immette poco dopo nella strada Zalea. Circa 1 km più avanti sulla sinistra vedrete i cartelli per Villanueva de la Concepción; seguiteli e dopo circa 11 km girate a destra risalendo la collina. Dopo 4 km giungerete al nuovo ufficio informazioni. La corsa di andata e ritorno in taxi, con una sosta di un'ora a El Torcal, costa €29. L'ufficio turistico può organizzarvi il trasporto in taxi.

Laguna de Fuente de Piedra

Circa 20 km a nord-ovest di Antequera, a lato dell'*autovía* A92 (strada a due carreggiate senza pedaggio), si incontra la **Laguna de Fuente de Piedra**. Quando la siccità non ha la meglio, questo lago naturale è il più vasto dell'Andalusia, nonché una delle principali zone in Europa per la riproduzione dei grandi fenicotteri rosa (un'altra è la Camargue, nella Francia sud-occidentale). Se l'inverno è piovoso, presso il lago si possono riprodurre fino a 20.000 coppie di fenicotteri. Gli uccelli arrivano a gennaio o febbraio, e le uova si schiudono ad aprile o maggio. Ad agosto, quando il lago – che raramente supera 1 m di profondità – non contiene più acqua sufficiente per nutrirli, i fenicotteri ripartono. In questa laguna vivono migliaia di altri uccelli che appartengono a 170 specie diverse.

Il **Centro de Información Fuente de Piedra** (☎ 952 11 17 15; ⌚ 10-14 e 16-18) si trova sulla riva del lago. Offre consigli estremamente utili per raggiungere i migliori luoghi per osservare gli uccelli, vende una serie di valide cartine e noleggia i binocoli (decisamente indispensabili).

Nelle vicinanze c'è un ristorante assai apprezzato, ideale per un pranzo di qualità. Il **Caserío de San Benito** (☎ 952 11 11 03; Carretera Córdoba-Málaga Km 108; menú €15; ⌚ 12-17 e 20-24 da martedì a domenica), specializzato in piatti tradizionali preparati in modo perfetto, è ospitato in un vecchio casale pieno di oggetti antichi.

Gli autobus collegano Antequera al villaggio di Fuente de Piedra da tre a sei volte al giorno (€1).

A EST DI MÁLAGA

La costa a est di Málaga, chiamata in qualche caso Costa del Sol Oriental, è meno sviluppata del tratto occidentale. Partendo da Málaga e proseguendo verso est, dopo aver attraversato i suoi quartieri orientali, si raggiunge una serie di località balneari di modeste dimensioni non certo memorabili: Rincón de la Victoria, Torre del Mar e Torrox Costa passano pressoché inosservate tra immense serre di plastica. Proseguendo ancora si arriva a Nerja, una cittadina più graziosa con una popolazione soprattutto britannica e scandinava.

La principale attrattiva dell'entroterra è l'aspra regione chiamata La Axarquía, una zona di montagna con alcuni pittoreschi villaggi che segna il confine con la provincia di Granada. Questa regione offre numerose e interessanti escursioni che, diversamente da quelle nella parte nord-occidentale della provincia, cioè intorno a Ronda, sono per lo più sconosciute ai turisti. Nel 1999 è stato istituito il Parque Natural Sierras de Tejeda, Almijara y Alhama per salvaguardare un'area di territorio montuoso di 406 kmq.

LA AXARQUÍA

La Axarquía è una regione solcata da profonde valli fiancheggiate da terreni terrazzati e da canali d'irrigazione che risalgono al tempo della dominazione araba. Quasi tutti i villaggi circondati da olivi, mandorli e vigne furono fondati dagli arabi. I paesaggi selvaggi e inaccessibili, soprattutto nei dintorni della Sierra de Tejeda, fecero di questa regione una roccaforte dei *bandoleros* che avevano i loro rifugi tra queste montagne. Oggi il principale fascino di La Axarquía è dato dal suo splendido panorama, dai graziosi villaggi bianchi, dal vino locale, forte e dolce, ottenuto con uve fatte appassire al sole, e dalla possibilità di belle escursioni a piedi in primavera e in autunno.

Il 'capoluogo' di La Axarquía, **Vélez Málaga**, 4 km a nord di Torre del Mar, è un centro molto animato ma non particolarmente bello, per quanto il suo castello restaurato situato in cima alla collina meriti una visita. Da Vélez la A335 procede verso nord passando accanto all'azzurro bacino idrico Embalse de la Viñuela e attraverso il **Boquete de Zafarraya** (una spettacolare fenditura nella montagna) fino a raggiungere Granada. Questa strada è percorsa da un autobus al giorno che fa la spola tra Torre del Mar e Granada. A est del Boquete de Zafarraya si trovano i picchi più alti della provincia di Málaga, mentre nei pressi di Embalse de la Viñuela ci sono moltissime casette bianche che sono abitate soprattutto da britannici. Una conseguenza di questa concentrazione di stranieri è stata la creazione di un bel **mercato agricolo** dove si vendono prodotti freschi preparati in modo naturale e articoli di artigianato. Il mercato si tiene di martedì al Puente de Don Manuel, lungo la strada tra Velez e Boquete de Zafarraya.

Alcuni tra i panorami più spettacolari di La Axarquía si possono ammirare dai villaggi posti più in alto, **Alfarnate** (925 m) e **Alfarnatejo** (858 m), con gli aspri dirupi torreggianti del Tajo de Gomer e del Tajo de Doña Ana che si ergono a sud.

Se volete provare una delle più antiche locande dell'Andalusia, risalente al 1690, proseguite in direzione nord da Alfarnate sulla strada di Loja. Appena fuori della città, troverete la **Venta de Alfarnate** (☎ 952 75 93 88; Antigua Carretera de Málaga-Granada; portate principali €8-16; ⌚ 11-19 da martedì a giovedì e domenica, 11-24 venerdì e sabato). Vi sono esposti documenti che testimoniano il passaggio di famosi ospiti del passato, compresi alcuni banditi che scorrazzavano per queste colline. La locanda è rinomata per la sua specialità, *huevos a la bestia,* una specie di grigliata mista di uova fritte e carne di maiale assortita (€11).

Troverete le informazioni su La Axarquía presso gli uffici turistici di Málaga, Nerja, Torre del Mar e Cómpeta. Chi è interessato alle escursioni a piedi dovrebbe richiedere l'opuscolo sui sentieri del Parque Natural Sierras de Tejeda, Almijara y Alhama. Rural Andalus e Rustic Blue (v. p455) offrono informazioni su case e appartamenti che sono provvisti di cucina e si trovano nella zona, ai prezzi più svariati.

Le cartine migliori per gli escursionisti sono *Mapa Topográfico de Sierra Tejeda* e *Mapa Topográfico de Sierra Almijara* di Miguel Ángel Torres Delgado, entrambe in scala 1:25.000. Tra le guide utili segnaliamo, in lingua inglese, *Walk! Axarquía* pubblicato da **Discovery Walking Guides** (www.walking.demon.co.uk).

Comares

Pop. 1500 / alt. 685 m

Comares è un bianco villaggio arroccato in cima a un'alta collina. L'avventura vera e propria è arrivarci, perché la strada è molto tortuosa e termina sotto al dirupo roccioso dove è situato il villaggio che da qui sembra quasi un giardino pensile. Per raggiungere il paesino dal parcheggio dove arriva la strada, dovete salire una ripida scalinata anch'essa tortuosa. Cercate le impronte di ceramica sul selciato e seguitele attraverso la rete di stretti e serpeggianti vicoli che vi condurranno dapprima alla Iglesia de la Encarnación e infine alle rovine del castello di Comares e al bel cimitero sulla sommità. Il villaggio ha alle spalle una storia di rivolte, essendo stato una roccaforte di Omar ibn Hafsun (v. p305), ma oggi vi si respira un'atmosfera molto più tranquilla, data dall'isolamento del posto, qualità apprezzata sia dai nativi sia da nuovi residenti. La vista sull'Axarquía è impressionante.

Per quanto riguarda il pernottamento, l'opzione migliore è **El Molino de los Abuelos** (☎ 952 50 93 09; doppie con prima colazione da €55) sulla piazza principale accanto al belvedere. Si tratta di un frantoio trasformato in albergo con quattro camere doppie e due appartamenti. C'è anche un ristorante (portate principali da €6 a €14, *menú* €8) con magnifiche vedute e piatti gustosi, specialmente quelli di agnello.

Gli altri alberghi si trovano sulla strada che porta in paese, poco prima dell'ingresso al centro abitato e nei pressi della piscina comunale. Il **Mirador de la Axarquía** (☎ 952 50 92 09; Calle Encinillas s/n; singole/doppie €20/40) offre un buon rapporto qualità-prezzo per i monolocali e ha un bar-ristorante accogliente che serve gustose grigliate (da €7 a €10) su una terrazza panoramica. Immediatamente sotto si trova l'**Hotel Atalaya** (☎ 952 50 92 08; Calle Encinillas 4; singole/doppie €24/42) con camere abbastanza comode e un ristorante che propone per lo più piatti di carne (portate principali da €5 a €10).

Proprio nel cuore del villaggio ci sono un paio di bar accoglienti.

Málaga è collegata a Comares solo nei giorni feriali da un autobus che parte alle 18; lo stesso automezzo riparte da Comares alle 7 del mattino seguente (€2,20).

Cómpeta

Pop. 3400 / alt. 625 m

Il villaggio di Cómpeta è una delle basi migliori per visitare La Axarquía. Qui troverete

LA SCELTA DELL'AUTORE

Restaurante Almijara (☎ 952 55 78 31; Calle Estación 19B, Canillas de Albaida; portate principali €10-15; Ⓥ) Nascosto in un angolo di Canillas de Albaida, un pittoresco villaggio situato 2 km a nord-ovest di Cómpeta, il Restaurante Almijara è un piccolo gioiello creato da Kritz Al-Tayeb, una scozzese che parla arabo. Kritz, che ha vissuto e lavorato in Arabia Saudita, Gran Bretagna e Spagna e che in Arabia Saudita gestiva un ristorante nel deserto, ha un sacco di storie interessanti da raccontare.

Il ristorante è in stile marocchino, mentre la cucina risente di influenze arabe, anzi, come direbbe la proprietaria nonché cuoca, moresche. Godetevi la tranquilla atmosfera e ordinate i deliziosi falafel, i piatti di carne e verdure serviti nei tradizionali tagine (contenitori di terracotta dal coperchio a punta) e le salse piccanti. La signora usa esclusivamente i prodotti freschi del suo orto, quindi le insalate sono davvero gustose.

DEVIAZIONE: EL LUCERO

L'escursione a piedi più entusiasmante della regione della Axarquía è forse l'ascesa all'appuntita vetta dello spettacolare **El Lucero** (1779 m). Dalla sommità di questa montagna nelle giornate limpide si può ammirare una vista stupenda che spazia in una direzione fino a Granada e nell'altra fino al Marocco. Questa gita è impegnativa e richiede una giornata intera – da Cómpeta il dislivello è di 1150 m. Partite salendo a sinistra utilizzando il sentiero oltre il campo di calcio. Dopo circa un'ora e mezzo di cammino da Cómpeta si passa sotto e a ovest della capanna per il controllo degli incendi che si trova sulla collina chiamata La Mina. Circa 400 m dopo il bivio per la capanna, girate a destra e inoltratevi in una gola (non c'è nessuna indicazione, ma il percorso è piuttosto evidente). Questo sentiero vi condurrà in un'ora circa a **Puerto Blanquillo** (1200 m); da qui un altro sentiero sale per 200 m fino a **Puerto de Cómpeta**.

Un chilometro oltre il secondo valico, superata una cava, il sentiero per la vetta (un'ora e mezzo) devia a destra e attraversa il letto di un torrente in un punto indicato da un cartello e sulla cartina. Sulla cima di El Lucero ci sono le rovine di una postazione della Guardia Civil costruita per controllare i ribelli antifranchisti dopo la guerra civile.

In automobile, percorrendo una strada dissestata di montagna, è possibile raggiungere Puerto Blanquillo da Canillas de Albaida, un villaggio situato 2 km a nord-ovest di Cómpeta.

alcuni dei migliori vini della zona e il 15 di agosto, durante la frequentatissima **Noche del Vino** (notte del vino), potrete assistere a spettacoli di flamenco, musica e danze *sevillanas*, nonché bere vino gratis, nella graziosa Plaza Almijara del centro. La gente locale è molto simpatica e grazie ai residenti stranieri che si sono stabiliti qui, il villaggio ha un panorama culturale piuttosto vivace.

Accanto alla fermata dell'autobus ai piedi del villaggio c'è un nuovo **ufficio turistico** (☎ 952 55 36 85; turismo@competa.es; Avenida de la Constitución; ⏲ 10-14 e 15-18 da mercoledì a domenica da metà settembre a giugno, 10-14 e 15-18 da martedì a sabato da luglio a metà settembre) con un parcheggio nelle vicinanze sul pendio della collina. **Marco Polo** (Calle José Antonio 3), a lato di Plaza Almijara, vende libri in parecchie lingue, compreso l'inglese, nonché un vasto assortimento di cartine e guide escursionistiche della Spagna. **Todo Papel** (Avenida de la Constitución 31) ha giornali e libri in inglese, tra cui qualche guida.

L'ufficio turistico fornisce moltissime informazioni sulle attività praticabili nei dintorni, tra cui le escursioni a cavallo presso **Los Caballos del Mosquín** (☎ 608 658108; www.horseriding-andalucia.com), che si trova a 2 km da Cómpeta, immediatamente sopra il vicino paesino di Canillas de Albaida. Inoltre, è possibile prendere lezioni di spagnolo presso la **Santa Clara Academia de Idiomas** (☎ 952 55 36 66; www.santa-clara-idiomas.com; Calle Andalucía 6), mentre chi desidera seguire uno dei corsi artistici della simpatica Christa Hillekamp, può consultare il suo sito web www.artworkshop.eu.

Attraverso **Cómpeta Direct** (www.competadirect.com) si possono affittare camere e case, oppure contattate il delizioso albergo **Las Tres Abejas** (☎ 952 55 33 75; www.lastresabejas.com; Calle Panaderos 43; singole/doppie con prima colazione €35/45), circa 150 m più in alto rispetto a Plaza Almijara. L'albergo principale di Cómpeta è l'**Hotel Balcón de Cómpeta** (☎ 952 55 35 35; www.hotel-competa.com; Calle San Antonio 75; singole/doppie €49/67; P ❄ ⛾ ♿), un tre stelle che offre camere confortevoli con balcone e vista strepitosa. C'è anche un buon ristorante, un bar, un'ampia piscina e il campo da tennis.

Se volete piatti internazionali andate a pranzo (solo nel fine settimana) o a cena da **El Pilón** (☎ 952 55 35 12; Calle Laberinto; portate principali €10-15). Il **Museo del Vino** (Avenida Constitución; raciones €8-15) serve ottime *raciones* al prosciutto, al formaggio e alla salsiccia e vino spillato direttamente dalla botte. È ingombro di oggetti d'artigianato, di prodotti regionali e di articoli marocchini, cosa che lo fa assomigliare alla grotta di Aladino. Un altro ristorante eccellente, con vista addirittura sul mare lontano, è il **Cortijo Paco** (☎ 952 55 36 47; Avenida Canillas 6; portate principali €10-15; ⏲ chiuso lunedì), mentre l'originale **Taberna de Oscar** (☎ 952 51 66 31; Plaza Pantaleón Romero 1; media-raciones €3,50-5,50; V) propone piatti insoliti e deliziosi. Ce n'è per tutti i gusti, ma i vegetariano apprezzeranno particolarmente il piatto di spinaci.

Cómpeta ha una scena musicale vivace. Gli appassionati di spettacoli dal vivo troveranno qualcosa in programma praticamente ogni sabato sera al **Bar La Roca** (Avenida de La Constitución) e la domenica pomeriggio alla Taberna de Oscar.

Tre autobus al giorno fanno servizio da Málaga a Cómpeta (€3,20, 1 ora e mezzo) via Torre del Mar.

NERJA

Pop. 19.000

Situata 56 km a est di Málaga, con alle spalle la Sierra Almijara, Nerja è la più antica e accogliente località balneare della costa orientale. In centro si trova il bellissimo Balcón de Europa, un belvedere con una passeggiata orlata da palme da cui si può ammirare un magnifico panorama che da un lato spazia su montagne e mare e dall'altro sui vicoli della vicina città vecchia. Inoltre, le piccole baie e le graziose cittadine costiere negli immediati dintorni rendono Nerja una località ideale per i turisti senza automobile.

Diventata una delle mete preferite sia dai turisti dei viaggi organizzati sia dai viaggiatori indipendenti, Nerja è cresciuta ben oltre i suoi antichi confini, espandendosi soprattutto verso est. La confusione e l'inquinamento del mare raggiungono livelli di guardia nel periodo tra luglio e settembre, ma la città negli altri mesi dell'anno ritrova la sua tranquillità e il mare la sua limpidezza. Resa celebre negli anni intorno al 1980 dalla serie televisiva *Verano Azul* (Estate azzurra), Nerja è apprezzata sia dai turisti spagnoli sia da quelli stranieri.

Orientamento

Gli autobus fermano sulla strada principale, la N340, all'estremità settentrionale del centro. Plaza Cantarero si trova immediatamente a sud-est della fermata degli autobus. Dalla piazza si devono percorrere poco più di 500 m per raggiungere il Balcón de Europa e l'ufficio turistico – prendete Calle Pintada e proseguite diritto.

Informazioni

Troverete moltissimi sportelli bancomat sparsi in tutta la città.

DiGi Ibérica (Calle San Miguel 24; €1 per 30 minuti; 🕒 10-14 e 15-22 da lunedì a venerdì, 11-14 sabato) Offre accesso a internet.

Europ@web Cafe (Calle Málaga; €0,90 per 15 minuti; 🕒 9-24) Si può accedere a internet e fare telefonate.

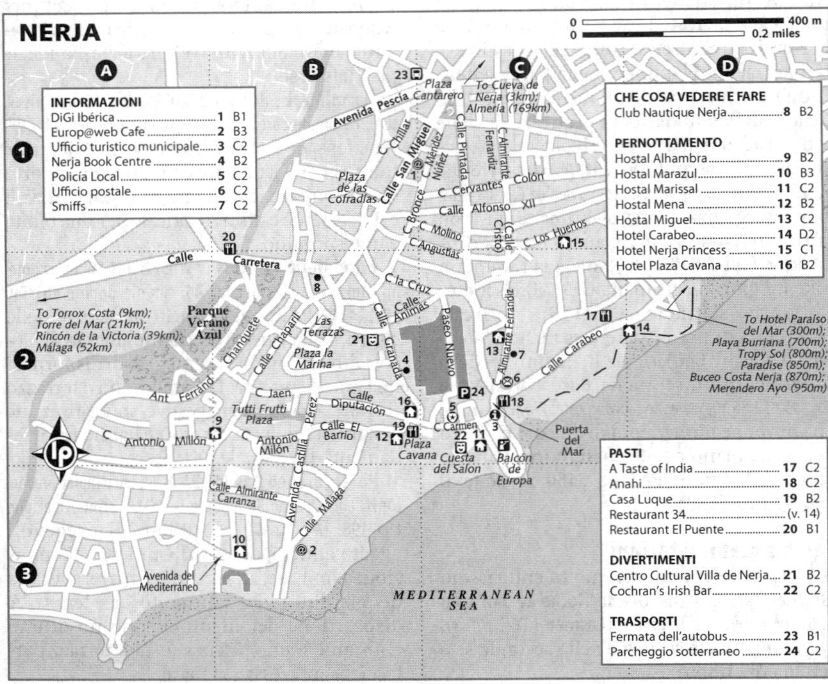

Nerja Book Centre (☎ 952 52 09 08; Calle Granada 30-32) Offre libri usati in inglese, spagnolo e altre lingue.

Policía Local (☎ 952 52 15 45; Calle Carmen 1) Nell'*ayuntamiento* (municipio).

Smiffs (www.booksaboutspain.com; Calle Almirante Ferrandiz) Libreria ben fornita, specializzata in libri sulla Spagna, situata nei piccoli portici nei pressi dell'ufficio postale.

Ufficio postale (Calle Almirante Ferrandiz; 9-20 da lunedì a venerdì, 9-14 sabato)

Ufficio turistico municipale (☎ 952 52 15 31; www.nerja.org; Puerta del Mar; 10-14 e 18-22 da luglio a metà settembre, 10-14 e 17-20 da metà settembre a giugno) Dispone di moltissimi opuscoli utili.

Che cosa vedere e fare

La città è raccolta intorno al delizioso **Balcón de Europa**, un belvedere costruito sulle fondamenta di un'antica fortificazione che si protende sulle profonde acque azzurre del mare. Dal Balcón potete proseguire in direzione est, percorrere Calle Carabeo, quindi scendere una rampa di scale e raggiungere **Playa Burriana**, la più bella e grande spiaggia di Nerja.

In città non ci sono vere e proprie attrattive turistiche, ma il martedì si tiene un vivace **mercato** lungo Calle Almirante Ferrandiz, mentre la domenica mattina, a Urbanización Flamingo, nella parte settentrionale della città, c'è un *rastro* (mercatino delle pulci). Chi desidera praticare qualche attività all'aria aperta può rivolgersi a parecchi negozi tra cui **Club Nautique Nerja** (☎ 952 52 46 54; www.diving-in-spain.com; Avenida Castilla Pérez 2), che organizza corsi di immersioni (con istruttore/corso in mare aperto con certificazione PADI €40/390), noleggia mountain bike (al giorno/settimana €15/75) e scooter (al giorno/settimana €30/175), e offre la possibilità di partecipare a escursioni a cavallo (due ore €40) e a piedi. Per immersioni potete contattare anche **Buceo Costa Nerja** (☎ 952 52 86 10; www.nerjadiving.com; Playa Burriana), che propone immersioni di due ore e mezzo per principianti a €60, corsi in mare aperto con certificazione PADI a €450, e uscite di snorkelling (€30).

Feste e manifestazioni

A Nerja si celebrano con molto entusiasmo alcune feste del mare – la **Noche de San Juan** (23 giugno) e la **Virgen del Carmen** (16 luglio). La *feria* annuale si svolge nella seconda settimana di ottobre.

Nel 2004 Nerja ha ospitato l'**Healing Arts Festival** (www.healingartsinternational.com) per la prima volta. La manifestazione ha riscosso talmente tanto successo che è diventata un appuntamento fisso che si tiene ogni anno ai primi di settembre.

Pernottamento

Nerja offre una vasta gamma di sistemazioni, ma nel periodo estivo le camere degli alberghi migliori vengono di norma prenotate con almeno due mesi di anticipo. Nella cittadina ci sono numerosi appartamenti in affitto; informatevi presso l'ufficio turistico.

Hostal Mena (☎ 952 52 05 41; hostalmena@hotmail; Calle El Barrio 15; singole/doppie €26/39) Situato a ovest dell'ufficio turistico, dal quale dista pochi minuti a piedi, questo simpatico *hostal* offre camere immacolate (alcune con vista mare) e un piacevole giardino. Le stanze con terrazzo costano €5 in più.

Hostal Miguel (☎ 952 52 15 23; www.hostalmiguel.com; Calle Almirante Ferrandiz 31; singole/doppie €36/49) Proprio a cavallo tra due vie della città vecchia, questo albergo a gestione inglese ha un'atmosfera particolarmente giovanile. Offre belle camere in tema marocchino, disposte sui vari piani di un bel palazzo ristrutturato. Sul tetto c'è una terrazza ideale per rilassarsi.

Hostal Marissal (☎ 952 52 01 99; www.hostalmarissal.com; Balcón de Europa; singole/doppie €45/60;) Grazioso *hostal* rivolto verso il Balcón de Europa con vista mare e un ottimo rapporto qualità-prezzo. Le camere sono confortevoli e il ristorante è discreto, ideale per una bibita e uno spuntino.

Hotel Nerja Princess (☎ 952 52 89 86; www.hotelnp.com; Calle Los Huertos 46; singole/doppie €61/90; P) Situato proprio nel cuore della città vecchia, questo eccellente albergo di piccole dimensioni ha il vantaggio di disporre di una grande piscina. Le camere con il terrazzo si affacciano su vie suggestive, sono attrezzate con tutti i moderni comfort e hanno un arredamento funzionale.

Hotel Carabeo (☎ 952 52 54 44; www.hotelcarabeo.com; Calle Carabeo 34; doppie/suite con prima colazione €91/198; P) Pieno di pregevoli oggetti antichi, questo alberghetto a conduzione familiare, affacciato sul mare, sovrasta dei giardini terrazzati molto ben tenuti. A disposizione dei clienti ci sono un ottimo ristorante e una piscina su una terrazza affacciata anch'essa sul mare.

Hotel Plaza Cavana (☎/fax 952 52 40 00; www.hotelplazacavana.com; Plaza Cavana 10; singole/doppie €77/107; P) Con interni che sembrano usciti dalla serie televisiva *Love Boat*, in colori che vanno dalla menta alla pesca, questo albergo è probabilmente il più elegante del centro. Dispone di servizi eccellenti e di un utilissimo parcheggio.

Hotel Paraíso del Mar (☎ 952 52 16 21; www.hotelparaisodelmar.com; Calle Prolongación de Carabeo; singole/doppie €104/120; P) Situato a est di Nerja lungo Playa Carabeo, una delle spiagge migliori di questo tratto di costa, il Paraíso del Mar offre una fantastica vista mare, accesso diretto alla spiaggia e una spa dove è possibile effettuare molti trattamenti.

In estate, quando la cittadina è affollata, chi viaggia in economia può provare a rivolgersi al piacevole **Hostal Alhambra** (☎ 95 252 21 74; Calle Antonio Millón 12; singole/doppie €32/45), con camere spaziose fornite di ventilatore, oppure all'**Hostal Marazul** (☎ 952 52 41 91; hmarazul@wanadoo.es; Avenida del Mediterráneo; camere €48;).

Pasti

Ci sono moltissimi ristoranti in ogni parte della città. La maggior parte sono piuttosto ordinari, anche quelli che magari vantano la vista sul mare. Lungo Playa Burriana, la migliore spiaggia di Nerja, si susseguono parecchi ristoranti, caffè, gelaterie e bar.

Anahi (☎ 952 52 14 57; Puerta del Mar 6; sandwich €2,50) La vetrina con dolci e torte dall'aspetto delizioso e il bar di colore rosso sono le prime cose che si notano quando si entra in questo piccolo locale nei pressi dell'ufficio turistico. Il suo terrazzino è spesso affollato perché offre la migliore veduta di Nerja. La cucina è aperta tutto il giorno, ma le vere specialità della casa sono la prima colazione e gli spuntini.

A Taste of India (☎ 952 52 00 43; Calle Carabeo 51; portate principali €8-13) Forse non sarà la scelta più ovvia per chi visita la Spagna, ma questo fantastico ristorante indiano specializzato nella cucina di Goa serve pietanze davvero deliziose, come curry al cocco, biryani, tandoori e altri piatti piccanti preparati al momento. I proprietari, molto gentili, sono originari di una ex colonia portoghese nel Gujarat.

Merendero Ayo (☎ 952 52 12 53; Playa Burriana; portate principali €9-13) Locale all'aperto lungo Playa Burriana dove si può gustare una paella cucinata al momento in grandi tegami posti su un focolare – e la seconda porzione è gratuita. È gestito da Ayo, l'uomo divenuto celebre per aver scoperto il complesso di grotte chiamato Cueva de Nerja, un simpatico personaggio locale.

Restaurant El Puente (☎ 952 52 58 19; Calle Carretera 4; portate principali €8-16) Ottimo ristorante nonostante sia stranamente situato nella parte ovest della città, dove la strada per Málaga passa su un ponte che attraversa il Río Chillar. La cucina, che propone tapas a €1 e piatti di tutti i tipi serviti in abbondanti porzioni, è migliore della posizione del locale.

Casa Luque (☎ 952 52 10 04; Plaza Cavana 2; portate principali €15-19) Locale invitante, anche se leggermente pretenzioso, situato in ottima posizione nella pittoresca Plaza Cavana. Purtroppo, ha dovuto togliere i tavoli dalla piazza, ma è comunque possibile mangiare all'aria aperta sulla bellissima terrazza con vista mare. Casa Luque offre un raffinato menu di cucina mediterranea che comprende una vasta gamma di eccellenti tapas. È un locale ricco di carattere, un particolare che lo distingue dagli altri ristoranti di Nerja.

Restaurante 34 (☎ 952 52 54 44; www.hotelcarabeo.com; Hotel Carabeo, Calle Carabeo 34; portate principali €15-24) Ristorante molto bello, sia all'interno sia all'esterno, con un giardino che digrada dolcemente fino ad affacciarsi sul mare. Le pietanze a base di ingredienti esotici sono deliziose, ma le minuscole porzioni assomigliano a quelle della *nouvelle cousine*.

Locali

Il **Tropy Sol** (10-22) è il migliore tra i caffè-gelaterie di Playa Burriana. A Nerja c'è anche, in Calle Carabeo, una *tetería* (sala da tè) nel tipico stile orientale di Granada dove si può fumare il narghilè.

Divertimenti

Il **Centro Cultural Villa de Nerja** (☎ 952 52 38 63; Calle Granada 45) ogni anno propone un ambizioso programma di musica classica, teatro, jazz e flamenco, con la partecipazione di artisti di livello internazionale.

La vita notturna si svolge quasi esclusivamente nella piazza che è stata opportunamente soprannominata Tutti-Frutti Plaza, dove si trovano quasi tutte le discoteche, e nell'adiacente Calle Antonio Millón. Le serate si animano solo dopo la mezzanotte. Tra i locali consigliati segnaliamo il **Cochran's Irish Bar** (Paseo Balcón de Europa 6), che offre spettacoli di musica dal vivo nei fine settimana;

il bar situato sulla spiaggia, dal quale si può ammirare una magnifica vista sul mare, conferisce all'ambiente un sapore tropicale. A Playa Burriana ci sono diversi locali, tra i quali il **Paradise** (☉ 10-22), dove vengono serviti deliziosi cocktail e gli appassionati di calcio seguono le partite su un maxischermo televisivo.

Per/da Nerja e trasporti locali

Alsina Graells (☎ 952 52 15 04; Avenida Pescía) ha autobus per/da Málaga (€3,50, 1 ora, almeno 18 corse al giorno), Almuñécar (€2,30, 30 minuti, fino a 13 corse al giorno), Almería (€11, 2 ore e mezzo, nove corse al giorno) e Granada (€8,50, 1 ora e mezzo, da due a tre corse al giorno). Le strade di Nerja sono piuttosto strette; gli automobilisti possono lasciare la loro vettura, in centro, nel parcheggio sotterraneo (1 ora/24 ore €1/16) a lato di Calle La Cruz e nel parcheggio gratuito dietro a Calle Carabeo, nell'edificio vuoto dove una volta l'anno si svolge la *feria*.

DINTORNI DI NERJA

A est di Nerja la costa si fa più frastagliata e chi possiede un mezzo di trasporto autonomo può raggiungere facilmente alcune belle spiagge utilizzando i sentieri che scendono verso il mare dalla A7/N340. **Playa de Cantarriján**, proprio sul confine con la provincia di Granada, e **Playa del Cañuelo**, immediatamente prima del confine, sono due tra le migliori, con un paio di ristoranti aperti solo d'estate.

La grande attrattiva turistica della zona è però la **Cueva de Nerja** (☎ 952 52 95 20; www.cuevadenerja.es; interi/bambini €7/3,50; ☉ 10-14 e 16-18.30, più a lungo in luglio e agosto), 3 km a est di Nerja poco distante dalla A7, sempre affollata in estate. L'immenso complesso, lungo 4 km, fu scavato dall'erosione delle acque circa 5 milioni di anni fa. Nelle grotte, che ospitarono nell'età della pietra una comunità di cacciatori, si possono ammirare spettacolari stalattiti e stalagmiti. Non perdetevi l'enorme colonna centrale nella 'Sala dei Cataclismi'. Ogni anno a luglio, in occasione del **Festival Cueva de Nerja**, nella grotta si organizzano spettacoli musicali e balletti con famosi artisti non solo spagnoli. Per il programma, rivolgetevi all'ufficio turistico di Nerja.

Sette chilometri a nord di Nerja si trova **Frigiliana**, secondo alcuni il più bel villaggio di La Axarquía, collegato a Nerja da diversi autobus al giorno (eccetto la domenica). Il personale dell'**ufficio turistico** (☎ 952 53 42 61; www.frigiliana.org; Plaza del Ingenio; ☉ 9-20 da lunedì a venerdì, 10-13.30 e 16-20 sabato e domenica) saprà darvi indicazioni utili. El Fuerte, la collina che sovrasta il villaggio, fu teatro della sanguinosa sconfitta dei moriscos di La Axarquía, quando si ribellarono nel 1569; alcuni di essi preferirono suicidarsi gettandosi dalla collina piuttosto che farsi uccidere o catturare dagli spagnoli. Potete raggiungere a piedi El Fuerte seguendo prima una delle strade che portano nella parte più alta del villaggio e poi un sentiero polveroso. A Frigiliana ci sono molti bar, ristoranti e negozi per turisti.

Provincia di Córdoba

L'eredità islamica di Córdoba, un tempo fiera regina di Al-Andalus, celebre per la sua corte sfarzosa e culturalmente vivace, fa ancora da cornice a una città ormai proiettata verso il futuro. La sua anima romantica e il suo passato ricco di storia continuano a stimolare la fantasia dei viaggiatori che tuttavia oggi scoprono anche il volto contemporaneo di Córdoba, dove si moltiplicano le attività commerciali e i progetti per il futuro. Appellativi come 'città museo' o 'placida cittadina', usati fino a pochi anni fa per descriverla, iniziano a non essere più appropriati. Córdoba può catturare il visitatore in diversi modi, affascinandolo di giorno con le sue bellezze artistiche e inebriandolo di sera con l'invitante assortimento di sherry e cocktail dei suoi bar.

La Mezquita, il monumento più importante e visitato di Córdoba, è una delle meraviglie architettoniche del mondo e non a caso è stata dichiarata Patrimonio dell'Umanità. Pur tenendo presente la tradizione araba, non va dimenticato che il carattere di Córdoba è andaluso: la città ha dato i natali ad alcuni fra i più famosi toreri di tutti i tempi, è la patria del *salmorejo* (la versione rustica del gazpacho) e vanta alcuni fra i migliori ristoranti della regione.

Le distese di olivi che circondano Córdoba creano un paesaggio straordinario, scandito da villaggi e paesi che alternano dedali di viuzze di sapore orientale a sontuosi edifici barocchi. Ad attirare i viaggiatori verso la campagna sono anche gli eccellenti prodotti della terra, come l'olio d'oliva di Baena, dal sapore unico, o i famosi vini di Montilla, orgoglio dei vigneti a sud di Córdoba. La provincia produce inoltre alcuni tra i più gustosi formaggi e salumi dell'Andalusia.

DA NON PERDERE

- La **Mezquita** (p321), gioiello dell'architettura araba, da visitare nella quiete delle prime ore del mattino
- I vicoli della **Judería** (p327) e i patio nascosti di Córdoba, soprattutto durante la festa delle **Cruces de Mayo** (p330)
- Un bagno negli eleganti **Hammam Baños Árabes** (p329), seguito da una fumata con il narghilè e da un bicchiere di tè
- Le rovine del complesso medievale di **Medina Azahara** (p325)
- Gli sfarzosi edifici barocchi di **Priego de Córdoba** (p340)
- I panorami delle incantevoli montagne del **Parque Natural Sierras Subbéticas** (p338) o delle colline boscose del **Parque Natural Sierra de Hornachuelos** (p338)

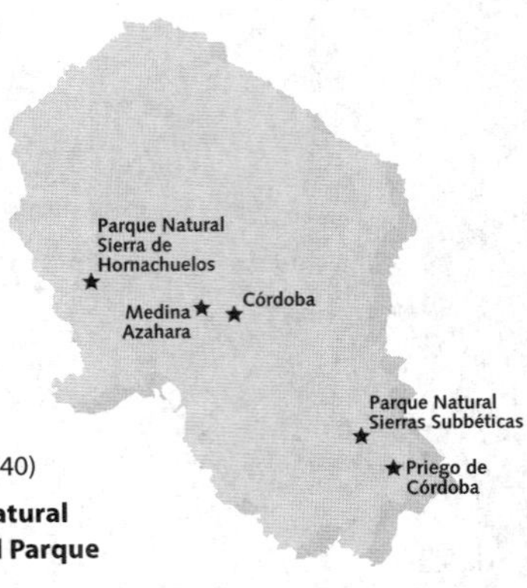

POPOLAZIONE: 1,14 MILIONI	MESE PIÙ FREDDO E PIÙ CALDO A CÓRDOBA: GEN/AGO 11°C/27°C	ALTITUDINE: 55 m-1570 m

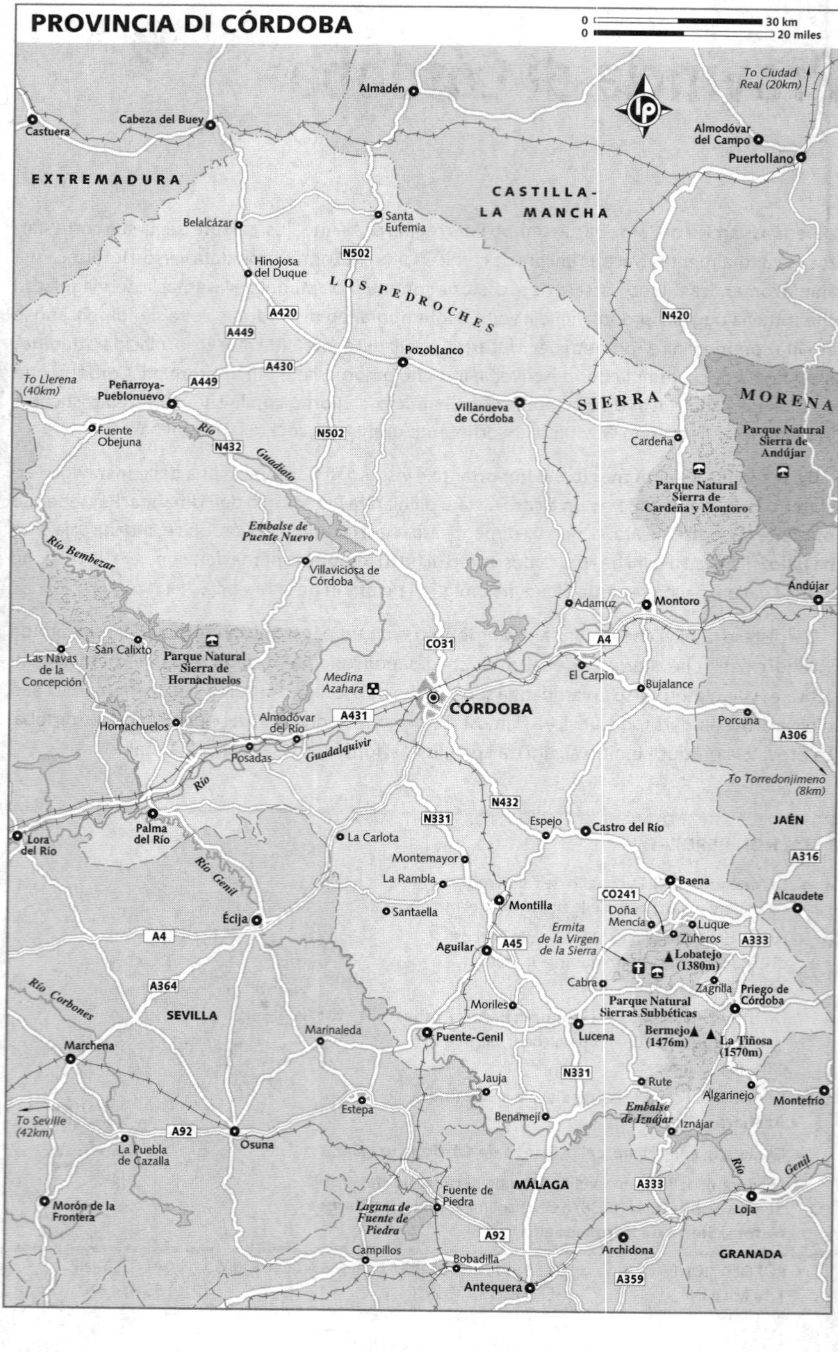
PROVINCIA DI CÓRDOBA
0 30 km
0 20 miles
To Ciudad Real (20km)
Almadén
Castuera
Cabeza del Buey
Almodóvar del Campo
Puertollano
EXTREMADURA
CASTILLA-LA MANCHA
Belalcázar
Santa Eufemia
N502
Hinojosa del Duque
LOS PEDROCHES
A420
A449
N420
Pozoblanco
A430
To Llerena (40km)
Peñarroya-Pueblonuevo
A449
SIERRA
MORENA
Villanueva de Córdoba
Fuente Obejuna
Río
N432
Guadiato
N502
Cardeña
Parque Natural Sierra de Andújar
Parque Natural Sierra de Cardeña y Montoro
Río Bembezar
Embalse de Puente Nuevo
Villaviciosa de Córdoba
Adamuz
Montoro
Andújar
Las Navas de la Concepción
San Calixto
Parque Natural Sierra de Hornachuelos
CO31
A4
El Carpio
Bujalance
Medina Azahara
CÓRDOBA
Porcuna
Hornachuelos
Almodóvar del Río
A431
A306
Posadas
Guadalquivir
Río
To Torredonjimeno (8km)
N432
N331
Espejo
Castro del Río
JAÉN
Lora del Río
Palma del Río
La Carlota
A316
Río Genil
Montemayor
La Rambla
Baena
Montilla
CO241
Alcaudete
Écija
Santaella
Doña Mencía
Luque
Zuheros
A333
Ermita de la Virgen de la Sierra
A4
Aguilar
A45
Lobatejo (1380m)
A364
Cabra
Zagrilla
Priego de Córdoba
Río Corbones
Parque Natural Sierras Subbéticas
SEVILLA
Moriles
Marinaleda
Puente-Genil
Lucena
Bermejo (1476m)
La Tiñosa (1570m)
Marchena
N331
Jauja
Rute
Algarinejo
Montefrío
Estepa
Benamejí
Embalse de Iznájar
To Seville (42km)
Iznájar
A92
Osuna
La Puebla de Cazalla
Río
Genil
MÁLAGA
A333
Fuente de Piedra
Morón de la Frontera
Laguna de Fuente de Piedra
Loja
A92
Archidona
Campillos
Bobadilla
GRANADA
Antequera
A359

CÓRDOBA

Pop. 319.000 / alt. 110 m

Córdoba è una meta ideale per tutti coloro che amano mangiare bene ed esplorare le città a piedi, sapendo che ad attenderli ci sono meraviglie dell'architettura e antiche *bodegas* (cantine) tutte da scoprire. Il cuore della città non ha bisogno di presentazioni, trattandosi della famosissima Mezquita, simbolo della raffinata civiltà islamica nonché monumento che attira ogni giorno migliaia di visitatori. Dalla Mezquita si dipartono i vicoli della Judería (antico quartiere ebraico) che si snodano come tanti tentacoli: alcuni sono silenziosi e deserti altri assediati dai negozietti di souvenir per turisti. Il centro cittadino è un quartiere compatto, dove si trovano ottimi bar e ristoranti che in alcuni casi sono diventati vere e proprie attrazioni di per sé. A poca distanza dalla città la gloria e lo splendore del passato rivivono presso le rovine arabe di Medina Azahara, imponente città-palazzo che sorge a qualche chilometro da Córdoba.

Lungo le vie costellate di graziosi patio intorno alla Mezquita si concentrano locali che offrono il meglio della gastronomia andalusa e numerose strutture nelle quali alloggiare a prezzi accessibili, e l'atmosfera che si respira in genere trasmette un'idea di grande tranquillità. Nei mesi invernali la città è calma e silenziosa, ma rinasce da metà aprile a metà giugno, quando il cielo è azzurro, il caldo sopportabile, gli alberi e i patio delle case si rivestono di foglie e di fiori e hanno luogo le fiestas più importanti dell'anno.

STORIA

Fondata nel 152 a.C., la colonia romana di Corduba assunse ben presto un ruolo di grande importanza divenendo la capitale della provincia Baetica che comprendeva gran parte dell'odierna Andalusia. In questo centro culturale dell'antica Roma nacquero gli scrittori Seneca e Lucano.

Nel 711 Córdoba cadde sotto il dominio degli invasori arabi e poco tempo dopo divenne la capitale islamica della Penisola Iberica. Fu qui che nel 756 Abd ar-Rahman I si proclamò emiro indipendente di Al-Andalus, fondando la dinasta omayyade. Córdoba e l'intera regione vissero il loro periodo di maggiore splendore sotto Abd ar-Rahman III (912-61), che nel 929 si proclamò califfo (titolo conferito ai successori di Maometto), sancendo così l'inizio della lunga indipendenza di Al-Andalus da Baghdad.

Córdoba divenne la più grande città dell'Europa occidentale, con una fiorente economia basata sull'agricoltura e su attività artigianali di elevato livello qualitativo, con una popolazione che oscillava fra i 100.000 e i 500.000 abitanti. La città era ricca di splendide moschee, bagni pubblici, patio, giardini e fontane. La corte di Abd ar-Rahman III era frequentata da studiosi ebrei, arabi e cristiani, e l'università, la biblioteca e gli osservatori astronomici di Córdoba ne fecero un centro del sapere destinato a influenzare per molti secoli la cultura dell'Europa cristiana. Lo studioso più importante di Al-Andalus fu probabilmente Abulcasis (936-1013), autore di un'enciclopedia medica in 30 volumi e considerato il padre della chirurgia. Córdoba divenne anche meta di pellegrinaggi per i musulmani che non potevano recarsi alla Mecca o a Gerusalemme.

Verso la fine del X secolo Al-Mansur (Almanzor), uno spietato generale le cui incursioni nei territori del nord terrorizzavano la Spagna cristiana, sottrasse ai califfi le redini del potere. Nel 1008, dopo la morte di Abd al-Malik, figlio di Al-Mansur, il califfato precipitò nell'anarchia. A contendersi il predominio del territorio furono numerosi avversari, truppe berbere ed eserciti cristiani di Castiglia e Catalogna. I berberi misero a ferro e fuoco la città e la saccheggiarono finché, nel 1031, la dinastia omayyade perse definitivamente il controllo del califfato di Córdoba. Al-Andalus si frammentò in decine di *taifa* (piccoli regni) e nel 1069 Córdoba entrò a far parte della *taifa* di Siviglia che da quel momento in poi affermò la propria supremazia.

La tradizione intellettuale di Córdoba, tuttavia, ebbe ancora un lungo seguito. I grandi filosofi e poeti dell'XI secolo Ibn Hazm (che scrisse in arabo) e Judah Ha-Levi (che scrisse in ebraico) vi trascorsero gran parte della loro vita. Nel XII secolo nacquero a Córdoba i due più celebri studiosi di Al-Andalus, il filosofo musulmano Averroè (1126-98; p46) e il filosofo ebreo Moses ben Maimon (conosciuto come Maimonide; 1135-1204). I loro tentativi di conciliare la fede religiosa con il pensiero aristotelico si scontrarono con l'ignoranza e l'intolleranza dell'epoca: mentre però Averroè ricoprì alte cariche sotto gli Almohadi, Maimonide venne perseguitato e costretto a fuggire in Egitto.

Nel 1236, quando Córdoba fu conquistata da Ferdinando III di Castiglia, gran parte della popolazione abbandonò la città, che divenne un centro provinciale sempre più modesto. Il suo declino si arrestò soltanto alla fine del XIX secolo, con l'avvento dell'industria. Nel frattempo, però, la Córdoba cristiana aveva dato i natali a uno dei più grandi poeti spagnoli, Luis de Góngora (1561-1627).

ORIENTAMENTO

La città medievale si estende immediatamente a nord del Río Guadalquivir. È costituita da un labirinto di strette vie che si snodano intorno alla Mezquita, l'antica moschea che sorge a un isolato dal fiume. All'interno della città medievale, precisamente a nord-ovest della Mezquita, si trovava la Judería, ovvero l'antico quartiere ebraico, mentre quello musulmano occupava le zone a nord e a est della Mezquita, e quello mozarabico (cristiano) era ancora più a nord-est.

La piazza principale di Córdoba è Plaza de las Tendillas, 500 m a nord della Mezquita, con le principali vie commerciali a nord e a ovest. La stazione ferroviaria e quella degli autobus si trovano 1 km a nord-ovest di Plaza de las Tendillas.

INFORMAZIONI

Accessi a internet

Ch@t (Calle Claudio Marcelo 15; €2 l'ora; 10-13 e 17-21.30 da lunedì a venerdì, 10-14 sabato) Spaziosa postazione internet situata nella parte nuova della città.

Mundo Digital (Calle del Osario 9; 10-14 e 17-22 da lunedì a venerdì, 11-14 e 17-22 sabato e domenica) Ha tariffe simili a quelle di Ch@t.

Assistenza sanitaria

Hospital Cruz Roja (Ospedale della Croce Rossa; ☎ 957 29 34 11; Avenida Doctor Fleming s/n) L'ospedale più centrale.

Hospital Reina Sofía (☎ 957 21 70 00; Avenida Menéndez Pidal s/n) Circa 2 km a sud-ovest della Mezquita.

Banche

La maggior parte delle banche e degli sportelli bancomat si trova nella zona moderna del centro, intorno a Plaza de las Tendillas e Avenida del Gran Capitán. Ci sono dei bancomat anche presso la stazione degli autobus e quella ferroviaria.

Deposito bagagli

Stazione degli autobus (Plaza de las Tres Culturas; €3 al giorno; 8-20 da lunedì a venerdì) Offre armadietti da chiudere a chiave.

Stazione ferroviaria (Avenida de América; 8-20 da lunedì a venerdì) Anche qui gli armadietti si chiudono con la chiave; gli orari sono gli stessi della stazione degli autobus.

Emergenze

Ambulanza (☎ 957 21 79 03, 957 29 55 70)

Policía Nacional (☎ 95 747 75 00; Avenida Doctor Fleming 2) La centrale di polizia.

Informazioni turistiche

Chiosco di informazioni (10-14 e 16.30-20 da lunedì a venerdì) Si trova presso la stazione ferroviaria.

Ufficio turistico municipale (☎ 957 20 05 22; Plaza de Judá Leví; 8.30-14.30 da lunedì a venerdì) Un isolato a ovest dell'ufficio turistico regionale; fornisce informazioni e cartine della città di Córdoba.

Ufficio turistico regionale (☎ 957 47 12 35; Calle de Torrijos 10; 9.30-20 da lunedì a sabato, 10-14 domenica da aprile a luglio, 9.30-19 da lunedì a sabato, 10-14 domenica da agosto a marzo) Ha sede in una cappella del XVI secolo, di fronte al lato occidentale della Mezquita. Ottima fonte di informazioni sulla provincia di Córdoba.

Internet

Info Cordoba (www.infocordoba.com) Sito molto utile, con numerose informazioni di carattere generale sulla città.

Librerie

Luque Libros (☎ 957 47 30 34; Calle José Cruz Conde 19) Vende cartine della città e quelle della Michelin a metà prezzo rispetto ai negozi per turisti nella zona della Mezquita. Troverete anche cartine CNIG, SGE ed Editorial Alpina.

Posta

Ufficio postale (Calle José Cruz Conde 15)

CHE COSA VEDERE

I luoghi d'interesse si trovano tutti in un'unica area lungo la riva settentrionale del Guadalquivir. Uffici e servizi per i turisti

> **ORARI D'APERTURA**
>
> Gli orari d'apertura dei monumenti e dei musei di Córdoba cambiano piuttosto spesso, quindi conviene verificarli presso gli uffici turistici. Molte attrattive turistiche, ma non la Mezquita, rimangono chiuse il lunedì. In inverno di solito la chiusura è anticipata di un'ora o due rispetto all'estate.

si concentrano soprattutto nella zona della Mezquita e nell'adiacente Judería.

La maggior parte dei viaggiatori dedica almeno mezza giornata alla visita della Mezquita e una giornata o due ai musei e ai palazzi della città, tutti situati a nord-est della grande moschea e facilmente raggiungibili a piedi. Da non perdere è l'escursione in giornata alle rovine di Medina Azahara, la città-palazzo che si trova 8 km a ovest di Córdoba.

Mezquita

È difficile descrivere la bellezza della **Mezquita** (moschea; ☎ 957 47 05 12; interi/bambini €8/4; ⌚ 10-19 da lunedì a sabato da aprile a ottobre, 10-18 da lunedì a sabato da novembre a marzo, 9-10.45 e 13.30-18.30 domenica tutto l'anno) di Córdoba, un edificio che con l'armonia e la quiete del suo vasto interno conquista ogni visitatore. Le sue splendide decorazioni ci riportano a un'epoca di fasti e di civiltà in cui musulmani, ebrei e cristiani vivevano a fianco a fianco arricchendo la città e i territori circostanti con la proficua interazione fra culture diverse – alcuni studiosi, però, ritengono che la vita quotidiana della Córdoba medievale fosse assai meno idilliaca, essendo questa località un focolaio sia di tensioni razziali sia di scontri di classe. Detto questo, la Mezquita continua a essere un luogo straordinario, nonostante le orde di turisti che con la loro presenza minacciano di rovinarne il fascino.

STORIA

L'edificio che sorgeva in origine sul sito della Mezquita era la Chiesa di San Vincenzo e le cronache arabe raccontano di come Abd ar-Rahman I acquistò metà della chiesa per le preghiere del venerdì della comunità musulmana. Lo spazio a disposizione, tuttavia, divenne ben presto insufficiente vista la rapida crescita della comunità, per cui nel 784 il califfo comprò anche l'altra metà della chiesa al fine di far erigere una vera e propria moschea. Nel nuovo edificio furono incorporati materiali di precedenti costruzioni romane e visigote in rovina e molti studiosi ipotizzano che a progettare la moschea possa essere stato lo stesso Abd ar-Rahman I con l'aiuto di architetti siriani. Nel 785 la moschea fu aperta alla preghiera, ma per far fronte all'aumento della popolazione di Córdoba l'edificio fu poi ampliato verso sud prima da Abd ar-Rahman II (821-52) e intorno al 960 da Al-Hakim II. Quest'ultimo aggiunse anche l'attuale mihrab (nicchia di preghiera) e, per rendere più luminoso l'interno, fece costruire una serie di cupole provviste di lucernari proprio nell'area antistante il mihrab. Sotto Al-Mansur si fecero ulteriori ingrandimenti verso est cosicché il mihrab perse la sua posizione centrale nella parete meridionale.

Quel che vediamo oggi è la versione definitiva della struttura araba con una modifica chiaramente distinguibile: una cattedrale del XVI secolo costruita esattamente al centro della moschea (di qui la definizione di 'Mezquita-Catedral' che molti utilizzano). Per realizzare la cattedrale, la cui costruzione richiese quasi due secoli e mezzo (1523-1766), fu necessario smantellare parte delle aggiunte volute da Abd ar-Rahman II e Al-Mansur. La cattedrale è caratterizzata da stili architettonici diversi tra loro, dal plateresco al tardo Rinascimento e al sontuoso barocco spagnolo.

Per maggiori informazioni sulle caratteristiche architettoniche e sull'importanza della Mezquita v. p54.

ORIENTAMENTO E INFORMAZIONI

L'entrata principale della Mezquita è la Puerta del Perdón, porta mudejar del XIV secolo che dà su Calle Cardenal Herrero. La biglietteria si trova subito oltre la soglia, nel grazioso Patio de los Naranjos (cortile degli aranci), che tramite un'altra porta introduce all'interno vero e proprio della moschea. Un opuscolo distribuito gratuitamente ai visitatori contiene una cartina che illustra con chiarezza le varie fasi di costruzione dell'edificio.

L'ingresso alla Mezquita è gratuito dalle 8.30 alle 10 dal lunedì al sabato, orario in cui non sono ammessi i gruppi – tenetene conto se volete visitare la moschea in pace e tranquillità. Dal lunedì al venerdì si celebrano messe alle 11, alle 12 e alle 13. L'ingresso è gratuito anche dalle 9 alle 11 di domenica, giorno in cui la messa viene celebrata nella cattedrale centrale. Va specificato che il sabato e la domenica si può accedere alla cattedrale solo per partecipare alla messa (dall'inizio alla fine) e che durante le funzioni il resto della Mezquita non è illuminato. Vale la pena fare un giro delle mura esterne anche la sera, per ammirare i portali decorati sotto la luce dei riflettori.

CÓRDOBA

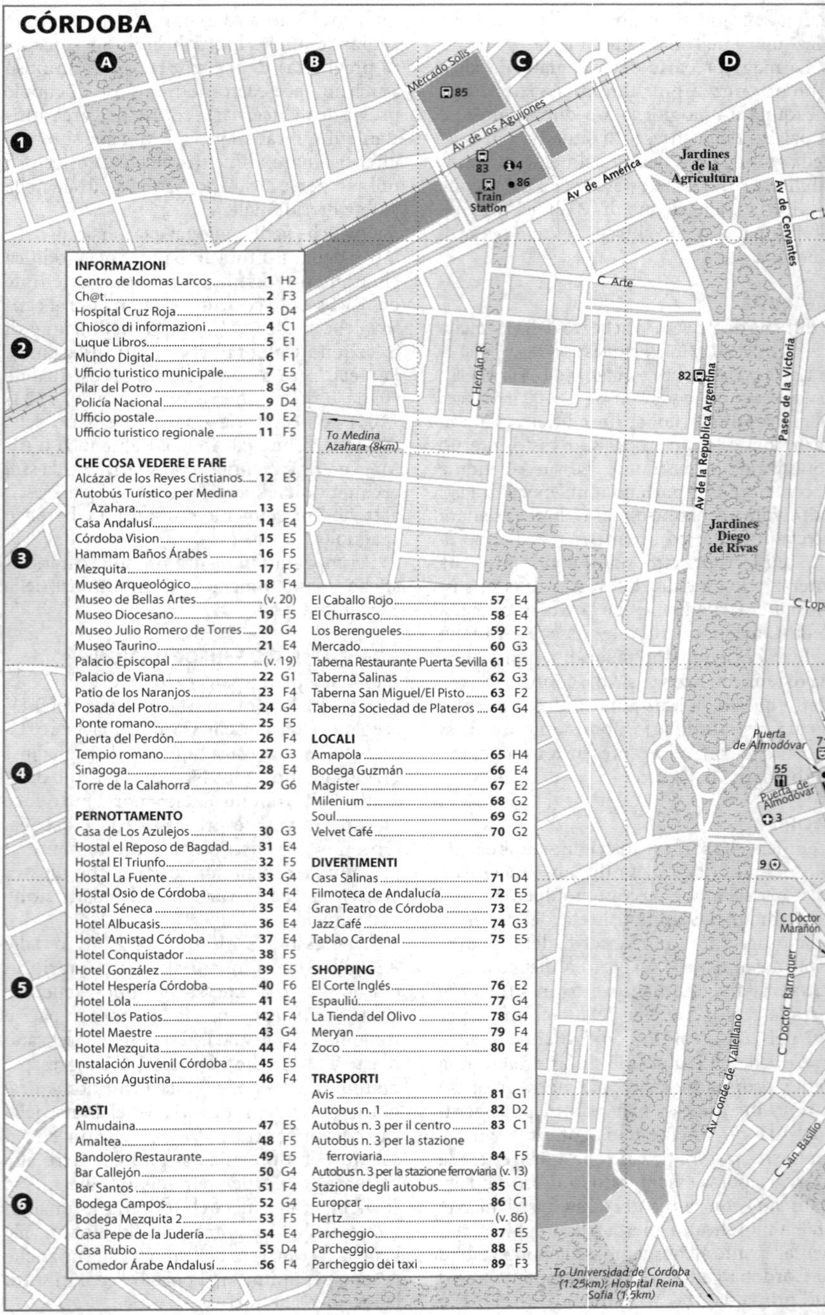

INFORMAZIONI
- Centro de Idomas Larcos ... 1 H2
- Ch@t ... 2 F3
- Hospital Cruz Roja ... 3 D4
- Chiosco di informazioni ... 4 C1
- Luque Libros ... 5 E1
- Mundo Digital ... 6 F1
- Ufficio turistico municipale ... 7 E5
- Pilar del Potro ... 8 G4
- Policía Nacional ... 9 D4
- Ufficio postale ... 10 E2
- Ufficio turistico regionale ... 11 F5

CHE COSA VEDERE E FARE
- Alcázar de los Reyes Cristianos ... 12 E5
- Autobús Turístico per Medina Azahara ... 13 E5
- Casa Andalusí ... 14 E4
- Córdoba Vision ... 15 E5
- Hammam Baños Árabes ... 16 F5
- Mezquita ... 17 F5
- Museo Arqueológico ... 18 F4
- Museo de Bellas Artes ... (v. 20)
- Museo Diocesano ... 19 F5
- Museo Julio Romero de Torres ... 20 G4
- Museo Taurino ... 21 E4
- Palacio Episcopal ... (v. 19)
- Palacio de Viana ... 22 G1
- Patio de los Naranjos ... 23 F4
- Posada del Potro ... 24 G4
- Ponte romano ... 25 F5
- Puerta del Perdón ... 26 F4
- Tempio romano ... 27 G3
- Sinagoga ... 28 E4
- Torre de la Calahorra ... 29 G6

PERNOTTAMENTO
- Casa de Los Azulejos ... 30 G3
- Hostal el Reposo de Bagdad ... 31 E4
- Hostal El Triunfo ... 32 F5
- Hostal La Fuente ... 33 G4
- Hostal Osio de Córdoba ... 34 F4
- Hostal Séneca ... 35 E4
- Hotel Albucasis ... 36 E4
- Hotel Amistad Córdoba ... 37 E4
- Hotel Conquistador ... 38 F5
- Hotel González ... 39 E5
- Hotel Hespería Córdoba ... 40 F6
- Hotel Lola ... 41 E4
- Hotel Los Patios ... 42 F4
- Hotel Maestre ... 43 G4
- Hotel Mezquita ... 44 F4
- Instalación Juvenil Córdoba ... 45 E5
- Pensión Agustina ... 46 F4

PASTI
- Almudaina ... 47 E5
- Amaltea ... 48 F5
- Bandolero Restaurante ... 49 E5
- Bar Callejón ... 50 G4
- Bar Santos ... 51 F4
- Bodega Campos ... 52 G4
- Bodega Mezquita 2 ... 53 F5
- Casa Pepe de la Judería ... 54 E4
- Casa Rubio ... 55 D4
- Comedor Árabe Andalusí ... 56 F4
- El Caballo Rojo ... 57 E4
- El Churrasco ... 58 E4
- Los Berengueles ... 59 F2
- Mercado ... 60 G3
- Taberna Restaurante Puerta Sevilla 61 E5
- Taberna Salinas ... 62 G3
- Taberna San Miguel/El Pisto ... 63 F2
- Taberna Sociedad de Plateros ... 64 G4

LOCALI
- Amapola ... 65 H4
- Bodega Guzmán ... 66 E4
- Magister ... 67 E2
- Milenium ... 68 G2
- Soul ... 69 G2
- Velvet Café ... 70 G2

DIVERTIMENTI
- Casa Salinas ... 71 D4
- Filmoteca de Andalucía ... 72 E5
- Gran Teatro de Córdoba ... 73 E2
- Jazz Café ... 74 G3
- Tablao Cardenal ... 75 E5

SHOPPING
- El Corte Inglés ... 76 E2
- Espaulíú ... 77 G4
- La Tienda del Olivo ... 78 G4
- Meryan ... 79 F4
- Zoco ... 80 E4

TRASPORTI
- Avis ... 81 G1
- Autobus n. 1 ... 82 D2
- Autobus n. 3 per il centro ... 83 C1
- Autobus n. 3 per la stazione ferroviaria ... 84 F5
- Autobus n. 3 per la stazione ferroviaria (v. 13)
- Stazione degli autobus ... 85 C1
- Europcar ... 86 C1
- Hertz ... (v. 86)
- Parcheggio ... 87 E5
- Parcheggio ... 88 F5
- Parcheggio dei taxi ... 89 F3

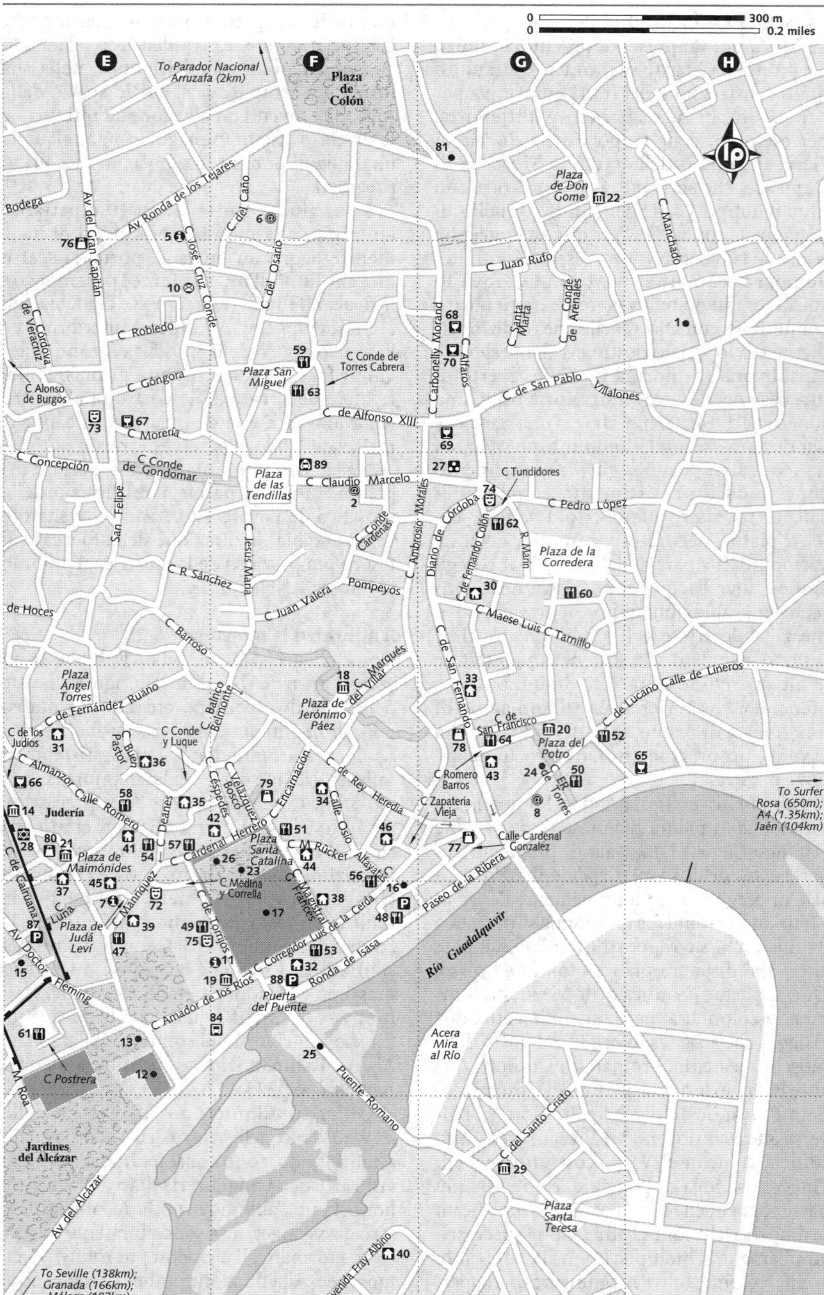
0 300 m
0 0.2 miles
E
F
G
H
To Parador Nacional Arruzafa (2km)
Plaza de Colón
Plaza de Don Gome
Bodega
Av Ronda de los Tejares
Av del Gran Capitán
C del Caño
C José Cruz Conde
C del Osario
C Manchado
C Juan Rufo
C Santa Marta
C Conde de Arenales
C Córdova de Veracruz
C Robledo
C Carbonelly Morand
C Alfaros
C Conde de Torres Cabrera
Plaza San Miguel
C Alonso de Burgos
C Góngora
C de San Pablo
Villalones
C de Alfonso XIII
C Morería
C Concepción
C Conde de Gondomar
Plaza de las Tendillas
C Claudio Marcelo
C Tundidores
C Pedro López
San Felipe
C Jesus María
C Conde Cárdenas
C Ambrosio Morales
Diario de Córdoba
C de Fernando Colón
R Marín
Plaza de la Corredera
C R Sánchez
Pompeyos
C Juan Valera
de Hoces
C Maese Luis
C Tarnillo
C Barroso
C de San Fernando
Plaza Ángel Torres
C Marqués del Villar
Plaza de Jerónimo Páez
C de Lucano
Calle de Lineros
C de Fernández Ruano
C Balnico Belmonte
C de los Judíos
C Conde y Luque
C Buen Pastor
C de San Francisco
Plaza del Potro
C Almanzor
Calle Romero
Judería
C Céspedes
C Velázquez Bosco
C Encarnación
C de Rey Heredia
C Romero Barros
C Zapatería Vieja
C ER de Torres
To Surfer Rosa (650m); A4 (1.35km); Jaén (104km)
C Deanes
C Cardenal Herrero
Plaza Santa Catalina
C M Rücker
Calle Osio
Alfayatas
Calle Cardenal Gonzalez
Plaza de Maimónides
C Manriquez
C Medina y Corrella
C Magistral
C Frances
C de Carruana
C Luna
Plaza de Judá Leví
C de Torrijos
C Corregidor Luis de la Cerda
Paseo de la Ribera
Río Guadalquivir
Ronda de Isasa
Av Doctor Fleming
C Amador de los Ríos
Puerta del Puente
C Postrera
M Roa
Acera Mira al Río
Puente Romano
C del Santo Cristo
Jardines del Alcázar
Av del Alcázar
Plaza Santa Teresa
Avenida Fray Albino
To Seville (138km); Granada (166km); Málaga (187km)

LA MOSCHEA-CATTEDRALE

La Mezquita rappresenta un edificio unico dal punto di vista architettonico, trattandosi di una costruzione del tutto innovativa per l'epoca in cui fu realizzata. A differenza, per esempio, della Cupola della Roccia di Gerusalemme o della Grande Moschea di Damasco, che sono entrambe strutture con uno sviluppo verticale, simile a quello di una navata unica, la Mezquita fu concepita come spazio semplice e pressoché infinito, democraticamente orizzontale, dove lo spirito era invitato a vagare liberamente e a comunicare con Dio. Quello che tradizionalmente era lo spazio destinato alla preghiera musulmana (di norma il cortile aperto di una casa nel deserto) fu trasformato in una superficie di 14.400 mq, che era una metafora del deserto stesso. Gli uomini pregavano a fianco a fianco sull'*argamasa*, pavimento coperto da un rivestimento compatto di calcare rossastro mescolato a sabbia. Un tetto piatto, decorato con motivi dorati e variopinti, li riparava dal sole. Il patio degli aranci, dove l'acqua gorgogliava nelle fontane per le abluzioni, rappresentava l'oasi in mezzo al deserto e le 1293 colonne (oggi ne restano solo 856) che sostenevano il tetto e le file di archi in terracotta dipinti a strisce bianche e rosse ricreavano l'immagine di una foresta di palme da dattero. Era questa la vera e propria moschea, ovvero 'un luogo dove prostrarsi'.

La moschea eretta da Abd ar-Rahman I era un edificio a pianta quadrata diviso in due rettangoli uguali: una sala di preghiera coperta e un cortile scoperto per le abluzioni. La sala di preghiera era ulteriormente divisa in 11 'navate' tramite file di colonne sormontate da due archi sovrapposti in un'affascinante alternarsi di pietra bianca e mattone rosso. Questa parte più antica della Mezquita comprende colonne appartenute alla cattedrale visigota che sorgeva in origine al posto della moschea e a edifici romani di Córdoba e di altre città più lontane, perfino di Costantinopoli. Trovandosi a disporre di colonne di diversa altezza e dovendo realizzare un soffitto sufficientemente elevato, i costruttori ebbero l'ingegnosa idea di poggiare le colonne più basse sopra quelle più alte e di sovrapporre un ordine di archi sopra l'altro. Con i successivi ampliamenti si moltiplicarono anche le file di archi e colonne fino a raggiungere una superficie tale da rendere la Mezquita di Córdoba una delle più grandi moschee del mondo. La ripetizione ossessiva dell'arco, elemento chiave dell'architettura islamica, nella sua forma più semplice fa sì che lo spazio della Mezquita diventi un'allusione all'infinito – e fa un certo effetto immaginarlo popolato da una folla di uomini in ginocchio raccolti in preghiera.

In origine le porte erano 19 e pertanto l'interno della moschea era pieno di luce, mentre oggi, con una sola porta, la scarsa luce che filtra all'interno finisce per smorzare il vivace effetto dei conci rossi e bianchi degli archi sovrapposti. A soffocare ulteriormente lo spazio arioso della moschea furono le aggiunte fatte in epoca cristiana, prima fra tutte la mole della cattedrale costruita al centro della moschea e la cinquantina di cappelle realizzate lungo le pareti esterne.

Nel punto più lontano dalla porta d'ingresso, lungo la parete meridionale della moschea, le navate indirizzano il visitatore verso la qibla (la direzione della Mecca) e il tesoro più prezioso della moschea, il mihrab voluto da Al-Hakim II.

Il mihrab e la maksura

Come già aveva fatto Abd ar-Rahman II un secolo prima, Al-Hakim allungò le navate della sala di preghiera, creando un nuovo mihrab all'estremità sud della navata centrale. La campata immediatamente antistante al mihrab e le due campate laterali formano la *maksura*, ovvero lo spazio dove pregavano il califfo e i suoi dignitari (oggi chiuso da ringhiere). All'interno del mihrab, che aveva la funzione di amplificare la voce dell'imam che guidava la preghiera, campeggia la scultura in marmo bianco raffigurante la conchiglia simbolo del Corano. L'arte del califfato di Córdoba raggiunse qui il suo massimo splendore e molti degli elaborati motivi ornamentali usati nella Mezquita furono poi ripresi nel sontuoso palazzo che Abd ar-Rahman III fece costruire a Medina Azahara (v. p325).

Gli archi all'interno e all'esterno della *maksura*, sia quelli a ferro di cavallo sia quelli a tutto tondo, sono considerati dal punto di vista artistico i migliori risultati dell'edificio: nonostante l'abbondanza di decorazioni, le loro curve ingegnose sono abilmente intrecciate a formare gli elementi più robusti della moschea. Alla funzione pratica di sostegno si aggiunge quella delle splendide decorazioni

PALAZZO DI DELIZIA E CENTRO DI POTERE

Narra la leggenda che Abd ar-Rahman III fece costruire la città-palazzo di **Medina Azahara** (Madinat al-Zahra; ☎ 957 32 91 30; Carretera Palma del Río; ingresso €1,50, gratuito per i cittadini dell'UE; 10-20.30 da martedì a sabato da maggio a metà settembre, 10-18.30 da metà settembre ad aprile, 10-14 domenica tutto l'anno) per consolare Az-Zahra, la moglie prediletta, afflitta dalla nostalgia per le montagne innevate della Siria. Facendo piantare mandorli e ciliegi tutt'intorno alla nuova città, il sovrano le offrì un bianco paesaggio di fiori candidi e vaporosi che le avrebbe ricordato le distese di neve.

Più realisticamente, invece, la decisione di fare costruire una nuova, sfarzosa residenza reale non lontano dalla città di Córdoba, fu presa da Abd ar-Rahman per oscurare la dinastia rivale degli Abbasidi di Baghdad. I lavori iniziarono nel 936 d.C. e le cronache riportano cifre straordinarie: 10.000 operai posavano 6000 blocchi di pietra al giorno e le mura esterne raggiunsero la lunghezza di 1518 m da ovest a est e di 745 m da nord a sud.

Si stenta quasi a credere che questa città, la cui costruzione richiese oltre 40 anni, sarebbe durata appena 30 anni, giacché nel 981 l'usurpatore Al-Mansur trasferì la sede del governo in un proprio nuovo palazzo. In seguito, tra il 1010 e il 1013, Medina Azahara venne distrutta dai soldati berberi. Durante i secoli successivi le sue rovine furono ripetutamente saccheggiate per ricavarne materiale da costruzione. Gli studiosi ritengono che finora sia stato riportato alla luce meno di un decimo del sito.

Situato ai piedi della Sierra Morena, il complesso è distribuito su tre terrazze, con il palazzo del califfo su quella superiore a dominare quelle che dovevano essere la sua corte e la città. Il percorso di visita conduce, attraverso l'originaria porta settentrionale della città, al **Dar al-Wuzara** (casa dei visir) e quindi al **Salón de Abd ar-Rahman III**, l'edificio più importante del sito. L'interno del salone reale dei ricevimenti è stato in gran parte restaurato, comprese le magnifiche decorazioni a stucco, un tripudio di piante e fiori finemente intagliati, che ora ricoprono nuovamente quasi tutta la superficie delle pareti. Si riesce così ad avere un'idea dell'eleganza e del lusso di questa corte che si dice fosse decorata con piastrelle d'oro e d'argento e con archi d'avorio e d'ebano, che spiccavano per contrasto accanto alle pareti rivestite di marmi policromi. Se il califfo desiderava stupire i suoi ospiti, faceva riempire di mercurio una grande coppa posta al centro della sala: illuminata dal sole, la coppa veniva fatta dondolare in maniera tale che il mercurio riflettesse la luce sotto forma di lampi saettanti che facevano risaltare al massimo l'ornato della sala.

Per raggiungere il sito in automobile, seguite le indicazioni lungo Avenida de Medina Azahara, la strada che esce da Córdoba puntando in direzione ovest verso la A431. Il complesso di Medina Azahara dista 8 km dal centro della città e dispone di un parcheggio gratuito, che però si riempie facilmente. Per evitare le comitive dei viaggi organizzati cercate di arrivare prima delle 11.

La corsa in taxi, fra andata e ritorno, viene a costare €24 compresa un'ora d'attesa per la visita. In alternativa si può partecipare a un'escursione organizzata (v. p330). Il punto più vicino dove si può arrivare con un mezzo pubblico è il Cruce de Medina Azahara, ovvero il bivio della A431 da cui parte la strada per il sito – vi aspetta una poco allettante camminata di 3 km, leggermente in salita. Al Cruce de Medina Azahara vi porterà l'autobus n. 1 delle linee urbane, che parte dall'estremità settentrionale di Avenida de la República Argentina.

che avevano lo scopo di attirare lo sguardo dei fedeli verso il mihrab, fulcro della preghiera e porta simbolica del paradiso. Di pari bellezza sono le cupole provviste di lucernario che sovrastano la *maksura,* ciascuna decorata con una volta a stella in pietra che allude anch'essa al paradiso. Ogni cupola era sostenuta da quattro coppie di nervature intrecciate, una tecnica questa estremamente avanzata per l'Europa del X secolo.

Il fiore all'occhiello dell'ampliamento ordinato da Al-Hakim II fu l'arco a ferro di cavallo che rappresenta l'ingresso al mihrab: l'arco e la sua cornice rettangolare *(alfiz)* sono superbamente decorati con mosaici realizzati da artigiani bizantini. Al-Hakim aveva infatti chiesto all'imperatore di Bisanzio Niceforo II Foca di inviargli una squadra di mosaicisti capaci di imitare gli incantevoli mosaici della Grande Moschea di Damasco, uno dei capolavori omayyadi della Siria dell'VIII secolo. L'imperatore cristiano rispose al califfo musulmano inviandogli non solo gli artigiani richiesti ma anche 1600 kg di tessere d'oro in dono. L'intera *maksura* venne così decorata con mosaici raffiguranti motivi floreali e iscrizioni tratte dal Corano, conferendo così alla zona del mihrab un fascino che in parte ricorda quello delle chiese bizantine.

Il Patio de los Naranjos e il minareto

A lato della moschea si trova il cortile alberato e cinto da mura con la grande fontana presso cui i fedeli eseguivano le abluzioni rituali prima della preghiera. Possiamo immaginare il contrasto fra il silenzio che regnava all'interno del recinto sacro e il trambusto delle attività cittadine che riecheggiava al di là delle sue mura di protezione. A dominare gloriosamente l'intero complesso era il minareto, dal quale si alzava la voce del muezzin che annunciava l'ora della preghiera. In origine alto 48 m e di forma circolare, il minareto della Mezquita di Córdoba ne misura ormai soltanto 22; anche la sua forma, vista dall'esterno, non è più circolare in quanto, nel XVI secolo, venne rivestito da una torre a pianta quadrata. La struttura originale, che doveva invece essere simile alla Giralda di Siviglia, praticamente una sua copia, influenzò la costruzione di tutti i minareti edificati da quel momento in poi in Occidente.

La cattedrale

Per i primi tre secoli successivi alla Reconquista, ultimata nel 1236, la Mezquita rimase per lo più inalterata, salvo modifiche minori quali la piastrellatura mudéjar della **Capilla Real** (struttura mozarabica e almohade situata nove campate a nord e una a est del mihrab, oggi parte della cattedrale) realizzata intorno al 1370. Nel XVI secolo re Carlo I approvò, contro il volere del consiglio comunale di Córdoba, lo sventramento della parte centrale della Mezquita per consentire la costruzione della **Capilla Mayor** (nella zona dell'altare della cattedrale) e del coro. Tuttavia, dopo aver visto il risultato, il sovrano si rese conto dell'errore e, stando alla leggenda, così apostrofò gli artefici del disastro: 'Avete costruito qualcosa che chiunque avrebbe potuto costruire ovunque, ma avete distrutto una cosa che non aveva uguali al mondo'. Fra le aggiunte successive ricordiamo un ricco retablo di diaspro e marmo rosso nella Capilla Mayor (XVII secolo) e i raffinati stalli in mogano del coro, scolpiti da Pedro Duque Cornejo (XVIII secolo).

Se si guarda all'intero edificio come a una cattedrale, la selva di colonne e archi funge da magnifica cornice alla struttura centrale. Ma se invece lo si considera come una moschea, le aggiunte cristiane non fanno che sconvolgere l'armonia originale.

Dintorni della Mezquita

Di fronte alla Mezquita, a fianco dell'ufficio turistico regionale, si trova il **Palacio Episcopal** (Calle de Torrijos), edificio che ospitava in origine il vecchio Hospital de San Sebastián e che di recente è stato trasformato in un centro congressi. Elegante costruzione in stile isabellino, provvista di patio interno, il palazzo oggi ospita spesso mostre, per esempio di ceramica locale, alle quali si accede gratuitamente se muniti del biglietto per la Mezquita. Nel palazzo ha sede anche il **Museo Diocesano** (☎ 957 49 60 85; Calle de Torrijos; ingresso €1,20; 🕑 9.30-15) con la sua collezione di arte sacra – da segnalare alcune splendide sculture medievali in legno, fra cui la *Virgen de las Huertas* (XIII secolo).

Partendo dalla Mezquita e procedendo in direzione sud-ovest lungo Calle Amador de los Ríos si arriva all'**Alcázar de los Reyes Cristianos** (☎ 957 42 01 51; Campo Santo de los Mártires s/n; interi/bambini €4/2, ingresso gratuito venerdì; 🕑 10-14 e 16.30-18.30 da martedì a sabato da metà ottobre ad aprile, 10-14 e 17.30-19.30 da martedì a sabato maggio, giugno e da settembre a metà ottobre, 8.30-14.30 da martedì a sabato luglio e agosto, 9.30-14.30 domenica e giorni festivi tutto l'anno). Costruito nel XIII secolo da Alfonso X su resti di precedenti edifici romani e arabi, il castello nacque come palazzo residenziale ospitando fra l'altro anche Ferdinando e Isabella. Dal 1490 al 1821 fu sede dell'Inquisizione e in seguito venne trasformato in una prigione che rimase in attività fino al 1951. Gli ampi giardini a terrazze, con molti laghetti, fontane, aranci, fiori e siepi potate ad arte, aggiunti nel XV secolo, sono tra i più belli dell'Andalusia. Sono disseminati di interessanti reperti archeologici, tra cui mosaici, sarcofagi in marmo e statue romane. All'interno dell'edificio, rimaneggiato nel corso del tempo, si trovano anche le antiche terme reali, i Baños Califales.

Situato sulle rive del Guadalquivir, il castello domina il **ponte romano**, restaurato più volte nel corso dei secoli. Il ponte faceva parte delle antiche mura medievali che in origine dovevano estendersi per 22 km circa – siate prudenti nel percorrerlo perché è molto trafficato e i marciapiedi pedonali sono piuttosto stretti. Sull'altra riva del fiume s'innalza l'austera **Torre de la Calahorra** (☎ 957

29 39 29; Puente Romano s/n; interi/bambini €4/2,50; 10-14 e 16.30-20.30 da maggio a settembre, 10-18 da ottobre ad aprile), la più antica torre di difesa della città. Adibita a prigione per i nobili locali durante il XVIII secolo e trasformata in scuola femminile nel XIX secolo, ospita oggi il cosiddetto 'Museo vivente di Al-Andalus', ovvero un'esposizione multimediale (in spagnolo) – sopravvalutata – che propone commenti da ascoltare in cuffia, vari modellini e alcuni filmati.

Judería

La Judería di Córdoba è un'affascinante dedalo di vicoli, viuzze e piazzette su cui si affacciano case imbiancate a calce con piante che traboccano dai davanzali e cancelli in ferro battuto che lasciano intravedere patio fioriti (v. lettura p327). Il quartiere della Judería è una delle principali attrattive turistiche della città e, non a caso, pullula di negozi di souvenir alquanto kitsch. Vi sono comunque ancora tranquille viuzze residenziali che lasciano immaginare che aspetto doveva avere il quartiere secoli fa.

La presenza di una comunità ebraica in Spagna (che giunse a essere una delle più grandi d'Europa) è attestata a partire dal II secolo d.C. Perseguitati dai visigoti, dopo la conquista araba gli ebrei si allearono con i musulmani. Nel X secolo erano ormai riconosciuti tra i membri più attivi della società, operando in qualità di banchieri, medici, giuristi, filosofi, poeti e funzionari pubblici. L'importanza della comunità ebraica è dimostrata dal fatto che la Judería si trovasse così vicino alla Mezquita e agli altri centri di potere della città. A Córdoba nacque Maimonide, uno dei maggiori teologi ebrei, il quale raccolse tutti gli insegnamenti del giudaismo nella *Mishne Torah*, opera fondamentale per la codificazione della legge ebraica. Perseguitato e costretto a fuggire a Fez, Maimonide finì per trasferirsi in Egitto, dove divenne il medico personale del sultano Saladino.

La parte dell'antico quartiere ebraico sopravvissuta fino a oggi, molto ridotta rispetto alle dimensioni originarie, si estende a ovest e a nord-ovest della Mezquita, fino quasi all'inizio di Avenida del Gran Capitán. Dalla **Calleja de las Flores** (stradina dei fiori), la via più famosa della Judería, si vede, come in una cartolina, il campanile della Mezquita incorniciato tra le strette mura dei vicoli.

La medievale **sinagoga** (Calle de los Judíos 20; ingresso €0,30, cittadini UE gratuito; 9.30-14 e 15.30-17.30 da martedì a sabato, 9.30-13.30 domenica e giorni festivi) è un piccolo e grazioso edificio risalente al 1315, ricco di elaborate decorazioni a stucco con motivi che spaziano dalle iscrizioni ebraiche alla classica stella mudéjar e ai motivi floreali. Una solitaria menorah (candelabro a sette bracci) indica il punto dove con tutta probabilità un tempo si trovava l'arca santa

PROVINCIA DI CÓRDOBA

IL CUORE NASCOSTO DI CÓRDOBA

Nascosti dietro massicci portoni di legno o parzialmente visibili dietro i cancelli di ferro battuto, i patio di Córdoba attireranno più volte il vostro sguardo mentre passeggerete lungo i vicoli della Judería. Da secoli i famosi patio fioriti sono luoghi che offrono ombra e riparo dalla calura estiva, angoli di quiete dove riposare oppure ricevere ospiti.

L'origine dei patio probabilmente va fatta risalire al *megaron* dell'antica Grecia e all'*atrium* romano. La tradizione, con l'aggiunta di una fontana centrale, continuò con la casa araba, dove il cortile interno era la zona in cui le donne trascorrevano la giornata e sbrigavano le faccende domestiche. I cortili erano ornati con vasi di fiori – un'idea concepita dai nomadi del deserto, che nel corso delle loro migrazioni portavano con sé piante in vaso – e l'immancabile pergolato garantiva una piacevole zona d'ombra.

Durante la prima metà di maggio, quando la maggior parte delle piante è in fiore, molti patio di Córdoba vengono aperti al pubblico: per le vie e i vicoli della città vecchia si vedono insegne con la scritta 'patio' che invitano i passanti a entrare (occasione unica nell'arco dell'anno). Molti cortili sono iscritti al **Concurso de Patios Cordobeses** che si tiene ogni anno per premiare il patio più bello. L'ufficio turistico fornisce una cartina con l'indicazione di quelli aperti al pubblico. Alcuni tra i più belli si trovano nella zona di Calle San Basilio, circa 400 m a sud-ovest dalla Mezquita. Nel periodo del concorso, in genere, i patio sono aperti dalle 17 alle 24 dal lunedì al venerdì e dalle 12 alle 24 il sabato e la domenica. Di solito l'ingresso è gratuito, ma a volte troverete una cassetta dove lasciare una piccola offerta.

(l'armadio dove viene custodita la Torah). Al piano superiore si conserva il matroneo.

La **Casa Andalusí** (Calle de los Judíos 12; ingresso €2,50; 10-19) è un edificio del XII secolo che propone un'immagine decisamente stereotipata di Al-Andalus. Ha un patio con una fontana gorgogliante e una mostra incentrata soprattutto sulla cultura musulmana della Córdoba medievale – nella cantina si conserva un mosaico romano. Sul posto c'è anche un negozio che vende artigianato nordafricano.

Nelle vicinanze, in un palazzetto rinascimentale del XVI secolo, si trova il **Museo Taurino** (☎ 957 20 10 56; Plaza de Maimónides; ingresso €3, gratuito venerdì; 10-14 e 16.30-18.30 da martedì a sabato da ottobre ad aprile, 10-14 e 17.30-19.30 da martedì a sabato maggio, giugno e settembre, 8.30-14.30 da martedì a sabato luglio e agosto, 9.30-14.30 domenica e giorni festivi tutto l'anno) che celebra, con gusto teatrale a volte un po' macabro, i leggendari toreri di questa città. Ci sono stanze dedicate a El Cordobés e a Manolete – è esposta perfino la pelle di Islero, il toro che incornò a morte il venerato Manolete a Linares nel 1947. All'epoca delle nostre ricerche il museo era chiuso per restauro.

Plaza del Potro, Plaza de la Corredera e dintorni

La famosa Plaza del Potro (piazza del puledro) prende nome dal *potro* rampante che sormonta la graziosa fontana in pietra del XVI secolo situata al centro della piazza. Su di essa si affaccia il bell'edificio del vecchio Ospedale della Carità, oggi sede del Museo Julio Romero de Torres e del Museo de Bellas Artes, due musei fra i più visitati della città. Durante il XVI e XVII secolo la piazza fu un importante punto di ritrovo, frequentato da commercianti, vagabondi e avventurieri. Sul lato occidentale della piazza si trova la storica **Posada del Potro** (☎ 957 48 50 18; Plaza del Potro 10; ingresso libero; 10-14 e 17-20 da lunedì a venerdì da agosto a maggio), locanda risalente al 1435 citata nel *Don Chisciotte* come un 'covo di ladri'. Cervantes abitò in questa piazza per un breve periodo e fu senz'altro vittima di rapine e truffe messe a segno dai furfanti che bazzicavano in zona. La pittoresca *posada*, che si sviluppa intorno a un piccolo cortile, ospita interessanti mostre temporanee d'arte, di artigianato e di fotografia.

La collezione del **Museo de Bellas Artes** (Plaza del Potro 1; ingresso €1,50, gratuito cittadini UE; 15-20 martedì, 9-20 da mercoledì a sabato, 9-15 domenica e giorni festivi) privilegia soprattutto gli artisti cordobesi.

L'eccellente **Museo Arqueológico** (☎ 957 47 40 11; Plaza de Jerónimo Páez 7; ingresso €1,50, gratuito cittadini UE; 15-20 martedì, 9-20 da mercoledì a sabato, 9-15 domenica e giorni festivi) si trova in un palazzo rinascimentale costruito sul sito di un'antica villa romana. Il museo possiede una bellissima collezione di manufatti iberici, romani e musulmani, che ben rappresenta la ricca ed eclettica cultura di Córdoba. Orgoglio della sezione iberica è la statua in pietra di un leone disteso; la vasta sezione romana spazia da grandi mosaici a lapidi funerarie di gladiatori e da eleganti ceramiche a coppe di vetro dipinto. Nelle sale del piano superiore, dedicate alla Córdoba medievale, si può ammirare un cervo in bronzo, dono dell'imperatore bizantino Costantino VII ad Abd ar-Rahman III, che un tempo ornava una delle fontane di Medina Azahara.

A nord di Plaza del Potro si trova l'ampia Plaza de la Corredera (XVII secolo), sede in passato dell'anfiteatro romano di Córdoba (che ospitò sanguinosi combattimenti di gladiatori) e dove, in seguito, si svolsero le corse dei cavalli, le corride e i roghi dell'Inquisizione. Oggi la piazza, completamente restaurata, è teatro di concerti rock e altre manifestazioni (chiedete il programma all'ufficio turistico). Ogni giorno viene allestito un mercato della frutta e, il sabato, un vivace mercato delle pulci dove si vendono abiti di seconda mano, utensili per la casa e cianfrusaglie di ogni genere.

Circa 500 m a nord di Plaza de la Corredera sorge il **Palacio de Viana** (☎ 957 49 67 41; Plaza de Don Gome 2; intero edificio/solo i patio €6/3; 9-14 da lunedì a venerdì, 10-13 sabato da giugno a settembre, 10-13 e 16-18 da lunedì a venerdì, 10-13 sabato da ottobre a maggio), magnifica residenza rinascimentale, famosa per i suoi 12 bellissimi patio e il suo giardino all'italiana che in primavera è un vero piacere visitare. Abitato fino a vent'anni fa dai marchesi di Viana, il palazzo è uno scrigno pieno di opere d'arte e pezzi d'antiquariato. Il biglietto d'ingresso comprende la visita guidata di un'ora alle stanze e l'accesso ai patio e al giardino. Per fare il giro del giardino e dei patio s'impiega circa mezz'ora.

Plaza de las Tendillas e dintorni

In Plaza de las Tendillas, l'animata piazza principale di Córdoba, si possono ammirare un orologio con campane che suonano il

ARTISTA ANDALUSO O DILETTANTE LOCALE?

Il museo più visitato di Córdoba è il **Museo Julio Romero de Torres** (☎ 957 49 19 09; Plaza del Potro 1; ingresso €3, gratuito venerdì; ⏲ 10-14 e 16.30-18.30 da martedì a sabato da metà ottobre ad aprile, 10-14 e 17.30-19.30 da martedì a sabato maggio, giugno e da settembre a metà ottobre, 8.30-14.30 luglio e agosto, 9.30-14.30 domenica e giorni festivi tutto l'anno), dedicato al pittore locale di cui porta il nome e allestito in quello che fu lo studio dell'artista. Nato e cresciuto a Córdoba, Julio Romero de Torres (1880-1930) fu apprezzato e riconosciuto a livello internazionale quando era in vita, una fama che, una volta scomparso, si è ristretta esclusivamente alla sua città natale, dove continua a essere molto amato. Girando per negozi, bar e ristoranti non tarderete a notare manifesti che riproducono i suoi quadri più celebri. Passione, sensualità, dramma e carattere andaluso furono le fonti di ispirazione della pittura di Romero che si specializzò in ritratti di bellezze dal cuore infranto, toreri gelosi e prostitute dallo sguardo fiero. Profondamente legato al mondo del flamenco, Torres continua a godere del rispetto di molti musicisti spagnoli – il famoso chitarrista Paco Peña, anch'egli cordobese, dedicò un intero spettacolo alla figura e all'opera di Romero. Alcuni hanno descritto i suoi quadri come oleografici ed espressione di un erotismo voyeuristico, altri invece come la quintessenza dell'anima andalusa. Visitate il suo museo e fatevi la vostra opinione.

flamenco, belle fontane e una statua equestre di Gonzalo Fernández de Córdoba, principale consigliere militare di Isabella e Ferdinando che si guadagnò il soprannome di El Gran Capitán. Osservando la statua qualcuno noterà il contrasto fra la testa, piccola e bianca, e il resto del corpo di colore grigio: una leggenda metropolitana dice che la testa originale è stata rubata e sostituita dal comune con un'altra, evidentemente non proprio identica. Il mistero si chiarisce quando si capita davanti alla vera testa della statua (che un giorno dev'essere caduta danneggiandosi) esposta al Museo de Bellas Artes.

Le vie che si dipartono dalla piazza sono le principali arterie commerciali della città. Calle Conde de Gondomar punta in direzione ovest sfociando nell'ampia e lunga Avenida del Gran Capitán. L'*avenida*, priva di interesse dal punto di vista architettonico, è il viale scelto dai cordobesi per il *paseo* (passeggiata) serale e nelle ore più fresche si anima parecchio. A est di Plaza de las Tendillas, in Calle Claudio Marcelo, ci sono le rovine di un **tempio romano** parzialmente restaurato, di cui rimangono in piedi 11 colonne.

ATTIVITÀ

Dopo un'intensa giornata di visita alla città potrete rilassarvi concedendovi una pausa di puro piacere nella magnifica cornice dei restaurati **Hammam Baños Árabes** (☎ 957 48 47 46; www.hammamspain.com/cordoba, in spagnolo; Calle Corregidor Luis de la Cerda; bagno/bagno e massaggio €12/16; ⏲ ingresso per 2 ore alle 10, 12, 14, 16, 18, 20 e 22). All'apice del suo splendore Córdoba possedeva la bellezza di 60 splendidi bagni pubblici. Non rinunciate all'esperienza di un bagno nelle tre piscine – la prima di acqua calda, la seconda di acqua tiepida e la terza di acqua fredda – seguito da un massaggio eseguito da addetti, sia uomini sia donne, specializzati in aromaterapia e da un bicchiere di tè alla menta. In questo stabilimento è obbligatorio indossare il costume da bagno, che potrete affittare se avete dimenticato di portarne uno. A tutti i clienti viene distribuito all'ingresso un asciugamano, quindi è inutile arrangiarvi per conto vostro. Al primo piano c'è un'accogliente *tetería* (sala da tè) piena di cuscini, dove si può fumare il narghilè, bere tè e gustare la pasticceria araba. Ricordatevi che bagni e massaggi vanno prenotati con almeno un giorno d'anticipo.

CORSI

Centro de Idiomas Larcos (☎ 957 47 11 03; www.larcos.net; Calle Manchado 9) Scuola privata di lingua, che offre una scelta di corsi di spagnolo della durata di una, due o più settimane, con sistemazioni di vario tipo. Un corso standard di due settimane costa €260, con l'aggiunta di €160 per l'alloggio in un appartamento da dividere con altre persone.

Universidad de Córdoba (☎ 957 21 81 33; www.uco.es/webuco/ceucosa/lenguas in spagnolo; quinto piano, Edificio EU Enfermería, Avenida de Menéndez Pidal, Córdoba) Per informazioni sui corsi di lingua della durata di un mese (organizzati tutto l'anno tranne agosto) contattate il Servicio de Lenguas Modernas y Traducción Técnica presso l'università. Il corso mensile costa €365 e per la sistemazione si può scegliere tra un appartamento da condividere (€180), le case dello studente (€480) e il soggiorno in famiglia (€480).

VISITE GUIDATE

È possibile prenotare un'escursione organizzata a Medina Azahara tramite molti alberghi oppure contattando le seguenti affidabili agenzie:

Córdoba Vision (☎ 957 23 17 34; Calle Doctor Marañón 1; escursione €10; 🕑 partenze 16 da martedì a sabato da ottobre a maggio, 18 da martedì a sabato da giugno a settembre, 10.30 sabato e domenica tutto l'anno) Offre una visita guidata di tre ore a Medina Azahara, in spagnolo, francese e inglese. Il pullman parte da Avenida del Alcázar, di fronte all'Alcázar de los Reyes Cristianos. L'agenzia propone anche una visita guidata alla città più l'escursione a Medina Azahara per €30.

Autobús Turístico a Medina Azahara (☎ 902 20 17 74; Campo Santo de los Mártires; escursione €5; 🕑 partenze 11 da martedì a venerdì, 10 e 11 sabato e domenica) Un'altra buona agenzia che organizza escursioni a Medina. Nel prezzo del biglietto sono compresi la visita guidata di tre ore e un libro illustrato del sito.

FESTE E MANIFESTAZIONI

La primavera e l'inizio dell'estate sono i periodi dell'anno in cui si concentrano le principali feste e manifestazioni cittadine.

Semana Santa Ogni sera, dalla Domenica delle Palme al Venerdì Santo, fra le 20 e mezzanotte, fino a 12 *pasos* (piattaforme decorate su cui vengono trasportate le statue durante le processioni religiose) seguiti dai fedeli sfilano attraverso la città lungo la *carrera oficial* (percorso ufficiale) – Calle Claudio Marcelo, Plaza de las Tendillas, Calle José Cruz Conde. Il momento culminante è la *madrugá* (alba) del Venerdì Santo, quando sei *pasos* sfilano lungo la *carrera* tra le 4 e le 6 del mattino.

Cruces de Mayo Durante i primi giorni di maggio le piazze e i patio di Córdoba, che vengono decorati con croci fatte interamente di fiori, ospitano bancarelle di vino e tapas, musica e divertimento. Per maggiori informazioni sui patio, v. lettura p327.

Concurso de Patios Cordobeses In concomitanza con il concorso che mira a premiare il patio più bello (v. lettura p327) è previsto un intenso programma culturale che, ogni tre anni (la prossima volta sarà nel 2010), comprende il Concurso Nacional de Arte Flamenco, un importante concorso di flamenco.

Feria de Mayo L'ultima settimana di maggio e i primi giorni di giugno la città è in festa: si tengono concerti, una grande fiera nella zona di El Arenal, a sud-est del centro, e le più importanti corride della stagione nell'arena di Los Califas, in Gran Via Parque.

Festival Internacional de la Guitarra Due settimane dedicate alla chitarra, con concerti di musica classica, flamenco, rock, blues e altri generi. Gli artisti più famosi si esibiscono la sera nei Jardines del Alcázar. Il festival si svolge tra la fine di giugno e gli inizi di luglio.

PERNOTTAMENTO

Córdoba fa la gioia di chi viaggia all'insegna del risparmio. Intorno alla Mezquita ci sono moltissimi *hostales* (alberghi economici) e *pensiones* fra cui poter scegliere – qui di seguito ne abbiamo indicato solo un piccolo campione. I posti più economici si trovano soprattutto nella zona a est della Mezquita e in molti casi hanno le camere disposte intorno a uno degli incantevoli patio per cui la città è famosa. Non mancano alberghi affascinanti di categoria media ed elevata, alcuni con stanze eleganti e spaziose, altri ricchi di storia e arredati con mobili d'epoca. Ricordate che in occasione delle feste principali è indispensabile prenotare. Durante il resto dell'anno Córdoba attira un numero sempre maggiore di visitatori e di conseguenza scarseggiano le camere singole convenienti. In genere i prezzi scendono da novembre a metà marzo; alcuni alberghi offrono tariffe ridotte anche nei mesi più caldi (luglio e agosto). Nelle righe che seguono gli alberghi che dispongono di un parcheggio, per il quale si paga un extra di circa €10-12 al giorno, sono segnalati.

Prezzi economici

Quasi tutte le sistemazioni indicate di seguito offrono anche camere senza bagno a un prezzo più economico.

Instalación Juvenil Córdoba (☎ 957 29 01 66, prenotazioni 902 51 00 00; www.inturjoven.com; Plaza de Judá Leví s/n; letti in camerata maggiori/minori di 26 anni con prima colazione €14/19; ⛝ 💻) Economicissimo nonché situato in comoda posizione nella Judería, l'ostello della gioventù di Córdoba può ospitare 167 persone in camere da due, tre, quattro o cinque letti, tutte con bagno. Purtroppo sono esposte al chiasso che fanno le scolaresche in gita nel quartiere e il baccano può essere a volte infernale. Un'ala dell'ostello è ricavata da un convento del XVI secolo opportunamente restaurato.

Pensión Agustina (☎ 957 47 08 72; Calle Zapateria Vieja 5; singole/doppie €17/30) Pensione all'antica, modesta, accogliente e a gestione familiare, con un grazioso patio fiorito. Dispone di nove stanze semplici ma pulitissime.

Hostal el Reposo de Bagdad (☎ 957 20 28 54; www.hostalbagdad.eresmas.com; Calle Fernández Ruano 11; singole/doppie €22/38) Nascosto in una stretta viuzza della Judería, questo albergo entusiasma tutti coloro che vorrebbero trovare un posto speciale dove dormire, ma spendendo il meno possibile. La casa è dell'Ottocento e le stanze, tutte con bagno, sono arredate in modo semplice, provviste di candide lenzuola fresche di bucato. Quelle del pianterreno sono un po' buie, ma hanno i pavimenti rivestiti di belle piastrelle andaluse. Sempre al piano terra, a fianco del bellissimo patio fiorito, c'à una *tetería* araba riservata ai clienti dell'albergo.

Hostal Osio de Córdoba (☎/fax 957 48 51 65; Calle Osio 6; doppie €40; ❄) Ricavato da una villa restaurata, questo albergo offre due patio e un'ottima sistemazione a prezzi molto ragionevoli. Il posto ci è stato segnalato dai lettori della Lonely Planet. Il proprietario parla inglese.

Hostal La Fuente (☎/fax 957 48 78 27; Calle de San Fernando 51; doppie €45; P ❄) Casa dell'Ottocento con ampi cortili, terrazza sul tetto e ascensore che ospita un *hostal* rinnovato nel 2005 con 40 camere accoglienti ma non particolarmente spaziose, con pareti dipinte di giallo, tutte con TV, riscaldamento e un piccolo e grazioso bagno piastrellato. Un tocco di classe è dato dagli specchi e dalle sedie rifinite in ferro battuto.

Hostal Séneca (☎/fax 957 47 32 34; Calle Conde y Luque 7; singole/doppie con prima colazione €44/46) Incantevole e invitante villa con un favoloso patio coperto di ghiaia e ricco di verde. Dispone di 12 camere tutte diverse sia per dimensioni sia per aspetto.

Hotel Maestre (☎ 957 47 24 10; www.hotelmaestre.com; Calle Romero Barros 4; singole/doppie €35/49, appartamenti €58; P ❄) Albergo con stanze arredate in modo accogliente e dotate di tutti i confort. Il personale è molto disponibile e parla inglese. Gli stessi proprietari gestiscono un *hostal* altrettanto buono pochi portoni più in là (al n. 16) e una serie di appartamenti ben arredati che possono ospitare fino a quattro persone.

Hostal El Triunfo (☎ 957 49 84 84; reservas@htriunfo.com; Calle Corregidor Luis de la Cerda 79; singole/doppie €29/55; P ❄) Situato di fronte al lato meridionale della Mezquita, El Triunfo offre 70 camere anguste – ma con spaziosi armadi – con pareti dipinte di giallo e letti azzurri. Alcune hanno la vista sulla Mezquita, ma possono essere rumorose. Nell'*hostal* c'è anche un simpatico bar-ristorante.

Hotel Los Patios (☎ 957 47 83 40; www.lospatios.net; Calle Cardenal Herrero 14; singole/doppie €34/59; ❄) Ottimo albergo, anche se l'ambiente è un po' anonimo, che dispone di stanze piccole e pulite dalle pareti spoglie. Si entra passando attraverso l'animato ristorante, quindi cercate di non presentarvi alla reception vestiti in modo sconveniente.

Prezzi medi

Hotel Mezquita (☎ 957 47 55 85; hotelmezquita@wanadoo.es; Plaza Santa Catalina 1; singole/doppie €36/69; ❄) Albergo ricavato da un palazzo del XVI secolo situato esattamente di fronte alla Mezquita. Tra le sistemazioni di Córdoba è una di quelle con il migliore rapporto qualità-prezzo. Le camere sono spaziose ed eleganti, con pavimenti in marmo, ampie porte e piccoli balconi. Alcune offrono una magnifica vista sulla grande moschea.

Hotel Albucasis (☎/fax 957 47 86 25; Calle Buen Pastor 11; singole/doppie €47/75; P ❄) Albergo tranquillo situato nella Judería al riparo dal caos della zona turistica. Ostenta un austero stile medievale, con un ingresso che promette più di quello che l'Albucasis può offrire. Le stanze sono semplici e pulite, dominate dai colori verde kaki e bianco.

Hotel González (☎ 957 47 98 19; hotelgonzalez@wanadoo.es; Calle Manriquez 3; doppie €66; ❄) L'Hotel González, ricavato da un edificio dove un tempo abitò Julio Romero de Torres, il pittore preferito dei cordobesi, dispone di 16 camere spaziose e arredate in modo sontuoso in uno stile che si ispira al barocco, con rifiniture dorate e quadri appesi alle pareti. Il suo ristorante ha tavoli sistemati nel grazioso patio fiorito. I simpatici proprietari parlano bene inglese.

Parador Nacional Arruzafa (☎ 957 27 59 00; cordoba@parador.es; Avenida de la Arruzafa s/n; doppie €113; P ❄ 🏊 ♿) Situato 3 km a nord del centro – a piedi è una bella scarpinata – questo parador (albergo di lusso a gestione statale) è un edificio moderno costruito in splendida posizione dove un tempo sorgeva il palazzo d'estate di Abd ar-Rahman I. Nel lussureggiante giardino che lo circonda furono piantate le prime palme d'Europa.

Hotel Lola (☎ 957 20 03 05; www.hotelconencantolola.com; Calle Romero 3; doppie con prima colazione €114; P ❄) Gusto e originalità sono i principi che hanno ispirato gli ideatori dell'Hotel Lola. Ogni stanza, che ha il nome di una principessa araba, è arredata con grandi letti d'epoca e altri splendidi oggetti che verrebbe voglia di portarsi a casa. Impagabile la prima colazione consumata nella terrazza sul tetto, con vista sul campanile della Mezquita.

LA SCELTA DELL'AUTORE

Casa de los Azulejos (☎ 957 47 00 00; www.casadelosazulejos.com/marco.htm; Calle Fernando Colón 5; doppie con prima colazione €130; ❄ 💻) Albergo davvero favoloso, dove l'atmosfera tipicamente andalusa si fonde in modo mirabile con la tradizione messicana, a partire dal patio inondato di sole traboccante di palme, banani e felci. Le camere, arredate in stile coloniale, hanno alte porte originali, grandi letti, pareti dipinte in azzurro o lilla e connessioni wi-fi. I pavimenti sono coperti da splendidi *azulejos* (piastrelle in ceramica dipinte) d'epoca che danno il nome all'albergo. Al pianterreno c'è un buon ristorante messicano, La Guadalupana Cantina. Nel complesso, la Casa de los Azulejos è una scelta davvero consigliabile.

Prezzi elevati

Molti alberghi di questa categoria stentano a reggere il confronto, sia per quanto riguarda il carattere sia per la posizione, con i più economici *hostales* e i piccoli alberghi. Se però preferite allontanarvi dal traffico e dalla confusione o intendete fermarvi a Córdoba solo per un giorno o due, possono rappresentare una buona scelta.

Hotel Amistad Córdoba (☎ 957 42 03 35; www.nh-hoteles.com; Plaza de Maimónides 3; singole/doppie €106/130; P ❄ 💻) Ampio e luminoso, l'Amistad Córdoba occupa due palazzi del XVIII secolo, con patio mudejar originali e stanze eleganti. Fa parte della moderna catena NH e pertanto garantisce tutti i servizi della categoria, compresi baby sitter e accesso a internet.

Hotel Hesperia Córdoba (☎ 957 42 10 42; www.hesperia.com; Avenida Fray Albino 1; doppie €115-135; P ❄ 🏊 ♿) Trovandosi dall'altra parte del fiume, questo albergo regala una bella vista sulla Mezquita e sul Puente Romano dal bar della terrazza sul tetto. Nonostante l'aspetto un po' vecchiotto, garantisce una vastissima gamma di servizi.

Hotel Conquistador (☎ 957 48 11 02; Calle Magistral González Francés 15; doppie €118-141; P ❄) Elegante albergo con 102 stanze situato di fronte al lato orientale della Mezquita. Tra le sistemazioni di questa categoria è senz'altro quella con la posizione migliore. Offre numerosi servizi e comodità nonché camere arredate con grande gusto.

PASTI

La cucina figura tra i principali motivi di richiamo di Córdoba, la città dove si mangia meglio in Andalusia. Il piatto tipico per eccellenza è il *salmorejo,* una squisita minestra fredda molto simile al gazpacho, a base di pomodori frullati, aglio, pangrattato, succo di limone, aceto e olio d'oliva, guarnita da uova sode tagliate a pezzetti e striscioline di *jamón* (prosciutto). Un'altra succulenta specialità locale è il *rabo de toro* (stufato di coda di toro). I ristoranti più raffinati propongono piatti risalenti all'epoca di Al-Andalus, come per esempio zuppa d'aglio con uva passa, agnello al miele, melanzane fritte e carne farcita con datteri e pinoli. Molto apprezzato è il vino proveniente dalla vicina regione di Montilla e Moriles, che è simile allo sherry, ma raggiunge la sua gradazione alcolica senza l'aggiunta di brandy. Come lo sherry, viene prodotto nei tipi *fino, amontillado* e *oloroso* (v. p87), ma anche nella varietà dolce Pedro Ximénez.

Prezzi economici

Córdoba va fiera delle sue *tabernas,* vivaci bar sempre affollati, dove in genere è possibile anche sedersi a mangiare. Con una bella camminata a est o a nord della Mezquita si raggiungono zone che offrono una più ampia scelta di locali adatti sia a chi non vuole spendere troppo sia ai buongustai più curiosi.

Bodega Mezquita (Calle Corregidor Luis de la Cerda 73) Favolosa gastronomia – una tra le tante, davvero eccellenti, che si trovano in città. Ricchissimo l'assortimento di oli d'oliva, *jamónes* e vini.

Mercado (Plaza de la Corredera) Bellissimo mercato con bancarelle di cibi freschi d'ogni genere, ideale per fare la spesa o per una passeggiata esplorativa.

Taberna San Miguel/El Pisto (☎ 957 47 01 66; Plaza San Miguel 1; tapas €1,50, media-raciones €3-6; 🕑 chiuso domenica e agosto) Aperta dal 1880 e molto frequentata dalla gente del posto, El Pisto (il barile) è una delle migliori *tabernas* di Córdoba, sia per l'atmosfera sia per la cucina. Serve squisite tapas e *media-raciones* (mezze porzioni) e sul bancone si trova già pronto in brocche dell'economico vino Moriles.

Bar Santos (Calle Magistral González Francés 3; tortilla €2,50) Al leggendario bar Santos preparano la migliore *tortilla de patata* (frittata di patate) della città. Lo sanno bene i cordobesi che, appena possono, vengono qui per concedersi una tapa di tortilla – servita su piattini di carta e con forchette di plastica – da gustare ammirando la Mezquita. Un localino da non perdere.

Taberna Sociedad de Plateros (☎ 957 47 00 42; Calle de San Francisco 6; tapas €2, raciones €8; ⏲ chiusa domenica) Ricavato da un ex convento e gestito dall'associazione degli argentieri, questo ristorante molto apprezzato propone una scelta di generose *raciones* (tapa in quantità sufficiente da costituire un pasto) nel suo luminoso patio dal tetto di vetro.

Taberna Salinas (☎ 957 48 01 35; Calle Tundidores 3; tapas/raciones €2/8; ⏲ chiusa domenica e agosto) Storica *taberna* risalente al 1879, sempre affollatissima grazie all'ottima e meritata reputazione. Se non sapete cosa scegliere, provate le deliziose melanzane al miele, le patate all'aglio, il *flamenquín* (involtino di carne di maiale e *jamón*) e il *rabo de toro*.

Comedor Árabe Andalusí (☎ 957 47 51 62; Calle Alfayatas 6; portate principali €8-11) Ristorante in stile arabo, dall'ambiente elegante, con tavoli bassi e luci soffuse, dove si possono ordinare *kofte*, falafel, tagine o piatti a base di soffice cuscus accompagnato da pollo, agnello, verdure ed erbe aromatiche. Un locale perfetto per concedersi una serata all'insegna dei sapori mediorientali.

Bar Callejón (Calle Enrique Romero de Torres; platos combinados €3-6, menú €7,50) Situato lungo una via pedonale affacciata su Plaza del Potro, il Bar Callejón prepara gustose omelette (€4,50) e diversi piatti a base di pesce. Ci desidera può ordinare il *menú* (menu a prezzo fisso).

Prezzi medi

Amaltea (☎ 957 49 19 68; Ronda de Isasa 10; portate principali €6-10; Ⓥ) Specializzato in cibi e vini biologici, questo ristorante offre ottimi piatti a base di carne e una ricca scelta di pietanze vegetariane tra cui una deliziosa insalata verde con avocado e noci, e tabbouleh alla libanese. Un'oasi nel deserto per i vegetariani.

Los Berengueles (☎ 957 47 28 28; Calle Conde de Torres Cabrera 7; portate principali €7-14) Favoloso ristorante di pesce, con una bella sala da pranzo rivestita di *azulejos*. I clienti possono scegliere il pesce fresco o i gamberoni direttamente dal bancone.

Casa Rubio (☎ 957 42 08 53; Puerta de Almodóvar 5; portate principali €7-15) Locale molto animato, con una sala attraversata da archi che ricorda l'interno della Mezquita. Offre la consueta varietà di tapas, ma ha anche un *comedor* (sala da pranzo) al primo piano. Fatevi tentare dal *salmorejo* e dal *cordero a la miel* (agnello al miele).

Taberna Restaurante Puerta Sevilla (☎ 957 29 73 80; Calle Postrera 51; portate principali €8,50-15; ❄) Atmosfera intima e cucina creativa sono le caratteristiche di questo ristorante che ha i tavoli distribuiti fra salette raccolte e un grazioso patio fiorito e incorniciato da antiche merlature. I piatti sono presentati in modo scenografico e l'atmosfera generale è molto piacevole; fra le specialità della casa figurano i tacos di *bacalao* (merluzzo) e l'anatra in salsa al caramello.

Bandolero Restaurante (☎ 957 47 64 91; Calle de Torrijos 6; raciones €2,50-8, portate principali €9-14) Locale attraente, con un bancone rivestito di *azulejos*, situato di fronte al lato occidentale della Mezquita. Serve buoni piatti tradizionali (anche *media-raciones*). Potete accomodarvi al bar o al ristorante nel patio sul retro.

Casa Pepe de la Judería (☎ 957 20 07 44; Calle Romero 1; portate principali €9-15) Locale con una splendida terrazza sul tetto da cui si vede la Mezquita e con un dedalo di salette sempre affollate. Si inizia con un bicchiere di Montilla offerto dalla casa nel patio e poi si sceglie fra le varie squisitezze del menu – per esempio, *rabo de toro* o filetto di cervo.

Almudaina (☎ 957 47 43 42; Plaza Campo Santo de los Mártires 1; portate principali €10-14) Ricavato da un palazzo del XVI secolo, questo ristorante offre un ambiente elegante e suggestivo, con molto legno scuro e tovaglie di damasco.

LA SCELTA DELL'AUTORE

Bodega Campos (☎ 957 49 75 00; Calle Lineros 32; tapas €5, portate principali €13-19; ⏲ chiuso domenica sera) Basta varcare la soglia di questo locale, una delle cantine più autentiche e famose di Córdoba, per capire di essere entrati in un ambiente del tutto particolare. I tavoli sono sparsi fra decine di patio e sale ingombre di botti di rovere firmate da personaggi illustri (si va da Sofia, regina di Spagna, al primo ministro britannico Tony Blair). La stessa bodega produce un proprio Montilla e il ristorante, frequentato da elegantissimi *cordobeses*, offre un ricco assortimento di piatti prelibati. Per una serata più economica, ma non meno piacevole, optate per i generosi piatti di tapas al bar.

Vengono serviti eccellenti piatti della tradizione locale in salette riservate o nel patio rivestito d'edera.

El Churrasco (☎ 957 29 08 19; Calle Romero 16; portate principali €12; ⌚ chiuso agosto) Uno dei migliori ristoranti di Córdoba. La cucina è ottima, le porzioni generose e il servizio accurato. Tra i piatti di carne segnaliamo il *churrasco* (carne alla griglia accompagnata da una salsa piccante) – in questo caso filetto di maiale con una tradizionale salsa araba.

Prezzi elevati

El Caballo Rojo (☎ 957 47 53 75; Calle Cardenal Herrero 28; portate principali €10-18) Grande e frequentato ristorante famoso per le specialità mozarabiche e per alcuni piatti sostanziosi, come lo stufato di fagioli bianchi. La terrazza situata al piano superiore offre una magnifica vista sulla Mezquita.

LOCALI

I bar più frequentati di Córdoba, che si trovano soprattutto nelle zone più moderne della città, nei fine settimana iniziano ad animarsi verso le 23 o le 24. Nel corso della settimana sarete fortunati a trovarvi un po' di movimento. La maggior parte dei bar del centro medievale chiude intorno a mezzanotte.

Amapola (☎ 957 47 37 40; Paseo de la Ribera 9; ⌚ 12-3) In questo momento l'Amapola è forse il locale più alla moda della città, dove la bella gioventù di Córdoba si ritrova per socializzare davanti a uno degli elaborati cocktail proposti dalla casa. Le pareti sono coperte di piastrelle azzurre su cui vengono proiettate varie immagini, il DJ non si risparmia nella sua postazione e la gente accomodata su sedie e divani in pelle verde si diverte fino a notte fonda.

Soul (☎ 957 49 15 80; Calle de Alfonso XIII 3; ⌚ 9-3 da lunedì e venerdì, 10-3 sabato e domenica) DJ bar dove l'atmosfera si surriscalda nel fine settimana, frequentato da una clientela modaiola e con tendenze pseudoartistiche. La musica è discreta e il locale accogliente, ma la cosa migliore del posto è la prima colazione (da €3 a €4) in quanto il pane viene cotto in un forno a legna e la spremuta d'arance è preparata sul momento.

Bodega Guzmán (Calle de los Judíos 7) In questo locale caratteristico e molto frequentato, situato vicino alla sinagoga, l'alcol scorre a fiumi. Date un'occhiata al museo della corrida e non andate via senza aver assaggiato il Montilla *amargoso* alla spina.

Magister (Avenida del Gran Capitán 2) Locale frequentato da una clientela non più giovanissima, con musica soporifera in sottofondo e birra di produzione propria. Potete scegliere tra cinque tipi diversi, tutti buoni: *rubia* e *tostada* sono birre chiare, *caramelizada* e *morenita* scure, mentre la *especial* cambia a seconda della stagione.

Nella zona dell'università s'incontrano numerosi piccoli bar o caffè, come il **Velvet Café** (Calle Alfaros 29) in stile anni '60, o il **Milenium** (Calle Alfaros 33), popolare ritrovo frequentato soprattutto da omosessuali, dove si ascolta buona musica ambient house.

DIVERTIMENTI

Per essere informati su ciò che avviene in città potete consultare le riviste *Qué Hacer en Córdoba?* e *Welcome & Olé!*, distribuite gratuitamente negli uffici turistici, oppure il quotidiano *Córdoba*.

Musica dal vivo

Volantini e manifesti che annunciano serate dal vivo vengono affissi fuori dei music bar e presso la Instalación Juvenil Córdoba. I concerti di solito iniziano verso le 22 e raramente bisogna pagare l'ingresso.

Surfer Rosa (☎ 957 75 22 72; Feria El Arenal 4; ⌚ 23-fino a tardi da giovedì a sabato) Locale ricavato da un magazzino situato lungo le rive del Guadalquivir nella zona di El Arenal (dove si tiene la Feria de Mayo). Organizza frequenti serate con gruppi che suonano dal vivo, ma non è male neanche la musica registrata che propone.

Jazz Café (☎ 957 47 19 28; Calle Espartería s/n; ⌚ 8-fino a tardi) I pavimenti rivestiti di piastrelle bianche e nere, il bancone scuro su cui scintillano le colonne per spillare le bevande e le fotografie di leggende del jazz come Roberta Flack, Miles Davis e King Curtis donano un carattere particolare a questo locale dall'atmosfera tranquilla e invitante. È anche un rifugio dove sorseggiare un caffè a metà mattina, lontano dalle orde dei turisti. Ospita regolarmente concerti jazz e jam session.

Sala Level (Calle Antonio Maura 58; ⌚ 20-fino a tardi) Situata a ovest del centro nel quartiere di Ciudad Jardín, la Sala Level è un locale molto frequentato dove suonano gruppi dal vivo. I prezzi dipendono dalla band o dai cantanti che si esibiscono.

Flamenco

Tablao Cardenal (☎ 957 48 33 20; www.tablaocardenal.com; Calle de Torrijos 10; spettacolo €17; 🕑 22.30-fino a tardi) Quando i ballerini si esibiscono nel flamenco, il Tablao Cardenal vibra al rumore dei tacchi che battono ritmicamente sul pavimento. È possibile assistere agli spettacoli, che sono di qualità variabile, nel patio all'aperto. Si esibiscono anche chitarristi e cantanti.

Casa Salinas (Calle Fernández Ruano) Accogliente bar dove si servono tapas e vini di Montilla, la Casa Salinas presenta spesso anche spettacoli di flamenco. Per informazioni sulle date rivolgetevi all'ufficio turistico.

Teatro

Gran Teatro de Córdoba (☎ 957 48 02 37, biglietti 901 24 62 46; www.teatrocordoba.com, in spagnolo; Avenida del Gran Capitán 3) Il ricco programma di questo teatro spazia da concerti a spettacoli di prosa, danza e rassegne cinematografiche.

Cinema

Filmoteca de Andalucía (☎ 957 47 20 18; www.cica.es/filmo, in spagnolo; Calle Medina y Corella 5; biglietti €0,90; 🕑 chiuso sabato e domenica mattina in luglio e agosto) Filmoteca d'essai che proietta regolarmente film stranieri sottotitolati.

SHOPPING

Córdoba è famosa per gli articoli in *cuero repujado* (cuoio goffrato) e i gioielli d'argento (in particolare filigranato). I negozi che vendono questi manufatti sono concentrati nella zona della Mezquita e attirano i turisti con prezzi medi che conviene sempre confrontare per trovare l'offerta migliore.

Calle José Cruz Conde è la via del centro con i negozi più eleganti.

Zoco (Calle de los Judíos) Lo Zoco è un gruppo di laboratori all'interno della Judería, ciascuno con la propria sala d'esposizione, che vendono buoni articoli a prezzi elevati.

Meryan (☎ 95 747 59 02; Calleja de las Flores) Negozio consigliato per gli articoli in cuoio goffrato; dovreste riuscire a trovare un portafoglio o un paio di pantofole per una cifra compresa fra €9 e €12.

Espaulíú (Calle Cardenal González 3) Bel negozio di argenteria che propone gioielli di design moderno.

Museo Regina (Plaza Luis de Venegas 1; ingresso €3; 🕑 10-15 e 17-20) Il nuovo negozio di questo museo propone un vasto assortimento di oggetti in argento stupendamente lavorato e organizza mostre di gioielli.

La Tienda del Olivo (☎ 95 747 44 95; Calle de San Fernando 124B) 'Il negozio dell'olivo', oltre ad avere una grande varietà di tipi di olio, vende raffinate saponette a base di olio d'oliva.

El Corte Inglés (Avenida del Gran Capitán) Presso la filiale della famosa catena di grandi magazzini potrete soddisfare ogni capriccio immaginabile.

PER/DA CÓRDOBA

Autobus

La **stazione degli autobus** (☎ 957 40 40 40; Plaza de las Tres Culturas) si trova alle spalle di quella ferroviaria. Le varie compagnie d'autobus hanno ciascuna il prorpio terminal. **Alsina Graells** (www.alsinagraells.es), la compagnia principale, garantisce collegamenti con Siviglia (€9,50, 1 ora e 45 minuti, sei corse al giorno), Granada (€10,50, 3 ore, nove al giorno) e Málaga (€10,50, 2 ore e mezzo, cinque al giorno). Serve anche Carmona (€7,50, 2 ore, una corsa al giorno), Antequera (€8,50, 1 ora e mezzo, due al giorno) e Almería (€21,50, 5 ore, una al giorno). Gli autobus Bacoma raggiungono Baeza (€8,50) e Úbeda (€9), Transportes Ureña collega Córdoba con Jaén (€7, 1 ora e mezzo, sette al giorno), mentre **Secorbus** (www.socibus.es) ha autobus per Madrid (€14, 4 ore e mezzo, sei corse al giorno).

Empresa Carrera gestisce gli autobus diretti a sud, con diverse corse giornaliere per Priego de Córdoba (€6, 1 ora e 15 minuti) e Cabra (€4,50), oltre a un paio di corse per Zuheros (€4,50, 1 ora, almeno due al giorno), Rute e Iznájar.

Automobile

Tra le agenzie di autonoleggio presenti in città segnaliamo **Avis** (☎ 957 47 68 62; Plaza de Colón 32), **Europcar** (☎ 957 40 34 80) e **Hertz** (☎ 957 40 20 60), le due ultime con uffici presso la stazione ferroviaria.

Treno

La nuova **stazione ferroviaria** (☎ 957 40 02 02; www.renfe.com; Avenida de América) di Córdoba si trova 1 km a nord-ovest di Plaza de las Tendillas.

Per Siviglia sono previste decine di partenze al giorno fra treni regionali Andalucía Exprés (€7,50, 1 ora e mezzo), treni Alta Velocidad (€13,50, 45 minuti) e treni AVE (€22, 45 minuti). Per Madrid si può scegliere fra treni AVE (da €47 a €52, 1 ora e 45 minuti, più partenze al giorno) e il notturno *Estrecho* (più lento e più economico; posto a sedere €28, 6 ore e 15 minuti).

Più treni al giorno raggiungono Málaga (da €16 a €21, 2 ore e mezzo) e Barcellona (da €52 a €85, 10 ore e mezzo, quattro al giorno), e c'è anche un treno per Jaén (€8, 1 ora e mezzo, uno al giorno). Per Granada (€16, 4 ore) si deve cambiare a Bobadilla.

TRASPORTI URBANI

Autobus

La singola corsa sugli autobus delle linee urbane costa più o meno €1. Il n. 3, che parte dalla via situata tra la stazione ferroviaria e quella degli autobus, raggiunge Plaza de las Tendillas e prosegue lungo Calle de San Fernando arrivando 300 m a est della Mezquita. In senso inverso, cioè per raggiungere le stazioni, lo potete prendere in Ronda de Isasa, immediatamente a sud della Mezquita, o in Avenida Doctor Fleming.

Automobile e motocicletta

I sensi unici di Córdoba sono un vero incubo e trovare parcheggio nella città vecchia può essere un'impresa disperata. Le zone intorno alla Mezquita e sul lungofiume in cui è consentito parcheggiare (con parchimetro) sono delimitate dalle strisce blu. Dalle 9 alle 21 le tariffe sono di €0,30 per 30 minuti o €1,30 per due ore. Il parcheggio notturno al di fuori di queste fasce orarie è gratuito. È possibile parcheggiare anche sull'altra riva del fiume, una zona che di notte, però, non è sempre sicura. Ideale è lasciare l'automobile nello spazio recintato (con parchimetro) subito sotto la Mezquita, all'altezza della Puerta del Puente, ma anche questa è una zona sicura di giorno e sconsigliata di notte. Nessun problema invece a parcheggiare lungo le laterali di Avenida Doctor Fleming, dove si spendono €1/6/12/45 per 1 ora/tutta la notte/12 ore/24 ore. In Avenida de América c'è un parcheggio sotterraneo che ha prezzi simili.

In città vi sono parecchie indicazioni che aiutano a raggiungere alberghi e *hostales* – gli esercizi provvisti di parcheggio sono contrassegnati da un cartello con la scritta 'P'. Le tariffe dei parcheggi degli alberghi oscillano tra €10 e €12 circa.

Taxi

In centro c'è un parcheggio di taxi all'angolo nord-est di Plaza de las Tendillas. La corsa dalla stazione ferroviaria, o da quella degli autobus, alla Mezquita costa intorno a €5.

A OVEST DI CÓRDOBA

ALMODÓVAR DEL RÍO

Pop. 7420 / alt. 123 m

Conosciuta soprattutto per il suo imponente castello, Almodóvar del Río è una graziosa e tranquilla cittadina situata lungo la valle del Guadalquivir, a 22 km da Córdoba, che merita un'escursione di mezza giornata – la cosa migliore è visitare Medina Azahara al mattino e proseguire per Almodóvar nel pomeriggio. L'**ufficio turistico** (☎ 957 63 50 14; Calle Vicente Aleixandre 3; 🕑 9-14 e 16-20 da lunedì a venerdì, 10-14 sabato e domenica da aprile a ottobre, 9-14 e 16-19 da lunedì a venerdì, 10-14 sabato e domenica da novembre a marzo) si trova a un passo da Plaza de la Constitución, la bella piazza centrale.

Con le sue otto torri il monumentale **castello** (☎ 957 63 51 16; ingresso €3, gratuito cittadini UE mercoledì pomeriggio; 🕑 11-14.30 e 16-20, chiuso 19 da ottobre a marzo), d'aspetto un po' sinistro, domina il paesaggio già a parecchi chilometri di distanza dall'abitato. Fu costruito nel 740 d.C., ma la struttura che vediamo oggi venne in gran parte ricostruita dopo la Reconquista. Pedro I (detto 'il Crudele') lo usò come forziere del tesoro reale in quanto nessuno era mai riuscito a espugnarlo – le sue mura massicce continuano a dare l'idea di un luogo inattaccabile. Restaurato di recente dal proprietario odierno, il Marqués de la Motilla, il castello è pieno di oggetti in mostra, alcuni dei quali piuttosto insulsi, come una serie di flosci manichini in manette. Le torri – che hanno nomi quali 'le Campane', 'la Scuola' e 'il Tributo' – sono legate a varie leggende illustrate da cartelli informativi in spagnolo e in inglese.

Se siete in automobile, il modo migliore per raggiungere il castello (evitando l'affollato centro cittadino) è quello di ignorare le frecce per il centro urbano all'altezza dell'incrocio all'ingresso dell'abitato, girando invece a destra per seguire la circonvallazione A431 in direzione di Posadas e Palma del Río. Sotto il castello c'è un ampio parcheggio, ma si può anche salire in automobile lungo la strada di pietra (in cima è consentito posteggiare anche se non c'è un vero e proprio parcheggio). Dal castello la città vecchia è facilmente raggiungibile a piedi.

DEVIAZIONE: L'AFFASCINANTE REGIONE A NORD DI CÓRDOBA

A nord di Córdoba si estende una regione selvaggia, caratterizzata da colline verde scuro e minuscoli *pueblos* (villaggi) operosi, che i turisti attratti dal sud ignorano quasi completamente. La Sierra Morena s'innalza bruscamente pochi chilometri a nord di Córdoba per poi digradare più dolcemente con colline che occupano gran parte del territorio settentrionale della provincia. Imboccata la statale N432, che lascia Córdoba puntando in direzione nord-ovest, verso l'Estremadura, proseguite per 50 km prima di deviare sulla N502 che vi condurrà alla scoperta degli incredibili paesaggi della regione di **Los Pedroches**. Si tratta di un'area scarsamente popolata, disseminata di paesini costruiti in granito e punteggiata da affioramenti rocciosi che delimitano le cosiddette *dehesas* (pascoli boschivi). All'epoca di Al-Andalus la zona veniva chiamata 'Terra delle Ghiande' in quanto ricca di lecci ed è proprio grazie alle ghiande che qui si produce dell'ottimo *jamón ibérico de bellota* (un'altra zona di produzione è Jabugo, nella provincia di Huelva) – prosciutto che si ottiene dalla carne di piccoli maiali neri che si rimpinzano di ghiande durante la stagione della raccolta, ovvero il mese di ottobre. Le ghiande donano alla carne un lieve sapore di noce con una punta di dolce. Salato e conservato per un periodo di 6-12 mesi, il prosciutto, che assume un colore rosa scuro, viene in genere servito tagliato a fette sottilissime insieme al pane e al vino di Montilla. È una fortuna che lo si possa assaggiare in quasi tutti i villaggi di Los Pedroches.

Se andate in cerca di luoghi poco frequentati dai turisti, vi consigliamo di raggiungere i castelli di **Belalcázar** e **Santa Eufemia**. Il **Castillo de los Sotomayor** (XV secolo), che domina l'isolato abitato di Belalcázar, è una delle fortificazioni più sinistre dell'Andalusia. Essendo di proprietà privata non si può visitare, ma vale la pena di arrivare fin qui anche solo per vederlo stagliarsi fra le basse colline della zona. L'unica possibilità di sistemazione esistente a Belalcázar è offerta dal modesto **Hostal La Bolera** (☎ 957 14 63 00; Calle Padre Torrero 17; singole/doppie €14/28) che ha anche un ristorante; intorno a Plaza de la Constitución ci sono comunque altri bar e locali dove poter mangiare.

Santa Eufemia, il villaggio più settentrionale dell'Andalusia, si trova 26 km a est di Belalcázar in mezzo a una campagna desolata. Dalle rovine del **Castillo de Miramontes**, fortezza di origine araba che s'innalza in cima a un dirupo a nord dell'abitato, si può ammirare un favoloso panorama che spazia in tutte le direzioni. Per raggiungere il castello, entrate nel villaggio e all'altezza dell'Hostal La Paloma lasciate la N502 per girare a ovest; dopo 1 km svoltate a destra presso l'indicazione 'Camino Servicio RTVE' e percorrete la strada di 1,5 km che sale al castello. All'**ufficio turistico** (☎ 957 15 82 29; Plaza Mayor 1; 🕑 9-14.30 da lunedì a venerdì), che ha sede nell'*ayuntamiento* (municipio), troverete anche un opuscolo (in spagnolo) che illustra due passeggiate, una fino al castello e l'altra fino alla vicina *ermita* (cappella). Chi volesse pernottare sul posto deve prenotare una stanza all'**Hostal La Paloma** (☎ 957 15 82 42; Calle Calvario 6; singole/doppie €12/24). L'*hostal* offre anche un *menú* (menu a prezzo fisso) a €8 con un buon rapporto qualità-prezzo.

All'estremità orientale di Los Pedroches si estende il **Parque Natural Sierra de Cardeña y Montoro**, le cui colline coperte di boschi danno rifugio agli ultimi lupi e linci dell'Andalusia.

La maggior parte dei villaggi di Los Pedroches è raggiungibile in autobus da Córdoba, ma per visitare la regione nel migliore dei modi è necessario disporre di un'automobile.

Per chi volesse pernottare ad Almodóvar del Río c'è il discreto **Hostal San Luis** (☎ 957 63 54 21; Carretera Palma del Río; singole/doppie €24/40), situato lungo la A431 all'altezza del bivio per Almodóvar provenendo da Córdoba. Dispone di camere semplici in un edificio annesso al ristorante assai frequentato, dove si possono ordinare abbondanti *platos combinados* (piatti unici a base di pesce, carne o omelette, con contorni vari) spendendo circa €7. Tutt'altro tipo di sistemazione è offerto invece dall'**Hospedería de San Francisco** (☎ 957 71 01 83; www.casasypalacios.com; Avenida Pio XII 35; doppie €104; P) di Palma del Río, 30 km più a sud-ovest. Si tratta di un lussuoso albergo ricavato da un monastero del XV secolo, con al centro un magnifico patio rinascimentale.

Il miglior ristorante di Almodóvar è **La Taberna** (☎ 957 71 36 84; Calle Antonio Machado 24; portate principali €9-18; 🕑 chiuso lunedì da settembre a giugno, domenica luglio e agosto). Offre un ambiente elegante e una gustosa cucina casalinga, con piatti di carne e pesce.

Autocares Pérez Cubero (☎ 957 68 40 23) è la compagnia che gestisce gli autobus per/da

Córdoba (€1,50, 30 minuti, almeno cinque corse al giorno).

HORNACHUELOS E IL PARQUE NATURAL SIERRA DE HORNACHUELOS

Il piacevole villaggio di Hornachuelos è la base ideale per trascorrere un paio di giorni nell'incantevole quiete del Parque Natural Sierra de Hornachuelos. Il parco, che si estende sulle colline ondulate della Sierra Morena a nord-ovest di Almodóvar del Río, ha una superficie di 672 kmq. Comprende fitti boschi di lecci, querce da sughero e frassini, ed è solcato da numerose valli fluviali disseminate di salici. È famoso per la presenza di aquile e altri rapaci – ospita la seconda colonia di avvoltoi neri dell'Andalusia.

Hornachuelos domina un piccolo lago artificiale, sulle cui rive c'è una graziosa area per picnic. L'**ufficio turistico** (☎ 957 64 07 86; Carretera San Calixto; 🕒 8-15 da giovedì a martedì, 8-15 e 16-18 mercoledì) si trova nel complesso sportivo in Carretera de San Calixto, la strada principale a ovest del centro. Da Plaza de la Constitución si diparte un vicolo chiamato La Palmera – pavimentato con un mosaico di ciottoli raffigurante una palma – che conduce alla **Iglesia de Santa Maride de las Flores** e a un **mirador** (belvedere) lungo il Paseo Blas Infante.

Imboccando la strada che da Hornachuelos va a San Calixto e percorrendola per 1,5 km si giunge al **Centro de Visitantes Huerta del Rey** (☎ 957 64 11 40; 🕒 10-14 e 16-19 da lunedì a venerdì, 10-19 sabato), con un'interessante mostra sulla morfologia e la fauna della zona, informazioni sul Parque Natural Sierra de Hornachuelos e anche prodotti locali in vendita, tra cui miele. Troverete inoltre utili notizie sui numerosi sentieri escursionistici che partono dal centro e potrete prenotare una **passeggiata guidata** (☎ 957 33 82 33), noleggiare biciclette o organizzare uscite a cavallo. Presso il parcheggio del centro visitatori c'è un bar-ristorante dove servono portate principali a prezzi compresi tra €5 e €9.

Lungo la strada principale, subito a ovest del centro, s'incontra l'**Hostal El Álamo** (☎ 957 64 04 76; Carretera Comarcal 141, detta anche Carretera de San Calixto; singole/doppie €30/50; P ❄) che ha camere pulite e gradevoli. In un edificio separato c'è anche un bar-ristorante molto frequentato. Il ristorante offre un *menú* a €6,90. Tramite l'*hostal* si possono organizzare varie attività tra cui passeggiate, escursioni in bicicletta e uscite a cavallo.

Nel cuore di Hornachuelos si trova la **Casa Rural El Melojo** (☎ 957 64 06 29; Plaza de la Constitución 15; doppie €50), un'abitazione arredata in stile tradizionale con camere confortevoli – applicano notevoli sconti per i gruppi.

Immediatamente a sud della strada che conduce al villaggio è situato il **Bar Casa Alejandro** (Avenida Guadalquivir 4; raciones €3,60), un locale molto frequentato dalla gente del posto, con le pareti tappezzate da trofei di caccia – ma da una colonna accanto al bancone sporge anche un'inquietante testa di cavallo impagliata.

Autocares Pérez Cubero (☎ 957 68 40 23) è la compagnia che gestisce gli autobus per/da Córdoba (€3,20, 50 minuti, quattro corse al giorno dal lunedì al venerdì, una o due il sabato e la domenica).

A SUD DI CÓRDOBA

Dal XIII al XV secolo la parte meridionale della provincia di Córdoba segnò il confine tra le terre cristiane e quelle musulmane. È questo il motivo per cui in questa regione la maggior parte delle cittadine e dei villaggi sorge ai piedi di grandi castelli. La bella zona montuosa a sud-est si chiama **La Subbética** in quanto fa parte del Sistema Subbético, la catena che attraversa questo angolo della provincia. Tra le montagne, i canyon e le valli boscose che costituiscono i 316 kmq del **Parque Natural Sierras Subbéticas** (www.subbetica.org, in spagnolo) si possono fare piacevoli camminate. Utile è la cartina del CNIG *Parque Natural Sierras Subbéticas* in scala 1:50.000, che però è meglio procurarsi prima di arrivare in zona (v. p459). Il **Centro de Visitantes Santa Rita** (☎ 957 33 40 34; A340) si trova in una posizione non molto comoda, 10 km a est di Cabra.

Il confine meridionale della regione è delimitato dall'**Embalse de Iznájar**, un lago artificiale di forma irregolare sulle cui sponde sorge il villaggio di Iznájar (v. lettura p342). Intorno al lago si possono fare alcune belle passeggiate. Nella parte settentrionale del parco s'incontrano diversi graziosi villaggi, tra cui Zuheros e Priego de Córdoba, senz'altro due tra i più affascinanti.

BAENA

Pop. 18.000

Circondata da interminabili filari di olivi, Baena è una cittadina agricola che produce un olio d'oliva di qualità sopraffina, conosciuto in tutta la Spagna – può fregiarsi del marchio DO (Denominación de Origen). Alla periferia dell'abitato si vedono gli enormi serbatoi in cui viene conservato l'olio; chi fosse interessato può effettuare una visita guidata del frantoio che produce il migliore olio della provincia.

Il piccolo **ufficio turistico** (☎ 957 67 19 46; Calle Domingo de Henares s/n; 🕑 9-14 e 17-20 da martedì a venerdì, 10-14 sabato e domenica) fornisce informazioni limitate, ma il personale fa del suo meglio per essere d'aiuto. Dispone di una serie di opuscoli sulla città e di un'utile cartina.

Il motivo principale che spinge i turisti a Baena è la visita del **Museo dell'olio d'oliva** (☎ 957 69 16 41; www.museoaceite.com; Calle Cañada 7; ingresso €1,50; 🕑 9-14 e 16-18 da lunedì a venerdì, 10-14 sabato), dove viene illustrata sia la storia sia i metodi di produzione – c'è anche una presentazione audiovisiva (in spagnolo). Nel negozio del museo è possibile assaggiare e acquistare il famoso olio.

Il miglior frantoio della provincia di Córdoba è quello di **Núñez de Prado** (☎ 957 67 01 41; Avenida de Cervantes s/n; ingresso libero; 🕑 9-14 e 16-18 da lunedì a venerdì, 9-13 sabato). Chi desidera visitarlo sarà guidato da Paco Núñez de Prado in persona. Complessivamente la sua famiglia possiede qualcosa come 90.000 olivi. I metodi di coltivazione impiegati sono quelli biologici, per cui questo olio è di altissima qualità. A differenza di altri stabilimenti, l'utilizzo della tecnologia è ridotto al minimo. La raccolta delle olive viene ancora effettuata a mano per evitare ammaccature e alti livelli di acidità e la spremitura avviene in antichi frantoi con le macine di pietra. Il frantoio Núñez de Prado è famoso per il suo *flor de aceite,* ovvero l'olio ricavato dalla prima spremitura. Servono circa 11 kg di olive per ottenere appena 1 l d'olio. I prezzi praticati dal negozio del frantoio sono molto convenienti.

A Baena si possono visitare alcune pittoresche chiese del XVI e XVII secolo oltre a un piccolo **museo archeologico** (☎ 957 66 50 10; Casa de la Tercia, Calle Beato Domingo de Henares 5; ingresso €1; 🕑 10-13 e 18-20 da martedì a venerdì, 10-13 sabato) che espone reperti relativi ai primi insediamenti umani nella zona.

In città non mancano buoni alberghi e *hostales.* La migliore sistemazione economica è offerta dall'**Albergue Ruta del Califato** (☎ 957 69 23 59; www.baenarural.com; Calle Coro 7; mezza pensione/pensione completa €29/36 a persona), situato a breve distanza dalla Iglesia de Santa María. Offre camerate molto accoglienti, un bar-ristorante e una strepitosa vista panoramica. Di categoria più elevata è la **Casa Grande** (☎ 957 67 19 05; www.lacasagrande.es/hotelbaena/hotelbaena.htm, in spagnolo; Avenida Cervantes 35; singole/doppie €45/78; ❄), elegante palazzo restaurato che dispone di stanze completamente rinnovate.

ZUHEROS E DINTORNI

Pop. 850 / alt. 625 m

Costruito in posizione suggestiva ai piedi di una montagna scoscesa, il villaggio di Zuheros domina la *campiña* (campagna) a sud della C0241. Per raggiungerlo occorre percorrere una ripida strada a tornanti. È una splendida base per visitare la parte meridionale della provincia.

Informazioni

Turismo Zuheros (☎ 957 69 47 75; Carretera Zuheros-Baena s/n; 🕑 9-14 e 17-20) è un piccolo ufficio situato all'ingresso del villaggio sulla strada per Baena dove è possibile ottenere informazioni turistiche. Dispone di molti opuscoli sui sentieri della zona e offre il noleggio delle biciclette. Il personale può mettervi in contatto con una guida che parla inglese, Clive Jarman (☎ 957 69 47 96), che vive a Zuheros. Risalendo per poche centinaia di metri la strada che porta alla Cueva de los Murciélagos s'incontra il **punto informazioni del parco** (☎ 957 33 52 55), aperto saltuariamente in estate. Nel centro del villaggio, sotto il castello, c'è un buon parcheggio.

Che cosa vedere e fare

A Zuheros regna un'atmosfera molto rilassante. Lungo il versante occidentale della collina su cui è arroccato il villaggio ci sono dei *miradores* che offrono una vista favolosa sugli incredibili picchi calcarei che sovrastano l'abitato creando una cornice spettacolare al **castello**. L'edificio di origine araba, oggi in rovina, che si erge su uno sperone roccioso, conserva ancora nei suoi grezzi muri di pietra le suggestive vestigia del suo passato e del suo declino. Vicino al castello sorge l'**Iglesia de los Remedios**, in origine una moschea, mentre di fronte si trova il **museo archeologico** (☎ 957 69 45 45; Mirador, Zuheros; castello e museo €1,80; 🕑 10-14 e 17-20 da aprile a settembre, 10-14 e 16-19 da ottobre a marzo), che custodisce alcuni interessanti reperti provenienti dalla Cueva de los Murciélagos. Sono previste visite guidate ogni ora.

DEVIAZIONE: PASSEGGIATA NEI DINTORNI DI ZUHEROS

Alle spalle del villaggio di Zuheros si trova il **Cañon de Bailón**, una spettacolare gola rocciosa attraversata da un bel sentiero circolare lungo poco più di 4 km (sono tre o quattro ore di cammino).

Per trovare l'inizio del sentiero bisogna prima raggiungere il **Mirador de Bailón**, che si trova proprio sotto il villaggio, lungo il lato sud-occidentale dell'abitato, dove la C0241 proveniente dall'incrocio con la A316 presso Doña Mencía descrive una curva a gomito. All'altezza del *mirador* (belvedere) c'è un piccolo parcheggio e, subito di fronte, si apre la gola. Dall'ingresso del parcheggio – dando le spalle alla gola – inizia il largo sentiero sassoso che procede in salita sulla sinistra. Seguitelo su per le pendici del monte: il percorso curva lentamente a sinistra sopra la gola e, dopo 500 m circa, inizia a scendere mentre la valle del Río Bailón si apre tra pareti di roccia. Il sentiero attraversa quindi il letto pietroso del fiume portandovi sulla riva opposta e, dopo 1 km circa, giunge in vista di una passerella di pietra che riattraversa il fiume. Pochi metri prima di questa passerella, prendete a sinistra quello che in un primo momento appare come un piccolo sentiero appena accennato, ma che diventa molto più battuto quando inizia a zigzagare superando un grande albero e uno scosceso pinnacolo roccioso in alto sulla destra.

Continuate ancora a salire; poi, quando il sentiero inizia a procedere in piano, mantenetevi sulla sinistra tra gli alberi fino a raggiungere un bellissimo **belvedere**. Proseguite lungo un sentiero indicato da un paio di cartelli del Parque Natural e salite fino alla strada che porta alla Cueva de los Murciélagos. Girando a sinistra vi ritroverete sulla strada che scende a Zuheros.

Zuheros è anche famosa per i formaggi di produzione locale. Lungo la strada che entra nel villaggio si incontra la Fabrica de Queso Biologico, un magnifico caseificio biologico dove potrete fermarvi ad acquistare vari tipi di squisiti formaggi – alcuni conservati nel pepe o nella cenere – oltre a prosciutti interi, vino, olio d'oliva e miele.

Circa 4 km a monte del villaggio si trova la **Cueva de los Murciélagos** (Grotta dei Pipistrelli; ☎ 957 69 45 45; ingresso €4; ⌚ visite guidate 12 e 17.30 da lunedì a venerdì da aprile a settembre, 12.30 e 16.30 da lunedì a venerdì da ottobre a marzo, 11, 12.30, 14 e 17.30 sabato e domenica tutto l'anno, visite extra sabato e domenica estate/inverno 18.30/16), che fu abitata da uomini di Neanderthal più di 35.000 anni fa. La grotta merita di essere vista soprattutto per i suoi dipinti rupestri risalenti al neolitico (6000-3000 a.C.). Nei mesi invernali gli orari d'apertura non sempre sono affidabili. La strada che porta alla grotta è bellissima, perché sale serpeggiando tra le montagne circostanti offrendo vedute spettacolari da numerosi *miradores* – da uno, in particolare, si gode una strepitosa vista sul villaggio.

Pernottamento e pasti

Hotel Zuhayra (☎ 957 69 46 93; www.zercahoteles.com; Calle Mirador 10; singole/doppie €46/59; ❄ 🅿) Quest'albergo può essere un'ottima base per esplorare la zona. Il simpatico proprietario, Juan Ábalos, che parla inglese, è anche in grado di fornire una quantità di informazioni sui sentieri e le passeggiate guidate. Gli ospiti hanno libero accesso alla piscina del villaggio e possono partecipare a laboratori di pittura e di produzione del formaggio. Buona la cucina del ristorante dell'albergo (portate principali da €4 a €9).

Una piacevole alternativa, segnalata dai lettori della Lonely Planet, è il nuovo complesso **Apartamentos de Turismo Rural** (☎ 957 69 45 27; Calle Mirador 2; appartamenti per 4 persone €60; ❄), situato proprio di fronte al castello. Il rapporto qualità-prezzo è ottimo e i proprietari sono di grande aiuto se volete organizzare delle escursioni. Nella stessa piazza si trova anche l'accogliente **Mesón Los Palancos** (☎ 95 769 45 38; Calle Llana 43; raciones €3).

Per/da Zuheros

La compagnia **Empresa Carrera** (☎ 957 40 44 14) gestisce il servizio d'autobus per/da Córdoba (€4,50, 1 ora, almeno due corse al giorno).

PRIEGO DE CÓRDOBA

Pop. 23.150 / alt. 650 m

Priego de Córdoba è una cittadina dall'aspetto elegante grazie alle sue numerose costruzioni settecentesche, ai palazzi signorili, alle sontuose chiese barocche e ai raffinati edifici pubblici. Si trova in una posizione molto caratteristica, abbarbicata sulla sommità di un affioramento roccioso, visibile da molto lontano, che domina la valle sottostante. Nel corso del XVIII secolo la città divenne famosa per la produzione della seta, un'attività che arricchì anche molti altri piccoli centri di questa regione. Gli strettissimi vicoli del Barrio de La Villa (l'antico quartiere musulmano) confluiscono verso il Balcón de Aldarve, con la sua passeggiata soprelevata e la magnifica vista sul Río Salado. Guardando in direzione sud-ovest si scorgono due delle cime più alte della provincia, **La Tiñosa** (1570 m) e il **Bermejo**, (1476 m).

Orientamento e informazioni

La piazza principale di Priego è l'animata Plaza de la Constitución, situata a poche decine di metri dalla più piccola Plaza Andalucía. L'efficiente **ufficio turistico** (☎ 957 70 06 25; Calle del Río 33; 🕑 10-13.30 e 17-19.30 da martedì a sabato, 10-13 domenica), pochi passi a sud della centrale Plaza de la Constitución, ha sede in un edificio storico a cui si può dare un'occhiata. L'infaticabile responsabile dell'ufficio turistico, José Mateo Aguilera, è un'inesauribile miniera di informazioni.

Che cosa vedere e fare

Priego è conosciuta come la capitale del barocco cordobese grazie ai suoi eleganti edifici settecenteschi. Fregi in pietra dorata e mura imbiancate a calce caratterizzano l'architettura locale, e spostandosi da una chiesa barocca all'altra è facile perdersi fra le vie coperte d'acciottolato.

La chiesa più importante è la **Parroquia de la Asunción** (Calle Plaza de Abad Palomino), con la sua fantastica **cappella del Sagrario** (sacrestia), dove una profusione di bianchi stucchi sale fino alla bellissima cupola. La sacrestia (a cui si accede dalla navata sinistra) e il *retablo* finemente decorato, due dei migliori esempi di barocco andaluso, sono oggi considerati monumenti nazionali. Simili nell'ornato sono l'**Iglesia de San Francisco** (Calle Buen Suceso) e l'**Iglesia de la Aurora** (Carrera de Álvarez), la cui confraternita percorre in processione le vie della città ogni sabato a mezzanotte suonando chitarre e cantando inni in onore della *Aurora* (Nostra Signora dell'Aurora). Le chiese cittadine di norma sono aperte dalle 11 alle 13.

La maggior parte dei monumenti di Priego si concentra nella zona situata 200 m a nord-est di Plaza de la Constitución. Imboccate Calle Solana fino ad attraversare Plaza San Pedro. All'incrocio con Calle Doctor Pedrajas girate a sinistra per visitare le **Carnicerías Reales** (ingresso libero; 🕑 10-13 e 17-19), un mattatoio del XVI secolo in ottimo stato di conservazione, con un patio interno e una bellissima scalinata in pietra, oggi utilizzato spesso come spazio espositivo per mostre di pittura. Ritornate sui vostri passi e all'incrocio questa volta girate a destra, sempre in Calle Doctor Pedrajas, e proseguite fino a raggiungere Plaza de Abad Palomino, dove potete visitare la Parroquia de la Asunción. Lungo il lato settentrionale della piazza si erge il **castillo** di Priego, una fortezza araba eretta nel IX secolo su fondamenta romane e ricostruita in seguito nel corso del XVI secolo. Il castello, di proprietà privata, è chiuso al pubblico, ma è stato oggetto di lunghi scavi archeologici che hanno riportato alla luce, tra le altre cose, decine di palle di cannone in pietra.

Oltre il castello si trovano le tortuose viuzze del **Barrio de La Villa**, dove i muri imbiancati a calce delle case sono coperti da cascate di gerani, soprattutto in Calle Real e in Plaza de San Antonio. Altri graziosi vicoli portano dal cuore del barrio al Paseo de Adarve, dal quale si gode una splendida vista sulla campagna ondulata e sulle montagne. Lungo il margine meridionale del barrio corre il Paseo de Colombia, un viale abbellito da fontane, aiuole e da un elegante pergolato, che termina con un incantevole **mirador**.

All'estremità opposta della città si trova la **Fuente del Rey** (Fontana del Re; Calle del Río), elaborata fontana ottocentesca con ampie vasche a terrazza e 180 cannelle da cui sgorga ininterrottamente l'acqua. La fontana è decorata con sculture di Nettuno e Anfitrite; gli abitanti di Priego sostengono che quando il livello dell'acqua arriva a coprire i genitali di Nettuno il raccolto sarà particolarmente abbondante. La fontana non sfigurerebbe nei giardini di Versailles e la tranquilla piazza fiorita in cui si trova è un luogo dove molti amano trascorrere il pomeriggio. Alle spalle della Fuente del Rey si trova la **Fuente de la Virgen de la Salud**, della fine del XVI secolo, una fontana meno appariscente della precedente, ma in perfetta armonia con la deliziosa quiete della piazza. Se prendete le scale a sinistra della Fuente de la Virgen de la Salud potete arrivare alla **Ermita del Calvario** (Cappella del Calvario), da cui si gode uno splendido panorama.

Merita una visita anche il **Museo Histórico Municipal** (☎ 957 54 09 47; Carrera de las Monjas 16; ingresso libero; 🕑 10-14 da martedì a venerdì, 11-14 sabato e domenica), situato immediatamente a ovest di Plaza de la Constitución. Vi sono esposti

LONTANI DA TUTTO E DA TUTTI

A sud di Priego de Córdoba, arroccato in cima a un suggestivo promontorio dominato da un castello arabo che si affaccia su un grande lago artificiale, sorge isolato il pueblo di **Iznájar**. Benché molto povera, la regione che circonda il villaggio è un luogo di sorprendente bellezza naturale, dove regna una grande quiete e dove oltre a godere degli incantevoli paesaggi è possibile praticare numerose attività all'aria aperta.

La **spiaggia di Valdearenas**, lungo la riva del lago, vanta il campeggio più panoramico della provincia, il **Camping La Isla** (☎ 957 53 30 73; www.camping-laisla.com, in spagnolo; adulti/tende/automobili €4/3,60/3,60;)). Poco distante si trova il **Club Nautico** (☎ 957 53 43 04) che noleggia piccole imbarcazioni e canoe – il suo yacht club organizza anche vari corsi.

Chi desidera pernottare in albergo può scegliere tra due magnifiche sistemazioni rurali. Il **Cortijo La Haza** (☎ 957 33 40 51; www.cortijolahaza.com; Adelantado 119; singole/doppie €65/75), fuori del villaggio, è una fattoria andalusa risalente a 250 anni fa, arredata in stile tradizionale, con letti in ferro battuto, mobili rustici e belle terrazze panoramiche. Sul sito internet troverete informazioni dettagliate (e una cartina) su come raggiungere il posto.

Considerata la bellezza naturale e la pace che regna in questo piccolo angolo dell'Andalusia, non stupisce di trovarvi uno dei più esclusivi alberghi di tutta la Spagna, **La Finca Bobadilla** (☎ 958 32 18 61; www.barcelolabobadilla.com; Loja, Granada; singole/doppie €313/332; P) – benché situata solo 20 km a sud di Iznájar, si trova in realtà già in provincia di Granada. Per permanenze superiori a due notti sono previste tariffe più convenienti.

reperti di un periodo che va dal paleolitico al Medioevo – l'allestimento è un po' fantasioso. Il museo organizza anche visite archeologiche guidate nella zona.

Pernottamento

Gli alberghi di Priego non sono molti, ma un letto lo si trova sempre.

Hostal Rafi (☎ 957 54 70 27; www.hostalrafi.net; Calle Isabel La Católica 4; singole/doppie €26/40;) Immediatamente a est di Plaza de la Constitución, il Rafi offre stanze gradevoli situate sopra un ristorante molto frequentato (portate principali da €6 a €9).

Posada Real (☎ 957 54 19 10; www.laposadareal.com; Calle Real 14; doppie con prima colazione €42; P) Juan López Calvo e la sua famiglia hanno restaurato con amore questa magnifica casa d'epoca trasformandola in un *hostal* con quattro stanze (tutte con balcone) e un appartamento arredati con gusto – letti in ferro battutto e mobili d'antiquariato. In estate la prima colazione viene servita nel pittoresco patio.

Río Piscina (☎ 957 70 01 86; www.hotelriopiscina.com; Carretera Monturque-Alcalá La Real Km 44; doppie €53; P) Albergo in stile anni '70, con stanze confortevoli e alcune piacevoli attrattive, fra cui i campi da tennis. Dal punto di vista estetico lascia però molto a desiderare.

Villa Turística de Priego (☎ 957 70 35 03; www.villadepriego.com; Aldea de Zagrilla s/n; appartamenti/chalet per 2 persone €77/89; P) Recente complesso in stile arabo situato 7 km a nord di Priego sulla strada per Zagrilla. I 52 chalet, provvisti di cucina, sono sistemati in parte intorno a un patio e in parte nel parco. Vengono organizzate passeggiate guidate, uscite a cavallo ed escursioni in mountain bike.

Pasti

A Priego si trovano alcuni buoni ristoranti tra cui quello dell'Hostal Rafi (v. p321).

El Aljibe (☎ 957 70 18 56; Calle de Abad Palomino; raciones €4-9, menú €7) Situato accanto al castello, El Aljibe ha una bella terrazza e una sala interna con un pavimento in vetro attraverso cui si vedono gli antichi bagni arabi.

Bar Cafetería Río (Calle Río; raciones €6-11) Locale centrale e affollato che propone *revueltos* (uova strapazzate) e numerosi piatti a base di pesce e di carne. Gli stessi proprietari gestiscono anche la **Pizzeria-Bagueteria Varini** (Calle Torrejón 7), subito dietro l'angolo, che offre un grande assortimento di pizze (a partire da €8), pastasciutte (a partire da €4) e baguettes farcite.

Balcón del Adarve (☎ 957 54 70 75; Paseo de Colombia 36; portate principali €8-12) In una stupenda posizione che domina l'intera valle, questo locale è sia un buon bar che serve tapas sia un eccellente ristorante. Fra le specialità ricordiamo il *solomillo de ciervo al vino tinto con grosella* (cervo in salsa di ribes e vino rosso) e il *salmón en supremas a la naranja* (salmone in salsa alle arance).

Per/da Priego de Córdoba e trasporti locali

Il centro di Priego è spesso intasato dal traffico. Si può trovare parcheggio vicino ai campi di calcio e di pallacanestro in Calle Cava, a nord di Plaza de la Constitución. C'è un piccolo parcheggio in Plaza Palenque lungo Carrera de las Monjas, la strada che da Plaza de la Constitución punta in direzione est.

La stazione degli autobus è situata in Calle Nuestra Señora de los Remedios, circa 1 km a ovest di Plaza de la Constitución. È raggiunta dall'autobus n. 1 che ha il capolinea in Plaza Andalucía. Da questa stazione partono degli autobus della compagnia **Empresa Carrera** (☎ 957 40 44 14) per Córdoba (€6, 1 ora e 15 minuti, 12 corse al giorno dal lunedì al venerdì, cinque il sabato e la domenica), Granada, Cabra e altre destinazioni.

MONTILLA

Se siete attratti da questa regione vinicola e desiderate conoscerla da vicino, degustando i suoi famosi vini sul posto (v. lettura in questa pagina), prendete in considerazione una tappa a Montilla. La cittadina in sé non è particolarmente attraente, ma merita comunque una passeggiata. L'**ufficio informazioni turistiche** (☎ 957 65 24 62; www.turismomontilla.com; Calle Capitán Alonso de Vergas 3; 🕑 10-14 da lunedì a venerdì, 11-14 sabato e domenica luglio e agosto, 10-14 e 17-19 da lunedì a venerdì, 11-14 sabato e domenica da giugno a settembre) vi fornirà indirizzi e orari delle varie bodegas.

La **Casa Museo del Inca Garcilaso** (☎ 957 65 24 62; Calle Capitán Alonso de Varga 3; ingresso libero; 🕑 10-14 da lunedì a venerdì, 11-14 sabato e domenica luglio e agosto, 10-14 e 17-19 da lunedì a venerdì, 11-14 sabato e domenica da giugno a settembre) è un interessante e insolito museo dedicato a 'El Inca', famoso cronista del Cinquecento, figlio di un conquistador spagnolo e una principessa inca, che lasciò importanti scritti sulla civiltà incaica.

Se intendete pernottare a Montilla, vi conviene raggiungere l'affascinante **Finca Buytrón** (☎ 957 65 10 52; www.fincabuytron.com; doppie a partire da €48;), una fattoria situata fuori città che dispone di una invitante piscina. Si raccomanda di prenotare perché spesso è al completo. Un ottimo ristorante di Montilla è **Las Camachas** (☎ 957 65 00 04; Avenida de Europa 3;

PROVINCIA DI CÓRDOBA

NETTARE D'AMBRA

Centellinare un bicchiere di Pedro Ximénez dopo cena è un piacere che il palato ricorda a lungo e con gratitudine. Chilometri e chilometri di vigneti occupano la *campiña* (campagna) ondulata a sud di Córdoba, caratterizzata da un terreno molto umido su cui splende un sole cocente. Di norma le viti non sopportano simili condizioni, ma il discorso non vale per il resistentissimo Pedro Ximénez (che gli spagnoli a volte chiamano semplicemente con l'acronimo Pe Equis, cioè PX), vitigno che prospera addirittura su questo terreno e in condizioni climatiche estreme. Ne risulta un vino con caratteristiche molto particolari, che spaziano dal secco e leggero, con un sentore quasi d'olive, al dolce e corposo.

Secondo la leggenda l'uva Ximénez, che appartiene al vitigno riesling, fu introdotta nella regione durante il XVI secolo dal tedesco Peter Seimens (da cui, in spagnolo, Pedro Ximénez). Il sapore dolce tipico di questo vino viene spesso paragonato a quello dello sherry, con grande irritazione dei produttori locali. La differenza fondamentale tra i vari tipi di sherry di Jerez e il Montilla risiede nel procedimento adottato per ottenere la giusta gradazione alcolica. Nel caso degli sherry di Jerez il vino è irrobustito con l'aggiunta di brandy, mentre i grappoli d'uva Montilla vengono lasciati appassire lentamente al sole raggiungendo così un elevato contenuto di zuccheri in grado di assicurare al vino il suo notevole corpo (anche 15 gradi) in modo del tutto naturale. Una volta pigiata, l'uva dà un mosto denso e dorato che in passato veniva lasciato invecchiare in enormi *tinajas* di terracotta, oggi sostituiti da vasche d'acciaio. Anche il Montilla, come le sherry, è prodotto in vari tipi: quello più chiaro e limpido, di colore giallo paglierino, viene chiamato *fino*, quello più scuro, di colore ambrato e con un retrogusto di noce, è l'*amontillado*, mentre il più corposo diventa il cosiddetto *oloroso*. I vini sono invecchiati con il metodo *solera* che consiste nell'aggiungere alle botti di annate più recenti una parte di vino già invecchiato in modo da ottenere miscele particolarmente ricche di aromi e profumi.

A Montilla sono aperte al pubblico le **Bodegas Alvear** (☎ 957 66 40 14; Avenida María Auxiliadora 1; visita guidata e degustazione giorni feriali/fine settimana €3,95/2,95; 🕑 negozio 10-14 da lunedì a sabato), ma bisogna prenotare la visita per telefono. Le visite guidate partono alle 12.30 dal lunedì al sabato.

portate principali €8-11), più volte premiato per le prelibate specialità locali che vengono servite in una grande sala accogliente.

AGUILAR

La vita scorre lenta ad Aguilar, 10 km a sud di Montilla, e i turisti sono ancora una rarità da queste parti, quindi non stupitevi se vi ritroverete con alcuni sguardi puntati addosso. Al centro della cittadina si trova un'insolita piazza ottagonale, **Plaza de San José**, realizzata nel 1806 dall'architetto Vicente Gutiérrez di Salamanca, che si ispirò per realizzarla a una piazza di Archidona. Nonostante oggi sia usata come parcheggio, si riesce ancora ad apprezzarne la bellezza. Salite a piedi fino alla vicina **Torre Civil de Reloj** (Torre dell'Orologio), che dall'aspetto si direbbe parte di qualche imponente castello o chiesa. L'antico castello di Aguilar, il **Peñon de Moro**, sorge invece in splendida posizione panoramica sulla sommità di una collina. Vicino al Peñon de Moro si erge la chiesa di **Santa María del Soterraño**, edificio gotico-mudéjar del 1530 costruito su una precedente struttura di origine medievale.

Ad Aguilar non ci sono molte possibilità d'alloggio. La migliore, comunque non eccelsa, è l'**Hotel Queen** (☎ 957 66 02 22; Calle Pescaderías 6; singole/doppie €25/40), situato lungo una via che si diparte da Plaza de San José. L'albergo dispone di 15 stanze modeste, decorate con piccoli quadri di ispirazione messicana, fiori finti e Madonnine. Al piano terra c'è un ristorante frequentato da avventori che giocano a biliardo in silenzio – i proprietari in ogni caso sono simpatici. Il **Restaurante Guillermo** (☎ 957 66 00 48; Calle Moralejo 47; raciones intorno a €6) è un buon locale dove gustare piatti andalusi a volte rivisitati in chiave moderna.

Provincia di Jaén

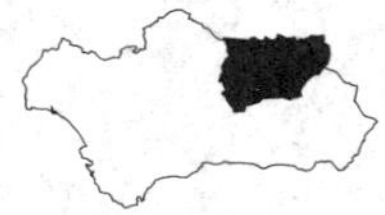

Le file interminabili di olivi dal tronco nodoso che ricoprono le montagne e le colline di questa terra costituiscono un'introduzione meravigliosa alla provincia di Jaén, specialmente durante il periodo della raccolta e della produzione dell'olio, quando dai frantoi il profumo si propaga in ogni direzione. Nelle cittadine della provincia di Jaén si percepisce l'atmosfera severa della vicina regione di Castiglia-La Mancha, molto diversa da quella più allegra e spensierata dell'Andalusia meridionale. Nei numerosi castelli medievali e nelle dimore rinascimentali la semplice gaiezza dei patio luminosi, delle piastrelle e delle piante è sostituita da elementi artistici più sofisticati ed eleganti, e dal legno di mogano.

Le due cittadine più belle sono probabilmente Baeza e Úbeda, due gioielli del periodo rinascimentale che sembrano guardare dall'alto in basso Jaén – il capoluogo della provincia – da sempre considerata meno elegante. Baeza e Úbeda vantano un passato illustre, in cui le famiglie aristocratiche, che avevano legami strettissimi con la corte reale, facevano a gara nel costruire dimore sempre più sfarzose. Tuttavia, l'assenza di investimenti negli anni successivi e la scelta di preservare un modello di sviluppo prevalentemente agricolo, controllato da un ristretto numero di ricchi proprietari terrieri, innescò una grave crisi economica. Oggi le attrattive naturali del Parque Natural Sierras de Cazorla, Segura y Las Villas, forse la più bella regione montuosa dell'Andalusia, e il fascino tranquillo delle città storiche, fanno affluire in questa provincia un certo numero di viaggiatori consapevoli delle sue notevoli attrattive.

DA NON PERDERE

- Le splendide città rinascimentali di **Úbeda** (p362) e **Baeza** (p356), due delle più aristocratiche ed eleganti località dell'Andalusia
- Un'escursione sulle meravigliose e selvagge montagne del **Parque Natural Sierras de Cazorla, Segura y Las Villas** (p370)
- Gli antichi **bar di tapas** (p353) di Jaén, poco affollati dai turisti, e una notte nel **Parador Castillo Santa Catalina** (p353), il più bello di tutta l'Andalusia
- I castelli di **Jaén** (p351), **Baños de la Encina** (p355), **Cazorla** (p369) e **Segura de la Sierra** (p374)
- L'acquisto di **oggetti d'antiquariato** (p367) e **ceramiche** (p367) a Úbeda, di **ciotole in legno d'olivo** (p361) a Baeza e di **olio d'oliva** (p354) a Jaén

POPOLAZIONE: 648.000	MESE PIÙ FREDDO E PIÙ CALDO A JAÉN: GEN/AGO 9°C/25°C	ALTITUDINE: 323 m-2167 m

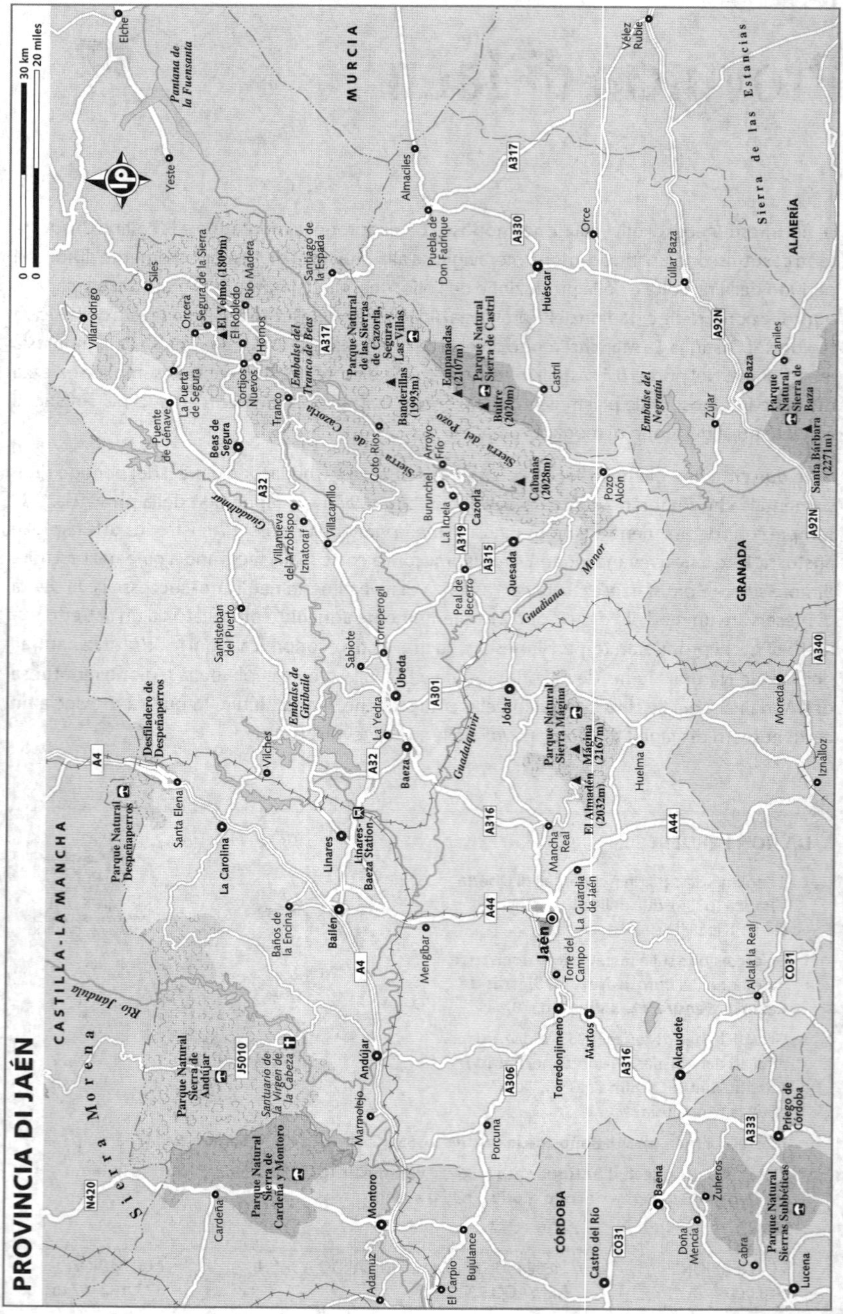
PROVINCIA DI JAÉN
0 30 km
0 20 miles
CASTILLA-LA MANCHA
MURCIA
GRANADA
ALMERÍA
CÓRDOBA
Sierra Morena
Sierra de las Estancias
Río Jándula
Guadalimar
Guadalquivir
Guadiana Menor
Parque Natural Sierra de Cardeña y Montoro
Parque Natural Sierra de Andújar
Santuario de la Virgen de la Cabeza
Parque Natural Despeñaperros
Desfiladero de Despeñaperros
Embalse de Giribaile
Embalse del Tranco de Beas
Parque Natural de las Sierras de Cazorla, Segura y Las Villas
Parque Natural Sierra de Castril
Parque Natural Sierra Mágina
Parque Natural Sierra de Baza
Parque Natural Sierras Subbéticas
Embalse del Negratín
Pantana de la Fuensanta
Sierra de Cazorla
Sierra del Pozo
El Yelmo (1809m)
Banderillas (1993m)
Empanadas (2107m)
Buitre (2020m)
Cabañas (2028m)
Mágina (2167m)
El Almadén (2032m)
Santa Bárbara (2271m)
Linares-Baeza Station
N420
J5010
A4
A32
A44
A301
A306
A316
A315
A319
A317
A330
A333
A340
A92N
CO31
Elche
Yeste
Siles
Villarrodrigo
Orcera
Segura de la Sierra
El Robledo
Río Madera
Hornos
La Puerta de Segura
Puente de Génave
Beas de Segura
Cortijos Nuevos
Tranco
Santiago de la Espada
Almaciles
Puebla de Don Fradique
Huéscar
Orce
Castril
Vélez Rubio
Cúllar Baza
Caniles
Baza
Zújar
Pozo Alcón
Coto Ríos
Arroyo Frío
Burunchel
La Iruela
Cazorla
Villanueva del Arzobispo
Iznatoraf
Villacarrillo
Peal de Becerro
Quesada
Santisteban del Puerto
Sabiote
Torreperogil
Úbeda
Jódar
Huelma
Moreda
Iznalloz
Vilches
La Yedra
Baeza
Santa Elena
La Carolina
Linares
Baños de la Encina
Bailén
Mengíbar
Mancha Real
La Guardia de Jaén
Jaén
Torre del Campo
Torredonjimeno
Martos
Alcalá la Real
Alcaudete
Priego de Córdoba
Andújar
Marmolejo
Porcuna
Montoro
Cardeña
Adamuz
El Carpio
Bujalance
Castro del Río
Baena
Zuheros
Doña Mencía
Cabra
Lucena

JAÉN

Pop. 116.000 / alt. 575 m

Messa in ombra dalla bellezza delle vicine Úbeda e Baeza, Jaén viene spesso tralasciata da coloro che visitano la regione; e non è difficile capire il perché, visto che arrivando in città si ha un po' la sensazione di entrare nel film *Blade Runner*. Questa località mercantile ha però alcune cose da offrire a chi sceglie di visitarla: un'atmosfera animata, quartieri nascosti e suggestivi, svariati bar dove gustare ottime tapas e una splendida cattedrale. Se deciderete di trascorrere una giornata a Jaén non ve ne pentirete: sarà sicuramente tempo ben speso.

STORIA

Jaén fu resa grande dall'importanza strategica che assunse durante la Reconquista. La città fu oggetto di contese feroci tra i musulmani di Granada e i castigliani del nord, finché nel 1247 l'emiro Mohammed ibn Yusuf ibn Nasr concluse un accordo con Ferdinando III di Castiglia. L'emiro si impegnava a versare alla Castiglia un sostanzioso contributo, in cambio della promessa di rispettare le frontiere dell'emirato. Alla fine del XV secolo i Re Cattolici usarono Jaén come base da cui partire per sferrare l'attacco finale che li avrebbe portati, nel 1492, a conquistare Granada.

Alla Reconquista seguirono secoli di declino e molti *jiennenses* (abitanti di Jaén) emigrarono verso le colonie spagnole – per questo motivo si trovano località che portano il nome di Jaén in Perù e nelle Filippine. La popolazione della città è costretta ancora oggi a lottare duramente per riuscire a soddisfare i bisogni più elementari. Tuttavia, nel 1993 è stata inaugurata l'università, fatto questo che ha contribuito a fare affluire in città una ventata di aria fresca, di cui si sentiva davvero il bisogno.

ORIENTAMENTO

La città vecchia, con le sue caratteristiche stradine strette e tortuose, si trova ai piedi del Cerro de Santa Catalina, una collina boscosa sormontata da un castello situata a ovest di Jaén. La monumentale cattedrale è posta vicino all'estremità meridionale della città vecchia. Da qui, Calle de Bernabé Soriano si dirige a nord-est e scende in Plaza de la Constitución. La piazza, circondata da palme di metallo che si illuminano di notte, è il vero fulcro della parte moderna della città.

Da Plaza de la Constitución, Calle Roldán y Marín, che assume poco dopo il nome di Paseo de la Estación, si dirige a nord-ovest e raggiunge la stazione ferroviaria. È questa l'arteria principale della parte più moderna della città. La stazione degli autobus si trova a est del Paseo de la Estación, 250 m a nord di Plaza de la Constitución.

INFORMAZIONI

Accessi a internet

Cyber Cu@k (Calle de Adarves Bajos 24; €1,20 per 30 minuti; ⌚ 10.30-12.30 e 17.30-24) Si trova vicino alla Plaza de Toros.

Assistenza sanitaria

Croce Rossa (☎ 953 25 15 40; Calle Carmelo Torres) Fornisce assistenza sanitaria in situazioni di emergenza.

Hospital Ciudad de Jaén (☎ 953 29 90 00; Avenida del Ejército Español) Questo ospedale è il principale della città.

Banche

Ci sono molte banche e sportelli bancomat attorno a Plaza de la Constitución e in Calle Roldán y Marín.

Emergenze

Policía Municipal (polizia municipale; ☎ 953 21 91 05; Carrera de Jesús) Si trova proprio dietro all'*ayuntamiento* (municipio).

Policía Nacional (polizia nazionale; ☎ 953 26 18 50; Calle del Arquitecto Berges)

Informazioni turistiche

Ufficio turistico regionale (☎ 953 19 04 55; otjaen@andalucia.org; Calle de la Maestra 13; ⌚ 10-19 da lunedì a venerdì da ottobre a marzo, 10-20 da lunedì a venerdì da aprile a settembre, 10-13 sabato, domenica e festivi tutto l'anno) Il personale di questo ufficio turistico, che parla diverse lingue, è preparato e gentile; qui potrete ottenere moltissime informazioni sia sulla città sia sulla provincia di Jaén.

Internet

Ayuntamiento de Jaén (www.aytojaen.es) Sul sito web dell'*ayuntamiento* troverete interessanti informazioni in inglese, francese, tedesco e spagnolo.

Diputación Provincial de Jaén (www.promojaen.es) Anche su questo sito troverete molte informazioni interessanti in inglese, francese, tedesco e spagnolo.

Jaén Online (www.jaenonline.com in spagnolo) Contiene informazioni utili.

JAÉN

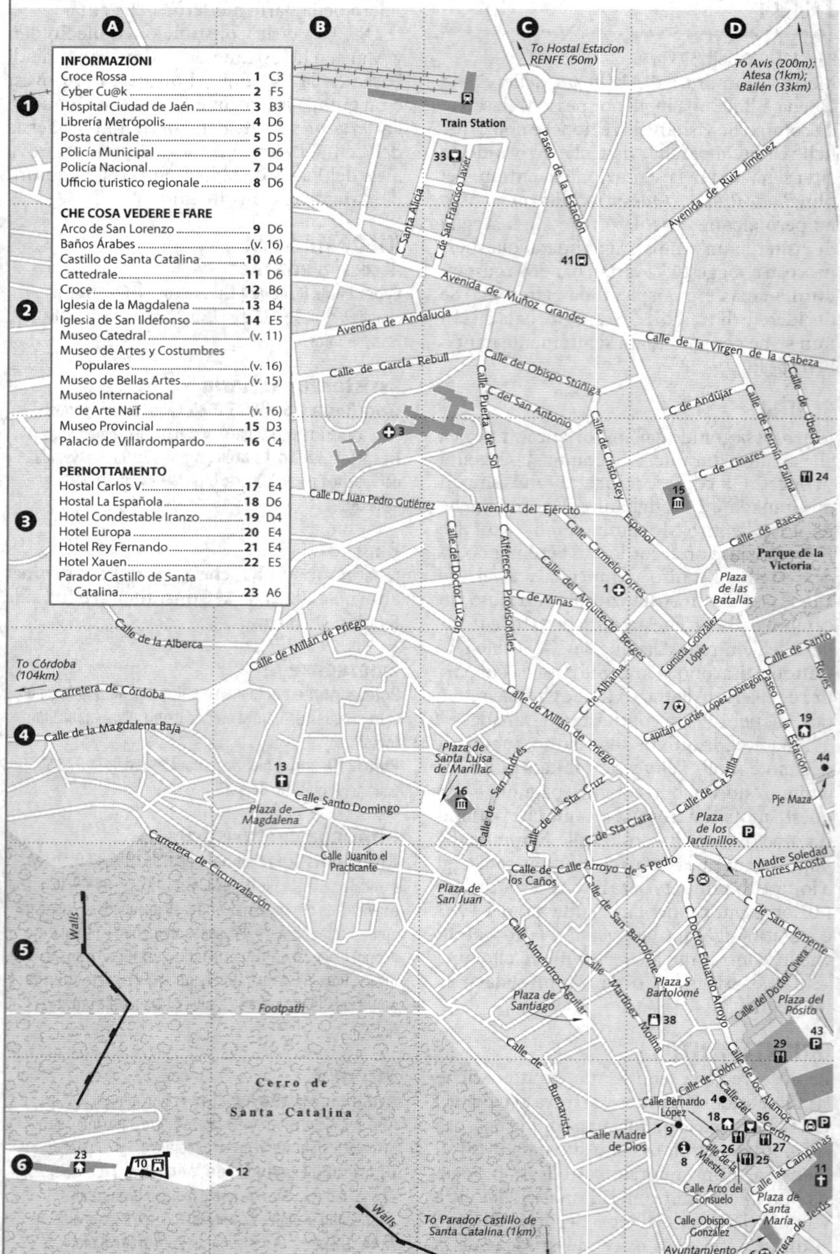

INFORMAZIONI
Croce Rossa 1 C3
Cyber Cu@k 2 F5
Hospital Ciudad de Jaén 3 B3
Librería Metrópolis 4 D6
Posta centrale 5 D5
Policía Municipal 6 D6
Policía Nacional 7 D4
Ufficio turistico regionale 8 D6
CHE COSA VEDERE E FARE
Arco de San Lorenzo 9 D6
Baños Árabes (v. 16)
Castillo de Santa Catalina 10 A6
Cattedrale 11 D6
Croce 12 B6
Iglesia de la Magdalena 13 B4
Iglesia de San Ildefonso 14 E5
Museo Catedral (v. 11)
Museo de Artes y Costumbres Populares (v. 16)
Museo de Bellas Artes (v. 15)
Museo Internacional de Arte Naïf (v. 16)
Museo Provincial 15 D3
Palacio de Villardompardo 16 C4
PERNOTTAMENTO
Hostal Carlos V 17 E4
Hostal La Española 18 D6
Hotel Condestable Iranzo 19 D4
Hotel Europa 20 E4
Hotel Rey Fernando 21 E4
Hotel Xauen 22 E5
Parador Castillo de Santa Catalina 23 A6
To Hostal Estacion RENFE (50m)
To Avis (200m); Atesa (1km); Bailén (33km)
Train Station
Paseo de la Estación
Avenida de Ruiz Jiménez
C Santa Alicia
C de San Francisco Javier
Avenida de Muñoz Grandes
Avenida de Andalucía
Calle de la Virgen de la Cabeza
Calle de García Rebull
Calle del Obispo Stúñiga
C del San Antonio
Calle Puerta del Sol
Calle de Cristo Rey
C de Andújar
Calle de Fermín Palma
Calle de Úbeda
C de Linares
Calle Dr Juan Pedro Gutiérrez
Avenida del Ejército Español
Calle Carmelo Torres
Calle de Baeza
Parque de la Victoria
Plaza de las Batallas
Calle del Doctor Luzón
Calle Alféreces Provisionales
Calle del Arquitecto Berges
C de Minas
Comisario González López
Calle de Santo Reyes
Calle de la Alberca
Calle de Millán de Priego
To Córdoba (104km)
Carretera de Córdoba
C de Alhama
Capitán Cortés López Obregón
Paseo de la Estación
Calle de la Magdalena Baja
Plaza de Santa Luisa de Marillac
Calle de San Andrés
Pje Maza
Calle Santo Domingo
Plaza de Magdalena
Calle de la Sta Cruz
Calle de Castilla
Plaza de los Jardinillos
C de Sta Clara
Calle Juanito el Practicante
Carretera de Circunvalación
Calle de los Caños
Calle Arroyo de S Pedro
Madre Soledad Torres Acosta
Plaza de San Juan
C Doctor Eduardo Arroyo
C de San Clemente
Walls
Calle Almendros Aguilar
Calle de San Bartolomé
Plaza S Bartolomé
Calle Martínez Molina
Calle del Doctor Civera
Plaza del Pósito
Footpath
Plaza de Santiago
Cerro de Santa Catalina
Calle de Buenavista
Calle de Colón
Calle de los Álamos
Calle Bernardo López
Calle del Cerón
Calle Madre de Dios
Calle de la Maestra
Calle las Campanas
Calle Arco del Consuelo
Plaza de Santa María
Calle Obispo González
Ayuntamiento
Carrera de Jesús
To Parador Castillo de Santa Catalina (1km)

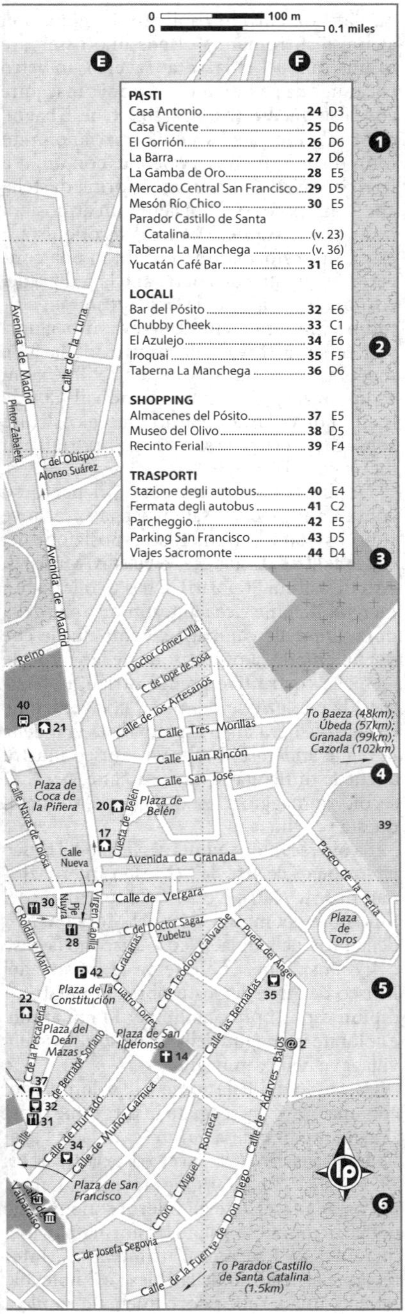

Librerie

Librería Metrópolis (Calle del Cerón 17) Vende cartine e guide in spagnolo.

Posta

Posta centrale (Plaza de los Jardinillos)

CHE COSA VEDERE

Nel cuore della città, in Plaza de Santa Maria, si trova l'edificio più interessante di Jaén, la cattedrale, a nord della quale si estende la città vecchia, un dedalo di pittoresche viuzze. I due musei più importanti sono situati a nord della cattedrale – il Palacio de Villardompardo in Calle Martínez Molina e il Museo Provincial nella via principale, Paseo de la Estación. Per visitare con calma questi musei e la cattedrale sono necessari uno o due giorni. Un'altra mattinata dovrebbe essere riservata al Castillo de Santa Catalina, mentre per terminare nel migliore dei modi la vostra visita potreste decidere di concedervi un pranzo memorabile nello stupendo ristorante del vicino Parador Castillo de Santa Catalina.

Cattedrale

Dicono che si dovrebbe poter adorare Dio da qualsiasi luogo, e questa affermazione si è dimostrata particolarmente vera a Jaén. Dopo la Reconquista, per più di cento anni i cristiani utilizzarono la vecchia moschea come luogo di culto. Fu solo nel XVI secolo che iniziarono i lavori per la costruzione della sua grande **cattedrale** (☎ 953 23 42 33; Plaza de Santa María; 🕑 8.30-13 e 16-19 da lunedì a sabato da ottobre a marzo, 8.30-13 e 17-20 da lunedì a sabato da aprile a settembre, 9-13 e 17-19 domenica e festivi tutto l'anno). Il progetto e la direzione dei lavori furono affidati all'abile architetto Andrés de Vandelvira, che aveva già realizzato molti stupendi edifici a Úbeda e Baeza. Grazie alle ambiziose idee di De Vandelvira, la magnifica cattedrale rappresentò per tutta la città una vera iniezione di fiducia, soprattutto in confronto con le chiese, decisamente meno imponenti, realizzate a Úbeda e Baeza. Finalmente, anche a Jaén c'era un edificio in grado di lasciare chiunque senza fiato per la sua magnificenza.

Oggi questa splendida costruzione domina l'intera città – la sua mole imponente e la sua opulenza sono perfettamente visibili dalla cima della collina di Santa Catalina. La **facciata sud-occidentale**, che si apre su Plaza de Santa María e che venne portata a termine solo nel XVIII secolo, presenta un gruppo di statue dell'artista Pedro Roldán, originario di Siviglia. Lo stile della facciata è però più tardobarocco che rinascimentale. Tuttavia, la massiccia struttura dell'edificio, sia nei suoi elementi esterni sia in quelli interni, dimostra chiaramente le sue vere origini, caratterizzata com'è da grandi archi a tutto sesto, con gruppi di colonne corinzie che esercitano un forte impatto visivo.

Durante le funzioni i maestosi e bui interni della cattedrale sembrano animarsi grazie all'intensa devozione dei fedeli. Alle spalle dell'altare maggiore si trova la **Capilla del Santo Rostro**, che ospita la Reliquia del Santo Rostro de Cristo, il panno con cui si ritiene che santa Veronica avrebbe asciugato il volto di Cristo lungo la strada per il Calvario. Sembra che la sacra reliquia sia stata portata a Jaén da Costantinopoli nel XIV secolo. Durante le guerre napoleoniche il panno venne sostituito con un dipinto. Per ironia della sorte, l'esercito napoleonico li lasciò al loro posto, ma sia la reliquia sia il dipinto furono rubati durante la guerra civile spagnola e ritrovati in seguito in un garage poco fuori Parigi. Oggi, sarebbero stati sicuramente messi all'asta su eBay. Ogni venerdì, alle 11.30 e alle 17, si formano lunghe code di fedeli che vengono a baciare la sacra reliquia. Se vi interessa ammirare opere e manufatti d'arte religiosa, visitate il **Museo Catedral** (Museo della Cattedrale; ingresso €3; 🕓 10-13 e 16-19 da martedì a sabato) situato nel mausoleo sotto la sala capitolare.

A nord della cattedrale

A nord-ovest della cattedrale, strette e ripide stradine raggiungono il cuore dell'antico quartiere arabo. Percorrendo Calle Madre de Diós, che sbuca in Calle Aguilar, passerete sotto all'**Arco de San Lorenzo** per arrivare al magnifico **Palacio de Villardompardo** (☎ 953 23 62 92; Plaza de Santa Luisa de Marillac; ingresso €1,50, gratuito cittadini UE; 🕓 9-20 da martedì a venerdì, 9.30-14.30 sabato e domenica, chiuso lunedì e festivi), un palazzo rinascimentale che ospita due musei e quelli che vengono ritenuti i più grandi bagni arabi della Spagna attualmente aperti ai visitatori. Sono disponibili degli opuscoli in francese e in inglese che forniscono alcune informazioni sui bagni e sui musei.

In questo complesso, che costituisce il luogo di maggiore interesse turistico di Jaén, potrete ammirare una delle migliori collezioni di manufatti e di resti archeologici di tutta l'Andalusia. La visita del palazzo, guidata da cartelli esplicativi, inizia con alcuni resti romani – si possono osservare in una sala del palazzo attraverso un vetro che funge da pavimento – per poi proseguire con i **Baños Árabes** (bagni arabi). Questi bagni, che risalgono all'XI secolo, si trovano in un ottimo stato di conservazione, con archi a ferro di cavallo e lucernari a forma di stella che conferiscono all'insieme un'atmosfera intima e rilassante. Dopo la Reconquista, i cristiani trasformarono i bagni in una conceria, in quanto consideravano la pulizia del corpo, eseguita in queste strutture, un'abitudine immorale che spingeva ai peggiori vizi (e soprattutto alla pratica della fede musulmana). Nel XVI secolo, poi, i bagni scomparvero del tutto quando il Conde (conte) di Villardompardo vi fece costruire sopra un palazzo. Essi vennero riportati alla luce solo nel 1913.

Dopo aver visitato i bagni, il percorso continua attraverso i saloni del palazzo, dove sono ospitate le numerose esposizioni del **Museo de Artes y Costumbres Populares** (Museo di Arti e Costumi Popolari). Questa collezione è incredibilmente ricca di testimonianze della dura vita delle campagne, come quelle che documentano la produzione delle scarpe, le tecniche costruttive preindustriali, la tessitura, la confezione dei pizzi, la lavorazione del ferro e ogni altro aspetto della vita delle famiglie andaluse. Inoltre, il museo illustra anche le difficoltà in cui si dibatte, nel XXI secolo, la maggioranza della popolazione di questa provincia.

La più recente aggiunta al *palacio* è il **Museo Internacional de Arte Naïf** (Museo Internazionale di Arte Naïf). L'opera e la collezione del fondatore del museo, Manuel Moral, nativo della provincia di Jaén, costituiscono la base dell'esposizione, che integra le mostre del Museo de Artes y Costumbres Populares. I dipinti esposti presentano per lo più argute e colorate immagini della vita quotidiana nei villaggi e nelle campagne.

Partendo dal Palacio de Villardompardo, con una breve passeggiata in direzione ovest si raggiunge la chiesa più antica di Jaén, l'**Iglesia de la Magdalena** (Calle Santo Domingo; ingresso libero; 🕓 9-12.30 e 17-20). In origine era una moschea, ma oggi la facciata e gli interni sono in stile gotico; il minareto è stato trasformato in una torre nel XVI secolo. L'attrattiva più interessante all'interno della chiesa è il notevole retablo, una struttura ornamentale simile a

LA TRADIZIONE DELL'OLIO D'OLIVA

La provincia di Jaén è il regno dell'*aceituna* (oliva). Ovunque si sente aleggiare l'odore pungente dell'*aceite de oliva* (olio d'oliva), che vi accompagnerà nella visita di questa terra e che rimarrà nella vostra memoria per sempre. Più di 40 milioni di alberi di olivo ammantano le dolci colline della provincia, dando al paesaggio un aspetto bizzarro: da lontano, sembra di vedere interminabili file di nodi verdi. I dati sulla coltivazione degli olivi sono impressionanti: un terzo dell'intero territorio della provincia – oltre 4500 kmq – è attualmente riservato agli *olivares* (oliveti). In media, questi alberi producono complessivamente 900.000 tonnellate di olive l'anno, la maggior parte delle quali viene utilizzata per ottenere oltre 200.000 tonnellate di olio d'oliva. Questo significa che la provincia di Jaén produce circa metà dell'olio d'oliva andaluso, un terzo di quello spagnolo e il 10% di quello consumato a livello mondiale. Detto questo, non vi rimarrà che assaggiare un po' del migliore *virgen extra* (extravergine) Verde Mágina!

Le olive vengono raccolte dalla fine di novembre a gennaio. Anche se in qualche caso la raccolta è meccanizzata, per la maggior parte viene fatta con i metodi tradizionali, vale a dire stendendo delle reti sotto agli alberi e scuotendo i rami con dei bastoni. Quasi tutti i terreni coltivati a olivi della provincia di Jaén e di tutta l'Andalusia appartengono a un ristretto numero di grandi latifondisti; la prevalenza di un'agricoltura basata su una monocoltura fa sì che nella provincia di Jaén il tasso di disoccupazione, che nel periodo della raccolta delle olive si aggira intorno al 10%, aumenti fino al 45% in estate. Durante la stagione della raccolta un bracciante guadagna circa €30 al giorno.

Una volta raccolte, le olive vengono portate ai frantoi dove sono spremute fino a ottenere una sorta di 'pasta' che poi viene lavorata e filtrata. Moderni macchinari in acciaio inossidabile hanno oggi sostituito quelli che un tempo erano azionati dai muli, nei quali l'olio veniva filtrato utilizzando stuoie di *esparto* (sparto, una particolare fibra vegetale). L'olio adatto a essere consumato immediatamente viene venduto con la denominazione di *aceite de oliva virgen* (olio d'oliva vergine), il migliore del quale prende il nome di *virgen extra* (extravergine). L'*aceite de oliva refinado* (olio d'oliva raffinato) è prodotto con l'olio di qualità inferiore, e il semplice *aceite de oliva* (olio d'oliva) è una miscela di olio raffinato e olio vergine. Per una bottiglia da 750 ml di *virgen extra* Verde Mágina si pagano in genere €5, mentre una bottiglia da 2 l e mezzo costa €11. A Jaén, Baeza e Úbeda ci sono molti negozi specializzati che vendono olio di ottima qualità.

uno schermo situata dietro all'altare. Alle spalle dell'edificio c'è un grazioso cortile in stile islamico, con lapidi romane e una vasca che i musulmani usavano per le rituali abluzioni prima della preghiera.

Il museo più importante di Jaén è il **Museo Provincial** (☎ 953 25 06 00; Paseo de la Estación 27; ingresso €1,50, gratuito cittadini UE; ⏲ 15-20 martedì, 9-20 da mercoledì a sabato, 9-15 domenica), che vanta la più bella collezione di sculture iberiche del V secolo a.C. di tutta la Spagna. Queste statue, scoperte a Porcuna, mostrano chiare influenze greche, soprattutto per la fluidità delle forme e la struttura graziosamente stilizzata. Ogni anno vengono aggiunti nuovi reperti alle esposizioni nella speranza che questo museo possa diventare un giorno il più importante museo di arte iberica di tutta la Spagna. Nelle altre collezioni si possono ammirare manufatti romani e islamici, come ceramiche, mosaici e sculture. Il biglietto d'ingresso dà diritto a visitare anche il **Museo de Bellas Artes**, al piano superiore, nel quale sono esposte alcune mediocri opere di artisti spagnoli del XIX e XX secolo.

Circa 200 m a nord-est della cattedrale sorge la grande mole duecentesca dell'**Iglesia de San Ildefonso** (Plaza de San Ildefonso; ingresso libero; ⏲ 8.30-12 e 19-20), dedicata alla santa patrona di Jaén, la Virgen de la Capilla, nonché seconda chiesa della città per dimensioni. Un'iscrizione all'estremità nord-orientale delle mura esterne indica il punto in cui si ritiene che, il 10 giugno 1430, sia apparsa la Vergine. La sua immagine, oggetto di grande venerazione, è conservata in una cappella apposita. Si possono organizzare visite guidate gratuite tramite l'**associazione delle guide** (☎ 953 25 44 42).

Castillo de Santa Catalina

Sulla cima del Cerro de Santa Catalina, la collina che domina la città, sorge il **Castillo de Santa Catalina** (☎ 953 12 07 33; ingresso €3; ⏲ 10-14 e 17-21 da martedì a domenica da aprile a settembre, 10-14 e 15.30-19 da martedì a domenica da ottobre a marzo), che in origine era una fortezza islamica. All'interno del castello, seguendo un percorso segnalato, raggiungerete il maschio, la cappella e le segrete; commenti audiovisivi spiegano tutti i punti di maggiore interesse; non perdetevi quello più curioso, che racconta la tragica storia di uno spagnolo – il cui volto rivive tramite un ologramma – catturato dagli odiati invasori napoleonici. C'è anche un breve filmato sulla storia di Jaén e i bambini si divertiranno a seguirlo con gli occhiali 3D. Purtroppo, però, tutti i testi e le spiegazioni sono solo in lingua spagnola. Usciti dal castello potete raggiungere una cresta rocciosa sulla cui sommità si trova una grande **croce**, dalla quale si può ammirare un fantastico panorama sulla città e sugli oliveti circostanti.

Se non disponete di un mezzo di trasporto autonomo per percorrere i tortuosi 4 km che separano il castello dal centro cittadino, potete prendere un taxi (€6).

In alternativa è possibile arrivarci anche a piedi in circa 40 minuti partendo dal centro della città – dalla cattedrale incamminatevi in salita fino a raggiungere Calle de Buenavista, poi continuate a salire verso destra e, giunti all'incrocio con Carretera de Circunvalación, attraversate la strada; poco più in là, sulla destra, imboccate un sentiero che sale, piuttosto ripido, verso la sommità della collina.

FESTE E MANIFESTAZIONI

Semana Santa (Settimana Santa) La Settimana Santa è oggetto di grandi celebrazioni; in quest'occasione, infatti, nella città vecchia si tengono le processioni dei membri delle 13 *cofradías* (confraternite).

Feria y Fiestas de San Lucas È la più grande festa di Jaén. Vengono organizzati concerti, esibizioni di fanfare, corride e altri festeggiamenti, che si protraggono per otto giorni fino al 18 ottobre, san Luca.

PERNOTTAMENTO

Gli alberghi di Jaén non sono eleganti o lussuosi, ma tendenzialmente mediocri. Le sistemazioni più economiche sono in genere molto spartane e da maggio a ottobre le zanzare possono diventare piuttosto fastidiose, quindi armatevi di un buon repellente. Le tariffe di molti alberghi tendono a lievitare durante la Semana Santa e la Feria y Fiestas de San Lucas. Alcuni alberghi sono dotati di parcheggio, che di solito costa da €7 a €10 al giorno per un'automobile.

Hostal Carlos V (☎ 953 22 20 91; Avenida de Madrid 4; singole/doppie/triple €21/35/48; ❄) Questo accogliente *hostal* (albergo economico) a conduzione familiare è il migliore della città in questa fascia di prezzo. Le camere graziose hanno letti in ferro battuto e si trovano in un appartamento situato di fronte a quello dei proprietari. I bagni sono in comune e c'è una TV in ogni stanza.

Hostal La Española (☎ 953 23 02 54; Calle Bernardo López 9; singole/doppie €26/32) Questa sistemazione economica non è la più accogliente che si possa immaginare; l'interno è un po' sinistro, con la sua scricchiolante scala a chiocciola e il pesante mobilio. Il punto di forza di questo albergo è la sua posizione, vicino alla cattedrale e a numerosi e ottimi bar di tapas. Avrete infatti bisogno di rinfrancarvi con qualche bicchiere di *vino tinto* (vino rosso) per riuscire ad apprezzare l'*hostal*.

Hostal Estacion RENFE (☎ 953 27 46 14; Plaza de Jaén por la Paz s/n; singole/doppie €29/36; P ❄) Bisogna dire che l'aspetto esterno di questo *hostal*, situato di fronte alla stazione ferroviaria, non è dei più attraenti. Tuttavia dispone di camere confortevoli che sono perfette per brevi soggiorni. L'*hostal* ha anche un ottimo ristorante.

Hotel Europa (☎ 953 22 27 00; www.husa.es; Plaza de Belén 1; singole/doppie €34/57; P ❄) Benché sia un po' troppo caro rispetto a ciò che offre, l'Hotel Europa cerca di innalzarsi un po' sopra la media e offre camere discrete, dotate di TV e cassaforte. Si trova poco distante da Avenida de Granada ed è una delle sistemazioni più comode, se avete un'automobile.

Hotel Xauen (☎ 953 24 07 89; www.hotelxauenjaen.com; Plaza del Deán Mazas 3; singole/doppie €40/55; P ❄ 💻) Albergo frequentato spesso da persone in viaggio d'affari. Gli addetti alla reception hanno un'eleganza un po' trasandata e in genere fissano con una certa insistenza gli ospiti che sembrano meno facoltosi, mentre sono molto gentili con i clienti più abbienti. Nonostante questo particolare, l'albergo offre buone strutture e camere spaziose e bene arredate.

Hotel Rey Fernando (☎ 953 25 18 40; Plaza de Coca de la Piñera 5; P ❄) Il moderno e confortevole Rey Fernando era in fase di ammodernamento quando abbiamo effettuato le ricerche per questa guida.

Hotel Condestable Iranzo (☎ 953 22 28 00; Paseo de la Estación 32; singole/doppie €71/92; ❄) In passato il Condestable Iranzo era considerato un grande albergo, ma oggi la sua fama è un po' sbiadita. La lobby è in stile anni '70, con divani in pelle verde scuro e un banco della reception in marmo. Il personale in livrea è molto disponibile e porterà in camera i vostri bagagli. Le stanze, spaziose e moderne, hanno bagni in marmo color caramello.

Parador Castillo de Santa Catalina (☎ 953 23 00 00; www.parador.es, in spagnolo; doppie €113; P ✱ ♿) Se volete pernottare in un posto caratteristico, questo è l'unico albergo in cui valga la pena cercare una camera. Fa parte del castello di Santa Catalina e occupa un edificio magnifico, con sale dai soffitti a volta e grandi caminetti. Le camere sono incredibilmente confortevoli, con letti a baldacchino, decorazioni con mattonelle arabe e tutti i moderni comfort. C'è anche un ottimo ristorante che vale la pena di visitare, anche se non siete ospiti dell'albergo.

PASTI

Anche se a Jaén non troverete molti ristoranti costosi ed eleganti, avrete comunque la possibilità di gustare dell'ottimo cibo. Alcuni dei migliori bar di tapas di tutta l'Andalusia si trovano proprio in questa città. I *jiennenses* amano frequentare questi locali autenticamente tradizionali e fanno di tutto perché restino tali. I migliori sono quelli lungo Calle del Cerón, Calle Arco del Consuelo e Calle Bernardo López, tutte vie nei dintorni della cattedrale. Nella corta Calle Nueva, vicino a Calle Roldán y Marín, si trovano invece alcuni buoni ristoranti.

Yucatán Café Bar (Calle de Bernabé Soriano; tapas a partire da €1,20) Lo Yucatán, un locale molto frequentato dagli anziani del posto, serve deliziose tapas a base di fette di pane e *jamón* (prosciutto crudo) tagliato sottile, ottime *tortilla* (frittate) e deliziosi fegatini di pollo. Evitate di usare i servizi igienici, e non ordinate il cibo tipico dei fast food o i panini. La prima colazione costa €2,50.

La Barra (Calle del Cerón 7; tapas a partire da €1,30, raciones €5) La caratteristica principale di questo locale è la cordialità del personale. Il proprietario spesso espone manifesti di film e cartoni animati. Quando ci siamo stati, mentre mangiavamo tapas tradizionali e bevevamo birra, in TV c'erano i volti sorridenti dei personaggi di *Cheers*, una fortunata serie televisiva ambientata nel Cheers Bar di Boston – trasmessa anche in Italia con il titolo *Cin Cin*.

La Gamba de Oro (☎ 953 24 17 46; Calle Nueva 5; raciones €3-6) La Gamba de Oro, pur non avendo un aspetto molto invitante, offre eccellenti piatti di pesce anche se il mare si trova a parecchi chilometri di distanza. Sotto ai tavoli ci sono dei cestini dove gettare i gusci dei frutti di mare; una frittura mista costa da €4 a €8.

Taberna La Manchega (☎ 953 23 21 92; Calle Bernardo López 12; platos combinados €4; 🕑 10-17 e 20-1 da mercoledì a lunedì) È un bar straordinario, con una caratteristica sala da pranzo nella cantina. La taverna ha più di cento anni e offre piatti economici e gustosi. Vi consigliamo la tapa a base di patata arrosto con salsa alioli: è indimenticabile.

Mesón Río Chico (☎ 953 24 08 02; Calle Nueva 2; menú €8) Questo locale molto frequentato si rivela sempre un'ottima scelta. Al piano inferiore la *taberna* (taverna) serve deliziose tapas e *raciones* (porzioni di tapas che valgono per un pasto intero) a base di carne, *revueltos* (uova strapazzate) e pesce. Al piano superiore c'è il ristorante, più costoso.

Parador Castillo de Santa Catalina (☎ 953 23 00 00; www.parador.es, in spagnolo; menú €23) Una superba esperienza, che vi farà viaggiare indietro nel tempo. Si cena in una sala da pranzo in stile medievale, ricreata con tanta cura da sembrare autentica, con armature e arazzi alle pareti. L'atmosfera è solenne e formale, il servizio doverosamente ossequioso e il menu adeguatamente tradizionale.

Casa Vicente (☎ 953 23 28 16; Calle Francisco Martín Mora; menú €30) Situato in un palazzo ristrutturato con tanto di patio, il Casa Vicente è uno dei migliori ristoranti della città. C'è un ottimo bar in cui bere qualcosa e assaggiare qualche tapa, oppure ci si può accomodare nel patio o nella sala da pranzo interna (la soluzione migliore in inverno) per gustare

LA SCELTA DELL'AUTORE

El Gorrión (☎ 953 23 22 00; Calle de Arco del Consuelo 7; tapas a partire da €1,20) Affermare che questo sia un locale pieno d'atmosfera o d'altri tempi è riduttivo: El Gorrión è il passato. Lo stereo suona musica jazz lenta, alle pareti sono incollati ritagli di vecchi giornali, e dipinti raffiguranti bizzarri paesaggi sono appesi alla rinfusa vicino a barili di quercia di forma ovale. Tutti questi oggetti circondano anziani signori che sembra frequentino il bar da secoli (almeno fin dal 1888, quando è stato inaugurato). Le tapas sono semplici e tradizionali, e si gustano al meglio accompagnate dallo sherry e dal vino della casa.

specialità come il *cordero mozárabe* (agnello con miele e spezie).

Casa Antonio (☎ 953 27 02 62; Calle de Fermín Palma 3; menú €30) Altro valido locale, che contende a Casa Vicente la reputazione di migliore ristorante della città. Serve piatti classici della cucina di Jaén rivisitati in chiave moderna. Potete acquistare quasi ogni tipo di cibo fresco nel grande e moderno **Mercado Central San Francisco** (Calle de los Álamos).

LOCALI

La zona dove si concentra la vita notturna si trova a poca distanza dalla stazione ferroviaria e dell'università – in questa parte della città i bar sono frequentati soprattutto dagli studenti.

Se volete fare nuove amicizie, provate i numerosi bar antichi e pieni di atmosfera che si trovano subito a nord-ovest della cattedrale, in Calle del Cerón e nelle strette Calle Arco del Consuelo e Calle Bernardo López.

El Azulejo (Calle de Hurtado 8; 10-24) Questo locale è una vera sorpresa in quanto ad ambiente e stile – ciò significa che rispetto agli altri bar di Jaén è molto più accogliente. La zona dove si beve è illuminata da lucernari e le pareti, di colore viola, danno un tocco d'eccentricità al locale. I grandi quadri raffiguranti porti appesi un po' dappertutto fanno venire una grande nostalgia del mare. Nel locale si suona musica di ogni tipo, che va dal pop all'elettronica e al jazz.

Bar del Pósito (Plaza del Pósito 10; 10-24) Locale frequentato da artisti e intellettuali di Jaén, dove potreste anche essere avvicinati da qualche originale poeta che non aspetta altro che recitarvi seriamente i suoi versi. Nel bar spesso vengono allestite mostre fotografiche o altri eventi, quindi informatevi su cosa c'è in programma e fate un salto anche voi.

Taberna La Manchega (☎ 953 23 21 92; Calle Bernardo López 12; 10-17 e 20-1 da mercoledì a lunedì) Locale in attività fin dal lontano 1880, dove si possono assaggiare semplici ma squisite tapas, bere vino e guardare la gente del posto che divora patate bollenti. La Manchega ha un'entrata sia su Calle Arco del Consuelo sia su Calle Bernardo López.

Iroquai (☎ 953 24 36 74; Calle de Adarves Bajos 53) Solitamente il giovedì offre musica rock, blues, flamenco o fusion eseguita dal vivo (controllate sui manifesti che troverete per le vie della città), ma si può ascoltare ottima musica anche nelle altre sere della settimana.

Chubby Cheek (☎ 953 27 38 19; Calle de San Francisco Javier 7) È frequentato da una clientela leggermente più adulta e quasi tutti i fine settimana si suona musica jazz dal vivo.

SHOPPING

Le principali zone dello shopping a Jaén sono quelle attorno a Calle Roldán y Marín, Paseo de la Estación e Calle de San Clemente (vicino a Plaza de la Constitución). Il tipico olio di Jaén si può acquistare da **Almacenes del Pósito** (Plaza del Pósito) o al **Museo del Olivo** (Calle Martínez Molina 6). Un grande e vivace *mercadillo* (mercato delle pulci) si tiene ogni giovedì mattina nel **Recinto Ferial** (zona fieristica; Avenida de Granada), a nord-est di Plaza de la Constitución.

PER/DA JAÉN

Autobus

Dalla **stazione degli autobus** (☎ 953 25 01 06; Plaza de Coca de la Piñera) partono gli autobus Alsina Graells diretti a Granada (€7, 1 ora e mezzo, 14 corse al giorno), Baeza (€3,50, 45 minuti, 11 corse al giorno), Úbeda (€4,50, 1 ora e 15 minuti, 12 corse al giorno dal lunedì al sabato) e Cazorla (€7,50, 2 ore, due corse al giorno). La compagnia Ureña effettua invece collegamenti con Córdoba (€7, 1 ora e mezzo, sette corse al giorno) e Siviglia (€17, 3 ore, da tre a cinque corse al giorno). Ci sono anche altri autobus per Málaga (€14, una corsa al giorno), Almería (€26, almeno una corsa al giorno), Madrid (€23, cinque corse al giorno dal lunedì al sabato) e per diversi centri più piccoli della provincia di Jaén.

Automobile e motocicletta

Jaén si trova 92 km a nord di Granada lungo la strada a scorrimento veloce A44 che, dopo avere raggiunto Bailén, si congiunge con la A4 Córdoba-Madrid. Per/da Córdoba bisogna prendere la A306 via Porcuna.

Viajes Sacromonte (☎ 953 22 22 12; Paseo de la Estación 12), sotto al portico Pasaje Maza, è sia un'agenzia di autonoleggio sia un'agenzia di viaggi. Anche **Avis** (☎ 953 28 09 37; Avenida de Madrid) e **Atesa** (☎ 953 28 16 40; Calle Ortega Nieto 9) hanno filiali a Jaén.

Treno

La **stazione ferroviaria** (☎ 953 27 02 02; www.renfe.com; Paseo de la Estación) di Jaén è quella finale di una linea secondaria, servita da non più di cinque partenze al giorno. Alle 8 c'è un treno per Córdoba (€8, 1 ora e mezzo, un treno al giorno) e Siviglia (€16, 3 ore, un treno al giorno). Ci sono anche treni per Madrid (€22, 4 ore, quattro treni al giorno).

TRASPORTI LOCALI

C'è una **fermata degli autobus** (Paseo de la Estación) a sud della stazione ferroviaria: il n. 1 vi porterà in Plaza de la Constitución, il punto centrale in cui passano tutti gli autobus urbani. Il biglietto costa €1.

Guidare a Jaén può rivelarsi piuttosto stressante, a causa dei sensi unici e del traffico infernale. Se finite in centro, c'è un parcheggio sotterraneo in Plaza de la Constitución e uno vicino a Calle de Bernabé Soriano, il Parking San Francisco, in prossimità della cattedrale. Si pagano €0,90 l'ora o €12 per 24 ore.

Le fermate dei taxi si trovano in Plaza de la Constitución, Plaza de San Francisco, vicino alla cattedrale, e in corrispondenza della stazione ferroviaria e di quella degli autobus. Potete richiedere telefonicamente un taxi chiamando **Radio Taxis** (☎ 953 22 22 22).

A NORD DI JAÉN

Procedendo verso nord lungo la A4, che lascia l'Andalusia per raggiungere Madrid, si passa attraverso una regione non troppo interessante a nord di Jaén, fino a quando appaiono all'orizzonte le colline della Sierra Morena. Proprio di fronte si apre il Desfiladero de Despeñaperros, che letteralmente significa 'Passo della Sconfitta dei Cani'. Si dice che i cristiani usciti vittoriosi dalla battaglia di Las Navas de Tolosa (1212), avvenuta nelle vicinanze, abbiano gettato nel dirupo molti dei musulmani fatti prigionieri.

Il suggestivo scenario del passo non si percepisce in tutto il suo splendore fino all'ultimo momento, quando la strada che arriva da sud scende bruscamente tra torri di roccia e scoscesi dirupi coperti da vegetazione incuneandosi tra gallerie e gole selvagge.

PARQUE NATURAL DESPEÑAPERROS E SANTA ELENA

La strada e la ferrovia hanno un po' rovinato la tradizionale atmosfera romantica del Desfiladero de Despeñaperros, anche se lo splendido paesaggio collinare sui suoi due versanti rimane fra i più belli e selvaggi di tutta la Spagna. Ammantata da fitte foreste di pini, lecci e querce da sughero, dalle quali spuntano suggestive vette e pinnacoli di roccia frastagliata, l'area che circonda il passo è diventata oggi un parco naturale, in cui vivono cervi, cinghiali e, occasionalmente, anche qualche lupo e qualche lince. Non ci sono trasporti pubblici che raggiungono questa zona, quindi per visitarla è necessario avere un'automobile. Il principale centro per i turisti è il **Centro de Visitantes Puerta de Andalucía** (☎ 953 66 43 07; Carretera Santa Elena a Miranda del Rey; 🕑 10-14 e 16-20 da aprile a settembre, 10-14 e 15-19 da ottobre a marzo), che si trova alla periferia di Santa Elena, una cittadina poco a sud del passo. Il centro offre una quantità di informazioni e cartine sui percorsi escursionistici dei dintorni. Potete anche contattare direttamente una guida del parco (☎ 610 282531).

Santa Elena è la base di partenza ideale per esplorare il parco: dispone, infatti, di diversi negozi, bar e caffè. L'**Hotel El Mesón de Despeñaperros** (☎ 953 66 41 00; meson@serverland.com; Avenida de Andalucía 91; singole/doppie €25/39), all'estremità settentrionale della città, offre camere confortevoli e un animato ristorante. In alternativa, a La Carolina, 12 km a sud di Santa Elena, si trova il più accogliente **La Perdiz** (☎ 953 66 03 00; www.nh-hoteles.es, in spagnolo; Autovía de Andalucía; singole/doppie €74/79; P), che fa parte della catena NH. Offre ogni sorta di comfort, oltre a essere situato in un grazioso giardino. Per raggiungerlo dovete uscire in corrispondenza del Km 268.

Se viaggiate in camper, il **Camping Despeñaperros** (☎ 953 66 41 92; campingdesp@navegalia.com; piazzola per 2 persone, tenda e auto €12) si trova in splendida posizione in una bella pineta; l'amichevole proprietario potrà darvi molti consigli sulle escursioni a piedi che si possono fare in questa zona.

Da Jaén nei giorni feriali partono diversi autobus per La Carolina, da dove **La Sepulvedana** (☎ 953 66 03 35) gestisce circa quattro o cinque collegamenti per Santa Elena, ma solo nei giorni feriali. È consigliabile consultare gli orari aggiornati.

BAÑOS DE LA ENCINA

Pop. 2740

Uno dei più affascinanti castelli dell'Andalusia è il **Castillo de Burgalimar** (☎ 953 61 32 00; ingresso libero; 🕑 9-20), situato sulla sommità della collina che domina la tranquilla cittadina di Baños de la Encina. La città si trova pochi chilometri a nord di Bailén, che invece non ha nulla di interessante da offrire ai

DEVIAZIONE: PARQUE NATURAL SIERRA DE ANDÚJAR

Trentuno chilometri a nord di Andújar, sulla J5010, si trova il duecentesco **Santuario de la Virgen de la Cabeza**. Un po' nascosto nell'isolato Parque Natural Sierra de Andújar, questo santuario è meta di uno dei pellegrinaggi religiosi più importanti di tutta la Spagna: la Romería de la Virgen de la Cabeza. La struttura originale venne distrutta durante la guerra civile, quando cadde nelle mani di duecento soldati appartenenti alle truppe franchiste. Il santuario venne 'liberato' solo nel maggio del 1937, dopo otto mesi di insistenti bombardamenti da parte dei repubblicani.

Ogni anno, durante l'ultima domenica di aprile, si raduna in questo luogo quasi mezzi milione di persone per venerare una piccola statua della Vergine Maria – chiamata Morenita (letteralmente 'la morettina') – che, a partire dalle 11 del mattino, viene portata in processione per circa quattro ore nei dintorni di Cerro del Cabezo. È un evento emozionante, caratterizzato da una coinvolgente atmosfera di festa: bambini e capi d'abbigliamento vengono passati sopra le teste dei fedeli ai sacerdoti, che li avvicinano al mantello della Vergine.

Si dice che nel territorio del parco ci sia la più grande varietà di specie vegetali di tutta la Sierra Morena. Pieno di sempreverdi e di querce, il parco ospita diversi allevamenti di tori e preserva un habitat naturale in cui vivono lupi, linci, cinghiali, cervi, mufloni e vari uccelli rapaci. Per avere informazioni potete rivolgervi al **Centro de Visitantes** (☎ 953 54 90 30), al Km 12 della strada che da Andújar raggiunge il Santuario de la Virgen de la Cabeza, oppure all'**ufficio turistico** (☎ 953 50 49 59; Plaza de Santa María; 🕑 8-14 da martedì a sabato da luglio a settembre, 10-14 e 17-20 da ottobre a giugno) di Andújar.

Vicino al santuario ci sono due piccoli *hostales* (sistemazioni economiche), la **Pensión Virgen de la Cabeza** (☎ 953 12 21 65; doppie €35) e l'**Hotel la Mirada** (☎ 953 54 91 11; doppie €50), che rappresentano una buona base di partenza per esplorare questo parco di 740 kmq.

Ci sono autobus giornalieri da Jaén ad Andújar (€4, quattro corse al giorno). Inoltre, il sabato e la domenica sono in servizio autobus che da Andújar portano al santuario.

turisti. Costruito nel 967 d.C. per volere del califfo di Córdoba Al-Hakim II, il castello ha 14 torri e un maschio imponente, al quale si accede attraversando un doppio arco a ferro di cavallo. All'interno del castello, un parapetto non protetto (non adatto a chi soffre di vertigini!) circonda le mura, offrendo un panorama stupefacente su tutta la regione circostante. Il castello cadde nelle mani dei cristiani nel 1212, subito dopo la battaglia di Las Navas de Tolosa. Per avere informazioni – e la chiave per entrare – rivolgetevi all'**ufficio turistico** (☎ 953 61 41 85; Callejón del Castillo 1; 🕑 8.30-14 da lunedì a venerdì).

Vale la pena di fare una passeggiata per le antiche strade di Baños per ammirare diversi palazzi e chiese, fra cui l'**Ermita del Cristo del Llano**, che presenta spettacolari decorazioni rococò simili a quelle dell'Alhambra di Granada. Il **Restaurante Mirasierra** (Calle Bailén 6; portate principali €6-8) serve ottimi piatti di pesce e di carne.

A EST DI JAÉN

Questa zona della provincia di Jaén è quella che richiama la maggior parte dei turisti, attratti dal fascino di Baeza e Úbeda e dai loro edifici rinascimentali, oltre che dalle verdi colline e dai sentieri escursionistici di Cazorla.

BAEZA

Pop. 15.000 / alt. 790 m

Oltre alla grande produzione di olive, la zona di Jaén è nota per le due splendide cittadine di Baeza e Úbeda: due veri gioielli rinascimentali. Baeza, che è considerata la 'sorella minore' di Úbeda, posta a soli 9 km di distanza, si può visitare in una giornata. La ricchezza del patrimonio architettonico di Baeza smentisce il luogo comune secondo cui in Andalusia gli unici edifici di un certo interesse architettonico siano quelli legati alla dominazione dei musulmani. Invece, proprio in questa piccola cittadina alcune delle famiglie più ricche hanno lasciato una stupefacente varietà di chiese e palazzi rinascimentali, ancora oggi in perfetto stato di conservazione.

Baeza è anche conosciuta per essere stata la testa di ponte dell'avanzata dei cristiani verso l'emirato musulmano di Granada. Essa fu una delle prime città dell'Andalusia a cadere nelle mani dei cristiani nel 1227; per questo motivo oggi non rimane quasi nulla che ricordi la dominazione islamica.

Architettura a parte, a Baeza ha sede una scuola d'addestramento della Guardia Civil; la sera, quando centinaia di futuri poliziotti escono dalla scuola per passeggiare in città, sembra di trovarsi sul set di uno strano film.

Orientamento

Il cuore della città è Plaza de España, con il lungo e ampio Paseo de la Constitución che dalla piazza si estende verso sud-ovest.

La stazione degli autobus si trova circa 700 m a est di Plaza de España, in una strada denominata ufficialmente Avenida Alcalde Puche Pardo, ma che la gente del posto chiama comunemente Paseo Arco del Agua.

Informazioni

Troverete banche e sportelli bancomat in Paseo de la Constitución e a est di Plaza de España, in Calle San Pablo.

Posta centrale (Calle Julio Burell) Si trova a est della piazza.

Speed Informatica (Portales Tundidores 2; €1,80 l'ora; ⌚ 10.30-14 e 17.30-20) Troverete numerosi terminali per collegarvi a internet; si trova sul lato nord di Paseo de la Constitución.

Ufficio turistico (☎ 953 74 04 44; otbaeza@andalucia.org; Plaza del Pópulo; ⌚ 9-18 da lunedì a venerdì, 10-13 e 16-18 sabato da ottobre a marzo, 9-19 da lunedì a venerdì, 10-13 e 17-19 sabato da aprile a settembre, 10-13 domenica tutto l'anno) È ospitato in un bellissimo edificio del XVI secolo di Plaza del Pópulo, a poca distanza in direzione sud-ovest da Paseo de la Constitución. Troverete moltissime informazioni utili.

Che cosa vedere

I principali luoghi di interesse turistico di Baeza sono concentrati attorno a Plaza de España e al Paseo de la Constitución. Si possono visitare tutti agevolmente in una giornata spostandosi a piedi dall'uno all'altro. Gli orari di apertura di alcuni edifici sono imprevedibili, quindi è meglio informarsi prima presso l'ufficio turistico.

PASEO DE LA CONSTITUCIÓN E DINTORNI

Chiese dal colore ambrato e grandi palazzi caratterizzano il centro storico di Baeza.

La piccola Plaza de España è collegata al Paseo de la Constitución, dove si trovano numerosi caffè. Un tempo era la piazza del mercato e l'arena di Baeza, e pertanto rappresenta da sempre il centro della città. La solitaria **Torre de los Aliatares**, in Plaza de España, è una delle poche testimonianze rimaste della musulmana Bayyasa (nome della città ai tempi della dominazione araba). La torre è riuscita miracolosamente a scampare all'ordine dato nel 1476 dalla regina Iabella la Cattolica di distruggere le fortificazioni della città, con l'intento di porre fine agli scontri fra le famiglie aristocratiche dei Benavides e dei Carvajal.

In Plaza del Pópulo si trova l'antica entrata alla città, la **Puerta de Jaén**, che è unita al grande **Arco de Villalar**. Questo arco venne eretto per volontà di Carlo I nel 1526 per commemorare la repressione di una grave insurrezione in Castiglia, che aveva minacciato di rovesciare il suo trono. L'arco domina Plaza del Pópulo, anche chiamata Plaza de los Leones, a causa della **Fuente de los Leones** (Fontana dei Leoni) che occupa il centro della piazza. La fontana, realizzata con sculture provenienti dal villaggio iberico e romano di Cástulo, è sormontata da una statua che pare rappresenti Imilce, una principessa iberica moglie del famoso generale cartaginese Annibale. Sul lato meridionale della piazza si può ammirare la cinquecentesca **Casa del Pópulo**, realizzata in un grazioso stile plateresco (uno stile decorativo tipicamente spagnolo in voga all'inizio del periodo rinascimentale). L'edificio, che in passato era il palazzo di giustizia, ospita attualmente l'ufficio turistico di Baeza.

Sul lato orientale della piazza si trova l'**Antigua Carnicería** (Antico Mattatoio), un bell'edificio con una galleria rinascimentale.

Dopo aver attraversato la Puerta de Jaén e il Paseo de las Murallas, si incontra un sentiero che costeggia le mura della città terminando a breve distanza dalla cattedrale. Da qui si può ammirare nel migliore dei modi la fantastica posizione di Baeza, sul bordo di una scoscesa falesia.

PLAZA DE SANTA MARÍA

Questa piazza, circondata su tutti i lati da palazzi e chiese, fu progettata per essere il centro della vita civile e religiosa della città. Tale caratteristica risulta ancora più evidente se si considera la collocazione del **Seminario Conciliar de San Felipe Neri** sul suo lato settentrionale. Oggi l'edificio ospita l'Universidad Internacional de Andalucía.

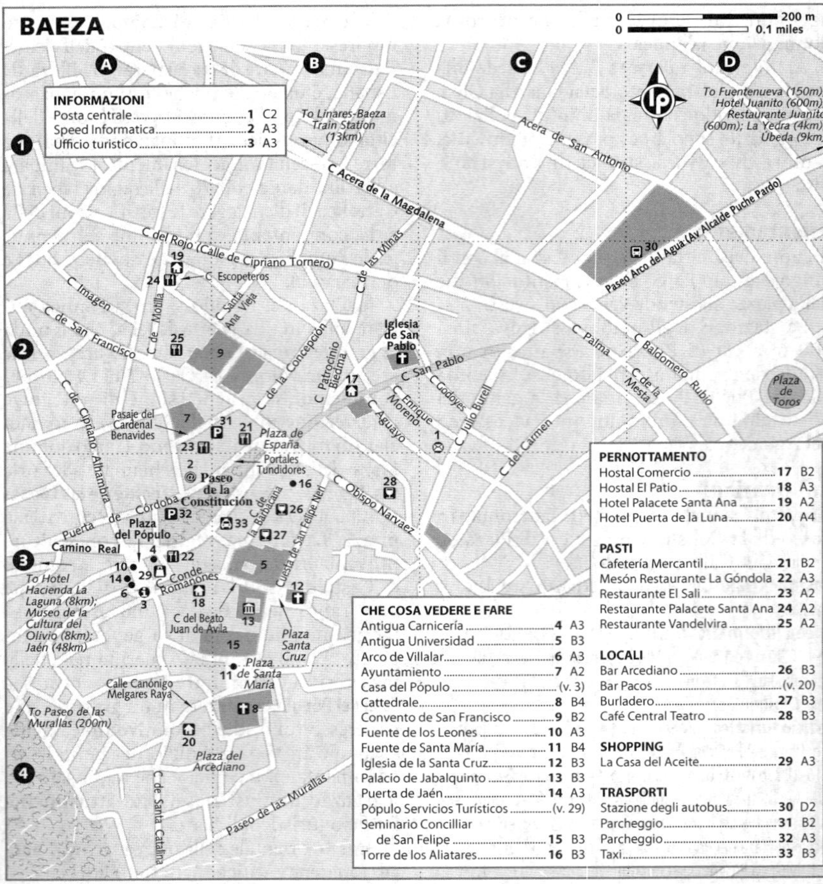

Come accadde in tutta l'Andalusia, anche a Baeza, dopo la Reconquista cristiana, la moschea venne distrutta e al suo posto fu costruita una **cattedrale** (Plaza de Santa María; ingresso libero, offerta gradita; 10.30-13 e 6-18 da ottobre a marzo, 10.30-13 e 17-19 da aprile a settembre). Questo fu il primo passo di una trasformazione che fece della città la 'perla della Castiglia'. La cattedrale è il risultato di una ben riuscita mescolanza di stili diversi, benché prevalga su tutti quello cinquecentesco rinascimentale, chiaramente riconoscibile nella **facciata principale** che si affaccia su Plaza Santa María. L'elemento più antico è la duecentesca **Puerta de la Luna** in stile gotico-mudejar, all'estremità occidentale, sormontata da un rosone risalente al XIV secolo.

All'interno della cattedrale si possono ammirare un opulento retablo barocco dietro all'altare maggiore e una scultura della Crocifissione del XIII secolo in stile romanico-gotico – cosa rara in Andalusia – sul retablo posto nell'adiacente Capilla del Sagrario. All'estremità occidentale dell'edificio, la grata dell'**Antiguo Coro** (Antico Coro) costituisce uno dei capolavori in ferro battuto del grande maestro Bartolomé. Sulla destra della grata c'è una fessura vicino a un dipinto poco significativo: se ci infilate una moneta, il dipinto si sposta rumorosamente per rivelare una grande **Custodia del Corpus** in argento, opera settecentesca, utilizzata durante le processioni dei Corpus Domini. Fuori dalla cattedrale, nella graziosa piazza, si trova la bella **Fuente de Santa María**, una fontana che riproduce in miniatura un arco trionfale, creata nel 1569 dal *baezano* Ginés Martínez.

PLAZA SANTA CRUZ

Il palazzo più interessante di Baeza, il **Palacio de Jabalquinto** (Plaza Santa Cruz; ingresso libero; ⌚ 10-14 e 16-18 da giovedì a martedì, solo patio), fu probabilmente costruito all'inizio del XVI secolo per un membro della famiglia Benavides. Presenta una spettacolare facciata nel tipico stile gotico isabellino (detto anche gotico fiammeggiante), e un patio con colonne di marmo in stile rinascimentale, due ordini di arcate e un'elegante fontana. Su un lato si apre una fantastica scalinata scolpita in stile barocco.

Di fronte al palazzo si trova la minuscola **Iglesia de la Santa Cruz** (Plaza Santa Cruz; ingresso libero; ⌚ 11-13.30 e 16-18 da lunedì a sabato, 12-14 domenica), una delle prime chiese costruite in Andalusia dopo la Reconquista. Coi suoi portali a tutto sesto e l'abside semicircolare, è uno dei pochi edifici in stile romanico costruiti in Andalusia. All'interno si possono ancora vedere suggestive tracce della moschea preesistente. Gli orari di apertura non sono molto affidabili.

Di fianco al palazzo di Jabalquinto si trova l'**Antigua Universidad** (Antica Università; ☎ 953 74 01 54; Calle del Beato Juan de Ávila; ingresso libero; ⌚ 10-13 e 16-18 da giovedì a martedì) di Baeza. Venne fondata nel 1538 e ben presto divenne la culla delle idee progressiste che si contrapposero alla mentalità conservatrice delle principali famiglie locali, provocando spesso accesi scontri fra intellettuali e benestanti. L'università è stata chiusa nel 1824 e dal 1875 l'edificio ospita un *instituto de bachillerato* (scuola superiore). Il patio principale, con i suoi eleganti archi rinascimentali, è aperto al pubblico; si può visitare anche l'aula del poeta Antonio Machado (v. p46), che in questa scuola ha insegnato francese dal 1912 al 1919.

A NORD DEL PASEO DE LA CONSTITUCIÓN

Un isolato a nord del Paseo de la Constitución si trova l'**ayuntamiento** (municipio; ☎ 953 74 01 54; Pasaje del Cardenal Benavides 9), con una meravigliosa facciata in stile plateresco. Al piano superiore, i quattro portali dei balconi, finemente scolpiti, sono separati dagli stemmi araldici di Felipe II (al centro) e del magistrato Juan de Borja, che fecero costruire il palazzo, e da quello della città. In origine questo edificio ospitava il palazzo di giustizia e una prigione, ai quali si accedeva rispettivamente dalle porte a destra e a sinistra.

A breve distanza dall'*ayuntamiento* si trova il **Convento de San Francisco** (Calle de San Francisco), un tempo in rovina ma oggi ristrutturato, anche se i lavori hanno suscitato non poche polemiche. Si tratta di uno dei capolavori di Andrés de Vandelvira, utilizzato come cappella funeraria dalla famiglia Benavides. Devastato da un terremoto e poi saccheggiato dalle truppe francesi agli inizi del XIX secolo, l'edificio restaurato solo in parte, è stato oggi trasformato in albergo, sala per ricevimenti e ristorante. All'estremità orientale, una splendida composizione di travi arcuate disegna la sagoma della cupola, al di sopra di uno spazio decorato da sculture rinascimentali. Anche il chiostro, occupato dal Restaurante Vandelvira, merita un'occhiata.

Attività

Si possono organizzare escursioni a cavallo presso l'**Hotel Hacienda La Laguna** (☎ 953 76 51 42; Puente del Obispo s/n).

Visite guidate

Le visite guidate gestite da **Pópulo Servicios Turísticos** (☎ 953 74 43 70; Plaza de los Leones 1; interi/minori di 12 anni €6/gratuito; ⌚ visite 10 e 17 da lunedì a sabato, 11 domenica) durano circa due ore e iniziano di fronte all'ufficio turistico. Non sono niente di speciale e bisogna sapere bene lo spagnolo per seguire adeguatamente le spiegazioni; tuttavia, le numerose e particolareggiate notizie storiche permettono di capire meglio l'ambiente in cui ci si trova e di apprezzare gli edifici che si stanno ammirando.

Feste e manifestazioni

Semana Santa (Settimana Santa) È la tipica, cupa celebrazione andalusa, con diverse processioni religiose. Si tiene la settimana precedente la domenica di Pasqua.

Feria Si svolge a metà agosto ed è un'allegra sfilata di *gigantones* (giganti di carta pesta), con tanto di fuochi d'artificio e un grande luna park.

Romería del Cristo de la Yedra Si svolge il 7 ottobre. Un'immagine della Virgen del Rosell viene portata in processione dall'Iglesia de San Pablo per le strade di Baeza, accompagnata da una grande folla che canta e balla. Nel pomeriggio una pittoresca processione segue l'immagine fino al villaggio di La Yedra, 4 km a nord, per continuare le celebrazioni in quella località.

Pernottamento

Hostal El Patio (☎ 953 74 02 00; fax 953 74 82 60; Calle Conde Romanones 13; doppie con bagno €30) Entrare in questo *hostal* è un po' come addentrarsi in una palude: occupa un consunto palazzo del XVII secolo, pieno di divani ruvidi e sedie rotte, ma soprattutto di piante, appoggiate o appese, che sembrano inondare tutte le stanze. I proprietari guardano incessantemente la TV seduti in un angolo del patio sorseggiando una bevanda. Su un piedistallo c'è una statua di Gesù circondata da candele dalla luce tremolante. Le camere sono trasandate e un po' buie e hanno bagni minuscoli. Quelle più economiche sono invece sprovviste di bagno. Se vi piace il genere 'dark', questa pensione è una vera perla.

Hotel Juanito (☎ 953 74 00 40; juanito@juanitobaeza.com; Paseo Arco del Agua s/n; singole/doppie €34/54; ❄) Situato a fianco della stazione di servizio e di fronte al campo di calcio di Baeza, questo albergo non è in una posizione che si possa definire ottimale. Tuttavia, le camere sono confortevoli, dotate di riscaldamento e TV. Il suo ristorante è uno dei più famosi di tutta la provincia.

Hospedería Fuentenueva (☎ 953 74 31 00; www.fuentenueva.com; Paseo Arco del Agua s/n; singole/doppie con prima colazione €43/72; ❄ ♿) Questo edificio era un tempo un carcere femminile, mentre oggi, dopo un'accurata ristrutturazione, ospita un piccolo albergo dalle delicate tonalità arancione e rosa salmone. Le 12 camere sono spaziose, confortevoli e luminose, con moderni bagni in marmo.

Hotel Palacete Santa Ana (☎/fax 953 74 16 57; info@palacetesantaana.com; Calle Santa Ana Vieja 9; singole/doppie €42/66; ❄) Albergo elegante, situato in un palazzo risalente al XVI secolo che in passato ospitava un convento. L'edificio, che è stato attentamente restaurato, vanta una bella collezione di oggetti d'arte e reperti archeologici. Le camere sono arredate molto bene, con letti grandi e mobili sontuosi, e i bagni sono dotati sia di vasca sia di doccia. Il ristorante omonimo, nelle immediate vicinanze, è gestito dagli stessi proprietari dell'albergo.

Hotel Hacienda La Laguna (☎ 953 76 51 42; www.ehlaguna.com/hotel, in spagnolo; Puente del Obispo s/n; doppie €64; P ❄ 💻 ♿) Se vi piace particolarmente l'olio d'oliva, vi consigliamo questa grande *hacienda* a 10 minuti di automobile da Baeza. Qui troverete un museo dedicato all'olio d'oliva, il Museo de la Cultura del Olivo, 18 camere elegantemente arredate e un ottimo ristorante, La Campana, che merita una sosta anche se non siete ospiti dell'albergo. Il complesso ha anche dei cavalli, con i quali gli ospiti possono fare delle escursioni.

LA SCELTA DELL'AUTORE

Hotel Puerta de la Luna (☎ 953 74 70 19; www.hotelpuertadelaluna.com, in spagnolo; Calle Canónigo Melgares Raya s/n; doppie con prima colazione €110; P ❄ ♿) Sicuramente gli esponenti delle ricche famiglie Benavide e Carvajal alloggerebbero in questo albergo di lusso, se dovessero visitare Baeza e non fossero già padroni di mezza città. L'Hotel Puerta de la Luna è situato in un magnifico palazzo e ha carattere di vendere. Nel patio acciottolato, in stile mudejar e circondato da siepi curatissime, potrete consumare la prima colazione. L'albergo possiede saloni ben arredati e dotati di piacevoli caminetti. Le camere da letto sono arredate con veri pezzi d'antiquariato e nei letti ci sono eleganti lenzuola damascate. L'albergo offre anche un grazioso ristorante, un moderno bar, un bagno turco, un centro benessere, una palestra e una biblioteca.

Pasti

Baeza offre un buon assortimento di ristoranti di ottima qualità, ma purtroppo non ci sono bar di tapas consigliabili. L'ufficio turistico distribuisce un piccolo opuscolo (solo in spagnolo) che descrive i migliori locali che vendono tapas, ma la qualità non è la stessa che troverete in altre città.

Cafetería Mercantil (Portales Tundidores 18, Paseo de la Constitución; raciones €6-9) Offre l'opportunità di gustare *criadillas* (testicoli di bue) e *sesos* (cervella). La grande terrazza di questo affollato caffè, che si affaccia sul Paseo, è un ottimo posto per osservare le animate conversazioni della clientela locale. Tenete presente, però, che i frequentatori più affezionati hanno un'età compresa fra 70 e 95 anni, quindi non aspettatevi troppo movimento.

Restaurante Vandelvira (☎ 953 74 81 72; Calle de San Francisco 14; portate principali €7-16; 🕐 chiuso domenica sera e lunedì) Sistemato in una parte del ristrutturato Convento de San Francisco, il Vandelvira è un ristorante estremamente elegante e accogliente. Se avete voglia di viziarvi un po', concedetevi l'insalata con pâté

CARMEN LINARES: IL CONTRIBUTO DI JAÉN AL FLAMENCO

Considerata la regina del *cante* (canto) flamenco, Carmen Linares (nata nel 1951) – nome d'arte di Mari Carmen Pacheco Rodríguez – ha iniziato la sua carriera da bambina, cantando nelle feste private del suo paesino nativo, Linares (vicino a Baeza), oggi una cittadina in costante crescita. Dopo aver visto le reazioni che suscitava nei suoi compaesani ogni volta che cantava, Carmen si trasferì a Madrid con la sua famiglia e decise di diventare una *cantaora* (cantante di flamenco) professionista. Fu lei a interrompere l'assoluta supremazia maschile nel mondo degli artisti di flamenco e negli anni '70 si esibì sul palco con i suoi colleghi più famosi, come Camarón de la Isla ed Enrique Morente. Carmen Linares fu invitata poi a cantare al Lincoln Center, accompagnata dalla famosa Orchestra Filarmonica di New York, concerto che la consacrò star del flamenco a livello mondiale. Ha vinto numerosi premi sia in Europa sia negli Stati Uniti, vanta numerose imitatrici e ha il grande merito di aver fatto appassionare tanta gente alle sonorità del flamenco. Niente male, per una ragazzina proveniente da un minuscolo villaggio della provincia di Jaén.

Per maggiori informazioni sul flamenco v. p41. Il disco *La Luna en el Río* è un punto di partenza per conoscere meglio Carmen Linares e la sua musica.

di pernice o il *solomillo al carbón* (bistecca cotta sulla brace).

Mesón Restaurante La Góndola (☎ 953 74 29 84; Portales Carbonería 13, Paseo de la Constitución; portate principali €8-14) Ristorante con una stupenda atmosfera, alla quale contribuiscono non poco lo scoppiettante fuoco sotto la griglia posta dietro al bar, la cortesia del personale e l'ottimo cibo. Provate le *patatas baezanas*, una delizia vegetariana costituita da una generosa porzione di patate saltate in padella con i funghi.

Restaurante El Sali (☎ 953 74 13 65; Pasaje del Cardenal Benavides 15; menú/portate principali €12/30; 🕑 chiuso mercoledì) Ristorante con tavoli all'aperto di fronte all'imponente *ayuntamiento*. Serve molto pesce fresco e una saporita insalata spagnola a base di patate e peperoni.

Restaurante Palacete Santa Ana (☎ 953 74 16 57; Calle Escopeteros 12; menú/portate principali €15/24) È un grande complesso con ristorante e bar che occupa diversi piani e serve specialità regionali, immancabilmente condite con olio d'oliva di produzione locale. È necessario prenotare.

Restaurante Juanito (☎ 953 74 00 40; Paseo Arco del Agua s/n; portate principali €30; 🕑 chiuso domenica sera e lunedì sera) In questo rinomato ristorante, i proprietari Juan Antonio Salcedo e la moglie Luisa preparano specialità di Jaén da ben quattro decenni. Qui arrivano clienti da molto lontano, che accorrono espressamente per gustare le loro prelibatezze – ma ricordate che la popolarità ha un prezzo e la qualità dei piatti proposti non è più quella di una volta. Anche il servizio non è sempre impeccabile.

Locali

La vita notturna di Baeza è limitata a qualche animato bar.

Burladero (Calle de la Barbacana s/n) È un bar gradevole per bere qualcosa.

Bar Arcediano (☎ 953 74 81 84; Calle de la Barbacana s/n) Questo bar, situato sullo stesso lato della strada del Burladero, è un altro valido locale dove bere qualcosa.

Bar Pacos (☎ 953 74 70 19; Calle Canónigo Melgares Raya 7) È il bar elegante dell'Hotel Puerta de la Luna.

Café Central Teatro (☎ 953 74 43 55; Calle Obispo Narvaez 19) Offre spesso spettacoli di musica dal vivo.

Shopping

La Casa del Aceite (Paseo de la Constitución 9) Se volete acquistare olio d'oliva di qualità, questo è il negozio giusto. Oltre a tantissimi tipi di olio vende anche altri prodotti, come sapone, ceramiche e ciotole in legno d'olivo.

Museo de la Cultura del Olivo (☎ 953 76 51 42; Complejo Hacienda la Laguna, Puente del Obispo; interi/bambini €2,50/1,50; 🕑 10.30-13.30 e 16.30-19 da martedì a domenica) Altro buon posto da tenere in considerazione, sia per il museo sia per la possibilità di acquistare dell'ottimo olio. Si trova fuori Baeza, nell'Hotel Hacienda La Laguna, e merita senz'altro il viaggio fino a qui.

Per/da Baeza e trasporti locali

Dalla **stazione degli autobus** (☎ 953 74 04 68; Paseo Arco del Agua) partono mezzi della compagnia Alsina Graells per Jaén (€3,50, 45 minuti, 11 corse al giorno), Úbeda (€0,90, 30 minuti, 15 corse al giorno) e Granada (€10, cinque corse al giorno). Ci sono anche autobus per Cazorla (€4, 2 ore e 15 minuti, due corse al giorno), Córdoba (€9), Siviglia (€17) e Madrid (€21).

La stazione ferroviaria più vicina è **Linares-Baeza** (☎ 953 65 02 02), 13 km a nord-ovest della città: da qui partono ogni giorno alcuni treni per Granada, Córdoba, Siviglia, Málaga, Cadice, Almería, Madrid e Barcellona. Un servizio di autobus dal lunedì al sabato collega, in coincidenza con l'arrivo o la partenza di quasi tutti i treni, la stazione con la città. La corsa in taxi costa €14.

A Baeza ci sono pochi parcheggi per le automobili, ma potete provare a trovare un posto nei dintorni del Paseo de la Constitución e in Pasaje del Cardenal Benavides.

La fermata dei taxi è in Paseo de la Constitución.

ÚBEDA

Pop. 33.000 / alt. 760 m

Úbeda, la 'sorella minore' di Baeza, è leggermente diversa da quest'ultima. Prima di raggiungere il centro della città potreste farvi trarre in inganno dallo sviluppo edilizio che sta prendendo piede nelle periferie, ma una volta in centro, vi renderete conto di quanto questo sia bello, elegante e ricco di fascino. Oltre che dagli splendidi edifici di Úbeda, i turisti sono attratti anche dai nuovi e affollati bar di tapas e ristoranti. Camminando nelle stradine della città potete fermarvi a curiosare in alcuni vecchi e bizzarri negozi dove è però esposta soprattutto merce di scarsa qualità.

Úbeda diventò un bastione castigliano dell'inesorabile marcia dei cristiani verso la riconquista del sud della Spagna. Quando Fernando III portò a termine l'occupazione dell'Andalusia musulmana, le famiglie aristocratiche come i Molinas, i de la Cuevas e i Cobos vennero ricompensate per aver preso parte alla spedizione militare con grandi proprietà terriere. Questo fatto segnò in modo indelebile la storia della provincia, e le conseguenze sono percepibili ancora oggi.

Orientamento

La maggior parte degli splendidi edifici di Úbeda – che sono poi il motivo principale per visitare la città – si trova nel dedalo di stradine tortuose e vaste piazze che costituiscono il *casco antiguo* (quartiere antico o città vecchia) nella parte sud-orientale dell'abitato. Le sistemazioni più economiche e la stazione degli autobus sono situate a circa 600 m di distanza, nella zona più nuova e grigia della città – a nord e a ovest rispetto alla parte vecchia. Le migliori possibilità di alloggio sono concentrate nel *casco antiguo*. Plaza de Andalucía segna il confine fra le due zone della città.

Informazioni

La maggior concentrazione di banche e bancomat si trova in Plaza de Andalucía e nella vicina Calle Rastro.

Centro de Salud (consultorio sanitario; ☎ 953 02 86 00; Calle Explanada s/n) Il Centro de Salud, situato nella parte nuova della città, dispone di un pronto soccorso.

Cybernet World (Calle Niño 22; €1,20 per 30 minuti; 🕑 11-14 e 16.30-22) Locale dotato di molti computer frequentato per lo più da adolescenti.

Hospital Comarcal (☎ 953 02 82 00; Carretera de Linares Km 1) È l'ospedale principale della città, situato alla sua estremità nord-occidentale.

Librería Tres Culturas (☎ 953 75 26 25; Calle Rastro 7) Vende un buon assortimento di cartine, fra cui quelle di Cazorla, e alcune guide.

Policía Municipal (☎ 953 75 00 23; Plaza de Andalucía) Si trova nell'animato centro cittadino.

Policía Nacional (☎ 953 75 03 55; Plaza Vázquez de Molina) Si trova nell'Antiguo Pósito.

Ufficio postale (Calle Trinidad 4; 🕑 8.30-14.30 da lunedì a venerdì, 9.30-13 sabato)

Ufficio turistico regionale (☎ 953 75 08 97; otubeda@andalucia.org; Calle Baja del Marqués 4; 🕑 9-14.45 e 16-19 da lunedì a venerdì, 10-14 sabato) È situato nel settecentesco Palacio Marqués de Contadero, nella città vecchia.

Che cosa vedere

Quasi tutti i luoghi di interesse turistico di Úbeda si trovano nel *casco antiguo*, per la cui visita sono necessari un giorno o due. Sarebbe consigliabile concentrarsi prima sulle diverse piazze (Plaza Vázquez de Molina, Plaza del Ayuntamiento e Plaza del 1 de Mayo), e poi dedicare una mezza giornata per passeggiare nel Barrio San Millán (il quartiere dei laboratori di ceramica) dove fare un po' di shopping.

PLAZA VÁZQUEZ DE MOLINA

Dopo i successi della Reconquista, gli elementi più in vista dell'aristocrazia di Úbeda si affrettarono ad assicurarsi le posizioni di potere alla corte di Castiglia. Nel XVI secolo venne nominato dal re Carlos I segretario di stato Francisco de los Cobos y Molina, a cui

succedette il nipote Juan Vázquez de Molina. Influenzata dal Rinascimento italiano, che stava imponendosi anche in Spagna, e rafforzata dalla ricchezza e dai privilegi delle cariche pubbliche, la famiglia Molina si dedicò ad ambiziosi progetti per ampliare e abbellire la propria città. Commissionò dunque quelli che oggi vengono considerati i più bei palazzi rinascimentali di Spagna, al punto che il critico d'arte e filosofo catalano Eugenio D'Ors (1881-1954) è arrivato a paragonare Úbeda a città italiane come Ferrara e Brescia.

Lo stile rinascimentale si può ammirare nella sua espressione più pura nella **Capilla del Salvador del Mundo** (☎ 953 75 81 50; interi/bambini €3/1, l'ultima ora ingresso gratuito; 🕑 10-14 e 16.30-19), la prima di molte opere realizzate dall'architetto Andrés de Vandelvira (v. lettura p365). La **facciata principale** della cappella è un magnifico esempio di stile plateresco, costruita sul modello della Puerta del Perdón della cattedrale di Granada, opera di Diego de Siloé. Il portale classico è sormontato da una scultura che rappresenta la trasfigurazione di Cristo, affiancata dalle statue di san Pietro e san Paolo. La parte sottostante è una vera profusione di sculture classiche che raffigurano divinità greche, opera dello scultore francese Esteban Jamete – un elemento rinascimentale che solo pochi decenni prima sarebbe stato inconcepibile. Osservata di notte, la facciata svela tutti i suoi particolari, come se fosse un'immagine in 3-D.

All'interno, la sacrestia è ricca di sculture simboliche, anch'esse opera di Jamete. Avendo lavorato a Fontainebleau, questo artista diede alla sacrestia un tocco francese, visibile nei grandi festoni decorativi e nei medaglioni, sormontati da una grande cupola affrescata sul modello della Capilla Mayor di Granada. Il retablo principale della chiesa, creato da Alonso de Berruguete, fu danneggiato durante la guerra civile e solo una statua, la *Transfiguración del Monte Tabor* è originale. Tuttavia, la parte danneggiata è stata accuratamente e mirabilmente restaurata.

La Capilla del Salvador del Mundo è la cappella funeraria della famiglia Cobos (la loro cripta si trova sotto la navata) – questo fatto ci fa capire chiaramente quanto era cospicua la ricchezza di Francisco che, in un certo periodo, superò quella dello stesso re Carlos I. Oggi la chiesa è ancora proprietà privata, e appartiene ai duques de Medinaceli, discendenti dei Cobos e residenti a Siviglia, una delle principali famiglie di proprietari terrieri dell'Andalusia.

L'intera piazza, caratterizzata da grandiose proporzioni – è lunga 180 m – e da una profusione di splendidi edifici, era di proprietà della famiglia Cobos. A fianco della cappella si trova il **Palacio del Condestable Dávalos**, nel quale in origine abitava il cappellano della chiesa. Parzialmente ricostruito nel XVII secolo, il palazzo ospita oggi il lussuoso parador di Úbeda. Nella parte occidentale della piazza è situato l'enorme **Palacio de Vázquez de Molina** (☎ 953 75 04 40; 🕑 10-14 e 17-21), oggi sede dell'*ayuntamiento* di Úbeda, che venne costruito da Vandelvira per Juan (nipote di Francisco e suo successore alla carica di segretario di stato), del quale si può vedere lo stemma araldico sopra la porta d'ingresso. La semplice facciata, di evidente influenza italiana, ha proporzioni magnificamente armoniose.

Il **Museo de Alfarería Artesana** (ingresso €1,80; 🕑 10.30-14 e 17-19 da martedì a sabato, 10.30-14 domenica) è dedicato alle tipiche ceramiche smaltate di verde di Úbeda, una tradizionale produzione artigianale le cui radici affondano nel periodo della dominazione araba.

Di fronte al Palacio de Vázquez de Molina si trova il sito sul quale sorgeva l'antica moschea di Úbeda, oggi occupato dall'**Iglesia Santa María de los Reales Alcázares**; il pittoresco chiostro con la fontana era la zona nella quale i musulmani compivano le abluzioni rituali prima della preghiera. La chiesa è chiusa da anni per lavori di restauro, quindi informatevi presso l'ufficio turistico in merito ai tempi della sua eventuale riapertura. A fianco della chiesa di Santa María si trova il **Cárcel del Obispo** (Prigione del Vescovo), dove venivano imprigionate le monache che infrangevano le rigide regole. Oggi ospita il palazzo di giustizia. Sotto agli alberi situati di fronte c'è la **statua di Andrés de Vandelvira**, l'uomo che contribuì a fare di Úbeda la meraviglia che oggi possiamo ammirare. Nei pressi della statua, di fronte alla piazza principale, si trova il cinquecentesco **Antiguo Pósito**, che in origine era un magazzino comunale per il grano in eccesso e oggi ospita la sede locale della Policía Nacional.

A est della piazza, dopo aver percorso 150 m lungo Baja de El Salvador, si arriva al **mirador** (belvedere), dal quale si può godere di una bella veduta panoramica sugli oliveti, sui quali incombe in lontananza la sagoma della montagne innevate di Cazorla.

A NORD DI PLAZA DE VÁZQUEZ DE MOLINA

A nord della piazza principale di Úbeda, un dedalo di tortuose stradine porta a una serie di piazze eleganti, ciascuna fiancheggiata da altri palazzi e chiese. La prima di esse è la grande Plaza del Ayuntamiento, sul cui angolo nord-occidentale si affaccia il **Palacio de Vela de los Cobo** (ingresso libero). È possibile visitare l'edificio accordandosi in precedenza con l'ufficio turistico.

Un altro dei più bei palazzi della città è il secentesco **Palacio de los Condes de Guadiana**, a

MAESTRO IN COSTRUZIONI

Gran parte degli edifici che si possono ammirare a Úbeda, Baeza e Jaén è opera di un solo uomo: Andrés de Vandelvira. Nato nel 1509 ad Alcaraz (in Castiglia-La Mancha), 150 km a nord-est di Úbeda, Vandelvira fu quasi l'unico artefice dell'introduzione dello stile rinascimentale nella provincia di Jaén. Influenzato dall'architetto Diego de Siloé, un vero pioniere nell'uso di questo stile, Vandelvira progettò molti edifici meravigliosi e, cosa sorprendente, il suo stile coprì tutte le tre principali fasi di sviluppo dell'architettura rinascimentale in Spagna. La prima fase, prevalentemente ornamentale, chiamata stile plateresco, si può vedere nella Capilla del Salvador del Mundo (p363); la seconda fase, dominata da maggiore purezza stilistica e dall'introduzione di proporzioni classiche, ha il suo esempio migliore nel Palacio de Vázquez de Molina (p364). Infine, la terza fase è simboleggiata dalla sua ultima realizzazione, l'Hospital de Santiago (v. in questa pagina), il migliore esempio dell'austero stile tardo-rinascimentale spagnolo, denominato stile herreresco. Considerato il grande patrimonio architettonico che Vandelvira ci ha lasciato, sicuramente la sua è stata una vita ben spesa.

tre isolati da Calle Real (un tempo la principale via dei commerci di Úbeda), che vanta eleganti sculture attorno alle finestre e ai balconi. Per avere un'idea di come dovessero presentarsi all'interno questi palazzi nobiliari, visitate la **Casa Museo Arte Andalusí** (☎ 619 076132; Calle Narvaez 11; ingresso €1,50; 🕑 10.30-14.30 e 16-20.30), recentemente aperta al pubblico, che è piena di antichità di quel periodo. Vi si tengono, inoltre, degli spettacoli di flamenco ogni sabato, dalle 22 in poi; il prezzo varia a seconda dell'artista che si esibisce.

A nord-est di Plaza del Ayuntamiento si trova l'ancor più grande Plaza del 1 de Mayo, che in origine era la piazza del mercato e l'arena della città. Essa era anche il luogo in cui venivano eseguiti i terribili roghi dell'Inquisizione, che i notabili locali osservavano dalla galleria dell'**Antiguo Ayuntamiento** (antico municipio), situato nell'angolo sud-occidentale. Lungo il lato settentrionale della piazza sorge l'**Iglesia de San Pablo** (ingresso libero; 🕑 7-21), che vanta un bel portale di epoca tardogotica (1511).

Poco a nord dell'Iglesia de San Pablo, un palazzo trecentesco in stile mudejar ospita il **Museo Arqueológico** (☎ 953 75 37 02; Calle Cervantes 4; ingresso libero; 🕑 15-20 martedì, 9-20 da mercoledì a sabato, 9-15 domenica), nel quale sono esposti reperti archeologici che vanno dal neolitico al periodo della dominazione araba. Un secondo museo, più piccolo, il **Museo de San Juan de la Cruz** (☎ 953 75 06 15; Calle del Carmen; ingresso €1,20; 🕑 11-13 e 17-19 da martedì a domenica), è dedicato al poeta, mistico e riformatore religioso del XVI secolo san Giovanni della Croce, che fondò l'ordine monastico dei Carmelitos Descalzos (carmelitani scalzi). Malgrado la fortissima opposizione incontrata, il religioso volle creare questo ordine nel tentativo di promuovere un ritorno alla vita austera e contemplativa che, secondo lui, i carmelitani avevano ormai abbandonato. Il museo si trova nell'Oratorio de San Juan de la Cruz, dove san Giovanni morì per una cancrena nel 1591. Nell'oratorio si può vedere una ricostruzione di una cella dei monaci, con una figura di san Giovanni a grandezza naturale seduto al suo tavolo nell'atto di scrivere – sembra proprio che stia rimuginando sulla 'oscura notte dell'anima'. In un locale vicino sono contenute le sue lettere, oltre a un paio delle sue dita! Le visite guidate, effettuate da monaci che parlano solo spagnolo, durano circa mezz'ora. Dal museo andando verso nord si raggiunge, dopo essere passati sotto alla notevole **Puerta de Losal**, il **Barrio San Millán**, il quartiere di Úbeda famoso per la produzione di ceramiche: le potrete ammirare e acquistare in molti **laboratori**, soprattutto in Calle Valencia. In alternativa, dalla porta de Losal potete girare a destra e scendere prima lungo Calle Fuente Seca e Calle Cruz de Hierro, e poi continuare in Corredera de San Fernando; dopo aver oltrepassato l'insolita **Iglesia de la Santísima Trinidad** (Corredera de San Fernando), in stile barocco, arriverete infine all'ultima realizzazione di Vandelvira, l'**Hospital de Santiago** (☎ 953 75 08 42; Calle Obispo Cobos; ingresso libero; 🕑 8-15 e 16-22 da lunedì a venerdì, 11-15 e 18-22 sabato e domenica). Portato a termine nel 1575, è una costruzione imponente ed equilibrata, spesso anche chiamata Escorial de Andalucía, dal nome del famoso antico monastero situato a poca distanza da Madrid, il cui architetto è stato un precursore dello stile barocco utilizzato da Vandelvira. Oggi funge da centro culturale di Úbeda e ospita una biblioteca, una scuola municipale di danza e una sala per mostre ed esposizioni.

Visite guidate

Artificis (☎ 953 75 81 50; www.artificis.com, in spagnolo; Calle Baja de El Salvador 14; interi/bambini €8/gratuito; visite guidate 11 e 17 tutto l'anno, visita pomeridiana alle 18 da giugno a settembre) Le visite guidate di Artificis prevedono un giro dei monumenti di Úbeda della durata di circa due ore (commento in spagnolo). Se telefonate in anticipo, è possibile prenotare una visita con commento in inglese, francese o italiano. Artificis offre anche visite guidate della vicina Baeza.

Atlante (☎ 953 79 34 22; Plaza del Ayuntamiento s/n; interi/bambini €6/gratuito; visite guidate 11 e 17 tutto l'anno, visita pomeridiana alle 18 da giugno a settembre) Atlante offre visite guidate simili a quelle di Artificis, ma è anche possibile fare una suggestiva visita notturna (inverno/estate €19/22). La visita combinata di Úbeda e Baeza costa €12.

Feste e manifestazioni

Semana Santa (Settimana Santa) Solenni confraternite, processioni di fedeli e un'atmosfera coinvolgente.

Festival Internacional de Música y Danza Ciudad de Úbeda Per tutto il mese di maggio si tengono vari spettacoli di musica e danza.

Fiesta de San Miguel Celebra la conquista della città da parte di Fernando III, avvenuta nel 1233, con spettacoli di fuochi d'artificio, parate, concerti, un festival di flamenco, corride e molto altro ancora. La festa si svolge dal 27 settembre al 4 ottobre.

PROVINCIA DI JAÉN

Pernottamento

Le sistemazioni economiche di Úbeda sono un po' anonime, per quanto migliori di quelle che offre Baeza. Gli alberghi di prezzo medio ed elevato sono invece decisamente accoglienti e ricchi di atmosfera, e molti sono ospitati in palazzi antichi. Il parcheggio di un albergo in genere costa circa €9 al giorno.

Hostal Sevilla (☎ 953 75 06 12; Avenida Ramón y Cajal 9; singole/doppie €20/33) L'Hostal Sevilla è una gradevole pensione a conduzione familiare che offre camere dotate di riscaldamento e con un buon rapporto qualità-prezzo.

Hostal Victoria (☎ 953 75 29 52; Calle Alaminos 5; singole/doppie €23/37; P) Eccellente sistemazione economica, ospitata nell'appartamento di una signora anziana molto socievole. Le camere spaziose sono tutte provviste di TV, e in inverno hanno il riscaldamento.

Hotel María de Molina (☎ 953 79 53 56; www.hotel-maria-de-molina.com, in spagnolo; Plaza del Ayuntamiento; singole/doppie €52/84;) È un bell'albergo situato in un palazzo del XVI secolo, nella pittoresca Plaza Ayuntamiento. Le camere ben arredate sono circondate da un tipico patio. L'albergo dispone anche di un ottimo ristorante.

Hotel Ordóñez Sandoval (☎ 953 79 51 87; Calle Antonio Medina 1; singole/doppie €53/66; P) Residenza di famiglia di Amalia Perez Ordóñez, questo *palacio* del XIX secolo offre tre grandi camere da letto ai visitatori di passaggio. Amalia è una cortese e piacevole padrona di casa, che saluta i suoi ospiti durante la prima colazione e cerca di comunicare amabilmente con loro, eventualmente anche in inglese. Ha molta pazienza anche con chi parla spagnolo con scarsa disinvoltura.

Rosaleda de Don Pedro (☎ 953 79 51 47; www.rosaledadedonpedro.com; Calle Obispo Toral 2; singole €64-77, doppie €80-96; P) Il Don Pedro, il risultato degli sforzi di un gruppo di amici, offre tutti i comfort tipici di un tre stelle nel centro della città vecchia. Le camere hanno bellissimi letti fatti su misura, c'è un buon ristorante e la sola piscina situata nel centro storico. Prenotando in anticipo si possono ottenere degli sconti sul prezzo delle camere.

Palacio de la Rambla (☎ 953 75 01 96; Plaza del Marqués de la Rambla 1; doppie/suite con prima colazione €100/112) Frutto di una delle migliori ristrutturazioni effettuate a Úbeda, il Palacio de la Rambla, nella residenza della Marquesa de la Rambla, offre otto fantastiche camere piene di pezzi d'antiquariato. Il patio coperto di edera è piacevolmente romantico e l'entrata è permessa solo agli ospiti dell'albergo. È possibile farsi servire la prima colazione in camera. In luglio e agosto l'albergo è chiuso.

Parador Condestable Dávalos (☎ 953 75 03 45; www.parador.es, in spagnolo; Plaza Vázquez de Molina; singole/doppie €106/119; P) Come tutti i parador di Spagna, anche questo è situato nella posizione migliore e nell'edificio più bello della città, affacciato sulla magnifica Plaza Vázquez de Molina. L'albergo, che in passato fu il Palacio del Deán Ortega, è in pratica un monumento storico. È stato, ovviamente, ristrutturato in modo molto accurato e lussuoso. Il suo ristorante è il migliore della città.

Pasti

Úbeda offre numerosi locali, sia bar dove mangiare gustose tapas – che vengono servite gratis come accompagnamento alle bevande – sia ristoranti dove viziarsi con le specialità della nouvelle cuisine. Calle Real, nella città vecchia, è il posto migliore per mangiare tapas. Il prezzo medio di una bevanda (con una tapa) va da €1 a €1,50.

Mesón Restaurante Navarro (☎ 953 79 06 38; Plaza del Ayuntamiento 2; raciones €4-9) Sempre pieno, fumoso e rumoroso, il Navarro è uno dei ristoranti preferiti dalla gente del posto. Potete consumare delle tapas al bar, ma durante la stagione estiva è molto più bello sedersi ai tavoli sistemati nella piazza soleggiata. Ricordate che sull'insegna c'è scritto soltanto 'Mesón Restaurante'.

La Taberna (☎ 953 79 24 70; Calle Real 7; portate principali €6-10) Bambini che corrono e urlano, genitori che bevono e mangiano tapas, barman che sudano e lavorano come pazzi: questa è la tipica scena da 'serata spagnola' che vi si presenterà davanti quando entrerete in questo frequentato bar di tapas. Ordinate qualcosa da bere, prendete il piatto con la vostra tapa, e unitevi alla festa.

Mesón Gabino (☎ 953 75 75 53; Calle Fuente Seca; portate principali €6-10) Ristorante-cantina dalla magnifica atmosfera con una bella sala da pranzo sostenuta da pilastri di pietra. È un ottimo posto per fermarsi a mangiare se siete di ritorno da una passeggiata nel quartiere della ceramica. Offre pietanza sostanziose, incluse insalate e piatti a base di uova.

Restaurante El Gallo Rojo (☎ 953 75 20 38; Calle Manuel Barraca 3; portate principali €9-12) Poco lontano dall'estremità settentrionale di Avenida Ramón y Cajal, questo allegro locale è uno dei migliori ristoranti nella parte moderna della città. Il *menú* offre un ottimo rapporto qualità-prezzo. Inoltre, ci sono anche dei tavoli all'aperto.

Taberna La Imprenta (☎ 650 375000; Plaza del Doctor Quesada 1; portate principali €10-13) Questo magnifico locale è stato ricavato da una vecchia stamperia. Pieno di stile, è frequentato dagli abitanti più facoltosi di Úbeda. Serve tapas deliziose, tutte comprese nel prezzo delle bevande. Potrete ordinare anche asparagi al forno, dell'ottima carne e cremose *cheesecake*.

Restaurante El Seco (☎ 953 79 14 52; Calle Corazón de Jesús 8; menú €12) Situato in una graziosa piazza piena di aranci, El Seco propone ottimi piatti tradizionali, come la fumante *carne de monte* (di solito cacciagione) con una ricca salsa di pomodoro, o la trota grigliata con verdure miste.

Parador Condestable Dávalos (☎ 953 75 03 45; Plaza Vázquez de Molina; portate principali €12-17, menú €25) Questo ristorante meritatamente famoso serve piatti deliziosi e presentati in maniera elegante. Il conto è elevato, ma si tratta del migliore locale di Úbeda. Anche in bassa stagione la sua sala da pranzo è, alla sera, sempre molto affollata. Provate le specialità locali come il *carruécano* (peperoni verdi ripieni di pernice) o il *cabrito guisado con piñones* (capretto stufato con pinoli).

Locali

Buona parte dei locali si trova nella parte moderna della città, ma la gente del posto ama anche fare il giro dei bar di tapas situati lungo Calle Real. A Úbeda non c'è una grande vita notturna e in bassa stagione quasi tutti i giovani della città sembrano frequentare soprattutto le pizzerie e gli internet bar.

Le Petit Café (Avenida Ramón y Cajal 26; 🕑 7.30-23) Verso sera questo caffè molto frequentato si riempie di clienti. Le sue specialità sono tè, caffè, cocktail a base di frutta, oltre a un vasto assortimento di *tortas* (torte), biscotti, pasticcini e gelati.

Casablanca Café (☎ 953 79 27 88; Redonda de Santiago) Se Úbeda avesse il suo Hotel California (un posto speciale citato in una famosa canzone degli Eagles), sarebbe proprio questo bar. Juke-box, oggetti tipici dei bar americani, illuminazione rétro, un grande tavolo da biliardo e una vecchia pompa di benzina creano un'atmosfera molto particolare. Nelle tranquille serate di domenica e lunedì il bar è pieno di uomini che contemplano il fondo del proprio bicchiere sulle note di tristi canzoni.

Pub Siglo XV (Calle Prior Blanca 5) È l'unico bar caratteristico della città vecchia, dove ogni tanto è possibile assistere a spettacoli di flamenco e ascoltare musica dal vivo. In bassa stagione, tuttavia, talvolta è chiuso.

Shopping

Le tipiche, magnifiche ceramiche smaltate di verde e le tradizionali stuoie di *esparto* (sparto) ricamate con motivi colorati, chiamate *ubedíes*, risalgono entrambe all'epoca araba. Il quartiere della ceramica conserva ancora tre originali fornaci di quel periodo (ne rimangono solamente sei in tutta la Spagna).

Le strade principali dello shopping sono Calle Mesones e Calle Obispo Cobos, situate tra Plaza de Andalucía e l'Hospital de Santiago.

Artesanía Blanco (Calle Real 47) Questo negozio, situato nella città vecchia, vende belle stuoie e cestini di *esparto* che costano circa da €5 in su.

Acuario (Calle Real 61) Situato vicino all'Artesanía Blanco, offre bei pezzi di antiquariato e pregiate piastrelle.

Tiburcio (☎ 953 79 10 03; Calle Alvaro de Torres 4; 🕒 11-15 e 17-20 sabato e domenica) Questo negozio è un vero forziere di tesori. Frugando fra le tante cianfrusaglie potrete scovare vecchi barattoli per il caffè, piastrelle e fotografie antiche. Basta avere il tempo di cercare.

Diversi laboratori vendono ceramiche nel Barrio (quartiere) San Millán, a nord-est della città vecchia, e gli artigiani sono spesso felici di spiegare ai turisti le antiche tecniche da loro utilizzate, raccontando per esempio come aggiungano noccioli di oliva al fuoco per farne aumentare il calore, ottenendo così smalti più brillanti. La **Alfarería Paco Tito** (Calle Valencia 22, Calle Fuente Seca 17 e Plaza del Ayuntamiento 12) è il laboratorio più grande, ma ce ne sono altri in Calle Valencia, così come vale la pena di dare un'occhiata anche alla vicina **Alfarería Góngora** (Cuesta de la Merced 32). Gli oggetti in ceramica più piccoli, comodi da trasportare nel proprio bagaglio, costano da €6 in su.

Per/da Úbeda e trasporti locali

La **stazione degli autobus** (☎ 953 75 21 57; Calle San José 6) si trova nella parte nuova della città. Gli autobus Alsina Graells effettuano collegamenti con Baeza (€0,90, 30 minuti, 15 corse al giorno), Jaén (€4,50, 1 ora e 15 minuti, 12 corse al giorno dal lunedì al sabato), Cazorla (€3,30, 45 minuti, fino a 10 corse al giorno) e Granada (€11, sette corse al giorno). La compagnia Bacoma gestisce autobus per Córdoba (€10, quattro corse al giorno) e Siviglia (€18, quattro corse al giorno). Ci sono anche altri autobus per Málaga (€19) e Madrid (€21), e per alcuni centri più piccoli della provincia di Jaén.

La stazione ferroviaria più vicina è **Linares-Baeza** (☎ 953 65 02 02), 21 km a nord-ovest della città. Per raggiungerla prendete uno degli autobus diretti a Linares. Per informazioni sui treni v. p362.

Ora c'è un comodo parcheggio sotterraneo in Plaza de Andalucía (un'ora €1, 12 ore €8). Potete anche parcheggiare (gratuitamente) nelle stradine della città vecchia e nelle strade che partono da Plaza de Andalucía, anche se non è facile trovare posto.

CAZORLA

Pop. 8000 / alt. 836 m

Cazorla si trova su un pendio che sembra stia per scivolare giù da un momento all'altro. Inerpicarsi con fatica su per le ripide strade di questa moderna città rurale, abbastanza grande, è un ottimo allenamento se il vostro itinerario prevede una visita al Parque Natural de las Sierras de Cazorla, Segura y las Villas. Il parco inizia in tutto il suo splendore in corrispondenza delle falesie di Peña de los Halcones (Picco dei Falconi), che svetta sopra la città. Da qui si possono ammirare le pianure e la selvaggia zona montuosa percorsa da suggestive valli che si aprono a nord-est.

Cazorla diventa piuttosto affollata durante la stagione delle vacanze degli spagnoli e nei fine settimana dalla primavera all'autunno.

Orientamento

Da ovest, la tortuosa A319 entra a Cazorla assumendo il nome di Calle Hilario Marco. Questa strada termina in Plaza de la Constitución, la piazza principale situata nella parte più nuova della città, solitamente animata da un'attività piuttosto frenetica. L'altra piazza importante è Plaza de la Corredera, 150 m a sud di Plaza de la Constitución. Si raggiunge percorrendo Calle Doctor Muñoz, la stretta strada principale di Cazorla fiancheggiata da negozi. Plaza de Santa María, 300 m più avanti in direzione sud-est, che si raggiunge passando da stradine ancora più strette e tortuose, è il cuore della parte più antica della città. Si trova immediatamente al di sotto del castello e della montagna.

Informazioni

Troverete diverse banche con sportelli bancomat in Plaza de la Constitución e Plaza de la Corredera, e nella zona compresa fra queste due piazze.

Centro de Salud Dr José Cano Salcedo (☎ 953 72 10 61; Calle Ximénez de Rada 1) È il consultorio medico della città.

Policía Local (☎ 953 72 01 81) Si trova nell'*ayuntamiento*, a poca distanza da Plaza de la Corredera.

Ufficio postale (Calle Mariano Extremera 2; 🕒 8.30-14.30 da lunedì a venerdì, 9.30-13 sabato) Dietro al municipio, vicino a Plaza de la Corredera.

Ufficio turistico municipale (☎ 953 71 01 02; Paseo del Santo Cristo 17; 🕒 10-13 e 17.30-20) Si trova 200 m a nord di Plaza de la Constitución. Offre informazioni sul parco e sulla città.

Che cosa vedere

La storia di Cazorla, come quella di tutta la provincia di Jaén, è strettamente legata a quella delle ricche classi di proprietari terrieri. I *palacios* (palazzi) della città in passato erano di proprietà di poche famiglie facoltose, e in qualche caso lo sono ancora oggi. La piazza centrale, **Plaza de la Corredera**, costituisce il centro della cittadina, dominato dall'elegante edificio dell'**ayuntamiento**, con l'originale torre dell'orologio. La plaza, come il resto della città, è piena di vita.

Strette stradine che sembrano canyon si irradiano in direzione sud verso il **Balcón de Zabaleta**. Questo piccolo *mirador* (punto panoramico) è come una finestra che si apre inaspettata in un muro: offre una stupenda veduta sulla città fino al **Castillo de la Yedra** (Castello dell'Edera). Questo notevole castello di origine romana fu ampiamente ricostruito dai musulmani e poi nuovamente modificato nel XV secolo, dopo la Reconquista. In epoca moderna è stato sottoposto a costosi lavori di restauro e oggi ospita il **Museo del Alto Guadalquivir** (ingresso €1,50, gratuito cittadini UE; 🕑 15-20 martedì, 9-20 da mercoledì a sabato, 9-15 domenica e festivi), con un'eclettica collezione di opere d'arte e manufatti locali. All'interno si può anche vedere la ricostruzione di una cucina tradizionale, alcuni modellini di antichi frantoi per le olive e una cappella contenente una scultura della Crocifissione romanico-bizantina a grandezza naturale.

La via più breve per salire al castello passa dalla bella **Plaza de Santa María** e inizia a destra della diroccata **Iglesia de Santa María**. Questa chiesa, oggi in rovina, fu costruita da Vandelvira e distrutta dalle truppe napoleoniche come rappresaglia per la tenace resistenza opposta dalla città di Cazorla agli invasori francesi. Oggi è saltuariamente utilizzata per concerti all'aperto.

In Plaza de Santa María è piacevole trascorrere un'ora o due nel tardo pomeriggio fra i tavolini dei caffè e gli antichi platani, che si affacciano su una fontana che ha circa 400 anni, la **Fuente de las Cadenas** (Fontana delle Catene).

Feste

La Caracolá L'immagine del santo patrono di Cazorla, san Isicio (un apostolo che si ritiene sia stato lapidato a Cazorla in epoca romana), viene portata in processione dalla Ermita de San Isicio all'Iglesia de San José. La celebrazione si svolge il 14 maggio.

Fiesta de Cristo del Consuelo La fiesta annuale di Cazorla si svolge dal 17 al 21 settembre ed è animata da fuochi d'artificio e da una grande fiera. Il primo giorno viene portato in processione un dipinto del XVII secolo raffigurante il Cristo del Consuelo (Cristo della Consolazione), che venne salvato dalla distruzione napoleonica.

Pernottamento

Oltre alle sistemazioni presenti a Cazorla, ci sono altre possibilità di alloggio anche nel vicino villaggio di La Iruela, che si trova a 1 km da Cazorla in direzione del parco.

Camping Cortijo San Isicio (☎ 953 72 12 80; piazzola per persona/tenda/auto €3,50/3/2,50; 🕑 da marzo a ottobre) È un bel campeggio situato in una pineta, non lontano dalla strada per Quesada, 4 km a sud-ovest del centro di Cazorla. Ha posto solo per 54 persone. La strada di accesso è stretta e tortuosa.

Instalación Juvenil Cazorla (☎ 953 72 03 29; www.inturjoven.com; Plaza Mauricio Martínez 6; letti in camerata maggiori/minori di 26 anni €14/19; ♿) Situato in cima a una ripida salita 200 m dopo Plaza de la Corredera, il pulitissimo ostello della gioventù di Cazorla, ospitato in un ex convento del XVI secolo, è gestito da persone molto socievoli. Dispone di 120 posti in camere che vanno da due a sei letti, in genere con bagno in comune.

Hotel Guadalquivir (☎ 953 72 02 68; www.hguadalquivir.com, in spagnolo; Calle Nueva 6; singole/doppie €35/47; ❄) Economico e allegro, il Guadalquivir ha confortevoli ma dozzinali camere con mobili di pino, TV, riscaldamento e vista che lascia un po' a desiderare. Le singole sono abbastanza piccole, ma in ogni caso quest'albergo offre un buon rapporto qualità-prezzo e si trova in ottima posizione.

Hotel Sierra de Cazorla (☎ 953 72 12 25; www.hotelsierradecazorla.com, in spagnolo; Travesía del Camino de La Iruela 2, La Iruela; singole/doppie €46/62, appartamenti €68-94; 🅿 ❄ ♿) Grande e moderno albergo situato in un magnifico ambiente naturale a La Iruela. È arredato con mobili di pino, e dispone di una piscina davvero fantastica all'ombra di una grande montagna. L'Hotel Sierra de Cazorla gestisce anche gli appartamenti Don Pedro da una, due o tre camere da letto, nei quali possono dormire fino a un massimo di otto persone. Gli appartamenti sono luminosi e ariosi, ma quando piove possono essere un po' freddi, anche se qualcuno è dotato di caminetto.

Hotel Ciudad de Cazorla (☎ 953 72 17 00; Plaza de la Corredera 9; singole/doppie con prima colazione

€63/74;) Struttura moderna situata al centro di Plaza de Corredera, che invece è circondata da edifici storici. È questo il motivo per cui la costruzione dell'albergo è stata osteggiata dagli abitanti della città più tradizionalisti. Tuttavia si tratta di un edificio interessante che offre camere spaziose e dotate di tutti i comfort.

Molino la Farraga (953 72 12 49; www.molinolafarraga.com; Calle Camino de la Hoz s/n; doppie €64;) Poco più avanti di Plaza de Santa María si trova il tranquillo e antico mulino La Farraga, un ex frantoio per le olive annidato sopra Cazorla fra boscosi pendii percorsi da alcuni corsi d'acqua. All'interno l'ambiente è molto confortevole e non appariscente, con arredi in mogano scuro. Il giardino pieno di verde è paradisiaco.

Villa Turística de Cazorla (953 71 01 00; Ladera de San Isicio; villa da 2/4 persone con prima colazione €76/128;) Questo grazioso villaggio turistico in stile andaluso offre 32 confortevoli villette, dotate di soggiorno e terrazza, ma senza cucina. Ci sono parecchi sentieri escursionistici che attraversano il parco, una piscina di discrete dimensioni e un'area giochi per i bambini.

Pasti

Verso la fine dell'estate e in autunno, dopo la pioggia, gli abitanti del posto spariscono nei boschi per raccogliere grandi e deliziosi funghi, chiamati *níscalos*. Se li trovate al ristorante, non perdeteveli.

Molti dei bar che si affacciano sulle tre piazze principali di Cazorla servono ottime tapas e *raciones*.

Un mercato giornaliero si tiene in Plaza del Mercado, in fondo a Plaza de la Constitución.

Bar Las Vegas (Plaza de la Corredera 17; raciones €6) È il migliore bar di Cazorla. Qui potrete provare un gustoso *revuelto* (uova strapazzate) con gamberetti e peperoncino, oppure le migliori *tostadas* (pane tostato con varie farciture) per la prima colazione di tutta la città.

La Montería (Plaza de la Corredera 18; tapas €2-4) Questo locale offre tapas di *choto con ajo* (vitello con aglio), mentre il *plato olímpico* (piatto olimpico) è un ottimo modo per gustare un'ampia varietà di tapas.

La Cueva de Juan Pedro (Plaza de Santa María; raciones €9, menú €10) È un antico locale con travi di legno ai soffitti, dalle quali pendono innumerevoli collane di aglio e peperoncino poste a essiccare, oltre a *jamones* (prosciutti). Provate piatti tradizionali di Cazorla, come *conejo* (coniglio), *trucha* (trota), *rin-rán* (un misto di merluzzo salato, patate e peperoncino secco), *jabalí* (cinghiale), *venado* (cervo) e perfino muflone. Il *menú* propone anche il coniglio in vinaigrette.

Mesón Don Chema (953 72 00 68; Calle Escaleras del Mercado 2; portate principali €7-9) Posto in fondo a un vicolo nei pressi di Calle Doctor Muñoz, questo allegro ristorante serve economici piatti locali, fra cui i caldissimi *huevos cazorleña,* uno stufato misto con fette di uovo sodo e chorizo (salsiccia speziata) con verdure.

Restaurante La Sarga (953 72 15 07; Plaza del Mercado s/n; portate principali €8-12, menú €18; chiuso a settembre) Quello che è considerato il migliore ristorante di Cazorla serve specialità locali rivisitate in chiave moderna. Purtroppo va segnalato che la qualità dei piatti lascia abbastanza a desiderare. L'antipasto a base di merluzzo e insalata d'arance era buono, ma le portate principali, come la *caldereta de gamo* (stufato di daino) o i *lomos de venado con miel* (costolette di cervo con miele) avevano una salsa densa e pesante e le verdure non erano cotte a puntino.

Altri locali consigliati per gustare le tapas sono i seguenti:

Café-Bar Rojas (Plaza de la Constitución 2; tapas €1,50-4)

Taberna Quinito (Plaza de Santa María 6; tapas €1,50-4) Locale molto informale.

Per/da Cazorla e trasporti locali

Alsina Graells offre collegamenti in autobus per/da Úbeda (€3, 45 minuti, fino a 10 corse al giorno), Jaén (€6,50, 2 ore, due corse al giorno) e Granada (€12, 3 ore e mezzo, due corse al giorno). La principale fermata a Cazorla è in Plaza de la Constitución; l'ufficio turistico ha tutte le informazioni sugli orari. C'è poi qualche autobus che da Cazorla raggiunge Coto Ríos (€3, due corse al giorno dal lunedì al sabato), nel parco, effettuando fermate ad Arroyo Frío e a Torre del Vinagre.

Trovate un comodo parcheggio in Plaza del Mercado, sotto Plaza de la Constitución.

PARQUE NATURAL SIERRAS DE CAZORLA, SEGURA Y LAS VILLAS

Una delle principali attrattive turistiche dell'intera provincia di Jaén è il lussureggiante Parque Natural Sierras de Cazorla, Segura y Las Villas, che occupa una superficie di 2143 kmq. È il più grande parco naturale della Spagna e le sue frastagliate catene montuose, per quanto non siano molto elevate, sono di indimenticabile bellezza, come pure il grande lago che si estende in mezzo a loro per ben 20 km. In questo parco si trovano anche le sorgenti del Río Guadalquivir, il fiume più lungo dell'Andalusia. Esso nasce fra la Sierra de Cazorla e la Sierra del Pozo, nella parte meridionale del parco, e da lì prosegue verso nord fino al lago, per poi deviare verso ovest e gettarsi nell'Oceano Atlantico.

Le stagioni migliori per visitare il parco sono la primavera e l'autunno, perché la vegetazione è nel momento di maggiore splendore e mostra tutti i suoi colori più belli. Inoltre, le temperature sono gradevoli. In inverno il parco è spesso coperto dalla neve. Quando effettuate un'escursione, assicuratevi di avere con voi l'attrezzatura adatta, un'abbondante scorta d'acqua e abbigliamento adeguato. La temperatura in quota è di diversi gradi inferiore a quella delle valli e il vento può soffiare impetuoso in qualunque periodo. È molto più agevole visitare il parco se si dispone di un proprio automezzo, ma esistono anche alcuni servizi di autobus e nel parco ci sono varie sistemazioni. Se non avete un'automobile, per raggiungere le aree più isolate potete unirvi alle escursioni guidate.

Il parco è molto frequentato dai turisti spagnoli e si stima che richiami circa 600.000 visitatori l'anno, dei quali 50.000 durante la Semana Santa. Gli altri periodi di grande

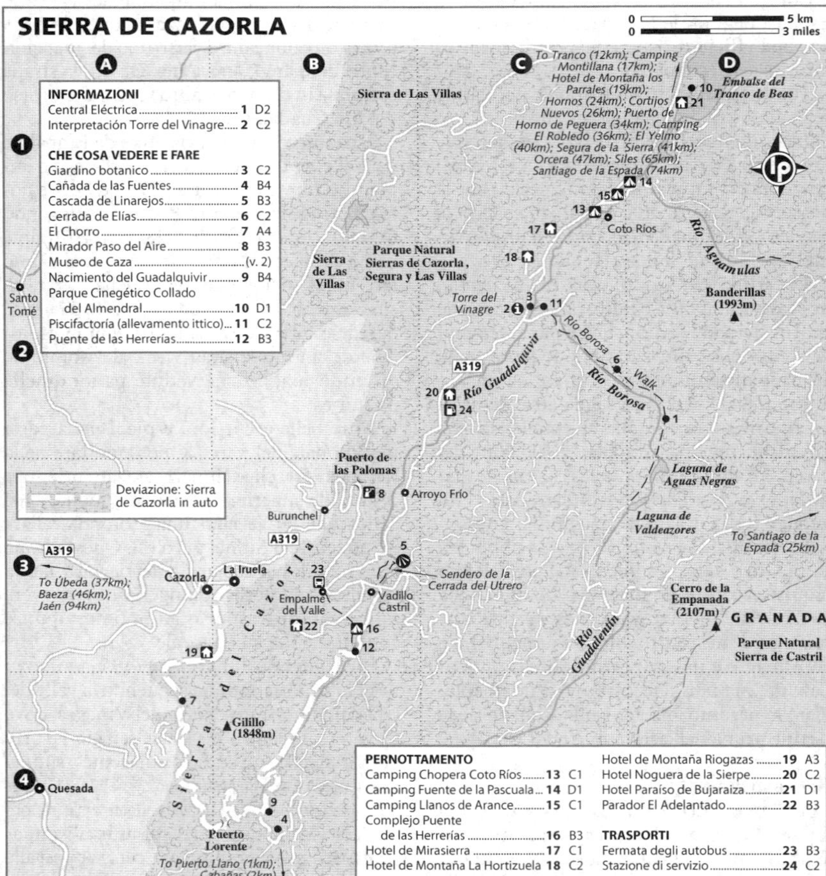

affollamento sono luglio e agosto e i fine settimana da aprile a ottobre.

Informazioni

Il principale centro informazioni del parco è il **Centro de Interpretación Torre del Vinagre** (☎ 953 71 30 40; Carretera del Tranco Km 51; 🕑 11-14 e 17-20 da aprile a settembre, 11-14 e 16-19 da ottobre a marzo), situato a Torre del Vinagre. Costruito negli anni '50 come casino di caccia per le personalità più illustri di Spagna (compreso il generale Francisco Franco), il centro informazioni ospita un'esposizione non molto ricca sugli aspetti ecologici del parco. Nel centro trovate anche gli unici servizi igienici comodamente raggiungibili di tutto il parco. Ci sono uffici turistici stagionali a Cortijos Nuevos, Hornos, Santiago de la Espada, Segura de la Sierra, Orcera e Siles. Anche l'ufficio turistico di Cazorla fornisce informazioni sul parco.

Fra le guide escursionistiche più valide segnaliamo in lingua inglese *Walking in Andalucía* di Guy Hunter-Watts, che descrive in maniera particolareggiata escursioni di lunghezza compresa fra 5 km e 15 km che si possono fare a Cazorla, oppure in spagnolo, *Senderos de Pequeño Recorrido – Parque Natural de Cazorla* di Justo Robles Álvarez.

Le cartine migliori sono *Sierra de Cazorla,* in scala 1:40.000 di Editorial Alpina, che copre il terzo meridionale del parco e *Sierra de Segura,* che copre i due terzi settentrionali. Selezionati sentieri per escursioni a piedi e in mountain bike sono segnalati e descritti in appositi opuscoli. Quercus publica anche un'ottima cartina stradale (1:100.000) del parco, *Parque Natural de las Sierras de Cazorla, Segura y Las Villas*, sulla quale sono indicati tutti i luoghi di maggiore interesse.

La cartina *Sierra de Cazorla* pubblicata da El Olivo è disponibile in inglese e si può acquistare alla reception della Villa Turística di Cazorla. Potete trovare queste e altre cartine e guide nel centro informazioni di Torre del Vinagre e in alcuni negozi della città di Cazorla, ma non fateci troppo affidamento. V. p459 per informazioni sull'acquisto delle cartine prima dell'arrivo in Andalusia.

Che cosa vedere

LA PARTE MERIDIONALE DEL PARCO

Il parco inizia ad alcune centinaia di metri di altitudine sulla collina a est della città di Cazorla. I sentieri e le strade sterrate che si diramano fra pinete, prati, picchi rocciosi e valli della Sierra de Cazorla offrono innumerevoli opportunità per fare escursioni in giornata, a piedi o in automobile, e per ammirare paesaggi stupendi. La diversa conformazione geografica del parco, compresa fra i 2107 m della vetta più elevata, il **Cerro de la Empanada**, e i 460 m del punto più basso, fa sì che si verifichino spesso improvvisi cambiamenti nel paesaggio.

La A319, la strada principale a est di Cazorla, non entra nel parco fino a Burunchel, a 7 km da Cazorla. Da Burunchel sale tortuosamente per circa 5 km fino ai 1200 m di Puerto de las Palomas, dal quale si raggiunge, poco più avanti, il **Mirador Paso del Aire**. Da qui scende, sempre tortuosamente, per altri 5 km fino a Empalme del Valle, un incrocio in corrispondenza del quale la A319 gira in direzione nord verso uno dei maggiori centri del parco, **Arroyo Frío**. Da qui la strada continua in direzione nord seguendo il corso del Río Guadalquivir.

Una interessante deviazione da Empalme del Valle vi porterà alla sorgente di questo impetuoso fiume (v. lettura p376), da dove potete proseguire per altri 8 km raggiungendo **Cabañas**, che con i suoi 2028 m di altitudine è uno dei picchi più elevati del parco. Si può fare un'escursione circolare della durata di circa due ore dalla strada a Puerto Llano: il percorso gira attorno all'estremità meridionale del monte e si avvicina alla sommità, offrendo magnifiche vedute panoramiche da sud-est.

Altre belle escursioni a piedi nella parte meridionale del parco si possono fare nella **Sierra del Pozo**, che si innalza sul lato orientale della valle superiore del Guadalquivir, e nel **Barranco del Guadalentín**, una profonda vallata in cui scorre il fiume, più a est. Quest'ultima è una zona particolarmente ricca di fauna selvatica, ma per raggiungerla dovete avere un mezzo di trasporto autonomo, oppure contattare una guida locale.

Proseguendo lungo la A319 da Arroyo Frío, la strada continua seguendo la valle del Guadalquivir fino a Torre del Vinagre, dove troverete il Centro de Interpretación Torre del Vinagre. In un edificio adiacente è situato il **Museo de Caza** (ingresso libero; 🕑 11-14 e 17-20 da aprile a settembre, 11-14 e 16-19 da ottobre a marzo), nel quale sono esposti parecchi animali impagliati e trofei di stambecchi e cervi appesi alle pareti, che sembrano guardare tristemente verso il basso. Un posto più allegro in cui trascorrere un po' di tempo è il **giardino botanico**, nel quale sono esposti esemplari della flora del parco, straordinariamente ricca, fra cui alcune specie vegetali endemiche di quest'area.

Dopo Torre del Vinagre si incontra Coto Ríos, dove inizia il bacino idrico chiamato **Embalse del Tranco de Beas**. La maggior parte delle persone che arriva da Cazorla non si spinge oltre questa località. Quasi tutte le sistemazioni per il pernottamento e le infrastrutture per i visitatori del parco si concentrano lungo la strada che raggiunge questo punto, dal quale inizia anche l'escursione di un giorno più apprezzata, quella che risale il corso del Río Borosa (v. lettura p374). L'autobus che parte da Cazorla arriva solo fino a qui, dunque per inoltrarsi ulteriormente nel parco è necessario disporre di un proprio mezzo di trasporto.

LA PARTE SETTENTRIONALE DEL PARCO

Da Coto Ríos la strada costeggia la riva del grande lago e, attraverso gli alberi, si scorgono suggestive vedute. In una giornata di sole, seguire questo percorso sarà bellissimo: 7 km a nord di Coto Ríos, su un lembo di terra fra la A319 e il lago, troverete il **Parque Cinegético Collado del Almendral**, un grande parco venatorio in cui vivono stambecchi, mufloni e cervi. Dal parcheggio, un sentiero lungo circa 1 km conduce a tre *mirador* da dove è possibile osservare gli animali selvatici – i momenti migliori per l'avvistamento sono l'alba e il tramonto. Percorrendo altri 15 km in direzione nord, la A319 attraversa la diga che chiude questo bacino idrico, vicino al piccolo villaggio di Tranco. Superato il villaggio, la valle si allarga e le colline diventano meno aspre.

Dodici km a nord della diga, a Tranco, la A319 raggiunge un incrocio a T, dal quale la A317 procede tortuosamente per circa 4 km fino a Hornos, un villaggio che sorge sulla sommità di un'alta parete rocciosa, dalla quale è possibile ammirare magnifiche vedute panoramiche. Circa 10 km a nord-est di Hornos lungo la A317 si trova l'incrocio di **Puerto de Horno de Peguera**. Continuando per un altro chilometro verso nord (verso Siles) si raggiunge una strada sterrata che gira a sinistra e che conduce ad alcune case diroccate in cima a **El Yelmo** (1809 m), una delle montagne più singolari della parte settentrionale

ANIMALI SELVATICI

Se vi piace avvistare animali selvatici, una visita a Cazorla è assolutamente da non perdere. Oltre alla possibilità di fare magnifiche escursioni e di visitare pittoreschi villaggi, avrete l'occasione di osservare numerosi animali selvatici nel loro ambiente naturale – in nessun'altra parte dell'Andalusia vi sono così tante specie come in questo parco. Cervi rossi, daini, cinghiali, mufloni e stambecchi sono presenti in gran numero (in parte anche a causa del fatto che sono allevati a fini venatori), per cui vi potrà capitare di vedere cinghiali o daini attraversare la strada. Nel parco vivono anche circa 140 specie di uccelli, fra cui diverse specie di aquile, avvoltoi e falchi; inoltre, sono in corso tentativi per reintrodurre in questo ambiente anche il gipeto. Non vi resta che mettervi le scarpe adatte, prendere il binocolo e partire alla scoperta di questo parco!

del parco. Per raggiungere la cima bisogna percorrere circa 5 km coprendo un dislivello di 360 m. A un bivio, dopo circa 1,75 km, girate a destra (la strada che va a sinistra porta a El Robledo e a Cortijos Nuevos). Lungo il percorso si possono vedere ampi e magnifici panorami. Dovreste riuscire a scorgere qualche grifone che volteggia in cielo e, nei fine settimana o nei periodi di vacanza, probabilmente anche qualche parapendio e qualche deltaplano. La strada è percorribile in automobile, anche se è piuttosto stretta, ma è anche adatta per una bella escursione a piedi (il percorso circolare richiede circa sei o sette ore di cammino).

SEGURA DE LA SIERRA

Segura de la Sierra, probabilmente il villaggio più spettacolare di tutto il parco, si trova arroccato in cima a una collina alta 1000 m dominata da un **castello** arabo. Da Hornos si raggiunge procedendo verso nord per circa 20 km – dalla A317 4 km dopo Cortijos Nuevos occorre svoltare in direzione est. Malgrado la distanza sia breve, la strada incredibilmente tortuosa sembra non finire mai – l'impressione è quella di non riuscire ad arrivare in cima alla collina. Fortemente caratterizzato dal suo passato islamico, il villaggio in realtà venne fondato all'epoca dei fenici e alla fine divenne parte della linea

ESCURSIONE AL RÍO BOROSA

L'escursione più popolare nel Parque Natural Sierras de Cazorla, Segura y Las Villas è quella che risale il corso del Río Borosa, attraverso paesaggi di crescente bellezza e spettacolarità. Si attraversano una gola e due gallerie (è utile avere una torcia elettrica) per arrivare a due bei laghi di montagna – con un dislivello di 500 m. Per compiere i 24 km dell'escursione si impiegano circa sette ore (andata e ritorno, senza contare le soste). Il percorso è molto piacevole, nonostante il sentiero sia piuttosto affollato nei fine settimana.

Una strada segnalata da un cartello indicante la 'Central Eléctrica', che devia in direzione est dalla A319 di fronte al Centro de Interpretación Torre del Vinagre, attraversa il Guadalquivir dopo circa 500 m. A 1 km dal fiume la strada raggiunge una **piscifactoría** (stabilimento di piscicoltura), vicino al quale si trovano dei parcheggi per le automobili. L'inizio del sentiero è segnalato da un cartello sulla vostra destra, poco dopo lo stabilimento.

Il primo tratto è costituito da una strada sterrata che attraversa più volte il fiume ricco di trote, passando su alcuni ponti. Dopo circa 4 km si raggiunge una biforcazione: non prendete in considerazione la strada di sinistra in salita, ma imboccate quella di destra. Percorrerete un bel sentiero lungo circa 1,5 km: dopo qualche centinaio di metri la valle si restringe a formare una gola (la **Cerrada de Elías**) e alla fine il sentiero si riduce a una passerella di legno. Si ritorna poi sulla strada sterrata e continuando per circa 3 km si arriva alla **Central Eléctrica**, un piccolo stabilimento per la produzione di energia idroelettrica.

Il sentiero passa fra la centrale elettrica e il fiume e attraversa un ponte pedonale dove vedrete un cartello che indica il 'Nacimiento de Aguas Negras, Laguna de Valdeazores'. A circa 1,5 km dalla centrale, il percorso gira a sinistra a procede a zigzag in una **galleria** scavata nella roccia, che permette all'acqua di raggiungere la centrale idroelettrica. La galleria è percorsa da uno stretto sentiero, separato dal corso d'acqua da una staccionata, che richiede circa cinque minuti di cammino. Subito dopo si procede per un breve tratto all'aperto e poi si entra in una **seconda galleria**, che si attraversa in circa un minuto. Si esce fuori all'inizio della diga della **Laguna de Aguas Negras**, un piccolo ma pittoresco bacino idrico circondato da alberi e colline. Attraversate la diga per arrivare sull'altro lato del laghetto, poi continuate per circa 1 km verso sud per raggiungere un lago naturale di dimensioni simili, la **Laguna de Valdeazores**.

Partendo da Cazorla potete compiere questa escursione in un giorno, prendendo l'autobus per Torre del Vinagre. Portate con voi un'abbondante scorta d'acqua.

di difesa cristiana, quando fu strappato dal dominio arabo nel 1214.

Avvicinandosi alla parte superiore e più antica del villaggio si incontra un **ufficio turistico** (☎ 953 12 60 53; 🕑 10.30-14 e 18.30-20.30) a fianco della Puerta Nueva, un arco che un tempo era una delle quattro porte dell'islamica Saqura. I due principali luoghi di interesse turistico, il **castello** e il **Baño Moro** (bagno arabo), sono solitamente aperti tutti i giorni da mattina a sera – ma è sempre meglio controllare preventivamente all'ufficio turistico, soprattutto per quanto riguarda il castello.

Situato sopra al villaggio, il castello si può raggiungere sia a piedi sia in automobile. Se volete andare a piedi, prendete la stretta Calle de las Ordenanzas del Común, sulla destra dopo l'**Iglesia de Nuestra Señora del Collado**, la chiesa parrocchiale. Dopo qualche minuto arriverete vicino alla piccola arena di Segura, nella quale si sono esibiti famosi toreri – come Enrique Ponce – durante la festa di ottobre. A questo punto il castello incombe sulla destra proprio su di voi. Procedendo verso questo edificio si aprono magnifiche vedute panoramiche sulle campagne circostanti e salendo al terzo piano la vista spazia fino a El Yelmo, che si trova circa 5 km in direzione sud-sudovest. Si può arrivare fin quasi al castello in automobile, partendo dopo la chiesa parrocchiale e seguendo il perimetro del villaggio.

L'altra attrazione di Segura, il **Baño Moro**, si trova nelle vicinanze della centrale Plaza Mayor. Costruito intorno al 1150, probabilmente per il sovrano locale Ibn ben Hamusk, il Baño Moro comprende tre eleganti sale – per bagni freddi, tiepidi e caldi – con archi a ferro di cavallo e volte a botte su cui si aprono dei lucernari. Nelle vicinanze è situata la **Puerta Catena**, la porta araba meglio conservata delle quattro di Segura. Da qui potete avviarvi lungo il sentiero GR-147, segnalato, che conduce al villaggio splendidamente isolato di **Río Madera** – si tratta di un'escursione in discesa lungo il fianco della collina lunga circa 15 km.

Escursioni guidate

Diversi operatori offrono escursioni guidate ad alcune delle aree meno accessibili del parco, oltre a varie attività come escursioni a cavallo o in bicicletta. Quasi tutti gli alberghi e campeggi possono organizzare queste escursioni per i loro clienti.

I principali operatori sono:

Excursiones Bujarkay (☎ 953 71 30 11; www.swin.net/usuarios/jcg; Calle Borosa 81, Coto Ríos) Offre escursioni a piedi, in fuoristrada, in bicicletta e a cavallo con *guías nativos* (guide locali). Le tariffe sono specificate sul sito web della società, che ha anche un chiosco ad Arroyo Frío.

Tierraventura (☎ 953 72 20 11; www.tierraventuracazorla.com, in spagnolo; Calle Ximénez de Rada 17, Cazorla) Organizza molte attività avventurose quali quad biking, canoa, escursioni a piedi e arrampicate su roccia.

TurisNat (☎ 953 72 13 51; www.turisnat.org, in spagnolo; Paseo del Santo Cristo 17, Cazorla) Offre escursioni in fuoristrada con guide che parlano inglese. I prezzi partono da €25 a persona per mezza giornata, o da €45 a persona per una giornata intera.

Pernottamento e pasti

Il parco offre molte possibilità di alloggio, ma poche nella fascia dei prezzi economici – le uniche sono rappresentate da una decina di campeggi. Se desiderate informazioni particolareggiate sui campeggi, rivolgetevi all'ufficio turistico di Cazorla. Durante i periodi di maggiore afflusso turistico è sempre consigliabile prenotare con un certo anticipo. Non è consentito piantare la tenda al di fuori dei campeggi autorizzati, i quali non sempre rispettano alla lettera i periodi di apertura pubblicizzati – da ottobre ad aprile è preferibile telefonare per conferma o informarsi presso uno degli uffici turistici. A Segura de la Sierra ci sono possibilità molto limitate per il pernottamento e nei fine settimana o durante le vacanze estive è meglio prenotare con un certo anticipo. Quasi tutti i ristoranti del parco, tranne i piccoli caffè che si incontrano a lato della strada, fanno parte di alberghi o *hostales*. Per informazioni complete su tutti gli alberghi e i campeggi del parco, consultate il sito www.turismoencazorla.com (in spagnolo).

Complejo Puente de las Herrerías (☎ /fax 953 72 70 90; nei pressi di Vadillo Castril; piazzola per persona/tenda/auto €4/3,60/3,60, bungalow da 2/12 persone €44/144; P ⁜ ⧉) Questo campeggio, il più grande all'interno del parco, può ospitare fino a mille persone. Ha anche un piccolo albergo con 11 camere doppie e bungalow indipendenti. C'è un ristorante e si possono organizzare escursioni a cavallo, in canoa, torrentismo (canyoning) e arrampicate. Si può arrivare al campeggio a piedi dalla fermata dell'autobus di Empalme del Valle: seguite prima il sentiero segnato lungo 1,5 km e chiamato Sendero de El Empalme del Valle, poi il Sendero de la Fuente del Oso (1,4 km).

Camping Chopera Coto Ríos (☎ 953 71 30 05; piazzola per 2 persone, tenda e auto €13) Dispone di spazi un po' esigui ma è ombreggiato. Il campeggio si trova in una via secondaria di Coto Ríos.

Camping Fuente de la Pascuala (☎ 953 71 30 28; piazzola per 2 persone, tenda e auto circa €14) Si trova a lato della A319.

Camping Llanos de Arance (☎ 953 71 31 39; piazzola per 2 persone, tenda e auto €15) Si trova proprio di fronte al Guadalquivir, dall'altra parte del campeggio Chopera Cotos Ríos.

Bar El Cruce (☎ 953 49 50 03; Puerta Nueva 27, Hornos; singole/doppie €12/24) Situato all'entrata del villaggio di Hornos, questo allegro bar offre anche camere discrete. C'è una graziosa terrazza-giardino, dove viene servito dell'ottimo cibo. Il bar può inoltre fornire informazioni sugli appartamenti in affitto.

Instalación Juvenil Jorge Manrique (☎ 953 48 04 14; Calle Francisco de Quevado 1, Segura de la Sierra; doppie con/senza bagno €22/19; ⁜) Questo ostello è l'unico di Segura de la Sierra. È un bel posto in cui soggiornare e offre sistemazioni per tutte le tasche. Dispone anche di miniappartamenti nuovissimi. Su richiesta può inoltre preparare il pranzo al sacco per gli escursionisti.

Hotel de Montaña Los Parrales (☎ 953 12 61 70; www.turismoencazorla.com/parrales.html, in spagnolo; Carretera del Tranco Km 78; singole/doppie €25/35; P ⁜) Situato a nord di Tranco lungo la strada che conduce a Hornos, Los Parrales è un albergo molto piacevole con vedute magnifiche sul lago. L'interno è arredato con gusto, con allegre tonalità azzurro e giallo e una rustica sala da pranzo con tovaglie a quadrettoni. Attraverso Excursiones Bujarkay, che gestisce questo albergo, potrete partecipare a numerose attività organizzate da questa agenzia.

Hotel de Montaña La Hortizuela (☎ 953 71 31 50; Carretera del Tranco Km 53; singole/doppie €33/55; P ⁜ ⧉) Accogliente albergo con 27 camere

DEVIAZIONE: SIERRA DE CAZORLA IN AUTOMOBILE

Ecco qualcosa per i viaggiatori più pigri, che vogliono godere della natura ma senza sudare. Questo itinerario da 60 km costituisce una buona introduzione alle zone del parco più vicine alla città di Cazorla. Il percorso, che si snoda soprattutto lungo strade sterrate, è comunque affrontabile anche con automobili normali, facendo attenzione alle buche che si incontrano qua e là. Calcolate circa due ore per compiere il giro, di più se volete fare delle soste per brevi passeggiate e un picnic.

Dirigetevi per prima cosa verso La Iruela e girate a destra lungo Carretera Virgen de la Cabeza, poco dopo essere entrati nel villaggio. Percorrendo altri 700 m circa raggiungerete il *mirador* (belvedere) **Merenderos de Cazorla**, dal quale si ammira una bella vista panoramica su Cazorla. Dopo altri 4 km si supera l'Hotel de Montaña Riogazas e 7 km più avanti si arriva a **El Chorro**, una gola in cui si possono osservare capovaccari e grifoni.

Subito dopo El Chorro c'è una strada sterrata che scende sulla destra; ignoratela e proseguite invece su quella che conduce a Puerto Lorente (Passo Lorente) e, dopo 12 km, a un bivio. Qui, girate a destra e dopo circa 200 m troverete il cartello che indica il **Nacimiento del Guadalquivir**, situato pochi passi più in basso sulla vostra sinistra. Una targa sulla sponda opposta segnala il punto in cui ufficialmente nasce il Guadalquivir. Nei periodi di secca sembra che il corso d'acqua emerga dal sottosuolo. La strada procede per un breve tratto verso l'area per picnic di **Cañada de las Fuentes**.

Da Cañada de las Fuentes ritornate all'incrocio prima del Nacimiento e dirigetevi verso nord, tenendo il neonato Guadalquivir sulla vostra destra – è un bellissimo tratto che si snoda lungo una valle alberata, con il fiume su un lato e picchi frastagliati che si innalzano tutto intorno. Dopo 11 km si raggiunge il **Puente de las Herrerías**, un ponte sul Guadalquivir che pare sia stato costruito in una notte per la regina Isabel la Católica, che doveva attraversare il fiume durante le campagne militari contro l'emirato di Granada. Qui la strada inizia a essere asfaltata e 3 km più avanti, dopo il grande campeggio Complejo Puente de las Herrerías, si arriva a un incrocio a T. Girate a sinistra e dopo 400 m, di fronte alla diramazione per il villaggio di Vadillo Castril, raggiungerete l'inizio del **Sendero de la Cerrada del Utrero**, un bellissimo percorso segnalato, di 2 km, che conduce a imponenti falesie, alla **Cascada de Linarejos** e a una piccola diga sul Guadalquivir – un'ottima opportunità per scendere dall'automobile e sgranchirsi un po' le gambe.

A 1 km di distanza dalla diramazione per Vadillo Castril si trova la svolta a sinistra che porta all'albergo Parador El Adelantado (situato in fondo a una strada asfaltata lunga circa 5 km); dopo altri 2,5 km arriverete all'incrocio di Empalme del Valle, da dove si torna a Cazorla percorrendo 17 km.

situato in una zona tranquilla a circa 1 km di distanza dalla strada principale, lungo una via segnalata. Offre camere confortevoli e un valido ristorante, che serve un *menú* a €9. Il bivio per raggiungere l'albergo si trova 2 km a nord di Torre del Vinagre.

Hotel de Mirasierra (☎ 953 71 30 44; Carretera del Tranco Km 51; singole/doppie €35/45; P ❄ 🅿) Sistemazione dall'atmosfera tradizionale e rustica. Le camere sono spaziose e i copriletti in tessuto servono anche da tende. La piscina è perfetta per fare il bagno e rilassarsi dopo un'escursione a piedi. Il ristorante dell'albergo ha un'ottima reputazione, ampiamente meritata – se passate da questa parti, vi consigliamo di fermarvi per il pranzo.

El Parral (☎ 953 72 72 65; Carretera del Tranco Km 37, Arroyo Frío; appartamenti per 4 persone €40; P ❄ 🅿) Altro gradevole complesso costituito da appartamenti indipendenti con facciata in pietra. Tutte gli appartamenti sono dotati di camere spaziose, cucine ben attrezzate e bagni, oltre che di terrazze panoramiche.

Los Enebros (☎ 953 72 71 10; Carretera del Tranco Km 37, Arroyo Frío; singole/doppie €48/78, appartamenti da 4/12 persone €93/153; P ❄ 🅿 ♿) Situato all'estremità settentrionale di Arroyo Frío, questo complesso turistico offre qualsiasi tipo di sistemazione possiate immaginare: un albergo, appartamenti, chalet e un piccolo campeggio. La sistemazione è alquanto spartana, ma qui avrete la possibilità di praticare molte attività all'aria aperta, fra cui escursioni e cavallo e canoa. Ci sono anche due piscine e un parco giochi.

Hotel Paraíso de Bujaraiza (☎ 953 12 41 14; www.paraisodebujaraiza.com, in spagnolo; Carretera del Tranco Km 59; singole/doppie €50/60; P ❄ 🅿) È un albergo piccolo e grazioso situato sulla destra del lago. Ha una sua spiaggia, dove potrete noleggiare canoe, e camere belle e confortevoli. È anche un posto molto suggestivo per fermarsi a pranzo, perché il ristorante si affaccia sull'acqua.

Los Huertos de Segura (☎ 953 48 04 02; www.loshuertosdesegura.com; Calle Castillo 11, Segura de la Sierra; appartamenti per 2/4 persone €55/65; P ❄) Ottimi miniappartamenti e appartamenti arredati con molto gusto e con vista panoramica mozzafiato. Gli amichevoli proprietari sono una buona fonte di informazioni sulle visite guidate e le escursioni a piedi che si possono fare in questa zona.

Hotel Noguera de la Sierpe (☎ 953 71 30 21; Carretera del Tranco Km 44,5; singole/doppie €63/97, chalet per 4 persone €130; P ❄) Questo albergo è un paradiso per gli appassionati di caccia e il proprietario, anch'esso un patito di questa attività, ha decorato gli ambienti con animali impagliati e fotografie che dimostrano le sue prodezze venatorie. L'albergo si trova in un *cortijo* (tenuta di campagna) ristrutturato e si affaccia su un pittoresco laghetto. È possibile affittare cinque chalet (quelli da quattro persone costano €130). L'albergo dispone inoltre di cavalli con i quali si possono effettuare lezioni di equitazione (prima mezz'ora gratuita, poi €12 l'ora); c'è anche un ottimo ristorante rustico.

Parador El Adelantado (Parador de Cazorla; ☎ 953 72 70 75; www.parador.es, in spagnolo; singole/doppie €81/97; P ❄) È uno dei *parador* meno attraenti, ma si trova in una stupenda posizione in un bosco di pini. Inoltre ha un giardino erboso e una bella piscina. L'interno è arredato in stile 'casino di caccia', con tanto di teschi di animali e pistole appesi alle pareti. Solo nove delle 33 camere offrono una bella vista – se possibile scegliete una di quelle.

I migliori ristoranti di Segura, dove gustare ottimi stufati, piatti a base di fagioli e ceci, *chorizo*, *jamón*, e squisiti formaggi, sono **El Mirador Messia de Leiva** (Calle Postigo 2; menú €8), nella parte alta del villaggio vicino a Los Huertos, e **La Mesa Segureña** (☎ 953 48 21 01; www.lamesadesegura.com, in spagnolo; Calle Postigo 13, Segura de la Sierra; portate principali €7-12; 🕑 chiuso domenica sera e lunedì) gestito dall'artista Ana María. La Mesa Segureña affitta anche bellissimi e convenienti appartamenti in paese per un minimo di due notti (miniappartamenti €54, appartamenti da due camere €84).

Altri campeggi consigliati sono:

Camping Montillana (☎ 953 12 61 94; piazzola per persona/tenda/auto €3,20/3,40/4,50) Si trova 4 km a nord della città ed è il campeggio più vicino a Tranco.

Camping El Robledo (☎ 953 12 61 56; piazzola per persona/tenda/auto €3,40/4,50/3,40) Se volete campeggiare vicino a Segura de la Sierra questo è il posto che fa per voi. Si trova circa 4 km a est di Cortijos Nuevos sulla strada che porta a El Yelmo.

Per/dal Parque Natural Sierras de Cazorla, Segura y Las Villas e trasporti locali

Ci sono due autobus al giorno (tranne la domenica) della compagnia **Carcesa** (☎ 953 72 11 42) che da Plaza de la Constitución, a Cazorla, raggiungono Empalme del Valle (€1,50, 30 minuti), Arroyo Frío (€1,80, 45 minuti), Torre del Vinagre (€3,50, 1 ora) e Coto Ríos (€3,50, 1 ora e 10 minuti). Potete ritirare gli orari aggiornati presso l'ufficio turistico.

Non ci sono collegamenti in autobus fra la parte settentrionale del parco e quella centrale e meridionale, né esistono autobus per Segura de la Sierra. Tuttavia, se arrivate da Jaén, Baeza o Úbeda, potreste prendere un autobus della compagnia Alsina Graells per La Puerta de Segura (che parte tutti i giorni da Jaén alle 9.30 e torna da La Puerta alle 15). Da La Puerta, la cosa migliore per raggiungere Segura de la Sierra è utilizzare un **taxi** (☎ 953 48 08 30, 619 060409); la corsa costa €12.

Se siete in automobile, è possibile raggiungere il parco con la A319 da Cazorla, con le strade dirette a nord da Villanueva del Arzobispo e Puente de Génave, sulla A32, e con la A317 per Santiago de la Espada da Puebla de Don Fadrique nella parte settentrionale della provincia di Granada. Nel parco ci sono almeno sette stazioni di servizio.

Provincia di Granada

Nel mondo esistono alcuni luoghi che sembrano avere tutto: bellezza, ricchezza e gioia di vivere. Ebbene, Granada è uno di questi. Milioni di turisti arrivano da tutto il mondo per vedere il suo gioiello più prezioso, l'Alhambra, uno scrigno che custodisce le storie, i sogni e i misteri di una grandissima civiltà fiorita negli ultimi 250 anni della dominazione araba. Washington Irving, uno scrittore statunitense, s'innamorò a tal punto dell'Alhambra da soggiornarvi per un certo periodo e nel 1823 portò all'attenzione del mondo il fascino di questo edificio con la sua opera *I Racconti dell'Alhambra*, a metà strada tra realtà e finzione.

Ma Granada non è solo l'Alhambra. È l'affascinante vecchio quartiere arabo dell'Albayzín, con le case dipinte di bianco e le strette e caratteristiche stradine; è l'onnipresente mania delle tapas; è lo stare in piedi fino all'alba nei locali di flamenco (*peñas*) o nei migliori locali notturni dell'Andalusia. La presenza di una comunità nordafricana in costante aumento dimostra come Granada abbia una mentalità molto più aperta rispetto alle altre città andaluse.

La provincia di Granada riserva poi altre sorprese, come la possibilità di sciare e arrampicare sulla Sierra Nevada, di fare escursioni a piedi nelle splendide valli delle Alpujarras nei cui villaggi vivono, oltre ai locali, anche hippy della nuova generazione e inglesi espatriati, di esplorare l'Altiplano, dove ci sono ancora persone che abitano nelle grotte, nonché quella di rilassarsi, di nuotare e mangiare il mango sulla Costa Tropical, affacciata sul Mediterraneo.

DA NON PERDERE

- I tragici avvenimenti e gli intrighi che un tempo ebbero luogo nella splendida **Alhambra** (p383) e nei giardini del **Generalife** (p389)
- Una passeggiata nelle stradine tortuose dell'**Albayzín** (p392) da cui si ammirano splendide vedute sull'Alhambra
- Gli animati **bar di tapas** (p402), i **locali notturni** (p403) e gli **spettacoli di flamenco** (p403) della Granada notturna
- Le abitazioni rupestri e uno spuntino in un bar di tapas di **Guadix** (p406), una cittadina poco visitata
- Le meravigliose valli delle **Alpujarras** (p412) e le arrampicate, l'escursionismo e lo sci nella **Sierra Nevada** (p408) incappucciata di neve
- Le fantastiche feste di Granada dove ballare fino all'alba, come il **Festival Internacional de Música y Danza** (p396), e le processioni della **Semana Santa** (p396)

POPOLAZIONE: 828.000	MESE PIÙ FREDDO E PIÙ CALDO A GRANADA: GEN/AGO 11°C/27°C	ALTITUDINE: 0 m-3479 m

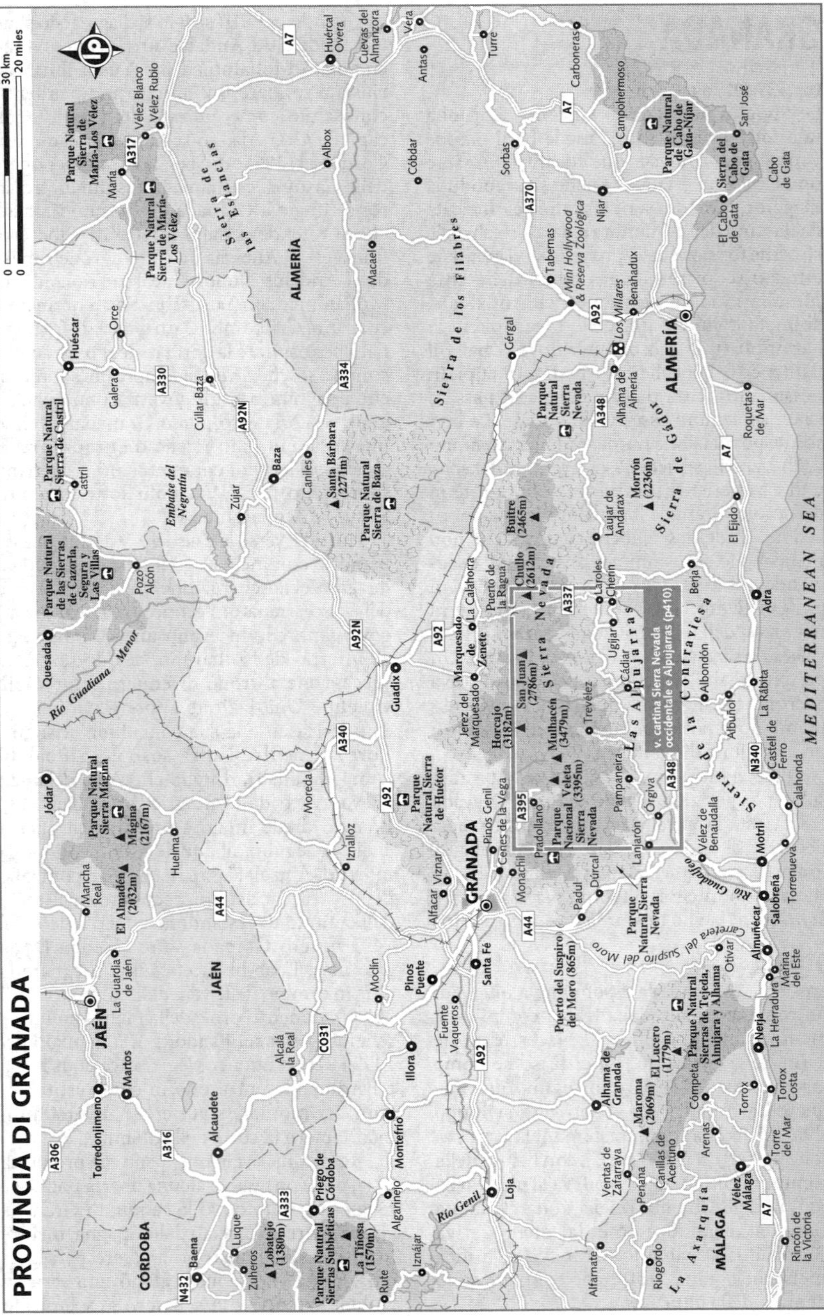

PROVINCIA DI GRANADA

GRANADA

Pop. 237.000 / alt. 685 m

Se Siviglia possiede la *pasión* e Córdoba una forte originalità, Granada ha il grande vantaggio su queste due località di essere una città viva e vitale. Anche se secondo la maggior parte dei suoi visitatori è offuscata dal fascino dell'Alhambra e dal mistero delle stradine tortuose dell'Albayzín, se vi guardate attorno scoprirete che si tratta della città più alla moda e giovanile dell'Andalusia, animata dalla cultura delle tapas, piena di bar affollati, di piccoli club dove si balla il flamenco e di locali notturni di tutti i tipi. In nessun'altra città dell'Andalusia, il passato islamico sembra essere così attuale. La crescente popolazione nordafricana ha riempito l'Albayzín di pasticcerie, di rivendite di kebab e di caratteristici posti dove si beve il tè in pantofole. Granada ha una numerosa popolazione studentesca, il che significa che non mancano le occasioni per divertirsi. Passeggiando per le sue vie osservate i giocolieri in Calle de Elvira, i ragazzi che vanno sui pattini nei pressi dell'università o gli studenti che si rilassano distesi nel quartiere di Realejo. Un po' più in alto rispetto all'Albayzín si trova Sacromonte, il vivace quartiere dei *gitanos* (rom), dove potrebbe capitarvi di assistere a un'esibizione di flamenco.

Oltre a tutto ciò, Granada occupa una splendida posizione vicino alla Sierra Nevada e alla Costa Tropical, per cui al mattino potete decidere di andare a sciare sulle montagne innevate e al pomeriggio di fare una nuotata ritornando in città in tempo per assaporare *la marcha* (la vita notturna).

STORIA

La storia di Granada assomiglia a quella di un romanzo giallo dalla trama complicata, pieno di intrighi, melensi piaceri e storie d'amore contrastato. La città sorse come insediamento iberico e in seguito divenne una città romana, ma il suo vero sviluppo ebbe inizio quando i musulmani la strapparono ai visigoti nel 711 d.C., con l'aiuto della comunità ebraica che risiedeva ai piedi della collina dell'Alhambra nella zona chiamata Garnata al-Jahud, nome dal quale deriva Granada (in spagnolo 'Granada' significa anche melagrana, frutto che compare sullo stemma della città).

Quando nel XIII secolo si disgregò lo stato almohade di Al-Andalus, un piccolo sovrano chiamato Mohammed ibn Yusuf ibn Nasr riuscì a fondare un emirato indipendente, conosciuto come emirato dei Nasridi, con capitale Granada. In seguito alla caduta di Córdoba (1236) e di Siviglia (1248) per opera della Castiglia cristiana, i musulmani trovarono rifugio a Granada e l'emirato nasride, che si estendeva dallo Stretto di Gibilterra fino a est di Almería, fu tutto ciò che rimase di Al-Andalus. Nonostante il suo isolamento, Mohammed ibn Yusuf ibn Nasr cominciò a costruire l'Alhambra, un palazzo-fortezza nato per ospitare la corte reale. Fu da questo complesso, che divenne sempre più sontuoso, che i sovrani nasridi governarono per 250 anni. Sotto la loro guida Granada divenne una della città più ricche d'Europa, grazie al talento dei suoi commercianti e artigiani, soprattutto nel XIV secolo sotto gli emiri Yusuf I e Mohammed V.

Tuttavia, verso la fine del XV secolo questo paradiso cominciò a sgretolarsi in seguito al dilagare della corruzione, dell'ambizione e del lusso sfrenato: l'economia ristagnava, i governanti conducevano una vita dissipata all'interno dell'Alhambra e le lotte per la successione al trono divennero sempre più violente. Una fazione appoggiava l'emiro Abu al-Hasan e la sua concubina cristiana, Zoraya, mentre l'altra sosteneva Boabdil (Abu-Abdullah), il figlio che Abu al-Hasan aveva avuto dalla moglie Aixa. Nel 1482 Boabdil diede inizio a una tragica guerra civile in seguito alla quale ottenne, dopo la morte di Abu al-Hasan nel 1485, il controllo della città. I cristiani occuparono il resto dell'emirato devastandone il territorio e nel 1491 misero Granada sotto assedio. Dopo otto mesi Boabdil accettò di consegnare la città in cambio delle valli delle Alpujarras, di 30.000 monete d'oro e della libertà politica e religiosa per i suoi sudditi. Il 2 gennaio del 1492 i Reyes Católicos (Re Cattolici) Isabella e Ferdinando entrarono in città vestiti con abiti cerimoniali arabi e per diversi anni mantennero la corte nell'Alhambra.

I Re Cattolici, venendo meno alla promessa fatta, non concessero alcuna libertà politica e religiosa: subito dopo la caduta di Granada gli ebrei furono cacciati dalla Spagna, mentre i musulmani iniziarono a essere perseguitati; questa situazione scatenò una serie di violente rivolte che scossero l'ex emirato finché, all'inizio del XVII secolo, si giunse all'espulsione degli arabi. Granada cadde così nell'oblio per secoli, finché l'interesse suscitato nei confronti del suo patrimonio arabo dal movimento romantico intorno al 1830 fece affluire in città viaggiatori da ogni parte del mondo che portarono a Granada una ventata d'aria fresca.

ORIENTAMENTO

Le due principali vie del centro, Gran Vía de Colón e Calle Reyes Católicos, si incontrano in Plaza Isabel La Católica. Da questo punto, Calle Reyes Católicos corre in direzione sud-ovest fino all'importante incrocio della Puerta Real, e in direzione nord-est fino a Plaza Nueva. La via chiamata Cuesta de Gomérez porta da Plaza Nueva a sud-est verso la cima della collina dell'Alhambra. L'Albayzín si estende su un'altra collina che sorge a nord di Plaza Nueva, separata da quella dell'Alhambra dalla valle del Río Darro. Ai piedi del lato sud dell'Alhambra si trova il vecchio quartiere ebraico, il Realejo.

Le zone meno antiche della città si estendono a ovest, a sud e a est. Dalla Puerta Real si diparte un'importante arteria, Acera del Darro, che corre in direzione sud-est fino al Río Genil. La stazione degli autobus (a nord-ovest) e quella ferroviaria (a ovest), situate in posizione piuttosto defilata, sono collegate al centro da numerosi autobus.

INFORMAZIONI

Accessi a internet

Grazie ai 60.000 studenti presenti a Granada, gli internet bar della città sono economici e aperti tutti i giorni per molte ore.

Internet Elvira (cartina p390; Calle de Elvira 64; €1,60 l'ora, studenti €1 l'ora; 🕓 8-23)

N@veg@web (cartina p390; Calle Reyes Católicos 55; €1,20 l'ora; 🕓 8-23) Grande centro internet nei pressi di Plaza Isabel La Católica. Offre anche servizio webcam, Skype, fax e fotocopie.

Net Realejo (cartina p390; Plaza de los Girones 3; 🕓 8-23); **Plaza de la Trinidad** (cartina p390; Calle Buensuceso; 🕓 8-23)

Assistenza sanitaria

Questi due ospedali si trovano in posizione centrale e offrono una buona assistenza in caso d'emergenze:

Hospital Clínico San Cecilio (cartina pp382-3; ☎ 958 02 32 17; Avenida del Doctor Oloriz 16)

Hospital Ruiz de Alda (cartina pp382-3; ☎ 958 02 00 09, 958 24 11 00; Avenida de la Constitución 100)

Banche

In Gran Vía de Colón, Plaza Isabel La Católica e Calle Reyes Católicos vi sono numerose banche e bancomat.

American Express (cartina p390; ☎ 958 22 45 12; Calle Reyes Católicos 31)

Emergenze

Denuncia furti (☎ 902 10 21 12) Linea diretta; gli addetti parlano diverse lingue.

Policía Nacional (polizia nazionale; cartina p390; ☎ 958 80 80 00; Plaza de los Campos) La stazione di polizia più vicina al centro.

Informazioni turistiche

Ufficio turistico provinciale (cartina p390; ☎ 958 24 71 28; www.turismodegranada.org; Plaza de Mariana Pineda 10; 🕓 9-21 da lunedì a venerdì, 10-14 e 16-19 sabato, 10-15 domenica da maggio a settembre, 9-20 da lunedì a venerdì, 10-13 sabato, 10-15 domenica da ottobre ad aprile) Pochi passi a est di Puerta Real; il personale è molto disponibile e distribuisce gratuitamente cartine e materiale vario riguardante Granada e la sua provincia.

Ufficio turistico regionale Plaza Nueva (cartina p390; ☎ 958 22 10 22; Calle Santa Ana 1; 🕓 9-19 da lunedì a sabato, 10-14 domenica e festivi); **Alhambra** (cartina p385; ☎ 958 22 95 75; Pabellón de Acceso, Avenida del Generalife s/n; 🕓 8-19.30 da lunedì a venerdì, 8-14.30 e 16-19.30 sabato e domenica da marzo a ottobre; 8-18 da lunedì a venerdì, 8-14 e 16-18 sabato e domenica da novembre a febbraio, 9-13 festivi) Informazioni su tutta l'Andalusia.

Internet

Ayuntamiento de Granada (www.granada.org, in spagnolo) Il sito del comune di Granada dispone di buone cartine e di un gran numero di informazioni su che cosa fare, dove pernottare e così via, con moltissimi link. Per informazioni turistiche cliccate su 'La Ciudad'.

Turismo de Granada (www.turismodegranada.org) È il sito web dell'ufficio turistico provinciale: è ben fatto e tratta non solo la città, ma anche la provincia di Granada.

Lavanderie

Lavandería Duquesa (cartina p390; Calle Duquesa 24; 🕓 9.30-14 e 16.30-21 da lunedì a venerdì, 9.30-14 sabato) Lavaggio e asciugatura €10.

Lavomatique (cartina p390; Calle Paz 19; 🕓 10-14 e 17-20 da lunedì a venerdì, 10-14 sabato) Lavaggio €5, asciugatura €3.

Librerie

Cartográfica del Sur (cartina pp382-3; ☎ 958 20 49 01; Calle Valle Inclán 2) A due passi da Camino de Ronda; è il migliore negozio di Granada per le cartine, ma anche per le guide sulla Spagna.

GRANADA

INFORMAZIONI

CNIG	1	B2

CHE COSA VEDERE E FARE

Alhambra Pabellón de Acceso	2	F4
Aljibe San Miguel Baños Árabes	3	A4
Arco de las Pesas	4	D2
Colegiata del Salvador	5	D2
Convento de Santa Isabel la Real	6	C2
Escuela Carmen de las Cuevas	7	E2
Iglesia de San Miguel	8	C2
Mezquita Mayor de Granada	9	D2
Mirador San Nicolás	10	D2
Monasterio de San Jerónimo	11	A2
Palacio de Dar-al-Horra	12	C2

PERNOTTAMENTO

Casa Morisca Hotel	13	E2
Cuevas El Abanico	14	E2
Hostal La Ninfa	15	D4
Hotel Guadalupe	16	F4
Hotel Palacio de Santa Paula	17	B2

PROVINCIA DI GRANADA

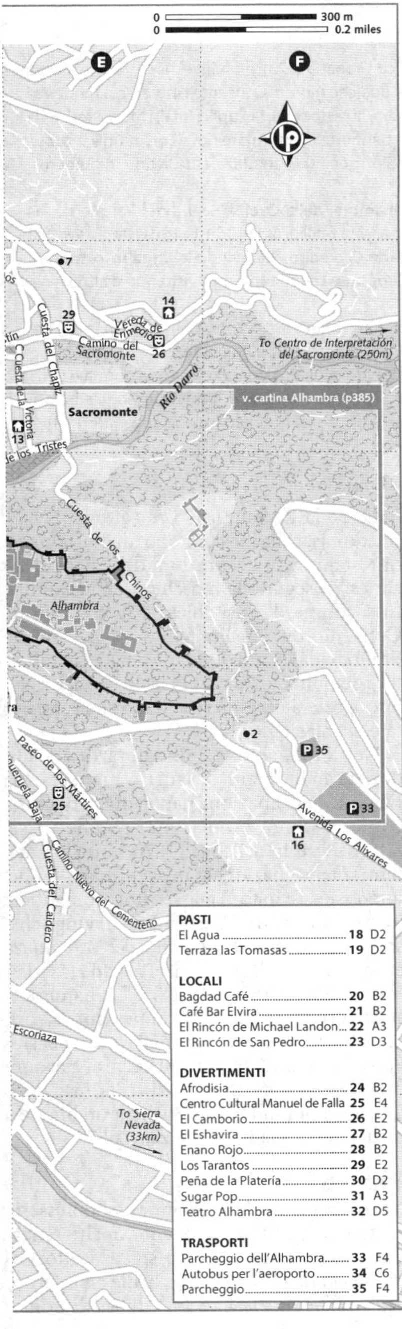

Metro (cartina p390; ☎ 958 26 15 65; Calle Gracia 31) Offre un'ottima scelta di romanzi, guide e libri sulla Spagna in lingua inglese, nonché molti volumi in francese e anche qualcuno in tedesco, italiano e russo.

Posta

Expendeduría No 37 (cartina p390; Acera del Casino 15) Se vi servono solo francobolli, potete evitare le code dell'ufficio postale andando in questo *estanco* (tabaccheria), che si trova appena girato l'angolo.

Posta centrale (cartina p390; Puerta Real s/n; 8.30-20.30 da lunedì a venerdì, 9.30-14 sabato) Spesso si formano lunghe code.

CHE COSA VEDERE E FARE

Quasi tutti i luoghi di maggiore interesse sono raggiungibili a piedi dal centro. Quando siete stanchi di camminare in salita potete prendere gli autobus.

Alhambra

Dopo aver visitato l'**Alhambra** (cartina p385; ☎ 902 44 12 21; www.alhambra-patronato.es; interi/anziani UE/solo Generalife €10/5/5, disabili e minori di 8 anni gratuito; 8.30-20 da marzo a ottobre, 8.30-18 da novembre a febbraio, chiuso il 25 dicembre e il 1° gennaio) passerete il resto della vita a desiderare di ritornarci. Al primo sguardo la fortezza dalle mura e le torri rosse ha un aspetto spoglio anche se imponente e si leva sopra boschi di cipressi e olmi, con lo sfondo stupendo delle cime innevate della Sierra Nevada. Per rendersi conto di quanto sia straordinario questo famoso edificio islamico bisogna visitarne l'interno; in particolare il palazzo degli emiri, cioè il Palacio Nazaríes (palazzo dei Nasridi), con le sue ricchissime decorazioni, e il Generalife (i giardini dell'Alhambra), ma anche le decine di cortili, di angolini e di luoghi appartati che raccontano storie affascinanti sui tempi in cui l'Alhambra dominava su questo lembo di Spagna. Qui l'acqua diventa una forma d'arte, e basta ascoltare il suo suono e ammirare il verde delle piante anche solo dall'esterno del palazzo per ritrovarsi immersi in un mondo lontano.

Purtroppo questa pace idilliaca viene completamente distrutta dalle orde di turisti che si aggirano nel complesso (in media seimila al giorno). L'unica soluzione per ovviare, almeno in parte, a questo problema è venire la mattina presto all'apertura del Pabellón de Acceso (padiglione di accesso) o nel tardo pomeriggio – ma visitare il Palacio Nazaríes di sera è un'esperienza magica.

BONO TURÍSTICO GRANADA

Il voucher turistico di Granada, chiamato Bono Turístico Granada (€23), è un investimento che merita la spesa se avete in programma di fermarvi in città per qualche giorno. Consente l'ingresso a molti tra i più importanti monumenti della città – tra cui l'Alhambra, la cattedrale, la Capilla Real, i monasteri della Cartuja e di San Jerónimo, e il Parque de las Ciencias – permette di effettuare nove corse sugli autobus urbani, vale come pass giornaliero per l'autobus City Sightseeing Granada, e offre sconti in numerosi alberghi, ristoranti e altri musei.

Il voucher si acquista presso la biglietteria dell'Alhambra, della Capilla Real e del Parque de las Ciencias, alla **banca CajaGranada** (cartina p390; Plaza Isabel La Católica 6; 8.30-14.15 da lunedì a venerdì) con un leggero sovrapprezzo (€25), al telefono con carta di credito chiamando la **linea informativa Bono** (902 10 00 95; gli operatori parlano anche inglese) oppure tramite internet visitando il sito www.caja-granada.es (in spagnolo).

Come avviene con tutti i normali biglietti per l'Alhambra, sul vostro Bono è indicata la mezz'ora entro la quale dovete obbligatoriamente entrare nel Palacio Nazaríes dell'Alhambra.

Se vi fermate una o più notti in uno dei numerosi alberghi affiliati, pagando il prezzo normale della camera avete diritto, per ogni doppia, a un Bono gratuito. Potete trovare informazioni sugli alberghi che partecipano a questa iniziativa (quasi tutti a tre e quattro stelle) chiamando la linea informativa Bono o collegandovi al sito www.granadatur.com.

L'Alhambra comprende due gruppi principali di edifici, il Palacio Nazaríes e l'Alcazaba (la Cittadella). Del complesso fanno parte anche il Palacio de Carlos V, l'Iglesia de Santa María de la Alhambra, due alberghi (p400), diversi negozi di libri e di souvenir e molti incantevoli giardini.

Accanto alla biglietteria e fuori dall'Alcazaba ci sono due piccoli snack bar. Non è consentito portare cibo all'interno dell'Alhambra e non è possibile sedersi e mangiare da nessuna parte. Per pranzare dovete necessariamente recarvi in uno dei due alberghi.

STORIA

Il nome 'Alhambra' viene dall'arabo *al-qala'at al-hamra* (castello rosso). Il primo palazzo fu fatto costruire da Samuel Ha-Nagid, il gran visir ebreo di uno dei sultani ziriti che governarono Granada durante l'XI secolo (la cui fortezza si trovava nell'Albayzín). Nel XIII e nel XIV secolo gli emiri nasridi trasformarono l'Alhambra in un palazzo-fortezza e vi aggiunsero una piccola città, della quale rimangono oggi solo le rovine. Il fondatore della dinastia dei nasridi, Mohammed ibn Yusuf ibn Nasr, si stabilì sulla cima della collina, ricostruendo, rinforzando e ampliando l'Alcazaba. Ai suoi successori, Yusuf I (sul trono dal 1333 al 1354) e Mohammed V (che regnò dal 1354 al 1359 e dal 1362 al 1391) si deve la gemma dell'Alhambra, il Palacio Nazaríes.

Dopo la Reconquista i re cattolici Ferdinando e Isabella incaricarono un musulmano di restaurare le decorazioni del Palacio Nazaríes. In seguito la moschea dell'Alhambra fu sostituita da una chiesa e fu costruito il Convento de San Francisco (oggi Parador de Granada). Carlo I, nipote dei Re Cattolici, fece demolire un'ala del Palacio Nazaríes per fare spazio a un grande edificio rinascimentale, il Palacio de Carlos V.

Nel XVIII secolo l'Alhambra fu abbandonata nelle mani di ladri e mendicanti. Durante l'occupazione napoleonica fu usata come caserma e poco mancò che fosse fatta saltare in aria. Nel 1870 fu dichiarata monumento nazionale in seguito al grande interesse suscitato dagli scrittori romantici, in particolare da Washington Irving, che scrisse gli splendidi *Racconti dell'Alhambra* durante il suo soggiorno nel Palacio Nazaríes tra il 1820 e il 1830. Da allora l'Alhambra è stata recuperata grazie a importanti lavori di restauro, fino a entrare nell'elenco dei siti Patrimonio dell'Umanità insieme ai giardini del Generalife e dell'Albayzín. Per maggiori informazioni sulle caratteristiche architettoniche e sulla sua importanza, v. p57.

INGRESSO

Alcune zone dell'Alhambra possono essere visitate in qualsiasi momento anche senza il biglietto. Tra queste, lo spiazzo attorno al Palacio de Carlos V e il cortile all'interno dell'edificio, la Plaza de los Aljibes di fronte all'Alcazaba, e Calle Real de la Alhambra. Ma per le gemme del complesso – il Palacio Nazaríes con gli adiacenti Jardines del Partal, l'Alcazaba e il Generalife – occorre osservare gli orari ufficiali d'apertura e munirsi di biglietto. Ogni giorno sono ammessi al massimo da 5600 a 6600 visitatori, a seconda della stagione e del giorno della settimana. Almeno 2000 di questi biglietti sono venduti tutti i giorni direttamente agli sportelli del Pabellón de Acceso, ma nei periodi di maggiore affluenza (la settimana di Pasqua, luglio, agosto e settembre) i biglietti si esauriscono rapidamente e bisogna mettersi in coda alle 7 per essere ragionevolmente sicuri di riuscire a trovarne uno. Molto affollato è il periodo che va da aprile a ottobre. D'inverno è possibile acquistare il biglietto, in genere senza dovere fare la coda, in qualsiasi momento del giorno e della settimana.

Vi consigliamo caldamente di prenotare con largo anticipo (anche se questo implica il pagamento di una commissione di €0,90 per biglietto). Le prenotazioni possono essere effettuate anche un anno prima nei seguenti tre modi:

- Di persona, in qualsiasi filiale della banca BBVA, che ha circa 4000 filiali in tutta la Spagna e altre a Londra, Parigi, Milano e New York. Acquistando il biglietto presso la BBVA eviterete di fare la coda alla biglietteria dell'Alhambra. A Granada c'è una comoda filiale della **BBVA** (cartina p390; 🕑 8.30-14.15 da lunedì a venerdì tutto l'anno e 8.30-13 sabato da ottobre a marzo) in Plaza Isabel La Católica.
- Su internet collegandovi al sito www.alhambratickets.com. Questo sito fornisce informazioni particolareggiate sui biglietti per l'Alhambra in inglese, spagnolo, francese, tedesco e italiano.
- Telefonando alla **Banca Telefónica BBVA** (in Spagna ☎ 902 22 44 60, fuori dalla Spagna 00-34-91 537 91 78; 🕑 8-17.55). Gli operatori parlano anche inglese.

Per effettuare la prenotazione via internet o quella telefonica dovete possedere una carta di credito Visa, MasterCard o Eurocard. Vi verrà fornito un numero di riferimento da mostrare, insieme al passaporto o alla carta d'identità e alla carta di credito con cui avete

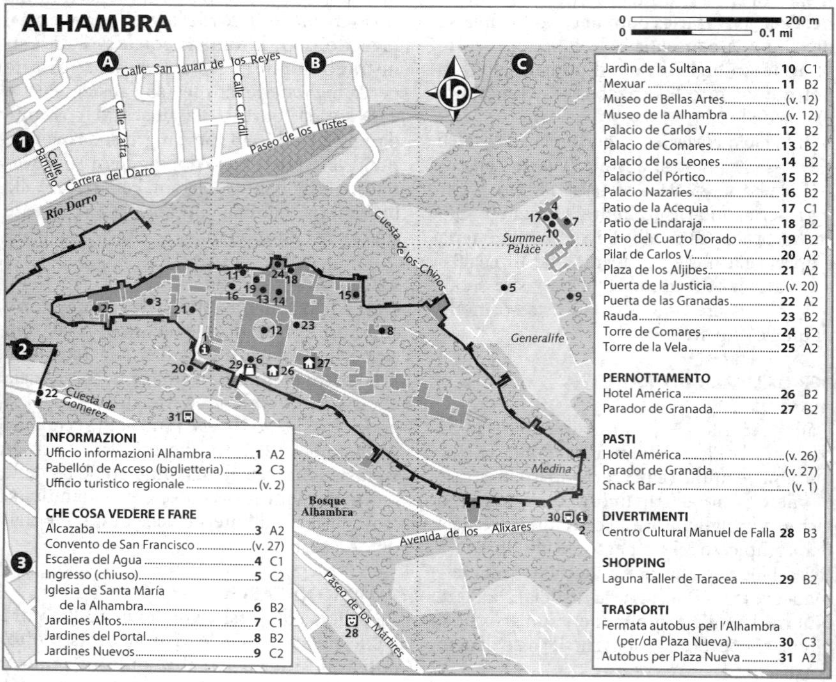

pagato, agli sportelli dell'Alhambra quando ritirerete il biglietto il giorno previsto per la visita. È possibile che dobbiate fare la coda anche per ritirare il biglietto che avete prenotato – comunque è infinitamente più corta di quella per i biglietti normali. Ricordate che il biglietto non può essere acquistato in nessuno dei tre modi sopra illustrati per il giorno stesso, né può essere prenotato o comprato per una data successiva agli sportelli dell'Alhambra.

Ogni biglietto riporta l'intervallo di mezz'ora entro il quale dovete entrare nel Palacio Nazaríes. Se non vi presentate al momento giusto, non sperate di riuscire a entrare successivamente – ma una volta nel palazzo potete trattenervi per tutto il tempo che desiderate. Vi sarà dato un *billete de mañana* (biglietto per il mattino) per gli ingressi fino alle 14, o un *billete de tarde* (biglietto per il pomeriggio), valido dopo le 14. Sta poi a voi decidere in quale momento entrare nel Generalife o nell'Alcazaba ma, lo ripetiamo, una volta dentro potete restarvi anche fino all'ora di chiusura. Se acquistate il biglietto in alta stagione il giorno stesso della visita, la mezz'ora che vi verrà assegnata per entrare nel Palacio Nazaríes potrebbe cadere diverse ore dopo la consegna del biglietto, mentre se avete un biglietto per il pomeriggio non potrete visitare l'Alcazaba o il Generalife prima delle 14.

Il Palacio Nazaríes è aperto per **visite serali** (⌚ 10-23.30 da martedì a sabato da marzo a ottobre, 8-21.30 venerdì e sabato da novembre a febbraio). Per ogni sera sono disponibili 400 biglietti allo stesso prezzo di quelli diurni; la biglietteria è aperta da mezz'ora prima che il palazzo apra a mezz'ora dopo. Queste visite serali possono essere prenotate allo stesso modo di quelle diurne.

PER/DALL'ALHAMBRA

Autobus

Dalle 7.15 alle 23 gli autobus n. 30 e n. 32 partono da Plaza Nueva a intervalli da cinque a nove minuti e percorrono la Cuesta de Gomérez fino all'Alhambra, dove fermano vicino alla biglietteria (all'estremità orientale del complesso). Nel percorso di ritorno a Plaza Nueva gli autobus effettuano una fermata presso la Puerta de la Justicia. Da Plaza Nueva il n. 32 compie anche un percorso circolare che tocca l'Albayzín. Il costo di ogni corsa è di €1.

Automobile e motocicletta

I cartelli con l'indicazione 'Alhambra' collocati sulle strade di accesso a Granada vi condurranno, senza entrare in città, ai **parcheggi** (€1,40/14 un'ora/un giorno) dell'Alhambra, che si trovano accanto ad Avenida de los Alixares, a breve distanza dalla biglietteria.

A piedi

Ci sono due vie principali per arrivare a piedi all'Alhambra; entrambe richiedono da 20 a 30 minuti da Plaza Nueva.

Una è la **Cuesta de los Chinos**, che parte dal Paseo de los Tristes e termina a 50 m circa dalla biglietteria. Questa è situata nel Pabellón de Acceso, che ospita anche un ufficio informazioni turistiche e una libreria. Dal Pabellón de Acceso si può entrare nel Generalife e da qui raggiungere le altre parti del complesso.

L'altra via è la **Cuesta de Gomérez**, che sale al palazzo passando per la Puerta de las Granadas (porta delle melagrane), costruita da Carlo I, e per il Bosque Alhambra. Subito dopo la Puerta de las Granadas, prendete a sinistra lungo il sentiero della Cuesta Empedrada che raggiunge una bella fontana rinascimentale, il **Pilar de Carlos V**. Se avete già il biglietto, dopo la fontana potete svoltare a sinistra ed entrare all'Alhambra, senza passare per la biglietteria, attraverso l'austera **Puerta de la Justicia** (porta della giustizia), costruita da Yusuf I nel 1348 come ingresso principale per l'Alhambra. Poco dopo l'ingresso troverete un ufficio informazioni. Per arrivare alla biglietteria, dal Pilar de Carlos V seguite le mura per circa 600 m.

ALCAZABA

Dell'Alcazaba (la cittadella) rimangono soprattutto i bastioni e alcune torri, la più alta e imponente delle quali è la **Torre de la Vela** (torre di guardia), con una stretta scala che porta in cima a una terrazza da cui si gode una splendida vista sulla città. Qui, nel gennaio del 1492, furono innalzati la croce e gli stendardi della Reconquista. Una delle molte prigioni sotterranee dell'Alhambra si trova proprio all'interno delle mura orientali dell'Alcazaba.

PALACIO NAZARÍES

La bellezza di questo edificio dell'Alhambra è tale che chiunque lo visiti ne resta rapito, con il desiderio irrealizzabile di poterci abitare per tutta la vita. Ovviamente ciò non è possibile, ma lo si può ammirare in tutto il suo splendore. Si tratta dell'edificio arabo più imponente d'Europa, nonché del più bell'esempio che rimane dell'arte e dell'architettura dei Nasridi. Le sale e i cortili dalle proporzioni perfette, le pareti dagli stucchi elaborati, gli splendidi rivestimenti in piastrelle, i bei soffitti di legno intagliato e le elaborate volte con *muqarnas* (tipica decorazione a nido d'ape o con stalattiti), il tutto impreziosito dagli incantevoli disegni geometrici dal significato simbolico, intendono dare una forma concreta alla gloria infinita di Allah, rafforzata dalle iscrizioni arabe in stucco e legno intagliato e dalla frase ripetuta incessantemente '*Wa la galiba illa Allah*' ('non c'è altro conquistatore che Allah'). Tutte queste parti erano, in origine, dipinte a colori vivaci. Ma, in accordo con l'islam, la perfezione è qualcosa a cui i mortali possono solo aspirare e che solamente Allah può raggiungere, per cui i vari artigiani e costruttori hanno lasciato di proposito delle imperfezioni nei disegni, al fine di mostrare il loro rispetto e attenersi alle regole del Corano.

Mexuar

Questa sala, che costituisce l'ingresso del palazzo, risale al XIV secolo. Era usata sia per le riunioni del consiglio dei ministri sia come anticamera per coloro che attendevano di essere ricevuti dall'emiro. Di norma i cittadini comuni non erano ammessi oltre. La sala è stata notevolmente modificata: nel XVI secolo fu trasformata in cappella e oggi presenta decorazioni sia islamiche sia cristiane. Sul fondo si apre un piccolo oratorio riccamente decorato che si affaccia sul Río Darro.

Patio del Cuarto Dorado

Dal Mexuar si passa in questo cortile che presenta una piccola fontana nel centro. Esso dà accesso al Cuarto Dorado (sala dorata) che si apre sulla sinistra, dove gli emiri davano udienza ai sudditi. Il Cuarto Dorado prende il nome dal bellissimo soffitto in legno, che venne dorato e ridecorato ai tempi dei Re Cattolici. Sull'altro lato del patio si accede al Palacio de Comares attraverso una porta aperta in una splendida parete finemente decorata con piastrelle vetrinate, stucchi e legno intagliato.

Palacio de Comares

Questo favoloso *palacio* fu costruito dall'emiro Emir Yusuf I e divenne poi la residenza privata del sovrano. Il nucleo centrale è costituito dal **Patio de los Arrayanes** (patio dei mirti), dal nome delle siepi che fiancheggiano la piscina rettangolare e le fontane. Le stanze disposte lungo i lati erano probabilmente gli appartamenti delle numerose mogli dell'emiro. Entrambe le estremità del cortile sono abbellite da portici sormontati da archi finemente scolpiti che poggiano su colonne di marmo. Dal portico settentrionale si accede alla Torre de Comares, in cui è ricavata la **Sala de la Barca** (sala della benedizione), dall'arabo *al-baraka*, una parola scolpita senza fine sulle pareti. Di qui si passa nel **Salón de Comares**, detto anche Salón de los Embajadores (salone degli ambasciatori), a pianta quadrata, dove gli emiri avrebbero condotto le trattative con gli emissari cristiani. Gli stucchi alle pareti ripropongono continuamente le consuete iscrizioni in onore di Allah, e il meraviglioso soffitto intarsiato a cupola, formato da oltre 8000 tasselli in legno di cedro a forma di stelle, rappresenta i sette cieli dell'islam che l'anima attraversa nella sua ascensione verso Allah.

Sull'estremità meridionale del patio si allunga l'ombra dei muri del Palacio de Carlos V.

Palacio de los Leones

Dal Patio de los Arrayanes si entra nel Palazzo dei Leoni, una delle strutture più sbalorditive all'interno dell'Alhambra, che in base ad alcuni documenti sembra ospitasse l'harem reale. Fu costruito nella seconda metà del XIV secolo durante il governo di Mohammed V, epoca in cui l'emirato di Granada raggiunse il massimo splendore artistico e politico.

Le camere del palazzo si affacciano sul **Patio de los Leones** (cortile dei leoni), dove spicca una fontana di marmo da cui l'acqua sgorga attraverso le bocche di 12 grandi leoni scolpiti anch'essi nel marmo. Concepita appositamente per questo palazzo, in origine la fontana era dipinta a colori vivaci, soprattutto in oro – i 12 leoni che si possono ammirare in realtà non sono gli originali bensì delle copie. I quattro canali d'acqua che s'incontrano nella fontana centrale, rappresentano i quattro fiumi del paradiso islamico, mentre i 12 leoni si suppone simboleggino i 12 segni zodiacali, o forse le 12 ore del giorno. Il portico, che ospita dei padiglioni splendidamente decorati sporgenti alle estremità est e ovest, è sostenuto da 124 snelle colonne di marmo. Provate a immaginare questo luogo con le pareti dai colori sfavillanti e con ricchi tendaggi – così si presentava nel XIV secolo.

Delle quattro sale disposte intorno al patio, la leggendaria **Sala de los Abencerrajes** sul lato sud è il luogo in cui furono uccisi i membri della nobile famiglia degli Abencerraj, che si erano schierati con Boabdil nella lotta di palazzo per la conquista del potere. La leggenda narra che i membri di questa famiglia vennero massacrati perché il capo pare avesse osato amoreggiare con Zoraya, la favorita dell'harem di Abu al-Hasan e che le macchie color ruggine sul pavimento costiuiscano il sangue indelebile delle vittime. Il pregevole soffitto a cupola presenta delle volte a *muqarnas* (tipica decorazione araba a stalattiti) che formano una stella a otto punte. Si suppone che le scale conducessero all'harem, dove eunuchi ciechi avevano il compito di sorvegliare le concubine tenute gelosamente nascoste.

All'estremità orientale del patio si apre la **Sala de los Reyes** (sala dei re), le cui alcove interne sono caratterizzate da soffitti in pelle dipinti nel XIV secolo da artisti cristiani, forse provenienti da Genova. Il nome della sala deriva dall'affresco sul soffitto dell'alcova centrale, che si pensa rappresenti 10 emiri nasridi. Sul lato settentrionale del patio si trova la **Sala de las Dos Hermanas** (sala delle due sorelle), non meno bella e riccamente decorata della Sala de los Abencerrajes. Probabilmente così chiamata per le due lastre di marmo bianco ai lati della fontana, pare che fosse la stanza della favorita dell'emiro. Presenta una magnifica cupola a *muqarnas* con una stella centrale e 5000 alveoli che ricordano le costellazioni. Dal fondo si passa nella **Sala de los Ajimeces** con un piccolo belvedere splendidamente decorato, il **Mirador de Lindaraja**. Dalle basse finestre del *mirador*, sdraiati su ottomane e cuscini, gli occupanti della stanza potevano posare lo sguardo sull'Albayzín e sulla campagna circostante.

Altre parti del palazzo

Dalla Sala de las Dos Hermanas un passaggio porta alle **Estancias del Emperador** (stanze dell'imperatore), costruite per Carlo I tra il 1520 e il 1530 e in seguito occupate da Washington Irving. Di qui si scende nel **Patio de la Reja** (patio della cancellata), che conduce al grazioso **Patio de Lindaraja**, creato in origine come giardino per il Palacio de los Leones. Nell'angolo sud-occidentale del patio si trova l'ingresso (non sempre aperto) al **Baño de Comares**, i bagni del Palacio de Comares, tre stanze illuminate da lucernari a forma di stella.

Dal Patio de Lindaraja si sbuca nei **Jardines del Partal**, una distesa di giardini terrazzati creati all'inizio del XX secolo attorno a vecchi edifici, parte in rovina e parte ancora in piedi. Il piccolo **Palacio del Pórtico**, che risale all'epoca di Mohammed III (il quale regnò dal 1302 al 1309), è il più antico palazzo dell'Alhambra ancora esistente. Si può uscire dai Jardines del Partal attraverso una porta situata di fronte al Palacio de Carlos V (vicino al sito della **Rauda**, il cimitero degli emiri), oppure proseguire lungo un sentiero che raggiunge il Generalife dispiegandosi parallelamente ai bastioni dell'Alhambra e passando accanto a diverse torri.

PALACIO DE CARLOS V

Questo grande palazzo rinascimentale è il principale edificio cristiano dell'Alhambra. Se si trovasse altrove sarebbe certamente più apprezzato in quanto è in notevole contrasto con gli altri stili del complesso. La sua costruzione ebbe inizio nel 1527 per opera di Pedro Machuca, un architetto di Toledo allievo di Michelangelo e fu finanziata con le tasse pagate dai moriscos (musulmani convertiti al cristianesimo) che vivevano nella regione di Granada. I finanziamenti cessarono nel 1568, anno della ribellione dei moriscos, e il palazzo rimase senza il tetto fino all'inizio del XX secolo. La facciata principale (quella occidentale) presenta tre portici divisi da coppie di colonne scanalate, alla base delle quali sono scolpiti bassorilievi con scene di battaglie. L'edificio è a pianta quadrata, ma contiene un singolare cortile circolare a due ordini sovrapposti con 32 colonne. Questo cerchio iscritto in un quadrato è il solo esempio esistente in Spagna di palazzo rinascimentale la cui pianta simboleggia l'unione tra cielo e terra.

All'interno si trovano due interessanti musei. Il **Museo de la Alhambra** (☎ 958 02 79 00; ingresso libero; 🕑 9-14.30 da martedì a sabato), situato al pianterreno, ospita una meravigliosa collezione di manufatti arabi provenienti dall'Alhambra, dalla provincia di Granada e da Córdoba, con testi illustrativi in spagnolo e in inglese. Tra i reperti più importanti spiccano l'elegante Vaso dell'Alhambra, decorato con gazzelle, e la porta della Sala de las Dos Hermanas.

Il piano superiore accoglie il **Museo de Bellas Artes** (☎ 958 22 14 49; ingresso libero; ⌚ 9-14 da lunedì a venerdì). Nella collezione di dipinti e sculture, riguardanti soprattutto Granada, spiccano le sculture in legno della Vergine con il Bambino (circa 1547) di Diego de Siloé, numerose opere secentesche di Alonso Cano, tra cui un *Ecce Homo* dall'aspetto moderno, e infine i ritratti e i paesaggi di due artisti di Granada del primo Novecento, José Marías López Mezquita e Rodríguez Acosta.

ALTRI EDIFICI CRISTIANI

L'**Iglesia de Santa María de la Alhambra** fu costruita tra il 1581 e il 1617 sul sito dove sorgeva la moschea del palazzo. Il **Convento de San Francisco**, trasformato ora in un albergo, il Parador de Granada (p400), venne edificato sopra un piccolo palazzo islamico. Qui furono disposte in un sepolcro le salme di Isabella e Ferdinando in attesa che venissero terminate le tombe definitive nella Capilla Real.

GENERALIFE

Il nome 'Generalife' deriva dall'arabo *yannat-al-arif* che significa 'giardino dell'architetto' ovvero di Allah. Situata su un pendio di fronte all'Alhambra, questa bellissima composizione di sentieri, cortili, laghetti, fontane, siepi potate, alti alberi secolari e, in stagione, fiori di tutti i colori, è il luogo perfetto per concludere la visita al complesso dell'Alhambra e anche per meditare sull'ostentazione del lusso di chi ha abitato nel palazzo. Alla residenza estiva dei sovrani arabi, che sorge sul lato opposto all'ingresso, si giunge attraverso i **Jardines Nuevos**, realizzati nel XX secolo. All'interno del palazzo si apre il **Patio de la Acequia** (cortile del canale), con una lunga vasca incorniciata da aiuole fiorite e da fontane ottocentesche le cui forme sinuose richiamano quelle dei portici che delimitano il patio a ciascuna delle estremità. Da qui si passa nel **Jardín de la Sultana**, un bel giardinetto in cui si trova il tronco di un cipresso di ben 700 anni. Si racconta che sotto la sua fitta ombra, Zoraya, la concubina preferita di Abu al-Hasan, fu sorpresa con il capo della famiglia degli Abencerraj. L'episodio sarebbe all'origine della strage compiuta nella Sala de los Abencerrajes del Palacio Nazaríes.

Sopra questo giardino si estendono i moderni **Jardines Altos**, con l'**Escalera del Agua** (scala dell'acqua), una ripida struttura in pietra i cui due larghi corrimani sono stati scavati superiormente in modo da creare due piccole canaline nelle quali l'acqua scorre liberamente.

Capilla Real

La **Capilla Real** (Cappella Reale; cartina p390; ☎ 958 22 92 39; www.capillarealgranada.com; Calle Oficios; ingresso €3; ⌚ 10.30-13 e 16-19 da aprile a ottobre, 10.30-13 e 15.30-18.30 da novembre a marzo, a partire dalle 11 domenica tutto l'anno, chiusa Venerdì Santo), che sorge accanto alla cattedrale, è il più importante edificio cristiano di Granada. Commissionata dai re cattolici, Isabella e Ferdinando, come loro mausoleo, fu costruita nell'elaborato stile gotico-isabellino. Dal momento che fu completata solo nel 1521, parecchi anni dopo la morte dei sovrani, essi dovettero essere temporaneamente sepolti nel Convento de San Francisco nell'Alhambra.

La coppia reale riposa con altri tre componenti della famiglia in semplici bare di piombo situate nella cripta sottostante il presbiterio, nel quale si trovano i monumenti di marmo. Il presbiterio è diviso dalla navata della cappella da una cancellata dorata del 1520 di Bartolomé de Jaén, un autentico capolavoro in ferro battuto. Le bare, da sinistra a destra, sono quelle di Felipe El Hermoso (Filippo il Bello, marito di Juana la Loca – Giovanna la Pazza, figlia dei Re Cattolici), Ferdinando, Isabella, Juana la Loca e Miguel, il primo nipote della coppia reale.

Le statue di marmo sopra la cripta sono un omaggio di Carlo I ai genitori e ai nonni. Il monumento raffigurante Isabella e Ferdinando, leggermente più in basso dell'altro, è opera dello scultore toscano Domenico Fancelli e reca un'iscrizione in latino in cui i sovrani sono lodati per 'aver sottomesso l'islam e posto fine all'ostinata eresia'. L'altro monumento, dedicato a Filippo e Giovanna, è più in alto perché pare che Filippo fosse figlio di Massimiliano, imperatore del Sacro Romano Impero. Fu scolpito nel 1520 da Bartolomé Ordóñez nativo di Burgos.

Il retablo plateresco del presbiterio (1522), fittamente decorato e con una profusione di

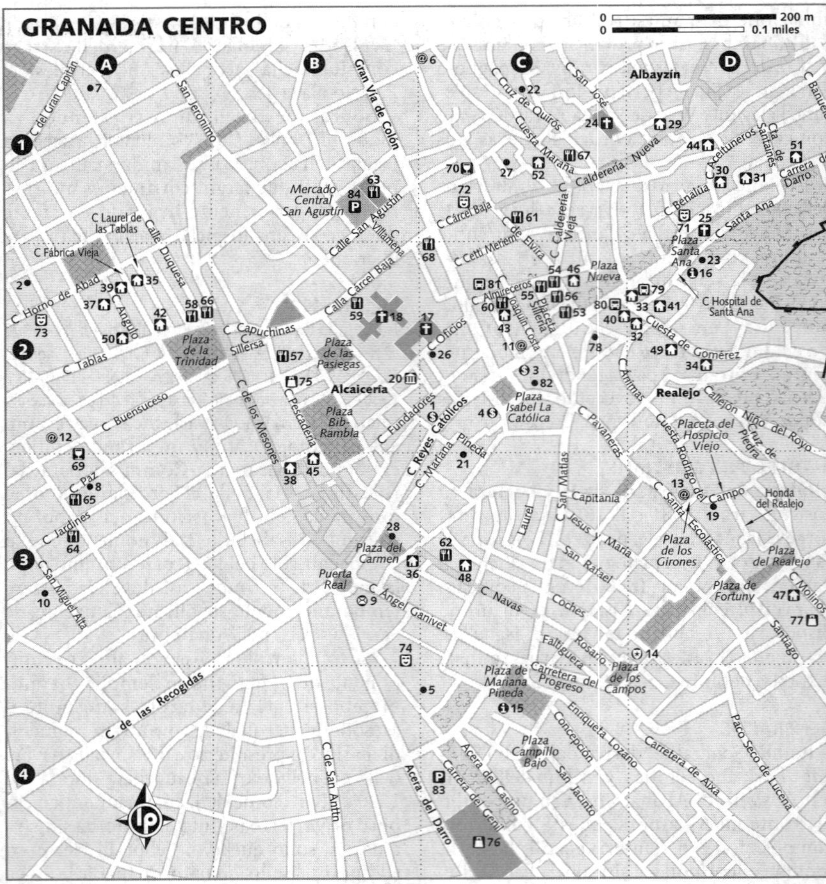

materiali preziosi, è opera di Felipe de Vigarni. Si notino le figure inginocchiate di Isabella (in basso a destra, con il nome 'Elisabeth') e Ferdinando (in basso a sinistra), attribuite a Diego de Siloé, e, al di sotto di queste, i bassorilievi dipinti a colori vivaci che raffigurano la sconfitta dei musulmani e la loro successiva conversione al cristianesimo.

La sacrestia ospita un notevole, anche se piccolo, museo in cui sono esposti la spada di Ferdinando, nonché lo scettro, la corona d'argento e la collezione d'arte personale di Isabella. Questa raccolta comprende soprattutto quadri fiamminghi, ma anche *L'Orazione nell'orto* di Botticelli. Anche le due statue del Vigarni che raffigurano i Re Cattolici in preghiera sono molto belle.

Cattedrale

Accanto alla Capilla Real, ma con un ingresso distinto su Gran Vía de Colón, sorge l'immensa **cattedrale** (cartina p390; ☎ 958 22 29 59; ingresso €2,50; 🕑 10.45-13.30 e 16-20 da lunedì a sabato, 16-20 domenica, chiusa tutti i giorni alle 19 da novembre a marzo) gotico-rinascimentale di Granada. I lavori di costruzione cominciarono nel 1521 e proseguirono fino al XVIII secolo e furono diretti, dal 1528 al 1563, dall'architetto protorinascimentale Diego de Siloé, mentre la facciata principale su Plaza de las Pasiegas, con quattro massicci contrafforti quadrati che formano tre grandi nicchie ad arco, fu progettata nel XVII secolo da Alonso Cano. Sono opera di Siloé anche le statue della sontuosa Puerta del Perdón sulla facciata nord-

INFORMAZIONI
American Express 1 C2
Asociación Andaluza de Lesbianasy Gais 2 A2
BBVA 3 C2
CajaGranada 4 C2
Expendeduría No 37 ..... 5 C4
Festival Box Office ..... (v. 21)
Internet Elvira 6 C1
Lavandería Duquesa 7 A1
Lavomatique 8 A3
Posta centrale 9 B3
Metro 10 A3
N@veg@web 11 C2
Net 12 A2
Net 13 D3
Policía Nacional 14 D3
Ufficio turistico provinciale 15 C4
Ufficio turistico regionale 16 D2

CHE COSA VEDERE E FARE
Artespaña ..... (v. 21)
Capilla Real 17 C2
Cattedrale 18 B2
Centro de Lenguas Modernas 19 D3
Centro José Guerrero 20 B2
Corral del Carbón 21 C3
El Ojo de Granada 22 C1
Hammam 23 D2
Iglesia de San José 24 C1
Iglesia de Santa Ana 25 D1
La Madraza 26 C2
Placeta Corre Viejo 27 C1
Indicazioni per l'ayuntamiento 28 B3

PERNOTTAMENTO
Casa del Aljarife 29 D1
Casa del Capitel Nazarí 30 D1
El Ladrón del Agua 31 D1
Hostal Austria 32 D2
Hostal Britz 33 D2
Hostal Landázuri 34 D2
Hostal Lima 35 A2
Hostal Lisboa 36 B3
Hostal Meridiano 37 A2
Hostal Mesones 38 B3
Hostal Sevilla 39 A2
Hostal Venecia 40 D2
Hostal Viena 41 D2
Hostal Zurita 42 A2
Hotel Anacapri 43 C2
Hotel Carmen de Santa Inés 44 D1
Hotel Los Tilos 45 B3
Hotel Maciá Plaza 46 C2
Hotel Molinos 47 D3
Hotel Navas 48 C3
Hotel Puerta de las Granadas 49 D2
Hotel Reina Cristina 50 A2
Hotel Zaguán 51 D1
Oasis Backpacker's Hostel 52 C1

PASTI
Al Andalus 53 C2
Antigua Bodega Castañeda 54 C2
Bodegas Castañeda 55 C2
Café Central 56 C2
Cunini 57 B2
Guerrero 58 A2
Bancarelle di spezie 59 B2
Jamones Castellano 60 C2
Kasbah 61 C1
Los Diamantes 62 C3
Mercado Central San Agustín 63 B1
Om-Kalsum 64 A3
Poë 65 A3
Reca 66 A2
Restaurante Arrayanes 67 C1
Tetería As-Sirat ..... (v. 61)
Vía Colón 68 C2

LOCALI
Anaïs Café 69 A3
Antigua Bodega Castañeda ..... (v. 54)
Bodegas Castañeda ..... (v. 55)
El Círculo 70 C1

DIVERTIMENTI
El Upsetter 71 D1
Granada 10 ..... 72 C1
Planta Baja 73 A2
Teatro Isabel La Católica 74 B3
Tetería del Hammam ..... (v. 23)

SHOPPING
Cerámica Fabre 75 B2
El Corte Inglés 76 C4
Manuel L. Bellido 77 D3

TRASPORTI
ATA 78 C2
Autobus per Albayzín e Sacromonte 79 D2
Autobus per l'Alhambra 80 C2
Autobus per l'autostazione e la stazione ferroviaria 81 C2
Iberia 82 C2
Parking Plaza Puerta Real 83 C4
Parking San Agustín 84 B1

occidentale, nonché gran parte dell'interno, compresa la Capilla Mayor, dorata, dipinta e sormontata da una cupola. Le sculture che ritraggono i Re Cattolici in preghiera (poste sopra ciascun lato dell'altare maggiore) furono realizzate da Pedro de Mena nel XVII secolo. Sopra di queste sono collocati i busti di Adamo ed Eva scolpiti da Cano. Nel museo della cattedrale non mancate di ammirare la bella scultura di Cano del *San Pablo* e l'ostensorio d'oro in stile gotico donato a Granada da Isabel La Católica.

La Madraza

Di fronte alla Capilla Real è ancora visibile parte dell'antica università araba, **La Madraza** (cartina p390; Calle Oficios). L'edificio, molto rimaneggiato e ora dotato di una facciata barocca dipinta, conserva una sala di preghiera a pianta ottagonale sormontata da una cupola con merletti in stucco e graziose piastrelle. L'edificio fa parte della moderna università; se lo trovate aperto potete dare uno sguardo all'interno.

Centro José Guerrero

Situato lungo la stessa via della Madraza, il **Centro José Guerrero** (Museo d'Arte; cartina p390; ☎ 958 22 51 85; www.centroguerrero.org; Calle Oficios 8; ingresso libero; 🕓 11-14 e 17-21 da martedì a sabato, 11-14 domenica) è dedicato al più celebre pittore locale, l'espressionista astratto José Guerrero (1914-91), che nacque a Granada ma raggiunse la fama a New York negli anni '50. Il museo, che è stato aperto nel 2000, ospita interessanti mostre temporanee e una collezione permanente di tele di Guerrero dai colori vivaci e di grande effetto. Merita decisamente una visita.

Alcaicería, Plaza Bib-Rambla e Plaza de la Trinidad

L'**Alcaicería** (cartina p390) era il mercato arabo della seta, ma ciò che si può vedere oggi è il risultato del restauro effettuato nel XIX secolo. Anche se è pieno di negozi per turisti, rimane comunque incantevole nella luce e nella pace del primo mattino. Gli edifici, che si susseguono in stretti vicoli, si trovano immediatamente a sud della Capilla Real. A sud-ovest dell'Alcaicería si apre l'ampia **Plaza Bib-Rambla** (cartina p390), un altro luogo turistico con ristoranti, bancarelle di fiori e, al centro, una fontana con statue di giganti. In passato questa piazza ha accolto tornei, corride e i roghi dell'Inquisizione. Le vie pedonali Calle

UNO SGUARDO NELLA VITA DELLA COMUNITÀ MUSULMANA

Dopo aver percorso Calle Calderería Nueva e Calle Vieja nell'Albayzín e dopo aver curiosato in tutti i negozi di pantofole e narghilè e osservato le danzatrici del ventre e la gente che beve il tè adagiata su sfavillanti cuscini in varie sale da tè, decido di prendermi uno *shwarma* (kebab con pane arabo) seguito da una *baklava* (un dolce costituito da sottili sfoglie di pasta). Poi entro in un'altra *tetería* (sala da tè), mi accendo un narghilè e comincio a chiacchierare con un ragazzo di nome Abdeselam, uno studente di 26 anni di Ceuta che sta facendo il dottorato di ricerca. Mi domando come possa essere la vita a Granada per un giovane musulmano come lui.

'Sono uno studente alle prese con il dottorato in filosofia araba e archeologia dell'islam all'università di Granada. Parlo lo spagnolo in modo fluente, per cui non è stato difficile inserirmi'. Ma per quanto riguarda invece la cultura? Le strade di Granada sono piene di studenti attaccabrighe. È stato scioccante per lui trasferirsi qui? 'Sì e no. Io non bevo e quindi frequento locali in cui non vengono serviti alcolici, come le *teterías* e così via, per cui mi trovo nel mio ambiente. Ma alcuni altri musulmani si sono integrati molto di più. Vanno in giro per locali e bevono'.

Incontro poi un iracheno che lavora in un negozio di souvenir e mi racconta la sua vita. Ha lasciato l'Iraq durante il regime di Saddam e la sua famiglia è ancora in quel paese. Fu esiliato in quanto era un giornalista troppo esplicito che ridicolizzava il sistema sui giornali. Attualmente, oltre a lavorare nel negozio, tiene un corso sul potere dei mass media all'università di Granada. Tra l'una e l'altra cosa, scrive poesie e sogna di tornare in Iraq a fare il giornalista. È in procinto di pubblicare il suo primo libro di poesie in spagnolo.

Entrambi concordano sul fatto che la vera integrazione con la popolazione spagnola non sia possibile – i *granadinos* hanno la reputazione di essere piuttosto freddi – ma qui è molto meglio che in altre parti della Spagna.

Ad Abdeselam piace frequentare le *teterías* della **Kasbah** (p401) e per lo *shwarma* si serve da **King of Shwarma** in Plaza Albert Einstein, nella zona dell'università.

Pescadería e Calle de los Mesones portano a nord-ovest all'ombreggiata **Plaza de la Trinidad** (cartina p390), dove si trovano un paio di buoni bar di tapas.

Corral del Carbón

Ricordatevi di dare un'occhiata alla bella facciata moresca con l'elaborato arco a ferro di cavallo del **Corral del Carbón** (cartina p390; Calle Mariana Pineda). Nato nel XIV secolo come locanda per mercanti, ha avuto nel corso dei secoli destinazioni diverse, tra cui quella di locanda per commercianti di carbone (da qui l'attuale nome, che significa 'corte del carbone') e teatro. L'edificio ospita uffici governativi e un negozio d'artigianato a gestione statale, Artespaña (v. p404).

Albayzín

L'**Albayzín** (cartina pp382-3), il quartiere che si estende arrampicandosi sul pendio della collina di fronte all'Alhambra, sul lato opposto della valle del Río Darro, è uno dei tesori più favolosi di Granada. Le ripide, tortuose stradine con le splendide case *carmen* (ampie dimore con giardini cintati, dall'arabo *karm*, giardino) offrono le migliori vedute dell'Alhambra, quasi come se l'Albayzín e l'Alhambra fossero segretamente innamorati l'uno dell'altra: l'Albayzín non appare mai così incantevole come dalle camere piastrellate dell'Alhambra, e l'Alhambra, vista da uno dei mirador dell'Albayzín, sembra dominare il mondo. Tuttavia, malgrado tanta incantevole bellezza, questo quartiere è ancora un infinito cantiere, e ogni anno partono dei progetti per la sua riqualificazione. Purtroppo le sue strette stradine sono infestate da ladri e scippatori. Si sono verificati diversi scippi, anche violenti, all'interno dell'Albayzín, e se siete soli fareste meglio a evitare questa zona durante l'ora della siesta (dalle 15 alle 17) e dopo il tramonto.

L'Albayzín, sorto come insediamento iberico intorno al VII secolo a.C., è stato la 'culla' di Granada, il nucleo centrale della città. Qui vissero i sovrani musulmani prima di iniziare ad ampliare l'Alhambra nel XIII secolo. Il nome Albayzín risale al 1227 quando i musulmani di Baeza (nella provincia di Jaén) si trasferirono in questo quartiere dopo che la loro città fu conquistata dai cristiani. Negli anni successivi divenne una zona molto popolata, con 27 moschee, e continuò a essere abitata dagli arabi per parecchi decenni, anche dopo la conquista cristiana del 1492. Di quel periodo rimangono ancora oggi bastioni, case, porte, fontane e cisterne, insieme a resti arabi inglobati in molte chiese e ville sorte successivamente.

Gli autobus n. 31 e n. 32 partono da Plaza Nueva ogni 7-9 minuti circa, effettuano percorsi circolari che attraversano l'Albayzín (Paseo de los Tristes, Cuesta del Chapiz, Plaza del Salvador, Plaza de San Nicolás, Placeta de San Miguel Bajo, Arco de Elvira) e fanno ritorno a Plaza Nueva. Il n. 32 compie anche un secondo giro che va fino all'Alhambra e ritorno. Il n. 31 effettua otto volte al giorno una deviazione verso Sacromonte a metà del tragitto. Il n. 32 è in servizio dalle 7.20 alle 23, il n. 31 dalle 7.30 alle 23.05.

ITINERARIO A PIEDI DELL'ALBAYZÍN

Questa escursione nella valle del Río Darro e nell'Albayzín, che parte da Plaza Nueva, richiede quattro o cinque ore, comprese alcune visite e una sosta per mangiare e bere qualcosa.

Plaza Nueva si estende verso nord-est in Plaza de Santa Ana, dove sorge l'**Iglesia de Santa Ana (1)** nella cui torre campanaria è incorporato il minareto di una moschea (cosa peraltro piuttosto frequente nelle chiese dell'Albayzín). Quando vi trovate nell'angusta Carrera del Darro, date uno sguardo ai bagni arabi dell'XI secolo, i **Baños Árabes El Bañuelo** (**2**; ☎ 958 02 78 00; Carrera del Darro 31; ingresso libero; 🕑 10-14 da martedì a sabato), che sono uno degli edifici più antichi di Granada. Più avanti incontrerete l'affascinante **Museo Arqueológico** (**3**; ☎ 958 22 56 40; Carrera del Darro 43; ingresso €1,50/cittadini UE gratuito; 🕑 15-20 martedì, 9-20 da mercoledì a sabato, 9-14.30 domenica) che occupa una residenza rinascimentale, la Casa de Castril. Al suo interno sono esposti reperti rinvenuti nella provincia di Granada dal paleolitico all'epoca della dominazione araba.

Subito dopo il museo, Carrera del Darro divents Paseo de los Tristes (chiamato anche Paseo del Padre Manjón). All'esterno di caffè e ristoranti sono sistemati dei tavoli dove potrete fare una sosta ammirando dal basso verso l'alto le fortificazioni dell'Alhambra, ricordando che questi locali si preoccupano di venire incontro alle esigenze dei turisti. Da qui diversi vicoletti salgono nel cuore dell'Albayzín – prendete per esempio Calle Candil, che porta in Placeta de Toqueros, dove si trova un locale di flamenco, la **Peña de la Platería (4)** (v. lettura p403).

Se in cima a Placeta de Toqueros svoltate a destra, poi a sinistra al bivio che si trova subito dopo e poi ancora a sinistra, sbucherete in Carril de San Augustín. Andate a sinistra e seguite la strada che dopo 100 m circa svolta ad angolo retto sulla destra. Proseguite per 200 m (all'inizio in salita) fino in Plaza del Salvador, dominata dalla **Colegiata del Salvador** (**5**; ☎ 958 27 86 44; ingresso €0,80; 🕑 10-13 e 16-19.30 da lunedì a sabato da aprile a ottobre, 10.30-12.30 e 16.30-18.30 da lunedì a sabato da novembre a marzo), una chiesa del XVI secolo sorta sul sito della moschea principale dell'Albayzín. All'estremità occidentale della chiesa è ancora visibile il patio della moschea, con archi a ferro di cavallo su tre lati. Da qui Calle Panaderos porta a ovest alla **Plaza Larga (6)**, piena di bar molto animati.

Lasciate Plaza Larga attraverso l'**Arco de las Pesas (7)**, un'imponente porta araba aperta nell'XI secolo nelle mura difensive dell'Albayzín, e prendete la prima via a sinistra, Callejón de San Cecilio, che va al **Mirador San Nicolás (8)**, un belvedere con una vista fantastica sull'Alhambra e sulla Sierra Nevada. Magari vorrete ritornarci più tardi per ammirare il tramonto (a questo punto non dovrete più perdervi!), ma

ITINERARIO A PIEDI

Distanza	5 km e mezzo
Durata	4-5 ore

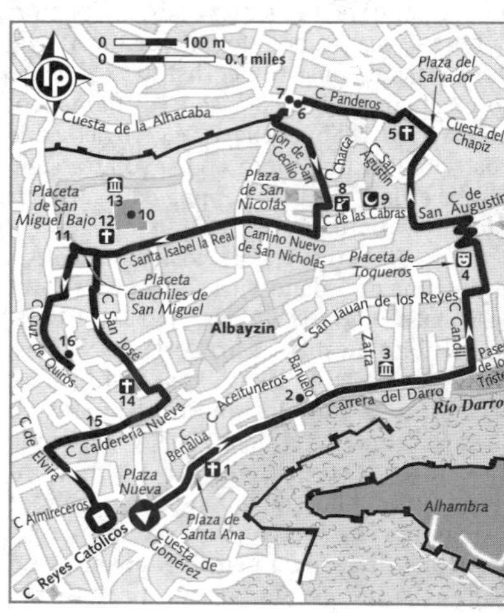

LA MONTAGNA SACRA DI GRANADA

Avete voglia di un po' di aria fresca? Allora salite fino a Sacromonte, il quartiere dei *gitanos* (rom), a nord-est dell'Albayzín, i quali hanno ricavato molte delle loro dimore da grotte. Ritenuti in passato un pericolo per l'ordine pubblico e ancora largamente relegati ai margini della società (a eccezione delle aree in cui si tengono esibizioni musicali e soprattuttto spettacoli di flamenco), i *gitanos* iniziarono probabilmente ad abitare nelle grotte ben prima del XIV secolo. La povertà generale che dilagò soprattutto nel XIX secolo, costrinse molti contadini che si erano trasferiti a Granada a occupare le grotte. A tutt'oggi circa l'80% delle grotte è stabilmente abitato e vi sorprenderebbe vedere quanto moderne siano alcune di esse. Una raccomandazione: diffidate da chi vi invita a entrare per visitare la propria casa (a meno che non conosciate la persona in questione) in quanto dopo la visita potrebbero chiedervi di pagare una cifra tutt'altro che irrisoria.

Se desiderate avere qualche notizia sullo stile di vita dei *gitanos* e sulle loro arti tradizionali – come la lavorazione dei metalli, la ceramica, la tessitura, la produzione dei canestri e così via – recatevi al **Centro de Interpretación del Sacromonte** (cartina pp382-3; ☎ 958 21 51 20; www.sacromontegranada.com; Barranco de los Negros s/n; ⏲ 10-14 e 17-21 da martedì a venerdì, 10-21 sabato e domenica in estate, 10-14 e 16-19 da martedì a venerdì e 10-19 sabato e domenica in inverno), un luogo che merita veramente una visita. Si tratta di un museo etnografico e dell'ambiente, nonché centro artistico, situato in un'ampia proprietà in cui crescono erbe di ogni genere. Il centro ospita anche mostre d'arte e un laboratorio di erboristeria. La mattina è il momento migliore per vedere gli artisti al lavoro. Da giugno a settembre, il mercoledì e il venerdì sera alle 22, si tengono spettacoli di flamenco e proiezioni cinematografiche all'aperto.

Per raggiungere il centro, scendete dall'autobus per Sacromonte alla scuola di flamenco Venta El Gallo, che si trova lungo la strada a circa 250 m dalla discoteca nella grotta El Camborio (p403), e seguite le indicazioni per il centro lungo Barranco de los Negros (sono circa 200 m in salita). L'autobus n. 31 (v. p392) effettua una deviazione lungo Camino del Sacromonte otto volte al giorno; gli orari sono affissi alle fermate.

Le migliori vedute sull'Alhambra, sulla Sierra Nevada e sull'Albayzín si possono ammirare dall'Iglesia de San Miguel Alto, che si trova in cima alla collina, ma assicuratevi di essere di ritorno prima che faccia buio. Alcune grotte in Camino del Sacromonte, la via principale del quartiere, o nei suoi paraggi, sono state trasformate in costosi locali per turisti che propongono spettacoli di flamenco oppure in vivaci discoteche (v. p403). Fate attenzione a non farvi derubare.

a ogni ora del giorno state molto attenti alle vostre cose, perché la zona è frequentata da borseggiatori ben organizzati e da scippatori di borse e macchine fotografiche. Una delle loro tattiche consiste nel distrarre la gente con esibizioni 'improvvisate' di flamenco; un'altra vede all'opera il passeggero del sedile posteriore di una moto che si solleva sulle gambe e afferra le borse appoggiate sui muri laterali del *mirador*.

Dopo 500 anni è stata costruita nell'Albayzín una nuova moschea, la **Mezquita Mayor de Granada** (**9**; ☎ 958 20 23 31; ⏲ giardini 11-14, 18-21.30) subito a est del Mirador San Nicolás, vicino a Cuesta de las Cabras, destinata ad accogliere la popolazione musulmana di Granada. Inaugurata nel 2003, comprende un centro di studi islamici e dei giardini aperti al pubblico da cui si può ammirare l'Alhambra che si erge proprio di fronte. La decisione di aprire i giardini ha smorzato l'opposizione che da alcune parti si era sollevata contro la costruzione di una nuova moschea a Granada.

Scendete la scalinata che inizia all'estremità meridionale del Mirador San Nicolás, svoltate a destra e seguite la via che porta al Camino Nuevo de San Nicolás. Svoltate nuovamente a destra e imboccate la via che raggiunge il **Convento de Santa Isabel la Real** (**10**; ☎ 958 27 78 36; Calle Santa Isabel la Real 15; ingresso €5; ⏲ visite guidate 16.30 venerdì, 10 e 11.30 sabato), che fu fondato nel 1501 e comprende una cappella in stile gotico. Scendendo lungo la strada, poco dopo si raggiunge la **Placeta de San Miguel Bajo (11)**, i cui caffè e ristoranti con tavoli all'aperto consentono una breve sosta per mangiare o bere qualcosa. L'**Iglesia de San Miguel (12)**, che sorge in questa piazza, è un'altra chiesa costruita sul sito di una moschea. Lasciate Placeta de San Miguel Bajo seguendo Callejón del Gallo, svoltate a destra in fondo a questo breve vicolo e vi troverete all'ingresso del quattrocentesco

Palacio de Dar-al-Horra (**13**; Callejón de las Monjas s/n; ingresso libero; ⌚ 10-14 da lunedì a venerdì), residenza di Aixa, madre dell'ultimo emiro musulmano di Granada, Boabdil. Con il suo patio, il laghetto, le porte ad arco, i soffitti a cassettoni e i fregi con iscrizioni decorative pare un'Alhambra in miniatura.

Tornate in Placeta de San Miguel Bajo e scendete verso Placeta Cauchiles de San Miguel, che diventa Calle San José, dove troverete l'incantevole **Alminar de San José** (**14**), un piccolo minareto che costituisce tutto ciò che resta della moschea dell'XI secolo che sorgeva in questo luogo prima che nel XVI secolo venisse costruita l'Iglesia de San José. Calle San José incrocia la parte superiore di **Calle Caldererĺa Nueva** (**15**), fiancheggiata da *teterías* (sale da tè in stile arabo) e da negozi di artigianato traboccanti di pantofole, narghilè, gioielli e ceramiche nordafricane. L'atmosfera è rilassata, nessuno insiste perché compriate qualcosa, quindi potete fermarvi e godervi un buon tè marocchino alla menta o scendere lungo Calle de Elvira fino a tornare a Plaza Nueva.

In alternativa, da Placeta de San Miguel Bajo, potete imboccare Calle Cruz de Qùirós, la via parallela a Placeta Cauchiles de San Miguel. Dopo circa 200 m arriverete a **El Ojo de Granada** (**16**; ☎ 958 20 24 73; www.elojodegranada.com; ingresso €5; ⌚ 10.30-20.30 da giugno ad agosto, 10.30-18.30 da marzo a maggio e settembre e ottobre, 10.30-17.30 da novembre a febbraio), una struttura tipo camera oscura con uno schermo sul quale vengono proiettate immagini dal vivo di Granada a 360 gradi, con commento in spagnolo, inglese e francese.

Monasterio de San Jerónimo

Il cinquecentesco **Monasterio de San Jerónimo** (cartina pp382-3; ☎ 958 27 93 37; Calle Rector López Argüeta 9; ingresso €3; ⌚ 10-13.30 e 16-19.30 da aprile a ottobre, 10-13.30 e 15-18.30 da novembre a marzo), che sorge 50 m a ovest della cattedrale, possiede alcune bellissime sculture in pietra e una chiesa sontuosamente decorata. Nel chiostro spiccano due incantevoli portali plateresche scolpiti dal principale architetto che lavorò al monastero, il grande Diego de Siloé. La chiesa, che fonde lo stile gotico-isabellino e quello rinascimentale, è caratterizzata da un'incredibile profusione di sculture dipinte a colori vivaci che decorano l'immenso retablo e dalle altissime volte all'estremità orientale. Ai piedi dei gradini che conducono all'altare si trova la tomba del Gran Capitán Gonzalo Fernández de Córdoba, il braccio destro dei Re Cattolici nelle questioni militari. La sua statua e quella della moglie, la Duquesa de Sesa, in posizione di preghiera, sono collocate ai lati del retablo.

Monasterio de la Cartuja

Un altro gioiello architettonico sorge 2 km a nord-ovest del centro ed è raggiungibile con l'autobus n. 8 da Gran Vía de Colón. Il **Monasterio de la Cartuja** (☎ 958 16 19 32; Paseo de la Cartuja; ingresso €3; ⌚ 10-13 e 16-20 da aprile a ottobre, 10-13 e 15.30-18 da novembre a marzo, 10-12 domenica tutto l'anno), è un imponente edificio in pietra color sabbia costruito tra il XVI e il XVIII secolo. La gente viene soprattutto per visitare la fastosa chiesa barocca, in particolare il Sagrario (santuario) posto dietro l'altare maggiore – un insieme di marmi rossi, neri, bianchi e grigio-azzurri con capitelli dorati, una profusione di sculture e una splendida cupola affrescata – e, a sinistra dell'altare, la Sacristía, massima espressione del tardo barocco spagnolo, caratterizzata da innumerevoli stucchi tipo 'torta nuziale' e da marmi di Lanjarón marroni e bianchi che danno l'impressione di una mousse di panna e cioccolato. Gli armadi della Sacristía, impiallacciati e intarsiati con mogano, ebano, avorio, tartaruga e argento, opera settecentesca di Fray José Manuel Vázquez, costituiscono un capolavoro dell'arte granadina dell'intarsio.

Huerta de San Vicente

Il grande poeta di Granada Federico García Lorca (v. lettura p47) trascorse diverse estati e scrisse alcune delle sue opere più note nella **Huerta de San Vicente** (cartina pp382-3; ☎ 958 25 84 66; Calle Virgen Blanca s/n; ingresso €1,80, gretuito mercoledì, ingresso solo con visite guidate in spagnolo; ⌚ 10-12.30 e 16-19 da martedì a domenica da ottobre a marzo, 10-13 e 17-20 da aprile a giugno, 10-15 luglio e agosto), una casa situata a 15 minuti di cammino dal centro della città che un tempo era circondata da frutteti. Oggi il **Parque Federico García Lorca** la separa dal rumore del traffico nel tentativo di ricreare quella stessa atmosfera di pace che aveva ispirato il poeta.

La casa contiene alcuni arredi originali, tra cui la scrivania e il pianoforte di García Lorca, qualche suo disegno e vari oggetti legati alla sua vita e al suo lavoro. Tra questi spicca un disegno di Salvador Dalí che raffigura una donna con i capelli biondi tagliati corti che fuma la pipa.

Per arrivare alla casa, percorrete Calle de las Recogidas dalla Puerta Real per circa 700 m, svoltate a destra in Calle del Arabial poi prendete la prima a sinistra e vi troverete in Calle Virgen Blanca.

Hammam

A Granada ci sono due *Baños Árabes* e visitarne uno è un grande e pigro piacere. Entrambi offrono trattamenti simili: bagno e massaggio aromaterapico della durata di 2 ore (bagno 1 ora e 45 minuti, massaggio 15 minuti); in entrambi occorre prenotare in anticipo. Le visite iniziano all'ora esatta dalle 10 alle 22. Il costume da bagno (noleggiabile sul posto) è obbligatorio, l'asciugamano fa parte del servizio e tutte le sedute sono miste.

Il migliore dei due è l'**Aljibe San Miguel Baños Árabes** (cartina pp382-3; ☎ 958 52 28 67; www.aljibesanmiguel.es; San Miguel Alta 41; bagno/bagno con massaggio €15/22) con sette vasche con l'acqua a temperature diverse e meravigliosi angolini decorati con piastrelle e archi. Nelle vasche ci si rilassa totalmente grazie a un'atmosfera tranquilla e silenziosa; sono ammesse non più di sei persone per volta, quindi i bagni non sono mai troppo affollati e offrono una gradevolissima sensazione di privacy. La semioscurità e le gocce di vapore sui bei soffitti a volta favoriscono il rilassamento. Contemporaneamente è possibile sorseggiare un aromatico tè alla menta, compreso nel servizio.

Il più antico e piccolo **Hammam** (cartina p390; ☎ 958 22 99 78; www.hammamspain.com/granada, in spagnolo; Calle Santa Ana 16; bagno/bagno con massaggio €16/25) si trova nell'Albayzín, proprio sotto l'Alhambra, ed è decorato con bellissimi mosaici a disegni geometrici, archi e tralicci. In sottofondo si sente una musica rilassante e ci sono due vasche, una calda e una fredda. Dalle 15 è aperta una *tetería* e c'è anche un ristorante sul tetto.

Parque de las Ciencias

Il **Parque de las Ciencias** (cartina pp382-3; ☎ 958 13 19 00; Avenida del Mediterráneo s/n; adulti/minori di 18 anni museo €4,50/3,50, planetario €2/1,50; 🕑 10-19 da martedì a sabato, 10-15 domenica, chiuso dal 15 al 30 settembre) è un moderno e divertente museo delle scienze situato 2 km a sud del centro. Offre un ricco materiale interattivo e una sala dedicata ai bambini che illustra i principi scientifici fondamentali. Nel planetario si svolgono spettacoli quasi ogni ora. Per arrivarci prendete gli autobus nn. 1, 4, 5, 10 o 11 dal centro.

CORSI

Con le sue numerose attrattive e molti studenti universitari, Granada è una località ideale per studiare lo spagnolo e offre inoltre numerose scuole di flamenco. L'ufficio turistico provinciale dispone degli elenchi di ogni tipo di scuola. Per ulteriori informazioni visitate i siti www.granadaspanish.org, www.spanishcourses.info e www.granadainfo.com.

Centro de Lenguas Modernas (cartina p390; ☎ 958 21 56 60; www.clm-granada.com; Placeta del Hospicio Viejo s/n) Il dipartimento di lingue moderne dell'Università di Granada, situato nello storico quartiere di Realejo, offre diversi programmi di lingua e cultura spagnola, dai corsi intensivi per principianti a quelli per insegnanti di spagnolo. I docenti sono estremamente qualificati. I corsi intensivi di lingua, a tutti i livelli, hanno una durata minima di dieci giorni (40 ore di lezione) e un costo di €305.

Escuela Carmen de las Cuevas (cartina pp382-3; ☎ 958 22 10 62; www.carmencuevas.com; Cuesta de los Chinos 15, Sacromonte) È una scuola privata che gode di buona reputazione. Vi si insegnano lingua e cultura spagnole nonché flamenco (danza e chitarra) a diversi livelli. Un corso intensivo di lingua di due settimane (40 ore di lezione) costa €284.

VISITE GUIDATE

Cicerone Cultura y Ocio (☎ 670 541669; www.ciceronegranada.com) Offre visite a piedi con guide che parlano inglese (2 ore e mezzo, €10), con partenza tutti i giorni dalle 10.30 da Plaza del Carmen, davanti all'*ayuntamiento*.

City Sightseeing Granada (☎ 902 10 10 81) L'autobus turistico a due piani di Granada effettua 20 fermate in corrispondenza dei principali luoghi di interesse della città, tra cui la cattedrale e l'Alhambra. Il biglietto (€15) ha una validità di 24 ore e consente di salire e scendere a qualsiasi fermata. C'è anche un autobus più piccolo che effettua un tragitto più breve. Il biglietto permette di utilizzare entrambi i mezzi.

Granavisión (☎ 902 33 00 02) Propone visite guidate dell'Alhambra e del Generalife (€38), della Granada storica (€43) ed escursioni in località più lontane.

FESTE E MANIFESTAZIONI

Festival Internacional de Tango (www.eltango.com) Si balla guancia a guancia in strada e nelle sale da ballo ascoltando la meravigliosa malinconia del tango; ogni anno dal 21 al 26 marzo. I biglietti sono in vendita all'inizio dell'anno presso la **biglietteria del festival** (cartina p390; ☎ 958 22 18 44; www.granadafestival.org; Corral del Carbón, Calle Mariana Pineda s/n) o possono essere acquistati su internet.

Semana Santa (Settimana Santa) Insieme alla festa del Corpus Domini è la più importante manifestazione di Granada. Durante la settimana che precede la domenica di Pasqua, in Plaza del Carmen vengono sistemate delle panchine che consentono di assistere alle processioni.
Día de la Cruz (Giorno della Croce, 3 maggio) Piazze, patio e balconi vengono ornati con croci di fiori (Cruces de Mayo) e diventano teatro dei tipici festeggiamenti andalusi, con la gente che beve, va a cavallo, si veste con abiti a pois e balla le *sevillanas* (danze tradizionali andaluse con un gran turbinio di braccia).
Feria de Corpus Cristi (Festa del Corpus Domini) La grande festa annuale di Granada – una settimana di fiere, bevute, corride e *sevillanas*; si terrà verso la metà di maggio nel 2008.
Festival Internacional de Música y Danza (da fine giugno a inizio luglio) Eccellente festival della durata di due settimane e mezzo, dedicato principalmente alla musica classica e alla danza. Molti concerti si svolgono nel Palacio Nazaríes, nel Generalife, nel Palacio de Carlos V e in altri siti storici.

PERNOTTAMENTO

Granada dispone di una grande varietà di alberghi dove soggiornare vicino alle zone centrali, soprattutto intorno a Plaza Nueva. Sebbene nell'Albayzín vi siano numerosi ostelli di buona qualità, i migliori luoghi del quartiere dove pernottare sono le numerose case *carmen* trasformate in alberghi, molte delle quali con vista sull'Alhambra, che offrono incantevoli sistemazioni a prezzi medi ed elevati.

Nei periodi di grande afflusso turistico di solito le camere sono tutte occupate già prima di mezzogiorno, specialmente lungo Cuesta de Gomérez, e da marzo a ottobre è meglio prenotare. La maggior parte degli alberghi tengono invariati i prezzi tutto l'anno, con l'eccezione dei giorni intorno a Pasqua. Il parcheggio, quando è disponibile, costa da €8 a €12 al giorno. Se siete alla ricerca di un appartamento visitate il sito www.granada.info.com.

Dintorni di Plaza Nueva

PREZZI ECONOMICI

Oasis Backpackers' Hostel (cartina p390; ☎ 958 21 58 48; www.oasisgranada.com; Placeta Correo Viejo 3; letti in camerata €15, doppie €36; 💻 ❄) Questo eccellente ostello ospitato in una casa *carmen*, a pochi passi dalle Caldererías e dai bar di Calle de Elvira, si rivolge ai viaggiatori zaino in spalla. È molto conosciuto, per cui è bene prenotare per tempo per potere godere dei suoi piccoli lussi: oltre a un'ottima posizione in pieno centro, offre personale cordiale, collegamento a internet gratuito, una terrazza sul tetto, cassette di sicurezza individuali e giri di tapas.

Hostal Landázuri (cartina p390; ☎ /fax 958 22 14 06; Cuesta de Gomérez 24; singole/doppie/triple/quadruple €28/45/50/60, singole/doppie con bagno in comune €20/28; Ⓟ) Vanta una terrazza con vista sull'Alhambra e un caffè. Dispone di venti camere rinnovate recentemente, di cui alcune dotate di TV; le triple e le quadruple sono spaziose, luminose e confortevoli. D'inverno è ben riscaldato.

Hostal Britz (cartina p390; ☎ /fax 958 22 36 52; Cuesta de Gomérez 1; singole/doppie €32/44, con bagno in comune €25/34) Questo accogliente ed efficiente *hostal* dispone di 22 camere semplici e pulite, con doppi vetri, superfici di legno lucido e riscaldamento centralizzato. C'è anche l'ascensore.

L'**Hostal Austria** (cartina p390; ☎ 958 22 70 75; www.hostalaustria.com; Cuesta de Gomérez 4; singole/doppie/triple/quadruple €35/45/60/70; Ⓟ ❄) e l'**Hostal Viena** (cartina p390; ☎ /fax 958 22 18 59; Calle Hospital de Santa Ana 2; singole/doppie €35/45, con bagno in comune €25/37) sono gestiti entrambi dalla stessa famiglia di origine austriaca. Il primo dispone di camere migliori, anche se non eccezionali, con belle porte e imposte in legno. Alcune delle stanze sono situate al quarto piano, fattore non trascurabile se avete bagagli pesanti.

Lungo Cuesta de Gomérez, tra Plaza Nueva e l'Alhambra, si trova una fila di *hosta-*

LA SCELTA DELL'AUTORE

Hostal Venecia (cartina p390; ☎ 958 22 39 87; Cuesta de Gomérez 2; camere €32, singole/doppie/triple/quadruple con bagno in comune €15/28/39/52) I proprietari di questo grazioso *hostal* (pensione), con corridoi di colore turchese adorni di fiori e fotografie, sono molto cortesi. Le nove camere, diverse l'una dall'altra, sono piene di carattere. Ogni mattina vi verrà servito un infuso di erbe da bere. Vi è un rilassante sottofondo musicale, profumo d'incenso e d'inverno l'ambiente è ben riscaldato. I ventilatori a pale che pendono dai soffitti entrano in funzione nei mesi estivi. I proprietari gestiscono anche l'Hostal Patagonia, di livello equivalente nella zona dell'università, dove sarete più indipendenti ma mai abbandonati a voi stessi.

les (semplici pensioni o piccole sistemazioni di tipo alberghiero). Anche nelle vie tra Calle de Elvira e Gran Vía de Colón, a ovest di Plaza Nueva, ci sono diversi *hostales* a cui vale la pena dare un'occhiata se avete difficoltà a trovare una camera.

PREZZI MEDI

Hotel Maciá Plaza (cartina p390; ☎ 958 22 75 36; www.maciahoteles.com; Plaza Nueva 4; singole/doppie €49/73; P ❄ 🖳) Questo albergo (uno dei quattro Hotel Maciá di Granada) dispone di camere confortevoli dall'arredamento discreto. La sua maggiore attrattiva è, comunque, la posizione, davvero eccellente. Cercate di farvi dare una doppia con vista sulla piazza: le singole sono troppo piccole, ma potete avere una doppia tutta per voi al costo di €58. Nei weekend d'inverno, in luglio e in agosto il prezzo della doppia scende a €50.

Hotel Anacapri (cartina p390; ☎ 958 22 74 77; www.hotelanacapri.com; Calle Joaquín Costa 7; singole/doppie €78/105; ❄) Situato a due passi da Plaza Nueva, offre 49 camere graziose dipinte in vari colori, con copriletti a fiori, pavimenti in sughero e TV satellitare. Il patio, che risale al XVIII secolo, è arredato con mobili di bambù e vasi di palme. La prima colazione a buffet costa €7,50 e il personale della reception è molto cordiale.

Hotel Puerta de las Granadas (cartina p390; ☎ 958 21 62 30; www.hotelpuertadelasgranadas.com; Cuesta de Gomérez 14; singole/doppie €77/97, camere superior €107-180; ❄ 🖳) Occupa un edificio del XIX secolo, una delle case *carmen* ristrutturate in un lussuoso stile minimalista con imposte di legno e arredamenti eleganti. Le camere più care e lussuose hanno numerose finestre con una vista spettacolare sull'Alhambra e/o sui tetti della città vecchia. I prezzi sono molto più bassi a metà settimana. C'è anche l'ascensore.

Albayzín

PREZZI MEDI

Casa del Capitel Nazarí (cartina p390; ☎ 958 21 52 60; www.hotelcasacapitel.com; Cuesta Aceituneros 6; singole/doppie €73/91; ❄ 🖳) Il patio del XVI secolo è la maggiore attrattiva di questo bellissimo edificio dall'arredamento semplice, con balconi di legno, antiche colonne e camere molto eleganti.

Casa del Aljarife (cartina p390; ☎ /fax 958 22 24 25; www.granadainfo.com/most; Placeta de la Cruz Verde 2; camere €95; ❄) Questo albergo, situato in un edificio del XVII secolo splendidamente restaurato, è il luogo ideale per coloro che amano sentirsi a casa. Dispone di quattro camere spaziose e di un grazioso patio dove viene servita la prima colazione.

Hotel Zaguán (cartina p390; ☎ 958 21 57 30; www.hotelzaguán.com; Carrera del Darro; singole €50, camere €80-100; ❄ 🖳) Occupa una casa *carmen* dell'Albayzín del XVI secolo che prima di essere restaurata era ridotta quasi completamente in rovina. Dispone di 13 camere, tutte diverse tra loro, alcune della quali con vista sul Río Darro. C'è anche un piacevole bar-ristorante.

PREZZI ELEVATI

Gli alberghi dell'Albayzín elencati di seguito hanno personale bilingue e offrono la prima colazione al costo di €10. Tutti sono elegantemente arredati, ma ciascuno ha qualche caratteristica individuale che lo differenzia dagli altri.

El Ladrón del Agua (cartina p390; ☎ 958 21 50 40; www.ladrondeagua.com; Carrera del Darro 13; singole €76-115, doppie €99-149; ❄ 🖳) Tranquillo, semplice ed elegante, 'Il ladro di acqua' unisce alle comodità moderne la bellezza degli oggetti d'antiquariato, lenzuola fresche, quadri astratti e un atteggiamento lievemente snob.

Casa Morisca Hotel (cartina pp382-3; ☎ 958 22 11 00; www.hotelcasamorisca.com; Cuesta de la Victoria 9; singole/doppie interne €90/119, esterne €120/150; ❄) Occupa una residenza che risale alla fine del XV secolo, disposta intorno a un patio centrale con una vasca ornamentale e gallerie di legno. Le 14 camere, non grandissime, sono tutte ricche d'atmosfera.

Hotel Carmen de Santa Inés (cartina p390; ☎ 958 22 63 80; www.carmensantaines.com; Placeta de Porras 7; singole/doppie €95/105, suite €125-200; ❄) Si trova in un vecchio edificio arabo ampliato nel XVI e XVII secolo. Il suo incantevole patio si apre su un giardino con mirti, alberi da frutto e fontane.

Dintorni di Plaza Isabel La Católica

Hotel Palacio de Santa Paula (cartina pp382-3; ☎ 902 29 22 93; www.ac-hotels.com; Gran Vía de Colón; camere a partire da €205; P ❄ 🖳) Questo sontuoso albergo a cinque stelle occupa un ex convento del XVI secolo, alcune case del XIV secolo con patio e balconi di legno e una residenza borghese ottocentesca, il tutto rivisto in ottica contemporanea. Le camere sono dotate dei comfort tipici degli alberghi di lusso e gli ospiti hanno a disposizione un centro fitness con sauna e bagno turco.

Plaza Bib-Rambla e dintorni

PREZZI ECONOMICI

Hostal Lisboa (cartina p390; ☎ 958 22 14 14; www.lisboaweb.com; Plaza del Carmen 27; singole/doppie €32/44, con bagno in comune €19/29) Questo posto simpatico, situato sulla piccola, deliziosa Plaza del Carmen e vicino ai bar di Calle Navas, dispone di 28 camere linde con divertenti portachiavi promozionali color rosa e argento. Le stanze, semplici e spaziose, hanno letti impreziositi da colorate coperte patchwork. Sono tutte dotate di ventilatore e di riscaldamento in inverno.

Hostal Sevilla (cartina p390; ☎ 958 27 85 13; hostal sevilla@telefonica.net; Calle Fábrica Vieja 18; camere €35, singole/doppie con bagno in comune €18/27; P) Questo *hostal* accogliente e pulito con 14 camere, fra cui una bella doppia all'attico (tutte riscaldate), è gestito da una famiglia giovane. Presenta graziose piastrelle e dei bei paralumi.

Hostal Zurita (cartina p390; ☎ 958 27 50 20; Plaza de la Trinidad 7; camere €38, singole/doppie con bagno in comune €18/30; P ❄) Questo albergo, accogliente e pulitissimo, dispone di 14 camere con riscaldamento tranquille e graziose, quasi tutte fornite di un piccolo balcone.

Hostal Meridiano (cartina p390; ☎ /fax 958 25 05 44; www.hostalpensionmeridiano.com; Calle Angulo 9; camere €38, singole/doppie con bagno in comune €18/32, appartamenti per 4/6 persone €35/40; P ❄ 💻) *Hostal* con le pareti dipinte di giallo, piante che rallegrano l'accogliente reception e un nostalgico cavallo a dondolo nel corridoio, gestito da una coppia che fa di tutto per soddisfare i desideri dei clienti. Sei delle 18 belle camere hanno i servizi privati, mentre per le altre c'è un bagno in comune ogni due stanze. Offre inoltre un soggiorno con una postazione per navigare gratuitamente in internet.

Hostal Mesones (cartina p390; ☎ 958 26 32 44; Calle de los Mesones 44; doppie €40, singole/doppie con bagno in comune €20/32) Ottimo *hostal* a gestione familiare in posizione supercentrale. Dispone di camere impeccabilmente pulite, bagni con docce a comandi elettronici, deliziosi letti, tende a quadretti gialli e balconi che si affacciano sulla sottostante arteria commmerciale pedonalizzata.

Hostal Lima (cartina p390; ☎ 958 29 50 29; Calle Laurel de las Tablas 17; singole/doppie €30/40, appartamenti €50, suite per 2 persone €55; P ❄) Questo *hostal*, probabilmente il più kitsch di Granada, trabocca di piastrelle andaluse e ambientazioni medievali, oltre a dipinti raffiguranti dee greche, cherubini paffuti che suonano il flauto e venditrici cubane di dolci. Le camere, dipinte in varie sfumature di arancio, hanno letti in ottone e bei bagni nuovi. Il luogo, anche se di gusto discutibile, non è certo privo di carattere.

PREZZI MEDI

Hotel Los Tilos (cartina p390; ☎ 958 26 67 12; www.hotel-lostilos.com; Plaza Bib-Rambla 4; singole/doppie €41/65; ❄) Dispone di camere confortevoli con vista su Plaza Bib-Rambla, la cattedrale o l'Alhambra – a vostra scelta. Durante le ricerche per la stesura della guida la reception e diversi bagni erano in fase di ristrutturazione. C'è anche una piccola terrazza panoramica.

Hotel Reina Cristina (cartina p390; ☎ 958 25 32 11; www.hotelreinacristina.com; Calle Tablas 4; singole/doppie €66/98; P ❄) L'albergo è ospitato in un palazzo ottocentesco rimodernato appartenuto un tempo ai Rosales, amici di García Lorca. Qui lo scrittore trascorse i suoi ultimi giorni prima di essere arrestato e successivamente fucilato dai nazionalisti durante la guerra civile. Le camere sono molto confortevoli e dispongono di TV satellitare. C'è anche un buon ristorante.

Hotel Navas (cartina p390; ☎ 958 22 59 59; www.hotelesporcel.com; Calle Navas 22; singole/doppie €72/96; ❄) Buon albergo anche se privo di particolari attrattive. Si trova in posizione centrale, dispone di 44 camere e in genere non è difficile trovare posto. Le stanze, tutte dipinte in tinte pastello, con finestre che danno sull'esterno, sono dotate di TV satellitare e cassetta di sicurezza. I prezzi crollano in luglio e agosto.

Realejo

Hostal La Ninfa (cartina pp382-3; ☎ 958 22 79 85; Campo del Príncipe s/n; singole/doppie €45/65; ❄) Questo albergo ricco di personalità vi conquisterà con le numerose, divertenti stelle di ceramica dipinte a colori vivaci sulla facciata. Dispone di una bella lobby con sala per la prima colazione e di 10 camere pulite e accoglienti.

Hotel Molinos (cartina p390; ☎ 958 22 73 67; www.eel.es/molinos; Calle Molinos 12; singole/doppie €50/73; P ❄) L'Hotel Molinos è un luminoso albergo, pulito e ordinato, che dispone solamente di nove camere molto soleggiate. Per questo motivo una volta è stato inserito nel *Guinness dei primati* come l'albergo più piccolo del mondo. Dal tetto si può ammirare un magnifico panorama che spazia in tutte le direzioni.

Alhambra

PREZZI MEDI

Hotel América (cartina p385; ☎ 958 22 74 71; www.hotelamericagranada.com; Calle Real de la Alhambra 53; singole/doppie €70/106; 🕑 da marzo a novembre ❄) Questo è sicuramente l'albergo che fa al caso vostro se non riuscite a staccarvi dall'Alhambra – è al suo interno. Purtroppo dispone solo di 17 camere ed è indispensabile prenotare. Offre un patio ombreggiato dove si può consumare un buon pasto.

Hotel Guadalupe (cartina pp382-3; ☎ 958 22 34 23; www.hotelguadalupe.es; Avenida Los Alixares s/n; singole/doppie €76/104; P ❄) Piacevole albergo situato quasi all'ingresso dell'Alhambra. Le sue 42 camere, spaziose e ben attrezzate, offrono tutte la vista sull'Alhambra o sui begli oliveti che si trovano dietro il complesso. Il personale è gentile ed efficiente.

PREZZI ELEVATI

Parador de Granada (cartina p385; ☎ 958 22 14 40; www.parador.es; Calle Real de la Alhambra s/n; singole/doppie €182/228; P ❄) È il monastero di San Francesco trasformato in albergo. Costruito al tempo dei Re Cattolici (che in un primo tempo furono sepolti qui) è il parador più caro di tutta la Spagna, in posizione impareggiabile all'interno dell'Alhambra con le sue memorie storiche. Prenotate in anticipo.

Sacromonte

Cuevas El Abanico (cartina pp382-3; ☎/fax 958 22 61 99, 608 848497; www.el-abanico.com; Vereda de Enmedio 89, Sacromonte; singole/doppie/triple €58/58/73, grotte per 4 persone con 2 camere da letto €88; P) Ecco qualcosa di veramente diverso dal solito: la possibilità di abitare nelle grotte del Sacromonte *gitano*. I cinque appartamenti sono confortevoli e dispongono di riscaldamento, cucina, bagno, acqua calda e terrazze all'aperto. Di solito sono richiesti due pernottamenti.

Dintorni di Granada

Camping Reina Isabel (cartina pp382-3; ☎ 958 59 00 41; Carretera Granada-La Zubia Km 4; adulti/tenda/auto €4/4/4; 🏊) Situato 5 km a sud del centro, è un campeggio pulito con dei bei bagni. Dalla circonvallazione Ronda Sur prendete l'uscita per La Zubia.

Camping Sierra Nevada (cartina pp382-3; ☎ 958 15 00 62; Avenida de Madrid 107; adulti/tenda/auto €5/5,50/5,50; 🏊) Si trova 2,5 km a nord-ovest del centro, a breve distanza a piedi dalla stazione degli autobus. Dispone di grandi bagni puliti e di una lavanderia. L'autobus n. 3 provvede ai collegamenti con Gran Vía de Colón, nel cuore della città.

PASTI

La cucina di Granada è basata saggiamente su piatti tipici locali con qualche innovazione. La città è anche uno degli ultimi baluardi della bella abitudine di offrire tapas gratuite con ogni bevanda. Si noterà anche che le tapas migliorano con il succedersi delle bevande e, ogni volta che ordinerete qualcosa da bere, sentirete il barista gridare: *'primera!'*, *'segunda!'* o *'tercera!'* vale a dire la vostra prima, seconda o terza porzione di tapas. Queste possono variare moltissimo da un locale all'altro: dalle fave alla spagnola, al cuscus arabo, al pollo alla brasiliana fino alle tapas *haute cuisine*, servite in modo elegante in piatti da design.

Tra le zone migliori per le tapas ci sono le vie laterali di Calle de Elvira (vicino a Plaza Nueva), l'area a sud della cattedrale e Calle Navas. I tavoli all'aperto di Plaza Nueva, Paseo de los Tristes e Plaza Bib-Rambla sono discreti, ma spesso molto turistici. In alternativa, potete provare uno spuntino africano lungo Calle Caldereria Nueva/Vieja, profumata di incenso.

Cenare nell'Albayzín è un'esperienza incantevole. Cercate un ristorante con tavoli all'aperto e sarete ricompensati con stupende vedute dell'Alhambra, che di sera è illuminata in modo spettacolare. Il cibo, invece, potrebbe non essere all'altezza del panorama e decisamente caro.

Calle de Elvira, Plaza Nueva e dintorni

Al Andalus (cartina p390; ☎ 958 22 67 30; Calle de Elvira; portate principali €3-6) Questo locale affacciato su Plaza Nueva è il migliore di una serie di fast food arabi con specialità da asporto come felafel in pane arabo (€3).

Café Central (cartina p390; ☎ 958 22 97 06; Calle de Elvira; raciones €4,50-8,50) Situato all'inizio di Calle de Elvira, questo bar serve al mattino un caffè molto forte (€1,60) che rimette in piedi i visitatori esausti.

Bodegas Castañeda (cartina p390; Calle Almireceros s/n; raciones a partire da €6) Autentica istituzione

LA SCELTA DELL'AUTORE

Los Diamantes (cartina p390; ☎ 958 22 70 70; Calle Navas 26; media-raciones €6) Questo locale costituisce di per sé una ragione per venire a Granada: è un paradiso per chiunque adori il pesce e i frutti di mare. Viene servito un favoloso misto di *pescado frito* (pesce fritto) e gamberetti. La *caña* (piccolo boccale di birra), si accompagna perfettamente a questo piatto.

sia per la gente del posto sia per i turisti. È in grado di preparare sul momento gli ottimi piatti che tradizionalmente venivano serviti nelle tipiche bodegas (enoteche tradizionali). Non perdetevi la tortilla spagnola con *alioli* (maionese all'aglio).

Antigua Bodega Castañeda (cartina p390; Calle de Elvira s/n; raciones €6,90-13,50) Se vi lasciate tentare dalle botti di 'Costa', un vino piuttosto forte proveniente dalla Sierra de la Contraviesa, potete mitigarne gli effetti con alcuni *montaditos* (piccoli sandwich; da €3,20 a €4,50).

Vía Colón (cartina p390; ☎ 958 22 98 42; Gran Vía de Colón 13; portate principali €10-17; 🕒 8-13) Decorato con angeli e cherubini, è il posto ideale per una ricca prima colazione, servita da rapidi camerieri in grembiule. Offre anche piatti sostanziosi come il delizioso *jamón ibérico de bellota* (prosciutto di maiale alimentato a *bellotas*, cioè ghiande; €17).

Jamones Castellano (cartina p390; all'angolo tra Calle Almireceros e Calle Joaquín Costa) Vende generi alimentari di prima necessità ideali per picnic. Acquistate qualche fetta di *jamón serrano* (prosciutto di montagna), *pimientos del piquillo* (peperoni arrostiti sott'olio) e un po' di formaggio per creare il vostro personale *bocadillo* (panino imbottito).

Se sentite il desiderio di frutta e verdura fresca andate al **Mercado Central San Agustín** (cartina p390; Calle San Agustín), un grande mercato coperto situato un isolato a ovest della cattedrale. Aspirate il profumo che aleggia sulle bancarelle di spezie disposte lungo il lato della cattedrale che dà su Calle Cárcel Baja: i sacchi rigonfi contengono un po' di tutto, dalla salvia allo zafferano.

Alhambra

Parador de Granada (cartina p385; ☎ 958 22 14 40; Calle Real de Alhambra s/n; sandwich a partire da €5; 🕒 11-23) L'incantevole Parador de Granada è un posto di lusso dove potete consumare ottimi piatti o ricchi *bocadillos* ammirando la straordinaria bellezza dell'Alhambra. Un'esperienza che non si dimentica facilmente.

Albayzín

Nel labirinto di viuzze dell'Albayzín troverete innumerevoli trattorie e ristoranti nascosti dietro porte con campanelli e insegne quasi invisibili.

Kasbah (cartina p390; Calle Calderería Nueva 4; tè €1,80-2,40) Potrete assistere a esibizioni di danza del ventre a lume di candela, fra cuscini luccicanti e clienti appena visibili nel fumo dolciastro dei narghilè. Godetevi lo spettacolo dopo avere ordinato un tè arabo speciale con panna (€2,40) e una crêpe alla panna e cioccolato (€2,30), una doppia razione di calorie che potrete smaltire scatenandovi nel ballo.

Tetería As-Sirat (cartina p390; Calle Calderería Nueva 4; tè €2-3) Se volete gustare un tè insieme al profumo del narghilè provate questo piccolo locale situato di fronte alla Kasbah. Tra i vari gusti disponibili ci sono il Cocktail Cleopatra (€3) e l'infuso al mango (€2), ideali per accompagnare crêpes farcite con miele e arance (€3).

Restaurante Arrayanes (cartina p390; ☎ 958 22 84 01; Cuesta Marañas 4; portate principali €7-17; 🕒 dalle 20) Ottimo ristorante nordafricano che vi farà impazzire di gioia davanti a una squisita tagine di agnello in cui i datteri rugosi sono accostati alla tenerissima carne cosparsa di mandorle pelate (€10). Il cuscus di pollo si scioglie letteralmente in bocca. L'arredamento è un giusto equilibrio tra cuscini e piccoli specchi. Non viene servito alcol.

El Agua (cartina pp382-3; ☎ 958 22 33 58; Plaza Aljibe de Trillo 7; fonduta €14-19 a persona, minimo 2 persone; 🕒 13.30-15.30 e 20-23.30 da mercoledì a lunedì, 20-23.30 martedì) Questo eccellente ristorante è specializzato in fonduta. Lasciate sciogliere il formaggio e intingete succulenti cubetti di prosciutto godendovi la superba vista dell'Alhambra.

Terraza las Tomasas (cartina pp382-3; ☎ 958 22 41 08; Carril de San Agustín 4; portate principali €16-20; 🕒 13.30-15.30 lunedì e martedì, 13.30-15.30 e 20.30-23 da mercoledì a sabato) Se desiderate concedervi una serata davvero esclusiva suonate il campanello di questo locale e godetevi i romantici scorci dell'Alhambra, insieme al servizio impeccabile e al cibo altamente raccomandabile. Provate la specialità *granadina*, la tortilla Sacromonte (€9 come antipasto).

Plaza Bib-Rambla e dintorni

Poë (cartina p390; Calle Paz; bevanda e tapa €3) Fantasia e un tocco di gusto brasiliano, uniti al desiderio di innovazione, hanno creato un assortimento davvero sorprendente di tapas offerte gratuitamente per accompagnare le bevande. Provate la *feijoada* (riso e fagioli stufati) o lo stufato di pollo con polenta. L'atmosfera è trendy e internazionale. Fermatevi al bar, chiacchierate con gli altri clienti e godetevi questo fantastico locale.

Om-Kalsum (cartina p390; Calle Jardines 17; bevanda e tapa €3) Bar di tapas trasformato in locale nordafricano a pochi passi di distanza dal Poë – se possibile è ancora più interessante di quest'ultimo. Qui una soddisfatta clientela internazionale, comodamente seduta su panche imbottite, assaggia deliziose minitagine di agnello, squisiti kebab di pollo in pane arabo e un sostanzioso cuscus con cipolla caramellata e uva passa.

Guerrero (cartina p390; ☎ 958 28 14 60; Plaza de la Trinidad 7; raciones €5,50-6,50) In questo caffè bar dall'atmosfera tranquilla, frequentato da clienti in cerca di un luogo dove smaltire le bevute notturne davanti a una buona prima colazione, potete ordinare *tostadas* (€1,50), spremute di arance fresche e un gran bicchiere di *café con leche*.

Reca (cartina p390; ☎ 636 891189; Plaza de la Trinidad s/n; portate principali €8) Relativamente nuovo e già ai primi posti fra i locali specializzati in tapas, Reca è sempre affollatissimo di clienti desiderosi di assaggiare i suoi piatti moderni, splendidamente presentati. Rappresenta anche una piacevole eccezione fra i bar della zona in quanto il servizio è disponibile con orario continuato fino alle 17.

Cunini (cartina p390; ☎ 958 25 07 77; Calle Pescadería 14; menú €18) Piccolo ed esclusivo bar-ristorante situato nella vecchia piazza del mercato del pesce. Gode di ottima reputazione per le sue deliziose tapas basate su specialità di mare, che si possono gustare in piedi al bar o nel ristorante sul retro.

LOCALI

Granada è una città molto animata, piena di spettacoli di flamenco, turisti che fanno il giro dei bar e studenti a caccia di ragazze. I locali migliori sono situati lungo Calle de Elvira e intorno all'università. Altri bar alla moda si trovano sulla sponda del Río Darro ai piedi dell'Albayzín, mentre Campo del Príncipe richiama una clientela più elegante.

El Rincón de Michael Landon (cartina pp382-3; Calle Rector García Duarte 2; birra €1,50; 🕓 12-16 e 20-3 da lunedì a sabato, 8-13 domenica) Al centro della vita studentesca di Granada, questo curioso bar è consacrato a Michael Landon, il protagonista della serie televisiva *La casa nella prateria*. I frequentatori di questo locale sono attratti dalle semplici tapas chiamate JR (*jamón* e roquefort – prosciutto e roquefort), dalla birra e dalla musica sparata a tutto volume dal piccolo stereo.

Anaïs Café (cartina p390; Calle Buensuceso 13; bicchiere di vino della casa €1,50; 🕓 9-13) Bar per amanti della lettura, ma non solo, che apprezzano un buon bicchiere, le serate letterarie e la lettura dei tarocchi, oltre che il divertimento puro e semplice. Il locale è dedicato ad Anaïs Nin, una delle scrittrici più controverse del Novecento.

Bodegas Castañeda (cartina p390; Calle Almireceros; bicchiere di vino della casa €1,50) e **Antigua Bodega Castañeda** (cartina p390; Calle de Elvira; bicchiere di vino della casa €1,50) sono i bar più invitanti, con vino spillato direttamente dalle botti e assaggi di tapas.

El Círculo (cartina p390; Calle de Elvira; birra €1,50) Questo bar di tapas, tranquillo e senza pretese, con un'atmosfera vagamente retro, è uno dei migliori di Calle de Elvira. Dopo un drink, però, sentirete la mancanza di un maggiore numero di posti a sedere (le porzioni sono generose).

Bagdad Café (cartina pp382-3; Coca de San Andrés; bicchiere di vino della casa €1,50; 🕓 dalle 18) Il Bagdad Café, nonostante sia situato in una via secondaria molto sporca e abbia l'aria un po' trascurata, non scoraggia coloro che amano i locali alternativi di Granada. Allungate l'orecchio per cogliere il ritmo che pulsa dietro la porta nera e buttatevi.

Café Bar Elvira (cartina pp382-3; Calle de Elvira 85; birra €1; 🕓 da mezzogiorno) Ritrovo di giovani con capelli stile rasta e cani al guinzaglio. È caratterizzato da un'atmosfera estremamente allegra, in cui si canta, si beve e si grida tutto il giorno, in parte grazie all'abbondanza di alcol e ai popolarissimi mixer.

El Rincón de San Pedro (cartina pp382-3; Carrera del Darro 12; 🕓 da mezzogiorno) Bar alla moda dall'atmosfera cool con pareti color turchese e mattonelle di ardesia. Le porte sul retro danno su un giardino ai piedi dell'Alhambra; godetevi un gin tonic (€4,50) ammirando la splendida vista e ascoltando il mormorio del Río Darro che scorre nei pressi.

DIVERTIMENTI

È facile andare a ballare a Granada: in città si trovano i migliori locali notturni andalusi e la folta popolazione universitaria conta un buon numero di aspiranti musicisti che animano le serate. Cercate i manifesti e i volantini che pubblicizzano i concerti di musica dal vivo e gli spettacoli di flamenco autentici, e tralasciate quelli per i turisti. L'opuscolo bisettimanale *Yuzin* (www.yuzin.com) riporta l'elenco di molti locali dove si suona dal vivo, alcuni dei quali sono anche discoteche in cui i DJ propongono i successi più recenti. L'eccellente mensile *Guía de Granada* (€1), in vendita nelle edicole, segnala i locali in cui si tengono spettacoli e i ristoranti, compresi i bar di tapas.

Potete prendere visione del programma degli eventi culturali nell'atrio della **Madraza** (cartina p390; Calle Oficios), di fronte alla Capilla Real, dove vengono affissi su una bacheca i manifesti degli spettacoli.

Locali notturni

Granada 10 (cartina p390; Calle Cárcel Baja; ingresso €6; ⏲ a partire da mezzanotte) Popolare locale situato in un lussuoso cinema con divani dorati frequentato da una clientela elegante che impazza per il pop spagnolo più dozzinale.

Enano Rojo (cartina pp382-3; Calle de Elvira 91; ⏲ a partire dalle 22) Locale grunge pieno di grinta con un logo a forma di fungo; nei weekend propone jazz e funk a una clientela alla moda. A metà settimana è più tranquillo – più tardi arrivate, meglio è.

Industrial Copera (☎ 958 25 84 49; www.industrialcopera.net; Carretera Armilla, Calle la Paz, magazzino 7; ingresso variabile; ⏲ 23-fino a tardi) Il votatissimo Industrial Copera ha ottenuto il titolo di migliore locale notturno dell'Andalusia. È un magazzino dove preparati musicisti suonano tutta la notte. La musica è molto varia, quindi tenete d'occhio i manifesti o visitate il sito web - tra i vari generi, molta techno, una buona dose di hip-hop, e DJ di Ibiza, Madrid e Barcellona. Vi consigliamo di andarci in taxi e di conservare il numero per il ritorno.

Planta Baja (cartina p390; www.plantabaja.net; Calle Horno de Abad 11; ingresso €5; ⏲ 12.30-6 da martedì a sabato) La popolarità del Planta Baja non sembra mai in calo e non c'è da stupirsene considerando che segue i gusti dei suoi clienti e che può contare su DJ del valore di Vadim. Troverete la vecchia scuola, hip-hop, funk ed electroglam al piano terra e session di musica lounge al primo piano.

Afrodisia (cartina pp382-3; www.afrodisiaclub.com; Calle Almona del Boquerón; ingresso libero; ⏲ 23-fino a tardi) Se siete amanti della *ganja* e dell'ambiente granadino dove se ne fa uso, questo è il luogo in cui potete trovarvi a vostro agio. Sulla pista da ballo ci si corteggia e ci si ama senza pudore e i DJ mandano molto sound nero originale come aka hip-hop, ska e reggae, funk e, la domenica, anche jazz.

I MIGLIORI LOCALI DI FLAMENCO A GRANADA

È difficile assistere a uno spettacolo di flamenco che non sia solo per turisti, ma alcune esibizioni sono più autentiche di altre e richiamano tanto gli spagnoli quanto gli stranieri.

Centro de Interpretación de Sacromonte (cartina pp382-3; ☎ 958 21 51 20; www.sacromontegranada.com; Barranco de los Negros s/n; ⏲ 10-14 e 17-21 da martedì a venerdì, 10-21 sabato e domenica in estate, 10-14 e 16-19 da martedì a venerdì e 10-17 sabato e domenica in inverno) Vale davvero la pena di assistere alle serate di flamenco che si tengono in questo centro nel corso della stagione estiva. Per ulteriori informazioni v. lettura p394.

El Eshavira (cartina pp382-3; ☎ 958 29 08 29; www.eshavira.com; Postigo de la Cuna 2) I migliori musicisti e ballerini locali danno luogo a scatenate esibizioni in questo ritrovo bohémien dell'Albayzín.

El Upsetter (cartina p390; ☎ 958 22 72 96; Carrera del Darro 7; ingresso €10) Il sabato sera in questo locale si tengono esibizioni di flamenco dal vivo, una buona occasione per evitare le folle dei turisti.

Los Tarantos (cartina pp382-3; ☎ 958 22 45 25 di giorno, 958 22 24 92 di sera; Camino del Sacromonte 9; ingresso €21) Gli spettacoli sono rivolti soprattutto ai turisti, ma quelli di mezzanotte del venerdì e del sabato richiamano un minor numero di stranieri. Per queste esibizioni potete prenotare i biglietti presso gli stessi alberghi e le agenzie di viaggio. Se intendete sedervi nelle prime file, mettetevi le scarpe da ballo, in quanto sarete spinti sul palcoscenico ancor prima che ve ne rendiate conto!

Peña de la Platería (cartina pp382-3; ☎ 958 21 06 50; Placeta de Toqueros 7) Nel cuore dell'Albayzín, Peña de la Platería è un autentico locale di aficionados con un grande patio all'aperto. Scegliete lo spettacolo delle 21.30 il giovedì e il sabato.

Sugar Pop (cartina pp382-3; Calle del Gran Capitan 25; ingresso €5; 23-fino a tardi) Locale con buone vibrazioni che attrae una clientela studentesca che ama la musica indie e i DJ che propongono pop di buona qualità.

El Camborio (cartina pp382-3; 958 22 12 15; Camino del Sacromonte 47; ingresso €6; a partire dalle 23 sabato e domenica) Unisce la musica moderna all'ambiente preistorico di una grotta. Ci sono due piste da ballo, di cui una a livello della grotta.

Musica dal vivo

El Eshavira (cartina pp382-3; 958 29 08 29; www.eshavira.com; Postigo de la Cuna 2; a partire dalle 22) A pochi passi da Calle Azacayas, infilatevi nell'inquietante vicolo buio, varcate il pesante portone ed entrate in questo locale, che rispecchia la predilezione dei granadini per i posti bui e fumosi dove si fa cool jazz e un flamenco sensuale.

El Upsetter (cartina p390; 958 22 72 96; Carrera del Darro 7; ingresso allo spettacolo di flamenco €10; 23-fino a tardi) Se volete trascorrere un sabato sera assistendo a uno spettacolo di flamenco di buon livello andate da El Upsetter, che durante il resto della settimana è un bar per giovani con pettinatura dreadlock, che propone musica reggae.

Tetería del Hammam (cartina p390; 958 22 99 78; www.hammamspain.com/granada, in spagnolo; Calle Santa Ana 16; 20-fino a tardi) Se non siete appassionati di flamenco, come alternativa potete scegliere gli spettacoli di danza del ventre che si svolgono in questo locale ogni giovedì sera.

Concerti e teatri

Centro Cultural Manuel de Falla (cartina p385; 958 22 00 22; Paseo de los Mártires s/n) Questo luogo di ritrovo per gli amanti della musica classica, situato vicino all'Alhambra, prevede ogni settimana concerti di musica classica.

Il **Teatro Alhambra** (cartina pp382-3; 958 22 04 47; Calle de Molinos 56) e il più centrale **Teatro Isabel La Católica** (cartina p390; 958 22 15 14; Acera del Casino) offrono entrambi programmi di prosa e concerti (e a volte anche di flamenco).

SHOPPING

Bellissimi vasi classici, con la caratteristica verniciatura *granadina* a smalto bianca e blu sono in vendita da **Cerámica Fabre** (cartina p390; Calle Pescadería s/n). Una tipica forma di artigianato locale è l'intarsio *(taracea)*, impiegato per decorare scatole, tavoli, scacchiere e altro – gli oggetti più belli hanno anche intarsi di tartaruga, argento e madreperla. Potete vedere gli artigiani al lavoro alla **Laguna Taller de Taracea** (cartina p385), di fronte all'Iglesia de Santa María nell'Alhambra. I luoghi in cui si trovano oggetti di artigianato a Granada comprendono l'Alcaicería, l'Albayzín e la Cuesta de Gomérez. Provate anche a dare un'occhiata nel negozio a gestione statale Artespaña nel Corral del Carbón (p392). La zona di Plaza Nueva è piena di venditori di gioielli, che dispongono la loro merce su tappeti sistemati sui marciapiedi e di negozi di abbigliamento etnico.

Se volete portarvi a casa una chitarra fatta a mano rivolgetevi da **Manuel L Bellido** (cartina p390; Calle Molinos) o semplicemente osservate il *guitarrero* al lavoro.

Per acquisti di generi vari, tra cui abiti alla moda e scarpe spagnole, provate ad andare nella via pedonale Calle de los Mesones, o nel grande magazzino **El Corte Inglés** (cartina p390; Acera del Darro).

PER/DA GRANADA

Aereo

Iberia (cartina p390; 958 22 75 92; Plaza Isabel La Católica 2) effettua voli giornalieri per/da Madrid e Barcellona.

Dal Regno Unito due compagnie low cost, con servizi via internet, collegano Granada con voli quotidiani: **Ryanair** (www.rynanair.com) e **Monarch Airlines** (www.flymonarch.com).

Autobus

La **stazione degli autobus** (cartina pp382-3; Carretera de Jaén) si trova circa 3 km a nord-ovest del centro di Granada. Tutte le corse partono da qui, tranne alcune dirette verso località vicine come Fuente Vaqueros. **Alsina Graells** (958 18 54 80) offre collegamenti con le seguenti destinazioni:

Destinazione	Prezzo	Durata	Frequenza giornaliera
Baza	€8	2 ore	fino a 8
Córdoba	€12	3 ore	9
Guadix	€4,50	1 ora	fino a 14
Málaga	€9	1½ ore	16
Mojácar	€15	4 ore	2
Siviglia	€18	3 ore	10

Alsina gestisce inoltre autobus per Las Alpujarras (p414), nonché corse per de-

AUTOMOBILISTI, ATTENZIONE!

Il sistema che gestisce il traffico di Granada è stato pensato in modo da far venire l'esaurimento nervoso a chi guida in città per la prima volta. L'accesso dei veicoli alla zona di Plaza Nueva (e quindi alle stradine che da qui portano all'Alhambra e all'Albayzín) è impedito da semafori rossi e paletti neri detti *pilonas*, che bloccano certe vie in determinati momenti della giornata. I residenti e altri automobilisti autorizzati sono dotati di tessere magnetiche che fanno rientrare i paletti nel terreno, consentendo così il passaggio del veicolo (ma solo uno per volta). Quando vedete il cartello *'Obstáculos en calzada a 20 metros'* dovete fare una deviazione. L'unica eccezione è possibile nel caso in cui soggiorniate in un albergo della zona di Plaza Nueva – in tal caso, premete il bottone con il nome del vostro albergo posto accanto ai *pilonas;* in questo modo potrete parlare con l'addetto alla reception, che potrà abbassare i paletti a distanza per farvi passare.

Sarebbe bene chiedere consigli sul parcheggio all'albergo prima di arrivare. Alcuni alberghi dispongono di un parcheggio privato, per il quale si paga in genere da €7,50 in su al giorno. In alternativa, potete utilizzare i parcheggi sotterranei come il **Parking San Agustín** (cartina p390; Calle San Agustín; €1/16 all'ora/al giorno), in una laterale di Gran Vía de Colón, e il **Parking Plaza Puerta Real** (cartina p390; Acera del Darro; €1/12 all'ora/al giorno), oppure i parcheggi dell'Alhambra (v. p386). Lungo le stradine che attraversano il fiume nella parte orientale della città si può parcheggiare gratuitamente, ma dovrete cercare a lungo e ricordarvi dove avete posteggiato.

stinazioni nella provincia di Jaén, sulla costa di Granada, Málaga e Almería, e per Madrid (€15, da 5 a 6 ore, da 10 a 13 corse al giorno).

La compagnia **Alsa** (☎ 902 42 22 42; www.alsa.es) offre collegamenti con numerose località situate sulla costa mediterranea fino a Barcellona (da €60 a €70, da 7 a 10 ore, cinque corse al giorno), nonché con molte destinazioni estere.

Automobile e motocicletta

ATA Rent A Car (cartina p390; ☎ 958 22 40 04; Plaza Cuchilleros 1) Questa agenzia di autonoleggio propone automobili di piccola cilindrata a €71/83/219 per uno/due/sette giorni.

Treno

La **stazione ferroviaria** (cartina pp382-3; ☎ 958 20 40 00; Avenida de Andaluces) si trova 1,5 km a ovest del centro, non lontano da Avenida de la Constitución. Da Granada ci sono quattro treni al giorno per/da Siviglia (€20, 3 ore) e Almería (€13, 2 ore e mezzo) via Guadix. Tre treni vanno a Ronda (€11, 3 ore) e Algeciras (€17, da 4 ore a 4 ore e mezzo). Per Málaga (€12, 2 ore e mezzo) o Córdoba (€14, 4 ore) prendete un treno per Algeciras e cambiate a Bobadilla (€7, 1 ora e mezzo). Cinque treni al giorno vanno a Linares-Baeza (da €10 a €19, 3 ore), e uno o due collegano la città con Madrid (da €31 a €35, 6 ore), Valencia (da €42 a €62, da 7 ore e mezzo a 8 ore) e Barcellona (da €52 a €125, da 12 ore a 14 ore e mezzo).

TRASPORTI URBANI

Per/dall'aeroporto

L'**aeroporto** (cartina pp382-3; ☎ 902 40 05 00) è situato 17 km a ovest della città sulla A92. Almeno cinque autobus al giorno (€3), gestiti da **Autocares J González** (☎ 958 49 01 64), effettuano il servizio navetta tra il terminal e il Palacio de Congresos, e fermano in centro di fronte alla cattedrale in Gran Vía de Colón, dove è esposto l'orario dei passaggi (v. la cartina Granada centro a p390). La corsa in taxi costa da €18 a €20.

Autobus

Gli autobus urbani costano €0,90. Presso gli uffici turistici trovate l'opuscolo con i percorsi delle varie linee. Il voucher Bono Turístico (v. p384) comprende nove corse in autobus.

L'autobus n. 3 collega la stazione degli autobus con la centrale Gran Vía de Colón. Per raggiungere il centro dalla stazione ferroviaria, andate a piedi (sempre diritto) fino in Avenida de la Constitución e da lì prendete gli autobus nn. 4, 6, 7, 9 o 11 in direzione est (destra). Per raggiungere la stazione dal centro (Gran Vía de Colón) prendete i nn. 3, 4, 6, 9 o 11.

Taxi

Il posteggio dei taxi è in Plaza Nueva. Il costo di una corsa in città è compreso in genere tra €4,50 e €7,50. Per avere un taxi, chiamate **Teleradio taxi** (☎ 958 28 06 54).

DINTORNI DI GRANADA

Granada è circondata da una fertile pianura chiamata La Vega, che alterna boschetti di pioppi a coltivazioni di patate, mais, meloni e tabacco. La Vega è sempre stata preziosa per i rifornimenti alimentari della città e ha ispirato molte opere del poeta Federico García Lorca, che qui nacque e morì. Il **Parque Federico García Lorca**, situato tra i villaggi di Víznar e Alfacar (distanti circa 2,5 km l'uno dall'altro), dedicato allo scrittore, sorge sul luogo dove si ritiene che García Lorca e centinaia, forse migliaia, di altre persone, siano state fucilate e sepolte dai nazionalisti all'inizio della guerra civile.

FUENTE VAQUEROS

La casa dove García Lorca nacque nel 1898, nel villaggio di Fuente Vaqueros, 17 km a ovest di Granada, ospita oggi il **Museo Casa Natal Federico García Lorca** (☎ 958 51 64 53; www.museogarcialorca.org; Calle Poeta Federico García Lorca 4; ingresso €1,80; visite guidate ogni ora 10-13 e 17-19 da martedì a domenica da aprile a giugno, 10-14 e 18-20 da martedì a domenica da luglio a settembre, 10-13 e 16-18 da martedì a domenica da ottobre a marzo). Il museo mantiene vivo il ricordo del poeta per mezzo di affascinanti fotografie, manifesti e costumi teatrali disegnati per le opere che scrisse e diresse, ma anche con quadri che illustrano alcune delle sue poesie. Un breve video lo mostra durante una tournée con il Teatro Barraca.

Gli autobus per Fuente Vaqueros (€1,50, 20 minuti) della **Ureña** (☎ 958 45 41 54) partono da Avenida de Andaluces davanti alla stazione ferroviaria di Granada. All'epoca della stesura di questa guida le partenze erano fissate alle 9 e alle 11 , quindi ogni ora dalle 13 alle 20 (fuorché alle 16), dal lunedì al venerdì, e alle 9, 11, 13 e 17 il sabato, la domenica e i giorni festivi.

A EST DI GRANADA

A nord-est di Granada la A92 attraversa il Parque Natural Sierra de Huétor, una zona di montagna ricoperta di foreste, e quindi si inoltra in una regione sempre più arida. Uscita da Guadix la A92 piega a sud-est in direzione di Almería, attraversando il territorio del Marquesado de Zenete, situato ai piedi del versante nord della Sierra Nevada, mentre la A92N corre a nord-est verso il cosiddetto Altiplano di Granada insinuandosi di tanto in tanto tra i monti e offrendo paesaggi a perdita d'occhio prima di raggiungere la parte settentrionale della provincia di Almería.

GUADIX

Pop. 20.135 / alt. 915 m

Guadix, a 55 km da Granada, è celebre perché possiede la più grande concentrazione di abitazioni nelle grotte – non si tratta di resti preistorici, ma di 'case' dove vivono circa 3000 persone. È un luogo perfetto per trascorrere la notte in una grotta e sperimentare gli ottimi bar di tapas, non frequentati dai turisti.

Informazioni

Per informazioni di ogni genere potete rivolgervi all'**ufficio turistico** (☎ 958 66 26 65; Carretera de Granada s/n; 9-15 lunedì, 9-16 da martedì a venerdì, 10-14 sabato) situato lungo la strada che dal centro porta verso Granada o all'**ufficio informazioni** (☎ 670 20 83 53; 9-15 lunedì, 9-16 da martedì a venerdì, 10-14 sabato) accanto alla cattedrale, dove Tania, una gentile signora poliglotta di origine tedesca, vi fornirà informazioni di carattere generale e vi guiderà in escursioni a piedi nella zona (€10 a persona).

Che cosa vedere

Al centro di Guadix sorge una bella **cattedrale** (Calle Santa María del Buen Aire; ingresso €2; 10.30-13 e 14-19 da lunedì a sabato, 9.30-13 domenica) in arenaria, costruita tra il XVI e il XVIII secolo sul sito in cui si trovava la moschea principale della città. Lo stile dell'edificio fonde elementi gotici, rinascimentali e barocchi. La vicina **Plaza de las Palomas** è particolarmente bella di sera quando è tutta illuminata.

Poco più a sud si trova il castello arabo risalente al X e XI secolo, l'**Alcazaba** (Calle Barradas 3; ingresso €1,20; 11-14 e 16-18.30 da martedì a sabato, 10-14 domenica), da dove si può ammirare la zona principale delle grotte (la Barriada de las Cuevas), situata circa 700 m a sud.

La tipica grotta del XXI secolo ha un ingresso aperto in un muro imbiancato a calce, la canna fumaria e l'antenna televisiva che spuntano dalla sommità e tutti i comfort moderni. Molte grotte sono suddivise in più stanze. La temperatura interna si mantiene sui 18°C tutto l'anno. La **Cueva Museo Municipal** (☎ 958 66 08 08; Plaza de Padre Poveda; ingresso €1,50; 10-14 e 16-18 da lunedì a sabato, 10-14 domenica e

DEVIAZIONE: L'HOMBRE DE ORCE

Il polveroso villaggio di Orce, situato sull'Altiplano, si autodefinisce 'culla del genere umano in Europa'. Questa affermazione si basa sul ritrovamento, avvenuto nel 1982 nella vicina Venta Micena, di un frammento osseo fossile che risale probabilmente a un'età compresa tra uno e due milioni di anni fa. L'osso potrebbe provenire da un teschio di neonato di *Homo erectus,* antenato dell'*Homo sapiens*. In questo caso si tratterebbe del più antico resto umano rinvenuto in Europa. Numerosi studiosi sono però piuttosto scettici e ritengono che il cosiddetto 'Hombre de Orce' (Uomo di Orce) sia in realtà un frammento proveniente da un cavallo o da un cervo e abbia meno di un milione di anni. In ogni caso Orce può vantare le testimonianze più antiche di tutta la Spagna relative alla presenza dell'uomo: qui infatti sono stati rinvenuti utensili in pietra che risalgono a 1,3 milioni di anni fa.

Per quasi quattro milioni di anni, gran parte della Hoya de Baza, l'arida vallata in cui si tova oggi la zona di Baza-Orce, è stata occupata da un lago. Gli animali selvatici che venivano ad abbeverarsi alle sue sponde erano particolarmente vulnerabili agli attacchi dei loro predatori. A Venta Micena e dintorni sono stati rinvenuti i resti fossili di dozzine di specie che popolavano la zona tra uno e due milioni di anni fa, tra cui mammut, rinoceronti, tigri dai denti a sciabola, ippopotami, iene giganti, lupi, orsi, elefanti e bufali.

Una buona scelta di questi reperti – compresa un'enorme zanna di mammut e una copia del frammento dell'Hombre de Orce (l'originale è custodito nel municipio di Orce) – è esposta nell'interessante **Museo de Prehistoria y Paleontología** (☎ 958 74 61 01; ingresso €1,50; 🕒 11-14 da martedì a domenica tutto l'anno, 18-20 da martedì a domenica da giugno a settembre, 16-18 da martedì a domenica da ottobre a maggio) di Orce, situato in un castello di epoca araba che sorge accanto alla piazza centrale del villaggio.

Se state viaggiando sulla A92N che da Granada porta, via Guadix e Baza, nella zona settentrionale della provincia di Almería, vale la pena fare una deviazione a Orce. Diciotto chilometri a est di Baza svoltate a nord lungo la A330 in direzione di Huéscar. Dopo altri 23 km girate a est lungo la SE34 per Orce (che si trova a 6 km di distanza).

Proseguendo in direzione est da Orce, dopo 30 km si arriva a María, il primo villaggio del distretto di Los Vélez. Mentre si attraversa la campagna deserta tra Orce e María fa davvero un certo effetto pensare che un tempo qui si aggiravano creature come mammut, tigri dai denti a sciabola ed elefanti.

festivi), nella Barriada de las Cuevas, riproduce una tipica abitazione in una grotta.

Pernottamento e pasti

Cuevas Pedro Antonio de Alarcón (☎ 958 66 49 86; www.cuevaspedroantonio.com; Barriada San Torcuato; singole/doppie/quadruple €40/61/104; Ⓟ 🏊) Il Cuevas consente di vivere un'esperienza tipica di Guadix: pernottare in una grotta. Si tratta di un albergo-residence ricavato in una grotta e dotato di appartamenti confortevoli e moderni, con piscina e ristorante. Si trova a 3 km dal centro lungo la strada per Murcia che porta alla A92 (cercate le indicazioni per 'Alojamiento en Cuevas').

Hotel Comercio (☎ 958 66 05 00; www.hotelcomercio.com; Calle Mira de Amezcua 3; singole €48,15, doppie €55-64; ❄) Se non siete attratti dalle grotte provate questo albergo di lunga tradizione, situato in posizione centrale, con camere confortevoli e un buon ristorante.

Churrería Serrano (Puerta del Parque; 🕒 prima colazione) Per la prima colazione potete scegliere i *churros con chocolate* da asporto (lunghe frittelle da intingere nella cioccolata calda; da €1 a €2) o sedervi all'interno e osservare i personaggi che gestiscono il locale.

La Bodeguita (Calle Doctor Pulido 4; bevanda e tapa €1) A Guadix si trovano ottimi bar di tapas, ma La Bodeguita è uno dei migliori. Qui persone anziane e famiglie gustano squisite tapas in un ambiente semplice e mangiano patate al forno o, in stagione, fave crude.

Bodega Calatrava (Calle La Tribuna s/n; bevanda e tapa €1,50, ración €5) È il secondo bar di tapas di grande qualità di Gaudix; potete consumare in piedi qualche ottima tapa, tra cui appetitosi gamberi fritti, o sedervi e ordinare alcune *raciones*.

Per/da Guadix

Guadix si trova a circa 1 ora da Granada (autobus €4,50, treno €6) e a 1 ora e mezzo da Almería (autobus €7,50, treno da €6 a €14); ogni giorno ci sono almeno nove autobus e quattro treni in ciascuna direzione che collegano Guadix con le due città. Almeno due autobus al giorno vanno a Baza (€4, 1 ora) e a Mojácar

(€11, 3 ore). La **stazione degli autobus** (☎ 958 66 06 57; Calle Concepción Arenal) è situata nei paraggi di Avenida Medina Olmos, circa 700 m a sud-est del centro, mentre quella ferroviaria si trova in una laterale della strada per Murcia, circa 2 km a nord-est del centro città.

MARQUESADO DE ZENETE

Questa zona spoglia e piatta tra Guadix e la Sierra Nevada era una fertile area agricola ai tempi della dominazione araba. Dopo la Reconquista fu assegnata al Cardinal de Mendoza, primo consigliere dei Re Cattolici durante la guerra contro gli emiri di Granada. Suo figlio illegittimo, Rodrigo de Mendoza, ne divenne il primo *marqués* (marchese).

La città principale, Jerez del Marquesado, è il punto di partenza per escursioni nell'alta Sierra Nevada. Situato 13 km a est di Jerez, l'imponente **Castillo de La Calahorra** (ingresso €3; 10-13 e 16-18 mercoledì, altri giorni su appuntamento con il custode Antonio Trivaldo ☎ 958 67 70 98) incombe sul villaggio di La Calahorra. Il castello fu costruito tra il 1509 e il 1512 da Rodrigo de Mendoza, che nella sua vita tempestosa trascorse un periodo in Italia, dove corteggiò per qualche tempo senza successo Lucrezia Borgia. Le mura spoglie e le torre angolari sormontate da cupole delimitano un elegantissimo cortile rinascimentale italiano con una scalinata in marmo di Carrara. A La Calahorra vi sono almeno due *hostales* e un albergo. La A337 si dirige dal villaggio verso sud e valica il Puerto de la Ragua, un passo che porta a Las Alpujarras.

BAZA

Pop. 21.000 / alt. 850 m

Sede di un importante mercato, la città di Baza, 44 km a nord-est di Guadix, fu fondata dagli iberi. La bella Plaza Mayor è dominata dalla cinquecentesca **Iglesia Concatedral de la Encarnación**. L'**ufficio turistico** (☎ 958 86 13 25; Plaza Mayor 2; 10-14 e 16-18.30 eccetto festivi) è situato nello stesso edificio del **Museo Municipal** (☎ 958 70 35 55; ingresso €1,20; 10-14 e 16-18.30 eccetto festivi), la cui raccolta archeologica comprende una copia della *Dama de Baza*, una statua di dea a grandezza naturale rinvenuta nei dintorni nel 1971 (l'originale è conservato nel Museo Arqueológico Nacional di Madrid).

In città, circa 500 m a sud di Plaza Mayor, è situato l'accogliente **Hostal Anabel** (☎ 958 86 09 98; Calle María de Luna s/n; singole/doppie €22/38;), ma il vero gioiello è il mini-resort **Cuevas Al Jatib** (☎ 958 34 22 48; www.aljatib.com; Arroyo Cúrcal s/n; grotta per 2 persone €75-95, grotta per 4/6 persone €89/143; P) che si trova alla periferia della città e che offre una confortevole sistemazione in cinque grotte, perfettamente attrezzate. Il complesso comprende inoltre bagni turchi, sala da tè, ristorante, grotta dei giochi per bambini e una grotta attrezzata per accogliere viaggiatori disabili.

La **stazione degli autobus** (☎ 958 70 21 03; Calle Reyes Católicos) è situata 200 m a nord di Plaza Mayor. Ci sono circa 15 autobus al giorno per/da Guadix (€3,50, 1 ora) e Granada (€8, 2 ore) in una direzione e per Vélez Rubio (€4,50, 1 ora e mezzo) nell'altra.

SIERRA NEVADA

La catena montuosa della Sierra Nevada, che costituisce lo sfondo di Granada verso sud-est, comprende la vetta più alta della Spagna, il Mulhacén (3479 m). Si estende per circa 75 km da ovest a est dalla provincia di Granada a quella di Almería, ed è coperta di neve per quasi tutto l'anno.

Le cime più elevate (alte oltre 3000 m) si innalzano all'estremità orientale della sierra (quella di Granada), ed è sul versante settentrionale di questa parte della catena che si trova la stazione sciistica di Sierra Nevada, la più meridionale d'Europa e una delle più importanti di Spagna. Nella stagione calda i monti e le valli più in basso (soprattutto Las Alpujarras, a sud) offrono alcune splendide escursioni a piedi.

Le migliori cartine generali della zona sono *Sierra Nevada, La Alpujarra* della Editorial Alpina (in scala 1:40.000) e *Sierra Nevada* dell'Editorial Penibética (in scala 1:50.000). Entrambe hanno un opuscolo allegato, disponibile in spagnolo o in inglese, che descrive vari itinerari per escursioni a piedi e percorsi adatti alla mountain bike e allo sci da fondo.

Il periodo migliore per il trekking in alta montagna va dall'inizio di luglio all'inizio di settembre, perché solo allora la neve è quasi assente e il tempo relativamente stabile. Purtroppo questa stagione non è altrettanto favorevole nelle valli (v. p413); i periodi in cui il compromesso è accettabile sono fine giugno-inizio luglio e l'inizio di settembre. La Sierra Nevada è una catena montuosa impegnativa e sulle vette le temperature sono in media di 14°C inferiori a quelle che si registrano nei villaggi più alti delle Alpujarras. Dovete equipaggiarvi bene ed essere pronti ad affrontare in qualsiasi momento nuvole, pioggia e venti forti e gelidi.

Quasi tutte le vette più elevate della catena sono comprese negli 862 kmq del Parque Nacional Sierra Nevada, il più grande dei parchi nazionali spagnoli (che sono una dozzina). Questo raro ambiente d'alta quota ospita circa 2100 delle 7000 specie di piante presenti in Spagna, tra cui varietà uniche di croco, narciso, cardo, trifoglio, papavero e genziana. Nel parco vive anche la popolazione più numerosa di stambecchi dell'Andalusia (circa 5000 esemplari) – d'estate non è difficile incontrarne qualcuno al di sopra dei 2800 m.

Intorno al parco nazionale, ad altitudini minori, si estendono gli 848 kmq del Parque Natural Sierra Nevada, che gode di una minore protezione.

ESTACIÓN DE ESQUÍ SIERRA NEVADA

La **stazione sciistica** (☎ 902 70 80 90; www.sierranevadaski.com, in spagnolo) Sierra Nevada si è sviluppata intorno alla località di Pradollano, un brutto insediamento moderno a 33 km da Granada lungo la A395, affollatissimo durante i weekend e nei giorni festivi in alta stagione (in cui si registra anche un'animata vita notturna). Le piste e le strutture sono però abbastanza valide da essere state scelte per ospitare i Campionati del mondo di sci del 1996. Attualmente vi si svolgono gare di Coppa del mondo. Le condizioni della neve e del tempo sono spesso migliori rispetto alle località sciistiche nel nord della Spagna.

Informazioni

Circa 10 km prima di raggiungere gli impianti si incontra il **Centro de Visitantes El Dornajo** (☎ 958 34 06 25; 🕑 10-14 e 18-20 da aprile a settembre, 10-14 e 16-18 da ottobre a marzo), che vende cartine e fornisce informazioni sulla Sierra Nevada.

Attività

Di solito la stagione sciistica va da dicembre ad aprile o all'inizio di maggio. I prezzi dei *forfait* (giornalieri da €27 a €35) e degli alloggi sono più bassi nei periodi 'promozionali' (all'inizio e alla fine della stagione) e più alti a Natale e Capodanno e negli altri periodi di vacanza, nonché il sabato e la domenica da gennaio a marzo.

Il comprensorio offre 85 piste da discesa – di cui cinque nere (molto difficili), 36 rosse (difficili), 35 blu (facili) e 10 verdi (molto facili). Il punto più elevato è la cima del Veleta (3395 m), la seconda vetta più alta della Sierra Nevada. Alcune funivie (€10 andata e ritorno per chi non scia) collegano Pradollano (2100 m) e Borreguiles (2645 m), mentre altri impianti portano ancora più in alto. Vi sono anche piste da fondo e una zona dedicata allo snowboard sopra Borreguiles.

Numerosi negozi noleggiano tutta l'attrezzatura: sci, scarponi e racchette costano €21 al giorno, snowboard e scarponi €24. La località conta inoltre molte scuole di sci e snowboard: un corso di sei ore durante il weekend costa €57.

Pernottamento e pasti

La stazione sciistica dispone di circa una ventina di strutture dove è possibile pernottare. Si tratta di alberghi, *hostales* e residence

NON SOLO PER SCIATORI

Non è essenziale sapere sciare per trovare qualcosa da fare nella Estación de Esquí Sierra Nevada. È infatti possibile pattinare sul ghiaccio (un'ora €7,50 incluso il noleggio dei pattini), correre su una slitta trinata da cani (mezz'ora €40 a persona), camminare sulla neve con le racchette ai piedi (due ore €34) e perfino scendere in toboga lungo dei giganteschi tunnel (mezz'ora €15). Anche se non sciate, ricordate comunque di coprirvi bene!

La funivia Al-Andalus è accessibile anche ai disabili e vicino alla stazione a monte si può noleggiare l'attrezzatura da sci adatta a loro.

Al di fuori della stagione sciistica il **programma Sierra Nevada Activa** (www.sierranevadaactiva.com) propone una serie di attività per i mesi più caldi tra cui escursioni in mountain bike a Trevélez (un giorno €78) o sulla costa (due giorni €170), un trekking di quattro giorni che raggiunge diverse vette della catena oltre i 3000 m (€346), una gita a cavallo di un giorno a Cañada de Siete Lagunas (€80) e canyoning sul Río Verde sopra Almuñécar (un giorno €75). D'inverno le proposte vanno dalle escursioni con sci da fondo alle scalate con guida sulle vette più alte.

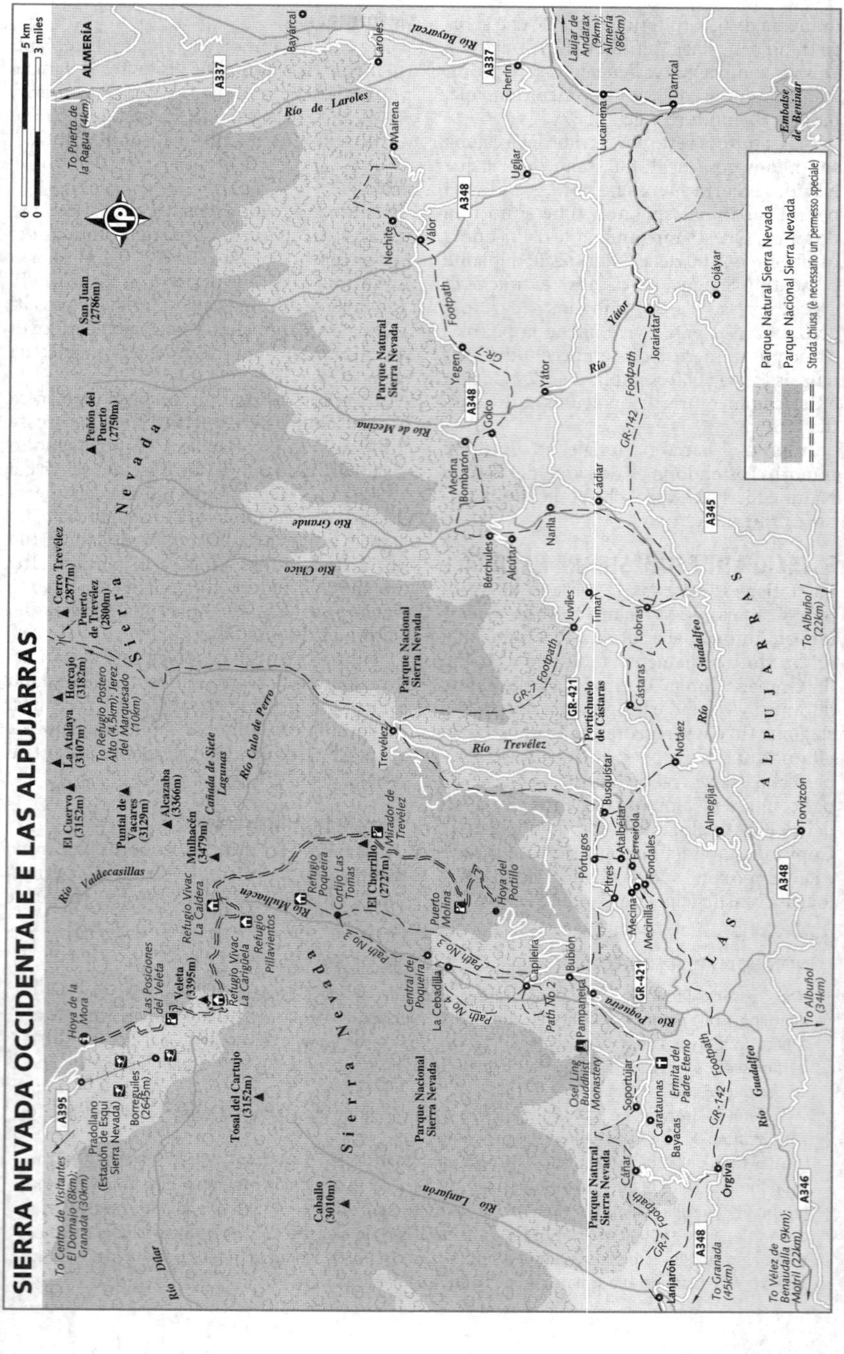

PROVINCIA DI GRANADA

piuttosto cari (il prezzo di una doppia parte da circa €80) nei quali è sempre consigliabile prenotare. Le condizioni migliori sono quelle offerte dai pacchetti tutto compreso, che partono da circa €150 per persona per due giorni e due notti, inclusa la mezza pensione e il giornaliero. Dovreste cercare di prenotarli con almeno due settimane di anticipo al numero telefonico della stazione o tramite il sito web.

Nei periodi al di fuori della stagione sciistica solo pochi alberghi e ristoranti rimangono aperti.

Albergue Juvenil Sierra Nevada (☎ 958 48 03 05; Calle Peñones 22; adulti/minori di 26 anni nella stagione sciistica con prima colazione €18/14, nel resto dell'anno €12,25/9,05; ♿) L'ostello della gioventù, situato nella parte più alta della stazione sciistica, dispone di 341 posti letto in camerate che possono ospitare da 2 a 4 persone, incluse sei doppie attrezzate per i disabili.

Hotel Ziryab (☎ 958 48 05 12; www.cetursa.es; Plaza de Andalucía; camere €119; 🕓 da fine novembre a inizio maggio; 🅿) Questo albergo di lusso si trova nella parte bassa della stazione sciistica. È una costruzione gradevole realizzata facendo largo impiego di pietra e legno.

El Lodge (☎ 958 48 06 00; www.ellodge.com; Calle Maribel 8; singole/doppie €230/250; 🕓 tutto l'anno; 🅿) El Lodge, un lussuoso albergo costruito in pino finlandese, dispone di 20 camere e di un ottimo ristorante specializzato nella cucina dei Paesi Baschi.

Ecco alcune soluzioni leggermente meno care in albergo/*hostal*:

Hostal El Ciervo (☎ 958 48 04 09; www.eh.etursa.es; Edificio Penibético; camere €84; 🕓 da dicembre ad aprile)

Hotel Apartamentos Trevenque (☎ 958 48 08 62; www.cetursa.es; Plaza de Andalucía 6; camere €105; 🕓 tutto l'anno; 🅿)

Per quanto riguarda i ristoranti, vi sono una trentina di locali nella località e altri nove lungo le piste.

Per/dalla Estación de Esquí Sierra Nevada

Durante la stagione sciistica **Autocares Bonal** (☎ 958 46 50 22) ha tre autobus al giorno (quattro nel weekend) in partenza dalla stazione degli autobus di Granada (€4/7 sola andata/andata e ritorno, 1 ora). Negli altri periodi dell'anno viene effettuata una sola corsa (alle 9 da Granada e alle 17 dalla stazione sciistica). Un taxi da Granada costa circa €40.

MULHACÉN E VELETA

Le due cime più alte della Sierra Nevada – il Mulhacén (3479 m) e il Veleta (3395 m), che anche in estate presentano solitamente alcune zone innevate – si ergono a sud-est della stazione sciistica alla testata della valle del Río Poqueira, che scende sul versante meridionale della Sierra Nevada fino alle Alpujarras. Sulla sommità del Mulhacén, che è la vetta più elevata della Spagna continentale, sorgono un piccolo santuario e una cappella senza tetto situati a pochi metri dal bordo di uno strapiombo che termina 500 m più in basso nella vallata chiamata Hoya de Mulhacén. In una giornata limpida il panorama è straordinario e lo sguardo può spaziare fino alla catena del Rif in Marocco e alla Sierra de Cazorla.

Dalla stazione sciistica una strada s'inerpica sulla Sierra Nevada verso Capileira, il villaggio più alto della valle del Poqueira, ma è chiusa al traffico motorizzato (a meno che non si abbia un permesso speciale) tra Hoya de la Mora (2550 m), a circa 3 km da Pradollano, e Hoya del Portillo (2150 m), 12 km sopra Capileira. Dalla fine di giugno alla fine di ottobre circa (a seconda della consistenza del manto nevoso) il Parque Nacional Sierra Nevada offre un servizio di autobus navetta chiamato Servicio de Interpretación Ambiental Altas Cumbres (Servizio di valorizzazione ambientale delle grandi cime), che porta gli escursionisti nelle zone più elevate della catena. Gli autobus percorrono la strada di circa 6 km da Hoya de la Mora a Posiciones del Veleta (3020 m), e quella di circa 21 km da Capileira al Mirador de Trevélez (2680 m). I biglietti (€4/6 sola andata/andata e ritorno per ciascun tragitto) sono in vendita presso gli sportelli informazioni di **Hoya de la Mora** (☎ 630 95 97 39; 🕓 circa 8.30-14.30 e 15.30-19.30 durante il periodo di servizio degli autobus) e di **Capileira** (☎ 958 76 34 86, 686 414576; 🕓 circa 9-14 e 16.30-19.30 tutto l'anno).

Vicino al punto di arrivo degli itinerari degli autobus partono molte splendide escursioni a piedi, di cui potete trovare le descrizioni nei volantini distribuiti dagli sportelli informazioni del parco nazionale. Da Posiciones del Veleta alla vetta del Veleta ci sono circa 4 km su un dislivello approssimativo di 370 m; la camminata richiede pressappoco un'ora e mezzo (più eventuali soste). Per arrivare in cima al Mulhacén, ci vogliono invece dalle quattro alle cinque ore, mentre per raggiungere il Mirador de Trevélez (evitando le vette) ci sono circa 15 km che richiedono cinque o sei ore di cammino. Dal Mirador de Trevélez alla vetta del Mulhacén (6 km, 800 m di dislivello) si impiegano più o meno tre ore, mentre per arrivare al **Cañada de Siete Lagunas**, un bacino disseminato di laghi sotto il versante orientale del Mulhacén, ci vogliono da un'ora e mezzo a due ore.

Se non volete limitarvi a effettuare un'escursione in giornata, esistono quattro rifugi in alta quota dove è possibile trascorrere la notte.

Il **Refugio Poqueira** (☎ 958 34 33 49; €9 a persona; 🕑 tutto l'anno) è un moderno rifugio con 87 posti letto, docce con acqua calda e un ristorante, situato in cima alla valle del Poqueira a un'altitudine di 2500 m. Se vi è possibile, telefonate in anticipo. Per raggiungerlo percorrete a piedi i 4 km che lo separano dal Mirador de Trevélez (circa un'ora di cammino) oppure seguite il Río Mulhacén per 2,3 km dalla strada sotto il versante occidentale del Mulhacén e quindi svoltate in un sentiero 750 m a sud-est del rifugio.

I tre *refugios vivac* (semplici ripari in pietra o mattoni dove si dorme su assi di legno, in grado di ospitare circa 12 persone ciascuno) offrono il pernottamento gratuito: li troverete sempre aperti, ma non è possibile prenotare. Il Refugio Vivac La Caldera è situato sotto il versante ovest del Mulhacén, a un'ora e mezzo di cammino dal Refugio Poqueira; il Refugio Pillavientos si trova 20 minuti a piedi verso sud-ovest lungo la stessa strada che porta al Refugio La Caldera, mentre il Refugio Vivac La Carigüela è posto a una quota di 3200 m sul passo Collado del Veleta sotto la vetta del Veleta.

Campeggiare di notte è consentito solo al di sopra dei 1600 m di altitudine, a un minimo di 50 m dai laghi di alta montagna e a non meno di 500 m dai rifugi forniti di personale e dalle piste seguite dai veicoli. Dovete informare in anticipo le autorità del parco mediante email, fax o lettera: verificate inoltre quali siano i regolamenti più recenti rivolgendovi all'ufficio informazioni.

Naturalmente potete arrivare ai rifugi e ad altitudini elevate per conto vostro, senza usare gli autobus estivi. Da Capileira, il sentiero n. 3 segnalato con paletti gialli (v. lettura p415) percorre la valle del Poqueira fino a Cortijo Las Tomas, da cui ci sono circa 45 minuti di cammino fino al Refugio Poqueira – in tutto circa cinque ore da Capileira. Un buon itinerario è quello che da Trevélez sale in direzione nord-ovest fino a Cañada de Siete Lagunas, da dove si può raggiungere la vetta del Mulhacén passando per la cresta rocciosa di Cuesta del Resuello – da Trevélez si impiegano circa sette ore.

MONACHIL

Pop. 6000 / alt. 810 m

Questo bel paesino nella fascia pedemontana, solo 6 km a sud-est di Granada, è una meta di grande richiamo per gli appassionati delle arrampicate su roccia in quanto immediatamente a est del villaggio si trova una gola davvero spettacolare, **Los Cahorros**, che offre 300 vie di ogni livello di difficoltà oltre a interessanti e brevi passeggiate per chi preferisce camminare (c'è anche un ponte sospeso e delle cascate). A Monachil si trova la sede della **Ride Sierra Nevada** (☎ 958 50 16 20; www.ridesierranevada.com), ottima società a gestione inglese che organizza escursioni in mountain bike con guida. Tra le sue proposte ci sono pacchetti per un weekend lungo (a partire da £110, €165 circa) o per una settimana (a partire da £175, €260 circa). I prezzi comprendono l'alloggio con uso cucina e i trasferimenti per/dall'aeroporto.

Da Granada ci sono 20 autobus al giorno (10 il sabato, 4 la domenica) per Monachil (€0,80, 15 minuti); le partenze avvengono da Paseo del Salón.

LAS ALPUJARRAS

Las Alpujarras o La Alpujarra, un dedalo di vallate che si estende per 70 km lungo il versante meridionale della Sierra Nevada, è uno dei più singolari e suggestivi angoli di tutta l'Andalusia. Aridi pendii solcati da profondi crepacci si alternano a bianchi villaggi che sembrano colare come vernice versata accidentalmente lungo il fianco della montagna, mentre le città costruite sui fianchi della montagna a quote più basse ospitano una popolazione hippy e new age che aspira a raggiungere le vette della spiritualità sotto gli sguardi attoniti degli abitanti locali. I menu redatti in inglese e le montagne di tappeti e di brocche tradizionali, esposti ovunque a uso dei turisti, indicano chiaramente che l'aggettivo 'incontaminato' non

BACHI DA SETA E TEMPI DURI

Durante il periodo arabo gli immigrati berberi introdussero nelle Alpujarras i bruchi del baco da seta (che si nutrono delle foglie di gelso). Il filo di seta ricavato dal bozzolo costituiva il materiale grezzo grazie a cui si svilupparono i prosperi laboratori della seta del X e XI secolo in Almería e, più tardi, anche nella Granada dei Nasridi. Insieme a un'agricoltura basata sull'irrigazione, la produzione dei fili di seta sostenne una popolazione di forse più di 150.000 persone che viveva in almeno 400 villaggi e borgate delle Alpujarras alla fine del XV secolo.

Dopo essersi arreso ai Re Cattolici nel 1492, Boabdil, l'ultimo emiro di Granada, si stabilì a Laujar de Andarax nelle Alpujarras orientali (nella provincia di Almería), ma l'anno successivo partì per l'Africa, lasciandosi alle spalle una popolazione musulmana oppressa e insoddisfatta che abitava i villaggi montani. Nel XVI secolo ebbero luogo numerose insurrezioni da parte dei musulmani nei confronti dei loro governanti cristiani. Per esempio, il decreto di Filippo II emanato nel 1567 che proibiva di dare nomi arabi, di vestirsi con abiti tradizionali arabi e perfino di parlare in arabo provocò, l'anno successivo, una violenta rivolta. Questa fu capeggiata da un alpujarran moresco (un musulmano convertito al cristianesimo) di nome Aben Humeya. Nelle Alpujarras seguirono due anni di guerriglia che terminò quando Don Juan d'Austria, il fratellastro di Filippo, venne a domare l'insurrezione: Aben Humeya fu assassinato da suo cugino Aben Aboo.

Quasi l'intera popolazione delle Alpujarras venne deportata in Castiglia e nell'Andalusia occidentale, e circa 270 tra villaggi e borgate furono ripopolati da coloni giunti dalla Spagna settentrionale. Il resto dei villaggi venne abbandonato. Nel corso dei secoli successivi l'industria della seta fallì e venne abbandonata anche la coltivazione del grano. Al loro posto si preferì sviluppare l'attività estrattiva e la coltivazione di altri cereali.

si adatta più a questa zona. Il recente boom turistico (soprattutto dalla Gran Bretagna) ha conferito una dimensione del tutto nuova a questi luoghi.

Tuttavia, ci sono ancora dei villaggi nelle Alpujarras in cui i turisti non mettono quasi mai piede e potrete identificarli dalle strade strette e difficilmente percorribili in auto, oltre che dall'incredibile silenzio in cui sono immersi. I villaggi sono stati costruiti in stile berbero durante il fiorente passato arabo. I vicoli tortuosi e le case a due piani dal tetto piatto (in cui il piano inferiore viene spesso utilizzato come magazzino o ricovero per gli animali), e i pendii terrazzati irrigati offrono una visione straordinaria della vita in questa regione, una volta isolata, dell'Andalusia.

È una zona particolarmente bella da esplorare a piedi e costituisce il punto dipartenza per alcune delle più interessanti escursioni nella Sierra Nevada.

La strada principale per le Alpujarras per chi proviene da ovest è la A44 (che su alcuni cartelli è segnalata come C333), che si diparte dalla N44 34 km a sud di Granada. La GR-421 svolta verso nord dalla A348 immediatamente a ovest di Órgiva per inerpicarsi sui pendii settentrionali delle Alpujarras e ricongiungersi alla A348 pochi chilometri a nord di Cádiar.

Molti villaggi delle Alpujarras rientrano nel territorio del Parque Natural Sierra Nevada, ma nessuno fa parte invece del Parque Nacional Sierra Nevada.

Passeggiate

I periodi migliori per fare delle passeggiate sono quelli compresi tra aprile e la metà di giugno e tra la metà di settembre e l'inizio di novembre, quando la temperatura è accettabile e la vegetazione è nel suo massimo rigoglio o esibisce i suoi colori più belli.

Moltissimi itinerari collegano tra loro i villaggi delle valli o si inoltrano nella Sierra Nevada. *Holiday Walks in the Alpujarras* di Jeremy Rabjohns è un'utile guida in inglese che potrete trovare sul posto, come pure la guida alle Alpujarras **Discovery Walking Guides** (www.walking.demon.co.uk). Due lunghi sentieri passano per le Alpujarras. Uno è il GR-7, che attraversa l'Europa dalla Grecia a Tarifa (provincia di Cadice): per percorrere il tratto nelle Alpujarras, tra Laroles e Lanjarón, s'impiega una settimana. Il GR-142, lungo 144 km, parte a est di Lanjarón e corre per tutta la lunghezza delle Alpujarras, poi curva in direzione nord-ovest per Fiñana, sul versante nord della Sierra Nevada nella provincia di Almería. Per informazioni sulle cartine v. p408.

Pernottamento e pasti

Se intendete visitare le Alpujarras nella Settimana Santa o nei mesi tra luglio e settembre, è opportuno che prenotiate le camere in anticipo. Molti villaggi affittano appartamenti e case per brevi periodi: rivolgetevi agli uffici informazioni o visitate siti web come **Turgranada** (www.turgranada.com).

Quasi tutta la cucina delle Alpujarras è basata sugli ingredienti tradizionali della buona cucina spagnola: fagioli, lenticchie e cereali, uniti a carne di buona qualità e trote pescate in loco. Trevélez è famosa per il suo *jamón serrano,* secondo alcuni il migliore di tutta la Spagna. Il *plato alpujarreño,* che consiste in patate fritte, uova fritte, salsiccia, prosciutto e, a volte, sanguinaccio, in genere costa circa €6.

Il vino 'Alpujarras' o 'Costa', prodotto nella Sierra de la Contraviesa, sul versante meridionale delle Alpujarras, è di gradazione forte e piuttosto ruvido.

Per/dalle Alpujarras

Gli autobus per le Alpujarras sono gestiti da **Alsina Graells** (☎ **Granada** 958 18 54 80, **Órgiva** 958 78 50 02, **Málaga** 95 234 17 38, **Almería** 950 23 51 68). Da Granada ci sono tre corse al giorno per le seguenti destinazioni:

Destinazione	Prezzo	Durata	Frequenza giornaliera
Bérchules	€7,50	3¾ ore	3
Bubión	€5,50	2¼ ore	3
Cádiar	€7	3 ore	2
Capileira	€5,50	2½ ore	3
Pampaneira	€5	2 ore	3
Pitres	€5,50	2¾ ore	3
Órgiva	€4	1½ ore	3
Trevélez	€6,50	3¼ ore	3
Válor	€8	3¾ ore	2
Yegen	€8	3½ ore	2

I mezzi di ritorno partono da Bérchules alle 5 e alle 17 e da Pitres alle 15.30. Alsina offre anche un autobus Málaga-Órgiva (€9, 3 ore e 15 minuti, una corsa al giorno eccetto la domenica), e un servizio giornaliero Almería-Bérchules (€8, 3 ore e 45 minuti).

ÓRGIVA

Pop. 5370 / alt. 725m

Órgiva, centro principale delle Alpujarras occidentali, è una località vivace anche se dall'aspetto trascurato. Il giovedì mattina la gente del posto e la folta comunità internazionale (formata da molti hippy e tipi new age) si ritrova nel caratteristico mercatino allestito nella parte alta dell'abitato, il Barrio Alto, per comprare e vendere un po' di tutto, dalle verdure ai formaggi e alle collanine.

Vicino al semaforo nel centro del paese sorge l'**Iglesia de Nuestra Señora de la Expectación** (Plaza García Moreno), che risale al XV secolo e presenta due torri gemelle che costituiscono un preciso punto di orientamento. La **fermata degli autobus Alsina Graells** (Avenida González Robles 67) si trova a circa 300 m da qui lungo la strada. In Plaza García Moreno e dintorni vi sono banche e sportelli bancomat.

Pernottamneto e pasti

Camping Órgiva (☎ 958 78 43 07; www.descubrelaalpujarra.com; A348 Km 18,9; adulti/tenda/auto €4,50/5/3,60, capanni/bungalow €35/55; P) Questo campeggio, situato circa 2 km a sud del centro lungo la A348 verso il Río Guadalfeo, ha spazi limitati, ma anche una bella piscina, capanni su palafitte e un ristorante dai prezzi abbastanza economici.

Hotel & Hostal Mirasol (☎ 958 78 51 08/59; Avenida González Robles 5 e 3; singole/doppie hostal €17/28, albergo €35/45) Situato vicino al ponte sul Río Chico nella zona occidentale della città, il Mirasol offre camere semplici ma confortevoli con pavimenti di piastrelle e pareti dipinte di bianco. Quelle dell'albergo sono più nuove e spaziose e dotate di TV.

Hotel Taray (☎ 958 78 45 25; www.turgranada.com/hoteltaray; A348 Km 18,5; camere a partire da €73; P) L'Hotel Taray, immerso in un gradevole ambiente rurale, dispone di un giardino rustico, di una bella piscina e di due buoni ristoranti. Le camere sono dipinte in delicati colori pastello, con copriletti tradizionali. L'albergo si trova circa 1,5 km a sud del centro lungo la A348 che corre verso il Río Guadalfeo.

Café Baraka (Calle Estación 12A; spuntini e pasti leggeri €2-3) Questo caffè piacevole e spazioso, situato accanto al parcheggio municipale nella parte alta della città, si distingue dagli altri locali per il suo aroma di spezie, segno del passaggio di una generazione new age. Serve tisane alle erbe, frullati e *shwarma* (pane arabo imbottito con kebab), oltre a diversi tipi di panini.

Mesón Casa Santiago (Plaza García Moreno; portate principali €6-12) Questo ristorante che si trova proprio in centro e dispone anche di tavoli all'aperto, offre buone grigliate di carne.

PAMPANEIRA, BUBIÓN E CAPILEIRA

Visti da lontano questi tre villaggi dal nome quasi portoghese spiccano sullo sfondo grigio dell'arido paesaggio come chiazze di colore bianco di un dipinto di Jackson Pollock. Pampaneira (1050 m), Bubión (1300 m) e Capileira (1440 m) sono tra i villaggi più belli e turistici delle Alpujarras, abbarbicati sulle pendici del profondo Barranco de Poqueira, una gola che corre a nord-est di Órgiva, da cui distano da 14 km a 20 km. Tutti e tre hanno buoni ristoranti e alberghi discreti. Capileira, quello situato più in alto, è il miglior punto di partenza per escursioni a piedi.

Informazioni

Troverete dei bancomat appena fuori dell'ingresso del parcheggio a Pampaneira e presso **La General** (Calle Doctor Castilla) a Capileira.

Punto de Información Parque Nacional de Sierra Nevada (☎ 958 76 31 27; Plaza de la Libertad, Pampaneira; 🕑 10-15 domenica e lunedì tutto l'anno, 10-14 e 17-19 da martedì a sabato, nel pomeriggio 16-18 circa da metà ottobre a Pasqua) Fornisce un gran numero di informazioni sulle Alpujarras e la Sierra Nevada e vende libri e cartine.

Servicio de Interpretación de Altos Cumbres (☎ 958 76 34 86, 686-414576; 🕑 circa 9-14 e 16.30-19.30) Situato sulla via principale di Capileira, fornisce prevalentemente informazioni sul parco nazionale, ma anche sulle Alpujarras in generale.

Che cosa vedere

In tutti e tre i villaggi – come in molti altri delle Alpujarras – sorgono delle massicce **chiese mudejar** (orari delle messe affissi sulle porte) che risalgono al XVI secolo. È anche possibile dare un'occhiata ad alcuni piccoli **laboratori tessili**. A Bubión ne troverete uno particolarmente interessante, il **Taller del Telar** (Calle Santísima Trinidad; 🕑 11-14.30 e 17-20.30), di proprietà francese, che possiede antichi telai provenienti da Granada. Sempre a Bubión, non perdetevi la **Casa Alpujarreña** (Calle Real; ingresso €1,80; 🕑 11-14 da domenica a giovedì, 11-14 e 15-19 venerdì, sabato e festivi), accanto alla chiesa. Questo bellissimo museo di arte popolare, ospitato in un'abitazione rimasta intatta dagli anni intorno al 1950 fino al momento della sua trasformazione in museo, offre un meraviglioso spaccato della vita delle Alpujarras nei tempi passati.

Attività

Nevadensis (v. lettura p415) è una collaudata agenzia locale che propone attività guidate nella zona, tra cui escursioni in mountain bike, arrampicate, canyoning, uscite a cavallo e con le racchette da neve. Gli appassionati di equitazione segnalano le escursioni organizzate da **Rafael Belmonte** (☎ 958 76 31 35; www.ridingandalucia.com) e **Dallas Love** (☎ 958 76 30 38; dallaslove@arrakis.es). Entrambe le agenzie si trovano a Bubión, dispongono di personale che parla inglese e propongono escursioni che possono durare fino a una settimana.

CAMMINARE COME UN ALPUJARRAN

Nel bellissimo **Barranco de Poqueira** si snodano otto sentieri contrassegnati da paletti e codici colorati lunghi da 4 km a 23 km (da due a otto ore di cammino). Sono bene indicati e descritti sulla carta dell'Editorial Alpina (v. p408) che consigliamo di acquistare. L'inizio della maggior parte dei percorsi si trova a Capileira.

Il sentiero n. 2, un circuito di 4 km che scende nella valle e poi risale, comincia alla fine di Calle Cerezo a Capileira. Il sentiero n. 4 (8 km, 3 ore e mezzo) sale alla borgata di La Cebadilla e poi percorre il lato occidentale della valle per tornare a Capileira. Per trovare il suo punto d'inizio, dovete camminare in discesa lungo Calle Cubo da Plaza Calvario all'estremità settentrionale di Capileira, prendere a destra quando la strada principale per la seconda volta svolta a sinistra e procedere verso la campagna. Girate infine a destra 125 m dopo l'ultimo edificio del villaggio sulla vostra destra. Il sentiero n. 3 parte da La Cebadilla e risale la valle fino a Cortijo Las Tomas (da dove s'inerpica un sentiero piuttosto ripido che porta al Refugio Poqueira che richiede mezz'ora di cammino); per tornare a Capileira si utilizza un sentiero che segue il lato orientale della valle (l'intero circuito da Capileira è lungo 19 km e richiede otto ore di cammino).

Nevadensis (☎ 958 76 31 27; www.nevadensis.com), presso l'ufficio informazioni di Pampaneira, propone escursioni a piedi e trekking accompagnati da guide esperte, che includono la salita del Mulhacén in parte in fuoristrada e in parte a piedi, al prezzo di €35 a persona.

Horizonte Vertical (☎/fax 958 76 34 08; www.granadainfo.com/hv; Calle Nivel 6, Bubión) organizza voli in parapendio su questi spettacolari paesaggi.

Pernottamento e pasti

Se cercate una sistemazione con uso cucina provate **Rustic Blue** (Barrio la Ermita, Bubión; ☎ 958 76 33 81; www.rusticblue.com), un'agenzia che affitta cottage, fattorie e case nella regione.

PAMPANEIRA

Hostal Ruta del Mulhacén (☎ 958 76 30 10; www.rutadelmulhacen.com; Avenida Alpujarra 6; singole €25-35, doppie €30-45) Questo *hostal* situato all'ingresso del villaggio offre camere accoglienti, quasi tutte dotate di balconi. Alcune hanno una terrazza da cui si gode una vista a perdita d'occhio sulla valle.

Hostal Pampaneira (☎ 958 76 30 02; Avenida Alpujarra 1; singole/doppie €26/36) L'Hostal Pampaneira si trova di fronte all'Hostal Ruta del Mulhacén. Il proprietario è simpatico e le camere sono pulite e abbastanza spaziose. Il suo Restaurante Alfonso (trota €5,50, menú €9) è uno dei locali più convenienti del paese.

Restaurante Casa Diego (☎ 958 76 30 15; Plaza de la Libertad 3; portate principali €5-9) In questo locale si può pranzare sulla bella terrazza al piano superiore. Buoni ed economici la trota e le uova con il prosciutto locale.

BUBIÓN

Hostal Las Terrazas (☎ 958 76 30 34; www.terrazasalpujarra.com; Plaza del Sol 7; singole/doppie €22/29, appartamenti per 2/4/6 persone €48/59/77) Questo accogliente *hostal*, segnalato da un cartello a poca distanza dalla strada principale, dispone di camere in stile rustico con bagni color caramello. Dalle terrazze che a ogni piano si affacciano sulla valle e danno il nome al locale si possono ammirare stupendi panorami. La lobby in legno è decorata con attrezzi agricoli e piccole piante.

Teide Restaurant (☎ 958 76 30 84; Carretera de Sierra Nevada; menú €8) Buon ristorante tradizionale situato lungo la strada. Offre un *menú del dia* che comprende generose porzioni di lenticchie come antipasto, carne in salsa di pomodoro, insalata e caffè. I clienti locali vanno e vengono per gustare l'ottimo *jamón* e un bicchiere di vino.

CAPILEIRA

Campileira (☎ 958 76 34 19; Carretera de Sierra Nevada; campeggio per persona/piazzola €3,50/6,50, letti in camerata €12, doppie €27; P) Si trova lungo la strada per la Sierra Nevada a circa 500 m dalla sommità del villaggio. Offre camere pulite in uno spazioso edificio di pietra, docce con acqua calda, pasti a prezzi modici (prima colazione €2,15, cena €8,55), la possibilità di piantare la tenda su uno spiazzo erboso e, per finire, un panorama favoloso.

Hostal Atalaya (☎ 958 76 30 25; www.hostalatalaya.com; Calle Perchel 3; singole/doppie con prima colazione e vista €22/36, senza vista €17/32) Situato a 100 m dalla Mesón Poqueira, è un posto accogliente e ben attrezzato, che offre camere semplici ma gradevoli e molte informazioni.

Mesón Poqueira (☎ 958 76 30 48; Calle Doctor Castilla 11; singole/doppie €18/24, appartamenti per 2/4/6 persone €48/80/90) A due passi dalla strada principale, questo accogliente albergo che ricorda un lodge di montagna offre camere semplici ma di dimensioni discrete. Il proprietario è molto gentile e disponibile a dare qualsiasi informazione, sia pure in spagnolo. La prima colazione è compresa nel prezzo. Se partite presto per andare a fare un'escursione potete farvi preparare la colazione al sacco.

Finca Los Llanos (☎ 958 76 30 71; www.hotelfincalosllanos.com; Carretera de Sierra Nevada; singole/doppie €45/72; P) Ristrutturato di recente, Los Llanos dispone di suite eleganti e camere arredate con gusto con pavimenti in terracotta e tessuti rustici. Inoltre avrete a disposizione un buon ristorante, una piscina e una biblioteca.

Cortijo Catifalarga (☎ 958 34 33 57; www.catifalarga.com; Carretera de Sierra Nevada; singole €58-69, doppie €73-90, appartamenti a partire da €73; P) Questa vecchia casa colonica splendidamente restaurata è la scelta migliore nella valle del Poqueira. Da Capileira procedete sulla strada per la Sierra Nevada per 750 fino a incontrare il bivio (segnalato) dal quale si stacca una stradina che raggiunge la casa (500 m). Le travi in castagno, i pavimenti in pietra e i tappeti marocchini creano una bella atmosfera e alcune camere hanno anche la terrazza. Potete cenare all'interno o all'aperto e in alcune serate suonano musica dal vivo. La vista è favolosa, e altrettanto si può dire della cucina, che propone specialità andaluse, catalane, vegetariane e altro ancora (portate principali da €6 a €12).

Bar El Tilo (☎ 958 76 31 81; Plaza Calvario; raciones €4-6) Questo bar, situato in una bella piazza, serve *raciones* con un buon rapporto qualità-prezzo, tra cui prosciutto e melone o *patatas a lo pobre*, un piatto a base di patate, peperoni e aglio.

Restaurante Ibero-Fusión (☎ 958 76 32 56; Calle Parra 1; insalate €5-9, portate principali €7-10; ⌚ 19-22.45) Questo ristorante aperto da molto tempo, situato proprio sotto la chiesa, è una scelta interessante in quanto la sua cucina si discosta da quella tipica delle Alpujarras. Prepara, infatti, specialità andaluse, arabe e indiane, tra cui numerosi piatti vegetariani. Tra le varie proposte segnaliamo il cuscus, il dhal e il tacchino alla sahariana con datteri e mele.

Shopping

In tutti e tre i villaggi si trovano numerosi negozi di artigianato che vendono, tra le altre cose, economici tappeti di cotone dai colori vivaci tessuti nelle Alpujarras. A Capileira **J Brown** (☎ 958 76 30 92; Calle Doctor Castilla) propone a prezzi molto convenienti capi in pelle fatti a mano, tra cui gilè a partire da €50.

PITRES E LA TAHA

Pitres (1250 m) è forse meno grazioso rispetto ai villaggi sparsi nella gola di Poqueira, ma anche molto meno turistico, per cui vale la pena fermarsi a visitarlo. I cinque borghi della valle appena sotto Pitres – **Mecina**, **Mecinilla**, **Fondales**, **Ferreirola** e **Atalbéitar** – sono imperdibili per tutti coloro che prediligono la tradizione e la quiete. Costituiscono il comune di La Taha, nome arabo con cui si indicavano le unità amministrative in cui erano suddivise le Alpujarras all'epoca dell'emirato di Granada. Antichi sentieri collegano questi borghi snodandosi tra rigogliosi boschi e frutteti; ovunque si sente il gorgoglio dell'acqua che scorre. A pochi minuti di cammino da Fondales c'è un vecchio ponte arabo che scavalca la profonda gola del Río Trevélez; accanto al ponte sono visibili le rovine di un mulino arabo (chiedete del *puente árabe*). Per coloro che viaggiano in auto si raccomanda di moderare la velocità considerando che le strade sono molto strette.

Pernottamento e pasti

Balcón de Pitres (☎ 958 76 61 11; www.balcondepitres.com; Carretera GR-421 Km 51, Pitres; adulti/tenda/auto €5,50/5,50/5, bungalow e cottage a partire da €45; 🅿) Questo campeggio ombreggiato e abbastanza grande si trova al di sopra della strada principale nella parte occidentale di Pitres. Offre un discreto ristorante dai prezzi modici e alcuni graziosi bungalow in legno. L'uso della piscina si paga a parte.

Refugio Los Albergues (☎ 958 34 31 76; Pitres; letti in camerata €7-8; ⌚ chiuso da metà dicembre a metà febbraio) Piccolo ostello per escursionisti situato nella zona est di Pitres a 200 m dalla strada principale GR421 (dove è segnalato). Offre una cucina attrezzata, docce con acqua calda e servizi igienici all'aperto. Il simpatico proprietario tedesco vi fornirà moltissime informazioni sui numerosi sentieri della zona. È disponibile anche una camera doppia (€24/21 con/senza riscaldamento).

L'Atelier (☎ 958 85 75 01; www.ivu.org/atelier; Calle Alberca 21, Mecina; singole/doppie €29/42, con prima colazione €30/45) Piccola e accogliente pensione vegetariana a gestione francese situata in un'abitazione del villaggio costruita diversi secoli fa; offre sei camere accoglienti e ottimi pasti senza carne, oltre a corsi di cucina vegetariana. Proprio accanto alla pensione c'è una bella galleria d'arte Il ristorante è aperto dalle 19 alle 23 dal mercoledì al venerdì.

Hotel Albergue de Mecina (☎ 958 76 62 41; Calle La Fuente s/n, Mecina; camere €65; 🅿) Albergo con 21 camere moderno e confortevole, arredato nello stile tradizionale delle Alpujarras.

TREVÉLEZ

Pop. 840 / alt. 1476 m

Il villaggio di Trevélez, arroccato lungo la parete di una gola spettacolare quasi quanto

LA SCELTA DELL'AUTORE

Sierra y Mar (☎ 958 76 61 71; www.sierraymar.com; Calle Albaicín, Ferreirola; singole/doppie con prima colazione €36/56) Questa incantevole pensione è situata in posizione nascosta nel villaggio incredibilmente tranquillo di Ferreirola. I proprietari, di origine danese e italiana, che hanno acquistato e arredato l'edificio oltre 20 anni fa, sono persone ospitali che parlano diverse lingue. C'è un rigoglioso e verde giardino, muri imbiancati a calce, tavolini da caffè blu mare e magnifiche vedute sulla valle. Nelle eleganti camere, dalle cui finestre la vista è strepitosa, sono stati impiegati materiali esclusivamente naturali. Se desiderate fare delle passeggiate nei dintorni, rivolgetevi ai proprietari che conoscono la zona a menadito. Sono particolarmente gradite le permanenze per più di una notte.

quella di Poqueira, è famoso per tre ragioni: è il punto di partenza per le escursioni alle più alte vette della Sierra Nevada, vi si produce un *jamón serrano* tra i migliori del paese – molti produttori arrivano da ogni parte della Spagna per far stagionare i loro prosciutti in questo villaggio dalla particolare aria secca – e spesso è citato come il comune più alto della Spagna. In realtà vi sono altri villaggi che meriterebbero a maggior diritto questo titolo, ma il comune di Trevélez è certamente il più alto della Spagna continentale in quanto comprende la vetta del Mulhacén.

Lungo la strada principale incontrerete un guazzabuglio di negozi di prosciutti e di souvenir, ma visitando la parte più alta dell'abitato scoprirete un tipico villaggio delle Alpujarras. La banca La General, appena sopra la strada principale, dispone di bancomat.

Pernottamento e pasti

Camping Trevélez (☎/fax 958 85 87 35; www.campingtrevelez.net; Carretera Trevélez-Órgiva Km 1; adulti/tenda/auto €4,50/5/3,50, bungalow per 2/4 persone a partire da €19/39; P) Si trova 1 km fuori dal paese su terrazzamenti alberati disposti sul pendio della collina. I proprietari sono rispettosi dell'ambiente e il ristorante, che serve gustosi piatti vegetariani (da €2,50 a €4) oltre a piatti di carne e pesce (da €6 a €7,50), offre un buon rapporto qualità-prezzo.

Hotel La Fragua (☎ 958 85 86 26; Calle San Antonio 4; singole/doppie €23/35) Offre camere confortevoli arredate con mobili di pino, ma se un gruppo di passanti decide di mettersi a chiacchierare alle 6 del mattino non riuscirete più a dormire. L'albergo si trova verso la parte alta del paese a 200 m da Plaza Barrio Medio, dove trovate le indicazioni. Il suo ristorante, Mesón La Fragua (portate principali da €6 a €9), situato a pochi portoni di distanza, è uno dei migliori di Trevélez e offre piatti quali pernice in salsa di noci, gelato di fichi, un eccellente *solomillo* (lombata di maiale) e alcune buone specialità vegetariane.

Hotel Pepe Álvarez (☎ 958 85 85 03; Plaza Francisco Abellán s/n; singole/doppie €23/41) Si trova vicino alla strada principale ai piedi del villaggio e alcune delle camere hanno una terrazza affacciata sull'animata plaza.

Mesón Joaquín (☎ 958 85 89 04; GR-421; menù da 3 portate €7) Si trova nella parte occidentale del paese ed è uno dei migliori ristoranti di Trevélez; fate attenzione alla testa per via dei prosciutti che pendono dal soffitto.

Restaurante González (☎ 958 85 85 31; Plaza Francisco Abellán s/n; portate principali €5-13) Situato vicino alla strada principale ai piedi del villaggio, questo ristorante, che ha un buon rapporto qualità-prezzo, serve prosciutto, trota, *plato alpujarreño* e altre specialità locali.

A EST DI TREVÉLEZ

Sette chilometri a sud di Trevélez la GR421 supera il basso valico Portichuelo de Cástaras e svolta verso est attraversando una campagna più aspra e spoglia che ridiventa verdeggiante in prossimità dei villaggi. Le zone centrali e orientali delle Alpujarras hanno un loro fascino, ma richiamano un numero di turisti decisamente inferiore rispetto a quelle occidentali.

Bérchules

Pop. 805 / alt. 1350 m

Situato a 17 km da Trevélez, questo villaggio è disteso in una verde vallata che si insinua profondamente nelle colline. Nella zona si possono fare delle belle passeggiate.

La Posada (☎ 958 85 25 41; Plaza del Ayuntamiento 7; con bagno privato/in comune €18/15 a persona) Miguel, un abitante del posto, ha riadattato due vecchie solide abitazioni del villaggio e ne ha ricavato delle sistemazioni semplici e confortevoli indicate soprattutto per gli escursionisti (ma non solo). Sono disponibili pasti vegetariani (prima colazione e cena).

Sulla strada principale ai piedi di Bérchules, l'**Hotel Los Bérchules** (☎ 958 85 25 30; www.hotelberchules.com; Carretera s/n; camere €42-45; P) offre delle belle camere pulite e luminose (tutte con vasca da bagno), personale disponibile che parla inglese e che vi può essere utile per organizzare qualsiasi attività, il migliore ristorante della città (portate principali da €6 a €11; provate l'agnello alla menta) e un accogliente soggiorno con una libreria piena di testi riguardanti la Spagna.

Cádiar

Pop. 1600 / alt. 850 m

Cádiar, sulle sponde del Río Guadalfeo circa 8 km a sud di Bérchules, è uno dei villaggi più grandi delle Alpujarras. L'**Alquería de Morayma** (☎ 958 34 32 21; www.alqueriamorayma.com; doppie €49-59, appartamenti per 4 persone €84; P), 2 km a sud di Cádiar nei pressi della A348 che va a Órgiva, è una delle sistemazioni più incantevoli e innovative delle Alpujarras, situata in una vecchia casa colonica splendidamente rinnovata e ampliata dai proprietari *granadinos.* Dispone di 19 confortevoli camere e appartamenti, tutti diversi tra loro, e offre inoltre un ottimo ristorante dai prezzi economici, una biblioteca con testi sulle Alpujarras, un panorama incantevole e la possibilità di fare belle passeggiate. Dappertutto vi sono splendidi oggetti di artigianato. Vengono inoltre organizzati corsi di tai chi, reiki, yoga e altre discipline.

Yegen

Pop. 400 / alt. 1100 m

Yegen, dove lo scrittore Gerald Brenan risiedette negli anni intorno al 1920, si trova circa 12 km a est di Bérchules. Alcune zone della valle sotto Yegen hanno un caratteristico aspetto lunare. La **casa di Brenan**, a due passi dalla piazza del villaggio, è indicata da una targa commemorativa. Nella zona sono tracciati parecchi **sentieri per escursioni** segnalati, tra cui il 'Sendero de Gerald Brenan', lungo 2 km.

El Rincón de Yegen (☎ 958 85 12 70; www.aldearural.com/rincondeyegen; singole/doppie €25/36, appartamenti per 4 persone €65; P) Questo piccolo albergo nella parte orientale del villaggio offre camere confortevoli con arredamento all'antica e un eccellente ristorante dai prezzi medi (portate principali da €7 a €13). Le pere al vino Contraviesa con cioccolata calda sono irresistibili.

Válor

Pop. 735 / alt. 900 m

Válor, 5 km a nord-est di Yegen, è il villaggio in cui nacque Aben Humeya, capo della rivolta del 1568; inoltre è il luogo in cui si svolge la più famosa tra le numerose feste 'Moros y Cristianos' delle Alpujarras a ricordo di quell'evento. Il 14 e 15 settembre, due 'eserciti' in costume, pittoreschi e rumorosi, si danno battaglia a più riprese da mezzogiorno fino a sera.

Mairena

Pop. 300 / alt. 1050 m

Mairena, un villaggio incontaminato a 6 km da Válor, offre un panorama superbo grazie alla sua posizione elevata. **Las Chimeneas** (☎ 958 76 03 52; www.alpujarra-tours.com; Calle Amargura 6; doppie con prima colazione €70;), una casa del villaggio che è stata rinnovata in modo incantevole con uno stile lineare, è quasi un'istituzione locale. I giovani e disponibili proprietari inglesi, appassionati di escursionismo, offrono passeggiate guidate, gite in mountain bike, uscite a cavallo o per dipingere all'aria aperta e altre attività. Inoltre servono buoni pasti (€15) per i quali utilizzano prodotti biologici locali e organizzano il prelevamento da Granada o Guadix.

A est di Mairena si incontra la A337, che porta a La Calahorra attraversando la Sierra Nevada al passo di Puerto de la Ragua, situato a 2000 m e talvolta impraticabile d'inverno per la neve.

COSTA TROPICAL

La costa della provincia di Granada, che si fregia anche dell'ambizioso nome di Costa Tropical a causa delle lussureggianti coltivazioni tipiche dei climi caldi (come anona, avocado e mango), è in realtà una tipica costa mediterranea con colline spoglie, erbe aromatiche e contorti melograni. Questo tratto di litorale non è stato sfruttato dal punto di vista dello sviluppo edilizio come le adiacenti province di Malaga e dell'Almería. Tuttavia non si possono non notare le tracce che preannunciano una svolta in questo senso, ora che i terreni edificabili nelle altre due province sembrano in via di esaurimento.

La costa, che si estende per 80 km, garantisce panorami spettacolari dalla statale litoranea N340, un continuo e tortuoso saliscendi che collega tra loro le poche cittadine e i villaggi sul mare. A est di Motril le montagne scendono spesso fino al Mediterraneo, offrendo così alcune tra le migliori immersioni subacquee (soprattutto nei pressi di Calahonda e Castell de Ferro, che però non offrono attrattive turistiche particolarmente interessanti e per di più hanno spiagge sassose). A ovest di Motril la costa è meno accidentata e ci sono tre belle località di mare.

SALOBREÑA

Pop. 11.750

Salobreña è un gruppo disordinato di case bianche situate su uno spuntone roccioso incuneato tra la N340 e il mare. Cittadina di non straordinario interesse, ha però un bel castello arabo, mentre in basso si stende una lunga e profonda spiaggia di sabbia scura.

Località tranquilla per buona parte dell'anno, Salobreña si anima nel mese di agosto.

Orientamento e informazioni

Dalla N340 si entra a Salobreña da est lungo Avenida García Lorca; proseguendo diritti per 200 m arriverete all'**ufficio turistico** (☎ 958 61 03 14; Plaza de Goya; 9.30-13.30 e 16-19 da martedì a sabato). La fermata degli autobus Alsina Graells si trova sull'altro lato della strada, mentre proseguendo ancora per 1 km si arriva alla spiaggia.

Che cosa vedere e fare

Ci vogliono 20 minuti di cammino in salita per andare dall'ufficio turistico al **Castillo Árabe** (ingresso €3 incluso Museo Histórico; 10.30-13.30 e 14-20), che risale al XII secolo, benché il sito fosse fortificato fin dal X secolo. Il castello fu usato come residenza estiva dagli emiri di Granada. La leggenda vuole che l'emiro Mohammed IX vi tenesse prigioniere le sue tre figlie, Zaida, Zoraida e Zorahaida; Washington Irving fornisce una versione di questa storia nei suoi *Racconti dell'Alhambra*. L'Alcazaba interna, dove si svolgono molte manifestazioni culturali, conserva gran parte della struttura nasride originale. Si può camminare lungo alcuni tratti dei bastioni che circondano la fortezza. Immediatamente sotto il castello sorge una chiesa mudejar del XVI secolo, l'**Iglesia de Nuestra Señora del Rosario**, con un'elegante torre e un pregevole portale d'ingresso ad arco. Nei pressi, sotto la chiesa, si trova il **Museo Histórico** (Plaza del Ayuntamiento; ingresso €3 incluso Castillo Árabe; 10.30-13.30 e 16-20) che occupa l'ex *ayuntamiento*. Nel museo sono conservati manufatti e documenti riguardanti la storia di Salobreña, insieme a reperti archeologici che risalgono a circa 6000 anni fa.

La vecchia città araba si sviluppa ai piedi del castello e termina da un lato su dirupi scoscesi. Sotto il castello, in Paseo de las Flores, c'è un **mirador**.

È possibile arrivare fino alla parte alta della città in automobile (seguite le indicazioni per 'Casco Antigua' e 'Castillo Árabe'), ma poi è difficile trovare parcheggio. Un autobus urbano sale dalla parte bassa della città fino all'Iglesia de Nuestra Señora del Rosario effettuando alcune corse tutti i giorni eccetto la domenica.

La lunga **spiaggia** di Salobreña è divisa in due da una roccia chiamata El Peñón. Playa de la Charca, la parte orientale, è formata da sabbia grigia, mentre Playa de la Guardia, a ovest, è prevalentemente sassosa.

Pernottamento

Pensión Mari Carmen (☎ 958 61 09 06; Calle Nueva 30; singole/doppie €20/39, doppie con bagno in comune €24;) Si trova a 10 minuti di cammino in salita da Plaza de Goya e offre belle camere pulite e luminose arredate con mobili in pino, alcune delle quali con balcone. Dalla terrazza in comune si può ammirare una splendida vista.

Hostal San Juan (☎ 958 61 17 29; www.hotel-san-juan.com; Calle Jardines 1; doppie €42;) Questo pulitissimo *hostal*, situato in una via tranquilla a circa 400 m dall'ufficio turistico, vi accoglie con un bel soggiorno posto in un patio decorato con piastrelle e vasi di piante. Le camere presentano graziosi letti in ferro battuto e bagni con allegre piastrelle bianche e rosse. C'è anche una grande terrazza sul tetto.

Hotel Avenida (☎ 958 61 15 44; www.hotelavenidatropical.com; Avenida Mediterráneo 35; singole €35-55, doppie €50-80; P) Questo albergo, tra il centro e la spiaggia, ideale soprattutto per le famiglie, è il migliore della città. Dispone di 30 camere semplici, ma confortevoli ed eleganti, dotate di telefono, TV satellitare, vasca da bagno e cassetta di sicurezza. C'è anche un ristorante, un elegante bar, l'idromassaggio e il solarium.

Pasti e locali

Lungo la spiaggia e nei dintorni troverete un gran numero di ristoranti, *chiringuitos* (piccole trattorie all'aperto) e bar, e persino un locale notturno.

Restaurant El Peñón (☎ 958 61 05 38; Paseo Marítimo s/n; portate principali €6-12; chiuso lunedì) Situato accanto alla grande roccia che divide la spiaggia di Salobreña, El Peñón, propone buoni piatti di carne e di pesce a prezzi medi. Offre anche tavoli all'aperto quasi sul mare.

Restaurante Tropical (☎ 958 61 25 84; Paseo Marítimo; portate principali €7,50-15; chiuso martedì) Questa popolare steakhouse propone piatti di carne accompagnati da varie salse, tra cui quelle all'ananas e al curry. Provenendo dalla città la trovate sulla destra proprio all'angolo con il lungomare.

Segnaliamo inoltre **La Bodega** (☎ 958 82 87 39; Plaza de Goya; menú €8, portate principali di carne e pesce €10-20), vicino all'ufficio turistico, con tavoli all'aperto e un buon servizio.

Per/da Salobreña

Alsina Graells (☎ 958 61 25 21) offre almeno sei corse al giorno per Almuñécar (€1, 20 minuti), Granada (€5,50, 1 ora), Málaga (€7, 1 ora e mezzo) e Nerja (€3, 40 minuti), quattro autobus al giorno per Almería (€8, 1 ora e mezzo) e uno (tranne la domenica) per Órgiva (€2,50, 30 minuti).

ALMUÑÉCAR

Pop. 24.700

Situata 15 km a ovest di Salobreña, Almuñécar sembra a prima vista una località anonima, ma intorno al suo castello cinquecentesco conserva un bel nucleo antico. Molto frequentata dai turisti spagnoli e con una comunità sempre più numerosa di stranieri provenienti soprattutto dall'Europa del Nord, Almuñécar è una cittadina vivace e non troppo cara, ma offre prevalentemente spiagge di sassi.

Orientamento e informazioni

La N340 attraversa la parte nord della città e immediatamente a sud della statale si trova la stazione degli autobus. Plaza de la Constitución, la piazza principale della città vecchia, è situata a pochi minuti di cammino dall'autostazione in direzione sud-ovest. A sud e a sud-est della piazza c'è un labirinto di vie strette costellate di gallerie e boutique.

Il lungomare è diviso in due da un affioramento roccioso chiamato Peñón del Santo; a ovest si estende Playa de San Cristóbal, la spiaggia più bella, formata da sabbia grigia e ghiaia, mentre a est c'è Playa Puerta del Mar.

Lungo la strada dove è situata la stazione degli autobus, vicino alla rotatoria della N340, c'è un **chiosco di informazioni turistiche** (☎ 958 63 11 25; Avenida Fenicia; ⏲ 10-14 e 17-20, pomeriggio 16-19 circa da ottobre ad aprile). L'**ufficio turistico principale** (☎ 958 63 11 25; www.almunecar.info; Avenida Europa s/n; ⏲ 10-14 e 17-20, pomeriggio 16-19 circa da ottobre ad aprile) si trova 1 km a sud-ovest del chiosco e della rotatoria nel Palacete de La Najarra, alle spalle di Playa de San Cristóbal.

Che cosa vedere e fare

Subito dietro il Peñón del Santo c'è una voliera tropicale, il **Parque Ornitológico Loro-Sexi** (☎ 958 63 02 80; interi/bambini €2/1,50; ⏲ 11-14 e 17-19, pomeriggio 16-18 circa da ottobre ad aprile). In cima alla collina, appena nell'entroterra, sorge il **Castillo de San Miguel** (☎ 958 63 12 52; interi/bambini €2/1,50 incluso Museo Arqueológico; ⏲ 10.30-13.30 e 17-19.30 da martedì a sabato circa da novembre a marzo, 10.30-13.30 e 16-18.30 da martedì a sabato circa da ottobre ad aprile, 10.30-13.30 domenica tutto l'anno), costruito dai conquistatori cristiani su precedenti fortificazioni arabe e romane. Per salire all'ingresso bisogna fare un giro tortuoso, ma ne vale sicuramente la pena perché il castello offre una vista straordinaria e all'interno c'è un piccolo e interessante museo. A breve distanza verso nord-est si trova il **Museo Arqueológico** (☎ 958 63 12 52; Calle Málaga; ⏲ 10.30-13.30 e 17-19 da martedì a sabato circa da novembre a marzo, 10.30-13.30 e 14-18 da martedì a sabato circa da ottobre ad aprile, 10.30-13.30 domenica tutto l'anno), allestito in una serie di gallerie romane sotterranee del I secolo note come Cueva de Siete Palacios. Vi sono esposti reperti fenici, romani e arabi, nonché una rara anfora egizia di 3500 anni, probabilmente portata qui dai cartaginesi. A un centinaio di metri dall'ufficio turistico principale lungo Avenida de Europa si trova il **Parque Botánico El Majuelo** (ingresso libero; ⏲ 9-22), con la **Factoría de Salazones de Pescado**, ciò che resta dello stabilimento cartaginese e romano di salatura del pesce. Il parco ospita l'unico festival di jazz estivo dell'Andalusia, il **Festival de Jazz en la Costa**, una rassegna internazionale che si svolge nella prima metà di luglio.

Ad Almuñécar e dintorni e nella vicina La Herradura potete dedicarvi al parapendio, al windsurf, alla vela, fare escursioni a piedi, in bicicletta o a cavallo e discendere lungo i canyon. Trovate tutte le informazioni nel sito web dell'ufficio turistico e nel depliant (sempre a cura dell'ufficio turistico) *Sport Tourism*.

Pernottamento

In città ci sono una quarantina tra alberghi, *hostales* e *residence*.

Hostal Altamar (☎ 958 63 03 46; Calle Alta del Mar 21; singole €16-25, doppie €50) Situato in una stretta via piena di internet bar nella parte più antica del centro, offre camere semplici ma confortevoli di colore bianco e marrone. C'è anche una piacevole caffetteria che serve la prima colazione.

Hotel California (☎ 958 88 10 38; www.hotelcaliforniaspain.com; Carretera N340 Km 313; singole/doppie €33/48; Ⓟ) Situato in posizione elevata all'estremità nord-occidentale di Almuñécar, a due passi dalla N340, l'Hotel California è arredato con mobili e oggetti andalusi e marocchini. Dispone di 10 camere accoglienti, tutte con bagno con belle piastrelle e balcone privato da cui si possono ammirare la città e il mare. I proprietari, una simpatica coppia anglo-belga (uno dei due è un entusiasta del parapendio) offrono pacchetti per appassionati di questo sport che comprendono alloggio, prima colazione, noleggio auto, guida e prelevamento nel punto di arrivo al prezzo di circa €400 per persona alla settimana.

Hostal Plaza Damasco (☎/fax 958 63 01 65; Calle Cerrajeros 16; singole €20-30, doppie €60) *Hostal* pulitissimo, situato nella parte più antica del centro, decorato con graziose piastrelle e fiori. Offre 17 camere, tutte dotate di vasca da bagno.

Hotel Casablanca (☎ 958 63 55 75; www.almunecar.info/casablanca; Plaza San Cristóbal 4; singole/doppie €45/64; P) Archi arabi, camere luminose con mobili in legno intagliato, bellissime lampade, balconi o finestre panoramiche – è quanto di meglio possiate trovare ad Almuñécar. Questo albergo dall'aspetto slanciato si affaccia sul Peñón del Santo, quasi di fronte al monumento ad Abd ar-Rahman I sulla Playa de San Cristóbal.

Pasti

La Trastienda (Plaza Kelibia; canapé €4-5) Serve deliziosi canapé con salmone affumicato, caviale e formaggio accompagnati da una appetitosa insalata, oltre a *tablas* (piatti) di carni fredde, formaggi e pesce affumicato a prezzi compresi tra €6 e €10.

La Galería (☎ 958 63 41 18; Paseo Puerta del Mar 3; portate principali €13-18, menú a pranzo €15 e €25; chiuso mercoledì) Situato nella zona orientale della città sopra Playa Puerta del Mar, questo ristorante si distingue per le gustose specialità del suo giovane e bravo chef belga, che propone piatti di anatra, carne e pesce e abbinamenti fantasiosi come lasagne con foie gras e funghi selvatici.

Restaurante Calabre (☎ 958 63 00 80; Playa de San Cristóbal; portate principali €9-15; chiuso martedì) Se volete mangiare pesce sulla spiaggia, andate in questo ristorante all'estremità orientale di Playa de San Cristóbal. Quando c'è bel tempo potete sistemarvi sulla terrazza affacciata direttamente sul mare, mentre nelle giornate più fresche c'è una bella e luminosa veranda. Fate attenzione alle portate con prezzi al chilo!

In Plaza Kelibia, una piazza pedonale nel centro storico, si trovano diversi bar con tavolini all'aperto ideali per chi vuole effettuare qualche giro di tapas.

Locali e divertimenti

D'estate Plaza Kelibia e i bar situati sulla spiaggia lungo Playa Puerta del Mar sono animati tutta la notte. La **Casa de la Cultura** (☎ 958 83 86 05; Calle Angustias Viejas) ospita concerti, spettacoli teatrali, letture di poesie e un cineclub.

Per/da Almuñécar

Dalla **stazione degli autobus** (☎ 958 63 01 40; Avenida Juan Carlos I 1) partono almeno sei autobus al giorno per Almería (€10, 2 ore), Granada (€7, 1 ora e mezzo), La Herradura (€0,90, 15 minuti), Málaga (€6, 1 ora e mezzo), Nerja (€2,30, 30 minuti) e Salobreña (€1, 20 minuti), mentre per Órgiva (€4, 1 ora e 45 minuti) c'è una corsa tutti i giorni eccetto la domenica.

LA HERRADURA

Pop. 4300

La piccola località balneare di La Herradura, 7 km a ovest di Almuñécar lungo il litorale, richiama sulla Costa Tropical, come se fosse una specie di Tarifa, appassionati di parapendio da ogni parte del mondo grazie alle correnti ascensionali di aria calda che salgono dalle colline alle spalle della graziosa baia a forma di ferro di cavallo. La località è anche rinomata tra la gente del posto per gli sport acquatici e per i ristoranti sul lungomare. Nei mesi di luglio e agosto la sua spiaggia riparata è gremita dai bagnanti. A pochi chilometri verso ovest, lungo una strada secondaria di 1 km oltre l'imponente promontorio di Cerro Gordo, si trova Playa Cantarriján, una spiaggia molto popolare aperta anche ai naturisti. Subito dopo Punta de la Mona, che forma il lato orientale della baia di La Herradura, c'è un bel porticciolo per imbarcazioni da diporto, Marina del Este.

Orientamento e informazioni

La fermata degli autobus della compagnia Alsina Graells si trova in cima a Calle Acera del Pilar, vicino alla N340. Questa via corre in direzione sud e termina sul lungomare Paseo Andrés Segovia (chiamato anche Paseo Marítimo), che costeggia la baia. A ovest dell'incrocio, sul paseo, trovate un **chiosco di informazioni turistiche** (10-14 e 17-19 da lunedì a venerdì, 10-14 sabato) che è una filiale dell'ufficio turistico di Almuñécar, il cui sito web, www.almunecar.info, fornisce informazioni anche su La Herradura.

DEVIAZIONE: LA CARRETERA DEL SUSPIRO DEL MORO

Se non vi spaventano le strade di montagna strette e tortuose, la Carretera del Suspiro del Moro, che parte da Almuñécar, offre un'alternativa davvero spettacolare alla N323, la statale che risale dalla costa a Granada. In questo modo potrete inoltre fermarvi lungo la strada per fare delle belle camminate. Dalla strada principale N340 che attraversa Almuñécar, svoltate in città alla rotatoria vicino al chiosco delle informazioni turistiche. Oltrepassate il McDonald's alla vostra sinistra e seguite la strada verso destra, poi girate al primo bivio a destra in Calle Suspiro del Moro (noterete un piccolo cartello con la scritta 'Otívar' che indica la direzione che dovete seguire). Questa strada passa sotto la N340 e si dirige verso nord fuori da Almuñécar risalendo la valle del Río Verde. Dopo 13 km arriverete al villaggio di Otívar. Qui prendete nota dei chilometri della vostra automobile.

Da Otívar la strada s'inerpica tortuosa tra dirupi frastagliati e panorami mozzafiato. In 13 km si percorre un dislivello di 1000 m, poi la strada diventa relativamente meno ripida per altri 7 km fino a raggiungere il suo punto più elevato.

A 16 km da Otívar, sul lato occidentale della strada, ha inizio il sentiero per escursioni chiamato Sendero Río Verde, che è lungo 7,35 km ed è segnalato. Si tratta di un itinerario circolare che dura circa tre ore e mezzo e scende per quasi 400 m nella profonda valle del Río Verde. Durante il cammino potrete ammirare delle belle vedute e avrete buone possibilità di avvistare gli stambecchi. Dal punto più elevato della strada, dopo 3,5 km, parte un altro sentiero segnalato diretto al Pico de Lopera (1485 m), che si trova 2,5 km a ovest. Da questo punto in poi il paesaggio si fa meno aspro e dopo circa 15 km si comincia a vedere verso est la Sierra Nevada, spesso coperta di neve.

A 35 km da Otívar svoltate a sinistra su una strada indicata come 'Suspiro del Moro' e dopo cinque minuti arriverete al ristorante omonimo e potrete vedere Granada, situata 12 km a nord. Vi trovate al passo chiamato Puerto del Suspiro del Moro dove, secondo la leggenda, l'ultimo emiro di Granada, Boabdil, si voltò piangendo a guardare la sua amata capitale prima di lasciarla per sempre nel 1492. Seguite le indicazioni per Granada e arriverete in città.

Attività

Per escursioni e corsi di qualsiasi tipo, e per noleggiare attrezzature sportive, potete rivolgervi a:

Buceo La Herradura (☎ 958 82 70 83; www.buceolaherradura.com; Marina del Este) Specializzato in immersioni subacquee.

Club Adventure (☎ 958 64 07 80; www.club-adventure.com; Calle Olmos 3) Soprattutto parapendio, canyoning e mountain bike.

Club Nautique (☎ 958 82 75 14; www.clubnautique.com; Marina del Este) Immersioni e vela.

Granada Sub (☎ 958 64 02 81; www.granadasub.com; Paseo Andrés Segovia 6) Immersioni.

Windsurf La Herradura (☎ 958 64 01 43; www.windsurflaherradura.com; Paseo Andrés Segovia 34) Windsurf, kitesurf, canoa e kayak.

Alcuni dei migliori siti per immersioni subacquee si trovano vicino a Punta de la Mona e Cerro Gordo, situati rispettivamente all'estremità orientale e occidentale della baia e alle Grutas de Cantarriján, un po' più a ovest.

Pernottamento

Hotel Sol Los Fenicios (☎ 958 82 79 00; www.trypnet.com; Paseo Andrés Segovia; singole €69-128, doppie €95-174; P ✻ ✪) Situato verso l'estremità orientale della spiaggia, è il migliore albergo della città e offre 42 camere disposte intorno a un patio interno, quasi tutte con vista sul mare e terrazza o balcone. Anche il ristorante e il caffè-bar hanno terrazze che danno sulla spiaggia.

Segnaliamo inoltre:

Nuevo Camping La Herradura (☎ 958 64 06 34; Paseo Andrés Segovia; due adulti, tenda e auto €20) Campeggio piuttosto spartano di fronte alla parte occidentale della spiaggia.

Hostal Peña Parda (☎ 958 64 00 66; Paseo Andrés Segovia 65; doppie €48) All'estremità occidentale della spiaggia, con un buon ristorante.

Hostal La Caleta (☎ 958 82 70 07; Paseo Andrés Segovia s/n; doppie €60-72) In direzione dell'estremità orientale della spiaggia, con un buon ristorante.

Pasti

Quasi tutti i ristoranti situati in Paseo Andrés Segovia servono buoni piatti a prezzi ragionevoli, ma in compenso le bevande sono piuttosto care.

El Chambao de Joaquín (☎ 958 64 00 44; Paseo Andrés Segovia; paella €6) Situato in un giardino all'estremità orientale della spiaggia, ogni sabato e domenica prepara la paella, che viene servita da una padella enorme alle 14.30. La domenica è necessario prenotare.

Chiringuito La Sardina (☎ 958 64 01 11; Paseo Andrés Segovia; portate principali €9-16) Si trova proprio sulla spiaggia e serve ottimi piatti a base di pesce.

Mesón El Tinao (☎ 958 82 74 88; Edificio Bahía II, Paseo Andrés Segovia; portate principali €12-20; chiuso lunedì) Propone un'eccellente cucina delle Alpujarras e alcuni piatti insoliti come l'anatra ai lamponi.

Per/da La Herradura

Numerosi autobus Alsina Graells fanno servizio lungo la costa in direzione est e ovest e alcuni vanno a Granada. Ci sono corse per Almería (€9,50, 3 ore e mezzo, cinque al giorno), Almuñécar (€0,90, 15 minuti, 10 al giorno), Granada (€7, 2 ore, cinque al giorno), Málaga (€5, 1 ora e 45 minuti, sei al giorno) e Nerja (€1,60, 20 minuti, 10 al giorno). Potete prenderli alla fermata degli autobus Alsina Graells che si trova in cima a Calle Acera del Pilar, vicino alla N340.

Provincia di Almería

Le principali attrattive di questa provincia sono la sabbia e il sole, che splende per più di 3000 ore all'anno. I verdi campi da golf situati in questo arido territorio richiamano molti appassionati europei che approfittano dei voli low cost per venire a crogiolarsi al caldo, per non parlare di quelli che hanno scelto di stabilirsi definitivamente da queste parti. La provincia presenta aspetti contraddittori: in alcune zone, popolate da pensionati inglesi, tedeschi e scandinavi in cerca di un posto economico in cui vivere e godersi il clima mite, è stata vittima della speculazione edilizia, ma in altre la costa, tra le meno visitate dell'Andalusia, offre magnifiche spiagge nascoste nel Parque Natural Cabo de Gata-Níjar. I paesi del Cabo de Gata votati al turismo, come Agua Amarga, sono le mete favorite dai giovani professionisti di Madrid.

Nell'entroterra, i boschi delle Alpujarras cedono il passo a una serie di catene montuose. Vaste aree della provincia sono occupate da zone montuose semidesertiche, con paesaggi che in passato hanno ospitato i set cinematografici degli 'spaghetti western'. Tuttavia, ed è un vero paradosso, questa provincia è anche il 'giardino d'Europa', con serre dove crescono la frutta e la verdura vendute in tutta l'Unione Europea.

Il capoluogo della provincia, Almería, una città che sta vivendo grandi cambiamenti, è spesso definito un'estensione del Marocco, con la segnaletica in spagnolo e arabo e frotte di emigranti sbarcati dai traghetti accalcati nelle vie del lungomare e in Calle Real. Benché non ci siano luoghi di particolare interesse a parte l'Alcazaba, la città ha un'invitante e ruvida atmosfera, un paio di buoni ristoranti e bar di tapas e, caratteristica molto gradevole, è poco frequentata dai turisti.

DA NON PERDERE

- Il silenzio e la solitudine delle spiagge di sabbia del **Parque Natural Cabo de Gata-Níjar** (p438)
- Il misto di eleganza e trasandatezza dei *madrileños* alla moda ad **Agua Amarga** (p444)
- Il deserto montuoso e i set dei film western fra le aride montagne intorno a **Tabernas** (p435)
- L'**Alcazaba**, il più grande monumento islamico di Almería (p429)
- Le **Cuevas de Sorbas** (p437), le più belle grotte dell'Andalusia
- I magnifici panorami che si possono ammirare da **Mojácar Pueblo** (p445)

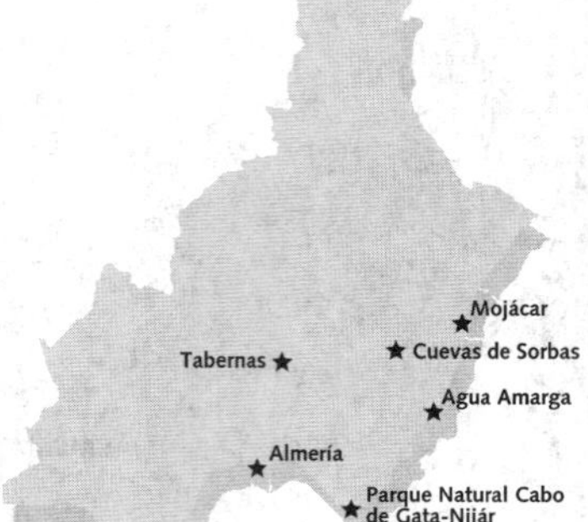

POPOLAZIONE: 546.000	MESE PIÙ FREDDO E PIÙ CALDO AD ALMERÍA: GEN/AGO 13°C/25°C	ALTITUDINE: 0 m-2609 m

ALMERÍA

Pop. 177.000

Almería è una città che attualmente sta vivendo un'importante fase di crescita e di sviluppo. Nota soprattutto per la soleggiata provincia che la circonda, deve confrontarsi con la spietata concorrenza esercitata in campo turistico da due città come Granada e Siviglia. Ed è per questa ragione che alla povera Almería molti viaggiatori non riservano neanche una giornata del loro tempo. Almería è un po' la Marsiglia della Spagna, o la Valencia di qualche decennio fa. C'è chi la definisce un 'diamante grezzo' o, in termini meno gentili, una località piuttosto sciatta e ordinaria, ma grazie agli sforzi dei suoi orgogliosi abitanti e ai proventi dell'agricoltura, sta vivendo una sorta di rinascita architettonica e culturale.

Almería possiede abbastanza spunti d'interesse da giustificare una tappa di un paio di giorni: la gigantesca Alcazaba (cittadella) è un importante sito storico, la parte vecchia, disseminata di graziose piazze di marmo e chiese, vanta una cattedrale ombreggiata da alte palme, l'ampio viale centrale è sempre affollato di gente e accanto ai bar di tapas di una volta stanno sorgendo innovativi ristoranti di cucina moderna. Infine, nei bar e nelle discoteche eleganti, sempre molto affollati, ci si diverte fino all'alba. Almería è indubbiamente una bella città, che migliora,

PROVINCIA DI ALMERÍA

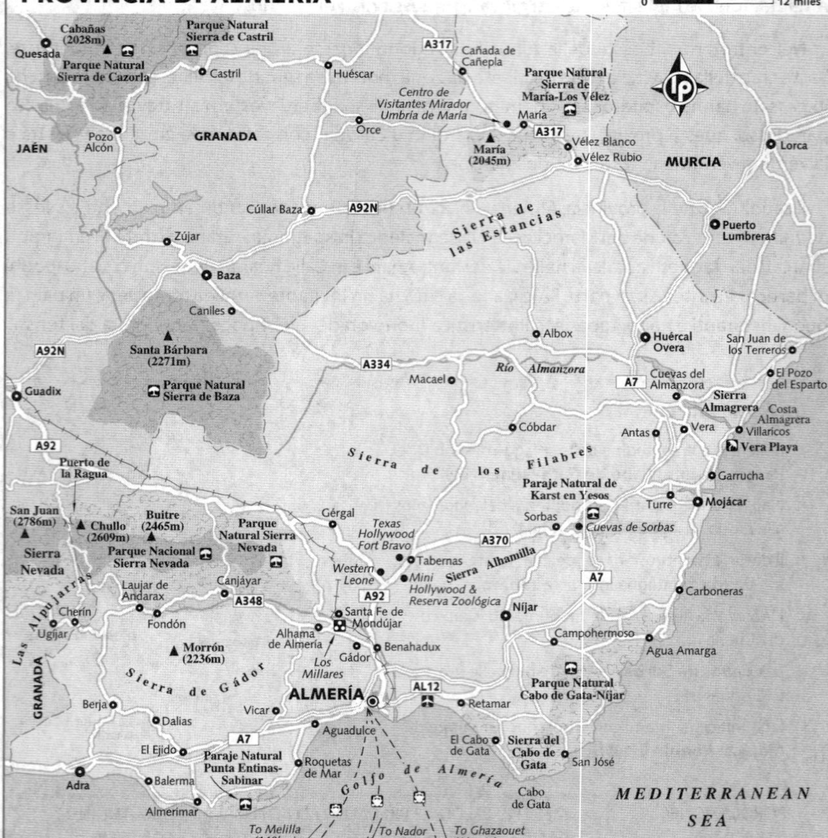

un buon luogo dove poter entrare in contatto con l'Andalusia.

STORIA

La torre di guardia, l'imponente Alcazaba, l'unico monumento islamico rimasto in città, testimonia l'importanza che questo luogo ebbe in passato. Il nome 'Almería' dovrebbe derivare dall'arabo *al-mariyya* (la torre di guardia) – chiaro riferimento all'Alcazaba – o da *al-miraya* (lo specchio) – forse perché, data la vicinanza, il Nord Africa sembrava potersi specchiare nelle mura della torre.

Questo monumento risale all'epoca in cui per le vie della città si aggiravano mercanti egiziani, siriani, francesi e italiani. Nata come porto per il califfato di Cordoba, in breve la città diventò il principale sbocco al mare di Al-Andalus e il quartier generale della flotta omayyade, nonché la residenza del suo ammiraglio. Almería un tempo vantava introiti di gran lunga superiori a quelli di qualunque altro porto andaluso. Dopo la Reconquista, la città iniziò un lungo e lento declino, aggravato dal trasferimento degli interessi marittimi verso i porti dell'Atlantico e le Americhe. Un censimento compiuto nel 1658 dopo un devastante terremoto rivelò che Almería aveva soltanto 500 abitanti. La città non si è mai più ripresa del tutto, ma oggi sembra che finalmente le sue sorti stiano cambiando grazie alla ricchezza proveniente dalla *plasticultura*, industria controversa ma in forte espansione, e all'impegno profuso per proporre la regione sul mercato del turismo come alternativa alla Costa del Sol.

ORIENTAMENTO

La parte vecchia e quella nuova di Almería si estendono ai due lati della Rambla de Belén, un *paseo* (passeggiata) ampio e arioso al centro di Avenida de Federico García Lorca, che scende lentamente verso il mare. A est della Rambla si trova la zona commerciale, che offre scarsi spunti d'interesse architettonico, mentre a ovest ci sono il centro, la cattedrale, l'Alcazaba e le vie e le piazze più vecchie e interessanti. L'arteria principale della città vecchia, il Paseo de Almería, si dirige verso nord in diagonale dalla Rambla de Belén fino a un trafficato incrocio chiamato Puerta de Purchena. La stazione degli autobus e quella ferroviaria sorgono l'una accanto all'altra in Carretera de Ronda, qualche centinaio di metri a est dell'estremità della Rambla de Belén che guarda il mare.

INFORMAZIONI

Accessi a internet

Internet bar (Avenida de Pablo Iglesias; ⌚ 8-2; €2 l'ora) Piccolo negozio e internet bar, con molti terminali e buone connessioni, in posizione assai centrale.

Voz y Datos (capolinea degli autobus, Carretera de Ronda; €2 l'ora; ⌚ 9-14 e 16.30-20.30 da lunedì a venerdì, 9.30-14 sabato) Ha solo due computer, ma è molto comodo perché si trova nella stazione degli autobus principale.

Assistenza sanitaria

Hospital Torrecárdenas (☎ 950 01 61 00; Pasaje Torrecárdenas) Grande ospedale 4 km a nord-est del centro.

Banche

In Paseo de Almería si trovano molte banche. C'è anche un Banco de Andalucía con bancomat nella stazione degli autobus.

Emergenze

Croce Rossa (Cruz Roja; ☎ 950 22 22 22) Chiamate questo numero se avete bisogno di un'ambulanza.

Policía Local (polizia locale; ☎ 950 21 00 19; Calle Santos Zárate 11) In una traversa della Rambla de Belén.

Policía Nacional (polizia nazionale; ☎ 950 22 37 04; Avenida Mediterráneo 201) All'estremità settentrionale di Avenida Frederico García Lorca.

Informazioni turistiche

Ufficio turistico municipale (☎ 950 28 07 48; Rambla de Belén, Avenida de Federico García Lorca s/n; ⌚ 10-13 e 17.30-19.30 da lunedì a venerdì, 10-12 sabato) In un sotterraneo non molto ben segnalato. Troverete utili informazioni e personale gentile.

Ufficio turistico regionale (☎ 950 27 43 55; Parque de Nicolás Salmerón s/n; ⌚ 9-19 da lunedì a venerdì, 10-14 sabato e domenica) Distribuisce opuscoli gratuitamente.

Internet

Andalucia.com (www.andalucia.com) Sito reginale generico con diverse pagine di informazioni su Almería.

Librerie

El Libro Picasso (☎ 950 23 56 00; Calle de los Reyes Católicos 17 e 18) Eccellente libreria con due rivendite situate l'una di fronte all'altra nella stessa via. Ha libri di carattere generale e cartine di ogni tipo.

Posta

Ufficio postale (Plaza de Juan Cassinello 1; ⌚ 9-20 da lunedì a venerdì e 9-13.30 sabato) In una traversa di Paseo de Almería.

ALMERÍA

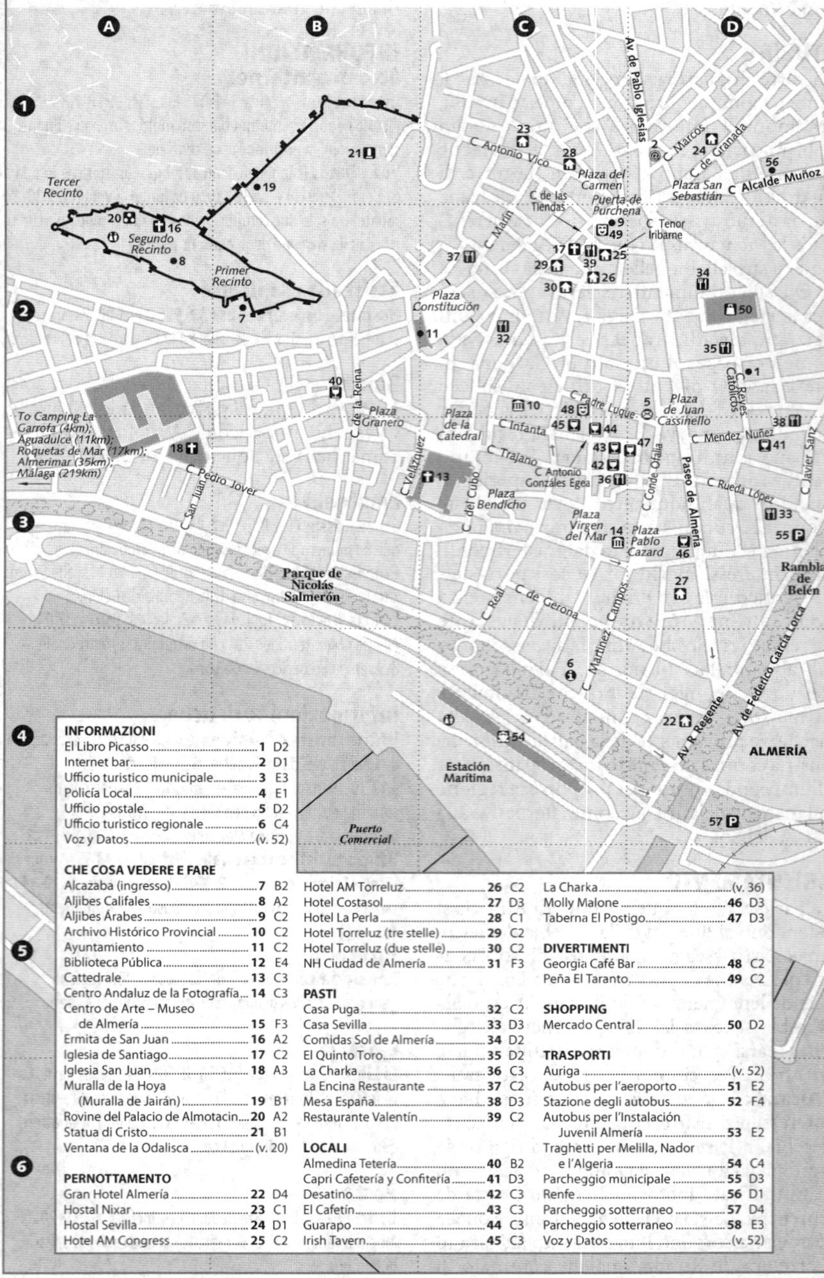

INFORMAZIONI
El Libro Picasso 1 D2
Internet bar 2 D1
Ufficio turistico municipale 3 E3
Policía Local 4 E1
Ufficio postale 5 D2
Ufficio turistico regionale 6 C4
Voz y Datos .... (v. 52)

CHE COSA VEDERE E FARE
Alcazaba (ingresso) 7 B2
Aljibes Califales 8 A2
Aljibes Árabes 9 C2
Archivo Histórico Provincial 10 C2
Ayuntamiento 11 C2
Biblioteca Pública 12 E4
Cattedrale 13 C3
Centro Andaluz de la Fotografía 14 C3
Centro de Arte – Museo de Almería 15 F3
Ermita de San Juan 16 A2
Iglesia de Santiago 17 C2
Iglesia San Juan 18 A3
Muralla de la Hoya (Muralla de Jairán) 19 B1
Rovine del Palacio de Almotacin 20 A2
Statua di Cristo 21 B1
Ventana de la Odalisca .... (v. 20)

PERNOTTAMENTO
Gran Hotel Almería 22 D4
Hostal Nixar 23 C1
Hostal Sevilla 24 D1
Hotel AM Congress 25 C2
Hotel AM Torreluz 26 C2
Hotel Costasol 27 D3
Hotel La Perla 28 C1
Hotel Torreluz (tre stelle) 29 C2
Hotel Torreluz (due stelle) 30 C2
NH Ciudad de Almería 31 F3

PASTI
Casa Puga 32 C2
Casa Sevilla 33 D3
Comidas Sol de Almería 34 D2
El Quinto Toro 35 D2
La Charka 36 C3
La Encina Restaurante 37 C2
Mesa España 38 D3
Restaurante Valentín 39 C2

LOCALI
Almedina Tetería 40 B2
Capri Cafetería y Confitería 41 D3
Desatino 42 C3
El Cafetín 43 C3
Guarapo 44 C3
Irish Tavern 45 C3
La Charka .... (v. 36)
Molly Malone 46 D3
Taberna El Postigo 47 D3

DIVERTIMENTI
Georgia Café Bar 48 C2
Peña El Taranto 49 C2

SHOPPING
Mercado Central 50 D2

TRASPORTI
Auriga .... (v. 52)
Autobus per l'aeroporto 51 E2
Stazione degli autobus 52 F4
Autobus per l'Instalación Juvenil Almería 53 E2
Traghetti per Melilla, Nador e l'Algeria 54 C4
Parcheggio municipale 55 D3
Renfe 56 D1
Parcheggio sotterraneo 57 D4
Parcheggio sotterraneo 58 E3
Voz y Datos .... (v. 52)

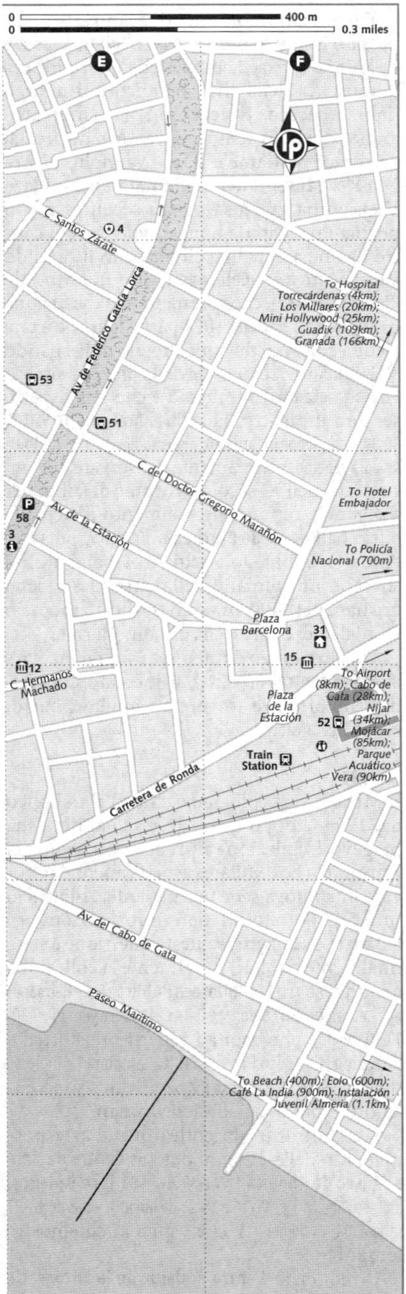

CHE COSA VEDERE

La gigantesca Alcazaba è la principale meta turistica della città, e per visitarla a fondo ci vuole almeno mezza giornata. Almería non è una località monumentale, ma le sue vie tortuose offrono molti spunti interessanti. La città vecchia, raccolta ai piedi del versante orientale della collina occupata dall'Alcazaba, è la zona in cui si trova la maggior parte dei bar e dei caffè. Altre due attrattive da visitare sono la cattedrale a sud dell'Alcazaba, e le collezioni archeologiche della Biblioteca Pública e dell'Archivo Histórico Provincial, a est.

La spiaggia di Almería dista più di un chilometro dal centro, ma in estate può essere affollata. Un'alternativa migliore è trascorrere un giorno o due nel Parque Natural Cabo de Gata-Níjar (p438), che si può visitare facilmente in giornata da Almería.

Alcazaba

Il monumento più importante della città è l'**Alcazaba** (☎ 950 27 16 17; Calle Almanzor s/n; ingresso €1,50, cittadini UE gratuito; 🕒 10-14 e 17-20 da maggio a settembre, 9.30-13.30 e 15.30-19 da ottobre ad aprile, chiuso il 25 dicembre e il 1° gennaio), una massiccia fortezza che si erge austera su una falesia inespugnabile, dominando l'intera città. Costruita nel X secolo per volontà di Abd ar-Rahman III, il califfo più potente di Al-Andalus, questa semplice 'torre di guardia' trasformò quella che era una piccola città portuale in un grande e fiorente centro commerciale. Pur non raggiungendo il livello dell'Alhambra di Granada (p383) – un terremoto e il passare dei secoli hanno cancellato l'originale splendore dell'interno – rimane comunque un luogo ricco di fascino.

L'enorme spazio interno diviso in tre zone circondate da mura in origine ospitava, nella parte più in basso, il **Primer Recinto**, il quartiere amministrativo. Dove un tempo sorgevano abitazioni, bagni pubblici, cisterne per l'acqua e tutto il necessario alla vita cittadina ora crescono roseti spazzati dal vento. Dagli spalti merlati si vede la **Muralla de la Hoya** (detta anche Muralla de Jairán), una muraglia fortificata fatta costruire nell'XI secolo da Jairán, il re della prima *taifa* (piccolo regno) di Almería, che scende nella valle sul lato settentrionale dell'Alcazaba risalendo sul lato opposto lungo le pendici del Cerro de San Cristóbal, una collina aspra e spoglia sormontata dalle rovine di una chiesa e da una gigantesca statua di **Cristo**.

Procedendo all'interno delle mura fortificate si raggiunge il **Segundo Recinto**. Sul suo lato settentrionale ci sono le rovine del palazzo dei sovrani musulmani, il **Palacio de Almotacín**, che prende nome dal re (1051-91) durante il cui regno, nel Medioevo, Almería raggiunse il culmine della propria grandezza. All'interno, la **Ventana de la Odalisca** (Finestra dell'Odalisca) deve il suo nome alla romantica leggenda secondo la quale una schiava si lanciò nel vuoto da questa finestra dopo che vi era stato gettato il suo amante cristiano.

Sempre all'interno di questo recinto troverete anche le **Aljibes Califales** (Cisterne del Califfo) e una cappella, l'**Ermita de San Juan**, ricavata da una moschea per volere dei Reyes Católicos (Re Cattolici).

Nel punto più alto dell'Alcazaba, nel **Tercer Recinto**, si trova una fortezza fatta costruire dai Re Cattolici. È stata restaurata con cura e dalle sue mura si gode una vista mozzafiato della città e del mare.

Cattedrale e dintorni

Simile a una fortezza, la **cattedrale** (Plaza de la Catedral; ingresso €2; 10-17 da lunedì a venerdì, 10-13 sabato) di Almería, ombreggiata da alte palme, si affaccia su una tranquilla piazza. Le sue mura merlate e le sue sei imponenti torri furono progettate per resistere alle continue incursioni dei pirati. L'elemento decorativo maggiormente degno di nota è l'esuberante **Sol de Portocarrero**, uno splendido rilievo cinquecentesco del sole scolpito sulla parte orientale dell'edificio, quella rivolta verso Calle del Cubo. Il vasto e spazioso interno, diviso in tre grandi navate, è impreziosito da diaspro e marmo estratto nella zona. La cappella dietro l'altare maggiore contiene la tomba del fondatore della cattedrale, il vescovo Diego Villalán. La statua che lo raffigura (notate il naso rotto) è opera di un architetto e scultore del Cinquecento, Juan de Orea, cui si devono anche il coro con gli stalli in legno di noce e la Sacristía Mayor. Il portale nella parete sud permette di raggiungere un piccolo cortile rinascimentale pieno di arbusti e fiori. L'architetto della cattedrale ha lasciato alla città anche un altro splendido edificio, l'**Iglesia de Santiago** (Chiesa di San Giacomo; Calle de las Tiendas; per le funzioni), che fu eretta a metà del Cinquecento. Oggi si trova al centro di una zona molto alla moda, piena di bar e ristoranti.

Diversi altri monumenti recano i segni del passato islamico di Almería. L'**Iglesia San Juan** (Calle San Juan; per le funzioni), che in origine era la moschea della città, ha ancora il mihrab dell'XI secolo. Il vecchio *souq* (mercato) arabo, dove un tempo si vendevano frutta, verdura e bestiame e si beveva molto tè, ora è la **Plaza Constitución** (chiamata anche Plaza Vieja), una graziosa piazza secentesca con portici ravvivati da bougainvilee, al cui centro alcune alte palme circondano il candido **Monumento a los Colorgos** (Monumento alle Camice Rosse), che commemora l'esecuzione di 24 liberali che nel 1824 parteciparono a una rivolta contro il dispotico regno di Fernando VII. Sul lato occidentale della piazza è situato l'**ayuntamiento** (municipio), che nell'aspetto sembra un teatro. Le **Aljibes Árabes** (950 27 30 39; Calle Tenor Iribarne 20; ingresso libero; 10-14 da lunedì a venerdì), ottimamente conservate, furono costruite nell'XI secolo su ordine di Jairán per assicurare l'approvvigionamento idrico alla città. La **Puerta de Purchena**, l'antica porta di Almería, è il luogo in cui Al-Zagal, l'ultimo sovrano musulmano della città, si arrese ai cristiani nel 1490; ora è un trafficato incrocio stradale nel cuore della città moderna.

Un altro luogo d'interesse è lo spettacolare **mercado central** (8-14), il mercato coperto, intorno al quale troverete i migliori bar di tapas della città.

Musei

Il Museo Arqueológico è chiuso al pubblico dal 1993, e dopo quasi quindici anni la sua pregevole collezione di reperti archeologici rinvenuti a Los Millares aspetta ancora di trovare una nuova sede permanente. All'ufficio turistico potrete ottenere informazioni aggiornate e scoprire se questa questione è stata finalmente risolta. Attualmente la collezione è suddivisa fra la **Biblioteca Pública** (Calle Hermanos Machado; ingresso libero; 9-14 da lunedì a venerdì, 9.30-13.30 sabato), che ospita i reperti preistorici, e l'**Archivo Histórico Provincial** (Calle Infanta 12; ingresso libero; 9-14.30 da lunedì a venerdì), dove sono custoditi i manufatti iberici e romani.

Per ammirare la collezione d'arte permanente della città, andate al **Centro de Arte – Museo de Almería** (950 26 64 80; Plaza Barcelona; ingresso libero; 11-14 e 18-21 da lunedì a venerdì, 18-21 sabato, 11-14 domenica), che ospita anche mostre temporanee.

Il moderno **Centro Andaluz de la Fotografía** (950 00 27 00; Calle Conde Ofalia 30; ingresso libero;

⌚ 11-14 e 18-21 da lunedì a venerdì, 19-22 sabato) è il più importante museo fotografico dell'Andalusia e occupa un grazioso convento del Settecento. Benché non possano essere definite innovative, le fotografie sono comunque interessanti e meritano di essere viste.

ATTIVITÀ

La lunga spiaggia di sabbia grigia a sud-est della città, di fronte al Paseo Marítimo, non è particolarmente bella. Meglio contattare **Eolo** (☎ 950 26 17 35, 670-391480; www.eolo-wind.com; Avenida del Cabo de Gata 187), una società specializzata in eccitanti attività acquatiche che offre escursioni in windsurf, kayak e catamarano per esplorare le suggestive scogliere e le spiagge del Parque Natural Cabo de Gata-Níjar. Il personale parla inglese e le escursioni costano da €39 a €90. Il corso di windsurf da 10 ore (per principianti e non) costa €72, ma è anche possibile noleggiare soltanto le attrezzature (un'ora/un giorno €9/30) e farsele consegnare al parco.

ITINERARIO A PIEDI

L'arteria principale che dall'Alcazaba conduce verso sud, Calle de la Reina, un tempo separava la vecchia medina musulmana dal quartiere della Musalla, che in origine era un grande frutteto. Svoltate a destra in Calle Bailén e proseguite per circa 150 m fino a raggiungere l'imponente **cattedrale (1)**. Tornate in Calle de la Reina e girate a ovest in Calle Almedina, che attraverso lo stretto labirinto delle vie arabe vi porterà all'**Iglesia San Juan (2)**. Da qui, in cinque minuti arriverete all'entrata dell'**Alcazaba (3)**, in Calle Almanzor.

Calle Almanzor procede verso est in direzione della bella **Plaza Constitución (4)** e dell'**ayuntamiento (5)**. Al centro della piazza sorge il **Monumento a los Colorgos (6)**; da qui, risalite Calle de las Tiendas verso nord-est per 300 m e, dopo aver superato la graziosa **Iglesia de Santiago (7)**, arriverete alle **Aljibes Árabes (8)**. Pochi passi dopo le cisterne dell'acqua, sempre in Calle de las Tiendas, troverete la **Puerta de Purchena (9)**, l'antica porta della città.

Per il pranzo, dalla porta percorrete Rambla del Obispo Orbera per circa 200 m e girate a destra in Calle de los Reyes Católicos per raggiungere il **mercado central** (**10**; ⌚ 8-14); in zona ci sono alcuni locali dove si mangia bene, fra cui il Comidas Sol de Almería (p433) ed El Quinto Toro (p433). Dopo pranzo prendete Paseo de Almería, dopo 500 m svoltate a destra in Calle General Tamayo e percorso un isolato raggiungerete il moderno **Centro Andaluz de la Fotografía (11)**, che vi offrirà qualche stimolo culturale.

ITINERARIO A PIEDI	
Distanza	2,6 km
Durata	3-4 ore

FESTE E MANIFESTAZIONI

La **Feria de Almería** (fine agosto) prevede dieci giorni e dieci notti di musica dal vivo, corride, giostre, esposizioni e pazzi festeggiamenti.

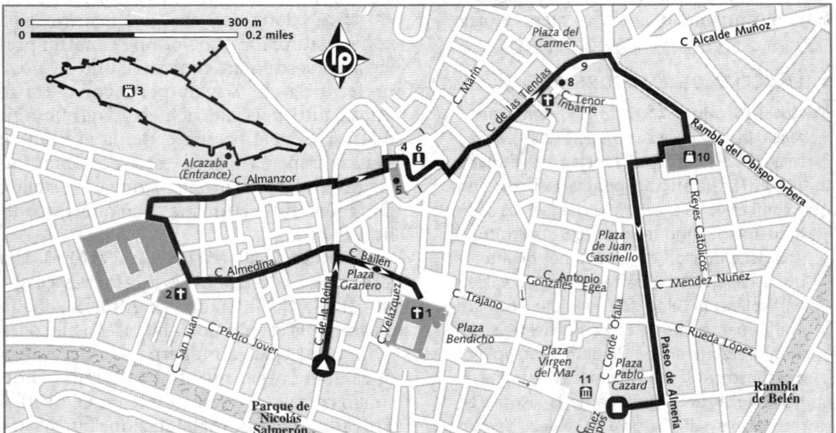

PERNOTTAMENTO

Le strutture ricettive di Almería non offrono un panorama molto allettante, specialmente nel settore dei prezzi economici. Le cose migliorano con l'aumentare della spesa; nella fascia delle tariffe medie le camere sono dotate di TV satellitare, aria condizionata in estate e riscaldamento in inverno.

Prezzi economici

Camping La Garrofa (☎ 950 23 57 70; www.lagarrofa.com; piazzola per persona/tenda/auto €4/4/4, bungalow €75; tutto l'anno) Bel campeggio situato sulla costa a 4 km dalla città, sulla strada per Aguadulce. Oltre al campeggio ci sono alcuni bungalow indipendenti con due camere da letto (massimo cinque persone); sono anche offerte varie attività.

Albergue Juvenil Almería (☎ 950 26 97 88; fax 950 27 17 44; Calle Isla de Fuerteventura s/n; minori/maggiori di 26 anni €14/19) Pulito e ben tenuto, l'Albergue può alloggiare 170 persone, quasi tutte in camere doppie. Si trova 1,5 km a est del centro, accanto allo stadio e tre isolati a nord di Avenida del Cabo de Gata. Prendete l'autobus n. 1 con la scritta 'Universidad' dal lato orientale di Rambla del Obispo Orbera e chiedete al conducente di farvi scendere all'*albergue* (ostello) o allo stadio.

Hostal Nixar (☎ /fax 950 23 72 55; Calle Antonio Vico 24; singole/doppie €27/45) Il tempo sembra essersi fermato in questo tetro albergo dove un uomo dall'aria burbera vi accoglierà senza un sorriso. Le camere comunque vanno bene per una notte e l'albergo si trova in posizione abbastanza centrale. Per entrare bisogna suonare il campanello, anche in pieno giorno.

> **LA SCELTA DELL'AUTORE**
>
> **Hotel Torreluz** (☎ 950 23 43 99; www.torreluz.com; Plaza de las Flores 2 e 3; singole/doppie nell'albergo a 2 stelle €39/57, nell'albergo a 3 stelle €56/74; P) Le pareti color prugna, i letti spaziosi e confortevoli, i prezzi modici e i servizi di un moderno albergo rendono questa struttura una delle migliori di Almería per quanto riguarda il rapporto qualità-prezzo; ciò vale in particolare per l'albergo a due stelle, che offre praticamente tutte le comodità del tre stelle a un prezzo inferiore. Un altro vantaggio di questa struttura è la posizione, visto che si trova nella graziosa Plaza de las Flores. La reception è nell'albergo a tre stelle.

Hostal Sevilla (☎ 950 23 00 09; Calle de Granada 23; singole/doppie €34/54) Il Sevilla, piccolo e accogliente, è *hostal* (albergo economico) migliore di Almería – notate i vecchi telefoni di bachelite nera, un tocco di design davvero ricercato. È pulito ed efficiente, con camere dotate di TV (ma la ricezione, solo di programmi locali, è molto disturbata).

Hotel La Perla (☎ 950 23 88 77; fax 950 27 58 16; Plaza del Carmen 7; singole/doppie €45/65) L'Hotel La Perla occupa un alto e slanciato edificio situato in centro in una piazza piena di verde. Le camere non sono nulla di speciale, ma sono confortevoli e offrono un buon rapporto qualità-prezzo. Gli ospiti possono usare gratuitamente la connessine a internet.

Prezzi medi ed elevati

Hotel Costasol (☎ /fax 950 23 40 11; www.hotelcostasol.com; Paseo de Almería 58; singole/doppie €52/71) Albergo abbastanza ordinario con camere confortevoli e servizio premuroso (ma non ci sono piaciute la moquette marrone). Inoltre è situato in una posizione molto centrale. Si può lasciare l'automobile nel vicino parcheggio municipale (€7 al giorno).

Hotel AM Congress (☎ 950 23 49 99; www.amtorreluz.com; Plaza de las Flores 5; singole/doppie €56/60; P) Associato all'AM Torreluz, il Congress è un nuovissimo albergo a tre stelle situato in una zona molto animata della città vecchia. Offre un buon servizio, sicuramente apprezzato dagli uomini in viaggio per affari che lo frequentano.

Hotel AM Torreluz (☎ 950 23 49 99; www.amtorreluz.com; Plaza de las Flores 5; singole/doppie €69/92; P) Sontuoso albergo a quattro stelle con rifiniture in lucido ottone e marmi preziosi e una scalinata enorme. È uno dei posti preferiti da chi viaggia per lavoro – offre infatti tutti i servizi richiesti dagli uomini d'affari. Tenete presente che la gestione è diversa rispetto a quella dei suoi omonimi vicini (gli Hotel Torreluz a due e tre stelle). Durante il fine settimana sono offerti sconti fino al 40%.

NH Ciudad de Almería (☎ 950 18 25 00; nhciudad-dealmeria@nh-hotels.com; Calle Jardín de Medina s/n; doppie €80-131; P) Il Ciudad de Almería, che fa parte di una catena alberghiera, è in bilico fra la lineare eleganza moderna e la mancanza di carattere – per quanto ben arredato non si può certo dire che sia un esempio di stile. Trovandosi di fronte alla stazione ferroviaria e a quella degli autobus, è perfetto per chi ha bisogno di una sistemazione in cui trascorrere una sola notte.

Gran Hotel Almería (☎ 950 23 80 11; www.granhotelalmeria.com; Avenida Reina Regente 8; singole/doppie €108/135; P) La posizione sul mare e le vedute che si possono ammirare dalle camere moderne e confortevoli sono imbattibili. Si tratta di un quattro stelle che offre un ottimo rapporto qualità-prezzo, migliore di quanto lasci intuire il suo sito web.

PASTI

Tapas

Come a Granada e a Jaén, anche ad Almería sopravvive la piacevole tradizione di servire con le bevande qualche tapa gratuita.

Casa Puga (Calle Jovellanos 7; bevande e tapa €1) Casa Puga prepara le migliori tapas di tutta Almería. Il bancone di marmo è coperto dai prezzi degli stuzzichini, scritti a penna dai baristi. Dal soffitto pendono dei ganci in ferro battuto riuniti a formare dei mazzi, come se fossero dei lampadari, ai quali sono appesi dei profumati *jamónes* (prosciutti). Gli scaffali stracolmi di vecchie bottiglie di vino e gli *azulejos* tradizionali sulle pareti creano i presupposti per un pranzo eccezionale.

El Quinto Toro (☎ 950 26 15 21; Calle de los Reyes Católicos; bevande e tapa €1,50) Situato vicino al mercato, questo buio e caratteristico bar, frequentato dagli amanti delle corride, è sempre pieno di fedeli appassionati di tapas.

La Charka (☎ 950 25 60 45; Calle Trajano 8; bevande e tapa €1,50) Rinomato bar di tapas situato nel cuore della vita notturna di Almería, con un grande bancone e sedie e tavoli di legno. Le tapas vengono servite nei tradizionali piattini e non nei normali piatti piani in dosi che fanno venire ai clienti continuamente voglia di bere. Splendido posto in cui iniziare la serata in attesa di trasferirsi in qualche altro bar aperto fino a tardi.

Mesa España (☎ 950 27 49 28; Calle Mendez Nuñez 19; bevande e tapa €1,80, fonduta €20) Questo animato bar e ristorante ha dei posti al banco per le tapas e un *comedor* (sala da pranzo) con panche rosse sul retro per chi vuole mangiare al ristorante. Posto eccellente la sera, specialmente per la fonduta.

Ristoranti

Comidas Sol de Almería (Calle Circunvalación, Mercado Central; menú €9; chiuso domenica e lunedì sera; ☒) Piccolo ristorante situato di fronte all'animato mercato coperto. A pranzo si riempie di gente che, dopo aver fatto la spesa, si gode uno dei suoi abbondanti e sostanziosi *menú* (menu a prezzo fisso). C'è anche un grande patio sul retro abbellito da oleandri in fiore.

LA SCELTA DELL'AUTORE

La Encina Restaurante (☎ 950 27 34 29; Calle Marín 3; portate principali €11-21; chiuso domenica e lunedì sera) Quanto a inventiva è il ristorante più interessante di Almería. Iniziate con le cotolette di cervo con salsa di caramello (€21), proseguite con un finissimo *carpaccio* (€12) o con i medaglioni di maiale e funghi con pinoli e *moscatel* (vino dolce). Se avete ancora spazio, terminate con una fonduta di frutta fresca e cioccolato. In alternativa, rilassatevi in terrazza con qualche tapas.

Restaurante Valentín (☎ 950 26 44 75; Calle Tenor Iribarne 19; portate principali €10-15; da martedì a domenica da ottobre ad agosto) Ristorantino appartato con un servizio elegante. I legni scuri e i mattoni a vista creano un'atmosfera intima e si mangia bene. Se volete esagerare ordinate a pranzo o a cena la *langosta* (aragosta) al prezzo di €52.

Casa Sevilla (☎ 950 27 29 12; Calle Rueda López; menú €24; chiuso domenica e dal 1° al 15 agosto) Questo tempio della cucina e dei vini andalusi è gestito dai proprietari della Vinoteca, situata accanto. Fra le sue specialità ci sono il *bacalao a la almeriense* (merluzzo in salsa di pomodoro piccante) e il manzo argentino, mentre per quanto riguarda il vino si può scegliere tra più di 8000 bottiglie. Si trova all'interno del centro commerciale Galería Almericentro.

LOCALI

Capri Cafetería y Confitería (☎ 950 23 76 85; Calle Méndez Núñez 14) Se avete bisogno di una rilassante pausa nel tardo pomeriggio, venite al bancone cromato del Capri, dove potete scegliere fra una gamma di ottime paste o godervi una fresca granita.

Almedina Tetería (Calle Paz 2, una traversa di Calle Almedina; 11-23 da mercoledì a domenica) Situato in una viuzza nella parte araba del centro di Almería, il grazioso Almedina serve tè alla menta e buoni cuscus; se avete voglia di cambiare il vostro look, fatevi fare un tatuaggio all'henné.

Guarapo (☎ 950 268 188; Calle Antonio González Egea; 16.30-fino a tardi) I giovani che vengono in questo locale scintillante, moderno e alla moda a gustare i suoi numerosi cocktail, amano trattenersi in genere fino a molto tardi.

Desatino (Calle Trajano 14; 20-fino a tardi) Bar di tendenza, caratterizzato da specchi alle finestre, dove è possibile ballare la rumba cubana. Si riempie a partire da molto tardi.

Molly Malone (Paseo de Almería 56; 8-23) Un grande albero fa ombra alla terrazza sul davanti di questo bel bar sempre pieno di fumo di sigarette, che all'interno è decorato in modo rustico con legni scuri e vecchi manifesti teatrali di Londra. Ottima scelta anche per la prima colazione (€2,50).

La Charka (950 25 60 45; Calle Trajano 8; 20-2) Minuscolo bar di tapas, sempre affollato, situato di fronte al Desatino.

In Calle Antonio González Egea si trova una serie di bar, tra cui El Bicho, l'Irish Tavern e la Taberna El Postigo, molto frequentati.

DIVERTIMENTI

Nelle vie fra l'ufficio postale e la cattedrale c'è una dozzina di music bar, alcuni dei quali aprono i battenti nel tardo pomeriggio.

Peña El Taranto (950 23 50 57; Calle Tenor Iribarne 20) Il più importante locale di flamenco di Almería è nascosto nelle restaurate Aljibes Árabes (cisterne arabe). Gli spettacoli dal vivo (€20) spesso si svolgono nel fine settimana. Per avere informazioni più dettagliate telefonate o chiedete all'ufficio turistico.

Georgia Café Bar (950 25 25 70; Calle Padre Luque 17; 20-fino a tardi) Il Georgia Café Bar ha un'atmosfera straordinaria. È aperto da più di 20 anni e ogni tanto ospita concerti jazz, ma anche la musica registrata è bellissima.

PER/DA ALMERÍA

Aereo

All'**aeroporto** (950 21 37 00; www.aena.es) di Almería atterrano voli charter provenienti da diversi paesi europei. Inoltre potete trovare economici voli da varie città inglesi ed europee (v. p476). Ci sono servizi di linea per/da Düsseldorf con **LTU** (950 21 37 80; www.ltu.de), per London Gatwick con **GB Airways** (950 21 38 98; www.gbairways.com) e per Barcellona, Madrid e Melilla con **Iberia** (950 21 37 90; www.iberia.com). In agenzie quali **Viajes Cemo** (aeroporto 950 21 38 47; Roquetas de Mar 950 33 35 02) o **Tarleton Direct** (aeroporto 950 21 37 70; Mojácar 950 47 22 48; Roquetas de Mar 950 33 37 34) si trovano voli per destinazioni internazionali a tariffe ridotte.

Autobus

Dalla **stazione degli autobus** (950 26 20 98) ci sono partenze giornaliere, compresi autobus per le seguenti destinazioni:

Córdoba (€22, 5 ore) Uno al giorno.
Guadix (€7,50, 1¼ ore) Nove al giorno.
Granada (€10-12,20, 2¼ ore) Fino a 10 al giorno.
Jaén (€19, 5 ore) Uno o due al giorno.
Madrid (€23, 7 ore) Cinque al giorno.
Málaga (€15, 3¼ ore) Fino a 10 al giorno.
Murcia (€5, 2½ ore) Dieci o più al giorno.
Siviglia (€28-29, 5 ore) Due al giorno.
Valencia (€31-38, 8½ ore) Cinque al giorno.

Per quel che riguarda gli autobus per le località della provincia di Almería, v. le singole destinazioni.

La stazione degli autobus è molto funzionale e pulita. È dotata di accoglienti servizi igienici, di un bancomat, accessi a internet (p427) e armadietti con chiusura numerica per i bagagli (al giorno €5). La Renfe ha un punto per viaggiatori dove è possibile prenotare i biglietti e c'è anche un utile **banco informazioni** (6.45-22.45) che vi indicherà lo sportello della biglietteria cui dovete rivolgervi per la vostra destinazione.

Imbarcazioni

Dalla Estación Marítima (stazione marittima) di Almería, la **Trasmediterránea** (950 23 61 55, 902 45 46 45; www.trasmediterranea.es) offre partenze per/da Melilla tre volte al giorno dal martedì al venerdì e due volte al giorno dal sabato al lunedì da giugno a settembre, una al giorno da ottobre a maggio. La traversata dura fino a otto ore. Il posto più economico, la *butaca* (poltrona), costa €29 per la sola andata; la tariffa per le automobili parte da €123 per quelle di piccole dimensioni.

Le linee marocchine **Ferrimaroc** (950 27 48 00; www.ferrimaroc.com), **Comarit** (950 23 61 55; www.comarit.com, in spagnolo) e **Limadet** (950 27 07 71) gestiscono servizi per/da Nador, la città marocchina vicina a Melilla, all'incirca con la stessa frequenza della Trasmediterránea. I prezzi vanno da €28 a €33 per la sola andata per un adulto e da €128 a €139 per l'auto.

I biglietti per tutte le destinazioni sono in vendita all'Estación Marítima. Maggiori informazioni sui servizi per il Marocco sono fornite nel capitolo Trasporti (p480).

Treno

I biglietti ferroviari si possono acquistare nell'ufficio della **Renfe** (☎ 950 23 18 22; www.renfe.es; Calle Alcalde Muñoz 7; 🕑 9.30-13.30 da lunedì a venerdì e 9.30-13 sabato) e nella **stazione ferroviaria** (☎ 902 24 02 02). Ci sono treni diretti per/da Granada (€14, 2 ore e 15 minuti, quattro al giorno), Siviglia (€32, 5 ore e mezzo, quattro al giorno) e Madrid (da €33 a €38, da 6 ore e 45 minuti a 10 ore, due al giorno).

TRASPORTI URBANI

Per/dall'aeroporto

L'aeroporto si trova 8 km a est della città, nei pressi della AL12. L'autobus della linea n. 20 (Alquián; €1) presta servizio fra la città (dall'estremità occidentale di Calle del Doctor Gregorio Marañón) e l'aeroporto ogni 30-45 minuti dalle 7 alle 22.30, ma con minore frequenza il sabato e la domenica. Dall'aeroporto ad Almería lo stesso autobus parte ogni 30-45 minuti dalle 7 alle 20.08 dal lunedì al venerdì e dalle 7 alle 23.03 il sabato e la domenica.

Automobile e motocicletta

In città ci sono diverse agenzie di autonoleggio. Avis, Europcar ed Hertz hanno uno sportello all'aeroporto. Una società locale affidabile è **Auriga** (☎ 902 20 64 00; www.aurigacar.com), che ha un ufficio nella stazione degli autobus.

Come nelle altre città andaluse, anche ad Almería è difficile trovare parcheggio in strada. Lasciare l'auto nelle aree predisposte costa €0,20 per 30 minuti e €1,05 per un'ora. Un grande parcheggio sotterraneo si trova sotto la Rambla de Belén e un altro sul lato orientale della Rambla alla sua estremità verso il mare. In questi due parcheggi il costo è €1 per un'ora e €10 per 24 ore.

Taxi

Ci sono **parcheggi di taxi** (☎ 950 22 61 61; taxi notturni ☎ 950 42 5757) alla Puerta de Purchena, in Paseo de Almería, alla stazione ferroviaria e a quella degli autobus.

A NORD DI ALMERÍA

LOS MILLARES

Bisogna essere davvero appassionati di archeologia per prendere in considerazione una visita a **Los Millares** (☎ 608 903404; ingresso libero; 🕑 9.30-16 da martedì a sabato da aprile a settembre,

IL SELVAGGIO WEST

Se vi recate a nord di Benahadux, fra i selvaggi panorami semidesertici dell'Almería, forse non immaginerete di trovarvi sullo stesso suolo calpestato da Clint Eastwood, Raquel Welch e Charles Bronson, i divi degli 'spaghetti western'. Negli anni '60 e '70 i registi dei film western notarono che questa regione dell'Andalusia era molto simile alle terre del far west americano e vi girarono decine di film, fra cui *Per un pugno di dollari*, *I magnifici sette* e *Il buono, il brutto e il cattivo*. Gli abitanti del luogo interpretavano gli indiani, i fuorilegge e i cowboy, mentre Clint Eastwood, Rachel Welch e Charles Bronson il ruolo dei protagonisti. Oggigiorno si vedono pochi cineasti in giro, ma ciò che rimane dei tre set cinematografici è diventato una bizzarra quanto splendida attrazione turistica.

Mini Hollywood (☎ 950 36 52 36; adulti/bambini €17/9, il biglietto comprende la Reserva Zoológica; 🕑 10-21 da aprile a ottobre, 10-19 da martedì a domenica da novembre a marzo; spettacoli alle 17 tutto l'anno e alle 20 da metà giugno a metà settembre), il più famoso e costoso dei tre set, si trova a 25 km da Almería sulla strada per Tabernas. Qui potrete assistere a rapine in banca, sparatorie e impiccagioni e sentire pronunciare frasi come: 'Questa città non è grande abbastanza per tutti e due, hombre' (naturalmente in spagnolo). Con un curioso accostamento, adiacente al set c'è la **Reserva Zoológica**, con leoni, elefanti, bufali e altre specie faunistiche.

Proseguendo per 3 km in direzione di Tabernas e poi per qualche minuto su una strada sterrata verso nord, si raggiunge **Texas Hollywood Fort Bravo** (☎ 950 16 54 58; www.texashollywood.com; adulti/bambini €10,50/6,50; 🕑 10-22), un'altra città del Far West con un fortino recintato, un villaggio messicano e tende indiane. Il terzo set è **Western Leone** (☎ 950 16 54 05; ingresso €9; 🕑 9.30-tramonto da aprile a settembre, 9.30-tramonto sabato e domenica tutto l'anno), sulla A92 circa 1 km a nord del bivio per la A370. Entrambi sono stati utilizzati dalle troupe che hanno girato a Mini Hollywood, rispetto al quale vantano un'atmosfera più autentica, anche se appaiono un po' malandati (il che vale anche per le strade, quindi guidate con prudenza).

LA DURA VITA DEL COWBOY

'Vogliamo soltanto intrattenere la gente, vogliamo che il pubblico si diverta!'. Un cowboy di nome Domingo mi parla con voce roca, mentre in sottofondo si diffonde una musica da film e alcuni bambini chiedono timidamente un autografo. Siamo a Texas Hollywood Fort Bravo. Domingo ha appena fatto una serie di capriole, acrobazie e cadute e ha dato prova della sua bravura nel maneggiare le armi, il tutto a cavallo. 'Ci vuole coraggio per fare questo lavoro', mi dice. È sicuramente vero, visto che bisogna cavalcare a rotta di collo e talvolta perfino saltare dai balconi cercando di atterrare in groppa a un cavallo. 'Una volta, mentre stavo girando un film con un grande divo, sono caduto da cavallo mentre era lanciato al galoppo. Risultato: sette punti sopra un occhio e cinque sulla guancia'. Ma le ferite non sono un problema. Domingo ha dovuto lavorare duramente per riuscire a diventare un cowboy. 'Ho visto uno show in questo luogo nel 1986 e mi è piaciuto così tanto che ho chiesto di partecipare. Mi hanno detto che era possibile, ma che dovevo comprarmi un cavallo. Così mi sono presentato con il mio cavallo e ho partecipato allo spettacolo per diversi anni, finché non ho imparato bene e hanno iniziato a pagarmi'. Il resto è storia, per così dire. 'Ho fatto lo stuntman in un sacco di film e serie televisive, da quelli di guerra a quelli d'azione. Ma la cosa che mi piace di più è lavorare qui: sto con i cavalli, alla gente piace e ci divertiamo. Adoro vivere nel West'. Detto questo, Domingo monta in sella al cavallo e gridando 'Yeeehaaa!' si allontana al galoppo verso il tramonto spagnolo in una nuvola di polvere.

10-14 da mercoledì a sabato da ottobre a marzo), che si trova 20 km a nord-ovest di Almería fra i villaggi di Gádor e Santa Fé de Mondújar. È necessario disporre di un mezzo di trasporto autonomo, perché la zona non è servita dai mezzi pubblici e il sito si trova a 1,5 km di cammino dalla strada principale.

L'area archeologica, che ha una superficie di 190.000 mq, occupa uno sperone lungo 1 km fra il Río Andarax e Rambla de Huéchar. Probabilmente si trattava di una città che fu abitata all'incirca fra il 2700 a.C. e il 1800 a.C., periodo nel quale il Río Andarax era navigabile dal mare, da una popolazione che era in grado di lavorare i metalli e che, all'epoca della sua massima espansione, arrivò a contare circa 2000 individui. Costoro praticavano la caccia, allevavano animali domestici, coltivavano la terra e realizzavano ceramiche e gioielli; certi reperti suggeriscono anche che avessero scambi commerciali con altre zone del Mediterraneo.

Il sito è racchiuso entro quattro cerchia di mura difensive, che rispecchiano gli ampliamenti della città nel corso del tempo. All'interno si trovano le rovine delle case in pietra tipiche del periodo, mentre all'esterno della zona abitata ci sono i resti (e alcune ricostruzioni) delle tombe a corridoio (camere a cupola cui si accede da un basso corridoio) caratteristiche del neolitico e dell'età del bronzo.

Non lasciatevi scoraggiare dal perentorio cartello appeso sul muro del posto di controllo, secondo il quale per visitare il sito bisogna chiedere il permesso alla Delegación de Cultura de Almería. Prima di venire fin qui, tuttavia, verificate che al **posto di controllo di Los Millares** (☎ 608 95 70 65) ci sia qualcuno che vi faccia entrare. Per raggiungere questo luogo, da Almería occorre seguire la A92 in direzione nord fino a Benahadux, e poi procedere in direzione nord-ovest sulla A348. Poco prima di Alhama de Almería sono sistemati i cartelli che segnalano la svolta per Los Millares.

NÍJAR

La piccola città di montagna che ha fatto da scenario a una vicenda di amore impossibile e vendetta, cui Federico García Lorca (p47) si ispirò per scrivere il suo dramma in tre atti *Nozze di sangue*, è una graziosa località turistica con viuzze scoscese e case candide i cui tetti piatti si stagliano nitidi contro il cielo azzurro. Níjar è famosa anche per la produzione di belle e originali ceramiche smaltate e di variopinti tappeti a righe chiamati *jarapas*.

Dal fondo di Calle García Lorca, l'angusto Calle Carretera conduce nel cuore della Níjar vecchia nonché a **Plaza la Glorieta** e alla chiesa di **Santa María de la Anunciación**. Proseguendo in Calle Colón oltre Plaza la Glorieta, si incontra la graziosa **Plaza del Mercado**, con al centro un grande platano e una magnifica fontana di piastrelle azzurre con le bocche a forma di testa di pesce.

Le possibilità d'alloggio sono limitate, ma l'**Hostal Asensio** (☎ 950 36 10 56; Calle Parque 2; singole/doppie €20/38) dispone di camere luminose e piacevoli. Per mangiare senza spendere una fortuna andate al **Café Bar La Curva** (Calle Parque; platos combinados €6), quasi di fronte all'Hostal Asensio. Se preferite un locale più pittoresco provate il **Café Bar Glorieta** (Plaza la Glorieta; platos combinados €5), dove però non si mangia altrettanto bene, o il **Bar Restaurante El Pipa** (Plaza la Glorieta; bocadillos €2,50), sull'altro lato della piazza.

I negozi e i laboratori che vendono ceramiche e tappeti sono allineati nella via principale, Calle García Lorca, e anche in Calle Las Eras, una traversa di Calle García Lorca situata nell'adiacente **Barrio Alfarero** (Quartiere dei Ceramisti). Particolarmente degno di nota è **La Tienda de los Milagros** (Calle Lavadero 2), la bottega del ceramista inglese Matthew Weir e di sua moglie, dove troverete *jarapa* di eccellente qualità.

Níjar è servita da due autobus al giorno (soltanto uno il sabato), ma visti gli orari è impossibile visitarla con un'escursione in giornata da Almería. In automobile, Níjar si trova 4 km a nord della A7, 31 km a nord-est di Almería. Ci sono diversi parcheggi lungo Calle García Lorca, ma fate attenzione ai divieti.

SORBAS

Dedita anch'essa alla produzione delle ceramiche, Sorbas si trova a circa 34 km da Níjar, da cui si può raggiungere con un piacevole percorso lungo la strada che attraversa le montagne della Sierra de Alhamilla. Un ulteriore motivo di interesse è dato dal fatto che Sorbas sorge lungo il margine di una suggestiva gola di roccia calcarea nel Paraje Natural de Karst en Yesos, dove l'erosione dell'acqua nel corso di milioni di anni ha prodotto le straordinarie **Cuevas de Sorbas** (☎ 950 36 47 04; www.cuevasdesorbas.com; interi/bambini €10,50/6,50; 🕓 visite guidate 10-20 da aprile a ottobre). Le magnifiche visite guidate, per le quali vengono forniti caschi e torce elettriche, possono essere organizzate tramite l'**ufficio turistico** (☎ 950 36 44 76; Calle Terraplén 9; 🕓 10.30-14.30 da mercoledì a domenica) della città oppure attraverso il **Centro de Visitantes Los Yesares** (☎ 950 36 44 81; Calle Terraplén s/n; 🕓 11-14 e 17-20), entrambi situati sulla strada che entra in Sorbas. Vengono organizzate soltanto su richiesta, con un preavviso minimo di un giorno.

L'unica possibilità d'alloggio è offerta dall'**Hostal Sorbas** (☎ 950 36 41 60; singole/doppie €25/40; P), un posto un po' anonimo stile motel situato sulla strada principale, proprio all'ingresso del villaggio. Per mangiare, le soluzioni migliori sono la **Cafetería Caymar** (Plaza de la Constitución; tapas €1,80) e il **Restaurante el Rincón** (☎ 950 36 41 52; Plaza de la Constitución; portate principali €8-14), un buon ristorante situato accanto alla cafetería. Entrambi i locali si trovano nella graziosa piazza centrale.

Ci sono autobus da Almería a Sorbas (€4, 1 ora e 45 minuti, quattro al giorno dal lunedì al venerdì) che effettuano anche il viaggio di ritorno.

LAS ALPUJARRAS

A ovest della piccola città termale di Alhama de Almería, la A348 risale la valle di Andarax addentrandosi nella zona delle Alpujarras che appartiene alla provincia di Almería (per maggiori informazioni sulle Alpujarras v. p412).

Inizialmente il paesaggio è estremamente spoglio, con file di aridi crinali che si estendono a perdita d'occhio, ma poi diventa gradualmente più verde a mano a mano che ci si avvicina a Fondón, dove c'è il piccolo **Camping Puente Colgante** (☎ 950 51 42 90; piazzola per persona/tenda/auto €2/2/2; 🕓 tutto l'anno).

Per avere informazioni sugli itinerari escursionistici e sui rifugi della Sierra Nevada, che si erge alle spalle del versante settentrionale delle Alpujarras, andate al **Centro de Visitantes Laujar de Andarax** (☎ 950 51 35 48; 🕓 10.30-14.30 giovedì e venerdì, 10.30-14.30 e 18-20 sabato e domenica), situato sulla A348 immediatamente a ovest di Laujar de Andarax.

Laujar de Andarax

Pop. 1800 / alt. 920 m

La piacevole 'capitale' delle Alpujarras di Almería è la località in cui Boabdil, ultimo emiro di Granada, visse per un breve periodo dopo aver dovuto abbandonare Granada di fronte alla Reconquista cristiana. Laujar de Andarax fu anche il quartier generale di Aben Humeya, il primo leader della rivolta dei moriscos del 1568-70, in seguito assassinato dal cugino Aben Aboo. Oggi la città produce il migliore vino dell'Almería.

CHE COSA VEDERE E FARE

Per assaggiare il vino locale recatevi nel negozio del **Cooperativo Valle de Laujar** (🕓 8.30-12 e

15.30-19.30 da lunedì a sabato), dove potete degustare i vini e i digestivi prodotti dalla cooperativa e comprare buoni prodotti locali. Lo trovate 2 km a ovest della città sulla A348.

Laujar de Andarax di per sé non è nulla di speciale, ma vanta una bella **Casa Consistorial** (municipio) nella centrale Plaza Mayor de la Alpujarra, con tre file di arcate sormontate da un particolare campanile. L'unico altro edificio degno di nota è la grande chiesa secentesca in mattoni chiamata **Iglesia de la Encarnación**, con la sua torre simile a un minareto e il sontuoso retablo d'oro.

Una strada segnalata diretta a nord raggiunge, dopo 11 km, **El Nacimiento**, una serie di cascate situate in una profonda vallata in prossimità delle quali sono situati un paio di ristoranti. Durante il fine settimana questo luogo si riempie di gitanti spagnoli che vengono a cucinare sui barbecue costruiti sotto gli alberi. Alle cascate è possibile comprare carne e legna, ma la gente di solito si porta tutto da casa.

Da El Nacimiento partono alcuni sentieri escursionistici per i quali potete procurarvi le informazioni necessarie al Centro de Visitantes.

PERNOTTAMENTO E PASTI

Hostal Fernández (☎ 950 51 31 28; Calle General Mola 2; singole/doppie €16/31) Situato vicino alla piazza principale, Plaza Mayor de la Alpujarra, l'Hostal Fernández è un posto accogliente con vista sulla piazza e sulla valle. Ha un ottimo ristorante (portate principali €9) che serve vini locali.

Hotel Almirez (☎ 950 51 35 14; almihost@larural.es; singole/doppie €32/42) Circa 1 km a ovest della città sulla A348 c'è l'Almirez, un moderno albergo in bella posizione con camere confortevoli. Ha anche un bar e un grande ristorante con un discreto *menú* a €9.

Un bar-ristorante molto frequentato è la **Fonda Nuevo Andarax** (☎ 950 51 31 28; Calle General Mola 4; doppie €33; raciones €3,50), che dispone di qualche camera.

PER/DA LAUJAR DE ANDARAX

L'autobus per Laujar (€5, 1 ora e 15 minuti, uno al giorno) parte dalla stazione degli autobus di Almería alle 9 dalla domenica al venerdì e riparte nella direzione opposta alle 15.45. Per andare da Laujar alle Alpujarras di Granada, prendete un mezzo per Berja, poi un altro per Ugíjar od oltre.

COSTA DE ALMERÍA

DINTORNI DI ALMERÍA

In questa zona della costa dell'Almería si incontrano sia affollate località di villeggiatura, meta dei viaggi organizzati, come **Aguadulce**, a 11 km da Almería, e **Roquetas de Mar**, 6 km più avanti, sia spiagge isolate e tranquille, come quelle del **Parque Natural Cabo de Gata-Níjar**, da cui i grandi alberghi e il turismo di massa sono banditi. Ci sono anche vecchie città balneari, con eleganti alberghetti e ottimi ristoranti sulla spiaggia, amate dai *madrileños* facoltosi, come **Agua Amarga**. Se vi interessano gli sport acquatici, provate **Almerimar**, una città molto frequentata dagli spagnoli per le vacanze: questa località vanta le migliori condizioni per il windsurf di tutta la costa mediterranea andalusa.

Nelle vaste paludi del **Paraje Natural Punta Entinas-Sabinar**, situate fra Roquetas e Almerimar, gli appassionati di birdwatching possono osservare fenicotteri e altri uccelli acquatici, di cui sono state registrate circa 150 specie. Un'estesa zona a ovest di Almería e una di dimensioni inferiori a est sono completamente coperte da serre di plastica.

PARQUE NATURAL CABO DE GATA-NÍJAR

La penisola di Cabo de Gata, caratterizzata da un aspro e frastagliato paesaggio di colline vulcaniche che si tuffano nel mare turchese, è un paradiso per gli amanti della natura, del silenzio e della solitudine. Fra i promontori e le pareti di roccia del suggestivo Parque Natural Cabo de Gata-Níjar si aprono alcune delle spiagge più belle e meno affollate della Spagna. Con una media di soli 100 mm di pioggia all'anno, Cabo de Gata è il luogo più arido dell'Europa, eppure ospita più di 1000 specie di animali e piante che si sono adattate all'ambiente secco e salmastro. I pochi insediamenti di bianchissime case con il tetto piatto conferiscono a questa zona un fascino particolare. Si tratta, sicuramente, di una delle perle non soltanto dell'Andalusia, ma di tutta la Spagna.

È possibile percorrere a piedi i 61 km di costa da Retamar (a est di Almería città) fino ad Agua Amarga, a nord-est, girando attorno alla punta meridionale di Cabo de Gata, ma in estate c'è pochissima ombra. In questo posto avrete la sensazione di essere in un territorio

IL MARE DI PLASTICA

Il mare di serre di plastica che si estende sul terreno più arido della Spagna dimostra che con un po' di fantasia e di fatica e con la totale assenza di scrupoli si può fare di tutto. Quella che un tempo era una terra dove perfino gli olivi stentavano a sopravvivere, ora è diventata l'orto e il frutteto d'Europa. Sotto uno spesso strato di polietilene crescono pomodori, lattuga e peperoni, tutti irrigati da falde sotterranee. A partire dagli anni '70, la produzione e la vendita di frutta e verdura hanno fatto affluire in alcune parti della provincia di Almería un fiume di denaro prima inimmaginabile, al punto che in questa zona il rapporto tra il numero delle banche e quello degli abitanti è il più alto della Spagna.

La nuova ricchezza tuttavia ha portato altri problemi, primo fra tutti il razzismo; ciò vale particolarmente per El Ejido, dove nel 2000 sono scoppiati dei disordini a sfondo razziale contro i braccianti africani che lavorano nelle serre. Molti di essi sono immigrati clandestini giunti con le tristemente note *pateras* (piccole barche di legno) nella speranza di trovare lavoro nelle serre dell'Almería. Questo settore non sarebbe così florido senza il loro contributo, ma nonostante ciò vengono pagati meno di €20 al giorno e vivono in condizioni terribili. A partire dal 2004, nelle serre della zona sono stati fatti arrivare molti braccianti dall'Europa dell'Est per sostituire la forza lavoro africana, fenomeno che ha peggiorato sia le condizioni di vita e di lavoro sia le retribuzioni. Il capitolo iniziale del libro di viaggi *Andalus: Unlocking the Secrets of Moorish Spain*, di Jason Webster, descrive in modo assai vivido la situazione.

Le serre impongono anche un pesante tributo in termini di danni ambientali: ogni anno vengono prodotte circa 20.000 tonnellate di rifiuti non biodegradabili e le falde acquifere stanno abbassandosi. La situazione reale delle preziose risorse idriche dell'Almería è diventata evidente agli occhi di tutti quando il governo nazionale del Partido Popular (PP; 1996-2004) ha deciso di deviare l'acqua dal Río Ebro, nella Spagna settentrionale, per garantire la sopravvivenza di questa forma di agricoltura. Il progetto ha incontrato la strenua opposizione degli abitanti della regione dell'Ebro e degli ecologisti, preoccupati per le sorti del vasto delta del fiume. Il governo del Partido Socialista Obrero Español (PSOE) ha sospeso il programma; è stato invece costruito a Carboneras, sulla costa orientale dell'Almería, un impianto di desalinizzazione (il secondo al mondo per dimensioni) per far sì che il deserto più arido d'Europa continui a produrre ricchezza.

Per vedere con i vostri occhi questo scenario, potete partecipare al bizzarro tour 'Plastic-fantastic' offerto dalla **Hola-Almeria** (☎ 627 46 03 01; sergitocv@yahoo.es; tour in inglese e spagnolo €15), che vi condurrà a una tradizionale asta di verdura a El Ejido prima di iniziare la visita delle serre della zona; l'escursione termina con uno spuntino a base di tapas sulla spiaggia di Balerma.

veramente selvaggio: la natura è ancora in gran parte incontaminata e con ogni probabilità camminerete in perfetta solitudine fra scenari di bellezza straordinaria.

A Pasqua e nei mesi di luglio e agosto è meglio telefonare con un po' di anticipo per prenotare il pernottamento in qualunque località di Cabo de Gata. È consentito campeggiare soltanto nelle strutture autorizzate.

La cartina in scala 1:50.000 *Cabo de Gata-Níjar Parque Natural* dell'Editorial Alpina è la migliore per questa zona. Per informazioni sui trasporti per i vari villaggi della penisola, v. Per/dal Parque Natural Cabo de Gata-Níjar in questa pagina.

Informazioni

Circa 2,5 km prima di Ruescas, sulla strada che arriva da Almería, sorge il **Centro de Interpretación Las Amoladeras** (☎ 950 16 04 35; Carretera Cabo de Gata-Almería, Km 7; 🕒 10-14 e 17.30-21 da metà luglio a metà settembre, 10-15 da martedì a domenica da metà settembre a metà luglio), il principale centro informazioni del Parque Natural Cabo de Gata-Níjar, che occupa 60 km di costa del Cabo de Gata oltre a una larga fascia dell'entroterra. All'interno è esposto materiale relativo alla fauna, alla flora e alle attività umane della zona e sono fornite informazioni turistiche e cartine.

Per/dal Parque Natural Cabo de Gata-Níjar

Gli autobus vanno da Almería a El Cabo de Gata (€2, 30 minuti, 10 al giorno), San José (€2,50, 1 ora e 15 minuti, quattro al giorno dal lunedì al sabato), Las Negras (€3,50, 1 ora e 15 minuti, uno al giorno dal lunedì al sabato) e Agua Amarga (€4, 1 ora e 15 minuti, uno al giorno dal lunedì al venerdì). Potete procurarvi gli orari negli uffici turistici e nella stazione degli autobus di Almería città.

CABO DE GATA

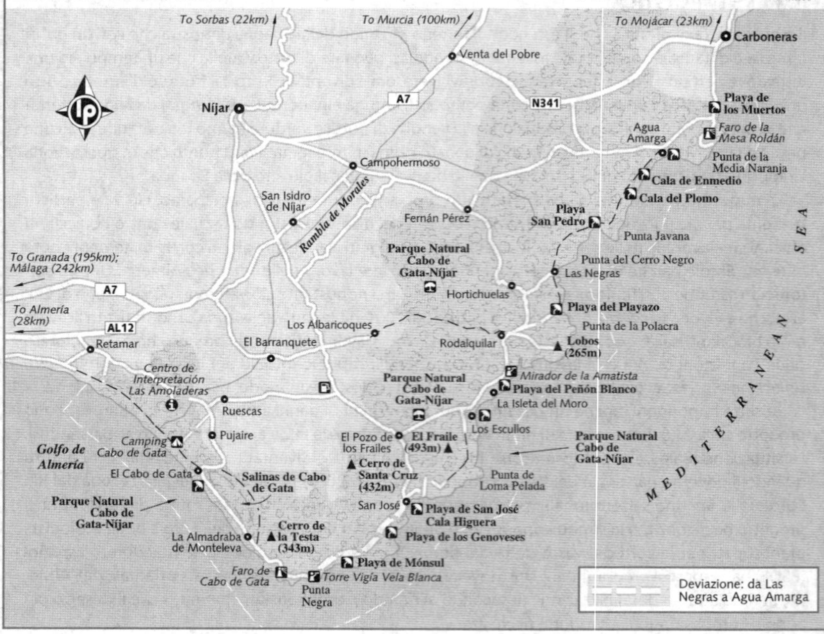

Per raggiungere il Faro de Gata bisogna disporre di un'automobile. In alternativa è possibile noleggiare una bicicletta a El Cabo de Gata all'**Oficina de Información** (☎ 950 38 00 04; Avenida Miramar 88; ⏲ 10-14.30 e 17.30-21); il percorso non è affatto impegnativo. Se visitate il parco in automobile, l'unico distributore si trova a metà strada fra Ruescas e San José; in quest'ultima località ci sono un paio di agenzie di autonoleggio.

El Cabo de Gata

Quando la gente parla di Cabo de Gata con aria sognante, di solito si riferisce al parco naturale più che al paese. Destinazione estiva dei gitanti di Almería che vengono a prendere il sole sulla sua spiaggia sabbiosa, fuori stagione questo luogo è deserto, abbandonato e battuto dal vento.

A sud del paese ci sono le **Salinas de Cabo de Gata**, una zona di basse lagune da cui si estrae il sale. In primavera, molti fenicotteri e altri uccelli acquatici si fermano presso queste pozze di acqua salmastra durante la loro migrazione dall'Africa alle regioni settentrionali dove vanno a riprodursi. Altri uccelli arrivano ad agosto, quando si possono contare fino a un migliaio di fenicotteri. L'autunno è la stagione in cui il numero di uccelli che fanno tappa nelle lagune nel corso del lungo viaggio di ritorno verso sud è più elevato. Un buon punto da cui osservarli è il capanno situato in una zona racchiusa da uno steccato di legno, vicino alla strada 3 km a sud del paese.

Un altro punto d'osservazione dei fenicotteri, dove probabilmente riuscirete ad avvicinarvi maggiormente agli uccelli, è la piccola laguna dove il torrente **Rambla de Morales** raggiunge la spiaggia, 2 km a nord-ovest del paese di El Cabo de Gata.

Un buon mezzo per esplorare questa zona ampia e pianeggiante è la bicicletta, che si può noleggiare a El Cabo de Gata all'**Oficina de Información** (☎ 950 38 00 04; Avenida Miramar 88; 2 ore/1 giorno €4/13; ⏲ 10-14.30 e 17.30-21).

Il **Camping Cabo de Gata** (☎/fax 950 16 04 43; campeggio per persona/piazzola €4/8, bungalow €6; ⏲ tutto l'anno; P), un campeggio ben gestito situato vicino alla spiaggia, è probabilmente la soluzione migliore per chi vuole pernottare a El Cabo de Gata. È dotato di tutte le strutture, fra cui un ristorante, e ha 250 piazzole. Per trovarlo, seguite per 2 km la strada segnalata a sud-ovest di Ruescas.

L'**Hostal Las Dunas** (☎ 950 37 00 72; www.lasdunas.net; Calle Barrio Nuevo 58; singole/doppie €36/51; Ⓟ) è un'accogliente casa privata con camere moderne e ben tenute e strani balconi con balaustre scolpite nel marmo.

Proprio all'ingresso del paese trovate **Blanca Brisa** (☎ /fax 950 37 00 01; www.blancabrisa.com; Las Joricas 49; singole/doppie €39/65; Ⓟ), un grande albergo color pesca, con camere pulite e confortevoli ma estremamente spoglie. C'è anche un ristorante (uno dei pochi del paese) dove si mangia discretamente; i *platos combinados* (piatti misti) costano circa €5.

All'estremità meridionale del centro abitato, **La Goleta** (☎ 950 37 02 15; portate principali €5-20; chiuso lunedì da ottobre a giugno e novembre) offre buon pesce e belle vedute del tramonto dai tavoli sulla spiaggia.

El Naranjero (☎ 950 37 01 11; Calle Iglesia 1; portate principali €10-25; chiuso domenica), proprio all'ingresso del paese, è quanto di più simile a un vero e proprio ristorante ci sia a El Cabo de Gata. È specializzato in pesce e all'ora di pranzo è piuttosto affollato.

Faro de Cabo de Gata e dintorni

Il sale raccolto nelle *salinas* (saline) viene ammucchiato in grandi montagnole a La Almadraba de Monteleva, un paese dall'aria desolata con una chiesa che sembra abbandonata, l'**Iglesia de las Salinas**, la cui altissima torre domina per chilometri il paesaggio circostante.

A sud di La Almadraba la costa diventa improvvisamente più aspra e la strada, pericolosamente stretta, corre tortuosa lungo la ripida scogliera fino a raggiungere, poco dopo, il **Faro de Cabo de Gata**, che si erge solitario sulla punta meridionale della penisola. Da qui un *mirador* (belvedere) offre la veduta della frastagliata **Arrecife de las Sirenas** (Scogliera delle Sirene).

C'è un **chiosco informazioni** (10-14 e 16.30-20.30 da maggio a settembre, 10-15 da ottobre ad aprile) che fornisce qualche notizia sul parco, ma in bassa stagione spesso è chiuso. Qui potete raccogliere informarvi anche sulle escursioni in barca attorno alla penisola organizzate da **El Cabo a Fondo** (prenotazioni ☎ 637 44 91 70), che sono un modo splendido per vedere il suggestivo litorale.

San José

I ripetuti tentativi di Almería volti a trasformare il suo litorale in una nuova Costa del Sol hanno dato vita a località quali San José e Mojácar Playa (p445), che, come altre città di villeggiatura, sono affollate soprattutto durante la stagione estiva. A San José il risultato dello sviluppo edilizio è accettabile dal punto di vista estetico: i palazzi hanno pochi piani e ci sono un lindo porticciolo turistico e un paio di posti che offrono il pernottamento. Inoltre, data la posizione al confine del Parque Natural Cabo de Gata-Níjar, è possibile praticare varie attività all'aperto e questa è una delle ragioni per cui gli spagnoli accorrono a frotte durante le vacanze e nei ponti a cavallo dei fine settimana. L'abitato si sviluppa attorno a una piccola baia di sabbia con un porto all'estremità orientale, a ricordo dei tempi in cui questo era un villaggio di pescatori.

Chi arriva in automobile da El Cabo de Gata dovrà procedere prima verso l'entroterra e poi svoltare verso est in direzione di Ruescas. Dopo circa 61 km si incontra la strada San José-Níjar; qui girate a destra e dopo altri 7 km arriverete a San José.

LE SPIAGGE PIÙ BELLE DEL CABO DE GATA

- Cala Carbón – Sabbia fine, mare splendido
- Cala de la Media Luna – Fantastica per prendere il sole e fare il bagno in mare
- Playa Mónsul – Esattamente com'è in *Indiana Jones e l'ultima crociata*
- Playa del Barronal – Spiaggia per naturisti
- Calas del Barronal – Le quattro seducenti calas sono un sogno
- Playa de los Genoveses – Un chilometro di sabbia fine
- Playa San Pedro – Spiaggia con un villaggio in rovina ora occupato da hippy stile new age

ORIENTAMENTO E INFORMAZIONI

La strada che entra in San José diventa la sua via principale, Avenida de San José, con la spiaggia, Playa de San José, un paio di isolati più avanti a sinistra. In Avenida de San José, nella zona dove è concentrata la maggior parte dei negozi e dei caffè subito prima della centrale Plaza Génova, c'è un **centro visitatori e ufficio informazioni del parco naturale** (☎ 950 38 02 99; 🕑 10-14 e 17-21.30 da lunedì a sabato, 10-14 domenica) che vende cartine e una gamma di libri, souvenir e prodotti artigianali.

Sempre in Avenida de San José, in centro, ci sono una filiale della Caja Rural, un bancomat e un supermercato Spar.

ATTIVITÀ

All'ufficio informazioni potete chiedere ragguagli sul noleggio delle biciclette, le escursioni in barca, i tour in fuoristrada e le immersioni subacquee. Se vi interessa l'equitazione, potete prenotare una lezione di 45 minuti (€21,05) all'**Hotel Cortijo el Sotillo** (p442), oppure fare una cavalcata fino alla Playa de los Genoveses (€45, 2 ore e mezzo) o fino al *parque natural* (€64, 3 ore e mezzo). Anche l'agenzia **Eolo** (☎ 950 26 17 35, 670-391480; www.eolo-wind.com; Avenida del Cabo de Gata 185, Almería) di Almería organizza escursioni e attività al *parque natural*.

PERNOTTAMENTO

Camping Tau (☎/fax 950 38 01 66; e@parquenatural.com; campeggio per adulti/bambini/tenda/roulotte €4/3,50/5/5,50; 🕑 da aprile a settembre) Fresco campeggio con molte piante situato a 250 m dalla spiaggia. Ha posto per 185 persone ed è molto frequentato dalle famiglie. Seguite il cartello con la scritta 'Tau' che indica a sinistra lungo Camino de Cala Higuera arrivando verso il centro di San José da nord.

Instalación Juvenil de San José (☎ 950 38 03 53; fax 950 38 02 13; Calle Montemar s/n; letti a castello €8; 🕑 da aprile a settembre) Questo simpatico ostello della gioventù non appartiene all'Inturjoven, ma è gestito dal comune locale. È aperto nel periodo di Natale e Capodanno e nei ponti a cavallo del fine settimana. Per trovarlo, procedete verso il Camping Tau, ma poi svoltate a destra dopo aver attraversato il letto di un fiume in secca e prendete la prima a sinistra in salita.

L'**Hostal Sol Bahía** (☎ 950 38 03 07; fax 950 38 03 06; Avenida de San José; doppie €70; ❄) e il suo consociato **Hostal Bahía Plaza** (Avenida de San José), sull'altro lato della strada, sono due edifici moderni e luminosi situati in centro, con 34 camere semplici ma pulite e dotate di TV.

Hotel Cortijo el Sotillo (☎ 950 61 11 00; Carretera Entrada a San José s/n; singole/doppie €120/141; P ❄ ♿) A seconda della stagione, questo complesso tipo ranch può essere un romantico rifugio per coppie o un posto per famiglie dove i bambini scorrazzano da tutte le parti. La casa è un autentico *cortijo* (casale di campagna) ottocentesco, con camere di stile rurale e i cavalli per fare equitazione. C'è anche un ottimo ristorante che serve piatti di cucina regionale.

Hotel Doña Pakyta (☎ 950 61 11 75; fax 950 61 10 62; Calle del Correo; doppie con vista mare €151; P ❄) Questo posto non ha uguali quanto a senso dello spazio. Al loro ingresso nella fresca lobby bianca, i clienti sono accolti da splendide vedute del mare, incorniciate da grandi finestre. Le camere, ampie e spaziose, sono a tinte bianche e azzurre, come il mare, e appena sotto l'albergo c'è una spiaggia. Merita indubbiamente prendere una camera con terrazza (quelle che ne sono sprovviste costano soltanto €10 in meno) per godersi i magnifici panorami.

Ci sono molti appartamenti in affitto (chiedete all'ufficio turistico oppure cercate i cartelli); in bassa stagione si può arrivare a spendere soltanto €18 al giorno in due se ci si ferma per un po' di tempo, ma a luglio e agosto è più probabile pagare attorno a €60.

PASTI

Restaurante El Emigrante (☎ 950 38 03 07; Avenida de San José; portate principali di carne e di pesce €6-12) Gestito dai proprietari degli *hostales* Bahía (p442), l'Emigrante è un locale abbastanza ordinario ma affidabile situato in centro. La prima colazione a base di succo d'arancia, pane tostato e caffè costa €3.

Hotel Cortijo el Sotillo (☎ 950 61 11 00; Carretera Entrada a San José s/n; portate principali €8-14) Quasi sempre piena grazie ai suoi piatti di schietta e sostanziosa cucina regionale, la grande sala da pranzo del *cortijo* soddisfa pienamente le esigenze dei suoi avventori, che per il pranzo a volte si fermano fino alle cinque del pomeriggio. È meglio prenotare.

La Gallineta (☎ 950 38 05 01; Pozo de los Frailes; portate principali €8-18; 🕑 20-fino a tardi da martedì a domenica, chiuso da metà gennaio alla fine di febbraio) Piccolo ed elegante locale situato 4 km a nord di San José, meta delle fughe degli abitanti delle città che nel fine settimana vengono a gustarsi la sua fantasiosa cucina, caratterizzata da elementi di internazionalità. Provate i gamberi con purea di mango (€7,50) o il filetto di manzo accompagnato da una densa salsa allo Pedro Ximénez (€18).

Mesón El Tempranillo (☎ 950 38 00 59; Puerto de San José 6-7; portate principali €9-15) Uno dei buoni ristoranti di pesce situati sotto una fila di tendoni colorati vicino al porto. Mangiate all'aperto, sull'ombreggiata veranda affacciata sulla spiaggia.

Provate anche **La Cueva** (☎ 950 38 01 54; Puerto Deportivo 3, 4 e 5; portate principali €8-14), un altro buon locale specializzato in pesce situato accanto alla Méson El Tempranillo.

TRASPORTI LOCALI

C'è una quantità ragionevole di parcheggi in Avenida de San José, sul lato settentrionale della spiaggia principale, e al porto. Per chiamare un taxi telefonate al ☎ 950 38 97 37 o al 608 056255.

Da San José a Las Negras

Sull'aspra costa a nord-est di San José si incontrano soltanto due piccoli insediamenti, qualche forte e alcune spiagge prima di raggiungere il paese di Las Negras, 17 km a nord-est di San José in linea d'aria. La strada è però decisamente più lunga perché compie numerose deviazioni nell'entroterra.

Los Escullos è un paesino con una piccola spiaggia quasi interamente di sabbia e un vecchio forte ristrutturato, il Castillo de San Felipe. Potete arrivarci a piedi da San José seguendo un sentiero che parte da Cala Higuera. Un chilometro a nord-est sorge **La Isleta del Moro**, un magnifico e minuscolo villaggio di pescatori sul braccio occidentale di un'ampia baia, con la **Playa del Peñón Blanco** che si estende a est. La spiaggia è piccola ma relativamente tranquilla.

Da qui la strada sale a un bel punto panoramico, il **Mirador de la Amatista**, prima di dirigersi verso l'entroterra passando per Rodalquilar, un ex villaggio di minatori. Circa 1 km dopo Rodalquilar c'è il bivio per **Playa del Playazo**, che si raggiunge percorrendo per 2 km una strada sterrata pianeggiante. Si tratta di una bella spiaggia di sabbia posta fra due promontori, uno dei quali è sormontato dal forte chiamato Batería de San Ramón (ora trasformato in una residenza privata). Da qui si può proseguire a piedi lungo la costa fino al Camping La Caleta e al villaggio di Las Negras.

Il minuscolo villaggio di **Las Negras** sorge sopra una spiaggia di ciottoli che si estende verso nord fino a Punta del Cerro Negro, un imponente promontorio di roccia vulcanica. È abitato da un gruppo di giovani hippy che gli conferiscono un'atmosfera alternativa.

PERNOTTAMENTO E PASTI

Los Escullos

Camping Los Escullos (☎ 950 38 98 11; campeggio per due persone, tenda, automobile e corrente elettrica €19; tutto l'anno; P) Questo campeggio, grande e non troppo ombreggiato, si trova circa 900 m dietro la spiaggia di Los Escullos. Dispone di una piscina, di un ristorante, di un negozio di alimentari e di un bancomat. Noleggia anche le biciclette.

Hotel Los Escullos (☎ 950 38 97 33; doppie con prima colazione €85;) Piccolo albergo vicino alla spiaggia con camere discrete (tutte con TV). Ha anche un ristorante con una limitata scelta di piatti che costano da €8 a €15.

La Isleta del Moro

Hostal Isleta del Moro (☎ 950 38 97 13; fax 950 38 97 64; singole/doppie €21/43) Questo *hostal* si trova in una splendida posizione, affacciato sul porto di La Isleta del Moro. Ha anche un buon ristorante che serve pesce fresco.

LA SCELTA DELL'AUTORE

Casa Café de la Loma (☎ 950 38 98 31; www.degata.com/laloma; La Isleta del Moro; singole/doppie €30/45 da settembre a luglio, singole/doppie €35/52 agosto) Situato in un vecchio *cortijo* (casale di campagna) che ha mantenuto intatta la sua semplice bellezza, è un vero angolo di paradiso, con un grande giardino, magnifiche vedute del mare e della spiaggia e proprietari simpatici. Le sue sei ariose camere hanno particolari rustici e nordafricani e i letti sono dotati di zanzariera. Nei mesi estivi c'è un ristorante che serve piatti vegetariani e a base di carne; una volta alla settimana vengono organizzati concerti di jazz e flamenco nel giardino, a lume di candela. Questo albergo si trova poco lontano da La Isleta del Moro, sulla strada per Las Negras.

DEVIAZIONE: DA LAS NEGRAS AD AGUA AMARGA

Non ci sono strade lungo questo isolato e roccioso tratto di costa del Cabo de Gata, ma si può percorrere a piedi un sentiero che sale e scende per 11 km (da quattro a cinque ore). A **Playa San Pedro**, a un'ora di cammino da Las Negras, sorgono le rovine di un paese i cui edifici (fra cui un castello) una volta erano occupati da una colonia di una ventina o trentina di hippy stranieri e da qualche occasionale naturista. In un'ora e mezzo di cammino, da San Pedro si arriva a **Cala del Plomo**, una spiaggia con un altro piccolo insediamento. Potete fermarvi alla spiaggetta di **Cala de Enmedio**, mezz'ora dopo Cala del Plomo, prima di proseguire alla volta di Agua Amarga, distante circa un'ora.

Las Negras

Il centro abitato più grande di questo tratto di costa è il paesino di Las Negras, che ha un bell'*hostal*, un campeggio, e uno o due ristoranti.

Camping La Caleta (☎ 950 52 52 37; campeggio per adulti/bambini/tenda/auto €5/5/4,50/5; tutto l'anno; P) Questo campeggio si trova in una valle 1 km a sud di Las Negras, in un'insenatura nascosta. In estate può fare terribilmente caldo, ma c'è una bella piscina.

Hostal Arrecife (☎ 950 38 81 40; Calle Bahía 6; singole/doppie €26/38) Piccolo *hostal* molto ben tenuto situato nella via principale di Las Negras. Le camere sono fresche e tranquille, e alcune hanno il balcone con vista mare.

Le altre possibilità d'alloggio a Las Negras sono rappresentate dagli appartamenti e dalle case in affitto, ma forse vedrete anche qualche cartello che offre camere con tariffa giornaliera. Per mangiare, provate il **Restaurante La Palma** (☎ 950 38 80 42; portate principali €5-10), una tranquilla baracca rivolta verso la spiaggia dove troverete buona musica e ottimo pesce a prezzi medi.

Un'altra possibilità è il **Pizza y Pasta** (☎ 950 38 80 97; Calle San Pedro; portate principali €5-6; da marzo a novembre), un simpatico ristorante italiano con le tovaglie a scacchi e un piccolo patio. Attraversate la strada per raggiungere il perennemente affollato **Cerro Negro** (Calle San Pedro), i cui tavoli all'aperto sono sempre occupati dagli hippy o da giovani che si dissetano con una birra fredda.

Agua Amarga

Agua Amarga è molto in voga fra i professionisti trendy di Madrid, ma rispetto ad altre località analoghe nel resto del mondo (come gli Hamptons frequentati dai newyorkesi) l'ambiente è meno esclusivo. Si tratta di una cittadina senza pretese con un'atmosfera tranquilla e informale che punta sugli alberghi di qualità eleganti e costosi e sui ristoranti di cucina fantasiosa. I prezzi degli immobili sono saliti alle stelle negli ultimi anni, da quando tutti vogliono possedere una vera casa di paese. Le strade sabbiose, i negozi per surfisti e lo stile bohémien-chic ne fanno il villaggio di pescatori più alla moda di tutta la costa.

Sulla lunga spiaggia di sabbia trovate alcune imbarcazioni a noleggio e 3 km a est (sulla strada per Carboneras) c'è il bivio per il faro situato in cima alla scogliera, il **Faro de la Mesa Roldán** (distante 1,25 km), da cui si godono spettacolari vedute. Dal parcheggio vicino al bivio si può scendere alla **Playa de los Muertos**, una spiaggia per naturisti.

Per andare da Las Negras ad Agua Amarga in automobile bisogna dirigersi verso l'entroterra e passare per Hortichuelas. Dalla fermata degli autobus sul lato orientale della strada, a Fernán Pérez, si procede verso nord-est per 10 km su una nuova strada asfaltata fino all'incrocio con la N341, dove si svolta a destra per Agua Amarga.

PERNOTTAMENTO E PASTI

Hostal Restaurante La Palmera (☎ 950 13 82 08; Calle Aguada s/n; doppie €90;) Situato in una bella posizione ventilata prospiciente il mare nel cuore della vita cittadina, La Palmera dispone di 10 belle camere con sedie a dondolo e balconi a forma di mezzaluna. Il ristorante (portate principali da €7 a €15), con una bella terrazza sulla spiaggia, è il locale preferito dalla gente del posto per il pranzo.

Hostal Familia (☎ 950 13 80 14; fax 950 13 80 70; Calle La Lomilla; doppie con prima colazione con/senza vista mare €120/80;) Tranquillo *hostal* situato fra gli alberi, con un'evidente disparità fra qualità e prezzo: le camere sono grandi e confortevoli, ma in alcuni casi gli arredi lasciano a desiderare e i bagni sono un po' malridotti. È rinomato per il suo ottimo *menú* di tre portate d'ispirazione nordafricana (€18).

Hotel El Tio Kiko (☎ 950 13 80 80; www.eltiokiko.com; Calle Embarque; doppie €150; P) El Tio Kiko è un grande albergo di alto livello con vista della baia da tutte le stanze. Lo stile ricorda un po' quello degli edifici messicani in adobe, con molto legno e candidi colori.

MiKasa (☎ 950 13 80 73; www.mikasasuites.com; Carretera Carboneras s/n; singole €85, doppie con prima colazione €105-190, suite €219-235 P) L'esclusivo e raffinato MiKasa, caratterizzato da uno stile elegante e poco vistoso, offre camere molto confortevoli, alcune con decorazioni a freschi motivi floreali e altre con un'opulenza orientaleggiante, tappeti in fibra di cocco, sedie reclinabili di tipo coloniale e balconi seminascosti. In occasione dei ponti festivi viene invaso da una folla di professionisti madrileni bene informati. Le piscine di acqua fredda e riscaldata, le vasche con idromassaggio e il piccolo centro benessere ne fanno il posto più romantico della provincia di Almería.

Café Bar La Plaza (☎ 950 13 82 14; Calle Ferrocarril Minero; platos combinados €6) Situato nella spiaggia del villaggio, è un locale allegro e semplice frequentato soprattutto dalla gente del posto. Provate la deliziosa zuppa di pesce.

La Villa (☎ 950 13 80 90; Carretera Carboneras s/n; portate principali €18-20; 8.30-fino a tardi, chiuso mercoledì) Situata accanto al MiKasa e gestita dalla stessa famiglia, La Villa offre il medesimo ambiente elegante e un ottimo *menú* internazionale, influenzato dai lunghi viaggi della famiglia. I pasti possono essere consumati attorno alla bella piscina.

MOJÁCAR

Pop. 6000

Esistono due Mojácars: il vecchio Mojácar Pueblo, un pugno di casette cubiche che precipitano dalla vetta di una ripida collina situata 2 km nell'entroterra, e Mojácar Playa, un anonimo centro di villeggiatura moderno sulla costa, lungo 7 km ma largo soltanto qualche isolato. Mojácar Pueblo vive di turismo, ma ha saputo mantenere un fascino pittoresco, con il suo labirinto di vie e i balconi coperti di bougainvilee. Mojácar Playa invece consiste soltanto in una fila di alberghi, appartamenti, negozi, bar e ristoranti ed è popolato da pensionati nordeuropei e camperisti in cerca del sole. C'è una bella e lunga spiaggia e in estate il luogo è molto animato, mentre da ottobre a Pasqua c'è poco movimento.

Dal XIII al XV secolo Mojácar Pueblo si trovò sulla frontiera orientale dell'emirato di Granada e subì numerosi attacchi da parte dei cristiani, fra cui un famoso massacro perpetrato nel 1435, prima di soccombere ai Re Cattolici nel 1488. Nascosto in un angolo isolato di una delle regioni più arretrate della Spagna, fu un luogo fatiscente e pressoché abbandonato fino a metà Novecento, quando il sindaco riuscì ad attirare artisti e altre persone offrendo proprietà immobiliari a prezzi stracciati.

Orientamento

Mojácar è diviso in due zone distinte: la *playa*, la zona edificata lungo il mare che si estende per diversi chilometri, e il pueblo, il vecchio paese che sorge in cima a una collina 2 km nell'entroterra. Per raggiungere il pueblo dalla *playa*, svoltate verso l'interno alla rotonda vicino al grande centro commerciale, il Parque Comercial. Un servizio di autobus di linea collega i due abitati.

Informazioni

A Mojácar Pueblo, la Banesto e l'Unicaja (sul lato opposto della piazza) hanno il bancomat, così come il Banco de Andalucía, che si trova nel Parque Comercial.

Centro Medíco (centro medico; ☎ 950 47 51 05; Parque Comercial, Mojácar Playa; 10-13 e 17.30-20) Fornisce assistenza medica generica. Il personale parla inglese e francese.

Chiosco informazioni (☎ 950 47 87 26; Paseo del Mediterráneo, Mojácar Playa; 10-14 e 17-19.30 da lunedì a venerdì, 10.30-13.30 sabato da aprile a settembre) Di fronte al Parque Comercial.

Policía Local (☎ 950 47 20 00; Calle Glorieta, Mojácar Pueblo) Nello stesso edificio dell'ufficio turistico.

Tinta y Papel (☎ 950 47 27 92; Centro Comercial, Plaza Nueva, Mojácar Pueblo) Si trova al primo piano del centro commerciale; vende le cartine della regione e qualche libro turistico.

Tito's (☎ 950 61 50 30; Playa de las Ventánicas, Mojácar Playa; €3 l'ora; 10-20.30, chiuso in caso di pioggia) Connessione a internet; animato bar all'aperto rivolto verso una delle spiagge di Mojácar Playa.

Ufficio postale (Calle Glorieta, Mojácar Pueblo; 12.30-14.30 da lunedì a venerdì e 10-12 sabato) Nello stesso edificio dell'ufficio turistico.

Ufficio turistico (☎ 950 47 51 62; info@mojacar.es; Calle Glorieta, Mojácar Pueblo; 10-14 e 17-19.30 da lunedì a venerdì, 10.30-13.30 sabato) Immediatamente a nord di Plaza Nueva; il personale è molto disponibile e informato.

Che cosa vedere e attività

Per vedere il pueblo non c'è modo migliore che girare fra le sue vie pittoresche con i

MOJÁCAR PUEBLO

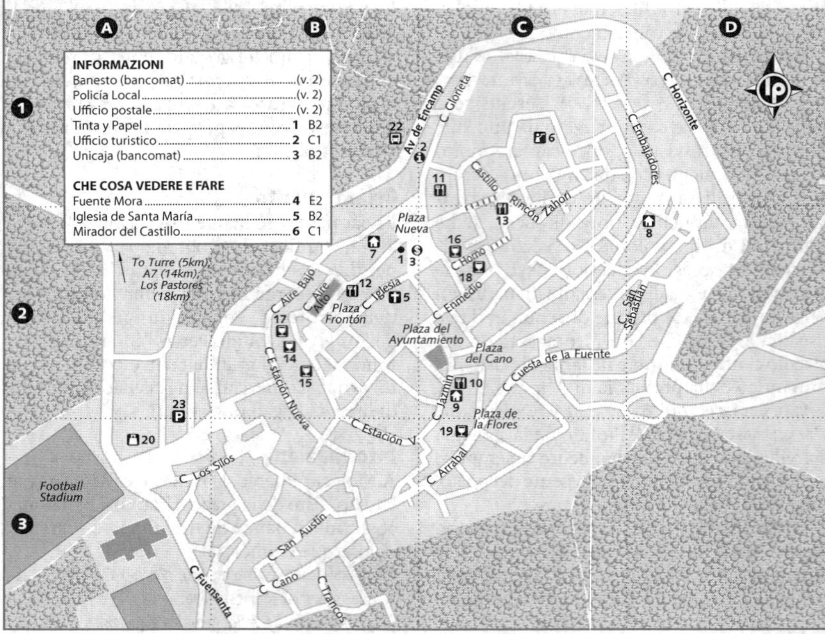

balconi ammantati di fiori e curiosare fra i negozi. Le terrazze pubbliche del **Mirador del Castillo**, situato in cima al paese, offrono splendide vedute. L'**Iglesia de Santa María** (Calle Iglesia) si trova immediatamente a sud di Plaza Nueva e risale al 1560. In Calle La Fuente, la **Fuente Mora** (Fontana Moresca), restaurata rispettandone il carattere originale, è uno splendido saggio della tradizione ispano-islamica, che unisce arte e funzionalità. Una scritta testimonia il nobile appello dell'ultimo governatore islamico affinché i musulmani di Mojácar non fossero cacciati dalle loro case; la sua preghiera era rivolta ai Re Cattolici, che gli sottrassero il potere nel 1488.

Oltre alla lunga e sabbiosa spiaggia principale di Mojácar Playa, a sud della città ci sono diverse spiagge più appartate. Alcune, situate dopo la **Torre de Macenas**, una fortificazione del Settecento, sono naturiste. Se volete noleggiare l'equipaggiamento da windsurf (€12 l'ora) o se volete fare canoa, vela e sci d'acqua (€20 a uscita), rivolgetevi al **Samoa Club** (☎ 666 442263, 950 47 84 90; Playa de las Ventánicas, Mojácar Playa), su una delle spiagge di Mojácar Playa. **Mojácar Quad Treks** (☎ 600 258385, 637 925505; Paseo del Mediterráneo) offre emozionanti giri in quad (un'ora €35) nelle montagne della Cabrera.

Feste e manifestazioni

Durante il fine settimana più vicino al 10 giugno potete vedere i costumi creati da Mamabel (p447) in occasione della rievocazione della conquista cristiana di Mojácar, chiamata **Moros y Cristianos**, che prevede danze, processioni e altri festeggiamenti.

Pernottamento

MOJÁCAR PUEBLO

Hostal Arco Plaza (☎ 950 47 27 77; fax 950 47 27 17; Calle Aire Bajo 1; singole/doppie €36/52; ❄) Situato proprio nel centro del paese, questo *hostal* dispone di bagni spaziosi, camere azzurre con letti di ferro battuto, lenzuola bianche e splendide vedute di Plaza Nueva e della valle sottostante. Le camere hanno anche il TV e il personale è incredibilmente gentile ed efficiente.

La Fonda del Castillo (☎ 950 47 30 22; www.elcastillomojacar.com; Mirador del Castillo; doppie €48-54; ✉) Questo tranquillo *hostal* rientra nei limiti di

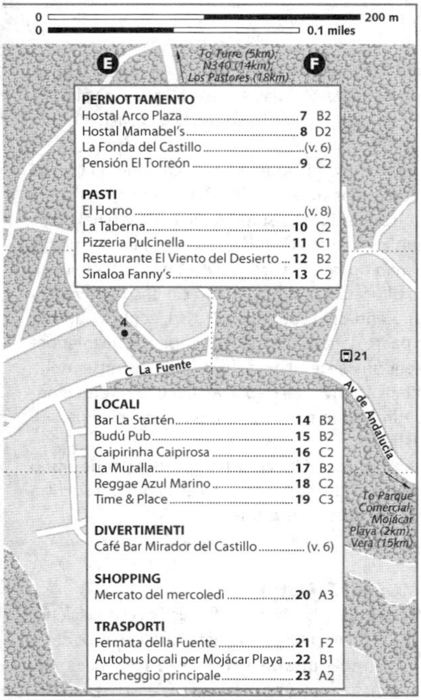

ciò che si può definire pittoresco; la vernice scrostata e un po' di umidità non riescono a oscurare la sua atmosfera bohémien. Le camere e i bagni sono pulitissimi e da tutte le stanze la vista è meravigliosa. Di fronte all'edificio c'è un bar, il Café Bar Mirador del Castillo (p449), che ha anche qualche camera, e altre stanze sono distribuite attorno a un cortile sul retro (con una piscina al centro).

Pensión El Torreón (☎ 950 47 52 59; Calle Jazmín 4; doppie con bagno in comune €60) Splendido piccolo *hostal* con una terrazza ammantata di bougainvilee affacciata sul paese. Le cinque camere hanno un tocco pittoresco che ricorda lo stile campagnolo inglese, con lenzuola decorate di pizzo e oggetti antichi sparsi qua e là. I nuovi proprietari inglesi assicurano che presto le stanze avranno il bagno privato. Alcune voci dicono che questa sia la casa di Walt Disney, il quale, secondo la gente del posto, era il figlio illegittimo di una ragazza del paese e di un ricco proprietario terriero.

Hostal Mamabel's (☎ /fax 950 47 24 48; www.mamabels.com; Calle Embajadores 5; doppie/suite €65/87) Mamabel è un personaggio molto caratteristico e il suo *hostal* funge quasi da vetrina per le sue bambole fatte a mano. Le camere, squisitamente decorate, hanno ciascuna un proprio stile, creato dal prodigo uso di oggetti antichi. Mamabel confeziona anche i costumi per la festa Moros y Cristianos, nel caso foste in città quando viene celebrata. Alcune camere offrono vedute fantastiche dalle finestre e dalle terrazze.

MOJÁCAR PLAYA

Praticamente ogni cosa si trova in Paseo del Mediterráneo, la strada principale che corre lungo la spiaggia.

Hotel Río Abajo (☎ 950 47 89 28; www.mojacar.info/rio-abajo, in spagnolo; Calle Río Abajo; doppie €57; Ⓟ) Annidato fra gli alberi in una via residenziale senza uscita ai margini della Lagunas del Río Aguas, probabilmente è l'albergo più tranquillo della *playa*. Diciannove chalet bianchi e azzurri in stile pueblo sono sparsi fra rigogliosi giardini, con accesso diretto all'ampia spiaggia di sabbia. È un posto fantastico per i bambini, che nei giardini troveranno perfino alcune altalene.

Hotel Felipe San Bernabé (☎ 950 47 82 02; fax 950 47 27 35; Playa Las Ventanicas; doppie €66; Ⓟ) Completamente diverso dal Río Abajo, è un albergo accogliente e conveniente con camere ben arredate. Si trova alle spalle di una delle spiagge migliori e vanta un ottimo ristorante (p448).

Hotel El Puntazo (☎ 950 47 82 65; Paseo del Mediterráneo 257; doppie a una stella €57, doppie a tre stelle €116; Ⓟ) Il vasto Puntazo comprende sotto la stessa gestione due alberghi separati ma adiacenti a una e a tre stelle. Le camere sono confortevoli (anche se senza carattere) e vengono offerte molte attività, il che lo rende molto popolare fra le famiglie.

Parador de Mojácar (☎ 950 47 82 50; www.parador.es; Paseo Mediterráneo; singole/doppie €79/99; Ⓟ) Situato qualche centinaio di metri a sud del Parque Comercial, il *parador* di Mojácar (uno dei Paradores de Turismo, una catena di alberghi di lusso, spesso situati in edifici storici) è una struttura moderna con rigogliosi giardini; è comodo per il campo da golf.

Pasti

MOJÁCAR PUEBLO

La Taberna (☎ 647 72 43 67; Plaza del Cano 1; tapas e platos combinados a partire da €4) Buone tapas e gustosi stuzzichini vegetariani richiamano in questo ristorantino una folta clientela, che si accalca in una serie di sale dove echeggia il

L'ULTIMO SOSPIRO DEI MORI

Cacciati dalle montagne della provincia di Granada nel 1492, i musulmani rimasti in Andalusia si ritirarono verso est, nelle valli delle Alpujarras di Almería e di Granada, a Mojácar, nella Murcia e a Valencia. Nel corso del secolo seguente, tuttavia, furono inesorabilmente costretti a convertirsi al cristianesimo oppure a emigrare in Africa settentrionale.

Nell'epoca dell'Inquisizione, alla comunità islamica fu vietato di leggere o scrivere in lingua araba e tra il 1490 e il 1500 i musulmani furono costretti a conversioni di massa. Molti (da allora noti con il nome di moriscos), accettarono il battesimo, ma la loro conversione fu soltanto di facciata e nel corso degli anni si susseguirono varie rivolte. Nel 1609 l'Inquisizione decretò infine l'espulsione ufficiale dei moriscos e, nell'arco di pochi anni, circa 300.000 musulmani spagnoli (secondo alcune fonti tre milioni) furono espulsi da Al-Andalus. Ai profughi fu permesso di portare con sé soltanto ciò che riuscivano a trasportare e al loro arrivo nei porti erano 'stanchi, sofferenti, sperduti, esausti, tristi, confusi, mortificati, irritati, annoiati, assetati e affamati', come osservò padre Áznar Cardona. Ai bambini di età inferiore ai sette anni non era consentito partire direttamente per un paese islamico, cosa che costrinse molte famiglie ad abbandonare i loro figli in orfanotrofi cristiani. L'arrivo dei deportati nelle loro terre d'origine fu tutt'altro che facile: vestiti con abiti di foggia europea, in molti casi ormai incapaci di parlare l'arabo, furono subito etichettati come i 'cristiani di Castiglia'.

Quando il fotografo Kurt Hielscher arrivò a Mojácar all'inizio del XX secolo, trovò che le donne erano vestite di nero con il volto coperto dal velo. All'entrata del villaggio c'era un cartello con la scritta 'Mojácar, regno di Granada', come se gli ultimi 400 anni non fossero mai trascorsi.

chiacchiericcio dei soddisfatti avventori. C'è anche un enorme kebab della casa che viene portato in sala insieme al suo sostegno!

Restaurante El Viento del Desierto (Plaza Frontón; portate principali €5-6) Ristorante marocchino situato vicino alla chiesa con un buon rapporto qualità-prezzo. Gode di ottima considerazione fra la gente del posto e rappresenta un bel cambiamento rispetto alle solite tapas. Inoltre serve anche piatti tradizionali della cucina spagnola come filetto di maiale ai funghi o coniglio alla mostarda.

Pizzeria Pulcinella (Cuesta del Castillo; pizze €6, pasta a partire da €7) Per mangiare spendendo poco, venite in questo allegro locale che offre belle vedute della *playa*.

Sinaloa Fanny's (☎ 950 47 22 73; Rincón Zahori; portate principali a base di carne e di pesce €8; chiuso mercoledì da ottobre a maggio) Questo informale locale messicano è gestito dal simpatico Steve, che vive a Mojácar da 20 anni. Il ristorante, conosciuto per avere l'assortimento di tequile più vasto della Spagna, offre la connessione a internet, anche se lenta, un tavolo da biliardo e terrazze con vedute vertiginose.

El Horno (☎ 950 47 24 48; Calle Embajadores 5; menù €13, portate principali €11-16) L'elegante ristorante dell'Hostal Mamabel (p447) è la migliore scelta che possiate fare a Mojácar se desiderate assaporare piatti di cucina casalinga, fra cui un gustoso cuscus. Inoltre offre la possibilità di ammirare splendidi panorami.

MOJÁCAR PLAYA

Maskó (☎ 950 47 22 47; Parque Comercial; dolci €1,50-2; 8-fino a tardi) Questo autentico caffè a gestione italiana prepara un vero espresso e schiumosi cappuccini. L'assortimento di paste, torte, gelati, panini e spuntini è molto ampio. Aperto praticamente tutto il giorno, il Maskó, costantemente affollato, è il principale luogo di ritrovo della città.

Hotel Restaurante Felipe San Bernabé (☎ 950 47 82 02; Playa Las Ventanicas; portate principali €11-16) Sontuoso ristorante che ricorda una serra, tutto in toni bianchi e verdi, con grandi bicchieri per il vino e candide tovaglie, pronte per essere macchiate con le sue ottime specialità spagnole. Qui trovate una buona scelta di piatti di pesce e tapas convenienti.

Los Pastores (☎ 950 46 80 02; Cortijo Cabrera, Turre; portate principali €9-16; da martedì a domenica) Raggiungere questo modesto locale è un'impresa epica, ma ne vale la pena, specialmente durante il fine settimana (ma è meglio prenotare con due giorni di anticipo). Nella sua accogliente sala tipo pub vengono serviti ottimi piatti quali pasta fatta in casa, branzino grigliato e gamberoni, e c'è una bella lista dei vini. Da Mojácar, dirigetevi verso l'*autovía* A7 (la superstrada gratuita a doppia carreggiata) e dopo una decina di chilometri, al cartello per il Cortijo Grande, girate a sinistra attraversando un grande cancello di pietra. Proseguite per altri 8 km superando il campo da golf e salite a Cabrera, in cima alla collina. Lungo la strada ci sono alcuni cartelli che segnalano il ristorante.

Locali e divertimenti

L'animato **Café Bar Mirador del Castillo** (☎ 950 47 30 22; Mirador del Castillo, Mojácar Pueblo; ⏲ 11-23 o più tardi) propone musica classica, spettacoli comici e concerti jazz. A Mojácar Pueblo ci sono diversi bar che in estate sono alquanto animati. Alcuni dei migliori sono i seguenti:

Bar La Sartén (Calle Estación Nueva) Tiene aperto ancora più a lungo del Time & Place; ha un'atmosfera straordinaria, ma il frastuono creato dalle conversazioni degli avventori è terrificante.

Budú Pub (Calle Estación Nueva) Ha una splendida terrazza.

Caipirinha Caipirosa (Calle Horno) Bar messicano.

La Muralla (Calle Estación Nueva) Il *mirador* sulla terrazza offre vedute molto romantiche.

Reggae Azul Marino (Calle Enmedio)

Time & Place (Plaza de la Flores) Per tirare tardi bevendo e chiacchierando; locale elegante animato fino alle prime ore del mattino.

Salvo diversa indicazione, tutti i bar sono aperti soltanto la sera dalle 20 fino a tardi. Di seguito ne segnaliamo due tra i tanti di Mojácar Playa:

La Mar Salada (Paseo del Mediterráneo 62, Mojácar Playa; ⏲ 10-fino a tardi da lunedì a venerdì, 11-fino a tardi sabato) È il bar del lungomare più 'in' del momento.

Tito's (☎ 950 61 50 30; Playa de las Ventánicas; ⏲ da aprile a ottobre) Animato e di lunga tradizione. Situato su una delle spiagge di Mojácar Playa, offre musica dal vivo (anche jazz).

Per/da Mojácar

AUTOBUS

Gli autobus a lunga percorrenza fermano al Parque Comercial e in Calle La Fuente ai piedi di Mojácar Pueblo. All'ufficio turistico trovate gli orari.

La compagnia **Alsa Enatcar** (☎ 902 42 22 42; www.alsa.es) ha autobus per/da Murcia (€9, 2 ore e mezzo, quattro corse al giorno), Almería (€5,50, 1 ora e 45 minuti, due corse al giorno), Granada (€15, 4 ore, due corse al giorno) e Madrid (€29, 8 ore, due corse al giorno). Tutti i giorni tranne la domenica e i festivi c'è un autobus per Málaga. Per Almería, Granada e Murcia il biglietto si acquista sull'autobus, mentre per Málaga e Madrid bisogna rivolgersi a un'agenzia di viaggi come la **Viajes Cemo** (☎ 950 47 28 35; Paseo del Mediterráneo, Mojácar Playa), 2 km a sud del Parque Comercial (fermata degli autobus di Pueblo Indalo). Gli autobus diretti ad Alicante, Valencia e Barcellona partono da Vera, che si trova 16 km a nord ed è servita da diversi autobus al giorno che partono da Mojácar (€1,20, 50 minuti, nove corse al giorno).

AUTOMOBILE E MOTOCICLETTA

Mojácar si trova 14 km a est della A7. Una tortuosa ma panoramica strada costiera arriva a Mojácar da Agua Amarga e da Carboneras, a sud.

Trasporti locali

Un servizio locale di autobus (biglietto €1) segue un percorso circolare che parte dall'estremità meridionale di Mojácar Playa, va a quella settentrionale, torna al Parque Comercial, sale al pueblo (fermando vicino all'ufficio turistico) e poi ridiscende alla *playa*. Parte ogni mezz'ora dalle 9 alle 23.30 da aprile a settembre e ogni ora dalle 9.30 alle 19.30 da ottobre a marzo; per raggiungere il pueblo impiega 15 minuti.

A Mojácar Playa i parcheggi sono situati sul lato della strada rivolto verso il mare. A Mojácar Pueblo, per raggiungere il parcheggio principale in Plaza Rey Alabez dovete seguire il senso unico lungo Avenida de Paris; ricordate però che il mercoledì la piazza è occupata dal mercato, quindi è meglio non lasciarvi l'automobile in sosta il martedì sera. Per tutta la durata del mercato si può parcheggiare vicino allo stadio da calcio. I **taxi** (☎ 950 47 81 84) sono parcheggiati in Plaza Nueva. A Mojácar Playa ci sono diverse società di autonoleggio.

VERA E DINTORNI

Vera pop. 6500 / alt. 102 m

Il tratto di costa, un tempo trascurato, che da Mojácar arriva fino al confine con la Murcia ora è meta di numerosi villeggianti (alcuni dei quali naturisti), attirati in particolare dalle grandi spiagge di sabbia ai due lati del Río Almanzora. Qui è in fase di realizzazione uno dei complessi naturisti più grandi d'Europa, formato da un grande agglomerato di appartamenti, ville e alberghi. Più a nord si estende la suggestiva Costa Almagrera, alle cui spalle si profilano le cupe colline della Sierra Almagrera, una zona frequentata da pochissime persone.

Da Mojácar a Cuevas de Almanzora

Cinque chilometri a nord di Mojácar c'è **Garrucha**, porto di pesca e brulicante località di villeggiatura nella cui bella baia sono raggruppati alcuni buoni ristoranti di pesce, come il **Restaurante Rincón del Puerto** (☎ 950 13 30 42; Puerto Deportivo s/n; raciones €6-10). All'entrata meridionale dell'abitato si incontrano alcune spiagge. Il cosmopolita **Hotel Tikar** (☎ 950 61 71 31; www.hoteltikar.com; Carretera Garrucha-Vera s/n; doppie €89/115; P), con il suo ottimo ristorante e le moderne camere color arancio bruciato e blu, è la soluzione migliore per quel che riguarda il pernottamento, anche se è un po' distante dalla spiaggia.

Subito dopo Garrucha la strada principale procede verso l'entroterra per 8 km fino a **Vera**, località che di per sé non offre nulla di particolarmente interessante a parte la bella **Iglesia de la Encarnación**. Di fronte alla chiesa si apre una graziosa piazza pedonale, autentica oasi fra le vie intasate dal traffico. Vera ha un complicato sistema di strade a senso unico; se pensate di visitarla la mattina, che è il momento più animato della giornata, vi conviene parcheggiare in periferia e proseguire a piedi.

Se avete bisogno di un posto in cui far divertire i vostri figli, andate nell'entroterra al **Parque Acuático Vera** (☎ 950 46 73 37; www.aquavera.com, in spagnolo; Carretera Vera-Villaricos; adulti/bambini €13/8; 11-18 dal 18 maggio alla fine di giugno e 1-17 settembre, 10.30-19.30 luglio agosto). Ai bambini piace anche girare fra le abitazioni troglodite delle **Cuevas de Almanzora**, un'animata città agricola situata 6 km a nord di Vera. Le grotte, il cui nome è in realtà **Cuevas del Calguerín** (☎ 950 45 66 51, 639 101948; ingresso €5; visite guidate 11, 14, 16 e 21, soltanto in spagnolo), sono scavate nella roccia su diversi livelli alla periferia settentrionale della città (seguite i cartelli che indicano 'Cuevas Históricas'). Il prezzo della visita è caro in confronto al servizio offerto, ma ne vale comunque la pena. Ci sono 8600 grotte (alcune delle quali sono abitate stabilmente) e la guida si sofferma a illustrare la vita nelle caverne.

L'altra grande attrazione turistica è il **Castillo Marqúes de Los Vélez**, che si trova nel cuore della città ed è occupato dal **Museo Arqueologíco** e dal **Museo Antonio Manuel Campoy** (☎ 950 45 80 63; ingresso libero; 10-13.30 e 17-20 da martedì a sabato, 10-13.30 domenica). Quest'ultimo contiene una grande e interessante collezione di opere d'arte proveniente dalla straordinaria collezione privata di Antonio Manuel Campoy, originario di Cuevas e uno dei più grandi critici d'arte spagnoli del XX secolo.

A Cuevas propriamente detta non ci sono molte soluzioni per il pernottamento, ma il **Cuatro Vientos** (☎ 950 45 62 28; Avenida Atrales 21; singole/doppie €20/40; P), di fronte alla stazione degli autobus, dispone di camere abbastanza accoglienti.

Vera Playa e la Sierra Almagrera

Tornando sulla costa, Vera Playa comprende le belle spiagge che si estendono ai lati della foce del Río Almanzora, riservate prevalentemente ai naturisti. Il grande **Camping Almanzora** (☎/fax 950 46 74 25; Carretera de Garrucha a Villaricos; campeggio per adulti/bambini/tenda/auto €4/3,50/4/4) ha una *zona naturista* per nudisti e una *zona textiles* per chi non pratica il naturismo, ma in spiaggia non si fanno distinzioni.

Fornire ai naturisti un tetto sotto cui dormire sembra essere un'attività molto remunerativa da queste parti, visto che stanno sorgendo grandi condomini di aspetto abbastanza sgradevole e che complessi come il **Vera Playa Club** (☎ 950 46 74 75; Carretera de Garrucha a Villaricos; doppie a partire €180), insieme a un gruppetto di appartamenti altrettanto costosi, chiudono la spiaggia dalla strada principale (ma ci sono punti d'accesso per tutti).

Immediatamente a nord trovate Villaricos, un piacevole paese che rappresenta un improvviso ritorno agli edifici tradizionali dopo le stranezze architettoniche di Vera Playa. Alla sua estremità settentrionale si trova una spiaggia di ciottoli e un porticciolo. Nei pressi, la **Diving Vivariva** (☎ 950 46 75 72; Puerto de la Esperanza 7) organizza immersioni subacquee e corsi per sub nelle limpide acque della costa di Almagrera. Il noleggio di una barca e dell'attrezzatura costa circa €45, mentre il corso 'Discover Scuba' intorno a €85.

L'**Hostal Restaurante Don Tadeo** (☎/fax 950 46 71 05; Calle Baria 37; singole/doppie €24/36) dispone di camere di qualità discreta; un'alternativa migliore è offerta dall'**Hostal Restaurante Playa Azul** (☎ 950 46 70 75; Calle Barea 62; singole/doppie €24/48), con camere con balcone e un eccellente ristorante.

Per spingersi ulteriormente a nord bisogna avere un mezzo di trasporto autonomo. La strada serpeggia per 8 km fra la costa e i brulli pendii della Sierra Almagrera. Lungo questo litorale aleggia un singolare senso di solitudine fino a quando la strada raggiunge il villaggio di El Pozo del Esparto. Dopo El Pozo, San Juan de los Terreros è l'ultima località che si incontra prima del confine con la Murcia.

Per/da Vera

Ci sono numerosi autobus in servizio fra Almería e Vera (€6,50, 2 ore e 45 minuti, 10 al giorno) e fra Mojácar, Garrucha (€0,80, 30 minuti, nove al giorno) e Vera (€1,20, 50 minuti, nove al giorno). Ci sono anche diversi mezzi fra Mojácar, Vera e Cuevas de Almanzora (€2, 15 minuti), mentre non esistono servizi di linea per Villaricos e, a nord, lungo la costa di Almagrera. A luglio e agosto vengono effettuati alcuni collegamenti da Vera a Villaricos, ma con scarsa frequenza. Gli orari cambiano ogni anno, quindi è meglio rivolgersi alla stazione degli autobus di **Vera** (☎/fax 950 39 04 10).

LOS VÉLEZ

VÉLEZ BLANCO E DINTORNI

Vélez Blanco pop. 2300 / alt. 1070 m

Il distretto di Los Vélez si trova 60 km nell'entroterra di Vera. I suoi principali centri abitati sono le tre cittadine di Vélez Rubio, Vélez Blanco e María, annidato all'ombra della remota catena della Sierra de María, gran parte della quale è protetta dal Parque Natural Sierra de María-Los Vélez. La città più bella è interessante è Vélez Blanco, un pugno di case dai tetti rossi dominate da un bel castello.

Informazioni

Al **Centro de Visitantes Almacén del Trigo** (☎ 950 41 53 54; Avenida del Marqués de los Vélez; 🕑 10-14 martedì, giovedì e domenica, 10-14 e 16-18 venerdì e sabato) di Vélez Blanco troverete utili informazioni sugli itinerari escursionistici, sui rifugi e sui luoghi d'interesse. Il centro è situato nella parte settentrionale della città. Arrivando in automobile da sud, è più semplice raggiungerlo seguendo la strada principale che gira attorno a Vélez Blanco piuttosto che entrare in città dalla via d'accesso settentrionale. Un altro centro visitatori con notizie sul parco naturale è il **Centro de Visitantes Mirador Umbría de María** (☎ 950 52 70 05), che si trova 2 km a ovest di María nei pressi della A317. Questo centro osserva un orario di apertura simile a quello dell'ufficio di Vélez Blanco.

A Vélez Blanco ci sono un u in Calle Clavel e un bancoma Calle Vicente Sánchez, all'estrem di Calle La Corredera (la via pr. bancomat è protetto da una soli̇da griglia di metallo: attenti a non restare incastrati con le mani.

Che cosa vedere

La principale attrattiva di Vélez Blanco è l'imponente **Castillo de los Fajardo** (☎ 607 41 50 55; interi/bambini €1/0,50; 🕑 11-14 e 17-19 lunedì, martedì e venerdì, 11-16 sabato, domenica e festivi), un castello che sembra emergere in modo naturale dal pinnacolo di roccia sul quale è costruito e sfidare, al di sopra dei tetti coperti di tegole del villaggio, La Muela, la montagna che si erge simile a una Sfinge; si ha quasi l'impressione che questi due colossi si stiano confrontando in un duello. Il castello è stato edificato sui resti di un precedente forte islamico e risale al XVI secolo. L'interno ora è molto spoglio, perché i proprietari, ridotti in miseria, nel 1904 vendettero le decorazioni (fra cui il meraviglioso Patio de Honor, scolpito nel marmo bianco) al milionario americano George Blumenthal. Se vi capita di andare a New York, potete vedere il grazioso patio ricostruito nel Metropolitan Museum of Art.

Una passeggiata a Vélez Blanco è una bella esperienza, anche soltanto per ammirare il suo delizioso dedalo di vie e le numerose case di splendida fattura. Dal fondo della via principale alberata, Calle La Corredera, potete risalire Calle Vicente Sánchez e raggiungere il castello. Lungo il percorso, Calle Palacio, la prima via a sinistra, offre un bel saggio dell'elegante architettura domestica di Vélez Blanco, caratterizzata da tegole sporgenti e bei balconi in ferro battuto.

Immediatamente a sud di Vélez Blanco, sulla strada proveniente da Vélez Rubio alcuni cartelli indicano la **Cueva de los Letreros** (strada A317; ingresso libero). In tutto il distretto ci sono diversi gruppi di pitture rupestri risalenti a 7000 anni fa, ma questo antico riparo di roccia contiene le più straordinarie di tutte. Qui vedrete l'ormai onnipresente figura di Indalo, usata in tutta la provincia come segno di buon auspicio. Per ammirarla da vicino rivolgetevi al **Centro de Visitantes Almacén del Trigo** (☎ 950 41 53 54; Avenida del Marqués de los Vélez; 🕑 10-14 martedì, giovedì e domenica, 10-14 e 16-18 venerdì e sabato), in modo che mandi qualcuno ad aprirvi il cancello di ferro del sito. Dalla A317, seguite la strada sterrata segnalata per 500 m, poi proseguite a piedi per 10 minuti.

María, una piccola e semplice località di montagna situata in una posizione suggestiva con l'imponente sfondo della Sierra de María, è una buona base da cui partire per esplorare le montagne. La cittadina è circondata da mandorleti che in primavera fioriscono in un'esplosione di rosa e bianco.

Circa 6 km a ovest di María, la A317 procede verso nord snodandosi su un altopiano alla volta del solitario villaggio di **Cañada de Cañepla**, da cui prosegue per addentrarsi nel Parque Natural Sierras de Cazorla, Segura y las Villas (p370) offrendo fantastici panorami.

Pernottamento e pasti

Hostal La Sociedad (☎ 950 41 50 27; Calle Corredera 5, Vélez Blanco; doppie €30) Situato proprio in centro a Vélez Blanco, questo *hostal* dispone di camere abbastanza confortevoli. I gestori mandano avanti anche il rinomato **Bar Sociedad** (Calle Corredera; tapas €1,50, menú €9), appena al di là della strada.

Casa de los Arcos (☎ 950 61 48 05; Calle San Francisco 2, Vélez Blanco; doppie/suite €45/65) Situato vicino all'ufficio informazioni di Vélez Blanco, offre confortevoli camere rimesse a nuovo che guardano verso una gola di spettacolare bellezza. Organizza anche visite alla Cueva de los Letreros (le escursioni sono aperte anche a chi non è cliente dell'albergo).

Hotel Velad Al-Abyadh (☎ 950 41 51 09; www.hotelvelad.com; Calle Balsa Parra 28, Vélez Blanco; singole/doppie con vista €45/70; P ✕) Finta casa di caccia, situata all'entrata di Vélez Blanco arrivando da Vélez Rubio, con camere quasi medievali e splendide vedute sulla valle. Rustici manufatti e mattoni a vista creano un'atmosfera intima. C'è anche un buon ristorante.

Restaurante Los Vélez (Calle Balsa Parra 15, Vélez Blanco; portate principali €8-10) Los Vélez, nella stessa via dell'Hotel Velad, serve pasti gustosi.

Mesón el Molino (☎ 950 41 50 70; Calle Curtidores 1, Vélez Blanco; portate principali a base di carne e di pesce €12-15; ⏲ chiuso giovedì sera) In un vicoletto vicino al centro di Vélez Blanco trovate questo magnifico ristorante, con carne cruda e prosciutti esposti in bella vista. Il patio è attraversato da un ruscelletto gorgogliante. La scelta spazia da pernice e anatra a bistecca e nasello.

A Vélez Rubio e a María, i due alberghi sotto indicati sono le soluzioni migliori per il pernottamento, ma è preferibile dormire a Vélez Blanco.

Hotel Jardín (☎ 950 41 01 06; N342, Vélez Rubio; singole/doppie €18/30) Gigantesco edificio degli anni '60 situato nella vecchia strada principale all'estremità orientale di Vélez Rubio. Benché piuttosto sgradevole alla vista, è l'albergo migliore della città. C'è anche un bel bar che serve da mangiare.

Hotel Sierramaría (☎ 950 41 71 26; www.hotelsierramaria.com; Paraje la Moratilla, María; singole/doppie €36/58) Il grande Sierramaría, nella cittadina di María, è una specie di motel che offre splendide vedute sulle montagne. Per raggiungerlo girate in Paraje la Moratilla, subito prima dell'Hostal Torrente.

Per/da Vélez Blanco e dintorni

Gli autobus dell'**Alsina Graells** (☎ 968 29 16 12) passano per Vélez Rubio e vanno a Granada (€11, 3 ore e mezzo, tre al giorno), Guadix (€7,50, 2 ore e mezzo, tre al giorno) e Murcia (€7, 2 ore e 15 minuti, quattro al giorno).

L'**Enatcar** (☎ 902 42 22 42) ha un autobus che va da Almería a Vélez Rubio (€11, 2 ore e 15 minuti, uno al giorno), Vélez Blanco (€11, 2 ore e mezzo, uno al giorno) e María (€11, 2 ore e mezzo, uno al giorno).

L'**Autobuses Giménez García** (☎ 968 44 19 61) ha un autobus da María a Vélez Blanco, Vélez Rubio e Lorca.

La fermata di Vélez Rubio si trova in Avenida de Andalucía all'incrocio presso l'Hostal Zurich.

Informazioni

SOMMARIO

ACCESSI A INTERNET

In tutte le città dell'Andalusia, grandi e piccole, ci sono molti internet bar, che solitamente fanno pagare circa €1,50 l'ora. Alcuni sono dotati di masterizzatori per CD, webcam, cuffie e così via. Talvolta, però, non hanno lettori di schede, quindi se intendete scaricare su un CD le foto del viaggio mentre siete ancora in Andalusia, la cosa migliore è avere con voi il cavo per collegare la fotocamera digitale alla porta USB del computer.

Chi viaggia con il computer portatile o il palmare troverà in Andalusia un numero sempre maggiore di alberghi che garantiscono l'accesso wi-fi, e alcuni di essi forniscono anche la connessione a internet direttamente in camera (in questa guida le sistemazioni dotate di accesso a internet sono segnalate con l'icona 💻). Ricordate di verificare se il vostro modem è in grado di funzionare anche in Spagna. La soluzione più sicura è quella di acquistare un modem 'universale' affidabile prima di partire, oppure di cercarne uno sul posto se prevedete di fermarvi per parecchio tempo. Per informazioni utili su come collegarsi a internet mentre si viaggia, consultate il sito www.kropla.com; in italiano, trovate utili informazioni su www.airgate.it, alla voce 'Guide'.

ALLOGGIO

Nei paragrafi Pernottamento dei capitoli dedicati alle principali città dell'Andalusia abbiamo suddiviso le possibilità di alloggio in base alle tariffe: prezzi economici, prezzi medi e prezzi elevati. Nella prima categoria rientrano tutti gli alloggi nei quali si spende meno di €65 per una camera doppia in alta stagione, nella seconda quelli nei quali si spende da €65 a €120 e nella terza quelli che fanno pagare, sempre per una camera doppia, più di €120.

Nel gruppo degli alloggi meno cari sono compresi i campeggi, gli ostelli, gli alberghi più economici e tre diversi tipi di pensioni – gli *hostales*, gli *hospedajes* e le *pensiones*. In questo gruppo ci sono moltissime sistemazioni graziose e confortevoli. Quasi sempre le camere sono dotate di bagno privato, generalmente attrezzato almeno con i servizi igienici, un lavandino e una doccia o una vasca da bagno. Tutte le sistemazioni citate in questa guida hanno, salvo diversa indicazione, camere con bagno privato.

Gli alloggi di prezzo medio comprendono gli alberghi che offrono camere un po' più grandi e meglio arredate, con maggiori comfort. Tendenzialmente hanno anche aree comuni più ampie e meglio attrezzate – come piscine, giardini, saloni, bar, caffè e ristoranti. Le sistemazioni di prezzo elevato, infine, offrono tutti questi servizi, ma il livello è complessivamente molto più alto. Parecchi alloggi di prezzo medio ed elevato sono spesso caratterizzati da ambienti o

NOTIZIE UTILI

- La Spagna utilizza il sistema metrico decimale per i pesi e le misure.
- Come gli altri europei del continente, gli spagnoli indicano i decimali con la virgola e le migliaia con il punto.
- Quasi tutte le videocassette vendute in Spagna usano il sistema PAL, lo stesso dell'Italia, dei paesi dell'Europa occidentale e dell'Australia. Il sistema PAL è incompatibile con quello NTSC utilizzato in Nord America e Giappone.
- Come nella maggior parte degli altri paesi europei in Spagna la corrente elettrica è a 220V, 50Hz. Le spine elettriche sono a due rebbi rotondi.
- Fra i principali quotidiani nazionali, *El País*, tendenzialmente di centro-sinistra, è fra i più affidabili per correttezza e completezza delle informazioni. Ogni città andalusa di una certa dimensione ha il proprio quotidiano.
- Ci sono decine di stazioni radio commerciali che affollano la banda FM; le più interessanti sono quelle di RNE (Radio Nacional de España) – RNE3 trasmette un'ottima varietà di musica pop e rock, mentre RNE2 trasmette musica classica. *El País* pubblica i programmi radiofonici specifici di ogni provincia nella sezione *Cartelera* (programmi in onda).
- Sulla TV del vostro albergo potrete probabilmente vedere da sei a otto canali televisivi gratuiti, fra cui le reti pubbliche TVE1 e TVE2, i canali nazionali Antena 3 e Tele 5, e un paio di canali locali. In alcuni casi anche un'infinita varietà di canali satellitari internazionali.

architetture particolarmente piacevoli e originali – si va dagli eleganti palazzi medievali alle moderne architetture minimaliste – o da posizioni spettacolari. Naturalmente queste sistemazioni così caratteristiche sono quelle che si ricordano di più, anche a distanza di tempo.

La maggiore parte degli alloggi prevede l'applicazione di tariffe diverse per la *temporada alta* (alta stagione), la *temporada media* (media stagione) e la *temporada baja* (bassa stagione). Il periodo dell'alta stagione varia nelle diverse province dell'Andalusia e ogni albergo sembra seguire, per quanto riguarda questo aspetto, delle proprie regole – ma in genere l'alta stagione comprende sempre una parte del periodo estivo. Lungo la costa l'alta stagione include i mesi di luglio e agosto, mentre all'interno è più probabile che cada in maggio, giugno e settembre, quando le temperature sono più gradevoli. In molte località sono considerati alta stagione anche i periodi di Natale e Capodanno, la Semana Santa (in cui si celebrano i riti che condurranno alla Pasqua) e le feste locali che attirano molti visitatori – in certi casi viene chiamata *temporada extra* (alta stagione extra). La bassa stagione va solitamente da novembre a febbraio, mentre la media stagione include gli altri periodi dell'anno.

A meno che non sia specificato diversamente, i prezzi indicati in questa guida sono sempre quelli praticati durante l'alta stagione – quindi se viaggiate in altri periodi potreste avere delle piacevoli sorprese. Le differenze di tariffa fra bassa e alta stagione variano da una località all'altra – in una città, per esempio, potreste ottenere delle riduzioni del 40% in inverno, ma in un'altra lo sconto potrebbe non superare il 10%.

Quasi tutte le strutture ricettive espongono un cartello con l'indicazione delle tariffe stagionali alla reception o in un altro punto ben visibile. Molti altri, tuttavia, tendono a modificare le tariffe in base alla domanda e sono liberi di far pagare rispetto ai prezzi esposti sia una cifra inferiore, cosa che accade spesso, sia una cifra superiore, cosa che accade raramente.

In bassa stagione in genere non è necessario prenotare, mentre nei periodi di maggiore affluenza è consigliabile farlo – e talvolta, in corrispondenza di particolari avvenimenti, quando trovare una camera libera è una vera impresa, prenotare con un certo anticipo diventa indispensabile. Spesso è sufficiente telefonare indicando la data di arrivo. In certi casi vi verrà richiesto il numero della carta di credito, che serve all'albergo come garanzia quando i clienti che hanno prenotato non si presentano alla data stabilita e non hanno cancellato la prenotazione.

Sul sito web ufficiale dedicato al turismo in Andalusia, **Andalucía te Quiere** (www.andalucia.org), troverete un elenco di oltre 4000 strutture ricettive ufficialmente registrate, di ogni tipo, spesso con link ai loro siti web.

Alberghi

Gli *hoteles* spaziano dai semplici alberghetti in cui una camera doppia costa €40, fino agli alberghi di gran lusso in cui la doppia può arrivare a costare €300. Ufficialmente sono classificati con un sistema che va da una a cinque stelle, a seconda della quantità e qualità dei servizi offerti. Anche negli alberghi più economici in genere è disponibile un ristorante – se non c'è, l'albergo si chiamerà *hotel-residencia*.

Alcune delle sistemazioni più affascinanti dell'Andalusia sono quelle offerte da alberghi di medie o piccole dimensioni situati in case o palazzi d'epoca, o in proprietà rurali con gradevoli giardini e piscine. Il fatto che tali sistemazioni dispongano di poche camere significa che possono dedicare maggiori attenzioni a ogni cliente. Per l'elenco di quelli che riteniamo i dieci migliori alberghi dell'Andalusia, ospitati in edifici magnificamente ristrutturati, v. p8.

Alcuni alberghi offrono vari tipi di camere con tariffe differenti – camere standard,

ALLOGGI INDIPENDENTI

Prendere in affitto alloggi indipendenti è una buona soluzione se desiderate risparmiare ed essere autonomi. Questa soluzione è particolarmente conveniente per le famiglie o i gruppi di tre, quattro o più viaggiatori, e per coloro che intendono fermarsi diversi giorni nella stessa località.

Lungo le *costas* (coste) dell'Andalusia troverete numerosissimi appartamenti e villette in affitto, e nella maggior parte dei casi queste sistemazioni sono di proprietà di stranieri. Anche nell'entroterra ci sono ottime possibilità di trovare alloggi indipendenti in affitto, sia nelle città sia in campagna, dove i turisti possono soggiornare nelle *casas rurales* (case di campagna), in genere piccoli alloggi nei villaggi o fattorie confortevolmente ristrutturate.

Un appartamento semplice sulla costa, con due camere da letto in grado di ospitare quattro persone, costa in genere €300 alla settimana in inverno e circa €550 a luglio o ad agosto. Una villetta sulla costa, con due camere da letto e piscina privata, oppure una *casa rural* per quattro persone, può costare tra €400 e €800 alla settimana.

Le sedi dell'ufficio del turismo spagnolo in Italia e il loro sito internet (www.turismospagnolo.it) possono fornire degli elenchi di appartamenti in affitto. Fra le organizzazioni italiane che si occupano di affittare appartamenti all'estero con possibilità di prenotare online segnaliamo: **Interhome** (☎ 02 483 9141; fax 02 4839 1450; info@interhome.it; www.interhome.it). Sempre su internet potete immettere come chiave di ricerca 'appartamento', 'villa' o 'alloggio indipendente' più il nome della città o del villaggio che vi interessa; troverete parecchie possibilità di alloggio, molte delle quali si possono prenotare online. **Andalucía te Quiere** (www.andalucia.org) e **Andalucia.com** (www.andalucia.com) sono due siti web molto utili, che contengono informazioni sugli alloggi indipendenti e sulle altre strutture ricettive presenti in Andalusia. Le organizzazioni elencate di seguito sono invece specializzate nell'affittare *casas rurales*:

Red Andaluza de Alojamientos Rurales (Rete andalusa di alloggi rurali; ☎ 950 28 00 93; www.raar.es) Offre circa 150 possibili sistemazioni in campagna in tutta l'Andalusia.

Rural Andalus (☎ 952 27 62 29; www.ruralandalus.es) Rappresenta circa 450 proprietà rurali situate in quasi tutta l'Andalusia, ma in particolare nelle zone di campagna della provincia di Málaga.

Rustic Blue (☎ 958 76 33 81; www.rusticblue.com) Offre cottage rurali, fattorie e case nei villaggi, soprattutto nell'entroterra delle province di Granada e Málaga (Las Alpujarras, La Axarquía, la zona di Ronda e così via).

Gli uffici turistici e i loro rispettivi siti web possono fornire elenchi di alloggi in affitto; in Gran Bretagna sulle pagine dei quotidiani dedicate ai viaggi si trovano spesso annunci di privati che affittano alloggi.

Fra le agenzie inglesi che si occupano di affittare appartamenti e ville in Spagna segnaliamo **Individual Travellers Spain** (☎ 08700 780194; www.indiv-travellers.com) e **Travellers' Way** (☎ 08456 129001; www.travellersway.co.uk).

LUSSO D'ALTRI TEMPI

I paradores della Spagna, ufficialmente definiti Paradores de Turismo, costituiscono una catena di 91 alberghi di lusso sparsi in tutto il paese (16 dei quali in Andalusia). Molti di essi – come quelli di Carmona, Jaén, Úbeda e Granada – si trovano all'interno di edifici storici come castelli, palazzi o monasteri e offrono luoghi molto caratteristici per il vostro soggiorno. La rete di paradores – fondata nel 1928 per contribuire a preservare il patrimonio storico della Spagna – è in continua espansione e molti dei paradores che erano diventati piuttosto trasandati sono stati ammodernati e migliorati negli ultimi anni. In bassa stagione le tariffe delle camere singole/doppie partono da circa €77/96 e arrivano a €120/150, mentre in alta stagione si spendono cifre che vanno da €94/118 a €128/160 – anche di più nel Parador de Granada(p400), che è il più costoso di tutta la Spagna. Le offerte speciali possono rendere i paradores più abbordabili e spesso sono previste tariffe scontate per ultrasessantenni e clienti di età compresa fra 20 e 30 anni. Controllate le offerte disponibili sul sito www.parador.es, o contattando direttamente il servizio centrale di prenotazioni dei paradores, la **Central de Reservas** (☎ 91 516 66 66; reservas@parador.es; Calle Requena 3, 28013 Madrid), oppure uno dei 22 uffici prenotazioni situati all'estero (elencati sul sito web).

suite, camere con o senza terrazza o vista mare, interne o esterne e così via. Molti alberghi dispongono di camere per tre, quattro o più persone, nelle quali la tariffa per cliente scende molto al di sotto di quanto si pagherebbe per una singola o una doppia – una buona notizia per le famiglie! Se volete una camera in grado di ospitare una famiglia intera, chiedete una *habitación familiar*. Ricordate che una *habitación doble* (una camera doppia) può avere una *cama matrimonial* (letto matrimoniale) o due *camas individuales* (letti singoli). Se avete delle preferenze in questo senso, vi conviene specificarlo chiaramente.

In genere la camera va lasciata libera entro mezzogiorno.

Campeggi

In Andalusia ci sono più di 130 *camping* (campeggi) ufficialmente registrati (v. p472 per la tessera CCI), alcuni dei quali situati nei boschi o vicino a spiagge e fiumi, altri in posizione meno felice ai bordi delle statali o nelle periferie delle città. Alcuni campeggi hanno posto per meno di cento persone, mentre i più grandi possono ospitare anche più di cinquemila turisti. In nessun caso troverete un campeggio posto nelle immediate vicinanze del centro di una città.

I campeggi sono suddivisi in prima classe (1ªC), seconda classe (2ªC) e terza classe (3ªC). Il loro livello spazia dal discreto al molto buono, ma tutti possono diventare rumorosi e affollati nei periodi di maggiore afflusso turistico. Anche i campeggi di terza classe dispongono spesso di docce calde, allacciamenti elettrici e di una caffetteria. I migliori offrono anche piscine riscaldate, supermercati, ristoranti, servizio di lavanderia e parco giochi per i bambini.

In genere i campeggi fanno pagare una tariffa sia per la persona, sia per la tenda, sia per il veicolo – per ogni voce circa €5, ma i bambini pagano qualcosa in meno. Alcuni campeggi sono chiusi da ottobre a Pasqua.

A parte qualche eccezione – come spiagge e zone protette dal punto di vista ambientale – è consentito campeggiare liberamente anche fuori dai siti designati, ma non nel raggio di 1 km da un campeggio ufficiale. Le zone in cui il campeggio libero è vietato sono talvolta indicate da cartelli. Per campeggiare in terreni privati è necessario chiedere il permesso al proprietario.

Hospedajes, hostales e pensiones

Questi tipi di sistemazione sono sostanzialmente pensioni economiche, solitamente semplici case situate in villaggi o città, che dispongono di un numero di camere che può variare tra sei e 12. Gli *hostales* – che non vanno confusi con gli ostelli – sono leggermente più accoglienti di *hospedajes* e *pensiones;* i migliori sono equivalenti ad alcuni degli alberghi di prezzo medio. Tuttavia, in genere non forniscono i pasti.

Quasi tutte le camere hanno il bagno privato, anche se vi sono ancora alcune sistemazioni con il bagno in comune.

Ostelli

Gli ostelli internazionali per chi viaggia zaino in spalla non sono ancora molto diffusi in

Andalusia. A oggi sono pochi gli ostelli di questo tipo, e si trovano tutti a Granada, Siviglia e Cadice. La gran parte dei circa 30 ostelli andalusi si chiamano *instalaciones juveniles* (ostelli della gioventù) e sono affiliati a **Inturjoven** (Alloggi e turismo giovanile; ☎ prenotazioni e informazioni 902 510000; www.inturjoven.com), l'organizzazione ufficiale degli ostelli della gioventù dell'Andalusia. Gli ostelli Inturjoven sono in genere puliti e moderni, con parecchie camere a due letti e piccole camerate con letti a castello. Benché siano talvolta occupati da rumorose scolastiche, essi forniscono un alloggio con un discreto standard qualitativo a tariffe economiche. Quasi tutte le camere sono dotate di bagno privato. Gli ostelli non hanno strutture in cui gli ospiti possono prepararsi i pasti, ma sono forniti di *comedores* (sale da pranzo), nei quali vengono solitamente serviti i pasti a prezzi contenuti. Potete effettuare una prenotazione in un qualsiasi ostello andaluso utilizzando il sito di Inturjoven, contattando telefonicamente il servizio prenotazioni oppure recandovi di persona presso un ostello affiliato.

Le tariffe per un posto letto negli ostelli Inturjoven, comprensive di prima colazione, in bassa/media/alta stagione sono di €9,50/12,50/14,50 per chi ha meno di 26 anni e €13/17/19 per tutti gli altri clienti. I periodi di alta e bassa stagione vengono stabiliti da ciascun ostello – troverete informazioni in merito sul sito internet.

Per soggiornare in un ostello Inturjoven è necessario essere tesserati. Se non avete una tessera dell'associazione degli ostelli del vostro paese, potete chiedere quella di **HI** (Hostelling International; v. p472 per procurarsela dall'Italia), valida per tutto l'anno solare in cui viene acquistata in qualunque ostello Inturjoven o in uno degli altri 140 ostelli della gioventù appartenenti alla Red Española de Albergues Juveniles (REAJ), l'affiliata spagnola della HI. Per quanto riguarda le tariffe HI, si pagano €3,50 (in più, oltre al costo della sistemazione) per ciascuna delle prime sei notti passate in ostello, fino a raggiungere un massimo di €21.

AMBASCIATE E CONSOLATI

Ambasciate e consolati spagnoli all'estero

La Spagna ha ambasciate in quasi tutti i paesi del mondo. Per un elenco completo collegatevi al sito www.spain.info/TourSpain/Informacion+practica/Embajadas/ oppure cercate sotto la voce *Embajada* nelle *Paginas Amarillas* (pagine gialle) delle varie città. Segnaliamo di seguito i riferimenti delle rappresentanze diplomatiche spagnole presenti in Italia e Svizzera. Al momento della stesura della guida il sito dell'ambasciata in Italia era in allestimento.

Italia (☎ 06 684 0401; fax 06 687 2256; ambespit@mail.mae.es; www.amba-spagna.com; Palazzo Borghese – Largo Fontanella di Borghese 19, 00186 Roma)

Svizzera (☎ 031-350 5252; fax 031-350 5255; ambespch@mail.mae.es; Kalcheggweg 24, 3000 Berna 15)

Ambasciate e consolati in Spagna

Tutte le ambasciate straniere si trovano a Madrid, ma molti paesi hanno consolati anche in varie città dell'Andalusia, soprattutto a Siviglia. Fra le varie rappresentanze estere in Spagna ricordiamo le seguenti:

Francia (☎ 91 423 89 22; www.ambafrance-es.org; Calle Salustiano Olózaga 9, Madrid); **consolato di Siviglia** (cartina pp106-7; ☎ 954 29 32 00; www.consulfrance-seville.org; Plaza de Santa Cruz 1)

Italia (☎ 91 423 33 00; fax 91 575 77 76; archivio.ambmadrid@esteri.it; www.ambmadrid.esteri.it; Calle Lagasca 98, Madrid); **consolato di Siviglia** (cartina pp106-7; ☎ 954 22 85 76; Calle Fabiola 10)

Marocco (☎ 91 563 10 90; www.maec.gov.ma/madrid; Calle de Serrano 179, Madrid); **consolato di Algeciras** (cartina p243; ☎ 956 66 18 03; Calle Teniente Maroto 2); **consolato di Siviglia** (cartina pp100-5; ☎ 954 08 10 44; Pabellón de la Naturaleza, Camino de los Descubrimientos s/n, Isla de la Cartuja)

Portogallo (☎ 91 782 49 60; www.embajadaportugal-madrid.org; Calle Pinar 1, Madrid); **consolato di Madrid** (☎ 91 577 35 85; Calle Lagasca 88); **consolato di Siviglia** (cartina pp100-5; ☎ 954 23 11 50; Avenida del Cid 1)

Svizzera (☎ 91 436 39 60; fax 91 436 39 80; vertretung@mad.rep.admin.ch; www.eda.admin.ch/spain; Calle de Núñez de Balboa 35 A, 7° – Edificio Goya, Madrid); **consolato di Algeciras** (☎ 956 66 18 03; Calle Delfín 20)

ASSICURAZIONE

È sempre una buona idea stipulare una polizza assicurativa che copra i rischi di furto, perdita o smarrimento dei bagagli e le spese mediche. In genere le agenzie di viaggi possono consigliare la polizza più adatta alle necessità dei singoli viaggiatori. Se avete optato per un viaggio organizzato, l'assicurazione sarà senz'altro inclusa nel 'pacchetto', ma controllate bene che tipo di copertura prevede. Se viaggiate per conto vostro potete provvedere voi stessi, rivolgendovi a un'assicurazione specializzata per il turismo. Fra le compagnie assicurative segnaliamo **Ami Assistance** (www.esperia.it/assicurazione.htm), **Mondial Assistance** (www.mondial-assistance-italia.it) e **Europ Assistance** (www.europassistance.it). Leggete attentamente anche le condizioni scritte in piccolo: alcune polizze escludono specificamente dalla copertura le 'attività pericolose', che a volte comprendono anche le immersioni subacquee, l'uso di motoveicoli o addirittura le escursioni a piedi. Sarebbe preferibile scegliere una polizza che prevede il pagamento diretto di eventuali compensi medici o spese ospedaliere, invece di quelle che garantiscono solo un rimborso successivo all'assicurato, dopo che questi ha pagato di tasca propria le spese mediche. Se è previsto il rimborso successivo al pagamento, accertatevi di conservare tutta la documentazione delle spese sostenute. Controllate inoltre che la polizza copra i trasporti in ambulanza e il rimpatrio d'emergenza in aereo.

Stipulate l'assicurazione di viaggio il più presto possibile. Se la sottoscrivete solo una settimana prima della partenza, per esempio, potreste scoprire che la polizza non copre gli eventuali ritardi causati dagli scioperi. Se pagate i biglietti aerei con una carta di credito, spesso viene automaticamente inclusa una limitata assicurazione di viaggio e potete richiedere il rimborso del pagamento in caso l'operatore turistico non fornisca i servizi pattuiti.

I cittadini dell'UE hanno diritto all'assistenza sanitaria gratuita per le emergenze qualora in possesso della Tessera Europea di Assicurazione Malattia. V. p491 per maggiori particolari e p486 per informazioni sull'assicurazione dei veicoli.

ATTIVITÀ

In Andalusia è possibile praticare ogni tipo di attività all'aria aperta, dal windsurf nell'estremità meridionale della regione, alla scalata della cima più elevata dell'intero territorio spagnolo. Nell'ambito di molte attività all'aria aperta sono disponibili anche lezioni e corsi. Per informazioni più particolareggiate, v. il capitolo Attività all'aperto (p74).

BAMBINI

Viaggiare in Andalusia con i bambini è decisamente piacevole. Si può trovare tutto il necessario con facilità e gli andalusi, in genere, sono molto amichevoli con loro. Essi chiamano *rubia* (bionda) o *rubio* qualsiasi bambina/o che non abbia i capelli di un nero corvino. Accompagnati dai genitori i più piccoli sono i benvenuti in tutti gli alberghi e praticamente in tutti i caffè, bar e ristoranti. I bambini andalusi sono abituati a fare tardi la sera e durante le fiestas non è raro vedere scorrazzare in strada alle 2 o 3 di notte bambini anche molto piccoli. I bimbi stranieri in viaggio solitamente imiterebbero volentieri i loro coetanei spagnoli, ma non sempre riescono a cambiare i propri ritmi così rapidamente.

In genere tutti gli alberghi sono in grado di fornire, su richiesta, un lettino, ma nei ristoranti è abbastanza difficile trovare dei seggioloni. Sono invece disponibili i seggiolini di sicurezza per i bambini negli autonoleggi: se prenotate la vettura tramite internet vi verrà senz'altro offerta questa possibilità. Nei taxi i seggiolini di sicurezza sono una rarità. Gli andalusi sono ancora piuttosto 'svogliati' per quanto riguarda l'uso dei seggiolini e delle cinture di sicurezza, anche se oggi la situazione sta cambiando lentamente in seguito ai maggiori controlli da parte delle forze di polizia.

In alcuni alberghi di lusso potrete trovare un servizio di baby-sitter. Aree e strutture per il cambio dei pannolini sono quasi inesistenti e l'allattamento al seno in pubblico è inusuale – ma se lo fate in maniera discreta non dovreste avere alcun problema.

Oltre alle spiagge, inesauribile fonte di divertimento per i bambini, ci sono moltissimi parchi, anche a tema. Troverete parchi acquatici e acquari in varie località della regione, ma soprattutto nella provincia di Málaga e lungo la Costa del Sol – per maggiori informazioni a questo riguardo, v. l'itinerario L'Andalusia per i ragazzi (p14). Un'altra caratteristica dell'Andalusia che esercita una grande attrazione sui viaggiatori più giovani è la facilità con cui si possono avvistare animali selvatici come delfini, scimmie, cervi, avvoltoi e cinghiali – per maggiori particolari a questo riguardo, v. la lettura Top ten – Osservazione degli animali (p65) nel capitolo Ambiente.

Lungo le coste i bambini più grandi potranno divertirsi cimentandosi negli sport acquatici – v. p77 per informazioni su quale sport è possibile praticare e dove. I venti generalmente deboli che soffiano sulla costa mediterranea la rendono più adatta ai principianti di alcuni sport acquatici rispetto alla sponda atlantica, ma i giovani più avventurosi potranno provare a fare windsurf o kitesurf sull'Atlantico, oppure a El Palmar (v. p228). Ma l'Andalusia offre a chiunque la possibilità di praticare attività avventurose; per altre idee, v. Attività all'aperto (p74).

In molti musei e luoghi di interesse turistico i bambini possono entrare gratuitamente o a tariffa ridotta. Quelli al di sotto dei 4 anni viaggiano gratuitamente sui treni spagnoli, mentre quelli di età compresa fra 4 e 11 anni solitamente pagano il 60% della tariffa intera.

Chi viaggia in compagnia dei bambini potrà trovare informazioni e suggerimenti utili nel volume di Cathy Lanigan *Viaggiare con i bambini*, una pubblicazione Lonely Planet tradotta in italiano da EDT (Torino 2002). Il libro offre consigli di base per la salute dei bambini e su come affrontare un viaggio durante la gravidanza.

Prima della partenza potete anche consultare il sito www.quantomanca.com, una guida completa per chi viaggia con i bambini, con preziosi suggerimenti per rendere il viaggio più gradevole, giochi da fare in viaggio e altro ancora. Il sito www.babyinviaggio.it contiene esperienze di viaggio con i bambini attraverso l'Europa e altri continenti.

CARTINE

La cartina *Andalucía* pubblicata da Michelin in scala 1:400.000 è ottima per una pianificazione complessiva degli spostamenti e viene aggiornata ogni anno. Si trova con facilità un po' ovunque, sia in Andalusia sia all'estero – cercatela presso le stazioni di servizio o nelle librerie specializzate.

Le cartine fornite dagli uffici turistici sono in genere molto utili per visitare le diverse città e i loro dintorni. Lo stesso dicasi per le cartine che si trovano negli elenchi telefonici, corredate da un elenco delle strade principali. Se volete qualcosa di più completo, esistono cartine dedicate alle singole città appartenenti a serie come Telstar, Escudo de Oro, Alpina o Everest – anch'esse con l'indice delle strade – che si trovano in vendita nelle librerie. Prima di acquistarle, però, controllate sempre la data di pubblicazione.

Su internet, **Multimap** (www.multimap.com) e **Andalucía** (www.andalucia.com) offrono la possibilità di consultare gli stradari delle città andaluse.

Se prevedete di fare escursioni a piedi in Andalusia, dovreste procurarvi le migliori cartine possibili. Fra le serie raccomandabili – di solito accompagnate da guide – vi sono quelle pubblicate da Editorial Alpina, Editorial Penibética e Britain's Discovery Walking Guides. Il **Centro Nacional de Información Geográfica** (CNIG; www.cnig.es), il servizio editoriale dell'Instituto Geográfico Nacional (IGN), ha pubblicato negli anni '90 un'utile serie di *Mapa Guía* dei parchi nazionali e naturali, prevalentemente in scala 1:50.000 o 1:100.000. Il CNIG ha anche cartine che coprono i tre quarti del territorio andaluso: si tratta della serie *Mapa Topográfico Nacional* in scala 1:25.000, che comprende cartine quasi tutte abbastanza aggiornate. Sia il CNIG sia il Servicio Geográfico del Ejército (SGE) pubblicano delle serie di cartine in scala 1:50.000: la *Serie L* dell'SGE è tendenzialmente più aggiornata (molte delle sue cartine sull'Andalusia sono state pubblicate dopo la metà degli anni '90). Le cartine CNIG possono riportare il marchio CNIG, IGN o entrambi.

Anche la Junta de Andalucía, il governo regionale andaluso, pubblica diverse cartine, fra cui la serie *Mapa Guía* sui parchi naturali e nazionali. Sono molto recenti e facili da trovare, anche se forse più utili per viaggiare in automobile che a piedi – sono in scala 1:75.000. Hanno una copertina di colore prevalentemente verde, mentre le *mapas guía* di CNIG hanno copertine sul rosso o rosa. Fra le altre cartine pubblicate dalla Junta ricordiamo quelle in scala 1:10.000 e 1:20.000 che coprono l'intera Andalusia – sono ottime ma non è facile trovarle in commercio.

Talvolta può essere difficile acquistare le cartine una volta arrivati sul posto, quindi sarebbe meglio procurarsele in anticipo. **Stanfords** (☎ 020-7836 1321; www.stanfords.co.uk; 12-14 Long Acre, Londra WC2E 9LP, Regno Unito) offre un buon assortimento di cartine sulla Spagna, che si possono ordinare anche su internet. In Spagna, potete cercarle nelle librerie specializzate in cartine o guide turistiche; alcune di esse sono indicate in questa guida, nei capitoli dedicati alle diverse località. LTC a Siviglia (v. p102) è il migliore negozio che venda cartine in Andalusia, nel quale si trovano quasi tutte le cartine Junta, SGE e CNIG.

CNIG ha uffici dove è possibile comprare le sue cartine negli otto capoluoghi di provincia dell'Andalusia, fra i quali ricordiamo i seguenti:

Granada (cartina pp382-3; ☎ 958 90 93 20; Avenida Divina Pastora 7 e 9)
Málaga (☎ 952 21 20 18; Calle Ramos Carrión 48)
Siviglia (cartina pp100-5; ☎ 955 56 93 20; Avenida San Francisco Javier 9, Edificio Sevilla 2, 8°, módulo 7)

Cartine disponibili in Italia

Se volete procurarvi una carta in Italia troverete una buona scelta. Oltre alle innumerevoli carte generali della Spagna, in cui naturalmente l'Andalusia è compresa, vi è un buon numero di carte specifiche, molte delle quali già citate nel paragrafo precedente. Si va da *Andalucía* edita da Rough Guides (scala 1:650.000), alla carta *Spagna Sud* del Touring Club Italiano (scala 1:500.000), passando per la carta n. 578 *Andalucía di* Michelin (scala 1:400.000), fino alla carta in due fogli di produzione governativa dal titolo *Andalucía* e a quella intitolata *Costa del Sol* edita FMB, entrambe in scala 1:300.000; con lo stesso titolo *Costa del Sol* è reperibile la carta di Berndson & Berndson (1:250.000), mentre di Geo Estel trovate le due carte *Andalucía Occidental* e *Andalucía Oriental*, sempre in scala 1:250.000. Per quanto riguarda le carte in scala 1:200.000 i titoli sono i seguenti: *Andalusien/Andalusia* delle edizioni tedesche Mair, le carte *Costa del Sol* di Michelin e di Firestone e, ancora, le carte governative di ciascuna provincia andalusa. Per quanto attiene alle pubblicazioni ufficiali del CNIG, anche nelle librerie italiane specializzate potete richiedere i fogli dedicati alla regione, disponibili in scala 1:50.000 e 1:25.000, nonché diverse altre carte per lo più dedicate ai parchi nazionali: *Parque Natural de Sierra Nevada* (1:100.000); *Sierra Nevada, Parque Natural Bahía de Cadiz, Parque Natural de Doñana* (tutte 1:50.000); *Parque Natural Montes de Malaga* ed *Estrecho de Gibraltar* (entrambe 1:25.000). Della già citata Editorial Alpina potete infine trovare le seguenti carte: *Sierra de Segura*, in due fogli, e *Sierra de Cazorla* (entrambe in scala 1:40.000). Infine, le edizioni Tartessos pubblicano otto volumi di *Geografia de Andalucía*, a cura di G. Cano García, corredati da dettagliatissime mappe tematiche della regione.

Per informazioni su tutte le carte citate potete rivolgervi a **VEL – La Libreria del Viaggiatore** (☎ /fax 0342 21 89 52; vel@vel.it; www.vel.it; Via Angelo Custode 3, 23100 Sondrio) o più in generale alle librerie italiane specializzate in cartine, guide e narrativa di viaggio. Ne segnaliamo alcune situate nelle principali città italiane: **Gulliver** (☎ 045 800 7234; info@gullivertravelbooks.it; www.gullivertravelbooks.it; Via Stella 16/b, 37100 Verona); **Il Giramondo** (☎ 011 473 2815; ilgiramondo@libero.it; www.ilgiramondo.it; Via G. Carena 3/b, 10100 Torino); **Il Mondo in Tasca** (☎ 011 88 81 40; info@ilmondointasca.com; www.ilmondointasca.com; Via Montebello 22/c, 10100 Torino); **Jamm** (☎ 081 552 6399; jammnapoli@libero.it; Via S. Giovanni Maggiore Pignatelli 1/a, 80100 Napoli); **Libreria del Viaggiatore** (☎ 06 6880 1048; libreriavaggiatore@tiscalinet.it; Via Pellegrino 78, 00100 Roma); **Libreria Stella Alpina** (☎ 055 41 16 88; fax 055 436 0877; info@stella-alpina.com; www.stella-alpina.com; Via F. Corridoni 14 b/r, 50134 Firenze); **Libreria Transalpina** (☎ 040 662 297; fax 040 661 288; libreria@transalpina.it; Via di Torre Bianca 27/a, 34122 Trieste); **Luoghi e Libri** (☎ 02 738 8370; info@luoghielibri.it; www.luoghielibri.it; Via M. Melloni 32, 20129 Milano) e **Pangea** (☎ 049 876 4022; pangea@intercity.shiny.it; Via S. Martino e Solferino 106, 35100 Padova).

CLIMA

C'è una netta differenza fra il clima della costa e quello dell'entroterra. Nell'interno, il clima può essere piuttosto rigido da novembre a febbraio e torrido nei mesi di luglio e agosto, mentre lungo la costa le temperature sono miti in inverno e non troppo elevate in estate. Poiché i venti principali provengono dall'Oceano Atlantico, la parte occidentale dell'Andalusia ha un clima più umido rispetto a quella orientale.

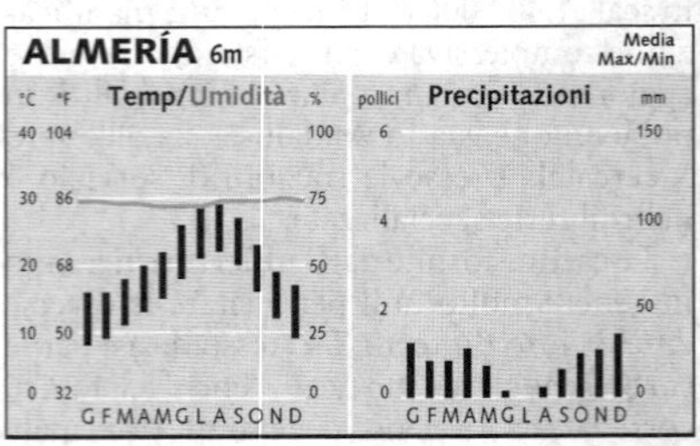

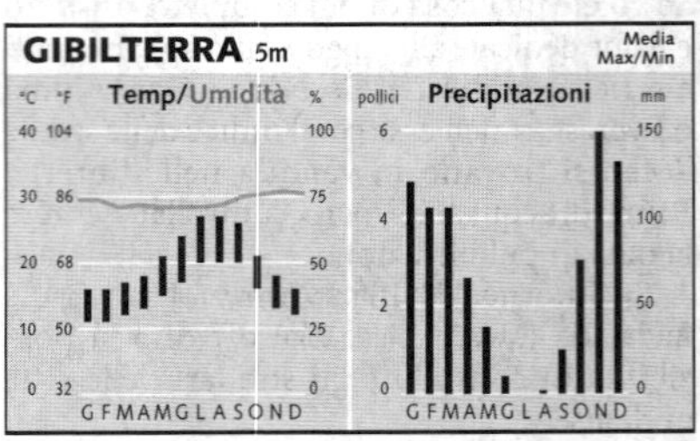

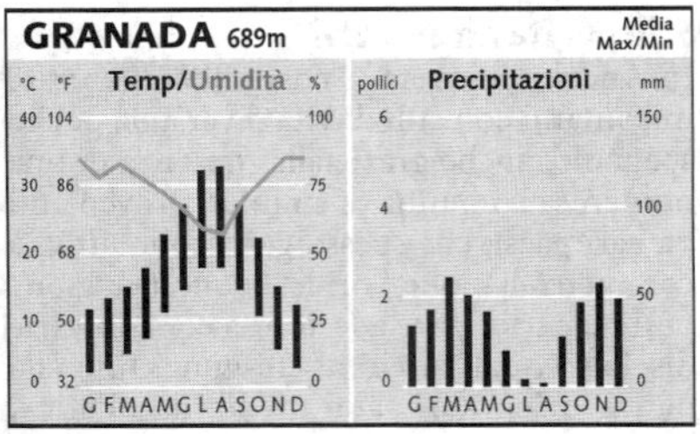

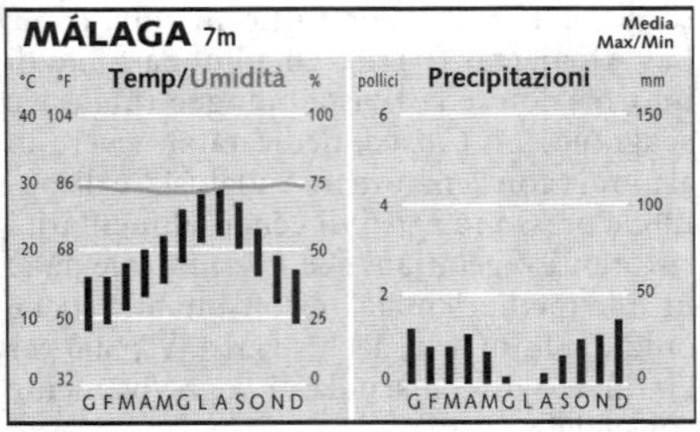

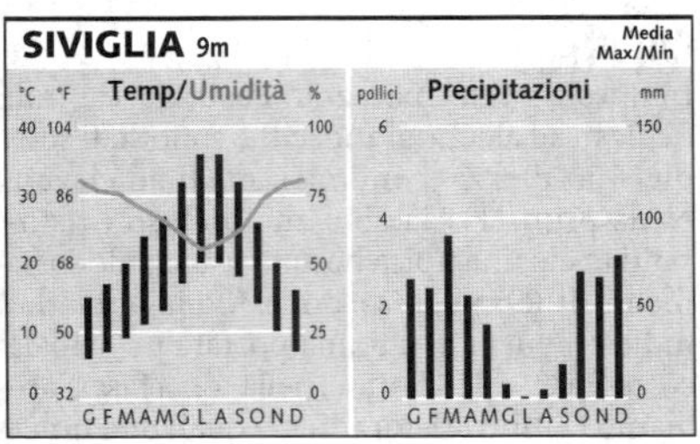

Le condizioni meteorologiche in Andalusia sono più imprevedibili di quanto si possa immaginare. Solo nei mesi di giugno, luglio e agosto si può essere più o meno sicuri che non pioverà. In inverno (da novembre a febbraio) il clima, tendenzialmente secco e non molto freddo, crea talvolta problemi di siccità, oppure può piovere per diverse settimane consecutive, con il conseguente rischio di alluvioni.

Per consigli sui periodi migliori per visitare l'Andalusia v. p6.

CORSI

Seguire un corso in Andalusia è un ottimo modo per imparare qualcosa e allo stesso tempo un'opportunità per conoscere la gente del posto ed entrare in diretto contatto con la vita locale. Molte università e scuole offrono corsi di lingua (v. p461) e corsi sulla storia, la letteratura e la cultura spagnole.

Attività all'aria aperta

Fra i numerosi corsi che potete frequentare ricordiamo quelli di immersioni e sci; per informazioni più particolareggiate v. il capitolo Attività all'aperto (p74).

Cucina

I corsi di cucina creativa spagnola sono sempre più richiesti – v. p91 per il nostro elenco dei corsi più consigliati.

Danza

In Andalusia la danza ha da sempre un posto di primo piano. Qui i ballerini di professione potranno accrescere e approfondire le loro capacità, mentre i principianti potranno fare le loro prime esperienze con il flamenco e altri tipi di ballo. V. i capitoli dedicati a Siviglia (p119) e Granada (p396) per maggiori informazioni su corsi di danze spagnole e/o chitarra. La rivista *El Giraldillo* (disponibile negli uffici turistici) contiene le pubblicità delle scuole e dei corsi di danza. Si può anche imparare a ballare la salsa o il tango a Granada, il flamenco a Nerja, o la musica tipica dei film prodotti a Bollywood (India) a Vejer de la Frontera. Contattate **Dance Holidays** (www.danceholidays.com).

Lingua

L'insegnamento della lingua spagnola agli stranieri è un'attività sempre più fiorente in Andalusia e vengono continuamente aperte nuove scuole. L'**Instituto Cervantes** (www.cervantes.es, in spagnolo) offre una grande quantità di informazioni sui corsi frequentabili in Andalusia. Questo istituto ha filiali in più di trenta città in tutto il mondo. In Italia l'Instituto Cervantes ha tre sedi: a **Milano** (☎ 02 7202 3450, fax 02 7202 3829; cenmil@cervantes.es; Via Dante 12, 20121 Milano), a **Roma** (☎ 06 853 73 61, fax 06 854 62 32; cenrom@cervantes.es; Via di Villa Albani 14/16, 00198 Roma) e a **Napoli** (☎ 081 372 1195, fax 081 372 1199; cennap@cervantes.es; Piazza Vanvitelli 15, 80129 Napoli). Il suo scopo principale è quello di promuovere la lingua e la cultura spagnole. **Spanish Directory** (www.europa-pages.com/spain) è un'altra ottima fonte di informazione su internet sui corsi di lingua.

Siviglia (p119), Granada (p396), Málaga (p270) e Cadice (p193) sono le località più popolari dell'Andalusia per studiare lo spagnolo, ma ci sono scuole anche in molte altre città belle e interessanti, come Córdoba (p329), e perfino in alcuni villaggi di montagna come Cómpeta (p311) nella provincia di Málaga. Le sezioni dedicate ai corsi, in questa guida, contengono l'indicazione di alcune scuole consigliate, ma gli uffici turistici vi potranno fornire una quantità ulteriore di notizie particolareggiate sulle scuole di lingua nella zona.

I corsi universitari spesso offrono il migliore rapporto qualità-prezzo: un tipico corso di quattro settimane, con 20 ore di lezione alla settimana, costa indicativamente da €500 a €600. In genere hanno durata variabile, da un minimo di due settimane fino a un anno. Le scuole private quasi sempre sono più flessibili per quanto riguarda l'inizio e la durata dei corsi. Quasi tutti gli istituti offrono lezioni per ogni livello, dai principianti a coloro che vogliono perfezionarsi su argomenti specifici.

Molte scuole forniscono anche l'alloggio presso famiglie, case dello studente o appartamenti – il costo si aggira intorno a €300 al mese, senza i pasti, oppure da €700 a €1000 al mese con servizio di pensione completa. La soluzione più economica è condividere un appartamento con altri studenti; in questo caso si spendono circa €180 al mese.

Per scegliere quale scuola frequentare, bisognerebbe valutare fino a che punto il corso è intensivo (l'elemento che varia maggiormente), quante persone compongono le classi e qual è il loro livello di conoscenza della lingua spagnola, nonché l'offerta di attività extrascolastiche organizzate. Nella scelta di una scuola, è fondamentale poter contare sui pareri e sulle raccomandazioni di studenti che l'hanno già frequentata. Vale anche la pena di chiedere se il corso dà diritto a ottenere un certificato ufficiale del livello di conoscenza della lingua raggiunto dai partecipanti. I Diplomas Oficiales de Español como Lengua Extranjera (DELEs) sono rilasciati dal Ministero dell'Istruzione e delle Scienze spagnolo e sono riconosciuti a livello internazionale. I diplomi in questione vengono rilasciati per il livello iniziale, intermedio e superiore. Per un principiante, è necessario seguire un corso di circa 40 ore per ottenere il diploma DELE di livello minimo.

In molte località è anche facile trovare insegnanti che diano lezioni private. Cercate nelle bacheche delle università o delle scuole di lingua, o negli annunci pubblicati sui quotidiani locali. Per una lezione privata individuale in genere si paga circa €15 l'ora.

Stili di vita alternativi

In Andalusia avrete la possibilità di entrare in contatto con stili di vita diversi da quello spagnolo, anche grazie alla presenza di una numerosa comunità di stranieri provenienti da vari paesi, che spesso gestiscono attività commerciali molto floride. In questa regione potrete partecipare a lezioni o corsi in varie discipline, dal tai-chi al chi-gung, fino alla danza orientale e alla medicina olistica, basta sapere esattamente dove cercare. Ci sono molti corsi soprattutto in zone come Las Alpujarras (p412). Una buona fonte di informazioni è la rivista bilingue (inglese e spagnolo) *La Chispa*, dedicata al 'vivere in armonia con la natura in Andalusia' e disponibile presso i negozi di generi alimentari, i ristoranti vegetariani e le *teterías* (sale da tè in stile mediorientale), e consultabile anche online sul sito www.lachispa.net. V. p303 per l'indirizzo di una scuola di yoga vivamente consigliata.

CUCINA

In questa guida i paragrafi Pasti, nei capitoli dedicati ad alcune grandi città, sono stati suddivisi in prezzi economici, medi ed elevati. Nella prima fascia abbiamo incluso i ristoranti in cui una tipica portata principale costa meno di €9; nella seconda fascia abbiamo indicato quelli in cui una portata principale costa fra €9 e €15; infine, nella terza fascia abbiamo riunito i ristoranti nei quali una tipica portata principale costa più di €15.

I ristoranti in genere aprono per pranzo fra le 12.30 e le 13.30, e chiudono alle 16, mentre per cena aprono all'incirca dalle 19.30 alle 20.30 e chiudono fra le 23 e le 24. In questa guida abbiamo riportato gli orari di apertura dei ristoranti sono quando sono molto diversi da quelli appena citati. Per una panoramica della cucina andalusa v. p83.

DOCUMENTI E VISTI

Secondo le norme vigenti, i cittadini dei paesi della UE (italiani compresi, naturalmente) e della Confederazione Elvetica non hanno bisogno del passaporto per recarsi in Andalusia; è sufficiente la sola carta d'identità valida per l'espatrio. I minori di 15 anni devono essere muniti della 'carta bianca', oppure essere registrati sul passaporto di uno dei genitori. Se il vostro soggiorno si dovesse protrarre per un lungo periodo (di solito oltre i tre mesi), contattate le autorità locali competenti al fine di ufficializzare la vostra presenza nel paese.

Per i cittadini di molti paesi, fra cui Australia, Canada, Giappone, Nuova Zelanda, Singapore e Stati Uniti, non è necessario avere un visto se il soggiorno dura meno di 90 giorni, ma è necessario che siano muniti di passaporto.

Al momento della stesura di questa guida, dovevano farsi rilasciare un visto per entrare in Spagna i cittadini di Sudafrica, Russia, Marocco, India e Pakistan. Se pensate di aver bisogno di un visto per entrare nel paese, rivolgetevi a un consolato spagnolo con largo anticipo rispetto al momento previsto per la partenza. Il visto normalmente necessario, nei casi richiesti, è quello previsto dagli accordi di Schengen, che è valido non solo per la Spagna ma per tutti gli altri 14 paesi partecipanti a quella convenzione, in base alla quale sono stati aboliti i controlli alle frontiere a partire dal 2000. Gli altri paesi aderenti agli accordi di Schengen sono Italia, Austria, Belgio, Danimarca, Finlandia, Francia, Germania, Grecia, Islanda, Lussemburgo, Norvegia, Paesi Bassi, Portogallo e Svezia. Il visto va richiesto direttamente dalla persona interessata presso il consolato del proprio paese di residenza. Nel Regno Unito, il costo del visto è ad oggi di £24,15 (equivalenti a €37 circa).

DOGANA

Per chi proviene da paesi non appartenenti alla UE, è consentito portare in Spagna in esenzione del dazio 2 l di vino, 1 l di liquori e 200 sigarette o 50 sigari. Gli sconti duty-free fra i paesi della UE sono stati aboliti nel 1999. I limiti all'importazione o esportazione di beni sdoganati fra altri paesi della UE e la Spagna sono di 110 l di birra, 90 l di vino, 10 l di liquori, 800 sigarette e 200 sigari. A tale proposito vi consigliamo di consultare il sito www.agenziadogane.it; troverete altre informazioni sulle disposizioni doganali vigenti per/dall'Italia verso i paesi UE.

Cani e gatti devono essere accompagnati dal passaporto per animali domestici istituito dalla UE, che contiene tutte le informazioni sulla storia clinica dell'animale. Per informazioni dettagliate e aggiornate sulle modalità di rilascio contattate il servizio veterinario della vostra ASL di competenza territoriale (tra i controlli effettuati, la validità delle vaccinazioni, in particolare quella antirabbica).

DONNE IN VIAGGIO

Le donne spagnole hanno ormai conquistato all'interno della società una posizione di completa uguaglianza rispetto agli uomini. Lavorano, contribuiscono al mantenimento della famiglia, gestiscono il proprio denaro e partecipano alle decisioni relative al nucleo familiare. In Spagna l'uguaglianza fra i sessi ha impiegato più tempo ad affermarsi rispetto a tanti altri paesi europei, ma oggi le donne hanno raggiunto un ottimo livello di autonomia e libertà e occupano importanti posizioni di potere in tutti i settori. Le donne giovani sono solitamente molto indipendenti e non esitano a rivendicare i propri diritti, anche se talvolta subiscono conseguenze spiacevoli. Anche in Spagna, infatti, accadono episodi di abusi e violenze sulle donne, un fenomeno che il primo ministro José Luis Rodríguez Zapatero ha incluso fra i principali problemi da affrontare subito dopo aver vinto le elezioni politiche nel 2004.

Gli uomini al di sotto dei 35 anni, cresciuti in epoca postfranchista, sono meno condizionati dagli stereotipi sessuali di chi è più anziano di loro, tendenzialmente più maschilista.

Anche se non sono molto frequenti gli episodi di molestie sessuali contro le turiste, le donne che viaggiano da sole dovrebbero prepararsi a ignorare sguardi, fischi e commenti indesiderati. Evitate scollature profonde, gonne troppo corte e magliette che lasciano scoperte le spalle, se non volete avere su di voi gli occhi degli uomini. In caso di pericolo, gridate *socorro* (aiuto) per richiamare l'attenzione dei passanti. Ovviamente, sarà opportuno comportarsi sempre seguendo il buon senso: pensateci due volte prima di avventurarvi in tratti di spiaggia isolati, lungo sentieri di campagna poco frequentati o nelle vie cittadine deserte di notte. Una donna sola, per esempio, farebbe meglio a evitare di girare nelle zone disabitate di Sacromonte, a Granada. È anche decisamente sconsigliato fare l'autostop da sole – ma è pericoloso farlo anche in coppia.

Indossare abiti succinti è normale in molte località balneari della costa, ma altrove le persone tendono a vestire in maniera più sobria. Come in Francia o in Italia, molte donne spagnole amano portare abiti eleganti e truccarsi. Se andrete a fare una passeggiata in una grande città andalusa la domenica pomeriggio, quando la gente esce per il *paseo* (passeggiata), vestite in modo un po' trasandato, potreste sentirvi fuori posto.

Ogni sede provinciale della Policía Nacional ha uno speciale Servicio de Atención a la Mujer (SAM), che letteralmente significa Servizio dedicato alle donne. La **Comisión para la Investigación de Malos Tratos a Mujeres** (Commissione investigativa sugli abusi commessi sulle donne; emergenze ☎ 900 10 00 09; www.malostratos.org, in spagnolo; 🕑 9-21) gestisce una linea di emergenza per le vittime di abusi fisici commessi in qualunque parte della Spagna. In Andalusia anche l'**Instituto Andaluz de la Mujer** (Istituto andaluso della donna; ☎ 900 20 09 99; 🕑 24 ore su 24) fornisce assistenza alle donne in caso di bisogno.

Prima della partenza, potete consultare il sito italiano www.donneinviaggio.com, dove troverete reportage di viaggio, curiosità e notizie dal mondo, nonché documentazione e link sulle organizzazioni che operano per la parità e i diritti femminili. Segnaliamo anche il sito www.permesola.com dove troverete suggerimenti e notizie curiose sul mondo dei viaggi al femminile.

FESTE E MANIFESTAZIONI

Gli andalusi amano esprimere la loro passione per il colore, il rumore, la folla, le sfilate, i travestimenti e i divertimenti dando vita a una miriade di esuberanti fiestas locali. Qualunque paese, anche i più piccoli, e qualunque *barrio* (quartiere cittadino) organizza diverse feste ogni anno, ciascuna dotata di una propria peculiarità. Molte fiestas hanno un carattere religioso, ma sono comunque molto allegre e pittoresche.

Nella maggior parte delle località la *feria* (la principale fiera annuale), che si tiene in estate, è accompagnata da concerti, sfilate, fuochi d'artificio, corride, giostre, balli e da una coinvolgente atmosfera festaiola. Troverete informazioni sui più importanti eventi locali nei paragrafi dedicati in questa guida alle singole città e paesi – ma anche gli uffici turistici sono, a questo riguardo, delle ottime fonti di informazioni aggiornate. Ecco le manifestazioni regionali di maggiore rilievo:

Gennaio

Día de los Reyes Magos (Giorno dei Re Magi) Si festeggia il 6 gennaio, giorno in cui i bambini ricevono dei regali per commemorare i doni portati dai Re Magi al Bambin Gesù. In molte città si tengono per le strade *cabalgatas* (cavalcate) dei Reyes Magos durante la serata del giorno precedente, seguite con entusiasmo da una grande folla.

Febbraio/marzo

Carnaval (Carnevale) Il Carnevale viene festeggiato con sfilate in maschera e facendo baldoria in molte località (il più sfrenato è quello di Cadice). Le manifestazioni cessano solamente il martedì che cade 47 giorni prima della domenica di Pasqua.

Marzo/aprile

Semana Santa (Settimana Santa) È il più importante evento del calendario religioso della Spagna; durante la settimana precedente la domenica di Pasqua si svolgono processioni con immagini sacre festosamente addobbate e lunghi cortei di *nazarenos* (penitenti), mentre una folla enorme si accalca per le strade di qualunque città, paese e villaggio. Nelle località principali si tengono processioni tutti i giorni dalla domenica delle Palme alla domenica di Pasqua. Le celebrazioni più intense e sfarzose sono quelle di Siviglia, ma ne potrete vedere altre ugualmente spettacolari anche a Málaga, Granada, Córdoba, Arcos de la Frontera, Jaén, Baeza e Úbeda.

Maggio

Cruces de Mayo (Croci di maggio) Verso il 3 maggio, le piazze e i patios di molte città, soprattutto Granada e Córdoba, vengono addobbate con croci decorate da fiori. Nelle vicinanze spuntano chioschi, bar e bancarelle di prodotti alimentari. Inoltre si tengono spettacoli di musica e danza.

Giugno

Hogueras de San Juan (Falò di San Giovanni) Fuochi d'artificio e falò, specialmente sulle spiagge, caratterizzano questa festa, che si tiene il 23 giugno. In questa occasione, molte migliaia di persone trascorrono la notte sulle spiagge dell'Andalusia.

Luglio

Día de la Virgen del Carmen Durante la festa della patrona dei pescatori, che si tiene il 15 luglio, l'immagine della Vergine viene portata in mare o fatta sfilare in mezzo a una flottiglia di piccole imbarcazioni in molte città della costa.

FESTIVITÀ

In Spagna le festività annuali sono ufficialmente 14 – alcune vengono festeggiate a livello nazionale, altre solo a livello locale. L'elenco può cambiare da un anno all'altro. Se la data della festività coincide con un fine settimana, può capitare che venga spostata al lunedì successivo, mentre se cade due giorni prima o dopo, molti spagnoli amano fare il ponte *(puente)*.

I due principali periodi di vacanza per gli spagnoli sono la Semana Santa (Settimana

Santa, che precede la domenica di Pasqua) e le sei settimane che vanno da metà luglio alla fine di agosto. In questi periodi le possibilità di alloggio nei centri di villeggiatura possono scarseggiare e i mezzi di trasporto sono spesso tutti prenotati.

Ecco le nove feste nazionali ufficiali:

Año Nuevo (Capodanno) 1° gennaio
Viernes Santo (Venerdì Santo) 21 marzo 2008
Fiesta del Trabajo (Festa del Lavoro) 1° maggio
La Asunción (Assunzione) 15 agosto
Fiesta Nacional de España (Festa Nazionale) 12 ottobre
Todos los Santos (Ognissanti) 1° novembre; giorno in cui vengono tradizionalmente commemorati i defunti.
Día de la Constitución (Festa della Costituzione) 6 dicembre
La Inmaculada Concepción (Immacolata Concezione) 8 dicembre
Navidad (Natale) 25 dicembre

Oltre alle feste citate nelle righe precedenti, l'amministrazione regionale stabilisce normalmente tre altre festività, mentre le amministrazioni locali altre due. Le tre festività regionali dell'Andalusia sono le seguenti:

Epifanía (Epifania) o **Día de los Reyes Magos** (Giorno dei Re Magi) 6 gennaio – v. p464
Día de Andalucía (Giorno dell'Andalusia) 28 febbraio
Jueves Santo (Giovedì Santo) 20 marzo 2008

Le seguenti festività locali sono spesso scelte da molti comuni:

Corpus Domini 22 maggio 2008
Día de San Juan Bautista (Festa di San Giovanni Battista, onomastico di re Juan Carlos I) 24 giugno
Día de Santiago Apóstol (Festa di San Giacomo Apostolo, santo patrono della Spagna) 25 luglio

INDIRIZZI

In Spagna, in un indirizzo come 'Edificio Sevilla 2, 8°', il simbolo dopo il numero 8 indica il piano dell'edificio – in questo caso è l'ottavo. Le lettere s/n poste dopo il nome di una strada (come Calle Beatriz s/n) sono l'abbreviazione di *sin número* (senza numero) – naturalmente stanno a indicare che l'edificio in questione non ha un numero civico.

INFORMAZIONI TURISTICHE

Uffici turistici in Spagna

In Andalusia tutte le grandi città e molte delle piccole, e spesso perfino i villaggi, hanno almeno una *oficina de turismo* (ufficio turistico). Il personale offre solitamente una grande quantità di informazioni utili e sempre più spesso parla diverse lingue straniere. Gli uffici sono inoltre ben forniti di opuscoli e altro materiale informativo cartaceo. Gli orari di apertura variano da una località all'altra.

Gli uffici turistici dell'Andalusia possono essere gestiti dal comune, dalle organizzazioni locali, dalle amministrazioni provinciali o direttamente dalla Junta de Andalucía, l'organo di governo regionale. Nelle grandi città ci sono spesso diversi uffici turistici e ognuno offre informazioni sul territorio di propria competenza. Il dipartimento ambientale della Junta de Andalucía, la Consejería de Medio Ambiente, gestisce inoltre dei centri per i visitatori in molte zone protette (*parques naturales* e così via).

Nei vari capitoli di questa guida troverete informazioni sugli uffici turistici competenti per la zona trattata.

L'ente nazionale spagnolo per il turismo è **Turespaña** (☎ 91 343 35 00, informazioni turistiche 901 300600; www.spain.info; Calle José Lázaro Galdiano 6, 28071 Madrid). L'ente regionale per il turismo dell'Andalusia è la **Consejería de Turismo, Comercio y Deporte** (☎ 955 06 51 00; www.juntadeandalucia.es/turismocomercioydeporte; Torretriana, Isla de la Cartuja, 41092 Siviglia), che dipende dalla Junta de Andalucía. Le attività di marketing, promozione e pianificazione in ambito turistico sono gestite invece da **Turismo Andaluz** (☎ 951 29 93 00, informazioni turistiche 901 20 00 20; www.andalucia.org; Calle Compañía 40, 29008 Málaga).

Uffici turistici all'estero

Se prima della partenza desiderate richiedere materiale informativo contattate l'ente del turismo spagnolo presente nel vostro paese; in italiano, consultate il sito www.turismospagnolo.it. Nelle righe che seguono segnaliamo i riferimenti delle sedi presenti in Italia e Svizzera:

Italia Milano (☎ 02 7200 4617; fax 02 7200 4318; milan@tourspain.es; www.turismospagnolo.it; Via Broletto 30, 20121 Milano; 🕑 10-12 da lunedì a venerdì); **Roma** (☎ 06 678 3106; fax 06 6992 2147; roma@tourspain.es; Piazza di Spagna 55, 00187 Roma; 🕑 9-14 da lunedì a venerdì)
Svizzera Ginevra (☎ 022-731 1133; fax 022-731 1366; ginebra@tourspain.es; 15, Rue Ami-Lévrier, 2°, 1201 Ginevra; 🕑 9-17 da lunedì a venerdì); **Zurigo** (☎ 044-253 6050; fax 044-252 6204; zurich@tourspain.es; Seefeldstrasse 19, 8008 Zurigo; 🕑 9-17 da lunedì a venerdì) Troverete informazioni sugli altri uffici consultando il sito web di Turespaña (www.spain.info).

MONETA

A partire dal 1° gennaio 2002 la Spagna ha adottato l'euro. Le banconote sono uguali in tutti i tredici stati che attualmente fanno parte dell'Unione Economica e Monetaria europea. Per viaggiare in Andalusia è molto comodo utilizzare carte di credito e bancomat, che vi permettono di fare pagamenti diretti o di ritirare contanti presso i *cajeros automáticos* (sportelli bancomat) presenti un po' ovunque. Sarebbe prudente portare più di una carta (se possibile) e anche qualche travellers' cheque. In questo modo non avrete problemi in caso di smarrimento di una carta.

Per informazioni sui costi di un viaggio in Andalusia v. p7.

Carte di credito e bancomat

Non tutti gli esercizi commerciali accettano pagamenti con carte di credito o bancomat. In genere si può pagare con le carte negli alberghi di fascia media o elevata, nei ristoranti e nei negozi di grandi dimensioni, ma non ci si può fare molto affidamento negli altri casi. Se pagate con una carta, è possibile che vi venga richiesto di presentare un documento di identità. Prima della partenza, consigliamo ai viaggiatori italiani di verificare presso la propria banca se in Andalusia può essere utilizzato lo stesso codice PIN usato in Italia per effettuare prelievi automatici con il bancomat (in alcuni paesi occorre digitare un numero in più o in meno, oppure firmare una ricevuta allo sportello bancario). Assicuratevi inoltre di avere con voi i numeri telefonici da chiamare per denunciare il furto o lo smarrimento della carta di credito o del bancomat, e di conseguenza poterli bloccare.

Considerando le commissioni, le spese, i differenziali nei tassi di cambio e gli altri metodi che le banche adottano per guadagnare sul cambio del contante, per i turisti che provengono da paesi esterni all'area dell'euro è più conveniente utilizzare per i propri acquisti la carta di credito o il bancomat, con la possibilità di ritirare contanti come seconda scelta. I riferimenti in Italia dei principali istituti di credito a cui rivolgersi per avere maggiori informazioni sono i seguenti: **AmEx** (☎ 800 131 141), **Diners Club** (☎ 800 864 064), **MasterCard** (☎ 800 870 866) e **Visa** (☎ 800 819 014).

Mance

In Spagna la legge prevede che la percentuale per il servizio sia compresa nei prezzi indicati sul menu, quindi dare la mancia è una questione di scelta personale. La maggior parte delle persone lascia qualche moneta se è rimasta soddisfatta dal servizio: il 5% dell'importo del conto è più che sufficiente. Ai facchini degli alberghi generalmente si dà una mancia di €1,50. Di solito non è necessario dare la mancia ai tassisti, ma un piccolo arrotondamento sul prezzo non guasta mai.

Tasse e rimborsi

Anche in Spagna, come in Italia, la tassa sul valore aggiunto si chiama IVA *(impuesto sobre el valor añadido)*. Quella applicata su tariffe di alberghi e ristoranti è del 7% e solitamente (ma non sempre) è inclusa nel prezzo che viene richiesto. Sull'acquisto di beni e sul noleggio di automobili, si applica invece il 16%. Come regola, le tariffe citate in questa guida la comprendono. Alcuni albergatori sono disposti a non addebitarvela se pagate in contanti e non richiedete una ricevuta. Per sapere se è inclusa, dovete chiedere '*¿Está incluido el IVA?*'.

I viaggiatori italiani non hanno diritto ad alcun rimborso, mentre coloro che risiedono al di fuori della UE possono richiederlo per l'IVA al 16% pagata su acquisti di valore superiore a €90,15 effettuati presso qualunque negozio, a patto di portare i beni fuori dalla UE entro tre mesi. All'atto dell'acquisto, chiedete una fattura in cui siano indicati il prezzo e l'IVA di ogni articolo, nonché i vostri dati anagrafici e quelli del venditore. Per il rimborso dell'IVA dovrete presentare la fattura e i beni acquistati alla dogana dell'aeroporto o porto dal quale lasciate la UE. Il funzionario incaricato timbrerà la fattura, che poi presenterete agli sportelli di una banca dell'aeroporto o del porto nel quale vi trovate per ricevere il rimborso. Alcuni negozianti applicano una procedura leggermente semplificata, avvalendosi di servizi di rimborso come **Global Refund** (www.globalrefund.com) o **Premier Tax Free** (www.premiertaxfree.com).

Travellers' cheque

I travellers' cheque si possono cambiare in qualunque banca o ufficio di cambio. Le prime sono molto numerose, mentre i secondi – solitamente indicati dalla parola *cambio* – si trovano soprattutto nelle principali località di villeggiatura. Hanno orari di apertura più lunghi di quelli delle banche e seguono procedure più rapide per il cambio. I travellers' cheque Thomas Cook, Visa e American Express (Amex) sono accettati praticamente ovunque e offrono efficaci procedure di sostituzione. Gli uffici Amex non fanno pagare commissioni per cambiare i propri travellers' cheque. È sempre opportuno controllare in anticipo a quanto ammontano le commissioni che verranno applicate.

Queste possono variare a seconda del numero di assegni cambiati e del loro importo complessivo. In genere viene applicata una commissione attorno al 2% o 3%, con un importo minimo di €4 o €5. In Spagna solitamente non è possibile utilizzare i travellers' cheque al posto dei contanti per fare acquisti.

ORA

La Spagna ha la stessa ora dell'Italia tutto l'anno; è un'ora avanti rispetto al GMT/UTC in inverno, e due ore avanti quando entra in vigore l'ora legale, dall'ultima domenica di marzo all'ultima domenica di ottobre. La maggior parte degli altri paesi dell'Europa occidentale osserva la stessa ora della Spagna tutto l'anno. Le principali eccezioni a questa regola sono costituite da Regno Unito, Irlanda e Portogallo, che sono un'ora indietro.

Gli spagnoli indicano gli orari utilizzando le 24 ore per le questioni ufficiali (orari dei trasporti, e via dicendo), ma spesso nella conversazione quotidiana utilizzano soltanto le 12 ore.

ORARI DI APERTURA

Le banche generalmente sono aperte dalle 8.30 alle 14 dal lunedì al venerdì e dalle 9 alle 13.30. Ovviamente questi orari possono variare in base alla stagione o alla località in questione.

Quasi tutti i negozi e gli uffici privati (come le agenzie di viaggi, gli uffici delle compagnie aeree e degli operatori turistici che offrono visite guidate) aprono dalle 9 o dalle 10 fino alle 13.30 o alle 14 e dalle 17 alle 20 o alle 21 dal lunedì al sabato – ma alcuni esercizi al sabato pomeriggio sono chiusi. I supermercati, i grandi magazzini e i *centros comerciales* (centri commerciali con molti negozi) in genere fanno orario continuato, dalle 9 alle 21, dal lunedì al sabato.

I ristoranti e i bar di tapas solitamente sono aperti dalle 12.30 o dalle 13.30 alle 15.30 o alle 16, e dalle 19.30 o dalle 20.30 alle 23 o alle 24. Molti hanno un giorno di chiusura settimanale, di solito il lunedì.

I bar che rimangono aperti fino a notte fonda aprono quasi tutti nel tardo pomeriggio, ma si animano solamente fra le 23 e le 24; la chiusura è prevista tra le 2 e le 4 del mattino. Il venerdì, il sabato e la domenica in genere chiudono più tardi.

PERICOLI E CONTRATTEMPI

In generale l'Andalusia è una regione piuttosto sicura; dovrete però fare attenzione ai piccoli furti (che ovviamente non sembrano poi tanto piccoli, quando vi rubano i documenti, il denaro o la macchina fotografica).

Per sicurezza portate con voi solo una somma limitata in contanti e utilizzate soprattutto carte di credito, bancomat o travellers' cheque, più facili da sostituire in caso di smarrimento. Se la sistemazione dove alloggiate ha una cassaforte riponeteci i vostri beni più preziosi.

Il rischio di subire furti è più elevato nelle località di villeggiatura maggiormente frequentate dai turisti, nelle grandi città e quando si arriva in una località che ci è sconosciuta – in quest'ultimo caso è difficile percepire eventuali segni di pericolo. A Málaga, in particolare, agiscono bande di borseggiatori e ladruncoli pronti a strappare via qualsiasi oggetto ai turisti meno accorti. Non attirate l'attenzione mettendo in bella mostra denaro – soprattutto banconote di grosso taglio – oggetti di valore o macchine

TENETEVI INFORMATI

Per informazioni che possono risultare preziose per chi viaggia in Spagna, contattate il Dipartimento per gli Affari Esteri del vostro paese d'origine, oppure consultate i seguenti siti web:

- **www.viaggiaresicuri.mae.aci.it**, a cura del Ministero degli Affari Esteri italiano in collaborazione con l'**ACI** (☎ 06 491 115, numero attivo 24 ore su 24 anche dall'estero)
- **www.eda.admin.ch/travel/travelad_i.html**, la pagina dei 'Consigli di viaggio' del DFAE (Dipartimento Federale Affari Esteri) della Svizzera.

fotografiche costose, e non lasciate mai in vista il portafoglio; a volte basta che spunti da una tasca per diventare un bersaglio per i malintenzionati. Tenete sempre d'occhio i bagagli (la cosa migliore sarebbe non separarsene mai) e fate attenzione agli individui che vi toccano e che sembrano starvi troppo vicino senza motivo nelle stazioni degli autobus o in quelle ferroviarie, nelle strade affollate e in qualunque situazione simile. Quando utilizzate il bancomat, state attenti alle persone che si offrono di aiutarvi, anche nel caso in cui la vostra carta sia rimasta intrappolata dentro la macchina. Non lasciate mai oggetti in vista all'interno di una vettura parcheggiata.

Chiunque si trovi a lasciare l'aeroporto di Málaga in automobile deve fare attenzione a un raggiro che è stato messo in atto ai danni di alcuni turisti – si tratta della 'foratura della gomma'; per maggiori particolari v. p265.

Se in seguito al furto o allo smarrimento di oggetti di valore decidete di richiedere un indennizzo alla vostra assicurazione, dovete recarvi alla polizia a denunciare l'accaduto e poi farvi rilasciare una copia del verbale. Se avete bisogno di aiuto per sostituire il vostro documento d'identità in seguito a furto o smarrimento, contattate l'ambasciata o il consolato del vostro paese d'origine.

Terrorismo

Anche in Andalusia l'organizzazione terrorista basca ETA (Euskadi Ta Askatasuna, cioè baschi e libertà) ha di tanto in tanto commesso attentati dinamitardi e omicidi. Inoltre, la Spagna è stata di recente vittima di attacchi rivendicati da terroristi islamici. Prima di mettersi in viaggio, sarebbe dunque opportuno informarsi presso il Ministero degli Esteri del proprio paese per sapere quale sia la situazione in quel preciso momento. Consigliamo ai viaggiatori italiani di collegarsi al sito www.viaggiaresicuri.mae.aci.it e ai cittadini svizzeri di consultare il sito www.safetravel.ch.

POSTA

In base alle tariffe del 2006, per inviare una cartolina o una lettera di peso fino a 20 g si spendono €0,57 dalla Spagna agli altri paesi europei e €0,78 per il resto del mondo. Per una raccomandata *(certificado)* si paga un supplemento di €2,20, mentre per il servizio *urgente*, grazie al quale la vostra corrispondenza arriverà due o tre giorni prima del normale, si paga un extra di circa €2 per destinazioni internazionali. Spedire dall'Italia in Spagna una lettera o una cartolina di peso non superiore a 20 g costa €0,62, ossia il costo della tariffa di posta prioritaria (non è più possibile inviare posta ordinaria dall'Italia ai paesi europei). Per informazioni sulle modalità di spedizione dei pacchi dall'Italia, collegatevi al sito www.poste.it.

I francobolli sono in vendita negli *estancos* (tabaccherie con l'insegna 'Tabacos' in caratteri gialli su sfondo marrone), oltre che nelle *oficinas de correos* (uffici postali). Imbucare la corrispondenza nelle cassette postali gialle che si trovano nelle strade, chiamate *buzones*, è sicuro quanto imbucarla presso gli uffici postali. La corrispondenza per o dai paesi dell'Europa occidentale impiega circa una settimana per arrivare a destinazione, mentre per/dal Nord America ci vogliono circa dieci giorni e per/dall'Australia e la Nuova Zelanda due settimane.

Per il servizio di fermo posta, le buste devono essere indirizzate alla Poste Restante (o meglio, alla 'lista de correos', come si dice in spagnolo) con il nome della provincia scritto dopo quello della città. La busta verrà recapitata alla posta centrale della città indicata, a meno che sia specificato l'indirizzo di un altro ufficio postale. Per ritirare la posta è necessario esibire un documento d'identità. Il codice di avviamento postale della Spagna è costituito da cinque cifre e usandolo la corrispondenza tende ad arrivare più rapidamente.

QUESTIONI LEGALI

L'articolo 17 della costituzione spagnola stabilisce che chiunque venga arrestato deve essere immediatamente informato, in maniera comprensibile, in merito ai propri diritti e alle motivazioni del provvedimento. Chi viene fermato dalla polizia ha il diritto di essere assistito da un avvocato durante gli interrogatori o durante le indagini giudiziarie. Se la persona arrestata non nomina un proprio legale, lo stato spagnolo provvederà ad assegnargli un avvocato d'ufficio. In caso di arresto di cittadini di alcuni stati esteri, fra cui il Regno Unito, la polizia è inoltre tenuta a informare immediatamente il consolato della persona in questione. Coloro che sono stati tratti in arresto vengono solitamente rinchiusi in una cella della polizia in attesa di essere interrogati in via ufficiale. In base all'articolo 17 della costituzione spagnola l'accusato non è tenuto a rilasciare alcuna dichiarazione. Entro 72 ore l'arrestato deve comparire di fronte a un giudice oppure deve essere rilasciato. Durante l'interrogatorio alla presenza del giudice deve essere presente l'avvocato della difesa e, se necessario, un interprete.

Altre utili informazioni sulle procedure giuridiche spagnole e sugli avvocati sono disponibili sul portale dell'Unione Europea (www.europa.eu; in italiano), nella sezione 'Giustizia, libertà e sicurezza'.

Droga

A partire dal 1992 le leggi spagnole in materia di stupefacenti sono diventate molto più severe e attualmente è legale solo il possesso di marijuana per uso personale, il che significa in piccolissime quantità. L'uso di qualunque tipo di sostanza stupefacente in un luogo pubblico è illegale. Sarebbe dunque molto pericoloso fumare marijuana nella camera dell'albergo o della pensione.

I turisti che arrivano in Spagna dal Marocco, soprattutto se con un proprio veicolo, devono essere preparati a sottoporsi a un'accurata perquisizione.

Polizia

In Spagna esistono tre diverse forse di polizia. La **Policía Nacional** (polizia nazionale; ☎ 091) si occupa dell'ordine pubblico nelle città e ha sezioni speciali addette alla lotta contro lo spaccio di droga, il terrorismo e così via. Una parte del personale si occupa poi di tutte le pratiche amministrative e burocratiche delle stazioni di polizia – chiamate in spagnolo *comisarías*. La **Policía Local** (polizia locale; ☎ 092), chiamate anche Policía Municipal, dipende dai comuni e sbriga questioni di minore importanza, come la gestione del traffico, dei parcheggi e dell'applicazione dei regolamenti comunali. Gli agenti della polizia locale indossano una divisa bianca e blu. Gli uomini della **Guardia Civil** (guardia civile; ☎ 062), con la caratteristica uniforme verde, sono addetti alle strade, alle campagne e al controllo dei confini internazionali.

Se avete bisogno della polizia, potete rivolgervi a tutti e tre i corpi citati – ma in genere è più facile parlare con agenti della Policía Local.

ETÀ MINIMA PER LA LEGGE

- Diritto di voto: 18 anni
- Rilascio della patente di guida: 18 anni
- Acquisto di alcolici: 16 anni
- Rapporti sessuali: 13 anni (sia eterosessuali sia omosessuali – ma i rapporti tra un individuo sotto i 15 anni e uno sopra i 18 anni sono proibiti dalla legge)

LA LEGGE SPAGNOLA CONTRO IL FUMO

Nel 2006 una legge ha sancito il divieto di fumare in molti luoghi pubblici dell'intero territorio spagnolo, fra cui uffici, negozi, scuole, ospedali e mezzi pubblici. Uno dei motivi alla base di questa legge è la necessità di ridurre il numero dei decessi per malattie causate dal fumo di sigaretta, che in Spagna sono 50.000 all'anno. In virtù della legge 'antitabacco' approvata nel gennaio del 2006, i bar e i ristoranti con una superficie superiore a 100 mq sono obbligati a creare sale separate per fumatori, dotate di un apposito sistema di areazione. I bar e i ristoranti più piccoli possono invece scegliere se consentire ai propri clienti di fumare oppure no; per questo motivo dal 2006 si vedono sulle porte dei locali pubblici dei cartelli che indicano quali sono le regole applicate all'interno. In teoria, gli alberghi dovrebbero riservare almeno il 70% delle camere ai non fumatori, ma questa parte della legge sembra largamente ignorata.

SERVIZI IGIENICI

I servizi igienici pubblici sono piuttosto scarsi, ma non ci sono problemi a entrare in un bar o in un caffè per usare il bagno, anche senza fare ordinazioni. È opportuno avere con sé sempre della carta igienica, perché molti servizi igienici ne sono sprovvisti.

TELEFONO E FAX

In Spagna non esistono i prefissi telefonici; ogni numero nazionale è composto da nove cifre, digitando le quali potete chiamare qualunque località del paese. Se telefonate in Spagna da un'altra nazione, selezionate il prefisso internazionale seguito dal prefisso identificativo della Spagna ☎ 34, e componete poi il numero telefonico desiderato di nove cifre. Il prefisso internazionale della Spagna è ☎ 00.

In Spagna tutti i numeri degli apparecchi fissi iniziano con ☎ 9, mentre quelli con ☎ 6 appartengono a cellulari.

In molte città oggi si trovano uffici telefonici pubblici chiamati *locutorios*, dove è possibile fare telefonate internazionali a costi contenuti – per esempio circa €0,20 al minuto per telefonare negli Stati Uniti o €0,30 al minuto per chiamare l'Australia. Ricordate che i costi in questo caso sono simili a quelli dei telefoni pubblici che si trovano nelle strade. Più economiche sono le telefonate effettuate via internet verso numeri fissi, che si possono fare in alcuni *locutorios* e internet bar.

In Andalusia i telefoni pubblici nelle strade, di colore blu, sono molto numerosi e permettono di chiamare agevolmente sia i numeri spagnoli sia quelli esteri (quando non sono fuori uso). Funzionano con monete e/o *tarjetas telefónicas* (schede telefoniche) distribuite dalla Telefónica, la compagnia nazionale. Le schede sono vendute in tagli da €6 e €12 negli uffici postali e nelle *estancos*. I telefoni a moneta nei bar e nei caffè – solitamente di colore verde – sono in genere un po' più costosi rispetto a quelli pubblici che si trovano nelle strade. Telefonare dalla camera dell'albergo può essere molto più costoso: ogni esercizio applica tariffe diverse e pertanto prima di chiamare conviene sempre chiedere informazioni in proposito.

Chiamate per/dall'Italia

Per chiamare l'Andalusia in teleselezione dall'Italia, componete il prefisso internazionale (☎ 00 per la maggior parte dei paesi), seguito dall'indicativo spagnolo (☎ 34) e dal numero completo di nove cifre dell'utente desiderato. Viceversa, per telefonare in Italia dalla Spagna, digitate ☎ 00, attendete il segnale acustico di linea libera, quindi digitate ☎ 39, seguito dal prefisso della località italiana con lo zero iniziale e dal numero dell'abbonato.

Costi

Una chiamata di tre minuti effettuata da un telefono pubblico verso un apparecchio fisso costa circa €0,20 per le zone urbane, €0,30 per le destinazioni nell'ambito della stessa provincia, €0,40 per le altre province, €1 per i paesi della UE o gli Stati Uniti, e infine circa €2 per l'Australia. Per le chiamate internazionali sono più convenienti i *locutorios*. Tutte le telefonate effettuate da apparecchi pubblici sono più economiche del 10% o 20% nella fascia oraria compresa fra le 20 e le 8 dal lunedì al venerdì e il sabato e la domenica. Una chiamata di tre minuti effettuata da un telefono pubblico verso quasi tutti i cellulari spagnoli (il cui numero comincia con ☎ 6) costa circa €1.

Le telefonate verso numeri spagnoli che iniziano con ☎ 900 sono gratuite, mentre i numeri che iniziano con cifre che vanno da ☎ 901 a ☎ 906 hanno tariffe al minuto variabili; un numero molto comune è il ☎ 902, chiamando il quale si pagano circa €0,35 per tre minuti di conversazione da un telefono pubblico.

Le telefonate da linee private costano circa il 25% in meno di quelle effettuate da un telefono pubblico.

Fax

Quasi tutti gli uffici postali offrono anche il servizio di fax. Spedire una pagina costa €1,90 in Spagna, €8 in Europa e €15 in Nord America, Australia, Nuova Zelanda, Indonesia e isole dell'Oceania. Tuttavia, spesso si spende meno inviando il fax da negozi o uffici che espongono il cartello 'Fax Público'.

Telefonate a carico del destinatario e a servizi di informazioni

Per parlare con un operatore nazionale, chiamate ☎ 1009, valido anche per fare una *llamada por cobro revertido* – una chiamata nazionale a carico del destinatario.

Per fare una telefonata internazionale a carico del destinatario tramite un operatore del paese di destinazione, potete chiamare i seguenti numeri:

Australia (☎ 900 99 00 61)
Canada (☎ 900 99 00 15)
Francia (☎ 900 99 00 33)
Italia (☎ 900 99 03 91)
Nuova Zelanda (☎ 900 99 00 64)
Regno Unito (☎ 900 99 00 44)
Stati Uniti AT&T (☎ 900 99 00 11); MCI (☎ 900 99 00 14); Sprint (☎ 900 99 00 13)

Verso l'Italia questo servizio prende il nome di **Italy Direct**. Per ogni conversazione effettuata viene applicato un costo al minuto di €0,15, più una quota fissa di €6 (la quota fissa si riduce se la chiamata avviene in automatico, senza l'intervento dell'operatore). I prezzi

I prezzi s'intendono comprensivi di IVA, e le chiamate non andate a buon fine non comportano alcun addebito. Il servizio è senz'altro costoso e va utilizzato in caso di necessità.

I numeri per gli altri paesi sono in genere esposti nelle cabine telefoniche. In alternativa, solitamente si può trovare un operatore internazionale che parla inglese al ☎ 1008 per chiamate verso paesi europei, o al ☎ 1005 per telefonate verso il resto del mondo.

Per informazioni sui numeri telefonici e sugli abbonati spagnoli, dovete chiamare il ☎ 11822; la telefonata costa €0,22 per lo scatto alla risposta, più €0,01 al secondo.

Per informazioni telefoniche internazionali potete chiamare il ☎ 11825; tenete però presente che questo servizio ha un costo abbastanza elevato – €1 per lo scatto alla risposta, più €0,75 al minuto.

Telefoni cellulari

Se durante il vostro soggiorno in Spagna prevedete di fare molte telefonate nazionali, vale la pena di considerare la possibilità di acquistare un telefono cellulare spagnolo. Nelle principali vie dello shopping e nei centri commerciali di qualunque città si trovano negozi di telefonia mobile che vendono cellulari a prezzi vantaggiosi. Amena, Movistar e Vodafone sono gli operatori più comuni e affidabili. Dovrete però capire bene le caratteristiche degli apparecchi e le condizioni di acquisto. Se, per esempio, trovate un cellulare che al costo di €40 vi garantisce €50 di traffico prepagato, probabilmente significa che prima di utilizzare il credito di €50 dovete effettuare un certo numero di chiamate a tariffa normale.

La rete telefonica spagnola utilizza il sistema GSM900/1800, lo stesso in uso in Italia, quindi i viaggiatori italiani possono utilizzare il proprio cellulare in Andalusia. Prima della partenza, chiedete al vostro operatore se è abilitato al roaming internazionale e quali sono i costi per le chiamate e l'invio di SMS o messaggi vocali. Non dimenticate di portare con voi il caricabatterie ed eventualmente un adattatore per le prese elettriche.

Ofcom (www.ofcom.org.uk; consultate la sezione 'Advice for Consumers') e **Steve Kropla's Help for World Travelers** (www.kropla.com) sono siti con utili consigli su come usare il cellulare all'estero; in italiano, trovate materiale interessante sul sito dell'**Autorità per le Garanzie nelle Comunicazioni** (www.agcom.it; v. al fondo della home page 'Servizi di roaming internazionale'). Sul sito **GSM World** (www.gsmworld.com) troverete le mappe della copertura, elenchi di partner di roaming e link ai siti web delle varie compagnie telefoniche.

TESSERE SCONTO

Le tessere per studenti, insegnanti e giovani garantiscono sconti interessanti sui biglietti per aerei e altri mezzi di trasporto, ma anche per l'ingresso a musei, monumenti, luoghi di interesse turistico e divertimenti.

La International Student Identity Card (ISIC), per studenti, e la International Teacher Identity Card (ITIC), per insegnanti e docenti universitari, vengono rilasciate dalle università e dalle organizzazioni studentesche di viaggi come STA Travel. La tessera ISIC dà diritto a riduzioni sulle tariffe di aerei e treni, allo sconto del 50% sul biglietto d'ingresso ai musei nazionali di Spagna e a una riduzione fino al 20% sul prezzo dei biglietti degli autobus gestiti dalla compagnia Alsa. Potete procurarvi le tessere studenti e insegnanti (ISIC e ITIC) presso le sedi del CTS (Centro Turistico Studentesco e Giovanile); costano €10 e valgono fino al 31 dicembre dell'anno di emissione. Per ulteriori informazioni, potete rivolgervi al **CTS** (call center ☎ 199 501 150, attivo 🕓 8-21 da lunedì a venerdì e 9-20 sabato; sede nazionale ☎ 06 44 11 11; fax 06 4411 1400; www.cts.it; Via Andrea Vesalio 6, 00161 Roma). L'iscrizione al centro costa €30 e consente di fruire di vari servizi (tra cui l'organizzazione di viaggi con sconti particolari) e di ricevere in omaggio una delle suddette carte a scelta.

Chi ha meno di 26 anni può ottenere una tessera Euro<26 (Carnet Joven in Spagna; Carta Giovani in Italia), che in Europa è disponibile per i cittadini di qualunque nazionalità. La Carta Giovani, l'equivalente della Euro<26 in Italia, viene rilasciata dal CTS e dagli uffici 'Informa Giovani' dei comuni italiani. Costa €11 e ha la validità di un anno solare. Per richiedere maggiori informazioni su queste tessere rivolgetevi al CTS al recapito fornito poco sopra. Fra le riduzioni di cui possono beneficiare in Andalusia i titolari di tessere Euro<26 ricordiamo numerosi tipi di biglietti ferroviari (scontati dal 20% al 25%), il noleggio di automobili (20% di sconto), i biglietti degli autobus della compagnia Socibus e le tariffe delle camere di numerosi alberghi (dal 10% al 15%). Si possono ottenere riduzioni anche presso alcuni musei e luoghi di interesse turistico.

Per maggiori informazioni, per esempio su come ottenere queste tessere, consultate i siti www.istc.org e www.euro26.org.

Camping Card International

La Camping Card International è un certificato che può essere utilizzato nei campeggi al posto del normale documento d'identità rispetto al quale offre una copertura assicurativa per eventuali danni causati a terzi. Di conseguenza, molti campeggi garantiscono un piccolo sconto ai titolari di tale tessera, che viene rilasciata dalle associazioni automobilistiche, dalle federazioni di campeggi e talvolta dai campeggi stessi. In Italia, potete rivolgervi per informazioni alla **Confederazione Italiana Campeggiatori** (☎ 055 88 23 91; fax 055 882 5918; presidente@federcampeggio.it; www.federcampeggio.it; Via Vittorio Emanuele 11, 50041 Calenzano, FI). L'iscrizione alla Confederazione costa €35 e dà diritto al rilascio della CCI, che copre l'intero nucleo familiare. La tessera ha la validità di un anno solare, cioè scade il 31 dicembre dell'anno di emissione.

Tessera degli ostelli

Potrete procurarvi in Italia, prima della partenza, la tessera individuale **HI** (Hostelling International). Ha un costo di €9 per chi ha meno di 18 anni, €13 per i giovani fra i 18 e i 26 anni e €17 per tutti gli altri; è disponibile anche una tessera familiare molto conveniente al costo di €18 (ne sono esclusi i figli maggiorenni). La tessera è valida fino al 31 gennaio dell'anno successivo a quello di emissione ed è rilasciata da numerose organizzazioni e agenzie specializzate in turismo giovanile. Per maggiori informazioni ci si può rivolgere direttamente all'**Associazione Italiana Alberghi per la Gioventù** (☎ 06 4890 7740; fax 06 4898 7982; info@ostellionline.org; www.ostellionline.org; Via Farini 48/50, 00185 Roma).

VIAGGIATORI DISABILI

Alcuni uffici turistici spagnoli situati all'estero (v. p465) dispongono di informazioni e indirizzi utili per i viaggiatori disabili e possono fornire elenchi di alloggi attrezzati per le loro esigenze in varie località.

L'abbattimento delle barriere architettoniche sta facendo grandi passi in avanti in Andalusia: tutti gli edifici di nuova costruzione devono, per legge, essere accessibili ai disabili in carrozzella. La guida in lingua spagnola per viaggiatori disabili *Guía de los Hoteles más Accesibles para Viajeros en Sillas de Ruedas* (acquistabile su www.valinet.org) elenca più di 300 alberghi accessibili ai disabili in carrozzella. La scelta in Andalusia è piuttosto ampia: molti alberghi di media ed elevata categoria stanno adattando le camere e gli accessi per i disabili, e quasi tutti gli ostelli della gioventù dispongono di camere adatte alle persone con problemi di mobilità – purtroppo la situazione è ancora difficile nella categoria delle sistemazioni più economiche. In questa guida segnaliamo con un'icona che raffigura una carrozzella (♿) ogni luogo di interesse turistico e ogni sistemazione particolarmente ben organizzata per i viaggiatori disabili.

Accessible Travel & Leisure (☎ 01452-729739; www.accessibletravel.co.uk) è un'agenzia di viaggi specializzata in vacanze per disabili con problemi di mobilità. Può prenotare camere in alberghi, ville e appartamenti privi di barriere architettoniche in Spagna. Le seguenti organizzazioni con sede nel Regno Unito possono fornire informazioni sui viaggi per disabili:

Holiday Care (☎ 0845 124 9971; www.holidaycare.org.uk) Offre molte informazioni sulla Spagna a persone con necessità speciali, compresi consigli sugli alloggi accessibili ai disabili.

Radar (☎ 020-7250 3222; www.radar.org.uk) Gestito da disabili e per i disabili, questo eccellente sito web contiene link per siti specifici sui viaggi e le vacanze.

In Italia **Mondo possibile** (☎ 011 309 6363; fax 011 309 1201; info@mondopossibile.com; www.mondopossibile.com) si occupa di turismo accessibile per le persone con disabilità. Potete anche contattare il **Centro Documentazione Handicap** (☎ 051 641 5005; fax 051 641 5055; cdh@accaparlante.it; www.accaparlante.it; Via Legnano 2, 40132 Bologna). Anche se le suddette associazioni non dovessero avere in programma un viaggio verso l'Andalusia, possono fornire utili informazioni e materiale sui viaggi per disabili (come le guide agli accessi) e mettere in contatto coloro che ne fanno richiesta con le agenzie specializzate in questo tipo di viaggi. Segnaliamo il sito web italiano **Disabili.com** (www.disabili.com), la prima testata italiana online interamente dedicata alla disabilità; numerose le informazioni e i consigli utili per organizzare e intraprendere viaggi senza barriere. Per reperire informazioni sulle compagnie aeree potete consultare la pagina www.provincia.torino.it/cid/procedure/aerei.htm curata dal C.I.D. di Torino (Centro Informazione Disabilità).

VIAGGIATORI OMOSESSUALI

Le città andaluse in cui l'ambiente omosessuale è più vivace sono Málaga, Torremolinos, Siviglia e Granada – ma vi sono ritrovi e bar per omosessuali in tutte le principali località.

Su molti siti web, come www.andalucia.com, www.gayinspain.com, www.guiagay.com (in spagnolo) e www.cogailes.org, si trovano elenchi di bar, locali notturni, spiagge, zone frequentate da croceristi, palestre e associazioni. Gayinspain e Cogailes hanno anche delle bacheche. Cogailes è il sito della Coordinadora Gai-Lesbiana, un'organizzazione per omosessuali e lesbiche con sede a Barcellona che gestisce un servizio telefonico nazionale gratuito in inglese, spagnolo e catalano al numero ☎ 900 60 16 01, in funzione tutti i giorni dalle 18 alle 22.

L'**Asociación Andaluza de Lesbianas y Gais** (Calle Lavadero de las Tablas 15, Granada) gestisce il **Teléfono Andaluz de Información Homosexual** (☎ 958 20 06 02). La **Federación Colega** (www.colegaweb.net), che svolge attività a favore della solidarietà, dei diritti e dell'inserimento di omosessuali e lesbiche nel tessuto sociale dell'Andalusia, ha filiali in tutti gli otto capoluoghi di provincia.

Benché in Spagna nel 2005 siano stati legalizzati i matrimoni fra gay, talvolta gli addetti alla reception degli alberghi hanno qualche difficoltà a capire che due persone dello stesso sesso desiderano una camera con letto matrimoniale. Per ovviare a questo problema ed evitare confusioni e perdite di tempo, una viaggiatrice lesbica ci ha riferito che preferisce sbrigare questa formalità senza la presenza della sua compagna.

Prima di partire potete consultare **Gay.it** (www.gay.it), il portale italiano per la vita omosessuale, destinato prevalentemente a un'utenza maschile, che offre una sezione sui viaggi e propone itinerari e servizi di prenotazione alberghiera, biglietteria aerea e molto altro. Sul portale **Arcilesbica associazione nazionale** (www.arcilesbica.it) è possibile reperire i recapiti delle associazioni italiane cui rivolgersi per richiedere consigli utili e informazioni per l'estero.

VIAGGIARE DA SOLI

Purtroppo per chi viaggia da solo, le camere singole in genere costano molto di più della metà di quelle doppie. Chi vuole risparmiare potrà limitare le spese per il pernottamento cercando alloggio negli ostelli della gioventù. Sfortunatamente gli ostelli per viaggiatori zaino in spalla, veri luoghi di aggregazione per turisti stranieri, non sono molto numerosi in Andalusia.

Malgrado la gentilezza dimostrata dalla popolazione andalusa, spesso i turisti che viaggiano da soli si sentono un po' esclusi dalla vita e dai divertimenti locali. Non potete d'altronde pretendere che gli andalusi socializzino con tutti gli stranieri che passano accanto a loro. Un ulteriore problema sono gli alberghi, che in genere non offrono molte occasioni per stringere nuove amicizie. I bar possono rappresentare un'ottima soluzione per conoscere gente, ma le donne dovrebbero fare attenzione, perché alcuni sono frequentati da uomini con atteggiamenti da 'macho' a caccia di avventure con turiste straniere. Questo però non accade nei locali più eleganti come quelli del centro di Málaga, Granada e Siviglia. Ovviamente, se avete un carattere socievole, siete sicuri di voi stessi e parlate un po' di spagnolo, non avrete difficoltà a trovare compagnia.

Viaggiando da soli è sempre opportuno fare attenzione ai propri bagagli durante gli spostamenti e soggiornare in alberghi dotati di cassaforte, nella quale mettere al sicuro i beni più preziosi, in modo da non doverli portare sempre con sé. Una delle grandi difficoltà incontrate dai turisti che viaggiano da soli è costituita dal fatto che, quando vogliono fare un bagno al mare, devono necessariamente lasciare le proprie cose incustodite sulla spiaggia!

VOLONTARIATO

In Spagna non ci sono le stesse opportunità di lavorare come volontari che trovereste in molti paesi in via di sviluppo, e la maggior parte delle possibilità esistenti sono circoscritte alle regioni settentrionali del paese. Se comunque vi interessa fare volontariato o uno stage in Andalusia, l'elenco che segue delle principali associazioni che si occupano di questo settore potrebbe esservi utile:

Adelante Abroad (www.adelanteabroad.com) Organizza stage presso aziende private a Siviglia, che includono anche lo studio dello spagnolo. Uno stage di due mesi costa all'incirca US$3000.

Best Programs (www.bestprograms.org) Offre stage di durata variabile, da nove a 12 settimane, presso le ONG spagnole, che prevedono anche lo studio dello spagnolo, per circa US$1600-2000.

Earthwatch (www.earthwatch.org) Questa associazione cerca volontari per progetti di ricerca riguardanti i delfini al largo delle coste andaluse. La durata è di 12 giorni e i volontari in genere pagano circa £1000 o più (circa €1500).
Federación Andalucía ACOGE (www.acoge.org; in spagnolo) Creata nel 1991, riunisce varie ONG basate sui principi di solidarietà internazionale e di giustizia per lo sviluppo dei diritti degli immigrati. La sede organizzativa della federazione è a Siviglia.
Idealist.org (www.idealist.org) Il sito di questa associazione è molto utile per cercare di fare volontariato in Spagna.
Oasis Project (www.aulapolis.com/oasis/oasising.htm) Offre la possibilità di effettuare stage presso organizzazioni senza scopo di lucro.
Transitions Abroad (www.transitionsabroad.org) Buona fonte di informazioni sulle opportunità di fare volontariato o stage in tutto il mondo, Spagna compresa.
Volunteer Abroad (www.volunteerabroad.com) Contiene informazioni dettagliate su varie opportunità di lavorare come volontari in Spagna.

Per raccogliere informazioni affidabili sul mondo della cooperazione e del volontariato internazionali in Italia, potete consultare il sito istituzionale dell'**Associazione delle Ong italiane** (www.ong.it), che fornisce un elenco aggiornato delle organizzazioni non governative con progetti attivi in vari paesi del mondo. Grazie alla loro collaborazione potrete realizzare esperienze di volontariato, di servizio civile internazionale o viaggi di conoscenza dei paesi del Sud del mondo, nonché avviare progetti di sostegno a distanza e molto altro ancora.

Trasporti

SOMMARIO

LE COSE CAMBIANO...

Le informazioni contenute in questo capitolo sono particolarmente soggette a variazioni. Per capire come funziona il sistema tariffario (e quindi scegliere il tipo di biglietto più adatto alle proprie esigenze) conviene informarsi direttamente presso l'ufficio di una compagnia aerea oppure rivolgersi a un'agenzia di viaggi e verificare anche i requisiti di sicurezza per un viaggio internazionale. Mettete a confronto dati e cifre con attenzione. Le informazioni fornite in questo capitolo vanno prese come indicazioni di massima da aggiornare con una ricerca personale e accurata.

IL VIAGGIO

La maggioranza dei turisti raggiunge l'Andalusia in aereo, dove ci sono cinque aeroporti che hanno collegamenti diretti con diversi paesi europei, oltre a numerosi voli interni. Gli aerei dal Regno Unito atterrano all'aeroporto di Gibilterra. Il principale aeroporto internazionale dell'Andalusia è quello di Málaga che gestisce, fra gli altri, i voli provenienti dal Marocco. Se invece arrivate da altri paesi, spesso dovrete cambiare in un'altra città spagnola, come Madrid o Barcellona, oppure fare scalo in un altro paese europeo.

L'Andalusia ha ottimi collegamenti in treno e autobus con il resto della Spagna, ed è raggiunta da autobus in partenza da alcuni paesi europei (oltre che dal Marocco). Ricordate però che in genere le tariffe degli autobus non sono più economiche di quelle aeree (almeno per i voli provenienti da paesi Europei). I treni che collegano l'Andalusia con altri paesi europei non sono mai diretti, per cui bisogna cambiare a Madrid o a Barcellona.

L'Andalusia può essere facilmente raggiunta in automobile praticamente da qualunque città della Spagna, al massimo in un giorno, grazie alle eccellenti autostrade esistenti nel paese. Le principali strade di grande comunicazione dirette in Andalusia sono quelle che da Madrid attraversano il centro del paese e da Barcellona corrono lungo la costa del Mediterraneo. Ci sono poi traghetti adibiti al trasporto di automobili che collegano il Regno Unito con Bilbao e Santander, nella Spagna settentrionale. Da lì è possibile raggiungere l'Andalusia in automobile passando per Madrid. Altri traghetti collegano inoltre l'Andalusia con Tangeri e Nador, in Marocco, e con Ceuta e Melilla, le due enclave spagnole situate sulla costa del Marocco.

ARRIVO NEL PAESE

I cittadini di molti paesi non necessitano di visto per poter entrare in Spagna, ma devono avere con sé un passaporto (o, nel caso di cittadini dei paesi UE, una carta d'identità valida per l'espatrio) – v. p462 per ulteriori informazioni. Alle frontiere i viaggiatori provenienti da paesi UE non devono sbrigare nessuna formalità: negli aeroporti la polizia darà un veloce sguardo al documento d'identità, mentre alle frontiere via terra, con la Francia e il Portogallo, in genere non viene effettuato neppure questo controllo. Se invece arrivate in Spagna in aereo con un volo proveniente da un paese che non fa parte della UE, i poliziotti potrebbero esaminare con grande attenzione sia i vostri bagagli sia il vostro passaporto.

Coloro che arrivano in Spagna su un traghetto proveniente dal Marocco devono prepararsi a controlli piuttosto accurati; in particolare i veicoli sono spesso sottoposti a perquisizioni scrupolose quando entrano nel territorio spagnolo.

GLOSSARIO PER I VIAGGI IN AEREO

Un'utile guida per districarsi tra le svariate sigle e i numerosi termini che si possono incontrare quando si affronta un viaggio in aereo è disponibile online sul sito EDT, all'indirizzo www.edt.it/viaggi/organizzare/volo.

AEREO

Aeroporti e compagnie aeree

L'**Aeroporto di Málaga** (codice IATA Aeroportuale AGP; ☎ 952 04 88 38) è il principale aeroporto internazionale dell'Andalusia. I voli internazionali atterrano anche negli aeroporti di **Almería** (codice IATA Aeroportuale LEI; ☎ 950 21 37 00), **Siviglia** (codice IATA Aeroportuale SVQ; ☎ 954 44 90 00), **Granada** (codice IATA Aeroportuale GRX; ☎ 958 24 52 07), **Jerez de la Frontera** (codice IATA Aeroportuale XRY; ☎ 956 15 00 00) e **Gibilterra** (codice IATA Aeroportuale GIB; ☎ 73026). Per maggiori informazioni su tutti gli aeroporti spagnoli, consultate il sito www.aena.es.

Fra le compagnie aeree che offrono voli per l'Andalusia, con recapiti telefonici nella regione o in altre parti della Spagna, ricordiamo le seguenti:

Aer Lingus (codice IATA EI; ☎ 902 50 27 37; www.aerlingus.com; hub Dublino)
Air Europa (codice IATA UX; ☎ 902 40 15 01; www.air-europa.com; hub Madrid)
Air Nostrum V. Iberia.
Air-Berlin (codice IATA AB; ☎ 901 11 64 02; www.airberlin.com; hub Palma de Mallorca)
Alitalia (codice IATA AZ; ☎ 902 10 03 23; www.alitalia.it; hub Milano, Roma)
Bmibaby (codice IATA WW; ☎ 902 10 07 37; www.bmibaby.com; hub Birmingham, Cardiff, Durham Tees Valley, Londra Heathrow, Manchester, Nottingham East Midlands)
British Airways (codice IATA BA; ☎ 902 11 13 33, a Gibilterra 79300; www.ba.com; hub Londra Heathrow)
Condor (codice IATA DE; ☎ 902 51 73 00; www.condor.com; hub Francoforte)
Finnair (codice IATA AY; ☎ 952 13 61 77; www.finnair.com; hub Helsinki)
Flybe (codice IATA BE; ☎ 952 10 54 88; www.flybe.com; hub Birmingham, Exeter, Norwich, Southampton)
Flyglobespan (codice IATA GSM; ☎ 952 04 84 84; www.flyglobespan.com; hub Glasgow, Edimburgo)
GB Airways (codice IATA BA; ☎ 902 11 13 33, a Gibilterra 79300; www.gbairways.com; hub Londra Gatwick)
Germanwings (codice IATA 4U; ☎ 91 625 97 04; www.germanwings.com; hub Colonia)
Hapagfly (codice IATA HF; ☎ 902 39 04 00; www.hapagfly.com; hub Francoforte, Mallorca, Monaco)
Iberia (codice IATA IB; ☎ 902 40 05 00; www.iberia.com; hub Madrid)
Jet2 (codice IATA LS; ☎ 902 02 02 64; www.jet2.com; hub Leeds-Bradford, Manchester)
Lauda Air (codice IATA; ☎ 902 25 70 00; www.aua.com; hub Vienna)
LTU (codice IATA LT; ☎ 901 33 03 20; www.ltu.de; hub Düsseldorf, Monaco)
Lufthansa (codice IATA LH; ☎ 902 22 01 01; www.lufthansa.com; hub Francoforte)
Monarch Airlines (codice IATA ZB; ☎ 800 09 92 60, a Gibilterra 47477; www.flymonarch.com; hub Londra Gatwick, Londra Luton, Manchester)
Portugália Airlines (codice IATA NI; ☎ 952 04 83 50; www.flypga.com; hub Lisbona)
Regional Air Lines (codice IATA RGL; ☎ 902 18 01 51; www.royalairmaroc.com; hub Casablanca)
Royal Air Maroc (codice IATA AT; ☎ 91 548 78 00; www.royalairmaroc.com; hub Casablanca)
Ryanair (codice IATA FR; ☎ 807 22 00 32; www.ryanair.com; hub Dublino, Liverpool, Londra Stansted)
Scandinavian Airlines (codice IATA SK; ☎ 902 11 71 92; www.scandinavian.net; hub Copenhagen, Stoccolma)
SN Brussels Airlines (codice IATA SN; ☎ 902 90 14 92; www.flysn.com; hub Bruxelles)
Spanair (codice IATA JK; ☎ 902 13 14 15; www.spanair.com; hub Barcellona, Madrid)
Sterling (codice IATA NB; ☎ 91 749 66 43; www.sterlingticket.com; hub Copenhagen, Oslo, Stoccolma)
Swiss (codice IATA LX; ☎ 901 11 67 12; www.swiss.com; hub Zurigo)
Thomas Cook Airlines (codice IATA TCX; ☎ 952 04 82 14; www.flythomascook.com; hub Birmingham, Glasgow, Londra Gatwick, Manchester, Newcastle)
Thomsonfly (codice IATA TOM; ☎ 91 414 14 81; www.thomsonfly.com; hub Bournemouth, Bristol, Doncaster, Manchester, London Gatwick, Londra Luton, Newcastle)
Transavia (codice IATA HV; ☎ 902 11 44 78; www.transavia.com; hub Amsterdam)
Virgin Express (codice IATA TV; ☎ 902 88 84 59; www.virginexpress.com; hub Bruxelles)
Vueling (codice IATA VY; ☎ 902 33 39 33; www.vueling.com; hub Barcellona)

Biglietti

Per l'acquisto di biglietti aerei per l'Andalusia, le migliori occasioni si trovano spesso su internet (tramite agenzie o direttamente dalle compagnie aeree). Fra le agenzie internazionali di prenotazione online che vale la pena di contattare, ricordiamo **CheapTickets** (www.

cheaptickets.com) e, per studenti al di sotto dei 26 anni di età, **STA Travel** (www.statravel.com).

Naturalmente, i biglietti delle compagnie aeree low cost diventano più cari a mano a mano che la data della partenza si avvicina; in bassa stagione (soprattutto da metà settembre a metà dicembre e da metà gennaio fino alla settimana prima di Pasqua) i voli tendono a riempirsi lentamente, specialmente quelli infrasettimanali (dal lunedì al venerdì), quindi in questo periodo ci sono maggiori probabilità di ottenere una tariffa vantaggiosa.

Per i voli in partenza dall'Andalusia, compresi i last minute e i posti in stand by, vale la pena di consultare gli annunci pubblicitari nei principali quotidiani locali in lingua straniera, come *Sur in English,* oppure rivolgersi alle agenzie di viaggi locali, che hanno uffici nell'aeroporto di Málaga:

Flightline (☎ 902 20 22 40; www.flightline.es)
Servitour (☎ 902 40 00 69; www.servitour.es)
Travelshop (☎ 952 46 42 27; www.thetravelshop.com)
Viajes Mundial Schemann (☎ 902 10 06 05) Per i voli diretti in Germania.

Troverete tariffe vantaggiose anche sui siti di alcune agenzie spagnole specializzate nelle prenotazioni online, fra cui **Rumbo** (☎ 902 12 39 99; www.rumbo.es, in spagnolo), e sul sito **eDreams** (☎ 902 88 71 07; www.edreams.it).

Per/dall'Italia

Málaga, principale scalo aereo andaluso, è facilmente raggiungibile dal nostro paese grazie ai voli diretti giornalieri Alitalia e EasyJet in partenza da Milano Malpensa 2000 e al collegamento diretto giornaliero Alitalia da Roma Fiumicino. Poiché, in funzione di diversi fattori (per esempio la stagionalità), i voli diretti vengono spesso attivati con breve anticipo, vi consigliamo vivamente di consultare le compagnie aeree o le agenzie di viaggi per informazioni aggiornate.

In alternativa, potete raggiungere Granada, Jerez de la Frontera, Málaga e Siviglia con uno dei numerosi voli Iberia in partenza da Bologna, Milano Linate, Milano Malpensa 2000, Napoli, Pisa, Roma Fiumicino, Torino e Venezia con cambio di aeromobile a Barcellona o Madrid. Málaga, inoltre, è raggiungibile anche con Air France, Lufthansa e Swiss rispettivamente via Parigi, Francoforte e Zurigo, con buone coincidenze da tutti i principali aeroporti italiani, mentre Siviglia può essere raggiunta anche con Air Berlin da Bergamo (con cambio di aeromobile a Palma di Maiorca) o Vueling Airlines (volo diretto da Roma Fiumicino).

Le tariffe possono variare a seconda della stagionalità o in occasione di particolari promozioni aeree in bassa stagione. La tariffa Alitalia da Milano/Roma a Málaga, per esempio, parte attualmente con una super-offerta di €59 per un biglietto a date fisse con validità minima di quattro giorni o della notte fra sabato e domenica (la cosiddetta 'Sunday rule')/massima di 21 giorni per arrivare all'estremo opposto a un massimo di €1330 per un biglietto in Business Class senza alcuna restrizione con validità massima di un anno. Ottime tariffe si possono ottenere anche con Iberia o le altre compagnie menzionate, a condizione di effettuare l'intero itinerario aereo con lo stesso vettore con un biglietto a date fisse non modificabili. Da non dimenticare infine le tariffe giovani o per studenti e le eventuali offerte dei maggiori tour operator che operano con voli charter diretti su Málaga con partenze per lo più da Bologna, Milano Malpensa, Roma Fiumicino e Verona. Il consiglio migliore è quello di rivolgersi a un'agenzia di viaggi di fiducia oppure, in alternativa, di cercare un'offerta vantaggiosa su internet collegandosi ai numerosi siti delle compagnie aeree sia tradizionali sia low cost.

Le stesse compagnie di linea tradizionali possono a volte, tramite la vendita online, promuovere tariffe più convenienti, con campagne promozionali di pochi giorni. Per acquistare il vostro biglietto con questa modalità dovrete pagare con la carta di credito e normalmente, una volta prenotati, i biglietti non sono più rimborsabili. Con il modulo elettronico di prenotazione vi potrete presentare direttamente in aeroporto al momento della partenza.

COMPAGNIE AEREE

Alitalia (☎ 06 22 22 per informazioni, prenotazioni nazionali e internazionali; www.alitalia.it) ha un ufficio di rappresentanza all'**Aeroporto di Málaga** (☎ 95 204 8321; fax 95 204 8320). Per prenotazioni e informazioni potete rivolgervi al **call center** (☎ 90 210 0323) in Spagna.

Iberia (☎ 848 826 236; www.iberia.it) ha uffici visitabili di persona a **Milano** (fax 02 862 852; Via Albricci 8, 20122 Milano; 🕑 9-15 da lunedì a venerdì) e presso lo scalo di **Roma Fiumicino** (Terminal B; 🕑 9-13 da lunedì a venerdì). Per prenotazioni e informazioni telefoniche rivolgetevi al **call center** (☎ 199 101 191).

COMPAGNIE AEREE A BASSO COSTO

I biglietti aerei scontati rappresentano un vasto giro d'affari nel Regno Unito, per cui potrebbe essere economicamente conveniente acquistare un biglietto per un volo dal Regno Unito all'Andalusia a patto di disporre del tempo e della pazienza necessari per affrontare un percorso così lungo e tortuoso.

Fra le compagnie a basso costo segnaliamo **EasyJet** (www.easyjet.com), attualmente l'operatore più importante, la sua principale rivale, l'irlandese **Ryanair** (www.ryanair.com) e **Charter Flight Centre** (www.charterflights.co.uk).

INDIRIZZI UTILI

Alcune buone agenzie italiane presso le quali è possibile trovare biglietti aerei, talora a tariffe scontate se si hanno meno di 26 anni, sono:

CTS (call center ☎ 199 501 150, attivo 8-21 da lunedì a venerdì e 9-20 sabato; sede nazionale ☎ 06 44 11 11; fax 06 4411 1400; www.cts.it; Via Andrea Vesalio 6, 00161 Roma) Ha sedi in tutta Italia.

Passaggi (☎ 06 4890 7088; fax 06 4898 6379; Via Giolitti 34, 00185 Roma; www.passaggi.it) Ha uffici nelle stazioni ferroviarie delle principali città italiane. Dal sito del CTS è possibile accedere a una pagina di vendita online di biglietti aerei per tutte le destinazioni.

Fra i molti siti internet, in lingua italiana, che consentono di effettuare prenotazioni online segnaliamo:

GARANZIE IN VOLO

Le responsabilità dei vettori aerei internazionali nei confronti dei passeggeri e del loro bagaglio sono per lo più regolate dalla Convenzione di Montreal del 1999.

Per essere consapevoli dei vostri diritti, potete prendere visione della Carta dei Diritti del Passeggero edita dall'**Ente Nazionale per l'Aviazione Civile** (www.enac-italia.it). Sullo stesso sito troverete inoltre le nuove regole di sicurezza negli aeroporti dell'Unione Europea entrate in vigore di recente. Per una sintesi dei punti salienti, consultate le pagine informative sui siti delle compagnie aeree oppure rivolgetevi alla vostra agenzia di viaggi di fiducia.

eDreams (www.edreams.it) Molte offerte di voli e soggiorni economici in tutto il mondo.

Infoair (www.infoair.it) Sito con numerose offerte a basso costo, informazioni su sistemazioni e itinerari.

Travelonline (www.travelonline.it) Utile sito con informazioni sui viaggi last minute, le migliori tariffe aeree, le offerte speciali e tutti gli strumenti per programmare nei minimi dettagli un viaggio.

Travelprice (www.travelprice.it) Sito interamente dedicato ai viaggi, che consente di ricercare le tariffe aeree più convenienti grazie a un database di facile consultazione.

Whichbudget (www.whichbudget.com) Il sito raggruppa le principali rotte coperte dalle compagnie aeree low cost.

Per/da altre regioni della Spagna

Vale la pena di considerare un volo interno in Spagna solo se avete poco tempo a disposizione e dovete raggiungere l'Andalusia da una regione molto lontana del paese, oppure se dovete fare un viaggio di andata e ritorno.

La più grande compagnia aerea spagnola, Iberia, ha voli quotidiani (in alcuni casi anche più di uno al giorno) diretti da Madrid e Barcellona per tutti e cinque gli aeroporti andalusi. Il biglietto di sola andata/andata e ritorno da Madrid o Barcellona a Málaga o Siviglia spesso costa meno di €50/100 se prenotate con un certo anticipo. Altri voli diretti partono dalle Asturie, Bilbao, Santander, Santiago de Compostela, Valencia e Vigo per Siviglia e Málaga, e da Alicante a San Sebastián per Siviglia. Cambiando a Madrid o Barcellona, Iberia effettua voli per qualsiasi aeroporto andaluso partendo da tutti gli aeroporto spagnoli.

Air Europa offre voli diretti sulle seguenti rotte: Madrid-Málaga, Barcellona-Siviglia, Palma de Mallorca-Granada, Palma de Mallorca-Siviglia, Bilbao-Málaga e Palma de Mallorca-Málaga. Spanair ha voli Barcelona-Málaga e Barcellona-Siviglia, oltre a voli da Madrid a Málaga, Siviglia e Jerez de la Frontera. Entrambe queste compagnie aeree offrono coincidenze a Madrid e in molte altre città spagnole. Le loro tariffe sono simili a quelle di Iberia.

La compagnia aerea Vueling effettua voli da Barcellona a Málaga e Siviglia, e da Valencia a Siviglia. Le tariffe possono essere inferiori a €50 per ogni tratta.

Per/da altri paesi dell'Europa continentale

Fatta eccezione per i tragitti più brevi, in genere il costo del viaggio in aereo è più conveniente rispetto a quello degli altri mezzi di trasporto via terra. Per effettuare prenotazioni online in tutta Europa, provate a consultare il sito di **Opodo** (www.opodo.com) o **Ebookers** (www.ebookers.com).

FRANCIA

Air Europa effettua collegamenti aerei giornalieri da Parigi (aeroporto Charles de Gaulle) per Málaga (volo diretto) e Siviglia (via Barcellona): entrambi i voli costano solo €110 se prenotati con un certo anticipo. Iberia ha voli diretti Parigi-Siviglia, e offre anche collegamenti da diverse città della Francia a qualsiasi aeroporto andaluso, ma bisogna cambiare a Barcellona o a Madrid. La tariffa per un volo andata e ritorno parte da circa €100, ma spesso in realtà si paga di più.

Ecco alcune agenzie consigliate per l'acquisto dei biglietti:

OTU Voyages (www.otu.fr) Specializzata in viaggi per studenti e giovani.

Voyageurs du Monde (☎ 01 40 15 11 15; www.vdm.com)

GERMANIA

Sono parecchie le compagnie aeree economiche tedesche che offrono voli a costi compresi fra €100 e €200 (sola andata), a condizione che si prenoti con uno-due mesi di anticipo. Le compagnie aeree consociate Air-Berlin e Hapagfly effettuano voli da circa 15 aeroporti tedeschi per Almería, Jerez de la Frontera, Málaga e Siviglia, in genere con scalo a Palma de Mallorca; Condor gestisce collegamenti con Málaga e Jerez da molti aeroporti tedeschi; LTU collega gli aeroporti di Düsseldorf, Francoforte, Amburgo, Monaco e Stoccarda con le città andaluse di Almería e Málaga; Spanair effettua voli fra molte città tedesche e Jerez, Málaga e Siviglia via Francoforte e Madrid; EasyJet garantisce collegamenti da Berlino e Dortmund per Málaga; e infine Germanwings effettua voli economici fra le città di Colonia e Jerez.

Iberia effettua collegamenti aerei da sette città tedesche a tutti gli aeroporti andalusi (con coincidenza a Madrid o Barcellona), mentre Lufthansa offre voli per Jerez, Málaga e Siviglia da quasi tutti gli aeroporti tedeschi. In genere si riesce a trovare un volo di andata e ritorno a circa €200, ma solo se si prenota con un certo anticipo.

Ecco alcune agenzie consigliate per l'acquisto dei biglietti:

Expedia (www.expedia.de)

Just Travel (☎ 089 747 3330; www.justtravel.de)

STA Travel (☎ 01805 456 422; www.statravel.de) Per viaggiatori al di sotto di 26 anni.

PAESI BASSI E BELGIO

Transavia (da Amsterdam ad Almería, Málaga e Siviglia e da Rotterdam a Málaga) e Virgin Express e Ryanair (entrambe effettuano voli da Bruxelles a Málaga) offrono le tariffe migliori, in genere comprese tra €200 e €250 per un volo di andata e ritorno se prenotato con un mese o due di anticipo. I voli gestiti dalla compagnia SN Brussels Airlines (Bruxelles-Siviglia) in genere sono un po' più costosi. Iberia spesso offre tariffe competitive sui voli da Amsterdam o Bruxelles per qualsiasi aeroporto dell'Andalusia.

Un'agenzia di viaggi consigliabile è **Airfair** (☎ 070-3076110; www.airfair.nl).

PORTOGALLO

Portugália Airlines offre ogni giorno voli diretti fra Lisbona e Málaga. Vale la pena prendere in considerazione il biglietto di andata e ritorno, molto economico a circa €200.

SCANDINAVIA

Sterling collega le capitali dei quattro paesi scandinavi con Málaga, offrendo tariffe estremamente convenienti e competitive: in genere un volo di andata e ritorno costa da €200 a €300, se prenotato con un mese o due di anticipo. Anche alcune tariffe applicate da Iberia e Spanair sono abbastanza economiche. Fra le altre compagnie aeree che collegano i paesi scandinavi con l'Andalusia ricordiamo Finnair, Scandinavian Airlines e Virgin Express.

Per/dal Marocco

Royal Air Maroc effettua voli diretti giornalieri da Málaga a Tangeri – alcuni gestiti da Regional Air Lines – e da Málaga a Casablanca (alcuni collegamenti la settimana). Il costo del biglietto di andata e ritorno si aggira intorno a €350 per i voli diretti a Tangeri e a €500 per quelli diretti a Casablanca. Iberia e Air Europa spesso offrono tariffe più vantaggiose, ma i voli fanno scalo a Madrid. Iberia offre comodi collegamenti quotidiani diretti fra Melilla, l'enclave spagnola sulla costa marocchina, e Málaga, Almería e Granada. Se si prenota con un certo anticipo, un volo di andata e ritorno può costare meno di

€100. Questi collegamenti sono gestiti dalla compagnia aerea Air Nostrum.

VIA MARE

Per/dall'Italia

Fino a Barcellona potrete usufruire del servizio di traghetti di lusso ad alta velocità del gruppo **Grandi Navi Veloci** (in Italia ☎ 899 199 069; www1.gnv.it), di proprietà della Grimaldi, che garantisce il collegamento tra Genova e Barcellona tre volte la settimana. Il viaggio dura 18 ore e il biglietto di sola andata, in bassa stagione, costa circa €56 per un posto poltrona e circa €107 per persona per una cabina doppia esterna. **Grimaldi Ferries** (in Italia 081 496 444; www.grimaldi-ferries.com) gestisce un servizio simile tra Barcellona e Civitavecchia fino a sei giorni a settimana. Il tempo di navigazione è di 20 ore. Un posto poltrona, in bassa stagione, costa circa €44, e una cabina esterna €174 a persona (entrambi per la sola andata).

Per/dal Marocco e Algeria

L'Andalusia si può raggiungere via mare partendo dai porti marocchini di Tangeri e Nador, dalle enclavi spagnole sulla costa maricchina di Ceuta e Melilla e da Ghazaouet, in Algeria. Le principali rotte sono Melilla-Almería, Nador-Almería, Ghazaouet-Almería, Melilla-Málaga, Tangeri-Gibilterra, Tangeri-Algeciras, Ceuta-Algeciras e Tangeri-Tarifa. Tutte le navi in genere trasportano oltre ai passeggeri anche i veicoli. La rotta più utilizzata è quello per/da Algeciras. In genere ci sono almeno dieci navi al giorno sulla rotta Algeciras-Tangeri (da 1 ora e 15 minuti a 2 ore e mezzo) e 16 su quella Algeciras-Ceuta (45 minuti). Durante l'alta stagione vengono aggiunti dei servizi supplementari (da metà giugno a metà settembre) per far fronte al notevole numero di lavoratori marocchini che da molte località europee ritornano in patria per le vacanze.

Se vi recate in Marocco per la prima volta, dovreste considerare la possibilità di imbarcarvi su una nave diretta a Ceuta o Melilla piuttosto che a Tangeri. La zona del porto di Tangeri è infatti piena di piccoli truffatori molto insistenti – l'arrivo a Ceuta o Melilla, le due enclavi spagnole in Marocco, sarà sicuramente meno traumatico. È meglio attraversare il confine marocchino a Melilla piuttosto che a Ceuta, ma il viaggio via mare fino a Melilla può durare otto ore e le partenze sono molto meno frequenti (solo una al giorno da Almería e una al giorno da Málaga durante quasi tutto l'anno). La tariffa per un posto a sedere per una persona fino a Melilla è leggermente più elevata di quella per Algeciras o Ceuta, ma se volete una cabina o desiderate trasportare anche l'automobile si spende decisamente di più.

La più importante compagnia di traghetti, le cui navi partono da Tangeri e Ceuta per Algeciras, e da Melilla per Málaga e Almería, è la spagnola **Trasmediterránea** (www.trasmediterranea.es; Spagna ☎ 902 45 46 45, Tangeri 039-931133, Regno Unito 0870 499 1305). Gli altri operatori principali che raggiungono Algeciras sono **EuroFerrys** (☎ 902 19 50 14; www.euroferrys.com) e, solo da Ceuta, **Buquebus** (☎ 902 41 42 42; www.buquebus.es). Ci sono differenze minime fra le tariffe di queste compagnie di traghetti concorrenti. Da Algeciras, la tariffa di sola andata per un passeggero è di circa €32 per Tangeri e €25 per Ceuta. Due persone con una piccola automobile spendono invece circa €160 per Tangeri e €130 per Ceuta.

Se volete portare con voi l'automobile, dovrete prenotare con largo anticipo per viaggiare in luglio, agosto o nelle vacanze pasquali. Chi entra in Spagna dal Marocco con il proprio veicolo spesso viene sottoposto ad attenti controlli e perquisizioni all'arrivo a Ceuta e Melilla e sulla terraferma.

Per ulteriori informazioni, v. i paragrafi Per/da Algeciras (p245), Almería (p434), Gibilterra (p259), Málaga (p277) e Tarifa (p241).

VIA TERRA

Per informazioni sui documenti necessari per portare la propria automobile in Spagna e per informazioni generali sulla guida nel paese, v. p486. Per una breve panoramica delle strade principali che permettono di raggiungere l'Andalusia dalle altre regioni spagnole, v. p483.

Per/dall'Italia

AUTOBUS

La compagnia Eurolines ha servizi in partenza da alcune città italiane per Murcia e Alicante (da queste città vi conviene poi proseguire il viaggio con il treno, prendendo una coincidenza per l'Andalusia). Sulle linee citate vi sono partenze in entrambe le direzioni tre o quattro volte la settimana, la cui frequenza aumenta da metà giugno a metà settembre.

VIE D'ACCESSO ALL'ANDALUSIA

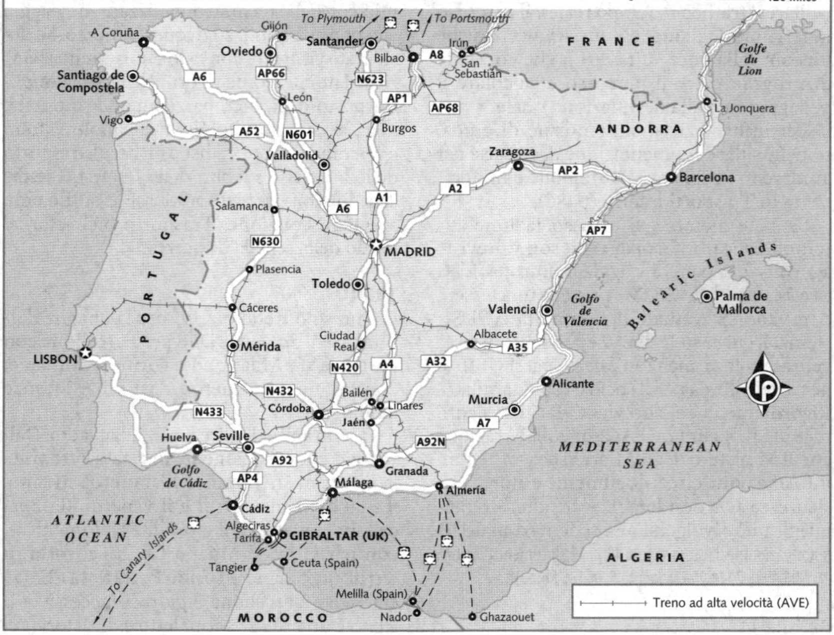

Chi intendesse effettuare molti spostamenti in autobus potrà acquistare l'Eurolines Pass, che consente la libera circolazione nelle maggiori città europee fra cui Barcellona, per un totale di 15 o 30 giorni. Le tariffe in Italia sono le seguenti: il pass per 15 giorni costa €169/199/279 (bassa/media/alta stagione) per i giovani al di sotto dei 26 anni e per i passeggeri con oltre 60 anni, €199/229/329 per gli adulti, mentre quello per 30 giorni costa, per le stesse categorie di viaggiatori, rispettivamente €229/259/359/ ed €299/319/439. Ulteriori notizie sono presenti sul sito inglese www.eurolines.com. Eventuali sconti dipendono dall'itinerario seguito, ma in genere ai bambini fino a tre anni, accompagnati da un adulto pagante, viene praticata una riduzione dell'80%, a quelli di età compresa fra quattro e 12 anni uno sconto del 50%, mentre i passeggeri dai 13 ai 26 anni e dai 60 anni in su godono di una riduzione del 10%. È previsto un supplemento per l'altissima stagione, ma sono disponibili tariffe speciali se si viaggia in giorni particolari. Per ulteriori informazioni contattate Eurolines Italia.

Ricordiamo che le linee, le frequenze e i costi citati di seguito si riferiscono alla stagione invernale 2006/2007; per conoscere i dati aggiornati e per prenotare il viaggio occorre rivolgersi alla sede centrale di **Eurolines Italia** (call center ☎ 199 184 616; booking@eurolines.it; www.eurolines.it) oppure alle agenzie di viaggi autorizzate a emettere biglietti.

Percorso	Orari andata	Orari ritorno	Tariffe a/ar (€)	Durata (h)
Napoli-Murcia	10.30-20.30	6.15-16.45	151/271	34 circa
Venezia-Murcia	12.45-20.30	6.15-15.10	140/253	31 circa

AUTOMOBILE E MOTOCICLETTA

Dall'Italia, la via di transito che consente il collegamento più rapido con la Spagna è l'autostrada Genova-Ventimiglia (A10), che diviene A8 dopo il confine francese. Tenete presente che, nonostante le strade principali di Francia e Spagna siano ottime, Milano e Siviglia distano circa 2000 km! Prima di partire vi potranno essere di aiuto il sito del

Gruppo Autostrade (www.autostrade.it), dove controllare il traffico in tempo reale e il percorso in territorio italiano, e il sito www.viamichelin.com (alla voce 'Itinerari'), che consente di programmare il percorso e calcolare il pedaggio fino alla destinazione finale.

Per informazioni sulle norme di guida, nonché sulla documentazione necessaria per guidare in Spagna, v. Automobile e motocicletta in Trasporti interni (p486).

Se siete membri di un'associazione automobilistica, informatevi se sono previste agevolazioni per chi viaggia in Europa. L'**ACI** (direzione soci ☎ 06 4998 2229) prevede una tessera con validità annuale denominata ACI Sistema, il cui costo è di €69 e consente di ricevere assistenza anche all'estero (paesi UE), sia per il veicolo sia per il socio e i suoi familiari. Ricordiamo che il sito www.viaggiaresicuri.mae.aci.it, a cura dell'ACI in collaborazione con il Ministero degli Affari Esteri, offre utili informazioni circa documenti e norme di sicurezza. Chi desidera ricevere ulteriori ragguagli può rivolgersi alla sede nazionale **ACI** (informazioni per l'estero ☎ 06 49 11 15; documenti doganali ☎ 06 4998 2444; Via Magenta 5, 00185 Roma).

BICICLETTA

Se siete appassionati di cicloturismo, potrete rivolgervi in Italia alla **Federazione Italiana Amici della Bicicletta** (☎/fax 041 92 15 15; info@fiab-onlus.it; www.fiab-onlus.it; Via Col Moschin 1, 30171 Mestre) per utili consigli su come organizzare un viaggio che preveda l'utilizzo di questo mezzo. Se desiderate viaggiare con la formula 'treno+bici', ricordate che, come informa la federazione, il trasporto della bici, parzialmente smontata, nella sacca è gratuito. Verificate inoltre i treni e le coincidenze predisposti per il trasporto delle biciclette sul sito delle **Ferrovie Tedesche** (http//bahn.hafas.de, anche in italiano): è sufficiente scegliere l'opzione 'Trasporto bicicletta' al fondo della scheda di ricerca.

TRENO

C'è un solo treno diretto per la Spagna dall'Italia: è il *Salvador Dalì* per Barcellona con partenza da Milano via Torino e Modane, con buone coincidenze da Roma, Firenze e Bologna.

In entrambe le direzioni, il Salvador Dalì viaggia quotidianamente in estate e tre volte la settimana nel resto dell'anno (da Milano, il lunedì, il mercoledì e il venerdì; da Barcellona il martedì, il giovedì e la domenica), con partenza da Milano Centrale, sosta in territorio italiano a Torino Porta Susa (21.17) e arrivo a Barcellona il giorno successivo. Il treno è dotato di vagoni letto e di ristorante. Al momento della stesura della guida era disponibile l'offerta promozionale Smart Price per un biglietto di corsa semplice al

BIGLIETTI INTERNAZIONALI A RIDUZIONE

Inter-Rail I biglietti Inter-Rail consentono di viaggiare nei 31 paesi che attualmente aderiscono all'offerta e possono essere acquistati in diverse formule, i cui prezzi variano in base ai giorni di viaggio consentiti, alla durata del viaggio e al paese prescelto. Le tariffe indicate si riferiscono rispettivamente a: giovani al di sotto dei 26 anni in seconda classe; adulti in seconda classe; adulti in prima classe. Il costo del Global Pass Flexi utilizzabile per 5 giorni durante i 10 giorni di validità è di €159/ €249/329; mentre il Global Pass Flexi utilizzabile per 10 giorni nell'arco dei 22 giorni di validità costa rispettivamente €239/329/489. Il Global Pass Continuo, invece, consente di viaggiare attraverso i paesi aderenti all'offerta, per 22 giorni consecutivi al prezzo di €309/469/629, oppure per un mese al costo di €399/599/809. Di nuova introduzione è il biglietto Inter-Rail One Country, che permette di viaggiare nell'arco di un mese in uno solo dei paesi dell'offerta, ma in giorni non consecutivi (da un minimo di tre a un massimo di otto). A titolo indicativo, il prezzo di un biglietto per la Spagna va da €71/109/147 (tre giorni) a €149/229/309 (otto giorni). Per informazioni sull'acquisto contattate Trenitalia o collegatevi al sito www.interrailnet.com.

Smart Price Si tratta di un'offerta a posti limitati valida tutti i giorni che consente di effettuare un viaggio di corsa semplice a un prezzo speciale su treni come il *Salvador Dalì* (Italia-Spagna), il *Cisalpino* (Italia-Svizzera) o il *Riviera* (Italia-Francia). Il biglietto Smart Price valido sul *Salvator Dalì* può essere acquistato fino a 14 giorni prima della partenza; qualora non venga utilizzato, è rimborsabile al 50% fino alla partenza del treno. A titolo indicativo il prezzo del biglietto da Milano e Torino a Barcellona, con sistemazione in cabina turistica a quattro letti è di €79. L'offerta non è cumulabile con altre riduzioni (comprese quelle per ragazzi o gruppi), o con altre promozioni in vigore alla data di acquisto.

costo di €79, con un posto in una cabina T4 (v. riquadro p482). Per informazioni dettagliate su tariffe, orari e prenotazioni potete contattare **Trenitalia** (☎ 89 20 21, senza prefisso, unico per tutto il territorio nazionale; 🕓 7-21 tutti i giorni; www.trenitalia.it). Anche **Rail Europe Italia – Ferrovie Francesi e Britanniche** (☎ 02 295 44 950; fax 02 295 44 955; rail.pubblico@raileurope.it; http://it.tgv.com; Via Vitruvio 1 angolo Corso Buenos Aires, 20124 Milano; 🕓 9.30-18 da lunedì a venerdì) potrà rivelarsi un contatto utile. Segnaliamo ancora l'ottimo sito delle **Ferrovie Tedesche** (http://bahn.hafas.de), che vi permette di conoscere orari e frequenze dei principali collegamenti ferroviari in Europa.

La tabella che segue riporta gli orari in vigore al momento della stesura della guida:

Percorso	Orari andata	Orari ritorno	Durata (h)
Milano-Barcellona	19.50-9.47	19.55-9.10	13 circa

Una volta giunti a Barcellona, potrete proseguire verso sud con i treni della rete ferroviaria spagnola. Per modalità, tragitti, orari e altro, v. il paragrafo Treno a p484.

Per/da altre regioni della Spagna

AUTOBUS

Gli autobus in alcuni casi sono più economici e rapidi del treno, in altri più lenti e costosi – dipende dall'itinerario che si segue.

La compagnia Socibus/Secorbus ha autobus in partenza da Madrid per Cadice, Córdoba, Huelva, Jerez e Siviglia; la Daibus per Málaga, la Costa del Sol e Algeciras; la Continental Auto per Granada; e infine La Sepulvedana per Jaén. Quasi tutti partono dalla **Estación Sur de Autobuses** (☎ 91 468 42 00; Calle Méndez Álvaro; Ⓜ Méndez Álvaro) della capitale spagnola. Il viaggio da Madrid a Siviglia, Granada o Málaga dura circa sei ore e costa fra €15 e €20. Il viaggio da Barcellona a Granada dura da 12 a 15 ore e costa fra €62 e €73.

Gli autobus che passano dalla costa mediterranea partendo da Barcellona, Valencia e Alicante per raggiungere Almería, Granada, Jaén, Córdoba, Siviglia, Málaga e la Costa del Sol sono gestiti principalmente dalla compagnia Alsa. Gli altri principali collegamenti con l'Andalusia, gestiti da Alsa e Dainco, partono dalla Spagna nord-occidentale (Galizia, Asturie e Cantabria) via Castiglia-León ed Estremadura, e raggiungono Siviglia e Cadice. Damas effettua collegamenti da Badajoz (in Estremadura) a Siviglia e Huelva.

Tutti questi autobus effettuano servizio almeno una volta al giorno e spesso anche con maggiore frequenza.

Di seguito riportiamo l'elenco delle principali compagnie di autobus che garantiscono i collegamenti con l'Andalusia da altre zone della Spagna:

Alsa (☎ 902 42 22 42; www.alsa.es)
Continental Auto (☎ 902 33 04 00; www.continental-auto.es)
Daibus (☎ 902 27 79 99 a Madrid, 95 231 52 47 a Málaga; www.daibus.es, in spagnolo)
Dainco (☎ 902 42 22 42; www.dainco.es)
Damas (☎ 959 25 69 00; www.damas-sa.es, in spagnolo)
La Sepulvedana (☎ 902 22 22 82; www.lasepulvedana.es, in spagnolo)
Secorbus/Socibus (☎ 902 22 92 92; www.socibus.es, in spagnolo)

AUTOMOBILE E MOTOCICLETTA

Le condizioni delle strade di grande comunicazione in Spagna sono ottime, tanto che volendo è possibile raggiungere l'Andalusia in un giorno partendo da qualunque regione del paese.

La principale autostrada che collega Madrid all'Andalusia è la A4/AP4, che passa per Córdoba, Siviglia e Cadice. Se invece siete diretti a Jaén, Granada, Almería o Málaga, dovete deviare a Bailén.

Dai porti di Santander o Bilbao, o dal confine francese a Irún, per seguire il percorso più diretto bisogna prendere la strada per Burgos, da dove si raggiunge Madrid seguendo una strada piuttosto rettilinea di circa 240 km.

La AP7/A7 scende lungo il lato meridionale della Spagna da La Jonquera, sul confine francese, ad Algeciras, tranne che per un paio di tratti in Andalusia dove bisogna seguire la vecchia strada N340. In totale i pedaggi, da La Jonquera ad Alicante, ammontano a €50, più €12 per il tratto fra Málaga e Algeciras – ma le strade alternative gratuite tendono a essere molto lente e trafficate. Deviando dalla A7 lungo la A92N si arriva a Granada; questo è anche il percorso più rapido per raggiungere Málaga e le località vicine, almeno fino a quando i tratti della N340 non verranno rimodernati nella zona compresa fra Almería e Málaga. Da Barcellona è possibile raggiungere Málaga in auto in circa otto ore, ma ce ne vogliono più o meno 11 se si tiene un'andatura più tranquilla.

Da Gijón, sulla costa settentrionale della Spagna, la A66/AP66/N630 scende fino a Siviglia passando dalla Castiglia-León e dall'Estremadura.

TRENO

La compagnia ferroviaria nazionale della Spagna, **Renfe** (Red Nacional de los Ferrocarriles Españoles; ☎ 902 24 02 02; www.renfe.es) offre rapidi e affidabili collegamenti in treno con l'Andalusia, che partono da Madrid e viaggiano lungo la costa mediterranea. Ci sono anche treni regionali, meno moderni, che collegano l'Andalusia occidentale con la vicina Estremadura. Si può raggiungere l'Andalusia in treno anche da molte altre parti del paese con circa un giorno di viaggio, in genere cambiando a Madrid. I collegamenti più veloci sono quelli assicurati dai treni AVE (Alta Velocidad Española), che percorrono i 471 km da Madrid a Siviglia, via Córdoba, in circa due ore e mezzo, raggiungendo la velocità di 280 km/h.

Quasi tutti i treni a lunga percorrenza hanno carrozze di prima e seconda classe, chiamate rispettivamente *preferente* e *turista*. I nomi dei treni variano a seconda dei comfort offerti e del tempo di percorrenza. Gli InterCity sulla linea Madrid-Córdoba-Málaga viaggiano di giorno ed effettuano solo poche fermate. Esistono però dei treni più confortevoli, che viaggiano sempre di giorno e sono leggermente più cari, chiamati Altaria, Arco, Talgo, Talgo 200 o AVE. Il mezzo più rapido e costoso per andare in Andalusia è prendere il vero e proprio AVE lungo la linea Madrid-Córdoba-Siviglia. Attualmente è in fase di realizzazione anche una linea AVE che raggiungerà Málaga. Nel frattempo, quasi tutti i treni che viaggiano sulla linea Madrid-Málaga sono i cosiddetti Talgo 200, che usano la linea AVE ad alta velocità per una parte del tragitto. I treni notturni sono solitamente classificati come Estrella (con posti a sedere, cuccette e vagoni letto) o Trenhotel (un treno elegante e più costoso). Entrambi questi tipi di treni offrono la possibilità di prenotare posti a sedere, cuccette, scompartimenti singoli o doppi con o senza doccia.

La cosa migliore è acquistare i biglietti in anticipo, perché talvolta i treni sono completamente prenotati. È possibile effettuare la prenotazione anche in inglese, sia al telefono sia su internet, anche se la cosa può risultare un po' complicata. I biglietti prenotati telefonicamente possono essere ritirati e pagati entro 72 ore in una qualsiasi biglietteria Renfe, mentre nelle 24 ore che precedono la partenza solamente nella stazione di origine del treno stesso. I biglietti prenotati via internet si possono pagare anche online. La prima volta che acquistate un biglietto ferroviario online pagando con carta di credito dovrete recarvi per ritirarlo nella biglietteria Renfe dalla stazione di origine del treno stesso almeno un'ora prima della partenza, mentre per gli acquisti successivi i biglietti possono essere stampati online – ma, in molti casi, è possibile ritirarli direttamente sul treno.

La tariffa per un viaggio in treno dipende, naturalmente, dal tipo di convoglio, dalla classe in cui si viaggia, e talvolta anche dall'orario prescelto. Ecco alcuni esempi di tariffe per un posto a sedere su treni di classe *turista*, sola andata:

Percorso	Tariffa (€)	Durata (h)
Barcellona-Granada	53	11½
Mérida-Siviglia	12	5
Madrid-Córdoba	28-52	1¾-5½
Madrid-Málaga	35-58	4¼-7¼
Madrid-Siviglia	55-70	2½-3¼

I biglietti di andata e ritorno sui treni a lunga percorrenza costano il 20% in meno di quelli sola andata. I bambini di età inferiore a quattro anni viaggiano gratis sui treni spagnoli, mentre quelli di età compresa fra quattro e 11 anni (o 12 su alcuni treni) hanno una riduzione del 40% sul prezzo dei posti a sedere e delle cuccette. La tessera Euro<26 (v. p471) dà diritto alla riduzione del 20-25% sulle tariffe dei treni regionali e a lunga percorrenza.

Per/da altri paesi dell'Europa continentale

AUTOBUS

Raggiungere l'Andalusia in autobus partendo da altri paesi europei spesso finisce per costare di più di un biglietto aereo, tranne per chi si trova in Portogallo. **Eurolines** (www.eurolines.com) è un gruppo che comprende 32 compagnie di autobus di diversi paesi. Collega numerose città dell'Andalusia con le principali località di Francia, Germania, Svizzera, Italia, Portogallo e Repubblica Ceca. Molti di questi collegamenti sono gestiti dalla compagnia di autobus spagnola **Alsa** (www.alsa.es), che opera per conto di Eurolines. Un viaggio Parigi-Granada, per esempio, costa €118/213 sola andata/andata e ritorno (24 ore in ogni direzione).

Dal Portogallo, Eurolines/Alsa offre autobus giornalieri dal Terminal Oriente di Lisbona a Siviglia (€36, 7 ore) via Evora e Badajoz, e per Málaga (€53, 12 ore) via Faro, Huelva e Siviglia. **Anibal** (www.anibal.net) effettua sei corse settimanali da Lisbona a Siviglia (€30, 7 ore) via Faro e Huelva, mentre la compagnia spagnola **Casal** (www.autocarescasal.com) effettua servizio giornaliero tra Siviglia e il confine, a Rosal de la Frontera (a ovest di Aracena). Da lì si può prendere un autobus portghese per/da Lisbona. Il viaggio da Siviglia a Lisbona in questo caso dura 10 ore e costa €22. Esiste inoltre un servizio attivo due volte al giorno (tranne sabato, domenica e festivi da ottobre a maggio) da Lagos a Siviglia (€18, 5 ore e mezzo) via Albufeira, Faro e Huelva, gestito congiuntamente dalla compagnia di autobus portoghese **Eva Transportes** (☎ 289-899 700 in Portogallo; www.eva-bus.net) e da quella spagnola **Damas** (www.damas-sa.es).

TRENO

Per andare in treno dalla Francia all'Andalusia bisogna cambiare almeno una volta, in genere a Madrid. L'unico collegamento diretto fra la Francia e Madrid è il treno notturno N. 409 *Francisco de Goya* da Parigi Austerlitz a Madrid Chamartín, dotato di vagoni letto e cuccette. Il viaggio dura 13 ore e mezzo e la tariffa standard di sola andata/andata e ritorno si aggira intorno a €137/220, anche se a volte si trovano offerte speciali con riduzioni fino al 50%. Da Madrid (solitamente dalla stazione Atocha) partono treni per tutte le principali città andaluse, che si raggiungono in poche ore a tariffe comprese fra €28 e €70.

Non ci sono treni diretti tra il Portogallo e l'Andalusia, ma esistono convogli che attraversano l'Algarve fino a Vila Real de Santo António, da dove c'è un traghetto sul Río Guadiana per Ayamonte, in Andalusia. Per raggiungere qualsiasi città dell'Andalusia da Lisbona dovrete cambiare treno a Madrid (e trasferirvi dalla stazione Chamartín ad Atocha); il posto a sedere in classe turistica sul treno notturno *Lusitania*, che collega Lisbona a Madrid (11 ore), costa €55.

Ci sono almeno tre treni alla settimana da alcune città della Svizzera e dell'Italia settentrionale per Barcellona, mentre un treno al giorno collega la città catalana con Montpellier, nella Francia meridionale. Da Barcellona i treni in partenza per l'Andalusia sono molto numerosi.

Fra le compagnie ferroviarie che servono l'Andalusia ricordiamo le seguenti:

Caminhos de Ferro Portugueses (ferrovie portoghesi; ☎ 808 208 208 in Portogallo; www.cp.pt)
Renfe (Red Nacional de los Ferrocarriles Españoles; ferrovie nazionali spagnole; ☎ 902 24 02 02 in Spagna; www.renfe.es)
SNCF (ferrovie francesi; ☎ 36 35 in Francia; www.sncf.com)

Per/dal Marocco

AUTOBUS

Diversi autobus Eurolines e Alsa partono ogni settimana da varie città del Marocco, come Casablanca, Marrakech e Fès, diretti a Siviglia, Marbella, Málaga, Granada, Jerez de la Frontera e Almería; per il tratto via mare si avvalgono dei traghetti Algeciras-Tangeri. Il viaggio Málaga-Marrakech, per esempio, dura da 19 a 20 ore e costa circa €95/165 sola andata/andata e ritorno.

TRASPORTI INTERNI

AEREO

Non esistono voli interni che colleghino le città dell'Andalusia.

AUTOBUS

Gli autobus sono solitamente moderni, confortevoli e poco costosi e raggiungono praticamente qualsiasi località dell'Andalusia – alcuni si inerpicano per impossibili strade di montagna fino a raggiungere anche i paesini più isolati. Le località più grandi sono collegate fra loro da numerosi servizi giornalieri; sui percorsi meno frequentati, il sabato e la domenica gli autobus possono essere ridotti, o addirittura soppressi.

Nelle città più grandi c'è in genere una *estación de autobuses* (stazione degli autobus) in cui fermano tutti i mezzi diretti fuori città. Nelle località più piccole, in genere gli autobus arrivano e partono da una determinata strada o piazza, talvolta sprovvista di cartelli con le indicazioni. Chiedete informazioni alla gente del posto: saprà sicuramente indicarvi dove andare.

Durante la Semana Santa (Settimana Santa) e nei mesi di luglio e agosto è consiglia-

PRINCIPALI COMPAGNIE DI AUTOBUS

Compagnia	Sito web	Telefono	Principali destinazioni
Alsina Graells	www.alsinagraells.es	☎ 954 41 88 11 Siviglia ☎ 958 18 54 80 Granada ☎ 952 34 17 38 Málaga	Almería, Córdoba, Granada, Jaén, Málaga, Siviglia
Casal	www.autocarescasal.com	☎ 954 99 92 90	Aracena, Carmona, Siviglia
Comes	www.tgcomes.es	☎ 902 19 92 08	Algeciras, Cadice, Granada, Jerez, Málaga, Ronda, Siviglia
Damas	www.damas-sa.es	☎ 959 25 69 00	Huelva, Siviglia, Ayamonte
Linesur	www.linesur.com	☎ 954 98 82 20	Algeciras, Écija, Jerez, Osuna, Siviglia
Los Amarillos	www.losamarillos.es	☎ 902 21 03 17	Cadice, Jerez, Málaga, Ronda, Siviglia
Portillo	www.ctsa-portillo.com	☎ 902 14 31 44	Algeciras, Costa del Sol, Málaga, Ronda
Transportes Ureña	-	☎ 957 40 45 58	Córdoba, Jaén, Siviglia

bile acquistare il giorno prima i biglietti per gli autobus a lunga percorrenza. In qualche caso il biglietto di andata e ritorno è più conveniente di due biglietti di sola andata. I viaggiatori che hanno meno di 26 anni dovrebbero sempre informarsi se hanno diritto a uno sconto sugli autobus extraurbani.

Sulle strade extraurbane gli autobus procedono a una velocità media di circa 70 km/h e la tariffa si aggira intorno a €1 per ogni 14 km. Per informazioni particolareggiate, consultate i capitoli dedicati alle singole località.

AUTOMOBILE E MOTOCICLETTA

L'ottima rete stradale dell'Andalusia e i prezzi non eccessivi del noleggio rendono l'uso dell'automobile una scelta interessante e pratica per spostarsi all'interno della regione.

Assicurazione

In tutta Europa per poter circolare con un veicolo è obbligatorio essere assicurati per la responsabilità civile. Gli italiani e coloro che vivono in uno dei paesi della UE probabilmente hanno già una polizza che prevede automaticamente la copertura di responsabilità civile in tutti i paesi membri. Tuttavia, è opportuno accertarsi presso il proprio assicuratore se la polizza include anche la copertura di eventuali spese mediche e ospedaliere e i danni al proprio veicolo. Potrebbe essere necessario pagare un supplemento per avere diritto anche all'estero a tutte le coperture assicurative di cui si gode nel proprio paese di residenza.

La Carta Verde, rilasciata gratuitamente dalle assicurazioni, è un documento riconosciuto a livello internazionale che certifica il fatto che la copertura assicurativa di un determinato veicolo risponde ai requisiti minimi previsti dalla legge del paese visitato. Se avete un certificato assicurativo nel quale è specificato il tipo della vostra copertura, la Carta Verde non è indispensabile, anche se offre il vantaggio di essere immediatamente riconosciuta quando venite fermati per un controllo in un paese straniero.

Se noleggiate un veicolo in Andalusia, la normale assicurazione fornita dall'autonoleggio potrebbe essere limitata alla sola copertura di responsabilità civile. Se desiderate maggiori garanzie, per esempio contro il rischio di furto, di danneggiamento, di incidente grave e di morte o ferimento del guidatore o dei passeggeri, dovrete richiedere espressamente all'autonoleggio una polizza integrativa.

Automobile al seguito

Portare il proprio veicolo in Andalusia è forse la soluzione più sensata se prevedete di fermarvi per più di due settimane. Per informazioni sui percorsi per raggiungere questa regione v. p483. La benzina, che in Spagna costa circa €1 al litro, è facilmente reperibile. In caso di guasti, troverete un meccanico in qualunque città e anche in molte delle località più piccole.

Per guidare un veicolo privato è necessario avere con sé il certificato di proprietà, la patente di guida, il certificato assicurativo e, in qualche caso, la Carta Verde – v. Assicurazione a p486). Chiedete inoltre al vostro assicuratore di fornirvi un modulo europeo di constatazione amichevole (European Accident Statement), che in caso di incidente potrà semplificare il disbrigo di tutte le formalità.

Ricordiamo che il sito www.viaggiaresicuri.mae.aci.it, a cura dell'ACI in collaborazione con il Ministero degli Affari Esteri, offre utili informazioni circa documenti e norme di sicurezza. Chi desidera ricevere ulteriori ragguagli può rivolgersi alla sede nazionale **ACI** (informazioni per l'estero ☎ 06 49 11 15; documenti doganali ☎ 06 4998 2444; Via Magenta 5, 00185 Roma).

Infine, se l'automobile proviene dal Regno Unito o dall'Irlanda, ricordate di adattare l'orientamento dei fari per la guida sulle strade dell'Europa continentale (i negozi di accessori per automobili vendono strisce adesive che deflettono il fascio di luce nella giusta direzione).

Condizioni delle strade

Le strade della Spagna vantano il triste primato di avere un tasso di mortalità fra i più elevati d'Europa, probabilmente a causa del fatto che molti guidatori spagnoli dimostrano una folle passione per la velocità. Chi si accinge a guidare sulle strade spagnole deve procedere con estrema prudenza, facendo attenzione al fatto che la velocità media del traffico tende a essere sempre molto elevata, soprattutto sulle *autovías* (strade a doppia corsia, senza pagamento di pedaggio) e perfino in condizioni di traffico intenso.

Guidare in città può essere davvero frustrante a causa dei numerosi sensi unici, del traffico e dell'inadeguatezza della segnaletica stradale, soprattutto quando si deve guidare in località che non si conoscono. Mantenete la calma, usate le cartine per arrivare vicino alla meta prescelta, e parcheggiate appena trovate posto. Potete sempre spostare l'automobile in un secondo momento, se trovate un parcheggio migliore.

PARCHEGGIO

Trovare parcheggio in strada può rivelarsi una vera impresa durante l'orario lavorativo (più o meno dalle 9 alle 14 dal lunedì al sabato e dalle 17 alle 20 dal lunedì al venerdì). Spesso diventa necessario servirsi dei parcheggi sotterranei o dei parcheggi multipiano (silos), che sono abbastanza diffusi e ben segnalati in molte città, anche se tutt'altro che economici (in genere si spende circa €1 l'ora o da €10 a €15 per 24 ore). Tuttavia, è più sicuro lasciare l'automobile nei parcheggi sotterranei e nei silos che per le strade. Gli alberghi dotati di parcheggio privato in genere fanno pagare ai loro ospiti tariffe simili a quelle dei parcheggi sotterranei.

Le linee blu solitamente contraddistinguono i parcheggi a pagamento per i quali di solito si paga nelle ore lavorative circa €0,50 l'ora. Le linee gialle significano divieto di parcheggio. State attenti a non posteggiare

DISTANZE STRADALI (KM)

	Almería	Barcellona	Bilbao	Cadice	Córdoba	Gibilterra	Granada	Huelva	Jaén	Madrid	Málaga	Siviglia
Almería	---											
Barcellona	809	---										
Bilbao	958	620	---									
Cadice	463	1284	1058	---								
Córdoba	316	908	796	261	---							
Gibilterra	339	1124	1110	124	294	---						
Granada	162	868	829	296	160	255	---					
Huelva	505	1140	939	214	241	289	346	---				
Jaén	220	804	730	330	108	335	93	347	---			
Madrid	547	621	395	654	396	662	421	591	335	---		
Málaga	207	997	939	240	165	134	125	301	203	532	---	
Siviglia	410	1046	933	126	143	201	252	95	246	534	209	---

in aree in cui è vietato, anche se vedete altri mezzi in sosta (rischiate la rimozione del veicolo per il cui recupero è previsto il pagamento di una multa di circa €60).

Noleggio

Se prevedete di noleggiare un'automobile in Andalusia, la cosa migliore da fare sarebbe organizzare il noleggio prima della partenza. In generale gli autonoleggi locali nell'aeroporto di Málaga o sulla Costa del Sol offrono le tariffe più vantaggiose. Per noleggiare un'utilitaria a due porte con aria condizionata presso una delle agenzie locali si spendono da €130 a €140 a settimana in agosto o da €100 a €110 a settimana in gennaio. Una vettura più grande a quattro porte dovrebbe costare fra €260 e €300 in agosto e da €200 a €230 in gennaio. Molte delle agenzie locali offrono la possibilità di prenotare tramite internet, per cui al vostro arrivo dovrete solo presentarvi al loro bancone, all'interno o fuori dell'aeroporto, per ritirare l'auto. In genere, gli autonoleggi lontani dalle località costiere sono più costosi.

Fra le agenzie locali più affidabili con uffici nell'aeroporto di Málaga (e, in molti casi, anche negli altri aeroporti andalusi e nelle città costiere) ricordiamo le seguenti:

Centauro (☎ 902 10 41 03; www.centauro.net)
Crown Car Hire (☎ 952 17 64 86; www.crowncarhire.com)
Helle Hollis (☎ 952 24 55 44, Regno Unito 0871 222 7245; www.hellehollis.com)
Holiday Car Hire (☎ 952 24 26 85; www.holidaycar hire.com)
Niza Cars (☎ 951 01 35 20; www.nizacars.es)

Le seguenti agenzie internazionali di autonoleggio in genere offrono un servizio di livello più elevato:

Avis (☎ 902 13 55 31; www.avis.it)
Europcar (☎ 913 43 45 12; www.europcar.it)
Hertz (☎ 917 49 90 69; www.hertz.it)
National/Atesa (☎ 902 10 01 01; www.atesa.es)

In alternativa al noleggio diretto, ci si può rivolgere a un broker online come **Holiday Autos** (www.holidayautos.co.uk), **Transhire** (www.transhire.com), **Carjet** (www.carjet.com), **TravelAutos** (www.travelautos.com) e **Sunny Cars** (www.sunnycars.de, www.sunnycars.nl). Queste aziende svolgono un servizio di intermediazione fra turisti e agenzie locali, offrendo un'ampia scelta di veicoli e di località di consegna. In genere, però, con questo sistema si paga un po' di più che non effettuando il noleggio direttamente presso un'agenzia locale.

L'ente nazionale per il turismo della Spagna, **Turespaña** (www.spain.info), dispone di elenchi degli autonoleggi suddivisi per città, che si possono consultare sul suo sito web.

Per noleggiare un'automobile l'età minima richiesta è di 21 anni (23 in alcuni autonoleggi) e bisogna avere la patente da almeno un anno (a volte due). In molte agenzie i minori di 25 anni pagano tariffe più alte.

È molto più semplice, anzi spesso obbligatorio, pagare il noleggio con carta di credito.

Come sempre, controllate accuratamente ogni particolare del vostro contratto di noleggio. Alcune compagnie offrono degli extra gratuiti, come i seggiolini di sicurezza per i bambini e la possibilità di avere più conducenti, mentre altre li propongono a pagamento. Per alcuni consigli sull'assicurazione in caso di noleggio di un'auto, v. Assicurazione a p486.

Norme di circolazione

Come nel resto dell'Europa continentale, anche in Spagna si guida a destra e si sorpassa a sinistra. L'età minima per guidare un'automobile è di 18 anni. È obbligatorio l'uso delle cinture di sicurezza, anche nei sedili posteriori se il veicolo ne è dotato. I bambini al di sotto dei 3 anni devono viaggiare negli appositi seggiolini di sicurezza. La percentuale di alcool nel sangue di chi guida non può superare lo 0,05% (0,03% per chi ha la patente da meno di due anni) e talvolta viene effettuato il test del palloncino. La polizia svolge controlli casuali sulle automobili di passaggio, quindi è sempre opportuno avere con sé tutti i documenti previsti dalla legge. I conducenti stranieri non residenti possono essere multati per la violazione delle norme del codice della strada e devono pagare sul posto le contravvenzioni. Si può presentare un ricorso scritto (in qualunque lingua) alla Jefatura Provincial de Tráfico (Centro provinciale per il traffico); se viene accettato, l'ammontare pagato per la multa verrà rimborsato, cosa che non succede molto spesso. Troverete indirizzi e numeri di telefono dei centri provinciali per il traffico sul sito web della **Dirección General de Tráfico** (www.dgt.es). Bisogna cliccare su 'Direcciones y Teléfonos,' e poi selezionare la provincia in cui vi trovate.

Il limite di velocità è di 50 km/h nelle aree urbane, 90 km/h o 100 km/h al di fuori delle aree urbane e 120 km/h su *autopistas* (autostrade a pedaggio) e *autovías*.

In Spagna è obbligatorio avere due triangoli di segnalazione di emergenza, da posizionare 100 m davanti e 100 m dietro al veicolo fermo sulla carreggiata a causa di un guasto o di un incidente. Inoltre, è obbligatorio avere un giubbotto catarifrangente, da indossare quando si esce dalla propria autovettura ferma sulla carreggiata o sulla corsia d'emergenza al di fuori dei centri abitati.

È vietato usare il telefono cellulare mentre si è alla guida.

Patente di guida

In Spagna è riconosciuta e accettata la patente rilasciata in qualunque stato membro della UE (Italia compresa), tranne le vecchie patenti inglesi di colore verde. Le patenti di guida rilasciate in stati non appartenenti alla UE dovrebbero sempre essere accompagnate dal Permesso di guida internazionale anche se, in realtà, per le formalità di autonoleggio o in caso di controllo da parte della polizia stradale è in genere sufficiente avere la propria patente nazionale. Potrete richiedere il Permesso di guida internazionale (International Driving Permit), valido per 12 mesi, presso l'associazione automobilistica del vostro paese.

BICICLETTA

L'Andalusia è un'ottima regione per andare in bicicletta, con magnifici paesaggi e terreni adatti a tutte le esigenze. Grazie alle numerose strade di campagna, poco trafficate e generalmente in buone condizioni, i ciclisti possono evitare le affollate strade principali. Pedalare lungo le strade andaluse è sicuro quanto in qualunque altro paese europeo – dovrete solo abituarvi ai guidatori spagnoli che amano sempre viaggiare a velocità molto sostenuta. Oltre alle strade asfaltate, migliaia di chilometri di sentieri, fra cui antiche linee ferroviarie convertite in piste per escursioni a piedi o in bicicletta, attendono gli appassionati di mountain bike. Fare escursioni o addirittura viaggiare in bicicletta è particolarmente piacevole in primavera e in autunno, perché le condizioni atmosferiche sono più propizie. Per maggiori informazioni sulle escursioni in bicicletta o mountain bike in Andalusia v. p81.

Se vi stancate di pedalare, spesso è possibile caricare la bicicletta su un autobus (in genere è necessario smontare la ruota anteriore). Per viaggiare in treno con la propria bicicletta, è invece indispensabile rispettare una serie di norme. Sui treni a lunga percorrenza dovete viaggiare su un convoglio notturno in vagone letto o cuccetta, dovete smontare i pedali e imballare la bicicletta in un contenitore apposito. Sui treni regionali e suburbani ci sono meno difficoltà. Chiedete informazioni precise prima di acquistare il biglietto.

Le biciclette si possono noleggiare facilmente nelle città principali, nelle località balneari e nelle cittadine dell'interno o nei villaggi in cui c'è molto turismo. Spesso si tratta di *bicis todo terreno* (mountain bike); le tariffe variano da €10 a €20 al giorno.

È raro trovare delle piste ciclabili lungo le strade principali, ma ai ciclisti è permesso pedalare affiancati a due a due. Fuori dai centri urbani è obbligatorio l'uso del casco protettivo.

TRASPORTI LOCALI

Le città grandi e piccole sono solitamente dotate di efficienti servizi di autobus, ma spesso non è necessario servirsene perché alberghi, luoghi di interesse turistico e stazioni si trovano a breve distanza e dunque possono essere raggiunti agevolmente a piedi. Tutti gli aeroporti dell'Andalusia sono collegati al centro città da un servizio di autobus – a Málaga anche dal treno. L'aeroporto di Gibilterra si può raggiungere a piedi dal centro città e dalla stazione degli autobus di La Línea de la Concepción, in Spagna.

Nelle città dell'Andalusia non mancano i taxi, e anche nella maggior parte dei villaggi se ne trova sempre almeno uno. Le tariffe sono ragionevoli – una corsa di 2-3 km dovrebbe costare da €3 a €4 (il collegamento per gli aeroporti prevede l'applicazione di un supplemento). Le corse extraurbane costano circa €0,60 per chilometro. Non è necessario dare la mancia al tassista.

TRENO

Renfe (☎ 902 24 02 02; www.renfe.es), la compagnia ferroviaria nazionale della Spagna, dispone in Andalusia di una rete molto capillare che raggiunge tutte le città principali e anche molte di quelle più piccole. Spesso i treni sono altrettanto comodi, rapidi ed economici degli autobus.

LUSSO ALLA VELOCITÀ DI UN TEMPO

Se siete appassionati di treni e pensate che il divertimento del viaggio stia anche nel viaggio stesso, e vi annoiano i moderni treni che spesso tolgono il piacere di avvicinarsi piano piano alla meta prescelta – e se potete permettervi di spendere duemila euro – considerate la possibilità di prendere l'**Alandalus Express** (www.alandalusexpreso.com). A dispetto del nome, questo lussuoso treno di proprietà statale non è affatto un espresso; impiega infatti sei giorni per compiere il tragitto da Siviglia a Granada e ritorno – ma ai passeggeri offre la possibilità di fare una vacanza con tutti i comfort. Il treno dispone infatti di lussuosi vagoni letto, di carrozze ristorante in cui vengono serviti piatti e vini eccellenti, di un bar e di un salone, tutti arredati in maniera impeccabile con rivestimenti in pelle e lampade in vetro in stile *Belle époque*. La clientela è composta soprattutto da facoltosi pensionati stranieri, che lungo il percorso hanno la possibilità di partecipare a escursioni guidate in alcune delle più belle località raggiunte dalla ferrovia. Al momento della stesura di questa guida, il viaggio standard consisteva in un percorso della durata di sei giorni da Siviglia a Córdoba, Granada, Jerez de la Frontera e ritorno a Siviglia. Il prezzo del biglietto in vagone letto a due cuccette era di €2700 a persona.

Per informazioni sui treni a lunga percorrenza che viaggiano tra l'Andalusia e le altre regioni delle Spagna v. p484. Tali treni si possono utilizzare anche per spostarsi all'interno dell'Andalusia, per esempio sulle linee Córdoba-Málaga, Córdoba-Siviglia-Cadice e Córdoba-Ronda-Algeciras. Solitamente, i collegamenti più frequenti fra le località dell'Andalusia sono effettuati dagli economici treni *regional* e *cercanía*, a classe unica. I treni *regionales*, alcuni dei quali sono classificati come Andalucía Exprés, viaggiano tra le principali città dell'Andalusia fermandosi nelle località situate lungo la linea ferroviaria. I treni *cercanías* sono treni per pendolari che collegano Siviglia, Málaga e Cadice con le rispettive periferie e con i paesi vicini.

Sulle seguenti linee ferroviarie troverete buoni collegamenti, con almeno tre treni diretti in ogni direzione al giorno (spesso anche di più): Algeciras-Ronda-Bobadilla-Antequera-Granada, Córdoba-Málaga, Málaga-Torremolinos-Fuengirola, Siviglia-Jerez de la Frontera-El Puerto de Santa María-Cadice, Siviglia-Córdoba, Siviglia-Huelva, Siviglia-Bobadilla-Málaga e Siviglia-Antequera-Granada-Guadix-Almería.

Sulle altre linee il servizio tende a essere meno frequente e spesso è necessario cambiare treno nella piccola stazione di collegamento di Bobadilla, nel centro dell'Andalusia, nella quale confluiscono le linee provenienti da Siviglia, Córdoba, Granada, Málaga e Algeciras. Tuttavia, con un po' di perseveranza è possibile raggiungere in treno una sorprendente quantità di località, fra cui Jaén, la Sierra Norte in provincia di Siviglia e la Sierra de Aracena.

I treni regionali viaggiano a una velocità media di circa 75 km/h, al costo di circa €1 per 15 km. Per ulteriori informazioni v. i capitoli dedicati alle singole località.

Salute

SOMMARIO

PRIMA DI PARTIRE

Prevenzione è la parola chiave per chi vuole evitare problemi di salute mentre sta viaggiando: non bisogna temere i rischi sanitari, ma essere preparati nel modo migliore per evitarli o affrontarli, così da godere appieno, e senza preoccupazioni, dell'esperienza del viaggio.

Con qualche semplice preparativo prima della partenza, soprattutto in presenza di patologie già esistenti, si eviteranno spiacevoli problemi in seguito; vi consigliamo di effettuare una visita dentistica in moda da essere sicuri che i vostri denti non richiedano cure e, se indossate gli occhiali o le lenti a contatto, di portatevene dietro un paio di scorta oltre alla prescrizione oculistica.

Trasportate i farmaci nelle loro confezioni originali, insieme a una lettera firmata e datata dal medico in cui vengano descritte le vostre condizioni di salute e le eventuali medicine che dovete assumere, con l'indicazione del principio attivo oltre al nome commerciale del farmaco. Se avete bisogno di siringhe e aghi, ricordatevi di tenere a portata di mano una prescrizione medica che ne documenti la reale necessità dal punto di vista sanitario, mentre se soffrite di problemi cardiaci, non dimenticate una copia dell'ultimo elettrocardiogramma che avete effettuato prima di partire.

ASSICURAZIONE

La Spagna ha accordi sanitari reciproci con gli altri paesi della UE, e quindi i cittadini di queste nazioni potranno utilizzare la Tessera Europea di Assicurazione Malattia (TEAM), che ha sostituito il modello E111. Tale tessera, che è stata inviata a domicilio a tutti i cittadini italiani assistiti dal Servizio Sanitario Nazionale, consente di usufruire dell'assistenza sanitaria gratuita nelle strutture pubbliche del paese ospitante per la maggior parte delle prestazioni. La Tessera Europea non copre invece le cure che non siano urgenti oppure il rimpatrio in caso di emergenza. Ogni membro della famiglia dovrà avere la propria tessera. I cittadini di tutte le altre nazioni dovranno verificare se esistono accordi reciproci fra il proprio paese e la Spagna. Qualora dobbiate stipulare un'assicurazione sanitaria, prendete in seria considerazione una polizza che copra ogni eventualità, anche la peggiore, come per esempio un incidente che richieda un immediato rimpatrio in aereo. Informatevi prima della partenza se la vostra assicurazione pagherà le spese mediche direttamente agli operatori sanitari o dovrete anticipare voi i pagamenti per poi chiedere successivamente il rimborso.

RISORSE ONLINE

Internet offre una quantità di siti che contengono informazioni e suggerimenti relativi alla salute in viaggio. Prima di partire può essere utile consultare anche il sito del Ministero della Salute.

www.ministerosalute.it Il sito ufficiale del Ministero della Salute.

www.safetravel.ch Sito ufficiale con informazioni utili per i cittadini svizzeri.

www.ilgirodelmondo.it Centro di Medicina dei Viaggi dell'Ospedale Amedeo di Savoia di Torino – utile da consultare prima della partenza.

www.ospedalebambinogesu.it/item/1054/vademecumviaggiatore.pdf Portale Sanitario Pediatrico dell'Ospedale Bambin Gesù di Roma – elenca i potenziali rischi per la salute in viaggio, le aree dove tali rischi sono maggiori e le precauzioni da prendere quando ci si reca in paesi lontani.

FARMACIA DA VIAGGIO

È bene portarsi dietro una piccola ed essenziale scorta di medicinali, da conservare preferibilmente nel bagaglio a mano, se e per quanto permesso dalle normative di sicurezza. Ecco un elenco di ciò che potrebbe esservi utile:

- **Aspirina®, Tachipirina®** o altri antinfiammatori – per febbre, mal di denti e dolori.
- **Antistaminici** (Clever®, Zirtec®) – utili come decongestionanti per raffreddori allergici, orticaria e allergie. Possono indurre sonnolenza e interagire con l'alcol, quindi vanno usati con cautela; se possibile, prendetene uno che avete già sperimentato.
- **Un prodotto tipo Xamamina® o Transcop®** – per prevenire il mal d'aria, d'auto o di mare.
- **Antidiarroici a base di loperamide** (Imodium®, Dissenten®) – per alleviare i sintomi della diarrea; **antivomito a base di metoclopramide** (Plasil®) – contro la nausea e il vomito.
- **Un antispastico** (Buscopan®) – per eventuali coliche addominali.
- **Antibiotici intestinali** (Normix®, Ciproxin®) – per curare forme serie di diarrea del viaggiatore.
- **Disinfettante, garze e cerotti** – per ferite, tagli e graffi.
- **Una pomata antistaminica** (Fargan®, Polaramin®) – per calmare irritazioni e prurito dovuti a morsi o punture di insetti.
- **Forbici, pinzette e un termometro** (ricordate che i termometri al mercurio sono proibiti da alcune compagnie aeree).
- **Repellenti per insetti** (Autan® 10% e 20% di KBR; OFF!® 7% e 15% di DEET) Per i bambini si consiglia il prodotto con concentrazione minore di KBR o DEET.
- **Creme solari ad alto fattore di protezione**

In lingua inglese, la pubblicazione *International Travel and Health* dell'Organizzazione Mondiale della Sanità viene aggiornata ogni anno ed è disponibile sul sito www.who.int/ith. Ecco qualche altro sito utile, sempre in lingua inglese:

www.ageconcern.org.uk Questo sito si occupa dei problemi e delle patologie che gli anziani in viaggio possono dovere affrontare.

www.cdc.gov/travel/ Ottimo sito dei Center for Disease Control ricco di consigli utili per la salute in viaggio.

www.fitfortravel.scot.nhs.uk Consigli generici di viaggio per tutti.

www.mariestopes.org.uk Informazioni sulla salute femminile e sui metodi contraccettivi.

www.mdtravelhealth.com Consigli sanitari per viaggiare senza alcun problema in ogni paese; viene aggiornato quotidianamente.

VACCINAZIONI CONSIGLIATE

Non sono richieste vaccinazioni obbligatorie per visitare la Spagna. Tuttavia sia l'Organizzazione Mondiale della Sanità sia i **Center for Disease Control** americani consigliano ai viaggiatori di vaccinarsi o controllare la validità delle vaccinazioni effettuate contro epatite virale A, epatite virale B, difterite e tetano indipendentemente dalla destinazione. Molti vaccini non garantiscono l'immunità fino ad almeno due settimane dopo la somministrazione, pertanto consultate un Centro di medicina dei viaggi almeno sei settimane prima della partenza. Tra le vaccinazioni più utili ricordiamo:

Difterite e tetano In Italia è una delle vaccinazioni indicate per tutti i bambini. Il tetano è ubiquitario e la difterite è ancora diffusa in alcuni paesi dell'Europa orientale, per cui è fondamentale un richiamo antitetanico-antidifterico del tipo per adulti (è consigliato ogni 10 anni) nel caso in cui queste vaccinazioni siano scadute o prossime alla scadenza.

Epatite virale A Il vaccino (due dosi iniettate a distanza di 6-12 mesi) conferisce protezione contro il rischio di contrarre l'epatite A da alimenti e bevande contaminate. Dopo la prima dose si instaura già una buona risposta immunitaria e il richiamo conferisce protezione per almeno 10-20 anni.

Epatite virale B Il vaccino (due dosi iniettate a distanza di un mese, più un richiamo dopo sei mesi) è consigliato soprattutto a chi prevede di avere rapporti sessuali con persone del luogo o di lavorare in campo sanitario.
Per avere un minimo di protezione occorrono almeno due dosi. È anche disponibile un vaccino bivalente, valido per l'epatite A e per l'epatite B, con lo stesso calendario.

DURANTE IL VIAGGIO

CINETOSI O MAL DI MOVIMENTO

Il mal di movimento è dovuto alle stimolazioni del labirinto (il sistema di regolazione dell'equilibrio) che si verificano durante viaggi in automobile, in aereo o per mare. Se siete soggetti a cinetosi, cercate di trovare un posto che riduca al minimo questo fastidioso disturbo: vicino alle ali sugli aeroplani, a metà nave sulle imbarcazioni e nei sedili centrali sugli autobus. Mangiare poco prima e durante il viaggio ridurrà il rischio di mal di movimento. L'aria fresca e il guardare avanti e verso l'orizzonte possono essere di aiuto; al contrario, leggere o fumare (o sedere accanto a qualcuno che fuma) può essere decisamente controproducente. Prima di iniziare il viaggio si può prendere un prodotto contro il mal di movimento (Xamamina®), che di solito provoca sonnolenza; se lo assumete quando già vi sentite male sarà troppo tardi. I cerotti di scopolamina (Transcop®) si applicano quattro ore prima della partenza. Tra gli effetti collaterali della scopolamina si segnalano sonnolenza e dilatazione della pupilla. Spesso risultano utili anche rimedi della medicina naturale (zenzero, menta piperita).

IN ANDALUSIA

DISPONIBILITÀ E COSTO DELL'ASSISTENZA SANITARIA

Se avete bisogno di un'ambulanza dovete chiamare il ☎ 061. Nei casi più urgenti fatevi accompagnare al pronto soccorso *(urgencias)* dell'ospedale più vicino.

In Andalusia sono disponibili ottimi servizi di assistenza sanitaria e nelle *farmacias* (farmacie) potete ricevere buoni consigli e acquistare i farmaci da banco, quelli cioè che non necessitano di prescrizione medica. In Spagna è in funzione un sistema di *farmacias de guardia* (farmacie di turno), in base al quale a ogni ora del giorno e della notte in ogni quartiere ne troverete aperta almeno una. Le farmacie chiuse espongono sulla porta un cartello con l'indicazione di quella aperta più vicina.

DIARREA DEL VIAGGIATORE

La diarrea del viaggiatore è il più comune tra i disturbi che si possono contrarre durante un viaggio. Può essere causata da diversi tipi di virus, batteri, protozoi o parassiti. Alcune misure di igiene alimentare sono estremamente utili per prevenire la diarrea: evitate di bere l'acqua corrente a meno che non sia stata bollita, filtrata o disinfettata con soluzioni chimiche (compresse di cloro o soluzioni a base di iodio); mangiate solo frutta e verdura cotte o sbucciate; state attenti ai prodotti caseari che possono contenere latte non pastorizzato; siate molto selettivi nell'acquisto di cibo dai venditori ambulanti. I cibi devono essere non solo ben cotti, ma anche preparati sul momento; la frutta e la verdura devono essere sbucciate da chi ha intenzione di consumarle.

Se venite colpiti da diarrea dovete assumere molti liquidi, preferibilmente soluzioni reidratanti contenenti sali minerali, e bevande zuccherate per riattivare le funzioni di assorbimento dell'intestino. Qualche scarica diarroica al giorno non richiede alcuna cura particolare, ma se cominciate ad averne più di quattro o cinque nelle ventiquattrore, dovreste prendere un antidiarroico a base di loperamide (Imodium® e Dissenten®). Se la diarrea dura più di tre giorni o si accompagna a febbre, sangue o muco nelle feci, è bene assumere un antibiotico intestinale (Normix®, Ciproxin®). Se i sintomi non migliorano rapidamente, è opportuno rivolgersi a un medico.

MALATTIE A TRASMISSIONE SESSUALE

I profilattici si trovano facilmente in qualsiasi parte dell'Andalusia, ma non si può dire altrettanto per i metodi di contraccezione d'emergenza, quindi prendete sempre le necessarie precauzioni.

PROBLEMI CAUSATI DA FATTORI AMBIENTALI

Acqua

L'acqua dei rubinetti delle case, degli alberghi e dei ristoranti è sicura pressoché in ogni località della Spagna. Nella città di Málaga, però, molte persone preferiscono acquistare l'acqua in bottiglia per evitare qualsiasi rischio. L'acqua minerale in bottiglia si trova ovunque ed è generalmente sicura; all'acquisto verificate che la confezione sia ben sigillata.

Se prevedete di fare lunghe escursioni in zone isolate dove si è costretti ad attingere l'acqua dai corsi naturali, dovrete imparare a depurarla correttamente. L'acqua corrente può essere trattata facendola bollire per almeno 15 minuti, al fine di garantire la più efficace delle purificazioni (oltre i 2000 m di altitudine deve bollire per 20 minuti). Un'altra possibilità è quella di disinfettare l'acqua con tavolette di iodio o compresse di cloro. In alternativa, potete aggiungere della tintura di iodio al 2% a un litro d'acqua (cinque gocce per l'acqua più limpida, dieci per quella più torbida) e lasciare riposare per 30 minuti. Se l'acqua è fredda è necessario aspettare molto più a lungo. Il gusto dell'acqua trattata con lo iodio potrebbe essere migliorato aggiungendo della vitamina C (acido ascorbico). L'acqua trattata con tintura di iodio può essere dannosa se consumata per periodi prolungati. Le donne in gravidanza, chi ha avuto una malattia tiroidea e tutti coloro che sono allergici allo iodio non dovrebbero assolutamente berla.

Collasso da calore e colpo di calore

Il collasso da calore è un abbassamento della pressione del sangue in seguito a una eccessiva perdita di liquidi o sali non adeguatamente reintegrati. Tra i sintomi si segnalano emicrania, capogiri e spossatezza. Nel momento in cui si avverte lo stimolo della sete, la disidratazione è già in atto: cercate di bere molta acqua in modo da produrre un'urina chiara e limpida. In caso di collasso da calore, occorre reintegrare i liquidi persi con acqua e/o succhi di frutta. Le compresse di sali minerali reperibili in commercio possono essere di aiuto. È altrettanto importante riequilibrare la temperatura corporea trattando la persona colpita con impacchi di acqua fredda e ricorrendo all'aiuto di ventilatori.

La prevenzione consiste soprattutto nell'evitare di compiere attività motoria nelle ore più calde della giornata e in zone a elevata umidità ambientale.

Il collasso da calore è il precursore del più serio e pericoloso colpo di calore. In questo caso viene alterato il meccanismo della sudorazione, con un eccessivo innalzamento della temperatura corporea, comportamento irrazionale e convulsioni, ed eventualmente anche perdita di conoscenza e morte. È essenziale l'immediato ricovero ospedaliero. L'intervento d'urgenza consiste nel mettere all'ombra la persona colpita, coprirla con un lenzuolo e un asciugamano umido e farle vento continuamente. Se possibile, è bene ricorrere con urgenza a fleboclisi di soluzioni elettrolitiche per reintegrare i liquidi perduti.

Mal di montagna

La mancanza di ossigeno ad altitudini oltre i 2500 m può provocare disturbi più o meno seri nella maggior parte delle persone, ma il mal di montagna vero e proprio si verifica normalmente a 3000-4000 m di quota ed è influenzato dalla rapidità dell'ascesa, dal grado di allenamento, dal dormire ad alta quota e da eventuali malattie preesistenti. In genere, i sintomi del mal di montagna si sviluppano durante le prime 24 ore trascorse in quota, ma possono manifestarsi anche successivamente, fino a un massimo di tre settimane dopo. Tra i sintomi più lievi si segnalano emicrania, letargia, capogiri, disturbi del sonno e mancanza di appetito. Affanno, tosse secca e irritativa (seguita da espettorato spumoso e rosato), forte cefalea, mancanza di coordinazione e di equilibrio, stato confusionale o di incoscienza, vomito, comportamento irrazionale e sonnolenza sono i sintomi più gravi.

Potete contrastare i sintomi più lievi riposandovi alla stessa altitudine finché il malessere non scompare, di solito entro uno o due giorni. Per combattere il mal di testa si possono prendere il paracetamolo o l'aspirina. Tuttavia, se i sintomi persistono o peggiorano è necessario discendere immediatamente; può giovare perdere anche solamente 500 m di quota.

Per prevenire il mal di montagna seguite le seguenti indicazioni:

- Ponete attenzione a una accurata acclimatazione: salite lentamente concedendovi molti giorni di riposo e, se possibile, fermandovi ogni 1000 m di dislivello. Seguite comunque la regola generale di non salire per oltre 600 m al giorno dopo aver superato i 2500 m di quota.
- Se possibile, dormite a un'altitudine inferiore rispetto a quella massima raggiunta durante la giornata.
- Bevete molti liquidi e monitorate l'idratazione assicurandovi che l'urina sia limpida e abbondante.
- Consumate pasti leggeri e ricchi di carboidrati per immagazzinare più energie.
- Evitate ogni bevanda alcolica, i sedativi e il tabacco.

- La prevenzione del mal di montagna è inoltre basata, nelle spedizioni in alta quota, sull'uso di acetazolamide (Diamox®), da assumersi sotto stretto controllo medico.

Morsi e punture

Le punture di api e vespe sono di solito più dolorose che pericolose, anche se in soggetti allergici possono fare insorgere gravi difficoltà respiratorie che rendono necessario l'intervento urgente di un medico (shock anafilattico). In questo caso è utile avere sempre con sé una fiala di adrenalina. Una pomata antistaminica (Fargan®, Polaramin®) darà invece sollievo e gli impacchi di ghiaccio ridurranno il dolore e il gonfiore.

Quando vi trovate nei boschi fate attenzione ai bruchi pelosi di processionarie di colore marrone-rossiccio. Questi insetti, che costruiscono il loro nido argentato sulla cima dei pini, all'arrivo della primavera abbandonano i loro rifugi e scendono dagli alberi marciando in lunghe file (da cui il loro nome). Toccando il corpo peloso delle processionarie si rischia di scatenare una forte irritazione allergica alla pelle.

Alcuni centopiedi dell'Andalusia possono causare fastidiose morsicature, ma non sono fatali. Bisogna fare molta attenzione agli insetti composti da segmenti ben definiti, con evidenti alternanze di colori, come per esempio strisce gialle e nere.

Le meduse, dotate di tentacoli urticanti, generalmente si presentano in branchi e dunque è facile capire quando è il caso di non fare il bagno in mare.

L'unico serpente velenoso relativamente comune in Spagna è la vipera di Lataste. Ha la testa di forma triangolare e un corpo lungo fino a 75 cm di colore grigio con caratteristici motivi a zigzag. Vive nelle zone aride e rocciose, solitamente lontano da quelle frequentate dall'uomo. Il suo morso può essere mortale, ma fortunatamente negli ospedali pubblici delle principali città dell'Andalusia è disponibile l'apposito siero.

Le zanzare vivono numerose in tutta la regione. Le loro punture non trasmettono la malaria, ma provocano una forte irritazione e si possono infettare. Le pulci della sabbia vivono in tutte le spiagge del Mediterraneo. Solitamente causano solo fastidiose morsicature, anche se possono essere all'origine di una rara malattia della pelle chiamata leishmaniosi cutanea. Utilizzate un buon repellente contro gli insetti (Autan® 10% e 20% di KBR; OFF!® 7% e 15% di DEET) per evitare sia le punture delle zanzare sia i morsi delle pulci della sabbia.

In Spagna si trovano anche alcune specie di scorpioni: le loro punture, non mortali, sono molto dolorose.

Se avete camminato su prati dove pascolano pecore e capre, controllate di non avere addosso delle zecche – possono infatti causare infezioni della pelle, ma anche malattie più gravi.

SALUTE FEMMINILE

Lo stress e la fatica sono fattori che possono contribuire a creare scompensi nel ciclo mestruale. Se si usano contraccettivi orali, va ricordato che alcuni antibiotici, la diarrea o il vomito possono inibirne l'efficacia e aumentare il rischio di gravidanza. L'uso dei contraccettivi di barriera (preservativi) può essere quindi consigliato nel caso in cui si presentassero questi problemi.

Di solito è possibile viaggiare durante la gravidanza, tenendo presente alcune precauzioni importanti. Prima di partire sarebbe meglio farsi visitare accuratamente: i periodi più rischiosi per viaggiare sono le prime 12 settimane della gravidanza, quando maggiore è il pericolo di aborto, e le settimane successive alla trentesima, quando potrebbe verificarsi un innalzamento della pressione arteriosa con il conseguente rischio di un parto prematuro. Va ricordato che il caldo, l'umidità e l'assunzione di antibiotici possono favorire l'insorgere della candidosi vaginale. Il disturbo si cura normalmente con creme o ovuli antimicotici. Le infezioni delle vie urinarie possono essere aggravate dalla disidratazione o da lunghi viaggi in autobus senza soste; per curarle è bene portare disinfettanti urinari e antibiotici adeguati e ricordarsi di bere molto.

VIAGGIARE CON I BAMBINI

Tutti coloro che viaggiano con bambini dovrebbero sapere come curare le malattie più comuni ed essere in grado di capire quando è il caso di rivolgersi a un medico. Assicuratevi che vostro figlio abbia effettuato tutte le vaccinazioni obbligatorie.

Nei climi caldi e umidi, qualunque ferita o irritazione della pelle può provocare un'infezione, perciò la parte colpita dovrebbe essere tenuta asciutta e pulita. Ricordate di evitare cibo e acqua a rischio di contaminazione. In caso di attacchi di vomito o diarrea, è particolarmente importante provvedere a reintegrare accuratamente i liquidi e i sali perduti. Potrebbe essere utile portare con sé delle sostanze per preparare soluzioni reidratanti da sciogliere nell'acqua dopo averla fatta bollire. Infine, i repellenti per insetti devono essere applicati in concentrazioni e quantità ridotte.

Guida linguistica

SOMMARIO

In tutta l'Andalusia si parla lo spagnolo *(español)*, anche se sarebbe più corretto dire il castigliano *(castellano)*. Non è sempre facile trovare qualcuno che sia in grado di esprimersi in inglese, tranne che nelle grandi città e nelle località turistiche. Gli italiani non dovrebbe comunque avere troppe difficoltà a comprendere lo spagnolo. In genere verrete accolti meglio se vi sforzerete di usare qualche vocabolo in spagnolo.

Se desiderate prepararvi in modo approfondito, procuratevi *Capire e farsi capire in spagnolo*, edito da Lonely Planet e tradotto in italiano da EDT (2005; collana 'I frasari'), un manuale di conversazione che fornisce una serie di frasi utili per le varie situazioni in cui si può trovare un viaggiatore, un dizionarietto di termini più consueti oltre a una sezione sulla grammatica e la pronuncia. Fra i numerosi dizionari tascabili di spagnolo segnaliamo: Rizzoli Larousse (2006; collana 'Mini'), Boroli Editore (2005; collana 'Collins Pocket') e Vallardi (2004; collana 'Dizionari tascabili').

PRONUNCIA ANDALUSA

L'ortografia spagnola riflette abbastanza fedelmente la fonologia, il che significa che c'è sempre una relazione chiara e coerente fra la parola scritta e la sua pronuncia. Inoltre, la lingua spagnola utilizza suoni che hanno equivalenti nella lingua italiana, dunque per un italiano non dovrebbe essere difficile farsi capire.

La pronuncia degli abitanti dell'Andalusia non è esattamente uguale a quella delle altre regioni della Spagna o a quella insegnata nelle scuole di lingua per stranieri. Anche l'accento varia a seconda delle località, ma sia che cerchiate di adattarvi alla pronuncia locale sia che utilizziate lo spagnolo standard, non dovreste avere problemi a comunicare.

Vocali

Le vocali dello spagnolo sono uguali a quelle dell'italiano e si pronunciano sempre nello stesso modo. Molte parole spagnole sono scritte con un accento acuto (per esempio *días*) che di norma indica la sillaba da accentare, ma non modifica la pronuncia della vocale. Le vocali si pronunciano in maniera chiara, anche se non sono accentate.

Semiconsonanti

Lo spagnolo possiede anche la semiconsonante **y**. Quando si trova alla fine di una parola e quando viene usata da sola come congiunzione – in questo caso significa 'e' – si pronuncia come una **i**. Altrimenti, quando viene utilizzata come consonante, viene pronunciata con un suono intermedio fra la 'i' semiconsonantica di 'iella' e la 'g' di 'beige', a seconda della regione.

Consonanti

Alcune consonanti spagnole sono uguali alle corrispondenti italiane. La pronuncia delle altre varia a seconda della vocale che segue e delle diverse zone del paese. L'alfabeto spagnolo comprende anche tre consonanti o gruppi consonantici che non esistono in quello italiano: i gruppi consonantici **ch** e **ll** e la consonante **ñ**. Nei dizionari più recenti i gruppi consonantici **ch** e **ll** sono rispettivamente elencati sotto la **c** e la **l**, mentre la **ñ**, ancora considerata una lettera separata dagli studiosi di linguistica, viene collocata dopo la **n** e prima della **o**.

b è pronunciata in modo dolce, come in 'bocca', mentre ha un suono più deciso se è all'inizio di parola o preceduta da **m** o **n**

c come nell'italiano 'casa' se precede **a**, **o** e **u**; si pronuncia invece come 's' se è seguita da **e** o **i** (mentre in spagnolo standard in questo caso si pronuncerebbe come l'interdentale inglese 'th')
ch come in 'sciopero'
cu come la 'qu' in 'quadro'
d come in 'doge' quando è in posizione iniziale o preceduta da **l** o **n**; negli altri casi si pronuncia come l'interdentale inglese 'th', ma talvolta non si pronuncia affatto – come in *partido* (diviso) che diventa 'partio'
f come in italiano
g come in 'gonna' quando è in posizione iniziale o prima di **a**, **o** e **u**; negli altri casi viene pronunciata più smorzata. Prima di **e** o **i** produce un suono aspro e aspirato, un po' gutturale, simile al 'ch' nella parola scozzese *loch*
h è sempre muta
j simile al 'ch' nella parola scozzese *loch*
l come in italiano
ll è un suono simile a quello prodotto dall'italiano 'gl', come in 'maglia'; in Andalusia corrisponde spesso a una 'j'
m come in italiano
n come in italiano
ñ suono simile a quello prodotto dall'italiano 'gn', come in 'gnomo'
p come in italiano
q è sempre seguita da una **u** muta e da una **e** (come in *que*) o una **i** (come in *aquí*); il suono che ne deriva è come quello dell'italiano 'ch' più vocale, come 'che' o 'chi'
r suono di 'r' arrotato; in posizione iniziale è più forte e prolungato
s spesso non viene pronunciata, soprattutto se non è in posizione iniziale; di conseguenza, *pescados* (pesce) può essere pronunciato 'pecao' in Andalusia
t come in italiano
v suono uguale allo spagnolo **b** (v. sopra)
x 'x' come in 'taxi' quando si trova fra due vocali; quando è prima di una consonante si pronuncia come la 's' di 'casa'
z si pronuncia come 's' (non come 'th' dello spagnolo standard); in fine di parola, la **z** è spesso muta

Accento tonico

In generale, nelle parole che terminano per vocale o con le consonanti **n** o **s** l'accento cade sulla penultima sillaba, mentre quelle che terminano con le altre consonanti hanno l'accento sull'ultima sillaba. Per esempio, le parole *vaca* (mucca) e *caballos* (cavalli) hanno entrambe l'accento sulla penultima sillaba, mentre nelle parole *ciudad* (città) e *infeliz* (infelice) l'accento cade sull'ultima sillaba.

L'accento scritto indica una sillaba accentata, e in genere compare nelle parole che non seguono la regola generale, come in *sótano* (cantina) e *porción* (porzione).

GENERE E NUMERO

Come in italiano, in spagnolo ci sono nomi maschili e femminili ed esistono delle regole per determinare il genere (ovviamente con alcune eccezioni). I nomi femminili terminano solitamente con -**a** o con i gruppi -**ción**, -**sión** o -**dad**. Tutte le altre finali di parola indicano un nome maschile. Gli aggettivi vengono concordati al genere del nome cui si riferiscono (maschile/femminile -**o**/-**a**). Quando esiste una forma maschile e una femminile di una stessa parola, in questa guida vengono segnalate entrambe separate da una barra, con il maschile indicato per primo, come per esempio *perdido/a*.

Se un nome o un aggettivo termina per vocale, il plurale si forma aggiungendo una **s** alla fine. Se termina con consonante, il plurale si forma aggiungendo **es** alla fine.

SALUTI E CONVERSAZIONE DI BASE

Parlando con persone con cui si ha una certa familiarità o con persone più giovani si usa la forma informale *tú* al posto del più formale *usted*. In questa guida viene sempre usata la forma formale. Quando sono riportate entrambe, esse vengono indicate con le abbreviazioni 'form.' e 'inf.'

Salve, ciao.	*Hola.*
Buongiorno.	*Buenos días.*
Buon pomeriggio.	*Buenas tardes.*
Buonasera/ Buonanotte.	*Buenas noches.*
Addio.	*Adiós.*
Arrivederci/ A presto.	*Hasta luego.*
Sì.	*Sí.*
No.	*No.*
Per favore.	*Por favor.*
Grazie.	*Gracias.*
Molte grazie.	*Muchas gracias.*

FARE UNA PRENOTAZIONE
(per richieste telefoniche o scritte)

A...	*A...*
Da...	*De...*
Data	*Fecha*
Vorrei prenotare...	*Quisiera reservar...* (v. 'Alloggio' per le varie opzioni)
a nome di...	*en nombre de...*
per le notti del...	*para las noches del...*
carta di credito...	*tarjeta de crédito...*
numero	*número*
data di scadenza	*fecha de vencimiento*
Può confermarmi...	*Puede confirmar...*
la disponibilità	*la disponibilidad*
la tariffa	*el precio*

Prego.	*De nada.*
Scusi.	*Perdón/Discúlpeme.*

(da usare, per esempio, prima di chiedere informazioni)

Scusi/Mi dispiace.	*Lo siento.*

(da usare per scusarsi)

Permesso.	*Permiso.*

(da usare, per esempio, quando si chiede il permesso di passare)

Come va?	*¿Qué tal?*
Come si chiama?/ Come ti chiami?	*¿Cómo se llama Usted?* (form.) *¿Cómo te llamas?* (inf.)
Mi chiamo...	*Me llamo...*
Piacere.	*Mucho gusto.*
Di dove è/sei?	*¿De dónde es/eres?* (form./inf.)
Sono di...	*Soy de...*
Dove è/sei alloggiato?	*¿Dónde está alojado?* (form.) *¿Dónde estás alojado?* (inf.)
Posso fare una fotografia?	*¿Puedo hacer una foto?*

ALLOGGIO

Sto cercando...	*Estoy buscando...*
Dov'è...?	*¿Dónde hay...?*
un albergo	*un hotel*
un ostello della gioventù	*un albergue juvenil*
una pensione	*una pensión/residencial/ un hospedaje*
Vorrei una camera...	*Quisiera una habitación...*
doppia	*doble*
singola	*individual*
con due letti separati	*con dos camas*
Quanto costa per...?	*¿Cuánto cuesta por...?*
notte	*noche*
persona	*persona*
settimana	*semana*
La prima colazione è inclusa?	*¿Incluye el desayuno?*
Posso vedere la camera?	*¿Puedo ver la habitación?*
Non mi piace.	*No me gusta.*
Va bene. La prendo.	*Vale, me quedo con ella.*
Me ne vado adesso.	*Me voy ahora.*
pensione completa	*pensión completa*
bagno privato/ in comune	*baño privad/ compartido*
troppo costoso	*demasiado caro*
più economico	*más barato*
sconto	*descuento*

DIFFICOLTÀ LINGUISTICHE

Parla/i (italiano/ inglese)?	*¿Habla/Hablas (italiano/inglés)?* (form./infor.)
C'è qualcuno che parla italiano/inglese?	*¿Hay alguien que hable italiano/inglés?*
Io (non) capisco.	*Yo (no) entiendo.*
Come si dice...?	*¿Cómo se dice...?*
Che cosa significa...?	*¿Qué quiere decir...?*
Potrebbe..., per favore	*¿Puede..., por favor?*
parlare più lentamente	*hablar más despacio*
ripeterlo	*repetirlo*
scriverlo	*escribirlo*

EMERGENZE

Aiuto!	*¡Socorro!*
Al fuoco!	*¡Fuego!*
Vada via!	*¡Váyase!*
Chiami...!	*¡Llame a...!*
un'ambulanza	*una ambulancia*
un dottore	*un médico*
la polizia	*la policía*
È un'emergenza.	*Es una emergencia.*
Potrebbe aiutarmi per favore?	*¿Puede ayudarme, por favor?*
Mi sono perso/a.	*Estoy perdido/a.*
Dove sono i servizi igienici?	*¿Dónde están los servicios?*

NUMERI

1	*uno*
2	*dos*
3	*tres*
4	*cuatro*
5	*cinco*
6	*seis*
7	*siete*
8	*ocho*
9	*nueve*
10	*diez*
11	*once*
12	*doce*
13	*trece*
14	*catorce*
15	*quince*
16	*dieciséis*
17	*diecisiete*
18	*dieciocho*
19	*diecinueve*
20	*veinte*
21	*veintiuno*
22	*veintidós*
30	*treinta*
31	*treinta y uno*
32	*treinta y dos*
40	*cuarenta*
50	*cincuenta*
60	*sesenta*
70	*setenta*
80	*ochenta*
90	*noventa*
100	*cien*
101	*ciento uno*
200	*doscientos*
1000	*mil*
5000	*cinco mil*

ORA E DATA

Che ora è?	*¿Qué hora es?*
È l'una.	*Es la una.*
Sono le sette.	*Son las siete.*
mezzogiorno	*mediodía*
mezzanotte	*medianoche*
due e mezzo	*dos y media*
adesso	*ahora*
oggi	*hoy*
stanotte	*esta noche*
domani	*mañana*
ieri	*ayer*
Lunedì	*lunes*
Martedì	*martes*
Mercoledì	*miércoles*
Giovedì	*jueves*
Venerdì	*viernes*
Sabato	*sábado*
Domenica	*domingo*
Gennaio	*enero*
Febbraio	*febrero*
Marzo	*marzo*
Aprile	*abril*
Maggio	*mayo*
Giugno	*junio*
Luglio	*julio*
Agosto	*agosto*
Settembre	*septiembre*
Ottobre	*octubre*
Novembre	*noviembre*
Dicembre	*diciembre*

PER STRADA

Come si può arrivare a...?	*¿Cómo se puede ir a...?*
È lontano?	*¿Está lejos?*
Vada diritto.	*Siga/Vaya todo recto.*
Giri a sinistra.	*Doble a la izquierda.*
Giri a destra.	*Doble a la derecha.*
Mi sono perso/a.	*Estoy perdido/a.*
Può indicarmelo (sulla cartina)?	*¿Puede indicármelo (en el mapa)?*

CARTELLI

Entrada	Entrata
Salida	Uscita
Abierto	Aperto
Cerrado	Chiuso
Información	Informazioni
Prohibido	Proibito
Prohibido Fumar	Vietato fumare
Comisaría	Stazione di polizia
Servicios/Aseos	Servizi igienici
Hombres	Uomini
Mujeres	Donne

qui	*aquí*
là	*allí*
viale	*avenida*
via	*calle/paseo*
semafori	*semáforos*
nord	*norte*
sud	*sur*
est	*este*
ovest	*oeste*

SALUTE

Sto male.	*Estoy enfermo/a.*
Ho bisogno di un medico (che parli italiano/inglese).	*Necesito un médico (que hable italiano/inglés).*
Dov'è l'ospedale?	*¿Dónde está el hospital?*
Sono incinta.	*Estoy embarazada.*
Sono vaccinato/a.	*Estoy vacunado/a.*

Sono allergico/a a...	*Soy alérgico/a a...*
antibiotici	*los antibióticos*
arachidi	*los cacahuetes*
frutta secca	*las frutas secas*
penicillina	*la penicilina*

Sono...	*Soy...*
asmatico/a	*asmático/a*
diabetico/a	*diabético/a*
epilettico/a	*epiléptico/a*

Ho...	*Tengo...*
diarrea	*diarrea*
mal di testa	*un dolor de cabeza*
nausea	*náusea*
tosse	*tos*

SHOPPING E SERVIZI

Desidero acquistare...	*Quisiera comprar...*
Sto solo dando un'occhiata.	*Sólo estoy echando una ojeada.*
Posso vederlo/a?	*¿Puedo verlo/la?*
Quanto costa?	*¿Cuánto cuesta?*
È troppo caro per me.	*Es demasiado caro para mí.*
Potrebbe ridurre un po' il prezzo?	*¿Podría bajar un poco el precio?*
Non mi piace.	*No me gusta.*
Lo prendo.	*Lo llevo.*

Sto cercando...	*Estoy buscando...*
l'ambasciata	*la embajada*
la banca	*el banco*
il bancomat	*el cajero automático*
la farmacia	*la farmacia*
la lavanderia	*la lavandería*
la libreria	*la librería*
il mercato	*el mercato*
il supermercato	*el supermercato*
l'ufficio postale	*los correos*
l'ufficio turistico	*la oficina de turismo*

Accetta...?	*¿Aceptan...?*
carte di credito	*tarjetas de crédito*
travellers' cheque	*cheques de viaje*

meno	*menos*
più	*más*
grande	*grande*
piccolo/a	*pequeño/a*

A che ora apre/chiude?	*¿A qué hora abre/cierra?*
Vorrei cambiare della valuta/ travellers' cheque.	*Quiero cambiar dinero/ cheques de viajero.*
Qual è il tasso di cambio?	*¿Cuál es el tipo de cambio?*
Vorrei chiamare...	*Quiero llamar a...*

francobolli	*sellos*
lettera	*carta*
lettera raccomandata	*correo certificado*
posta aerea	*correo aéreo*

TRASPORTI

Trasporti pubblici

A che ora ... parte/arriva?	*¿A qué hora sale/llega...?*
l'aereo	*el avión*
l'autobus	*el autobús*
la nave	*el barco*
il treno	*el tren*

l'aeroporto	*el aeropuerto*
la biglietteria	*la taquilla*
il deposito bagagli	*la consigna*
la fermata degli autobus	*la parada de autobuses*
la stazione degli autobus	*la estación de autobuses*
la stazione ferroviaria	*la estación de tren*
taxi	*taxi*

SEGNALI STRADALI

Acceso	Entrata
Aparcamiento	Parcheggio
Ceda el Paso	Dare la precedenza
Despacio	Lento
Desvío	Deviazione
Dirección Única	Senso unico
Frene	Rallentare
No Adelantar	Divieto di sorpasso
Peaje	Pedaggio
Peligro	Pericolo
Prohibido Aparcar/ No Estacionar	Divieto di parcheggio
Prohibido el Paso	Divieto di passaggio
Vía de Accesso	Uscita autostrada

Il... è in ritardo.	*El... trae retraso.*
Vorrei un biglietto per...	*Quiero un billete a...*
È libero questo taxi?	*¿Está libre este taxi?*
Quanto costa fino a...?	*¿Cuánto cuesta hasta...?*
Per favore accenda il tassametro.	*Por favor, ponga el taxímetro.*

un biglietto...	*un billete...*
di sola andata	*sencillo*
di andata e ritorno	*de ida y vuelta*
di prima classe	*de primera clase*
di seconda classe	*de segunda clase*
per studenti	*para estudiantes*

Trasporti privati

Vorrei noleggiare...	*Quisiera alquilar...*
un'automobile	*un coche*
una bicicletta	*una bicicletta*
un fuoristrada	*un todoterreno*
una motocicletta	*una moto*

È questa la strada per...?	*¿Se va a... por esta carretera?*
Dov'è un distributore di benzina?	*¿Dónde hay una gasolinera?*
Il pieno per favore.	*Por favor, llénemé el depósito.*
Vorrei (20) litri	*Quisiera (veinte) litros.*

benzina	*gasolina*
benzina normale	*gasolina normal*
benzina senza piombo	*gasolina sin plomo*
diesel	*diesel*

(Per quanto tempo) Posso parcheggiare qui?	*¿(Por cuánto tiempo) Puedo aparcar aquí?*
Dove si paga?	*¿Dónde se paga?*
Ho bisogno di un meccanico.	*Necesito un mecánico.*
L'automobile ha avuto un guasto (a...).	*El coche se ha averiado (en...).*
La motocicletta non parte.	*No arranca la moto.*
Ho una gomma a terra.	*Tengo un pinchazo.*
Sono rimasto senza benzina.	*Me he quedado sin gasolina.*
Ho avuto un incidente.	*He tenido un accidente.*

VIAGGIARE CON I BAMBINI

Ho bisogno...	*Necesito...*
Avete...?	*¿Hay...?*
un asilo	*una guardería*
una baby-sitter (che parli italiano)	*un canguro (que hable italiano)*
latte in polvere	*leche en polvo*
un menu per bambini	*un menú para niños*
pannolini (usa e getta)	*pañales (de usar y tirar)*
un passeggino	*un cochecito*
un seggiolino di sicurezza per bambini (per l'auto)	*un asiento de seguridad para niños*
un seggiolino di sicurezza per bebé (per l'auto)	*un asiento de seguridad para bebés*
un seggiolone	*una trona*
un servizio di baby-sitter	*un servicio de cuidado de niños*
un vasino	*un orinal de niños*

La disturba se allatto qui il bambino?	*¿Le molesta que dé el pecho aquí?*
Sono ammessi i bambini?	*¿Se admiten niños?*

Glossari

GLOSSARIO LINGUISTICO

Per la terminologia relativa a cibi, bevande, e vocaboli culinari in genere, v. p91. Per ulteriori informazioni sulla lingua spagnola e i vocaboli spagnoli, v. il capitolo Guida linguistica a p497.

alameda – viale o *paseo* fiancheggiato (o un tempo fiancheggiato) da alberi di *álamo* (pioppo)
alcázar – fortezza risalente al periodo della dominazione araba
artesonado – soffitto con travi incrociate che lasciano ampi spazi di forma regolare per inserti decorativi
autopista – autostrada a pedaggio
autovía – autostrada senza pedaggio
AVE – Alta Velocidad Española; linea ferroviaria ad alta velocità fra Madrid e Siviglia
ayuntamiento – municipio
azulejo – piastrella

bahía – baia
bailaor/a – ballerino/a di flamenco
bandolero – bandito
barrio – quartiere cittadino
bici todo terreno (BTT) – mountain bike
bodega – enoteca, cantina o tradizionale bar che spilla il vino direttamente dalle botti
buceo – immersione subacquea
bulería – tipo di canto del flamenco
buzón – cassetta postale gialla

cabalgata – cavalcata
cajero automático – sportello bancomat
calle – strada, via
callejón – vicolo
cama individual – letto singolo
cama matrimonial – letto matrimoniale
cambio – cambiavalute
campiña – campagna (solitamente pianeggiante o collinare e coltivata)
camping – campeggio
campo – campagna, campo
cantaor/a – cantante di flamenco
cante jondo – 'canto profondo', è la quintessenza del flamenco
capilla – cappella
capilla mayor – cappella in cui si trova l'altare maggiore di una chiesa
carnaval – carnevale; periodo di festeggiamenti e sfilate in costume che precede la Quaresima
carretera – strada, strada statale
carril de cicloturismo – percorso per cicloturismo
carta – menu
casa de huéspedes – pensione
casa rural – casa di un villaggio o fattoria che affitta camere
casco – letteralmente significa 'casco', come in italiano; si usa per riferirsi alla parte antica di una città *(casco antiguo)*
castellano – castigliano; altro termine per definire la lingua spagnola
castillo – castello
caza – caccia
centro comercial – centro commerciale
cercanía – treno locale che effettua collegamenti con la periferia e i paesi vicini
cerro – collina
cervecería – birreria
chiringuito – piccolo bar o ristorantino improvvisato, spesso all'aperto
choza – tradizionale capanna di paglia
Churrigueresco – stile decorativo dell'architettura barocca che prende il nome dai fratelli Alberto e José Churriguera
cofradía – v. *hermandad*
colegiata – chiesa collegiata, una chiesa unita a un collegio
comedor – sala da pranzo
comisaría – commissariato delle Policía Nacional
consigna – deposito bagagli o armadietti per i bagagli
converso – ebreo convertito al cristianesimo nella Spagna medievale
copla – canto del flamenco
cordillera – catena montuosa
coro – coro (parte di una chiesa, solitamente al centro)
corrida de toros – corrida
cortes – parlamento
cortijo – fattoria
coto – riserva di caccia
cruce – incrocio
cuenta – conto
cuesta – terreno, strada o via in discesa
custodia – ostensorio (contenitore dell'ostia consacrata)

dehesa – pascolo con querce sempreverdi
Denominación de Origen – denominazione di origine controllata, che attesta la buona qualità di vino, olio d'oliva e altri prodotti. Indica anche l'origine geografica tipica e i processi di produzione

duende – spirito 'magico' posseduto solo dai grandi artisti del flamenco
duque – duca
duquesa – duchessa

embalse – bacino artificiale
ermita – eremo o cappella
escalada – scalata
estación de autobuses – stazione degli autobus
estación de esquí – stazione o località sciistica
estación de ferrocarril – stazione ferroviaria
estación marítima – stazione marittima, porto passeggeri
estanco – tabaccheria
estrella – treno notturno con posti a sedere, cuccette e vagoni letto

feria – fiera; può indicare sia una fiera commerciale sia le fiere di paesi e città
ferrocarril – ferrovia
fiesta – festa, festival o festività nazionale
finca – proprietà rurale, fattoria
flamenco – oltre a indicare la danza e il genere musicale, il termine significa anche 'fiammingo' e 'fenicottero'
frontera – frontiera
fuente – fontana, fonte

gitano – termine spagnolo che indica i rom
Guardia Civil – letteralmente Guardia Civile; corpo di polizia responsabile di strade, campagne, villaggi e confini internazionali; i suoi agenti indossano uniformi di colore verde. V. anche *Policía Local, Policía National*.

hammam – bagno turco
hermandad – confraternita (che può includere anche le donne) che prende parte alle processioni religiose; detta anche *cofradía*
hospedaje – pensione
hostal – una semplice pensione o altro tipo di alloggio economico simile a un albergo, che offre la sistemazione a costi contenuti

infanta – figlia di un re ma non appartenente alla linea ereditaria del trono
infante – figlio di un re ma non appartenente alla linea ereditaria del trono
instalación juvenil – ostello per la gioventù o campeggio frequentato da giovani

jardín – giardino
judería – quartiere ebraico nella Spagna medievale
Junta de Andalucía – governo esecutivo dell'Andalusia

latifundia – latifondo, grande proprietà terriera
lavandería – lavanderia
levante – vento da est
librería – libreria
lidia – la moderna arte della corrida a piedi
lista de correos – fermoposta
lucio – stagno o acquitrino delle *marismas* di Doñana

madrugada o **madrugá** – le prime ore del mattino, più o meno dalle 3 all'alba; una fascia oraria molto movimentata in alcune città della Spagna
marismas – zone umide, paludi
marisquería – ristorantino specializzato in frutti di mare
marqués – marchese
medina – parola araba che significa città, o centro della città
mercadillo – mercato delle pulci
mercado – mercato
mezquita – moschea
mihrab – in una moschea, nicchia di preghiera che indica la direzione della Mecca
mirador – belvedere, punto panoramico
morisco – musulmano convertito al cristianesimo nella Spagna medievale
moro – moro o musulmano (solitamente in un contesto medievale)
movida – la vita notturna dei locali e dei club, rifiorita nelle città spagnole dopo la morte di Franco; una *zona de movida* o *zona de marcha* è un'area della città in cui i giovani si riuniscono per bere e divertirsi
mozárabe – mozarabo; nella Spagna medievale, un cristiano che viveva in un territorio posto sotto il dominio arabo
mudejar – nella Spagna medievale, un musulmano che viveva in un territorio posto sotto il dominio cristiano; la parola indica anche il loro stile decorativo e architettonico
muelle – molo, banchina
muladí – nella Spagna medievale, cristiano convertito all'islam

nazareno – penitente che prende parte alle processioni della Semana Santa
nieve – neve
nuevo – nuovo

oficina de correos – ufficio postale
oficina de turismo – ufficio turistico

palacio – palazzo
palo – palo, bastone; la parola viene anche usata per indicare le categorie del canto flamenco
panadería – panificio
papelería – cartoleria
parador – uno dei Paradores Nacionales, una catena di alberghi di lusso, spesso situati in edifici storici, di proprietà dello stato
paraje natural – area naturale

parque nacional – parco nazionale
parque natural – parco naturale
paseo – viale; passeggio o passeggiata
paso – letteralmente 'passo'; indica anche la piattaforma usata per trasportare le immagini sacre durante le processioni religiose
peña – club di tifosi di calcio o appassionati di flamenco *(peña flamenca)*; talvolta indica anche un dining club
pensión – pensione
pescadería – pescheria
picadero – stalla
pícaro – baro al gioco, canaglia, mascalzone
pinsapar – foresta di *pinsapo* (abeti spagnoli)
pinsapo – abete spagnolo
plateresco – stile architettonico del primo Rinascimento, caratterizzato da facciate molto decorate
playa – spiaggia
plaza de toros – arena
Policía Local – Polizia Locale, anche chiamata Policía Municipal; controllata dal comune, si occupa principalmente dei problemi di lieve entità, come il controllo dei parcheggi e del traffico e dei piccoli criminosi. I suoi agenti indossano uniformi bianche e blu. V. anche *Guardia Civil*, *Policía Nacional*.
Policía Municipal – Polizia Municipale; v. *Policía Local*
Policía Nacional – Polizia Nazionale; si occupa delle città grandi e piccole ed è dotata di squadre speciali che combattono il traffico di droga, il terrorismo e così via.
poniente – ponente, vento da ovest
pozo – pozzo
preferente – carrozza di prima classe su un treno a lunga percorrenza
provincia – provincia; la Spagna è divisa in 50 province
pueblo – villaggio, paese
puente – ponte
puerta – porta, cancello
puerto – porto, passo di montagna
puerto deportivo – porticciolo turistico
puerto pesquero – porto per imbarcazioni da pesca

rambla – torrente
Reconquista – la riconquista cristiana della Penisola Iberica occupata dagli arabi (dall'VIII al XV secolo)
refugio – riparo o rifugio, soprattutto di montagna, con alloggi spartani per gli escursionisti
regional – treno che collega le città dell'Andalusia
reja – grata; soprattutto quella in ferro battuto che protegge una finestra o separa una cappella dal resto della chiesa
Renfe – Red Nacional de los Ferrocarriles Españoles; è la rete ferroviaria spagnola
reserva – significa sia prenotazione sia riserva (per esempio riserva naturale)
reserva nacional de caza – riserva nazionale di caccia
reserva natural – riserva naturale
retablo – retablo (pala d'altare)
ría – estuario
río – fiume
romería – pellegrinaggio o processione
ronda – circonvallazione

s/n – *sin numero* (senza numero); si trova a volte negli indirizzi
sacristía – sacrestia, la parte della chiesa in cui vengono custoditi i paramenti sacri e altri oggetti di valore
Semana Santa – Settimana Santa, la settimana che precede la domenica di Pasqua
sendero – sentiero o pista
sevillana – una popolare danza andalusa
sierra – catena montuosa
Siglo de Oro – 'Secolo d'Oro' della cultura spagnola, che iniziò nel XVI secolo e terminò nel XVII secolo

taberna – taverna
tablao – spettacolo di flamenco
taifa – uno dei piccoli regni autonomi musulmani nati, nel periodo compreso tra l'XI e il XII secolo, nelle regioni della Spagna occupate dagli arabi
taquilla – biglietteria
taracea – intarsio
tarjeta de crédito – carta di credito
tarjeta telefónica – carta o scheda telefonica
teléfono móvil – telefono cellulare
temporada alta – alta stagione
temporada baja – bassa stagione
temporada extra – alta stagione extra (supplementare)
temporada media – media stagione
terraza – terrazza; spesso indica la zona all'aperto di un bar, caffè o ristorante
tetería – casa da tè, spesso in stile mediorientale con sedie e tavolini bassi
tienda – negozio, tenda
tocaor/a – chitarrista di flamenco
torre – torre
trenhotel – treno costituito solo da eleganti e costose carrozze letto
turismo – significa sia turismo sia carrozza-salotto di un treno; *el turismo* può anche significare ufficio turistico
turista – carrozza di seconda classe su un treno a lunga percorrenza

v.o. – *versión original*; film in lingua straniera
v.o.s. – *versión original subtítulada*; film in lingua straniera con sottotitoli in spagnolo

zoco – grande mercato nelle città arabe
zona de protección – area protetta
zona restringida – area riservata

GLOSSARIO DELLE CARTINE

aeropuerto (Sp) – aeroporto
airport – aeroporto
alpine garden – giardino alpino
altura (Sp) – cima, sommità
army base – base militare
around – dintorni
arsenal basin – arsenale
autopista (Sp) – autostrada
avenida (Sp) – viale, corso
avenue – viale
bahía (Sp) – baia
balcón (Sp) – belvedere
baquerón (Sp) – canale
barrage – sbarramento, diga
bastion – bastione
baths – bagni, terme
bay – baia
beach – spiaggia
boat landing – approdo delle imbarcazioni
bookshop – libreria
border – confine
bosque (Sp) – bosco
botanical gardens – giardini botanici
branch – ramo, affluente
brazo (Sp) – ramo di fiume
bridge – ponte
building – edificio
bus stand – fermata dell'autobus
bus station – stazione degli autobus
bus, buses – autobus
cable car – funicolare
calle (Sp) – via
camp – campeggio
campamento (Sp) – accampamento
camping ground – campeggio
canal – canale
caño (Sp) – canale
car ferry – traghetto per le auto
carrera (Sp) – via
carretera (Sp) – strada
cascada (Sp) – cascata
castle – castello
cathedral – cattedrale
cemetery – cimitero
cerro (Sp) – montagna
chapel – cappella
church – chiesa
ciénaga (Sp) – palude
circunvalación (Sp) – circonvallazione
ciudad (Sp) – città
civil line – confine civile
collectorate – esattoria
commercial basin – porto commerciale
consulate – consolato
convent – convento
court – cortile
cueva (Sp) – grotta, caverna
dam – diga
district – quartiere
dock – bacino marittimo
east – est
eastern – orientale
embalse (Sp) – stagno, lago
embassy – ambasciata
ensenada (Sp) – insenatura
entrance – entrata
entrance gate – cancello d'ingresso
estadio (Sp) – stadio
falls – cascate
ferry – traghetto
field – campo, prato
fishing harbour – porto peschereccio
flotel dock – molo di attracco
flower market – mercato dei fiori
food stall – bancarella gastronomica
footbridge – ponte, passaggio pedonale
forest – foresta
fort – forte, fortificazione
from... – da...
fuente (Sp) – fonte, sorgente
funicular (Sp) – funivia
garden, gardens – giardino, giardini
gate – porta, portale
gulf – golfo
hall – sala, vestibolo
harbour – porto
headquarters – sede
hill – collina
hipódromo (Sp) – ippodromo
hospital – ospedale
hostel – ostello
hydroelectric station – centrale idroelettrica
industrial estate – zona industriale
intrnational – internazionale
isla (Sp) – isola
island, isle – isola
jardin (Sp) – giardino
kiosk – chiosco
laguna (Sp) – laguna, lago
lake – lago
lane – vicolo
launches – partenze
laundrette – lavanderia
lookout – punto panoramico
main road – strada principale

main train station – stazione ferroviaria centrale
maritime station – stazione marittima
market – mercato
meadow – prato, prateria
memorial – monumento, cippo
military area – zona militare
mine – miniera
mirador (Sp) – belvedere
monastery – monastero
monument – monumento
mosque – moschea
motorway – autostrada
museum – museo
national park – parco nazionale
norte (Sp) – nord
north – nord
northern – settentrionale
obelisk – obelisco
office – ufficio
old city – città vecchia
old mule track – antica mulattiera
old town – città vecchia
orphanage – orfanotrofio
overpass – cavalcavia
palace – palazzo
parcel – sezione
park – parco
parliament – parlamento
paseo (Sp) – viale
pass – passo
path – sentiero pedonale
pedestrian promenade – passeggiata pedonale
pedestrians only – solo pedoni
pico (Sp) – punta, pizzo
pier – molo
pillar – colonna
plaza (Sp) – piazza
police line – confine militare
police station – stazione di polizia
polo ground – campo di polo
port – porto
post office – ufficio postale
promontory – promontorio
public beach – spiaggia pubblica
public gardens – giardini pubblici
pueblo (Sp) – villaggio
pylon – pilone
quebrada (Sp) – passo, gola
race course – ippodromo
railway station – stazione ferroviaria
rainforest – foresta pluviale
rapids – rapide
region – regione
reserva (Sp) – riserva
reserve – riserva
río (Sp) – fiume
river – fiume
road – strada
roca (Sp) – roccia, dirupo
ruadales (Sp) – rapide
ruins – rovine
salto (Sp) – cascata
sand – sabbia
sea – mare
shopping centre – centro commerciale
sierra (Sp) – catena montuosa
site – sito
south – sud
southern – meridionale
square – piazza
stadium – stadio
station – stazione
statue – statua
street – strada
swimming pool – piscina
temple – tempio
ticket booth – biglietteria
to... – per...
tomb – tomba
tourist ferry – traghetto per turisti
tower – torre
town – città
town hall – municipio
trail – sentiero, pista
train station – stazione ferroviaria
under – sotto
underpass – sottopassaggio
universidad (Sp) – università
university – università
valley – valle
village – villaggio
volcán (Sp) – vulcano
walls – mura
waterfalls – cascate
west – ovest
western – occidentale
winery – vineria
youth hostel – ostello della gioventù
zona reservada (Sp) – area protetta
zoológico (Sp) – zoo

Dietro le quinte

LE GUIDE LONELY PLANET

La nostra storia inizia con un classico viaggio avventuroso: quello compiuto nel 1972 da Tony e Maureen Wheeler attraverso l'Europa e l'Asia fino all'Australia. All'epoca non esistevano informazioni su questo itinerario via terra, perciò Tony e Maureen pubblicarono la loro prima guida Lonely Planet per soddisfare una crescente richiesta. Dal tavolo di cucina, e poi da un minuscolo ufficio di Melbourne (Australia), la Lonely Planet è diventata la più importante casa editrice di viaggi indipendente di tutto il mondo ed è oggi un'azienda internazionale con uffici a Melbourne, Oakland e Londra.

Attualmente le guide della Lonely Planet coprono la quasi totalità del pianeta, ma l'elenco delle pubblicazioni continua a crescere e le informazioni sui viaggi vengono fornite anche in varie altre forme e tramite diversi mezzi di comunicazione.

Alcune caratteristiche delle guide, però, non sono cambiate nel tempo e lo scopo principale di questi testi è tuttora quello di aiutare il viaggiatore avventuroso a organizzare il proprio itinerario, esplorando il mondo per meglio comprenderlo. La Lonely Planet ritiene che i viaggiatori possano dare un effettivo contributo ai paesi che visitano, a patto che rispettino le comunità di cui sono ospiti e spendano accortamente il loro denaro. A partire dal 1986, inoltre, una parte dei profitti ricavati dalla vendita di ciascuna guida di viaggio viene devoluta alla realizzazione di progetti umanitari e di campagne per il rispetto dei diritti umani.

QUESTA GUIDA

Questa è la quinta edizione di *Andalucía*, qui proposta in edizione italiana. Gli autori delle prime due edizioni sono John Noble e Susan Forsyth, mentre alla terza edizione hanno collaborato anche Des Hannigan e Heather Dickson. La quarta edizione della guida è stata scritta da John, Susan, Heather e Paula Hardy. Gli autori di questa quinta edizione sono invece John Noble, Susan Forsyth e Vesna Maric. La Dottoressa Caroline Evans ha curato il capitolo Salute.

NOTA ALL'EDIZIONE ITALIANA

L'edizione italiana delle guide è a cura di Cesare Dapino, Silvia Castelli è responsabile della Redazione guide. Per adattare il testo alle esigenze del lettore-viaggiatore italiano, l'originale è stato rivisto e integrato in alcuni punti dedicati alle informazioni pratiche (notizie sui viaggi dall'Italia, vaccinazioni e medicine 'italiane', visti, ecc.). Sono stati lasciati tuttavia nel testo così riveduto alcuni riferimenti che possono a prima vista apparire di non immediato interesse per il viaggiatore italiano, e questo per almeno tre considerazioni. In primo luogo si è ritenuto in linea di principio più utile abbondare di informazioni che potrebbero in alcuni casi rivelarsi comunque preziose; in secondo luogo, tenuto conto della sempre più diffusa conoscenza dell'inglese in Italia, non ci è parso superfluo mantenere per esempio segnalazioni di pubblicazioni (libri, giornali) in inglese. Infine è possibile che chi viaggia solo incontri compagni di strada e di avventura di altre nazionalità, per i quali alcune delle informazioni qui contenute potrebbero essere d'aiuto a risolvere problemi d'ordine pratico. Fabiana Barbalucca, Federica Benetti, Paola Bellocchio, Sara Delbello, Rosaria Fiore, Laura Lancioni, Sarina Reina sono le autrici della traduzione. Le integrazioni per il lettore italiano sono state realizzate da Elisa Bigotti, Paola Masi e Annarosa Sinopoli, con il coordinamento di Luciana Defedele; Luca Borghesio e Marco Zucchelli hanno curato il capitolo Ambiente; il dottor Guido Calleri e il dottor Maurizio Dall'Acqua si sono occupati della sezione Salute, mentre Alberto Fornelli ha fornito le integrazioni sul Viaggio da/per l'Italia. Ringraziamo Ennio Vanzo della Libreria VEL di Sondrio per la consulenza cartografica.

Mauro Burdino ha curato l'editing, la correzione delle bozze e l'impaginazione. Guido Mittiga si è occupato della rielaborazione grafica delle cartine, disegnate per l'edizione inglese dai cartografi della Lonely Planet. La copertina e le pagine a colori sono state realizzate da Anna Dellacà, con la supervisione di Sara Fiorillo. Un ringraziamento a Silvia Amigoni per il prezioso lavoro di coordinamento.

NOTA DEGLI AUTORI

JOHN NOBLE E SUSAN FORSYTH

Molte grazie a Karen Abrahams, Irene e Joy Lucas, Pepa e Alan a El Puerto, Monika Schroeder, Jan

Stendahl, e Craig Balmain per aver mostrato a John la strada per uscire (e poi per tornare e uscire di nuovo) dal Castaño del Robledo.

VESNA MARIC

I ringraziamenti più grandi vanno, come sempre, a Rafael, perché rende ogni mio viaggio migliore di come già non sia. Grazie anche a Gabriel. Un grosso grazie anche a Susana Perez Aguilar *(¡Muchas gracias, Susa!)*, a Carlos Melguizo e alla sua famiglia, a Córdoba, a *tía* Cris, a Mojácar Playa, a Martín per averci fatto alloggiare nel suo grazioso appartamento e per averci mostrato posti divertenti, e a Pablo per essersi divertito con noi e per essersi offerto di accompagnarci fino a Lisbona, solo per soddisfare un nostro capriccio. *Gracias* e *hvalas* a Minja e a Constancio per aver fatto tanti chilometri in macchina pur di venire a trovarci. E, come sempre, grazie a mia madre perché è venuta a prendermi all'aeroporto e ha reso tutto più divertente.

RINGRAZIAMENTI

Ringraziamo i viaggiatori che hanno utilizzato la precedente edizione di questa guida e ci hanno scritto fornendo utili suggerimenti, consigli e aneddoti interessanti:

Lisa Adams, Elisa Addis, Steve Akeroyd, Cecilia Anderhub, Sven Armbrust, Sarah Armstrong, Tiziano Barcella, Joan Barry, Giulia Bassi, Vittorio Bellavite, Camilla Bellotti, Susan Bolsover, Robert Braiden, Philip Candy, Andrea Cavallera, Rosanna Clarelli, Mona Clark, Manola Conti, Ruggero Da Ros, Marie-Aude Danguy, Tracy e Ian Davis, Giovanna De Benedet, Regine Denaegel, Simona Di Cino, Rossella Diegoli, Omar do Nascimento, Aaron Forshaw, Chris Gilmartin, Natalie Godfrey, Alex Hammond, Margaret Hazellsmith, Miriam Hendriks, Kimberly Herrick, Ursula Hockauf, Reginald Hurren, Catie Inches-Ogden, Lorna Keeler, Patrick le Vaguerèse, Diane Macrae, Manuel Marino, Massimo e Chiara Mazzavillani, Angelique Meul, Sarah Miller, Barry North, Patrizia Pezzi, Grazia e Angelo Pignatelli, Chiara Poggi, Bonn Poland, Paola e Stefano Pomero, Andrea Rossi, Elisabetta Scala, Esther Schreur, Marianne Segeler, Sergio Servadio, Lisa Shafer, Keith Tadhunter, David Tatman, Geremia Tritten, Freek van Gijn, Andrew e Marilyn Vasilevich, Alfonso Ventura, Annie Watson, Gero Wedemann, Pauline Wilkinson, Maggie Willsher.

SCRIVETECI!

Le notizie che riceviamo dai viaggiatori sono per noi molto importanti e ci aiutano a rendere migliori le nostre guide. Ogni suggerimento (positivo o negativo) viene letto e valutato dalla Redazione e comunicato agli autori Lonely Planet.

Chi ci scrive vedrà pubblicato il proprio nome tra i ringraziamenti della successiva edizione della guida, e gli autori dei contributi più utili e originali riceveranno un piccolo omaggio. Estratti delle lettere vengono pubblicati sul sito www.edt.it o sulla newsletter *Il Mappamondo*, che informa i nostri lettori grazie anche al passaparola.

Per essere aggiornati sulle novità Lonely Planet e sui suggerimenti della comunità dei viaggiatori italiani visitate periodicamente il nostro sito **www.edt.it**.

EDT, via Pianezza 17, 10149 Torino
fax: 0112307034
email: lettere@edt.it

N.B.: Se desiderate che le vostre informazioni restino esclusivamente in Redazione e che il vostro nome non venga citato tra i ringraziamenti ricordate di comunicarcelo.

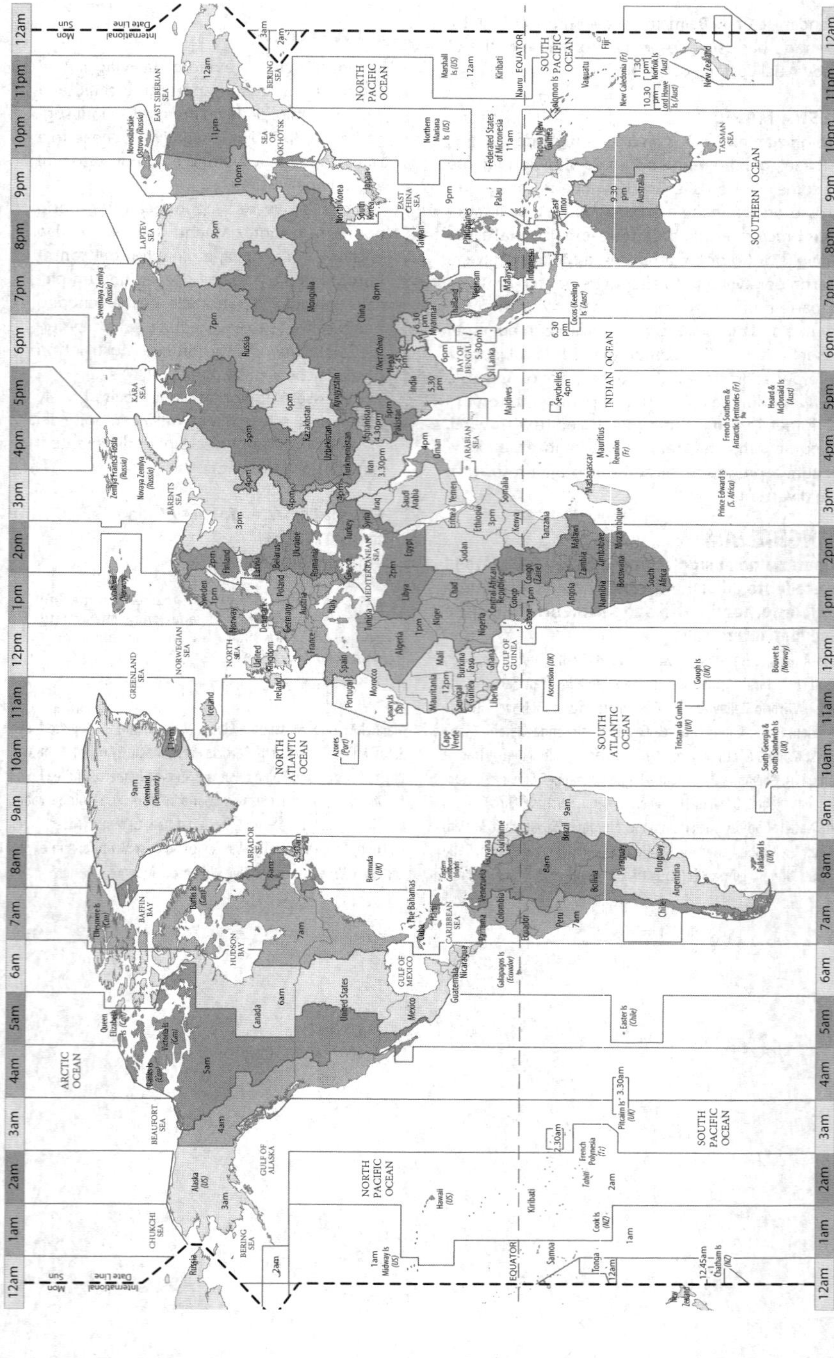
12am
1am
2am
3am
4am
5am
6am
7am
8am
9am
10am
11am
12pm
1pm
2pm
3pm
4pm
5pm
6pm
7pm
8pm
9pm
10pm
11pm
12am
International Date Line
Mon
Sun
EQUATOR
ARCTIC OCEAN
NORTH PACIFIC OCEAN
SOUTH PACIFIC OCEAN
NORTH ATLANTIC OCEAN
SOUTH ATLANTIC OCEAN
INDIAN OCEAN
SOUTHERN OCEAN
GREENLAND SEA
NORWEGIAN SEA
BARENTS SEA
KARA SEA
LAPTEV SEA
EAST SIBERIAN SEA
CHUKCHI SEA
BERING SEA
BEAUFORT SEA
GULF OF ALASKA
BAFFIN BAY
HUDSON BAY
LABRADOR SEA
GULF OF MEXICO
CARIBBEAN SEA
NORTH SEA
MEDITERRANEAN SEA
ARABIAN SEA
BAY OF BENGAL
EAST CHINA SEA
SEA OF OKHOTSK
TASMAN SEA
GULF OF GUINEA
Alaska (US)
Canada
United States
Mexico
Greenland (Denmark)
Iceland
Brazil
Argentina
Chile
Peru
Bolivia
Colombia
Venezuela
Russia
China
Mongolia
India
Kazakhstan
Iran
Australia
New Zealand
Indonesia
Japan
Algeria
Libya
Egypt
Sudan
Chad
Niger
Mali
Angola
South Africa
Madagascar

Indice

Riferimenti cartine in **neretto**

INDICE

D

INDICE

Riferimenti cartine in **neretto**

INDICE

INDICE

Riferimenti cartine in **neretto**

R

S

INDICE

Finito di stampare presso Stampatre – Torino
nel mese di aprile 2007

Ristampa — Anno

0 1 2 3 4 5 6 — 2007 08 09 10 11 12

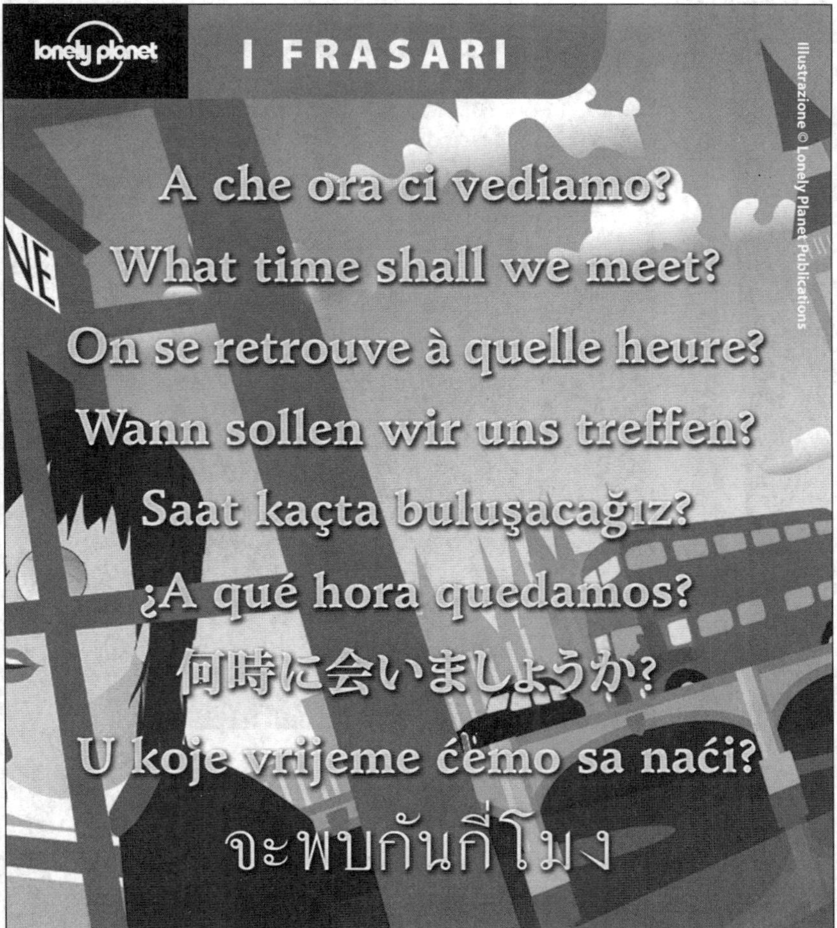
lonely planet
I FRASARI
A che ora ci vediamo?
What time shall we meet?
On se retrouve à quelle heure?
Wann sollen wir uns treffen?
Saat kaçta buluşacağız?
¿A qué hora quedamos?
何時に会いましょうか?
U koje vrijeme ćemo sa naći?
จะพบกันกี่โมง
Illustrazione © Lonely Planet Publications

WORLDMUSIC
MAGAZINE
ANNO XVII, GENNAIO-FEBBRAIO 2007
SONGLINES
BELLOWHEAD
LA RIVELAZIONE DEL PROGRESSIVE FOLK
IL CD ALLEGATO DI TRIBÙ ITALICHE:
PUGLIA
MUSICA SOTTO LE BOMBE
LIBANO E PALESTINA
INTERVISTE
LURA, ROBERT PLANT, EL TANBURA
EDT
World Music Magazine.
Dal 1991 la rivista italiana di world music.
Da gennaio 2007 in partnership
esclusiva italiana con la rivista inglese Songlines.
World Music Magazine,
la prospettiva mediterranea sulle musiche del mondo.
www.worldmusicmagazine.it

lonely planet
IL MAPPAMONDO
Amsterdam, Olanda, fotografia © Sara Gasparini
HELP
WOK
TO HOME
KALVER
TROUSERS
SHORTEN
1 HOUR SERVICES
Jupiler
newsletter trimestrale gratuita
disponibile in oltre 600 librerie
info: 011-5591811
www.edt.it/viaggi/mappamondo
EDT

Questo libro è stato stampato su carta ecosostenibile certificata prodotta dalla cartiera UPM con fibre vergini provenienti da foreste condotte secondo principi di buona gestione ambientale e sociale.

UFFICI LONELY PLANET E EDT

Sede:

Locked Bag 1, Footscray, Victoria 3011, Australia

☎ (61) 03 8379 8000

fax (61) 03 8379 8111

(altri uffici in Gran Bretagna e U.S.A.)

talk2us@lonelyplanet.com.au

EDT srl

17 via Pianezza, 10149 Torino, Italia

☎ (39) 011 5591 811

fax (39) 011 2307 034

edt@edt.it

www.edt.it

Andalusia

5ª edizione italiana - Aprile 2007

Tradotto dall'edizione originale inglese:
Andalucía (5th edition, January 2007)

Pubblicato da EDT srl
su autorizzazione di Lonely Planet Publications Pty Ltd
ABN 36 005 607 983

In copertina foto di Peter Menzel/Impact Photos/Heritage-Images: Donna in costume tradizionale, Siviglia. Le fotografie di questo libro sono state fornite da Lonely Planet Images: www.lonelyplanetimages.com

ISBN 978-88-6040-108-3

Stampato da Stampatre, Torino (Italia)